आर. गुप्ता® कृत

पॉपुलर मास्टर गाइड

UPTET

उत्तर प्रदेश शिक्षक पात्रता परीक्षा

प्राइमरी लेवल

For Class 1 to 5

उत्तर प्रदेश शिक्षा सेवा चयन आयोग (UPESSC) द्वारा आयोजित

RPH संपादक मंडल

द्वारा संपादित

2027
EDITION

रमेश पब्लिशिंग हाउस, नई दिल्ली

परीक्षा की योजना

प्राथमिक स्तर (कक्षा I-V) का पाठ्यक्रम

क्र.सं.	विषय वस्तु	प्रश्नों की संख्या	अंक
1.	बाल विकास एवं शिक्षण विधि	30	30
2.	भाषा प्रथम (हिन्दी)	30	30
3.	भाषा द्वितीय (अंग्रेजी अथवा उर्दू अथवा संस्कृत)	30	30
4.	गणित	30	30
5.	पर्यावरणीय अध्ययन	30	30
	कुल	**150**	**150**

- कुल 150 प्रश्न होंगे। सभी प्रश्न बहुविकल्पीय होंगे। प्रत्येक प्रश्न के चार विकल्प होंगे।
- प्रत्येक प्रश्न का पूर्णांक 01 होगा।
- नकारात्मक मूल्यांकन (Negative Marking) नहीं होगा।
- ऐसे अभ्यर्थी जो भाषा 2 में अंग्रेजी के अतिरिक्त उर्दू अथवा संस्कृत का चयन करते हैं, वे अपने स्रोत-माध्यम से इसकी तैयारी करें।

प्रकाशक

ओ.पी. गुप्ता, **रमेश पब्लिशिंग हाउस**

प्रशासनिक कार्यालय

12-H, न्यू दरियागंज रोड, ऑफिसर्स मेस के सामने,

नई दिल्ली-110002 ✆ 23275224, 23245124

E-mail: info@rameshpublishinghouse.com

For Online Shopping: www.rameshpublishinghouse.com

विक्रय केन्द्र

- बालाजी मार्किट, नई सड़क, दिल्ली-110006 ✆ 23282525 📱 9354373464
- 4457, नई सड़क, दिल्ली-110006

Book Code: R-1481

ISBN: 978-93-87918-66-5

मूल्य: ₹ 620

मुद्रक: दीपक ऑफसैट, दिल्ली

अनुक्रमणिका

❑❑❑

पिछले प्रश्न-पत्र (हल सहित)

UP-TET (PRIMARY LEVEL), 2021

(Exam held on 23-01-2022)

भाग-I

बाल विकास एवं शिक्षण विधि

1. कोहलर निम्न में किससे संबंधित है?

A. अभिप्रेरणा के सिद्धांत B. अधिगम के सिद्धांत
C. व्यक्तित्व के सिद्धांत D. विकास के सिद्धांत

2. मैकड्गल के अनुसार मूल प्रवृत्तियों की संख्या होती है :

A. 15 B. 10
C. 12 D. 14

3. मानसिक उद्वेलन प्रतिमान का प्रयोग निम्न में से किसके शिक्षण हेतु किया जाता है?

A. समझ B. समस्या समाधान
C. सृजनात्मकता D. अनुप्रयोग

4. निम्न में किसके प्रयोग में 'कुत्ता' एक विषयी था?

A. स्किन्नर B. कोहलर
C. थॉर्नडाइक D. पावलाव

5. मौलिकता, नमनीयता तथा प्रवाह निम्न में किसके घटक हैं?

A. बुद्धि B. अभिप्रेरणा
C. व्यक्तित्व D. सृजनात्मकता

6. युयुत्सा है :

A. मूल प्रवृत्ति B. चिंतन
C. कल्पना D. संवेग

7. बालकों के सामाजिक विकास को प्रभावित करने वाले तत्व हैं :

A. आर्थिक तत्व
B. वंशानुगत तत्व
C. शारीरिक तत्व
D. सामाजिक परिवेशजन्य तत्व

8. शारीरिक विकास का एक प्रमुख नियम निम्न में से कौन-सा है?

A. मानसिक विकास से भिन्नता का नियम
B. कल्पना और संवेगात्मक विकास से संबंध का नियम
C. द्रुतगामी विकास का नियम
D. अनियमित विकास का नियम

9. निम्नलिखित में से कौन-सा विकास का सिद्धांत ***नहीं*** है?

A. अनुकूलित प्रत्यावर्तन सिद्धांत
B. समान प्रतिमान का सिद्धांत
C. परस्परसंबंध का सिद्धांत
D. निरंतर विकास का सिद्धांत

10. "विकास के परिणामस्वरूप नवीन विशेषताएँ और नवीन योग्यतायें प्रकट होती है" यह कथन ______ ने दिया है।

A. गेसेल B. डगलस और होलैण्ड
C. मेरेडिथ D. हरलाक

11. पूर्व अनुभव के आधार पर संवेदना को अर्थ प्रदान करना कहलाता है :

A. कल्पना B. चिंतन
C. स्मृति D. प्रत्यक्षीकरण

12. सीखने में प्रयास व भूल के सिद्धांत का प्रतिपादन किसने किया?

A. कोहलर B. गेस्टाल्ट
C. थॉर्नडाइक D. पावलाव

13. औसत बुद्धि वाले बालकों का बुद्धि लब्धि स्तर होगा :

A. 70–79 B. 110–114
C. 90–109 D. 80–89

14. निम्न में से कौन तरल क्रिस्टलीय बुद्धि के प्रतिमान के प्रतिपादक थे?

A. कैटेल B. स्किन्नर
C. वर्नन D. थॉर्नडाइक

15. क्रिया प्रसूत अधिगम सिद्धांत का प्रतिपादन किया :

A. हल B. स्किन्नर
C. हेगार्टी D. थॉर्नडाइक

16. ब्लू प्रिंट निम्न में किसका महत्त्वपूर्ण घटक है?

A. परीक्षण निर्माण B. परीक्षण अंकन
C. परीक्षण प्रशासन D. परीक्षण वैधता

17. विकास की पूर्वसंक्रिया अवस्था निम्न में किसने दिया था?

A. ब्रुनर B. स्किन्नर
C. कोहलर D. पियाजे

18. एम.पी.पी.आई परीक्षण का उपयोग निम्न में किसके मापन में किया जाता है?

A. व्यक्तित्व B. सृजनात्मकता
C. सम्प्राप्ति D. बुद्धि

19. अधिगम हेतु निम्न में क्या सर्वाधिक आवश्यक है?
A. अभिप्रेरणा B. निर्देशन
C. परिपक्वता D. रुचि

20. शैशवकाल का समय है :
A. 12 वर्ष से 18 वर्ष तक
B. 15 वर्ष तक
C. जन्म से 6 वर्ष तक
D. जन्म से 2 वर्ष तक

21. कोहलर अपने प्रयोग से यह सिद्ध करना चाहते थे कि अधिगम :
A. समग्र परिस्थिति का प्रत्यक्षीकरण है
B. मानव का अधिगम प्रयोजनपूर्ण है
C. जानवरों में मनुष्यों से श्रेष्ठ है
D. एक स्वतंत्र क्रिया है

22. किसने पाठ योजना की 'पंचपद प्रणाली' प्रतिपादित किया?
A. जान डीवी B. ब्लूम
C. किलपैट्रिक D. हरबर्ट

23. निम्नलिखित में ग्रन्थियों के आधार व्यक्तित्व के विभिन्न प्रकारों की चर्चा किसने की है?
A. क्रेशमर B. स्प्रैंजर
C. कैनन D. जुंग

24. 'सृजनात्मकता मौलिक परिणामों को अभिव्यक्त करने की मानसिक प्रक्रिया है।' यह कथन है :
A. कोल एवं ब्रूस का B. क्रो एवं क्रो का
C. डीहान का D. ड्रेवहल का

25. बी.एफ. स्किनर के अनुसार बच्चों में भाषा का विकास होता है :
A. जन्मजात क्षमताओं के फलस्वरूप
B. व्याकरण में प्रशिक्षण के फलस्वरूप
C. अनुकरण एवं प्रबलन के फलस्वरूप
D. परिवक्वता के फलस्वरूप

26. मूल प्रवृत्तियों को चौदह प्रकार से ______ ने वर्गीकृत किया है।
A. ड्रेवर B. वुडवर्थ
C. थॉर्नडाइक D. मैकडूगल

27. 'किसी दूसरी वस्तु की अपेक्षा एक वस्तु पर चेतना का केन्द्रीकरण अवधान है' यह कथन है :
A. डम्विल का B. मैकडूगल का
C. मन का D. रॉस का

28. निम्नलिखित में किसका नाम 'सुजननशास्त्र के पिता' से जुड़ा हुआ है?
A. क्रो एवं क्रो B. वुडवर्थ
C. रॉस D. गाल्टन

29. 12 वर्ष से 16 वर्ष के बालकों हेतु हिन्दी में डा. एस. जलोटा ने कौन-सा परीक्षण प्रतिपादित किया है?
A. अशाब्दिक बुद्धि परीक्षण
B. चित्रांकन परीक्षण
C. आर्मी अल्फा टेस्ट
D. साधारण मानसिक योग्यता परीक्षण

30. बुद्धि के 'द्विकारक सिद्धांत' का प्रतिपादन किसने किया?
A. थॉर्नडाइक B. स्टर्न
C. वर्नन D. स्पीयरमैन

भाग-II

भाषा-I: हिन्दी

निर्देश (प्रश्न सं. 31 से 35 तक): दिये गये गद्यांश को पढ़कर निम्नलिखित प्रश्नों के विकल्प छाँटिए :

आदिम आर्य घुमक्कड़ थे। यहाँ से वहाँ वे घूमते ही रहते थे। घूमते भटकते ही वे भारत पहुँचे थे। यदि घुमक्कड़ी का बाना उन्होंने न धारण किया होता, यदि वे एक स्थान पर ही रहते, तो आज भारत में उनके वंशज न होते। भगवान बुद्ध घुमक्कड़ थे। भगवान महावीर घुमक्कड़ थे। वर्षाऋतु के कुछ महीनों को छोड़कर एक स्थान में रहना बुद्ध के वश का नहीं था। 35 वर्ष से 80 वर्ष की आयु तक जब उनकी मृत्यु हुई, 45 वर्ष तक वे निरन्तर घूमते ही रहे। अपने आप को समाज सेवा और धर्म प्रचार में लगाये रहे। अपने शिष्यों से उन्होंने कहा था "चरथ भिक्खवे" चारिक" हे भिक्षुओं! घुमक्कड़ी करो यद्यपि बुद्ध कभी भारत के बाहर नहीं गये किन्तु उनके शिष्यों ने उनके वचनों को सिर आँखों पर लिया और पूर्व में जापान, उत्तर में मंगोलिया, पश्चिम में मकदूनियाँ और दक्षिण में बाली द्वीप तक धावा मारा। श्रवण महावीर ने स्वच्छंद विचरण के लिए अपने वस्त्रों तक को त्याग दिया। दिशाओं को उन्होंने अपना अम्बर बना लिया, वैशाली में जन्म लिया, पावा में शरीर त्याग किया। जीवनपर्यन्त घूमते रहे। मानव के कल्याण के लिए मानवों के राह प्रदर्शन के लिये और शंकराचार्य, बारह वर्ष की अवस्था में संन्यास लेकर कभी केरल, कभी मिथिला, कभी कश्मीर और कभी बद्रीकाश्रम में घूमते रहे। कन्याकुमारी से लेकर हिमालय तक समस्त भारत को अपना कर्मक्षेत्र समझा सांस्कृतिक एकता के लिए, समन्वय के लिए, श्रुति धर्म की रक्षा के लिए शंकराचार्य के प्रयत्नों से ही वैदिक धर्म का उत्थान हो सका।

31. घुमक्कड़ शब्द में कौन-सा प्रत्यय है?
A. अक्कड़ B. कड़
C. अड़ D. ड़

32. महावीर स्वामी का जन्म कहाँ हुआ था?
A. पावापुरी B. पारसौली
C. कुशीनगर D. वैशाली

33. स्वच्छंद में कौन-सी संधि है?
A. विसर्ग B. व्यंजन
C. गुण D. दीर्घ

34. महात्मा बुद्ध ने जब बुद्धत्व प्राप्त किया तब उनकी अवस्था कितनी थी?
A. 12 वर्ष B. 80 वर्ष
C. 45 वर्ष D. 35 वर्ष

35. "श्रुति धर्म" का क्या अर्थ है?
A. जैन धर्म B. वैदिक धर्म
C. मुस्लिम धर्म D. बौद्ध धर्म

36. ङ् का उच्चारण स्थान होता है:
A. नासिक्य B. कंठ तलव्य
C. मूर्धन्य D. कंठोष्ठय

37. 'चार गज मलमल' में कौन-सा विशेषण है?
A. संख्यावाचक B. सार्वनामिक
C. परिमाणबोधक D. गुणवाचक

38. 'समास' का विलोम क्या है?
A. व्यास B. साहसिक
C. समस्या D. सामासिक

39. 'सुन्न' का तत्सम रूप क्या है?
A. सून B. शून्य
C. सूना D. सन्न

40. 'आँख की किरकिरी होने' का अर्थ है:
A. अप्रिय लगना B. बहुत प्रिय होना
C. कष्टदायक होना D. धोखा देना

41. निम्न में से किस शब्द की वर्तनी सही है?
A. अनुग्रहीत B. अनुग्रहित
C. अनग्रहीत D. अनुगृहीत

42. निम्नलिखित में शुद्ध शब्द है:
A. पैत्रिक B. पैत्रक
C. पैतरिक D. पैतृक

43. 'श' ध्वनि का उच्चारण स्थान क्या है?
A. दन्त B. दन्तालु
C. तालु D. मूर्धा

44. 'अत्यंत' शब्द में प्रयुक्त उपसर्ग है:
A. अत् B. अति
C. अत्य D. अ

45. 'उपत्यका' का अर्थ है:
A. सूर्य जिस पर्वत के पीछे से निकलता है
B. पर्वत के पास की भूमि
C. पर्वत का शिखर
D. प्राणियों के पेट का एक अंग

46. निम्नलिखित में मौखिक अभिव्यक्ति का रूप है:
A. शुद्ध वर्तनी B. आशु भाषण
C. श्रुतलेख D. सुलेख

47. हिन्दी भाषा की बोलियाँ हैं:
A. 15 B. 22
C. 18 D. 25

48. 'सामाजिक' शब्द में मूल शब्द और प्रत्यय है:
A. सामाज + इक B. समाज + इक
C. सा + माजिक D. सामा + जिक

49. 'तद्भव' पत्रिका के सम्पादक का नाम है:
A. लीलाधर जगूड़ी B. अखिलेश
C. हरे प्रकाश उपाध्याय D. विश्वनाथ प्रसाद तिवारी

50. 'बारह बरस लौ कूकर जीवै, अरु तेरह लौ जियै सियार– यह पंकित किसकी है?
A. विद्यापति B. जगनिक
C. नरपति नाल्ह D. चन्दवरदाई

51. 'अकाल' का पर्यायवाची है:
A. दुर्भिक्ष B. अपरिहार्य
C. अँधियारा D. अक्षत

52. निम्नलिखित वाक्यों में कौन-सा मिश्र वाक्य है?
A. अध्यापकों के सम्मुख छात्र पढ़ते हैं।
B. क्या अध्यापकों के सम्मुख छात्र पढ़ते हैं।
C. अध्यापक देखते हैं कि छात्र पढ़ते हैं।
D. छात्र पढ़ते हैं और अध्यापक उन्हें देखते हैं।

53. 'जिसकी पूर्व से कोई आशा न हो' के लिए एक शब्द है:
A. प्रत्याशा B. अनाहूत
C. अपरिमेय D. अप्रत्याशित

54. 'मुझसे उठा नहीं गया' वाक्य में वाच्य है:
A. कर्तृवाच्य B. इनमें से कोई नहीं
C. भाववाच्य D. कर्मवाच्य

55. 'निष्कपट' शब्द का संधि-विच्छेद है:
A. निः + कपट B. निश् + कपट
C. नि + कपट D. निष् + कपट

56. इस देश में हिन्दी भाषा का प्रयोग लिखने एवं बोलने में किया जाता है:
A. ऑस्ट्रेलिया B. मारीशस
C. पाकिस्तान D. दक्षिण अमेरिका

57. 'सूर सागर' किस भाषा की रचना है?
A. अवधी
B. छत्तीसगढ़ी
C. ब्रज
D. बुन्देली

58. 'वीरों का कैसा हो वसंत' कविता किसकी लिखी है?
A. सुमित्रा कुमारी चौहान
B. रामधारी सिंह दिनकर
C. माखनलाल चतुर्वेदी
D. सुभद्रा कुमारी चौहान

59. 'क्षेत्रीय' में कौन-सा विशेषण है?
A. गुणवाचक
B. सार्वनामिक
C. परिमाण बोधक
D. संख्यावाचक

60. 'चौराहा' शब्द में समास है :
A. कर्मधारय समास
B. अव्ययीभाव समास
C. द्विगु समास
D. द्वंद्व समास

भाग-III

LANGUAGE-II : ENGLISH

61. What kind of adjectives are used in the following sentence?

A live ass is better than a dead lion.
A. Descriptive
B. Quality
C. Indefinite
D. Quantity

62. Which of the following has been misspelt?
A. deciduous
B. entrance
C. governence
D. ambiguous

63. Pick out the correct synonym of the word:

attenuate
A. repent
B. make thin
C. divide
D. force

64. Pick the sentence with the correct conjunction:
A. No sooner had we reached the station but the train left.
B. No sooner had we reached the station and the train left.
C. No sooner had we reached the station when the train left.
D. No sooner had we reached the station than the train left.

65. Pick out the suitable antonym of the given word:

judicious
A. imprudent
B. careful
C. silly
D. sagacious

66. The meaning of the idiom "to put out" is:
A. To postpone
B. To go out
C. To extinguish
D. To wait

67. The sentence: "This is the house in which I was born", is:
A. A simple sentence
B. A compound-complex sentence
C. A complex sentence
D. A compound sentence

68. Fill in the blank:

'The objection was met out ____ the lawyer'.
A. with
B. from
C. by
D. to

69. Fill in the blank:

"______ of playing, the children went home".
A. Being tired
B. While tiring
C. Having tired
D. On tiring

70. Join the following sentence to make a simple sentence:

The coffee isn't too strong. It won't keep awake.
A. The coffee isn't too strong to keep us awake.
B. The coffee isn't too strong so as to keep us awake.
C. The coffee isn't too strong so it won't keep us awake.
D. The coffee isn't too strong and will not keep us awake.

71. Complete the following sentence with correct Conjunction:

______ he had not paid his bill, his electricity was cut off.
A. But
B. As
C. Unless
D. Either

72. Choose the correct figure of speech in the following sentence:

Death lays his icy hand on Kings.
A. Metaphor
B. Simile
C. Apostrophe
D. Personification

73. Choose the proper sequence to complete the following:

The guide said that
P. nowhere in the world
Q. a fairer building
R. you will find
S. than the Taj Mahal.

The proper sequence should be:
A. R Q P S
B. R Q S P
C. P S Q R
D. P R Q S

74. Give the meaning of the following proverb:

A bird in hand is worth two in a bush.

A. To catch two birds with your hands.
B. To trap birds in bushes.
C. It is better to be satisfied with what you have than to try to get what is not yours.
D. To be dissatisfied with what you have.

75. Choose the correct option to complete the sentence:

I ______ him since we met a year ago.

A. didn't see B. not saw
C. hadn't seen D. haven't seen

76. Who are the earliest known inhabitants of Antarctica?

A. American Scientists
B. It is has always been a desert
C. Dinosaurs
D. Indian Scientists

77. Which of the following words is a Adverb?

A. Apace B. Fury
C. Meek D. Face

78. Fill in the blank with suitable Pronoun:

My son and my daughter are very fond of ______.

A. herself B. himself
C. themselves D. each other

79. Which of the following is an example of Metaphor?

A. He is a big donkey.
B. My heart leaps up when I behold a rainbow in the sky.
C. The bitter-sweet memories of childhood are a source of great pleasure.
D. The face of the child is as soft as the petals of a rose.

80. Choose the correct option:

Study of population is known as:

A. Ecology B. Genealogy
C. Demography D. Astronomy

81. Transform the following into a Direct sentence:

'I asked Sheela if I might know her father'.

A. I said to Sheela, "May I know your father?"
B. I questioned Sheela, "Will I know your father?"
C. I asked Sheela, "Can I know your father?"
D. I told Sheela, "May I know your father?"

82. The idiom 'To ring one's own bell' means:

A. to think properly
B. to indulge in self praise
C. to commit a theft
D. to be one's publicity agent

Direction (Q.No. 83 to 90): *Read the passage below and answer the questions that follow by selecting the most appropriate option:*

The children of M.G. Vidyalaya, had a wonderful time yesterday. They were captivated by the speed, agility and showmanship of magician, Kim Rathod. The children watched him spell-bound for two hours. All that broke the silence was a gasp of astonishment or the sound of spontaneous applause, appreciating a trick. Out of his magic wand came flowers, ribbons and garlands of every possible colour and seemingly unending length. It came in such quick succession that everyone was left gasping. One or two young children came up to examine the thin stick wondering how it could hold so much. They were really frustrated. As if that was not magical enough he made a rabbit pop out of an empty wooden box. It went hopping around the stage. It was soon put back into the box and seconds later, he pulled out a rat, soft, white and squeaking. The little ones seemed a little frightened by this, while the others clapped and cheered loudly. This was the grand finale.

The children did not want it to end. They shouted 'encore', 'once more'. But Kim gave them a bright smile and vanished from the scene. The children were left searching here and there for him. Then they walked out excitedly recounting what they had seen and how wonderful it was. One of the boys Ravi declared loudly, it was the best magic show of the century.

83. What does 'encore' mean?

A. Never B. Now
C. Once more D. Try

84. What did Kim do in the end?

A. Performed the act once again
B. Sat down
C. Never performed the trick
D. Smiled and disappeared

85. What does 'Century' denote?

A. A period of one year
B. A period of hundred years
C. A period of fifty years
D. A period of ten years

86. What is the magician's name?

A. M.G. Vidyalaya B. Kiran Rathod
C. Kim Rathod D. Ravi

87. What is the meaning of 'captivated'?

A. Astonished B. Angered
C. Arrested D. Honoured

88. What is the meaning of 'spontaneous'?

A. Happening suddenly
B. Continuous
C. Never
D. Always

89. What is a 'Wand'?

A. Stick B. Box
C. Hat D. Cloth

90. What is the meaning of 'hopping'?

A. Running B. Singing
C. Standing D. Jumping

भाग-IV

गणित

91. यदि $\frac{a}{3}=\frac{b}{4}=\frac{c}{7}$ हो, तो $\frac{a+b+c}{c}$ का मान होगा :

A. $\sqrt{2}$ B. $\frac{1}{\sqrt{7}}$

C. 2 D. 7

92. यदि 5 जनवरी, 1991 को शनिवार था, तो 3 मार्च, 1992 को सप्ताह का कौन-सा दिन होगा?

A. शनिवार B. मंगलवार

C. रविवार D. सोमवार

93. हल कीजिए : $\left[\left\{\left(\frac{1}{3}\right)^{-3}-\left(\frac{1}{4}\right)^{-2}\right\}\div\left(\frac{1}{4}\right)^{-3}\right]$.

A. $\frac{11}{64}$ B. $\frac{1}{16}$

C. $\frac{3}{64}$ D. $\frac{5}{24}$

94. एक त्रिभुज की रचना करने के लिए संभव भुजाएं हैं :

A. 6 सेमी, 3 सेमी, 3 सेमी

B. 6.3 सेमी, 5.9 सेमी, 4.6 सेमी

C. 6.5 सेमी, 105 सेमी, 39 सेमी

D. 3.5 सेमी, 9.2 सेमी, 5.3 सेमी

95. $\sqrt{3}, \sqrt[3]{4}, \sqrt[4]{5}$ को आरोही क्रम में व्यवस्थित कीजिए।

A. $\sqrt{3}, \sqrt[3]{4}, \sqrt[4]{5}$ B. इनमें से कोई नहीं

C. $\sqrt[4]{5}, \sqrt[3]{4}, \sqrt{3}$ D. $\sqrt[3]{4}, \sqrt{3}, \sqrt[4]{5}$

96. यदि अवरोही क्रम में रखे गए आँकड़ों के दोनों छोरों से प्रेक्षण हटाए जाते हैं, तो केंद्रीय प्रवृत्ति के कौन-से मापक प्रभावित होते हैं?

A. माध्य और माध्यक

B. बहुलक और माध्यक

C. माध्य और बहुलक

D. माध्य, माध्यक और बहुलक

97. 5 सेमी बाजू वाले एक घन के सभी फलकों पर रंग लगाया जाता है। यदि इसे 1 सेमी^{3} वाले घनों में काटा जाता है, तो 1 सेमी^{3} वाले कितने घनों में केवल एक ही फलक पर रंग होगा?

A. 142 B. 54

C. 42 D. 27

98. पंचभुज के अन्तःकोणों का योग ज्ञात कीजिए।

A. 450° B. 540°

C. 360° D. 180°

99. एक खंभे का $\frac{4}{7}$ भाग कीचड़ में धंसा है। जब धंसे हुए का $\frac{1}{3}$ भाग बाहर खींचा जाता है, तो पाया गया कि 8 मीटर माप का खंभा अभी भी कीचड़ में है। खंभे की पूरी माप क्या होगी?

A. 21 मीटर B. 12 मीटर

C. 30 मीटर D. 25 मीटर

100. A और B किसी काम को 12 दिन में करते हैं। B और C उसी काम को 15 दिन में करते हैं। C और A उसी काम को 20 दिन में करते हैं। A अकेले उसी काम को कितने दिन में कर सकता है?

A. 10 दिन B. 40 दिन

C. 30 दिन D. 20 दिन

101. $\frac{14}{33}, \frac{42}{55}, \frac{21}{22}$ का महत्तम समापवर्तक है :

A. $\frac{7}{330}$ B. $\frac{330}{17}$

C. $\frac{330}{7}$ D. $\frac{17}{330}$

102. $\left(7+2\sqrt{10}\right)$ का वर्गमूल है :

A. $\left(\sqrt{6}+1\right)$ B. $\left(2+\sqrt{5}\right)$

C. $\left(\sqrt{2}+\sqrt{5}\right)$ D. $\left(\sqrt{3}+2\right)$

103. एक वर्ग और एक समबाहु त्रिभुज की एक भुजा उभयनिष्ठ है। यदि त्रिभुज की एक भुजा 4/3 सेमी लंबी है, तो इस आकृति का परिमाप क्या होगा?

A. $6\frac{2}{3}$ सेमी B. $5\frac{1}{3}$ सेमी

C. $\frac{16}{9}$ सेमी D. $\frac{16}{9}\left(\frac{\sqrt{3}}{4}+1\right)$ सेमी

104. निम्नलिखित में से कौन-सी संख्या 99 से विभाजित होती है?

A. 114345 B. 3572406

C. 913462 D. 135792

105. π क्या है?

A. परिमेय संख्या

B. पूर्णांक

C. अभाज्य संख्या

D. अपरिमेय संख्या

106. यदि $10^{3x} = 125$ हो, तो 10^{-2x} का मान होगा :

A. $\frac{1}{5}$ B. $\frac{1}{25}$

C. $-\frac{1}{25}$ D. 25

107. 16075 को किसी संख्या से भाग देने पर भागफल 167 तथा शेषफल 43 प्राप्त होता है, तो भाजक होगा :

A. 76 B. 86
C. 96 D. 56

108. 50 से छोटे धन पूर्णांकों में अभाज्यों की संख्या है :

A. 14 B. 25
C. 16 D. 15

109. दो संख्याओं में से बड़ी संख्या का दुगुना छोटी संख्या के पाँच गुन से 3 ज्यादा है तथा बड़ी संख्या के चार गुने और छोटी संख्या के तीन गुने का योग 71 है। वे संख्याएँ क्या हैं?

A. 43, 8 B. 17, 1
C. 14, 5 D. 11, 9

110. एक वर्ग का क्षेत्रफल जिसकी एक भुजा 8 सेमी है, उस आयत के क्षेत्रफल के बराबर है जिसकी लंबाई 16 सेमी है। आयत की चौड़ाई ज्ञात करें।

A. 4 सेमी B. 12 सेमी
C. 6 सेमी D. 8 सेमी

111. यदि किसी वस्तु का क्रय मूल्य उसके विक्रय मूल्य का $\frac{3}{2}$ है, तो लाभ या हानि प्रतिशत है :

A. $33\frac{1}{3}\%$ लाभ B. $33\frac{1}{8}\%$ लाभ

C. $33\frac{1}{8}\%$ हानि D. $33\frac{1}{3}\%$ हानि

112. 121012 को 12 से भाग देने पर, शेषफल है :

A. 0 B. 4
C. 3 D. 2

113. $(378 \times 236 \times 459 \times 312)$ के गुणनफल में इकाई का अंक होगा :

A. 6 B. 4
C. 2 D. 8

114. दिए आँकड़ों का माध्य यदि 4.5 है, तो उसका माध्यक क्या होगा?

5, 7, 7, 8, x, 5, 4, 3, 1, 2

A. 5.5 B. 4.5
C. 5 D. 6

115. सांख्यिकी में 'विचरण का विश्लेषण' नामक विधि का मुख्य श्रेय है :

A. आर.ए. फिशर
B. न्यूटन
C. लाप्लास
D. गाउस

116. ΔABC के मध्य बिन्दु क्रमशः D, E, F हैं। ज्ञात कीजिए निम्न में से कौन-सा कथन सत्य है?

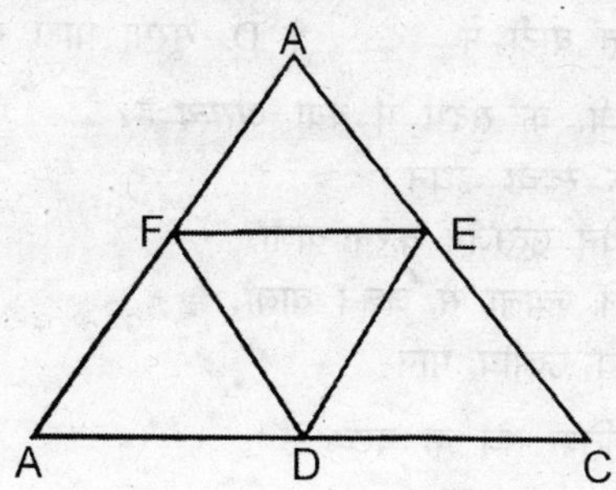

A. ΔDEF का क्षेत्रफल $= \Delta ABC$ का क्षेत्रफल

B. ΔDEF का क्षेत्रफल $= \frac{1}{4}$ ΔABC का क्षेत्रफल

C. ΔDEF का क्षेत्रफल $= \frac{1}{3}$ ΔABC का क्षेत्रफल

D. ΔDEF का क्षेत्रफल $= \frac{1}{2}$ ΔABC का क्षेत्रफल

117. यदि किसी दिये गये आँकड़े का समान्तर माध्य = A, ज्यामितीय माध्य = G तथा हरात्मक माध्य = H हो, तो :

A. $A \leq G \geq H$
B. $A \geq H \geq G$
C. $A \geq G \geq H$
D. $A \leq G \leq H$

118. यदि दो संख्याओं का अंतर तथा गुणनफल क्रमशः 5 तथा 36 हो, तो उनके व्युत्क्रमों का अंतर है :

A. $\frac{5}{36}$ B. $\frac{9}{5}$

C. $\frac{5}{9}$ D. $\frac{31}{36}$

119. बीसवीं सदी के स्वशिक्षित भारतीय गणितीय प्रतिभावान कौन थे?

A. आर्यभट्ट
B. हरीश चन्द्र
C. श्रीनिवास रामानुजन
D. श्रीधराचार्य

120. किसी कमरे की चारों दीवारों का क्षेत्रफल 660 $मी^2$ है तथा लंबाई उसकी चौड़ाई की दुगुनी है। यदि कमरे की ऊँचाई 11 मी है, तो उसकी छत का क्षेत्रफल है :

A. 200 $मी^2$ B. 75 $मी^2$
C. 100 $मी^2$ D. 150 $मी^2$

भाग-V

पर्यावरणीय अध्ययन

121. सर्वाधिक जैवविविधता पायी जाती हैं :
A. फूलों की घाटी में B. दोरांग घाटी में
C. शांत घाटी में D. सूरमा घाटी में

122. एल.पी.जी. के संदर्भ में क्या *असत्य* है?
A. एक स्वच्छ ईंधन
B. मिथेन उत्सर्जन करने वाला
C. नीले ज्वाला से जलने वाला
D. उच्च उष्मीय मान

123. पारिस्थितिक तंत्र के घटक हैं :
A. पौधे तथा जन्तु
B. उत्पादक, उपभोक्ता व अपघटक
C. उत्पादक व उपभोक्ता
D. जैविक तथा अजैविक पदार्थ

124. मकर रेखा है :
A. $23\frac{1}{2}^{\circ}$ B. 23° S
C. $23\frac{1}{2}^{\circ}$ S D. $23\frac{1}{2}^{\circ}$ N

125. "इकोसिस्टम" शब्द का प्रयोग सर्वप्रथम किसने किया?
A. डॉ. आर.डी. मिश्रा B. डॉ. विटाकर
C. डॉ. ऊडम D. डॉ. ए.जी. टान्स्ले

126. निम्न में से कहाँ आर्सेनिक द्वारा जल-प्रदूषण सर्वाधिक है?
A. उत्तर प्रदेश में B. पश्चिम बंगाल में
C. बिहार में D. मध्य प्रदेश में

127. भारत में पश्चिमी घाट के दक्खन शुष्क हैं, क्योंकि :
A. निम्न ताप प्रभाव है B. दाब प्रभाव है
C. रेन शैडो प्रभाव है D. उच्च तुंगता प्रभाव है

128. वन्यजीव सुरक्षा अधिनियम पारित किया गया था :
A. 1960 ई. में B. 1975 ई. में
C. 1972 ई. में D. 1962 ई. में

129. वायुमंडल की ऊपरी सीमा पर प्रति इकाई क्षेत्र में प्राप्त होने वाली सौर्य-विकिरण कहलाती है :
A. सूर्यातप B. ऊष्मा बजट
C. सौर्य स्थिरांक D. सौर्य ऊर्जा

130. किस देश के संविधान से मौलिक कर्त्तव्य लिया गया है?
A. जर्मनी B. यू.एस.एस.आर
C. यू.एस.ए. D. यूनाइटेड किंगडम

131. घास भूमि क्षेत्र के परितंत्र के खाद्य शृंखला में सबसे उच्च स्तर का उपभोक्ता होता है :
A. शाकाहारी
B. शाकाहारी व माँसाहारी दोनों
C. जीवाणु
D. माँसाहारी

132. वायुमंडल का प्रमुख स्तर जो पृथ्वी के सबसे पास है :
A. समतापमंडल B. आयनमंडल
C. मध्यमंडल D. क्षोभमंडल

133. भारतीय संसद द्वारा जैवविविधता अधिनियम पारित किया गया था :
A. 11 मई, 1972 B. 11 दिसंबर, 2002
C. 16 अक्टूबर, 1990 D. 10 दिसंबर, 1980

134. निम्नलिखित में से कौन-सी कृषि करने की प्रक्रिया पर्यावरण संरक्षण में सहायक है?
A. शिफ्टिंग खेती
B. जैविक खेती
C. अधिक उपज वाली किस्म की खेती
D. ग्लास हाउस में पौधे लगाना

135. अम्लीय वर्षा संबंधित है :
A. हाइड्रोक्लोरिक एसिड से B. बोरिक अम्ल
C. ऐसिटिक एसिड से D. सल्फ्यूरिक एसिड से

136. डब्ल्यू.डब्ल्यू.एफ. से आशय है :
A. वर्ल्ड वाइड फंड
B. वर्ल्ड वॉच फंड
C. वर्ल्ड वाइल्डलाइफ फंड
D. वर्ल्ड वॉर फंड

137. फूलों की घाटी अवस्थित है :
A. जम्मू-कश्मीर में B. उत्तराखंड में
C. सिक्किम में D. हिमाचल प्रदेश में

138. भारत में निम्नलिखित में से कौन-सी एजेंसी मुख्य रूप से प्रदूषण के मापन से संबंधित है?
A. ग्रीन ट्रिब्यूनल
B. सर्वे ऑफ इण्डिया
C. केन्द्रीय जल आयोग
D. केन्द्रीय प्रदूषण नियंत्रण बोर्ड

139. 'कोटोपाक्सी' एक जागृत ज्वालामुखी है, जो अवस्थित है :
A. सिसिली में B. रॉकीज में
C. एण्डीज में D. हवाई में

140. तिब्बत की सांगपो नदी भारत में जानी जाती है :
A. गंगा B. सिन्धु
C. ब्रह्मपुत्रा D. यमुना

141. ध्रुव तारा कहा जाता है :
A. उत्तरी तारे को B. पश्चिमी तारे को
C. पूर्वी तारे को D. दक्षिण तारे को

142. भारत में 'प्रोजेक्ट टाइगर' प्रारंभ किया गया था :
A. 1972 ई. B. 1985 ई.
C. 1981 ई. D. 1973 ई.

143. कान्हा राष्ट्रीय उद्यान भारत के किस राज्य में स्थित है?
A. पश्चिम बंगाल B. गुजरात
C. तमिलनाडु D. मध्य प्रदेश

144. लखनऊ समझौता (1916) किन दो के मध्य हुआ था?
A. कांग्रेस व मुस्लिम लीग के मध्य
B. नरम दल व गरम दल के मध्य
C. ब्रिटिश व भारतीयों के मध्य
D. हिन्दू व मुस्लिम के मध्य

145. जंगली गदहों का अभयारण्य कहाँ है?
A. राजस्थान में B. बिहार में
C. मध्य प्रदेश में D. गुजरात में

146. कार्बन डेटिंग संदर्भित करता है :
A. चट्टानों की शक्ति मापन
B. इनमें से सभी
C. श्वेत पट्ट पर लिखने के लिये कार्बन का प्रयोग
D. प्राचीन स्थलों में मौजूद हड्डियों या सामग्रियों के आयु मापन

147. संविधान सभा ने कब राष्ट्रीय गान को अपनाया?
A. 20 जनवरी, 1950
B. 13 नवंबर, 1949
C. 21 मई, 1949
D. 24 जनवरी, 1950

148. बायोमैग्निफिकेशन है :
A. समय के साथ उत्तक में विषैले पदार्थ की बढ़ती सांद्रता
B. इनमें से सभी
C. कम्प्यूटर द्वारा चित्र के आकर में वृद्धि
D. जीव के आकार में वृद्धि

149. निम्नलिखित में से कौन जैवमंडल का अजैविक घटक ***नहीं*** है?
A. प्रोटीन B. फॉस्फोरस
C. कवक D. मृदा

150. ग्रीन पीस इंटरनेशनल का मुख्यालय अवस्थित है :
A. न्यूयार्क में B. नागासाकी में
C. ऐम्स्टडैम में D. सिडनी में

उत्तरमाला

1	2	3	4	5	6	7	8	9	10
B	D	C	D	D	A	D	C	A	D
11	**12**	**13**	**14**	**15**	**16**	**17**	**18**	**19**	**20**
D	C	C	A	B	A	D	A	A	D
21	**22**	**23**	**24**	**25**	**26**	**27**	**28**	**29**	**30**
A	D	C	B	C	D	A	D	D	D
31	**32**	**33**	**34**	**35**	**36**	**37**	**38**	**39**	**40**
A	D	B	D	B	A	C	A	B	A
41	**42**	**43**	**44**	**45**	**46**	**47**	**48**	**49**	**50**
D	D	C	B	B	B	C	B	B	B
51	**52**	**53**	**54**	**55**	**56**	**57**	**58**	**59**	**60**
A	C	D	C	A	B	C	D	A	C
61	**62**	**63**	**64**	**65**	**66**	**67**	**68**	**69**	**70**
A	C	B	D	A	C	C	C	A	A
71	**72**	**73**	**74**	**75**	**76**	**77**	**78**	**79**	**80**
B	D	D	C	D	B	A	D	A	C
81	**82**	**83**	**84**	**85**	**86**	**87**	**88**	**89**	**90**
A	B	C	D	B	C	A	A	A	D
91	**92**	**93**	**94**	**95**	**96**	**97**	**98**	**99**	**100**
C	B	A	B	C	C	B	B	A	C
101	**102**	**103**	**104**	**105**	**106**	**107**	**108**	**109**	**110**
A	C	A	A	D	B	C	D	C	A
111	**112**	**113**	**114**	**115**	**116**	**117**	**118**	**119**	**120**
D	B	B	B	A	B	C	A	C	A

121	122	123	124	125	126	127	128	129	130
C	B	D	C	D	B	C	C	C	B
131	132	133	134	135	136	137	138	139	140
D	D	B	B	D	C	B	D	C	C
141	142	143	144	145	146	147	148	149	150
A	D	D	A	D	D	D	A	C	C

व्याख्यात्मक उत्तर

1. कोहलर का संबंध अधिगम के अंतर्दृष्टि सिद्धांत से है। उन्होंने चिपैंजी पर प्रयोग करके बताया कि सीखना केवल प्रयास-त्रुटि से नहीं, बल्कि परिस्थिति को समग्र रूप से समझकर भी होता है। इसलिए कोहलर अधिगम सिद्धांत से संबंधित हैं।

2. मैकडूगल ने मानव व्यवहार की व्याख्या मूल प्रवृत्तियों के आधार पर की। उनके अनुसार मूल प्रवृत्तियों की संख्या 14 मानी जाती है। ये मूल प्रवृत्तियाँ व्यवहार को दिशा और प्रेरणा प्रदान करती हैं।

3. मानसिक उद्वेलन प्रतिमान का प्रयोग मुख्यतः सृजनात्मकता के विकास के लिए किया जाता है। इसमें विद्यार्थी स्वतंत्र रूप से अनेक विचार प्रस्तुत करते हैं। इससे मौलिकता, प्रवाह और लचीले चिंतन का विकास होता है।

4. पावलाव ने शास्त्रीय अनुबंधन का प्रयोग कुत्ते पर किया था। उन्होंने घंटी और भोजन के बीच संबंध स्थापित करके लार स्राव की प्रतिक्रिया का अध्ययन किया। इसलिए 'कुत्ता' पावलाव के प्रयोग में विषयी था।

5. मौलिकता, नमनीयता और प्रवाह सृजनात्मकता के प्रमुख घटक हैं। मौलिकता नए विचारों से, नमनीयता अलग-अलग दृष्टिकोण अपनाने से और प्रवाह अधिक विचार उत्पन्न करने की क्षमता से संबंधित है।

6. युयुत्सा का अर्थ संघर्ष या लड़ने की प्रवृत्ति से है। मैकडूगल ने इसे मूल प्रवृत्तियों में शामिल किया। यह व्यक्ति को विरोध, संघर्ष या आत्मरक्षा की दिशा में प्रेरित करती है।

7. बालकों का सामाजिक विकास परिवार, विद्यालय, मित्र समूह, समुदाय और सांस्कृतिक वातावरण से अधिक प्रभावित होता है। ये सभी सामाजिक परिवेशजन्य तत्व हैं, जो बालक के व्यवहार, सहयोग, अनुशासन और सामाजिक संबंधों को आकार देते हैं।

8. शारीरिक विकास में यह देखा जाता है कि विकास की गति जीवन के विभिन्न चरणों में समान नहीं रहती। प्रारम्भिक बाल्यावस्था में वृद्धि बहुत तेज होती है, फिर कुछ समय धीमी हो जाती है, और किशोरावस्था में पुनः तीव्र हो जाती है। इस परिवर्तनशील गति को द्रुतगामी विकास का नियम कहा जाता है, जो शारीरिक विकास का एक प्रमुख सिद्धांत है।

9. विकास के प्रमुख सिद्धांतों में समान प्रतिमान (सभी में समान क्रम), परस्परसंबंध (विभिन्न पक्ष एक-दूसरे से जुड़े होते हैं) तथा निरंतरता (विकास लगातार चलता रहता है) शामिल हैं। 'अनुकूलित प्रत्यावर्तन'' व्यवहार या अधिगम से संबंधित है, न कि विकास के सिद्धांत के रूप में मान्य है।

10. हरलाक ने विकास को एक प्रगतिशील प्रक्रिया माना जिसमें समय के साथ नई विशेषताएँ और नई योग्यताएँ विकसित होती हैं। उनका यह कथन विकास की प्रकृति को स्पष्ट करता है कि यह केवल आकार में वृद्धि नहीं, बल्कि गुणात्मक परिवर्तन भी है।

11. जब हम पूर्व अनुभवों के आधार पर किसी संवेदना को अर्थ देते हैं, तो यह प्रत्यक्षीकरण कहलाता है। उदाहरण के लिए, आँखों से प्राप्त संकेतों को मस्तिष्क पूर्व ज्ञान के आधार पर पहचानता है। यह प्रक्रिया संवेदना को अर्थपूर्ण बनाती है।

12. थॉर्नडाइक ने प्रयास और भूल का सिद्धांत प्रस्तुत किया। उन्होंने बिल्ली के पिंजरे वाले प्रयोग से सिद्ध किया कि सीखना बार-बार प्रयास करने और गलतियों को सुधारने से होता है। सफल प्रतिक्रिया धीरे-धीरे स्थायी बन जाती है।

13. बुद्धि लब्धि (IQ) के वर्गीकरण में 90 से 109 के बीच का स्तर औसत बुद्धि का माना जाता है। इस श्रेणी के बालक सामान्य बौद्धिक कार्यों को उचित रूप से करने में सक्षम होते हैं।

14. कैटेल ने बुद्धि को दो भागों में विभाजित किया–तरल (Fluid) और स्फटिकीय (Crystallized) बुद्धि। तरल बुद्धि नई समस्याओं को हल करने की क्षमता से संबंधित होती है और यह जन्मजात होती है, जबकि स्फटिकीय बुद्धि अनुभव पर आधारित होती है।

15. स्किन्नर ने क्रिया प्रसूत अधिगम (Operant Conditioning) का सिद्धांत दिया। इसमें व्यवहार को उसके परिणामों के आधार पर सुदृढ़ या कमजोर किया जाता है। पुरस्कार और दंड के माध्यम से सीखने की प्रक्रिया को समझाया जाता है।

16. ब्लू प्रिंट परीक्षण निर्माण का एक अत्यंत महत्वपूर्ण घटक है क्योंकि यह प्रश्नपत्र की रूपरेखा तैयार करता है। इसमें यह निर्धारित किया जाता है कि किन विषयों से कितने प्रश्न होंगे, उनका स्तर क्या होगा और किन उद्देश्यों को मापा जाएगा। इससे परीक्षण संतुलित, उद्देश्यपूर्ण और वैध बनता है।

17. पियाजे ने संज्ञानात्मक विकास का सिद्धांत दिया जिसमें पूर्वसंक्रिया अवस्था (Pre-operational stage) का वर्णन किया गया है। यह अवस्था लगभग 2 से 7 वर्ष तक होती है, जिसमें बच्चा प्रतीकों का प्रयोग करता है लेकिन तार्किक सोच पूरी तरह विकसित नहीं होती। यह अवस्था संज्ञानात्मक विकास का एक महत्वपूर्ण चरण है।

18. एम.पी.पी.आई (MMPI) एक प्रसिद्ध व्यक्तित्व परीक्षण है जिसका उपयोग व्यक्तित्व के विभिन्न पहलुओं को मापने के लिए किया जाता है। इसमें व्यक्ति के व्यवहार, भावनाओं और मानसिक स्थिति का विश्लेषण किया जाता है। यह विशेष रूप से नैदानिक मनोविज्ञान में उपयोगी है।

19. अधिगम के लिए अभिप्रेरणा सबसे आवश्यक तत्व है क्योंकि यह व्यक्ति को सीखने के लिए प्रेरित करती है। बिना प्रेरणा के व्यक्ति में सीखने की इच्छा नहीं होती, जिससे अधिगम की प्रक्रिया प्रभावी नहीं हो पाती। अभिप्रेरणा आंतरिक या बाह्य दोनों प्रकार की हो सकती है।

20. शैशवकाल जीवन का प्रारंभिक चरण होता है जो जन्म से लगभग 2 वर्ष तक माना जाता है। इस अवधि में शारीरिक, संवेगात्मक और संज्ञानात्मक विकास तेजी से होता है। बच्चा अपने परिवेश को समझना और प्रतिक्रिया देना सीखता है।

21. कोहलर ने अपने प्रयोगों द्वारा यह सिद्ध किया कि अधिगम केवल प्रयास-त्रुटि से नहीं होता, बल्कि संपूर्ण परिस्थिति को समझकर अचानक अंतर्दृष्टि (Insight) के माध्यम से होता है। यह अधिगम का गेस्टाल्ट दृष्टिकोण है।

22. हरबर्ट ने पाठ योजना की पंचपद प्रणाली का प्रतिपादन किया जिसमें पाँच चरण होते हैं—तैयारी, प्रस्तुतीकरण, तुलना, सामान्यीकरण और अनुप्रयोग। यह शिक्षण को व्यवस्थित और प्रभावी बनाने में सहायक होती हैं।

23. कैनन ने ग्रंथियों (endocrine glands) के आधार पर व्यक्तित्व के प्रकारों की व्याख्या की। उन्होंने बताया कि हार्मोनल संतुलन व्यक्ति के व्यवहार और व्यक्तित्व को प्रभावित करता है, जिससे विभिन्न प्रकार के व्यक्तित्व विकसित होते हैं।

24. 'सृजनात्मकता मौलिक परिणामों को अभिव्यक्त करने की मानसिक प्रक्रिया है' यह कथन क्रो एवं क्रो से संबंधित है। इस परिभाषा में सृजनात्मकता को केवल नई वस्तु बनाने तक सीमित नहीं माना गया है, बल्कि मौलिक विचारों, अभिव्यक्तियों और परिणामों को प्रस्तुत करने वाली मानसिक प्रक्रिया माना गया है।

25. बी.एफ. स्किनर के अनुसार भाषा का विकास व्यवहारवादी सिद्धांत पर आधारित है। बच्चे दूसरों की भाषा का अनुकरण करते हैं और जब उन्हें सही प्रतिक्रिया पर प्रबलन (reinforcement) मिलता है, तो वे उसी व्यवहार को दोहराते हैं। इस प्रकार भाषा सीखना एक अधिगम प्रक्रिया बन जाती है।

26. मैकडूगल ने मूल प्रवृत्तियों को 14 प्रकारों में वर्गीकृत किया। उन्होंने माना कि ये प्रवृत्तियाँ जन्मजात होती हैं और मानव व्यवहार को दिशा प्रदान करती हैं। प्रत्येक प्रवृत्ति के साथ एक विशिष्ट संवेग भी जुड़ा होता है।

27. 'किसी दूसरी वस्तु की अपेक्षा एक वस्तु पर चेतना का केन्द्रीकरण अवधान है' यह कथन डम्विल का है। इस कथन में अवधान की चयनात्मक प्रकृति स्पष्ट होती है, क्योंकि व्यक्ति अनेक उत्तेजनाओं में से किसी एक वस्तु या विचार पर अपनी चेतना को केंद्रित करता है।

28. फ्रांसिस गाल्टन को 'सुजननशास्त्र (Eugenics) का जनक' कहा जाता है। उन्होंने मानव गुणों के वंशानुगत आधार का अध्ययन किया और यह विचार प्रस्तुत किया कि श्रेष्ठ गुणों को बढ़ावा दिया जा सकता है।

29. डॉ. एस. जलोटा ने हिन्दी में 12 से 16 वर्ष के बच्चों के लिए साधारण मानसिक योग्यता परीक्षण का निर्माण किया। यह परीक्षण बच्चों की सामान्य मानसिक क्षमता और बुद्धि स्तर को मापने के लिए उपयोग किया जाता है।

30. स्पीयरमैन ने बुद्धि का द्विकारक सिद्धांत (Two-factor theory) प्रस्तुत किया। इसके अनुसार बुद्धि दो भागों में विभाजित होती है—सामान्य कारक (g) और विशिष्ट कारक (s)। सामान्य कारक सभी प्रकार के कार्यों में प्रयुक्त होता है, जबकि विशिष्ट कारक विशेष कार्यों के लिए होता है।

31. 'घुमक्कड़' शब्द 'घूमना' मूल धातु से बना है, जिसमें 'अक्कड़' प्रत्यय जुड़ता है। इस प्रकार 'घुम. अक्कड़' से 'घुमक्कड़' शब्द बनता है, जो ऐसे व्यक्ति को दर्शाता है जो निरंतर घूमता रहता है। यह प्रत्यय किसी आदत या प्रवृत्ति को प्रकट करने के लिए प्रयुक्त होता है।

32. गद्यांश में स्पष्ट रूप से बताया गया है कि महावीर स्वामी का जन्म वैशाली में हुआ था। उन्होंने जीवनभर भ्रमण किया और अंत में पावा में शरीर त्याग किया। इसलिए सही उत्तर वैशाली है।

33. 'स्वच्छंद' शब्द में व्यंजन संधि होती है। यहाँ 'स्व' और 'छंद' के मेल से शब्द बना है, जिसमें व्यंजनों के मेल से परिवर्तन हुआ है। अतः यह व्यंजन संधि का उदाहरण है।

34. गद्यांश के अनुसार महात्मा बुद्ध ने 35 वर्ष की आयु में ज्ञान (बुद्धत्व) प्राप्त किया। इसके बाद वे 80 वर्ष की आयु तक लगातार भ्रमण करते रहे और धर्म का प्रचार करते रहे।

35. 'श्रुति धर्म' का अर्थ वैदिक धर्म है। श्रुति शब्द वेदों के लिए प्रयुक्त होता है, जिन्हें सुना गया ज्ञान माना जाता है। इसलिए श्रुति धर्म का संबंध वैदिक परंपरा से है।

36. 'ङ्' वर्ण का उच्चारण नासिका से होता है, इसलिए इसे नासिक्य ध्वनि कहा जाता है। यह क-वर्ग का अंतिम वर्ण है और इसके उच्चारण में वायु नासिका से निकलती है। इसलिए इसका स्थान नासिक्य माना जाता है।

37. 'चार गज मलमल' में 'चार गज' वस्तु की माप या परिमाण को दर्शाता है, न कि केवल गिनती को। यहाँ 'गज' एक माप की इकाई है, जिससे मलमल की लंबाई बताई जा रही है। इसलिए यह परिमाणबोधक विशेषण है, क्योंकि यह वस्तु की मात्रा/माप का बोध कराता है, केवल संख्या का नहीं।

38. 'समास' का विलोम 'व्यास' होता है। समास का अर्थ है संक्षेप में कहना, जबकि व्यास का अर्थ विस्तार से कहना होता है। इसलिए दोनों एक-दूसरे के विपरीत अर्थ देते हैं।

39. 'सुन्न' का तत्सम रूप 'शून्य' है। 'सुन्न' तद्भव शब्द है जो 'शून्य' से विकसित हुआ है। दोनों का अर्थ खाली या रिक्त होता है।

40. 'आँख की किरकिरी होना' मुहावरे का अर्थ है किसी को अप्रिय लगना या खटकना। यह उस स्थिति को दर्शाता है जब कोई व्यक्ति या वस्तु पसंद नहीं आती। इसलिए इसका अर्थ अप्रिय होना है।

41. 'अनुगृहीत' शब्द की वर्तनी सही है। इसमें 'गृ' धातु का प्रयोग होता है, जिसका अर्थ होता है कृपा करना या अनुग्रह करना। अन्य विकल्पों में वर्तनी की त्रुटि है।

42. 'पैतृक' शब्द शुद्ध रूप है, जिसका अर्थ होता है पिता से संबंधित या पूर्वजों से प्राप्त। यह 'पितृ' धातु से बना है, इसलिए इसका सही रूप 'पैतृक' होता है। अन्य विकल्पों में वर्तनी त्रुटिपूर्ण है।

43. 'श' ध्वनि का उच्चारण स्थान तालु होता है। यह तालव्य व्यंजन है और इसका उच्चारण जीभ को तालु से लगाकर किया जाता है। इसलिए इसे तालव्य वर्ग में रखा जाता है।

44. 'अत्यंत' शब्द में 'अति' उपसर्ग है। 'अति' का अर्थ होता है बहुत अधिक या अत्यधिक, और यह मूल शब्द 'अंत' के साथ मिलकर 'अत्यंत' बनाता है। यहाँ उपसर्ग के जुड़ने से अर्थ में तीव्रता आती है।

45. 'उपत्यका' का अर्थ पर्वत के पास या पर्वतों के बीच की भूमि होता है। यह वह क्षेत्र होता है जो घाटी के रूप में पाया जाता है। इसलिए यह पर्वतीय क्षेत्र के निकट स्थित भूमि को दर्शाता है।

46. आशु भाषण मौखिक अभिव्यक्ति का एक रूप है, जिसमें व्यक्ति तुरंत बोलकर अपने विचार व्यक्त करता है। यह बोलने की कला से संबंधित है, जबकि अन्य विकल्प लिखित अभिव्यक्ति से जुड़े हैं।

47. हिन्दी भाषा की प्रमुख बोलियाँ लगभग 18 मानी जाती हैं। ये विभिन्न क्षेत्रों में बोली जाती हैं और हिन्दी भाषा की विविधता को दर्शाती हैं। इन बोलियों का सांस्कृतिक और भाषाई महत्व है।

48. 'सामाजिक' शब्द 'समाज' मूल शब्द और 'इक' प्रत्यय से बना है। प्रत्यय जुड़ने से शब्द विशेषण बन जाता है, जिसका अर्थ समाज से संबंधित होता है। यह शब्द संरचना का सही विश्लेषण है।

49. 'तद्भव' पत्रिका के सम्पादक अखिलेश हैं। यह एक महत्वपूर्ण साहित्यिक पत्रिका है जो समकालीन हिन्दी लेखन को प्रस्तुत करती है। अखिलेश इसके प्रमुख संपादक के रूप में जाने जाते हैं।

50. "बारह बरस लौ कूकर जीवै..." यह पंक्ति कवि जगनिक की रचना है। यह वीर रस की परंपरा से संबंधित है और इसमें जीवन के साहस और वीरता का वर्णन मिलता है।

51. 'अकाल' का अर्थ होता है खाद्यान्न की कमी या भयंकर सूखा, जिसके कारण लोगों को भोजन नहीं मिल पाता। 'दुर्भिक्ष' भी इसी स्थिति को दर्शाता है जहाँ भुखमरी फैल जाती है। इसलिए 'अकाल' का सही पर्यायवाची 'दुर्भिक्ष' है।

52. यह मिश्र वाक्य है क्योंकि इसमें एक मुख्य वाक्य और एक आश्रित उपवाक्य होता है। 'कि छात्रा पढ़ते हैं' आश्रित उपवाक्य है जो मुख्य वाक्य पर निर्भर करता है। इसलिए यह मिश्र वाक्य की श्रेणी में आता है।

53. 'जिसकी पूर्व से कोई आशा न हो' का अर्थ होता है ऐसा जो पहले से अपेक्षित न हो। 'अप्रत्याशित' शब्द इसी अर्थ को व्यक्त करता है। यह शब्द अचानक या बिना उम्मीद के होने वाली घटना को दर्शाता है।

54. 'मुझसे उठा नहीं गया' वाक्य में कर्ता स्पष्ट रूप से क्रिया नहीं कर रहा बल्कि क्रिया के होने या न होने की स्थिति व्यक्त हो रही है। इसमें कार्य का भाव प्रमुख है, इसलिए यह भाववाच्य का उदाहरण है।

55. 'निष्कपट' का संधि-विच्छेद 'निः. कपट' है। यहाँ विसर्ग संधि के कारण 'निः' का 'निष्क' रूप बनता है। इस प्रकार यह शब्द बिना कपट या छल के अर्थ को व्यक्त करता है।

56. मारीशस एक ऐसा देश है जहाँ हिन्दी भाषा का प्रयोग बोलने और लिखने दोनों में किया जाता है। वहाँ भारतीय मूल के लोगों की संख्या अधिक है, जिससे हिन्दी का प्रचार-प्रसार हुआ है।

57. 'सूर सागर' प्रसिद्ध भक्त कवि सूरदास की रचना है, जो ब्रज भाषा में लिखी गई है। ब्रज भाषा में भक्ति साहित्य की समृद्ध परंपरा रही है। इसलिए इसका सही उत्तर ब्रज है।

58. 'वीरों का कैसा हो वसंत' कविता सुभद्रा कुमारी चौहान द्वारा लिखी गई है। यह कविता देशभक्ति और वीरता की भावना से प्रेरित है। इसमें राष्ट्रप्रेम और संघर्ष का भाव प्रकट होता है।

59. 'क्षेत्रीय' शब्द किसी क्षेत्र से संबंध या गुण को व्यक्त करता है, इसलिए यह गुणवाचक विशेषण है। यह संज्ञा के गुण या विशेषता को बताता है, जैसे क्षेत्रीय भाषा, क्षेत्रीय संस्कृति आदि। इसमें संख्या या परिमाण का बोध नहीं होता, बल्कि विशेषता का संकेत होता है।

60. 'चौराहा' (चौराहा) शब्द 'चार' और 'राहाध्राह' से मिलकर बना है, जिसका अर्थ चार रास्तों का मिलन स्थान होता है। इसमें संख्या 'चार' के आधार पर समूह का बोध कराया जाता है, इसलिए यह द्विगु समास का उदाहरण है।

61. In the sentence "A live ass is better than a dead lion," the words 'live' and 'dead' describe the condition or quality of the nouns. Such adjectives express a characteristic or state, which falls under descriptive adjectives. They provide more information about the noun rather than quantity or number.

62. The correct spelling is "governance," not "governence." The other words—deciduous, entrance, and ambiguous—are correctly spelled. Therefore, option C contains the misspelt word.

63. The word "attenuate" means to reduce in force, effect, or thickness. It often refers to making something thinner or weaker. Hence, "make thin" is the correct synonym.

64. The correct correlative conjunction with "No sooner" is "than." This structure shows that one action happened immediately after another. Therefore, option D is grammatically correct.

65. "Judicious" means wise or showing good judgment. Its opposite is "imprudent," which means lacking wisdom or acting without proper judgment. Hence, option A is the correct antonym.

66. The idiom "to put out" means to extinguish, especially in reference to fire or light. It can also mean to stop something from burning. Therefore, option C is correct.

67. The sentence contains one main clause "This is the house" and one subordinate clause "in which I was born." The presence of a dependent clause makes it a complex sentence.

68. The correct phrase is "met out by," indicating that something is administered or delivered by someone. Here, the lawyer is the agent performing the action. Hence, "by" fits correctly.

69. "Being tired of playing" correctly expresses the reason why the children went home. It indicates their state or condition leading to the action. Other options are grammatically incorrect or awkward in usage.

70. 'too…to' structure is commonly used to convert two clauses into a single simple sentence by expressing result in a compact form. Here, "isn't too strong to keep us awake" combines both ideas without using conjunctions like 'and' or 'so'. This makes it a grammatically correct simple sentence with one main clause and an infinitive phrase.

71. The conjunction "As" is used to show cause or reason. The sentence indicates that because he had not paid his bill, the electricity was cut off. Therefore, "As" correctly connects the cause and effect.

72. In the sentence "Death lays his icy hand on Kings," death is given human qualities like having a hand. This attribution of human traits to a non-living concept is called personification. Hence, option D is correct.

73. The correct sequence forms the sentence: "The guide said that nowhere in the world you will find a fairer building than the Taj Mahal." This arrangement maintains logical and grammatical flow. Thus, option D is correct.

74. This proverb emphasizes the value of what one already possesses. It advises against risking a sure thing for uncertain gains. Hence, option C conveys the correct meaning.

75. The phrase "since we met a year ago" indicates present perfect tense. "Haven't seen" correctly expresses an action that has not occurred from the past up to now. Therefore, option D is correct.

76. Antarctica has no native human inhabitants and has always been a frozen desert. It is mainly inhabited temporarily by scientists. Thus, option B is the most appropriate.

77. "Apace" is an adverb meaning quickly or rapidly. The other options—fury (noun), meek (adjective), and face (noun/verb)—are not adverbs. Hence, option A is correct.

78. "My son and my daughter" refers to two people interacting mutually. "Each other" is the correct reciprocal pronoun used for two individuals. Therefore, option D fits appropriately.

79. This is a metaphor because it directly compares a person to a donkey without using "like" or "as." It implies foolishness or stubbornness. Hence, option A is the correct example of metaphor.

80. Demography means the study of population, including its size, growth, distribution, birth rate, death rate and related changes. Ecology studies organisms and environment, Genealogy studies family descent, and Astronomy studies celestial bodies. Therefore, the answer remains Demography.

81. The indirect sentence uses "asked" and "if," so the direct form must be a polite interrogative sentence. "Might" changes suitably into "may" in direct speech, and "her father" changes into "your father." Therefore, option A is the best direct form.

82. "To ring one's own bell" means to praise oneself or boast about one's own qualities and achievements. It is not related to theft or thinking properly. Therefore, the answer remains "to indulge in self praise."

83. In the passage, the children shouted "encore" and "once more" because they wanted the magic show to continue. "Encore" means a repeated or additional performance demanded by the audience. Therefore, option C is correct.

84. The passage clearly says that Kim gave the children a bright smile and vanished from the scene. He did not perform the act again, sit down, or refuse in an ordinary way. Therefore, option D is correct.

85. A century means a period of one hundred years. In the passage, Ravi uses the word to exaggerate how excellent the magic show was. Therefore, option B is correct.

86. The passage directly mentions the magician as Kim Rathod. M.G. Vidyalaya is the school, and Ravi is one of the boys. Therefore, option C is correct.

87. In the passage, "captivated" means deeply attracted, fascinated or held in attention by the magician's performance. Among the given options, "astonished" is the closest suitable meaning because the children were amazed by the tricks. Therefore, option A is the best answer.

88. "Spontaneous" means happening naturally, immediately or without being planned. In the passage, spontaneous applause means the children clapped instantly in appreciation of the trick. Therefore, option A is correct.

89. In the passage, the magician uses a "magic wand" from which flowers, ribbons and garlands appear. A wand is a thin stick used by magicians to perform tricks. Hence, the correct meaning is a stick.

90. The word "hopping" refers to moving by jumping, as described for the rabbit moving around the stage. It indicates small repeated jumps rather than running or standing. Therefore, the correct meaning is jumping.

91. दिया है, $\frac{a}{3} = \frac{b}{4} = \frac{c}{7} = k$ (माना)

$\therefore \quad a = 3k,\ b = 4k,\ c = 7k$

$$\therefore \quad \frac{a+b+c}{c} = \frac{3k+4k+7k}{7k}$$

$$= \frac{14k}{7k} = 2.$$

92. 1991 एक साधारण वर्ष है।

इसलिए, अतिरिक्त दिन = 1

वर्ष का 5वाँ दिन शनिवार था।

$\therefore$ 1992 का 5वाँ दिन शनिवार के बाद होगा

अतः 1992 का 5वाँ दिन रविवार होगा।

अब, 5 जनवरी 1992 + 26 दिन जनवरी + 29 दिन फरवरी + 3 दिन मार्च

= रविवार + 58 दिन

= रविवार + (7 × 8 + 2) दिन

= रविवार + 2 दिन = मंगलवार

अतः 3 मार्च, 1992 को मंगलवार होगा।

93. $$\left[\left\{\left(\frac{1}{3}\right)^{-3} - \left(\frac{1}{4}\right)^{-2}\right\} \div \left(\frac{1}{4}\right)^{-3}\right]$$

$$= [\{(3)^3 - (4)^2\} \div (4)^3]$$

$$= [\{27 - 16\} \div 64]$$

$$= 11 \div 64 = \frac{11}{64}.$$

94. त्रिभुज बनने के लिए दो भुजाओं का योग तीसरी भुजा से अधिक होना चाहिए।

6.3 + 5.9 > 4.6, 5.9 + 4.6 > 6.3 और 6.3 + 4.6 > 5.9, इसलिए इन भुजाओं से त्रिभुज बन सकता है।

95. $\sqrt{3}, \sqrt[3]{4}, \sqrt[4]{5}$

$\Rightarrow (3)^{\frac{1}{2}}, (4)^{\frac{1}{3}}, (5)^{\frac{1}{4}}$

$\Rightarrow (3)^{\frac{1}{2}\times 12}, (4)^{\frac{1}{3}\times 12}, (5)^{\frac{1}{4}\times 12}$

$\Rightarrow 3^6, 4^4, 5^3$

$\Rightarrow 729, 256, 125$

बढ़ते क्रम में

$\therefore 125 < 256 < 729$

$\therefore \sqrt[4]{5} < \sqrt[3]{4} < \sqrt{3}.$

96. आँकड़ों के दोनों छोरों से प्रेक्षण हटाने पर माध्य प्रभावित होता है, क्योंकि माध्य सभी प्रेक्षणों पर निर्भर करता है। बहुलक भी प्रभावित हो सकता है, क्योंकि हटाए गए प्रेक्षणों से किसी मान की आवृत्ति बदल सकती है। माध्यक सामान्यतः चरम मानों को हटाने से कम प्रभावित होता है।

97. $\because$ घन के एक तरफ केवल एक फलक पर रंग वाले घनों की संख्या = 9

$\therefore$ केवल एक फलक पर रंग वाले कुल घनों की संख्या = 9 × 6 = 54.

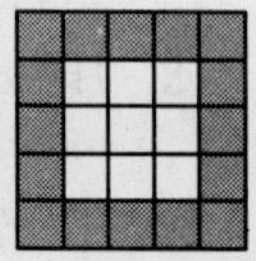

98. किसी n-भुज के अंतःकोणों का योग = $(n-2) \times 180°$ होता है। पंचभुज में $n = 5$, इसलिए योग = $(5 - 2) \times 180° = 3 \times 180° = 540°$ होता है।

99. माना खंभे की पूरी माप = x मीटर

तब, $\frac{4}{7}x - \frac{1}{3}\left(\frac{4}{7}x\right) = 8$

$\Rightarrow \frac{4}{7}x\left(1 - \frac{1}{3}\right) = 8$

$\Rightarrow \frac{4}{7}x \times \frac{2}{3} = 8$

$\Rightarrow x = 8 \times \frac{21}{8}$

$\Rightarrow x = 21$ मीटर।

100. (A + B) का 1 दिन का काम = $\frac{1}{12}$

(B + C) का 1 दिन का काम = $\frac{1}{15}$

(C + A) का 1 दिन का काम = $\frac{1}{20}$

$\therefore$ 2(A + B + C) का 1 दिन का काम

$$= \frac{1}{12} + \frac{1}{15} + \frac{1}{20}$$

$$= \frac{5+4+3}{60} = \frac{12}{60} = \frac{1}{5}$$

$\Rightarrow$ (A + B + C) का 1 दिन का काम = $\frac{1}{5} \times \frac{1}{2} = \frac{1}{10}$

∴ A का 1 दिन का काम = (A + B + C) का 1 दिन का काम − (B + C) का 1 दिन का काम

$$= \frac{1}{10} - \frac{1}{15} = \frac{3-2}{30} = \frac{1}{30}$$

अतः A अकेले उसी काम को 30 दिनों में कर सकता है।

101. $\frac{14}{33}, \frac{42}{55}, \frac{21}{22}$ का म.स.

$$= \frac{14, 42, 21 \text{ का म.स.}}{33, 55, 22 \text{ का ल.स.}} = \frac{7}{330}.$$

102. $7+2\sqrt{10} = 5+2+2\cdot\sqrt{5}\cdot\sqrt{2}$

$$= \left(\sqrt{5}\right)^2 + \left(\sqrt{2}\right)^2 + 2\cdot\sqrt{2}\cdot\sqrt{5}$$

$$= \left(\sqrt{2}+\sqrt{5}\right)^2$$

$\Rightarrow \quad 7+2\sqrt{10} = \left(\sqrt{2}+\sqrt{5}\right)^2$

$\left(7+2\sqrt{10}\right)$ का वर्गमूल

$$= \sqrt{\left[\left(\sqrt{2}\right)+\left(\sqrt{5}\right)\right]^2}$$

$$= \left(\sqrt{2}+\sqrt{5}\right).$$

103. दिया है, समबाहु त्रिभुज की एक भुजा = $\frac{4}{3}$ सेमी.

∴ आकृति का परिमाप = $5\times\frac{4}{3}$ सेमी.

$$= \frac{20}{3} = 6\frac{2}{3} \text{ सेमी.।}$$

104. 99 = 9 × 11

यह संख्या 9 और 11 से भी विभाजित होगी।

एक संख्या 11 से विभाजित होती है जब इकाई अंक से बायीं ओर चलने पर सम स्थान के अंकों का योग तथा विषम स्थानों के अंकों के योग का अंतर 0 या 11 से विभाजित हो।

A. 114345

$\Rightarrow (5 + 3 + 1) - (4 + 4 + 1) = 9 - 9 = 0$

और सभी अंकों का योग

$= 1 + 1 + 4 + 3 + 4 + 5 = 18$

B. 3572406

$\Rightarrow (6 + 4 + 7 + 3) - (0 + 2 + 5) = 20 - 7 = 13$

सभी अंकों का योग

$= 3 + 5 + 7 + 2 + 4 + 0 + 6 = 27$

C. 913462

$\Rightarrow (2 + 4 + 1) - (6 + 3 + 9) = 7 - 18 = -11$

सभी अंकों का योग

$= 9 + 1 + 3 + 4 + 6 + 2 = 25$

D. 135792

$\Rightarrow (2 + 7 + 3) - (9 + 5 + 1) = 12 - 15 = -3$

सभी अंकों का योग

$= 1 + 3 + 5 + 7 + 9 + 2 = 27.$

अतः (A) 114345, 11 और 9 से विभाज्य है।

अतः यह 99 से विभाज्य है।

105. π एक ऐसी संख्या है जिसे भिन्न के रूप में पूर्णतः व्यक्त नहीं किया जा सकता। इसका दशमलव विस्तार अनंत होता है और यह न तो समाप्त होता है और न ही आवर्ती होता है। इसलिए यह परिमेय संख्या या पूर्णांक नहीं हो सकती। इसी कारण च को अपरिमेय संख्या की श्रेणी में रखा जाता है।

106. दिया है, $\quad 10^{3x} = 125$

$\Rightarrow \quad 10^{3x} = 5^3$

$\Rightarrow \quad 10^x = (5^3)^{1/3}$

$\Rightarrow \quad 10^x = 5$

अतः $10^{-2x} = 5^{-2} = \frac{1}{25}.$

107. दिया है, भाज्य = 16075

भागफल = 167

और शेषफल = 43

∵ भाज्य = भाजक × भागफल + शेषफल

∴ 16075 = भाजक × 167 + 43

⇒ भाजक × 167 = 16075 − 43 = 16032

$\Rightarrow \quad \text{भाजक} = \frac{16032}{167} = 96$

अतः भाजक = 96.

108. 50 से छोटे अभाज्य धन पूर्णांक हैं–2, 3, 5, 7, 11, 13, 17, 19, 23, 29, 31, 37, 41, 43, 47।

इनकी कुल संख्या 15 है, इसलिए सही विकल्प 15 है।

109. माना दो संख्याएँ x और y हैं।

तब, $\quad 2x - 5y = 3$

$\Rightarrow \quad 4x - 10y = 6 \quad ...(i)$

और $\quad 4x + 3y = 71 \quad ...(ii)$

(i) को (ii) से घटाने पर

$3y + 10y = 71 - 6$

$\Rightarrow \quad 13y = 65$

$\Rightarrow \quad y = 5$

y का मान (ii) में रखने पर

$4x + 3 \times 5 = 71$

$\Rightarrow \quad 4x + 15 = 71$

$\Rightarrow \quad 4x = 71 - 15$

$\Rightarrow \quad 4x = 56$

$\Rightarrow \quad x = 14$

अतः संख्याएँ है $x = 14$ और $y = 5$.

110. दिया है, वर्ग का क्षेत्रफल = आयत का क्षेत्रफल

⇒ (भुजा)^2 = लम्बाई × चौड़ाई

⇒ $(8)^2$ = 16 × चौड़ाई

$\Rightarrow$ चौड़ाई = $\frac{8^2}{16} = \frac{8 \times 8}{16} = \frac{8}{2} = 4$

अतः आयत की चौड़ाई = 4 सेमी.।

111. माना वस्तु का विक्रय मूल्य ₹ x

तब, वस्तु का क्रय-मूल्य = ₹ $\frac{3}{2}x$

$\therefore$ हानि = क्रय मूल्य – विक्रय मूल्य

$= \frac{3}{2}x - x =$ ₹ $\frac{1}{2}x$

$\therefore$ हानि% = $\frac{\text{हानि} \times 100}{\text{क्रय मूल्य}}$

$= \frac{\frac{1}{2}x \times 100}{\frac{3}{2}x} = \frac{100}{3} = 33\frac{1}{3}\%.$

112. $121012 = 12 \times 10084 + 4$

जब, 121012 को 12 से भाग दिया जाता है

तब शेषफल = 4.

113. दिया है, गुणनफल $= 378 \times 236 \times 459 \times 312$

$\because$ (378×236) में इकाई अंक = 8

और (459×312) में इकाई अंक = 8

$\therefore$ (8×8) में इकाई अंक = 4

अतः $(378 \times 236 \times 459 \times 312)$ में इकाई अंक = 4.

114. दिया है,

माध्य = $\frac{5+7+7+8+x+5+4+3+1+2}{10}$

$\therefore$ $4.5 = \frac{42+x}{10}$

$\Rightarrow$ $42 + x = 45.0$

$\Rightarrow$ $x = 45.0 - 42$

$\Rightarrow$ $x = 3$

अतः दिया गया आँकड़ा

5, 7, 7, 8, x, 5, 4, 3, 1, 2

$\Rightarrow$ 5, 7, 7, 8, 3, 5, 4, 3, 1, 2

बढ़ते क्रम में व्यवस्थित करने पर

$\therefore$ 1, 2, 3, 3, 4, 5, 5, 7, 7, 8

यहाँ, आँकड़ों की संख्या = n = 10 (सम संख्या)

$\therefore$ माध्यिका = $\frac{1}{2}\left[\frac{n}{2}\text{वाँ पद} + \left(\frac{n}{2}+1\right)\text{वाँ पद}\right]$

$= \frac{1}{2}\left[5\text{वाँ पद} + 6\text{वाँ पद}\right]$

$= \frac{1}{2}[4+5] = \frac{9}{2} = 4.5.$

115. सांख्यिकी में 'विचरण का विश्लेषण' अर्थात ANOVA विधि का मुख्य श्रेय आर. ए. फिशर को दिया जाता है। उन्होंने प्रयोगात्मक डिजाइन और सांख्यिकीय विश्लेषण में इस विधि को व्यवस्थित रूप से विकसित किया।

116. D, E, F क्रमशः BC, AC और AB के मध्य बिंदु हैं। मध्य बिंदुओं को जोड़ने पर ΔDEF एक मध्य त्रिभुज (medial triangle) बनाता है।

मध्य त्रिभुज की प्रत्येक भुजा मूल त्रिभुज की संबंधित भुजा की आधी होती है।

अतः, यदि भुजाएँ आधी $\Rightarrow$ क्षेत्रफल का अनुपात = $(1/2)^2 = (1/4)$

इसलिए, ΔDEF का क्षेत्रफल = $1/4 \times \Delta$ABC का क्षेत्रफल।

117. समान्तर माध्य (A), ज्यामितीय माध्य (G) और हरात्मक माध्य (H) के बीच एक मानक असमानता संबंध होता है।

किसी भी धनात्मक संख्याओं के लिए हमेशा $A \geq G \geq H$ होता है।

इसे $AM \geq GM \geq HM$ असमानता कहा जाता है, जो गणित का एक मूलभूत सिद्धांत है।

इसका अर्थ है कि समान्तर माध्य सबसे बड़ा, हरात्मक माध्य सबसे छोटा और ज्यामितीय माध्य इनके बीच में होता है।

118. दिया है, $x - y = 5$ ...(i)

और $xy = 36$

$(x + y)^2 = (x - y)^2 + 4xy$

$= 5^2 + 4 \times 36$

$= 25 + 144 = 169$

$\Rightarrow$ $(x + y)^2 = (13)^2$

$\Rightarrow$ $x + y = 13$ ...(ii)

(i) और (ii) को जोड़ने से

$2x = 18 \Rightarrow x = 9$

x का मान (i) में रखने पर

$\therefore$ $9 - y = 5$

$\Rightarrow$ $y = 9 - 5$

$\Rightarrow$ $y = 4$

अतः उनके व्युत्क्रमों का अंतर

$= \frac{1}{y} - \frac{1}{x} = \frac{1}{4} - \frac{1}{9}$

$= \frac{9-4}{36} = \frac{5}{36}.$

119. बीसवीं सदी के स्वशिक्षित भारतीय गणितीय प्रतिभावान श्रीनिवास रामानुजन थे। उन्होंने संख्या सिद्धांत, अनंत श्रेणियों, विभाजन फलन और मॉक थीटा फलनों में अत्यंत महत्वपूर्ण योगदान दिए।

120. दिया है, $l = 2b$ और $h = 11$ मी.

और कमरे की चारों दीवारों का क्षेत्रफल = 660 मी.^{2}

$2(lh + bh) = 660$

$\Rightarrow$ $2h(l + b) = 660$

$\Rightarrow 2 \times 11(2b + b) = 660 \Rightarrow 22 \times 3b = 660$

$$\Rightarrow 66b = 660$$

$$\Rightarrow \quad b = \frac{660}{66} = 10 \text{ मी.}$$

$$\therefore \quad l = 2b = 2 \times 10 = 20 \text{ मी.}$$

अतः छत का क्षेत्रफल $= l \times b$

$$= 20 \times 10 \text{ मी.}^2 = 200 \text{ मी.}^2.$$

121. भारत में सर्वाधिक जैवविविधता उष्णकटिबंधीय वर्षावनों में पाई जाती है, और केरल की शांत घाटी (Silent Valley) इसका प्रमुख उदाहरण है। यहाँ विविध प्रकार की वनस्पतियाँ, जीव-जंतु और सूक्ष्मजीव पाए जाते हैं। यह क्षेत्र संरक्षित होने के कारण प्राकृतिक संतुलन बनाए रखने में सफल रहा है, जिससे जैव विविधता अत्यधिक समृद्ध बनी रहती है।

122. एल.पी.जी. (Liquefied Petroleum Gas) मुख्यतः प्रोपेन और ब्यूटेन का मिश्रण होता है, न कि मिथेन। यह स्वच्छ ईंधन माना जाता है क्योंकि यह नीली ज्वाला से जलता है और कम प्रदूषण करता है। इसका उष्मीय मान भी उच्च होता है, इसलिए मिथेन उत्सर्जन वाला कथन असत्य है।

123. पारिस्थितिक तंत्र में जीवित (जैविक) और निर्जीव (अजैविक) दोनों घटक शामिल होते हैं। जैविक घटकों में पौधे, जन्तु और सूक्ष्मजीव आते हैं, जबकि अजैविक घटकों में जल, वायु, मृदा, प्रकाश आदि शामिल हैं। दोनों मिलकर ऊर्जा प्रवाह और पोषक चक्र को बनाए रखते हैं।

124. मकर रेखा पृथ्वी के दक्षिणी गोलार्द्ध में स्थित प्रमुख अक्षांश रेखा है। इसका अक्षांशीय मान 23½° दक्षिण होता है। इसलिए इसे 23½° S के रूप में लिखा जाता है।

125. "Ecosystem" शब्द का प्रयोग सबसे पहले ए.जी. टान्स्ले ने 1935 में किया था। उन्होंने इसे जीवों और उनके भौतिक वातावरण के बीच पारस्परिक क्रिया के रूप में परिभाषित किया। यह पारिस्थितिकी का एक मूलभूत सिद्धांत बन गया।

126. भारत में आर्सेनिक द्वारा जल प्रदूषण सबसे अधिक पश्चिम बंगाल में पाया जाता है, विशेषकर गंगा-ब्रह्मपुत्र डेल्टा क्षेत्र में। यहाँ भूजल में आर्सेनिक की मात्रा अधिक है, जो स्वास्थ्य के लिए गंभीर खतरा उत्पन्न करती है।

127. पश्चिमी घाट की पर्वतमाला मानसूनी पवनों को रोकती है, जिससे पश्चिमी ढलानों पर अधिक वर्षा होती है। पूर्वी (दक्कन) भाग वर्षा से वंचित रह जाता है, जिसे रेन शैडो क्षेत्र कहा ज़ाता है। इस कारण यह क्षेत्र अपेक्षाकृत शुष्क रहता है।

128. भारत में वन्यजीव संरक्षण के लिए "वन्यजीव संरक्षण अधिनियम" 1972 में पारित किया गया। इसका उद्देश्य वन्यजीवों और उनके आवासों की रक्षा करना तथा अवैध शिकार और व्यापार को रोकना है।

129. वायुमंडल की ऊपरी सीमा पर प्रति इकाई क्षेत्र में प्राप्त होने वाली सौर विकिरण को सौर्य स्थिरांक कहा जाता है। यह सूर्य से आने वाली ऊर्जा की औसत मात्रा को दर्शाता है, जो पृथ्वी तक पहुँचती है। इसका मान लगभग 1361 W/m^2 माना जाता है और यह जलवायु व ऊर्जा संतुलन को समझने में महत्वपूर्ण है।

130. भारतीय संविधान में मौलिक कर्तव्यों को 42वें संविधान संशोधन (1976) द्वारा जोड़ा गया था। इनका विचार सोवियत संघ (USSR) के संविधान से लिया गया है। यह नागरिकों को राष्ट्र के प्रति अपने दायित्वों का बोध कराते हैं।

131. घासभूमि पारितंत्र की खाद्य श्रृंखला में उत्पादक (घास) → शाकाहारी → माँसाहारी का क्रम होता है। इस श्रृंखला में शीर्ष उपभोक्ता माँसाहारी होते हैं, जो अन्य जीवों का भक्षण करते हैं और खाद्य श्रृंखला के उच्चतम स्तर पर स्थित होते हैं।

132. वायुमंडल का सबसे निचला स्तर क्षोभमंडल है, जो सीधे पृथ्वी की सतह के संपर्क में रहता है। इसमें मौसम संबंधी सभी घटनाएँ जैसे वर्षा, बादल, आँधी आदि घटित होती हैं। इसकी ऊँचाई लगभग 8 से 18 किमी तक होती है।

133. भारत में जैवविविधता अधिनियम 2002 में पारित किया गया था। इसका उद्देश्य जैव संसाधनों का संरक्षण, सतत उपयोग और उनके लाभों का समान वितरण सुनिश्चित करना है।

134. जैविक खेती में रासायनिक उर्वरकों और कीटनाशकों का उपयोग नहीं किया जाता। इससे मृदा की उर्वरता बनी रहती है, जल और वायु प्रदूषण कम होता है और पर्यावरण संतुलन सुरक्षित रहता है। इसलिए यह पर्यावरण संरक्षण में सहायक है।

135. अम्लीय वर्षा मुख्यतः सल्फर डाइऑक्साइड (SO_2) और नाइट्रोजन ऑक्साइड्स के वायुमंडल में प्रतिक्रिया करके बनने वाले अम्लों से होती है। इनमें सल्फ्यूरिक अम्ल प्रमुख होता है, जो वर्षा के जल में मिलकर अम्लीय वर्षा उत्पन्न करता है और पर्यावरण को नुकसान पहुँचाता है।

136. WWF का पूरा नाम World Wide Fund for Nature (पूर्व में World Wildlife Fund) है, जो वैश्विक स्तर पर वन्यजीवों और पर्यावरण संरक्षण के लिए कार्य करता है। इसका उद्देश्य जैव विविधता की रक्षा करना, प्राकृतिक संसाधनों का सतत उपयोग सुनिश्चित करना और प्रदूषण को कम करना है।

137. फूलों की घाटी (Valley of Flowers) उत्तराखंड राज्य के चमोली जिले में स्थित है। यह एक प्रसिद्ध राष्ट्रीय उद्यान है, जहाँ विभिन्न प्रकार के दुर्लभ फूल और वनस्पतियाँ पाई जाती हैं। यह यूनेस्को विश्व धरोहर स्थल भी है।

138. भारत में प्रदूषण के मापन और नियंत्रण के लिए मुख्य एजेंसी केन्द्रीय प्रदूषण नियंत्रण बोर्ड (CPCB) है। यह जल, वायु और ध्वनि प्रदूषण के स्तर की निगरानी करता है और मानक निर्धारित करता है।

139. कोटोपाक्सी (Cotopaxi) एक सक्रिय ज्वालामुखी है जो दक्षिण अमेरिका के इक्वाडोर में एंडीज पर्वतमाला में स्थित है। यह विश्व के सबसे ऊँचे सक्रिय ज्वालामुखियों में से एक है और ज्वालामुखीय गतिविधियों के लिए प्रसिद्ध है।

140. तिब्बत में बहने वाली सांगपो नदी भारत में प्रवेश करने के बाद ब्रह्मपुत्र नदी के नाम से जानी जाती है। यह अरुणाचल प्रदेश और असम से होकर बहती है और आगे बांग्लादेश में गंगा से मिलती है।

141. ध्रुव तारा (Polaris) उत्तरी दिशा में स्थित होता है और इसे उत्तरी तारा कहा जाता है। यह लगभग स्थिर प्रतीत होता है और दिशा निर्धारण में प्राचीन काल से उपयोग किया जाता रहा है।

142. भारत में 'प्रोजेक्ट टाइगर' 1973 में प्रारंभ किया गया था। इसका उद्देश्य बाघों की घटती संख्या को रोकना और उनके प्राकृतिक आवास का संरक्षण करना था।

143. कान्हा राष्ट्रीय उद्यान मध्य प्रदेश राज्य में स्थित है। यह भारत के प्रमुख राष्ट्रीय उद्यानों में से एक है और बारहसिंगा (Swamp Deer) के संरक्षण के लिए प्रसिद्ध है।

144. लखनऊ समझौता 1916 में भारतीय राष्ट्रीय कांग्रेस और मुस्लिम लीग के बीच हुआ था। इस समझौते में दोनों संगठनों ने मिलकर ब्रिटिश शासन के खिलाफ संवैधानिक सुधारों की मांग की। यह हिंदू-मुस्लिम एकता का महत्वपूर्ण उदाहरण माना जाता है।

145. जंगली गधों का अभयारण्य गुजरात के कच्छ क्षेत्र में स्थित है, जिसे "लिटिल रण ऑफ कच्छ" कहा जाता है। यह भारतीय जंगली गधे (Indian Wild Ass) का प्रमुख आवास है और इनके संरक्षण के लिए विशेष रूप से स्थापित किया गया है।

146. कार्बन डेटिंग एक वैज्ञानिक विधि है जिसका उपयोग पुरातात्विक वस्तुओं की आयु निर्धारित करने के लिए किया जाता है। इसमें कार्बन-14 के क्षय दर के आधार पर जीवाश्म, हड्डियों और अन्य जैविक अवशेषों की आयु ज्ञात की जाती है।

147. संविधान सभा ने 24 जनवरी 1950 को 'जन गण मन' को भारत के राष्ट्रीय गान के रूप में अपनाया। यह निर्णय स्वतंत्र भारत की सांस्कृतिक पहचान को स्थापित करने के लिए महत्वपूर्ण था।

148. बायोमैग्निफिकेशन वह प्रक्रिया है जिसमें खाद्य श्रृंखला के उच्च स्तरों पर विषैले पदार्थों की सांद्रता बढ़ती जाती है। जैसे-जैसे एक जीव दूसरे को खाता है, ये विषैले तत्व अधिक मात्रा में जमा होते जाते हैं।

149. जैवमंडल के अजैविक घटकों में जल, वायु, मृदा और खनिज तत्व जैसे फॉस्फोरस शामिल होते हैं। कवक एक जीवित (जैविक) घटक है, इसलिए यह अजैविक घटक नहीं है।

150. ग्रीनपीस इंटरनेशनल का मुख्यालय नीदरलैंड्स के एम्स्टर्डम शहर में स्थित है। यह एक अंतरराष्ट्रीय गैर-सरकारी संगठन है, जो पर्यावरण संरक्षण और जागरूकता के लिए कार्य करता है।

पिछले प्रश्न-पत्र (हल सहित)

UP-TET (PRIMARY LEVEL), 2019

(Exam held on 08-01-2020)

भाग-I

बाल विकास एवं शिक्षण विधि

1. मानव-विकास का प्रारम्भ होता है :

A. पूर्व-बाल्यावस्था से B. उत्तर-बाल्यावस्था से
C. शैशवावस्था से D. गर्भावस्था से

2. 'द कंडीशन्स ऑफ लर्निंग' पुस्तक के लेखक हैं :

A. बी.एफ. स्किनर B. आर.एम. गेने
C. आई.पी. पावलव D. ई.एल. थार्नडाइक

3. "किशोरावस्था बड़े संघर्ष, तनाव, हमला व विरोध की अवस्था है।" यह कथन किसका है?

A. स्टेन्ले हॉल B. सिम्पसन
C. क्रो एण्ड क्रो D. जरशील्ड

4. सूक्ष्म शिक्षण के भारतीय प्रतिमान में कुल कितना समय लगता है?

A. 40 मिनट B. 45 मिनट
C. 30 मिनट D. 36 मिनट

5. "सीखने का पठार सीखने की प्रक्रिया के मुख्य अभिलक्षण हैं जो उस स्थिति को प्रकट करते हैं जिसमें सीखने की प्रक्रिया में कोई उन्नति नहीं होती है।" यह कथन किसका है?

A. हालिंगवर्थ B. रॉस
C. स्किनर D. गेट्स व अन्य

6. यदि शिक्षक कक्षा में छात्र को समस्यात्मक बालक के रूप में पाता है, तो उसे

A. बच्चे को नजरअन्दाज कर देना चाहिए
B. बच्चे को परामर्श देना चाहिए
C. तत्काल घर वापस भेज देना चाहिए
D. बच्चे को दण्ड देना चाहिए

7. पाठ्य-सहगामी क्रियाएँ मुख्यतः सम्बन्धित हैं :

A. छात्रों के सर्वांगीण विकास से
B. छात्रों के वृत्तिक विकास से
C. छात्रों के मानसिक विकास से
D. शैक्षिक संस्थानों के विकास से

8. निम्न में से किसने अधिगम सिद्धान्त का प्रतिपादन **नहीं** किया?

A. स्किनर B. बी.एस. ब्लूम
C. थार्नडाइक D. कोहलर

9. शिक्षा के अवरोधन का तात्पर्य है :

A. बालक का विद्यालय न जाना
B. बालक द्वारा विद्यालय छोड़ देना
C. किसी बालक का एक वर्ष से अधिक समय तक एक ही कक्षा में रहना
D. बालक का विद्यालय में प्रवेश न लेना

10. निम्न में से किस कौशल में पूर्व ज्ञान का परीक्षण आता है?

A. प्रस्तावना कौशल
B. समापन कौशल
C. प्रदर्शन कौशल
D. उद्दीपन-परिवर्तन कौशल

11. किसने बहुविमात्मक प्रज्ञा का प्रत्यय दिया?

A. स्पीयरमैन B. जॉन मेयर
C. गार्डनर D. गोलमैन

12. डिस्लेक्सिया में यह करने में कठिनाई होती है :

A. व्यक्त करने में B. खड़े होने में
C. बोलने में D. पढ़ने/वर्तनी में

13. निम्न में से क्या समावेशी कक्षा में शिक्षक की भूमिका **नहीं** है?

A. शिक्षक को निःशक्त बच्चों पर ध्यान नहीं देना चाहिए
B. शिक्षक को बच्चों को प्रोत्साहित करना चाहिए
C. शिक्षक को सीखने में अक्षम को अतिरिक्त समय देना चाहिए
D. बच्चे की आवश्यकता के अनुरूप बैठने की पर्याप्त व्यवस्था करनी चाहिए

14. कक्षा में छात्रों को प्रश्न पूछने के लिए :

A. प्रेरित करना चाहिए
B. रोक देना चाहिए
C. अनुमति नहीं देनी चाहिए
D. हतोत्साहित करना चाहिए

15. बच्चे की वृद्धि मुख्यतः सम्बन्धित है :

A. सामाजिक विकास से
B. भावात्मक विकास से
C. नैतिक विकास से
D. शारीरिक विकास से

16. 'व्यवहार के कारण व्यवहार में परिवर्तन ही अधिगम है' यह किसने कहा है?

A. गिलफर्ड B. स्किनर
C. क्रो एण्ड क्रो D. वुडवर्थ

17. सूची–A तथा सूची–B को सुमेलित कीजिए।

सूची–A	सूची–B
(*a*) ब्रूनर	(*i*) बुनियादी शिक्षण प्रमिान
(*b*) ऑसुबेल	(*ii*) सायनेक्टिक्स शिक्षण प्रतिमान
(*c*) ग्लेजर	(*iii*) अग्रिम संगठन शिक्षण प्रतिमान
(*d*) गॉर्डन	(*iv*) सम्प्रत्यय उपलब्धि शिक्षण प्रतिमान
	(*v*) पृच्छा प्रशिक्षण प्रतिमान

कूट :

	(*a*)	(*b*)	(*c*)	(*d*)
A.	(*iv*)	(*iii*)	(*ii*)	(*i*)
B.	(*i*)	(*ii*)	(*iii*)	(*v*)
C.	(*iii*)	(*i*)	(*ii*)	(*v*)
D.	(*iv*)	(*iii*)	(*i*)	(*ii*)

18. समस्या समाधान का प्रथम चरण है :

A. समस्या की पहचान
B. परिकल्पना का परीक्षण
C. परिकल्पना का निर्माण
D. आँकड़ा संग्रहण

19. बालकों का अधिगम सर्वाधिक प्रभावशाली होगा जब :

A. बालकों का संज्ञानात्मक, भावात्मक तथा मनोचालक पक्षों का विकास होगा।
B. शिक्षण व्यवस्था एकाधिकारवादी होगी।
C. शिक्षक अधिगम प्रक्रिया में आगे होकर बालकों को निष्क्रिय रखेगा।
D. पढ़ने-लिखने एवं गणितीय कुशलताओं पर ही बल होगा।

20. स्मृति स्तर एवम् बोध स्तर के शिक्षण प्रतिमान की संरचना में कौन-सा सोपान उभयनिष्ठ है?

A. अन्वेषण B. प्रस्तुतीकरण
C. तैयारी D. सामान्यीकरण

21. निम्न में किस सिद्धान्त को पुनर्बलन का सिद्धान्त भी कहते हैं?

A. उद्दीपक अनुक्रिया सिद्धान्त
B. सूझ का सिद्धान्त
C. क्रिया प्रसूत अनुबन्धन सिद्धान्त
D. शास्त्रीय अनुबन्धन सिद्धान्त

22. निम्न में से कौन-सी अवस्था ब्रूनर के संज्ञानात्मक विकास सिद्धान्त का अंग **नहीं** है?

A. प्रतिबिम्बात्मक अवस्था
B. संकेतात्मक अवस्था
C. क्रियात्मक अवस्था
D. आन्त प्रज्ञ अवस्था

23. मॉरीशन ने बोध स्तर के शिक्षण प्रतिमान में पाँच पदों का वर्णन किया है वे हैं :

(*a*) प्रस्तुतीकरण (*b*) खोज
(*c*) संगठन/व्यवस्था (*d*) आत्मीकरण
(*e*) वाचन/अभिव्यक्तिकरण

इनकी सही क्रम है

A. (*b*), (*a*), (*d*), (*c*), (*e*)
B. (*b*), (*a*), (*c*), (*d*), (*e*)
C. (*a*), (*b*), (*c*), (*d*), (*e*)
D. (*d*), (*e*), (*c*), (*a*), (*b*)

24. निम्न में से कौन-सा संज्ञानात्मक क्षेत्र से संबंधित नहीं है?

A. अनुप्रयोग B. बोध
C. ज्ञान D. अनुमूल्यन

25. निम्न में से कौन-सा अधिगम का वक्र **नहीं** है?

A. मिश्रित B. लम्बवत्
C. उन्नतोदर (उत्तल) D. नतोदर

26. स्तम्भ–A तथा स्तम्भ–B को समुेलित कीजिए।

स्तम्भ–A	स्तम्भ–B
(*a*) एनिमल इटैलिजेन्स	(*i*) गेस्टॉल्ट
(*b*) पुनर्बलन की अनुसूची	(*ii*) पियाजे
(*c*) सारगर्भिता का नियम	(*iii*) थॉर्नडाइक
(*d*) अनुकूलन	(*iv*) स्किनर

कूट :

	(*a*)	(*b*)	(*c*)	(*d*)
A.	(*ii*)	(*iv*)	(*iii*)	(*i*)
B.	(*ii*)	(*iv*)	(*i*)	(*iii*)
C.	(*iii*)	(*iv*)	(*i*)	(*ii*)
D.	(*i*)	(*iv*)	(*iii*)	(*ii*)

27. "विकास कभी न समाप्त होने वाली प्रक्रिया है।" यह कथन विकास के किस सिद्धान्त से सम्बन्धित है?

A. एकीकरण का सिद्धान्त
B. अन्तःसम्बन्ध का सिद्धान्त
C. निरन्तरता का सिद्धान्त
D. अन्तःक्रिया का सिद्धान्त

28. संविधान के किस संशोधन से शिक्षा एक मौलिक अधिकार बन गयी है?

A. 25वें संशोधन B. 52वें संशोधन
C. 22वें संशोधन D. 86वें संशोधन

29. अभिप्रेरणा के मूल-प्रवृत्ति सिद्धान्त के प्रतिपादक थे :

A. अब्राहम मैस्लो B. सिम्पसन
C. विलियम जेम्स D. मैकूडूगल

30. विकास की किस अवस्था को कोल तथा ब्रूस ने "संवेगात्मक विकास का अनोखा काल" कहा है?

A. बाल्यावस्था B. प्रौढ़ावस्था
C. किशोरावस्था D. शैशवावस्था

भाग-II

भाषा-I: हिन्दी

31. निम्नलिखित में से कौन-सा शब्द तद्भव है?
A. खेत B. प्रभु
C. नाथ D. त्रिकुटी

32. निम्नलिखित में से कौन-सा शब्द देशज है?
A. लाश B. औरत
C. पतलून D. धड़ाम

33. छछूँदर के सिर पर चमेली का तेल का अर्थ है-
A. मिथ्या आडम्बर
B. अधिक पाने की लालच करना
C. योग्य व्यक्ति को अच्छी चीज देना
D. अयोग्य व्यक्ति को अच्छी चीज देना

34. 'ऋग्वेद' का सन्धि विच्छेद क्या है?
A. ऋक् + वेद B. ऋ + गवेद
C. ऋग + वेद D. ऋ + वेद

35. 'आपबीती' शब्द में समास है:
A. द्वन्द्व समास B. द्विगु समास
C. तत्पुरुष समास D. कर्मधारय समास

36. 'घोंसले में चिड़िया है' में कौन-सा कारक है?
A. सम्बन्ध कारक B. सम्प्रदान कारक
C. अधिकरण कारक D. अपादान कारक

निर्देश (प्रश्न सं. 37 और 38): दिए गए गद्यांश को पढ़कर निम्नलिखित प्रश्नों के सही विकल्प छाँटिए।

गांधीवाद में राजनीतिक और आध्यात्मिक तत्वों का समन्वय मिलता है। यही इस वाद की विशेषता है। आज संसार में जितने भी वाद प्रचलित हैं वह प्रायः राजनीतिक क्षेत्र में सीमित हो चुके हैं। आत्मा से उनका सम्बंध-विच्छेद होकर केवल बाह्य संसार तक उनका प्रसार रह गया है। मन की निर्मलता और ईश्वर निष्ठा से आत्मा को शुद्ध करना गांधीवाद का प्रथम आवश्यकता है। ऐसा करने से निःस्वार्थ बुद्धि का विकास होता है और मनुष्य सच्चे अर्थों में जन सेवा के लिए तत्पर हो जाता है। गांधीवाद में साम्प्रदायिकता के लिए कोई स्थान नहीं है। इसी समस्या को हल करने के लिए गांधीजी ने अपने जीवन का बलिदान कर दिया था।

37. उपर्युक्त गद्यांश के आधार पर बताइये कि संसार के सारे वाद सीमित हैं:
A. साम्प्रदायिकता तक B. आत्मा तक
C. धर्म तक D. राजनीतिक क्षेत्र तक

38. उपर्युक्त गद्यांश में गांधीवाद का आधार किसे बताया गया है?
A. जनसेवा और अध्यात्म को
B. ईश्वर निष्ठा और मन की निर्मलता को
C. राजनीतिक अध्यात्म और साम्प्रदायिकता को
D. राजनीतिक और आध्यात्मिक तत्व को

39. 'कनुप्रिया' के रचनाकार कौन हैं?
A. रांगेय राघव B. भगवतीचरण वर्मा
C. नागार्जुन D. धर्मवीर भारती

40. प्लुत स्वर कौन-सा है?
A. ओउम् B. ओम्
C. ओम D. अउम

41. प्रकाशन वर्ष की दृष्टि से डॉ. हरिवंश राय बच्चन की रचनाओं का सही अनुक्रम है:
A. मधुशाला, मधुबाला, मधुकलश, निशा निमन्त्रण
B. निशा निमन्त्रण, मधुबाला, मधुकलश, मधुशाला
C. मधुबाला, मधुशाला, निशा निमन्त्रण, मधुकलश
D. मधुकलश, मधुबाला, मधुशाला, निशा निमन्त्रण

42. सुमेल कीजिए:
(*a*) हिन्दी साहित्य सम्मेलन (*i*) 1893
(*b*) काशी नागरी प्रचारिणी सभा (*ii*) 1918
(*c*) राष्ट्रभाषा प्रचार समिति, वर्धा (*iii*) 1910

कूट:

	(*a*)	(*b*)	(*c*)
A.	(*iii*)	(*ii*)	(*i*)
B.	(*ii*)	(*i*)	(*iii*)
C.	(*iii*)	(*i*)	(*ii*)
D.	(*i*)	(*ii*)	(*iii*)

43. 'तुलसीदास' के रचनाकार हैं:
A. केशवदास
B. सूर्यकान्त त्रिपाठी 'निराला'
C. डॉ. रामविलास शर्मा
D. महादेवी वर्मा

44. 'अन्या से अनन्या' आत्मकथा किसकी है?
A. प्रभा खेतान B. सुषम वेदी
C. उषा प्रियंवदा D. मन्नू भंडारी

45. 'प्रभु जी तुम चंदन हम पानी' किसका वाक्य है?
A. दादू B. नानक
C. रैदास D. कबीर

निर्देश (प्रश्न सं. 46 और 47): दिए गए गद्यांश को पढ़कर निम्नलिखित प्रश्नों के सही विकल्प छाँटिए।

वरदन्त की पंगति कुंदकली अधराधर पल्लव लोचन की।
चपला चमकै घन बीच जगै छवि मोतिन माल अमोलन की।।
घुँघरारि लटैं लटकैं मुख ऊपर कुण्डल लाल कपोलन की।
निवछावर प्राण करैं 'तुलसी' बलि जाऊँ ललाइन बोलन की।।

46. इस पद्यांश में कौन-सा रस है?
A. वात्सल्य रस B. शृंगार रस
C. शान्त रस D. करुण रस

47. उपरोक्त पद्य किस कवि का है?
A. सूरदास B. तुलसीदास
C. कबीर D. जायसी

48. उच्चारण स्थान की दृष्टि से कौन-सा विकल्प शुद्ध है?
A. स – दन्त्य B. च – कंठ्य
C. ष – तालव्य D. श – मूर्धन्य

49. निम्नलिखित में कौन-सा कथन अशुद्ध है?
A. हिन्दी में ज्ञ का उच्चारण परम्परा से भिन्न हो गया है।
B. 'क्ष' संयुक्त व्यंजन है।
C. विसर्ग कंठ्य वर्ण है।
D. दो महाप्राण व्यंजनों का उच्चारण एक साथ हो सकता है।

50. 'मेरे लड़के ने मेरी आज्ञा का पालन नहीं किया' वाक्य में 'लड़के' के विषय में कौन-सा विकल्प अशुद्ध है?
A. कर्त्ता B. बहुवचन
C. एकवचन D. पुल्लिंग

51. 'राम आम खाता है' में वाच्य का कौन-सा रूप है?
A. भाववाच्य B. उभयवाच्य
C. कर्तृवाच्य D. कर्मवाच्य

52. 'रहिमन पानी रखिए बिन पानी सब सून।
पानी गए न ऊबरे मोती मानस चून।'
इस दोहे में कौन-सा अलंकार है?
A. रूपक B. उत्प्रेक्षा
C. श्लेष D. उपमा

53. निम्नलिखित में से कौन-सा शब्द शुद्ध है?
A. चांद B. आंख
C. अँक D. अंगना

54. निम्न में से किस शब्द की वर्तनी सही है?
A. सम्निधि B. सन्निधी
C. सन्निधि D. संनिधि

55. उपचारात्मक शिक्षण की सफलता निर्भर करती है :
A. समय व अवधि पर
B. समस्याओं के कारणों की सही पहचान पर
C. उपचारात्मक शिक्षण की सामग्री पर
D. भाषिक नियमों के ज्ञान पर

56. 'प्रयोजन' का समानार्थी शब्द **नहीं** है :
A. हेतु B. नियोजन
C. उद्देश्य D. लक्ष्य

57. 'ऋजु' का विलोम शब्द है :
A. त्रिकोण B. वक्र
C. सीधा D. सरल

58. निम्नलिखित विकल्पों में किस विकल्प में विशेषण का निर्देश अशुद्ध है?
A. दूसरा – क्रमवाचक
B. वह नौकर – कोई विशेषण नहीं है
C. छब्बीस – पूर्णांक बोधक
D. ढाई – अपूर्णांक बोधक

59. 'आप भला तो जग भला' वाक्य में सर्वनाम के किस भेद का बोध होता है?
A. अनिश्चय वाचक सर्वनाम
B. प्रश्नवाचक सर्वनाम
C. सम्बन्ध वाचक सर्वनाम
D. निजवाचक सर्वनाम

60. निम्नलिखित में से कौन-सा शब्द पुल्लिंग है?
A. कढ़ी B. सरसों
C. संतान D. चील

भाग-III

LANGUAGE-II : ENGLISH

61. Which of the following words is ***not*** a co-ordinating conjunction?
A. if B. for
C. and D. but

62. Fill in the blanks with appropriate prepositions:
His thirst ______ knowledge left him no leisure ______ anything else.
A. on, on B. for, for
C. by, by D. at, at

63. The word 'fast' in the sentence
'He is fast writer' is
A. an adverb B. an adjective
C. a conjunction D. a noun

64. Which of the following is ***not*** a simple sentence?
A. She reads what she likes.
B. He is a man of great knowledge.
C. I have a very costly book in my house.
D. She does not know good manners.

65. The sentence
'He will be playing the piano in the concert day after tomorrow' is in
A. Future Imperfect Tense
B. Future Perfect Continuous Tense
C. Future Indefinite Tense
D. Present Indefinite Tense

66. In which of the following sentences is the subject of verb a feminine gender noun?
A. All the young men have arrived.
B. All the old men have arrived.
C. All the female members have arrived.
D. All the male members have arrived.

67. The method of teaching in which the teacher tries to establish a link between the foreign language word and the object without the interference of the learner's mother tongue is called
A. the bilingual method
B. the grammar-translation method
C. the direct method
D. the structural method

68. If you are testing your students' comprehen-sion of written English, you are testing their understanding of what they have just:
A. listened to B. spoken
C. written D. read

69. Choose the correct sentence:
A. Please listen towards your teacher.
B. Please listen of your teacher.
C. Please listen to your teacher.
D. Please listen your teacher.

70. Find out the correct sentence/sentences:
A. Both of the above
B. None of the above
C. I don't believe him.
D. I am not believing him.

71. Which of the following sentences is in Passive voice?
A. Some boys were helping the wounded man.
B. My watch was lost.
C. Someone may steal the bicycle.
D. The teacher scolded him for being late.

72. Which of the following alternatives is the correct passive voice form of the following sentence?
'Do it'
A. It will be done B. Let it be done
C. It be done D. It is done

73. Which of the following words is plural?
A. Analysis B. Criteria
C. Index D. Crisis

74. Which of the following nouns is in plural?
A. Electronics B. Billiards
C. News D. Mice

75. He was an orphan and lived with his uncle.
In the above given sentence identify the gender of the word 'orphan'.
A. Common Gender
B. Neuter Gender
C. Masculine Gender
D. Feminine Gender

Direction (Q.No. 76 and 77): *Read the passage given and answer the Questions that follow it.*

To forgive an injury is often considered to be a sign of weakness; it is really a sign of stength. It is easy to allow oneself to be carried away by resentment and hate into an act of vengeance but it takes a strong character to restrain those natural passions. The man who forgives an injury proves himself to be superior of the man who wronged him, and puts the wrong-doer to shame. Forgiveness may even turn a foe into a friend. So mercy is the noblest form of revenge.

76. The word strength is a:
A. Abstract noun B. Collective noun
C. Common noun D. Material noun

77. One who ***does not*** take revenge is:
A. a foolish man B. a foe
C. a weak man D. a strong man

Direction (Q.No. 78 and 79): *Read the following poem and answer the questions set below it.*

She dwelt among the untrodden ways
Beside the spring of Dove;
A maid whom there were none to praise
And very few to love.

A violet by mossy stone
Half-hidden from the eye!
Fair as star when only one
is shining in the sky

78. What is the meaning of the word 'untrodden'?
A. Hidden B. Explicit
C. Unexplored D. Explored

79. Identify the correct figure of speech used in the second stanza.
A. Alliteration B. Simile
C. Metaphor D. Pun

80. Which of the following sentence/sentences is/are correct?
(*a*) There is few hope of his recovery
(*b*) He showed few concern for his nephew.
(*c*) He showed little mercy to the vanquished.
A. (*a*), (*b*) and (*c*) B. None of the above
C. Only (*a*) D. Only (*c*)

81. Point out the sentence which is in past perfect tense.
A. We were listening to the radio all evening.
B. It was getting darker.
C. He studied many hours everyday.
D. I had written my letter before he arrived.

82. Fill in the blanks with the correct article :
Neil Armstrong was ______ first man to walk on ______ moon.
A. the, the B. an, a
C. a, the D. an, the

83. Fill in the blank in the following sentence:

The teacher has been teaching for ______ hour.

A. two B. three
C. a D. an

84. Add the right suffix to pluralize the word 'OX'.

A. – ies B. – s
C. – en D. – es

85. Change the word 'grow' into a noun by adding one of the suffixes given below.

A. – s B. – n
C. – ing D. – th

86. Which of the following alternatives is grammatically correct?

A. All these man are gentle.
B. All these mans are gentle.
C. All these men are gentle.
D. All this men are gentle.

87. Fill in the blank with appropriate preposition:

He came to me ______ midnight.

A. on B. upon
C. in D. at

88. Which of the following sentence ***does not*** have an adjective clause?

A. I met him where he lived.
B. I met him in Prayagraj which is a holy city.
C. The man who is truthful is loved by all.
D. I love the man who is truthful.

89. Fill in the blank with correct prepostion:

He is junior ______ me.

A. with B. to
C. than D. from

90. Fill in the blank with correct conjunction:

Either he is mad ______ he feigns madness.

A. nor B. or
C. and D. so

भाग-IV

गणित

91. एक पाइथागोरस त्रिक ज्ञात कीजिए, जिसकी सबसे छोटी संख्या 8 है।

A. 8, 9, 10 B. 8, 64, 512
C. 6, 8, 10 D. 8, 15, 17

92. Z का मान ज्ञात कीजिए यदि संख्या 417Z8, 9 से विभाज्य हो।

A. 7 B. 9
C. 3 D. 6

93. यदि $2160 = 2^a \times 3^b \times 5^c$, तो $3^a \times 2^{-b} \times 5^{-c}$ का मान ज्ञात कीजिए।

A. $\frac{81}{40}$ B. $\frac{37}{39}$
C. $\frac{1}{2}$ D. 0

94. पार्श्व आकृति द्वारा ज्ञात करें, x का मान है :

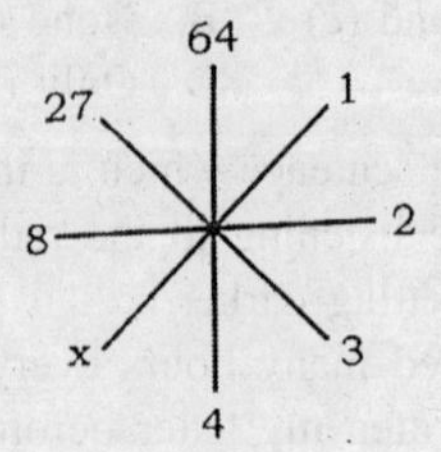

A. 5 B. 6
C. 0 D. 1

95. किसी बंटन का बहुलक ज्ञात किया जा सकता है :

A. 'से अधिक' संचयी बारम्बारता वक्र द्वारा
B. आवृत्ति बहुभुज द्वारा
C. आयत चित्र द्वारा
D. 'से कम' संचयी बारम्बारता वक्र द्वारा

96. एक आयत की लम्बाई में 60% की वृद्धि करने पर उसकी चौड़ाई में कितने प्रतिशत की कमी करनी होगी जिससे आयत का क्षेत्रफल न बदले?

A. 125% B. 37.5%
C. 50% D. 75.5%

97. एक घन का आयतन संख्यात्मक रूप में उसकी भुजाओं की लम्बाई के योग के बराबर है। घन का सम्पूर्ण पृष्ठीय क्षेत्रफल वर्ग इकाई में है :

A. 72.0 B. 44.2
C. 12.4 D. 64.5

98. 2018 में अमित का वेतन ₹ 1,26,500 है। वर्ष 2016 में उसका वेतन प्रतिवर्ष क्रमशः 10% व 15% बढ़कर 2018 के वेतन तक पहुँच गया। वर्ष 2016 में उसका वेतन कितना था?

A. ₹ 1,25,000 B. ₹ 1,00,000
C. ₹ 95,000 D. ₹ 1,15,000

99. दो संख्याओं का महत्तम समापवर्तक 6 तथा लघुत्तम समापवर्तक 432 है। यदि एक संख्या 48 है, तो दूसरी संख्या है :

A. 42 B. 54
C. 52 D. 27

100. किसी महीने का तीसरा शुक्रवार 16वीं तारीख को पड़ता है, तो उसी महीने का चौथा मंगलवार किस तारीख को पड़ेगा?

A. 27 B. 29
C. 20 D. 22

101. किसी आयताकार खेत का विकर्ण 17 मीटर तथा परिमाप 46 मीटर है, तो खेत का क्षेत्रफल होगा :

A. 132 मी^{2} B. 289 मी^{2}
C. 112 मी^{2} D. 120 मी^{2}

102. $\{(2^{-1})\}^{-1}$ के सरलीकरण से प्राप्त संख्या होगी :

(*a*) अभाज्य संख्या (*b*) सम संख्या
(*c*) 2 का गुणक (*d*) विषम संख्या

A. (*a*), (*c*), (*d*) B. (*a*), (*b*), (*d*)
C. (*a*), (*b*), (*c*) D. (*b*), (*c*), (*d*)

103. निम्नलिखित में से कौन-सा कथन सही है?

A. एक भाज्य संख्या विषम हो सकती है।
B. कोई सम अभाज्य संख्या नहीं है।
C. दो अभाज्य संख्याओं का योगफल सदैव अभाज्य संख्या होती है।
D. सबसे छोटी अभाज्य संख्या 1 है।

104. एक बहुभुज के अन्तः एवं बाह्य कोणों का अंतर 60° है, तो बहुभुज में भुजाओं की संख्या है :

A. 6 B. 7
C. 4 D. 5

105. एक सरल रेखा पर स्थित बिन्दुओं की संख्या होती है :

A. 2 B. 1
C. असंख्य D. 0

106. एक कमरे की लम्बाई 10% घटायी गयी तथा चौड़ाई 20% घटायी गयी जबकि ऊँचाई 5% बढ़ायी गयी। इस प्रकार कमरे के आयतन में कितने प्रतिशत का परिवर्तन हुआ?

A. 24.4% B. 24.6%
C. 24% D. 24.2%

107. किसी कमरे के 15 मी. 17 सेमी लम्बे और 9 मी. 2 सेमी चौड़े फर्श पर लगाई जा सकने वाली वर्गाकार टाइलों की न्यूनतम संख्या कितनी है?

A. 841 B. 840
C. 814 D. 820

108. गुणनफल $(2153)^{167}$ में इकाई का अंक होगा :

A. 7 B. 9
C. 1 D. 3

109. यदि एक भिन्न के अंश को 20% और उसके हर को 25% बढ़ा दिया जाए, तो भिन्न $\frac{3}{5}$ हो जाता है, तो मूल भिन्न है :

A. $\frac{8}{5}$ B. $\frac{8}{3}$
C. $\frac{3}{8}$ D. $\frac{5}{8}$

110. 8 से भाज्य होने वाली संख्यायें हैं :

(*a*) 5240 (*b*) 5220
(*c*) 97128 (*d*) 97124

A. (*a*), (*c*) तथा (*d*) B. (*a*) तथा (*c*)
C. (*a*) तथा (*b*) D. (*b*) तथा (*c*)

111. एक त्रिभुजाकार प्रिज्म में कितने शीर्ष होते हैं?

A. 6 B. 8
C. 4 D. 5

112. ₹ 10 के 6 की दर से केले खरीदकर ₹ 6 में 4 की दर से बेचने पर कितने प्रतिशत हानि होगी?

A. 5% B. 20%
C. 10% D. 6%

113. रिक्त स्थान के लिए कौन-कौन से विकल्प सही हैं?

1 ग्राम = ______ कि.ग्रा.

(*a*) $\frac{1}{1000}$ कि.ग्रा. (*b*) 10^{-3} कि.ग्रा.
(*c*) 0.0001 कि.ग्रा. (*d*) 1000 कि.ग्रा.

A. (*a*), (*b*) B. (*c*), (*d*)
C. (*b*), (*c*) D. (*a*), (*c*)

114. $(0.01)^2$ के प्रतिशत के रूप में लिखने पर :

(*a*) 0.01% (*b*) $\frac{1}{100}$
(*c*) 1% (*d*) $\frac{1}{100}$%

A. (*b*), (*c*) B. (*a*), (*d*)
C. (*a*), (*b*) D. (*a*), (*c*)

115. यदि दो संख्याओं का अन्तर तथा गुणनफल क्रमशः 5 तथा 36 हो, तो उनके व्युत्क्रमों का अन्तर है :

A. $\frac{5}{9}$ B. $\frac{9}{5}$
C. $\frac{5}{36}$ D. $\frac{31}{36}$

116. यदि $\frac{a+b}{c}=\frac{b+c}{a}=\frac{c+a}{b}=K$ हो, तो K का मान है :

A. $\frac{1}{2}$ B. $\frac{3}{2}$
C. 1. D. 2

117. निम्नलिखित में से कोई 3 मापों को लेकर कुल कितने त्रिभुज बनाये जा सकते हैं? भुजा की माप 1.2 सेमी, 4.2 सेमी, 5.9 सेमी तथा 8.1 सेमी है।

A. तीन B. चार
C. एक D. दो

118. एक भिन्न का हर, अंश के दोगुने से 1 अधिक है। अंश में 2 जोड़ने और हर में 3 घटाने पर संख्या 1 प्राप्त होती है। मूल भिन्न ज्ञात कीजिए।

A. $\frac{2}{5}$ B. $\frac{1}{3}$
C. $\frac{4}{9}$ D. $\frac{1}{9}$

119. सरल कीजिए $(-9)-\{(-8)+(24\div\overline{13-7})\}$

A. –8 B. इनमें से कोई नहीं
C. 5 D. –5

120. यदि म.स. $(a, 8) = 4$ और ल.स. $(a, 8) = 24$ हो, तो 'a' का मान है :

A. 14 B. 8
C. 10 D. 12

भाग-V

पर्यावरणीय अध्ययन

121. निम्नलिखित में से किस प्रदेश में रेंडियर पाया जाता है?

A. मानसून B. टैगा
C. टुण्ड्रा प्रदेश D. गर्म मरुस्थल

122. निम्नलिखित में से कौन-सा एक शीतोष्ण घास प्रदेश **नहीं** है?

A. डाउन्स B. प्रेयरीस
C. पम्पास D. कम्पास

123. जनसंख्या के आकार के अनुसार बृहत्तम महाद्वीप है :

A. एशिया B. अफ्रीका
C. यूरोप D. उत्तरी अमेरिका

124. भारत में थारू जनजाति कहाँ निवास करती है?

A. उत्तराखण्ड में
B. झारखण्ड में
C. थार मरुस्थल में
D. उत्तर प्रदेश के तराई क्षेत्र में

125. भिलाई इस्पात संयंत्र स्थित है :

A. छत्तीसगढ़ में B. ओडिशा में
C. मध्य प्रदेश में D. झारखण्ड में

126. भारत में महिलाओं के लिये आरक्षण की व्यवस्था कहाँ है?

A. मंत्रिमंडल में B. पंचायती राज संस्थाओं में
C. लोक सभा में D. विधान सभा में

127. किसी राज्य के राज्यपाल की नियुक्ति के लिए कम-से- कम क्या उम्र होनी चाहिए?

A. 50 वर्ष B. 30 वर्ष
C. 35 वर्ष D. 45 वर्ष

128. सूची–I और सूची–II का सुमेलन करते हुए सही कूट चुनें।

सूची–I	सूची–II
(*a*) भारतीय संघ	(*i*) प्रधानमंत्री
(*b*) राज्य	(*ii*) सरपंच
(*c*) नगर निगम	(*iii*) राज्यपाल
(*d*) ग्राम पंचायत	(*iv*) मेयर

कूट

	(*a*)	(*b*)	(*c*)	(*d*)
A.	(*i*)	(*iii*)	(*iv*)	(*ii*)
B.	(*iii*)	(*iv*)	(*i*)	(*ii*)
C.	(*iv*)	(*i*)	(*ii*)	(*iii*)
D.	(*ii*)	(*iii*)	(*iv*)	(*i*)

129. अनुच्छेद 356 का प्रथम प्रयोग कब और कहाँ हुआ?

A. जम्मू और कश्मीर 1956 B. मध्य प्रदेश 1957
C. बिहार 1958 D. केरल 1959

130. नगर निगम द्वारा कौन-सा कर लगाया जा सकता है?

A. चुंगी कर B. उपरोक्त सभी
C. मनोरंजन कर D. गृह कर

131. सन् 1853 में भारत की पहली यात्री ट्रेन चली थी :

A. कलकत्ता से अलीपुर के बीच
B. कलकत्ता से दमदम के बीच
C. बम्बई से पुणे के बीच
D. बम्बई से थाणे के बीच

132. एशिया का सबसे बड़ा पशु मेला आयोजित होता है :

A. पुष्कर में B. नासिक में
C. हरिद्वार में D. सोनपुर में

133. राष्ट्रीय एकता परिषद् की स्थापना हुई :

A. 1971 में B. 1981 में
C. 1951 में D. 1961 में

134. समता के अधिकार का उल्लेख संविधान के किन अनुच्छेदों में मिलता है?

A. अनुच्छेद 23 – 24 B. अनुच्छेद 25 – 28
C. अनुच्छेद 19 – 22 D. अनुच्छेद 14 – 18

135. किस देश में लचीला संविधान लागू है?

A. अमेरिका B. यूनाइटेड किंग्डम
C. भारत D. चीन

136. निम्न में से कौन-सा अचल जीव का उदाहरण है?

A. *काइटन* B. *इकनस*
C. *यूप्लेक्टेला* D. *लीच*

137. प्रोटीन अणुओं की इकाई है :

A. अमीनो अम्ल B. विटामिन
C. ग्लूकोज D. वसा अम्ल

138. निम्न में से कौन-सा अंगक पादप कोशिका में अनुपस्थित होता है?

A. रिक्तिकायें
B. तारककाय
C. सेल्यूलोस कोशिका भित्ति
D. लवक

139. मनुष्य के शरीर की सबसे बड़ी ग्रन्थि है:
A. अधिवृक्क ग्रन्थि B. यकृत
C. अग्नाशय D. पीयूष ग्रन्थि

140. उत्तर प्रदेश का राज्य पक्षी है:
A. गौरैया B. तोता
C. सारस क्रेन D. मोर

141. पुरवा किस अधिवास में शामिल है?
A. रेखीय B. नगरीय
C. अपखण्डित D. ग्रामीण

142. कौन-सा ज्वालामुखी पर्वत है?
A. अप्लेशियन B. किलिमंजारो
C. अरावली D. यूराल

143. ऐलीफेण्टा द्वीप अवस्थित है:
A. मुम्बई तट B. गंगा डेल्टा
C. कच्छ तट D. गोवा तट

144. मानसूनी वन पाये जाते हैं जहाँ वर्षा होती है:
A. 50 – 150 सेमी B. 70 – 100 सेमी
C. 70 – 200 सेमी D. 150 – 200 सेमी

145. कार्बी ऐंगलोंग पठार विस्तार है:
A. तिब्बत का B. शान पठार का
C. प्रायद्वीपीय पठार का D. हिमालय का

146. संसार का सर्वाधिक समस्याकारी जलीय खरपतवार, जिसे 'बंगाल का आतंक' भी कहते हैं, वह है
A. *ऐखोर्निया क्रॉसिपस* (जलकुम्भी)
B. *सिनोडोन डेक्टाइलोन* (दूब घास)
C. *लैंटाना कैमारा*
D. *पारथीनियम हिस्टेरोफोरस* (कांग्रेस घास)

147. वाइरस के अजैविक होने का लक्षण है:
A. यह प्रजनन नहीं कर सकता
B. इसको क्रिस्टल के रूप में परिवर्तित किया जा सकता है
C. इसमें वंशानुगत सामग्री नहीं पायी जाती
D. इसमें प्रोटीन नहीं पाया जाता

148. पादप हार्मोन जो फलों को पकाने में सहायता करता है:
A. साइटोकाइनिन B. इथाइलीन
C. ऑक्सिन D. जिबरेलिन

149. स्वतंत्र रूप से भूमि में रहने वाला अवायवीय जीवाणु जिसमें नाइट्रोजन (N_2) स्थिरीकरण की क्षमता होती है, वह है:
A. क्लॉस्ट्रिडियम B. विब्रियो
C. एजोटोबैक्टर D. राइजोबियम

150. किस प्रकार का DNA कोशिका में सामान्य रूप से पाया जाता है?
A. B-DNA B. Z-DNA
C. A-DNA D. C-DNA

उत्तरमाला

1	2	3	4	5	6	7	8	9	10
D	B	A	D	B	B	A	B	C	A
11	**12**	**13**	**14**	**15**	**16**	**17**	**18**	**19**	**20**
C	D	A	A	D	A	D	A	A	B
21	**22**	**23**	**24**	**25**	**26**	**27**	**28**	**29**	**30**
C	D	A	D	B	C	C	D	D	A
31	**32**	**33**	**34**	**35**	**36**	**37**	**38**	**39**	**40**
A	D	D	A	C	C	D	D	D	A
41	**42**	**43**	**44**	**45**	**46**	**47**	**48**	**49**	**50**
A	C	B	A	C	A	B	A	D	B
51	**52**	**53**	**54**	**55**	**56**	**57**	**58**	**59**	**60**
C	C	D	C	B	B	B	B	D	C
61	**62**	**63**	**64**	**65**	**66**	**67**	**68**	**69**	**70**
A	B	B	A	A	C	C	D	C	C
71	**72**	**73**	**74**	**75**	**76**	**77**	**78**	**79**	**80**
B	B	B	D	A	A	D	C	B	D
81	**82**	**83**	**84**	**85**	**86**	**87**	**88**	**89**	**90**
D	A	D	C	D	C	D	A	B	B
91	**92**	**93**	**94**	**95**	**96**	**97**	**98**	**99**	**100**
D	A	A	D	C	B	A	B	B	A

101	102	103	104	105	106	107	108	109	110
D	C	A	A	C	A	C	A	D	B
111	112	113	114	115	116	117	118	119	120
A	C	A	B	C	D	C	C	D	D
121	122	123	124	125	126	127	128	129	130
C	D	A	D	A	B	C	A	D	B
131	132	133	134	135	136	137	138	139	140
D	D	D	D	B	C	A	B	B	C
141	142	143	144	145	146	147	148	149	150
D	B	A	C	C	A	B	B	A	A

व्याख्यात्मक उत्तर

1. मानव-विकास की प्रक्रिया गर्भाधान के साथ ही प्रारम्भ हो जाती है। इस अवस्था में भ्रूण का शारीरिक ढाँचा, तंत्रिका तंत्र तथा अंगों का निर्माण होता है, जो आगे के विकास की नींव रखता है। जन्म से पहले ही अनेक जैविक और मनोवैज्ञानिक प्रक्रियाएँ सक्रिय हो जाती हैं। इसलिए विकास का वास्तविक आरम्भ गर्भावस्था से ही माना जाता है।

2. 'The Conditions of Learning' पुस्तक के लेखक रॉबर्ट एम. गेने हैं, जिन्होंने अधिगम को व्यवस्थित ढंग से समझाने का प्रयास किया। उन्होंने अधिगम के विभिन्न प्रकार तथा उन्हें प्रभावित करने वाली परिस्थितियों का विश्लेषण किया। गेने ने शिक्षण को प्रभावी बनाने के लिए नौ शिक्षण घटनाओं (Nine Events of Instruction) का भी प्रतिपादन किया। इस कारण यह पुस्तक उनके नाम से संबंधित है।

3. स्टेन्ले हॉल ने किशोरावस्था को "Storm and Stress" की अवस्था कहा, जिसमें व्यक्ति भावनात्मक अस्थिरता, संघर्ष और विरोध का अनुभव करता है। इस समय शारीरिक, मानसिक और सामाजिक परिवर्तन तीव्र गति से होते हैं। किशोरों में विद्रोह, असंतोष और आत्म-पहचान की खोज प्रमुख रूप से दिखाई देती है। इसलिए यह कथन स्टेन्ले हॉल का है।

4. भारतीय सूक्ष्म शिक्षण प्रतिमान में कुल समय 36 मिनट निर्धारित किया गया है। इसमें पाठ योजना (5 मिनट), शिक्षण (6 मिनट), प्रतिक्रिया (6 मिनट), पुनर्योजना (5 मिनट), पुनः शिक्षण (6 मिनट) और पुनः प्रतिक्रिया (8 मिनट) जैसी अवस्थाएँ शामिल होती हैं। यह क्रम शिक्षण कौशलों के सुधार के लिए संरचित किया गया है। इसलिए कुल समय 36 मिनट सही है।

5. सीखने का पठार उस स्थिति को दर्शाता है जब अभ्यास के बावजूद सीखने की गति रुक जाती है या बहुत धीमी हो जाती है। यह अस्थायी अवस्था होती है और बाद में पुनः प्रगति संभव होती है। रॉस ने इस अवधारणा को स्पष्ट करते हुए बताया कि यह अधिगम प्रक्रिया का स्वाभाविक हिस्सा है। इसलिए यह कथन रॉस से संबंधित है।

6. यदि कोई छात्रा समस्यात्मक व्यवहार प्रदर्शित करती है, तो उसे दण्डित या अनदेखा करना उचित नहीं होता। ऐसे बच्चों को समझने, उनकी समस्या के कारणों का पता लगाने और उचित मार्गदर्शन देने की आवश्यकता होती है। परामर्श द्वारा शिक्षक छात्रा के भावनात्मक और सामाजिक पक्ष को सुधार सकता है। इससे सकारात्मक व्यवहार परिवर्तन संभव होता है।

7. पाठ्य-सहगामी क्रियाएँ जैसे खेल, वाद-विवाद, नाटक आदि छात्रों के शारीरिक, मानसिक, सामाजिक और नैतिक विकास में सहायक होती हैं। ये गतिविधियाँ केवल शैक्षणिक ज्ञान तक सीमित नहीं होतीं, बल्कि व्यक्तित्व के समग्र विकास को बढ़ावा देती हैं। इसलिए इनका मुख्य उद्देश्य सर्वांगीण विकास होता है।

8. स्किनर, थार्नडाइक और कोहलर सभी ने अधिगम से संबंधित सिद्धान्त प्रस्तुत किए हैं, जैसे स्किनर का ऑपरेटेंट कंडीशनिंग, थार्नडाइक का प्रयास और भूल सिद्धान्त तथा कोहलर का अंतर्दृष्टि अधिगम। बी.एस. ब्लूम ने अधिगम सिद्धान्त नहीं, बल्कि शैक्षिक उद्देश्यों का वर्गीकरण (Bloom's Taxonomy) प्रस्तुत किया। इसलिए यह सही उत्तर है।

9. शिक्षा के अवरोधन का अर्थ है कि छात्र अपेक्षित समय में अगली कक्षा में प्रगति नहीं कर पाता और एक ही कक्षा में बार-बार रुक जाता है। यह स्थिति अधिगम की गति में बाधा को दर्शाती है। इससे छात्र का शैक्षिक विकास प्रभावित होता है।

10. प्रस्तावना कौशल का उपयोग पाठ की शुरुआत में किया जाता है, जहाँ शिक्षक छात्रों के पूर्व ज्ञान का परीक्षण करता है। इससे शिक्षक यह जान पाता है कि छात्र पहले से विषय के बारे में कितना जानते हैं। इसी आधार पर आगे का शिक्षण प्रभावी ढंग से किया जाता है।

11. हावर्ड गार्डनर ने बहुविमात्मक प्रज्ञा (Multiple Intelligences) का सिद्धान्त प्रस्तुत किया। उन्होंने बताया कि बुद्धि केवल एक प्रकार की नहीं होती, बल्कि भाषाई, तार्किक, संगीतात्मक, शारीरिक आदि कई रूपों में होती है। इस सिद्धान्त ने पारंपरिक IQ दृष्टिकोण को चुनौती दी और शिक्षा को अधिक व्यापक दृष्टि प्रदान की। इसलिए सही उत्तर गार्डनर है।

12. डिस्लेक्सिया एक अधिगम विकार है जिसमें बच्चे को शब्दों को पहचानने, पढ़ने और सही वर्तनी लिखने में कठिनाई होती है। यह समस्या बुद्धि की कमी के कारण नहीं बल्कि मस्तिष्क के भाषा प्रसंस्करण से जुड़ी होती है। ऐसे बच्चों को विशेष शिक्षण विधियों की आवश्यकता होती है। इसलिए यह पढ़ने और वर्तनी से संबंधित है।

13. समावेशी कक्षा में शिक्षक का कर्तव्य होता है कि वह सभी बच्चों, विशेषकर निःशक्त बच्चों पर विशेष ध्यान दे। उन्हें नजरअंदाज करना समावेशी शिक्षा के सिद्धान्तों के विरुद्ध है। अन्य विकल्प शिक्षक की सकारात्मक भूमिका को दर्शाते हैं। इसलिए यह विकल्प सही नहीं है।

14. कक्षा में प्रश्न पूछना सीखने की प्रक्रिया का महत्वपूर्ण भाग है। जब छात्र प्रश्न पूछते हैं, तो उनकी जिज्ञासा और समझ दोनों बढ़ती हैं। शिक्षक को छात्रों को प्रश्न पूछने के लिए प्रोत्साहित करना चाहिए ताकि सक्रिय अधिगम को बढ़ावा मिले।

15. वृद्धि (Growth) मुख्यतः शरीर के आकार, ऊँचाई, वजन आदि में होने वाले मात्रात्मक परिवर्तन को दर्शाती है। यह शारीरिक पहलुओं से संबंधित होती है, जबकि विकास (Development) व्यापक और गुणात्मक परिवर्तन को दर्शाता है। इसलिए वृद्धि का संबंध मुख्यतः शारीरिक विकास से होता है।

16. जे.पी. गिलफर्ड के अनुसार अधिगम वह प्रक्रिया है जिसमें व्यवहार के परिणामस्वरूप व्यवहार में परिवर्तन आता है। उनका दृष्टिकोण यह दर्शाता है कि व्यक्ति अपने अनुभवों और प्रतिक्रियाओं के आधार पर नया व्यवहार विकसित करता है। इस परिभाषा में व्यवहार स्वयं ही परिवर्तन का कारण बनता है, जो अधिगम की प्रक्रिया को स्पष्ट करता है। इसलिए इस कथन को गिलफर्ड से ही जोड़ा जाता है।

17. ब्रुनर का संबंध सम्प्रत्यय उपलब्धि शिक्षण प्रतिमान से है, क्योंकि इसमें विद्यार्थी उदाहरणों के आधार पर अवधारणा तक पहुँचते हैं। ऑसुबेल अग्रिम संगठन शिक्षण प्रतिमान से संबंधित हैं, जिसमें नए ज्ञान को पूर्व ज्ञान से जोड़कर प्रस्तुत किया जाता है। ग्लेजर बुनियादी शिक्षण प्रतिमान से जुड़े हैं, जिसमें शिक्षण उद्देश्यों, प्रवेश व्यवहार, शिक्षण प्रक्रिया और मूल्यांकन पर बल होता है। गॉर्डन सायनेक्टिक्स शिक्षण प्रतिमान से संबंधित हैं, जो रचनात्मक चिंतन और समस्या-समाधान को बढ़ाता है।

18. समस्या समाधान की प्रक्रिया समस्या की पहचान से शुरू होती है। जब तक समस्या को स्पष्ट रूप से पहचाना नहीं जाता, तब तक आँकड़ा-संग्रह, परिकल्पना-निर्माण या परीक्षण सही दिशा में नहीं हो सकता। समस्या की पहचान समाधान की पूरी प्रक्रिया का आधार बनाती है। इसलिए प्रथम चरण समस्या की पहचान है।

19. बालकों का अधिगम सबसे प्रभावशाली तब होता है जब उनके ज्ञान, भावनाओं और क्रियात्मक कौशलों का संतुलित विकास होता है। संज्ञानात्मक पक्ष समझ और विचार से, भावात्मक पक्ष रुचि और मूल्य से तथा मनोचालक पक्ष कौशल और क्रिया से जुड़ा होता है। केवल पढ़ने-लिखने या गणितीय कौशलों पर बल देना अधिगम को सीमित कर देता है। इसलिए समग्र विकास ही प्रभावी अधिगम का आधार है।

20. स्मृति स्तर और बोध स्तर दोनों के शिक्षण प्रतिमान में प्रस्तुतीकरण एक उभयनिष्ठ सोपान है। स्मृति स्तर में शिक्षक विषय-वस्तु को व्यवस्थित रूप से प्रस्तुत करता है ताकि विद्यार्थी उसे याद कर सकें। बोध स्तर में भी विषय-वस्तु का प्रस्तुतीकरण आवश्यक होता है, पर वहाँ समझ, संबंध और अर्थ ग्रहण पर अधिक बल दिया जाता है। इसलिए दोनों स्तरों की संरचना में प्रस्तुतीकरण साझा चरण है।

21. क्रिया प्रसूत अनुबन्धन (Operant Conditioning) सिद्धान्त को ही पुनर्बलन (Reinforcement) का सिद्धान्त कहा जाता है। स्किनर के अनुसार व्यवहार को पुनर्बलन के माध्यम से सुदृढ़ किया जाता है, जिससे वह व्यवहार बार-बार दोहराया जाता है। इस सिद्धान्त में पुरस्कार और दण्ड के माध्यम से अधिगम को नियंत्रित किया जाता है। इसलिए इसे पुनर्बलन का सिद्धान्त कहा जाता है।

22. ब्रुनर के संज्ञानात्मक विकास सिद्धान्त में तीन अवस्थाएँ होती हैं—क्रियात्मक (Enactive), संकेतात्मक (Iconic) और प्रतीकात्मक (Symbolic)। 'आन्त प्रज्ञ अवस्था' ब्रुनर के सिद्धान्त का भाग नहीं है। यह अन्य मनोवैज्ञानिक अवधारणाओं से संबंधित हो सकती है, लेकिन ब्रुनर के मॉडल में शामिल नहीं है। इसलिए यह सही उत्तर है।

23. एच.सी. मॉरीशन के बोध स्तर शिक्षण प्रतिमान में चरणों का क्रम अत्यंत व्यवस्थित और मनोवैज्ञानिक आधार पर निर्धारित है। सबसे पहले खोज (Exploration) के माध्यम से विद्यार्थियों के पूर्व ज्ञान को सक्रिय किया जाता है। इसके बाद प्रस्तुतीकरण (Presentation) में नई सामग्री दी जाती है। फिर आत्मीकरण (Assimilation) के द्वारा विद्यार्थी उस ज्ञान को गहराई से समझकर आत्मसात करते हैं। इसके बाद संगठन (Organization) में वे सीखी हुई बातों को तार्किक ढंग से व्यवस्थित करते हैं। अंत में वाचन/अभिव्यक्तिकरण (Recitation) में वे अपने ज्ञान को व्यक्त करते हैं।

24. संज्ञानात्मक क्षेत्र (Cognitive Domain) में ज्ञान, बोध, अनुप्रयोग, विश्लेषण, संश्लेषण और मूल्यांकन आते हैं। 'अनुमूल्यन' शब्द यहाँ मानक रूप से प्रयुक्त नहीं होता, जबकि 'मूल्यांकन' (Evaluation) सही शब्द है। इसलिए यह विकल्प संज्ञानात्मक क्षेत्र से संबंधित नहीं माना जाता।

25. अधिगम वक्र सामान्यतः उन्नतोदर (convex), नतोदर (concave) या मिश्रित प्रकार के होते हैं। 'लम्बवत्' कोई अधिगम वक्र का प्रकार नहीं है। यह केवल एक सीधी रेखा को दर्शाता है, जो अधिगम की प्रगति को सही रूप में नहीं दर्शाता। इसलिए यह अधिगम वक्र नहीं है।

26. 'एनिमल इंटैलिजेन्स' का संबंध थॉर्नडाइक से है, जिन्होंने पशुओं पर प्रयोग करके अधिगम के नियम दिए। 'पुनर्बलन की अनुसूची'

स्किनर से संबंधित है, जो ऑपेरेंट कंडीशनिंग में महत्वपूर्ण है। 'सारगर्भिता का नियम' गेस्टाल्ट मनोविज्ञान से जुड़ा है, जिसमें संपूर्णता पर बल दिया जाता है। 'अनुकूलन' (Adaptation) पियाजे के संज्ञानात्मक विकास सिद्धान्त का मुख्य आधार है। इसलिए सही मिलान यही है।

27. विकास को एक सतत और निरंतर चलने वाली प्रक्रिया माना जाता है, जो जन्म से मृत्यु तक चलती रहती है। इसमें कोई अचानक रुकावट नहीं आती बल्कि धीरे-धीरे परिवर्तन होते रहते हैं। यही निरंतरता का सिद्धान्त कहलाता है। इसलिए यह कथन इसी सिद्धान्त से संबंधित है।

28. भारतीय संविधान के 86वें संशोधन (2002) द्वारा शिक्षा को 6 से 14 वर्ष के बच्चों के लिए मौलिक अधिकार बनाया गया। इसके तहत अनुच्छेद 21 A जोड़ा गया, जिसने शिक्षा को अनिवार्य और निःशुल्क बना दिया। इसलिए सही उत्तर 86वाँ संशोधन है।

29. अभिप्रेरणा के मूल-प्रवृत्ति (Instinct) सिद्धान्त के प्रतिपादक विलियम मैक्डूगल थे। उन्होंने माना कि मानव व्यवहार विभिन्न जन्मजात प्रवृत्तियों से संचालित होता है। ये प्रवृत्तियाँ व्यक्ति को कार्य करने के लिए प्रेरित करती हैं। इसलिए सही उत्तर मैक्डूगल है।

30. कोल तथा ब्रूस के अनुसार बाल्यावस्था को संवेगात्मक विकास का अनोखा काल माना गया है। इस अवस्था में बालक के संवेग तेजी से विकसित होते हैं और उनमें विविधता तथा परिवर्तनशीलता अधिक होती है। बच्चे धीरे-धीरे अपने भावों को नियंत्रित करना और सामाजिक परिस्थितियों के अनुसार उन्हें व्यक्त करना सीखते हैं। इसी कारण यह अवस्था संवेगात्मक विकास की दृष्टि से विशेष महत्व रखती है।

31. 'खेत' शब्द तद्भव है क्योंकि यह संस्कृत के 'क्षेत्र' से विकसित हुआ है। तद्भव शब्द वे होते हैं जो समय के साथ ध्वनि परिवर्तन के माध्यम से प्राकृत और अपभ्रंश से होते हुए आधुनिक भाषा में आए हैं। 'प्रभु', 'नाथ' और 'त्रिकुटी' तत्सम शब्द हैं क्योंकि वे सीधे संस्कृत से लिए गए हैं।

32. 'धड़ाम' देशज शब्द है क्योंकि यह स्थानीय बोलचाल से उत्पन्न ध्वन्यात्मक शब्द है और किसी विदेशी या संस्कृत स्रोत से नहीं लिया गया है। 'लाश' (फारसी), 'औरत' (अरबी) और 'पतलून' (अंग्रेजी) विदेशी मूल के शब्द हैं।

33. 'छछूँदर के सिर पर चमेली का तेल' का अर्थ है किसी अयोग्य व्यक्ति को मूल्यवान वस्तु देना। इसमें व्यंग्यात्मक भाव है कि जो व्यक्ति योग्य नहीं है, वह उस चीज का सही उपयोग या महत्व नहीं समझ पाएगा।

34. 'ऋग्वेद' का सन्धि-विच्छेद 'ऋक् + वेद' होता है। यहाँ 'क्' और 'व' के मेल से 'ग्व' ध्वनि बनती है। यह व्यंजन सन्धि का उदाहरण है।

35. 'आपबीती' में तत्पुरुष समास है, जिसका अर्थ है 'अपने ऊपर बीती हुई बात'। इसमें 'आप' (स्वयं) और 'बीती' (घटित घटना) का संबंध स्पष्ट होता है, जहाँ दूसरा पद प्रधान होता है।

36. 'घोंसले में चिड़िया है' वाक्य में 'घोंसले में' स्थान का बोध कराता है, इसलिए यह अधिकरण कारक है। अधिकरण कारक उस स्थान को दर्शाता है जहाँ क्रिया घटित होती है।

37. गद्यांश में स्पष्ट कहा गया है कि आज के अधिकांश वाद केवल राजनीतिक क्षेत्र तक सीमित हो गए हैं। उनका आत्मा से संबंध समाप्त हो गया है और वे केवल बाह्य संसार तक सीमित रह गए हैं।

38. गद्यांश की शुरुआत में ही स्पष्ट रूप से कहा गया है कि गांधीवाद में राजनीतिक और आध्यात्मिक तत्वों का समन्वय मिलता है और यही इसकी प्रमुख विशेषता है। यह दर्शाता है कि गांधीवाद केवल राजनीति तक सीमित नहीं है बल्कि उसमें आध्यात्मिक मूल्यों का भी समावेश है। इसी समन्वय के कारण गांधीवाद अन्य वादों से अलग है, क्योंकि यह बाह्य (राजनीतिक) और आंतरिक (आध्यात्मिक) दोनों पक्षों को संतुलित रूप से महत्व देता है।

39. 'कनुप्रिया' के रचनाकार धर्मवीर भारती हैं। यह एक प्रसिद्ध काव्य कृति है जिसमें राधा और कृष्ण के प्रेम को आधुनिक दृष्टिकोण से प्रस्तुत किया गया है। इसमें राधा की भावनाओं और आंतरिक संघर्ष को गहराई से व्यक्त किया गया है।

40. प्लुत स्वर वह होता है जिसका उच्चारण तीन मात्राओं तक खींचकर किया जाता है। 'ओउम्' में दीर्घ से भी अधिक लंबा उच्चारण होता है, इसलिए यह प्लुत स्वर का उदाहरण है। यह विशेष रूप से वैदिक उच्चारण में प्रयोग होता है।

41. डॉ. हरिवंश राय बच्चन की रचनाओं का प्रकाशन क्रम इसी प्रकार है। 'मधुशाला' सबसे पहले प्रकाशित हुई, इसके बाद 'मधुबाला', फिर 'मधुकलश' और अंत में 'निशा निमन्त्रण' प्रकाशित हुई। यह क्रम उनके काव्य विकास को भी दर्शाता है।

42. हिन्दी साहित्य सम्मेलन की स्थापना 1910 में हुई, काशी नागरी प्रचारिणी सभा की स्थापना 1893 में हुई, और राष्ट्रभाषा प्रचार समिति, वर्धा की स्थापना 1918 में हुई। इसलिए सही मिलान (*a*)-(*iii*), (*b*)-(*i*), (*c*)-(*ii*) है।

43. 'तुलसीदास' नामक कृति के रचनाकार सूर्यकान्त त्रिपाठी 'निराला' हैं। यह काव्य कृति तुलसीदास के जीवन और उनके व्यक्तित्व को प्रस्तुत करती है, जिसमें उनके संघर्ष और आध्यात्मिकता का चित्रण मिलता है।

44. 'अन्या से अनन्या' प्रसिद्ध लेखिका प्रभा खेतान की आत्मकथा है। इस कृति में उन्होंने अपने निजी जीवन, संघर्ष, संबंधों और आत्मनिर्भरता की यात्रा का विस्तृत वर्णन किया है। यह नारी-चेतना और आत्मबोध की महत्वपूर्ण रचना मानी जाती है।

45. "प्रभु जी तुम चंदन हम पानी" संत रैदास का प्रसिद्ध पद है। इसमें भक्त और भगवान के संबंध को अत्यंत विनम्रता और भक्ति भाव से व्यक्त किया गया है। रैदास ने इसमें समर्पण और आध्यात्मिक प्रेम का सुंदर चित्रण किया है।

46. प्रस्तुत पद्यांश में बाल स्वरूप का अत्यंत स्नेहपूर्ण और कोमल चित्रण किया गया है, जैसे दाँतों की पंक्ति, अधरों की कोमलता, लटों का लटकना और विशेष रूप से 'ललाइन बोलन'' का उल्लेख। यह सब एक बालक की निश्छलता और आकर्षण को दर्शाता है। जहाँ बालक के रूप, हाव-भाव और बोलचाल पर स्नेह व्यक्त किया जाता है तथा उस पर न्योछावर होने की भावना प्रकट होती है, वहाँ वात्सल्य रस होता है। अतः इस पद्यांश में प्रमुख रूप से वात्सल्य रस ही व्यक्त हुआ है।

47. पद्य में 'तुलसी' शब्द का प्रयोग अंत में हुआ है, जो कवि का संकेत है। यह तुलसीदास की रचना है, जिसमें उन्होंने सौंदर्य का काव्यात्मक वर्णन किया है। उनके काव्य में भक्ति के साथ-साथ अलंकारिक सौंदर्य भी मिलता है।

48. 'स' का उच्चारण दन्त्य स्थान से होता है, जहाँ जीभ दाँतों के पास रहती है। अन्य विकल्प गलत हैं क्योंकि 'च' तालव्य होता है, 'ष' मूर्धन्य होता है और 'श' तालव्य होता है। इसलिए 'स – दन्त्य' सही है।

49. यह कथन अशुद्ध है क्योंकि दो महाप्राण व्यंजनों का एक साथ उच्चारण सामान्यतः संभव नहीं होता। अन्य कथन सही हैं जैसे 'क्ष' संयुक्त व्यंजन है और विसर्ग कंठ्य वर्ण है।

50. वाक्य में 'लड़के' एकवचन कर्ता है, जो पुल्लिंग है। यहाँ 'लड़के' शब्द एकवचन रूप में प्रयुक्त हुआ है, न कि बहुवचन में। इसलिए 'बहुवचन' विकल्प अशुद्ध है।

51. वाक्य 'राम आम खाता है'' में कर्ता 'राम' स्वयं क्रिया कर रहा है। यहाँ क्रिया का कार्य सीधे कर्ता द्वारा किया जा रहा है और उसी पर जोर है। इसलिए यह कर्तृवाच्य का उदाहरण है जहाँ कर्ता प्रधान होता है।

52. इस दोहे में 'पानी' शब्द का विभिन्न अर्थों में प्रयोग हुआ है–जैसे जल, मान-सम्मान और जीवन। एक ही शब्द से अनेक अर्थ निकलते हैं, जो श्लेष अलंकार की विशेषता है। इसलिए यहाँ श्लेष अलंकार विद्यमान है।

53. 'अंगना' शब्द की वर्तनी शुद्ध है। अन्य विकल्पों में वर्तनी दोष है जैसे 'चांद' की जगह 'चाँद', 'आंख' की जगह 'आँख', और 'अँक' की जगह 'अंक' सही रूप होता है। इसलिए 'अंगना' सही विकल्प है।

54. 'सन्निधि' शब्द की वर्तनी शुद्ध है। इसका अर्थ है 'निकटता' या 'पास होना'। अन्य विकल्पों में वर्तनी की त्रुटि है जैसे 'सम्निधि', 'सन्निधी', और 'संनिधि' अशुद्ध रूप हैं।

55. उपचारात्मक शिक्षण की सफलता इस बात पर निर्भर करती है कि विद्यार्थी की समस्या का वास्तविक कारण क्या है। जब कारण सही पहचाना जाता है, तभी उचित समाधान दिया जा सकता है। इसलिए यह सबसे महत्वपूर्ण आधार है।

56. 'प्रयोजन' का अर्थ उद्देश्य, हेतु या लक्ष्य होता है। 'नियोजन' का अर्थ योजना बनाना या व्यवस्थित करना होता है, जो 'प्रयोजन' का समानार्थी नहीं है। इसलिए यह सही उत्तर है।

57. 'ऋजु' का अर्थ सीधा या सरल होता है। इसका विलोम 'वक्र' है, जिसका अर्थ टेढ़ा या मुड़ा हुआ होता है। इसलिए 'वक्र' इसका सही विपरीतार्थक शब्द है।

58. 'वह नौकर' में 'वह' एक संकेतवाचक विशेषण है, जो 'नौकर' की विशेषता बता रहा है। इसलिए यह कहना कि इसमें कोई विशेषण नहीं है, अशुद्ध है। बाकी सभी विकल्पों में विशेषण का निर्देश सही है।

59. वाक्य 'आप भला तो जग भला'' में 'आप' शब्द का प्रयोग स्वयं के लिए किया गया है। यह व्यक्ति को स्वयं की ओर संकेत करता है और आत्म-सम्बन्ध को दर्शाता है। इसलिए यहाँ निजवाचक सर्वनाम का बोध होता है, जो अपने ही व्यक्ति की ओर संकेत करता है।

60. 'संतान' शब्द का प्रयोग व्याकरणिक दृष्टि से सामान्यतः पुल्लिंग के रूप में किया जाता है, जैसे– ''उसकी संतान बहुत योग्य है''। यद्यपि यह उभयलिंगी अर्थ में प्रयुक्त हो सकता है, पर मानक हिन्दी में इसे पुल्लिंग माना जाता है। अन्य विकल्पों में 'कढ़ी' और 'सरसों' स्त्रीलिंग शब्द हैं, जबकि 'चील' भी नित्य स्त्रीलिंग माना जाता है। इसलिए दिए गए विकल्पों में 'संतान' ही पुल्लिंग शब्द के रूप में उपयुक्त है।

61. 'if' is not a co-ordinating conjunction; it is a subordinating conjunction used to introduce conditional clauses. Co-ordinating conjunctions like 'for', 'and', and 'but' join clauses of equal importance. Hence, 'if' does not belong to this group.

62. The correct sentence is "His thirst for knowledge left him no leisure for anything else." The preposition 'for' correctly expresses purpose or desire in both blanks. It is the standard and grammatically accepted usage.

63. In the sentence "He is a fast writer," the word 'fast' describes the noun 'writer'. Therefore, it functions as an adjective. It tells us about the quality or characteristic of the writer.

64. This is not a simple sentence because it contains a subordinate clause "what she likes." A simple sentence has only one clause, while this one has more than one. Hence, it is a complex sentence.

65. The sentence "He will be playing the piano in the concert day after tomorrow" is in future continuous (future imperfect) tense. It indicates an action that will be in progress at a specific time in the future. The structure "will be + verb-ing" confirms this.

66. The subject 'female members' clearly indicates feminine gender. Other options refer to masculine groups like 'men' or 'male members'. Hence, this is the correct choice.

67. In the direct method, the teacher directly associates words of the foreign language with objects or actions without using the mother tongue. This method emphasizes natural learning similar to first language acquisition. Translation is avoided in this approach.

68. Testing comprehension of written English means checking how well students understand what they have read. It evaluates their reading skills and ability to interpret written material. Therefore, 'read' is the correct answer.

69. The verb "listen" is always followed by the preposition "to" when referring to a person or thing being heard. Other options use incorrect prepositions or omit it entirely. Therefore, "listen to" is the correct grammatical structure.

70. This sentence is correct because "believe" is a stative verb and is generally not used in continuous tense. The sentence "I am not believing him" is grammatically incorrect. Hence, only option C is correct.

71. This sentence is in passive voice because the subject 'my watch' is receiving the action. The verb form "was lost" indicates that the action happened to the subject. Other sentences are in active voice.

72. The imperative sentence "Do it" changes into passive as "Let it be done." This structure is commonly used to express commands in passive voice. Other options do not correctly reflect the imperative passive form.

73. 'Criteria' is the plural form of 'criterion'. The other words—analysis, index, and crisis—are singular forms. Hence, 'criteria' is the correct plural noun.

74. 'Mice' is the plural form of 'mouse'. Other words like 'news', 'billiards', and 'electronics' appear plural in form but are treated as singular nouns in usage. Therefore, 'mice' is the correct answer.

75. The word 'orphan' can refer to both male and female without distinction. It does not specify gender, so it is classified as common gender. Hence, this is the correct option.

76. 'Strength' refers to a quality or state rather than a physical object. It cannot be seen or touched and represents an idea. Therefore, it is an abstract noun.

77. The passage clearly states that forgiveness is a sign of strength. A person who does not take revenge shows control and strong character. Hence, such a person is described as strong.

78. The word 'untrodden' means not walked upon or not visited. It refers to a place that has not been explored or traveled. Therefore, 'unexplored' is the correct meaning.

79. In the second stanza, comparison is made using the word "as" in expressions like "Fair as a star." This clearly shows a comparison between two unlike things. Such comparison using "as" or "like" is called a simile.

80. Sentence (*c*) is correct because "little" is used with uncountable nouns like "mercy." Sentences (*a*) and (*b*) are incorrect because "few" is used with countable nouns, whereas "hope" and "concern" require "little" in this context.

81. This sentence is in past perfect tense as it uses "had written." It indicates that one action was completed before another action in the past. The structure "had + past participle" confirms past perfect tense.

82. The correct sentence is "Neil Armstrong was the first man to walk on the moon." The definite article "the" is used before "first" and also before "moon" because it refers to something specific and unique.

83. The word "hour" begins with a vowel sound, so "an" is used instead of "a." Hence, the correct sentence is "The teacher has been teaching for an hour."

84. The plural of "ox" is "oxen," which is formed by adding the suffix "–en." This is an irregular plural form in English.

85. Adding "–th" to "grow" forms the noun "growth." This suffix changes the verb into a noun indicating the result or process.

86. "Men" is the correct plural form of "man," and it agrees with "these." The sentence is grammatically correct in number and structure.

87. The preposition "at" is used for specific points of time such as "midnight." Hence, the correct sentence is "He came to me at midnight."

88. This sentence does not contain an adjective clause; it has an adverbial clause of place ("where he lived"). The other sentences contain adjective clauses that describe a noun.

89. The correct usage is "junior to," not "junior than" or others. Therefore, the correct sentence is "He is junior to me."

90. The correct conjunction with "either" is "or." Hence, the correct sentence is "Either he is mad or he feigns madness."

91. पाइथागोरस त्रिक में तीन संख्याएँ a,b,c ऐसी होती हैं कि $a^2 + b^2 = c^2$ ।

$$8^2 + 15^2 = 64 + 225 = 289$$
$$17^2 = 289$$

इसलिए 8,15,17 पाइथागोरस त्रिक है और इसकी सबसे छोटी संख्या 8 है।

92. यदि किसी संख्या के सभी अंकों का योग 9 से विभाज्य है तब संख्या 9 से पूर्ण विभाज्य होगी।

$\because$ 417Z8, 9 से विभाज्य है

$\therefore 4 + 1 + 7 + Z + 8$, 9 से विभाज्य है

$\therefore 20 + Z$, 9 से विभाज्य है

जब, $Z = 7$, तब $20 + Z = 27$, 9 से विभाज्य है।

93. दिया है, $2160 = 2^a \times 3^b \times 5^c$

$\Rightarrow \quad 2^4 \times 3^3 \times 5^1 = 2^a \times 3^b \times 5^c$

$\therefore a = 4, b = 3, c = 1$

$\therefore 3^a \times 2^{-b} \times 5^{-c} = 3^4 \times 2^{-3} \times 5^{-1}$

$= \dfrac{3^4}{2^3 \times 5^1} = \dfrac{81}{40}.$

94. आकृति द्वारा

$\because 1^3 = 1$

$\therefore x = 1$

$2^3 = 8$

$3^3 = 27$

$4^3 = 64.$

95. किसी बंटन का बहुलक उस मान को कहते हैं जिसकी बारम्बारता सबसे अधिक होती है। वर्गीकृत आँकड़ों में बहुलक वर्ग को आयत चित्र द्वारा आसानी से पहचाना जा सकता है। आयत चित्र में सबसे ऊँचा आयत अधिकतम बारम्बारता को दिखाता है। इसलिए बहुलक ज्ञात करने के लिए आयत चित्र उपयुक्त होता है।

96. अभीष्ट प्रतिशत $= \dfrac{60}{160} \times 100\%$

$= \dfrac{3}{8} \times 100\% = \dfrac{150}{4}\% = 37\dfrac{1}{2}\% = 37.5\%.$

97. माना एक घन के किनारे की लंबाई $= x$ यूनिट

तब, आयतन $= x^3$ घन यूनिट

और घन की भुजाओं की लंबाई का योग $= 12x$ यूनिट

$\therefore x^3 = 12x$

$\Rightarrow x^2 = 12$

$\therefore$ घन का सम्पूर्ण पृष्ठीय क्षेत्रफल $= 6x^2$

$= 6 \times 12 = 72$ वर्ग यूनिट।

98. माना अमित का वेतन वर्ष 2016 में ₹ x था

तब, $x\left(1+\dfrac{10}{100}\right)\left(1+\dfrac{15}{100}\right) = 1,26,500$

$\Rightarrow \quad x \times \dfrac{11}{10} \times \dfrac{23}{20} = 1,26,500$

$\Rightarrow \quad x = \dfrac{1,26,500}{11 \times 23}$

$= \dfrac{11500}{23} \times 10 \times 20$

$= 500 \times 200$

$= 1,00,000$

$\Rightarrow \quad x =$ ₹ 1,00,000.

99. दिया है, महत्तम समापवर्तक = 6

लघुत्तम समापवर्त्य = 432

तथा पहली संख्या = 48

$\because$ पहली संख्या × दूसरी संख्या = म.स. × ल.स.

$\therefore 48 \times$ दूसरी संख्या $= 432 \times 6$

$\Rightarrow$ दूसरी संख्या $= \dfrac{432 \times 6}{48} = \dfrac{432}{8} = 54.$

100. दिया है, महीने का तीसरा शुक्रवार = 16वीं तारीख

$\therefore$ पहला शुक्रवार = 16 – 14 = 2 तारीख

$\therefore$ पहला मंगलवार = 2 + 4 = 6 तारीख

$\therefore$ चौथा मंगलवार = 6 + 21 = 27 तारीख

101. माना आयताकार खेत की लंबाई $= l$ तथा चौड़ाई $= b$

दिया है विकर्ण = 17 मी.

$\Rightarrow \quad \sqrt{l^2 + b^2} = 17$ मी.

$\Rightarrow \quad l^2 + b^2 = 289$ मी.

और परिमाप = 46 मी.

$\Rightarrow \quad 2(l + b) = 46$ मी.

$\Rightarrow \quad l + b = 23$ मी.

$\because \quad (l + b)^2 = l^2 + b^2 + 2lb$

$\therefore \quad (23)^2 = 289 + 2lb$

$\Rightarrow \quad 529 - 289 = 2lb$

$\Rightarrow \quad 2lb = 240$

$\Rightarrow \quad lb = 120$ मी.

अतः खेत का क्षेत्रफल = 120 मी.।

102. $\{(2^{-1})\}^{-1} = \left\{\dfrac{1}{2}\right\}^{-1} = \left(\dfrac{1}{2}\right)^{-1} = \dfrac{1}{2^{-1}} = 2$

$\therefore$ संख्या 2 :

(*a*) अभाज्य संख्या

(*b*) सम संख्या

(*c*) 2 का गुणक

103. भाज्य संख्या वह संख्या होती है जिसके दो से अधिक गुणनखंड होते हैं। उदाहरण के लिए 9 एक विषम संख्या है और इसके गुणनखंड 1,3,9 हैं, इसलिए यह भाज्य है। अतः भाज्य संख्या विषम भी हो सकती है। बाकी कथनों में 2 सम अभाज्य संख्या है, दो अभाज्य संख्याओं का योग सदैव अभाज्य नहीं होता, और सबसे छोटी अभाज्य संख्या 1 नहीं, 2 होती है।

104. नियमित बहुभुज में एक अन्तः कोण और उससे संबंधित बाह्य कोण का योग 180° होता है।

अन्तः कोण – बाह्य कोण = 60°

अन्तः कोण + बाह्य कोण = 180°

2 × अन्तः कोण = 240°

अन्तः कोण = 120°, बाह्य कोण = 60°

$$\text{भुजाओं की संख्या} = \frac{360°}{60°} = 6$$

105. एक सरल रेखा पर असंख्य बिन्दु स्थित होते हैं। रेखा दोनों दिशाओं में अनंत तक बढ़ सकती है और उस पर किसी भी दो बिन्दुओं के बीच भी अनगिनत बिन्दु हो सकते हैं। इसलिए सरल रेखा पर बिन्दुओं की संख्या सीमित नहीं होती।

106. कमरे का आयतन = lbh घन यूनिट

तथा कमरे का परिवर्तित आयतन

$$= \frac{9}{10}l \times \frac{80}{100}b \times \frac{105}{100}h$$

$$= \frac{9}{10}l \times \frac{4}{5}b \times \frac{21}{20}h$$

$$= \frac{189}{250}lbh \text{ घन यूनिट}$$

∴ कमरे के आयतन में परिवर्तन

$$= lbh - \frac{189}{250}lbh$$

$$= \frac{61}{250}lbh \text{ घन यूनिट}$$

$$\therefore \text{ प्रतिशत परिवर्तन} = \frac{\frac{61}{250}lbh}{lbh} \times 100\%$$

$$= \frac{61}{5} \times 2\%$$

$$= \frac{122}{5}\%$$

$$= 24.4\%.$$

107. दिया है,

कमरे की लंबाई = 15 मी. 17 सेमी. = 1517 सेमी.

और चौड़ाई = 9 मी. 2 सेमी. = 902 सेमी.

∵ वर्गाकार टाइल का अधिकतम आकार

= लंबाई और चौड़ाई का महत्तम समापवर्तक

```
902 | 1517 | 1
    | -902 |
      615  | 902  | 1
           | -615 |
             287  | 615  | 2
                  | -574 |
                    41   | 287  | 7
                         | -287 |
                           ×××
```

∵ म.स. = 41 सेमी.

∴ वर्गाकार टाइल का अधिकतम आकार = 41 सेमी.

अतः वर्गाकार टाइलों की न्यूनतम संख्या

$$= \frac{\text{कमरे का क्षेत्रफल}}{\text{प्रत्येक टाइल का क्षेत्रफल}}$$

$$= \frac{1517 \times 902}{41 \times 41} = 37 \times 22$$

= 814.

108. ∵ $(2153)^{167} = (2153)^{41 \times 4 + 3}$

$$= \{(2153)^4\}^{41} \times (2153)^3$$

$\{(2153)^4\}$ का इकाई अंक = 1

और $(2153)^3$ का इकाई अंक = 7

∴ गुणनफल $(2153)^{167}$ में इकाई अंक = 1 × 7 = 7.

109. माना मूल भिन्न = $\frac{x}{y}$

तब, $$\frac{x \times \frac{120}{100}}{y \times \frac{125}{100}} = \frac{3}{5}$$

$$\Rightarrow \quad \frac{x}{y} = \frac{3}{5} \times \frac{125}{120} = \frac{25}{40} = \frac{5}{8}$$

$$\Rightarrow \quad \frac{x}{y} = \frac{5}{8}.$$

110. यदि किसी संख्या के दाईं ओर से तीन अंक शून्य हों या तीनों अंक 8 से विभाजित हों

तब संख्या 8 से पूर्ण विभाजित होगी।

∴ (*i*) 5240 और (*iii*) 97128, 8 से विभाजित है।

111. त्रिभुजाकार प्रिज्म एक त्रिविमीय ठोस आकृति है जिसमें दो समानांतर त्रिभुजाकार आधार होते हैं। प्रत्येक त्रिभुज में 3-3 शीर्ष होते हैं, इसलिए कुल शीर्षों की संख्या 3 + 3 = 6 होती है। इन शीर्षों को आयताकार पृष्ठों द्वारा जोड़ा जाता है, जिससे प्रिज्म की संरचना बनती है।

112. यहाँ, 1 केले का क्रय मूल्य = ₹$\frac{10}{6}$ = ₹$\frac{5}{3}$

और 1 केले का विक्रय मूल्य = ₹$\frac{6}{4}$ = ₹$\frac{3}{2}$

∴ हानि = क्रय मूल्य − विक्रय मूल्य

$$= \frac{5}{3} - \frac{3}{2} = \frac{10-9}{6} = \frac{1}{6}$$

$$\therefore \text{ प्रतिशत हानि} = \frac{\text{हानि} \times 100}{\text{क्रय मूल्य}}$$

$$= \frac{\frac{1}{6} \times 100}{\frac{5}{3}} = \frac{100}{6} \times \frac{3}{5} = 10\%.$$

113. $\because$ 1000 ग्राम = 1 किग्रा.

$\therefore$ 1 ग्राम = $\dfrac{1}{1000}$ किग्रा. = $\dfrac{1}{10^3}$ = 10^{-3} किग्रा.।

114. $(0.01)^2$ का प्रतिशत रूप

$$= (0.01)^2 \times 100\%$$
$$= .0001 \times 100\%$$
$$= 00.0100\%$$
$$= .0100\%$$
$$= .01\%$$
$$= \frac{1}{100}\%.$$

115. माना दो संख्याएँ x और y हैं

तब, $x - y = 5$ ...(*i*)

तथा $xy = 36$

$\because$ $(x + y)^2 = (x - y)^2 + 4xy$

$\Rightarrow$ $(x + y)^2 = 5^2 + 4(36)$

$\Rightarrow$ $(x + y)^2 = 25 + 144$

$\Rightarrow$ $(x + y)^2 = 169 = 13^2$

$\Rightarrow$ $x + y = 13$ ...(*ii*)

(*i*) और (*ii*) को जोड़ने से हम पाते हैं :

$2x = 18$

$\Rightarrow$ $x = 9$

तब (*i*) से $y = 9 - 5 = 4$

$\therefore$ $\dfrac{1}{x} - \dfrac{1}{y} = \dfrac{1}{9} - \dfrac{1}{4} = \dfrac{4-9}{36} = -\dfrac{5}{36}$

और $\dfrac{1}{y} - \dfrac{1}{x} = \dfrac{1}{4} - \dfrac{1}{9}$

$$= \frac{9-4}{36}$$
$$= \frac{5}{36}.$$

116. दिया है, $\dfrac{a+b}{c} = \dfrac{b+c}{a} = \dfrac{c+a}{b} = \text{K}$

$\therefore$ $a + b = c\text{K}$ ...(*i*)

$b + c = a\text{K}$ ...(*ii*)

$c + a = b\text{K}$ ...(*iii*)

(*i*), (*ii*) और (*iii*) को जोड़ने से हम पाते हैं

$a + b + b + c + c + a = c\text{K} + a\text{K} + b\text{K}$

$\Rightarrow$ $2(a + b + c) = \text{K}(a + b + c)$

$\Rightarrow$ $2 = \text{K}$

अतः K का मान = 2.

117. त्रिभुज बनने के लिए शर्त है कि किसी भी दो भुजाओं का योग तीसरी भुजा से अधिक होना चाहिए।

जाँच :

$1.2 + 4.2 = 5.4 < 5.9$ (नहीं बनेगा)

$1.2 + 4.2 = 5.4 < 8.1$ (नहीं बनेगा)

$1.2 + 5.9 = 7.1 < 8.1$ (नहीं बनेगा)

$4.2 + 5.9 = 10.1 > 8.1$ (बनता है)

अतः केवल एक ही त्रिभुज संभव है।

118. माना एक भिन्न का अंश x है तब हर $(2x + 1)$ है

$\therefore$ $\dfrac{x+2}{2x+1-3} = 1$

$\Rightarrow$ $x + 2 = 2x - 2$

$\Rightarrow$ $x = 2 + 2$

$= 4$

अतः मूल भिन्न $= \dfrac{x}{2x+1}$

$$= \frac{4}{2\times4+1}$$
$$= \frac{4}{9}.$$

119. $(-9) - \{(-8) + (24 \div \overline{13-7})\}$

$$= (-9) - \{(-8) + (24 \div 6)\}$$
$$= (-9) - \{(-8) + 4\}$$
$$= -9 + 4$$
$$= 5.$$

120. दिया है म.स. $(a, 8) = 4$ और ल.स. $(a, 8) = 24$

$\because$ पहली संख्या × दूसरी संख्या = म.स. × ल.स.

$\therefore$ $a \times 8 = 4 \times 24$

$\Rightarrow$ $a = \dfrac{4\times24}{8}$

$\Rightarrow$ $a = 4 \times 3 = 12$

$\Rightarrow$ $a = 12.$

121. टुण्ड्रा प्रदेश अत्यंत ठंडा क्षेत्र होता है जहाँ अधिकांश समय बर्फ जमी रहती है। रेंडियर जैसे जानवर इस कठोर जलवायु के अनुसार अनुकूलित होते हैं और वहीं पाए जाते हैं। इनके शरीर में मोटी त्वचा और बाल होते हैं जो उन्हें ठंड से बचाते हैं।

122. डाउन्स, प्रेयरीस और पम्पास विश्व के प्रसिद्ध शीतोष्ण घास प्रदेश हैं जहाँ घास की प्रचुरता होती है। 'कम्पास' कोई भौगोलिक घास प्रदेश नहीं है, बल्कि यह दिशा बताने वाला यंत्र है। इसलिए यह शीतोष्ण घास प्रदेश की श्रेणी में नहीं आता।

123. एशिया जनसंख्या की दृष्टि से सबसे बड़ा महाद्वीप है। यहाँ चीन, भारत, इंडोनेशिया जैसे अत्यधिक जनसंख्या वाले देश स्थित हैं। विश्व की आधे से अधिक जनसंख्या एशिया में निवास करती है, जिससे यह सबसे अधिक जनसंख्या वाला महाद्वीप बनता है।

124. थारू जनजाति मुख्यतः हिमालय की तराई क्षेत्रों में पाई जाती है, विशेषकर उत्तर प्रदेश और उत्तराखंड में। ये लोग जंगलों के निकट रहते हैं और कृषि तथा वनोपज पर निर्भर होते हैं। उनकी जीवनशैली पर्यावरण के साथ घनिष्ठ रूप से जुड़ी होती है, इसलिए उनका निवास स्थान तराई क्षेत्र है।

125. भिलाई इस्पात संयंत्र भारत के प्रमुख इस्पात कारखानों में से एक है और यह छत्तीसगढ़ राज्य के दुर्ग जिले में स्थित है। इसका निर्माण सोवियत संघ के सहयोग से किया गया था और यह भारत के औद्योगिक विकास में महत्वपूर्ण भूमिका निभाता है। यह संयंत्र रेल, मशीनरी और निर्माण कार्यों के लिए इस्पात उत्पादन करता है।

126. भारत में महिलाओं के लिए आरक्षण की संवैधानिक व्यवस्था मुख्यतः पंचायती राज संस्थाओं में की गई है। 73वें और 74वें संविधान संशोधन के तहत स्थानीय स्वशासन संस्थाओं में महिलाओं के लिए कम से कम 33% सीटें आरक्षित की गई हैं। इससे महिलाओं की राजनीतिक भागीदारी और सशक्तिकरण को बढ़ावा मिला है।

127. भारतीय संविधान के अनुसार किसी राज्य के राज्यपाल बनने के लिए न्यूनतम आयु 35 वर्ष निर्धारित की गई है। यह प्रावधान अनुच्छेद 157 में दिया गया है। इसके साथ ही व्यक्ति भारतीय नागरिक होना चाहिए और संसद या राज्य विधानमंडल का सदस्य नहीं होना चाहिए।

128. भारतीय संघ का प्रमुख कार्यकारी प्रधानमंत्री होता है, राज्य का प्रमुख राज्यपाल होता है। नगर निगम का प्रमुख मेयर होता है, जबकि ग्राम पंचायत का प्रमुख सरपंच होता है। इस प्रकार सही सुमेलन (*i*), (*iii*), (*iv*), (*ii*) है।

129. अनुच्छेद 356 का प्रथम प्रयोग 1959 में केरल राज्य में किया गया था। उस समय केंद्र सरकार ने राज्य सरकार को बर्खास्त कर राष्ट्रपति शासन लागू किया था। यह भारतीय राजनीति में एक महत्वपूर्ण

130. नगर निगम को स्थानीय प्रशासन के लिए विभिन्न प्रकार के कर लगाने का अधिकार होता है। इसमें चुंगी कर (Octroi), मनोरंजन कर तथा गृह कर शामिल हैं, जो नागरिक सुविधाओं जैसे सड़क, पानी, सफाई आदि के लिए उपयोग किए जाते हैं। इसलिए दिए गए सभी कर नगर निगम द्वारा लगाए जा सकते हैं।

131. भारत की पहली यात्री ट्रेन 16 अप्रैल 1853 को बम्बई (अब मुंबई) से थाणे के बीच चलाई गई थी। यह लगभग 34 किलोमीटर की दूरी तय करती थी और इसमें 14 डिब्बे थे। यह भारतीय रेल परिवहन की शुरुआत का महत्वपूर्ण चरण था।

132. एशिया का सबसे बड़ा पशु मेला बिहार के सोनपुर में आयोजित होता है। इसे हरिहर क्षेत्र मेला भी कहा जाता है और यह गंगा तथा गंडक नदियों के संगम पर लगता है। इसमें विभिन्न प्रकार के पशुओं की खरीद-फरोख्त होती है।

133. राष्ट्रीय एकता परिषद् की स्थापना 1961 में की गई थी। इसका उद्देश्य देश में साम्प्रदायिक सद्भाव, राष्ट्रीय एकता और अखंडता को बढ़ावा देना है। इसमें विभिन्न राजनीतिक दलों और सामाजिक संगठनों के प्रतिनिधि शामिल होते हैं।

134. भारतीय संविधान में समता के अधिकार का उल्लेख अनुच्छेद 14 से 18 तक किया गया है। इसमें कानून के समक्ष समानता, भेदभाव का निषेध, सार्वजनिक अवसरों में समानता और उपाधियों का उन्मूलन शामिल है। यह मौलिक अधिकारों का एक महत्वपूर्ण भाग है।

135. यूनाइटेड किंगडम का संविधान लचीला (Flexible) माना जाता है, क्योंकि इसमें संशोधन करना अपेक्षाकृत सरल है। संसद साधारण विधायी प्रक्रिया के माध्यम से ही संवैधानिक परिवर्तन कर सकती है। इसलिए इसे लचीला संविधान कहा जाता है।

136. यूप्लेक्टेला (Euplectella) एक प्रकार का स्पंज है जो समुद्र में स्थिर रहता है और स्वयं चल नहीं सकता। यह जल में स्थायी रूप से एक स्थान पर जुड़ा रहता है, इसलिए इसे अचल जीव कहा जाता है। इसके विपरीत अन्य विकल्पों में कुछ गतिशील जीव भी शामिल हैं।

137. प्रोटीन बड़े जैव-अणु होते हैं जो छोटे-छोटे इकाइयों से मिलकर बने होते हैं जिन्हें अमीनो अम्ल कहा जाता है। विभिन्न अमीनो अम्ल पेप्टाइड बंधों द्वारा जुड़कर लंबी शृंखला बनाते हैं, जिससे प्रोटीन का निर्माण होता है। शरीर की वृद्धि, मरम्मत और एंजाइम क्रियाओं में प्रोटीन महत्वपूर्ण भूमिका निभाते हैं।

138. पादप कोशिका में रिक्तिकाय, सेल्यूलोस से बनी कोशिका भित्ति और लवक (प्लास्टिड) उपस्थित होते हैं। तारककाय (Centriole) सामान्यतः पशु कोशिकाओं में पाया जाता है और पादप कोशिका में अनुपस्थित होता है। इसलिए यह पादप कोशिका का अंगक नहीं है।

139. मनुष्य के शरीर की सबसे बड़ी ग्रंथि यकृत (Liver) है। यह पाचन, विषहरण, पित्त निर्माण और विभिन्न चयापचय क्रियाओं में महत्वपूर्ण भूमिका निभाता है। यकृत शरीर में कई आवश्यक रासायनिक प्रक्रियाओं को नियंत्रित करता है, इसलिए इसे प्रमुख ग्रंथि माना जाता है।

140. उत्तर प्रदेश का राज्य पक्षी सारस क्रेन है। यह एक बड़ा, सुंदर और दुर्लभ पक्षी है, जो आर्द्रभूमियों में पाया जाता है। इसकी लंबी टांगें और विशिष्ट स्वर इसे पहचानने योग्य बनाते हैं और यह संरक्षण की दृष्टि से महत्वपूर्ण है।

141. 'पुरवा' एक छोटे ग्रामीण बस्ती या गाँव के हिस्से को दर्शाता है। यह मुख्यतः ग्रामीण अधिवास में पाया जाता है और अक्सर गाँव

के एक छोटे खंड के रूप में होता है। इसलिए इसे ग्रामीण अधिवास की श्रेणी में रखा जाता है।

142. किलिमंजारो अफ्रीका में स्थित एक प्रसिद्ध ज्वालामुखी पर्वत है। यह तंजानिया में स्थित है और विश्व के सबसे ऊँचे स्वतंत्र खड़े पर्वतों में गिना जाता है। यह एक निष्क्रिय ज्वालामुखी है, जबकि अन्य विकल्प जैसे अप्लेशियन, अरावली और यूराल ज्वालामुखी उत्पत्ति के नहीं हैं।

143. ऐलीफेंटा द्वीप महाराष्ट्र के मुम्बई तट के निकट अरब सागर में स्थित है। यह अपने प्राचीन गुफा मंदिरों और शिल्पकला के लिए प्रसिद्ध है, जिन्हें यूनेस्को द्वारा विश्व धरोहर घोषित किया गया है। यह मुम्बई से समुमी मार्ग द्वारा पहुँचा जा सकता है।

144. मानसूनी वन (उष्णकटिबंधीय पर्णपाती वन) उन क्षेत्रों में पाए जाते हैं जहाँ वर्षा मध्यम से अधिक होती है, सामान्यतः 70 से 200 सेमी के बीच। इस प्रकार के वनों में पेड़ वर्ष के शुष्क मौसम में पत्तियाँ गिरा देते हैं। ये वन भारत के बड़े हिस्से में पाए जाते हैं।

145. कार्बी ऐंगलोंग पठार असम राज्य में स्थित है और इसे प्रायद्वीपीय पठार का विस्तार माना जाता है। यह भूगर्भीय दृष्टि से प्राचीन चट्टानों से बना हुआ है और दक्कन पठार की संरचना से जुड़ा हुआ है। इसलिए इसका संबंध प्रायद्वीपीय पठार से है।

146. जलकुम्भी एक अत्यधिक तेजी से फैलने वाला जलीय खरपतवार है, जिसे 'बंगाल का आतंक' कहा जाता है। यह जलाशयों की सतह को ढक लेता है, जिससे ऑक्सीजन की कमी हो जाती है और जलीय जीवन प्रभावित होता है। इसलिए इसे अत्यंत समस्याकारी माना जाता है।

147. वायरस जीवित और निर्जीव के बीच की कड़ी माने जाते हैं। इनका एक प्रमुख अजैविक लक्षण यह है कि इन्हें प्रयोगशाला में क्रिस्टल के रूप में परिवर्तित किया जा सकता है। यह गुण इन्हें अन्य जीवित कोशिकाओं से अलग करता है।

148. इथाइलीन एक गैसीय पादप हार्मोन है जो फलों के पकने की प्रक्रिया को नियंत्रित करता है। यह फल के रंग, स्वाद और बनावट में परिवर्तन लाता है। इसलिए फल पकाने में इसका महत्वपूर्ण योगदान होता है।

149. क्लॉस्ट्रिडियम एक अवायवीय (Anaerobic) जीवाणु है जो स्वतंत्र रूप से मिट्टी में रहता है और नाइट्रोजन स्थिरीकरण करने की क्षमता रखता है। यह बिना ऑक्सीजन के वातावरण में भी सक्रिय रहता है और मृदा की उर्वरता बढ़ाने में सहायक होता है।

150. कोशिका में सामान्य परिस्थितियों में पाया जाने वाला DNA का प्रमुख रूप B-DNA होता है। यह डबल हेलिक्स संरचना वाला होता है, जिसे वाटसन और क्रिक ने प्रतिपादित किया था। इसमें दो पूरक शृंखलाएँ विपरीत दिशा में घूमती हैं और स्थिर संरचना बनाती हैं। अन्य रूप जैसे A-DNA और Z-DNA विशेष परिस्थितियों में बनते हैं, इसलिए सामान्यतः B-DNA ही पाया जाता है।

पिछले प्रश्न-पत्र (हल सहित)

UP-TET (PRIMARY LEVEL), 2018

(Exam held on 18-11-2018)

भाग-I

बाल विकास एवं शिक्षण विधि

1. कोहलर यह सिद्ध करना चाहता था कि सीखना :
A. एक ऐसी स्थिति है जिसमें व्यक्ति, पशु से श्रेष्ठ है
B. स्वायत्त यादृच्छिक क्रिया है
C. संज्ञानात्मक संकार्य है
D. परिस्थिति के विभिन्न अंगों का प्रत्यक्षीकरण है

2. किसी भी नयी भाषा को सीखने के लिए कहाँ से प्रारम्भ किया जाना चाहिए?
A. अक्षरों व शब्दों के मध्य साहचर्य से
B. वाक्यों के निर्माण से
C. शब्दों के निर्माण से
D. उपर्युक्त में से कोई नहीं

3. समावेशी कक्षा में किस प्रकार का/के छात्र शामिल होता/होते है/हैं?
A. केवल विशिष्ट छात्र
B. सामान्य और विशिष्ट छात्र
C. केवल सामान्य छात्र
D. बहुभाषी और प्रतिभाशाली छात्र

4. अधोलिखित में गणित-सम्बन्धी अधिगम अक्षमता को कौन-सा पद परिभाषित करता है?
A. नीरसता सम्बन्धी दोष B. पठन दोष
C. गणना दोष D. उपर्युक्त में से कोई नहीं

5. समावेशीकरण की सफलता के लिए आवश्यक है :
A. क्षमता निर्माण का अभाव
B. अभिभावकों की भागेदारी का न होना
C. अलगाव
D. संवेदनशीलता

6. निम्न में से कौन-सा संवेग का तत्व **नहीं** है?
A. व्यवहारात्मक B. दैहिक
C. संज्ञानात्मक D. संवेदी

7. संज्ञानात्मक क्षेत्र का सही क्रम है :
A. ज्ञान-अनुप्रयोग-अवबोध-विश्लेषण-संश्लेषण-मूल्यांकन
B. मूल्यांकन-अनुप्रयोग-विश्लेषण-संश्लेषण-अवबोध-ज्ञान
C. मूल्यांकन-संश्लेषण-विश्लेषण-अनुप्रयोग-अवबोध-ज्ञान
D. ज्ञान-अवबोध-अनुप्रयोग-विश्लेषण-संश्लेषण-मूल्यांकन

8. निम्न में से कौन-सा अच्छे शिक्षण की विशेषता **नहीं** है?
A. स्वेच्छाचारी B. जनतांत्रिक
C. सहानुभूतिपूर्ण D. वांछनीय सूचनाएँ देने वाला

9. अभिप्रेरणा का प्रत्याशा सिद्धान्त किसके द्वारा दिया गया है?
A. विक्टर व्रूम B. मास्लो
C. हर्जबर्ग D. स्किनर

10. अग्रिम व्यवस्थापक प्रतिमान किस परिवार से सम्बन्धित है?
A. वैयक्तिक B. सामाजिक अन्तःक्रिया
C. सूचना प्रक्रियाकरण D. व्यवहार परिमार्जन

11. कौशलों के स्थानान्तरण के लिए कौन-सा उपयोगी है?
A. कौशल अन्तरण एक गति है न कि उद्देश्य
B. रेखीय अभिक्रम
C. शाखीय अभिक्रम
D. तैयारी और अर्जन

12. निम्न में से कौन-सा शिक्षण का सूत्र **नहीं** है?
A. सरल से कठिन की ओर
B. अनिश्चित से निश्चित की ओर
C. दृश्य से अदृश्य की ओर
D. निगमन से आगमन की ओर

13. सूक्ष्म-शिक्षण चक्र का प्रथम पद होता है :
A. प्रतिपुष्टि B. शिक्षण
C. योजना बनाना D. प्रस्तावना

14. निम्न में से कौन-सा अवबोध स्तर के शिक्षण में शामिल है?
A. पृथक्करण B. अनुप्रयोग
C. तुलना D. अन्वेषण

15. शैक्षिक सुधारों में प्रभावी विकेन्द्रीकरण तभी संभव होगा :
1. जब खंड व संकुल संदर्भ केंद्रों की भागीदारी बढ़े
2. स्थानीय संदर्भ व्यक्ति उपलब्ध हो
3. अध्यापकों के पास संसाधन और प्रासंगिक सामग्री भी मौजूद हो

सही उत्तर चुनें :
A. 1 और 3 B. 1 और 2
C. 2 और 3 D. 1, 2 और 3

16. एक छात्र पढ़ रहा है, उसका नाम लेकर किसी ने बुलाया। निम्न में से किस संवेदना द्वारा वह (छात्र) अपनी अनुक्रिया प्रकट करेगा?

A. दृष्टि संवेदना B. स्पर्श संवेदना
C. ध्वनि संवेदना D. प्रत्यक्षण संवेदना

17. पियाजे के सिद्धान्त के अनुसार प्राक्संक्रियात्मक अवस्था की अवधि क्या है?

A. चार से आठ साल B. जन्म से दो साल
C. दो से सात साल D. पाँच से आठ साल

18. निम्न में से कौन-सी बाद की बाल्यावस्था के बौद्धिक विकास की विशेषता **नहीं** है?

A. भविष्य की योजना की सूझ-बूझ
B. विज्ञान की काल्पनिक कथाओं में अधिक रुचि
C. बढ़ती हुई तार्किक शक्ति
D. काल्पनिक भयों का अन्त

19. इनमें से कौन मनोवैज्ञानिक 'भाषा विकास' से संबद्ध है?

A. पैवलव B. बिने
C. चोमुस्की D. मास्लो

20. थॉर्नडाइक ने अपने सिद्धान्त को किस शीर्षक से सिद्ध किया?

A. संज्ञानात्मक अधिगम B. अधिगम के प्रयास एवं भूल
C. संकेत अधिगम D. स्थान अधिगम

21. गिरोह अवस्था किस आयु-वर्ग एवं विलम्ब-विकास से संबंधित है?

A. 16-19 वर्ष एवं नैतिकता
B. 3-6 वर्ष एवं भाषा
C. 8-10 वर्ष एवं समाजीकरण
D. 16-19 वर्ष एवं संज्ञानात्मक

22. पियाजे के अनुसार संज्ञानात्मक विकास की तृतीय अवस्था निम्न में से कौन-सी है?

A. औपचारिक संक्रिया अवस्था
B. पूर्व-संक्रिया अवस्था
C. मूर्त संक्रिया अवस्था
D. संवेदनात्मक गामक अवस्था

23. निम्न में से अधिगम में योगदान देने वाले, मनोवैज्ञानिक कारकों में कौन-सा शामिल **नहीं** है?

A. अधिगम की इच्छा B. प्रेरणा
C. रुचि D. विषयवस्तु का स्वरूप

24. निम्न में से सामाजिक मूल्य कौन-सा है?

A. सहायतापरक व्यवहार
B. प्राथमिक लक्ष्य
C. मूल प्रवृत्ति
D. आक्रामकता की आवश्यकता

25. पश्च अन्वेषण तथा साधन-साक्ष्य विश्लेषण निम्न में से किसके उदाहरण हैं?

A. स्वतःशोध B. एल्गोरिदम
C. मानसिक वृत्ति D. प्रकार्यात्मक स्थिरता

26. "सीखने के वक्र अभ्यास द्वारा सीखने की मात्रा, गति और प्रगति की सीमा को ग्राफ पर प्रदर्शित करते हैं।" यह किसने कहा है?

A. स्किनर B. रॉस
C. एबिंगहास D. एम.एल. बिग्गी

27. निम्न में से कौन-सा थॉर्नडाइक के अधिगम के प्राथमिक नियमों में शामिल **नहीं** है?

A. साहचर्यात्मक स्थानान्तरण का नियम
B. अभ्यास का नियम
C. प्रभाव का नियम
D. तत्परता का नियम

28. अनुकूलित अनुक्रिया सिद्धान्त किसके अनुकूलन पर बल देता है?

A. तर्क B. व्यवहार
C. चिन्तन D. अभिप्रेरणा

29. क्रिया-प्रसूत अनुबन्धन का दूसरा नाम है :

A. समीपस्थ अनुबंधन B. नैमित्तिक अनुबंधन
C. प्राचीन अनुबंधन D. चिह्न अनुबंधन

30. निम्न में से कौन-सी अधिगम की एक विशेषता **नहीं** है?

A. अधिगम का अवलोकन प्रत्यक्ष रूप से किया जा सकता है
B. अधिगम व्यवहार में अपेक्षाकृत स्थायी परिवर्तन है
C. अधिगम प्राणी की अभिवृद्धि है
D. अधिगम एक लक्ष्योन्मुख प्रक्रिया है

भाग-II

भाषा-I: हिन्दी

31. 'प्रागैतिहासिक' में किस उपसर्ग का प्रयोग है?

A. प्रा B. प्राक्
C. प्राग D. प्रागैति

32. 'तुलसीदास' किसकी कविता है?

A. हरिवंशराय बच्चन B. मुक्तिबोध
C. अज्ञेय D. सूर्यकांत त्रिपाठी 'निराला'

33. 'बहिष्कार' का संधि-विच्छेद क्या है?

A. बहिः + कार B. वहिः + ष्कार
C. बहिष् + अकार D. बहिर् + कार

34. 'वैदेही वनवास' किसकी रचना है?

A. मैथिलीशरण गुप्त
B. अयोध्या सिंह उपाध्याय 'हरिऔध'

C. रामधारी सिंह 'दिनकर'

D. श्रीधर पाठक

35. निम्न में से पुल्लिंग शब्द का चयन कीजिए :

A. पखावज B. पहिया
C. लिखावट D. मँझधार

निर्देश (प्रश्न सं. 36 और 37) : दिए गए गद्यांश को पढ़कर निम्नलिखित प्रश्नों के सही विकल्प छाँटिए।

स्पष्टता, आत्म-विश्वास, विषय की अच्छी पकड़ और प्रभावशाली भाषा में अपने विचारों और भावनाओं को व्यक्त करना ही सम्प्रेषण-कला है, जो निरंतर अभ्यास से निखारी जा सकती है। एक दिन में कोई अच्छा वक्ता नहीं बन सकता तथा भाषा पर अनायास ही किसी की पकड़ नहीं हो पाती। इसी अभ्यास से स्वामी विवेकानंद ने जिस सम्प्रेषण-कला का विकास किया था, उसने विश्वधर्म-सम्मेलन में लाखों अमेरिका-निवासियों को चकित और मोहित कर दिया था।

36. सम्प्रेषण-कला क्या **नहीं** है?

A. प्रभावशाली भाषा
B. अलंकरण
C. आत्म-विश्वास
D. विचारों और भावनाओं को व्यक्त करना

37. सम्प्रेषण-कला का विकास किससे होता है?

A. अनायास
B. अभ्यास
C. भाषण
D. विषय की अच्छी पकड़

38. निम्न में संयुक्त व्यंजन कौन-सा **नहीं** है?

A. त्र B. य
C. क्ष D. ज्ञ

39. 'मृत्युंजय' पद में कौन-सा समास है?

A. बहुव्रीहि B. द्विगु
C. कर्मधारय D. द्वंद्व

40. 'अलंकार' में किस उपसर्ग का प्रयोग है?

A. अलन् B. अल्
C. अल D. अलम्

41. यह पुस्तक किसकी है? में रेखांकित शब्द का पद-परिचय दीजिए :

A. गुणवाचक विशेषण (पुस्तक विशेष्य), एकवचन
B. सार्वनामिक विशेषण (पुस्तक विशेष्य), एकवचन, स्त्रीलिंग
C. सर्वनाम, एकवचन, स्त्रीलिंग
D. सम्बोधन अव्यय

42. 'विश्लेषण' शब्द का विलोम होगा :

A. व्याख्या B. विवेचन
C. संश्लेषण D. विभाजित

43. जिनका उच्चारण ऊपर के दाँतों पर जीभ लगाने से होता है, उसे क्या कहते हैं?

A. मूर्धन्य B. कंठ्य
C. दन्त्य D. अनुनासिक

44. निम्नलिखित में से 'ऊष्म व्यंजन' कौन-से हैं?

A. च-छ-ज B. श-ष-स
C. अ-ब-स D. य-र-ल

45. 'अत्यधिक' का विलोम क्या है?

A. अनधिगत B. अत्यल्प
C. अत्याधिक D. अनधीन

46. 'ऋत' का विलोम क्या है?

A. विकीर्ण B. अनृत
C. वक्र D. अनैक्य

47. 'संकल्प' शब्द में उपसर्ग बताइए :

A. सन् B. सम्
C. सक् D. सन्क

48. मुझसे खड़ा भी हुआ नहीं जाता। इस वाक्य का वाच्य होगा :

A. कर्तृवाच्य B. भाववाच्य
C. कर्मवाच्य D. अन्य

49. तद्भव और उसके तत्सम का कौन-सा मेल **गलत** है?

A. लुनाई-लावण्यता B. लौंग-लवंग
C. आँत-अंत्र D. आयसु-आदेश

50. लेखक और उसकी रचना का कौन-सा जोड़ा **गलत** है?

A. स्कन्दगुप्त–लक्ष्मीनारायण मिश्र
B. संस्कृति के चार अध्याय–रामधारी सिंह 'दिनकर'
C. रसज्ञ-रंजन–आचार्य महावीर प्रसाद द्विवेदी
D. अशोक के फूल–आचार्य हजारी प्रसाद द्विवेदी

51. कवि और उसकी रचना का कौन-सा जोड़ा सही **नहीं** है?

A. परिमल–सूर्यकांत त्रिपाठी 'निराला'
B. शिवराज भूषण–भूषण
C. शब्द रसायन–देव
D. उद्धव शतक–भारतेन्दु हरिश्चंद्र

52. लेखक और उसकी कृति के युग्म में कौन-सा युग्म गलत है?

A. आर्यों का आदि देश–डॉ. सम्पूर्णानंद
B. बोल्गा से गंगा–राहुल सांकृत्यायन
C. सूरज का सातवाँ घोड़ा–धर्मवीर भारती
D. दर्शन दिग्दर्शन–रामचंद्र शुक्ल

53. विराम-चिह्न की दृष्टि से कौन-सा वाक्य **अशुद्ध** है?

A. हाँ मेरा यही विचार है।
B. वह ईमानदार, परिश्रमी, कर्मठ और मृदुभाषी है।
C. उसके पास धन-वैभव, नौकर-चाकर आदि सभी कुछ था।
D. आप हमारे घर आना चाहते हैं, तो आइए; ठहरना चाहते हैं, तो ठहरिए।

54. कौन-सा शब्द भिन्न अर्थ और प्रकृति का है?
A. सनातन B. चिरंतन
C. शाश्वत D. अधुनातन

55. 'अर्वाचीन' शब्द का विलोम होगा :
A. अधुनातन B. प्राचीन
C. अद्यतन D. सनातन

56. व्याकरण की दृष्टि से कौन-सा शब्द **अशुद्ध** है?
A. विभीषण B. विरहणी
C. गृहिणी D. जगद्‌गुरु

57. निम्न में से कौन-सा युग्म **गलत** है?
A. मुट्ठी गरम करना–रिश्वत देना
B. लुटिया डूबना–सारा काम चौपट होना
C. सब्ज बाग दिखलाना–हरा-भरा करना
D. माई का लाल–साहसी व्यक्ति

58. मेरी भव बाधा हरौ, राधा नागरि सोय।
जातन की झाँईं परै, स्याम हरित दुति होय।।
उपर्युक्त दोहे में कौन-सा अलंकार है?
A. श्लेष B. अन्योक्ति
C. यमक D. रूपक

59. 'गौशाला' में कौन-सा समास है?
A. बहुव्रीहि
B. तत्पुरुष
C. द्वंद्व
D. द्विगु

60. 'देशभक्ति' में कौन-सा समास है?
A. तत्पुरुष B. द्वंद्व
C. कर्मधारय D. द्विगु

भाग-III

LANGUAGE-II : ENGLISH

61. What is the main purpose of poetry recitation in a language classroom?
A. To give their opinions about poem
B. To know the historical background of the poem
C. To enjoy and appreciate the poem
D. To become aware of the poet and his/her work

62. Fill in the blanks with the correct article:
Yesterday I saw .... European riding on .... elephant.
A. a, a B. the, the
C. a, an D. a, the

63. Choose the correct sentence:
A. Please describe of the story.
B. Please describe about the story.
C. Please describe the story.
D. Please describe to the story.

64. Fill in the blank with correct preposition:
A prisoner was accused________murder.
A. to B. of
C. for D. off

65. The antonym of 'innocent' is:
A. active B, clever
C. ignorant D. guilty

66. The synonym of 'significant' is:
A. efficient B. prominent
C. magnificent D. important

67. Which one of the following words can be made plural by adding a suffix 'en'?
A. Max B. Box
C. Tax D. Ox

68. Change the correct pronoun to complete the following sentence:
This dress is________and that one is mine.
A. your B. our book
C. yours D. your book

69. Choose the following sentence into passive voice:
Have the girls asked this question?
A. Has this question asked by the girls?
B. This question have asked by girls.
C. Has this question been asked by the girls
D. Have this question asked by the girls

Directions (Qs. No. 70 and 71): *Read the passage given and answer the questions that follow it.*

Yesterday, two brave children of Gangapur were awarded Brave Hearts Award. They have exhibited a great spirit of selflessness and courage. Harsh, a twelve-year-old boy, saved a little girl from drowning in the river that flows along his village. Garima has been awarded for her presence of mind.

70. Which kind of noun is Gangapur?
A. Material noun
B. Common noun
C. Collective noun
D. Proper noun

71. Which part of speech is the word 'brave'?
A. Adjective
B. Noun
C. Pronoun
D. Preposition

72. Which of the following words is a material noun?
A. Air B. Cow
C. Gold D. Class

73. Which of the following words is an abstract noun?
A. Woman B. Connection
C. Boy D. Plough

74. Which kind of noun is 'adversity'?
A. Abstract noun
B. Common noun
C. Proper noun
D. Collective noun

75. Which part of speech is the word hard in the sentence 'He is working hard'?
A. Preposition B. Adverb
C. Conjunction D. Noun

76. Which of the following sentences has a 'conjunction'?
A. She is poor but she is by nature hospitable.
B. She is awfully busy.
C. I am nobody for you.
D. My grandfather is not well.

77. Point out the sentence which is in present perfect tense.
A. Your sister visited us yesterday.
B. I shall go to Jaunpur tomorrow.
C. She is very intelligent.
D. I have finished my work.

78. Which of the following is misspelt word?
A. Derogatary
B. Desiccation
C. Descendant
D. Dermatitis

79. Which of the following sentences has transitive verb?
A. She writes well.
B. She walks in the morning daily.
C. He is running very fast.
D. I killed a snake last night.

80. Which of the following sentences is negative?
A. He does not listen to me.
B. I come from a rich family.
C. You can do all this in no time.
D. They are very gentle people.

81. Which of the following sentences is exclamatory?
A. Which is your favourite book.
B. What a piece of work is man.
C. What do you know about ancient India.
D. His cruelty knew no bounds.

82. Point out the complex sentence:
A. She does not sing.
B. They are very wise people.
C. You know me well.
D. One who does not love one's country is a wretched person.

83. Which of the following words is 'plural'?
A. Goat B. Dog
C. Fox D. Mice

84. Which of the following words is regarded as singular?
A. Cats B. Dogs
C. Mathematics D. Cars

85. Which of the following sentences is in active voice?
A. I requested him to come in time.
B. He was asked to keep quiet.
C. A house was bought for fifty lacs.
D. He was hit badly.

86. Which of the following sentences is in passive voice?
A. He was assisted by a group of students.
B. Please mind your business.
C. I kept quiet throughout the meeting.
D. They came late and lost the match.

87. "That is the man the police was seeking".
In the above sentence, what is the status of the two the's?
A. Conjunction
B. Verb
C. Noun
D. Definite article

88. "These students are most disobedient".
In the above sentence, point out the gender of the word 'students':
A. Masculine gender
B. Feminine gender
C. Common gender
D. None of the above

89. In the sentence 'He was going along the road', point out the tense.
A. Past continuous
B. Present perfect
C. Past perfect
D. Future indefinite

90. Language learning starts from:
A. listening B. writing
C. reading D. speaking

भाग-IV

गणित

91. संलग्न चित्र में रेखा PAQ वृत्त को बिन्दु A पर स्पर्श करती है तथा ABCD एक चक्रीय चतुर्भुज है।

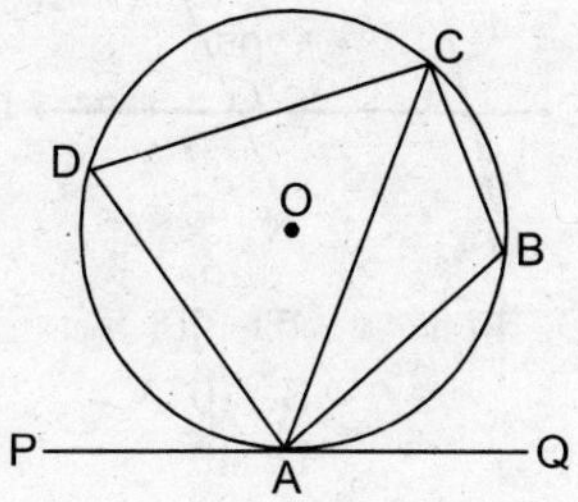

यदि $\angle CAQ = 70°$ है, तो $\angle ABC$ है :

A. 110° B. 70°
C. 80° D. 90°

92. यदि 8 पेन का क्रय-मूल्य 6 पेन के विक्रय-मूल्य के बराबर है, तो लाभ प्रतिशत है :

A. $33\frac{1}{3}\%$ B. $11\frac{1}{2}\%$
C. $13\frac{1}{3}\%$ D. 25%

93. निम्न में से कौन-सी परिमेय संख्या $\frac{3}{5}$ और $\frac{4}{5}$ के मध्य **नहीं** आती है?

A. $\frac{7}{10}$ B. $\frac{19}{30}$
C. $\frac{2}{3}$ D. $\frac{16}{30}$

94. यदि 3 पेन, 2 पेंसिल और 4 रबर का मूल्य ₹ 92 है तथा 8 पेंसिल और 16 रबर का मूल्य ₹ 68 है, तब 24 पेन का मूल्य है :

A. ₹ 675 B. ₹ 625
C. ₹ 500 D. ₹ 600

95. हम एक त्रिभुज की रचना नहीं कर सकते हैं, यदि हमें दिया गया है :

A. केवल तीन कोण
B. दो कोण और एक भुजा
C. केवल तीन भुजाएँ
D. दो भुजा और उनके मध्य कोण

96. यदि किसी आयताकार भूखण्ड की लम्बाई और चौड़ाई में क्रमशः 50% तथा 20% की वृद्धि कर दी जाए, तो इसका क्षेत्रफल कितना गुना बढ़ जाएगा?

A. $\frac{4}{5}$ B. $1\frac{4}{5}$
C. $1\frac{1}{5}$ D. $\frac{1}{5}$

97. सामान्य मनुष्य के शरीर का ताप 37°C है। फारेनहाइट पैमाने में यह ताप है :

A. 98°F B. 98.4°F
C. 98.6°F D. 98.8°F

98. यदि $1^2 + 2^2 + ... + 9^2 = 285$, हो, तो $(0.11)^2 + (0.22)^2 + ... + (0.99)^2$ का मान है :

A. 3.4485 B. 2.4485
C. 0.24485 D. 0.34485

99. एक राशि साधारण ब्याज पर 10 वर्षों में दुगनी हो जाती है। कितने वर्षों में यह राशि उसी ब्याज दर से तिगुनी हो जाएगी?

A. 20 वर्ष B. 30 वर्ष
C. 25 वर्ष D. 15 वर्ष

100. 80 m व्यास वाले एक वृत्ताकार पार्क के अन्दर अधिकतम क्षेत्रफल का एक वर्गाकार खेल का मैदान बना है। खेल के मैदान का क्षेत्रफल है :

A. 3200 m^2 B. 6400 m^2
C. 1600 m^2 D. 12800 m^2

101. 240 अंकों की एक परीक्षा में किसी परीक्षार्थी ने 52 अंक अर्जित किया। पाई-आलेख में इसका संगत कोण है :

A. 63° B. 75°
C. 78° D. $\left(21\frac{2}{3}\right)°$

102. यदि *P* का *P*% 36 हो, *P* बराबर होगा :

A. 15 B. 3600
C. 600 D. 60

103. यदि $2352 = 2^x \times 3^y \times 7^z$, तब $x + y + r$ का मान है :

A. 8 B. 5
C. 7 D. 9

104. 100 के सम भाजकों की संख्या होगी :

A. 7 B. 6
C. 5 D. 8

105. 15 cm भुजा वाले किसी घन में से 3 cm भुजा वाले कुल कितने घन काटे जा सकते हैं?

A. 125 B. 25
C. 27 D. 144

106. 3^{1989} में 7 से भाग देने पर शेषफल होगा :

A. 8 B. 7
C. 6 D. 0

107. एक बहुभुज के अन्तःकोणों का योग 2160° है। बहुभुज की भुजाओं की संख्या है :

A. 14 B. 12
C. 13 D. 15

108. सबसे छोटी ऋणेतर अभाज्य पूर्णांक है :
A. 2 B. 0
C. 1 D. 3

109. $\left(1\frac{1}{2}+11\frac{1}{2}+111\frac{1}{2}+1111\frac{1}{2}\right)$ बराबर है :
A. 1263 के B. 1236 के
C. 1233 के D. 1239 के

110. यदि सभी प्राकृतिक संख्याओं a और b के लिए $a * b = a^2 + b^2 - ab$ है, तो 9 * 10 का मान है :
A. 181 B. 90
C. 91 D. 182

111. यदि x और y शून्येतर वास्तविक संख्याएँ हों, तो $x^2 + xy + y^2$:
A. हमेशा धनात्मक है
B. हमेशा ऋणात्मक है
C. x और y के कुछ मानों के लिए शून्य है
D. का मान धनात्मक और ऋणात्मक दोनों हो सकता है

112. सलग्न चित्र में * के स्थान पर संख्या होगी :

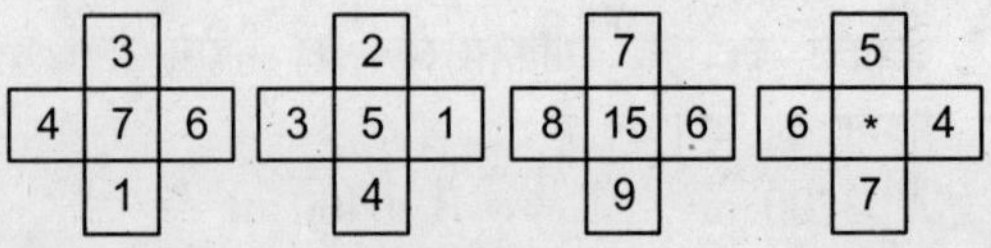

A. 10 B. 8
C. 9 D. 11

113. यदि किन्हीं दो प्राकृतिक संख्याओं a और b के लिए $a^b = 125$ हो, तो b^a है :
A. 243 B. 241
C. 242 D. 247

114. 1 से 10 तक की सभी प्राकृतिक संख्याओं से विभाजित होने वाली सबसे छोटी संख्या है :
A. 1000 B. 5040
C. 2520 D. 100

115. यदि 4/8/2017 को शुक्रवार है, तब 61 दिनों के बाद कौन-सा दिन होगा?
A. बृहस्पतिवार B. मंगलवार
C. बुधवार D. शुक्रवार

116. दिए गए चित्र

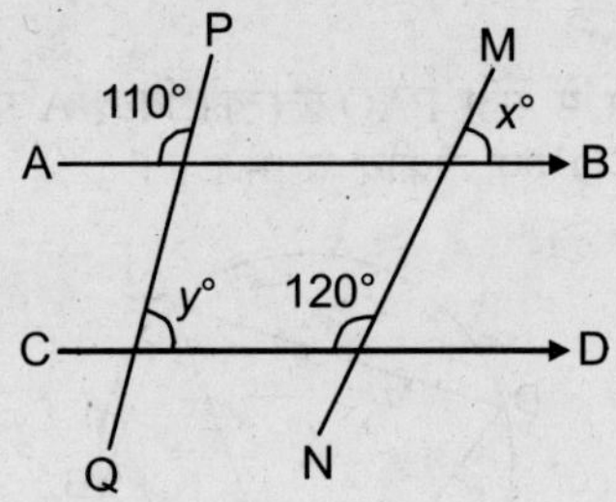

में AB||CD, तब $y° - x°$ का मान है :
A. 30° B. 10°
C. 20° D. 40°

117. यदि किसी दुकानदार को एक वस्तु को ₹ 390, पर बेचने पर 20% का लाभ होता है, तो वस्तु का क्रय-मूल्य है :
A. ₹ 324 B. ₹ 321
C. ₹ 323 D. ₹ 325

118. यदि किसी कस्बे की जनसंख्या 60000 से बढ़कर 65000 हो जाती है, तो जनसंख्या में वृद्धि (प्रतिशत में) है :
A. $7\frac{1}{4}$ B. $7\frac{9}{13}$
C. $8\frac{1}{3}$ D. $8\frac{1}{9}$

119. 40 व्यक्ति 30 दिनों में 200 किग्रा चावल खाते हैं। कितने दिनों में 30 व्यक्ति 500 किग्रा चावल खाएँगे?
A. 90 B. 120
C. 80 D. 100

120. एक समचतुर्भुज के विकर्णों की लम्बाइयाँ 16 cm तथा 12 cm हैं। समचतुर्भुज की भुजा है :
A. 9 cm B. 7 cm
C. 8 cm D. 10 cm

भाग-V

पर्यावरणीय अध्ययन

121. किस वर्णक की उपस्थिति के कारण पौधे हरे होते हैं?
A. एन्थोसाइएनिन B. कैरोटीनॉयड
C. लाइकोपीन D. क्लोरोफिल

122. मानवीय गतिविधियाँ, जो पृथ्वी पर जलवायु परिवर्तन के लिए जिम्मेदार है, हैं
A. एयरोसोल कैन का उपयोग
B. वनों को जलाना
C. कृषि क्रियाकलाप
D. उपर्युक्त सभी

123. यूफॉर्बिएसी फैमिली की कौन-सी फसल बायोडीजल उत्पन्न करने के लिए जानी जाती है?
A. कॉपर लीफ B. जैट्रोफा
C. कैंडलनट ट्री D. सर्पगंधा

124. 'जड़ी-बूटियों की रानी' भारत की सबसे पवित्र जड़ी-बूटी है। इस औषधीय पौधे का हिन्दू धर्म में महत्त्व है और इसका वानस्पतिक (scientific) नाम **ओसिमम सैंक्टम** है। इसको सामान्यतः किस नाम से जाना जाता है?

A. अजवायन के फूल B. तुलसी
C. रोजमैरी D. धनिया

125. पीने के लिए सुरक्षित पानी को क्या कहते हैं?
A. तांजा जल B. पीने-योग्य पानी
C. आसुत जल D. नल का पानी

126. वर्ष 1984 की भोपाल गैस त्रासदी निम्न में से किस गैस के रिसाव के कारण हुई थी?
A. मेथैन
B. मिथाइल आइसोसायनेट
C. नाइट्रस ऑक्साइड
D. कार्बन मोनोऑक्साइड

127. 'विश्व पर्यावरण दिवस' कब मनाया जाता है?
A. 5 जून B. 2 दिसम्बर
C. 16 सितम्बर D. 11 जुलाई

128. एम॰एस॰ स्वामीनाथन एक :
A. पारिस्थितिकी वैज्ञानिक थे
B. पत्रकार थे
C. कृषि वैज्ञानिक थे
D. पक्षी वैज्ञानिक थे

129. वाइल्डलाइफ इंस्टीट्यूट ऑफ इंडिया (डब्ल्यू.आइ.आइ.) कहाँ स्थित है?
A. अहमदाबाद B. नई दिल्ली
C. कोयम्बटूर D. देहरादून

130. प्रकाश-संश्लेषण के दौरान हरे पौधे निम्न में से किसे सोख लेते हैं?
A. कार्बन डाइऑक्साइड B. हीलियम
C. नाइट्रोजन D. ऑक्सीजन

131. अपशिष्ट उत्पादों को खाने वाले जीवों को कहा जाता है:
A. शाकभक्षी B. मृतकभक्षी
C. मांसभक्षी D. रसायनभक्षी

132. तप्त भौमजल से किस प्रकार की ऊर्जा प्राप्त होती है?
A. भूतापीय ऊर्जा B. जल-विद्युत् ऊर्जा
C. सौर ऊर्जा D. नाभिकीय ऊर्जा

133. शोला घासस्थल कहाँ पाए जाते हैं?
A. हिमालय B. पश्चिमी घाट
C. पूर्वी घाट D. विंध्याचल

134. भारत में पेलिकन पक्षी कहाँ प्रजनन करते हैं?
A. कोक्कारे बेलूर B. नेलापट्टू
C. कून्थनकुलम D. उपर्युक्त सभी

135. 'मीनामाता रोग' ऐसी मछली खाने से होता है, जिसमें अधिक मात्रा में पाया जाता है :
A. कैडमियम B. आर्सेनिक
C. पारा D. उपर्युक्त सभी

136. ओजोन परत का अधिकतम ह्रास निम्न में से किस पर हुआ है?
A. भूमध्यरेखा B. उत्तरी ध्रुव
C. दक्षिणी ध्रुव D. उपर्युक्त में से कोई नहीं

137. इनमें से कौन भारत का प्रथम मुख्य न्यायाधीश था?
A. हीरालाल जे. कानिया B. एम. पतंजलि शास्त्री
C. मेहर चन्द महाजन D. एस.आर. दास

138. 'रेड डाटा बुक' किससे सम्बन्धित है?
A. विलुप्ति के करीब जीव
B. नदियों में प्रदूषण
C. घटता भूगर्भ जल-स्तर
D. वायु प्रदूषण

139. इनमें से कौन वर्तमान राष्ट्रीय महिला आयोग की अध्यक्षा है?
A. मालिनी भट्टाचार्य B. गिरिजा व्यास
C. रेखा शर्मा D. यासमीन अबरार

140. लोकसभा और राज्यसभा की संयुक्त बैठक किसके द्वारा आहूत की जाती है?
A. संसद B. राष्ट्रपति
C. लोकसभा के अध्यक्ष D. राज्यसभा के सभापति

141. संविधान के किस भाग में पंचायती राजव्यवस्था सम्बन्धी प्रावधान दिए गए हैं?
A. III B. IX
C. VI D. IV

142. 74वें संविधान संशोधन का सम्बन्ध है :
A. राष्ट्रपति की शक्तियों से
B. ग्रामीण स्थानीय स्वशासन से
C. शहरी स्थानीय स्वशासन से
D. संसद की शक्तियों से

143. किस गैस के वर्षा के पानी में घुलने से वर्षा का पानी अम्लीय हो जाता है?
A. कार्बन डाइऑक्साइड
B. हाइड्रोजन पेरॉक्साइड
C. नाइट्रोजन मोनोऑक्साइड
D. सल्फर डाइऑक्साइड

144. भारतीय संविधान में 'विधि का शासन' विचार कहाँ से लिया गया है?
A. स्विट्जरलैण्ड B. अमेरिका
C. इंग्लैण्ड D. आयरलैण्ड

145. लोकसभा के चुनाव हेतु अधिसूचना कौन जारी करता है?
A. गृह मंत्रालय
B. भारत का निर्वाचन आयोग
C. राष्ट्रपति
D. लोकसभा सचिवालय

146. लोकसभा की कार्यवाही के प्रथम घण्टे को कहा जाता है :

A. शून्य काल B. सार्वजनिक काल

C. विशेषाधिकार काल D. प्रश्न काल

147. 'वर्षा-जल संग्रहण' क्या है?

A. पानी का वितरण

B. प्रयुक्त जल का संग्रह और भण्डारण

C. वर्षा-जल का जमाव और भण्डारण

D. उपर्युक्त में से कोई नहीं

148. भारतीय गैंडा कहाँ संरक्षित है?

A. बांदीपुर नैशनल पार्क

B. कॉर्बेट नैशनल पार्क

C. काजीरंगा नैशनल पार्क

D. गिर नैशनल पार्क

149. निम्न में से कौन-सा क्रम पारिस्थितिक तंत्र में ऊर्जा प्रवाह के सम्बन्ध में सही है?

A. उत्पादक → उपभोक्ता → अपघटक

B. उत्पादक → अपघटक → उपभोक्ता

C. अपघटक → उपभोक्ता → उत्पादक

D. उपभोक्ता → उत्पादक → अपघटक

150. कौन-सी ग्रीनहाऊस गैस वातावरण में सबसे अधिक मात्रा में उपस्थित रहती है?

A. कार्बन डाइऑक्साइड B. प्रोपेन

C. एथेन D. मिथैन

उत्तरमाला

1	**2**	**3**	**4**	**5**	**6**	**7**	**8**	**9**	**10**
C	A	A	C	D	D	D	A	A	C
11	**12**	**13**	**14**	**15**	**16**	**17**	**18**	**19**	**20**
A	D	C	D	D	C	C	A	C	B
21	**22**	**23**	**24**	**25**	**26**	**27**	**28**	**29**	**30**
C	C	D	A	A	C	A	B	B	A
31	**32**	**33**	**34**	**35**	**36**	**37**	**38**	**39**	**40**
B	D	A	B	B	B	B	B	A	D
41	**42**	**43**	**44**	**45**	**46**	**47**	**48**	**49**	**50**
B	C	C	B	B	B	B	B	A	A
51	**52**	**53**	**54**	**55**	**56**	**57**	**58**	**59**	**60**
D	D	A	D	B	B	C	A	B	A
61	**62**	**63**	**64**	**65**	**66**	**67**	**68**	**69**	**70**
C	C	C	B	D	D	D	C	C	D
71	**72**	**73**	**74**	**75**	**76**	**77**	**78**	**79**	**80**
A	C	B	A	B	A	D	A	D	A
81	**82**	**83**	**84**	**85**	**86**	**87**	**88**	**89**	**90**
B	D	D	C	A	A	D	C	A	A
91	**92**	**93**	**94**	**95**	**96**	**97**	**98**	**99**	**100**
A	A	D	D	A	A	C	A	A	A
101	**102**	**103**	**104**	**105**	**106**	**107**	**108**	**109**	**110**
C	D	C	B	A	C	A	A	B	C
111	**112**	**113**	**114**	**115**	**116**	**117**	**118**	**119**	**120**
A	D	A	C	A	B	D	C	D	D
121	**122**	**123**	**124**	**125**	**126**	**127**	**128**	**129**	**130**
D	D	B	B	B	B	A	C	D	A
131	**132**	**133**	**134**	**135**	**136**	**137**	**138**	**139**	**140**
B	A	B	D	C	C	A	A	C	B
141	**142**	**143**	**144**	**145**	**146**	**147**	**148**	**149**	**150**
B	C	D	C	B	D	C	C	A	A

व्याख्यात्मक उत्तर

1. कोहलर यह सिद्ध करना चाहता था कि सीखना एक संज्ञानात्मक संकार्य है। कोहलर ने अंतर्दृष्टि या सूझ को अधिगम में महत्वपूर्ण माना है। निःसंदेह सूझ की प्रक्रिया एक संज्ञानात्मक प्रक्रिया है जो समस्या का संज्ञानात्मक समाधान प्रस्तुत करके सीखने की प्रक्रिया को अत्यधिक सरल, सहज तथा उद्देश्यपूर्ण बनाती है।

2. किसी नयी भाषा को सीखने के लिए अक्षरों व शब्दों के मध्य साहचर्य को प्रारम्भ किया जाना चाहिए। क्योंकि भाषा सीखने की प्रक्रिया क्रमिक रूप से होती है। बालक पहले अक्षरों, फिर शब्दों और अंत में वाक्यों को सीखता है। अतः इनके मध्य साहचर्य होना अति आवश्यक होता है।

3. **समावेशी शिक्षा :** ''ऐसी शिक्षा जहां पर सामान्य बालकों के साथ-साथ दिव्यांग बालको कों भी एक ही कक्षा में एक साथ बैठाकर शिक्षा दी जाए उसे समावेशी शिक्षा कहते हैं।''

अतः इसे हम इस प्रकार भी समझ सकते हैं कि **'समावेशी शिक्षा'** एक ऐसी शिक्षा प्रणाली है जिसमें शिक्षा का समावेशीकरण यह बताता है कि विशेष शैक्षणिक आवश्यकताओं की पूर्ति के लिए एक सामान्य छात्र और एक दिव्यांग को समान **शिक्षा** प्राप्ति के अवसर मिलने चाहिए। समावेशी कक्षा में केवल विशिष्ट छात्र ही शामिल होते हैं।

समावेशी शिक्षा के उद्देश्य :

- विशिष्ट बच्चों को आत्मनिर्भर बनाकर उनको समाज में मुख्यधारा से जोड़ना।
- बच्चों में आत्मनिर्भर की भावना का विकास करना।
- यह सुनिश्चित करना कि कोई भी बच्चा हो चाहे वह शारीरिक अपंग हो, अपंगता से ग्रस्त हो फिर भी उसे शिक्षा के समान अवसर से वंचित नहीं किया जा सकता है।
- विशिष्ठ आवश्यकता वाले बच्चे।
- आत्मनिर्भरता की भावना का विकास करना।
- दिव्यांग बालकों को शिक्षित कर मुख्यधारा से जोड़ना।
- लैक्टिक बालक का यह अधिकार है कि वह अपना विकास प्राप्त क्षमताओं के अनुसार कर सके। शिक्षा का उद्देश्य सभी बालकों का सर्वांगीण विकास करना है।
- समावेशी शिक्षा केवल विकलांग बच्चों के लिए ही नहीं बल्कि इसका अर्थ कोई भी बच्चे का बहिष्कार ना हो।
- अनुसूचित जनजाति, अनुसूचित जाति के बच्चों के लिए शिक्षा मुहैया कराने हेतु भारतीय संविधान की धाराओं 15(4), 45 और 46 का विशेष प्रावधान दिया गया है।

4. **गणना दोष (Dyscalculia):** सीखने से जुड़ी एक विशिष्ट विकलांगता है जिसमें बच्चा अंकों के बारे में बुनियादी बातें याद नहीं रख पाता है और गणित के प्रश्नों को बहुत देर से समझता है या गलत करता है। ये लक्षण प्रत्येक बच्चे में अलग-अलग हो सकते हैं। कुछ बच्चों को गणित से सम्बन्धित वर्ड प्रॉब्लम की समस्या तो कुछ ऐसे होते हैं जिन्हें हल तक पहुँचने के लिए चरणबद्ध प्रक्रिया समझने में मुश्किल होती है। कुछ ऐसे बच्चे होते हैं जो गणितीय अवधारणाओं को समझ ही नहीं पाते हैं।

5. शिक्षा का समावेशीकरण यह बताता है कि विशेष शैक्षणिक आवश्यकताओं की पूर्ति के लिए एक सामान्य छात्र और एक दिव्यांग को समान शिक्षा प्राप्ति के अवसर मिलने चाहिए। इसमें एक सामान्य छात्र एक दिव्यांग छात्र के साथ विद्यालय में अधिकतर समय बिताता है। पहले समावेशी शिक्षा की परिकल्पना सिर्फ विशेष छात्रों के लिए की गई थी लेकिन आधुनिक काल में हर शिक्षक को इस सिद्धांत को विस्तृत दृष्टिकोण में अपनी कक्षा में व्यवहार में लाना चाहिए।

समावेशी शिक्षा या एकीकरण के सिद्धांत की ऐतिहासिक जड़ें कनाडा और अमेरिका से जुड़ी हैं। प्राचीन शिक्षा पद्धति की जगह नई शिक्षा नीति का प्रयोग आधुनिक समय में होने लगा है। समावेशी शिक्षा विशेष विद्यालय या कक्षा को स्वीकार नहीं करता। अशक्त बच्चों को सामान्य बच्चों से अलग करना अब मान्य नहीं है। विकलांग बच्चों को भी सामान्य बच्चों की तरह ही शैक्षिक गतिविधियों में भाग लेने का अधिकार है। समावेशीकरण की सफलता के लिए संवेदनशीलता एक आवश्यक तत्व है।

6. संवेग एक जटिल अवस्था है जिसमें कुछ आंगिक क्रियाएँ (bodily reactions) जिसे दैहिक तत्व (physical component) कहा जाता है; कुछ अभिव्यंजक व्यवहार (expressive behaviour) जिसे व्यवहारपरक तत्व (behavioural component) कहा जाता है तथा उद्दीपक या परिस्थिति के प्रत्यक्षण के अनुसार आत्मनिष्ठ भाव (subjective feeling) होता है। इस तरह संवेग के कई पहलू होते हैं जो इस प्रकार हैं–

(*i*) संवेग एक जटिल अवस्था होती है (Emotion is a complex state): संवेग की अवस्था एक जटिल अवस्था होती है क्योंकि इसमें बहुत तरह के शारीरिक परिवर्तन, भाव (feeling) आदि सम्मिलित होते हैं। इसमें व्यक्ति की उत्तेजनशीलता का स्तर काफी बढ़ जाती है तथा प्राणी अपने पूरे शरीर में एक उपद्रव (disturbance) महसूस करता है।

(*ii*) संवेग का दूसरा महत्वपूर्ण पहलू उसमें होने वाली आंगिक प्रतिक्रियाएँ (bodily reaction) है। प्रत्येक संवेग में कुछ भीतरी या आंगिक प्रतिक्रियाएँ होती हैं। इस अवस्था में शरीर के भीतरी अंगों जैसे हृदय, आंत, फेफड़ा, ग्रन्थियाँ (glands) आदि में कुछ विशेष प्रतिक्रियाएँ (reactions) होती हैं। जैसे–क्रोध संवेग में प्रायः रक्त चाप (blood pressure) बढ़ जाता है, भूख-प्यास कम हो जाती है, साँस की गति तेजी हो जाती है आदि।

(*iii*) संवेग में कुछ अभिव्यंजन व्यवहार भी होते हैं (Emotion involves expressive movements): संवेग की अवस्था

में शरीर के भीतर अंगों के कार्यों में ही सिर्फ परिवर्तन नहीं होता है बल्कि शरीर के बाहरी अंगों जैसे–हाथ, पैर, आँख, चेहरा आदि में भी कुछ परिवर्तन होते हैं जिन्हें देखकर हम समझ जाते हैं कि व्यक्ति संवेग की स्थिति में है। इससे स्पष्ट है कि अपने शरीर के बाहरी अंगों में परिवर्तन लाकर व्यक्ति संवेग की अभिव्यक्ति करता है। यही कारण है कि हम प्रायः देखते हैं कि क्रोध की अवस्था में व्यक्ति का चेहरा लाल, भौं चढ़ा हुआ, होंठ काँपता हुआ तथा भुजाएँ फड़कती हुई दिखलाई देती हैं। इन अभिव्यंजक व्यवहार (expressive movements) को देखकर हम आसानी से यह समझ लेते हैं कि व्यक्ति क्रोध की अवस्था में है। इन सबों को संवेग का व्यवहारपरक तत्व (behavioural component) कहा गया है।

(*iv*) संवेग में किसी-न-किसी तरह आत्मनिष्ठ भाव अवश्य भी होता है (Emotion necessarily involves some varieties of subjective feeling) : प्रत्येक संवेग में किसी-न-किसी प्रकार का भाव अवश्य छिपा होता है। सामान्यतः संवेग में सुखाद (pleasantness) या दुःखाद (unpleasantness) भाव की अनुभूति पायी जाती है। भय (fear) में दुःखद भाव की अनुभूति तथा खुशी में सुखद भाव की अनुभूति इस बात पर आधारित होती है कि व्यक्ति संवेग उत्पन्न करने वाले उद्दीपक या परिस्थिति को किस ढंग से प्रत्यक्षण करता है। इसे संवेग का संवेगात्मक तत्व (cognitive component) कहा जाता है।

7. **संज्ञानात्मक पक्ष (Cognitive Domain):** संज्ञानात्मक पक्ष का सही क्रम इस प्रकार हैं :

(*i*) **ज्ञान (Knowledge):** ज्ञान से तात्पर्य अधिगम सामग्री में निहित शब्दावली तथ्यों, नियमों, सिद्धांतों, मानदण्डों, मान्यताओं, परम्पराओं, विधियों आदि को मानसिक स्तर पर स्पष्ट रूप से समझने से है जिससे छात्र सामान्यीकरण कर ज्ञान अर्जन करता है।

(*ii*) **बोध (Comprehension):** ज्ञान प्राप्त करने में याद करना प्रमुख होता है परन्तु जब तक बालक उस ज्ञान का अनुवाद (translation), अन्तर्वेशन (interpolation) तथा बहिर्वेशन (extrapolation) न कर सके तब तक वह ज्ञान अधूरा है। अतः बोध संज्ञानात्मक पक्ष का ज्ञान से उच्च स्तर का पक्ष है जिसमें अनुवाद, अन्तर्वेशन और बहिर्वेशन सम्मिलित हैं।

(*iii*) **प्रयोग (Application):** प्रयोग में सीखे गये ज्ञान का नवीन परिस्थितियों में प्रयोग की क्षमता आती है। किसी समस्या के समाधान के लिये पूर्व अर्जित ज्ञान को प्रयोग में लाना ही प्रयोग कहलाता है। यह भी एक मानसिक क्रिया है।

(*iv*) **विश्लेषण (Analysis):** संज्ञानात्मक पक्ष के इस स्तर पर अधिगम सामग्री की इकाई का सूक्ष्मता से अध्ययन करता है जिसमें विषय-सामग्री के अर्थ को गहराई से समझकर उसे छोटी से छोटी इकाई के रूप में उसके लक्षणों की परख की जाती है। विश्लेषण अधिगम- सामग्री के तत्वों (elements), आपसी सम्बन्ध (relationship) तथा संगठनात्मक सिद्धान्तों (organisational principles) का किया जाता है।

(*v*) **संश्लेषण (Synthesis):** सरल शब्दों में खण्डों को समग्र रूप प्रदान करना ही संश्लेषण है। इसमें तत्वों, सम्बन्धों व सिद्धान्तों में विभाजित इकाइयों को पूर्ण अधिगम इकाई में संयोजित किया जाता है जिससे किसी निष्कर्ष पर पहुँचा जाता है।

(*vi*) **मूल्यांकन (Evaluation):** मूल्यांकन का उद्देश्य किसी मूल्य, क्रिया परिणाम, विधि तथा सामग्री आदि के सम्बन्ध में सही निर्णय लेना है। मूल्यांकन में आन्तरिक तथा बाह्य साक्ष्यों को आधार बनाया जाता है।

8. स्वेच्छाचारितापूर्ण शिक्षण वातावरण अच्छे शिक्षण की विशेषता नहीं होती है। प्रभावशाली व आनन्ददायक वातावरण में किये गये शिक्षण का प्रतिफल अधिगम के रूप में परिलक्षित हो जाता है। इसलिए शिक्षण का वातावरण जनतांत्रिक, सहानुभूतिपूर्ण, सहयोगात्मक तथा वांछनीय सूचनाएँ देने वाला होना चाहिए।

9. अभिप्रेरणा के सम्बन्ध में वर्ष 1964 में विक्टर ब्रुम ने प्रत्याशा सिद्धांत का प्रतिपादन किया। यह सिद्धांत अभिप्रेरणा, निष्पादन तथा कार्य संतुष्टि के कारणों को विभिन्न प्रकार से परिभाषित करता है। इस सिद्धांत के अंतर्गत व्यक्ति अपने कार्य का चयन स्वयं करता है। सभी व्यक्ति अपने उद्देश्यों, आवश्यकताओं, मूल्यों, कुशलताओं, योग्यताओं तथा भूमिकाओं के सम्बन्ध में सतर्क रहते हैं।

10. ब्रूस आर. जोयस तथा मार्शवेल ने अपनी पुस्तक 'मॉडल्स ऑफ टीचिंग' में शिक्षण प्रतिमानों को चार भागों में बाँटा है :

1. अंतः प्रक्रिया स्रोत
2. सूचना प्रक्रियाकरण
3. व्यक्तिगत स्रोत प्रतिमान
4. व्यवहार परिवर्तन स्रोत प्रतिमान

इन चार प्रकार के प्रतिमानों को पुनः कई विभागों में विभाजित किया गया है। जैसे– सूचना प्रक्रियाकरण को निम्न प्रकार से विभाजित किया गया है :

(*i*) निष्पत्ति सम्प्रत्यय प्रतिमान

(*ii*) अग्रिम व्यवस्थापक प्रतिमान

(*iii*) आगमन प्रतिमान

(*iv*) जैविक विज्ञान पृच्छा प्रतिमान आदि।

11. कौशल को किसी जटिल कार्य को आसानी से और दक्षता से करने की योग्यता के रूप में परिभाषित किया गया है। कार चलाना, आशुलिपि में लिखना आदि कौशल के उदाहरण हैं। कौशल अधिगम गुणात्मक रूप से कई भिन्न चरणों से होकर गुजरता है। एक चरण से दूसरे चरण में संक्रमण कौशल अंतरण कहलाता है। यह कौशल अंतरण उद्देश्यपूर्ण न होकर स्वतः होता है अर्थात् कौशल अंतरण एक प्रकार की यात्रा है न कि लक्ष्य या उद्देश्य।

12. हरबर्ट स्पेन्सर तथा कामेनियस ने निम्न प्रकार के शिक्षण सूत्रों का उल्लेख किया है :

- सरल से कठिन की ओर
- ज्ञात से अज्ञात की ओर
- स्थूल से सूक्ष्म की ओर
- पूर्ण से अंश की ओर
- अनिश्चित से निश्चित की ओर
- दृश्य से अदृश्य की ओर
- विशिष्ट से सामान्य की ओर
- विश्लेषण से संश्लेषण की ओर
- मनोवैज्ञानिक क्रम से तर्कसंगत की ओर
- अनुभव से युक्तियुक्त की ओर
- प्रकृति का अनुसरण

13. ए. डब्ल्यू. एलन को सूक्ष्म शिक्षण का जन्मदाता माना जाता है। सूक्ष्म शिक्षण चक्र का प्रथम पद योजना बनाना होता है।

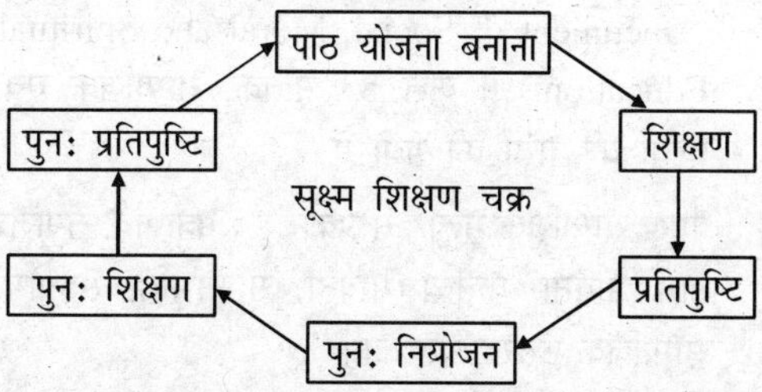

14. अवबोध स्तर के शिक्षण प्रतिमान में H. C. Morrison द्वारा बताए गए चरणों में 'अन्वेषण'' प्रारम्भिक और अत्यंत महत्त्वपूर्ण अवस्था है। इस स्तर पर विद्यार्थी विषय को केवल सुनता नहीं, बल्कि सक्रिय रूप से खोज करता है, प्रश्न करता है और तथ्यों के पीछे के अर्थ को समझने का प्रयास करता है। मॉरिसन के पाँच चरण–अन्वेषण, प्रस्तुतीकरण, आत्मीकरण, संगठन और वाचन–अवबोध आधारित शिक्षण को क्रमबद्ध बनाते हैं, इसलिए 'अन्वेषण'' इस स्तर की मुख्य विशेषता मानी जाती है।

15. प्रभावी विकेन्द्रीकरण तभी संभव होता है जब शैक्षिक व्यवस्था में स्थानीय भागीदारी, विशेषज्ञता और संसाधन सभी उपलब्ध हों। खंड व संकुल संदर्भ केंद्रों की सक्रिय भागीदारी से स्थानीय स्तर पर निर्णय मजबूत होते हैं। स्थानीय संदर्भ व्यक्ति क्षेत्रीय आवश्यकताओं को समझते हैं और अध्यापकों के पास पर्याप्त संसाधन होने से योजनाएँ व्यवहार में लागू हो पाती हैं।

16. **श्रवण संवेदना :** श्रवण भी एक महत्वपूर्ण संवेदना है। यह एक विश्वसनीय स्थानिक सूचना देती है। किसी वस्तु अथवा व्यक्ति की तरफ मोड़ने के अतिरिक्त यह भाषित संप्रेषण में भी महत्वपूर्ण भूमिका का निर्वहन करती है। **कान** श्रवण उद्दीपकों का प्राथमिक ग्राही है। यद्यपि इसका सर्वज्ञात कार्य सुनना है परन्तु यह **शरीर-संतुलन** को भी बनाए रखने में सहायता करता है। कान की संरचना तीन खंडों में विभक्त है–बाह्य कान, मध्य कान एवं आंतरिक कान। उदाहरण के लिए एक छात्र पढ़ रहा है, उसका नाम लेकर किसी ने बुलाया तो वह (छात्र) ध्वनि संवेदना से अपनी अनुक्रिया प्रकट करेगा।

17. जीन पियाजे (Jean Piaget) ने बालकों के संज्ञानात्मक विकास (cognitive development) की व्याख्या करने के लिए एक चार-अवस्था (four stage) सिद्धांत का प्रतिपादन किया है। इस सिद्धांत में पियाजे ने संज्ञानात्मक विकास की व्याख्या चार प्रमुख अवस्थाओं (stages) में बाँटकर की है। वे अवस्थाएँ निम्नांकित हैं :

(i) **संवेदी-पेशीय अवस्था (Sensory-motor stage):** यह अवस्था जन्म से दो साल तक की होती है। इस अवस्था में शिशुओं में अन्य क्रियाओं के अलावा शारीरिक रूप से चीजों को इधर-उधर करना, वस्तुओं की पहचान करने की कोशिश करना, किसी चीज को पकड़ना और प्रायः उसे मुँह में डालकर उसका अध्ययन करना आदि प्रमुख हैं।

(ii) **प्राकसंक्रियात्मक अवस्था (Preoperational stage):** संज्ञानात्मक विकास (cognitive development) की यह अवस्था 2 साल से 7 साल की होती है। दूसरे शब्दों में, यह वह अवस्था होती है जो प्रारंभिक बाल्यावस्था (early childhood) की होती है।

(iii) **ठोस संक्रिया की अवस्था (Stage of concrete operation):** यह अवस्था 7 साल से प्रारंभ होकर 12 साल तक चलती है। इस अवस्था की विशेषता यह है कि बालक ठोस वस्तुओं (concrete objects) के आधार पर आसानी से मानसिक संक्रियाएँ (mental operations) करके समस्या का समाधान कर लेता है। परंतु यदि उन वस्तुओं को न देकर उसके बारे में शाब्दिक कथन (verbal statement) तैयार कर यदि समस्या उपस्थित की जाती है, तो वे ऐसी समस्याओं पर मानसिक संक्रियाएँ (mental operations) कर किसी निष्कर्ष पर पहुँचने में असमर्थ रहते हैं।

(iv) **औपचारिक संक्रिया की अवस्था (Stage of formal operations):** यह अवस्था 11 साल से प्रारंभ होकर वयस्कावस्था (adulthood) तक चलती है। इस अवस्था में किशोरों (adolescents) का चिंतन अधिक लचीला (flexible) तथा प्रभावी (effective) हो जाता है। उसके चिंतन में पूर्ण क्रमबद्धता (systemati-sation) आ जाती है। अब वे किसी समस्या का समाधान काल्पनिक रूप से (hypothetically) सोचकर एवं चिंतन करके करने में सक्षम हो जाते हैं। इस अवस्था में समस्या के समाधान के लिए समस्या के एकांशों (items) को ठोस रूप से (in a concrete form) उसके सामने उपस्थित होना अनिवार्य नहीं है। इस तरह किशोरों के चिंतन में वस्तुनिष्ठता (objectivity) तथा वास्तविकता (reality) की भूमिका अधिक बढ़ जाती है।

18. भविष्य की योजना की सूझ-बूझ बाल्यावस्था के बाद की अवस्था अर्थात् किशोरावस्था की बौद्धिक विशेषता नहीं है क्योंकि किशोरावस्था में बालक अपने भविष्य की योजनाओं के प्रति चिंतित रहता है, जिसके कारण वह तनाव में रहता है न कि वह अपने भविष्य की योजनाओं के प्रति सूझ-बूझ प्रदर्शित करता है। यह विशेषता सामान्यतः प्रौढ़ावस्था की हो सकती है।

19. पैवलव, बिने तथा चोमुस्की भाषा विकास से सम्बन्धित हैं, जबकि मास्लो का सम्बन्ध मानवीय व्यवहार के विश्लेषण के साथ है। मास्लो ने मानवीय आवश्यकताओं को मानवीय व्यवहार के साथ विश्लेषित करके आवश्यकता पदसोपान का महत्वपूर्ण सिद्धांत दिया। उनके सिद्धांत आवश्यकता पदसोपान की सुव्यवस्थित व्याख्या 1943 में प्रकाशित उनके निबंध ''मानव अभिप्रेरणा का एक सिद्धांत'' में दी गयी है। इसमें उन्होंने व्यक्तियों एवं संगठनों के बीच संबंधों को मानवीय आवश्यकताओं की दृष्टि से विश्लेषित किया और प्रबंधकों को आगाह किया कि ऐसी आवश्यकताओं का पता लगाएं जिनसे कर्मचारी वंचित रह गया है। व्यक्ति अपनी आवश्यकताओं की पूर्ति के लिए संगठन के सदस्य हैं। इसलिए संगठन की जीवंतता के लिए आवश्यकता पद सोपान का अध्ययन मानवीय व्यवहार के विश्लेषण के आधार पर किया जाना आवश्यक है।

मास्लो ने अपनी मूल कृति "A Theory of Human Motivation" (1943) में मानवीय आवश्यकताओं को मानवीय व्यवहार की दृष्टि से निम्नलिखित रूप से आवश्यकता पदसोपान में विकसित किया है : 1. दैहिक आवश्यकता, 2. सुरक्षा आवश्यकता, 3. समबद्धता एवं स्नेह की आवश्यकता, 4. सम्मान की आवश्यकता तथा 5. आत्मसिद्धि की आवश्यकता।

20. थॉर्नडाइक (Thorndike) के अनुसार, पशु या मनुष्य किसी कार्य को प्रयत्न तथा भूल (trial and error) की प्रक्रिया द्वारा सीखता है। 'प्रयत्न तथा भूल' के लिए उन्होंने प्रारंभ में 'चयन एवं संयोजी' (selecting and connecting) जैसे पद (term) का व्यवहार किया था। उनके अनुसार प्रत्येक सीखने की परिस्थिति में शिक्षार्थी (learner) के सामने एक समस्या रखी जाती है। वह उस समस्या का समाधान करने के लिए अनेक प्रकार की अनुक्रियाएँ करता है। इन अनुक्रियाओं में सही अनुक्रिया का शिक्षार्थी द्वारा चयन (selection) कर लिया जाता है और फिर बाद में यही सही अनुक्रिया उस समस्या के साथ संबंधित हो जाती है जिसे हम सीखना कहते हैं। इस तरह सीखने की प्रक्रिया में दो उपप्रक्रियाएँ सम्मिलित होती हैं–चयन (selection) तथा संबंध (connection)। चयन की प्रक्रिया द्वारा शिक्षार्थी अनेकों तरह की गई अनुक्रियाओं में से सही अनुक्रिया को चुन लेता है। थॉर्नडाइक ने अपने सिद्धांत में सही अनुक्रिया को परिभाषित करते हुए कहा है कि सही अनुक्रिया वह अनुक्रिया है जिसके करने के बाद पुनर्बलन (reinforcement) शिक्षार्थी को मिलता है। यही कारण है कि थॉर्नडाइक के सीखने के सिद्धांत को उद्दीपन-अनुक्रिया पुनर्बलन सिद्धांत (stimulus-response reinforcement theory) में रखा गया है। जब शिक्षार्थी सही अनुक्रिया कर लेता है तो बाद के प्रयासों में इसका संबंध उस विशेष उद्दीपन या समस्या के साथ वह स्थापित करता है। इस तरह का संबंध स्थापित होते ही सीखने की प्रक्रिया पूरी हो जाती है जिसके फलस्वरूप जब-जब शिक्षार्थी के सामने उस उद्दीपन को रखा जाता है, वह तुरंत ही सही अनुक्रिया को कर डालता है।

21. गिरोह अवस्था उस समय प्रकट होती है जब बच्चे अपने साथियों के समूह बनाते हैं और समूह में रहकर नियमों, सहयोग और प्रतिस्पर्धा को सीखते हैं। यह अवस्था लगभग 8-10 वर्ष की आयु में अधिक स्पष्ट होती है और इसका सीधा संबंध समाजीकरण की प्रक्रिया से होता है।

22. Jean Piaget के अनुसार संज्ञानात्मक विकास की तीसरी अवस्था मूर्त संक्रिया अवस्था है। इस अवस्था में बच्चा ठोस वस्तुओं के आधार पर तार्किक सोच विकसित करता है और वर्गीकरण, श्रेणीकरण जैसी मानसिक क्रियाएँ करने लगता है।

23. अधिगम के मनोवैज्ञानिक कारक वे होते हैं जो सीधे विद्यार्थी की मानसिक स्थिति से जुड़े होते हैं जैसे इच्छा, प्रेरणा और रुचि। ''विषयवस्तु का स्वरूप'' अधिगम को प्रभावित करता है, पर यह मनोवैज्ञानिक नहीं बल्कि बाह्य/शैक्षिक कारक है।

24. राष्ट्रीय शैक्षिक अनुसंधान एवं प्रशिक्षण परिषद की पुस्तक "Document of Social, Moral and Spiritual Values in Education" में कुल 83 नैतिक, सामाजिक एवं आध्यात्मिक मूल्यों की चर्चा की गयी है।

प्रमुख सामाजिक मूल्य इस प्रकार हैं : मैत्रीभाव, समाजवाद, भाईचारा, टीम भावना, कर्त्तव्य भावना, सहानुभूति, सहयोग, समाजसेवा, सामाजिक उत्तरदायित्व आदि।

25. पश्च अन्वेषण (backward search) तथा साधन-साक्ष्य विश्लेषण (means-end analysis) समस्या-समाधान की ऐसी रणनीतियाँ हैं जिनमें व्यक्ति स्वयं विभिन्न संभावित मार्गों की खोज करता है। ये विधियाँ निश्चित नियमबद्ध क्रम (algorithm) पर आधारित नहीं होतीं, बल्कि लचीले ढंग से सोचने, प्रयास करने और अनुभव के आधार पर समाधान तक पहुँचने की प्रक्रिया को दर्शाती हैं, इसलिए ये स्वतःशोध के अंतर्गत आती हैं।

26. Hermann Ebbinghaus ने सीखने के वक्र (Learning Curve) की अवधारणा को वैज्ञानिक रूप से प्रस्तुत किया। उनके अनुसार, सीखने का वक्र अभ्यास के साथ होने वाली प्रगति, गति तथा सीखी गई मात्रा को ग्राफ के रूप में दर्शाता है। उनके प्रयोगों से यह स्पष्ट हुआ कि प्रारम्भ में सीखने की गति अधिक होती है, फिर धीरे-धीरे यह स्थिर हो जाती है और कभी-कभी ठहराव (plateau) भी आता है।

27. थॉर्नडाइक के सीखने के प्राथमिक नियमों में शामिल हैं :

1. तत्परता का नियम : तत्परता का नियम यह बताता है कि सीखने वाले व्यक्ति किन-किन परिस्थितियों में संतुष्ट रहते हैं तथा किन-किन परिस्थितियों में उनमें खीझ उत्पन्न होती है। उन्होंने इस तरह की निम्नांकित तीन परिस्थितियों का वर्णन किया है :

(*i*) जब व्यक्ति किसी कार्य को करने के लिए तत्पर रहता है और उसे वह कार्य करने दिया जाता है, तो उसमें संतोष होता है।

(*ii*) जब व्यक्ति किसी कार्य को करने के लिए तत्पर रहता है और उसे वह कार्य नहीं करने दिया जाता है, तो इसमें उसमें खीझ उत्पन्न होती है।

(*iii*) जब व्यक्ति किसी कार्य को करने के लिए तत्पर नहीं रहता है और उसे वह कार्य करने के लिए बाध्य किया जाता है, तो इससे भी उसमें खीझ होती है।

2. **अभ्यास का नियम :** अभ्यास का नियम इस तथ्य पर आधारित है कि अभ्यास से व्यक्ति में पूर्णता आती है। अभ्यास का नियम यह बताता है कि अभ्यास करने से उद्दीपन तथा अनुक्रिया का संबंध मजबूत होता है तथा अभ्यास रोक देने से यह संबंध कमजोर पड़ जाता है या उसका विस्मरण हो जाता है। इस व्याख्या से बिल्कुल ही स्पष्ट है कि जब हम किसी पाठ या विषय को बार-बार दोहराते हैं तो उसे सीख जाते हैं। इसे थॉर्नडाइक ने उपयोग के नियम कहा है तथा दूसरी तरफ जब हम किसी पाठ या विषय को दोहराना बन्द कर देते हैं तो उसे भूल जाते हैं। इसे थॉर्नडाइक ने अनुप्रयोग नियम (Law of disuse) कहा है।

3. **प्रभाव का नियम :** थॉर्नडाइक का प्रभाव नियम सबसे अधिक महत्वपूर्ण नियम है। इस नियम के अनुसार व्यक्ति किसी अनुक्रिया या कार्य को उसके प्रभाव के आधार पर सीखता है। किसी कार्य या अनुक्रिया का प्रभाव व्यक्ति में या तो संतोषजनक होता है या खीझ उत्पन्न करनेवाला होता है।

28. अनुकूलित अनुक्रिया सिद्धांत व्यवहार के अनुकूलन पर बल देता है। इस सिद्धांत के अनुसार अस्वाभाविक उद्दीपक को स्वाभाविक उद्दीपक के साथ बार-बार प्रस्तुत करने पर प्राणी अस्वाभाविक उद्दीपक के प्रति भी स्वाभाविक उद्दीपक जैसी अनुक्रियाएँ करने लगता है। अर्थात् उसकी अनुक्रियाएँ या व्यवहार अस्वाभाविक उद्दीपक के साथ अनुकूलित हो जाती है। इस सिद्धांत का प्रतिपादन रूस के प्रसिद्ध मनोवैज्ञानिक इवान पेट्रोविच पैवलोव द्वारा 1904 में किया गया।

29. क्रिया-प्रसूत अनुबंधन :

- इसके प्रतिपादक अमरीकी मनोवैज्ञानिक बी.एफ. स्किनर है और इसे 'R' type अनुबंधन कहते हैं। यह अनुक्रिया उन्मुख है।
- क्रिया-प्रसूत अनुबंधन का दूसरा नाम प्राचीन अनुबंधन है।
- अनुक्रिया करने की स्वतंत्रता रहती है।
- पुरस्कार अनुक्रिया करने के बाद ही दिया जाता है।
- इसके द्वारा प्राणी के व्यवहार को निर्देशित किया जाता है।
- इसमें अनुबंधन का आधार परिणाम का नियम है।
- इसमें पहले अनुक्रिया होती है तब पुनर्बलक दिया जाता है। अतः इसे R-S सूत्र से अभिव्यक्त करते हैं।
- इसमें अनेक अनुक्रियाएँ एक श्रृंखला में पिरोई जाती हैं जिसके सहारे अधिगमकर्ता अन्त्य व्यवहार तक पहुँचता है।
- इसमें वांछित अनुक्रिया होने पर ही उद्दीपक प्रस्तुत किया जाता है।
- इसमें अधिगम का मूल तत्व अनुक्रिया में परिवर्तन लाना है।
- इसमें व्यवहार बाह्य गुण से सम्पन्न है क्योंकि प्राणी वातावरण में क्रिया करता है।
- इसका नियंत्रण प्राणी के केन्द्रीय तंत्रिका तंत्र (Central Nervous System) से है।

30. अण्डरवुड के अनुसार, "सीखना नई प्रतिक्रियाओं को प्राप्त करना है या पुरानी प्रतिक्रियाओं की क्रियाशीलता को बढ़ाना है।" अधिगम के लिए अभ्यास आवश्यक है किन्तु अभ्यास से उत्पन्न होने वाले सभी परिवर्तनों को अधिगम नहीं कहा जा सकता। व्यवहार में परिवर्तन, दुर्घटना, बीमारी, थकान, प्रेरणा, दवाओं के सेवन इत्यादि से भी उत्पन्न हो सकता है। किन्तु इन परिवर्तनों को अधिगम नहीं कहा जा सकता है क्योंकि ये परिवर्तन स्थायी नहीं होते हैं। ये परिवर्तन कुछ ही देर में समाप्त हो जाते हैं। अभ्यास से उत्पन्न व्यवहार के केवल उन्हीं परिवर्तनों को अधिगम कहा जाएगा जो अपेक्षाकृत स्थायी स्वरूप के हों। अभ्यास से उत्पन्न परिवर्तनों से कार्य में उन्नति या व्यवहार में परिमार्जन होता है। उपर्युक्त परिभाषाओं के आधार पर अधिगम की कई विशेषताएँ स्पष्ट होती हैं–

1. अधिगम व्यवहार में अपेक्षाकृत स्थायी परिवर्तन है। थकान, प्रेरणा एवं परिपक्वता आदि के कारण उत्पन्न क्षणिक परिवर्तनों को अधिगम नहीं कहा जा सकता है।
2. व्यवहार में उत्पन्न उन परिवर्तनों को जो अभ्यास अथवा प्रशिक्षण के कारण उत्पन्न होते हैं केवल उन्हें ही अधिगम कहा जाता है।
3. अधिगम के कारण नवीन प्रतिक्रियाओं का अर्जन तथा पुरानी प्रतिक्रियायें दृढ़ होती हैं।
4. निरन्तर अभ्यास करने से व्यवहार में परिमार्जन होता है।
5. अधिगम प्राणी की अभिवृद्धि है।
6. अधिगम एक लक्ष्योन्मुख प्रक्रिया है।

31. 'प्रागैतिहासिक' शब्द 'प्राक् + ऐतिहासिक' से बना है, जहाँ 'प्राक्' उपसर्ग का अर्थ होता है "पूर्व" या "पहले का"। संधि के कारण 'क्' का 'ग' में परिवर्तन हुआ है। इसलिए सही उपसर्ग 'प्राक्' ही है।

32. 'तुलसीदास' कविता छायावादी कवि निराला की प्रसिद्ध रचना है। इसमें उन्होंने तुलसीदास के जीवन, संघर्ष और आध्यात्मिकता को दर्शाया है। यह कविता साहित्यिक और भावनात्मक दृष्टि से अत्यंत महत्वपूर्ण मानी जाती है।

33. 'बहिष्कार' शब्द का निर्माण 'बहिः. कार' से हुआ है, जहाँ 'बहिः' का अर्थ 'बाहर" और 'कार' का अर्थ 'करना" है। संधि के बाद 'बहिष्कार' शब्द बनता है, जिसका अर्थ है किसी को बाहर कर देना।

34. 'वैदेही वनवास' वास्तव में अयोध्या सिंह उपाध्याय 'हरिऔध' द्वारा रचित एक प्रसिद्ध प्रबंध काव्य है। यह रचना खड़ी बोली

हिंदी के विकास में महत्वपूर्ण मानी जाती है और इसमें सीता के वनवास की करुण कथा का विस्तारपूर्वक चित्रण किया गया है। इस काव्य में भावनात्मक गहराई, करुण रस तथा आदर्श नारी के रूप में सीता के चरित्र का प्रभावशाली निरूपण मिलता है।

35. 'पहिया' पुल्लिंग शब्द है और इसका प्रयोग सामान्यतः पुल्लिंग रूप में किया जाता है। 'लिखावट' और 'मँझधार' स्त्रीलिंग शब्द हैं, जबकि 'पखावज' भी प्रायः स्त्रीलिंग माना जाता है। इसलिए 'पहिया' सही उत्तर है।

36. गद्यांश में स्पष्ट रूप से बताया गया है कि सम्प्रेषण-कला में स्पष्टता, आत्म-विश्वास, विषय की अच्छी पकड़ और प्रभावशाली भाषा के माध्यम से विचारों व भावनाओं को व्यक्त करना शामिल है। अलंकरण का कहीं उल्लेख नहीं है और यह केवल सजावट या अलंकारिक भाषा से जुड़ा तत्व है। इसलिए यह सम्प्रेषण-कला का आवश्यक अंग नहीं माना गया है।

37. गद्यांश में स्पष्ट कहा गया है कि सम्प्रेषण-कला निरंतर अभ्यास से निखारी जा सकती है। कोई भी व्यक्ति एक दिन में अच्छा वक्ता नहीं बन सकता, बल्कि लगातार अभ्यास से ही यह कौशल विकसित होता है। स्वामी विवेकानंद का उदाहरण भी इसी बात को सिद्ध करता है।

38. संयुक्त व्यंजन वे होते हैं जो दो या अधिक व्यंजनों के मेल से बनते हैं, जैसे 'त्र', 'क्ष', 'ज्ञ'। 'य' एक साधारण (एकल) व्यंजन है और इसमें किसी अन्य व्यंजन का संयोग नहीं है। इसलिए यह संयुक्त व्यंजन नहीं है।

39. 'मृत्युंजय' का अर्थ है "जो मृत्यु को जीतने वाला है"। यहाँ शब्द का अर्थ उसके घटकों (मृत्यु + जय) से सीधे न होकर किसी अन्य (शिव) की ओर संकेत करता है। इसलिए यह बहुव्रीहि समास का उदाहरण है।

40. 'अलंकार' शब्द 'अलम् + कार' से बना है। 'अलम्' उपसर्ग का अर्थ होता है "पर्याप्त, सुशोभित या युक्त"। संधि के कारण 'अलम्' से 'अलं' रूप बनता है, इसलिए सही उपसर्ग 'अलम्' है।

41. वाक्य में 'किसकी' शब्द 'पुस्तक' के बारे में जानकारी दे रहा है और 'किस' सर्वनाम से बना है। यह विशेषण की तरह संज्ञा 'पुस्तक' का बोध करा रहा है, इसलिए यह सार्वनामिक विशेषण है। 'पुस्तक' स्त्रीलिंग और एकवचन है, इसलिए 'किसकी' भी उसी के अनुसार प्रयोग हुआ है।

42. 'विश्लेषण' का अर्थ है किसी वस्तु को भागों में विभाजित करके समझना, जबकि 'संश्लेषण' का अर्थ है विभिन्न भागों को जोड़कर एक संपूर्ण रूप देना। दोनों शब्द परस्पर विपरीत अर्थ रखते हैं। इसलिए 'संश्लेषण' इसका उचित विलोम है।

43. जिन ध्वनियों का उच्चारण जीभ को ऊपर के दाँतों से लगाकर किया जाता है, उन्हें दन्त्य कहते हैं। जैसे त, थ, द, ध, न। यह उच्चारण स्थान के आधार पर वर्गीकरण है और इसमें जीभ दाँतों को स्पर्श करती है।

44. ऊष्म व्यंजन वे होते हैं जिनके उच्चारण में वायु का घर्षण अधिक होता है और हल्की गर्माहट जैसी ध्वनि निकलती है। 'श, ष, स' इसी श्रेणी में आते हैं। ये स्पर्श व्यंजनों से भिन्न होते हैं क्योंकि इनमें पूर्ण अवरोध नहीं होता।

45. 'अत्यधिक' का अर्थ है बहुत अधिक, जबकि 'अत्यल्प' का अर्थ है बहुत कम। दोनों शब्द मात्रा की दृष्टि से एक-दूसरे के विपरीत हैं। इसलिए 'अत्यल्प' इसका सही विलोम है।

46. 'ऋत' का अर्थ सत्य, नियम या धर्म से है, जबकि 'अनृत' का अर्थ असत्य होता है। दोनों शब्द एक-दूसरे के विपरीत अर्थ व्यक्त करते हैं। इसलिए 'अनृत' इसका सही विलोम है।

47. 'संकल्प' शब्द 'सम् + कल्प' से बना है। यहाँ 'सम्' उपसर्ग का अर्थ होता है 'पूर्णतः' या 'संपूर्ण रूप से'। संधि के कारण 'सम्' का 'संकल्प' रूप बन जाता है।

48. इस वाक्य में कर्ता स्पष्ट रूप से क्रिया नहीं कर रहा, बल्कि असमर्थता की भावना व्यक्त हो रही है– "मुझसे खड़ा भी हुआ नहीं जाता।" यहाँ क्रिया का केंद्र भाव है, इसलिए यह भाववाच्य है।

49. तद्भव–तत्सम संबंध में अर्थ और ध्वनि दोनों का संबंध होना आवश्यक होता है। 'लुनाई' का संबंध 'लवण' (नमक) से माना जाता है, जबकि 'लावण्यता' का अर्थ सौंदर्य या आकर्षण होता है, जो अलग मूल से आया है। इसलिए 'लुनाई' और 'लावण्यता' के बीच न तो ध्वन्यात्मक और न ही अर्थगत संबंध स्थापित होता है, अतः यह मेल गलत है।

50. यह जोड़ा गलत है क्योंकि 'स्कन्दगुप्त' नाटक जयशंकर प्रसाद की रचना है, न कि लक्ष्मीनारायण मिश्र की। अन्य सभी जोड़े सही लेखक और उनकी रचनाओं से संबंधित हैं।

51. 'उभव शतक' भारतेन्दु हरिश्चंद्र की रचना नहीं है। भारतेन्दु की प्रमुख रचनाओं में 'अंधेर नगरी' आदि शामिल हैं, जबकि 'उभव शतक' का संबंध अन्य कवि से है। इसलिए यह जोड़ा गलत है।

52. 'दर्शन दिग्दर्शन' रामचंद्र शुक्ल की कृति नहीं है। वे मुख्यतः 'हिंदी साहित्य का इतिहास' जैसी आलोचनात्मक रचनाओं के लिए प्रसिद्ध हैं। इसलिए यह लेखक-कृति युग्म गलत है।

53. यहाँ 'हाँ' के बाद अल्पविराम (,) होना चाहिए क्योंकि यह स्वीकृति सूचक पद है। सही वाक्य होगा–"हाँ, मेरा यही विचार है।" इसलिए विराम-चिह्न की दृष्टि से यह वाक्य अशुद्ध है।

54. 'सनातन', 'चिरंतन' और 'शाश्वत' तीनों का अर्थ है सदा रहने वाला या अनंत। जबकि 'अधुनातन' का अर्थ है आधुनिक या वर्तमान समय का, जो भिन्न अर्थ और प्रकृति का है।

55. 'अर्वाचीन' का अर्थ होता है आधुनिक या नवीन, इसलिए इसका विलोम 'प्राचीन' (पुराना) होगा। दोनों समय के संदर्भ में एक-दूसरे के विपरीत हैं।

56. 'विरहिणी' सही शब्द है, जिसमें 'इ' की मात्रा प्रयोग होती है। 'विरहणी' व्याकरण की दृष्टि से अशुद्ध रूप है। अन्य सभी शब्द शुद्ध हैं।

57. 'सब्ज बाग दिखाना' का अर्थ होता है झूठे सपने दिखाना या प्रलोभन देना, न कि सच में हरा-भरा करना। इसलिए यह युग्म गलत है।

58. इस दोहे में एक ही शब्द या पद से अनेक अर्थ निकलते हैं, जो श्लेष अलंकार की मुख्य विशेषता है। विशेष रूप से 'हरित दुति' पद के कई अर्थ लिए जा सकते हैं–रंग परिवर्तन, प्रसन्नता, प्रभाव का कम होना आदि। इसी प्रकार 'स्याम' और 'हरित' के संयोग से भाव, रंग और प्रतीक तीनों स्तरों पर अर्थ निकलते हैं। इसलिए यह दोहा श्लेष अलंकार का उत्कृष्ट उदाहरण है, जहाँ एक ही अभिव्यक्ति में बहुस्तरीय अर्थ निहित होते हैं।

59. 'गौशाला' = 'गौ + शाला' अर्थात गायों की शाला। इसमें 'का/के/की' संबंध का लोप है और दूसरा पद प्रधान है। इसलिए यह तत्पुरुष समास है।

60. 'देशभक्ति' = 'देश के प्रति भक्ति'। यहाँ संबंध कारक (के प्रति) का लोप है। इसलिए यह तत्पुरुष समास का उदाहरण है।

61. The main aim of poetry recitation is to help learners feel rhythm, emotions, and beauty of language. It develops aesthetic sense and interest in literature. Hence, it focuses on enjoyment and appreciation.

62. 'European' begins with a consonant sound (/y/), so 'a' is used. 'Elephant' begins with a vowel sound, so 'an' is used. Therefore, the correct combination is "a European" and "an elephant."

63. The verb 'describe' does not take any preposition like of/about/to. It directly takes an object. Hence, this is the grammatically correct sentence.

64. The correct collocation is 'accused of', which means charged with a crime. Prepositions like 'to', 'for', or 'off' are incorrect in this usage.

65. 'Innocent' means not guilty or free from blame. The opposite meaning is 'guilty', which indicates responsibility for wrongdoing.

66. 'Significant' means something meaningful or important. 'Important' is the closest synonym among the given options as both convey similar importance.

67. The plural of 'ox' is 'oxen', formed by adding the suffix '-en'. This is an irregular plural form in English, unlike the others listed.

68. The sentence requires a possessive pronoun to replace "your dress" and avoid repetition. 'Yours' is the correct possessive pronoun form, while 'your' would need a noun after it. Hence, "This dress is yours and that one is mine" is grammatically correct.

69. In passive voice, the object becomes the subject and the correct tense structure must be maintained. Present perfect interrogative changes to "Has + subject + been + past participle". Therefore, option C is correct.

70. 'Gangapur' is the specific name of a place. Proper nouns always denote particular names of persons, places, or things. Hence, it is classified as a proper noun.

71. The word 'brave' describes the quality of the noun 'children'. Words that describe nouns or pronouns are called adjectives. Therefore, 'brave' is an adjective.

72. Material nouns refer to substances or materials from which things are made. 'Gold' is a metal and hence a material noun. Other options are not substances in this sense.

73. Abstract nouns represent ideas, qualities, or states that cannot be seen or touched. 'Connection' refers to a concept, not a physical object. Hence, it is an abstract noun.

74. 'Adversity' refers to a condition or state of hardship. It is not tangible and represents an idea. Therefore, it is an abstract noun.

75. In the sentence "He is working hard", 'hard' modifies the verb 'working'. Words that modify verbs are called adverbs. Hence, 'hard' is used as an adverb here.

76. The word 'but' joins two clauses and acts as a conjunction. Therefore, this sentence contains a conjunction.

77. Present perfect tense is formed using "have/has + past participle". The given sentence follows this structure. Hence, it is in present perfect tense.

78. The correct spelling is 'derogatory'. The given word is incorrectly spelt. The other options are correctly spelled words.

79. A transitive verb requires an object to complete its meaning. In this sentence, 'killed' has 'a snake' as its object. Therefore, it contains a transitive verb.

80. A negative sentence contains words like 'not', 'no', 'never' etc. which deny or negate the action. In this sentence, 'does not' clearly shows negation. The other sentences do not contain any negative marker.

81. Exclamatory sentences express strong feelings and usually begin with 'what' or 'how' and end with an exclamation. This sentence expresses admiration and emotion. The other options are interrogative or declarative in nature.

82. A complex sentence contains one main clause and one or more subordinate clauses. Here, "who does not love one's country" is a subordinate clause attached to the main clause. Hence, it is a complex sentence.

83. 'Mice' is the plural form of 'mouse'. The other options like 'goat', 'dog', and 'fox' are singular forms. Therefore, 'mice' is the correct plural noun.

84. Although 'mathematics' ends with 's', it is treated as a singular noun because it refers to a subject or field of study. The other options clearly indicate plural forms.

85. In active voice, the subject performs the action. Here, 'I' is performing the action of requesting. The other sentences are in passive voice as the subject receives the action.

86. In passive voice, the subject receives the action and the doer is often introduced by 'by'. Here, 'he' is receiving the action. Therefore, this is a passive voice sentence.

87. The word 'the' is used before specific nouns and is called a definite article. In both cases in the sentence, 'the' specifies particular nouns. Hence, both are definite articles.

88. The word 'students' can refer to both male and female persons. Such nouns that can denote either gender are called common gender. Therefore, 'students' is of common gender.

89. The structure "was going" indicates an action that was continuing in the past. It follows the pattern "was/were + verb-ing". Hence, it is in past continuous tense.

90. Language learning naturally begins with listening, as a learner first hears sounds and words before speaking, reading, or writing. This is the first stage in language acquisition.

91. $\angle CAQ = 70°$ (दिया है)

$$\angle CAP + \angle CAQ = 180°$$

$$\angle CAP = 180° - \angle CAQ$$

$$= 180° - 70° = 110°$$

$\because$ $\angle ABC = \angle CAP$

(एकान्तर वृत्तखण्ड कोण)

$\therefore$ $\angle ABC = 110°$.

92. दिया है, 8 पेनों का क्रय मूल्य = 6 पेनों का विक्रय मूल्य

$$\therefore \frac{\text{पेनों का क्रय मूल्य}}{\text{पेनों का विक्रय मूल्य}} = \frac{6}{8}$$

माना पेन का क्रय मूल्य और विक्रय मूल्य, क्रमशः ₹ $6x$ और ₹ $8x$ है।

$$\text{तब, लाभ प्रतिशत} = \frac{\text{विक्रय मूल्य} - \text{क्रय मूल्य}}{\text{क्रय मूल्य}} \times 100$$

$$= \frac{8x - 6x}{6x} \times 100 = \frac{2x}{6x} \times 100$$

$$= \frac{1}{3} \times 100 = 33\frac{1}{3}\%$$

93. $\because$ $\frac{3}{5} = 0.6$, $\frac{4}{5} = 0.8$

(*a*) $\frac{7}{10} = 0.7 \Rightarrow 0.6 < 0.7 < 0.8$

(*b*) $\frac{19}{30} = 0.633 \Rightarrow 0.6 < 0.633 < 0.8$

(*c*) $\frac{2}{3} = 0.666 \Rightarrow 0.6 < 0.666 < 0.8$

(*d*) $\frac{16}{30} = 0.533 \Rightarrow 0.533 < 0.6$

$\therefore$ $\frac{16}{30}$ परिमेय संख्या $\frac{3}{5}$ और $\frac{4}{5}$ के मध्य नहीं आती।

94. दिया है, 3 पेन + 2 पेंसिल + 4 रबर = ₹ 92 ...(1)

8 पेंसिल + 16 रबर = ₹ 68

4 × (2 पेंसिल + 4 रबर) = ₹ 68

2 पेंसिल + 4 रबर = ₹ 17 ...(2)

समी. (1) से

3 पेन + ₹ 17 = ₹ 92

[$\because$ समी. (2) से 2 पेंसिल + 4 रबर की कीमत 17 रुपये है]

3 पेन = ₹ 92 − ₹ 17

3 पेन = ₹ 75

1 पेन की कीमत = ₹ 25

24 पेनों की कीमत = ₹ 25 × 24 = ₹ 600

अतः 24 पेनों की कीमत 600 रुपये हैं।

95. त्रिभुज की रचना के लिए कम से कम एक भुजा की लंबाई ज्ञात होना आवश्यक है। यदि केवल तीन कोण दिए जाएँ, तो उनका योग 180° होने पर अनंत समान आकार (similar) त्रिभुज बन सकते हैं, पर किसी एक निश्चित त्रिभुज का निर्माण नहीं किया जा सकता।

96. माना आयताकार भूखण्ड की प्रारम्भिक लम्बाई और चौड़ाई क्रमशः x इकाई और y इकाई है।

आयताकार भूखण्ड का प्रारम्भिक क्षेत्रफल = ल. × चौ.

$= x \times y$ वर्ग इकाई

आयताकार भूखण्ड की नयी लम्बाई

$= x \times 150\%$

$= \frac{3x}{2}$ इकाई

तथा, आयताकार भूखण्ड की नयी चौड़ाई

$= y \times 120\% = \frac{6y}{5}$ इकाई

आयताकार भूखण्ड का क्षेत्रफल = ल. × चौ.

$= \frac{3x}{2} \times \frac{6y}{5} = \frac{9}{5}xy$ वर्ग इकाई

आयताकार भूखण्ड के क्षेत्रफल में वृद्धि

$$= \frac{9}{5}xy - xy = \frac{4}{5}xy$$

$$= \frac{4}{5} \times \text{प्रारम्भिक क्षेत्रफल}$$

अतः क्षेत्रफल $\frac{4}{5}$ गुना बढ़ जाता है।

97. हम जानते हैं,

°C और F के बीच सम्बन्ध,

$$\frac{°C}{5} = \frac{F-32}{9}$$

$$\frac{37}{5} = \frac{F-32}{9}$$

$$\therefore \quad F-32 = \frac{37\times 9}{5} = 66.6$$

$$F = 66.6 + 32$$

$$F = 98.6.$$

98. दिया है, $1^2 + 2^2 + 3^2 + ... + 9^2 = 285$ ...(1)

$(0.11)^2 + (0.22)^2 + (0.33)^2 + ... + (0.99)^2$

$= (0.11)^2 [1^2 + 2^2 + 3^2 + ... + 9^2]$

$= (0.11)^2 \times 285$ [समी. (1) से]

$= 0.0121 \times 285 = 3.4485$

99. माना राशि = ₹ x

साधारण ब्याज = $2x - x$ = ₹x

$$\therefore \quad \text{साधारण ब्याज} = \frac{p\times r\times t}{100}$$

$$\frac{x\times r\times 10}{100} = x$$

माना t' वर्ष पश्चात् वह राशि तिगुनी हो जाएगी।

तब, साधारण ब्याज = $3x - x = 2x$

$$\text{साधारण ब्याज} = \frac{p\times r\times t}{100}$$

$$\frac{x\times 10\times t'}{100} = 2x$$

$$t' = \frac{200}{10}$$

$t' = 20$ वर्ष।

100. एक वर्गाकार खेल के मैदान का क्षेत्रफल अधिकतम होगा,

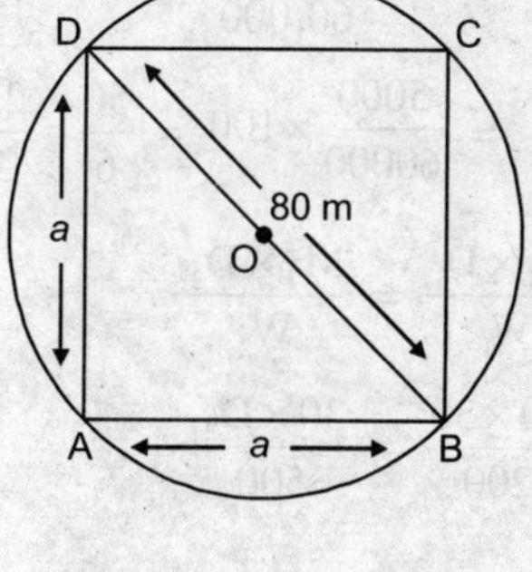

यदि वृत्त का व्यास = वर्ग का विकर्ण

$$\therefore \quad \sqrt{2}a = 80$$

$$a = \frac{80}{\sqrt{2}} = 40\sqrt{2} \text{ मी}$$

खेल के मैदान का क्षेत्रफल $= a^2 = \left(40\sqrt{2}\right)^2$

$= 3200$ मी^{2}

101. पाई-आलेख में संगत कोण $= \frac{52}{240}\times 360°$

$= 78°$.

102. $P\%$ का $P\% = 36$

$$P\times\frac{P}{100} = 36$$

$$P^2 = 3600$$

$$P = \sqrt{3600} = 60.$$

103.

2	2352
2	1176
2	588
2	294
3	147
7	49
7	7
	1

$$2352 = 2\times 2\times 2\times 2\times 3\times 7\times 7$$

$$= (2)^4 \times (3)^1 \times (7)^2$$

$2^x \times 3^y \times 7^z$ से तुलना करने पर, हम पाते हैं कि

$$x = 4, y = 1, z = 2$$

$$\therefore \quad x + y + z = 4 + 1 + 2 = 7.$$

104.

2	100
2	50
5	25
5	5
	1

$$100 = 2\times 2\times 5\times 5$$

$$100 = (2)^2 \times (5)^2$$

100 के कुल भाजक $= (2 + 1)(2 + 1)$

$= 3 \times 3 = 9$

100 के विषम भाजक $= (2 + 1) = 3$

100 के सम भाजक $= 9 - 3 = 6$.

105. माना 'n' घन काटे जा सकते हैं।

तब, 15 सेमी भुजा वाले घन का आयतन

$= n \times 3$ सेमी भुजा वाले घन का आयतन

$$(15)^3 = n\times(3)^3$$

$$n = \frac{15\times 15\times 15}{3\times 3\times 3}$$

$n = 5 \times 5 \times 5$

$n = 125$

अतः 125 छोटे घन काटे जा सकते हैं।

106. $\frac{3^{1989}}{7} = \frac{\left((3)^3\right)^{663}}{7} = \frac{(27)^{663}}{7} = (-1)^{663} = -1$

इसलिए शेषफल = 7 – 1 = 6.

107. बहुभुज के अन्तः कोणों का योग = $(n - 2) \times 180°$

$(n - 2) \times 180° = 2160$

$n - 2 = 12$

$n = 14$

अतः बहुभुज की भुजाओं की संख्या 14 है।

108. सबसे छोटी ऋणेतर अभाज्य पूर्णांक 2 है, जोकि केवल एक सम अभाज्य संख्या भी है।

109. $1\frac{1}{2}+11\frac{1}{2}+111\frac{1}{2}+1111\frac{1}{2}$

$= (1 + 11 + 111 + 1111) + \left(\frac{1}{2}+\frac{1}{2}+\frac{1}{2}+\frac{1}{2}\right)$

$= 1234 + 2 = 1236.$

110. दिया है,

$a * b = a^2 + b^2 - ab$

$9 * 10 = (9)^2 + (10)^2 + (10)^2 - 9 \times 10$

$= 81 + 100 - 90$

$= 181 - 90 = 91.$

111. $x^2 + xy + y^2 = x^2 + y^2 + 2xy - xy$

$= (x + y)^2 - xy$

$\because \quad (x + y)^2 \geq 4xy \qquad \left[\frac{x+y}{2} \geq \sqrt[2]{xy}\right]$

$\therefore (x + y)^2$ का मान हमेशा धनात्मक और xy से बड़ा होगा।

इसलिए, $x^2 + xy + y^2$ हमेशा धनात्मक होगा।

112. जिस प्रकार, 4 + 3 = 7 और 1 + 6 = 7

3 + 2 = 5 और 4 + 1 = 5

8 + 7 = 15 और 9 + 6 = 15

उसी प्रकार, 6 + 5 = 11 और 7 + 4 = 11.

113. दिया है, a और b दो प्राकृतिक संख्याएँ हैं।

$(a)^b = 125$

$(a^b) = (125)^1$ या $(a^b) = (5)^3$

$a = 125, b = 1$ $\quad a = 5, b = 3$

$(b)^a = (1)^{125} = 1$ $\quad (b)^a = (3)^5 = 243$

जोकि विकल्प में नहीं है जो विकल्प में है।

114. 1 से 10 तक की सभी प्राकृतिक संख्याओं से विभाजित होने वाली सबसे छोटी संख्या उनका ल.स.प. होगा।

$1 = 1$

$2 = 1 \times 2$

$3 = 1 \times 3$

$4 = 1 \times 2 \times 2$

$5 = 1 \times 5$

$6 = 1 \times 2 \times 3$

$7 = 1 \times 7$

$8 = 1 \times 2 \times 2 \times 2$

$9 = 1 \times 3 \times 3$

$10 = 1 \times 2 \times 5$

ल.स.प. = $1 \times 2 \times 2 \times 2 \times 3 \times 3 \times 5 \times 7 = 2520$.

115. 4/8/2017 → शुक्रवार, 61 दिन बाद = 62वाँ दिन

62वाँ दिन = 8 सप्ताह + 6 दिन

(शनिवार, रविवार, सोमवार, मंगलवार, बुधवार, बृहस्पतिवार)

अतः 61 दिनों के बाद बृहस्पतिवार होगा।

116.

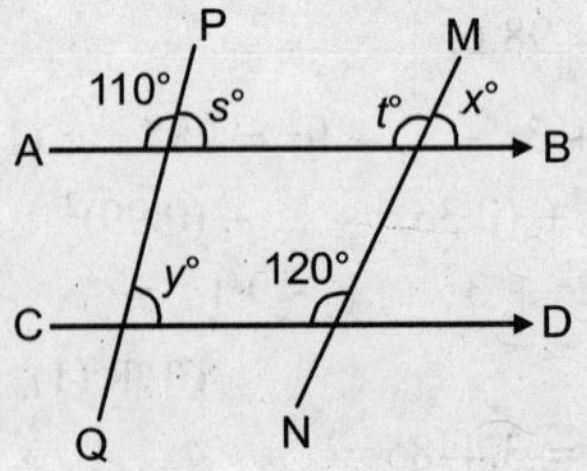

$\angle s° = 180° - 110° = 70°$

$\angle y = \angle s° = 70°$ (संगत कोण)

$\angle t° = 120°$ (संगत कोण)

$x° = 180° - \angle t° = 180° - 120° = 60°$

$\therefore y° - x° = 70° - 60 = 10°.$

117. दिया है, वस्तु का विक्रय मूल्य = ₹ 390

लाभ % = 20%

$\because$ क्रय मूल्य = $\frac{100}{(100 + \text{लाभ\%})} \times$ विक्रय मूल्य

$= \frac{100}{100+20} \times 390 = \frac{100}{120} \times 390$

= ₹ 325

अतः वस्तु का क्रय मूल्य 325 रुपये है।

118. जनसंख्या में प्रतिशत वृद्धि

$= \frac{65,000 - 60,000}{60,000} \times 100$

$= \frac{5000}{60000} \times 100 = \frac{50}{6} = \frac{25}{3} = 8\frac{1}{3}\%.$

119. $\because \quad \frac{M_1 \times D_1}{W_1} = \frac{M_2 \times D_2}{W_2}$

$\frac{40 \times 30}{200} = \frac{30 \times D_2}{500}$

$$D_2 = \frac{40 \times 30 \times 500}{200 \times 30}$$

$D_2 = 100$ दिन।

120. हम जानते हैं कि, एक समचतुर्भुज में, विकर्णों और भुजा के बीच सम्बन्ध निम्न है,

$$d_1^2 + d_2^2 = 4a^2$$

दिया है, $d_1 = 16$ सेमी, $d_2 = 12$ सेमी

$$(16)^2 + (12)^2 = 4a^2$$
$$4a^2 = 256 + 144$$
$$4a^2 = 400$$
$$a^2 = 100$$
$$a = 10 \text{ सेमी}$$

अतः समचतुर्भुज की भुजा 10 सेमी

121. पर्णहरित (Chlorophyll): पर्णहरित वर्णक मुख्यतः हरित लवक नामक कोशिकांगों में पाया जाता है। पर्णहरित वर्णक की उपस्थिति के कारण ही पौधे हरे होते हैं। प्रकाश संश्लेषण के लिए पर्णहरित अत्यावश्यक है। इसीलिए जिन कोशिकाओं में पर्णहरित होता है, केवल वे ही प्रकाश- संश्लेषण कर पाती हैं। पौधों में क्लोरोफिल प्रायः पत्तियों में पाया जाता है। इसीलिए पत्तियों को प्रकाश-संश्लेषी अंग कहते हैं। शैवाल एवं हाइड्रिला जो प्रायः पानी में मिलते हैं, की पूरी काया ही प्रकाश संश्लेषी होती है। हरित लवक एक सतत् दोहरी झिल्ली से घिरे होते हैं तथा उच्च पादपों के हरित लवकों में स्तरमय रचनाओं की चट्टियाँ होती हैं, जिन्हें ग्रेना (Grana) कहते हैं। हरित लवक का आंतरिक स्तर इसकी गुहा को आस्तरित करता है, जिसे पीठिका (Stroma) कहते हैं। प्रकाश-संश्लेषण की क्रिया इसी ग्रेना एवं पीठिका भाग में सम्पन्न होती है।

122. जलवायु परिवर्तन के संदर्भ में, मानवजनित गतिविधियाँ जोकि जलवायु को प्रभावित कर रही हैं। जलवायु परिवर्तन पर वैज्ञानिकों की आम सहमति है कि "जलवायु परिवर्तनों में मानव गतिविधियों का सबसे बड़ा हाथ रहा है" और यह "व्यापक तौर पर अपरिवर्तनीय है।" इन मानवीय कारकों में सबसे अधिक चिंता का विषय, औद्योगीकरण के लिए कोयले और पेट्रोलियम पदार्थों जैसे फासिल फ्यूएल्स का अंधाधुंध उपयोग के कारण कार्बन डाईऑक्साइड का बेहिसाब उत्सर्जन होना है। इसके अलावा वायुमंडल का सुरक्षा कवच ओजोन परत, जो सूर्य के खतरनाक रेडिएशन को रोकता है, का लगातार ह्रास होना। जनसंख्या वृद्धि, जल का बेहिसाब उपयोग, एयरोसोल कैन का उपयोग, वनों को जलाना, कृषि क्रियाकलाप, वनों की अंधाधुंध कटाई आदि भी मानवीय कारकों में शामिल हैं।

123. जैट्रोफा यूफॉर्बिएसी फैमिली की फसल है, जिसमें बायोडीजल उत्पन्न की जाती है। इस पादप से प्राप्त होने वाले बीजों से 25-30% तक तेल निकाला जा सकता है। इस तेल से वाहन चलाये जा सकते हैं; इसलिए इसे बायो-डीजल पौधा कहा जाता है। कॉकीनाडा (आन्ध्र प्रदेश) में देश का प्रथम बायो-डीजल संयन्त्र लगाया गया है।

124. तुलसी (ऑसिमम सैंक्टम) एक द्विबीजपत्री तथा शाकीय, औषधीय पौधा है। इसे 'जड़ी-बूटियों की रानी' भी कहा जाता है। यह भारत की सबसे पवित्र जड़ी-बूटी है। तुलसी की सामान्यतः निम्न प्रजातियाँ पाई जाती हैं :

- ऑसिमम अमेरिकन (काली तुलसी)
- ऑसिमम वेसिलिकम (मरुआ तुलसी)
- ऑसिमम वेसिलिकम मिनिमम
- ऑसिमम ग्रेटिसिकस (राम तुलसी/वन तुलसी/अरण्य तुलसी)
- ऑसिमम किलिमण्डचेरिकम (कर्पूर तुलसी)
- ऑसिमम सैक्टस
- ऑसिमम विरिडी

125. पीने के लिए सुरक्षित पानी को पीने-योग्य पानी कहा जाता है। पीने का पानी या पीने-योग्य पानी, समुचित रूप से उच्च गुणवत्ता वाला पानी होता है जिसका तत्काल या दीर्घकालिक नुकसान के न्यूनतम खतरे के साथ सेवन या उपयोग किया जा सकता है। अधिकांश विकसित देशों में घरों, व्यवसायों और उद्योगों में जिस पानी की आपूर्ति की जाती है वह पूरी तरह से पीने के पानी के स्तर का होता है, लेकिन वास्तविकता में इसके एक बहुत ही छोटे अनुपात का उपयोग सेवन या खाद्य सामग्री तैयार करने में किया जाता है।

दुनिया के ज्यादातर बड़े हिस्सों में पीने-योग्य पानी तक लोगों की पहुंच अपर्याप्त होती है और वे बीमारी के कारकों, रोगाणुओं या विषैले तत्वों के अस्वीकार्य स्तर या मिले हुए ठोस पदार्थों से संदूषित स्रोतों का इस्तेमाल करते हैं। इस तरह का पानी पीने योग्य नहीं होता है और पीने या भोजन तैयार करने में इस तरह के पानी का उपयोग बड़े पैमाने पर त्वरित और दीर्घकालिक बीमारियों का कारण बनता है, साथ ही कई देशों में यह मौत और विपत्ति का एक प्रमुख कारण है। विकासशील देशों में जलजनित रोगों को कम करना सार्वजनिक स्वास्थ्य का एक प्रमुख लक्ष्य है।

126. भोपाल गैस त्रासदी : भारत में मध्य-प्रदेश राज्य के भोपाल शहर में घटित वह बड़ी दुर्घटना थी, जिसमें हजारों लोगों ने अपनी जान गंवा दी। दिसम्बर, 1984 को भोपाल में एक भयानक औद्योगिक दुर्घटना हुई। जिसे "भोपाल गैस कांड" या "भोपाल गैस त्रासदी" के नाम से जाना गया। भोपाल स्थित 'यूनियन कार्बाइड' नामक कंपनी के कारखाने से 'मिथाइल आइसोसाइनाइट' (मिक) नामक एक जहरीली गैस का रिसाव हुआ, जिससे कीटनाशक बनाया जाता है। इस गैस के रिसाव से लगभग 15000 से अधिक लोगों की जानें गईं तथा बहुत सारे लोग अनेक तरह की शारीरिक अपंगता के शिकार हुए।

127. पर्यावरण प्रदूषण की समस्या पर 1972 में संयुक्त राष्ट्र संघ ने स्टॉकहोम (स्वीडन) में विश्व भर के देशों का पहला पर्यावरण सम्मेलन आयोजित किया। इसमें 119 देशों ने भाग लिया और पहली बार एक ही पृथ्वी का सिद्धांत मान्य किया। इसी सम्मेलन में संयुक्त राष्ट्र पर्यावरण कार्यक्रम (UNEP) का जन्म हुआ तथा

प्रति वर्ष 5 जून को पर्यावरण दिवस आयोजित करके नागरिकों को प्रदूषण की समस्या से अवगत कराने का निश्चय किया गया तथा इसका मुख्य उद्देश्य पर्यावरण के प्रति जागरूकता लाते हुए राजनीतिक चेतना जागृत करना और आम जनता को प्रेरित करना था।

128. एम.एस. स्वामीनाथन कृषि वैज्ञानिक, अनुवांशिकी विशेषज्ञ और अंतर्राष्ट्रीय प्रशासक, जो भारत की 'हरित क्रांति' में अपनी महत्त्वपूर्ण भूमिका के लिए विख्यात हैं। इन्होंने 1966 में मैक्सिको के बीजों को पंजाब की घरेलू किस्मों के साथ मिश्रित करके उच्च उत्पादकता वाले गेहूँ के संकर बीज विकसित किए थे। 'हरित क्रांति' कार्यक्रम के तहत ज्यादा उपज देने वाले गेहूँ और चावल के बीज गरीब किसानों के खेतों में लगाए गए थे। इस क्रांति ने भारत को दुनिया में खाद्यान्न की सर्वाधिक कमी वाले देश के कलंक से उबारकर 25 वर्ष से कम समय में आत्मनिर्भर बना दिया था। उस समय से भारत के कृषि पुनर्जागरण ने स्वामीनाथन को 'कृषि क्रांति आंदोलन' के वैज्ञानिक नेता के रूप में ख्याति दिलाई। उनके द्वारा सदाबहार क्रांति की ओर उन्मुख अवलंबनीय कृषि की वकालत ने उन्हें अवलंबनीय खाद्य सुरक्षा के क्षेत्र में विश्व नेता का दर्जा दिलाया। एम.एस. स्वामीनाथन को 'विज्ञान एवं अभियांत्रिकी' के क्षेत्र में 'भारत सरकार' द्वारा सन् 1967 में 'पद्म श्री', 1972 में 'पद्म भूषण' और 1989 में 'पद्म विभूषण' से सम्मानित किया गया था।

129. 1982 में स्थापित भारतीय वन्यजीव संस्थान, देहरादून (उत्तराखंड) एक अंतर्राष्ट्रीय ख्याति प्राप्त संस्था है। यह संस्थान प्रशिक्षण, पाठ्यक्रम, अकादमिक कार्यक्रम के अलावा वन्यजीव अनुसंधान तथा प्रबंधन में सलाहकारिता प्रदान करता है। इस संस्थान का प्रमुख लक्ष्य एवं उद्देश्य निम्नलिखित हैं :

- वन्यजीव संस्थानों पर वैज्ञानिक ज्ञान को समृद्ध करना।
- वन्यजीव संरक्षण एवं प्रबंधन के लिए कार्मिकों को विभिन्न स्तरों पर प्रशिक्षित करना।
- विकास की तकनीकों सहित तथा भारतीय परिस्थितियों के अनुरूप प्रबंधन से सम्बन्ध अनुसंधान करना।
- वन्यजीव अनुसंधान प्रबंधन तथा प्रशिक्षण पर अंतर्राष्ट्रीय संगठनों से साझेदारी करना।
- वन्यजीव तथा प्राकृतिक संसाधन संरक्षण पर अंतराष्ट्रीय महत्व के क्षेत्रीय केन्द्र के रूप में विकास करना।
- वन्यजीव प्रबंधन सम्बन्धी विशेष समस्याओं पर सूचना एवं सलाह देना।

130. प्रकाश-संश्लेषण (Photosynthesis): हरे पादप स्वपोषी होते हैं एवं प्रकाश-संश्लेषण (Photosynthesis) की क्रिया द्वारा खाद्य संश्लेषण करते हैं। प्रकाश-संश्लेषण एक ऐसी प्रक्रिया है जिसमें पादप सूर्य के प्रकाश, पर्णहरित (Chlorophyll), कार्बन डाइऑक्साइड (CO_2) एवं जल (H_2O) का उपयोग खाद्य संश्लेषित करने के लिए करते हैं। प्रकाश-संश्लेषण का रासायनिक समीकरण निम्नलिखित है :

$$\underset{\text{कार्बन डाइऑक्साइड}}{6CO_2} + \underset{\text{जल}}{12H_2O} \xrightarrow[\text{पर्णहरित}]{\text{सूर्य का प्रकाश}} \underset{\text{ग्लूकोज}}{C_6H_{12}O_6} + 6H_2O + 6O_2$$

जीवित कोशिकाओं द्वारा पर्णहरित (Chlorophyll) व सूर्य के प्रकाश की सहायता से, वायु से ग्रहण की गई कार्बन डाइऑक्साइड को किसी हाइड्रोजन दाता जैसे–जल (H_2O) की उपस्थिति में अपचयित करके कार्बोहाइड्रेट निर्माण की प्रक्रिया को प्रकाश-संश्लेषण (Photosynthesis) कहते हैं।

131. मृतकभक्षी (scavengers) वे जीव होते हैं जो मृत जीवों या अपशिष्ट जैविक पदार्थों को खाते हैं। ये पारिस्थितिकी तंत्र में अपघटन प्रक्रिया को तेज करते हैं और पर्यावरण को स्वच्छ बनाए रखने में महत्वपूर्ण भूमिका निभाते हैं।

132. भूतापीय ऊर्जा : भौमिकीय परिवर्तनों के कारण भूपर्पटी में गहराइयों पर तप्त क्षेत्रों में पिछली चट्टानें ऊपर धकेल दी जाती हैं जो कुछ क्षेत्रों में एकत्र हो जाती हैं। इन क्षेत्रों को **तप्त स्थल** कहते हैं। जब भूमिगत जल इन तप्त स्थलों के संपर्क में आता है तो भाप उत्पन्न होती है। कभी-कभी इस तप्त जल को पृथ्वी के पृष्ठ से बाहर निकलने के लिए निकास मार्ग मिल जाता है। इन निकास मार्गों को **ऊष्ण स्रोत** कहते हैं। कभी-कभी यह भाप चट्टानों के बीच में फँस जाती है जहाँ इसका दाब अत्यधिक हो जाता है। तप्त स्थलों तक पाइप डालकर इस भाप को बाहर निकाल लिया जाता है। उच्च दाब पर निकली यह भाप विद्युत जनित्र की टरबाइन को घुमाती है जिससे विद्युत उत्पादन करते हैं। इसके द्वारा विद्युत उत्पादन की लागत अधिक नहीं है परंतु ऐसे बहुत कम क्षेत्र हैं जहाँ व्यापारिक दृष्टिकोण से इस ऊर्जा का दोहन करना व्यावहारिक है। न्यूजीलैंड तथा संयुक्त राज्य अमेरिका में भूतापीय ऊर्जा पर आधारित कई विद्युत शक्ति संयंत्र कार्य कर रहे हैं। भारत में मणिकर्ण (हिमाचल प्रदेश), पूगा घाटी (लद्दाख), तातापानी (झारखण्ड) और खम्मम (तेलंगाना) में भूतापीय ऊर्जा का उत्पादन होता है।

133. शोला घासस्थल पश्चिमी घाट में पाये जाते हैं। शोला घासस्थल वनों को उष्णकटिबंधीय मोंटेन जंगलों के रूप में माना जाता है। इस तरह के घास के मैदान उच्च ऊँचाई वाले क्षेत्रों में पाए जाते हैं।

134. भारत में पेलिकन पक्षी कोक्कारे बेलूर, नेलापट्टू और कून्थनकुलम जैसे आर्द्रभूमि क्षेत्रों में प्रजनन करते हैं। ये सभी स्थल उनके लिए सुरक्षित और अनुकूल प्रजनन क्षेत्र माने जाते हैं।

135. 'मीनामाता रोग' ऐसी मछली खाने से होता है, जिसमें अधिक मात्रा में पारा (Hg) पाया जाता है। इन मछलियों को खाने से लगभग तीन हजार लोग प्रभावित हुए, जिनमें हाथ, पैर, मुँह सुन्न होना, संवेदन में गड़बड़ी, हाथ-पैर की गति में समन्वय का अभाव व फालिज जैसे लक्षण दिखाई दिए। बहुत से लोगों की इस बीमारी से मृत्यु भी हो गई। यह बीमारी पहली बार जापान के मीनामाता खाड़ी के आस-पास रहने वालों में देखी गई, इस कारण इसे 'मीनामाता रोग' कहा जाने लगा।

136. ओजोन परत का क्षरण : वायुमण्डल में ओजोन गैस की उपस्थिति पर्यावरण के जैविक तत्वों के जीवन को सुचारु रूप से चलाने के लिए आवश्यक है। सूर्य से आने वाले विकिरण में उपस्थित पराबैंगनी किरणों का 99% से भी अधिक भाग इस गैस के द्वारा वायुमण्डल में प्रवेश के साथ ही अवशोषित कर लिया जाता है। इस अवशोषण से पृथ्वी पर जीवन के विविध रूप, पराबैंगनी किरणों के कई हानिकारक प्रभावों से बच पाते हैं। ओजोन गैस ऊष्मा उत्पन्न करने वाली लाल अवरक्त किरणों को पृथ्वी तक पहुँचने देती है जिससे पृथ्वी का तापमान सन्तुलन रहता है। ओजोन ऑक्सीजन तत्व का ही एक रूप है। समतापमण्डल में सूर्य की पराबैंगनी किरणें वायुमण्डलीय ऑक्सीजन से क्रिया करके ओजोन गैस बनाती हैं। ओजोन परत को पृथ्वी का **छाया या रक्षा कवच** कहते हैं। ओजोन परत समताप मण्डल में पृथ्वी से लगभग 12-35 किलोमीटर की ऊँचाई पर उपस्थित रहती है।

ओजोन परत के क्षरण से सम्बन्धित कुछ प्रमुख प्रभाव निम्नवत हैं :

1. ओजोन क्षय का प्रभाव वैसे तो सारी दुनिया पर पड़ेगा, परन्तु दक्षिणी ध्रुव के सन्निकट क्षेत्र; जैसे– ऑस्ट्रेलिया, दक्षिणी अमेरिका, दक्षिण अफ्रीका, न्यूजीलैंड आदि ओजोन परत क्षरण से सर्वाधिक प्रभावित होंगे।
2. ओजोन परत क्षीणता से पृथ्वी के तापमान में वृद्धि होगी जिससे समुद्र का जल स्तर बढ़ सकता है।
3. प्रकाश-संश्लेषण की दर में कमी आने से उत्पादन में घटोतरी होती है तथा जलीय एवं सागरीय खाद्य शृंखला में भारी असन्तुलन पैदा हो सकता है।
4. ओजोन ह्रास के कारण पराबैंगनी किरणें पृथ्वी पर आती हैं जो जीव संरचना में जीन्स एवं गुणसूत्र का मुख्य आधार न्यूक्लिक अम्ल को परावर्तित कर सकती हैं।
5. मनुष्यों में पराबैंगनी किरणें अनेक बीमारियों; जैसे– मोतियाबिन्द, कैंसर रोगों में वृद्धि करती हैं तथा प्रतिरोधक क्षमता में ह्रास होता है।

137. H. J. Kania स्वतंत्र भारत के प्रथम मुख्य न्यायाधीश थे। उन्होंने 1950 में सर्वोच्च न्यायालय की स्थापना के समय इस पद को संभाला।

138. रेड डाटा बुक विलुप्त के करीब जीव-जन्तु से सम्बन्धित है। रेड डाटा बुक में विश्व के सभी संकटापन्न जीव-जन्तुओं का रिकॉर्ड रखा जाता है। पौधों, जन्तुओं और अन्य जीवों के लिए अलग-अलग रेड डाटा बुक है। रेड डाटा बुक IUCN (International Union for Conservation of Nature) द्वारा जारी किया जाता है। इस पुस्तक में क्रान्तिक रूप से संकटापन्न जीवों को गुलाबी पृष्ठों पर दर्शाया जाता है और जैसे ही कोई जीव पर्याप्त संख्या में वृद्धि कर लेता है तो उसको हरे पृष्ठों पर स्थानान्तरित कर दिया जाता है।

139. Rekha Sharma राष्ट्रीय महिला आयोग की अध्यक्षा के रूप में कार्य कर चुकी हैं और महिलाओं के अधिकारों से जुड़े मुद्दों पर सक्रिय भूमिका निभाई है।

140. राष्ट्रपति संसद का अभिन्न अंग होता है। इसे निम्न विधायी शक्तियाँ प्राप्त हैं :

1. संसद के सत्र को आहूत करने, सत्रावसान करने तथा लोकसभा भंग करने संबंधी अधिकार।
2. संसद के एक सदन में या एक साथ सम्मिलित रूप से दोनों सदनों में अभिभाषण करने की शक्ति।
3. लोकसभा के लिए प्रत्येक साधारण निर्वाचन के पश्चात् प्रथम सत्र के प्रारंभ में और प्रत्येक वर्ष के प्रथम सत्र के आरंभ में सम्मिलित रूप से संसद में अभिभाषण करने की शक्ति।
4. संसद द्वारा पारित विधेयक राष्ट्रपति के अनुमोदन के बाद ही कानून बनता है।
5. संसद में निम्न विधेयक को पेश करने के लिए राष्ट्रपति की पूर्व सहमति आवश्यक है–
   (*a*) नये राज्यों का निर्माण और वर्तमान राज्य के क्षेत्रों, सीमाओं या नामों में परिवर्तन संबंधी विधेयक
   (*b*) धन विधेयक (अनुच्छेद 110)
   (*c*) संचित निधि में व्यय करने वाले विधेयक (अनुच्छेद 117(3))
   (*d*) ऐसे कराधान पर, जिसमें राज्य-हित जुड़े हैं, प्रभाव डालने वाले विधेयक
   (*e*) राज्यों के बीच व्यापार, वाणिज्य और समागम पर निर्बन्धन लगाने वाले विधेयक (अनुच्छेद 304)
6. यदि किसी साधारण विधेयक पर दोनों सदनों में कोई असहमति है तो उसे सुलझाने के लिए राष्ट्रपति दोनों सदनों की संयुक्त बैठक बुला सकता है (अनुच्छेद 108)।

141. 73वाँ संविधान संशोधन पंचायती राज से संबंधित है। इसके द्वारा संविधान के भाग-9 अनुच्छेद 243 (क से ण तक कुल 16 अनुच्छेद) तथा अनुसूची-11 का प्रावधान किया गया है।

142. 74वाँ संविधान संशोधन नगरपालिकाओं से संबंधित है। इसके द्वारा संविधान के भाग-9क, अनुच्छेद 243 (त से य, छ तक) एवं 12वीं अनुसूची का प्रावधान किया गया है। नगरपालिकाओं को 12वीं अनुसूची में वर्णित कुल **18 विषयों** पर विधि बनाने की शक्ति प्रदान की गई है।

143. वर्षा का पानी सामान्यतः हल्का अम्लीय होता है, परन्तु जब वायुमंडल में उपस्थित सल्फर डाइऑक्साइड (SO_2) वर्षा के पानी में घुलती है, तो यह सल्फ्यूरस अम्ल (H_2SO_3) तथा आगे चलकर सल्फ्यूरिक अम्ल (H_2SO_4) बनाती है। यह प्रक्रिया अम्ल वर्षा (acid rain) का मुख्य कारण है। औद्योगिक क्षेत्रों में SO_2 का उत्सर्जन अधिक होने के कारण वहाँ वर्षा का जल अधिक अम्लीय हो जाता है, जिससे मिट्टी, जलस्रोत, वनस्पति और भवनों को हानि पहुँचती है।

144. भारत के संविधान के निर्माण में निम्न देशों के संविधान से सहायता ली गयी है–

1. **संयुक्त राज्य अमेरिका :** मौलिक अधिकार, न्यायिक पुनरावलोकन, संविधान की सर्वोच्चता, न्यायपालिका की स्वतंत्रता, निर्वाचित राष्ट्रपति एवं उस पर महाभियोग, उपराष्ट्रपति,

उच्चतम एवं उच्च न्यायालयों के न्यायाधीशों को हटाने की विधि एवं वित्तीय आपात।

2. **ब्रिटेन :** संसदात्मक शासन-प्रणाली, एकल नागरिकता एवं विधि का शासन।
3. **आयरलैंड :** नीति-निर्देशक सिद्धान्त, राष्ट्रपति के निर्वाचक -मंडल की व्यवस्था, राष्ट्रपति द्वारा राज्यसभा में साहित्य, कला, विज्ञान व समाज-सेवा इत्यादि के क्षेत्र में ख्यातिप्राप्त व्यक्तियों का मनोनयन।
4. **आस्ट्रेलिया :** प्रस्तावना की भाषा, समवर्ती सूची का प्रावधान, केन्द्र एवं राज्य के बीच संबंध तथा शक्तियों का विभाजन, संसदीय विशेषाधिकार।
5. **जर्मनी :** आपातकाल के प्रवर्तन के दौरान राष्ट्रपति को मौलिक अधिकार संबंधी शक्तियाँ।
6. **कनाडा :** संघात्मक विशेषताएँ, अवशिष्ट शक्तियाँ केन्द्र के पास, राज्यपाल की नियुक्ति विषयक प्रक्रिया, संघ एवं राज्य के बीच शक्ति विभाजन।
7. **दक्षिण अफ्रीका :** संविधान संशोधन की प्रक्रिया का प्रावधान।
8. **रूस :** मौलिक कर्त्तव्यों का प्रावधान।
9. **जापान :** विधि द्वारा स्थापित प्रक्रिया।

145. संविधान के भाग-15 के अनुच्छेद-324 से 329 में निर्वाचन से संबंधित उपबन्ध दिया गया है। भारत निर्वाचन आयोग की स्थापना 25 जनवरी, 1950 ई. को हुई थी। यह एक स्थायी सवैधानिक निकाय है। निर्वाचन आयोग का गठन मुख्य निर्वाचन आयुक्त एवं अन्य निर्वाचन आयुक्तों से किया जाता है, जिनकी नियुक्ति राष्ट्रपति के द्वारा की जाती है।

निर्वाचन आयोग के मुख्य कार्य :

1. चुनाव क्षेत्रों का परिसीमन,
2. मतदाता सूचियों को तैयार करवाना,
3. विभिन्न राजनीतिक दलों को मान्यता प्रदान करना,
4. राजनीतिक दलों को आरक्षित चुनाव चिह्न प्रदान करना,
5. चुनाव करवाना,
6. राजनीतिक दलों के लिए आचार संहिता तैयार करवाना।

146. प्रश्नकाल : दोनों सदनों में प्रत्येक बैठक के प्रारम्भ के एक घंटे तक प्रश्न किये जाते हैं और उनके उत्तर दिये जाते हैं। इसे प्रश्नकाल कहा जाता है। प्रश्न काल के दौरान सदस्यों को सरकार के कार्यों पर आलोचन-प्रत्यालोचन का समय मिलता है। इसके दो लाभ हैं–एक तो सरकार जनता की कठिनाइयों एवं अपेक्षाओं के प्रति सजग रहती है; दूसरे, इस दौरान सरकार अपनी नीतियों एवं कार्यक्रमों की जानकारी सदन को देती है।

147. वर्षा जल संग्रहण : वर्षा जल संग्रहण विभिन्न उपयोगों के लिए वर्षा के जल को रोकने और एकत्र करने की विधि है। इसका उपयोग भूमिगत जलभृतों के पुनर्भरण के लिए भी किया जाता है। यह एक कम मूल्य और पारिस्थितिकी अनुकूल विधि है जिसके द्वारा पानी की प्रत्येक बूँद संरक्षित करने के लिए वर्षा जल को नलकूपों, गड्ढों और कुओं में एकत्र किया जाता है। वर्षा जल संग्रहण पानी की उपलब्धता को बढ़ाता है, भूमिगत जल स्तर को नीचा होने से रोकता है, फ्लुओराइड और नाइट्रेट्स जैसे संदूषकों को कम करके अवमिश्रण भूमिगत जल की गुणवत्ता बढ़ाता है, मृदा अपरदन और बाढ़ को रोकता है और यदि इसे जलभृतों के पुनर्भरण के लिए उपयोग किया जाता है तो तटीय क्षेत्रों में लवणीय जल के प्रवेश को रोकता है।

देश में विभिन्न समुदाय लंबे समय से अनेक विधियों से वर्षाजल संग्रहण करते आ रहे हैं। ग्रामीण क्षेत्रों में परंपरागत वर्षा जल संग्रहण सतह संचयन जलाशयों, जैसे–झीलों, तालाबों, सिंचाई तालाबों आदि में किया जाता है। राजस्थान में वर्षा जल संग्रहण ढाँचे जिन्हें *कुंड* अथवा *टाँका* (एक ढका हुआ भूमिगत टंकी) के नाम से जानी जाती है जिनका निर्माण घर अथवा गाँव के पास या घर में संग्रहित वर्षा जल को एकत्र करने के लिए किया जाता है।

148. काजीरंगा राष्ट्रीय उद्यान असम राज्य में स्थित है। यह उद्यान एक सींग वाले गैण्डे के लिए प्रसिद्ध है; क्योंकि यह उद्यान एक सींग वाले गैण्डे को संरक्षित करता है।

149. पारिस्थितिक तंत्र में ऊर्जा प्रवाह के सम्बन्ध में सही क्रम है–उत्पादक → उपभोक्ता → अपघटक

उत्पादक तथा उपभोक्ता स्तर पर ऊर्जा की मात्रा निरन्तर कम हो रही है। यह वृक्षों तथा कुछ जीव-जन्तुओं की कम होती संख्या के कारण है।

150. ग्रीन हाउस प्रभाव (Greenhouse Effect) : वायुमंडल में बढ़ती हुई हानिकारक गैसें, जैसे–कार्बन डाइऑक्साइड, कार्बन मोनोऑक्साइड, सल्फर डाइऑक्साइड आदि वायुमंडल की ऊपरी सतह पर जमकर पृथ्वी के तापमान में वृद्धि कर रही है। इसे ही ग्रीन हाउस प्रभाव कहते हैं। ये गैसें पृथ्वी से वापस लौटने वाली अवरक्त किरणों को रोककर वातावरण को गर्म करती हैं। यदि वैश्विक तापमान में वृद्धि इसी तरह से होती रहेगी तो ध्रुवों पर स्थित बर्फ पिघलने लगेंगे और इसका सीधा प्रभाव समुद्री तटवर्ती शहरों पर पड़ेगा जो जलमग्न हो जाएंगे। समुद्रों में स्थित कई द्वीप समूह का अस्तित्व ही समाप्त हो जाएगा।

पूर्ण विश्वव्यापी उष्णता के लिए विविध ग्रीन हाउस गैसों का सापेक्षिक योगदान निम्न चित्र में दिया गया है :

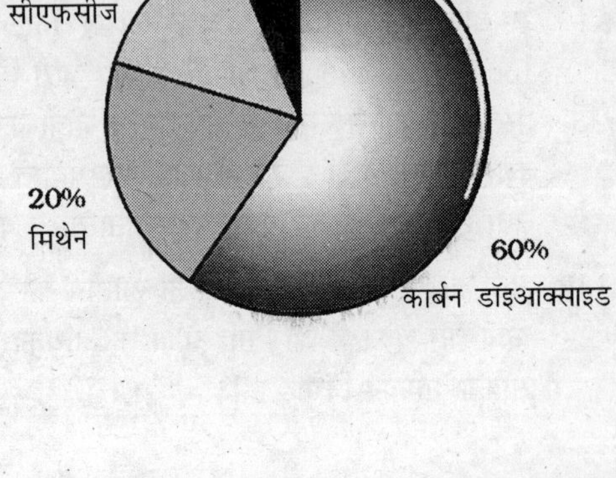

बाल विकास एवं शिक्षण विधि

SECTION-A

बाल विकास (Child Development)

बाल विकास का अर्थ

बाल विकास से तात्पर्य बच्चे की विभिन्न क्षेत्रों में क्रमिक और व्यवस्थित वृद्धि से है, जिसमें शारीरिक, मानसिक, भावनात्मक, सामाजिक, भाषाई और रचनात्मक क्षमताएँ शामिल हैं। यह एक सतत प्रक्रिया है जिसके माध्यम से बच्चे कौशल, ज्ञान, दृष्टिकोण और व्यवहार प्राप्त करते हैं, जो उनकी समग्र व्यक्तित्व को आकार देते हैं। बाल विकास केवल आयु आधारित वृद्धि तक सीमित नहीं है, बल्कि यह विभिन्न क्षेत्रों में क्षमताओं और संभावनाओं के विकास को भी शामिल करता है।

बाल विकास की आवश्यकता

बाल विकास को समझना कई कारणों से आवश्यक है :

1. **उचित मार्गदर्शन :** माता-पिता, शिक्षक और देखभाल करने वाले बच्चों को उनकी आयु के अनुसार समर्थन और शिक्षा प्रदान कर सकते हैं।
2. **क्षमताओं की पहचान :** बच्चे की ताकत, प्रतिभा और सुधार की आवश्यकता वाले क्षेत्रों की पहचान में मदद करता है।
3. **संतुलित वृद्धि :** शारीरिक, मानसिक, भावनात्मक और सामाजिक विकास को सामंजस्यपूर्ण रूप से सुनिश्चित करता है।
4. **प्रारंभिक हस्तक्षेप :** विकासात्मक देरी या व्यवहार संबंधी समस्याओं का समय पर पता लगाना और सुधारात्मक उपाय करना।
5. **जीवन के लिए तैयारी :** बच्चे को आत्मविश्वासी, जिम्मेदार और कुशल व्यक्ति बनने में सहायता करता है।

विकास और वृद्धि

विकास और वृद्धि दो महत्वपूर्ण अवधारणाएँ हैं जो समय के साथ व्यक्तियों में होने वाले परिवर्तनों से संबंधित हैं।

- **वृद्धि (Growth):** शरीर में होने वाले भौतिक परिवर्तन को कहते हैं। इसमें ऊँचाई, वजन, आकार और शरीर की संरचना में वृद्धि शामिल हैं। वृद्धि मात्रात्मक (Quantitative) होती है, जिसे सेंटीमीटर और किलोग्राम जैसी संख्याओं के माध्यम से मापा जा सकता है। यह मुख्य रूप से बाहरी और दृश्य परिवर्तनों पर केंद्रित होती है।
- **विकास (Development):** विकास व्यक्ति की क्षमताओं और कौशल में समग्र परिवर्तन को कहते हैं। इसमें शारीरिक, संज्ञानात्मक, भावनात्मक, सामाजिक और नैतिक विकास शामिल है। विकास गुणात्मक (Qualitative) होता है, यानी यह कार्यप्रणाली और व्यवहार में होने वाले परिवर्तनों से संबंधित है, जिन्हें हमेशा सीधे मापा नहीं जा सकता। इसमें सोच, सीखने, संचार और भावनात्मक परिपक्वता में सुधार शामिल है।

वृद्धि विकास का एक हिस्सा है, लेकिन विकास व्यापक और समग्र होता है। जबकि वृद्धि किसी निश्चित आयु के बाद रुक सकती है, विकास जीवनभर जारी रहता है।

सरल शब्दों में, वृद्धि शारीरिक वृद्धि के बारे में है, जबकि विकास क्षमताओं में समग्र प्रगति और सुधार के बारे में है।

बाल विकास के चरण

बाल विकास निरंतर और परस्पर जुड़े हुए चरणों के माध्यम से होता है, जिनमें प्रत्येक चरण में शारीरिक, संज्ञानात्मक, भावनात्मक और सामाजिक वृद्धि के विशिष्ट पैटर्न होते हैं।

1. **गर्भकालीन चरण (गर्भाधान से जन्म तक) :** गर्भकालीन चरण गर्भाधान से शुरू होता है और जन्म तक चलता है। इस अवधि में जीवन की नींव रखी जाती है क्योंकि शरीर के प्रमुख अंग और प्रणालियाँ विकसित होती हैं। मस्तिष्क और तंत्रिका तंत्र तेजी से बढ़ते हैं, और माँ का स्वास्थ्य, पोषण और वातावरण भ्रूण के विकास को महत्वपूर्ण रूप से प्रभावित करता है।
2. **शैशवावस्था (0 से 2 वर्ष) :** शैशवावस्था जन्म से दो वर्ष की आयु तक होती है और इसमें तेज शारीरिक और मानसिक विकास होता है। शिशु धीरे-धीरे अपने शरीर पर नियंत्रण प्राप्त करते हैं, बैठना, रेंगना, खड़ा होना और चलना सीखते हैं। संज्ञानात्मक विकास शुरू होता है क्योंकि वे परिचित चेहरों को पहचानते हैं और ध्वनियों का उत्तर देते हैं। इस समय देखभाल करने वालों के साथ भावनात्मक संबंध बनते हैं और प्रारंभिक संचार रोने और बड़बड़ाने से लेकर सरल शब्दों के उपयोग तक विकसित होता है।

3. **प्रारंभिक बचपन (2 से 6 वर्ष) :** प्रारंभिक बचपन में स्वतंत्रता और जिज्ञासा बढ़ती है। बच्चे अपनी मोटर क्षमताओं में सुधार करते हैं और अपने आंदोलनों में अधिक समन्वित हो जाते हैं। उनकी सोच अधिक कल्पनाशील हो जाती है और वे खेल और अन्वेषण के माध्यम से दुनिया को समझने लगते हैं। भाषा का विकास तेजी से होता है, जिससे वे वाक्य बना सकते हैं और विचार व्यक्त कर सकते हैं। सामाजिक रूप से, वे दूसरों के साथ संवाद करना, साझा करना और बुनियादी नियमों का पालन करना सीखते हैं।

4. **मध्य बचपन (6 से 12 वर्ष) :** मध्य बचपन में स्थिर वृद्धि और अधिक संरचित सोच का विकास होता है। बच्चे तार्किक सोचना और समस्या सुलझाने के कौशल विकसित करना शुरू करते हैं। वे औपचारिक शिक्षा के माध्यम से ज्ञान प्राप्त करते हैं और अपनी क्षमताओं और सीमाओं के प्रति अधिक जागरूक हो जाते हैं। दोस्ती और सहपाठी संबंध महत्वपूर्ण हो जाते हैं, और बच्चे सहयोग, अनुशासन और जिम्मेदारी सीखते हैं।

5. **किशोरावस्था (12 से 18 वर्ष) :** किशोरावस्था बचपन और वयस्कता के बीच संक्रमणकालीन चरण है। शारीरिक परिवर्तन लिंगानुपात (Puberty) के कारण होते हैं, जिससे ऊँचाई बढ़ती है और शरीर की संरचना में परिवर्तन होता है। संज्ञानात्मक क्षमताओं में विस्तार होता है, जिसमें अमूर्त सोच और तर्कशक्ति शामिल हैं। भावनात्मक रूप से, किशोर अपनी पहचान तलाशते हैं और स्वतंत्रता की खोज करते हैं। सामाजिक संबंध, विशेषकर सहपाठियों के साथ, अधिक महत्वपूर्ण हो जाते हैं।

6. **वयस्कता (18 वर्ष और ऊपर) :** वयस्कता किशोरावस्था के बाद आती है और विकास के सभी पहलुओं में परिपक्वता शामिल करती है। शारीरिक रूप से, व्यक्ति अपनी चरम क्षमता तक पहुँचता है और धीरे-धीरे उम्र बढ़ने से संबंधित परिवर्तन अनुभव करता है। संज्ञानात्मक विकास में उन्नत तर्क, निर्णय लेने और समस्या समाधान क्षमताएँ शामिल हैं। भावनात्मक रूप से, वयस्क स्थिरता और स्पष्ट आत्म-बोध विकसित करते हैं। सामाजिक रूप से, वे करियर, संबंध और पारिवारिक जीवन जैसी जिम्मेदारियाँ निभाते हैं और समाज में सक्रिय योगदान देते हैं।

जीन पियाजे का सिद्धांत

जीन पियाजे का संज्ञानात्मक विकास का सिद्धांत कहता है कि बच्चे सक्रिय शिक्षार्थी होते हैं, जो अपने पर्यावरण के साथ परस्पर क्रिया करके दुनिया की समझ का निर्माण करते हैं। इस सिद्धांत के अनुसार, बच्चे अपनी आयु के अनुसार संज्ञानात्मक विकास के चार स्पष्ट चरणों से गुजरते हैं। पियाजे ने इस बात पर जोर दिया कि मानसिक विकास निम्नलिखित प्रक्रियाओं के माध्यम से होता है :

- **मानसिक ढांचे (Schemas):** मानसिक ढांचे जिनके द्वारा बच्चे जानकारी को व्यवस्थित करते हैं।
- **आत्मसात (Assimilation):** नई जानकारी को मौजूदा मानसिक ढाँचों में शामिल करना।
- **अनुकूलन (Accommodation):** नए ज्ञान को शामिल करने के लिए मानसिक ढाँचों को संशोधित करना।

पियाजे के संज्ञानात्मक विकास के चरण

चरण	आयु सीमा	विशेषताएँ/संज्ञानात्मक विकास
सेंसोरिमोटर चरण (Sensorimotor Stage)	0 - 2 वर्ष	- इन्द्रियों और शारीरिक गतिविधियों के माध्यम से सीखना
		- वस्तु स्थायित्व का विकास (समझना कि वस्तुएँ तब भी मौजूद हैं जब दिखाई न दें)
		- संवेदी इनपुट और शारीरिक क्रियाओं का समन्वय शुरू करना
पूर्व-संचालनात्मक चरण (Preoperational Stage)	2 - 7 वर्ष	- प्रतीकात्मक सोच का विकास (शब्दों, चित्रों और प्रतीकों का उपयोग)
		- स्वकेंद्रित सोच (दूसरों के दृष्टिकोण को समझने में कठिनाई)
		- कल्पनाशील और अभिनय आधारित खेल में वृद्धि
		- कारण और प्रभाव की सीमित समझ
सांद्र संचालनात्मक चरण (Concrete Operational Stage)	7 - 11 वर्ष	- तार्किक सोच का विकास लेकिन मुख्यतः ठोस वस्तुओं और परिस्थितियों के साथ
		- संरक्षण की समझ (आकार बदलने के बावजूद मात्रा, द्रव्यमान और आयतन समान रहते हैं)
		- वस्तुओं को वर्गीकृत और व्यवस्थित करने की क्षमता
		- स्वकेंद्रित सोच में कमी, दृष्टिकोण लेने की क्षमता में सुधार
औपचारिक संचालनात्मक चरण (Formal Operational Stage)	12 वर्ष और उससे ऊपर	- अमूर्त और काल्पनिक सोच का विकास
		- अमूर्त अवधारणाओं पर तार्किक रूप से तर्क कर सकता है
		- समस्या समाधान और योजना बनाने की क्षमता में सुधार
		- संभावनाओं, आदर्शों और भविष्य की स्थितियों के बारे में सोचने की क्षमता

बाल विकास का आधार और इसको प्रभावित करने वाले कारक

बाल विकास एक सतत, गतिशील और समग्र प्रक्रिया है जिसके माध्यम से बच्चा शारीरिक, मानसिक, भावनात्मक, सामाजिक, भाषाई और रचनात्मक रूप से प्रगति करता है। इसमें धीरे-धीरे कौशल, ज्ञान, आदतें, दृष्टिकोण और व्यवहार विकसित होते हैं, जो मिलकर बच्चे की व्यक्तित्व और जीवन कौशल की नींव बनाते हैं।

बाल विकास को समझना माता-पिता, शिक्षक और देखभालकर्ताओं के लिए आवश्यक है, क्योंकि यह उन्हें उचित मार्गदर्शन देने, सहायक वातावरण बनाने और बच्चे की संभावनाओं को संतुलित रूप से पोषित करने में मदद करता है।

बाल विकास के दो मुख्य आधार

1. वंशानुक्रम (Heredity / Genetic Inheritance)
2. पर्यावरण (Environment)

ये दोनों कारक मिलकर बच्चे की वृद्धि, क्षमताओं, व्यवहार, स्वभाव और समग्र व्यक्तित्व को आकार देते हैं।

वंशानुक्रम (Heredity / Genetic Inheritance)

वंशानुक्रम, या आनुवंशिक विरासत, माता-पिता से बच्चों तक शारीरिक, मानसिक और मनोवैज्ञानिक लक्षणों के जीनों के माध्यम से संचरण को कहते हैं। यह बच्चे के विकास की संभावनाओं को निर्धारित करने में मूलभूत भूमिका निभाता है।

वंशानुक्रम का प्रभाव

- **शारीरिक गुण :** ऊँचाई, शरीर की संरचना, चेहरे के लक्षण, आंखों का रंग, बालों का प्रकार और रंग आदि जैसी शारीरिक विशेषताएँ।
- **संज्ञानात्मक क्षमताएँ :** बुद्धिमत्ता, सीखने की क्षमता, स्मरण शक्ति, समस्या समाधान कौशल। कुछ बच्चे गणित, संगीत या भाषा में प्राकृतिक रुचि विरासत में प्राप्त कर सकते हैं।
- **व्यक्तित्व लक्षण :** स्वभाव, व्यवहारिक प्रवृत्तियाँ और भावनात्मक प्रतिक्रियाशीलता। उदाहरण : कुछ बच्चे अंतर्मुखी या बहिर्मुखी, शांत या सक्रिय हो सकते हैं।
- **स्वास्थ्य प्रवृत्तियाँ :** कुछ बीमारियों के प्रति प्रवृत्तियाँ या स्वास्थ्य संबंधी जोखिम जीनों के माध्यम से विरासत में मिल सकते हैं, जो शारीरिक और मानसिक विकास को प्रभावित करते हैं।

यद्यपि वंशानुक्रम विकास की संभावनाएँ और ढांचा प्रदान करता है, यह अकेले कार्य नहीं करता। जीन केवल संभावनाएँ तय करते हैं; असली विकास, सीखना और गुणों का प्रकट होना पर्यावरण पर निर्भर करता है।

वातावरण (Environment)

पर्यावरण उन सभी बाहरी परिस्थितियों, प्रभावों और अनुभवों का योग है जिनसे बच्चा जन्म से लेकर आगे जीवन में मिलता है। जबकि वंशानुक्रम संभावनाएँ देता है, वातावरण उस संभावनाओं को वास्तविक विकास में बदलता और पोषित करता है।

वातावरणीय प्रभाव के प्रकार

1. **पारिवारिक वातावरण (Family Environment)**
   - **भावनात्मक समर्थन :** स्नेही परिवार बच्चे को भावनात्मक स्थिरता, आत्मविश्वास और स्वस्थ संबंध बनाने की क्षमता देता है।
   - **पालन-पोषण शैलियाँ :** सशक्त, सहायक या उदार पालन-पोषण व्यवहार, अनुशासन, नैतिक मूल्य और सामाजिक कौशल को प्रभावित करती हैं।
   - **आदतें और मूल्य :** दैनिक दिनचर्या, पारिवारिक बातचीत और मार्गदर्शन आदतों, नैतिक मूल्यों और संघर्ष प्रबंधन कौशल को स्थापित करते हैं।
   - **सुरक्षा और प्रेरणा :** सुरक्षित और प्रोत्साहक घर अन्वेषण, जिज्ञासा और रचनात्मकता को बढ़ावा देता है।
2. **सामाजिक वातावरण (Social Environment)**
   - **सामाजिक कौशल :** दूसरों के साथ सहभागिता के माध्यम से सहयोग, टीमवर्क, साझा करना और संघर्ष समाधान सीखते हैं।
   - **सांस्कृतिक मूल्य :** परंपराएँ, रीति-रिवाज और सामाजिक अपेक्षाएँ नैतिक और सामाजिक समझ विकसित करने में मदद करती हैं।
   - **साथियों का प्रभाव :** मित्रता और सहपाठी समूह सामाजिक सीखने, आत्म-सम्मान और संवाद कौशल को बढ़ावा देते हैं।
   - **सहानुभूति और अनुकूलन :** विविध सामाजिक परिस्थितियों के अनुभव से सहानुभूति, सहिष्णुता और अनुकूलन क्षमता विकसित होती है।
3. **विद्यालय वातावरण (School Environment)**
   - **बौद्धिक विकास :** विद्यालय संरचित शिक्षा के माध्यम से तार्किक सोच, समस्या समाधान और विश्लेषणात्मक कौशल विकसित करता है।
   - **अनुशासन और जिम्मेदारी :** नियमित कार्यक्रम, नियम और गतिविधियों में सहभागिता अनुशासन और समय प्रबंधन बढ़ाती है।
   - **सामाजिक संवाद :** शिक्षक और सहपाठियों के साथ बातचीत सहयोग, नेतृत्व और संवाद कौशल को बढ़ाती है।
   - **रचनात्मकता और अभिव्यक्ति :** कला, संगीत, विज्ञान परियोजनाएँ और अन्य गतिविधियाँ रचनात्मकता और स्वतंत्र सोच को प्रोत्साहित करती हैं।

4. **संचार माध्यम / मीडिया (Media Environment)**

- **ज्ञान और जागरूकता :** शैक्षिक सामग्री, वृत्तचित्र और पुस्तकें नए विचारों, संस्कृतियों और अवधारणाओं से परिचित कराती हैं।
- **भाषा और अभिव्यक्ति :** मीडिया शब्दावली, समझ और प्रभावी संवाद की क्षमता में सुधार करती है।
- **रचनात्मकता और कल्पना :** इंटरैक्टिव खेल, कहानी सुनाना और रचनात्मक ऐप्स कल्पनाशील सोच और समस्या समाधान को प्रोत्साहित करते हैं।
- **अत्यधिक उपयोग का जोखिम :** स्क्रीन समय अधिक होने या अनुचित सामग्री से व्यवहारिक समस्याएँ, ध्यान की कमी या सामाजिक पृथक्करण हो सकता है। संतुलित और नियंत्रित उपयोग आवश्यक है।

महत्वपूर्ण तथ्य		
बाल विकास बच्चों में शारीरिक, मानसिक, भावनात्मक, सामाजिक और भाषा संबंधी विकास की प्रक्रिया है।		
बाल विकास को समझने से प्रभावी शिक्षण, मार्गदर्शन और समग्र विकास में सहायता मिलती है।		
विकास के चरण :		
•	शैशवावस्था (Infancy) : 0 - 2 वर्ष	
•	प्रारंभिक बचपन (Early Childhood) : 3 - 6 वर्ष	
•	मध्य बचपन (Middle Childhood) : 7 - 11 वर्ष	
•	किशोरावस्था (Adolescence) : 12 - 18 वर्ष	
	❑	**शारीरिक विकास (Physical Development):** शरीर का विकास, मोटर कौशल, समन्वय, स्वास्थ्य।
	❑	**मानसिक विकास (Mental Development):** सोचने की क्षमता, तर्क, समस्या समाधान, संज्ञानात्मक कौशल।
	❑	**भावनात्मक विकास (Emotional Development):** भावनाओं को समझना, व्यक्त करना और नियंत्रित करना।
	❑	**भाषाई विकास (Language Development):** बोलना, शब्दावली, समझ, संवाद क्षमता।
	❑	**अभिव्यक्ति क्षमता (Expressive Ability):** विचारों और भावनाओं को प्रभावी रूप से व्यक्त करना।
	❑	**रचनात्मकता (Creativity):** कल्पना, मौलिकता और नवोन्मेषी सोच।
	❑	**विकास का आधार (Basis of Development):** वंशानुक्रम/आनुवंशिकी और पर्यावरण।
	❑	**वातावरणीय कारक (Environmental Factors):** परिवार, सामाजिक संपर्क, विद्यालय, सहपाठी, संचार माध्यम।
	❑	**प्रभावक कारक (Influencing Factors):** वंशानुक्रम, वातावरण, पोषण, स्वास्थ्य, शिक्षा, संस्कृति, सामाजिक संदर्भ।

वंशानुक्रम और वातावरण का अंतःक्रिया

बाल विकास केवल जीन या वातावरण द्वारा तय नहीं होता। वंशानुक्रम संभावनाएँ प्रदान करता है और शारीरिक, संज्ञानात्मक और भावनात्मक क्षमताओं के लिए खाका तैयार करता है। वातावरण एक पोषक कारक के रूप में इन संभावनाओं को दिशा देता, आकार देता और वास्तविक विकास में बदलता है।

- मजबूत आनुवंशिक क्षमता वाला बच्चा सहायक, प्रेरक और स्वस्थ वातावरण मिलने पर पूरी तरह विकसित हो सकता है।
- सीमित प्राकृतिक क्षमता वाला बच्चा मार्गदर्शन, शिक्षा और सकारात्मक वातावरण के माध्यम से अद्वितीय क्षमताओं का विकास कर सकता है।

वंशानुक्रम और वातावरण का समन्वय सभी विकासात्मक क्षेत्रों को प्रभावित करता है–शारीरिक वृद्धि, मानसिक और संज्ञानात्मक कौशल, भावनात्मक नियंत्रण, सामाजिक अनुकूलन, भाषा अधिगम और रचनात्मक अभिव्यक्ति।

सीखने का अर्थ और सिद्धांत

सीखने का अर्थ

सीखना एक जटिल और निरंतर चलने वाली प्रक्रिया है, जिसके माध्यम से व्यक्ति ज्ञान, कौशल, दृष्टिकोण और मूल्यों को अर्जित करता है, जिससे उसके व्यवहार या समझ में अपेक्षाकृत स्थायी परिवर्तन होता है। यह मानव विकास की आधारशिला है, जो व्यक्ति को अपने वातावरण के अनुकूल बनने, समस्याओं का समाधान करने तथा व्यक्तिगत और व्यावसायिक उन्नति प्राप्त करने में सक्षम बनाती है।

सीखने की प्रमुख विशेषताएँ

1. **व्यवहार में परिवर्तन :** सीखने के परिणामस्वरूप व्यवहार, कौशल या समझ में दिखाई देने वाले या मापे जा सकने वाले परिवर्तन होते हैं। उदाहरण : बच्चा जूते के फीते बांधना या गणित के सवाल हल करना सीखता है।
2. **ज्ञान और कौशल का अर्जन :** सीखना व्यक्ति को सैद्धांतिक समझ (जैसे पढ़ना, समझना) और व्यावहारिक कौशल (जैसे साइकिल चलाना या चित्र बनाना) दोनों प्रदान करता है।
3. **अनुभव आधारित प्रक्रिया :** सीखना जीवन के अनुभवों, अवलोकन, प्रयोग, अभ्यास और चिंतन के माध्यम से होता है।
4. **जीवनभर चलने वाली प्रक्रिया :** सीखना केवल औपचारिक शिक्षा तक सीमित नहीं है; यह जीवनभर चलता रहता है क्योंकि व्यक्ति नई परिस्थितियों, तकनीकों और वातावरण के अनुसार स्वयं को ढालता रहता है।
5. **आंतरिक और बाह्य कारकों से प्रभावित :** सीखना व्यक्ति की क्षमताओं, प्रेरणा और उसके आस-पास के वातावरण पर निर्भर करता है।

सीखने को प्रभावित करने वाले कारक

सीखने की प्रक्रिया कई परस्पर संबंधित कारकों से प्रभावित होती है। इन्हें मुख्यतः दो भागों में बाँटा जा सकता है :

1. **आंतरिक (व्यक्तिगत) कारक**

- **बुद्धि (Intelligence):** अधिक संज्ञानात्मक क्षमता वाले बच्चे अवधारणाओं को जल्दी समझते हैं और ज्ञान को प्रभावी ढंग से लागू करते हैं।
- **प्रेरणा (Motivation):** प्रेरित शिक्षार्थी सक्रिय रूप से सीखने में भाग लेते हैं। प्रेरणा आंतरिक (रुचि) या बाह्य (इनाम/प्रशंसा) हो सकती है।
- **रुचि (Interest):** जब विषय व्यक्ति की रुचि के अनुरूप होता है, तब सीखना अधिक प्रभावी होता है।
- **भावनात्मक स्थिति :** चिंता, तनाव या डर एकाग्रता और स्मृति को प्रभावित करते हैं, जबकि जिज्ञासा, उत्साह और आत्मविश्वास सीखने को बढ़ाते हैं।
- **शारीरिक स्वास्थ्य :** उचित पोषण, पर्याप्त नींद और अच्छा स्वास्थ्य सीखने के लिए आवश्यक ऊर्जा और ध्यान बनाए रखते हैं।
- **पूर्व ज्ञान (Previous Knowledge):** पहले से प्राप्त ज्ञान नए सीखने की नींव बनाता है।

2. **बाह्य (वातावरणीय) कारक**

- **पारिवारिक वातावरण :** सहायक परिवार खोज, संसाधन और सकारात्मक व्यवहार को प्रोत्साहित करता है।
- **विद्यालय वातावरण :** शिक्षक, पाठ्यक्रम, कक्षा प्रबंधन और साथियों का प्रभाव सीखने को प्रभावित करता है।
- **सामाजिक-सांस्कृतिक कारक :** संस्कृति, परंपराएँ और सामाजिक मूल्य बच्चों के दृष्टिकोण और व्यवहार को प्रभावित करते हैं।
- **अध्ययन सामग्री :** पुस्तकें, डिजिटल उपकरण, प्रयोगशाला सामग्री और शैक्षिक खिलौने सीखने को बेहतर बनाते हैं।
- **मीडिया और प्रौद्योगिकी :** ऑनलाइन संसाधन, शैक्षिक वीडियो और तकनीक सीखने को रोचक और प्रभावी बनाते हैं।

प्रभावी सीखने की विधियाँ

उचित विधियों के प्रयोग से सीखना अधिक प्रभावी होता है। प्रमुख विधियाँ निम्नलिखित हैं :

1. **अवलोकन (देखकर सीखना) :** व्यक्ति दूसरों के व्यवहार और कार्यों को देखकर सीखता है।
2. **अभ्यास या करके सीखना :** सक्रिय भागीदारी और अभ्यास से सीखना मजबूत होता है।
3. **पढ़ना और लिखना :** पढ़ने से ज्ञान प्राप्त होता है और लिखने से समझ मजबूत होती है।
4. **चर्चा और सहभागिता :** समूह चर्चा और परियोजनाएँ आलोचनात्मक सोच और संवाद कौशल को बढ़ाती हैं।
5. **प्रयोग (Experimentation) :** प्रयोगों के माध्यम से बच्चे स्वयं अनुभव करके सीखते हैं।
6. **मल्टीमीडिया और डिजिटल शिक्षण :** ऑडियो-विजुअल साधन और डिजिटल प्लेटफॉर्म विभिन्न सीखने की शैलियों को समर्थन देते हैं।
7. **पुरस्कार और प्रेरणा आधारित सीखना :** सकारात्मक प्रोत्साहन सीखने की रुचि और सहभागिता को बढ़ाता है।

मुख्य बिंदु : सीखना केवल तथ्यों को याद करने की प्रक्रिया नहीं है, बल्कि यह एक सक्रिय, सहभागितापूर्ण और बहुआयामी प्रक्रिया है। इसकी प्रभावशीलता निम्न बातों पर निर्भर करती है :

- शिक्षार्थी की क्षमता, रुचि और प्रेरणा
- सहायक और प्रेरक वातावरण
- उचित शिक्षण विधियों का उपयोग
- अनुभव, अभ्यास और चिंतन का समन्वय

इन सभी पहलुओं को समझकर शिक्षक, अभिभावक और स्वयं शिक्षार्थी सीखने की प्रक्रिया को अधिक सार्थक, गहन और स्थायी बना सकते हैं।

अधिगम के नियम : थॉर्नडाइक के सिद्धांत और उनका महत्व

सीखना वह प्रक्रिया है जिसके माध्यम से व्यक्ति अनुभव या अभ्यास के कारण ज्ञान, कौशल, दृष्टिकोण या व्यवहार में परिवर्तन प्राप्त करता है। मनोवैज्ञानिकों ने यह समझने के लिए सीखने की प्रक्रिया का अध्ययन किया कि मनुष्य और पशु नए व्यवहार कैसे सीखते हैं। सीखने के अध्ययन में सबसे प्रभावशाली योगदान देने वालों में से एक एडवर्ड एल. थॉर्नडाइक (1874-1949) थे, जो एक अमेरिकी मनोवैज्ञानिक थे और अपने 'कनेक्शनिज्म (Connectionism)' सिद्धांत के लिए प्रसिद्ध हैं।

थॉर्नडाइक के अनुसार, सीखना उत्तेजना (Stimulus) और प्रतिक्रिया (Response) के बीच संबंध स्थापित करने की प्रक्रिया है। उन्होंने मुख्यतः जानवरों (जैसे पहेली बॉक्स में बिल्ली) पर प्रयोग करके यह अध्ययन किया कि व्यवहार प्रयास और त्रुटि (Trial and Error) के माध्यम से कैसे सीखा जाता है। अपने शोध के आधार पर उन्होंने सीखने के तीन मुख्य नियम प्रस्तुत किए, जिनका उपयोग शिक्षा, मनोविज्ञान और कौशल विकास में व्यापक रूप से किया जाता है।

थॉर्नडाइक के अधिगम के मुख्य नियम

1. तत्परता का नियम (Law of Readiness)

सीखना तब सबसे अधिक प्रभावी होता है जब शिक्षार्थी सीखने के लिए तैयार और प्रेरित होता है।

- जब शिक्षार्थी शारीरिक, मानसिक और भावनात्मक रूप से तैयार होता है, तो वह सीखने की प्रक्रिया में अधिक सक्रिय रूप से भाग लेता है।
- यदि शिक्षार्थी उत्सुक, सतर्क और इच्छुक है, तो उत्तेजना और प्रतिक्रिया के बीच संबंध आसानी से स्थापित होता है।
- इसके विपरीत, जब शिक्षार्थी तैयार नहीं होता या उस पर सीखने के लिए दबाव डाला जाता है, तो उसमें विरोध या निराशा उत्पन्न हो सकती है।
- उदाहरण : जो छात्र विज्ञान में रुचि रखता है, वह भौतिकी के नए सिद्धांत को अधिक प्रभावी ढंग से सीखेगा, तुलना में उस छात्र के जो रुचिहीन या थका हुआ है।

2. अभ्यास का नियम (Law of Exercise)

उत्तेजना और प्रतिक्रिया के बीच संबंध अभ्यास से मजबूत होते हैं और अभ्यास न होने पर कमजोर पड़ जाते हैं।

- **व्याख्या :** जितना अधिक अभ्यास किया जाता है, उतना ही कौशल स्वाभाविक (automatic) बन जाता है।
- यह नियम आदत निर्माण (habit formation) के महत्व को दर्शाता है।
- **उदाहरण :** लिखना सीखना, संगीत वाद्य यंत्र बजाना या गणित के प्रश्न हल करना—इन सभी में दक्षता प्राप्त करने के लिए बार-बार अभ्यास आवश्यक है।

3. प्रभाव का नियम (Law of Effect)

वे प्रतिक्रियाएँ जो संतोषजनक या सकारात्मक परिणाम देती हैं, दोहराई जाने की अधिक संभावना होती हैं, जबकि नकारात्मक परिणाम देने वाली प्रतिक्रियाएँ कम हो जाती हैं।

- सही प्रतिक्रिया के बाद पुरस्कार या सकारात्मक प्रोत्साहन मिलने से सीखना मजबूत होता है।
- नकारात्मक परिणाम व्यवहार को हतोत्साहित करते हैं।
- **उदाहरण :** जिस छात्र की सही उत्तर देने पर प्रशंसा की जाती है, वह आगे भी प्रयास करेगा; जबकि गलती पर डांट मिलने से उसकी प्रेरणा कम हो सकती है।

थॉर्नडाइक के सिद्धांत में अतिरिक्त विचार

- थॉर्नडाइक ने विशेष रूप से प्रारंभिक सीखने में प्रयास और त्रुटि (Trial and Error) की प्रक्रिया पर जोर दिया।
- सीखना क्रमिक (incremental) होता है; छोटे-छोटे सफल प्रयास मिलकर दक्षता विकसित करते हैं।
- उन्होंने इस विचार को अस्वीकार किया कि सीखना केवल अचानक अंतर्दृष्टि (insight) का परिणाम है; बल्कि यह अनुभव के माध्यम से संबंधों के निर्माण और सुदृढ़ीकरण की प्रक्रिया है।

थॉर्नडाइक के अधिगम नियमों का महत्व

1. प्रभावी शिक्षण में सहायता

- तत्परता का नियम शिक्षकों को यह सुनिश्चित करने में मदद करता है कि छात्र सीखने के लिए तैयार और प्रेरित हों।
- अभ्यास के नियम के आधार पर शिक्षक पुनरावृत्ति और अभ्यास पर आधारित गतिविधियाँ तैयार कर सकते हैं।
- प्रभाव के नियम के अनुसार सकारात्मक प्रोत्साहन से सीखना अधिक प्रभावी होता है।

2. पाठ्यक्रम निर्माण में मार्गदर्शन

- पाठ्यक्रम को सरल से जटिल की ओर क्रमबद्ध किया जा सकता है, जिससे शिक्षार्थी की तैयारी और अभ्यास का ध्यान रखा जा सके।

3. कौशल विकास में सुधार

- लेखन, खेल, संगीत और व्यावसायिक कौशल जैसे क्षेत्रों में अभ्यास और सही प्रतिक्रिया से दक्षता बढ़ती है।

4. व्यवहार और भावनात्मक विकास में सहायता

- प्रभाव का नियम सकारात्मक व्यवहार को बढ़ावा देने में सहायक है।
- इसका उपयोग कक्षा, परामर्श और पालन-पोषण में किया जाता है।

5. अधिगम सिद्धांतों का वैज्ञानिक आधार

- थॉर्नडाइक के नियमों ने व्यवहारवादी अधिगम सिद्धांतों की नींव रखी।
- इनके विचारों ने बाद के मनोवैज्ञानिकों, जैसे बी. एफ. स्किनर, को प्रभावित किया और शिक्षा प्रणाली पर गहरा प्रभाव डाला।

थॉर्नडाइक के अधिगम के नियम—तत्परता का नियम, अभ्यास का नियम और प्रभाव का नियम—यह समझने के लिए एक व्यावहारिक और वैज्ञानिक ढांचा प्रदान करते हैं कि मनुष्य कैसे सीखता है। ये नियम सीखने में प्रेरणा, पुनरावृत्ति और प्रोत्साहन के महत्व को स्पष्ट करते हैं।

इन सिद्धांतों का उपयोग करके शिक्षक, अभिभावक और प्रशिक्षक प्रभावी, व्यवस्थित और सार्थक सीखने के अनुभव प्रदान कर सकते हैं, जिससे ज्ञान, कौशल और व्यवहार में स्थायी सुधार होता है।

अधिगम के प्रमुख सिद्धांत तथा कक्षा शिक्षण में उनकी व्यावहारिक उपयोगिता

अधिगम एक संरचित प्रक्रिया है जिसके माध्यम से व्यक्ति ज्ञान, कौशल, दृष्टिकोण तथा मूल्यों का अर्जन करता है, जिससे व्यवहार में अपेक्षाकृत स्थायी परिवर्तन आता है। विभिन्न मनोवैज्ञानिकों एवं शिक्षाविदों ने अधिगम का अध्ययन करके ऐसे सिद्धांत एवं नियम प्रस्तुत किए हैं जो प्रभावी शिक्षण का मार्गदर्शन करते हैं। इन सिद्धांतों की समझ शिक्षकों को अधिगम को अर्थपूर्ण, रोचक और दीर्घकालिक बनाने में सहायता करती है।

अधिगम के प्रमुख सिद्धांत (Key Principles of Learning)

अधिगम के सिद्धांत यह बताते हैं कि ज्ञान और कौशल किस प्रकार अर्जित और स्थायी होते हैं :

- **तत्परता (Readiness):** अधिगम तब सबसे प्रभावी होता है जब शिक्षार्थी शारीरिक, मानसिक और भावनात्मक रूप से तैयार होता है। जो छात्र सजग, प्रेरित और किसी विषय में रुचि रखता है, वह जानकारी को बेहतर ढंग से समझता और याद रखता है।

  उदाहरण के लिए, खगोल विज्ञान में रुचि रखने वाला छात्र ग्रहों के पाठ को जल्दी समझेगा। कक्षा में शिक्षक पाठ का उद्देश्य स्पष्ट करके और उसे वास्तविक जीवन से जोड़कर तत्परता बढ़ा सकते हैं।
- **अभ्यास (Exercise/Practice):** दोहराव अधिगम को मजबूत करता है, जबकि अभ्यास की कमी इसे कमजोर करती है। लेखन, गणित या प्रयोग जैसे कौशल निरंतर अभ्यास से बेहतर होते हैं। कक्षा में दैनिक अभ्यास या गतिविधियाँ देने से अधिगम का पुनर्बलन होता है और दक्षता विकसित होती है।
- **प्रभाव (Effect/Feedback and Reinforcement):** जब प्रतिक्रिया संतोषजनक परिणाम देती है तो अधिगम सुदृढ़ होता है, और असंतोषजनक परिणाम मिलने पर कमजोर पड़ता है। सही उत्तर पर प्रशंसा छात्रों को प्रोत्साहित करती है, जबकि डांट प्रेरणा को कम कर सकती है। सकारात्मक पुनर्बलन आत्मविश्वास बढ़ाता है और वांछित व्यवहार को प्रोत्साहित करता है।
- **व्यक्तिगत भिन्नताएँ (Individual Differences):** प्रत्येक शिक्षार्थी की क्षमताएँ, रुचियाँ और सीखने की गति अलग होती है।

शिक्षक विभेदित शिक्षण, लचीले कार्य और व्यक्तिगत प्रतिक्रिया के माध्यम से इन भिन्नताओं को ध्यान में रख सकते हैं, जिससे सभी छात्रों की प्रगति सुनिश्चित होती है।

थॉर्नडाइक का प्रयास और त्रुटि सिद्धांत (Trial and Error Principle)

थॉर्नडाइक का प्रयास और त्रुटि सिद्धांत अधिगम मनोविज्ञान का एक महत्वपूर्ण सिद्धांत है, जिसके अनुसार अधिगम बार-बार प्रयास करने, गलतियाँ करने और धीरे-धीरे सुधार करने की प्रक्रिया से होता है।

जब शिक्षार्थी किसी समस्या का सामना करता है, तो वह विभिन्न प्रतिक्रियाएँ आजमाता है, जब तक कि सही उत्तर नहीं मिल जाता। सफल प्रतिक्रियाएँ मजबूत हो जाती हैं और असफल प्रतिक्रियाएँ धीरे-धीरे समाप्त हो जाती हैं।

मुख्य अवधारणाएँ (Key Concepts)

1. **प्रभाव का नियम (Law of Effect):** संतोषजनक परिणाम देने वाली प्रतिक्रियाएँ मजबूत होती हैं और दोहराई जाती हैं।
2. **क्रमिक अधिगम (Incremental Learning):** अधिगम धीरे-धीरे चरणबद्ध तरीके से होता है।
3. **सक्रिय सहभागिता (Active Participation):** शिक्षार्थी को समाधान खोजने के लिए सक्रिय होना आवश्यक है।
4. **त्रुटि सुधार (Error Correction):** गलतियाँ अधिगम का स्वाभाविक भाग हैं और सही उत्तर खोजने में सहायक होती हैं।

दैनिक जीवन के उदाहरण (Examples)

- साइकिल चलाना सीखते समय बच्चा कई बार गिरता है, फिर संतुलन सीख जाता है।
- गणित का प्रश्न हल करते समय छात्र कई गलतियाँ करता है और अभ्यास से सही तरीका सीखता है।
- प्रोग्रामिंग में कोड सुधारते समय विभिन्न समाधान आजमाए जाते हैं।

महत्व (Importance)

- सक्रिय अधिगम और समस्या-समाधान को बढ़ावा देता है।
- अनुभव और अभ्यास के महत्व को दर्शाता है।
- सफल प्रयासों को मजबूत करके आदत निर्माण में सहायक होता है।
- व्यवहारवादी अधिगम सिद्धांतों की आधारशिला प्रदान करता है।

पावलॉव का प्रत्युत्तर (फीडबैक) संबंध सिद्धांत (Pavlov's Relation Theory of Feedback)

पावलॉव का शास्त्रीय अनुबंधन सिद्धांत यह बताता है कि उद्दीपन और प्रतिक्रिया के बीच संबंध कैसे बनता है। यह सिद्धांत अधिगम में फीडबैक की भूमिका को समझने में भी सहायक है।

फीडबैक संबंध सिद्धांत के अनुसार, शिक्षार्थी की प्रतिक्रिया को उचित प्रतिक्रिया (फीडबैक) द्वारा सुदृढ़ या परिवर्तित किया जा सकता है। जैसे पावलॉव के कुत्तों ने घंटी और भोजन के बीच संबंध स्थापित किया, वैसे ही शिक्षार्थी भी उचित फीडबैक के माध्यम से सही व्यवहार सीखते हैं।

मुख्य अवधारणाएँ (Key Concepts)

1. **उद्दीपन-प्रतिक्रिया संबंध (Stimulus-Response Relation):** अधिगम तब होता है जब किसी उद्दीपन के प्रति निश्चित प्रतिक्रिया बनती है।
2. **सकारात्मक फीडबैक (Positive Feedback):** सही उत्तर पर प्रशंसा या पुरस्कार अधिगम को मजबूत करता है।
3. **नकारात्मक फीडबैक (Negative Feedback):** त्रुटियों को सुधारने हेतु मार्गदर्शन गलत प्रतिक्रियाओं को कम करता है।

4. **फीडबैक का समय (Timing):** त्वरित फीडबैक अधिगम को अधिक प्रभावी बनाता है।
5. **संबंध निर्माण (Association Building):** बार-बार फीडबैक देने से सही संबंध स्थापित होता है।

कक्षा में उदाहरण

- एक शिक्षक छात्र से गणित का प्रश्न पूछता है।

  यदि छात्र सही उत्तर देता है, तो तुरंत प्रशंसा करने से अधिगम सुदृढ़ होता है (सकारात्मक फीडबैक)।

  यदि उत्तर गलत होता है, तो शिक्षक संकेत या सुधार प्रदान करता है, जिससे छात्र अपनी प्रतिक्रिया को संशोधित कर पाता है (नकारात्मक फीडबैक)।
- भाषा अधिगम में, किसी शब्द के सही उच्चारण को दोहराना और तुरंत त्रुटियों को सुधारना ध्वनि (उद्दीपन) और सही प्रतिक्रिया के बीच संबंध को मजबूत करता है।

अधिगम में महत्व (Importance in Learning)

- सही प्रतिक्रियाओं को सुदृढ़ करने तथा त्रुटियों को कम करने में सहायक होता है।
- अधिगम में आदत निर्माण और निरंतरता को बढ़ावा देता है।
- सक्रिय सहभागिता को प्रोत्साहित करता है, क्योंकि शिक्षार्थी समझते हैं कि उनकी प्रतिक्रियाओं के परिणाम होते हैं।
- अधिगम को अनुकूलनशील (adaptive) और प्रगतिशील बनाता है, ठीक वैसे ही जैसे शास्त्रीय अनुबंधन में बार-बार के संयोजन से व्यवहार सुदृढ़ होता है।

स्किनर का क्रियात्मक अधिगम सिद्धांत (Skinner's Action Learning Theory)

बी.एफ. स्किनर (1904-1990), एक अमेरिकी मनोवैज्ञानिक, ने क्रियात्मक अधिगम सिद्धांत प्रस्तुत किया, जिसे ऑपेरेंट कंडीशनिंग भी कहा जाता है। यह सिद्धांत बताता है कि अधिगम एक ऐसी प्रक्रिया है जिसमें व्यवहार उसके परिणामों (consequences) से प्रभावित होता है। सरल शब्दों में, शिक्षार्थी का व्यवहार पुनर्बलन (reinforcement) या दंड (punishment) के आधार पर मजबूत या कमजोर होता है।

पावलॉव के शास्त्रीय अनुबंधन के विपरीत (जो संबंधों पर आधारित है), स्किनर ने सक्रिय व्यवहार और उसके परिणामों पर जोर दिया।

स्किनर के सिद्धांत की प्रमुख अवधारणाएँ (Key Concepts of Skinner's Theory)

1. **ऑपेरेंट व्यवहार (Operant Behavior):** यह वह व्यवहार है जो पर्यावरण पर कार्य करता है और परिणाम उत्पन्न करता है। उदाहरण : एक छात्र उत्तर देने के लिए हाथ उठाता है; उसकी प्रतिक्रिया पिछले अनुभवों पर निर्भर करती है।
2. **पुनर्बलन (Reinforcement):** ऐसा कोई भी परिणाम जो किसी व्यवहार के दोहराव की संभावना को बढ़ाता है।

   पुनर्बलन दो प्रकार का होता है :
   - **सकारात्मक पुनर्बलन (Positive Reinforcement):** सही प्रतिक्रिया पर पुरस्कार देना, जैसे–प्रशंसा, अंक, स्टिकर आदि।
   - **नकारात्मक पुनर्बलन (Negative Reinforcement):** सही प्रतिक्रिया होने पर किसी अप्रिय स्थिति को हटाना, जैसे–अच्छे प्रदर्शन पर अतिरिक्त गृहकार्य से छूट देना।
3. **दंड (Punishment):** ऐसा परिणाम जो किसी व्यवहार के दोहराव की संभावना को कम करता है।

   दंड दो प्रकार का होता है :
   - **सकारात्मक दंड (Positive Punishment):** किसी अप्रिय परिणाम को जोड़ना, जैसे–डांटना।
   - **नकारात्मक दंड (Negative Punishment):** किसी सुखद चीज को हटाना, जैसे–सुविधाएँ या विशेष अधिकार छीन लेना।
4. **आकारण (Shaping):** वांछित व्यवहार को धीरे-धीरे विकसित करने की प्रक्रिया, जिसमें छोटे-छोटे सुधारों को भी प्रोत्साहित किया जाता है। उदाहरण : बच्चे को अक्षर लिखना सिखाते समय चरणबद्ध तरीके से सिखाना और प्रत्येक सुधार पर प्रशंसा करना।
5. **पुनर्बलन की अनुसूचियाँ (Schedules of Reinforcement):** अधिगम को मजबूत करने के लिए पुनर्बलन अलग-अलग अंतराल या अनुपात पर दिया जाता है :
   - **निरंतर पुनर्बलन (Continuous Reinforcement):** हर सही प्रतिक्रिया पर पुनर्बलन दिया जाता है।
   - **आंशिक पुनर्बलन (Partial Reinforcement):** केवल कुछ सही प्रतिक्रियाओं पर पुनर्बलन दिया जाता है, जैसे–साप्ताहिक पुरस्कार; यह अधिगम को अधिक स्थायी बनाता है।

अधिगम में उदाहरण (Examples in Learning)

- एक शिक्षक सही उत्तर देने वाले छात्रों को प्रशंसा या स्वर्ण सितारे (gold stars) देता है, जिससे सहभागिता बढ़ती है (सकारात्मक पुनर्बलन)।
- अधूरा गृहकार्य करने पर छात्र का अवकाश (recess time) कम कर दिया जाता है, जिससे अवांछित व्यवहार कम होता है (नकारात्मक दंड)।
- कंप्यूटर आधारित अधिगम कार्यक्रम सही उत्तरों पर तुरंत फीडबैक देता है, जिससे सही अधिगम आदतें धीरे-धीरे विकसित होती हैं।

अधिगम में महत्व (Importance in Learning)

- सक्रिय सहभागिता को बढ़ावा देता है; शिक्षार्थी क्रिया करके परिणामों से सीखते हैं।
- पुनर्बलन वांछित व्यवहार और कौशल अधिग्रहण को सुदृढ़ करता है।
- व्यवहार संशोधन, आदत निर्माण और कक्षा प्रबंधन में सहायक होता है।
- शैक्षणिक अधिगम के साथ-साथ सामाजिक एवं व्यवहारिक कौशलों पर भी लागू किया जा सकता है।
- अधिगम परिणामों को मापने और उन्हें आकार देने के लिए वैज्ञानिक पद्धति प्रदान करता है।

कोहलर का अंतर्दृष्टि अधिगम सिद्धांत (Kohler's Theory of Insight Learning)

वोल्फगैंग कोहलर (1887-1967), एक जर्मन मनोवैज्ञानिक, ने अंतर्दृष्टि अधिगम सिद्धांत प्रस्तुत किया, जो अधिगम प्रक्रिया में अचानक समझ या 'आहा (Aha)' क्षण पर बल देता है।

प्रयास-त्रुटि अधिगम के विपरीत, अंतर्दृष्टि अधिगम तब होता है जब शिक्षार्थी अपने मन में समस्या के तत्वों को पुनर्गठित करके अचानक समाधान को समझ लेता है। अंतर्दृष्टि अधिगम संज्ञानात्मक (cognitive) और मानसिक होता है, केवल व्यवहारिक नहीं। यह दर्शाता है कि अधिगम समझ पर आधारित, त्वरित और बुद्धिमत्तापूर्ण भी हो सकता है, न कि केवल दोहराव पर निर्भर।

अंतर्दृष्टि अधिगम की प्रमुख विशेषताएँ (Key Features of Insight Learning)

1. **संबंधों की अचानक पहचान (Sudden Recognition of Relationships):** शिक्षार्थी अचानक समझ जाता है कि समस्या के विभिन्न तत्व आपस में कैसे जुड़े हैं, जिससे समाधान मिल जाता है।
2. **मानसिक पुनर्गठन (Mental Reorganization):** शिक्षार्थी बार-बार प्रयास करने के बजाय समस्या को मानसिक रूप से पुनर्गठित करता है।
3. **समस्या समाधान (Problem Solving):** अंतर्दृष्टि उन स्थितियों में अधिक होती है जहाँ केवल अनुभव पर्याप्त नहीं होता और तर्क, कल्पना तथा समझ की आवश्यकता होती है।
4. **अधिगम का स्थायित्व (Retention of Learning):** जब अंतर्दृष्टि होती है, तो समाधान अधिक समय तक याद रहता है क्योंकि यह रटने के बजाय समझ पर आधारित होता है।

कोहलर के प्रयोग (Kohler's Experiments)

कोहलर ने टेनेरिफ द्वीप पर चिंपैंजी के साथ प्रसिद्ध प्रयोग किए :

- **समस्या :** केला चिंपैंजी की पहुँच से बाहर लटकाया गया था।
- **अवलोकन :** चिंपैंजी ने बार-बार प्रयास करने के बजाय अचानक बक्सों को एक के ऊपर एक रखकर या डंडे का उपयोग करके केले तक पहुँचना सीख लिया।
- **निष्कर्ष :** चिंपैंजी को अंतर्दृष्टि प्राप्त हुई–उसने वस्तुओं और लक्ष्य के बीच संबंध को समझ लिया।

अन्य प्रयोगों में भी वानरों में इसी प्रकार की अचानक समस्या-समाधान क्षमता देखी गई, जो अधिगम में संज्ञानात्मक प्रक्रियाओं को दर्शाती है।

मुख्य सिद्धांत (Key Principles)

1. **संज्ञानात्मक प्रक्रिया (Cognitive Processing):** अधिगम में समस्या का मानसिक प्रतिनिधित्व शामिल होता है।
2. **सक्रिय समझ (Active Understanding):** शिक्षार्थी संबंधों और कारणों को सक्रिय रूप से समझने का प्रयास करता है।
3. **अचानक अधिगम (Sudden Learning):** समाधान धीरे-धीरे नहीं बल्कि अचानक प्राप्त होता है।
4. **अधिगम का स्थानांतरण (Transfer of Learning):** एक बार अंतर्दृष्टि प्राप्त होने पर, शिक्षार्थी उसी प्रकार के समाधान को नई समस्याओं में भी लागू कर सकता है।

मानव अधिगम में उदाहरण (Examples in Human Learning)

- एक छात्र अचानक किसी जटिल गणितीय प्रश्न को हल करने का शॉर्टकट समझ जाता है।
- एक प्रोग्रामर को कोड की संरचना का विश्लेषण करने पर अचानक त्रुटि समझ में आ जाती है।
- एक बच्चा वस्तुओं का रचनात्मक उपयोग करके खिलौना बनाता है या समस्या हल करता है।

अधिगम में महत्व (Importance in Learning)

- रचनात्मक सोच और समस्या-समाधान को प्रोत्साहित करता है।
- रटने के बजाय संज्ञानात्मक विकास को बढ़ावा देता है।
- शिक्षार्थियों को ज्ञान को नई परिस्थितियों में लागू करने में मदद करता है।
- यह दर्शाता है कि अंतर्दृष्टि होने पर अधिगम तीव्र, बुद्धिमत्तापूर्ण और दीर्घकालिक हो सकता है।

वाइगोत्स्की का अधिगम वक्र सिद्धांत (Vygotsky's Theory of Learning Curve)

लेव वाइगोत्स्की (1896-1934), एक रूसी मनोवैज्ञानिक, ने अधिगम के सामाजिक और सांस्कृतिक संदर्भ पर बल दिया। उनके अधिगम वक्र (Learning Curve) सिद्धांत के अनुसार, शिक्षार्थी समय के साथ ज्ञान और कौशल कैसे प्राप्त करता है, यह दर्शाया जाता है। यह बताता है कि अधिगम समान रूप से नहीं होता, बल्कि विभिन्न चरणों में होता है, जो सामाजिक अंतःक्रिया, मार्गदर्शन और स्कैफोल्डिंग (Scaffolding) से प्रभावित होते हैं।

वाइगोत्स्की के अनुसार, अधिगम वक्र समय के साथ सीखने और प्रदर्शन की प्रगति को दर्शाता है, जिससे यह पता चलता है कि शिक्षार्थी किस गति से नया ज्ञान या कौशल प्राप्त कर रहा है।

अधिगम तब सबसे प्रभावी होता है जब शिक्षार्थी अपने निकटस्थ विकास क्षेत्र (Zone of Proximal Development—ZPD) में कार्य करता है, अर्थात् वह सीमा जहाँ वह स्वयं और मार्गदर्शन के साथ कार्य कर सकता है।

वाइगोत्स्की के अधिगम वक्र के प्रमुख सिद्धांत (Key Concepts of Learning Curve)

1. **अधिगम सामाजिक है (Learning is Social):** शिक्षकों, साथियों और मार्गदर्शकों के साथ अंतःक्रिया अधिगम की गति को प्रभावित करती है।
2. **निकटस्थ विकास क्षेत्र (ZPD):** अधिगम वक्र उन कार्यों पर निर्भर करता है जो ZPD के भीतर होते हैं—बहुत आसान कार्य प्रगति को रोकते हैं, जबकि बहुत कठिन कार्य निराशा उत्पन्न करते हैं।
3. **मार्गदर्शन और स्कैफोल्डिंग (Guidance and Scaffolding):** उचित सहायता, संकेत और फीडबैक के माध्यम से अधिगम की गति को बढ़ाया जा सकता है।
4. **क्रमिक सुधार (Gradual Improvement):** अधिगम वक्र में प्रारंभिक धीमी प्रगति, फिर स्थिर सुधार और कभी-कभी ठहराव (plateau) दिखाई देता है, जो सीखने के सुदृढ़ीकरण को दर्शाता है।

अधिगम वक्र के प्रकार (Types of Learning Curves)

1. **तीव्र अधिगम वक्र (Steep Learning Curve):**
   - ज्ञान या कौशल का तेजी से अर्जन होता है।
   - यह तब होता है जब शिक्षार्थी अत्यधिक प्रेरित होता है और उचित मार्गदर्शन/स्कैफोल्डिंग उपलब्ध होती है।
   - उदाहरण : उचित निर्देश के साथ एक छात्र का सरल कंप्यूटर कौशल को जल्दी सीख लेना।

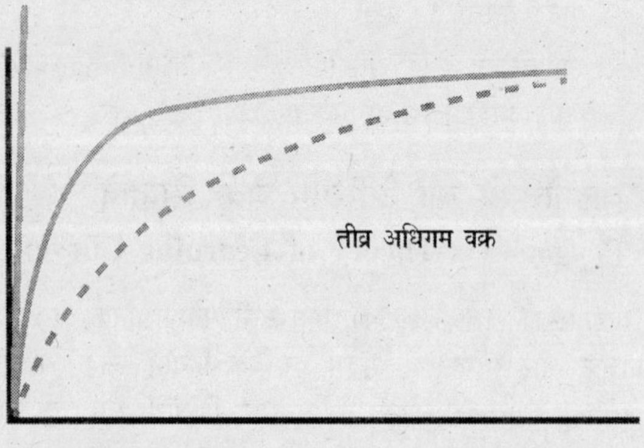

2. **क्रमिक अधिगम वक्र (Gradual Learning Curve):**
   - समय के साथ धीमी और स्थिर प्रगति होती है।
   - यह निरंतर प्रयास, अभ्यास और पुनर्बलन को दर्शाता है।
   - उदाहरण : कई महीनों तक अभ्यास करके संगीत वाद्य यंत्र सीखना, जिसमें धीरे-धीरे कौशल में सुधार होता है।

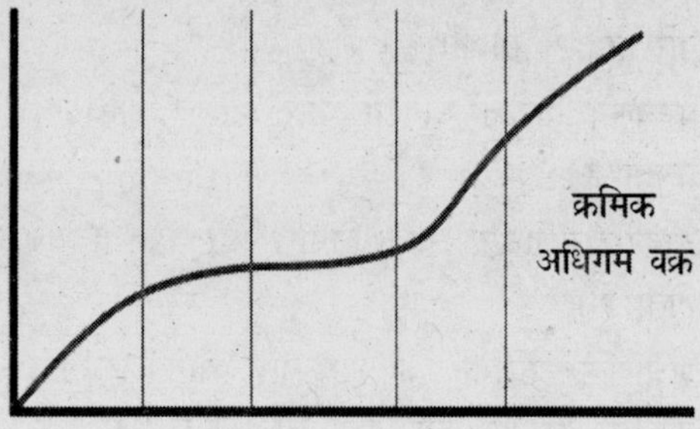

3. **अधिगम वक्र में पठार (Plateau in Learning Curve):**
   - प्रगति में अस्थायी ठहराव, जहाँ प्रदर्शन में सुधार रुकता हुआ दिखाई देता है।
   - यह जटिल अधिगम कार्यों में आम होता है, जब सीखने वाला ज्ञान को समेकित कर रहा होता है या बाधाओं का सामना कर रहा होता है।
   - **कारण** : प्रेरणा की कमी, थकान, अपर्याप्त मार्गदर्शन, या सामग्री की जटिलता।
   - **समाधान** : अतिरिक्त मार्गदर्शन देना, अवधारणाओं की पुनरावृत्ति कराना, अभ्यास को प्रोत्साहित करना, या कार्यों को छोटे चरणों में विभाजित करना।

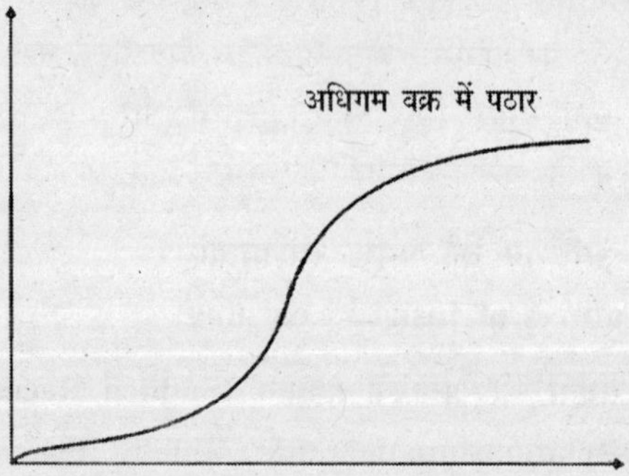

4. **उतार-चढ़ाव वाला अधिगम वक्र (Fluctuating Learning Curve):**
   - प्रगति में वृद्धि और कमी हो सकती है, जो प्रदर्शन में विविधता दर्शाती है।
   - यह अक्सर तब देखा जाता है जब सीखने वाले नए रणनीतियाँ अपनाते हैं या विभिन्न स्तर की चुनौतियों का सामना करते हैं।

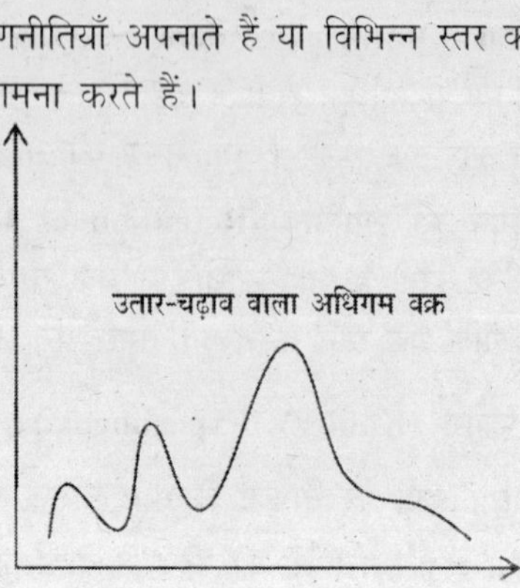

शैक्षिक संदर्भ में व्यावहारिक उपयोग (Practical Implications in Education)

- शिक्षक अधिगम वक्र (Learning Curve) की निगरानी करके यह पहचान सकते हैं कि छात्रों को कहाँ सहायता की आवश्यकता है।
- शिक्षण को छात्र के निकटवर्ती विकास क्षेत्र (Zone of Proximal Development—ZPD) के अनुसार अनुकूलित किया जाना चाहिए, जिसमें उनकी स्वतंत्र क्षमताओं से थोड़ा आगे मार्गदर्शन प्रदान किया जाए।
- स्थिरता (Plateaus) को सामान्य माना जाना चाहिए और इसे दूर करने के लिए सुदृढ़ीकरण, सहारा (Scaffolding), या वैकल्पिक रणनीतियों का प्रयोग किया जा सकता है।
- यह सक्रिय सहयोग, सहपाठी अधिगम और सामाजिक बातचीत को प्रोत्साहित करता है, जिससे अधिगम की प्रक्रिया तेज होती है।

अधिगम में स्थिरता (Plateau in Learning) : अर्थ, कारण और समाधान

अधिगम के संदर्भ में, स्थिरता उस अवधि को दर्शाती है जिसमें सीखने वाले की प्रगति अस्थायी रूप से रुक जाती है या स्थिर हो जाती है, भले ही वह लगातार प्रयास कर रहा हो। अधिगम वक्र पर यह एक सपाट क्षेत्र के रूप में दिखाई देता है, जहाँ प्रदर्शन में कोई सुधार नहीं दिखता।

स्थिरताएँ अधिगम प्रक्रिया का स्वाभाविक और सामान्य हिस्सा हैं, विशेषकर कौशल अर्जन, संज्ञानात्मक विकास या व्यवहार सीखने में।

हालाँकि कोई स्पष्ट प्रगति नहीं होती, इस अवधि में आंतरिक समेकन और कौशल स्थिरीकरण अक्सर होता है। स्थिरता असफलता का संकेत नहीं है; यह आम तौर पर अस्थायी होती है और उचित रणनीतियों से पार की जा सकती है।

अधिगम में स्थिरता के कारण

1. **थकान या मानसिक श्रम :** लगातार अधिगम बिना विराम के सीखने वाले को थका सकता है, जिससे अस्थायी स्थिरता होती है।
2. **प्रेरणा की कमी :** यदि छात्र ऊब, चुनौतीहीनता या निराशा महसूस करता है, तो प्रगति धीमी हो जाती है।
3. **सामग्री की जटिलता :** बुनियादी ज्ञान में दक्षता हासिल किए बिना उन्नत अवधारणाएँ या कौशल प्रस्तुत करना स्थिरता पैदा कर सकता है।
4. **अपर्याप्त मार्गदर्शन या प्रतिक्रिया :** यदि पर्याप्त निर्देश, सुधार या सुदृढीकरण नहीं मिलता, तो सीखने वाले संघर्ष कर सकते हैं।
5. **आत्मविश्वास या दिनचर्या :** छात्र आदतों या दोहराव वाले अभ्यास पर निर्भर होकर सक्रिय सुधार नहीं करते, जिससे स्थिरता होती है।
6. **भावनात्मक या पर्यावरणीय कारण :** तनाव, ध्यान भटकना, खराब अधिगम वातावरण या व्यक्तिगत समस्याएँ प्रगति को रोक सकती हैं।
7. **शारीरिक या स्वास्थ्य संबंधी सीमाएँ :** शारीरिक कौशल अधिगम (खेल, हस्तलेखन, मोटर कौशल) में स्वास्थ्य या ऊर्जा स्तर अस्थायी स्थिरता का कारण बन सकते हैं।

स्थिरता को दूर करने के उपाय

1. **मार्गदर्शन और सहारा प्रदान करें :** अतिरिक्त समर्थन, प्रदर्शन या रणनीतियाँ दें ताकि छात्र स्थिरता से आगे बढ़ सकें।
2. **स्पष्ट, क्रमिक लक्ष्य निर्धारित करें :** जटिल कार्यों को छोटे चरणों में विभाजित करें ताकि प्रगति मापनीय और सुलभ हो।
3. **अभ्यास में विविधता लाएँ :** अभ्यास, कार्य या दृष्टिकोण बदलें ताकि अधिगम अधिक रुचिकर हो और नीरसता कम हो।
4. **प्रतिक्रिया और सुदृढीकरण प्रदान करें :** समय पर रचनात्मक प्रतिक्रिया छात्रों को त्रुटियों को सुधारने और प्रेरणा पुनः प्राप्त करने में मदद करती है।
5. **चिंतन और समस्या समाधान को प्रोत्साहित करें :** छात्रों से अपने दृष्टिकोण का विश्लेषण करने, चुनौतियों की पहचान करने और नई रणनीतियों का प्रयोग करने को कहें।
6. **प्रेरणा और भावनात्मक समर्थन बनाए रखें :** प्रयास को मान्यता दें, छोटी उपलब्धियों का जश्न मनाएँ और निराशा को दूर करने के लिए प्रोत्साहन दें।
7. **विश्राम और समेकन की अनुमति दें :** अस्थायी विराम या आराम अधिगम को स्थिर करने और थकान से संबंधित स्थिरता को रोकने में मदद करता है।
8. **सहपाठी अधिगम और सहयोग :** दूसरों के साथ काम करने से नए दृष्टिकोण, मार्गदर्शन और प्रेरणा मिलती है, जिससे स्थिरता को पार किया जा सकता है।

महत्वपूर्ण तथ्य

- अधिगम एक प्रक्रिया है, न कि कोई उत्पाद।
- इसमें व्यवहार में परिवर्तन शामिल होता है।
- यह परिवर्तन अपेक्षाकृत स्थायी होना चाहिए।
- यह अनुभव और अभ्यास के माध्यम से होता है।
- अधिगम सार्वभौमिक है (सभी मनुष्यों में होता है)।
- **तैयारी (Readiness):** जब शिक्षार्थी मानसिक और शारीरिक रूप से तैयार होता है, तब अधिगम सर्वोत्तम होता है।
- **अभ्यास (Practice/Exercise):** पुनरावृत्ति से अधिगम मजबूत होता है।
- **प्रभाव (Effect) :** संतुष्टि या पुरस्कार मिलने से अधिगम में सुधार होता है।
- **प्रेरणा (Motivation):** रुचि और दक्षता बढ़ाती है।
- **सुदृढ़ीकरण (Reinforcement):** व्यवहार को मजबूत करता है (सकारात्मक/नकारात्मक)।
- **ध्यान (Attention):** एकाग्रता आवश्यक है।

- **प्रतिक्रिया (Feedback):** तात्कालिक प्रतिक्रिया से प्रदर्शन में सुधार होता है।
- **व्यक्तिगत अंतर (Individual Differences):** शिक्षार्थियों की क्षमता और गति में अलग-अलग में अंतर होता है।
- **अधिगम का अंतरण (Transfer of Learning):** पूर्व अधिगम नए अधिगम को प्रभावित करता है।
- **सक्रिय सहभागिता (Active Participation):** सक्रिय भागीदारी से अधिगम बेहतर होता है।
- **इवान पावलोव (Ivan Pavlov):** शास्त्रीय अनुवर्तन (Classical Conditioning)
    - कुत्ते पर पावलोव का प्रयोग : भोजन → लार (प्राकृतिक प्रतिक्रिया)
    - घंटी + भोजन → लार
    - केवल घंटी → लार
    - सिद्धांत : संघ के माध्यम से सीखना (Learning by Association)
- **बी. एफ. स्किनर (B.F. Skinner):** संचालन अनुवर्तन (Operant Conditioning)
    - **स्किनर बॉक्स :** चूहा लीवर दबाता → भोजन मिलता (पुरस्कार)
    - **सकारात्मक reinforcement** (सकारात्मक पुरस्कार) से व्यवहार में वृद्धि होती है।
    - **सिद्धांत** : सुदृढ़ीकरण और दंड के माध्यम से सीखना (Learning by Reinforcement and Punishment)
- **एडवर्ड थॉर्नडाइक (Edward Thorndike):** ट्रायल और एरर थ्योरी (Trial and Error Theory)
    - **पहेली बॉक्स :** बिल्ली कई बार प्रयास करती → अंततः बाहर निकलती है।
    - **सिद्धांत :** बार-बार प्रयास के माध्यम से सीखना (Learning by Trial and Error)
- **सीखने के नियम (Laws of Learning)**
    - **प्रभाव का नियम (Law of Effect):** संतोषजनक प्रतिक्रिया मजबूत होती है।
    - **अभ्यास का नियम (Law of Exercise):** अभ्यास से सीखना मजबूत होता है।
    - **तैयारी का नियम (Law of Readiness):** तब सीखना होता है जब शिक्षार्थी तैयार हो।
- **वोल्फगैंग कोहलर (Wolfgang Köhler):** अंतर्दृष्टि सीखना (Insight Learning)
    - **चिंपैंजी सुल्तान :** केले तक पहुँचने के लिए छड़ी का उपयोग करता है।
    - **विशेषता :** समस्या का हल अचानक समझ में आता है, बिना प्रयास-और-त्रुटि (trial-and-error) के।
    - **सिद्धांत :** अंतर्दृष्टि के माध्यम से सीखना (Learning by insight): अचानक समझ या 'aha' क्षण के द्वारा सीखना।

शिक्षण और अधिगम विधियाँ

शिक्षण और अधिगम शिक्षा की केंद्रीय प्रक्रियाएँ हैं। प्रभावी शिक्षण केवल ज्ञान प्रदान नहीं करता, बल्कि शिक्षार्थियों में कौशल, दृष्टिकोण और आलोचनात्मक सोच का विकास भी करता है। शिक्षण के अर्थ, उद्देश्य, सिद्धांत, स्रोत और विधियों को समझना शिक्षकों के लिए प्रभावी अधिगम अनुभव तैयार करने हेतु आवश्यक है।

शिक्षण का अर्थ (Meaning of Teaching)

शिक्षण एक व्यवस्थित प्रक्रिया है जिसके माध्यम से शिक्षक विद्यार्थियों को मार्गदर्शन, प्रेरणा और सहयोग देकर सीखने में सहायता करता है। इसमें ज्ञान प्रस्तुत करना, अवधारणाओं की व्याख्या करना, कौशलों का प्रदर्शन करना और शिक्षार्थियों को सक्रिय रूप से भाग लेने के लिए प्रोत्साहित करना शामिल है।

वास्तव में, शिक्षण का अर्थ है किसी को सीखने में सहायता करना। यह केवल जानकारी का स्थानांतरण नहीं है, बल्कि ऐसा वातावरण तैयार करना है जिसमें शिक्षार्थी समझ विकसित कर सकें, कौशल सीख सकें और ज्ञान को वास्तविक जीवन में लागू कर सकें।

शिक्षण के उद्देश्य (Purpose of Teaching)

1. **ज्ञान का संप्रेषण (Knowledge Transmission):** शिक्षार्थियों को तथ्यात्मक, संकल्पनात्मक और प्रक्रियात्मक ज्ञान प्रदान करना।
2. **कौशल विकास (Skill Development):** बौद्धिक, शारीरिक और व्यावहारिक कौशलों का विकास करना।
3. **दृष्टिकोण और मूल्यों का निर्माण (Attitude and Value Formation):** नैतिक मूल्यों, सकारात्मक दृष्टिकोण और सामाजिक व्यवहार का विकास करना।
4. **आलोचनात्मक सोच और समस्या-समाधान (Critical Thinking and Problem-Solving):** शिक्षार्थियों को विश्लेषण, तर्क और रचनात्मक रूप से ज्ञान लागू करने में सक्षम बनाना।
5. **आजीवन अधिगम के लिए प्रेरणा (Motivation for Lifelong Learning):** जिज्ञासा, खोज और स्व-निर्देशित अधिगम को प्रोत्साहित करना।

शिक्षण में संचार (Communication in Teaching)

संचार प्रभावी शिक्षण की आधारशिला है। शिक्षक ज्ञान, निर्देश और प्रतिक्रिया प्रदान करता है, जबकि शिक्षार्थी अपनी समझ, शंकाएँ और प्रतिक्रियाएँ व्यक्त करते हैं।

संचार के प्रकार :

- **मौखिक संचार (Verbal Communication):** बोलकर व्याख्यान, चर्चा और स्पष्टीकरण के माध्यम से।

- **अमौखिक संचार (Non-Verbal Communication):** हाव-भाव, शारीरिक भाषा, दृश्य साधन और चेहरे के भाव।

महत्त्व : स्पष्ट और प्रभावी संचार से शिक्षार्थी अवधारणाओं को समझते हैं, संलग्न रहते हैं और सीखने के लिए प्रेरित होते हैं।

शिक्षण के सिद्धांत (Principles of Teaching)

1. **रुचि का सिद्धांत (Principle of Interest):** विद्यार्थी तब बेहतर सीखते हैं जब विषयवस्तु उनके लिए रोचक और प्रासंगिक हो।
2. **सक्रिय सहभागिता का सिद्धांत (Principle of Participation):** सक्रिय भागीदारी से समझ और स्मरण शक्ति बढ़ती है।
3. **पुनर्बलन का सिद्धांत (Principle of Reinforcement):** नियमित अभ्यास, प्रतिक्रिया और पुरस्कार अधिगम को सुदृढ़ करते हैं।
4. **प्रगति का सिद्धांत (Principle of Progression):** शिक्षण सरल से जटिल की ओर होना चाहिए।
5. **व्यक्तिगत भिन्नताओं का सिद्धांत (Principle of Individual Differences):** शिक्षण में विद्यार्थियों की अलग-अलग क्षमताओं, रुचियों और गति का ध्यान रखना चाहिए।
6. **प्रेरणा का सिद्धांत (Principle of Motivation):** प्रोत्साहन और प्रेरणा से अधिगम के परिणाम बेहतर होते हैं।

शिक्षण के स्रोत (Sources of Teaching)

1. पाठ्यपुस्तकें और संदर्भ पुस्तकें
2. शिक्षक का अनुभव और विशेषज्ञता
3. पुस्तकालय और इंटरनेट संसाधन
4. अनुभव और वास्तविक जीवन की स्थितियाँ
5. सहपाठी अधिगम (Peer Learning)

शिक्षण विधियाँ (Teaching Methods)

(क) पारंपरिक विधियाँ (Traditional Methods)

- **व्याख्यान विधि (Lecture Method):** बड़े समूहों के लिए प्रभावी।
- **प्रदर्शन विधि (Demonstration Method):** कौशल सिखाने में उपयोगी।
- **चर्चा विधि (Discussion Method):** विचारों का आदान-प्रदान।
- **परियोजना विधि (Project Method):** कार्य आधारित अधिगम।

(ख) आधुनिक / नवीन विधियाँ (Modern Methods)

- **समस्या-आधारित अधिगम (Problem-Based Learning):** वास्तविक समस्याओं का समाधान।
- **सहयोगात्मक अधिगम (Collaborative Learning):** समूह में सीखना।
- **अन्वेषण-आधारित अधिगम (Inquiry-Based Learning)**
- **ई-लर्निंग / डिजिटल अधिगम**
- **अनुभवात्मक अधिगम (Experiential Learning)**

मूल शिक्षण (Basic Teaching)

1. योजना (Planning)
2. प्रस्तुतीकरण (Presentation)
3. अंतरक्रिया (Interaction)
4. मूल्यांकन (Evaluation)

शिक्षण के मूल कौशल (Basic Skills of Teaching)

1. व्याख्या (Explanation)
2. प्रश्न पूछना (Questioning)
3. सुनना (Listening)
4. ब्लैकबोर्ड / दृश्य साधन कौशल
5. पुनर्बलन (Reinforcement)
6. रुचि उत्पन्न करना
7. कक्षा प्रबंधन (Classroom Management)

शिक्षक-केंद्रित विधि (Teacher-Oriented Method)

यह एक पारंपरिक विधि है जिसमें शिक्षक मुख्य और प्रमुख भूमिका निभाता है। शिक्षक विषयवस्तु, गति और दिशा को नियंत्रित करता है, जबकि विद्यार्थी श्रोता की भूमिका में रहते हैं।

विशेषताएँ :

- शिक्षक ज्ञान का मुख्य स्रोत होता है।
- विद्यार्थी निष्क्रिय भूमिका में होते हैं।
- व्याख्यान और रटने पर जोर।
- कम सहभागिता।

लाभ :

- बड़े समूह के लिए उपयोगी।
- पाठ्यक्रम जल्दी पूरा होता है।
- स्पष्ट जानकारी प्रदान करता है।

हानियाँ :

- विद्यार्थी निष्क्रिय हो जाते हैं।
- रचनात्मकता कम होती है।
- व्यक्तिगत भिन्नताओं की उपेक्षा।

उदाहरण : शिक्षक बोर्ड पर अध्याय समझाता ह और विद्यार्थी नोट्स बनाते हैं।

विद्यार्थी-केंद्रित विधि (Student-Oriented Method)

इस विधि में विद्यार्थी अधिगम का केंद्र होता है। शिक्षक मार्गदर्शक की भूमिका निभाता है और विद्यार्थी सक्रिय रूप से भाग लेते हैं।

विशेषताएँ :

- विद्यार्थी केंद्र में होते हैं
- शिक्षक मार्गदर्शक होता है
- सक्रिय सहभागिता
- अनुभव और गतिविधियों के माध्यम से अधिगम

लाभ :

- बेहतर समझ और दीर्घकालिक स्मृति
- आलोचनात्मक सोच का विकास
- आत्मविश्वास और रचनात्मकता में वृद्धि

हानियाँ :

- समय अधिक लगता है
- कुशल शिक्षक की आवश्यकता
- बड़ी कक्षाओं में कठिन

उदाहरण : विद्यार्थी समूह में कार्य करते हैं, प्रयोग करते हैं या चर्चा करते हैं, जबकि शिक्षक मार्गदर्शन करता है।

तुलना : शिक्षक-केंद्रित बनाम विद्यार्थी-केंद्रित विधि

आधार (Basis)	शिक्षक-केंद्रित विधि (Teacher-Oriented Method)	विद्यार्थी-केंद्रित विधि (Student-Oriented Method)
केंद्र (Focus)	शिक्षक केंद्र में होता है	विद्यार्थी केंद्र में होता है
शिक्षक की भूमिका (Role of Teacher)	अधिकारपूर्ण, ज्ञान प्रदान करने वाला	मार्गदर्शक, सहायक
विद्यार्थी की भूमिका (Role of Student)	निष्क्रिय श्रोता	सक्रिय प्रतिभागी
शिक्षण शैली (Teaching Style)	व्याख्यान-आधारित	गतिविधि-आधारित, सहभागितापूर्ण
अधिगम प्रक्रिया (Learning Process)	एकतरफा संचार	द्विपक्षीय संचार
सहभागिता (Participation)	सीमित	उच्च
सोचने की क्षमता (Thinking Skills)	रटने पर जोर	आलोचनात्मक सोच पर जोर
व्यक्तिगत भिन्नताएँ (Individual Differences)	अधिकांशतः अनदेखी	ध्यान में रखी जाती हैं
कक्षा का वातावरण (Classroom Environment)	औपचारिक और नियंत्रित	लचीला और सहभागितापूर्ण
परिणाम (Outcome)	अल्पकालिक अधिगम	गहन और दीर्घकालिक अधिगम

महत्वपूर्ण तथ्य

- शिक्षण और अधिगम आपस में संबंधित प्रक्रियाएँ हैं, जिनका उद्देश्य शिक्षार्थियों के व्यवहार में परिवर्तन लाना है।
- अधिगम छात्र-केंद्रित होता है, जबकि शिक्षण मार्गदर्शन और दिशा प्रदान करता है।
- प्रभावी शिक्षण विधियों, रणनीतियों और शिक्षार्थियों की सहभागिता पर निर्भर करता है।
- **व्याख्यान विधि :** शिक्षक विषयवस्तु को समझाता है; बड़े वर्गों के लिए उपयोगी, लेकिन कम अंतःक्रियात्मक।
- **प्रदर्शन विधि :** देखकर सीखना (शिक्षक दिखाता है, विद्यार्थी अवलोकन करते हैं)।
- **चर्चा विधि :** सोच, अंतःक्रिया और विचारों की अभिव्यक्ति को प्रोत्साहित करती है।
- **परियोजना विधि :** करके सीखना; वास्तविक जीवन की गतिविधियों पर आधारित।
- **गतिविधि विधि :** विद्यार्थी कार्यों और गतिविधियों में सक्रिय रूप से भाग लेते हैं।
- **समस्या-समाधान विधि :** विद्यार्थी तार्किक रूप से समस्याएँ हल करके सीखते हैं।
- **ह्यूरिस्टिक विधि :** शिक्षार्थी स्वयं ज्ञान की खोज करते हैं।
- **क्रमादेशित अधिगम :** चरण-दर-चरण अधिगम, जिसमें त्वरित प्रतिपुष्टि मिलती है।
- शिक्षण को प्रेरणा, पुनर्बलन, तत्परता और अभ्यास जैसे सिद्धांतों का पालन करना चाहिए।
- शिक्षण सहायक सामग्री (चार्ट, मॉडल, श्रव्य-दृश्य साधन) का उपयोग अधिगम को बेहतर बनाता है।
- सक्रिय सहभागिता और प्रतिपुष्टि से अधिगम प्रभावी बनता है।
- शिक्षण में शिक्षार्थियों की व्यक्तिगत भिन्नताओं का ध्यान रखना चाहिए।
- अच्छा शिक्षण सोच, तर्क और सृजनात्मकता का विकास करता है।
- शिक्षण-अधिगम प्रक्रिया निरंतर और अंतःक्रियात्मक होनी चाहिए।

समावेशी शिक्षा : मार्गदर्शन एवं परामर्श

शैक्षिक समावेशन पहचान का सम्मान करता है

समावेशी शिक्षा एक शैक्षिक दृष्टिकोण है जो यह सुनिश्चित करता है कि सभी बच्चों को, उनकी भिन्नताओं के बावजूद, गुणवत्तापूर्ण शिक्षा तक समान पहुँच मिले। यह समानता, भागीदारी और सभी के लिए सीखने पर केंद्रित है, जिसमें प्रत्येक शिक्षार्थी की आवश्यकताओं के अनुसार शिक्षण, पाठ्यक्रम और वातावरण को अनुकूलित किया जाता है। यह केवल विभिन्न क्षमताओं वाले बच्चों को एक ही कक्षा में बैठाना नहीं है, बल्कि सीखने में आने वाली बाधाओं को सक्रिय रूप से दूर करना और पूर्ण भागीदारी को बढ़ावा देना है।

1. समावेशी शिक्षा का अर्थ

समावेशी शिक्षा का अर्थ है सभी बच्चों को मुख्यधारा के विद्यालयों और कक्षाओं में सम्मिलित करना, जिनमें वे बच्चे भी शामिल हैं जो शारीरिक, मानसिक, सामाजिक या सांस्कृतिक बाधाओं का सामना करते हैं। यह इस बात पर बल देती है कि प्रत्येक बच्चे—चाहे वह लिंग, जाति, धर्म, भाषा, क्षेत्र, शारीरिक क्षमता या संज्ञानात्मक भिन्नताओं से संबंधित हो—को एक सहयोगी और सुलभ वातावरण में सीखने का अधिकार है। यह सुनिश्चित करती है कि शिक्षार्थियों को स्वीकार किया जाए, महत्व दिया जाए और उन्हें अपनी पूर्ण क्षमता तक पहुँचने के लिए समर्थन मिले।

2. पहचान और समावेशन के प्रकार

समावेशी शिक्षा बहिष्करण के विभिन्न रूपों को संबोधित करती है। इसके कुछ मुख्य प्रकार निम्नलिखित हैं :

- **सामाजिक-सांस्कृतिक समावेशन** : यह सुनिश्चित करना कि बच्चों को जाति, धर्म, लिंग, भाषा, क्षेत्र या रंग के आधार पर बाहर न किया जाए।
- **आर्थिक समावेशन** : निम्न आय या वंचित परिवारों के बच्चों को अवसर प्रदान करना।
- **विकलांगता समावेशन** : शारीरिक, संवेदी या संज्ञानात्मक विकलांगताओं वाले बच्चों को शामिल करना, जैसे :
  - **दृष्टिबाधित (अंधे या कम दृष्टि वाले)** : ब्रेल पुस्तकें, ऑडियो सामग्री और स्पर्शात्मक सहायक साधनों का उपयोग।
  - **श्रवण बाधित (बधिर)** : सांकेतिक भाषा, कैप्शनयुक्त सामग्री और श्रवण यंत्रों का उपयोग।
  - **वाक/अस्थि बाधित** : संचार के लिए सहायक उपकरण, भाषण चिकित्सा और अनुकूलित शिक्षण का समर्थन।
  - **शारीरिक गतिशीलता बाधित** : बाधा-रहित कक्षाएँ, रैंप और सुलभ सुविधाएँ सुनिश्चित करना।
- **मानसिक और संज्ञानात्मक समावेशन** : सीखने में कठिनाई या कम मानसिक दक्षता वाले बच्चों के लिए उपचारात्मक शिक्षण और व्यक्तिगत ध्यान प्रदान करना।

3. बहिष्करण के कारण

कुछ बच्चों को सामाजिक, सांस्कृतिक या व्यक्तिगत कारणों से शिक्षा में बाधाओं का सामना करना पड़ता है, जैसे :

- **जाति, धर्म या भाषा** : अल्पसंख्यक समुदायों के बच्चे भेदभाव या माध्यम की भाषा से संबंधित कठिनाइयों का सामना कर सकते हैं।
- **लिंग** : कुछ क्षेत्रों में लड़कियों की शिक्षा तक पहुँच सीमित हो सकती है।
- **क्षेत्र या सामाजिक-आर्थिक स्थिति** : ग्रामीण या अविकसित क्षेत्रों के बच्चों के पास संसाधन, शिक्षक या बुनियादी ढाँचे की कमी हो सकती है।
- **रंग या जातीयता** : सामाजिक भेदभाव भागीदारी को सीमित कर सकता है।
- **शारीरिक और मानसिक विकलांगताएँ** : संवेदी, मोटर या संज्ञानात्मक बाधाएँ उचित अनुकूलन के बिना शिक्षा तक पहुँच को सीमित कर सकती हैं।

4. समाधान और समावेशन की रणनीतियाँ

समावेशी शिक्षा के लिए बाधाओं को दूर करने और सभी शिक्षार्थियों का समर्थन करने हेतु योजनाबद्ध रणनीतियाँ आवश्यक हैं :

- **पाठ्यक्रम अनुकूलन** : शिक्षण सामग्री, विधियों और मूल्यांकन को व्यक्तिगत आवश्यकताओं के अनुसार संशोधित करना।
- **शिक्षक प्रशिक्षण** : शिक्षकों को विविध कक्षाओं का प्रबंधन करने और समावेशी शिक्षण विधियों को अपनाने के लिए प्रशिक्षित करना।
- **सहायक प्रौद्योगिकी** : ब्रेल रीडर, श्रवण यंत्र, वाक उपकरण और अनुकूलित सॉफ्टवेयर जैसे उपकरण उपलब्ध कराना।
- **नीति क्रियान्वयन** : शिक्षा का अधिकार अधिनियम जैसी नीतियों और कानूनों का प्रभावी कार्यान्वयन सुनिश्चित करना।
- **समुदाय और सहपाठी समर्थन** : सहपाठी मार्गदर्शन, सहयोगात्मक अधिगम और अभिभावकों की भागीदारी को प्रोत्साहित करना।

5. समावेशी शिक्षा में मार्गदर्शन

समावेशी शिक्षा में मार्गदर्शन शिक्षार्थियों को सूचित निर्णय लेने और चुनौतियों को पार करने में सहायता करता है :

- **शैक्षणिक मार्गदर्शन** : छात्रों को विषयों को समझने, सीखने की रणनीतियों और कठिनाइयों से निपटने में सहायता प्रदान करना।
- **व्यावसायिक मार्गदर्शन** : किशोरों को उनकी रुचियों, कौशलों और उनकी क्षमताओं के अनुरूप करियर अवसरों की पहचान करने में मदद करना।
- **व्यक्तिगत मार्गदर्शन** : सामाजिक, भावनात्मक और व्यावहारिक विकास में सहायता, जिससे छात्र तनाव, चिंता या आत्मविश्वास की कमी से निपट सकें।

- **विशेष आवश्यकताओं का मार्गदर्शन :** विकलांगता, सीखने की कठिनाइयों या सामाजिक वंचनाओं वाले बच्चों के लिए विशेष सहायता प्रदान करना।
- **परिवार और समुदाय मार्गदर्शन :** अभिभावकों और समुदाय को सक्रिय रूप से बच्चों की शिक्षा में भाग लेने और समावेशन का समर्थन करने के लिए प्रेरित करना।

6. समावेशी शिक्षा में परामर्श

परामर्श एक संरचित सहायता प्रणाली है जो शिक्षार्थियों की भावनात्मक, मनोवैज्ञानिक और सामाजिक आवश्यकताओं को संबोधित करती है :

- **भावनात्मक समर्थन :** बच्चों को निराशा, चिंता या बहिष्करण की भावनाओं से निपटने में मदद करना।
- **व्यवहारिक परामर्श :** सकारात्मक व्यवहार, आत्म-अनुशासन और सामाजिक कौशल विकसित करने में मार्गदर्शन देना।
- **प्रेरणात्मक समर्थन :** छात्रों को सक्रिय भागीदारी के लिए प्रेरित करना और आत्मविश्वास बढ़ाना।
- **उपचारात्मक परामर्श :** सीखने में कठिनाई वाले छात्रों के लिए विशेष रणनीतियाँ प्रदान करना, ताकि वे शैक्षणिक रूप से पीछे न रह जाएँ।

7. समावेशी शिक्षा द्वारा संबोधित बहिष्कृत समूहों के उदाहरण

- आर्थिक रूप से कमजोर परिवारों के बच्चे जिनके पास अध्ययन सामग्री की कमी होती है।
- अल्पसंख्यक धर्मों या जातियों से संबंधित बच्चे जो सामाजिक बाधाओं का सामना करते हैं।
- ऐसे क्षेत्रों की लड़कियाँ जहाँ शिक्षा में लैंगिक भेदभाव मौजूद है।
- शारीरिक विकलांगता वाले बच्चे, जैसे गतिशीलता या संवेदी बाधाएँ।
- मानसिक या संज्ञानात्मक चुनौतियों वाले छात्र जिन्हें विशेष सहायता की आवश्यकता होती है।
- वे बच्चे जिनकी भाषा या सांस्कृतिक पृष्ठभूमि शिक्षण की भाषा से भिन्न होती है।

8. व्यवहार में समावेशी शिक्षा का महत्व

समावेशी शिक्षा यह सुनिश्चित करती है कि प्रत्येक बच्चे को :

- पृष्ठभूमि या क्षमता की परवाह किए बिना गुणवत्तापूर्ण शिक्षा तक पहुँच मिले।
- मुख्यधारा की कक्षाओं में सामाजिक और शैक्षणिक रूप से भाग लेने के अवसर प्राप्त हों।
- कौशल, ज्ञान और आलोचनात्मक सोच विकसित करने के लिए समर्थन मिले।
- एक सुरक्षित और सहयोगी शिक्षण वातावरण मिले जो समानता, सम्मान और सहयोग को बढ़ावा देता है।
- ऐसा मार्गदर्शन और परामर्श प्राप्त हो जो व्यक्तिगत, सामाजिक और शैक्षणिक आवश्यकताओं को संबोधित करता हो।

समावेशी शिक्षा के लिए आवश्यक उपकरण, सामग्री, विधियाँ, टीएलएम और अवलोकन

समावेशी शिक्षा सुनिश्चित करती है कि सभी बच्चे, उनकी क्षमताओं, पृष्ठभूमि या सीखने की चुनौतियों की परवाह किए बिना, कक्षा में पूरी तरह से भाग लें।

इसे प्राप्त करने के लिए, शिक्षकों को विशेष उपकरण, शिक्षण सामग्री, शिक्षण विधियाँ और अवलोकन रणनीतियों का उपयोग करना आवश्यक है ताकि विविध शिक्षार्थियों का प्रभावी ढंग से समर्थन किया जा सके।

समावेशी शिक्षा के लिए आवश्यक उपकरण

समावेशी शिक्षा में उपकरणों से तात्पर्य ऐसे भौतिक या तकनीकी साधनों से है जो बच्चों को उनकी शैक्षिक जरूरतों के अनुसार शिक्षा तक पहुँचने में मदद करते हैं। इनमें शामिल हैं :

दृष्टिहीनता वाले बच्चों के लिए सहायक प्रौद्योगिकी :

- ब्रेल की किताबें और स्लेट
- आवर्धक ग्लास और स्क्रीन मैग्नीफायर
- ऑडियो बुक्स और टेक्स्ट-टू-स्पीच डिवाइस
- स्पर्शात्मक शिक्षण उपकरण (मानचित्र, चित्र, चार्ट जिनकी सतह उठी हुई हो)

श्रवण में कमी वाले बच्चों के लिए सहायक प्रौद्योगिकी

- हियरिंग एड और ऑडियो एंप्लीफिकेशन उपकरण
- कक्षा के लिए एफएम सिस्टम
- कैप्शन वाली वीडियो और दृश्य चेतावनी उपकरण
- साइन लैंग्वेज अनुवादक

शारीरिक अक्षमता वाले बच्चों के लिए उपकरण

- व्हीलचेयर, वाकिंग एड्स और समायोज्य फर्नीचर
- रैम्प, सुलभ डेस्क और एर्गोनोमिक सीटिंग
- कंप्यूटर उपयोग के लिए अनुकूलित कीबोर्ड या स्विच

भाषण और संचार अक्षमता वाले बच्चों के लिए उपकरण

- भाषण-जनरेटिंग उपकरण (कंप्यूटर या टैबलेट के साथ कम्युनिकेशन बोर्ड, स्पीच ऐप्स)
- वैकल्पिक संचार कार्ड या साइन लैंग्वेज गाइड

समावेशी कक्षा के लिए सामान्य उपकरण

- दृश्य शिक्षण के लिए प्रोजेक्टर और स्क्रीन
- बहुसंवेदी शिक्षण के लिए इंटरैक्टिव व्हाइटबोर्ड
- गतिशीलता चुनौतियों वाले छात्रों के लिए आरामदायक बैठने की व्यवस्था

समावेशी शिक्षा के लिए आवश्यक सामग्री

सामग्री से तात्पर्य उन शिक्षण संसाधनों से है जो विविध सीखने की जरूरतों का समर्थन करते हैं। ये सामग्री छात्रों की क्षमताओं और रुचियों के अनुसार अनुकूलित होनी चाहिए।

दृश्य सामग्री

- चार्ट, चित्र, आरेख और इल्यूस्ट्रेशन
- फ्लैशकार्ड, बड़े अक्षरों वाली कहानी की किताबें या ब्रेल
- आसान समझ के लिए रंग-कोडित शिक्षण सामग्री

श्रव्य सामग्री

- रिकॉर्डेड पाठ, ऑडियो बुक्स और कहानी सुनाने वाले रिकॉर्डिंग
- सुनने और समझने के अभ्यास के लिए पॉडकास्ट और भाषा टेप

संवेदनशील/स्पर्शात्मक सामग्री :

- हाथों-हाथ सीखने के लिए मिट्टी, ब्लॉक्स और पज़ल
- ब्रेल मानचित्र, स्पर्शात्मक आरेख और मॉडल
- गणित और विज्ञान के लिए मैनिपुलेटिव टूल

डिजिटल सामग्री

- ई-बुक्स और शिक्षण ऐप्स जिनमें पहुँच योग्य फीचर्स हों
- इंटरैक्टिव सिमुलेशन और शैक्षिक गेम्स
- कैप्शन या साइन लैंग्वेज इंटरप्रिटेशन के साथ वीडियो

विशेष जरूरत वाले छात्रों के लिए सामग्री

- फाइन मोटर चुनौती वाले बच्चों के लिए अनुकूलित पेन और ग्रिप
- श्रवण हानि वाले छात्रों के लिए ध्वनि अनुकूल कक्षा और दृश्य संकेत
- धीमे सीखने वाले छात्रों के लिए सरल भाषा में अनुकूलित वर्कशीट

समावेशी शिक्षा के लिए आवश्यक विधियाँ

समावेशी शिक्षा में विधियाँ उन शिक्षण रणनीतियों को संदर्भित करती हैं जो विविध शिक्षार्थियों की जरूरतों को पूरा करती हैं। ये विधियाँ सक्रिय सहभागिता, भेदभावपूर्ण शिक्षण और व्यक्तिगत समर्थन पर केंद्रित होती हैं।

- **भेदभावपूर्ण शिक्षण (Differentiated Instruction):** एक ही अवधारणा को कई तरीकों से सिखाना ताकि विविध सीखने की जरूरतें पूरी हों।
- **सहपाठी-सहायता सीखना (Peer-Assisted Learning):** छात्रों को जोड़ी में जोड़कर सहयोग, मार्गदर्शन और सामाजिक सीखने को प्रोत्साहित करना।
- **बहुसंवेदी शिक्षण (Multisensory Teaching):** सीखने को मजबूत करने के लिए दृश्य, श्रव्य और स्पर्शात्मक विधियों का उपयोग।
- **गतिविधि-आधारित शिक्षण (Activity-Based Learning):** हाथों-हाथ अनुभव, प्रयोग और व्यावहारिक प्रदर्शन को प्रोत्साहित करना।
- **सहयोगी और सामूहिक शिक्षण (Collaborative and Cooperative Learning):** सभी शिक्षार्थियों को शामिल करने वाले समूह परियोजनाएं और चर्चा सत्र।
- **पुनरावृत्ति शिक्षण (Remedial Teaching):** जिन छात्रों को कठिनाई होती है उनके लिए अतिरिक्त निर्देश या वैकल्पिक व्याख्याएँ।
- **सहारा देना (Scaffolding):** चरण-दर-चरण मार्गदर्शन प्रदान करना, धीरे-धीरे समर्थन कम करना क्योंकि छात्र स्वतंत्रता प्राप्त करते हैं।

समावेशी शिक्षा में शिक्षण-अधिगम सामग्री (TLM)

शिक्षण-अधिगम सामग्री (Teaching-Learning Materials) व्यवस्थित संसाधन होते हैं जो शिक्षण और अधिगम का समर्थन करते हैं। ये छात्रों को अवधारणाओं को बेहतर समझने और सक्रिय रूप से भाग लेने में मदद करते हैं।

- **दृश्य सहायक सामग्री (Visual Aids):** चार्ट, फ्लैशकार्ड, चित्र, ग्राफ और माइंड मैप
- **मॉडल और वास्तविक वस्तुएँ (Models and Real Objects):** गणितीय मॉडल, विज्ञान उपकरण, मानचित्र और ग्लोब
- **श्रव्य-दृश्य सहायक सामग्री (Audio-Visual Aids):** वीडियो, फिल्में, ऑडियो रिकॉर्डिंग और मल्टीमीडिया प्रस्तुतीकरण
- **डिजिटल TLM (Digital TLM):** टैबलेट, कंप्यूटर, शैक्षिक सॉफ्टवेयर, ऑनलाइन लर्निंग प्लेटफॉर्म
- **हाथों-हाथ सीखने वाली सामग्री (Hands-On Materials):** पजल, खेल, निर्माण ब्लॉक्स, मैनिपुलेटिव टूल और क्राफ्ट सामग्री
- **अनुकूलित TLM (Adaptive TLM):** ब्रेल चार्ट, साइन लैंग्वेज फ्लैशकार्ड, स्पर्शात्मक मानचित्र और कम्युनिकेशन बोर्ड

TLM की भूमिका

- विभिन्न इंद्रियों के माध्यम से अवधारणाओं को मजबूत करना
- अमूर्त विचारों को वास्तविक और समझने योग्य बनाना
- इंटरैक्टिव और छात्र-केंद्रित अधिगम को प्रोत्साहित करना
- विशेष जरूरत वाले शिक्षार्थियों को जानकारी समझने के वैकल्पिक तरीके प्रदान करना

समावेशी शिक्षा में आवश्यक अवलोकन (Observations Required)

अवलोकन समावेशी शिक्षा में बहुत महत्वपूर्ण है ताकि शिक्षार्थियों की जरूरतों की पहचान की जा सके, प्रगति की निगरानी की जा सके और

शिक्षण रणनीतियों को अनुकूलित किया जा सके। अवलोकन शिक्षकों को सीखने के समर्थन के लिए साक्ष्य-आधारित निर्णय लेने में मदद करता है।

कक्षा व्यवहार अवलोकन (Classroom Behavior Observation)

- गतिविधियों में भागीदारी
- सहपाठियों और शिक्षकों के साथ बातचीत
- निर्देशों और शिक्षण सामग्री पर प्रतिक्रिया

सीखने की प्रगति का अवलोकन (Learning Progress Observation)

- अवधारणाओं की समझ
- कार्यों और असाइनमेंट्स की पूर्ति
- कार्य की सटीकता, गति और गुणवत्ता

सामाजिक और भावनात्मक अवलोकन (Social and Emotional Observation)

- आत्मविश्वास, आत्म-सम्मान और प्रेरणा
- चुनौतियों और सफलताओं पर भावनात्मक प्रतिक्रिया
- सहयोग, सहानुभूति और सामाजिक संपर्क

शारीरिक और स्वास्थ्य अवलोकन (Physical and Health Observation)

- शारीरिक गतिशीलता और मुद्रा
- सहायक उपकरणों का उपयोग
- सीखने की गतिविधियों के दौरान थकान या असुविधा

संज्ञानात्मक अवलोकन (Cognitive Observation)

- समस्या-समाधान कौशल
- ध्यान अवधि और स्मृति
- निर्देशों का पालन करने और सीखे हुए ज्ञान को लागू करने की क्षमता

अवलोकन निरंतर और व्यवस्थित होना चाहिए, जिससे शिक्षक शिक्षण विधियों को संशोधित कर सकें, सामग्री को अनुकूलित कर सकें और समावेशी शिक्षा के लिए आवश्यक मार्गदर्शन या परामर्श प्रदान कर सकें।

समावेशी बच्चों के सीखने का परीक्षण करने के लिए आवश्यक उपकरण और तकनीकें

समावेशी बच्चों के सीखने का परीक्षण विभिन्न क्षमताओं, पृष्ठभूमियों और सीखने की जरूरतों वाले छात्रों का मूल्यांकन करने में शामिल होता है। इसका मुख्य उद्देश्य ज्ञान, कौशल, समझ और प्रगति को मापना है, जबकि संज्ञानात्मक, शारीरिक, संवेदी या सामाजिक क्षमताओं में अंतर को ध्यान में रखा जाता है। पारंपरिक परीक्षण सभी शिक्षार्थियों के लिए उपयुक्त नहीं हो सकते, इसलिए समावेशी शिक्षा के लिए विशेष उपकरण और तकनीकें आवश्यक हैं।

समावेशी शिक्षा में मूल्यांकन का अर्थ

समावेशी शिक्षा में मूल्यांकन एक ऐसी प्रक्रिया है जिसमें सीखने के परिणामों का आकलन, व्यक्तिगत आवश्यकताओं की पहचान और सीखने को बढ़ाने के लिए प्रतिक्रिया प्रदान की जाती है। यह केवल शैक्षणिक प्रदर्शन तक सीमित नहीं है; यह सामाजिक, भावनात्मक, संज्ञानात्मक और कार्यात्मक क्षमताओं का भी मूल्यांकन करता है।

मूल्यांकन लचीला, व्यक्तिगत और सुलभ होना चाहिए, ताकि हर बच्चे को अपने सीखने को प्रदर्शित करने का समान अवसर मिले।

समावेशी बच्चों के परीक्षण के लिए आवश्यक उपकरण

समावेशी बच्चों के परीक्षण उपकरण विभिन्न क्षमताओं के अनुसार अनुकूलित होते हैं और इन्हें निम्नलिखित श्रेणियों में वर्गीकृत किया जा सकता है :

(*a*) लिखित और मुद्रित उपकरण (Written and Printed Tools)

- **संशोधित प्रश्न पत्र :** बड़े अक्षर, सरल भाषा, ब्रेल संस्करण, या दृश्य प्रतिनिधित्व।
- **वर्कशीट और टास्क शीट :** सूक्ष्म मोटर क्षमताओं या संज्ञानात्मक स्तर के अनुसार अनुकूलित।
- **ग्राफिक ऑर्गनाइजर :** चार्ट, तालिका या आरेख जो उत्तर संरचना में मदद करें।

(*b*) मौखिक और वर्बल उपकरण (Oral and Verbal Tools)

- **मौखिक परीक्षा :** शिक्षक द्वारा प्रश्न मौखिक रूप से पूछे जाते हैं, ताकि लिखने में कठिनाई वाले बच्चे उत्तर दे सकें।
- **संरचित साक्षात्कार :** समझ और आलोचनात्मक सोच का आकलन करने के लिए व्यक्तिगत चर्चा।
- **कहानी दोहराना और व्याख्या कार्य :** समझ, भाषा और अभिव्यक्ति कौशल का मूल्यांकन।

(*c*) व्यावहारिक और प्रदर्शन आधारित उपकरण (Practical and Performance-Based Tools)

- **प्रोजेक्ट कार्य :** रचनात्मकता, ज्ञान के प्रयोग और सहयोग कौशल का मूल्यांकन।
- **हाथों-हाथ गतिविधियाँ :** प्रयोग, कला, शिल्प या व्यावहारिक अभ्यास से समझ का मूल्यांकन।
- **रोल-प्ले और सिमुलेशन :** समस्या-समाधान, सामाजिक और संचार कौशल का मूल्यांकन।

(*d*) डिजिटल और तकनीकी उपकरण (Digital and Technological Tools)

- **कंप्यूटर आधारित परीक्षण :** गतिशीलता या सीखने की चुनौतियों वाले बच्चों के लिए अनुकूलित सॉफ्टवेयर।

- **श्रव्य-दृश्य परीक्षण :** समझ और विश्लेषण के लिए वीडियो या ऑडियो क्लिप का उपयोग।
- **सहायक प्रौद्योगिकी :** स्क्रीन रीडर, स्पीच-टू-टेक्स्ट, और अनुकूलित कीबोर्ड जैसी उपकरण।

(*e*) अवलोकन उपकरण (Observation Tools)

- **अवलोकन चेकलिस्ट :** व्यवहार, भागीदारी और सीखने की गतिविधियों में संलग्नता को ट्रैक करना।
- **रेटिंग स्केल :** कौशल, ध्यान और सामाजिक-भावनात्मक विकास का मूल्यांकन।
- **पोर्टफोलियो मूल्यांकन :** समय के साथ छात्रों के कार्य का संग्रह, प्रगति, रचनात्मकता और समझ को मापने के लिए।

समावेशी बच्चों के परीक्षण के लिए तकनीकें

विभिन्न तकनीकों को विविध सीखने की जरूरतों को पूरा करने के लिए लागू किया जाता है, जो निष्पक्ष और सटीक मूल्यांकन पर केंद्रित हैं।

(*a*) सतत और आकलनात्मक मूल्यांकन (Continuous and Formative Assessment)

- दैनिक कक्षा गतिविधियों, होमवर्क और भागीदारी के माध्यम से प्रगति की नियमित निगरानी।
- सीखने को सुधारने और समर्थन की आवश्यकता वाले क्षेत्रों की पहचान के लिए प्रतिक्रिया प्रदान करना।

(*b*) व्यक्तिगत मूल्यांकन (Individualized Assessment)

- प्रत्येक बच्चे का उनकी क्षमताओं और सीखने की गति के अनुसार मूल्यांकन।
- विशेष जरूरत वाले बच्चों के लिए अनुकूलित कार्य या परीक्षाओं का उपयोग।

(*c*) प्रदर्शन आधारित मूल्यांकन (Performance-Based Assessment)

- केवल लिखित परीक्षा के बजाय व्यावहारिक कार्य, परियोजनाएँ या प्रदर्शन पर ध्यान।
- आवेदन, रचनात्मकता और आलोचनात्मक सोच को मापना।

(*d*) सहपाठी और आत्म-मूल्यांकन (Peer and Self-Assessment)

- बच्चों को अपने या सहपाठियों के कार्य का मूल्यांकन करने के लिए प्रोत्साहित करना।
- आत्म-जागरूकता, जिम्मेदारी और चिंतनशील सीखने को बढ़ावा देना।

(*e*) निदानात्मक मूल्यांकन (Diagnostic Assessment)

- सीखने के अंतर, कठिनाइयों और ताकत की पहचान, ताकि शिक्षण रणनीतियाँ बनाई जा सकें।
- पुनरावृत्ति शिक्षण, परामर्श और समर्थन योजना में मदद।

(*f*) अनुकूलित और वैकल्पिक तकनीकें (Adaptive and Alternative Techniques)

- **उत्तर देने के कई तरीके :** छात्र मौखिक, लिखित या सहायक उपकरण का उपयोग कर उत्तर दे सकते हैं।
- **सरल भाषा :** प्रश्नों को स्पष्ट, सरल भाषा में तैयार करना ताकि गलतफहमी न हो।
- **समय अनुकूलन :** संज्ञानात्मक या शारीरिक चुनौतियों वाले बच्चों के लिए अतिरिक्त समय देना।
- **गैर-मौखिक मूल्यांकन :** सीखने को मापने के लिए इशारे, प्रतीक, चित्र या व्यावहारिक प्रदर्शन का उपयोग।

समावेशी मूल्यांकन के लिए अवलोकन तकनीकें

अवलोकन समावेशी बच्चों के सीखने, व्यवहार और सहभागिता को समझने के लिए अत्यंत महत्वपूर्ण है। प्रमुख अवलोकन तकनीकें निम्नलिखित हैं :

- **व्यवहार अवलोकन (Behavioral Observation):** ध्यान, भागीदारी, प्रेरणा और सहपाठियों के साथ बातचीत को ट्रैक करना।
- **कार्य विश्लेषण अवलोकन (Task Analysis Observation):** देखना कि छात्र किसी कार्य को कैसे पूरा करते हैं, जिसमें समस्या-समाधान के कदम और रणनीतियों का उपयोग शामिल है।
- **चेकलिस्ट अवलोकन (Checklist Observation):** कौशल, क्षमताओं और सामाजिक व्यवहार को रिकॉर्ड करने के लिए संरचित सूची।
- **अनौपचारिक नोट्स (Anecdotal Records):** महत्वपूर्ण सीखने के व्यवहार या घटनाओं के बारे में संक्षिप्त विवरणात्मक नोट्स।
- **पोर्टफोलियो समीक्षा (Portfolio Review):** समय के साथ कार्य नमूनों की प्रगति का अवलोकन और मूल्यांकन।

विशेष उपकरण और तकनीकों के उपयोग के लाभ

इन उपकरणों और तकनीकों का उपयोग करने से शिक्षक निम्नलिखित लाभ प्राप्त कर सकते हैं :

- सभी छात्रों के सीखने और समझ को सटीक रूप से मापना।
- ताकत, कमजोरियों और सीखने के अंतर की पहचान करना।
- व्यक्तिगत सहायता और सुधारात्मक उपाय प्रदान करना।
- मूल्यांकन में समानता और निष्पक्षता सुनिश्चित करना, विशेष रूप से उन बच्चों के लिए जिनमें विकलांगता या सीखने में कठिनाई है।
- शैक्षणिक, सामाजिक, भावनात्मक और व्यावहारिक क्षेत्रों में प्रगति की निगरानी करना।

बच्चों को समावेशी बनाने के लिए विशेष शिक्षण विधियाँ

विशेष शिक्षण विधियाँ यह सुनिश्चित करती हैं कि शारीरिक, संवेदी, संज्ञानात्मक या सामाजिक चुनौतियों वाले बच्चे सक्रिय रूप से सीखने में भाग ले सकें। ये विधियाँ प्रत्येक शिक्षार्थी की अनूठी जरूरतों के अनुसार शिक्षण, शिक्षण सामग्री और कक्षा रणनीतियों को अनुकूलित करती हैं। ये विधियाँ दृष्टि बाधित, श्रवण बाधित, शारीरिक विकलांग, सीखने में कठिनाई वाले और संज्ञानात्मक चुनौतियों वाले बच्चों के लिए अत्यंत महत्वपूर्ण हैं।

दृष्टि बाधित बच्चों के लिए ब्रेल लिपि और स्पर्शात्मक विधियाँ

ब्रेल एक स्पर्शात्मक लेखन प्रणाली है जो दृष्टि बाधित बच्चों को स्वतंत्र रूप से पढ़ने और लिखने की सुविधा देती है। इसमें उठी हुई बिंदुओं की संरचना होती है, जो अक्षरों, संख्याओं और प्रतीकों का प्रतिनिधित्व करती है।

शिक्षण विधियाँ :

- लेखन के लिए ब्रेल स्लेट और स्टाइलस का उपयोग
- सभी विषयों की ब्रेल किताबें, जैसे गणित और विज्ञान
- आकार, ग्राफ और स्थानिक जानकारी समझने के लिए स्पर्शात्मक आरेख, मानचित्र और चार्ट
- ब्रेल सीखने को सुदृढ़ करने के लिए ऑडियो-सहायता प्राप्त पढ़ाई

व्यावहारिक तकनीकें :

- अक्षरों और संख्याओं को उंगलियों से ट्रेस करने के लिए प्रोत्साहित करना
- ब्रेल पढ़ाई को मौखिक व्याख्या के साथ जोड़ना
- मिट्टी मॉडलिंग, स्पर्शात्मक गणित उपकरण और इंटरैक्टिव प्रयोग जैसी हाथों-हाथ सीखने वाली गतिविधियाँ शामिल करना

श्रवण बाधित बच्चों के लिए सांकेतिक भाषा और दृश्य संचार

श्रवण बाधित बच्चों के लिए सांकेतिक भाषा और दृश्य संचार विधियाँ समझ और अभिव्यक्ति को सक्षम बनाने के लिए आवश्यक हैं।

शिक्षण विधियाँ :

- भारतीय सांकेतिक भाषा (ISL) या स्थानीय सांकेतिक भाषाओं का उपयोग
- दृश्य संकेत, इशारे और चेहरे के भाव शामिल करना
- कैप्शन वाले वीडियो, दृश्य कहानी और आरेखों का उपयोग
- अवशिष्ट सुनने को बढ़ाने के लिए ऑडियो डिवाइस और हियरिंग एड्स का प्रयोग

व्यावहारिक तकनीकें :

- सहपाठी सहायता वाली शिक्षा, जहां श्रवण छात्रों को भी बुनियादी संकेत सीखने को मिलते हैं
- कक्षा नियमों के समर्थन के लिए दृश्य अनुसूचियाँ और संकेत कार्ड
- इंटरैक्टिव सीखने के लिए इशारों का उपयोग करते हुए रोल-प्ले और सिमुलेशन

भाषण और संचार चुनौतियों वाले बच्चों के लिए अनुकूलित विधियाँ

भाषण या संचार में कठिनाई वाले बच्चों के लिए वैकल्पिक और पूरक संचार विधियों की आवश्यकता होती है।

शिक्षण विधियाँ :

- संचार बोर्ड या स्पीच-जनरेटिंग डिवाइस का उपयोग
- आवश्यकता व्यक्त करने के लिए चित्र विनिमय संचार प्रणाली (PECS)
- संरचित मौखिक अभ्यास, आवाज समायोजन अभ्यास और उच्चारण चिकित्सा
- दृश्य, श्रव्य और स्पर्श संकेतों के साथ बहु-संवेदी सुदृढ़ीकरण

व्यावहारिक तकनीकें :

- इशारों, प्रतीकों या चित्रों के माध्यम से अभिव्यक्ति को प्रोत्साहित करना
- चरण-दर-चरण मार्गदर्शन के साथ व्यक्तिगत शिक्षण
- सामाजिक संचार कौशल विकसित करने के लिए नियंत्रित सेटिंग में सहपाठी सहभागिता

शारीरिक विकलांगताओं वाले बच्चों के लिए विधियाँ

गतिशीलता या मोटर चुनौतियों वाले बच्चों के लिए अनुकूलित शिक्षण रणनीतियाँ और कक्षा संशोधन आवश्यक हैं।

शिक्षण विधियाँ :

- व्हीलचेयर-सुलभ सीटिंग और समायोज्य डेस्क का उपयोग
- लिखने, ड्राइंग और कंप्यूटर उपयोग के लिए अनुकूलित उपकरण (विशेष पेन, कीबोर्ड, या स्विच)
- शारीरिक क्षमताओं के अनुसार कक्षा गतिविधियाँ जैसे हाथों-हाथ प्रयोग या डिजिटल सिमुलेशन

व्यावहारिक तकनीकें :

- शारीरिक कार्यों के लिए अतिरिक्त समय प्रदान करना
- सहपाठी सहयोग या जिम्मेदारी साझा करने वाले सहयोगात्मक कार्य प्रोत्साहित करना
- शारीरिक श्रम को कम करने के लिए वर्चुअल या कंप्यूटर-समर्थित अभ्यास शामिल करना

संज्ञानात्मक और सीखने में कठिनाई वाले बच्चों के लिए बहु-संवेदी विधियाँ

सीखने में कठिनाई वाले बच्चों को बहु-संवेदी, इंटरैक्टिव और व्यक्तिगत शिक्षण से लाभ मिलता है।

शिक्षण विधियाँ :

- **दृश्य विधियाँ :** चार्ट, आरेख, वीडियो, रंग-कोडित नोट्स
- **श्रव्य विधियाँ :** मौखिक व्याख्या, गीत, छंद और कहानी सुनाना
- **स्पर्शात्मक विधियाँ :** हाथों-हाथ गतिविधियाँ, मिट्टी मॉडलिंग, पजल हल करना
- **काइनेस्थेटिक विधियाँ :** रोल-प्ले, गति आधारित अधिगम और शारीरिक प्रदर्शन

व्यावहारिक तकनीकें :

- जटिल कार्यों को छोटे, प्रबंधनीय चरणों में विभाजित करना
- प्रतिलिपि और सुदृढ़ीकरण का उपयोग करना
- निरंतर प्रतिक्रिया और प्रोत्साहन देना
- खेल, क्विज और इंटरैक्टिव अभ्यास का संयोजन करना

प्रौद्योगिकी-सहायता प्राप्त शिक्षण विधियाँ

विभिन्न स्तर के सीखने वाले बच्चों का समर्थन करने के लिए समावेशी शिक्षा में प्रौद्योगिकी का बढ़ता उपयोग।

शिक्षण विधियाँ :

- विभिन्न स्तरों के लिए अनुकूलित सामग्री वाले डिजिटल लर्निंग प्लेटफॉर्म
- टैबलेट जिनमें टेक्स्ट-टू-स्पीच या स्पीच-टू-टेक्स्ट फंक्शन
- इंटरैक्टिव सिमुलेशन, ऑडियो-विजुअल सहायता और सुलभता वाली शैक्षिक सॉफ्टवेयर

व्यावहारिक तकनीकें :

- भौतिक या संवेदी सीमाओं को पार करने के लिए डिजिटल असाइनमेंट पूरा करने देना
- अमूर्त अवधारणाओं को दृश्य और श्रव्य रूप में समझाने के लिए मल्टीमीडिया प्रस्तुति
- सामाजिक और संज्ञानात्मक कौशल विकसित करने के लिए ऑनलाइन सहयोगी परियोजनाओं को शामिल करना

सहपाठी और सहयोगात्मक शिक्षण विधियाँ

समावेशी कक्षाओं में सहपाठी सहायता और सहयोगात्मक अधिगम विधियाँ सामाजिक कौशल और साझा सीखने के अनुभव बढ़ाती हैं।

शिक्षण विधियाँ :

- मार्गदर्शित सीखने के लिए विकलांग और गैर-विकलांग छात्रों को जोड़ा जाना
- छोटे समूह चर्चा और परियोजनाएँ, जंहा प्रत्येक बच्चा अपनी क्षमता अनुसार योगदान दे
- मेंटरशिप रोल प्रोत्साहित करना, जहाँ सक्षम छात्र दूसरों को अवधारणाएँ समझाने में मदद करें

व्यावहारिक तकनीकें :

- साक्षरता, अंकगणित और संचार कौशल के लिए संरचित सहपाठी ट्यूटोरिंग
- विभिन्न कौशलों को एकीकृत करने वाले सहयोगात्मक समस्या-समाधान कार्य
- सहानुभूति और सहयोग बढ़ाने के लिए सामाजिक-भावनात्मक अधिगम गतिविधियाँ

सुधारात्मक और व्यक्तिगत शिक्षण विधियाँ

उन बच्चों के लिए व्यक्तिगत दृष्टिकोण महत्वपूर्ण हैं जिन्हें अतिरिक्त समर्थन या धीमी गति की शिक्षा की आवश्यकता होती है।

शिक्षण विधियाँ :

- छात्र की ताकत और कमजोरियों के अनुसार व्यक्तिगत शिक्षण योजना
- साक्षरता, अंकगणित या संज्ञानात्मक कौशल के लिए सुधारात्मक अभ्यास
- बार-बार एक-से-एक शिक्षण और निगरानी

व्यावहारिक तकनीकें :

- सीखने की सामग्री को व्यक्तिगत क्षमताओं के अनुसार समायोजित करना
- समझ को मापने के लिए वैकल्पिक मूल्यांकन विधियों का उपयोग
- शिक्षक सहायता को धीरे-धीरे कम करने के लिए स्कैफोल्डिंग रणनीतियों को लागू करना

मुख्य विशेष शिक्षण दृष्टिकोग का सारांश

- दृष्टि बाधित छात्रों के लिए ब्रेल और स्पर्शात्मक विधियाँ
- श्रवण बाधित छात्रों के लिए सांकेतिक भाषा और दृश्य विधियाँ
- भाषण बाधित छात्रों के लिए संचार बोर्ड और स्पीच डिवाइस
- गतिशीलता या सूक्ष्म मोटर चुनौतियों के लिए अनुकूलित भौतिक उपकरण
- संज्ञानात्मक या सीखने में कठिनाई वाले छात्रों के लिए बहु-संवेदी और इंटरैक्टिव विधियाँ
- सभी विशेष जरूरतों वाले छात्रों के लिए प्रौद्योगिकी-सहायता प्राप्त विधियाँ
- सामाजिक समावेशन के लिए सहपाठी सहायता और सहयोगात्मक अधिगम
- व्यक्तिगत और सुधारात्मक शिक्षण के लिए वैयक्तिकृत दृष्टिकोण

ये विधियाँ सुनिश्चित करती हैं कि विभिन्न क्षमताओं, विकलांगताओं और सीखने की चुनौतियों वाले बच्चे सक्रिय रूप से सीखने में भाग लें और सार्थक शैक्षिक परिणाम प्राप्त करें।

समावेशी बच्चों के लिए मार्गदर्शन और परामर्श

समावेशी शिक्षा में मार्गदर्शन और परामर्श संरचित सहायता प्रणाली हैं, जिन्हें विभिन्न क्षमताओं, सीखने की चुनौतियों और सामाजिक या भावनात्मक आवश्यकताओं वाले बच्चों की सहायता के लिए डिजाइन किया गया है। समावेशी बच्चे शारीरिक विकलांगता, संवेदी अपंगता, सीखने में अंतर, सामाजिक बहिष्कार या भावनात्मक चुनौतियों के कारण कठिनाइयों का सामना कर सकते हैं। मार्गदर्शन और परामर्श का उद्देश्य व्यक्तिगत, शैक्षिक और सामाजिक विकास को सुविधाजनक बनाना है, ताकि प्रत्येक बच्चा सार्थक रूप से सीखने में भाग ले और अपनी पूरी क्षमता प्राप्त कर सके।

मार्गदर्शन और परामर्श का अर्थ

- **मार्गदर्शन :** बच्चों को सीखने, करियर, सामाजिक बातचीत और व्यक्तिगत विकास से संबंधित उचित निर्णय लेने में सहायता करना। इसमें जानकारी, सुझाव और समर्थन प्रदान करना शामिल है ताकि बच्चे सूचित विकल्प चुन सकें।
- **परामर्श :** यह अधिक व्यक्तिगत और सहायक प्रक्रिया है, जिसमें प्रशिक्षित परामर्शदाता या शिक्षक बच्चे को उसकी भावनाओं को समझने, कठिनाइयों को पार करने, संघर्षों को हल करने और मुकावला रणनीतियाँ विकसित करने में मदद करता है।

समावेशी शिक्षा में, शैक्षिक, भावनात्मक, सामाजिक और व्यवहारिक आवश्यकताओं को पूरा करने के लिए मार्गदर्शन और परामर्श दोनों आवश्यक हैं।

समावेशी बच्चों के लिए मार्गदर्शन और परामर्श का उद्देश्य

- **शैक्षिक समर्थन :** बच्चों को सीखने की रणनीतियाँ पहचानने, कठिनाइयों को पार करने और शैक्षिक लक्ष्य निर्धारित करने में मदद करना।
- **सामाजिक समावेशन :** सहपाठी समूहों में समावेशन का समर्थन करना और सामाजिक कौशल बढ़ाना।
- **भावनात्मक विकास :** बच्चों को चिंता, हताशा या कम आत्म-सम्मान जैसी भावनाओं को समझने और प्रबंधित करने में मदद करना।
- **व्यवहारिक मार्गदर्शन :** बच्चों को उपयुक्त कक्षा व्यवहार और मुकावला रणनीतियाँ विकसित करने में सहायता करना।
- **करियर और व्यावसायिक योजना :** बड़े छात्रों के लिए, उनकी क्षमताओं और रुचियों के अनुसार करियर विकल्पों में मार्गदर्शन।
- **व्यक्तिगत विकास :** आत्म-जागरूकता, आत्मविश्वास और प्रेरणा बढ़ाना।

मार्गदर्शन और परामर्श के प्रकार

मार्गदर्शन और परामर्श को जरूरत और ध्यान के आधार पर वर्गीकृत किया जा सकता है :

(*a*) **शैक्षिक मार्गदर्शन :**

- सीखने की रणनीतियों, अध्ययन आदतों और शैक्षिक योजना में मदद करना।
- क्षमताओं के अनुसार विषय, पाठ्यक्रम या सीखने के कार्यक्रम चुनने में सहायता।

(*b*) **व्यावसायिक मार्गदर्शन :**

- करियर रुचियों और अवसरों का पता लगाने में बच्चों की मदद।
- उनकी ताकत के अनुसार व्यावसायिक प्रशिक्षण और कौशल विकास की जानकारी प्रदान करना।

(*c*) **व्यक्तिगत मार्गदर्शन :**

- भावनात्मक, मानसिक और सामाजिक चुनौतियों से निपटना।
- आत्मविश्वास, आत्म-अनुशासन विकसित करने और व्यक्तिगत मुद्दों से निपटने में बच्चों का समर्थन।

(*d*) **सामाजिक मार्गदर्शन :**

- सहपाठियों और समाज के साथ एकीकरण को बढ़ावा देना।
- सामाजिक कौशल, सहानुभूति, सहयोग और टीमवर्क विकसित करने पर ध्यान केंद्रित करना।

(*e*) **व्यवहारिक परामर्श :**

- व्यवहारिक चुनौतियों, अति सक्रियता, आक्रामकता या अलगाव को संबोधित करना।
- पुनर्बलन, मॉडलिंग और संरचित दिनचर्या जैसी रणनीतियों का उपयोग।

मार्गदर्शन और परामर्श की विधियाँ

बच्चे की जरूरत, आयु और क्षमताओं के आधार पर विभिन्न विधियाँ अपनाई जाती हैं :

(*a*) **व्यक्तिगत परामर्श :**

- परामर्शदाता/शिक्षक और बच्चे के बीच एक-से-एक बातचीत।
- व्यक्तिगत, भावनात्मक और शैक्षिक चिंताओं पर ध्यान केंद्रित।
- **तकनीकें :** सक्रिय सुनना, प्रश्न पूछना, प्रतिबिंब, समस्या-समाधान अभ्यास।

(*b*) **समूह परामर्श :**

- समान जरूरतों वाले बच्चों के लिए छोटे समूहों में आयोजित।
- सामाजिक कौशल, सहपाठी समर्थन और सहयोगात्मक समस्या-समाधान को विकसित करना।
- **गतिविधियाँ :** रोल-प्ले, समूह चर्चा, सहयोगात्मक खेल।

(*c*) **सहपाठी परामर्श :**

- प्रशिक्षित छात्र अन्य छात्रों को शैक्षिक या सामाजिक चुनौतियों से निपटने में मदद करते हैं।
- सहपाठी समर्थन, सहानुभूति और सहयोगात्मक अधिगम को बढ़ावा देना।

(*d*) **करियर या व्यावसायिक मार्गदर्शन :**

- करियर विकल्पों में मार्गदर्शन के लिए रुचि, क्षमता और योग्यता का मूल्यांकन।
- **तकनीकें :** योग्यता परीक्षण, रुचि सूचियाँ, परामर्श साक्षात्कार।

(*e*) **सुधारात्मक परामर्श :**

- सीखने में कठिनाइयों या विकासात्मक विलंब का सामना करने वाले बच्चों के लिए विशेष समर्थन।
- संरचित अभ्यास, पुनरावृत्ति और अनुकूलित शिक्षण योजनाएँ शामिल।

(*f*) **चिकित्सीय तकनीकें :**

- व्यवहार संशोधन, संज्ञानात्मक-व्यवहारिक रणनीतियाँ और विश्राम अभ्यास जैसी तकनीकें, जो भावनात्मक या व्यवहारिक चुनौतियों वाले बच्चों के लिए उपयोगी।

प्रभावी मार्गदर्शन और परामर्श की आवश्यकताएँ

- **प्रशिक्षित कर्मी :** समावेशी शिक्षा और विशेष जरूरतों में प्रशिक्षित शिक्षक, स्कूल काउंसलर या मनोवैज्ञानिक।
- **संसाधन सामग्री :** परामर्श गाइड, मूल्यांकन उपकरण, कहानी की किताबें, दृश्य सहायता और विभिन्न सीखने वाले बच्चों के लिए अनुकूलित शिक्षण-संविद्य सामग्री।
- **सुरक्षित और सहायक वातावरण :** बच्चे की चिंताओं को व्यक्त करने के लिए गोपनीय और गैर-निर्णायक स्थान।
- **मूल्यांकन उपकरण :** व्यक्तिगत जरूरतों की पहचान के लिए मानसिक, शैक्षिक और सामाजिक मूल्यांकन उपकरण।
- **सहयोगी समर्थन :** माता-पिता, सहपाठी और अन्य शिक्षकों की भागीदारी।
- **समय और योजना :** व्यक्तिगत या समूह परामर्श सत्रों के लिए पर्याप्त समय।

समावेशी बच्चों के लिए मार्गदर्शन और परामर्श के क्षेत्र

(*a*) **शैक्षिक क्षेत्र :** अध्ययन रणनीतियों, अवधारणाओं की समझ, होमवर्क पूरा करना और परीक्षा तैयारी में सहायता।

(*b*) **सामाजिक क्षेत्र :** सामाजिक कौशल, सहपाठी संबंध, टीमवर्क, संघर्ष समाधान और सहानुभूति विकसित करना।

(*c*) **भावनात्मक क्षेत्र :** भावनात्मक नियंत्रण, आत्मविश्वास, तनाव प्रबंधन और प्रेरणा का समर्थन।

(*d*) **करियर और व्यावसायिक क्षेत्र :** बड़े छात्रों के लिए करियर अन्वेषण, कौशल विकास और व्यावसायिक प्रशिक्षण में मार्गदर्शन।

(*e*) **व्यवहारिक क्षेत्र :** कक्षा व्यवहार, आत्म-अनुशासन, ध्यान अवधि और स्कूल दिनचर्या में अनुकूलन।

(*f*) **शारीरिक और स्वास्थ्य क्षेत्र :** शारीरिक विकलांगता वाले बच्चों के लिए मार्गदर्शन, गतिशीलता, स्वास्थ्य जागरूकता और आत्म-देखभाल कौशल बढ़ाना।

(*g*) **संज्ञानात्मक और बौद्धिक क्षेत्र :** समस्या-समाधान कौशल, तार्किक सोच, स्मृति सुधार और तर्क क्षमता का विकास।

(*h*) **मनोरंजन और रचनात्मक क्षेत्र :** कला, संगीत, खेल और रचनात्मक गतिविधियों में भाग लेने के लिए प्रोत्साहन, जिससे समग्र विकास बढ़े।

सलाहकार सहायता में सहयोग देने वाले विभाग/संस्थान

मनोविज्ञान विभाग, उत्तर प्रदेश, इलाहाबाद

उत्तर प्रदेश, इलाहाबाद में मनोविज्ञान विभाग एक महत्वपूर्ण संस्थान है जो शैक्षिक प्रणाली में बच्चों के लिए विशेष मनोवैज्ञानिक सेवाएँ और मार्गदर्शन प्रदान करता है, विशेष रूप से समावेशी शिक्षा कार्यक्रमों में। इसका योगदान विशेष जरूरतों वाले बच्चों, सीखने में कठिनाई वाले बच्चों और भावनात्मक या व्यवहारिक चुनौतियों वाले बच्चों के समग्र विकास का मूल्यांकन, समर्थन और सुविधा प्रदान करने में अत्यंत महत्वपूर्ण है।

विभाग के कार्य

1. **मनोवैज्ञानिक मूल्यांकन (Psychological Assessment)**
    - बच्चों के बौद्धिक, भावनात्मक और सामाजिक विकास स्तर का निर्धारण करने के लिए परीक्षण और मूल्यांकन करता है।
    - सीखने में अक्षमता, विकासात्मक देरी, व्यवहारिक समस्याएँ और मानसिक स्वास्थ्य संबंधी चिंताओं वाले बच्चों की पहचान करता है।
    - व्यक्तिगत शिक्षा योजनाओं (Individualized Education Plans–IEPs) के लिए रिपोर्ट और सिफारिशें प्रदान करता है।

2. परामर्श सेवाएँ (Counseling Services)

- बच्चों को शैक्षिक, भावनात्मक और व्यवहारिक चुनौतियों को संबोधित करने के लिए व्यक्तिगत परामर्श प्रदान करता है।
- माता-पिता और शिक्षकों को समावेशी कक्षाओं में बच्चों का समर्थन करने के लिए प्रभावी रणनीतियों पर मार्गदर्शन देता है।
- बच्चों को मुकाबला रणनीतियाँ, आत्मविश्वास और समस्या-समाधान कौशल विकसित करने में मदद करता है।

3. प्रशिक्षण और क्षमता निर्माण (Training and Capacity Building)

- शिक्षकों और स्कूल काउंसलरों के लिए कार्यशालाएँ और प्रशिक्षण कार्यक्रम आयोजित करता है, जिनमें बाल मनोविज्ञान, समावेशी शिक्षा और विशेष शिक्षा रणनीतियाँ शामिल हैं।
- शिक्षकों को जल्दी सीखने की कठिनाइयों की पहचान करने और सुधारात्मक रणनीतियों को प्रभावी ढंग से लागू करने के लिए प्रशिक्षित करता है।

4. अनुसंधान और विकास (Research and Development)

- बाल विकास, सीखने की प्रक्रियाओं और समावेशी शिक्षा विधियों पर अनुसंधान करता है।
- विभिन्न प्रकार के शिक्षार्थियों के लिए नवीन मनोवैज्ञानिक उपकरण, मूल्यांकन तकनीकें और हस्तक्षेप रणनीतियाँ विकसित करता है।

5. रेफरल सेवाएँ (Referral Services)

- बच्चों को आवश्यक होने पर थेरेपी, पुनर्वास या स्वास्थ्य संबंधी सहायता के लिए विशेष संस्थानों या चिकित्सा सुविधाओं में रेफर करता है।

समावेशी शिक्षा में भूमिका

- मुख्यधारा की कक्षाओं में विभिन्न क्षमताओं वाले बच्चों को संभालने के लिए शिक्षकों को मनोवैज्ञानिक समर्थन प्रदान करता है।
- दृष्टि, श्रवण, संज्ञानात्मक या व्यवहारिक विकार वाले बच्चों के लिए निदान और हस्तक्षेप योजनाओं में सहायता करता है।
- माता-पिता, स्कूल और अन्य सहायता संस्थानों के बीच सहयोग को बढ़ावा देकर बच्चे के समग्र विकास को सुनिश्चित करता है।
- उत्तर प्रदेश के स्कूलों के लिए समावेशी शिक्षा नीतियों और रणनीतियों के संबंध में परामर्श केंद्र के रूप में कार्य करता है।

स्कूलों पर व्यवहारिक प्रभाव

- स्कूल बच्चे के मूल्यांकन, परामर्श सत्र और सुधारात्मक मार्गदर्शन के लिए विभाग से परामर्श कर सकते हैं।
- शिक्षक सीखने में कठिनाई वाले बच्चों को प्रभावी ढंग से संभालने के लिए विशेष प्रशिक्षण प्राप्त कर सकते हैं।
- विशेष जरूरतों वाले बच्चों को मुख्यधारा की कक्षाओं में समायोजित करने में मदद करता है, विशेष रणनीतियों और समर्थन के माध्यम से।

डिविजनल मनोविज्ञान केंद्र (डिविजनल स्तर पर)

डिविजनल मनोविज्ञान केंद्र प्रशासनिक डिविजन स्तर पर कार्य करता है और कई जिलों में स्कूलों और बच्चों को मनोवैज्ञानिक और शैक्षिक समर्थन प्रदान करने में महत्वपूर्ण भूमिका निभाता है। यह जिला-स्तरीय सेवाओं और स्कूलों के बीच एक क्षेत्रीय केंद्र के रूप में कार्य करता है, यह सुनिश्चित करते हुए कि समावेशी शिक्षा नीतियाँ प्रभावी रूप से लागू हों।

डिविजनल मनोविज्ञान केंद्र के कार्य

1. मूल्यांकन और परीक्षण (Assessment and Evaluation)

- डिविजन के स्कूलों द्वारा रेफर किए गए बच्चों के लिए मनोवैज्ञानिक और शैक्षिक मूल्यांकन करता है।
- सीखने में अक्षमता, विकासात्मक देरी, व्यवहारिक समस्याएँ और भावनात्मक चुनौतियाँ वाले बच्चों की पहचान करता है।
- सुधारात्मक कार्यक्रमों या व्यक्तिगत हस्तक्षेप (Individualized Interventions) के लिए निदान रिपोर्ट और सिफारिशें प्रदान करता है।

2. शिक्षक प्रशिक्षण और क्षमता निर्माण (Teacher Training and Capacity Building)

- शिक्षकों और स्कूल काउंसलरों के लिए कार्यशालाएँ और प्रशिक्षण कार्यक्रम आयोजित करता है, जिनमें शामिल हैं :
  - समावेशी शिक्षा रणनीतियाँ
  - विशेष शिक्षा तकनीकें
  - बाल मनोविज्ञान और व्यवहार प्रबंधन
- शिक्षकों को कक्षा में व्यक्तिगत शिक्षण रणनीतियों को लागू करने के तरीके समझने में मदद करता है।

3. निरीक्षण और निगरानी (Supervision and Monitoring)

- डिविजन के स्कूलों में समावेशी शिक्षा कार्यक्रमों के कार्यान्वयन की निगरानी करता है।
- यह मूल्यांकन करता है कि स्कूल उपयुक्त शिक्षण-सामग्री (TLMs), अनुकूलित शिक्षण विधियाँ और समावेशी अभ्यास प्रभावी ढंग से उपयोग कर रहे हैं या नहीं।
- विशेष जरूरतों वाले बच्चों के लिए कक्षा में सीखने को सुधारने के लिए सुधारात्मक उपायों का मार्गदर्शन प्रदान करता है।

4. परामर्श और मार्गदर्शन (Consultation and Guidance)

- स्कूलों, माता-पिता और जिला शिक्षा प्राधिकरण को विशेष जरूरतों वाले बच्चों के बारे में विशेषज्ञ परामर्श प्रदान करता है।
- आवश्यक होने पर विशेष हस्तक्षेप, सहायक उपकरण या चिकित्सीय कार्यक्रमों की सिफारिश करता है।

- सीखने या विकास संबंधी चुनौतियों का सामना करने वाले बच्चों के लिए व्यक्तिगत शिक्षा योजनाओं (IEPs) के विकास का समर्थन करता है।

5. **अनुसंधान और संसाधन विकास (Research and Resource Development)**
   - बाल विकास, समावेशी शिक्षा अभ्यास और शिक्षण-सीखने की रणनीतियों पर अनुसंधान करता है।
   - क्षेत्रीय जरूरतों के अनुसार उपयुक्त मनोवैज्ञानिक मूल्यांकन उपकरण, शिक्षण मॉड्यूल और शैक्षिक संसाधन विकसित करता है।

समावेशी शिक्षा में भूमिका

- जिला-स्तरीय अस्पतालों, स्कूलों और केंद्रीय मनोविज्ञान विभागों के बीच एक सेतु का कार्य करता है।
- सुनिश्चित करता है कि समावेशी नीतियाँ और कार्यक्रम डिविजन के सभी स्कूलों तक प्रभावी रूप से पहुँचें।
- संज्ञानात्मक, भावनात्मक, सामाजिक या शारीरिक चुनौतियों वाले बच्चों को विशेष मनोवैज्ञानिक समर्थन प्रदान करता है।
- शिक्षकों और काउंसलरों के प्रशिक्षण को सुविधाजनक बनाता है ताकि समावेशी कक्षाएँ अधिक प्रभावी और अनुकूल हों।
- माता-पिता, शिक्षकों और स्थानीय अधिकारियों के बीच समन्वय को समर्थन करता है, ताकि बच्चों के समग्र विकास के लिए एक समग्र दृष्टिकोण सुनिश्चित किया जा सके।

स्कूलों पर व्यवहारिक प्रभाव

- स्कूल विशेष जरूरतों वाले बच्चों की जल्दी पहचान कर समय पर हस्तक्षेप प्रदान कर सकते हैं।
- शिक्षक सीखने में कठिनाइयों, संवेदी अक्षमताओं या व्यवहारिक चुनौतियों वाले बच्चों को पढ़ाने के लिए व्यवहारिक रणनीतियाँ और उपकरण प्राप्त करते हैं।
- बच्चों को उनकी क्षमताओं के अनुसार संरचित मार्गदर्शन और परामर्श का लाभ मिलता है।
- यह सुनिश्चित करता है कि डिविजन में समावेशी शिक्षा मानकीकृत और लगातार निगरानी में रहे।

जिला अस्पताल और समावेशी शिक्षा में इसकी भूमिका

जिला अस्पताल उन बच्चों के लिए चिकित्सा, स्वास्थ्य और पुनर्वास समर्थन प्रदान करने वाला एक महत्वपूर्ण संस्थान है जो समावेशी शिक्षा कार्यक्रमों में शामिल हैं। यह शारीरिक, संवेदी और विकासात्मक चुनौतियों के निदान, उपचार और प्रबंधन में महत्वपूर्ण भूमिका निभाता है, जो यह सुनिश्चित करने के लिए आवश्यक हैं कि सभी बच्चे सीखने की गतिविधियों में अर्थपूर्ण रूप से भाग ले सकें।

समावेशी शिक्षा में जिला अस्पताल के कार्य

1. **चिकित्सा मूल्यांकन और निदान (Medical Assessment and Diagnosis)**
   - विशेष आवश्यकताओं या सीखने में कठिनाई वाले बच्चों के लिए व्यापक स्वास्थ्य जांच करता है।
   - शारीरिक अक्षमताओं, दृष्टि या सुनने में कमी, ऑर्थोपेडिक स्थितियों, वाक् और भाषा विकारों, और दीर्घकालिक रोगों का निदान करता है।
   - यदि आगे निदान या उपचार की आवश्यकता हो, तो विशेष केंद्रों के लिए रेफरल सेवाएँ प्रदान करता है।
2. **उपचार और पुनर्वास (Treatment and Rehabilitation)**
   - शारीरिक, संवेदी या न्यूरोलॉजिकल विकार वाले बच्चों के लिए चिकित्सा और पुनर्वास सेवाएँ प्रदान करता है।
   - फिजियोथेरेपी, ऑक्यूपेशनल थेरेपी, स्पीच थेरेपी और ऑडियोलॉजी जैसी थेरेपी उपलब्ध कराता है।
   - व्हीलचेयर, हियरिंग एड्स, प्रोस्थेटिक्स और दृष्टि उपकरण जैसी सहायक उपकरण प्रदान करता है, जिससे बच्चे स्कूल गतिविधियों में पूर्ण रूप से भाग ले सकें।
3. **पोषण और स्वास्थ्य समर्थन (Nutritional and Health Support)**
   - बच्चों में कुपोषण, एनीमिया और अन्य स्वास्थ्य संबंधी कमियों की निगरानी करता है, जो सीखने और विकास को प्रभावित कर सकती हैं।
   - संपूर्ण शारीरिक और संज्ञानात्मक विकास के लिए आहार, सप्लीमेंट और जीवनशैली पर मार्गदर्शन प्रदान करता है।
   - स्कूल पोषण कार्यक्रमों के साथ सहयोग करता है ताकि स्वस्थ भोजन और आहार समर्थन सुनिश्चित किया जा सके।
4. **निवारक और चिकित्सीय देखभाल (Preventive and Curative Care)**
   - टीकाकरण अभियान, नियमित स्क्रीनिंग और निवारक स्वास्थ्य कार्यक्रम आयोजित करता है।
   - सामान्य स्वास्थ्य समस्याओं जैसे संक्रमण, दृष्टि समस्याएँ, सुनने में कमी और मुद्रा-संबंधी कठिनाइयों को संबोधित करता है।
   - यह सुनिश्चित करता है कि स्वास्थ्य संबंधी समस्याओं वाले बच्चे शिक्षा जारी रख सकें।
5. **स्कूलों और अन्य संस्थानों के साथ समन्वय (Coordination with Schools and Other Institutions)**
   - शिक्षकों, स्कूल काउंसलरों और जिला शिक्षा अधिकारियों के साथ मिलकर विशेष जरूरतों वाले बच्चों के लिए चिकित्सा रिपोर्ट, सिफारिशें और हस्तक्षेप प्रदान करता है।
   - विशेष उपचार या थेरेपी की आवश्यकता वाले बच्चों के लिए रेफरल और फॉलो-अप सिस्टम का समर्थन करता है।

- स्कूलों में स्वास्थ्य से संबंधित संसाधनों और सेवाओं को प्रदान करने के लिए NGOs और सरकारी कार्यक्रमों के साथ समन्वय करता है।

समावेशी शिक्षा में भूमिका

- शारीरिक, संवेदी या स्वास्थ्य-संबंधी चुनौतियों वाले बच्चों को कक्षा गतिविधियों में पूरी तरह भाग लेने के लिए आवश्यक चिकित्सा सहायता प्रदान करता है।
- पेशेवर मूल्यांकन और हस्तक्षेप प्रदान करता है जो शिक्षकों और काउंसलरों को बच्चे की क्षमताओं और सीमाओं के बारे में जानकारी देता है।
- अक्षमताओं की शीघ्र पहचान में महत्वपूर्ण भूमिका निभाता है, जो व्यक्तिगत शिक्षा रणनीतियों की योजना बनाने के लिए आवश्यक है।
- बच्चों को स्वतंत्रता, गतिशीलता और संचार कौशल प्राप्त करने में सहायता करता है, जो सफल सीखने के लिए जरूरी हैं।
- चिकित्सा परामर्श का केंद्रीय बिंदु बनकर स्कूलों को विशेष थेरपी और स्वास्थ्य सेवाओं से जोड़ता है।

स्कूलों और शिक्षकों पर व्यवहारिक प्रभाव

- शिक्षकों को प्रत्येक बच्चे की चिकित्सा आवश्यकताओं और शारीरिक सीमाओं को समझने में सक्षम बनाता है।
- बच्चे के स्वास्थ्य या अक्षमता प्रोफाइल के आधार पर अनुकूलित कक्षा रणनीतियों का विकास करता है।
- बच्चों को आवश्यक हस्तक्षेप और सहायक उपकरण प्रदान करता है, जिससे सीखने में बाधाएँ कम होती हैं।
- माता-पिता और स्कूलों के साथ सहयोग करता है ताकि स्वास्थ्य चुनौतियों के बावजूद शिक्षा में निरंतरता और प्रगति सुनिश्चित की जा सके।

जिला शिक्षा और प्रशिक्षण संस्थान में प्रशिक्षित आहार मार्गदर्शक

पोषण बच्चों के संज्ञानात्मक, भावनात्मक और शारीरिक विकास में अत्यंत महत्वपूर्ण भूमिका निभाता है, विशेष रूप से समावेशी शिक्षा में विशेष आवश्यकता वाले बच्चों के लिए। जिला शिक्षा और प्रशिक्षण संस्थान (DETI) में नियुक्त प्रशिक्षित आहार मार्गदर्शक यह सुनिश्चित करने के लिए जिम्मेदार है कि बच्चे पर्याप्त, संतुलित और विशेष पोषण प्राप्त करें, जो सीखने, विकास और समग्र स्वास्थ्य का समर्थन करे।

प्रशिक्षित आहार मार्गदर्शक के कार्य

1. **पोषण स्थिति का मूल्यांकन (Assessment of Nutritional Status)**
   - स्कूलों में बच्चों के पोषण स्वास्थ्य का मूल्यांकन करता है, और ऐसी कमी या अधिकता की पहचान करता है जो सीखने और विकास को प्रभावित कर सकती है।
   - वृद्धि चार्ट, BMI मूल्यांकन और आहार सर्वेक्षण जैसे उपकरणों का उपयोग करके पोषण प्रगति को ट्रैक करता है।
   - विशेष स्वास्थ्य आवश्यकताओं, विकलांगताओं या दीर्घकालिक बीमारियों वाले बच्चों पर ध्यान केंद्रित करता है, जिन्हें अनुकूलित आहार हस्तक्षेप की आवश्यकता होती है।
2. **आहार योजनाओं का विकास (Development of Diet Plans)**
   - बच्चे की आयु, स्वास्थ्य स्थिति और विशिष्ट आवश्यकताओं के आधार पर व्यक्तिगत या समूह आहार योजनाएँ तैयार करता है।
   - भोजन या सप्लीमेंट की सिफारिश करते समय एलर्जी, मेटाबोलिक विकार और शारीरिक अक्षमताओं पर विचार करता है।
   - यह सुनिश्चित करता है कि बच्चों को संज्ञानात्मक और शारीरिक विकास के लिए पर्याप्त कैलोरी, विटामिन, खनिज और प्रोटीन मिले।
3. **स्कूलों और माता-पिता को मार्गदर्शन (Guidance to Schools and Parents)**
   - स्कूल स्टाफ को सीखने और व्यवहार में पोषण के महत्व के बारे में प्रशिक्षण और मार्गदर्शन प्रदान करता है।
   - माता-पिता को स्वस्थ भोजन तैयारी, संतुलित आहार और विशेष आवश्यकताओं वाले बच्चों के लिए विशेष आहार संबंधी आवश्यकताओं के बारे में सलाह देता है।
   - हाइड्रेशन, भोजन समय और पोषण स्वच्छता के बारे में जागरूकता बढ़ाता है।
4. **निगरानी और मूल्यांकन (Monitoring and Evaluation)**
   - स्कूल भोजन कार्यक्रमों, मध्याह्न भोजन योजनाओं और आहार हस्तक्षेपों की प्रभावशीलता की निगरानी करता है।
   - मूल्यांकन करता है कि बच्चों, विशेष रूप से विशेष स्वास्थ्य स्थितियों वाले बच्चों की पोषण आवश्यकताएँ पूरी हो रही हैं या नहीं।
   - स्कूल पोषण कार्यक्रमों में समायोजन या सुधार के लिए सिफारिशें प्रदान करता है।
5. **शैक्षिक योजनाओं के साथ एकीकरण (Integration with Educational Plans)**
   - यह सुनिश्चित करने के लिए शिक्षकों, स्कूल काउंसलरों और विशेष शिक्षकों के साथ समन्वय करता है कि पोषण सीखने के परिणामों का समर्थन करे।
   - बच्चों के संज्ञानात्मक, भावनात्मक और शारीरिक विकास लक्ष्यों से पोषण को जोड़ने के लिए मनोवैज्ञानिकों, चिकित्सा स्टाफ और समावेशी शिक्षा विशेषज्ञों के साथ काम करता है।

- पोषण की कमी से होने वाली थकान, ध्यान की कमी या व्यवहार संबंधी चुनौतियों को दूर करने में विशेष आवश्यकता वाले बच्चों की मदद करता है।

समावेशी शिक्षा में भूमिका

- यह सुनिश्चित करता है कि शारीरिक, संवेदी या संज्ञानात्मक चुनौतियों वाले बच्चों को उचित पोषण मिले, जो उनके सीखने और विकास का समर्थन करे।
- कुपोषण, एनीमिया या आहार की कमी के अकादमिक प्रदर्शन और स्कूल भागीदारी पर प्रभाव को कम करने में मदद करता है।
- विशेष आवश्यकताओं वाले बच्चों के लिए वैज्ञानिक आहार मार्गदर्शन प्रदान करता है, जिससे वे मुख्यधारा की कक्षाओं में उत्कृष्ट प्रदर्शन कर सकें।
- शिक्षकों और स्कूल प्रशासकों के लिए एक संसाधन के रूप में कार्य करता है, जिससे वे पोषण और प्रभावी सीखने के बीच संबंध को समझ सकें।

स्कूलों पर व्यवहारिक प्रभाव

- बच्चे स्वस्थ, संतुलित भोजन प्राप्त करते हैं, जिससे ध्यान, ऊर्जा और कक्षा गतिविधियों में भागीदारी में सुधार होता है।
- शिक्षक यह जानकर कक्षा गतिविधियों को अनुकूलित कर सकते हैं कि छात्रों की पोषण आवश्यकताएँ पूरी हो रही हैं।
- माता-पिता को घर पर ऐसे भोजन तैयार करने के लिए मार्गदर्शन मिलता है जो संज्ञानात्मक और भावनात्मक विकास का समर्थन करता है।
- स्कूल प्रशासक पोषण कार्यक्रमों की पेशेवर निगरानी से लाभान्वित होते हैं और स्वास्थ्य मानकों के पालन को सुनिश्चित करते हैं।

समावेशी शिक्षा में निरीक्षण और निगरानी प्रणाली

निरीक्षण और निगरानी प्रणाली स्कूलों में समावेशी शिक्षा नीतियों, प्रथाओं और मानकों के प्रभावी कार्यान्वयन को सुनिश्चित करने में महत्वपूर्ण भूमिका निभाती है। यह शिक्षकों, स्कूल प्रशासकों और शिक्षा अधिकारियों के लिए गुणवत्ता नियंत्रण और समर्थन तंत्र के रूप में कार्य करती है, जिससे विभिन्न आवश्यकताओं वाले बच्चों को समान शैक्षिक अवसर प्राप्त हों।

निरीक्षण और निगरानी प्रणाली के कार्य

1. **शिक्षण प्रथाओं की निगरानी (Monitoring Teaching Practices)**
   - कक्षा में शिक्षण का अवलोकन करती है ताकि यह सुनिश्चित किया जा सके कि समावेशी शिक्षण रणनीतियाँ सही ढंग से लागू हो रही हैं।
   - यह मूल्यांकन करती है कि शिक्षक बालकेंद्रित, अनुकूल और भिन्न शिक्षण विधियों का उपयोग कर रहे हैं या नहीं।
   - विशेष आवश्यकताओं वाले बच्चों के लिए शिक्षण-संबंधित सामग्री (TLMs) और सहायक उपकरणों के प्रभावी उपयोग की जाँच करती है।
2. **नीतियों का पालन सुनिश्चित करना (Ensuring Compliance with Policies)**
   - यह समीक्षा करती है कि स्कूल सरकारी नियम, समावेशी शिक्षा दिशा-निर्देश और सुरक्षा मानकों का पालन कर रहे हैं या नहीं।
   - यह सुनिश्चित करती है कि हाशिए पर या बहिष्कृत समूहों के बच्चों को गुणवत्तापूर्ण शिक्षा तक पहुँच प्राप्त हो।
   - व्यक्तिगत शिक्षा योजनाओं (IEPs) और सुधारात्मक कार्यक्रमों के कार्यान्वयन की निगरानी करती है।
3. **शिक्षक समर्थन और मार्गदर्शन (Teacher Support and Guidance)**
   - शिक्षकों के लिए ऑन-साइट मेंटरिंग और कोचिंग प्रदान करती है ताकि शिक्षण प्रथाओं में सुधार हो सके।
   - कक्षा प्रबंधन, पाठ योजना और समावेशी रणनीतियों पर प्रतिक्रिया देती है।
   - उन क्षेत्रों की पहचान करती है जहाँ शिक्षकों को अतिरिक्त प्रशिक्षण या संसाधनों की आवश्यकता है।
4. **सीखने के परिणामों का मूल्यांकन (Assessment and Evaluation of Learning Outcomes)**
   - समावेशी कक्षाओं में छात्र प्रदर्शन, भागीदारी और संलग्नता का मूल्यांकन करती है।
   - उन बच्चों की पहचान करने में मदद करती है जो सीखने में कठिनाई या विशेष आवश्यकताओं के कारण पीछे रह गए हैं।
   - सीखने के परिणाम सुधारने के लिए स्कूलों को हस्तक्षेप रणनीतियों को विकसित करने में समर्थन प्रदान करती है।
5. **संसाधन आवंटन और सिफारिशें (Resource Allocation and Recommendations)**
   - आवश्यकतानुसार TLMs, सहायक उपकरण और विशेष शिक्षण सहायता के आवंटन की सिफारिश करती है।
   - कक्षा संशोधन, अवसंरचना परिवर्तन और पहुँच सुधार पर स्कूल प्रबंधन को सलाह देती है।
   - छात्रों के समग्र समर्थन के लिए अन्य संस्थाओं (मनोविज्ञान केंद्र, अस्पताल, NGOs) के साथ समन्वय करती है।

समावेशी शिक्षा में भूमिका

- यह सुनिश्चित करती है कि समावेशी शिक्षा सिद्धांत जिले या विभाग के सभी स्कूलों में लगातार लागू हों।

- यह सुनिश्चित करती है कि शिक्षक विशेष आवश्यकता वाले बच्चों को प्रदान की जाने वाली शिक्षा की गुणवत्ता के लिए जिम्मेदार हों।
- सीखने, शिक्षण या संसाधन उपलब्धता में अंतर की शीघ्र पहचान का समर्थन करती है।
- नीति कार्यान्वयन और कक्षा प्रथाओं के बीच सेतु का काम करती है, सतत सुधार के लिए प्रतिक्रिया प्रदान करती है।
- यह समानता और पहुँच सुनिश्चित करती है, ताकि सभी बच्चे, चाहे उनकी क्षमताएँ या पृष्ठभूमि कुछ भी हो, गुणवत्तापूर्ण शिक्षा प्राप्त करें।

स्कूलों पर व्यावहारिक प्रभाव

- शिक्षक नियमित मार्गदर्शन, निगरानी और रचनात्मक प्रतिक्रिया प्राप्त करते हैं, जिससे कक्षा प्रथाओं में सुधार होता है।
- स्कूल समावेशी पाठ्यक्रम और सुधारात्मक कार्यक्रमों को प्रभावी ढंग से लागू करते हैं।
- बच्चों को व्यक्तिगत समर्थन, बेहतर शिक्षण सामग्री और अनुकूलित शिक्षण विधियों से लाभ मिलता है।
- प्रशासक निरीक्षण रिपोर्टों के आधार पर हस्तक्षेप योजना बना सकते हैं और संसाधनों का कुशलतापूर्वक आवंटन कर सकते हैं।
- यह प्रणाली शिक्षकों के लिए समावेशी शिक्षा रणनीतियों में सतत पेशेवर विकास को बढ़ावा देती है।

समावेशी शिक्षा में समुदाय और स्कूल समर्थन समितियाँ

समुदाय और स्कूल समर्थन समितियाँ यह सुनिश्चित करने के लिए महत्वपूर्ण तंत्र हैं कि समावेशी शिक्षा कार्यक्रम स्थानीय स्तर पर प्रभावी ढंग से लागू और बनाए रखे जाएँ। ये समितियाँ माता-पिता, समुदाय के सदस्य, शिक्षक, स्कूल प्रशासक और स्थानीय अधिकारी मिलकर बच्चों की विविध सीखने की आवश्यकताओं का समर्थन करती हैं। इनका उद्देश्य समावेशी शिक्षा के लिए एक सहयोगी, सहभागी और उत्तरदायी ढांचा बनाना है।

समुदाय और स्कूल समर्थन समितियों के कार्य

1. **समावेशी शिक्षा जागरूकता को बढ़ावा देना (Promoting Inclusive Education Awareness)**
   - समुदाय को सभी क्षमताओं वाले बच्चों के लिए समावेशी शिक्षा के महत्व के बारे में शिक्षित करता है।
   - विकलांग बच्चों के अधिकारों और जाति, लिंग, धर्म, भाषा या क्षेत्र के आधार पर भेदभाव को रोकने की आवश्यकता के प्रति जागरूकता फैलाता है।
   - समावेशी सीखने के वातावरण के निर्माण के लिए स्कूल गतिविधियों और कार्यक्रमों में स्थानीय भागीदारी को प्रोत्साहित करता है।
2. **स्कूल कार्यक्रमों की निगरानी (Monitoring School Programs)**
   - समावेशी शिक्षा पहलों के कार्यान्वयन की निगरानी करता है, यह सुनिश्चित करता है कि हाशिए पर या वंचित पृष्ठभूमि के बच्चे बहिष्कृत न हों।
   - यह मूल्यांकन करता है कि स्कूल उचित शिक्षण-संबंधित सामग्री, पहुँच और सुधारात्मक सहायता प्रदान कर रहे हैं या नहीं।
   - विशेष आवश्यकताओं वाले बच्चों की कक्षा में उपस्थिति, प्रदर्शन और भागीदारी को ट्रैक करता है।
3. **शिक्षकों और छात्रों का समर्थन (Supporting Teachers and Students)**
   - स्कूल और परिवारों के बीच सेतु का काम करता है, विभिन्न क्षमताओं वाले बच्चों के साथ कक्षा प्रबंधन में शिक्षकों का समर्थन करता है।
   - अतिरिक्त सहायता की आवश्यकता वाले बच्चों के लिए विशेष कार्यक्रम, अतिरिक्त कक्षाएं या सुधारात्मक सत्र आयोजित करने में मदद करता है।
   - बच्चों और माता-पिता को मार्गदर्शन और प्रोत्साहन प्रदान करता है, ताकि सीखने की प्रक्रिया में सक्रिय भागीदारी सुनिश्चित हो सके।
4. **संसाधन जुटाना (Resource Mobilization)**
   - समावेशी शिक्षा के लिए वित्तीय, भौतिक और मानव संसाधनों की उपलब्धता सुनिश्चित करता है।
   - आवश्यक शिक्षण उपकरण, सहायक उपकरण या चिकित्सा सेवाएं प्रदान करने के लिए सरकारी एजेंसियों, NGOs और स्थानीय संगठनों के साथ समन्वय करता है।
   - समुदाय के योगदानों को प्रोत्साहित करता है जैसे कि स्वयंसेवक, मेंटर या विशेष आवश्यकता वाले बच्चों के लिए प्रायोजन।
5. **विवाद समाधान और वकालत (Conflict Resolution and Advocacy)**
   - स्कूलों में भेदभाव, बहिष्कार या उपेक्षा के मुद्दों को संबोधित करता है।
   - बच्चों के अधिकारों और शैक्षिक आवश्यकताओं की पूर्ति सुनिश्चित करने के लिए वकालत का कार्य करता है।
   - समावेशी प्रथाओं को लेकर माता-पिता, शिक्षकों और स्कूल अधिकारियों के बीच विवादों को हल करने में मदद करता है।
6. **क्षमता निर्माण (Capacity Building)**
   - समुदाय के सदस्य, माता-पिता और शिक्षकों के लिए समावेशी शिक्षा प्रथाओं पर प्रशिक्षण और कार्यशालाएँ आयोजित करता है।

- समर्थन रणनीतियों, अनुकूल शिक्षण विधियों और बाल विकास सिद्धांतों के बारे में ज्ञान प्रदान करता है।
- समुदाय की समावेशी शिक्षा कार्यक्रमों में भागीदारी और सतत संचालन की क्षमता को मजबूत करता है।

समावेशी शिक्षा में भूमिका

- विभिन्न सामाजिक-आर्थिक, सांस्कृतिक और शारीरिक पृष्ठभूमि वाले बच्चों को गुणवत्तापूर्ण शिक्षा तक पहुँच सुनिश्चित करता है।
- स्कूलों के लिए समर्थन नेटवर्क के रूप में कार्य करता है, समावेशी कक्षाओं को लागू करने में आने वाली चुनौतियों को दूर करने में मदद करता है।
- परिवारों, शिक्षकों और स्थानीय अधिकारियों के बीच सेतु का काम करता है, जिससे शिक्षा कार्यक्रमों पर समुदाय की जवाबदेही सुनिश्चित होती है।
- सीखने में बाधाओं की शीघ्र पहचान करने में मदद करता है, चाहे वे सामाजिक, सांस्कृतिक या अवसंरचनात्मक हों, और उन्हें दूर करने का प्रयास करता है।
- माता-पिता और समुदाय के सदस्यों की सक्रिय भागीदारी को समावेशी शिक्षा की निगरानी, योजना और निर्णय लेने में बढ़ावा देता है।

स्कूलों पर व्यावहारिक प्रभाव

- स्कूलों को सुधारात्मक कक्षाएं, जागरूकता कार्यक्रम और अतिरिक्त गतिविधियों आयोजित करने में समुदाय का समर्थन प्राप्त होता है।
- शिक्षक विशेष आवश्यकता वाले बच्चों को संभालने में स्थानीय मार्गदर्शन और सहायता प्राप्त करते हैं।
- बच्चों को एक स्वागतपूर्ण और समावेशी वातावरण का अनुभव होता है, जहाँ उनकी सीखने और भावनात्मक आवश्यकताओं का समर्थन किया जाता है।
- संसाधन, स्वयंसेवक और स्थानीय पहल बच्चों की शिक्षा की गुणवत्ता और भागीदारी को बढ़ाते हैं।
- यह जवाबदेही प्रणालियाँ बनाता है, यह सुनिश्चित करता है कि समावेशी नीतियाँ प्रभावी ढंग से लागू और निगरानी की जाएँ।

समावेशी शिक्षा में सरकारी संस्थाएँ और गैर-सरकारी संगठन

सरकारी एजेंसियाँ और गैर-सरकारी संगठन (एनजीओ) स्थानीय, जिला, राज्य और राष्ट्रीय स्तर पर समावेशी शिक्षा कार्यक्रमों का समर्थन करने में महत्वपूर्ण भूमिका निभाते हैं। ये नीतिगत मार्गदर्शन, वित्तीय सहायता, संसाधन, प्रशिक्षण, वकालत और तकनीकी सहायता प्रदान करते हैं, जिससे सभी पृष्ठभूमि के बच्चों—सहित विकलांग या विशेष आवश्यकता वाले—को गुणवत्तापूर्ण शिक्षा तक पहुँच सुनिश्चित होती है।

समावेशी शिक्षा में सरकारी एजेंसियों के कार्य

1. नीति निर्माण और कार्यान्वयन (Policy Formulation and Implementation)

- सभी बच्चों के लिए समावेशी शिक्षा सुनिश्चित करने वाले कानून, नियम और नीतियाँ विकसित करना, जिसमें शारीरिक, संवेदी, संज्ञानात्मक या सामाजिक चुनौतियों वाले बच्चे शामिल हैं।
- शिक्षा का अधिकार (RTE), सर्व शिक्षा अभियान (SSA) और विकलांग बच्चों के लिए समावेशी शिक्षा योजनाओं जैसे कार्यक्रमों की निगरानी करना।
- यह सुनिश्चित करना कि स्कूल अवसंरचना की पहुँच, प्रशिक्षित कर्मी और पाठ्यक्रम अनुकूलन के नियमों का पालन करें।

2. वित्तीय और भौतिक सहायता (Financial and Material Support)

- समावेशी शिक्षा कार्यक्रमों के लिए फंड आवंटित करना, जिसमें विशेष स्कूलों, सहायक उपकरणों और शिक्षण-सामग्री (TLMs) के लिए अनुदान शामिल हैं।
- शारीरिक चुनौतियों वाले बच्चों के लिए स्कूलों में रैंप, सुलभ शौचालय और अनुकूलित कक्षाओं जैसी अवसंरचना सहायता प्रदान करना।
- हाशिए पर या वंचित बच्चों को छात्रवृत्ति, वर्दी, किताबें और पोषण संबंधी सहायता प्रदान करना।

3. प्रशिक्षण और क्षमता निर्माण (Training and Capacity Building)

- समावेशी कक्षाओं में शिक्षकों के लिए प्रशिक्षण कार्यक्रम, कार्यशालाएँ और रिफ्रेशर कोर्स आयोजित करना।
- स्कूल प्रशासकों और कर्मचारियों को अनुकूल शिक्षण विधियाँ, व्यवहारिक हस्तक्षेप और विशेष शिक्षा तकनीकों में प्रशिक्षित करना।
- समावेशी शिक्षण प्रथाओं के लिए संसाधन सामग्री और दिशानिर्देश विकसित करना।

4. निगरानी और मूल्यांकन (Monitoring and Evaluation)

- यह सुनिश्चित करने के लिए स्कूलों की निगरानी करना कि समावेशी शिक्षा नीतियाँ और मानक लागू हो रहे हैं।
- समावेशी शिक्षा कार्यक्रमों की प्रभावशीलता का मूल्यांकन करना और सुधार की सिफारिशें देना।
- बच्चों के लिए योजना और संसाधन आवंटन को सुविधाजनक बनाने हेतु विकलांग बच्चों का डेटाबेस बनाए रखना।

5. सहयोग और समन्वय (Collaboration and Coordination)

- यह सुनिश्चित करने के लिए जिला अस्पतालों, मनोविज्ञान केंद्रों, NGOs और स्थानीय समर्थन समितियों के साथ समन्वय करना कि बच्चों को व्यापक समर्थन प्राप्त हो।
- शिक्षा, स्वास्थ्य, सामाजिक कल्याण और पुनर्वास विभागों के बीच अंतःविभागीय सहयोग को सुविधाजनक बनाना।

समावेशी शिक्षा में NGOs के कार्य

1. **जागरूकता और वकालत (Awareness and Advocacy)**
    - विशेष आवश्यकता वाले और हाशिए पर बच्चों के अधिकारों के लिए वकालत करना।
    - माता-पिता, शिक्षकों और स्थानीय नेताओं को समावेश के प्रति संवेदनशील बनाने के लिए सामुदायिक आउटरीच कार्यक्रम आयोजित करना।
    - विकलांग बच्चों के प्रति कलंक और भेदभाव को समाप्त करने के लिए काम करना।
2. **सहायता सेवाएँ (Support Services)**
    - विशेष आवश्यकता वाले बच्चों के लिए सुधारात्मक कक्षाएँ, परामर्श, स्पीच थेरेपी और व्यावसायिक प्रशिक्षण प्रदान करना।
    - स्कूलों को सहायक उपकरण, शैक्षिक किट और शिक्षण-सामग्री प्रदान करना।
    - बच्चों और उनके परिवारों को मानसिक और सामाजिक समर्थन प्रदान करना।
3. **क्षमता निर्माण और प्रशिक्षण (Capacity Building and Training)**
    - प्रभावी समावेशी प्रथाओं के लिए शिक्षक कार्यशालाएँ, माता-पिता प्रशिक्षण और स्वयंसेवक उन्मुखीकरण आयोजित करना।
    - विभिन्न आवश्यकताओं वाले बच्चों के लिए नवाचारी शिक्षण विधियाँ, डिजिटल उपकरण और सीखने के मॉड्यूल विकसित करना।
4. **शोध और विकास (Research and Development)**
    - समावेशी शिक्षा, बाल विकास और विकलांग बच्चों के लिए सीखने की रणनीतियों पर शोध करना।
    - शिक्षण, मूल्यांकन और कक्षा प्रबंधन के लिए सर्वोत्तम अभ्यास मॉडल विकसित करना।
5. **निगरानी और मूल्यांकन (Monitoring and Evaluation)**
    - स्कूलों और सरकारी एजेंसियों के साथ मिलकर कार्यक्रम की प्रभावशीलता की निगरानी करना।
    - समावेशी शिक्षा पहलों में सुधार के लिए फीडबैक और सिफारिशें प्रदान करना।

समावेशी शिक्षा में भूमिका

- वंचित वर्गों, हाशिए पर समुदायों और विकलांग बच्चों को गुणवत्तापूर्ण शिक्षा तक पहुँच सुनिश्चित करना।
- स्कूलों और स्थानीय अधिकारियों को नीति समर्थन, वित्त पोषण और तकनीकी संसाधन प्रदान करना।
- सरकारी योजनाओं और जमीनी स्तर पर कार्यान्वयन के बीच सेतु का कार्य करना।
- शिक्षकों, स्कूलों और समुदायों की क्षमता बढ़ाना ताकि वे समावेशी प्रथाओं को प्रभावी ढंग से लागू कर सकें।
- समुदाय की भागीदारी, वकालत और जवाबदेही को मजबूत करना।

स्कूलों पर व्यावहारिक प्रभाव

- स्कूलों को समावेशी कक्षाओं के लिए फंड, TLMs, सहायक उपकरण और पेशेवर समर्थन प्राप्त होता है।
- शिक्षक विविध शिक्षार्थियों की आवश्यकताओं को पूरा करने के लिए प्रशिक्षण और मार्गदर्शन प्राप्त करते हैं।
- बच्चों को स्वास्थ्य, पोषण, चिकित्सा और अनुकूलन सीखने के संसाधनों सहित समग्र समर्थन मिलता है।
- NGOs और सरकारी एजेंसियों द्वारा समर्थित कार्यक्रम समावेशी शिक्षा पहलों की स्थिरता और प्रभावशीलता सुनिश्चित करते हैं।
- सक्रिय सामुदायिक भागीदारी और माता-पिता की सहभागिता को प्रोत्साहित करता है, जिससे सभी बच्चों के लिए सीखने के परिणाम बेहतर होते हैं।

बच्चों की शिक्षा में मार्गदर्शन और परामर्श का महत्व

मार्गदर्शन और परामर्श ऐसे महत्वपूर्ण शैक्षिक प्रक्रियाएँ हैं जो बच्चों को उनकी शक्तियों, कमजोरियों, रुचियों और संभावनाओं की पहचान करने में मदद करती हैं और उन्हें व्यक्तिगत, शैक्षिक, भावनात्मक और सामाजिक चुनौतियों को दूर करने के लिए समर्थन, दिशा और रणनीतियाँ प्रदान करती हैं। ये प्रक्रियाएँ सीखने, प्रेरणा और समग्र विकास को बढ़ाने में महत्वपूर्ण भूमिका निभाती हैं।

शैक्षिक विकास

- मार्गदर्शन और परामर्श बच्चों को उनकी सीखने की शैलियों, योग्यताओं और रुचियों को समझने में मदद करता है, जिससे शिक्षक और माता-पिता उन्हें प्रभावी ढंग से समर्थन कर सकें।
- शैक्षिक परामर्श के माध्यम से बच्चे वास्तविक लक्ष्य निर्धारित कर सकते हैं, अध्ययन कार्यक्रम बना सकते हैं और अपनी सीखने की रणनीतियों में सुधार कर सकते हैं।
- परामर्श उन बच्चों के लिए समर्थन प्रदान करता है जिन्हें किसी विशेष विषय में कठिनाइयाँ होती हैं, और उन्हें बेहतर समझ के लिए सुधारात्मक योजनाएँ और रणनीतियाँ बनाने में मदद करता है।
- यह सुनिश्चित करता है कि बच्चे निरंतर शैक्षिक प्रदर्शन बनाए रखें और स्कूल के कार्य और परीक्षा से संबंधित तनाव या चिंता कम हो।

भावनात्मक और मानसिक समर्थन

- परामर्श बच्चों को भावनाओं, भय और हताशा व्यक्त करने के लिए सुरक्षित वातावरण प्रदान करता है, जो उनके सीखने को प्रभावित कर सकते हैं।

- यह उन्हें तनाव, चिंता और भावनात्मक परेशानियों का प्रबंधन करने में मदद करता है, जो प्रभावी सीखने में बाधक हो सकती हैं।
- मार्गदर्शन बच्चों को सहपाठी दबाव, पारिवारिक मुद्दों और सामाजिक चुनौतियों से निपटने के लिए मुकाबला रणनीतियाँ प्रदान करता है, जिससे भावनात्मक लचीलापन बढ़ता है।
- यह बच्चों को आत्मविश्वास, आत्म-सम्मान और प्रेरणा बनाने में मदद करता है, जो सीधे ध्यान और सीखने के परिणामों से जुड़े होते हैं।

सामाजिक विकास

- परामर्श और मार्गदर्शन सकारात्मक सामाजिक व्यवहार और अंतरव्यक्तिगत कौशल को बढ़ावा देते हैं, जो कक्षा में सहयोगात्मक सीखने के लिए आवश्यक हैं।
- बच्चे संघर्ष समाधान, सहानुभूति, सहयोग और संचार कौशल सीखते हैं, जिससे वे समूह गतिविधियों में अधिक प्रभावी ढंग से भाग ले सकते हैं।
- सामाजिक परामर्श विभिन्न सांस्कृतिक, भाषाई या सामाजिक-आर्थिक पृष्ठभूमि के बच्चों को एकीकृत करने में मदद करता है, जिससे कक्षाएँ अधिक समावेशी बनती हैं।
- यह व्यवहार संबंधी समस्याओं, बदमाशी या अलगाव को कम करने में मदद करता है, और सभी बच्चों के लिए अनुकूल शिक्षण वातावरण बनाता है।

करियर और व्यावसायिक मार्गदर्शन

- मार्गदर्शन बच्चों को उनकी शक्तियों, प्रतिभाओं और रुचियों को समझने में मदद करता है, जिससे वे सूचित करियर विकल्प चुन सकें।
- व्यावसायिक परामर्श बड़े बच्चों को उपयुक्त विषय, पाठ्यक्रम और कौशल आधारित कार्यक्रम चुनने में सहायता करता है, जो उनकी क्षमताओं के अनुरूप हों।
- प्रारंभिक करियर मार्गदर्शन लक्ष्य निर्धारण कौशल और योजना बनाने की क्षमता विकसित करता है, जो शैक्षिक सीखने में प्रेरणा और ध्यान बढ़ाता है।
- यह बच्चों को भविष्य के रोजगार के लिए प्रासंगिक कौशल विकसित करने के लिए प्रोत्साहित करता है, जिससे स्कूल में सीखी गई ज्ञान का व्यावहारिक अनुप्रयोग संभव हो।

विशेष आवश्यकता और समावेशी शिक्षा समर्थन

- मार्गदर्शन और परामर्श विशेष आवश्यकता वाले बच्चों के लिए महत्वपूर्ण हैं, जिनमें शारीरिक, संज्ञानात्मक या संवेदी विकलांगताएँ शामिल हैं।
- परामर्शदाता सीखने में बाधाओं की पहचान करने, व्यक्तिगत शिक्षा योजनाएँ (IEP) तैयार करने और विशेष शिक्षण विधियों या सहायक उपकरणों की सिफारिश करने में मदद करते हैं।
- परामर्श यह सुनिश्चित करता है कि विकलांग बच्चे उचित भावनात्मक समर्थन, प्रेरणा और अनुकूलित रणनीतियाँ प्राप्त करें।
- यह शिक्षकों, अभिभावकों, चिकित्सकों और अन्य पेशेवरों के बीच समन्वित समर्थन की सुविधा प्रदान करता है।

व्यवहार प्रबंधन

- परामर्श बच्चों को उनके कार्यों के परिणामों को समझने में मदद करता है, जिससे आत्म-अनुशासन और जिम्मेदार व्यवहार को बढ़ावा मिलता है।
- मार्गदर्शन सीखने में बाधा डालने वाले नकारात्मक व्यवहार को कम करने में मदद करता है, और सकारात्मक कक्षा माहौल को बढ़ावा देता है।
- व्यवहार परामर्श बच्चों को व्यक्तिगत लक्ष्य निर्धारित करने, दिनचर्या विकसित करने और संरचित सीखने की आदतें अपनाने में सक्षम बनाता है, जो शैक्षिक प्रदर्शन सुधारता है।
- यह बच्चों को निर्णय लेने और समस्या हल करने के कौशल विकसित करने में मदद करता है, जो स्वतंत्र सीखने और व्यक्तिगत विकास के लिए आवश्यक हैं।

प्रेरणा और आत्म-विकास

- मार्गदर्शन और परामर्श बच्चों की आंतरिक प्रेरणा को बढ़ाते हैं, जिससे वे सार्थक सीखने के लक्ष्य पहचानते हैं।
- परामर्श आत्म-जागरूकता, आलोचनात्मक सोच और रचनात्मकता के विकास में मदद करता है, जो गहरी और प्रभावी सीखने में योगदान देता है।
- बच्चे अपनी प्रगति पर विचार करना, उपलब्धियों को पहचानना और चुनौतियों को पार करना सीखते हैं, जिससे आजीवन सीखने की आदतें विकसित होती हैं।
- यह बच्चों को परिवर्तनों के अनुकूल बनने, असफलताओं से निपटने और कठिनाइयों का सामना करने में मदद करता है, जो व्यक्तिगत और शैक्षिक सफलता के लिए आवश्यक हैं।

अभिभावक और शिक्षकों के साथ समन्वय

- मार्गदर्शन और परामर्श बच्चों, शिक्षकों और अभिभावकों के बीच पुल का कार्य करता है, और बच्चे की सीखने की आवश्यकताओं और प्रगति के बारे में जानकारी प्रदान करता है।
- परामर्शदाता शिक्षकों को व्यक्तिगत छात्रों के लिए अनुकूलित शिक्षण विधियाँ, व्यवहार रणनीतियाँ और सीखने के साधनों पर सुझाव देते हैं।
- अभिभावक घर पर स्वस्थ शिक्षण वातावरण सुनिश्चित करने के लिए मार्गदर्शन और समर्थन प्राप्त करते हैं, जो बच्चे की शक्तियों और आवश्यकताओं के अनुरूप हो।
- प्रभावी परामर्श सीखने की रणनीतियों की निरंतर निगरानी और समायोजन सुनिश्चित करता है, जो बच्चे के विकास के आधार पर होती हैं।

महत्वपूर्ण तथ्य

- समावेशी शिक्षा का अर्थ है सभी बच्चों को, विशेष आवश्यकताओं वाले बच्चों सहित, एक ही कक्षा में साथ-साथ शिक्षित करना।
- यह समानता, विविधता और भेदभाव रहित वातावरण को बढ़ावा देती है।
- प्रत्येक बच्चे को उसकी क्षमता, पृष्ठभूमि या आवश्यकताओं की परवाह किए बिना गुणवत्तापूर्ण शिक्षा का अधिकार है।
- इसका मुख्य उद्देश्य बाधाओं को दूर करना और समान अधिगम अवसर प्रदान करना है।
- समावेशी कक्षाएँ क्षमता, अधिगम शैली और गति में व्यक्तिगत भिन्नताओं का सम्मान करती हैं।
- शिक्षक सभी शिक्षार्थियों के लिए लचीली शिक्षण रणनीतियों का उपयोग करते हैं।
- शिक्षण सहायक सामग्री, सहायक उपकरण और सहायक वातावरण का उपयोग महत्वपूर्ण है। यह छात्रों के बीच सामाजिक अंतःक्रिया, सहयोग और स्वीकृति को प्रोत्साहित करती है।
- समावेशी शिक्षा शिक्षार्थियों में आत्मविश्वास, आत्म-सम्मान और स्वतंत्रता का विकास करती है।
- निर्देशन एक प्रक्रिया है जो व्यक्तियों को उचित निर्णय लेने और समायोजन करने में सहायता करती है। यह छात्रों को शैक्षिक, व्यक्तिगत और व्यावसायिक क्षेत्रों में सहयोग प्रदान करता है।
- निर्देशन शैक्षणिक और व्यवहार संबंधी समस्याओं को हल करने में सहायक होता है। इसका उद्देश्य व्यक्तित्व का समग्र विकास करना है।
- शैक्षिक निर्देशन छात्रों को पढ़ाई और विषय चयन में सहायता करता है।
- परामर्श एक पेशेवर सेवा है जो व्यक्तियों को समस्याओं को समझने और हल करने में सहायता करती है। इसमें परामर्शदाता और छात्र के बीच आमने-सामने की बातचीत शामिल होती है।
- परामर्श भावनात्मक, सामाजिक और मनोवैज्ञानिक कल्याण पर केंद्रित होता है। यह छात्रों को तनाव, चिंता और संघर्ष को प्रबंधित करने में मदद करता है।
- व्यावसायिक निर्देशन छात्रों को करियर चयन में सहायता करता है।
- व्यक्तिगत निर्देशन छात्रों को व्यक्तिगत और सामाजिक समायोजन में मदद करता है।
- व्यक्तिगत परामर्श में एक-से-एक बातचीत शामिल होती है।
- समूह परामर्श समूह में मार्गदर्शन प्रदान करता है।
- शिक्षक शिक्षार्थियों की व्यक्तिगत आवश्यकताओं की पहचान करते हैं। वे सभी छात्रों को समान अवसर प्रदान करते हैं।
- बाल-केंद्रित शिक्षण विधियों का उपयोग किया जाता है।
- एक सहायक और सकारात्मक कक्षा वातावरण बनाया जाता है।
- छात्रों को समावेशी वातावरण में समायोजन करने में सहायता की जाती है।
- मानसिक स्वास्थ्य और भावनात्मक संतुलन को बढ़ावा दिया जाता है।
- ड्रॉपआउट दर और अधिगम कठिनाइयों को कम किया जाता है।
- आत्मविश्वास और निर्णय लेने की क्षमता का विकास किया जाता है।
- समावेशी शिक्षा, निर्देशन और परामर्श मिलकर प्रत्येक शिक्षार्थी के समग्र विकास को सुनिश्चित करते हैं।

मुख्य शब्द (Key Terms)

- **बाल विकास :** जन्म से किशोरावस्था तक शारीरिक, मानसिक, भावनात्मक और सामाजिक क्षेत्रों में निरंतर एवं क्रमबद्ध वृद्धि।
- **शारीरिक विकास :** ऊँचाई, वजन, शक्ति, समन्वय और मोटर कौशल में परिवर्तन।
- **मानसिक विकास :** सोच, तर्क, स्मृति, समस्या-समाधान और निर्णय लेने की क्षमता।
- **भावनात्मक विकास :** भावनाओं और संवेदनाओं को समझना, व्यक्त करना और नियंत्रित करना।
- **सामाजिक विकास :** दूसरों के साथ अंतःक्रिया, संबंध बनाना और सामाजिक नियमों को सीखना।
- **भाषा विकास :** बोलना, सुनना, पढ़ना, लिखना और संप्रेषण कौशल।
- **सृजनात्मकता एवं अभिव्यक्तिपूर्ण क्षमता :** कल्पना, कलात्मक कौशल और आत्म-अभिव्यक्ति।
- **क्रमबद्ध विकास :** विकास एक निश्चित क्रम का पालन करता है (जैसे, चलने से पहले रेंगना)।
- **निरंतर विकास :** बचपन भर धीरे-धीरे और लगातार होने वाली वृद्धि।
- **समग्र विकास :** शारीरिक, मानसिक, भावनात्मक और सामाजिक क्षेत्रों का परस्पर जुड़ा हुआ विकास।
- **विकास के चरण :** शैशवावस्था, प्रारंभिक बाल्यावस्था, मध्य बाल्यावस्था, किशोरावस्था।
- **वंशानुक्रम :** माता-पिता से प्राप्त आनुवंशिक कारक जो विकास को प्रभावित करते हैं।
- **पर्यावरण :** बाहरी परिस्थितियाँ और अनुभव जो वृद्धि और अधिगम को प्रभावित करते हैं।
- **पोषण :** शारीरिक और मानसिक विकास के लिए आवश्यक भोजन और पोषक तत्वों का सेवन।
- **शैक्षिक महत्व :** विकास को समझने से उपयुक्त शिक्षण विधियाँ और अधिगम वातावरण तैयार करने में सहायता मिलती है।

SECTION-B

समावेशी शिक्षा और विशेष समझ वाले बच्चों की आवश्यकताओं की अवधारणा

विविध पृष्ठभूमि से संबद्ध छात्र

दोषपूर्ण सामाजिक संरचना के कारण समाज के कुछ वर्गों का सामाजिक एवं शैक्षिक उत्थान नहीं हो पाया है। ऐसे लोगों में अनुसूचित जाति, अनुसूचित जनजाति एवं अन्य पिछड़े वर्ग के पृष्ठभूमि वाले छात्र आते हैं। भारत सरकार का सामाजिक न्याय एवं अधिकारिता मंत्रालय भी इनके उत्थान के लिए प्रयत्नशील है। ऐसे छात्रों को शिक्षा देते समय शिक्षक को रचनात्मक दृष्टिकोण अपनाना चाहिए।

अनुसूचित जाति वर्ग के छात्र

भारत की सामाजिक संरचना में अनुसूचित जातियां समाज के सबसे निचले पायदान पर हैं। इन्हें परंपरागत रूप से निम्न कोटि का समझा जाता है। यह वर्ग सामाजिक एवं शैक्षिक रूप से बेहद पिछड़ा हुआ है। भारतीय संविधान में इस वर्ग के जातियों के विकास के उद्देश्य से ''राज्य स्तरीय नीतियों में दिशा-निर्देशन के सिद्धांत'' द्वारा सकारात्मक कार्यक्रमों के योजना तत्त्वों को प्रस्तुत किया गया है। अनुसूचित जाति, उन जातियों को कहा जाता है जिन्हें परम्परागत रूप से भारत में अछूत समझा जाता है। इस जाति के लोग निम्नस्तरीय समझे जाने वाले कार्यों, यथा– सफाई करना, झाड़ू लगाना, मृत पशुओं को उठाना, मैला साफ करना, जूता बनाने आदि का कार्य करते हैं। ये जातियां गांवों के एक किनारे निवास करती हैं। भारतीय धार्मिक ग्रंथों में इन्हें अंत्यज, पेरियार अछूत कहा गया है।

इस जाति के लोग ऐसे पेशे से संबद्ध हैं जिन्हें ऊपर के जाति के लोग घृणित समझते हैं। इन्हें कुछ दशक पहले तक सार्वजनिक जन-सुविधाओं, यथा- तालाब, कुआँ तथा मंदिर तक जाने की अनुमति नहीं थी। यद्यपि इस स्थिति में अब काफी परिवर्तन आ चुका है। फिर भी इनकी शैक्षिक स्थिति में बहुत अधिक सुधार नहीं आ पाया है। ये आज भी सामाजिक गतिशीलता से वंचित हैं। आज भी अनुसुचित जाति के लोग परंपरागत कार्यों को छोड़कर अन्य कुशल कार्य शुरू करने अथवा अपनाने में समर्थ नहीं हो पाए हैं। फलतः यह समुदाय आज भी जीवन के लगभग प्रत्येक क्षेत्र में पिछड़ा हुआ है।

भारत में 'शिक्षा' राज्य के अनेक दायित्वों में से एक है। अनुसूचित जाति के लोगों को सामाजिक गतिशीलता प्रदान करने के लिए, राज्य स्तर पर अनेक कल्याणकारी और विकासशील योजनाओं का निर्माण किया गया है। कुछ प्रमुख योजनाएं इस प्रकार से हैं–

1. **विद्यार्थियों के लिए मैट्रिक के बाद छात्रवृत्ति :** इस योजना का उद्देश्य अनुसूचित जाति वर्ग के उन विद्यार्थियों को आर्थिक सहायता प्रदान करना है जो मैट्रिक के बाद या सेकेंडरी के बाद की शिक्षा के लिए अध्ययनरत हैं ताकि वह अपनी शिक्षा पूरी कर सकें। इस वित्तीय सहायता के अंतर्गत् विभिन्न श्रेणियों के पाठ्यक्रमों के लिए रखरखाव भत्ता, संस्थानों द्वारा वसूल की गई अनिवार्य अप्रति देय शुल्क का भुगतान, किताब बैंक और अन्य भत्ते शामिल हैं। यह छात्रवृत्ति केवल भारत में अध्ययन के लिए ही उपलब्ध है तथा यह आवेदकों से संबद्ध राज्यों एवं केंद्रशासित प्रदेशों के सरकारों की ओर से यह छात्रवृत्ति दी जाती है।
2. **विद्यार्थियों की योग्यता बढ़ाना :** इस कार्यक्रम का उद्देश्य आवासीय विद्यालयों में शिक्षा के माध्यम से चहुंमुखी विकास के लिए सुविधाएं उपलब्ध कराकर अनुसूचित जातियों के विद्यार्थियों की योग्यता बढ़ाना है। इसके तहत 9वीं से 12वीं कक्षाओं तक पढ़ रहे अनुसूचित जाति के विद्यार्थियों की योग्यता बढ़ाना है। इसके लिए निम्नलिखित उपायों को अमल में लाना प्रस्तावित है–(*i*) उनकी शैक्षणिक कमियों को दूर करना, (*ii*) उनकी योग्यता बढ़ाकर व्यावसायिक कोर्सों में प्रवेश करने हेतु प्रोत्साहन, (*iii*) उनमें आत्मबल एवं आत्म-निर्भरता का निर्माण करना।
3. **लक्षित समूह :** इस समूह के अंतर्गत् 9वीं कक्षा से 12वीं कक्षा में अध्ययन करने वाले अनुसूचित जातियों के विद्यार्थी आते हैं। 15,000 रुपए की आर्थिक सहायता प्रतिवर्ष प्रति विद्यार्थी को उपलब्ध करवाने के मद्देनजर राज्यों और केंद्रशासित प्रदेशों से शत-प्रतिशत सहायता पैकेज के तौर पर मुहैया करवाई जाती है। अनुसूचित जाति के विकलांग विद्यार्थियों को कई विशेष भत्ते दिए जाते हैं, जैसे पाठक भत्ता, परिवहन भत्ता, मार्गरक्षण भत्ता इत्यादि।

4. **निःशुल्क कोचिंग व्यवस्था :** इस योजना का उद्देश्य विभिन्न प्रतियोगी परीक्षाओं में बैठने के इच्छुक अनुसूचित जाति वर्ग के छात्रों को परीक्षाओं के लिए तैयार करना है। इस निःशुल्क कोचिंग में संघ लोक सेवा आयोग की ग्रुप 'ए' और ग्रुप 'बी' की परीक्षाएं, कर्मचारी चयन आयोग, रेलवे भर्ती बोर्डों, राज्य लोक सेवा आयोग, बैंकों की अफसर ग्रेड परीक्षाओं, बीमा कंपनियां, पीएसयू (PSU) और निजी क्षेत्र में रोजगार हेतु नौकरी केंद्रित कोर्सों के लिए प्रशिक्षण दिए जाते हैं ताकि विद्यार्थी इन परीक्षाओं में सफलता के लिए दक्षता प्राप्त कर सकें।

   यह कार्यक्रम राज्य सरकारों/केंद्रशासित प्रदेशों के प्रशासकों द्वारा संचालित प्रसिद्ध कोचिंग संस्थानों और निजी क्षेत्र की संस्थानों द्वारा चलाया जाता है।

5. **बाबू जगजीवन राम छात्रावास योजना :** इस योजना का उद्देश्य अनुसूचित जाति के बालक और बालिकाओं को छात्रावास की सुविधा मुहैया कराना है जो माध्यमिक, उच्चतर माध्यमिक स्कूलों, कॉलेजों और विश्वविद्यालयों में पढ़ रहे हैं। इस योजना के तहत नए छात्रावासों के निर्माण तथा वर्तमान छात्रावासों के विस्तार के लिए राज्य विश्वविद्यालयों/संस्थानों को पात्रता के आधार पर केंद्रीय सहायता दी जाती है जबकि गैर-सरकारी संगठन (NGO) और निजी क्षेत्र के डीम्ड विश्वविद्यालयों की केवल मौजूदा छात्रावास सुविधाओं के विस्तार के लिए सहायता मिल सकती है।

अनुसूचित जनजाति वर्ग के छात्र

भारत में अनुसूचित जनजाति उन लोगों को कहा जाता है, जो प्रायः छोटे और बिखरे हुए गांवों, ठाणियों एवं जंगलों में निवास करते हैं। इस वर्ग के लोग प्रायः सामान्य पहुँच से दूर रहते हैं जिससे इन्हें प्रतिदिन की सुविधाएं, यथा– भोजन, वस्त्र, आश्रय एवं शिक्षा आदि मुहैया होने में कठिनाई होती है।

इस वर्ग के छात्रों को पढ़ाते समय शिक्षक को कुछ विभिन्न तथ्यों यथा– उनकी भाषा और समझ एवं मानसिक स्तर का विशेष ध्यान रखना चाहिए। इस वर्ग के छात्रों के शिक्षा के खराब स्तर का कारण सामाजिक एवं आर्थिक हैं। ये कारण निम्न प्रकार से हैं–

(*i*) विद्यालय में इस वर्ग के छात्रों की कम संख्या होना।

(*ii*) इस वर्ग के शिक्षा का प्रचार-प्रसार न होना।

(*iii*) इनके शिक्षण के प्रति शिक्षकों का उदासीन रवैया।

(*iv*) इस वर्ग में व्याप्त घोर गरीबी।

(*v*) पाठ्यपुस्तकों में इस वर्ग की स्थानीय बातों एवं उदाहरणों का समावेश का न होना।

(*v*) इस वर्ग का बौद्धिक रूप से पिछड़ा होना।

इस वर्ग के शैक्षिक उत्थान के लिए सरकार द्वारा निम्न कार्यक्रम चलाए जा रहे हैं :

1. **बालक-बालिकाओं के लिए छात्रावासों की योजना :** इस योजना के तहत केंद्र सरकार इस वर्ग के लिए नए छात्रावासों के निर्माण और वर्तमान छात्रावासों के विस्तार हेतु सहायता देती है। इस योजना के तहत बालकों के छात्रावास निर्माण खर्च का वहन केंद्र एवं राज्य सरकारें 50 : 50 के अनुपात में करती हैं। जबकि बालिकाओं के छात्रावास निर्माण के लिए राज्य/केंद्रशासित प्रदेशों में संपूर्ण लागत केंद्र सरकार द्वारा वहन किया जाता है। केंद्रशासित प्रदेश एवं नक्सल प्रभावित क्षेत्रों में छात्रावास निर्माण का पूरा खर्च केंद्र सरकार वहन करती है। छात्रावास के निर्माण का उत्तरदायित्व संबद्ध राज्य/केंद्रशासित प्रदेश की है। इस प्रकार के छात्रावासों में सीटों की संख्या 100 होती हैं।

2. **आश्रम विद्यालयों की स्थापना :** इस प्रकार के विद्यालयों की स्थापना जनजातीय उपयोजना (TSP) वाले क्षेत्रों में की गई है। आश्रम विद्यालय योजना का उद्देश्य अनुसूचित जनजाति के विद्यार्थियों के लिए उनके परिचित वातावरण में आवासीय विद्यालयों की स्थापना करना है ताकि जनजातीय विद्यार्थियों में साक्षरता दर बढ़ाई जा सके और उनकी साक्षरता दर देश के अन्य लोगों की साक्षरता दर के बराबर लाई जा सके। इस योजना के तहत खर्च होने वाली धनराशि में राज्य एवं केंद्र दोनों की आधी-आधी (50 : 50) भागीदारी होती है जबकि केंद्रशासित प्रदेश में पूरा खर्च केंद्र वहन करता है।

3. **विद्यार्थियों की मेरिट का उन्नयन :** इस योजना का उद्देश्य 10वीं कक्षा और 12वीं कक्षा के अनुसूचित जनजाति के विद्यार्थियों को विशेष कोचिंग उपलब्ध कराना है जिससे वे इंजीनियरिंग और मेडिकल जैसे व्यावसायिक पाठ्यक्रमों में प्रवेश के लिए तैयारी कर सकें। राज्य/केंद्रशासित प्रदेशों में यह योजना शत-प्रतिशत केंद्रीय सहायता से मुहैया कराई जा रही है।

4. **विद्यार्थियों के लिए मैट्रिक पश्चात छात्रवृत्ति :** इस योजना का उद्देश्य अनुसूचित जनजाति के छात्रों को पंजीकृत पाठ्यक्रमों में मैट्रिक के बाद अध्ययन के लिए प्रोत्साहन देना है। इस योजना में पेशेवर, तकनीकी, गैर-पेशेवर तथा गैर-तकनीकी सभी स्तर के पाठ्यक्रमों को सम्मिलित किया गया है। इसमें दूरस्थ शिक्षा के लिए पत्राचार पाठ्यक्रम को भी सम्मिलित किया गया है। केंद्र की शत-प्रतिशत सहायता से इसका संचालन राज्यों/केंद्रशासित प्रदेशों द्वारा किया जाता है।

5. **व्यावसायिक प्रशिक्षण :** इस योजना का उद्देश्य जनजातीय युवाओं में रोजगार/स्वरोजगार के अवसर प्राप्त करने के लिए कौशल विकसित करना है। इस योजना को राज्य सरकारों, केंद्रशासित प्रदेशों के प्रशासन, संस्थाओं या संगठनों के जरिए सरकार द्वारा स्थापित स्वायत्तशासी निकाय, शैक्षिक और अन्य संस्थान जैसे स्थानीय निकाय, सहकारी समितियों और गैर-सरकारी संगठनों (NGO) द्वारा लागू किया जाता है। प्रत्येक व्यावसायिक प्रशिक्षण केंद्र की क्षमता 100 है

जिसमें 50 लोगों के लिए छात्रावास की सुविधा भी शामिल है। क्षेत्र में उपलब्ध रोजगार केंद्र पांच व्यावसायिक प्रशिक्षण पाठ्यक्रम चलाता है। प्रत्येक जनजातीय बालक/बालिका को उनकी रुचि के दो कार्यों का प्रशिक्षण दिया जाता है। प्रत्येक पाठ्यक्रम की अवधि तीन महीने है। प्रशिक्षु को छह माह बाद उपनगरीय क्षेत्र के एक प्रशिक्षक शिल्पी से छह माह के लिए संबद्ध कर दिया जाता है ताकि वह प्राप्त प्रशिक्षण का व्यावहारिक प्रयोग कर सके। प्रत्येक पाठ्यक्रम के लिए यह अवधि तीन महीने की है। इसमें प्रशिक्षु को मासिक स्टाइपेंड और प्रशिक्षण सामग्री उपलब्ध कराई जाती है।

अन्य पिछड़ा वर्ग के छात्र

व्यक्तिगत स्तर पर विभिन्न कारकों के क्रियाशील होने के कारण, एक व्यक्ति में अनेक आवश्यकताएं जन्म लेती हैं। इसी प्रकार सामाजिक स्तर पर भी अनेक कारक क्रियाशील और प्रभावपूर्ण होते हैं जिनके कारण भी एक व्यक्ति/छात्र में अनेक विशेष आवश्यकताओं का जन्म होता है, जिनकी आपूर्ति निश्चय ही होनी चाहिए। यद्यपि हमारा संविधान सभी के लिए समान शिक्षा की व्यवस्था के दायित्व का निर्वहन करने हेतु प्रतिबद्ध है परंतु विद्यालय जाने की उम्र वाले सभी बच्चों को आज भी यह अवसर उपलब्ध नहीं है। स्कूली अवस्था के अनेक बच्चे पढ़ाई की सुविधा से वंचित रह जाते हैं। इसके पीछे अनेक कारण हो सकते हैं। इन कारणों में से अधिकतर सामाजिक एवं आर्थिक स्थिति से जुड़े हैं। अन्य पिछड़े वर्ग के बालकों में शिक्षा का स्तर सुधारने के लिए सरकारी स्तर पर निम्न उपाय किए जा रहे हैं—

1. **मैट्रिक पूर्व छात्रवृत्ति :** यह छात्रवृत्ति इस वर्ग के उन विद्यार्थियों को दी जाती है जिनके अभिभावकों की वार्षिक आमदनी 44,500 रुपए प्रतिवर्ष से अधिक न हो। ये छात्रवृत्तियां पहली कक्षा या मैट्रिक पूर्व किसी भी कक्षा में दिन में पढ़ने वाले विद्यार्थियों को या छात्रावासों में रहने वाले तीसरी कक्षा या मैट्रिक पूर्व किसी भी कक्षा में पढ़ने वाले विद्यार्थी को दी जाती है। छात्रवृत्ति संबद्ध राज्य सरकार/केंद्रशासित प्रदेश द्वारा मान्यता प्राप्त संस्थाओं के संदर्भ में लागू होती है। इस योजना के तहत राज्य सरकारों को 50 प्रतिशत और केंद्रशासित प्रदेशों को शत-प्रतिशत केंद्रीय सहायता उनके स्वयं द्वारा निर्धारित राशि के अतिरिक्त दी जाती है।
2. **मैट्रिक बाद की छात्रवृत्तियां :** इस योजना का उद्देश्य पीएचडी (Ph.D) उपाधि सहित मैट्रिक/माध्यमिक स्तर के बाद अन्य पिछड़े वर्ग के विद्यार्थियों को वित्तीय सहायता प्रदान करना है जिससे वे आगे की शिक्षा पूरी कर सकें। ये छात्रवृत्तियां केवल देश में शिक्षा ग्रहण करने वालों को दी जाती हैं और आवेदक से संबद्ध राज्य सरकार/केंद्रशासित प्रदेश के प्रशासनों के माध्यम से दी जाती हैं। ये छात्रवृत्तियां मान्यताप्राप्त संस्थानों में शिक्षा ग्रहण करने वालों को दी जाती हैं। जिन बेरोजगार विद्यार्थियों के माता-पिता/अभिभावकों की वार्षिक आय 44,500 रुपए प्रतिवर्ष से अधिक नहीं है, वे ऐसी छात्रवृत्ति के अधिकारी हैं। इस योजना के तहत राज्य/केंद्रशासित प्रदेशों को उनके स्वयं द्वारा निर्धारित राशि के अतिरिक्त शत-प्रतिशत केंद्रीय सहायता दी जाती है।
3. **बालक-बालिकाओं हेतु छात्रावास :** इस योजना का उद्देश्य केंद्र/राज्य/केंद्रशासित प्रदेशों द्वारा अधिसूचित (Notify) सामाजिक और शैक्षिक रूप से पिछड़े वर्गों के विद्यार्थियों को शिक्षा प्राप्ति के बेहतर अवसर मुहैया कराना है। इस योजना के तहत केंद्र सरकार छात्रावासों के निर्माण के लिए राज्यों को 50 प्रतिशत और केंद्रशासित प्रदेशों को शत-प्रतिशत सहायता उपलब्ध कराती है। ये छात्रावास माध्यमिक, उच्चतर माध्यमिक, कॉलेजों और विश्वविद्यालयों में पढ़ने वाले विद्यार्थियों के लिए बनाए जाते हैं। इनके लिए भूमि अधिग्रहण, कर्मचारियों के वेतन और रख-रखाव का खर्च संबंधित राज्य सरकारों/केंद्रशासित प्रदेशों को वहन करना होता है।

विशेष आवश्यकताओं वाले छात्र

विशेष या असाधारण छात्रों से संबंधित शिक्षा को विशिष्ट शिक्षा भी कहा जाता है। शिक्षा के क्षेत्र में हम अनेक छात्रों अथवा बालकों को सामान्य बालकों से उच्च तथा अनेक को निम्न स्तर का पाते हैं। ऐसे दोनों प्रकार के बालक असाधारण या विशेष बालक कहे जाते हैं। शैक्षिक दृष्टि से बालक जिनके लिए सामान्य विद्यालयों की सुविधाएं पर्याप्त हो, सामान्य बालक समझे जाते हैं। बालकों अथवा छात्रों में वैयक्तिक भिन्नताएं होती हैं। जब ये वैयक्तिक भिन्नताएं इतनी गंभीर हो जाती हैं कि वे विद्यालय के सामान्य कक्षागत शिक्षण से लाभान्वित नहीं हो पाते और उनके लिए किसी विशिष्ट शिक्षा की आवश्यकता प्रतीत हो तो ऐसे छात्र या विद्यार्थी विशेष आवश्यकताओं वाले छात्र कहलाते हैं। ऐसे छात्रों को एक सामूहिक संज्ञा, शब्दों अथवा उप-वाक्य द्वारा संबोधित किया जा सकता है; जैसे—प्रतिभाशाली, विकलांग, मंदगति से सीखने वाला, बुद्धिमान आदि।

कक्षा में छात्रों को समान एवं विशिष्ट लक्षणों के द्वारा श्रेणीबद्ध किया जा सकता है। अध्यापक को प्रत्येक छात्र में पाए जाने वाले विशिष्ट लक्षणों की ओर ध्यान देना चाहिए, ताकि अध्यापन के दौरान अध्यापक उसकी ओर आवश्यकता के अनुसार विशेष रूप से ध्यान दे सके और ऐसे छात्र बिना किसी तनाव के सहज ढंग से शिक्षा ग्रहण कर सकें। अन्य शब्दों में, यदि आप शिक्षा को प्रत्येक व्यक्ति की सर्वश्रेष्ठ क्षमता को विकसित करने की प्रक्रिया मानते हैं, तो आवश्यकता इस बात की है कि आप क्षमता विकास के लिए निर्माण कार्य को प्रत्येक छात्र की आवश्यकतानुसार व व्यक्तिगत रूप से सुगम और निर्बाध उपलब्ध कराने का प्रयत्न करें। इस संबंध में कुछ उदाहरण निम्न प्रकार से हैं—

(*i*) कक्षा में छोटे कद वाले छात्रों को पहली पंक्ति में बैठाना चाहिए ताकि वह ब्लैक बोर्ड और अध्यापक को सरलता से देख सके।

(*ii*) जिन छात्रों में श्रवण दोष अर्थात् कम सुनने की समस्या है, उन्हें अध्यापक के निकट बैठाना चाहिए।

उपर्युक्त बातों से स्पष्ट है कि विशेष आवश्यकता वाले छात्रों में लक्षणों के आधार पर विभेदीकरण करना एक जटिल कार्य है। ऐसा इसलिए होता है क्योंकि अनेक बार वे ऊपर से कुछ और दिखाई पड़ते हैं जबकि अंदर से कुछ और होते हैं। अतः अध्यापक को प्रत्येक छात्रों का गहराई से अध्ययन करना जरूरी हो जाता है। विशेष आवश्यकता वाले छात्रों के शिक्षण से तात्पर्य है, "शिक्षा के नियमित कार्यक्रमों में ही विशेष समायोजन की व्यवस्था करके, छात्रों की शिक्षा की विशेष आवश्यकताओं को पूरा करना।"

समायोजन

मनुष्य जिन परिवेश में रह रहा है उसको उस परिवेश के अनुसार खुद को ढालना या अनुकूलित करना होता है। अतः किसी प्रतिकूल मनोभौतिक परिस्थितियों में स्वयं को अनुकूलित करना ही समायोजन (Adjustment) कहलाता है। यह समायोजन घर में माता-पिता तथा परिवार के अन्य सदस्यों के साथ समाज में मित्रों, सगे-संबंधियों आदि के साथ जरूरी है तो पाठशाला में शिक्षकों के साथ।

उपर्युक्त वर्णन के अनुसार समायोजन को इस तरह परिभाषित किया जा सकता है–"समायोजन एक अनवरत प्रक्रिया है जिसके द्वारा व्यक्ति स्वयं तथा अपने वातावरण के बीच अधिकाधिक सामंजस्य स्थापित करने की दृष्टि से अपने व्यवहार को परिवर्तित करता है।

समायोजन के विभिन्न रूप

समायोजन के मुख्यतः तीन रूप होते हैं–

1. शिक्षक एवं शिक्षार्थियों के बीच।
2. शिक्षार्थियों एवं शिक्षार्थियों के बीच।
3. शिक्षार्थियों एवं शिक्षकों का वातावरण के साथ।

समायोजन का संबंध 'मन' से है किसी शिक्षार्थी के मन में वे विभिन्न विचार उठते हैं, जैसे कक्षा का स्तर, शिक्षक, शिक्षार्थी आदि में कोई या कई वैसे नहीं हैं, जैसा शिक्षार्थी चाहता है। उसके मन में तरह-तरह के विचार उठते हैं, वह कभी कुछ सोचता है और कभी कुछ। अधिगम उपलब्धि है और कुसमायोजन मानसिक परेशानी है। परेशानी उपलब्धि को कम करती है एवं रोकती है। इस दृष्टि से अधिकतम अधिगम के लिए यह आवश्यक है कि शिक्षार्थी का वातावरण अपने साथियों, शिक्षकों आदि के साथ अधिकतम समायोजित हो।

शिक्षार्थी के सर्वक्षेत्रीय और सर्वअंगीय विकास की दृष्टि से उसका वातावरण के साथ समायोजन अत्यावश्यक है।

समायोजन का संबंध विद्यार्थी स्वयं और उसके वातावरण से होता है, जिसे निम्न प्रकार प्रदर्शित कर सकते हैं :

व्यक्ति या बालक का वातावरण

अनुकूल → समायोजन

प्रतिकूल → कुसमायोजन

समायोजन के लिए आवश्यक है कि या तो बालक स्वयं को बदले या फिर वातावरण को बदला जाए। किंतु वातावरण को परिवर्तित करना संभव नहीं है। न तो हम प्रकृति पर ही नियंत्रण कर सकते हैं और न ही अन्य लोगों को परिवर्तित कर सकते हैं। पाठशाला की स्थिति और परिस्थिति में भी परिवर्तित करना किसी के लिए संभव नहीं है। अतः विद्यार्थी को स्वयं वातावरण के अनुरूप बदलने का प्रयास करना चाहिए। स्वयं को वातावरण की परिस्थितियों के अनुरूप बदलने का कार्य तो उस विद्यार्थी का है जो स्वयं को पाठशालायी या घरेलू परिस्थितियों में समायोजित नहीं कर पा रहा है। विद्यार्थी की भावनाओं में परिवर्तन का प्रयास तो शिक्षक को ही करना चाहिए।

विभिन्न विद्वानों द्वारा समायोजन की व्याख्या

गेट्स के अनुसार, "सुसमायोजित वह व्यक्ति है जिसकी आवश्यकताएं एवं तृप्तियां सामाजिक दृष्टिकोण एवं सामाजिक उत्तरदायित्व की स्वीकृति के साथ संगठित होती हैं।"

बोरिंग, लैंगफील्ड व वैल्ड के अनुसार, "व्यक्ति के मानसिक शांति, संतुलन और संतोष बनाए रखने के लिए समायोजन अति आवश्यक है।"

विशेष शिक्षा के उद्देश्य

शिक्षा का जो उद्देश्य सामान्य छात्रों अथवा बालकों के लिए है वे ही विशेष आवश्यकताओं वाले छात्रों के लिए भी हैं। उनके कुछ विशेष उद्देश्य भी हैं। उनकी शिक्षा अध्यापक पाठ्य-सामग्री व सहायक सामग्री विशेष है। विशेष शिक्षा के लिए विशेष दर्शन, विशेष विधि, विशेष अभ्यास की आवश्यकता है। विशेष अथवा विशिष्ट शिक्षा के उद्देश्य को निम्न रूप में स्पष्ट किया जा सकता है–

(*i*) विशेष शिक्षा का उत्तरदायित्व निश्चित कर लेना चाहिए। जैसे–किसी व्यक्ति को विशेष शिक्षा के लिए इमारत, सामान, अध्यापक आदि का प्रबंध करने के लिए उत्तरदायित्व सौंपना।

(*ii*) बालकों/बालिकाओं के संरक्षकों को विशेष शिक्षा के कार्यक्रम के उद्देश्यों तथा कार्यों से परिचित कराना तथा यह बताना कि विशेष शिक्षा कोई दण्ड नहीं है।

(*iii*) स्कूल प्रशासन द्वारा बालकों का उचित ढंग से निरीक्षण करवाना तथा उचित ढंग से बैठने का प्रबंध करना। साथ ही बालकों की आवश्यकताओं का विस्तृत अध्ययन करना।

(*iv*) बालकों/बालिकाओं को विशेष कक्षा में भेजने के लिए प्रशासन द्वारा विशेष नीति का निर्माण करना।

(*v*) प्रशासन द्वारा ऐसी योजना का निर्माण करना कि विशेष कक्षा के सभी बालक औसत बालकों से संबंध स्थापित कर सकें।

(*vi*) बालकों के सामाजिक तथा व्यावसयिक सामंजस्य पर विशेष जोर देना चाहिए।

(*vii*) प्रशासन को ध्यान में रखना चाहिए कि विशेष शिक्षा का आयोजन व्यक्तिगत रुचियों व आवश्यकताओं को ध्यान में रखते हुए किया जाए।

प्रतिभावान, सृजनात्मक छात्र

प्रतिभावान बालक अथवा छात्र

प्रतिभावान/प्रतिभाशाली बालकों को विभिन्न मनोवैज्ञानिकों ने भिन्न-भिन्न दृष्टिकोण (Approach) से परिभाषित किया है। विभिन्न उपागमों/दृष्टिकोणों पर आधारित कुछ परिभाषाएं निम्नवत् हैं–

(*i*) **बुद्धि-लब्धि (I.Q.) उपागम**–इस उपागम के तहत प्रतिभाशाली बालक को बुद्धि-लब्धि की एक निश्चित क्षमता के अंतर्गत् माना जाता है। टरमैन ने प्रतिभाशाली बालकों के अध्ययन द्वारा निष्कर्ष निकाला कि ऐसे बालकों की बुद्धि-लब्धि 140 या इससे ऊपर होती है। अन्य मनोवैज्ञानिक 120 से 140 व उच्च बुद्धि-लब्धि वालों को ऐसा बालक होना मानते हैं।

(*ii*) **सामाजिक संभाव्यता उपागम**–इस उपागम के तहत प्रतिभावान शब्द उस बालक के लिए प्रयुक्त होता है जो अपनी आयु वर्ग में किसी एक योग्यता में श्रेष्ठ हो, जिससे वह हमारे समाज में जीवन के कल्याण व गुणवत्ता में उत्कृष्ट योगदान करने वाला बन सके।

(*iii*) **सांख्यिकीय उपागम**–इस उपागम के अनुसार किसी बुद्धि परीक्षण में प्राप्त अंकों के आधार पर उच्चतम (Top most) 2 से 3 प्रतिशत बालकों को प्रतिभाशाली माना जाता है।

विशेषताएं

डॉ. एस. एस. चौहान ने टरमैन (Terman) द्वारा किए गए अनुसंधान के आधार पर प्रतिभाशाली बालकों की निम्न विशेषताएं बताई है जो निम्नवत् हैं–

(*i*) **शारीरिक**–ऐसे बालक अपने वर्ग या समूह में औसत बुद्धि-लब्धि (I.Q.) वाले बालकों की अपेक्षा अच्छी शारीरिक विशेषता रखते हैं व उनका स्वास्थ्य अच्छा होता है।

(*ii*) **मानसिक**–प्रतिभाशाली बालक पठन, भाषा, गणितीय तर्क, विज्ञान, साहित्य व कला में उत्कृष्टता प्रदर्शित करते हैं। उनमें तर्क सामान्यीकरण व बोध की क्षमता अधिक होती है।

(*iii*) **अभिरुचियां**–ऐसे बालकों की विविध अभिरुचियां होती हैं। वे अच्छी पुस्तकों का अधिक मात्रा में सरलता से अध्ययन करना सीख लेते हैं तथा अमूर्त विषयों में रुचि लेते हैं।

(*iv*) **सामाजिक**–ऐसे बालकों में अहंकार की भावना कम होती है। साथ ही वे विश्वसनीय व कर्त्तव्यनिष्ठ अधिक होते हैं। उनमें सामाजिक अभिवृत्तियां व चारित्रिक गुण व्यापक होता है। वे संवेगात्मक परीक्षणों में अधिक अंक प्राप्त करते हैं।

(*v*) **अन्य विशेषताएं**–प्रतिभावान बालक सामान्य बालकों की तुलना में अच्छा प्रदर्शन करते हैं। शोध अध्ययनों से इस बात की पुष्टि निम्न रूप में हुई है–

(*a*) उच्च श्रेणी प्राप्त करना।
(*b*) अधिक सकारात्मक अभिवृत्तियां रखना।
(*c*) अधिकाधिक पाठ्यक्रम एवं सहभागी क्रियाकलापों में भाग लेना।
(*d*) अमूर्त विचारों में अधिक रुचि लेना।
(*e*) खेल-कूदों में उत्कृष्टता दिखाना।
(*f*) सुसमायोजित होना।
(*g*) अपने साथी मित्रों से अच्छे संबंध होना।
(*h*) अधिक आत्मविश्वासी होना।
(*i*) अधिक अहंशक्ति (Ego-Strength)।
(*j*) अधिक पठन योग्यता।
(*k*) अधिक वैयक्तिक स्वतंत्रता की भावना।
(*l*) बाह्य पर्यावरण के प्रति परिपक्व अनुक्रिया करना

पहचान

प्रतिभाशाली बालकों की पहचान करना एक सामूहिक प्रयास होना चाहिए जिसमें माता-पिता, अध्यापक, संगी-साथी, मनोवैज्ञानिक आदि का सहयोग मिलना चाहिए। ऐसे बालकों की पहचान निम्न दो आधारों पर की जाती है :

1. **बौद्धिक व शैक्षिक रूप से प्रतिभासंपन्न बालक**–कक्षा में ऐसे बालकों की पहचान अपनी उपलब्धि, शिक्षकों द्वारा उनकी प्रगति के सूक्ष्म अवलोकन, मानकीकृत बुद्धि परीक्षणों से प्राप्त बुद्धि-लब्धि (I.Q) तथा सृजनात्मक परीक्षणों के द्वारा होती है। डी हान एवं काफ (De Haan and Kough) ने उपरोक्त आधार पर प्रतिभाशाली बालकों की पहचान की सूची इस प्रकार दी है–

(*i*) शीघ्रता एवं सरलता से सीखना व याद करना।
(*ii*) सामान्य बुद्धि व व्यावहारिक ज्ञान का अधिक उपयोग करना।
(*iii*) वस्तुओं से संबंद्ध कारणों, संबंद्धों व अर्थों को समझना।
(*iv*) अर्जित ज्ञान को अधिक समय तक याद रखना।
(*v*) अपने आयु-वर्ग के बालकों की अपेक्षा अधिक ज्ञान रखना।
(*vi*) अधिक शब्दावली का प्रयोग।
(*vii*) अपनी कक्षा से दो-तीन वर्ष आगे की कक्षाओं की पुस्तकों को पढ़ना।
(*viii*) अत्यंत कठिन मानसिक कार्यो को कर सकना।
(*ix*) अधिक प्रश्न पूछना व अभिरुचि क्षेत्र का विस्तृत होना।
(*x*) अपनी आयु से 1-2 वर्ष आगे के शैक्षणिक कार्य करना।
(*xi*) काम करने में मौलिकता दिखाना।
(*xii*) चुस्त, सूक्ष्म दृष्टि वाला एवं शीघ्र उत्तर देने वाला होना।

2. **किसी विशेष शैक्षिक क्षेत्र में उच्च स्तरीय योग्यता वाले बालक**–कुछ बालक जो बौद्धिक व शैक्षिक रूप से तो सामान्य बालकों के समान होते हैं किंतु वे अन्य किसी विशिष्ट क्षेत्र

में, यथा–कला, संगीत, यांत्रिकी आदि में विशिष्ट योग्यता रखते हैं। ऐसे प्रतिभासंपन्न बालकों की पहचान अभिभावक, शिक्षक, खेल-अनुदेशक, निर्देशन विशेषज्ञ आदि निम्न विधियों से कर सकते हैं–

(*i*) विद्यालय प्रगति अभिलेख

(*ii*) शिक्षकों के अभिमत

(*iii*) कक्षागत व्यवहार का अवलोकन

(*iv*) शिक्षकों द्वारा मूल्यांकन

(*v*) बुद्धि परीक्षण

(*vi*) पुस्तकालयाध्यक्ष का अभिमत

(*vii*) साक्षात्कार

(*viii*) अभिरुचि/अभिक्षमता परीक्षण

शैक्षिक कार्यक्रम

प्रतिभावान बालकों के लिए निम्न शैक्षिक कार्यक्रम अपनाया जाना चाहिए–

(*i*) **गतिवर्द्धन**–गतिवर्द्धन का अर्थ शैक्षिक कार्यक्रमों के द्वारा बालकों को दी जाने वाली ऐसी प्रगति से है जो उसे औसत से कम आयु में प्राप्त होती है। समान आयु के बालकों के साथ कक्षा में बैठाए जाने पर यह प्रतिभाशाली बालक शिक्षक द्वारा दिए गए कार्य को आसानी व शीघ्रता से पूरा कर लेते हैं। अतः इनके स्तर का कार्य देने के लिए आवश्यक हो जाता है कि उन्हें उस कक्षा में रखा जाए जिसका कार्य वह औसत प्रतिभा वाले बालकों के समान ही पूरा कर सकें। गतिवर्द्धन का औचित्य इस बात से भी प्रकट होता है कि प्रतिभाशाली बालकों को उनकी योग्यता को अधिकतम विकास तथा चुनौतीपूर्ण कार्य करने का अवसर मिलता है। साथ ही अभिभावकों के समय, शक्ति व धन की बचत होती है।

इस तरह गतिवर्द्धन द्वारा विद्यार्थियों को निम्न क्षेत्र में लाभ पहुंचाया जा सकता है–

(*a*) निर्धारित आयु से पूर्व विद्यालय में प्रवेश।

(*b*) उसकी बौद्धिक व शैक्षिक योग्यताओं के आधार पर एक ही वर्ष में दो या दो से अधिक कक्षाओं के पाठ्यक्रम का अध्ययन।

(*c*) सामान्य से कम समय एवं आयु में किसी पाठ्यक्रम को उत्तीर्ण कर सकने की अनुमति।

(*ii*) **संवर्धित पाठ्यक्रम**–कोलेनिक्स के शब्दों में–"संवर्धन का तात्पर्य बालक को अधिक उच्च स्तर के अत्यंत विविधतापूर्ण अनुभव तथा कार्यों को करने का अवसर दिया जाए।" प्रतिभाशाली बालकों को पाठ्यक्रम में आवश्यक परिवर्तन कर उच्च कठिनाई के कार्य नियोजित किए जाएं। संवर्धन दो प्रकार से किया जा सकता है–(*a*) व्यक्तिगत तथा (*b*) समूहोन्मुख।

(*iii*) **विशेष कक्षाएं तथा विद्यालय**–प्रतिभाशाली बालकों को शिक्षण से लाभान्वित करने के लिए उन्हें विशेष कक्षाओं तथा विद्यालयों में पृथक से शिक्षा देना वांछनीय है। इसके लिए विस्तृत पाठ्यक्रम, अतिरिक्त क्रियाकलाप, प्रायोगिक कार्य आदि की व्यवस्था की जाती है।

(*iv*) **अन्य कार्यक्रम**–उपरोक्त सहायता के अतिरिक्त भारतीय परिस्थितियों के अनुकूल प्रतिभाशाली बालकों को निम्न प्रकार की सहायता भी दी जा सकती है–

(*a*) प्रभावी निर्देशन कार्यक्रम।

(*b*) विद्यालय कार्यक्रमों को वैयक्तिक व नमनीय बनाना।

(*c*) योग्यता के आधार पर वर्गीकरण।

(*d*) अतिरिक्त पाठ्यक्रम को बनाकर।

(*e*) विशिष्ट विषयों के विशेष पाठ्यक्रम बनाकर।

(*f*) प्रतिभाशाली बालकों हेतु ग्रीष्मावकाश काल में विद्यालय चलाकर।

(*g*) वैकल्पिक विषयों में नमनीयता लाकर।

(*h*) ऐसे छात्रों हेतु विशिष्ट अतिरिक्त कक्षाएं आयोजित कर।

सृजनात्मक बालक अथवा छात्र

सृजनात्मकता के संकल्पना एवं अर्थ को विभिन्न विद्वानों ने भिन्न-भिन्न प्रकार से परिभाषित किया है। कुछ प्रमुख विद्वानों की परिभाषाएं निम्नवत् हैं–

- **स्टेन (Sten)**–जब किसी कार्य का परिणाम उत्तम हो जो किसी निश्चित समय पर उचित या उपयोगी या संतोषप्रद स्वीकार किया जाए, वह सृजनात्मक कार्य कहलाता है।
- **बैरन (Baron)**–पूर्व में विद्यमान पदार्थों या तत्त्वों को मिलाकर नया योग बनाने की क्षमता ही सृजनशीलता है।
- **जेम्स ड्रेवर (James Drever)**–सृजनशीलता मूलतः नई वस्तु की रचना की योग्यता है, कल्पना के प्रयोग की योग्यता है जबकि विचारों व बिम्बों के नूतन मिश्रण से कोई रचना आत्मप्रेरित करनी हो तथा विचार संश्लेषण की योग्यता भी है जबकि मानसिक कार्य केवल विचारों का योगमात्र न हो।
- **गिलफोर्ड (J.P Guilford)**–सृजनात्मकता, कभी सृजना की योग्यता की, कभी सृजनात्मक उत्पादन की और कभी सृजनात्मक उत्पादनशीलता की द्योतक है।

विशेषताएं

विभिन्न विद्वानों ने सृजनात्मक बालकों की अलग-अलग विशेषताएं बताई हैं। इनमें से कुछ चुने हुए विद्वानों द्वारा दी गई विशेषताएं निम्नवत् हैं–

बैरन (Baron) के अनुसार ये विशेषताएं निम्न हैं–

(*i*) सृजनात्मक बालक किसी समस्या का निर्णय स्वयं एवं स्वतंत्र रूप से करता है।

(*ii*) एक ही समय अनेक विचारों पर केंद्रित रखने की योग्यता।

(*iii*) जटिल घटनाओं को प्राथमिकता।

(*iv*) ऐसे बालक स्वयं की बात पर आग्रह अधिक करते हैं।

(*v*) विभिन्न तत्त्वों के एकीकरण की योग्यता द्वारा उसमें समायोजन करने की क्षमता होती है।

(*vi*) ऐसे बालकों में उच्च मानसिक शक्ति स्तर पाया जाता है।

(*vii*) ये अवरोधों का अभाव तथा कल्पना की स्वतंत्रता प्रदर्शित करते हैं।

टोरेंस (Torrance) ने बैरन के (*ii*) एवं (*iv*) के अतिरिक्त अन्य विशेषताएं बताई हैं–

(*i*) मौलिकता

(*ii*) विनोद प्रियता

(*iii*) जिज्ञासा

(*iv*) संवेदनशीलता

गिलफोर्ड (Guilford) ने निम्न विशेषताएं बताई हैं–

(*i*) दूरदर्शिता

(*ii*) समस्या से संबद्ध तथ्यों को पुनः परिभाषित करने की योग्यता

(*iii*) दूसरों को प्रभावित करने की योग्यता

(*iv*) समन्वय करने की क्षमता

डॉ. एस. एस. चौहान ने निम्न विशेषताएं बताई हैं–

(*i*) दृढ़ विश्वास का साहस

(*ii*) अंतर्दृष्टिवान

(*iii*) काल्पनिक

(*iv*) खतरा उठाने को उत्सुक

(*v*) कार्य में निष्ठा

पहचान

गेटजल्स और मेडन्स (Gatzels and Madans) ने सृजनात्मक बालकों की पहचान विधियों को निम्न पांच भागों में बांटा है–

(*i*) उपलब्धि–अत्यंत उच्च श्रेणी की उपलब्धि सृजनात्मकता को बताती है।

(*ii*) रेटिंग–साथियों, अध्यापकों, निरीक्षकों, प्रधानाचार्यों अथवा मनोवैज्ञानिकों द्वारा मापनी (Rating) की सहायता से सृजनात्मक बालकों का पता लगाया जा सकता है।

(*iii*) बुद्धि–बुद्धि-लब्धि (I.Q) परीक्षण में अति उच्च बुद्धि-लब्धि सृजनात्मकता की द्योतक है।

(*iv*) व्यक्तित्त्व–सृजनात्मक व्यक्तित्त्व विशेषताओं के आधार पर सृजनात्मक बालकों की पहचान की जा सकती है।

(*v*) सृजनात्मक-परीक्षण अंक–टोरेंस, गिलफोर्ड, मेडिनिक आदि कुछ मनोवैज्ञानिकों ने सृजनात्मकता परीक्षण बनाएं हैं। भारत में पासी, बाकर मेंहदी, कौल, मजूमदार आदि ने भी इस प्रकार के परीक्षण बनाएं हैं।

शैक्षिक कार्यक्रम

सृजनात्मक बालकों के लिए निम्न शैक्षिक कार्यक्रम अपनाया जाना चाहिए–

(*i*) कक्षा-कक्ष प्रक्रिया–बालकों में सृजनात्मक चिंतन का विकास करने हेतु और सृजनात्मक बालकों के शिक्षण हेतु कक्षा-कक्ष प्रक्रिया की ओर विशेष ध्यान देना चाहिए। शिक्षक विश्वकोश (Educator's Encyclopaedia) में स्मिथ ने निम्न कक्षा-कक्ष क्रियाओं पर जोर दिया है–

(*a*) अध्यापक का कम प्रभाव,

(*b*) व्यक्ति भिन्नता को पहचानना,

(*c*) बालकों को अपनी सीमाओं के अंतर्गत् अपनी गति के अनुसार विकास करने देना,

(*d*) विद्यार्थियों की सहभागिता को प्रोत्साहन देना,

(*e*) असफलता के लिए दण्ड का भय दूर करना।

(*ii*) पाठ्यक्रम–बालकों में सृजनात्मकता को प्रोत्साहित करने हेतु पाठ्यक्रम को विशिष्ट बनाना जरूरी है। आजकल प्रचलित पाठ्यक्रम सामान्य बालकों को ध्यान में रखकर बनाया जाता है। सृजनात्मकता को ध्यान में रखकर उक्त पाठ्यक्रम में परिवर्तन करना चाहिए। पाठ्यक्रम ऐसा होना चाहिए जिससे मौलिक विचारों, धारा प्रवाहिता, लोच और अत्यधिक स्पष्टीकरण को बढ़ावा मिले। अधिक-से-अधिक सूचनाओं को पाठ्यक्रम के माध्यम से देना चाहिए, क्योंकि सूचनाओं के आधार पर ही विचार जन्म लेते हैं।

(*iii*) अवरोधक तत्त्वों को दूर करना–सृजनात्मक बालकों के शिक्षण और सृजनात्मकता के विकास के लिए अवरोधक तत्त्वों को दूर करना और शिक्षण की यथोचित विधियों और तकनीकों का प्रयोग करना उचित होगा। इन अवरोधक तत्त्वों में प्रमुख हैं–

(*a*) सामाजिक-आर्थिक

(*b*) मनोवैज्ञानिक

(*c*) चारित्रिक।

(*iv*) सहायक तत्त्वों को बढ़ावा–आलमशाह ने सृजनात्मकता को बढ़ावा देने अथवा सहायक के रूप में कार्य करने वाले निम्न चार प्रमुख तत्त्व बताएं हैं–

(*a*) प्रेरणा

(*b*) ग्रहणशीलता

(*c*) योग्यता

(*d*) चयनात्मकता।

(*v*) शैक्षिक साधन और सामग्री–बालकों में सृजनात्मकता का विकास करने के लिए कुछ विशेष शैक्षिक साधन और सामग्री होनी चाहिए। इन शैक्षिक साधन और सामग्री में कार्य पुस्तकें, निर्देशन पुस्तकें तथा विचार पुस्तकें उल्लेखनीय हैं। इसके अतिरिक्त दृश्य-श्रव्य सामग्री भी इसके लिए विकसित की जा सकती है।

विशेष रूप से अक्षम छात्र

ऐसे छात्रों को निम्न श्रेणियों में बांटा जा सकता है :

1. मानसिक रूप से विकलांग छात्र
2. दृष्टि बाधित छात्र
3. दृष्टिहीन छात्र
4. बधिर छात्र
5. शारीरिक रूप से विकलांग छात्र

मानसिक रूप से विकलांग छात्र

सामान्यतः मानसिक विकलांगता वो विकलांगता है जो औसत से निम्न मानसिक कार्यक्षमता का उल्लेख करती है। इसका आरंभ बालक के विकास की अवधि में होता है और यह निम्न में से एक या अधिक से अनुकूल व्यवहार की कमी द्वारा संबंधित रहती है–

(*i*) परिपक्वता, (*ii*) अधिगम, (*iii*) सामाजिक समायोजन।

स्किनर ने मानसिक रूप से विकलांगों को अनेक नाम दिए हैं, यथा–अल्पबुद्धि (Mentally Deficient), विकल बुद्धि (Mentally Handicapped), धीमी गति से सीखने वाले (Slow Learners), पिछड़े हुए (Backward) और मूढ़ (Dull)।

मानसिक रूप से विकलांग अथवा मंदबुद्धि बालकों की कुछ परिभाषाएं

परंपरागत परिभाषा

- **क्रो और क्रो** के अनुसार : "जिन बालकों की बुद्धि-लब्धि (I.Q) 70 से कम होती है, उन्हें मंदबुद्धि कहते हैं।"
- **स्किनर** के अनुसार : "प्रत्येक कक्षा के छात्रों को एक वर्ष में शिक्षा का एक निश्चित कार्यक्रम पूरा करना पड़ता है। जो छात्र उसे पूरा कर लेते हैं उनको 'सामान्य छात्र' कहा जाता है। जो छात्र उसे पूरा नहीं कर पाते उनको 'मंदबुद्धि छात्रों' की संज्ञा दी जाती है। विद्यालयों में यह धारणा बहुत लंबे समय से चली आ रही है और अब भी है।"

आधुनिक परिभाषा

- **पोलक व पोलक** के अनुसार : "मंदबुद्धि बालक को अब क्षीण बुद्धि बालकों के समूह में नहीं रखा जाता है, जिनके लिए कुछ भी नहीं किया जा सकता। अब हम यह स्वीकार करते हैं कि उनके व्यक्तित्व के उतने ही विभिन्न पहलू होते हैं, जितने सामान्य बालकों के व्यक्तित्त्व के होते हैं।"

मंदबुद्धि के प्रकार

बालक दो प्रकार के होते हैं–

(*i*) **मंदितमना बालक :** जिन बालकों की बुद्धि-लब्धि (I.Q.) 60 से कम होती है उन्हें अल्प मानसिक न्यूनता की श्रेणी में रखते हैं। इस श्रेणी में सामान्य से नीचे बुद्धि वाले की भी गणना करते हैं। इसमें जड़, मूढ़ व मूर्ख बुद्धि आती है। बहुत से अभिभावक यह विश्वास नहीं करते कि उनके बालक मानसिक रूप से मंद हैं। यदि बालक अच्छी प्रकार से अध्ययन नहीं कर पा रहा है तो वे सोचते हैं कि वह उतनी मेहनत से नहीं पढ़ता जितनी मेहनत से उसे पढ़ना चाहिए। अतः अध्यापक अभिभावकों को उनके बालकों के मानसिक विकास के संबंध में अवगत कराएं जिससे वे अपने बच्चों की उचित शिक्षा की व्यवस्था कर सकें। प्रतिभाशाली व साधारण बालकों की अपेक्षा मंदितमना बालकों का समायोजन कठिन व भिन्न है। इनके प्रति व्यवहार सहानुभूतिपूर्ण व धैर्यपूर्ण होना चाहिए।

(*ii*) **धीमी गति से सीखने वाले बालक/सीमांत बालक :** वे बालक जिनकी बुद्धि-लब्धि (I.Q.) 67 से ऊपर है किन्तु वे अपने सहपाठियों की तुलना में धीमी गति से सीखते हैं उन्हें धीमा सीखने वाला या सीमांत बालक कहा जाता है। धीमी गति से सीखने वालों की बुद्धि-लब्धि (I.Q.) की ऊपरी सीमा 85 होती है। 90 से कम बुद्धि-लब्धि (I.Q.) वाले बालक धीमी गति से सीखने वाले कहलाते हैं। वे जिनकी बुद्धि-लब्धि (I.Q.) औसत से कम होती है वे अपने सम आयु बालक वाले साथियों की तुलना में अपरिपक्व प्रतीत होते हैं। इनमें आत्म-विश्वास की कमी और आत्म-प्रतिष्ठा स्तर निम्न हो सकती है।

मानसिक रूप से पिछड़े बालकों की पहचान

मानसिक रूप से पिछड़े बालकों की पहचान के निम्न लक्षण हैं–

(*i*) वे प्रायः शारीरिक रूप से अयोग्य होते हैं।

(*ii*) वे संवेगात्मक रूप से अस्थिर होते हैं।

(*iii*) इनकी शैक्षिक निष्पत्ति निम्न होती है।

(*iv*) इनकी पहचान व्यक्तित्व अध्ययन से भी हो जाती है।

(*v*) इनकी पहचान निम्न बुद्धि-लब्धि (Below I.Q) द्वारा की जा सकती है।

(*vi*) निम्न शैक्षिक तथा शारीरिक आलेख भी इनकी पहचान में सहायक होते हैं।

मानसिक पिछड़ेपन के आधार

मानसिक पिछड़ेपन के मुख्यतः तीन आधार हैं–शैक्षिक, सामाजिक और व्यावहारिक।

शैक्षिक

(*i*) ऐसे बालक सूक्ष्म चिंतन के योग्य नहीं होते हैं।

(*ii*) शैक्षिक क्षमता में वह अपने आयु समूह से बहुत नीचे होते हैं।

सामाजिक

(*i*) सामाजिक व्यवहार में कुशल नहीं होते हैं।

(*ii*) व्यक्तिगत व सामाजिक उत्तरदायित्वों को वहन नहीं कर पाते हैं।

व्यावहारिक

(*i*) अधिगम की क्षमता कम होती है।

(*ii*) संवेदनात्मक दोष होते हैं।

मंदितों की विशेषताएं

विभिन्न विद्वानों ने मंदबुद्धि बालकों की भिन्न-भिन्न विशेषताओं का उल्लेख किया है–

क्रो एवं क्रो के अनुसार :

(*i*) संवेगात्मक और सामाजिक असमायोजन।

(*ii*) विद्यालय में असफलताओं के कारण निराशा।

(*iii*) दूसरों को मित्र बनाने की अधिक इच्छा।

(*iv*) दूसरों के द्वारा मित्र बनाए जाने की कम इच्छा।

फ्रैड्सन के अनुसार :

(*i*) आत्मविश्वास का अभाव

(*ii*) 50 से 70 या 75 तक बुद्धि-लब्धि (I.Q.)।

(*iii*) बहुधा भावावेशपूर्ण व्यवहार।

(*iv*) विभिन्न अवसरों, यथा–प्रेम, भय, मौन, चिंता, विरोध, पृथकता या आक्रमण पर विभिन्न प्रकार का व्यवहार।

स्किनर के अनुसार :

(*i*) सीखी हुई बात को नई परिस्थितियों में प्रयोग करने में कठिनाई।

(*ii*) व्यक्ति और घटनाओं के प्रति ठोस और विशिष्ट प्रतिक्रियाएं।

(*iii*) मान्यताओं के संबंध में अटल विश्वास।

(*iv*) दूसरों की चिंता न करके केवल अपनी चिंता।

(*v*) किसी बात का निर्णय करने में परिस्थितियों की अवहेलना।

(*vi*) कार्य और कारण के संबंध में असंगत धारणाएं।

शिक्षण की पद्धतियां

मंदबुद्धि बालक की शिक्षा का वही स्वरूप होना चाहिए, जो पिछड़े बालक की शिक्षा का है। इनकी शिक्षा के लिए निम्न व्यवस्था होनी चाहिए–

(*i*) छोटे समूहों में शिक्षा

(*ii*) अध्ययन के विषय

(*iii*) हस्तशिल्पों की शिक्षा

(*iv*) अच्छे शिक्षकों की नियुक्ति

(*v*) सांस्कृतिक विषयों की शिक्षा

(*vi*) विशिष्ट विद्यालयों की स्थापना

(*vii*) विशिष्ट कक्षाओं की स्थापना

(*viii*) विशिष्ट विद्यालयों का संगठन

(*ix*) विशेष शिक्षण विधियों का प्रयोग

(*x*) विशेष पाठ्यक्रम का निर्माण

इनके माध्यम से मंदबुद्धि बालकों की शिक्षा को व्यावहारिक रूप प्रदान कर सकते हैं जो उनको किसी कार्य में दक्ष करके जीवनयापन करने के योग्य बनाती है।

संवर्द्धन कार्यक्रम

जब बालक सामान्य स्कूल पाठ्यक्रम से किसी भी प्रकार से लाभान्वित नहीं होता तो उसे आवासीय स्कूल में भेजा जाता है जहाँ एक भली प्रकार बनाई गई निर्देशन योजना उनके सामाजिक सामंजस्य को प्रभावित करती है। इस प्रकार के बालकों के लिए शैक्षिक पाठ्यक्रम उतने ही सतर्क रूप से तैयार करना चाहिए जितना कि उन बालकों के लिए जो विशेष कक्षाओं में रखे जाते हैं।

मानसिक रूप से पिछड़े बालकों के लिए शैक्षिक व्यवस्था स्पष्ट, प्रबंधित तथा भली प्रकार निर्देशित होनी चाहिए। वहां पढ़ाई का हर सामान उपस्थित होना चाहिए तथा साथ ही कक्षाओं का प्रबंध होना चाहिए।

उपचारी कार्यक्रम

मानसिक रूप से पिछड़े बालकों की आवश्यकताएं अधिकतर कानून द्वारा ऐसे अध्यापकों, मनोवैज्ञानिकों, मनोचिकित्सकों तथा व्यावसायिक सेवाओं द्वारा पूरी की जा रही है जो इस क्षेत्र में शिक्षित हैं। प्रायः सभी राज्यों ने ऐसे कानून बनाए हैं जो कि मानसिक अक्षम बालक के सुधार, उपचार तथा शिक्षा में सहायक हैं।

पिछले लगभग 50 वर्षों में मानसिक रूप से पिछड़े बालकों की उन्नति के लिए कानून, मेडिकल अनुसंधान, मनोविज्ञान तथा शैक्षिक क्षेत्र में बहुत उन्नति हुई है। इस क्षेत्र में किए गए कार्यों का वर्णन निम्नवत है–

(*i*) **मनोविज्ञान**–मानसिक पिछड़ेपन पर महत्वपूर्ण मनोवैज्ञानिक अनुसंधान हुए हैं। कुछ अनुसंधान बालकों की प्रमुख तथा गौण विशेषताओं से संबंधित हैं। बालकों की मानसिक उन्नति पर वातावरण के प्रभाव का भी अध्ययन हो रहा है। इनमें से कुछ अध्ययन फ्रीमैन, सीलस तथा शैमिट द्वारा हुए हैं।

(*ii*) **कानून**–कानून द्वारा संस्थाओं को आर्थिक सहायता दी जाती है। कानूनों द्वारा विशेष स्कूलों की व्यवस्था, उनमें भर्ती, अध्यापकों का प्रशिक्षण आदि की सुविधा रहती है।

(*iii*) **मेडिकल अनुसंधान**–इस क्षेत्र में हो रहे अनुसंधान मानसिक स्तर की उन्नति की ओर संकेत करते हैं। इस प्रकार के अध्ययन दो बातों से संबंधित हैं–(*a*) मनोवेगात्मक पिछड़ेपन पर बेंजीड्राइन उपचार (*b*) मानसिक पिछड़ेपन पर गुलूटामी एसिड का प्रभाव। मेडिकल क्षेत्र के ये दोनों अनुसंधान शैक्षिक तथा मनोवैज्ञानिक दृष्टि से बहुत महत्त्वपूर्ण हैं।

(*iv*) **शैक्षिक समस्याएं**–न्यूयॉर्क का विशेष शिक्षा विभाग 1940 से पाठ्यक्रम तथा विधियों पर अनुसंधान कर रहा है। इन अनुसंधानों के परिणामों को मानसिक रूप से पिछड़े बालकों के शैक्षिक कार्यक्रम में सुझाव के रूप में लेना चाहिए।

मंदता के कारण और रोकथाम

मानसिक मंदता के कारण

(*i*) **प्रसव-पूर्वकालिक कारण**–जन्म से पूर्व पैदा होना अर्थात् सात माह का बालक या फिर जन्मपूर्व गर्भ के रोग, जैसे–ग्रंथि विकार तथा पोलियो आदि।

(*ii*) **प्रसवोत्तर कालिक कारण**–जन्म के समय मस्तिष्क में सूजन आना, मस्तिष्क पर आघात लगना आदि। मस्तिष्क कैंसर व ट्यूमर भी मस्तिष्क कोशिकाओं में ऑक्सीजन की कमी होने के कारण मंदता उत्पन्न करते हैं।

(*iii*) **अन्य कारण**–मद्यपान, गरीबी, आपसी झगड़े आदि का दुष्प्रभाव भी मानसिक मंदता का कारण होता है। परिवार का वातावरण व आर्थिक अभाव भी इसका कारण बन जाते हैं। समुचित वातावरण व वंशानुक्रम के अभाव में बालक मानसिक मंदता का शिकार हो जाता है।

मंदता के रोकथाम के उपाय

मंदबुद्धि बच्चों के लिए विशिष्ट विद्यालय हो तथा शिक्षक प्रशिक्षित हों। मंदबुद्धि बालकों को शिक्षित करने वाले शिक्षकों में निम्न विशेषताएं होनी चाहिए–

(*i*) बालकों का सम्मान करना।

(*ii*) बालकों के प्रति प्रेम, सहानुभूति और सहनशीलता का व्यवहार करना।

(*iii*) बालकों में संवेगात्मक संतुलन और सामाजिक समायोजन के गुणों का विकास करना।

(*iv*) स्वयं शारीरिक श्रम को महत्त्व देना तथा बालकों को श्रम का महत्त्व सामूहिक विधि से सिखाना।

(*v*) धीमी गति से पढ़ाना व अपने पढ़ाए हुए पाठ को बार-बार दोहराना।

(*vi*) बालकों की सहायता, परामर्श और निर्देशन देने के लिए तैयार रहना।

(*vii*) बालकों के स्वास्थ्य, समस्याओं और सामाजिक दशाओं का व्यक्तिगत रूप से ज्ञान होना व उनको हल करने का प्रयास करना।

(*viii*) शिक्षक को बालक की कमियों का पूर्ण ज्ञान हो तथा उसमें धैर्य व संकल्प के गुण हों, ताकि वह बालकों की मंदगति से हतोत्साहित न हों।

(*ix*) शिक्षण को रोचक बनाने के लिए सभी प्रकार की दृश्य-श्रव्य (Audio-Visual) सामग्री का उपयोग करना।

(*x*) बालकों को एक या दो हस्तशिल्पों की शिक्षा देने में कुशल होना।

(*xi*) मंदबुद्धि व पिछड़े बच्चों को पढ़ाने के लिए सरल विधियों, मूर्त वस्तुओं और सामूहिक क्रियाओं का प्रयोग करना।

मानसिक स्वास्थ्य विज्ञान के उपचार

मानसिक स्वास्थ्य विज्ञान के उपचार के अंतर्गत् निम्न पहलू शामिल हैं–

1. **मानसिक स्वास्थ्य विज्ञान**–मानसिक आरोग्य का शाब्दिक अर्थ मानसिक क्रियाओं से संबंधित रोगहीन दशा को कायम रखने वाला विज्ञान है। जिस प्रकार शारीरिक आरोग्य शरीर को स्वस्थ रखने के नियम निकालता है उसी प्रकार मानसिक आरोग्य मन को स्वस्थ रखने के नियम तथा उपाय निकालता है। इसमें केवल मानसिक रोगों को दूर करना ही शामिल नहीं है बल्कि मानसिक रोगों की रोकथाम भी शामिल है। मानसिक आरोग्य में मानसिक चिकित्सा के साथ-साथ मानसिक स्वास्थ्य बनाए रखने के लिए उपयुक्त परिस्थितियां उत्पन्न करना भी शामिल है। इस तरह नकारात्मक पहलू में मानसिक आरोग्य का अर्थ केवल मानसिक चिकित्सा तक ही सीमित है किन्तु सकारात्मक पहलू में उसमें मानसिक स्वास्थ्य बनाए रखने के लिए सभी तरह की कोशिशें आ जाती हैं। इस प्रकार स्पष्ट है कि मानसिक आरोग्य का काम केवल मानसिक चिकित्सक के ही हाथ में नहीं है। अध्यापक, माता-पिता, संरक्षक तथा समाज सुधारक और संत समुदाय आदि जैसे धार्मिक व्यक्तियों का भी उसमें महत्त्वपूर्ण योगदान है। सच तो यह है कि मानव मनोविज्ञान का ज्ञान उसमें अंतदृष्टि होने पर कोई भी व्यक्ति मानसिक आरोग्य में सहायक हो सकता है।

2. **मंदितों का उपचार**–मानसिक मंदित अपनी समस्याओं को खुद नहीं सुलझा सकते। अतः उन्हें माता-पिता, संरक्षक, अध्यापक या मनोवैज्ञानिक से निर्देशन मिलना चाहिए। निर्देशक को बालक अथवा किशोर की कठिनाई को सहानुभूतिपूर्वक समझने की कोशिश करनी चाहिए। उनको डांटना या झिड़कना ठीक नहीं है। उनको अपनी इच्छाओं तथा मनोवृत्तियों को जाहिर करने का मौका दिया जाना चाहिए।

3. **परिवार का महत्त्व**–मानसिक स्वास्थ्य बनाए रखने में परिवार का सबसे अधिक महत्व है और माता-पिता की सबसे अधिक जिम्मेदारी है। सबसे अधिक जरूरत इस बात की है कि परिवार में ऐसा स्वस्थ वातावरण बनाया जाए जिसमें बालक के व्यक्तित्व का ठीक से विकास हो सके। बालक के व्यक्तित्व पर माता-पिता के चरित्र, आपस के संबंध 'बच्चों से उनका व्यवहार' भाई-बहनों तथा परिवार के अन्य संबंधियों से बालक का संबंध आदि सभी बातों का प्रभाव पड़ता है। अतः इन सभी के स्वस्थ्य होने की जरूरत है। संक्षेप में इतना कहा जा सकता है कि माता-पिता बालक के व्यक्तित्व को उन्मुक्त रूप से विकसित होने का मौका दें। उसको गलत रास्तों से रोकें परन्तु उसको सब बातों में अपनी राय पर चलाने की कोशिश न करें। शेष बातें तो माता-पिता की बालक अथवा किशोर के मनोविज्ञान में अंतर्दृष्टि, उनके धैर्य, परिश्रम और अनुभव पर निर्भर है।

4. **स्कूल का महत्त्व**–परिवार के बाद मानसिक स्वास्थ्य बनाए रखने में स्कूल की महत्त्वपूर्ण भूमिका होती है। स्कूल में सबसे अधिक महत्त्व स्कूल के वातावरण का है। स्वास्थ्य वातावरण में बालक स्वयं अनुशासन तथा अन्य गुण ग्रहण का लेते हैं। स्कूल में कुछ बालकों को बिगड़ जाने का अधिक भय होता है। ऐसे बालकों पर विशेष ध्यान रखा जाना चाहिए।

सबसे बड़ी जरूरत इस बात की है कि अलग-अलग बालक का उसके व्यक्तित्व के अनुसार उपयुक्त एवं पर्याप्त काम दिया जाए। स्कूल में विद्यार्थियों की कठिनाइयों को दूर करने के लिए विद्यार्थी कर्मचारी सेवा का प्रबंध होना चाहिए।

सार-संक्षेप

विद्यालय में शिक्षक को विद्यार्थियों का मानसिक स्वास्थ्य बनाए रखने, मानसिक अस्वस्थता को रोकने और मानसिक स्वास्थ्य की उन्नति हेतु निम्न बातों की ओर ध्यान देना चाहिए–

(*i*) **अनुशासन**–विद्यालय में अनुशासन का विद्यार्थियों के मानसिक स्वास्थ्य पर महत्त्वपूर्ण प्रभाव पड़ता है परन्तु यह अनुशासन कभी कठोर नहीं होना चाहिए। ऐसा होने पर उससे मानसिक अस्वस्थता बढ़ेगी। अतः अनुशासन दंड द्वारा भय दिखाकर नहीं बल्कि विद्यार्थियों में नियम पालन और उत्तरदायित्व की भावना उत्पन्न करके स्थापित किया जाना चाहिए।

(*ii*) **संतुलित पाठ्यक्रम**–स्कूल में पाठ्यक्रम ऐसा होना चाहिए जिससे विद्यार्थी में व्यक्तित्व के सभी पहलुओं का स्वस्थ्य विकास हो, आवश्यक ज्ञान बढ़े और मस्तिष्क पर अनावश्यक जोर न पड़े। नाना प्रकार की पाठ्यक्रमेतर क्रियाओं के द्वारा विद्यालय में विद्यार्थियों के सर्वांगीण विकास में योगदान दिया जा सकता है।

(*iii*) **प्रेमपूर्ण व्यवहार**–स्पष्ट है कि विद्यार्थियों के मानसिक स्वस्थ्य के लिए अध्यापक के प्रेमपूर्ण व्यवहार का कितना महत्त्व है। इससे विद्यार्थी अध्यापक की बात मानेगा, उसका आदर करेगा और ऐसा काम नहीं करेगा जिसे अध्यापक बुरा समझता हो। शिक्षक को सभी विद्यार्थियों से एक-सा प्रेमपूर्ण व्यवहार रखना चाहिए। इसमें किसी भी प्रकार का भेदभाव विद्यार्थियों के मन को आघात पहुंचाता है।

(*iv*) **खेल तथा मनोरंजन**–विद्यार्थियों में दमित प्रेरणाएं मानसिक अस्वस्थता उत्पन्न करती हैं। इनको स्वस्थ्य रूप में अभिव्यक्त होने का अवसर खेलों और विविध प्रकार के मनोरंजन से दिया जा सकता है। खेल और मनोरंजन नई ऊर्जा के संचार का काम करते हैं।

(*v*) **यौन शिक्षा**–किशोरावस्था में लड़के-लड़कियों में यौन वासना के कारण नैतिक पतन होता है अथवा उसके दमन से मानसिक अस्वस्थता बढ़ती है। शिक्षकों को चाहिए कि वे यौन-संबंध बुरी आदतों को किशारों में से निकालने के लिए मनोवैज्ञानिक उपायों का सहारा लें। इसके लिए सबसे अच्छा उपाय लड़के-लड़कियों को आवश्यक यौन शिक्षा देना है। इससे जहाँ एक ओर वे यौन प्रवृत्ति की ओर एक स्वस्थ्य दृष्टिकोण बना सकेंगे और अनेक बुरी आदतों से बचे रहेंगे वहीं दूसरी ओर उनके शारीरिक, मानसिक और संवेगात्मक विकास में भी सहायता मिलेगी और वे आगे चलकर सर्वांगपूर्ण विकसित स्त्री-पुरुष बन सकेंगे।

(*vi*) **शैक्षिक निर्देशन**–मानसिक स्वास्थ्य बनाए रखने के लिए यह आवश्यक है कि विद्यार्थियों को उनकी योग्यता के अनुसार विषय दिए जाएं और उनकी शिक्षा संबंधी कठिनाइयों को दूर किया जाए। इस संबंध में मनोवैज्ञानिक की निजी सलाह शैक्षिक निर्देशन कहलाती है।

(*vii*) **व्यक्तिगत निर्देशन**–विद्यार्थी अपनी अनेक उलझनों को स्वयं नहीं सुलझा पाते। अतः उन्हें सुलझाने के लिए उन्हें मनोवैज्ञानिक द्वारा व्यक्तिगत निर्देशन दिए जाने की आवश्यकता है।

(*viii*) **संतुलित गृह कार्य**–यह समझना भूल है कि विद्यार्थियों को घर पर कार्य करने के लिए बहुत-सा काम देने से उनको व्यर्थ के कामों के लिए अवकाश न मिलेगा और वे व्यस्त रहेंगे। विद्यार्थियों को अत्यधिक गृह कार्य में जुटाए रखने से उन्हें चिंता होती है और मन पर बुरा प्रभाव पड़ता है। अतः उन्हें बहुत ही संतुलित गृह कार्य दिया जाना चाहिए।

(*ix*) **अच्छी आदतों का निर्माण**–मानसिक स्वास्थ्य अच्छी आदतों पर निर्भर है। अतः शिक्षक को चाहिए कि वह विद्यार्थियों में नियमित जीवन, संतुलित व्यायाम और खान-पान, अच्छे व्यवहार और उच्च विचार की आदतें डालने में सहायता दें।

(*x*) **व्यावसायिक निर्देशन**–प्रत्येक नवयुवक को शिक्षा कार्य के बाद कोई न कोई व्यवसाय ग्रहण करना होता है जिसकी चिंता अध्ययन काल में ही उसे सताने लगती है। व्यावसायिक निर्देशन के द्वारा चतुर शिक्षक उन्हें भावी व्यवसाय के चुनाव में सहायता दे सकता है।

दृष्टि बाधित छात्र

दृष्टि बाधित बालक सामान्य से कम, निम्न या शून्य दृष्टि वाले होते हैं। इन बालकों की समस्या यह होती है कि वे कक्षा में श्याम-पट्ट (Black Board) पर अंकित लेख या दृश्य सहायक सामग्री को तथा अपनी पुस्तक पठन में कठिनाई का अनुभव करते हैं। ऐसे बालकों के लिए निम्न सावधानियां रखनी चाहिए–

(*i*) उन्हें कंजरवेशन (Conservation) कक्षाओं में पढ़ाना चाहिए जहां बड़े छापे की पुस्तकें व बड़े आकार की दृश्य सामग्री का प्रयोग किया जाता है।

(*ii*) ऐसे छात्रों को कक्षा में श्याम-पट्ट (Black Board) के निकट बैठाना चाहिए।

(*iii*) उनकी दृष्टि की जांच कर उन्हें चश्मा लगाने की सलाह देनी चाहिए।

(*iv*) चिकित्सक से उनका उपचार कराना चाहिए।

(*v*) उनमें उचित रूप से पढ़ने-लिखने की विधि विकसित करनी चाहिए।

विशेषताएं

(*i*) ऐसे बालक जो औसत दृष्टि वाले बालकों से भिन्न हैं, परन्तु जिनका मेडिकल रूप से इलाज हो सकता है, सामान्य बालकों के साथ पढ़ सकते हैं।

(ii) ऐसे बालक जिनमें कि अत्यंत गंभीर दृष्टि दोष है इनका उपचार मेडिकल सहायता तथा चश्मे से करने पर भी वे सामान्य बालकों के साथ पढ़कर यथोचित लाभ नहीं उठा सकते। फिर भी उनके पास इतनी दृष्टि है कि वे उन साधनों से उचित लाभ उठा सकते हैं जो कि अन्धे बालकों को दिए जाते हैं।

(iii) ऐसे बालक, जो कि मेडिकल इलाज तथा चश्में की सहायता मिलने पर भी शैक्षिक तथा व्यावसायिक रूप से दृष्टिहीन हैं।

बाधित की मात्रा

दृष्टि बाधा की मात्रा के लिहाज से बहुत कम देखने वाले बालकों को चार वर्गों में बांटा गया है–

(i) ऐसे बालक, जिनकी दृष्टि एक्यूटी (Visual Acuity) 20/70 तथा 20/200 के बीच है।

(ii) ऐसे बालक जो गंभीर तथा बढ़ने वाली दृष्टि संबंधी कठिनाइयों से पीड़ित हैं।

(iii) ऐसे बालक जो नेत्र संबंधी रोगों से पीड़ित हैं या ऐसे रोगों से जो दृष्टि को प्रभावित करते हैं।

(iv) ऐसे बालक, जो कि उपरोक्त बालकों में सम्मिलित नहीं है और जिनके पास औसत मस्तिष्क है तथा जो डॉक्टरों तथा शिक्षाशास्त्रियों के अनुसार कम देखने वाले बालकों को दिए गए साधनों तथा सामान द्वारा अधिक लाभान्वित हो सकते हैं।

कारण एवं रोकथाम

(i) **मेडिकल परीक्षण**–इसकी सबसे अच्छी विधि है सभी बालकों का अच्छा मेडिकल परीक्षण लिया जाए। साथ ही आंखों का भी परीक्षण हो। ये परीक्षण स्कूल प्रवेश से पहले और प्रवेश के उपरांत भी लेना चाहिए।

(ii) **दृष्टि अनुवीक्षण**–जहाँ मेडिकल परीक्षण विधि नहीं अपनाई जा सकती, वहां पर दृष्टि अनुवीक्षण (Visual Screening) भी ली जा सकती है। यदि कार्य डॉक्टर, नर्स, अध्यापक कर सकते हैं। स्कूल स्वास्थ्य सेवा विभाग का कर्त्तव्य है कि अनुवीक्षण (Screening) की व्यवस्था कराए। इसे देखना चाहिए कि अनुवीक्षण ठीक दशाओं में हो रहा है या नहीं। चार्ट अवश्य बनाना चाहिए। बच्चे की प्रतिक्रिया भी देखनी चाहिए।

(iii) **चेक-अप**–माता-पिता को भी चाहिए कि वे अपने बच्चे का चेक-अप करा लें। यदि वे ऐसा नहीं करते तो स्कूल स्वास्थ्य विभाग इस ओर दिशा-निर्देश करे और बच्चों का व्यापक स्वास्थ्य परीक्षण कराए।

(iv) **विशेष अध्यापक**–कम देखने वाले बालकों के अध्यापकों को आंख की बनावट, सफाई, आंख की सामान्य बीमारियों तथा कठिनाइयों से परिचित होना चाहिए। उसे दवाइयों, रोशनी, शारीरिक सामान तथा शैक्षिक सामान का प्रबंध करना चाहिए। उसे पढ़ाई की उचित विधि से परिचित होना चाहिए। उसे मनोवैज्ञानिक तथा शैक्षिक कठिनाइयों के साथ-साथ संवेगात्मक कठिनाइयों को पहचानना चाहिए।

(v) **व्यावसायिक निर्देशन**–कम देखने वाले बालकों का शैक्षिक तथा व्यावसायिक निर्देशन परस्पर संबंधित है। एक सफल शैक्षिक निर्देशन के लिए बालक के व्यक्तित्व की प्रत्येक बातें ध्यान में रखनी चाहिए।

शैक्षिक कार्यक्रम

(i) **विशेष कक्षाओं का आयोजन**–कम देखने वाले बालकों (दृष्टि बाधित) को शिक्षा देने का सबसे अच्छा तरीका विशेष कक्षाओं का आयोजन है। एक विद्यालय में ऐसे बालकों की संख्या 1 से 500 तक होती है। अध्यापक इस बात का निर्णय करे कि क्या उनके लिए विशेष कक्षा का आयोजन किया जाए तथा कौन-कौन-सी सुविधाएं प्रदान की जाए। इस कक्षा में विभिन्न श्रेणियों के बालक हो सकते हैं। गांवों में भी आंशिक रूप से देखने वाले बालकों के लिए विशेष कक्षा का प्रबंध होना चाहिए।

(ii) **सहकारिता योजना**–पृथकीकरण अब आधुनिक शैक्षिक सिद्धांतों के अनुरूप नहीं है। अतः एक सहकारिता योजना का विकास किया गया है जिसके द्वारा कम देखने वाले बालक अपने कार्य एक विशेष सामान से युक्त एक योग्य शिक्षक के अंतर्गत करते हैं। अन्य कार्यक्रमों के लिए वे अन्य औसत बालकों के साथ मिल जाते हैं।

(iii) **पाठ्यक्रम**–कम देखने वाले और औसत बालकों का पाठ्यक्रम एक-सा होता है। अध्यापकों को इस ओर ध्यान देना चाहिए कि ऐसा कोई भी कार्य अधिक न करवाया जाए जिससे आंखों पर अधिक जोर पड़े।

(iv) **शैक्षिक माध्यम**–एक औसत बालक के लिए किताब 10 या 12 पॉइण्ट (Point) टाइप में होती है, पर आंशिक देखने वाले बालकों के लिए किताब 18 या 24 पॉइण्ट (Point) टाइप में होती है। प्रिंट साफ तथा विस्तृत होना चाहिए। दो शब्दों के बीच जगह होनी चाहिए। सफेद कागज पर काली स्याही से लिखा होना चाहिए। हाशिया तथा चित्र एवं मानचित्र पर काली स्याही से लिखा होना चाहिए। आर्ट तथा क्राफ्ट के लिए ऐसा सामान प्रयुक्त होना चाहिए कि आंखों पर अधिक जोर न पड़े। मशीनी तरीके, जैसे–टाइपराइटर, रेडियो आदि का प्रयोग होना चाहिए। साथ ही ऐसे बालकों को टाइपराइटर को छूने की विधि बतानी चाहिए।

(v) **रोशनी**–प्राकृतिक तथा बनावटी दोनों प्रकार की रोशनी सभी बालकों के लिए महत्व रखती है। कम देखने वाले बालकों के लिए यह और भी अधिक महत्व रखती है। ऐसे बालकों का कमरा हर स्थान से पूर्णरूप से रोशनीयुक्त होना चाहिए तथा उनमें चमक नहीं होनी चाहिए। भूरे तथा हरे बोर्ड में प्रत्यावर्तन अधिक होता है। अतः उनका प्रयोग करना चाहिए।

(*vi*) **फर्नीचर** : एक स्थान से दूसरे स्थान तक ले जा सकने वाले फर्नीचर से बालक उसे किसी भी स्थान पर ले जाकर पढ़ सकते हैं। फर्नीचर का रंग हल्का होना चाहिए।

दृष्टिहीन छात्र

वे बालक जिनकी दृष्टि एक्यूटी 20/200 होती है उन्हें शैक्षिक कार्य के लिए नेत्रहीन समझा जाता है। इससे कम होने पर अथवा इसी प्रकार की कोई अन्य अक्षमता होने पर बालक दृष्टिहीन समझे जाते हैं। दृष्टिहीन बालक को अपनी अन्य इन्द्रियों पर निर्भर रहना पड़ता है। जिन बालकों में बहुत कम दृष्टि होती है वे रंगों का भेद कर सकते हैं। एक बालक को तभी दृष्टिहीन मानना चाहिए जबकि डॉक्टर ने उसकी ऐसी स्थिति बतायी हो। डॉक्टर द्वारा बताए गए चश्में को पहनने से इनकी दृष्टि में सुधार हो सकता है। समय-समय पर आंखों की परीक्षा लेना भी जरूरी है। अध्यापक को देखना चाहिए कि बालक ने चश्मा पहना है अथवा नहीं, चश्मा ठीक दशा में है अथवा नहीं। चूंकि दृष्टिहीन बालक हमेशा अपनी अन्य इंद्रियों पर निर्भर रहता है, इसलिए उसकी अन्य इंद्रियों के स्वास्थ्य की परवाह भी करनी चाहिए।

दृष्टिहीन बालकों की समस्या अधिक विकट होती है। वे सामान्य विद्यालय व सामान्य कक्षाओं में शिक्षित होने में अधिक असुविधा का सामना करते हैं। उन्हें विद्यालय में आने-जाने, लिखने-पढ़ने जैसी क्रियाओं में दूसरों की सहायता लेनी पड़ती है। वे दूसरे व्यक्तियों के उपहास के पात्र बनते हैं जिससे उनमें हीन भावना का उदय होता है। ऐसे बालकों की शिक्षा में निम्न बिंदु उल्लेखनीय है–

(*i*) ऐसे बालकों के लिए पृथक एवं विशिष्ट विद्यालय होने चाहिए।

(*ii*) इन्हें ब्रेल (Brailie) पद्धति से शिक्षित करना चाहिए, जिनमें एक मोटे कागज पर कुछ बिन्दु उभार कर उनके स्पर्श द्वारा दृष्टिहीन बालकों को अक्षर व लिपि का ज्ञान कराया जाता है।

(*iii*) उन्हें संगीत या हस्तकला में प्रशिक्षण दिया जाना चाहिए।

(*iv*) उन्हें टंकण (Typing) का प्रशिक्षण भी दिया जा सकता है।

(*v*) उन्हें समुचित सहानुभूति की अपेक्षा होती है।

दृष्टिहीन छात्रों के लिए शैक्षिक सुविधाएं

(*i*) **सामान्य विद्यालय**–एक सामान्य दृष्टिहीन बालक सामान्य स्कूल में प्रवेश कर सकता है। इस अवस्था में उसे इस योग्य होना चाहिए कि वह कपड़े आदि स्वयं पहन सके। उसे नहाना और अपनी शारीरिक आवश्यकताओं की पूर्ति करना आना चाहिए। उसे जाने पहचाने वातावरण में चलने की आदत होनी चाहिए। उसे अपने आयु-वर्ग के बालकों से बोलना और उन्हें दोस्त बनाने आना चाहिए। इस संबंध में बालकों को किण्डरगार्टन में भेजने से अच्छे परिणाम निकलने चाहिए।

(*ii*) **ब्रेल कक्षाएं**–दृष्टिहीन बालकों के लिए स्कूल जाने से तात्पर्य अंधों के स्कूल जाने से है। वहाँ ऐसे बालकों को विशेष कक्षाओं में पढ़ाया जाता है। इन्हें ब्रेल कक्षा (Braille Class) कहते हैं। ब्रेल कक्षाओं तथा दृष्टिहीन बालकों के लिए स्कूल की व्यवस्था इसलिए की जाती है ताकि वे सामाजिक वातावरण से समायोजन कर सकें। आवासीय स्कूल भी बालकों की कक्षा से दूसरी कक्षा के लिए शिक्षा देता है। ब्रेल कक्षाएं ऐसी सहायता देती हैं जिनसे सामान्य कक्षा की पढ़ाई को समझ सकें। ये दोनों ही प्रकार की पढ़ाई अपनी उद्देश्य पूर्ति में सफल हो सकती हैं। ब्रेल कक्षाओं में एक कुशल अध्यापक 10 या 12 विद्यार्थियों को वह विषय पढ़ाता है जो वे अन्य बालकों के साथ नहीं पढ़ सकते। अन्य कार्यों के लिए वे सामान्य बालकों के साथ मिल जाते हैं। उन्हें हाथ में कार्य, शारीरिक शिक्षा तथा संगीत की शिक्षा भी दी जाती है। ब्रेल कक्षाओं के लिए ब्रेल पुस्तकों की आवश्यकता होती है। अमेरिका में ये ब्रेल कक्षाएं American Printing House for the Blind से पुस्तकें प्राप्त करती हैं।

(*iii*) **विशेष विधियां**–दृष्टिहीन बालक की शिक्षा के समय यह ध्यान में रखना चाहिए कि वह एक सामान्य बालक है। अधिकतर मामलों में उसका बढ़ता हुआ ज्ञान, वृद्धि, संवेग तथा इच्छाएं अन्य बालकों की तरह है। दृष्टि दोष प्रत्येक बालक में भिन्न होता है। यदि बालक में थोड़ी दृष्टि है और अध्यापक उसे दृष्टिहीन समझता है तो इसका बालक पर प्रतिकूल प्रभाव पड़ेगा। दृष्टि एक्यूटी (Visual Acuity) सदा दृष्टि क्षमता को नहीं बताती। अक्सर कम दृष्टि वाले बालक अपनी दृष्टि का अच्छा उपयोग करते हैं। घर के वातावरण, सीखने की तत्परता एवं सीखने की क्षमता का इस पर प्रभाव पड़ता है। एक अंधे बालक की शिक्षा के लिए दो चीजों–(*i*) विशेष सामान तथा माध्यम और (*ii*) पढ़ाने के विशेष सिद्धांतों का प्रयोग आवश्यक है।

बधिर-छात्र

कानों के द्वारा सुनने में बाधा से उत्पन्न अयोग्यता व्यक्ति विशेष को श्रवण विकलांग बनाती है। यह ष्किलांगता ऐसे बालकों की श्रवण शक्ति दोषयुक्त होने से उन्हें शब्दिक या बोलकर अभिव्यक्त करने में असमर्थ बनाती है। यही कारण है कि बहरे लोग गूंगे (Deaf) भी होते हैं। अतः सामान्य स्कूलों में शैक्षिक शिक्षण की अपेक्षा श्रवण विकलांगों की शिक्षा हेतु पृथक गूंगे-बहरों के विशिष्ट विद्यालयों की व्यवस्था की जाती है। जहां प्रशिक्षित अध्यापक विशिष्ट उपकरणों की सहायता से उनका विशिष्ट शिक्षण करते हैं।

प्रकार–बहरेपन अथवा श्रवण बाधिता को प्रायः दो प्रकारों में बांटा जाता है–

(*i*) बधिर या बहरे (Deaf),

(*ii*) ऊंचा सुनने वाले (Hard of Hearing)।

इन दोनों प्रकारों में भाषा को सीखने की योग्यता भिन्न-भिन्न होती है। ऊंचा सुनने वालों को श्रवण सहायक यंत्रों (Hearing Aids) की सहायता से शिक्षित किया जा सकता है किन्तु बधिरों की जिन्होंने कभी वाणी या भाषा सुनी ही नहीं, शिक्षा व्यवस्था विशिष्ट प्रकार की होती है।

विशेषताएं

(*i*) बधिर या कम सुनने वाले श्रवण क्षतियुक्त बालक वे हैं जिन्होंने बोलनें से पहले ही श्रवण शक्ति खो दी है। इस प्रकार के छात्रों के लिए विशेष प्रकार के शिक्षण की आवश्यकता होती है।

(*ii*) विद्यालय में कुछ बालक ऐसे होते हैं जिन्हें किसी न किसी प्रकार का और किसी न किसी स्तर का श्रवण दोष होता है।

(*iii*) श्रवण शक्ति बालक को अध्यापक द्वारा कही गई बातें सुनाई देती है। श्रवण शक्ति मौखिक संदेशवहन, अधिगम, मानसिक विकास और भाषा विकास का सबसे सशक्त साधन है। श्रवण बधित बालक इन साधनों से लाभ नहीं उठा पाता।

(*iv*) कक्षा में बैठे श्रवण क्षतियुक्त बालकों को प्रभावशाली ढंग से उन विधियों से शिक्षा दी जा सकती है जिनसे सामान्य श्रवण योग्यता वाले बालक को देते हैं।

(*v*) बधिर बालकों की पहचान उनसे बोलने पर हो सकती है। परन्तु उनकी पहचान श्रवण यंत्रों के द्वारा करना उचित होगा।

(*vi*) श्रवण क्षतियुक्त बालकों की पहचान श्रवण यंत्रों, यथा श्रवणमापक तथा अन्य तकनीकों से की जाती है।

(*vii*) विद्यालय में श्रवण क्षतियुक्त बालक कई दिनों तक अध्यापक की दृष्टि में नहीं आता। अध्यापक को उसका पता तभी होगा जब वह बालक से अधिकतम अंतःक्रिया (Interaction) करेगा। जबकि अधिक संख्या वाली कक्षा में ऐसा होना संभव नहीं है। अतः बालकों के प्रवेश के समय ही उनका परीक्षण करवा लेना उचित है।

(*viii*) माता-पिता को बालक के जन्म के तीन महीने पश्चात् चिकित्सक द्वारा अपने बालक की श्रवण शक्ति की जांच अवश्य करा लेनी चाहिए।

विद्यालय में प्रवेश दिलाते समय उन्हें अध्यापक को बालक की श्रवण स्थिति से अवगत करा देना चाहिए।

क्षति की मात्रा

ध्वनि के परिसर के अनुसार श्रवण क्षति को चार भागों में बांटा जा सकता है–

(*i*) **किंचित श्रवण क्षय**–सामान्य बातचीत का स्तर 65 डेसिबल्स होता है। किंचित श्रवण क्षय बालकों को 35-51 डेसिबल्स तक का श्रवण क्षय होता है। अर्थात् ये बालक 54 डेसिबल्स तक की ध्वनि को नहीं सुन पाते हैं। सामान्य स्तर पर बातचीत को ये बालक आसानी से नहीं सुन पाते हैं परन्तु उससे धीमे स्तर पर बोलने पर भी ये नहीं सुन पाते हैं।

(*ii*) **मंद श्रवण क्षय**–इन बालकों में 55-69 डेसिबल्स तक श्रवण क्षय होता है। अतः सामान्य स्तर, अर्थात् 65 डेसिबल्स स्तर पर बोलने पर ये बालक सुन नहीं पाते, थोड़ा ऊंचा बोलने पर ही सुन पाते हैं।

(*iii*) **गंभीर रूप से श्रवण क्षतियुक्त**–इन बालकों में 70-89 डेसिबल्स तक श्रवण क्षय होता है और ये काफी ऊंचा बोलने पर ही सुन पाते हैं जो सामान्यतः कठिन होता है।

(*iv*) **गहन श्रवण क्षतियुक्त बालक**–ऐसे बालकों में श्रवण क्षय 90 और इससे आगे डेसिबल्स स्तर तक का होता है। ये बहुत ऊंचा बोलने पर भी कुछ ही शब्द सुन पाते हैं। बधिर (Deaf) बालक कुछ भी नहीं सुन पाते।

कारण एवं रोकथाम

कारण–श्रवण बाधित होने के कारणों को मुख्यतः दो वर्गों–1. जन्म से पूर्व/जन्म के समय के कारण 2. जन्म के बाद के कारण में बांटा गया है–

1. **जन्म से पूर्व/जन्म के समय के कारण**–इसके अंतर्गत निम्न कारण आते हैं–

(*i*) **आनुवंशिक कारण**–श्रवण संबंधी दोषों का एक प्रमुख कारण आनुवंशिकता अथवा जननिकी (Genetic) है। आनुवंशिकता की निम्न विशेषताएं श्रवण दोष का कारण होती हैं–

(*a*) माता-पिता दोनों में विद्यमान एक अपगामी (Recessive) जीन्स।

(*b*) माता-पिता दोनों में से किसी एक में विद्यमान प्रबल (Dominant) जीन्स।

(*c*) लिंग संबंधित (Sex-linked) जीन्स जो केवल मां में होता है और केवल पुत्र को ही प्रभावित करता है।

(*ii*) **गर्भावस्था में श्रवण क्षतियुक्त**–बालक जब गर्भावस्था में होता है तब भी श्रवण दोष उत्पन्न होने की संभावना रहती है। ऐसा तब होता है जब मां कोई जहरीले पदार्थ का सेवन कर ले, शराब का सेवन करे, असंतुलित भोजन ग्रहण करे, दूषित भोजन करे अथवा बीमार रहे।

(*iii*) **असामयिक प्रसव**–असामयिक प्रसव भी श्रवण दोष उत्पन्न करता है। यह अभी निश्चित रूप से नहीं कहा जा सकता है कि असामयिक प्रसव इसका कारण है या वे कारण हैं जो असामयिक प्रसव कराते हैं।

(*iv*) **असुरक्षित प्रसव**–यदि प्रसव के समय रक्त प्रवाह अधिक हो जाए, रक्त का विकृत संचार हो, ऑक्सीजन का अभाव हो तो बालक के श्रवण तंत्र कुप्रभावित हो सकते हैं।

2. **जन्म के बाद के कारण**–इसके अंतर्गत निम्न कारण आते हैं–

(*i*) **बीमारी**–कुछ बीमारियां जैसे–खसरा, चेचक, टाइफॉइड तथा कुकुर खांसी आदि श्रवण दोष उत्पन्न करती हैं।

(*ii*) **दुर्घटना**–दुर्घटना भी श्रवण तंत्र को हानि पहुंचा सकती है। जिससे दोष उत्पन्न हो सकता है। किसी लकड़ी या पिन से कान का गंदगी निकालते समय बालक अनजाने में कर्ण पटल को नुकसान पहुंचा सकता है।

(*iii*) **उच्च ध्वनि**–निरंतर उच्च ध्वनि को सुनते रहने से कान उच्च ध्वनि को ही पकड़ पाते हैं। सामान्य व धीमी गति में बोले गए शब्द कान भली प्रकार नहीं सुन पाते। इस प्रकार उच्च ध्वनि श्रवण दोष उत्पन्न करती है।

(*iv*) **आयु**–वृद्धावस्था में शारीरिक तंत्र कमजोर पड़ने लगते हैं। अतः सुनाई कम पड़ता है। यह कारण बालकों पर लागू नहीं होता है क्योंकि उनका शरीर विकास करता है न कि क्षीण होता है।

(*v*) **असंतुलित आहार**–यदि बालक को संतुलित आहार नहीं मिलता तो उसकी श्रवण शक्ति काफी प्रभावित हो सकती है। बालक के श्रवण तंत्र के कोमल तंतुओं को जिन्दा रहने और विकास करने के लिए ऊर्जा नहीं मिलती।

रोकथाम

श्रवण बाधितों में निम्नांकित शैक्षिक उपायों द्वारा श्रवण शक्ति का विकास किया जा सकता है–

(*i*) **वाचन का विकास**–दृश्य सामग्री के प्रयोग व ध्वनि के कंपनों व स्पर्श द्वारा बधिरों की पहचान क्षमता का कुछ सीमा तक विकास किया जा सकता है। बधिर बालक अपने मुख में जबड़ों, जिह्वा, ओष्ठ, तालु, कंठ आदि की देशीय गतियों का अनुभव कर अपनी वाणी पर नियंत्रण करना सीखता है। आंशिक बधिर बालकों की श्रवण शक्ति का श्रवण सहायक यंत्रों की सहायता व प्रयोग से विकास किया जा सकता है।

(*ii*) **ओष्ठ द्वारा वाचन**–बधिर वाणी को नहीं सुन सकते, अतः उसका अनुकरण नहीं कर सकते। इसलिए इन्हें केवल ओष्ठ गति व मुख मुद्रा के हावभाव को देखकर ही बोले गए अंश का काल्पनिक अर्थ निकालने का प्रयास करना पड़ता है। अतः बधिर को इस प्रकार प्रशिक्षित किया जाना चाहिए कि वे ओष्ठ गति व मुख मुद्रा के भावों को पढ़कर अपने विचार व भाव को व्यक्त कर सकें।

शैक्षिक कार्यक्रम

श्रवण बाधितों के शैक्षिक कार्यक्रमों को चार वर्गों–(1) संप्रेषण तकनीकें, (2) शिक्षण तकनीकें, (3) शैक्षिक सुविधाएं तथा (4) औपचारिक सुविधाएं में बांटा गया है।

1. **संप्रेषण तकनीकें**–श्रवण क्षतियुक्त बालक के संबंध में सबसे बड़ी कठिनाई संप्रेषण के संबंध में है। अतः उसे भली प्रकार शिक्षित करने के लिए निम्न विशेष संप्रेषण तकनीकें अपनाई जानी चाहिए–

(*i*) **चिन्ह भाषा**–बधिर और अत्यधिक ऊंचा सुनने वाले बालकों के लिए चिन्ह भाषाओं का प्रचलन है, यथा–(*a*) चिह्नित अंग्रेजी, (*b*) अमेरिकन चिह्न भाषा, (*c*) अंगुली वर्णमाला। ये चिन्ह भाषाएं एक-दूसरे से भिन्न होती हैं।

(*ii*) **ओष्ठ पठन**–ओष्ठ पठन में बालकों को ओठों के हिलाने और गति के आधार पर वर्णों और शब्दों को पढ़ने की शिक्षा दी जाती है।

(*iii*) **संकेत भाषा**–संकेत भाषा में ओठों को पढ़ने के साथ हाथ से मुंह के पास ही संकेत दिए जाते हैं। संकेत उसी भाषा के होते हैं जिसमें कि बोला जाता है। संकेत भाषा के लाभ निम्नवत् हैं–

(*a*) इसमें उसी व्याकरण का प्रयोग होता है जो बोली जाती है।

(*b*) इससे बालक सुनने वाले लोगों के साथ आसानी से संप्रेषण कर सकता है।

(*iv*) **स्पर्श विधि**–इसमें स्पर्श द्वारा कहीं गई बात को समझने का प्रावधान होता है।

(*v*) **गतिविधि**–इसमें शरीर से विभिन्न गतियां करवाकर बधिर बालकों के संप्रेषण में सहायता दी जाती है।

(*vi*) **प्रवर्धक प्रयोग**–ध्वनि प्रवर्धक यंत्रों का प्रयोग उन बालकों के लिए उपयोगी हो सकता है जो सामान्य से थोड़ा ऊंचा सुनते हैं।

2. **शिक्षण तकनीकें**–श्रवण क्षतियुक्त बालकों के लिए निम्न शिक्षण तकनीकें अपनाई जानी चाहिए–

(*i*) शिक्षण विषय-वस्तु को सहायक सामग्री की सहायता से पढ़ाया जाना चाहिए। आकृतियां, चित्र, संकेत, शब्द, इशारे इत्यादि सहायक सामग्री प्रयोग की जा सकती है।

(*ii*) शिक्षण के बीच-बीच में प्रश्न पूछना अनिवार्य है। इससे यह पता लग सकता है कि बालक पढ़ाई गई बात को कितना समझ रहा है।

(*iii*) विल्सन के अनुसार श्रवण क्षतियुक्त बालक को एक नोट लेने वाला व्यक्ति (Note-taker) प्रदान किया जाना चाहिए।

(*iv*) श्रवण क्षतियुक्त बालकों के लिए एक विशेष अध्यापक नियुक्त किया जाना चाहिए जो प्रशिक्षण प्राप्त हो।

(*v*) श्रवण क्षतियुक्त बालकों की अधिगम कमियों की ओर विशेष ध्यान दिया जाना चाहिए ताकि यह पता चले कि वे शब्दों को ठीक लिखते और बोलते हैं अथवा नहीं।

(*vi*) श्रवण क्षतियुक्त बालकों के लिए तकनीकी कार्यक्रम बनाने चाहिए। रोचेस्टर तकनीक विज्ञान संस्थान में इस तरह के प्रोग्राम उपलब्ध हैं।

3. **श्रवण क्षतियुक्त बालकों को शैक्षिक सुविधाएं**–श्रवण क्षतियुक्त बालकों को दिन-प्रतिदिन के क्रियाकलाप में भली प्रकार से सहायता देने के लिए निम्न सुविधाएं दी जानी चाहिए–

(*i*) दृश्य-श्रव्य (Audio-Visual) संकेत सामग्री श्रवण क्षतियुक्त बालक के लिए अत्यंत लाभदायक सिद्ध हो सकती है।

टेलीफोन में ध्वनि प्रवर्धक (Sound Amplifier) लगाने से बालक टेलीफोन पर बातचीत कर सकते हैं। आजकल बालकों के लिए टेलीफोन, टाइपराटर और कंप्यूटर यंत्र बनाया गया है। इसमें टेलीफोन पर वार्ता टाइप होकर स्क्रीन में दिख जाती है। इससे बधिर बालक टेलीफोन पर वार्ता कर सकते हैं। यदि इसी प्रकार के अन्य यंत्र भी विद्यालयों में उपलब्ध कराएं जा सकें तो वे श्रवण क्षतियुक्त बालकों के लिए लाभप्रद होंगे।

(*ii*) वीडियो टेप्स का प्रयोग लाभकारी सिद्ध होता है।

(*iii*) फिल्म का प्रयोग किया जाना चाहिए।

(*iv*) उन सभी बालकों को कक्षा-कक्ष (Class-room) में समूह श्रवण सहायक (Group Hearing Aids) प्रदान किए जाने चाहिए जो किसी भी प्रकार की श्रवण क्षतियुक्तता से पीड़ित हैं।

(*v*) अध्यापक द्वारा ओवरहेड प्रोजेक्टर का प्रयोग अत्यंत अच्छा है।

(*vi*) श्रवण क्षतियुक्त बालकों को अजायबघर, ऐतिहासिक इमारतों, प्रसिद्ध स्थानों आदि जैसे सूचनाप्रद स्थलों पर भ्रमण के लिए ले जाना चाहिए।

4. **औपचारिक सुविधाएं**–श्रवण क्षतियुक्त बालकों के लिए निम्न औपचारिक सुविधाएं होनी चाहिए–

(*i*) **पृथक कक्षाएं**–कुछ श्रवण क्षतियुक्त बालक जन्म के कुछ वर्षों बाद भाषा ज्ञान प्राप्त कर श्रवण क्षतियुक्तता का शिकार होते हैं। ऐसे बालकों को शिक्षित करना अपेक्षाकृत सरल है। ऐसे बालकों को भी शिक्षित करना सरल है जो बधिर अथवा गंभीर रूप से क्षति-युक्तता से पीड़ित हैं।

(*ii*) **पृथक विद्यालय**–जो बालक जन्म से श्रवण क्षतियुक्त हैं, बधिर हैं, उन्हें सामान्य बालकों के साथ बैठाकर शिक्षा नहीं दी जा सकती। अतः उनके लिए पृथक विद्यालय बनवाए जाने चाहिए जहां बधिरों को शिक्षित करने संबंधी सभी उपकरण, सामग्री, सुविधा और प्रशिक्षित अध्यापक हों।

(*iii*) **शिशु प्रोग्राम**–श्रवण क्षतियुक्त बालक की शिक्षा तब आरंभ होती है जब वह स्कूल में प्रवेश लेने जाता है। वास्तव में, उसकी शिक्षा तब से आरंभ होनी चाहिए जबसे वह इस कमी का शिकार हुआ है। अतः विद्यालयों के कर्त्तव्य क्षेत्र के अंतर्गत यह भी आता है कि वह शिशुओं के लिए प्रोग्राम बनाएं ताकि विद्यालय में प्रवेश के समय एकाएक समस्या उत्पन्न न हो।

(*iv*) **शैक्षिक और व्यावसायिक निर्देशन**–श्रवण क्षतियुक्त बालकों की अभिरुचि और अभियोग्यता को ध्यान में रखकर उन्हें शैक्षिक निर्देशन दिया जाना चाहिए। ऐसे बालकों के व्यवसाय की योजना पूर्व में बनाना अनिवार्य है। इन्हें ऐसे व्यवसायों की आवश्यकता है जिनमें कम-से-कम शाब्दिक संप्रेषण होता हो। अतः प्रिंटिंग, बिजली संबंधी कार्य, लकड़ी आदि का कौशलयुक्त कार्य, खाना पकाने का कार्य, कलात्मक कार्य, बढ़ईगीरी आदि कार्य इनके लिए उपयुक्त होते हैं।

शारीरिक रूप से विकलांग छात्र

जब तक शरीर स्वस्थ्य नहीं होगा तब तक मनुष्य सामान्य रूप से कार्य नहीं कर सकता। शारीरिक स्वास्थ्य उसके कार्य व विकास को प्रभावित करता है। शारीरिक अक्षम अथवा अपंग बालक शारीरिक रूप से विकलांग कहलाते हैं। अपंग बालक चिरकालिक बीमार बालकों से संख्या में कहीं अधिक होते हैं। ऐसे बालक निरंतर असफल होते हैं और अंत में विद्यालय आना छोड़ देते हैं। अपंग और बीमार दोनों ही प्रकार के बालक विशिष्ट बालकों की श्रेणी में आते हैं। अतः वे विशेष शिक्षा के अधिकारी हैं।

विकलांगता का अर्थ व परिभाषा

महेश भार्गव एवं भावना लवनिया के शब्दों में–''शैक्षिक दृष्टि से विकलांगता किसी भी प्रकार की निर्योग्यता हो सकती है जो बालक विशेष को औसत बालकों की भांति शिक्षा ग्रहण करने में असमर्थ बनाती है। ऐसे बालक सामान्य शिक्षा पद्धति से लाभान्वित नहीं हो पाते। उनके लिए अतिरिक्त सहायता विशिष्ट शिक्षण की आवश्यकता होती है।''

बाल गोविंद तिवारी के शब्दों में – ''विकलांगता एक ऐसी स्थिति है जो किसी भी व्यक्ति को किसी भी अवस्था में उसके सामान्य व्यवहार, कार्य शक्ति, विचार एवं नियमित कृत्य को न्यूनाधिक प्रभावित कर आंगिक, मानसिक, सामाजिक व भावात्मक असंतुलन उत्पन्न कर देती है।''

विकलांगता के प्रकार

(*i*) मेरुदण्ड का वक्र,

(*ii*) मेरुदण्डीय द्विशाखी,

(*iii*) मांसपेशीय डायसट्रॉफी,

(*iv*) लूले-लंगड़े, हथकटे,

(*v*) एक या इससे अधिक अंगों का लकवा,

(*vi*) पांवफिरा,

(*vii*) प्रमस्तिष्कीय पक्षाघात,

(*viii*) विकृत नितंब।

विशेषता

एक बीमार बालक वह है जो काफी लंबे समय से बीमार है। कुछ बालक काफी लंबे समय तक बीमारी से ग्रस्त रहते हैं। इन बीमारियों में कुछ प्रमुख हैं–(*i*) दमा, (*ii*) मिर्गी, (*iii*) हृदय रोग, (*iv*) सूखा रोग, (*v*) तपेदिक, (*vi*) रक्त-अल्पता, (*vii*) श्वेत रक्तता (*viii*) धवल रोग, (*ix*) कैंसर, (*x*) मधुमेह, (*xi*) आमवातिक ज्वर, (*xii*) कृमिकोषीय तंतुशौच, (*xiii*) हंसिया-कोशिका खून की कमी।

कुछ बीमारियों के सामान्य लक्षण

बालकों में विभिन्न प्रकार की बीमारियों के लक्षण भिन्न-भिन्न होते हैं। इनमें से कुछ सामान्य लक्षण निम्नवत् हैं–

(*i*) शरीर का पीला पड़ जाना।

(*ii*) थका-थका सा रहना।

(*iii*) अधिकतर समय थकान का अनुभव होना।

(*iv*) सांस लेने में कठिनाई का अनुभव होना।

(*v*) शैक्षिक उपलब्धि का निम्न होना।

(*vi*) स्वभाव में चिड़चिड़ापन होना।

शैक्षिक कार्यक्रम

शारीरिक विकलांग बालक, सामान्य बालक से अधिगम की सामर्थ्य की दृष्टि से कम होता है। अतः ऐसे बालकों की शिक्षा व्यवस्था भी विशिष्ट प्रकार की होनी चाहिए। इनमें से कुछ बालक तो सामान्य विद्यालयों की सामान्य कक्षाओं में शिक्षा प्राप्त करने में कठिनाई का अनुभव नहीं करते जबकि गंभीर रूप से शारीरिक विकलांग बालकों के लिए पृथक विशिष्ट कक्षाओं तथा विशिष्ट आवासीय विद्यालयों (Residential Schools) की व्यवस्था किया जाना आवश्यक होता है। शारीरिक विकलांग बालकों की शिक्षा हेतु निम्न उपाए अपनाए जाने चाहिए–

(*i*) **उपचार सुविधा**–अपंग तथा बीमार बालकों के उपचार के लिए समुचित व्यवस्था की जानी चाहिए। समय-समय पर उन्हें योग्य व कुशल चिकित्सक को दिखाना चाहिए। ऐसे बालकों के उपचार के लिए यदि अलग से कोष (Fund) की व्यवस्था की जाए तो और भी अच्छा होगा क्योंकि ऐसे बालकों को समय-समय पर चिकित्सालय में भर्ती करने की भी आवश्यकता पड़ सकती है। ऐसी स्थिति में उन्हें विद्यालय से समय-समय पर अनुपस्थित होना पड़ सकता है। अतः उपस्थिति संबंधी छूट दी जानी चाहिए। इस अनुपस्थिति का नकारात्मक प्रभाव उनके शैक्षिक ज्ञान और उपलब्धि पर पड़ सकता है। अतः ऐसे बालकों के लिए सफलता के मापदंड सामान्य बालक के समान नहीं बनाने चाहिए। ऐसे में इन बालकों के समुचित सामाजिक और संवेगात्मक विकास की ओर ध्यान देना शिक्षक का कर्त्तव्य है।

(*ii*) **विशिष्ट भ्रमणशील अध्यापक**–भ्रमणशील अध्यापकों (Visiting Teachers) में मनोविज्ञानशास्त्री, उच्चारण सुधारक, समाजसेवी, चिकित्सक आदि की सेवाएं शारीरिक विकलांगों को विद्यालयों में परामर्श व निर्देशन देने हेतु ली जानी चाहिए जो समय-समय पर इन विद्यालयों में भ्रमण कर सके।

(*iii*) **विशिष्ट कक्षाएं**–सामान्य विद्यालयों में कम विकलांग बालक/बालिकाओं हेतु पृथक कक्षा में विशिष्ट शिक्षण (Social Teaching) की व्यवस्था होनी चाहिए जिससे उनका उपचारात्मक शिक्षण (Remedial Teaching) हो सके। उन्हें विशिष्ट सहायक यंत्रों के उपयोग व प्रयोग का प्रशिक्षण भी दिया जाना चाहिए।

(*iv*) **विकलांग विद्यालय**–गंभीर रूप से विकलांग बालक- बालिकाओं हेतु पृथक विद्यालयों की व्यवस्था वांछनीय व अपरिहार्य है। ऐसे विद्यालयों में वैज्ञानिक विधि से शिक्षण, प्रशिक्षित अध्यापक, आवासीय व्यवस्था, खेल व मनोरंजन व्यवस्था, आजीविकोपयोगी उद्योगों का प्रशिक्षण, पुनर्वास, रुचिकार्य आदि का प्रावधान किया जाना चाहिए।

(*v*) **विशिष्ट पाठ्यक्रम**–विकलांग बालक/बालिकाओं की विकलांगता, सामर्थ्य, अभिरुचि व स्तर के अनुकूल विशिष्ट पाठ्यक्रम निर्मित कर उसे प्रभावी किया जाना चाहिए।

(*vi*) **अतिरिक्त कक्षा**–अतिरिक्त कक्षा उन अपंग तथा रोगी बालकों के लिए आयोजित की जा सकती है जो नियमित कक्षाओं से पूर्णतया लाभान्वित नहीं हो पाते। अतः विकलांग बालकों तथा रोगी बालकों के लिए स्कूल के उपरांत अथवा छुट्टियों के दिन भी थोड़े समय के लिए कक्षाओं का आयोजन करना चाहिए। इस प्रकार अध्यापक बालकों की व्यक्तिगत, सामाजिक तथा संवेगात्मक समस्याओं को समझा कर उन्हें हल कर सकेगा।

(*vii*) **जनमानस में अभिवृत्ति परिवर्तन**–प्रायः विकलांग बालकों को लोग हेयदृष्टि से देखते हैं। उन्हें दया योग्य, दान योग्य, भार तथा मजाक का पात्र समझा जाता है। यह भी समझा जाता है कि वे हर प्रकार के तिरस्कार को सह लेंगे। इस प्रकार की भावना विकलांग तथा रोगी बालकों में हीन भावना व निराशा भर देती है। अतः यह आवश्यक है कि जनमानस में व्याप्त इस अभिवृत्ति में परिवर्तन लाया जाए।

(*viii*) **सामाजीकरण**–विकलांग और रोगी बालकों के सामाजीकरण के लिए उन्हें ऐसे अवसर प्रदान किए जाने चाहिए जिससे वे अपने हम उम्र तथा अन्य लोगों से हिल-मिल सकें। यह कार्य पाठ्येत्तर क्रियाओं द्वारा संभव हो सकता है। उनसे विभिन्न प्रकार की मनोरंजक क्रियाएं करवायी जानी चाहिए। विकलांग व रोगी बालकों के मनोरंजन के लिए कुछ विशेष कार्यक्रम, यथा–सम्मेलन, गोष्ठी, सांस्कृतिक गायन आदि आयोजित किए जा सकते हैं। इस क्षेत्र में गैर-सरकारी संगठनों (NGOs) को भी प्रयास करना चाहिए। इसके लिए शिक्षक को इन संगठनों को प्रोत्साहित करना चाहिए।

राष्ट्रीय स्तर की नीतियाँ और विधायन

राष्ट्रीय स्तर की नीतियाँ और विधायन उन नियमों, कानूनों और औपचारिक योजनाओं को संदर्भित करते हैं, जिन्हें किसी देश की सरकार द्वारा विभिन्न क्षेत्रों–जैसे शिक्षा, स्वास्थ्य, बाल कल्याण या सामाजिक सेवाओं–को दिशा देने, विनियमित करने और सुधारने के लिए बनाया जाता है। ये नीतियाँ और कानून पूरे देश में एकरूपता सुनिश्चित करते हैं तथा नागरिकों के अधिकारों की रक्षा करते हैं।

राष्ट्रीय स्तर पर नीतियाँ व्यापक ढाँचे या दिशा-निर्देश होते हैं, जो सरकार के लक्ष्यों, प्राथमिकताओं और रणनीतियों को निर्धारित करते हैं।

विधायन उन औपचारिक कानूनों को कहा जाता है, जिन्हें विधायिका द्वारा पारित किया जाता है और जो कानूनी रूप से बाध्यकारी तथा लागू करने योग्य होते हैं।

उदाहरण के लिए, शिक्षा या बच्चों के संदर्भ में :

- नीतियाँ समावेशी शिक्षा, बाल विकास या सार्वभौमिक शिक्षा की उपलब्धता पर केंद्रित हो सकती हैं।
- विधायन अधिकारों को लागू करता है, जैसे शिक्षा का अधिकार अधिनियम, या बच्चों को भेदभाव, शोषण और उपेक्षा से सुरक्षा प्रदान करता है।

संक्षेप में, राष्ट्रीय नीतियाँ दिशा और दृष्टि प्रदान करती हैं, जबकि विधायन कानूनी अधिकार और संरक्षण प्रदान करता है।

कोठारी आयोग (1964-66)

कोठारी आयोग ने सबसे पहले यह सुझाव दिया कि दिव्यांग बच्चों की शिक्षा केवल मानवीय दृष्टिकोण से नहीं, बल्कि उपयोगिता के दृष्टिकोण से भी संगठित की जानी चाहिए। आयोग ने इस बात पर जोर दिया कि दिव्यांग बच्चों की शिक्षा सामान्य शिक्षा प्रणाली का अविभाज्य हिस्सा होनी चाहिए। आयोग ने विशेष रूप से एकीकृत शिक्षा के महत्व को रेखांकित किया, क्योंकि यह लागत प्रभावी है और दिव्यांग और गैर-दिव्यांग बच्चों के बीच परस्पर समझ विकसित करने में उपयोगी है।

राष्ट्रीय शिक्षा नीति (1986)

भारतीय संसद ने 1986 में राष्ट्रीय शिक्षा नीति को अपनाया। इस नीति ने शैक्षिक असमानताओं को दूर करने और दिव्यांग बच्चों की शिक्षा के संदर्भ में शैक्षिक अवसरों की समानता सुनिश्चित करने पर जोर दिया।

राष्ट्रीय शिक्षा नीति (NEP) 2020

राष्ट्रीय शिक्षा नीति (NEP) 2020 को भारत सरकार द्वारा 28 जुलाई 2020 को अनुमोदित किया गया। इसका उद्देश्य भारतीय शिक्षा प्रणाली को अधिक समग्र, लचीला, बहुविषयी और कौशल-आधारित बनाना है, ताकि यह 21वीं सदी की आवश्यकताओं के अनुरूप हो सके।

1. विद्यालयी शिक्षा की नई संरचना (5+3+3+4)

NEP 2020 ने पुराने 10+2 प्रणाली को बदलकर 5+3+3+4 संरचना लागू की है :

- **आधारभूत चरण (5 वर्ष)** : 3 वर्ष प्री-प्राइमरी + कक्षा 1-2 (खेल-आधारित अधिगम)
- **प्रारंभिक चरण (3 वर्ष)** : कक्षा 3-5 (गतिविधि-आधारित अधिगम)
- **मध्य चरण (3 वर्ष)** : कक्षा 6-8 (संकल्पनात्मक अधिगम)
- **माध्यमिक चरण (4 वर्ष)** : कक्षा 9-12 (आलोचनात्मक चिंतन)

यह संरचना बच्चों के विकासात्मक चरणों पर आधारित है।

2. प्रारंभिक बाल्यावस्था देखभाल एवं शिक्षा (ECCE)

- 3-6 वर्ष आयु के बच्चों को शामिल करता है।
- 2030 तक गुणवत्तापूर्ण प्रारंभिक शिक्षा की सार्वभौमिक पहुँच का लक्ष्य।
- खेल-आधारित, गतिविधि-आधारित और खोज-आधारित अधिगम पर बल।

3. आधारभूत साक्षरता एवं संख्यात्मकता (FLN)

- सभी बच्चों को कक्षा 3 तक बुनियादी पढ़ने और गणना कौशल सुनिश्चित करना (2025 तक)।
- राष्ट्रीय आधारभूत साक्षरता एवं संख्यात्मकता मिशन (FLN मिशन) की स्थापना।

4. शिक्षण का माध्यम

- कम से कम कक्षा 5 तक (और यथासंभव कक्षा 8 तक) मातृभाषा/क्षेत्रीय भाषा में शिक्षा।
- बहुभाषिकता को बढ़ावा तथा बेहतर समझ विकसित करना।

5. पाठ्यक्रम और शिक्षण पद्धति

- अनुभवात्मक अधिगम, आलोचनात्मक चिंतन और कौशल विकास पर जोर।
- मुख्य अवधारणाओं पर ध्यान केंद्रित करने हेतु पाठ्यक्रम का सरलीकरण।
- कक्षा 6 से कोडिंग की शुरुआत।
- विषय चयन में लचीलापन (कला, विज्ञान और वाणिज्य के बीच कोई कठोर विभाजन नहीं)।

6. मूल्यांकन एवं परीक्षा सुधार

- बोर्ड परीक्षाओं को सरल और लचीला बनाना।
- दक्षता-आधारित मूल्यांकन पर जोर।
- 'PARAKH' (समग्र विकास हेतु प्रदर्शन मूल्यांकन, समीक्षा एवं ज्ञान विश्लेषण) की शुरुआत।
- कक्षा 3, 5 और 8 में नियमित मूल्यांकन

7. शिक्षक शिक्षा एवं प्रशिक्षण

- 2030 तक न्यूनतम योग्यता : 4-वर्षीय समेकित बी.एड. डिग्री
- प्रति वर्ष 50 घंटे का सतत व्यावसायिक विकास (CPD)
- योग्यता-आधारित भर्ती एवं पदोन्नति पर बल।

8. समावेशी एवं समान शिक्षा

- वंचित वर्गों (SC, ST, OBC, अल्पसंख्यक) पर विशेष ध्यान
- जेंडर इंक्लूजन फंड की स्थापना
- विशेष आवश्यकता वाले बच्चों के लिए समर्थन

9. शिक्षा में प्रौद्योगिकी का उपयोग

- डिजिटल शिक्षण प्लेटफॉर्म (DIKSHA, ई-सामग्री) का प्रोत्साहन
- ऑनलाइन एवं मिश्रित शिक्षण को बढ़ावा
- डिजिटल विभाजन को कम करने पर ध्यान

10. NEP 2020 के प्रमुख उद्देश्य

- 2030 तक 100% सकल नामांकन अनुपात (GER) प्राप्त करना
- समग्र एवं बहुविषयी शिक्षा को बढ़ावा देना
- आलोचनात्मक चिंतन एवं रचनात्मकता का विकास
- ड्रॉपआउट दर को कम करना

NEP 2020 एक परिवर्तनकारी नीति है, जो शिक्षा में गुणवत्ता, समानता और पहुँच पर केंद्रित है। इसकी सफलता प्रभावी क्रियान्वयन तथा शिक्षकों की सक्रिय भागीदारी पर निर्भर करती है।

विकलांग व्यक्तियों के लिए राष्ट्रीय नीति (2006)

विकलांग व्यक्तियों के लिए राष्ट्रीय नीति (2006) का उद्देश्य विकलांग व्यक्तियों (PwDs) को सशक्त बनाना तथा समाज में उनकी पूर्ण भागीदारी सुनिश्चित करना है। यह नीति समान अवसरों, अधिकारों की सुरक्षा, समावेशी शिक्षा तथा आर्थिक सशक्तिकरण को बढ़ावा देती है।

यह नीति प्रारंभिक हस्तक्षेप, पुनर्वास सेवाओं, बाधारहित वातावरण तथा विकलांग महिलाओं एवं बच्चों के लिए विशेष सहायता पर बल देती है।

इससे संबंधित प्रमुख कानूनों में विकलांग व्यक्तियों के अधिकार अधिनियम, 2016 तथा राष्ट्रीय ट्रस्ट अधिनियम, 1999 शामिल हैं।

यह नीति सुनिश्चित करती है कि विकलांग व्यक्ति गरिमापूर्ण, स्वतंत्र और रचनात्मक जीवन जी सकें।

रिहैबिलिटेशन काउंसिल ऑफ इंडिया (RCI) अधिनियम, 1992

यह अधिनियम 1992 में पारित किया गया था, जिसका उद्देश्य पुनर्वास पेशेवरों की नियुक्ति और केंद्रीय पुनर्वास रजिस्टर का रखरखाव करना था। इसे 2000 में रिहैबिलिटेशन काउंसिल ऑफ इंडिया (संशोधन) अधिनियम द्वारा संशोधित किया गया, ताकि पुनर्वास पेशेवरों के प्रशिक्षण की निगरानी, व्यक्तिगत विकास, पुनर्वास और विशेष शिक्षा में अनुसंधान को बढ़ावा देना, काउंसिल के अतिरिक्त उद्देश्यों में शामिल किया जा सके।

SECTION-C

अधिगम और अध्यापन

बालक किस प्रकार सोचते एवं सीखते हैं

बालक का सीखना एवं सोचना एक गहन, गतिशील तथा बहुस्तरीय प्रक्रिया है, जो केवल कक्षा-कक्ष तक सीमित नहीं रहती, बल्कि उसके संपूर्ण जीवनानुभवों से प्रभावित होती है। शिक्षा के आधुनिक दृष्टिकोण में यह स्वीकार किया गया है कि बालक ज्ञान का निष्क्रिय उपभोक्ता नहीं, बल्कि सक्रिय निर्माता है। अतः यह समझना अत्यंत आवश्यक है कि बालक किस प्रकार सोचते हैं, सीखते हैं तथा किन कारणों से वे विद्यालयी प्रदर्शन में अपेक्षित सफलता प्राप्त करने में असफल हो जाते हैं।

बालकों की सोचने की प्रक्रिया का दार्शनिक एवं मनोवैज्ञानिक आधार

बालकों की सोच का विकास क्रमिक, संरचित और अनुभव-आधारित होता है। यह विकास केवल जैविक परिपक्वता का परिणाम नहीं, बल्कि सामाजिक, सांस्कृतिक एवं भाषाई अंतःक्रियाओं का भी प्रतिफल है।

प्रख्यात मनोवैज्ञानिक जीन पियाजे ने यह प्रतिपादित किया कि बालक की सोच विभिन्न चरणों में विकसित होती है, जहाँ प्रत्येक चरण की अपनी विशिष्ट विशेषताएँ होती हैं। प्रारंभिक अवस्था में बालक इंद्रियों और क्रियाओं के माध्यम से संसार को समझता है, जबकि आगे चलकर वह प्रतीकों, तर्क और अमूर्त अवधारणाओं का प्रयोग करने लगता है।

इसके विपरीत लेव वायगोत्स्की ने बालक की सोच को सामाजिक परिप्रेक्ष्य में समझने का प्रयास किया। उनके अनुसार भाषा, संवाद और सांस्कृतिक उपकरण बालक के संज्ञानात्मक विकास में केंद्रीय भूमिका निभाते हैं। "निकटस्थ विकास क्षेत्र" की अवधारणा यह दर्शाती है कि बालक उचित सहयोग एवं मार्गदर्शन से अपनी वर्तमान क्षमता से अधिक उन्नत स्तर पर कार्य कर सकता है।

इस प्रकार बालक की सोच एक अंतःक्रियात्मक प्रक्रिया है, जिसमें व्यक्तिगत अनुभव और सामाजिक परिवेश दोनों समान रूप से महत्वपूर्ण होते हैं।

अधिगम की प्रकृति एवं प्रक्रियात्मक आयाम

अधिगम को यदि व्यापक अर्थ में देखा जाए, तो यह व्यवहार में स्थायी परिवर्तन की प्रक्रिया है, जो अनुभव, अभ्यास और अंतःक्रिया के माध्यम से उत्पन्न होती है। यह परिवर्तन केवल बौद्धिक स्तर तक सीमित नहीं रहता, बल्कि भावनात्मक, सामाजिक और नैतिक क्षेत्रों को भी प्रभावित करता है।

व्यवहारवादी दृष्टिकोण के अंतर्गत बी.एफ. स्किनर ने यह सिद्ध किया कि अधिगम प्रोत्साहन और दंड के माध्यम से नियंत्रित किया जा सकता है। यदि किसी व्यवहार को सकारात्मक परिणाम प्राप्त होता है, तो उसकी पुनरावृत्ति की संभावना बढ़ जाती है।

इसके विपरीत, रचनावादी दृष्टिकोण यह मानता है कि अधिगम एक सक्रिय निर्माणात्मक प्रक्रिया है, जिसमें बालक अपने पूर्व ज्ञान और अनुभवों के आधार पर नए ज्ञान का निर्माण करता है। इस दृष्टिकोण में शिक्षक की भूमिका एक मार्गदर्शक, सहायक और प्रेरक की होती है, न कि केवल ज्ञान प्रदाता की।

अधिगम की प्रभावशीलता कई कारकों पर निर्भर करती है—जैसे प्रेरणा, रुचि, पूर्व ज्ञान, वातावरण, शिक्षण विधि, तथा प्रतिपुष्टि। इन सभी कारकों का संतुलित समन्वय ही गुणवत्तापूर्ण अधिगम को सुनिश्चित करता है।

बालकों के विद्यालयी प्रदर्शन को प्रभावित करने वाले बहुआयामी कारक

विद्यालयी प्रदर्शन को केवल परीक्षा के अंकों तक सीमित करना शिक्षा की संकीर्ण व्याख्या है। वास्तविकता में यह एक समग्र प्रक्रिया है, जिसमें संज्ञानात्मक, भावनात्मक, सामाजिक और पर्यावरणीय तत्वों का संयुक्त प्रभाव होता है।

बालक की पारिवारिक पृष्ठभूमि उसके प्रदर्शन पर गहरा प्रभाव डालती है। जिन बालकों को घर पर शैक्षणिक सहयोग, अनुकूल वातावरण और भावनात्मक समर्थन मिलता है, वे अपेक्षाकृत बेहतर प्रदर्शन करते हैं। इसके विपरीत, आर्थिक अभाव, पारिवारिक कलह और अभिभावकों की अशिक्षा बालक की प्रगति में बाधा उत्पन्न करते हैं।

विद्यालय का वातावरण भी अत्यंत महत्वपूर्ण है। यदि विद्यालय में प्रोत्साहन, सहयोग और सकारात्मकता का माहौल है, तो बालक सीखने के प्रति उत्साहित रहता है। वहीं, कठोर अनुशासन, भय और दंडात्मक दृष्टिकोण बालक के आत्मविश्वास को कम कर देते हैं।

शिक्षक का व्यक्तित्व, उसकी शिक्षण शैली और बालकों के प्रति उसका दृष्टिकोण भी निर्णायक भूमिका निभाते हैं। एक संवेदनशील, प्रोत्साहनकारी और नवाचारी शिक्षक बालक की क्षमता को विकसित करने में सहायक होता है।

विद्यालयी प्रदर्शन में असफलता के कारणों का विश्लेषणात्मक विवेचन

बालकों की असफलता को एकल कारण से नहीं जोड़ा जा सकता, बल्कि यह अनेक परस्पर संबंधित कारकों का परिणाम होती है।

अधिगम की प्रक्रिया में सबसे बड़ी बाधा तब उत्पन्न होती है जब शिक्षण केवल रटने तक सीमित हो जाता है। ऐसी स्थिति में बालक विषय की गहराई को समझ नहीं पाता और उसका ज्ञान सतही रह जाता है।

भाषाई बाधाएँ भी एक गंभीर समस्या हैं। जब शिक्षण की भाषा बालक की मातृभाषा से भिन्न होती है, तो वह अवधारणाओं को समझने में कठिनाई अनुभव करता है, जिससे उसका आत्मविश्वास घटता है और प्रदर्शन प्रभावित होता है।

भावनात्मक असंतुलन, जैसे भय, चिंता, तनाव और हीनभावना, बालक की संज्ञानात्मक क्षमताओं को बाधित करते हैं। विशेष रूप से परीक्षा के समय उत्पन्न होने वाला तनाव बालक की वास्तविक क्षमता को प्रकट नहीं होने देता।

इसके अतिरिक्त, विशिष्ट अधिगम अक्षमताएँ—जैसे डिस्लेक्सिया (पठन कठिनाई), डिस्कैल्कुलिया (गणितीय कठिनाई)—भी बालकों के प्रदर्शन को प्रभावित करती हैं। यदि इन समस्याओं की समय पर पहचान और उपचार नहीं किया जाता, तो बालक निरंतर असफलता का अनुभव करता है, जिससे उसकी आत्म-अवधारणा नकारात्मक हो जाती है।

सामाजिक-आर्थिक कारक, जैसे गरीबी, संसाधनों की कमी और शैक्षणिक अवसरों का अभाव, भी बालकों के प्रदर्शन में बाधा उत्पन्न करते हैं। ऐसे बालक अक्सर विद्यालयी गतिविधियों में पूर्ण रूप से भाग नहीं ले पाते, जिससे उनका अधिगम अधूरा रह जाता है।

सुधारात्मक दृष्टिकोण एवं शैक्षणिक हस्तक्षेप की आवश्यकता

बालकों की असफलता को दूर करने के लिए शिक्षण प्रणाली में व्यापक और संवेदनशील परिवर्तन आवश्यक हैं। शिक्षकों को चाहिए कि वे बालक-केंद्रित शिक्षण पद्धतियों को अपनाएँ, जिनमें बालक की सक्रिय भागीदारी सुनिश्चित हो।

गतिविधि-आधारित शिक्षण, अनुभवात्मक अधिगम, समस्या-समाधान विधि तथा सहकारी अधिगम जैसी विधियाँ बालकों के संज्ञानात्मक एवं सामाजिक विकास को प्रोत्साहित करती हैं।

निरंतर और समग्र मूल्यांकन (CCE) के माध्यम से बालक की प्रगति का आकलन किया जाना चाहिए, ताकि उसकी कमजोरियों की पहचान कर समय पर सुधारात्मक उपाय किए जा सकें।

इसके साथ ही, शिक्षकों और अभिभावकों के बीच समन्वय स्थापित करना आवश्यक है, ताकि बालक को घर और विद्यालय दोनों स्थानों पर समान रूप से सहयोग प्राप्त हो।

समावेशी शिक्षा की अवधारणा को अपनाकर यह सुनिश्चित किया जाना चाहिए कि प्रत्येक बालक, चाहे उसकी क्षमता या पृष्ठभूमि कैसी भी हो, उसे समान अवसर और समर्थन प्राप्त हो।

अधिगम और अध्यापन की बुनियादी प्रक्रियाएँ

अधिगम की संकल्पना, प्रकृति एवं व्यापक स्वरूप

अधिगम एक ऐसी सतत, गतिशील, अनुभव-आधारित एवं बहुआयामी प्रक्रिया है, जिसके माध्यम से बालक अपने व्यवहार, ज्ञान, कौशल, दृष्टिकोण एवं मानसिक संरचना में अपेक्षाकृत स्थायी एवं सार्थक परिवर्तन करता है। यह प्रक्रिया केवल स्मरण या सूचना ग्रहण तक सीमित नहीं है, बल्कि यह एक सक्रिय मानसिक निर्माण की प्रक्रिया है, जिसमें व्यक्ति अपने पूर्व अनुभवों, नवीन परिस्थितियों एवं सामाजिक अंतःक्रियाओं के माध्यम से ज्ञान का पुनर्निर्माण करता है।

अधिगम की सबसे महत्वपूर्ण विशेषता इसकी जीवनपर्यंतता है, अर्थात यह जन्म से प्रारंभ होकर सम्पूर्ण जीवन तक चलती रहती है। बालक केवल विद्यालय में ही नहीं, बल्कि परिवार, समाज, खेल, समूह गतिविधियों और दैनिक अनुभवों के माध्यम से भी सीखता है। इस प्रकार अधिगम एक समग्र मानव विकास की प्रक्रिया है।

अधिगम के मनोवैज्ञानिक सिद्धांत एवं आधार

अधिगम की व्याख्या विभिन्न मनोवैज्ञानिक सिद्धांतों द्वारा की गई है, जो इसके विविध आयामों को स्पष्ट करते हैं। व्यवहारवादी दृष्टिकोण में इवान पावलोव ने क्लासिकल कंडीशनिंग के माध्यम से यह बताया कि अधिगम उद्दीपन और अनुक्रिया के बीच संबंध स्थापित होने से होता है। एडवर्ड थार्नडाइक ने 'प्रभाव का नियम' प्रस्तुत करते हुए यह स्पष्ट किया कि संतोषजनक परिणाम देने वाले व्यवहार अधिक बार दोहराए जाते हैं, जिससे अधिगम सुदृढ़ होता है।

इसके विपरीत, संज्ञानात्मक एवं रचनावादी दृष्टिकोण अधिगम को एक सक्रिय मानसिक प्रक्रिया के रूप में देखते हैं। जीन पियाजे के अनुसार बालक अपने अनुभवों और मानसिक संरचनाओं के माध्यम से ज्ञान का निर्माण करता है। लेव वायगोत्स्की ने सामाजिक-सांस्कृतिक दृष्टिकोण प्रस्तुत करते हुए यह बताया कि अधिगम सामाजिक अंतःक्रियाओं के माध्यम से होता है और भाषा इसमें केंद्रीय भूमिका निभाती है।

अधिगम की क्रमिक एवं संरचनात्मक प्रक्रिया

अधिगम की प्रक्रिया अनेक चरणों में विकसित होती है। प्रारंभ में प्रेरणा (motivation) बालक को किसी लक्ष्य की ओर प्रेरित करती है। यह प्रेरणा उसकी जिज्ञासा को जागृत करती है, जिसके परिणामस्वरूप वह

किसी समस्या या परिस्थिति को समझने का प्रयास करता है। इसके बाद अन्वेषण (exploration) और प्रयास-त्रुटि (trial and error) की प्रक्रिया आरंभ होती है, जिसमें बालक विभिन्न संभावनाओं का परीक्षण करता है।

इस प्रक्रिया के दौरान प्राप्त प्रतिपुष्टि उसके व्यवहार को संशोधित करती है। यदि परिणाम सकारात्मक होते हैं, तो अधिगम सुदृढ़ होता है, और यदि नकारात्मक होते हैं, तो वह अपने व्यवहार में सुधार करता है। निरंतर अभ्यास और अनुभवों के संचय से अधिगम स्थायी स्वरूप ग्रहण करता है और अंततः व्यवहार में परिवर्तन के रूप में परिलक्षित होता है।

अध्यापन की संकल्पना, स्वरूप एवं प्रकृति

अध्यापन एक सुनियोजित, उद्देश्यपरक, वैज्ञानिक एवं मनोवैज्ञानिक प्रक्रिया है, जिसका उद्देश्य अधिगम को प्रभावी, सरल और सार्थक बनाना है। यह केवल सूचना प्रदान करने की प्रक्रिया नहीं है, बल्कि बालक के संज्ञानात्मक, भावनात्मक एवं सामाजिक विकास को दिशा देने वाली एक सृजनात्मक प्रक्रिया है।

आधुनिक दृष्टिकोण में अध्यापन को एक कला एवं विज्ञान दोनों माना गया है। कला इसलिए क्योंकि इसमें शिक्षक की सृजनात्मकता, संवेदनशीलता और अभिव्यक्ति क्षमता शामिल होती है, और विज्ञान इसलिए क्योंकि यह निश्चित सिद्धांतों, विधियों और मूल्यांकन पर आधारित होती है।

अध्यापन की संरचित प्रक्रिया एवं चरण

अध्यापन की प्रक्रिया एक क्रमबद्ध एवं वैज्ञानिक ढांचे में कार्य करती है। इसमें सर्वप्रथम शिक्षण उद्देश्यों का निर्धारण किया जाता है, जो स्पष्ट, मापनीय और शिक्षार्थी-केंद्रित होते हैं। इसके बाद पाठ्यवस्तु का चयन एवं संगठन किया जाता है, जिसमें बालक की आयु, मानसिक स्तर, रुचि और सामाजिक पृष्ठभूमि का ध्यान रखा जाता है।

इसके पश्चात उपयुक्त शिक्षण विधियों का चयन किया जाता है, जैसे व्याख्या विधि, प्रश्नोत्तर विधि, परियोजना विधि, गतिविधि आधारित शिक्षण आदि। अध्यापन के दौरान शिक्षक सहायक शिक्षण सामग्री (TLM), डिजिटल संसाधनों तथा अनुभवात्मक गतिविधियों का उपयोग करता है, जिससे अधिगम अधिक प्रभावी बन सके।

अंत में मूल्यांकन (evaluation) किया जाता है, जो यह निर्धारित करता है कि निर्धारित उद्देश्यों की प्राप्ति किस सीमा तक हुई है। यह एक सतत प्रक्रिया है, जो अधिगम में सुधार हेतु निरंतर प्रतिपुष्टि प्रदान करती है।

अधिगम और अध्यापन का गहन पारस्परिक संबंध

अधिगम और अध्यापन एक-दूसरे के पूरक एवं अविभाज्य अंग हैं। अध्यापन के बिना अधिगम दिशाहीन हो सकता है, और अधिगम के बिना अध्यापन निरर्थक हो जाता है। प्रभावी अध्यापन अधिगम को प्रेरित करता है, जबकि सक्रिय अधिगम अध्यापन को सार्थक बनाता है।

यदि अध्यापन बालक-केंद्रित, संवादात्मक एवं प्रेरणादायक हो, तो अधिगम गहन एवं स्थायी होता है। इसके विपरीत, एकतरफा एवं रटने पर आधारित अध्यापन केवल सतही अधिगम उत्पन्न करता है। इस प्रकार दोनों का संबंध एक गतिशील एवं अंतःक्रियात्मक प्रक्रिया के रूप में कार्य करता है।

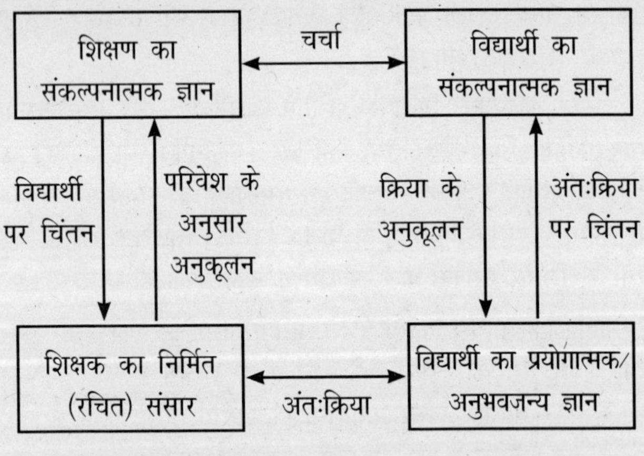

चित्र 1 : *आदर्श शिक्षण-अधिगम प्रक्रिया के आवश्यक पहलू*

सारणी : शिक्षण-अधिगम मॉडल

पहलू	समग्र शिक्षण-अधिगम मॉडल	सामाजिक-संज्ञानात्मक मॉडल
मुख्य विचार	अधिगम एक समग्र प्रणाली है	अधिगम एक सामाजिक एवं अंतःक्रियात्मक प्रक्रिया है
मुख्य घटक	शिक्षण प्रक्रिया, पाठ्यक्रम, मूल्यांकन, वातावरण, इनपुट कारक	शिक्षक, विद्यार्थी, अंतःक्रिया, चिंतन, अनुकूलन
शिक्षक की भूमिका	शिक्षण सामग्री व प्रक्रिया का प्रबंधन	मार्गदर्शक एवं संवादकर्ता
विद्यार्थी की भूमिका	सक्रिय अधिगमकर्ता	अनुभव आधारित एवं सहभागी शिक्षार्थी
अधिगम प्रक्रिया	संरचित एवं प्रणालीबद्ध	सामाजिक, संवादात्मक एवं अनुभवात्मक
मुख्य फोकस	अधिगम परिणाम	अंतःक्रिया एवं चिंतन
अधिगम का स्वरूप	संस्थागत एवं संरचनात्मक	सामाजिक एवं रचनात्मक

बालकों की अधिगम कार्यनीतियाँ एवं सामाजिक क्रियाकलाप के रूप में अधिगम

- **अधिगम कार्यनीतियों की संकल्पना एवं महत्व :** अधिगम कार्यनीतियाँ (Learning Strategies) वे मानसिक, संज्ञानात्मक एवं व्यवहारिक उपाय हैं, जिनके माध्यम से बालक ज्ञान को ग्रहण, संसाधित, व्यवस्थित एवं स्मृति में स्थायी रूप से संग्रहीत करता है। ये कार्यनीतियाँ अधिगम की गुणवत्ता और प्रभावशीलता को निर्धारित करती हैं और प्रत्येक बालक की व्यक्तिगत भिन्नताओं के अनुसार विकसित होती हैं।
- **संज्ञानात्मक कार्यनीतियाँ एवं उनका प्रयोग :** बालक अधिगम के दौरान विभिन्न संज्ञानात्मक रणनीतियों का उपयोग करता है। दोहराव के माध्यम से वह जानकारी को बार-बार अभ्यास करके स्मृति में स्थायी बनाता है। संगठन के माध्यम से वह सूचना को क्रमबद्ध एवं संरचित रूप में व्यवस्थित करता है, जिससे समझने में सरलता आती है। विस्तार की प्रक्रिया में वह नई जानकारी को पूर्व ज्ञान से जोड़ता है, जिससे गहन समझ विकसित होती है।
- **आत्म-नियमन एवं स्व-निर्देशित अधिगम :** आत्म-नियमन एक उच्चस्तरीय अधिगम कार्यनीति है, जिसमें बालक स्वयं अपने अधिगम की योजना बनाता है, उसकी निगरानी करता है और आवश्यकतानुसार उसमें सुधार करता है। यह प्रक्रिया बालक को आत्मनिर्भर, जिम्मेदार एवं लक्ष्य-उन्मुख शिक्षार्थी बनाती है। आधुनिक शिक्षा में यह अत्यंत महत्वपूर्ण माना जाता है क्योंकि यह आजीवन अधिगम की क्षमता विकसित करता है।
- **सामाजिक क्रियाकलाप के रूप में अधिगम की संकल्पना :** अधिगम केवल व्यक्तिगत मानसिक प्रक्रिया नहीं है, बल्कि यह एक गहन सामाजिक क्रियाकलाप है, जिसमें बालक अपने परिवेश, समाज, संस्कृति एवं समूह के माध्यम से सीखता है। लेव वायगोत्स्की के सामाजिक-सांस्कृतिक सिद्धांत के अनुसार अधिगम सामाजिक अंतःक्रियाओं के माध्यम से प्रारंभ होता है और बाद में व्यक्तिगत मानसिक संरचना का हिस्सा बन जाता है।
- **सहयोगात्मक एवं समूह अधिगम की भूमिका :** सहकारी अधिगम में बालक समूह में कार्य करता है, विचारों का आदान-प्रदान करता है और समस्याओं का समाधान सामूहिक रूप से करता है। इससे न केवल उसका संज्ञानात्मक विकास होता है, बल्कि सामाजिक कौशल, नेतृत्व क्षमता, सहानुभूति और सहयोग की भावना भी विकसित होती है।
- **भाषा, संवाद एवं सामाजिक अधिगम :** भाषा सामाजिक अधिगम का सबसे महत्वपूर्ण माध्यम है। संवाद, चर्चा, प्रश्नोत्तर एवं वाद-विवाद जैसी गतिविधियाँ बालक की सोच को विस्तृत करती हैं और उसे आलोचनात्मक एवं विश्लेषणात्मक बनाती हैं। भाषा के माध्यम से ही सामाजिक ज्ञान का निर्माण और हस्तांतरण होता है।

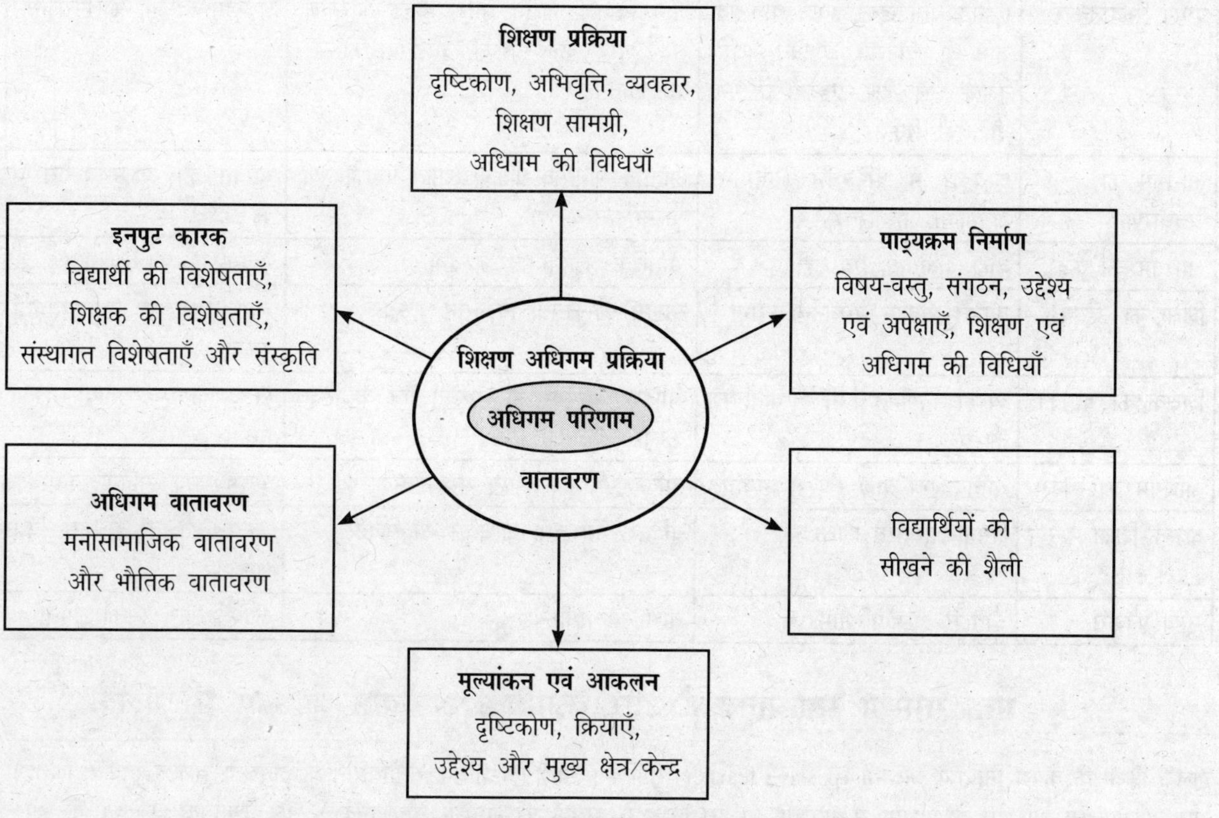

चित्र 2. *शिक्षण अधिगम वातावरण*

अधिगम के सामाजिक संदर्भ

- **अधिगम के सामाजिक संदर्भ की संकल्पना :** अधिगम एक गहन सामाजिक एवं सांस्कृतिक प्रक्रिया है, जो व्यक्ति के सामाजिक परिवेश, पारिवारिक संरचना, भाषा, संस्कृति एवं सामाजिक संबंधों से प्रभावित होती है। यह केवल आंतरिक मानसिक प्रक्रिया नहीं, बल्कि समाज के साथ निरंतर अंतःक्रिया का परिणाम है।
- **सामाजिक-सांस्कृतिक सिद्धांत एवं वाइगोत्स्की का योगदान :** लेव वायगोत्स्की के अनुसार प्रत्येक उच्च मानसिक प्रक्रिया पहले सामाजिक स्तर पर उत्पन्न होती है और बाद में व्यक्तिगत स्तर पर आत्मसात होती है। 'निकटस्थ विकास क्षेत्र' इस बात को स्पष्ट करता है कि बालक अपनी वर्तमान क्षमता से अधिक कार्य तब कर सकता है जब उसे किसी अधिक दक्ष व्यक्ति का सहयोग प्राप्त हो।
- **परिवार, समाज एवं विद्यालय का प्रभाव :** परिवार बालक का प्रथम सामाजिक वातावरण होता है, जहाँ उसके मूल मूल्य, भाषा और व्यवहार का निर्माण होता है। समाज उसके दृष्टिकोण और सामाजिक व्यवहार को प्रभावित करता है, जबकि विद्यालय उसे औपचारिक ज्ञान और सामाजिक कौशल प्रदान करता है। इन तीनों का संयुक्त प्रभाव अधिगम को गहराई और स्थायित्व प्रदान करता है।
- **सामाजिक अंतःक्रिया एवं अधिगम की गुणवत्ता :** सामाजिक अंतःक्रिया अधिगम को अधिक अर्थपूर्ण, व्यावहारिक और स्थायी बनाती है। जब बालक समूह में कार्य करता है, विचारों का आदान-प्रदान करता है और सामूहिक निर्णय लेता है, तो उसकी सोच अधिक परिष्कृत होती है। यह प्रक्रिया उसे समस्या-समाधान और आलोचनात्मक चिंतन में सक्षम बनाती है।
- **संस्कृति और अधिगम का संबंध :** संस्कृति बालक के मूल्य, विश्वास और व्यवहार को आकार देती है। प्रत्येक समाज की अपनी सांस्कृतिक संरचना होती है, जो यह निर्धारित करती है कि बालक क्या और कैसे सीखेगा। इस प्रकार अधिगम सांस्कृतिक रूप से निर्मित और सामाजिक रूप से निर्देशित प्रक्रिया है।
- **समकालीन डिजिटल संदर्भ :** वर्तमान डिजिटल युग में अधिगम का सामाजिक संदर्भ और भी विस्तृत हो गया है। ऑनलाइन प्लेटफॉर्म, डिजिटल कक्षाएँ और वैश्विक संवाद ने अधिगम को सीमाओं से परे एक वैश्विक सामाजिक प्रक्रिया बना दिया है। इस संदर्भ में अधिगम अधिक सहयोगात्मक, अनुभवात्मक और तकनीकी रूप से समृद्ध हो गया है।

सारणी : अधिगम सिद्धांतों के उपागम

पहलू	व्यवहारवादी	संज्ञानात्मक	मानवतावादी
प्रमुख सिद्धांतकार	एडवर्ड थॉर्नडाइक, इवान पावलोव, जॉन बी. वॉटसन, एडविन गथरी, क्लार्क एल. हल, एडवर्ड टोलमैन, बी. एफ. स्किनर	जीन पियाजे, जेरोम ब्रूनर, डेविड ऑसुबेल, रॉबर्ट गैग्ने, कर्ट कॉफ्का, वोल्फगैंग कोहलर, कर्ट लेविन	अब्राहम मास्लो, कार्ल रोजर्स
अधिगम की अवधारणा	व्यवहार में परिवर्तन (उद्दीपन-अनुक्रिया आधारित)	आंतरिक मानसिक प्रक्रिया (स्मृति, प्रत्यक्षीकरण, सूचना प्रसंस्करण)	व्यक्ति का आत्म-विकास एवं क्षमता की प्राप्ति
अधिगम का केंद्र	बाह्य वातावरण एवं उद्दीपन	आंतरिक संज्ञानात्मक संरचना	भावनात्मक एवं संज्ञानात्मक आवश्यकताएँ
शिक्षा का उद्देश्य	वांछित व्यवहार परिवर्तन कराना	सीखने की क्षमता विकसित करना	आत्म-साक्षात्कार एवं स्वतंत्रता विकसित करना
शिक्षक की भूमिका	व्यवहार नियंत्रित करने हेतु वातावरण का प्रबंधन	अधिगम सामग्री को संरचित एवं व्यवस्थित करना	मार्गदर्शक एवं सहायक (Facilitator) बनना
अधिगम का स्वरूप	यांत्रिक एवं बाह्य रूप से नियंत्रित	तार्किक, मानसिक एवं संरचनात्मक	अनुभवात्मक, भावनात्मक एवं आत्म-प्रेरित
वयस्क शिक्षा में रूप	क्षमता-आधारित शिक्षा	बुद्धि, स्मृति तथा अधिगम का विकास	आत्म-निर्देशित अधिगम (वयस्क शिक्षा शास्त्र)
मुख्य फोकस	व्यवहार और परिणाम	सोच और प्रक्रिया	व्यक्ति और उसकी क्षमता

एक समस्या समाधानकर्ता और वैज्ञानिक अन्वेषक के रूप में बालक

बालक शिक्षा के केवल निष्क्रिय शिक्षार्थी (passive learner) नहीं हैं। आधुनिक शैक्षिक मनोविज्ञान के अनुसार, बालक सक्रिय, जिज्ञासु, रचनात्मक और अनुभवजन्य अधिगम के माध्यम से सीखता है। इस दृष्टि से बालक को समस्या समाधानकर्ता और वैज्ञानिक अन्वेषक के रूप में देखा जा सकता है।

बालक एक समस्या समाधानकर्ता के रूप में

समस्या समाधानकर्ता के रूप में बालक सीखने की प्रक्रिया में सक्रिय भूमिका निभाता है। जब वह किसी समस्या का सामना करता है, तो उसकी जिज्ञासा जागृत होती है। यह जिज्ञासा उसे विभिन्न संभावनाओं का परीक्षण करने, विकल्पों का मूल्यांकन करने और उपयुक्त समाधान विकसित करने के लिए प्रेरित करती है।

मनोवैज्ञानिक दृष्टिकोण

जीन पियाजे के रचनावादी दृष्टिकोण के अनुसार, बालक अपने अनुभवों और पूर्वज्ञान के आधार पर नई अवधारणाओं का निर्माण करता है। जटिल समस्याओं को वह छोटे-छोटे भागों में विभाजित करता है और प्रत्येक भाग का समाधान खोजने का प्रयास करता है। इस प्रक्रिया में बालक संज्ञानात्मक कौशल, तार्किक सोच, विश्लेषण और निर्णय क्षमता विकसित करता है। लेव वायगोत्स्की के सामाजिक-सांस्कृतिक सिद्धांत के अनुसार, सामाजिक अंतःक्रियाएँ और सहयोगात्मक अधिगम बालक की समस्या समाधान क्षमता को बढ़ाते हैं। सहपाठी और शिक्षक के साथ विचारों का आदान-प्रदान बालक को विभिन्न दृष्टिकोणों से सोचने और बेहतर समाधान खोजने में सक्षम बनाता है।

बालक एक वैज्ञानिक अन्वेषक के रूप में

बालक का अनुभवजन्य अधिगम उसे वैज्ञानिक दृष्टिकोण से सोचने वाला अन्वेषक बनाता है। वह केवल ज्ञान ग्रहण नहीं करता, बल्कि अवलोकन करता है, हाइपोथेसिस बनाता है और प्रयोगों के माध्यम से निष्कर्ष निकालता है।

अनुभवजन्य अधिगम और कोल्ब मॉडल

डेविड कोल्ब के अनुभवजन्य अधिगम मॉडल के अनुसार, बालक पहले प्रत्यक्ष अनुभव प्राप्त करता है (Concrete Experience), फिर उस अनुभव पर चिंतन करता है (Reflective Observation), उसके आधार पर सिद्धांत या अवधारणाएँ बनाता है (सैद्धांतिक अवधारणाओं का निर्माण) और अंततः उन्हें व्यवहार में लागू करता है (सक्रिय प्रयोग)। इस प्रक्रिया में बालक में साक्ष्य आधारित सोच, प्रयोगात्मक कौशल और विश्लेषण क्षमता विकसित होती है।

शिक्षक इस प्रक्रिया में सुगमकर्ता/मार्गदर्शक (facilitator) के रूप में कार्य करता है। वह बालक को सवाल पूछने, प्रयोग करने और निष्कर्ष निकालने के लिए प्रोत्साहित करता है, लेकिन बालक स्वयं अपने ज्ञान का निर्माता बनता है।

समस्या समाधानकर्ता और वैज्ञानिक अन्वेषक की गुणात्मक विशेषताएँ

बालक इन दोनों भूमिकाओं में निम्नलिखित गुण विकसित करता है :

- जिज्ञासा और खोज की प्रवृत्ति
- तार्किक और आलोचनात्मक सोच
- निर्णय और समस्या समाधान क्षमता
- सामाजिक सहयोग और संवाद कौशल
- प्रयोगात्मक और अनुभवजन्य अधिगम क्षमता

इन गुणों के विकास से बालक न केवल शैक्षिक रूप से सक्षम बनता है, बल्कि जीवन की वास्तविक समस्याओं को समझने और उनका समाधान खोजने में भी समर्थ होता है।

शिक्षा में शिक्षक की भूमिका

शिक्षक इस पूरे अधिगम प्रक्रिया में मार्गदर्शक और सहायक की भूमिका निभाता है। वह बालक को केवल जानकारी नहीं देता, बल्कि उसे स्वयं खोजने, प्रश्न करने और प्रयोग करने के लिए प्रेरित करता है। इस दृष्टिकोण में शिक्षक की भूमिका अनुभवात्मक अधिगम को दिशा देने और बालक की रचनात्मक क्षमता को विकसित करने में अत्यंत महत्वपूर्ण होती है।

शिक्षा की आधुनिक दृष्टि

आज की शिक्षा में बालक को निष्क्रिय शिक्षार्थी (passive learner) नहीं बल्कि सक्रिय समस्या समाधानकर्ता (active problem solver) और वैज्ञानिक चिंतक (scientific thinker) के रूप में देखा जाता है। यह दृष्टिकोण केवल ज्ञान प्राप्ति तक सीमित नहीं है, बल्कि बालक की संपूर्ण व्यक्तित्व, सामाजिक और मानसिक क्षमता के विकास पर केन्द्रित है।

बालक स्वयं सीखने, अनुभव से ज्ञान बनाने और प्रयोगों के माध्यम से समाधान खोजने में सक्षम होता है। इस प्रकार बालक शिक्षा के माध्यम से केवल ज्ञान नहीं अर्जित करता, बल्कि जीवन में सक्रिय योगदान देने और रचनात्मक समस्याओं का समाधान करने के लिए तैयार होता है।

सारणी : **एक समस्या समाधानकर्ता और वैज्ञानिक अन्वेषक के रूप में बालक : भूमिका, प्रक्रिया और कौशल**

पहलू	समस्या समाधानकर्ता के रूप में बालक	वैज्ञानिक अन्वेषक के रूप में बालक
शिक्षक की भूमिका	मार्गदर्शक, सुझाव देने वाला	सुगमकर्ता, अनुभव और प्रयोग को प्रोत्साहित करना
विद्यार्थी की भूमिका	सक्रिय समस्या समाधानकर्ता	अवलोकन, सैद्धांतिक परिकल्पना, प्रयोग और निष्कर्ष निकालने वाला
मुख्य प्रक्रिया	समस्या पहचान → विकल्प परीक्षण → समाधान	अनुभव → चिंतन → अवधारणाएँ → प्रयोग
विकसित कौशल	तार्किक सोच, निर्णय क्षमता, समस्या समाधान	वैज्ञानिक दृष्टिकोण, विश्लेषण क्षमता, प्रयोगात्मक कौशल
सामाजिक अंतःक्रिया	सहपाठी और शिक्षक के साथ सहयोग	समूह कार्य, चर्चा, सहयोगात्मक अनुभव
अनुकूलन और सुधार	व्यवहार और रणनीतियों में सुधार	निष्कर्षों के आधार पर प्रयोग और समाधान सुधार

बालकों में अधिगम की वैकल्पिक संकल्पना और त्रुटियों की भूमिका

बालकों में अधिगम केवल ज्ञान ग्रहण करने की प्रक्रिया नहीं है। आधुनिक शैक्षिक मनोविज्ञान अधिगम को एक सक्रिय, रचनात्मक और वैकल्पिक प्रक्रिया मानता है, जिसमें बालक स्वयं अनुभव, अवलोकन और प्रयोग के माध्यम से ज्ञान का निर्माण करता है। इस दृष्टि से अधिगम केवल शिक्षक द्वारा दिए गए निर्देशों का पालन करने तक सीमित नहीं है, बल्कि यह बालक की सक्रिय सोच, समस्या समाधान क्षमता और खोजपूर्ण प्रवृत्ति पर आधारित होता है।

बालक नई अवधारणाओं और कौशल को सीखते समय अक्सर त्रुटियाँ करता है। परंपरागत दृष्टिकोण में इन त्रुटियों को गलत माना जाता था और सुधारात्मक उपाय तुरंत लागू किए जाते थे। लेकिन आधुनिक शैक्षिक मनोविज्ञान में त्रुटियों को अधिगम की वैकल्पिक प्रक्रिया में महत्वपूर्ण चरण माना जाता है। बालक की त्रुटियाँ उसके सोचने और समझने की प्रक्रिया का संकेत देती हैं। यह दिखाती हैं कि बालक नए ज्ञान को अंतर्मुखीकरण करने/आंतरिक रूप से आत्मसात करने की कोशिश कर रहा है और विभिन्न विकल्पों का परीक्षण कर रहा है।

वैकल्पिक अधिगम की संकल्पना

वैकल्पिक अधिगम का अर्थ है कि बालक सीखते समय एक से अधिक रास्तों, दृष्टिकोणों और समाधान विकल्पों का प्रयोग करता है। यह प्रक्रिया रचनात्मक और अनुभवजन्य होती है। जीन पियाजे के रचनावादी दृष्टिकोण के अनुसार, बालक अनुभवों और पूर्वज्ञान के आधार पर नई अवधारणाएँ बनाता है। इसी प्रक्रिया में बालक की त्रुटियाँ दिखती हैं, जो यह संकेत देती हैं कि वह अपनी सोच को संशोधित कर रहा है और ज्ञान का निर्माण कर रहा है।

लेव वायगोत्स्की के सामाजिक-सांस्कृतिक सिद्धांत के अनुसार, बालक का अधिगम सामाजिक अंतःक्रियाओं के माध्यम से और अधिक प्रभावी बनता है। सहपाठी और शिक्षक के साथ संवाद और सहयोग बालक को अपनी त्रुटियों से सीखने और सही समाधान खोजने में मदद करता है। इस प्रकार त्रुटियाँ न केवल सीखने की प्रक्रिया का हिस्सा हैं, बल्कि वे समीक्षा, चिंतन और संशोधन के अवसर भी प्रदान करती हैं।

बालक की त्रुटियों की भूमिका

बालक की त्रुटियाँ अधिगम में कई दृष्टियों से महत्वपूर्ण हैं। जब बालक कोई गलती करता है, तो वह सीखने के लिए प्रेरित होता है। त्रुटियाँ बालक को यह समझने में मदद करती हैं कि किन दृष्टिकोणों या उपायों ने अपेक्षित परिणाम नहीं दिए और किनसे सुधार की आवश्यकता है।

डेविड कोल्ब के अनुभवजन्य अधिगम मॉडल में यह प्रक्रिया प्रत्यक्ष अनुभव, चिंतन, अवधारणाएँ और सक्रिय प्रयोग के माध्यम से होती है। त्रुटियाँ इसी चक्र का हिस्सा हैं। उदाहरण के लिए, जब बालक किसी प्रयोग में गलती करता है, तो वह उस त्रुटि पर चिंतन करता है, नई अवधारणा बनाता है और पुनः प्रयोग करता है। इस प्रक्रिया से बालक में सक्रिय खोज, रचनात्मक सोच और आत्म-निर्माण क्षमता विकसित होती है।

बालक की त्रुटियों का सकारात्मक मूल्यांकन न केवल उसकी संज्ञानात्मक क्षमता को बढ़ाता है, बल्कि उसे अधिगम में आत्मविश्वास, जिज्ञासा और स्वतंत्रता भी प्रदान करता है। शिक्षक की भूमिका इस संदर्भ में मार्गदर्शन करने वाली होती है; वह बालक को त्रुटियों से सीखने के लिए प्रेरित करता है, उन्हें हतोत्साहित नहीं करता।

अनुभवजन्य और रचनात्मक अधिगम में त्रुटियों का महत्व

अधिगम केवल सही उत्तर प्राप्त करने की प्रक्रिया नहीं है। बालक की त्रुटियाँ यह दिखाती हैं कि वह सत्यापन, परीक्षण और मूल्यांकन की प्रक्रिया में सक्रिय है। त्रुटियों से बालक को यह अवसर मिलता है कि वह अपने पूर्वज्ञान को संशोधित करे और नए ज्ञान की ओर अग्रसर हो।

इस दृष्टिकोण में बालक एक सक्रिय समस्या समाधानकर्ता और वैज्ञानिक अन्वेषक बनता है। वह विभिन्न विकल्पों का परीक्षण करता है, त्रुटियों से सीखता है और अपने ज्ञान को निरंतर सुधारता है। इस प्रकार त्रुटियाँ अधिगम का आवश्यक हिस्सा हैं, जो बालक को स्वायत्त, रचनात्मक और जीवनोपयोगी शिक्षार्थी बनाती हैं।

सारणी : बालकों में वैकल्पिक अधिगम और त्रुटियों की भूमिका : मुख्य पहलू और परिणाम

पहलू	वैकल्पिक अधिगम में बालक	त्रुटियों की भूमिका
बालक का दृष्टिकोण	सक्रिय, जिज्ञासु और रचनात्मक	त्रुटियाँ उसकी सोच और अनुभव को दर्शाती हैं
प्रक्रिया	अनुभव → विकल्प परीक्षण → चिंतन → संशोधित अवधारणाएँ → सक्रिय प्रयोग	त्रुटियाँ समीक्षा और चिंतन का अवसर देती हैं
शिक्षक की भूमिका	मार्गदर्शक और सुगमकर्ता	त्रुटियों से सीखने के लिए प्रेरित करना, हतोत्साहित नहीं करना
विकसित कौशल	समस्या समाधान, तार्किक सोच, अनुभवजन्य कौशल	त्रुटियों से संशोधन, आत्म-निर्माण, आत्मविश्वास
सामाजिक अंतःक्रिया	सहपाठी और शिक्षक के साथ सहयोग	त्रुटियों पर चर्चा और सहकर्मी प्रतिक्रिया से सीखना
अधिगम परिणाम	रचनात्मक, स्वायत्त और जीवनोपयोगी शिक्षार्थी	त्रुटियों के माध्यम से ज्ञान का गहन और स्थायी विकास

बोध और संवेदनाएँ : बालक के अधिगम में भूमिका

बालक का अधिगम केवल संज्ञानात्मक प्रक्रिया तक सीमित नहीं है। बालक के बोध (Sense) और संवेदनाएँ (Feelings) अधिगम की गहन और बहुआयामी प्रक्रिया में महत्वपूर्ण भूमिका निभाती हैं। बोध और संवेदनाएँ बालक की सीखने की क्षमता, अनुभव ग्रहण करने की दक्षता और ज्ञान के निर्माण में सक्रिय योगदान करती हैं।

यह केवल बाह्य वातावरण से प्राप्त जानकारी तक सीमित नहीं, बल्कि बालक के अंतरात्मा, भावनात्मक प्रतिक्रिया और अनुभवजन्य समझ के साथ जुड़ी होती हैं।

बोध (Sense) की भूमिका

बोध बालक के इंद्रियों और अनुभवों के माध्यम से ज्ञान ग्रहण करने की क्षमता को व्यक्त करता है। दृश्य, श्रव्य, स्पर्श, स्वाद और गंध जैसे इंद्रियों के माध्यम से बालक अपने परिवेश से सूचनाएँ प्राप्त करता है और उन्हें समझता है। जीन पियाजे के दृष्टिकोण के अनुसार, बालक इन अनुभवों को आंतरिक मानसिक संरचनाओं में व्यवस्थित करता है। जब बालक किसी वस्तु या घटना को देखता, सुनता या महसूस करता है, तो वह केवल सतही ज्ञान नहीं अर्जित करता, बल्कि अपने मानसिक संरचनाओं के माध्यम से उसे संदर्भ और अर्थ देता है।

बोध केवल सूचना ग्रहण करने तक सीमित नहीं है। यह बालक को विश्लेषण, तुलना और मूल्यांकन करने की क्षमता भी प्रदान करता है। उदाहरण के लिए, बालक रंग, आकार और बनावट के आधार पर वस्तुओं की पहचान करता है, और विभिन्न परिस्थितियों में उनका सही उपयोग सीखता है।

संवेदनाएँ (Feelings) की भूमिका

संवेदनाएँ बालक के भावनात्मक और मानसिक अनुभवों का प्रतिनिधित्व करती हैं। ये बालक के सीखने की प्रेरणा, रुचि और जिज्ञासा को प्रभावित करती हैं। जब बालक किसी विषय में रुचि दिखाता है, तो उसकी संवेदनाएँ सक्रिय हो जाती हैं और अधिगम प्रक्रिया में गहन समझ और स्थायी सीख सुनिश्चित करती हैं।

कार्ल रॉजर्स के मानवतावादी दृष्टिकोण के अनुसार, सकारात्मक भावनाएँ और अनुभव बालक को आत्मविश्वास और स्वतंत्रता प्रदान करती हैं। उदाहरण के लिए, खेल, संगीत या कला जैसी गतिविधियों में बालक की संवेदनाएँ उसे सीखने के लिए प्रेरित करती हैं, जिससे सीखने की प्रक्रिया अधिक अर्थपूर्ण और यादगार बनती है।

बोध और संवेदनाओं का समन्वय

बालक का अधिगम तब सबसे प्रभावी होता है जब बोध और संवेदनाएँ सहयोगात्मक रूप से कार्य करती हैं। इंद्रियों के माध्यम से प्राप्त जानकारी और भावनात्मक प्रतिक्रिया मिलकर बालक के संज्ञानात्मक, भावनात्मक और सामाजिक विकास को गति देती हैं।

उदाहरण के लिए, विज्ञान प्रयोगशाला में बालक किसी रासायनिक प्रतिक्रिया को देखता है (बोध) और उसे रोचक पाता है (संवेदना)। यह संयोजन बालक को केवल जानकारी याद करने तक सीमित नहीं करता, बल्कि उसे समझने, प्रयोग करने और स्वयं खोजने के लिए प्रेरित करता है।

सारणी : **बालकों में बोध और संवेदनाओं की भूमिका : अधिगम प्रक्रिया और शिक्षक की भूमिका**

पहलू	बालक में भूमिका	शिक्षक की भूमिका	अधिगम में प्रभाव
बोध (Sense)	इंद्रियों के माध्यम से जानकारी ग्रहण करना; दृश्य, श्रव्य, स्पर्श आदि अनुभव करना	बालक को प्रत्यक्ष अनुभव उपलब्ध कराना; प्रयोग और अवलोकन के अवसर देना	ज्ञान की गहन समझ, अनुभवजन्य सीख, समस्या पहचान और समाधान क्षमता विकसित करना
संवेदनाएँ (Feelings)	जिज्ञासा, रुचि, उत्साह और भावनात्मक प्रतिक्रिया के माध्यम से सीखना	भावनात्मक रूप से सकारात्मक और प्रेरक वातावरण बनाना; बालक की रुचि को सक्रिय करना	सीखने की प्रेरणा बढ़ाना, अधिगम को अर्थपूर्ण और स्थायी बनाना
समन्वय (Integration)	बोध और संवेदनाओं के संयोजन से अनुभव से सीखना और निर्णय लेना	अनुभव, गतिविधियों और चर्चा के माध्यम से बालक को सक्रिय करना	रचनात्मक सोच, स्वतंत्र निर्णय और अनुभवजन्य कौशल का विकास
रचनात्मक अधिगम (Creative Learning)	अनुभव पर चिंतन, प्रयोग और नई अवधारणाओं का निर्माण	मार्गदर्शन, प्रोत्साहन और प्रतिक्रिया (feedback) प्रदान करना	बालक सक्रिय समस्या समाधानकर्ता और वैज्ञानिक अन्वेषक के रूप में विकसित होता है
आधुनिक शैक्षिक दृष्टि	डिजिटल, प्रयोगशाला, कला और समूह गतिविधियों के माध्यम से अनुभव करना	बालक को स्वयं खोजने और सीखने के अवसर प्रदान करना	सीखने की बहुआयामी, अर्थपूर्ण और जीवनोपयोगी प्रक्रिया सुनिश्चित करना

बालक में रचनात्मक अधिगम और बोध-संवेदनाएँ

जब बालक बोध और संवेदनाओं के माध्यम से सीखता है, तो वह रचनात्मक अधिगम (Creative Learning) की दिशा में अग्रसर होता है। बालक अनुभवजन्य प्रक्रिया में भाग लेता है, परीक्षण करता है, चिंतन करता है और अपनी अवधारणाएँ विकसित करता है। यह प्रक्रिया उसे समस्या समाधानकर्ता और वैज्ञानिक अन्वेषक के रूप में तैयार करती है।

बोध और संवेदनाएँ बालक को स्वतंत्र सोचने, अनुभवों से सीखने और नई अवधारणाओं का निर्माण करने में सक्षम बनाती हैं। बालक इस प्रक्रिया में केवल ज्ञान प्राप्त नहीं करता, बल्कि अपने भाव, अनुभव और समझ का सक्रिय उपयोग करता है।

शिक्षक की भूमिका

शिक्षक बालक के बोध और संवेदनाओं को मार्गदर्शन और प्रोत्साहन प्रदान करता है। शिक्षक के दृष्टिकोण, प्रश्नोत्तरी, गतिविधियाँ और अनुभवजन्य अधिगम बालक की इंद्रियों और भावनाओं को सक्रिय करते हैं। शिक्षक की भूमिका निष्क्रिय (passive) ज्ञान देने की नहीं, बल्कि बालक को स्वयं खोजने और सीखने के लिए प्रेरित करने वाली होती है।

आधुनिक शैक्षिक दृष्टि

आज की शिक्षा में बोध और संवेदनाओं का महत्व और बढ़ गया है। डिजिटल और अनुभवजन्य अधिगम, प्रयोगशालाएँ, कला, खेल और समूह गतिविधियाँ बालक के सीखने की प्रक्रिया को बहुआयामी और अर्थपूर्ण बनाती हैं। बालक न केवल ज्ञान प्राप्त करता है, बल्कि उसे समझता, अनुभव करता और रचनात्मक रूप से लागू करता है। इस प्रकार बोध और संवेदनाएँ बालक के अधिगम में सक्रिय भूमिका निभाती हैं और उसे संपूर्ण, स्वायत्त और जीवनोपयोगी शिक्षार्थी बनाने में सहायक होती हैं।

प्रेरणा और अधिगम

शिक्षा केवल ज्ञान और कौशल का संकलन नहीं है, बल्कि यह बालक की सक्रिय सहभागिता, सोच और अनुभव पर आधारित होती है। किसी भी अधिगम प्रक्रिया में प्रेरणा (Motivation) वह आंतरिक और बाह्य शक्ति है जो बालक को सीखने के लिए सक्रिय करती है। प्रेरणा और अधिगम आपस में गहन रूप से जुड़े हुए हैं। बालक का सीखना तभी प्रभावी होता है जब वह किसी उद्देश्य या लक्ष्य की ओर आंतरिक रूप से प्रेरित हो और उसके सीखने की प्रक्रिया में सक्रिय सहभागिता हो।

प्रेरणा की संकल्पना

प्रेरणा वह आंतरिक शक्ति है जो बालक को किसी कार्य को आरंभ करने, उसे जारी रखने और पूर्ण करने के लिए प्रेरित करती है। प्रेरणा के माध्यम से बालक में जिज्ञासा, सक्रियता और आत्म-निर्णय की क्षमता उत्पन्न होती है। बालक का सीखना तभी गहन और स्थायी होता है जब वह किसी कार्य को स्वयं की रुचि और उद्देश्य से करता है, न कि केवल बाहरी दबाव या दंड से।

मनोवैज्ञानिक दृष्टिकोण से प्रेरणा को दो प्रकार में विभाजित किया गया है :

- **आंतरिक प्रेरणा :** यह बालक के भीतर से उत्पन्न होती है। जब बालक किसी विषय, गतिविधि या समस्या में स्वयं रुचि रखता है, तो वह सीखने में सक्रिय रहता है।
- **बाह्य प्रेरणा :** यह किसी बाहरी पुरस्कार, प्रशंसा या दंड के माध्यम से उत्पन्न होती है। उदाहरण के लिए, अंक, पुरस्कार या शिक्षक की सराहना बालक को सीखने के लिए प्रेरित कर सकती है।

प्रेरणा और अधिगम का संबंध

प्रेरणा और अधिगम की प्रक्रिया आपस में गहराई से जुड़ी होती है। जब बालक प्रेरित होता है, तो उसकी संज्ञानात्मक, भावनात्मक और सामाजिक प्रक्रियाएँ सक्रिय होती हैं। प्रेरणा बालक की जिज्ञासा, खोज और अन्वेषण की प्रवृत्ति को बढ़ावा देती है, जिससे बालक अधिक गहन और स्थायी अधिगम प्राप्त करता है।

जीन पियाजे के रचनावादी दृष्टिकोण के अनुसार, बालक स्वयं अनुभवों के आधार पर नई अवधारणाएँ बनाता है। प्रेरणा उसके अनुभवों को व्यवस्थित और अर्थपूर्ण बनाने में मदद करती है। इसी प्रकार, लेव वायगोत्स्की के सामाजिक-सांस्कृतिक दृष्टिकोण के अनुसार, शिक्षक और सहपाठी के साथ अंतःक्रिया भी प्रेरणा को बढ़ावा देती है और अधिगम को अधिक प्रभावी बनाती है।

अधिगम में प्रेरणा की भूमिका

अधिगम की प्रक्रिया में प्रेरणा कई दृष्टियों से महत्वपूर्ण है। बालक की प्रेरणा उसके सक्रिय भागीदारी, प्रयोग, चिंतन और संशोधन की क्षमता को प्रभावित करती है। जब बालक प्रेरित होता है, तो वह केवल जानकारी ग्रहण नहीं करता, बल्कि उसे समझने, विश्लेषण करने और नई अवधारणाएँ बनाने के लिए प्रयासरत रहता है।

डेविड कोल्ब के अनुभवजन्य अधिगम मॉडल में प्रेरणा बालक को प्रत्यक्ष अनुभव, चिंतन, सैद्धांतिक अवधारणाएँ और सक्रिय प्रयोग के चरणों में सक्रिय बनाती है। यह बालक को समस्या समाधानकर्ता और वैज्ञानिक अन्वेषक के रूप में विकसित करने में सहायक होती है।

प्रेरणा को प्रभावित करने वाले कारक

बालक की प्रेरणा विभिन्न आंतरिक और बाह्य परिस्थितियों के प्रभाव से निरंतर परिवर्तित होती रहती है। अधिगम की गुणवत्ता और स्थायित्व क्षमता इस बात पर अत्यधिक निर्भर करती है कि बालक किस सीमा तक प्रेरित है।

बालक के भीतर उत्पन्न होने वाली प्रेरणा मुख्यतः उसके आंतरिक अनुभवों, भावनात्मक स्थिति और आत्म-धारणा से जुड़ी होती है। जब बालक किसी विषय के प्रति रुचि और जिज्ञासा अनुभव करता है, तो वह स्वतः ही सीखने की प्रक्रिया में सक्रिय हो जाता है। उसकी आत्म-सम्मान की भावना और सफलता प्राप्त करने की इच्छा भी प्रेरणा को मजबूत करती है। इसके विपरीत, असफलता का भय या आत्मविश्वास की कमी प्रेरणा को कमजोर कर सकती है।

बाह्य वातावरण भी प्रेरणा के निर्माण और विकास में महत्वपूर्ण भूमिका निभाता है। शिक्षक का व्यवहार, कक्षा का वातावरण, सहपाठियों का सहयोग, पुरस्कार, प्रशंसा और सीखने की परिस्थितियाँ बालक की प्रेरणा को सीधे प्रभावित करती हैं। यदि शिक्षण वातावरण प्रोत्साहनकारी, सहयोगात्मक और सकारात्मक है, तो बालक में सीखने के प्रति उत्साह बढ़ता है। वहीं कठोर, दंडात्मक या नकारात्मक वातावरण उसकी सीखने की रुचि को कम कर सकता है।

शिक्षक इस संदर्भ में एक महत्वपूर्ण भूमिका निभाता है। वह बालक में जिज्ञासा उत्पन्न करने, उसकी उपलब्धियों को मान्यता देने और उसे चुनौतीपूर्ण कार्यों में संलग्न करने के माध्यम से प्रेरणा को बनाए रख सकता है। इसी प्रकार सहपाठियों के साथ सहयोगात्मक अधिगम भी प्रेरणा को सुदृढ़ करता है क्योंकि बालक सामाजिक स्वीकृति और समूह सहभागिता के माध्यम से अधिक सक्रिय होता है।

इस प्रकार प्रेरणा को प्रभावित करने वाले ये सभी आंतरिक और बाह्य कारक मिलकर बालक के अधिगम अनुभव को अर्थपूर्ण, सक्रिय और स्थायी बनाते हैं।

आधुनिक शैक्षिक दृष्टि में प्रेरणा

आज की शिक्षा में बालक को निष्क्रिय शिक्षार्थी (passive learner) नहीं, बल्कि सक्रिय, प्रेरित शिक्षार्थी (active, motivated learner) माना जाता है। डिजिटल माध्यम, प्रयोगशालाएँ, खेल, कला और समूह गतिविधियाँ बालक की प्रेरणा को सक्रिय करती हैं। प्रेरणा के माध्यम से बालक रचनात्मक, स्वायत्त और अनुभवजन्य सीखने वाला बनता है।

अधिगम तब प्रभावी होता है जब प्रेरणा बालक के अनुभव, बोध, संवेदनाओं और सामाजिक अंतःक्रियाओं के साथ समन्वित होती है। इससे सीखने की प्रक्रिया अर्थपूर्ण, स्थायी और जीवनोपयोगी बनती है।

सारणी : बालकों में प्रेरणा और अधिगम : प्रकार, भूमिका और प्रभाव

पहलू	बालक की भूमिका	प्रेरणा का प्रकार	शिक्षक की भूमिका	अधिगम में प्रभाव
आंतरिक प्रेरणा	रुचि, जिज्ञासा और स्वयं सीखने की सक्रियता	आंतरिक प्रेरणा	बालक की जिज्ञासा और स्वायत्तता को बढ़ावा देना	सीखने की गहनता, सक्रिय भागीदारी, स्थायी अधिगम
बाह्य प्रेरणा	पुरस्कार, प्रशंसा या मान्यता प्राप्त करने की दिशा में प्रयास करना	बाह्य प्रेरणा	पुरस्कार, सराहना और सकारात्मक feedback प्रदान करना	सीखने की प्रेरणा बढ़ाना, लक्ष्य आधारित अधिगम
सामाजिक प्रेरणा	सहपाठियों और शिक्षक के साथ सहयोग और चर्चा में भाग लेना	सामाजिक प्रेरणा	समूह गतिविधियाँ और सहयोगात्मक अधिगम के अवसर प्रदान करना	टीमवर्क, सामाजिक कौशल, सहयोगात्मक सीखने की क्षमता
प्रेरणा को प्रभावित करने वाले आंतरिक कारक	आत्म-सम्मान, आत्म-निर्णय और जिज्ञासा	बालक की स्वयं की मानसिक और भावनात्मक स्थिति	अनुभवात्मक अधिगम के माध्यम से बालक को मार्गदर्शन देना	बालक की सीखने की स्थायित्व क्षमता और सक्रियता बढ़ाना
प्रेरणा को प्रभावित करने वाले बाह्य कारक	वातावरण, शिक्षक का दृष्टिकोण, पुरस्कार, प्रशंसा	बाह्य कारक	सकारात्मक, प्रोत्साहनकारी और सहयोगात्मक वातावरण बनाना	सीखने की रुचि, अधिगम में सक्रियता, अनुभवजन्य सीखना

सारणी : अधिगम में योगदान देने वाले व्यक्तिगत और वातावरणीय कारक

पहलू	व्यक्तिगत कारक	वातावरणीय कारक	अधिगम पर प्रभाव
संज्ञानात्मक क्षमता	बुद्धि, ध्यान, स्मृति, तर्क क्षमता	-	नई जानकारी का त्वरित ग्रहण, विश्लेषण और समझ विकसित करना
पूर्वज्ञान और अनुभव	पहले से मौजूद ज्ञान और अनुभव	-	नए ज्ञान को समझने और आंतरिक रूप से आत्मसात करने में सहायता
प्रेरणा और जिज्ञासा	आंतरिक प्रेरणा, बाह्य प्रेरणा	शिक्षक के प्रोत्साहन, पुरस्कार और मान्यता	सीखने की सक्रियता, स्थायी अधिगम और रचनात्मकता बढ़ाना
भावनात्मक और व्यक्तित्व संबंधी गुण	आत्म-सम्मान, आत्म-विश्वास, धैर्य, उत्साह	सकारात्मक कक्षा वातावरण, सहपाठियों का सहयोग	सीखने की रुचि और अधिगम की स्थायित्व क्षमता बढ़ाना
शिक्षक और शिक्षण पद्धति	-	मार्गदर्शक शिक्षक, अनुभवजन्य और सक्रिय शिक्षण विधियाँ	अधिगम को अर्थपूर्ण और प्रभावी बनाना

पहलू	व्यक्तिगत कारक	वातावरणीय कारक	अधिगम पर प्रभाव
सहपाठी और सामाजिक अंतःक्रिया	-	समूह गतिविधियाँ, सहकर्मी सहयोग, चर्चा	सामाजिक कौशल, टीमवर्क और सहयोगात्मक अधिगम विकसित करना
भौतिक और शैक्षिक संसाधन	-	प्रयोगशाला, पुस्तकालय, डिजिटल माध्यम, शिक्षण सामग्री	अनुभवजन्य अधिगम और ज्ञान का गहन विकास
परिवार और सांस्कृतिक परिवेश	-	पारिवारिक समर्थन, भाषा, संस्कृति और मूल्य	सीखने की प्रेरणा और दृष्टिकोण को सकारात्मक दिशा देना

अधिगम में योगदान करने वाले कारक

अधिगम में योगदान करने वाले कारकों को मुख्यतः दो वर्गों में रखा गया है–I. व्यक्तिगत कारक एवं II. वातावरणीय कारक।

व्यक्तिगत कारक

(i) **व्यक्तिगत रुचियां :** व्यक्तिगत रुचियां भी अधिगम प्रक्रिया में योगदान करने वाला एक महत्त्वपूर्ण कारक है। यदि किसी क्रियाकलाप में छात्र की रुचि उत्पन्न हो जाए तो शिक्षक उस दिशा में अधिक प्रयास कर सकते हैं। प्रयास किए बिना सीखना संभव नहीं है। यदि विद्यार्थी शिक्षक के शिक्षण एवं कक्षा के क्रियाकलापों में रुचि लेते हैं तो वे कभी भी अवरोध, थकान तथा ऊब महसूस नहीं करते। प्रायः ऐसा देखा गया है कि वास्तव में थकान अधिगम क्रियाओं में रुचि की कमी से पैदा होती है। अधिक मात्रा में तथा अच्छी गुणवत्ता से अधिगम की प्राप्ति हेतु विद्यालयों में रुचि का सहारा लेना आवश्यक है।

(ii) **शारीरिक क्रियाशीलता :** थकान मानसिक या शारीरिक होती है और थकान का अभ्यास करने वाला छात्र अधिगम की प्रक्रिया को कम कर देता है दूसरी शारीरिक क्रियाशीलता अधिगम प्रक्रिया में सहायक होती है तथा इसकी गति को तीव्र कर देती है।

(iii) **व्यक्तिगत अभिप्रेरणा :** अभिप्रेरणा अधिगम प्रक्रिया का मुख्य केंद्र है तथा अधिगम प्रक्रिया का एक महत्त्वपूर्ण कारक है। यह किसी व्यक्ति में किसी कार्य को करने की इच्छा जाग्रत करती है। पर्याप्त व्यक्तिगत अभिप्रेरणा विद्यार्थी को केवल किसी ऐसी क्रिया में व्यस्त ही नहीं रखती, जिसकी परिणति अधिगम में हो, बल्कि अधिगम को स्थायी बनाने तथा उसकी दिशा निर्दिष्ट करने का कार्य भी करती है। प्रायः दो प्रकार की व्यक्तिगत अभिप्रेरणाएं होती हैं–आंतरिक और बाह्य अभिप्रेरणाएं।

(iv) **संवेदीकरण तथा प्रत्यक्षीकरण :** विद्यार्थी के सामान्य स्वास्थ्य के अतिरिक्त संवेदना तथा प्रत्यक्षीकरण ऐसे मनोवैज्ञानिक कारक हैं जो अधिगम में सहायता करते हैं। संवेदना प्रत्यक्षीकरण के केंद्र में होती है। प्राणी में पांच संवेदी अंग होतें हैं, यथा–त्वचा, कान, जिह्वा, आंखें तथा नाक। ये संवेदी अंग (ज्ञानेन्द्रियां) ज्ञान के द्वार होते हैं और वातावरण में स्थित विभिन्न उद्दीपनों के प्रत्यक्षीकरण में सहायक होते हैं। इनमें से किसी भी संवेदी अंग में किसी भी प्रकार का दोष हो जाने पर अधिगम का प्रभाव पड़ता है और अंततोगत्वा उससे ज्ञानार्जन भी प्रभावित होता है। उदाहरणार्थ–दृष्टि में दोष; जैसे मायोपिया (दूरदृष्टि दोष), हाइपरमैट्रोपिया (निकट दृष्टि दोष), स्टीकमेटिज्म (भेंगापन) इत्यादि के कारण सिर दर्द, चक्कर आना तथा अध्ययन में सामान्य रूप से अरुचि होना आदि।

(v) **अभिवृत्ति :** अधिगम की प्रक्रिया विद्यार्थी की अभिवृत्ति से ही प्रभावित होती है। यदि वह पढ़ाई जाने वाली वस्तु के प्रति सजग हो तथा उसके प्रति रुचि रखता हो तो वह निश्चित रूप से इसके प्रति उचित अभिवृत्ति (Attitude) रखेगा। ऐसी अभिवृत्ति उसे अधिगम परिस्थितियों को जल्दी प्रसन्नतापूर्वक कम समय में तथा प्रभावी ढंग से सीखने में सहायता करता है। इसके विपरीत यदि वह पढ़ाई जाने वाली वस्तु में ध्यान नहीं देता या रुचि नहीं लेता तो इसकी अभिवृत्ति नकारात्मक हो जाती है। यह सामान्य अधिगम की प्रक्रिया में अवांछनीय दबाव तथा तनाव उत्पन्न करके सहज अधिगम में बाधा डालता है।

(vi) **आवश्यकताएं :** विद्यार्थियों की जब तक शारीरिक आवश्यकताएं संतुष्ट न हो जाएं तब तक विद्यालयों में उनसे किसी भी प्रकार के बौद्धिक चिंतन की अपेक्षा नहीं की जा सकती है। एक गरीब विद्यार्थी जो कक्षा में भूखा है उसका ध्यान अध्ययन की अपेक्षा खाने की ओर अधिक केंद्रित होगा। इसी प्रकार कक्षा में बहुत ठंडा या गर्मी या कुर्सियों पर बैठने वाले विद्यार्थियों की संख्या अधिक होने पर अच्छे अधिगम की आशा नहीं की जा सकती है। इसी तरह से सुरक्षा और सम्मान की आवश्यकताएं अधिगम परिस्थितियों में शक्तिशाली प्रेरक के रूप में कार्य करती है। यदि एक विद्यार्थी अपने शिक्षक से डरता है या विद्यालयों में अधिक पिटाई किए जाने के कारण असुरक्षित महसूस करता है या किसी अन्य प्रकार के दण्ड से भयभीत है तो वह सीख नहीं पाता। इसी तरह यदि उसे उत्साही संवर्धन तथा स्नेह की आवश्यकता बहुत उत्तेजक होती है तो बच्चे का अधिगम प्रभावी होता है।

(vii) **आयु तथा परिपक्वता :** अधिगम प्रत्यक्ष रूप से आयु तथा परिपक्वता पर निर्भर करता है। जब तक व्यक्ति सीखने के प्रति पर्याप्त रूप से परिपक्व नहीं होता तब तक अधिगम

निष्पन्न नहीं होता। कुछ विद्यार्थी छोटी उम्र में ही अधिक सीख लेते हैं जबकि कुछ विद्यार्थी उसी पाठ्य-वस्तु को सीखने में अधिक देर लगाते हैं।

वास्तविक आयु के साथ-साथ मानसिक आयु भी बढ़ती जाती है और लगभग 16 वर्ष की आयु में यह वृद्धि रुक जाती है। आयु में वृद्धि का अभिप्राय बौद्धिक परिपक्वता से होता है। जिसके द्वारा कठिन समस्याओं का समाधान करने में सहायता मिलती है। परिपक्वन का नियम हमें इस बात की चेतावनी देता है कि विद्यार्थियों को जबरदस्ती तब तक अधिगम नहीं करवाना चाहिए जब तक कि वह विशिष्ट कौशलों के सीखने लायक परिपक्व न हो जाए। अध्यापकों को यह सिद्धांत उन अभिभावकों को भी समझाना चाहिए जो अपने बच्चों को बहुत ही जल्दी विद्यालय भेजने में अत्यधिक महत्वाकांक्षी तथा अत्यधिक उत्साही होते हैं।

(viii) **बुद्धि :** अधिगम प्रक्रिया में बुद्धि एक महत्वपूर्ण कारक है। बुद्धि जो बुद्धि-परीक्षा के आधार पर I.Q. के रूप में निदर्शित की गई है, सीखने से संबंधित होती है। प्रायः वे विद्यार्थी जिनका I.Q. अधिक होता है वे जल्दी सीखते हैं लेकिन विद्यार्थी का उच्च I.Q. होने मात्र से यह गारंटी नहीं होती कि उसका सीखना भी तेजी से होगा, बल्कि विद्यार्थी की आवश्यकताएं, रुचियां, अभिप्रेरणाएं तथा सिखाई जाने वाली विधियां भी महत्त्वपूर्ण होती हैं।

वातावरणीय कारक

वातावरण के लिए 'पर्यावरण' शब्द का भी प्रयोग किया जाता है। पर्यावरण दो शब्दों से मिलकर बना है–'परि' + 'आवरण'। 'परि' का अर्थ है चारों ओर एवं 'आवरण' का अर्थ है 'ढकने वाला'। इस प्रकार पर्यावरण या वातावरण का अर्थ चारों ओर से ढके या घेरे हुए है। अतः हम कह सकते हैं कि व्यक्ति के चारों ओर जो कुछ है, वह उसका वातावरण है। इसमें वे सब तत्व सम्मिलित किए जा सकते हैं जो व्यक्ति के जीवन और व्यवहार को प्रभावित करते हैं।

वातावरण की कुछ परिभाषाएं

बोरिंग, लैंगफील्ड व वेल्ड के अनुसार, "जीन्स के अलावा व्यक्ति को प्रभावित करने वाली वस्तु वातावरण है।"

वुडवर्थ के अनुसार, "वातावरण में वे सब बाह्य तत्व आ जाते हैं जिन्होंने व्यक्ति को जीवन आरंभ करने के समय से प्रभावित किया है।"

डगलस व हॉलैंड के अनुसार, "वातावरण शब्द का प्रयोग उन सब बाह्य शक्तियों, प्रभावों और दशाओं का सामूहिक रूप से वर्णन करने के लिए किया जाता है, जो जीवित प्राणियों के जीवन स्वभाव, व्यवहार, बुद्धि विकास एवं परिपक्वता पर प्रभाव डालते हैं।"

रॉस के अनुसार, "वातावरण वह बाहरी शक्ति है जो हमें प्रभावित करती है।"

जिस्बर्ट के अनुसार, "वातावरण वह हर वस्तु है जो किसी अन्य वस्तु को घेरे हुए है और उस पर सीधे अपना प्रभाव डालती है।"

निष्कर्ष

(i) वातावरण किसी एक तत्व का नहीं अपितु एक समूह तत्व का नाम है।

(ii) यह वह हर वस्तु है जो व्यक्ति को प्रभावित करती है।

(iii) इसमें बाह्य तत्व आते हैं।

(iv) वातावरण व्यक्ति को प्रभावित करने वाला तत्व है।

उपरोक्त बातों से स्पष्ट है कि अधिगम की प्रक्रिया में विभिन्न प्रकार के वातावरण संबंधी कारकों का योगदान होता है। गर्भकाल के समय से ही बच्चे पर वातावरण का प्रभाव पड़ता है। मां की शारीरिक, मानसिक, संवेगात्मक दशाएं मां के गर्भ में पल रहे भ्रूण के विकास को प्रभावित करती हैं। बच्चे के जन्म के बाद से बाह्य वातावरण प्रारंभ होता है। बाह्य वातावरण घर, विद्यालय तथा पास-पड़ोस के चारों ओर के वातावरण से संबंधित होता है। इन स्थानों में बच्चा परिवार के सदस्यों, अध्यापकों, साथियों, सहपाठियों, पड़ोसियों के साथ अंतःक्रिया करता है तथा उनके साथ संबंध स्थापित करता है। समाज के सदस्य तथा अपने चारों ओर के सदस्यों के साथ के संबंधों का बच्चे के विकास तथा सीखने के ढंग पर प्रभाव पड़ता है। अधिगम की प्रक्रिया में वातावरण में योगदान करने वाले महत्त्वपूर्ण कारक निम्नवत् हैं–

(i) **नजदीकी वातावरण :** अधिगम की प्रक्रिया में आस-पास का वातावरण बहुत महत्त्वपूर्ण योगदान देता है। वातावरण को मुख्यतः तीन रूपों प्राकृतिक, सामाजिक एवं सांस्कृतिक में बांटा गया है–

(a) **प्राकृतिक वातावरण :** इसके अंतर्गत जलवायु तथा वायुमंडलीय दशाएं आती हैं। ये दशाएं अधिगम को प्रत्यक्ष रूप से प्रभावित करती हैं। यह पाया गया है कि अधिक ताप तथा आर्द्रता मानसिक क्षमता को कम करते हैं जिससे अधिगम प्रक्रिया रुक जाती है। दूसरी ओर गर्म स्थानों में रहने वाले व्यक्तियों की बौद्धिक निष्पत्ति तथा सृजनात्मकता बहुत कम होती है। इस तरह सुबह का समय हमेशा ही जटिल कार्यों को करने के लिए उचित माना जाता है। आर्द्रता तथा तापमान के बढ़ने के कारण मानसिक क्षमता कम हो जाती है। अतः हम कह सकते हैं कि अधिगम प्रक्रिया में प्राकृतिक वातावरण एक महत्त्वपूर्ण कारक है।

(b) **सामाजिक वातावरण :** घर, विद्यालय तथा बच्चे के आवासीय वातावरण से संबंधित होता है। घर की भौतिक दशाएं, यथा–बड़ा परिवार, छोटा परिवार, अपर्याप्त रोशनदान, अनुपयुक्त प्रकाश, अधिक या कम तापमान, रेडियो तथा टेलीविजन के प्रयोग के कारण शोरगुल वाला घर, शोरगुल वाला पड़ोस लगातार संबंधियों तथा मित्रों का आगमन विद्यार्थी के बौद्धिक अधिगम को प्रभावित करता है।

(c) **सांस्कृतिक वातावरण :** संस्कृति का प्रभाव सामाजिक तथा शैक्षिक संस्थाओं में सहज रूप से प्रतिबिंबित होता है। इसलिए बच्चे का सीखना संस्कृति की मांग तथा उपेक्षाओं के ऊपर बहुत कुछ निर्भर करता है। उदाहरणार्थ–एक

कृषि आधारित समुदाय की शैक्षिक प्रक्रियाएं उन कौशलों के विकास पर केंद्रित होती हैं जो कृषि समुदाय के लिए आवश्यक होती है।

(*ii*) **अध्यापक के साथ संबंध :** अधिगम प्रक्रिया में शिक्षक एक महत्त्वपूर्ण घटक है। वह विद्यार्थी के व्यवहार निर्माण में महत्त्वपूर्ण भूमिका अदा करता है। वह जिस तरह पढ़ाता है तथा कक्षा में विद्यार्थियों की व्यवस्था जिस प्रकार करता है उसका उनके अधिगम पर प्रभाव पड़ता है। अतः यदि एक विद्यार्थी के संबंध शिक्षक से अच्छे होंगे तो इस प्रकार का वातावरण अधिगम में सहायक होगा।

(*iii*) **संचार माध्यम :** सूचनाओं के आदान-प्रदान के एक घटक के रूप में संचार माध्यम का महत्वपूर्ण स्थान है। ये अधिगम प्रक्रिया के तहत अच्छे वातावरण को तैयार करने में अपना विशेष योगदान दे सकते हैं। संचार माध्यमों से अधिगम को सुगम बनाया जा सकता है। संचार माध्यम मुख्यतः दो प्रकार के होते हैं—मुद्रित संचार माध्यम तथा अमुद्रित संचार माध्यम। मुद्रित संचार माध्यम कम खर्चीले होते हैं तथा एक अच्छे शैक्षिक वातावरण को तैयार करने में इनका योगदान प्रारंभ से लिया जा रहा है। दूसरी ओर अमुद्रित संचार माध्यम महंगे होते हैं। लेकिन अधिगम प्रक्रिया को सहज बनाने में इन्होंने काफी योगदान दिया है। उदाहरण के लिए फिल्म तथा उद्दीपनों का प्रयोग प्रायः विद्यार्थियों को वास्तविक जीवन या प्रयोगशाला जैसी अधिगम परिस्थितियां प्रस्तुत करने के लिए किया जाता है।

(*iv*) **अभिभावकों के साथ संबंध :** विद्यार्थी की अधिगम प्रक्रियाओं में माता-पिता के साथ सम्बन्ध भी महत्वपूर्ण भूमिका अदा करता है। यदि बच्चे तथा माता-पिता के संबंध आपसी सम्मान और विश्वास पर आधारित होते हैं तो वह बच्चों को अच्छा स्वस्थ वातावरण प्रदान करते हैं, जिसके फलस्वरूप बच्चा अधिक सीखता है। दूसरी ओर विघटित तथा अस्वस्थ वातावरण विद्यार्थी के अधिगम में विपरीत प्रभाव डालता है। विद्यार्थी के सीखने में ऊर्ध्वगामी गतिशीलता सीखने में प्रतिरोध उत्पन्न करती है। ऐसे परिवारों में बच्चे अपने आपको असमायोजित महसूस करते हैं। अतः अभिभावकों के साथ अच्छा संबंध एक ऐसा वातावरण तैयार करता है जो अधिगम प्रक्रिया में सहायक होता है।

(*v*) **साथियों के साथ संबंध :** मित्रों के साथ स्वस्थ संबंध भी अधिगम में एक अच्छे वातावरण के निर्माण हेतु महत्वपूर्ण भूमिका अदा करते हैं। कक्षा, विद्यालय तथा समाज में विद्यार्थी-विद्यार्थी के बीच संबंध एक विशेष प्रकार के संवेगात्मक वातावरण का निर्माण करते हैं। यह वातावरण उनके आपसी संबंधों पर निर्भर करता है। अच्छे सौहार्दपूर्ण आपसी संबंध कक्षा में अधिक सीखने तथा अधिक प्रतिस्पर्द्धा करने में तनावमुक्त वातावरण का निर्माण करते हैं।

वातावरण का महत्व

(*i*) बालक अपने परिवार, पड़ोस, मुहल्ले और खेल के मैदान में अपना पर्याप्त समय व्यतीत करता है और इससे प्रभावित होता है। शिक्षक इन स्थानों के वातावरण को ध्यान में रखकर ही बालक का उचित पथ-प्रदर्शन करता है।

(*ii*) अनुकूल वातावरण में जीवन का विकास होता है और व्यक्ति उत्कर्ष की ओर बढ़ता है। इस बात को समझने वाला शिक्षक अपने छात्रों की रुचियों, प्रवृत्तियों और क्षमताओं के अनुकूल वातावरण प्रदान करके उनको उत्कर्ष की ओर बढ़ने में सहायता दे सकता है।

(*iii*) वातावरण बालक के विकास की दशा निश्चित करता है। वातावरण ही निश्चित करता है कि बालक बड़ा होकर अच्छा या बुरा, चरित्रवान, संयमी या व्यभिचारी, व्यापारी या साहित्यकार, देशप्रेमी या देशद्रोही बनेगा। इस तथ्य पर मनन करने वाला शिक्षक अपने छात्रों के लिए ऐसे वातावरण का सृजन कर सकता है जिससे उनका विकास उचित दिशा में हो सके।

(*iv*) वातावरण के महत्व को समझने वाला शिक्षक, विद्यालय में बालकों के लिए ऐसा वातावरण उपस्थित कर सकता है, जिससे उनमें विचारों की उचित अभिव्यक्ति, शिष्ट सामाजिक व्यवहार, कर्त्तव्यों और अधिकारों का ज्ञान, स्वाभाविक प्रवृत्तियों पर नियंत्रण आदि गुणों का अधिकतम विकास हो।

(*v*) **रुथ बैंडिक्ट** के अनुसार, व्यक्ति जन्म से ही एक निश्चित सांस्कृतिक वातावरण में रहता है और उसके आदर्शों के अनुरूप ही आचरण करता है। इस तथ्य को जानने वाला शिक्षक बालक को अपना सांस्कृतिक विकास करने में योगदान दे सकता है।

(*vi*) **सोरेन्सन** के अनुसार, शिक्षक का उत्तम वातावरण बालकों की बुद्धि और ज्ञान की वृद्धि में प्रशंसनीय योग देता है। इस बात की जानकारी रखने वाला शिक्षक अपने छात्रों के लिए उत्तम शैक्षिक वातावरण प्रदान करने की चेष्टा कर सकता है।

(*vii*) प्रत्येक समाज का एक विशिष्ट वातावरण होता है। बालक को इसी समाज के वातावरण से अपना अनुकूलन करना पड़ता है। इस बात से भलीभांति परिचित होने वाला शिक्षक, विद्यालय को लघु समाज का रूप प्रदान करके बालकों को अपने वृहत् समाज के वातावरण से अनुकूलन करने की शिक्षा दे सकता है।

(*viii*) यूनेस्को (UNESCO) के कुछ विशेषज्ञों का कथन है कि वातावरण का बालकों की भावनाओं पर व्यापक प्रभाव पड़ता है और इससे उनके चरित्र का निर्माण भी होता है। इस कथन में विश्वास करके शिक्षक बालकों के लिए ऐसे वातावरण का निर्माण कर सकता है, जिससे न केवल उनकी भावनाओं का संतुलित विकास हो, बल्कि उनके चरित्र का भी निर्माण हो।

अभ्यास प्रश्न

1. महारत उन्मुख शिक्षार्थी आमतौर पर सफलता का श्रेय .... को देते हैं और असफलता को ....।
A. योग्यता और अच्छी किस्मत; कार्य कठिनाई
B. योग्यता और कोशिश; खराब किस्मत
C. योग्यता और अच्छी किस्मत; निम्न योग्यता
D. योग्यता और कोशिश; अपर्याप्त कोशिश

2. निम्नलिखित में से कौन-सा कथन विकास के 'समीप-दूराभिमुख' सिद्धांत का प्रतिनिधित्व करता है?
A. विकास बहु-दिशात्मक और बहु-आयामी होता है।
B. अलग-अलग संस्कृतियों में रहने वाले हमशक्ल जुड़वाँ अलग-अलग दरों से विकसित हो सकते हैं।
C. मोतियों को धागे में पिरोने से पहले बच्चे गेंद को पकड़ने की क्षमता विकसित करते हैं।
D. बच्चों में खड़े होने से पहले बैठने की क्षमता का विकास होता है।

3. वायगोत्स्की के अनुसार बच्चे स्वयं से बात करते हैं :
A. विचार और आत्म-नियमन में सहायता के लिए।
B. आत्म-सुदृढ़ीकरण प्रदान करने के लिए जब वयस्क उन्हें अनदेखा कर रहे हों।
C. क्योंकि वे आत्मकेन्द्रित होते हैं।
D. क्योंकि उनकी सोच अतार्किक है।

4. सामाजिक संचार में चुनौतियाँ किसमें स्पष्ट होती हैं?
A. ध्यान न्यूनता अतिक्रियाशीलता विकार में
B. मस्तिष्क पक्षाघात में
C. स्वलीन क्रम विकार में
D. अधिगमात्मक विकलांगता में

5. वायगोत्स्की के सीखने और विकास के सिद्धांत के अनुसार, निम्नलिखित में से कौन-सा आलम्बन का उदाहरण है?
A. किसी कार्य को छोटे चरणों में तोड़ना और आवश्यकतानुसार सहायता प्रदान करना।
B. अभिप्रेरणा के रूप में एक छात्र को उनके काम के लिए एक श्रेणी प्रदान करना।
C. एक छात्र को पढ़ने का कार्य देना और उन्हें स्वतंत्र रूप से सवालों के जवाब देने के लिए कहना।
D. एक छात्र को एक कौशल का प्रदर्शन करना और फिर उन्हें अपने दम पर इसमें महारत हासिल करना।

6. लेखन वैकल्य की विशेषता है :
A. विलंबित गतिक कौशल
B. लिखित कार्य में चुनौती
C. पढ़ने के प्रवाह में कमी
D. दोहरावदार व्यवहार

7. अच्छे समस्या समाधानकर्ता बनने में विद्यार्थियों की सहायता करने के लिए, एक शिक्षक को निम्नलिखित में से किस प्रक्रिया पर बल देना चाहिए?
A. ऐसी जानकारी पर ध्यान देना जो पहले से मौजूद विश्वासों और पूर्वाग्रहों की पुष्टि करें।
B. समस्याओं को एक विशिष्ट निर्धारित तरीके से हल करना।
C. बड़ी और जटिल समस्याओं को छोटी प्रबंधनीय समस्याओं में विभाजित करना।
D. समस्या से संबंधित जानकारी के केवल एक ही पहलू पर ध्यान केंद्रित करना।

8. **अभिकथन (A):** एक समावेशी कक्षा में छात्रों की आवश्यकताओं को पूरा करने के लिए शिक्षकों को बहुसंवेदी सामग्री का उपयोग करना चाहिए।
कारण (R): समावेशी कक्षाओं को पाठ्यचर्या सामग्री के मानकीकरण के साथ-साथ मूल्यांकन रणनीतियों के मानकीकरण को अपनाना चाहिए।
सही विकल्प चुनें :
A. (A) सही है, लेकिन (R) गलत है।
B. (A) और (R) दोनों गलत हैं।
C. (A) और (R) दोनों सही हैं और (A) की (R) सही व्याख्या करता है।
D. (A) और (R) दोनों सही हैं, लेकिन (A) की (R) सही व्याख्या नहीं करता है।

9. रचनावादी दृष्टिकोण से :
A. व्यक्ति पर्यावरणीय घटनाओं से निष्क्रिय रूप से प्रभावित होते हैं।
B. व्यक्तियों को नए व्यवहार सीखने के लिए अनुकूलित किया जाता है।
C. सीखना वर्तमान समझ का विस्तार और परिवर्तन है।
D. सीखना बस हमारे दिमाग की कोरी स्लेट पर संघों को लिखना है।

10. **अभिकथन (A):** प्रभावी शिक्षक खुद को शिक्षार्थियों के दैनिक जीवन और उनकी सांमाजिक-सांस्कृतिक पृष्ठभूमि से परिचित कराते हैं।
कारण (R): सीखना एक सामाजिक संदर्भ में होता है।
सही विकल्प चुनें :
A. (A) सही है, लेकिन (R) गलत है।
B. (A) और (R) दोनों गलत हैं।
C. (A) और (R) दोनों सही हैं और (A) की (R) सही व्याख्या करता है।
D. (A) और (R) दोनों सही हैं, लेकिन (A) की (R) सही व्याख्या नहीं करता है।

11. अर्थपूर्ण अधिगम मुख्य रूप से किसके बारे में **नहीं** हैं?
A. जानकारी को रटना B. अवधारणाओं को समझना
C. ज्ञान का निर्माण D. कौशलों का विकास

12. **अभिकथन (A):** शिक्षिका को अपनी कक्षा के लड़कों को खेलों में भाग लेने के लिए प्रोत्साहित करना चाहिए व लड़कियों को कला अलंकरण के कार्य देने चाहिए।
कारण (R): बच्चे मुख्य रूप से अंतर्निहित जैविक भिन्नताओं के कारण जेंडर भूमिकाएँ ग्रहण करते हैं।
सही विकल्प चुनें :
A. (A) सही है, लेकिन (R) गलत है।
B. (A) और (R) दोनों गलत हैं।
C. (A) और (R) दोनों सही हैं और (A) की (R) सही व्याख्या करता है।
D. (A) और (R) दोनों सही हैं, लेकिन (A) की (R) सही व्याख्या नहीं करता है।

13. गतिसंवेदी शिक्षार्थी .... के माध्यम से सीखना पसंद करते हैं।
A. देखने B. छूने
C. करने और चलने-फिरने D. सुनने

14. हॉवर्ड गार्डनर के अनुसार एक वैज्ञानिक .... बुद्धि का उच्च प्रदर्शन करेगा जबकि एक मूर्तिकार में .... बुद्धि की उच्च बुद्धिमत्ता होगी।
A. प्रकृतिवादी; स्थानिक B. ट्रांसडक्टिव; स्थानिक
C. तार्किक-गणितीय; गतिसंवेदी D. स्थानिक; गतिसंवेदी

15. समावेशन को बढ़ावा देने के लिए क्या आवश्यक है?
(*i*) लचीला पाठ्यक्रम (*ii*) सहयोगात्मक अधिगम
(*iii*) पृथक्करण और नामीकरण (*iv*) गम्य इमारतें
A. (*ii*), (*iii*), (*iv*) B. (*i*), (*ii*), (*iii*), (*iv*)
C. (*i*), (*ii*), (*iii*) D. (*i*), (*ii*), (*iv*)

16. बच्चे जब .... अनुभव करते हैं, तो बेहतर रूप से सीखते हैं।
A. गतिविधि के दौरान निम्न स्तर की सतर्कता
B. सीखने के लिए मध्यम स्तर का उत्साह
C. प्रदर्शन करने के लिए उच्च स्तर पर चिंता
D. अधिगम विवशता

17. **अभिकथन (A):** 5-6 वर्ष से कम उम्र के बच्चों को 'ठीक से' और 'रेखाओं के भीतर' लिखने के लिए दबाव नहीं डालना चाहिए।
कारण (R): बच्चे 5-6 साल के बाद गतिक कौशल का बेहतर नियंत्रण प्राप्त करते हैं।
सही विकल्प चुनें :
A. (A) सही है, लेकिन (R) गलत है।
B. (A) और (R) दोनों गलत हैं।
C. (A) और (R) दोनों सही हैं और (A) की (R) सही व्याख्या करता है।
D. (A) और (R) दोनों सही हैं, लेकिन (A) की (R) सही व्याख्या नहीं करता है।

18. बच्चे अक्सर अपने आस-पास की घटनाओं की अपनी व्याख्या लेकर आते हैं। बारिश क्यों होती है, यह पूछे जाने पर सिया कहती है–''भगवान अपने कंधों पर पानी की बाल्टियाँ ढो-ढोकर थक चुके थे।'' ऐसी व्याख्याएँ–
A. चित्रित करती हैं कि बच्चों का एक आत्मकेंद्रित दृष्टिकोण है और वे दूसरे के दृष्टिकोण पर विचार नहीं कर सकते।
B. स्पष्ट करती हैं कि बच्चे तर्क करने में सक्षम नहीं हैं।
C. साबित करती हैं कि बच्चों की सोच वयस्कों की तुलना में 'मात्रात्मक' रूप से बहुत कम है।
D. संकेत देती हैं कि बच्चों में अपने सांस्कृतिक परिवेश के अनुकूल 'सहज' समझ होती है जिससे वे घटनाओं को समझने की कोशिश करते हैं।

19. पियाजे ने संज्ञानात्मक विकास का किस प्रकार वर्णन किया है?
A. एक सतत निरंतरता के रूप में
B. चार अतिव्यापी संस्कृति विशिष्ट चरण में
C. चार गुणात्मक रूप से भिन्न चरण में
D. तीन प्रगतिशील स्तर में

20. विद्यालय में खेलने के समय, ऋषभ, एक 7 वर्षीय लड़के ने खेलने के लिए एक गुड़िया उठाई। उसके कुछ साथियों ने उसकी इस पसंद के खिलौने के लिए उसका मजाक उड़ाया। एक शिक्षक जो अपने विद्यार्थियों में लैंगिक भूमिका के सन्दर्भ में लचीलापन विकसित करना चाहता है, को इस स्थिति में निम्नलिखित में से कौन-सी प्रतिक्रिया देनी चाहिए?
A. ऋषभ से बात करनी चाहिए कि गुड़िया लड़कियों के लिए उपयुक्त हैं और लड़कों को गुड़िया के साथ नहीं खेलना चाहिए।
B. ऋषभ से कहना चाहिए कि वह किसी और खिलौने के साथ खेले क्योंकि उसके दोस्तों को यह मंजूर नहीं है कि वह गुड़िया के साथ खेले।
C. ऋषभ को गुड़िया के साथ खेलने देना चाहिए और दूसरे बच्चों को कहना चाहिए कि वे भी अपनी पसंद का कोई खिलौना चुन सकते हैं।
D. बिना कुछ कहे गुड़िया को हटा देना चाहिए और ऋषभ को खेलने के लिए कार दे देनी चाहिए।

21. विकास के संदर्भ में, एक समय सीमा जिसमें एक व्यक्ति विशिष्ट उत्प्रेरणाओं के प्रति परिवर्धित संवेदनशीलता रखता है जिससे कि वह कुशल तरीके से कार्य करने के लिए विशेष कौशल विकसित कर सके, वह विकास की .... कहलाई जाती है।

A. प्रोत्साहन अवधि B. उत्प्रेरक अवधि
C. चुनौतीपूर्ण अवधि D. कूटलेखन/एन्कोडिंग अवधि

22. शिक्षकों को ध्यान न्यूनता अतिक्रियाशीलता विकार से जूझ रहे छात्रों की आवश्यकताओं का ध्यान रखते समय .... से बचना चाहिए।

A. विकर्षण और शोर करने
B. पाठ्यक्रम सामग्री और निर्देशों में लचीलेपन
C. कार्य को छोटे आसानी से प्रबंधनीय भागों में तोड़ने
D. बहु-संवेदी सामग्री का उपयोग करने

23. लॉरेंस कोहलबर्ग ने तर्क दिया है कि :

A. बच्चों में नैतिक विकास निरंतर रूप से होता है।
B. बच्चों के नैतिक तर्क में सांस्कृतिक अंतर होते हैं।
C. नैतिक विकास क्रमिक चरणों में होता है।
D. बच्चों के नैतिक तर्क में लिंग भेद होते हैं।

24. कोहलबर्ग के नैतिक विकास के किस चरण में व्यक्ति का नैतिक व्यवहार मुख्य रूप से इस मानसिकता पर निर्भर करता है कि "लोग मेरे बारे में क्या सोचते हैं?"

A. उत्तर-पारंपरिक B. गैर-पारंपरिक
C. पूर्व-पारंपरिक D. पारंपरिक

25. जीन पियाजे के अनुसार एक बच्चा जो सरल गणितीय उत्क्रमण जैसे $4 + 5 = 9$ तो $9 - 5 = 4$ के पीछे के तर्क को समझने में असमर्थ है, इसका कारण है :

A. जीववादी सोच B. अपरिवर्तनीयता
C. आत्मकेन्द्रियता D. अवधारणात्मक केंद्रीकरण

26. **अभिकथन (A):** शिक्षकों को छात्रों से दूरी बनाकर रखनी चाहिए और अधिगम की प्राथमिक जिम्मेदारी उन्हीं पर डालनी चाहिए।
कारण (R): अधिगम एक लोकतांत्रिक वातावरण के बजाय एक एकाधिकारवादी वातावरण में प्रभावी ढंग से होता है।
सही विकल्प चुनें :

A. (A) सही है, लेकिन (R) गलत है।
B. (A) और (R) दोनों गलत हैं।
C. (A) और (R) दोनों सही हैं और (A) की (R) सही व्याख्या करता है।
D. (A) और (R) दोनों सही हैं, लेकिन (A) की (R) सही व्याख्या नहीं करता है।

27. **अभिकथन (A):** शिक्षकों द्वारा प्रदान किया गया आलम्बन बच्चों को सीखने की प्रक्रिया में बाधा डालता है।
कारण (R): लेव वायगोत्स्की ने प्रस्तावित किया कि बच्चे स्वतंत्र रूप से पर्यावरण पर कार्य करके और उसमें हेरफेर करके सीखते हैं।
सही विकल्प चुनें :

A. (A) सही है, लेकिन (R) गलत है।
B. (A) और (R) दोनों गलत हैं।
C. (A) और (R) दोनों सही हैं और (A) की (R) सही व्याख्या करता है।
D. (A) और (R) दोनों सही हैं, लेकिन (A) की (R) सही व्याख्या नहीं करता है।

28. निम्न में से कौन-सा बाहरी अभिप्रेरणा का सही वर्णन करता है?

A. अभिप्रेरणा जो वातावरणीय परिणामों से आती है।
B. अभिप्रेरणा जो व्यक्तिगत संतुष्टि की भावना से आती है।
C. अभिप्रेरणा जो कार्य के व्यक्तिगत आनंद से आती है।
D. अभिप्रेरणा जो आंतरिक कारकों से आती है।

29. पियाजे के संज्ञानात्मक विकास के सिद्धांत के संवेदी चालक अवस्था के दो महत्वपूर्ण संज्ञानात्मक विकास मील के पत्थर हैं :

A. जीववाद और परिवर्तन
B. वर्गीकरण और क्रमबद्धता
C. वस्तु स्थायित्व और स्थगित अनुसरण
D. प्रतिवर्ती चिंतन और परिकल्पित-निगमनात्मक तर्क

30. बच्चे :

A. अनियंत्रित पैदा होते हैं और उन्हें सामाजिक होने की आवश्यकता होती है।
B. इस दुनिया में आनुवंशिक कोड के साथ आते हैं जो उनकी नियति तय करते हैं।
C. उस सामाजिक-सांस्कृतिक संदर्भ से बहुत प्रभावित होते हैं, जिसमें वे बड़े होते हैं।
D. इस संसार में 'खाली स्लेट' या 'कोरी पट्टी' के रूप में आते हैं।

31. डिस्ग्राफिया :

A. एक भाषण विकार है जिसकी विशेषता हकलाना और उच्चारण में त्रुटियाँ करना है।
B. एक गतियुक्त विकार है जिसकी विशेषता स्थूल पेशीय बाधिता है।
C. एक तंत्रिकीय विकार है जिसकी विशेषता अक्षरों और आकारों को बनाने में कठिनाई है।
D. एक मनोवैज्ञानिक विकार है जिसकी विशेषता ध्यान का अभाव और आवेगशील व्यवहार है।

32. प्रतिभावान बच्चों को शिक्षित करने का उपागम जो उन्हें असामान्य रूप से तीव्र गति से पाठ्यचर्या के माध्यम से आगे बढ़ाता है, क्या कहलाता है?

A. विभिदित निर्देशन B. संवर्धन
C. त्वरण (गतिवर्द्धन) D. विसर्जन

33. शिक्षक जो समावेशी कक्षाओं की दिशा में काम कर रहे हैं, उन्हें चाहिए कि वे :

(*i*) पाठ्यचर्या में अनुकूलन करें
(*ii*) विविध दृष्टिकोणों को शामिल करें
(*iii*) अपने स्वयं के अंतर्निहित पूर्वाग्रहों की जाँच करें
(*iv*) विविधता को एक बाधा के रूप में देखें

उपर्युक्त में से कौन-से सही हैं?

A. (*i*), (*ii*), (*iii*), (*iv*) B. (*i*), (*ii*), (*iii*)
C. (*i*), (*iii*), (*iv*) D. (*ii*), (*iii*), (*iv*)

34. शैशवावस्था में समाजीकरण की __________ संस्थाएँ प्रमुख रूप से महत्वपूर्ण हैं, जबकि प्रारंभिक बाल्यावस्था में समाजीकरण की __________ संस्थाएँ भी महत्वपूर्ण हो जाती हैं।
A. तृतीयक; माध्यमिक
B. प्राथमिक; माध्यमिक
C. माध्यमिक; प्राथमिक
D. माध्यमिक; तृतीयक

35. लेव वायगोत्स्की के अनुसार :
A. सामाजिक कारक भाषा विकास को प्रभावित करते हैं, परंतु संज्ञानात्मक विकास को नहीं।
B. संज्ञानात्मक विकास, भाषा विकास को सुगम बनाता है।
C. भाषा विकास और संज्ञानात्मक विकास एक-दूसरे से स्वतंत्र रूप से विकसित होते हैं।
D. भाषा विकास, संज्ञानात्मक विकास को सुगम बनाता है।

36. लॉरेंस कोह्लबर्ग के नैतिक तर्क के किस स्तर पर, बच्चे आमतौर पर मानते हैं कि लोगों को समाज की अपेक्षाओं पर खरा उतरना चाहिए और 'अच्छे' तरीकों से व्यवहार करना चाहिए?
A. उत्तर-संक्रियात्मक स्तर
B. पूर्व-पारंपरिक स्तर
C. पारंपरिक स्तर
D. पूर्व-संक्रियात्मक स्तर

37. निम्नलिखित कथनों को पढ़िए तथा सही विकल्प का चयन कीजिए :
अभिकथन (A): शिक्षकों और साथियों जैसे अधिक जानकार अन्य लोगों के साथ बातचीत, शिक्षार्थियों को उनकी समझ और कौशल विकसित करने में मदद करने के लिए आवश्यक समर्थन और मार्गदर्शन प्रदान कर सकती है।
कारण (R): सामाजिक संपर्क सीखने और विकास का एक प्रमुख घटक है।
A. (A) और (R) दोनों गलत हैं।
B. (A) और (R) दोनों सही हैं तथा (R), (A) की सही व्याख्या है।
C. (A) और (R) दोनों सही हैं, परन्तु (R), (A) की सही व्याख्या नहीं है।
D. (A) सही है, परन्तु (R) गलत है।

38. 'अधिगम के लिए आकलन' का मुख्य लक्ष्य क्या है?
A. उन विद्यार्थियों की पहचान करना जिन्हें 'धीमे सीखने वालों' के रूप में वर्गीकृत किया जा सकता है।
B. विद्यार्थी के प्रदर्शन का मूल्यांकन करना और ग्रेड देना
C. विद्यार्थियों को प्रतिपुष्टि प्रदान करना जिसका उपयोग उनके अधिगम में सुधार के लिए किया जा सकता है
D. विद्यार्थी के प्रदर्शन की तुलना एक मानक या तय पैमाने से करना

39. किस आयु में बच्चे शब्दों के खेल में शामिल हो सकते हैं और ऐसे चुटकुलों और पहेलियों को पसंद कर सकते हैं जिनमें शब्दों का खेल शामिल हो?
A. बारह वर्ष
B. एक वर्ष
C. तीन वर्ष
D. सात वर्ष

40. कैरल गिलिगन ने कोह्लबर्ग के नैतिक विकास के सिद्धांत की आलोचना की है :
A. सामाजिक संज्ञानात्मक दृष्टिकोण से।
B. नारीवादी दृष्टिकोण से।
C. आनुवंशिक कारकों को पर्याप्त महत्व न देने पर।
D. केस अध्ययन को अनुसंधान पद्धति के रूप में उपयोग करने के लिए।

41. जीन पियाजे के अनुसार पूर्व-संक्रियात्मक चिंतन की मुख्य विशेषताओं में से एक __________ है जो किसी स्थिति के एक पहलू पर ध्यान केंद्रित करने और दूसरों की उपेक्षा करने की प्रवृत्ति को संदर्भित करता है।
A. कारण-परिणाम का विश्लेषण (कारण कार्य संबंध)
B. केंद्रीयन
C. विकेंद्रीयन
D. पारगमन

42. प्रारंभिक बाल्यावस्था में वृद्धि _____ और सोच ______ है, जबकि मध्य बाल्यावस्था में वृद्धि _____ और सोच _____ है।
A. धीमी, कुछ हद तक आत्मकेंद्रित; स्थिर है, तार्किक
B. स्थिर है, कुछ हद तक आत्मकेंद्रित; धीमी, तार्किक
C. स्थिर है, तार्किक; धीमी, आत्मकेंद्रित
D. धीमी, तार्किक; स्थिर है, आत्मकेंद्रित

43. निम्नलिखित में से कौन-सा स्थूल गतिक कौशल है?
A. बुनाई
B. तैरना
C. एक कागज पर वृत्त को रूपरेखा के अनुसार काटना
D. एक कागज पर एक बड़े आयत को रूपरेखा के अनुसार काटना

44. भौतिक वृद्धि और विकास, विकास के ______ और ________ सिद्धांतों का पालन करते हैं।
A. एकीकरण (सरल से जटिल); विभेदीकरण (जटिल से सरल)
B. शीर्षगामी (अवरोही); समीपस्थ (आंतरिक से बाहरी)
C. समीपस्थ (अवरोही); शीर्षगामी (आंतरिक से बाहरी)
D. विभेदीकरण (सरल से जटिल); एकीकरण (जटिल से सरल)

45. हावर्ड गार्डनर के अनुसार, एक दर्शनशास्त्री के पास __________ प्रकार की बुद्धि और मूर्तिकार के पास __________ प्रकार की बुद्धि की मात्रा अधिक होती है।
A. भाषिक; अंतर्वैयक्तिक
B. दिक्स्थान; अंतःव्यक्ति
C. अंतःव्यक्ति; दिक्स्थान
D. अंतर्वैयक्तिक; भाषिक

46. अनुभवात्मक अधिगम किस पर बल देता है?
A. बच्चों के अधिगम पर शिक्षक के नियंत्रण पर
B. सीखने में पुनर्बलन की भूमिका पर
C. आलोचनात्मक प्रतिबिंबन के महत्व पर
D. एक प्रक्रिया के बजाय अधिगम को एक उत्पाद के रूप में देखने पर

47. बच्चों में समस्या-समाधान कौशल को बढ़ाने के लिए निम्नलिखित में से कौन-सा प्रभावी तरीका है?
A. स्वतंत्र चिंतन को हतोत्साहित करना और घोषणात्मक ज्ञान पर ध्यान केंद्रित करना

B. कठिन समस्याओं से बचने के लिए उन्हें प्रोत्साहित करना
C. उन्हें समस्याओं का तैयार समाधान उपलब्ध कराना
D. उन्हें बुद्धि मंथन करने और सहज अनुमान लगाने के अवसर देना

48. निम्नलिखित कथनों को पढ़िए तथा सही विकल्प का चयन कीजिए :
अभिकथन (A): शिक्षकों को सार्थक वातावरण बनाना चाहिए जिसमें सभी बच्चों की सक्रिय भागीदारी और संलग्नता हो।
कारण (R): सभी बच्चे आंतरिक रूप से सीखने के लिए प्रेरित होते हैं और सीखने में सक्षम होते हैं।
A. (A) और (R) दोनों गलत हैं।
B. (A) और (R) दोनों सही हैं तथा (R), (A) की सही व्याख्या है।
C. (A) और (R) दोनों सही हैं, परन्तु (R), (A) की सही व्याख्या नहीं है।
D. (A) सही है, परन्तु (R) गलत है।

49. निम्नलिखित में से कौन-सी प्रक्रिया अधिगम के दौरान योगदान **नहीं** देती है?
A. संगठन B. वर्गीकरण
C. वैचारिकता D. गैर-प्रासंगीकरण

50. निम्नलिखित में से कौन-सा एक ऐसे प्रश्न का उदाहरण है जिसमें विद्यार्थियों को अपनी सोच पर विचार करने की आवश्यकता होती है?
A. वाक्य में संज्ञा और क्रिया के बीच क्या संबंध है?
B. क्रिया की परिभाषा क्या है?
C. आप क्रिया को वर्तमान काल में कैसे बदल सकते हैं?
D. कक्षा की शुरूआत से क्रियाओं के उपयोग के बारे में आपकी समझ कैसे बदली है?

51. निम्नलिखित में से कौन-सा विफलता के लिए आंतरिक आरोपण का एक उदाहरण है?
A. मुझे निम्न ग्रेड प्राप्त हुआ क्योंकि शिक्षक कठोर तरीके से आँकते हैं।
B. मैं परीक्षा में फेल हो गया क्योंकि मैंने पर्याप्त पढ़ाई नहीं की।
C. शिक्षक के पक्षपाती होने के कारण मुझे अच्छे अंक नहीं मिले।
D. मैं परीक्षा में फेल हो गया क्योंकि मेरे दोस्त मेरा ध्यान भटका रहे थे।

52. निम्नलिखित कथनों को पढ़िए तथा सही विकल्प का चयन कीजिए :
अभिकथन (A): बहुत कम उम्र में, दुनिया भर में अधिकांश संस्कृतियों में लड़कियाँ गुड़ियों को खिलौने के रूप में चुनती हैं जबकि लड़के कारों के साथ खेलना पसंद करते हैं।
कारण (R): बच्चे किसी विशेष संस्कृति की अपेक्षाओं के आधार पर एक लड़के या लड़की के लिए क्या उपयुक्त माना जाता है, इसके बारे में जानकारी व्यवस्थित करते हैं और उसके अनुसार व्यवहार करते हैं।
A. (A) और (R) दोनों गलत हैं।
B. (A) और (R) दोनों सही हैं तथा (R), (A) की सही व्याख्या है।
C. (A) और (R) दोनों सही हैं, परन्तु (R), (A) की सही व्याख्या नहीं है।
D. (A) सही है, परन्तु (R) गलत है।

53. लेव वायगोत्स्की के अनुसार, ________ बच्चों के संकल्पनात्मक योग्यताओं के विकास में महत्वपूर्ण भूमिका निभाता है?
A. मूर्त पुरस्कार B. सहकर्मी सहयोग
C. सामाजिक अलगाव D. मानकीकृत पाठ्यक्रम

54. लेव वायगोत्स्की के सिद्धांत के अनुसार, आंतरिक वाक् :
A. बच्चों के लिए एक काल्पनिक दोस्त के साथ संप्रेषण करने का एक तरीका है।
B. संज्ञानात्मक अपरिपक्वता का प्रतीक है।
C. विकासात्मक देरी का संकेत है।
D. बच्चों के लिए अपनी सोच को नियंत्रित करने का एक तरीका है।

55. चार वर्ष की अपर्णा कहती है कि एक बटन जिंदा है क्योंकि यह उसकी शर्ट को एक साथ बाँधने में मदद करता है। जीन पियाजे के अनुसार, उसकी सोच की विशेषता है :
A. पारगमनात्मक तर्क B. जीववादी चिंतन
C. केंद्रीयन D. परिकल्पित-निगमनात्मक चिंतन

56. निम्नलिखित में से स्वलीनता वाले विद्यार्थियों की विशिष्ट विशेषता कौन-सी है?
A. कल्पना को तथ्य से अलग करने की श्रेष्ठ क्षमता
B. उन्नत सामाजिक-भावनात्मक पारस्परिकता
C. बार-बार दोहराव और आवर्ती व्यवहार
D. संवाद कौशलों का उच्च स्तर

57. निम्नलिखित कथनों को पढ़िए तथा सही विकल्प का चयन कीजिए :
अभिकथन (A): शिक्षार्थियों के बीच समालोचनात्मक चिंतन को सुगम बनाने के लिए, शिक्षकों को उन्हें विविध परिस्थितियों और विभिन्न दृष्टिकोणों से अवगत कराना चाहिए।
कारण (R): जब विद्यार्थी विविध मतभेदों के बीच बातचीत में संलग्न होते हैं तो वे समालोचनात्मक और रचनात्मक रूप से सोचने की अपनी क्षमताओं को सीखते और समृद्ध करते हैं।
A. (A) और (R) दोनों गलत हैं।
B. (A) और (R) दोनों सही हैं तथा (R), (A) की सही व्याख्या है।
C. (A) और (R) दोनों सही हैं, परन्तु (R), (A) की सही व्याख्या नहीं है।
D. (A) सही है, परन्तु (R) गलत है।

58. निम्नलिखित में से अधिगम का प्राथमिक लक्ष्य कौन-सा होना चाहिए?
A. तथ्यों को रटना
B. यंत्रवत् याद करने के पूर्वाभ्यास में उत्कृष्ट बनना
C. समकक्षियों के साथ प्रतिस्पर्धा
D. समालोचनात्मक चिंतन का विकास

59. बच्चे सबसे प्रभावी ढंग से तब सीखते हैं यदि कोई अवधारणा :
A. सामान्य से विशिष्ट की ओर बढ़ती है।
B. अमूर्त से मूर्त की ओर बढ़ती है।
C. जटिल से सरल की ओर बढ़ती है।
D. तर्कसंगत से अनुभवजन्य की ओर बढ़ती है।

60. विद्यार्थियों की सीखने की शैलियों में विविधता :
A. को महत्व दिया जाना चाहिए और मानव विविधता के प्रतिबिंब के रूप में देखा जाना चाहिए।
B. की उपेक्षा की जानी चाहिए और सीखने की शैलियों में एकरूपता लाने का प्रयास किया जाना चाहिए।
C. को शिक्षण-अधिगम प्रक्रिया के दौरान ध्यान में नहीं रखा जाना चाहिए।
D. को शिक्षण-अधिगम प्रक्रिया में बाधा और अवरोध के रूप में देखा जाना चाहिए।

61. निम्नलिखित में से कौन-सा स्थूल कौशल के उपयोग का एक उदाहरण है?
A. एक पैर पर संतुलन करना B. एक मटर को उंगलियों से दबाना
C. किताब के पन्ने पलटना D. पेंसिल पकड़ना

62. विकासात्मक परिवर्तन किसका परिणाम है?
A. आनुवंशिक और पर्यावरणीय परिस्थितियों का अनूठा संयोजन
B. किसी व्यक्ति का केवल आनुवंशिक ढ़ांचा
C. केवल सामाजिक-सांस्कृतिक कारक
D. न तो वंशानुगत और न ही पर्यावरणीय कारक

63. 2 वर्ष से 6 वर्ष की अवधि को क्या कहा जाता है?
A. शैशवावस्था B. प्रारंभिक बचपन
C. मध्य बचपन D. किशोरावस्था

64. **अभिकथन (A):** शहरों में बच्चों का बहुत सारा खेल उन 'रियलिटी टीवी शो' पर आधारित होता है जो वो देखते हैं।
कारण (R): इन दिनों परिवार और साथियों के अलावा मीडिया बच्चों के समाजीकरण का एक महत्वपूर्ण माध्यम बनता जा रहा है।
सही विकल्प चुनें :
A. (A) और (R) दोनों सही हैं और (R) सही व्याख्या करता है (A) की
B. (A) और (R) दोनों सही हैं, लेकिन (R) सही व्याख्या नहीं है (A) की
C. (A) सही है, लेकिन (R) गलत है
D. (A) और (R) दोनों गलत हैं

65. पियाजे द्वारा अधिगम को सुगम बनाने के लिए निम्नलिखित में से कौन-से कारक महत्वपूर्ण माने जाते हैं?
(*i*) शिक्षक की गतिशीलता
(*ii*) विविध सामग्रियों का प्रावधान
(*iii*) मध्य स्तरीय नवीन अनुभव प्रदान करना
(*iv*) सकारात्मक और नकारात्मक पुनर्बलन सुनिश्चित करना
A. (*ii*), (*iv*) B. (*i*), (*ii*), (*iii*)
C. (*ii*), (*iii*), (*iv*) D. (*i*), (*ii*), (*iii*), (*iv*)

66. किस स्तर पर बच्चों में अपने आस-पास की दुनिया के बारे में एक जीववादी दृष्टिकोण होता है और वे मानते हैं कि पेड़-पौधों और चलते हुए बादलों और लुढ़कते पत्थरों की मंशाएँ और इरादे हो सकते हैं?
A. संवेदी चालक अवस्था B. पूर्व संक्रियात्मक अवस्था
C. मूर्त संक्रियात्मक अवस्था D. अमूर्त संक्रियात्मक अवस्था

67. किसके सिद्धांत में भाषा बच्चों के संज्ञानात्मक विकास में महत्वपूर्ण भूमिका निभाती है?
A. लेव वायगोत्स्की B. जीन पियाजे
C. हॉवर्ड गार्डनर D. लॉरेंस कोहलबर्ग

68. वायगोत्स्की के अनुसार, बच्चे किस प्रकार सीखते हैं?
A. प्रतियोगिताओं के द्वारा
B. साथियों के साथ बातचीत करके
C. पुरस्कार के लिए प्रयास करके और दंड से बचकर
D. उद्दीपन-प्रतिक्रिया अनुबंधन करके

69. एक बाल-केन्द्रित कक्षा में बच्चे :
A. निष्क्रिय नकलची के रूप में देखे जाते हैं
B. ज्ञान के निर्माण में सक्रिय रूप से लगे हुए हैं
C. ब्लैकबोर्ड से उत्तरों की प्रतिलिपि बनाने को अग्रसर होते हैं
D. केवल निष्क्रिय श्रोता होने चाहिए

70. निम्नलिखित में से कौन-सा सही सुमेलित युग्म है?
A. सजा और आज्ञाकारिता अभिविन्यास – कानून तय नहीं हैं अपितु समाज की भलाई के लिए बदला जा सकता है
B. अच्छा लड़का-अच्छी लड़की अभिविन्यास – दूसरों के साथ भला बनकर अनुमोदन अर्जित करता है
C. कानून और व्यवस्था अभिविन्यास – मानव अधिकारों के मूल्य के आधार पर नैतिक सिद्धांतों को स्वयं चुना जाता है।
D. सामाजिक अनुबंध अभिविन्यास – किसी क्रिया के भौतिक परिणाम यह निर्धारित करते हैं कि यह अच्छा है या बुरा

71. हॉवर्ड गार्डनर के सिद्धांत में .... बुद्धि वाले व्यक्ति वनस्पतियों और जीवों की विभिन्न प्रजातियों की सुंदरता को पहचान सकते हैं।
A. स्थानिक B. प्रकृतिवादी
C. संगीतमय D. अंतर्वैयक्तिक

72. राष्ट्रीय शिक्षा नीति 2020 क्या सिफारिश करती है?
A. बहुभाषावाद B. एकभाषावाद
C. पाठ्यक्रम का मानकीकरण D. मूल्यांकन का मानकीकरण

73. एक शिक्षिका यह धारणा रखती है कि लड़के अधिक बुद्धिमान और जोखिम लेने वाले होते हैं और लड़कियाँ आज्ञाकारी और ईमानदार होती हैं और उनके अनुसार व्यवहार करती हैं। यह किसका उदाहरण है?
A. जेंडर पक्षपात B. जेंडर स्थिरता
C. जेंडर समता D. जेंडर समानता

74. **अभिकथन (A):** शिक्षकों को बच्चों का आकलन करने के लिए विभिन्न प्रकार की आकलन तकनीक और विधियों का प्रयोग करना चाहिए।

कारण (R): कोई भी एक मूल्यांकन तकनीक बच्चे की प्रगति और विकास के क्षेत्रों के बारे में जानकारी प्रदान करने में सक्षम नहीं है।

सही विकल्प चुनें :

A. (A) और (R) दोनों सही हैं और (R) सही व्याख्या करता है (A) की
B. (A) और (R) दोनों सही हैं, लेकिन (R) सही व्याख्या नहीं है (A) की
C. (A) सही है, लेकिन (R) गलत है
D. (A) और (R) दोनों गलत हैं

75. निम्नलिखित में से कौन-सी स्थिति सीखने के लिए आकलन को **नहीं** दर्शाती है?

A. छात्र सक्रिय रूप से सोचते हैं की वे कहाँ हैं, वे कहाँ जा रहे हैं और वहाँ कैसे पहुचें
B. शिक्षक सीखने को सुसाधित करने के लिए रचनात्मक गुणात्मक प्रतिक्रिया देते हैं
C. प्रदर्शन बढ़ाने के लिए छात्रों के बीच लगातार तुलना की जाती है
D. रचनात्मक मूल्यांकन के कई तरीके जैसे सहकर्मी और स्व-मूल्यांकन का उपयोग किया जाता है

76. समावेशी शिक्षा के लिए क्या जरूरी है?

A. लचीला शिक्षाशास्त्र B. अगम्य इमारत
C. अनम्य मानसिकता D. मानकीकृत पाठ्यक्रम

77. निम्नलिखित में से कौन-सी दिव्यांगता 'सामाजिक संचार' में चुनौतियों का कारण बनती है?

A. आत्मकेंद्रिता/स्वलीनता B. पठनवैकल्य
C. गुणजवैकल्य D. गतिमान दिव्यांगता

78. निम्न में से कौन-सा सुविधाहीन और वंचित समूहों के शिक्षार्थियों को शामिल करने में मदद करता है?

A. विविधता को महत्व
B. गैर-प्रासंगिक पाठ्यक्रम
C. प्रमुख समूह की ओर केन्द्रित शिक्षाशास्त्र
D. मानकीकृत परीक्षण

79. सामग्री को कई तरीके से प्रस्तुतिकरण करने के प्रावधान से निम्नलिखित में से किसके समावेशन में मदद मिलेगी?

(*i*) श्रवण बाधित छात्र
(*ii*) दृष्टिबाधित छात्र
(*iii*) अधिगम कठिनाई महसूस करने वाले छात्र
(*iv*) गतिमान दिव्यांगता वाले छात्र

A. (*i*) B. (*ii*), (*iii*)
C. (*i*), (*ii*), (*iv*) D. (*i*), (*ii*), (*iii*), (*iv*)

80. निम्नलिखित में से कौन-सा विकल्प दी गई दिव्यांगता और संबंधित छात्रों के समावेशन हेतु यथोचित संयोजन रणनीति का सही युग्म है?

A. गुणजवैकल्य : कैलकुलेटर का प्रावधान
B. पठनवैकल्य : लंबे-लंबे लिखित कार्य सौंपना
C. श्रवण दोष : ऑडियो टेप देना
D. दृश्य हानि : चित्रों वाली पुस्तकें उपलब्ध कराना

81. प्रारंभिक कक्षाओं में, शिक्षण-अधिगम प्रक्रिया के लिए निम्नलिखित में से कौन-सा दृष्टिकोण बेहतर है?

A. बिना समझे नकल करना B. करके सीखना
C. निष्क्रिय रूप से सुनना D. रट कर याद रखना

82. **अभिकथन (A):** अधिगम के लिए विद्यालय के सामाजिक अवसरों में भागीदारी महत्वपूर्ण है।

कारण (R): अधिगम मुख्य रूप से एक सामाजिक क्रिया है।

सही विकल्प चुनें :

A. (A) और (R) दोनों सही हैं और (R) सही व्याख्या करता है (A) की
B. (A) और (R) दोनों सही हैं, लेकिन (R) सही व्याख्या नहीं है (A) की
C. (A) सही है, लेकिन (R) गलत है
D. (A) और (R) दोनों गलत हैं

83. कक्षा की गतिविधियों को सार्थक बनाने के लिए एक शिक्षिका को क्या करना चाहिए?

A. उन्हें असंबंधित खंडों में विभाजित करना
B. उनके बारे में अस्पष्ट निर्देश देना
C. उन्हें संदर्भहीन तरीके से प्रस्तुत करना
D. उन्हें उचित सन्दर्भ में स्थित करना

84. निम्नलिखित में से कौन-सी शैक्षणिक पद्धतियाँ शिक्षण-अधिगम प्रक्रिया में सकारात्मक योगदान नहीं देती हैं?

A. आवश्यकता के अनुसार पाठ्यचर्या अनुकूलन
B. छात्रों के लिए अनुभवात्मक शिक्षा
C. पाठ्यचर्या नियोजन में नवाचार
D. परीक्षा केंद्रित कठोर शिक्षण रणनीतियाँ

85. **अभिकथन (A):** एक शिक्षक द्वारा बढ़ाए जाने वाले विषयवस्तु को छात्रों के दैनिक जीवन के अनुभवों से जोड़ना चाहिए।

कारण (R): बच्चे स्कूल में जीवन के बहुत से महत्वपूर्ण अनुभव लेकर आते हैं जिसपर शिक्षिका को ध्यान देना चाहिए।

सही विकल्प चुनें :

A. (A) और (R) दोनों सही हैं और (R) सही व्याख्या करता है (A) की
B. (A) और (R) दोनों सही हैं, लेकिन (R) सही व्याख्या नहीं है (A) की
C. (A) सही है, लेकिन (R) गलत है
D. (A) और (R) दोनों गलत हैं

86. निम्नलिखित में से कौन शिक्षार्थियों को उनके सीखने का स्वयं मूल्यांकन करने और उनकी समझ की जांच करने में मदद करता है?

A. विस्मरण B. अनुकृति
C. अधिसंज्ञान D. रट कर याद करना

87. बच्चों में भ्रांतियाँ होना .... है।

A. असामान्य B. अप्रारूपिक
C. प्राकृतिक D. दुर्लभ

88. एक विद्यार्थी जो 'अधिगम असहायता' महसूस कर रहा है, वह

A. सीखने में बेहद उत्साह दिखाएगा
B. महारत उन्मुख लक्ष्यों पर ध्यान देगा
C. प्रदर्शन उन्मुख लक्ष्यों पर ध्यान देगा
D. शैक्षिक गतिविधियों से अलगाव रखेगा

89. निम्नलिखित में से कौन-सा आंतरिक प्रेरणा का उदाहरण है?

A. रुचि के कारण एक नई भाषा सीखना
B. नकद इनाम जीतने के लिए चित्रकारी करना
C. पुरस्कार जीतने के लिए किसी खेल में भाग लेना
D. माता-पिता की प्रशंसा पाने के लिए पढ़ाई करना

90. अधिगम को प्रभावित करने वाला निम्नलिखित में से कौन-सा कारक पर्यावरणीय कारक है?

A. रवैया B. प्रेरणा
C. व्यक्तित्व लक्षण D. विद्यालय

91. विविध पृष्ठभूमियों के अधिगमकर्ताओं को संबोधित करने हेतु, एक अध्यापक को–

A. सभी के लिए मानकीकृत आकलनों का इस्तेमाल करना चाहिए।
B. ऐसे कथनों का इस्तेमाल करना चाहिए जो नकारात्मक रूढिबद्ध धारणाओं को मजबूत करें।
C. विविधता संबंधी मुद्दों पर बातचीत टालनी चाहिए।
D. विविध विन्यासों से उदाहरण लेने चाहिए।

92. समस्या-समाधान क्षमताओं को किस प्रकार सुसाध्य किया जा सकता है?

A. समरूपों के इस्तेमाल को बढ़ावा देकर।
B. विद्यार्थियों में डर की भावना पैदा कर।
C. लगातार अभ्यास और कार्यान्वयन पर जोर देकर।
D. समस्याओं के हल हेतु अटल प्रक्रिया के इस्तेमाल को बढ़ावा देकर।

93. अधिगम कठिनाइयों से जूझते छात्रों की जरूरतों को संबोधित करने के लिए, एक अध्यापक को क्या **नहीं** करना चाहिए?

A. व्यक्तिगत शैक्षिक योजना बनाना।
B. शिक्षाशास्त्र और आकलन की जटिल संरचनाओं का प्रयोग।
C. दृश्य-श्रव्य सामग्रियों का इस्तेमाल।
D. संरचनात्मक शिक्षाशास्त्रीय उपागमों का इस्तेमाल।

94. सर्जनात्मकता की पहचान का प्रमुख लक्षण क्या है?

A. अतिसक्रियता B. असतर्कता
C. कम परिज्ञानता/बोधगम्यता D. अपसारी चिंतन

95. निम्न में से अध्यापन-अधिगम का सबसे प्रभावशाली माध्यम कौन-सा है?

A. बिना विश्लेषण के अवलोकन करना
B. अनुकरण/नकल और दोहराना
C. विषय-वस्तु को यंत्रवत याद करना
D. संकल्पनाओं के बीच संबंध खोजना

96. एक अध्यापिका को, दिये गए किसी कार्यकलाप में छात्रों की विभिन्न त्रुटियों का विश्लेषण करना चाहिए, क्योंकि

A. इसके आधार पर वह ज्यादा त्रुटियाँ करने वाले छात्रों को दूसरे छात्रों से अलग कर सकती है।
B. अधिगम केवल त्रुटियों के शोधन पर निर्भर है।
C. इसके आधार पर वह दंड की मात्रा निर्धारित कर सकती है।
D. त्रुटियों की समझ, अध्यापन-अधिगम प्रक्रिया के लिए अर्थपूर्ण है।

97. अधिगम की अभिप्रेरणा को किस प्रकार कायम रखा जा सकता है?

A. बच्चों को बहुत आसान क्रियाकलाप देकर।
B. यंत्रवत याद करने पर जोर देकर।
C. बच्चे को दंड देकर।
D. प्रवीणता-अभिमुखी लक्ष्यों पर जोर देकर।

98. शर्मिंदगी ....

A. बच्चों को अधिगम हेतु अभिप्रेरित करने के लिए बहुत प्रभावशाली है।
B. के भाव को अध्यापन-अधिगम प्रक्रिया में बारंबार पैदा करना चाहिए।
C. का संज्ञान से कोई संबंध नहीं है।
D. का संज्ञान पर नकारात्मक प्रभाव पड़ सकता है।

99. अधिगम का संरचनात्मक विचार यह सुझाव देता है कि ज्ञान की संरचना में–

A. बच्चे सक्रिय भूमिका निभाते हैं।
B. बच्चे पूर्ण रूप से पाठ्य-पुस्तकों पर निर्भर रहते हैं।
C. बच्चों की कोई भूमिका नहीं होती।
D. बच्चे पूर्ण रूप से वयस्कों पर निर्भर रहते हैं।

100. अधिगम के लिए निम्न में से कौन-सी धारणा उपयुक्त है?

A. प्रयासों से कोई फर्क नहीं पड़ता।
B. असफलता अनियंत्रित है।
C. योग्यता सुधार्य है।
D. योग्यता अटल है।

101. निम्न में से कौन-सी परिपाटी, विद्यार्थियों में संकल्पनात्मक समझ में बढ़ोतरी करने में सहायक है?

A. बारंबार परीक्षाएँ
B. अन्वेषण और संवाद
C. प्रतिस्पर्धा आधारित प्रतिस्पर्धाएँ
D. पाठ्य-पुस्तक-केंद्रित शिक्षाशास्त्र

102. बच्चों को सीखने में कठिनाई होती है, जब–
A. अधिगम सामाजिक संदर्भ में हो।
B. विषय-वस्तु को बहुरूपों में प्रस्तुत किया गया हो।
C. सूचना अलग-अलग टुकड़ों में प्रस्तुत की जाए।
D. वो आंतरिक रूप से अभिप्रेरित हो।

103. अधिगम की सर्वोत्तम अवस्था कौन-सी है?
A. संतुलित उत्तेजना, कोई भय नहीं
B. कोई उत्तेजना नहीं, कोई भय नहीं
C. उच्च उत्तेजना, उच्च भय
D. निम्न उत्तेजना, उच्च भय

104. बच्चों के विकास की व्यक्तिगत विभिन्नताओं को किस पर प्रतिरोपित किया जा सकता है?
A. ना आनुवंशिकता पर ना पर्यावरण पर
B. आनुवंशिकता एवं पर्यावरण की पारस्परिकता पर
C. केवल आनुवंशिकता पर
D. केवल पर्यावरण पर

105. एक कार्य के दौरान, सायना स्वयं से बात कर रही है कि वह कार्य पर किस प्रकार प्रगति कर सकती है। लेव वायगोत्स्की के भाषा और चिंतन/सोच के बारे में दिए गए विचारों के अनुसार, इस तरह का 'व्यक्तिगत वाक' क्या दर्शाता है?
A. आत्म-केन्द्रिता B. मनोवैज्ञानिक विकार
C. संज्ञानात्मक अपरिपक्वता D. स्वः नियमन

106. मूल्यांकन पद्धतियों का लक्ष्य होना चाहिए–
A. विद्यार्थियों की जरूरतों एवं आवश्यकताओं की पहचान करना।
B. पुरस्कार-वितरण हेतु उच्च-अंक प्राप्त करने वाले विद्यार्थियों की पहचान करना।
C. विद्यार्थियों को नामांकित करना।
D. योग्यता-आधारित समूहों में विद्यार्थियों को विभाजित करना।

107. एक गतिविधि के दौरान, छात्रों को संघर्ष करते देख, एक अध्यापिका बच्चों को संकेत और इशारे जैसे– 'क्या, क्यों, कैसे' प्रदान करने का फैसला लेती है। लेव वायगोत्स्की के सिद्धांत के अनुसार, अध्यापिका की यह योजना–
A. छात्रों में प्रत्याहार/निकास प्रवृत्तियाँ पैदा करेगी।
B. अधिगम की प्रक्रिया में अर्थहीन होगी।
C. बच्चों को अधिगम के लिए अनुत्प्रेरित/निष्प्रेरित करेगी।
D. अधिगम के लिए पाड़/आधारभूत संरचना का काम करेगी।

108. एक खेल क्रिया के दौरान चोट लगने पर रोहन रोने लगा। यह देखकर उसके पिता ने कहा, "लड़कियों की तरह व्यवहार ना करो; लड़के रोते नहीं हैं।" पिता का यह कथन–
A. लैंगिक भेदभाव को कम करता है।
B. लैंगिक समानता को बढ़ावा देता है ।
C. लैंगिक रूढ़िवादिताओं को दर्शाता है।
D. लैंगिक रूढ़िवादिताओं को चुनौती देता है।

109. एक प्रगतिशील कक्षा में–
A. ज्ञान की संरचना के लिए प्रचुर मौके प्रदान करने चाहिए।
B. विद्यार्थियों को उनके अकादमिक अंकों के आधार पर नामांकित करना चाहिए।
C. अध्यापक को अटल पाठ्यक्रम का पालन करना चाहिए।
D. विद्यार्थियों में प्रतिस्पर्धा पर बल देना चाहिए।

110. लॉरेंस कोलबर्ग के सिद्धांत के अनुसार, "किसी कार्य को इसीलिए करना, क्योंकि दूसरे इसे स्वीकृति देते हैं", नैतिक विकास के .... चरण को दर्शाता है।
A. उत्तर-प्रथागत B. अमूर्त संक्रियात्मक
C. प्रथा-पूर्व D. प्रथागत

111. बच्चों के समाजीकरण के संदर्भ में निम्न में से कौन-सा कथन सही है?
A. समकक्षी समाजीकरण के प्राथमिक कारक हैं और परिवार समाजीकरण का एक द्वितीयक कारक है।
B. परिवार एवं जन-संचार दोनों समाजीकरण के द्वितीयक कारक हैं।
C. विद्यालय समाजीकरण का एक द्वितीयक कारक है और परिवार समाजीकरण का एक प्राथमिक कारक है।
D. विद्यालय समाजीकरण का एक प्राथमिक कारक है और समकक्षी समाजीकरण के द्वितीयक कारक हैं।

112. बहु-बुद्धि का सिद्धांत जोर देता है कि–
A. बुद्धिमत्ता की विभिन्न दशाएँ हैं।
B. बुद्धिमत्ता में कोई व्यक्तिगत विभिन्नताएँ नहीं होती हैं।
C. बुद्धि-लब्धि केवल वस्तुनिष्ठ परीक्षणों द्वारा ही मापी जा सकती है।
D. एक आयाम में बुद्धिमत्ता, अन्य सभी आयामों में बुद्धिमत्ता निर्धारित करती है।

113. जीन पियाजे के संज्ञानात्मक विकास के सिद्धांत में, पूर्व-संक्रियात्मक अवस्था में विकास का मुख्य गुण क्या होता है?
A. परिकल्पित-निगमनात्मक सोच
B. संरक्षण और पदार्थों को क्रमबद्ध करने की क्षमता
C. अमूर्त सोच का विकास
D. विचार/सोच में केंद्रीकरण

114. विकास के संदर्भ में निम्न में से कौन-सा कथन सही है?
A. विकास केवल बाल्यावस्था के दौरान ही होता है।
B. विकास बहुआयामी होता है।
C. विकास की दर, सभी संस्कृतियों में सभी के लिए समान होती है।
D. विकास केवल विद्यालय में होने वाले अधिगम से ही होता है।

115. लेव वायगोत्स्की का सामाजिक-सांस्कृतिक परिप्रेक्ष्य, अधिगम प्रक्रिया में .... के महत्त्व पर जोर देता है।
A. अभिप्रेरणा B. संतुलीकरण
C. सांस्कृतिक उपकरणों D. गुणारोपण

116. जीन पियाजे अपने संज्ञानात्मक विकास के सिद्धांत में, संज्ञानात्मक संरचनाओं को .... के रूप में वर्णित करते हैं।
A. विकास का समीपस्थ क्षेत्र B. स्कीमा/मनोबंध
C. मनोवैज्ञानिक उपकरणों D. उद्दीपक-अनुक्रिया संबंध

117. एक समावेशी कक्षा में .... पर जोर होना चाहिए।
A. सामाजिक पहचान के आधार पर छात्रों के अलगाव
B. हर बच्चे के सामर्थ्य को अधिकतम करने के लिए अवसर प्रदान करने
C. प्रदर्शन-अभिमुखी लक्ष्यों
D. अविभेदी/समरूपी निर्देशों

118. दिव्यांगजन अधिकार अधिनियम (2016) के अनुसार, निम्न में से किस शब्दावली का प्रयोग उपयुक्त है?
A. छात्र जिसे शारीरिक दिव्यांगता है।
B. छात्र जिसका अशक्त शरीर है।
C. मंदित छात्र
D. विकलांग छात्र

119. जन्म से किशोरावस्था तक बच्चों में विकास किस क्रम में होता है?
A. मूर्त, अमूर्त, सांवेदिक B. अमूर्त, मूर्त, सांवेदिक
C. सांवेदिक, मूर्त, अमूर्त D. अमूर्त, सांवेदिक, मूर्त

120. एक प्रगतिशील कक्षा में व्यक्तिगत विभिन्नताओं को किस प्रकार देखा जाना चाहिए?
A. योग्यता-आधारित समूह बनाने का मापदंड।
B. अध्यापन-अधिगम प्रक्रिया की परियोजना के लिए महत्त्वपूर्ण।
C. अधिगम की प्रक्रिया में बाधा।
D. अध्यापक के पक्ष पर असफलता।

121. भाषा के अर्जन एवं विकास के लिए सर्वाधिक संवेदनशील अवधि कौन-सी है?
A. जन्म पूर्व अवधि B. प्रारंभिक बाल्यावस्था
C. मध्य बाल्यावस्था D. किशोरावस्था

122. निम्नलिखित में से कौन-सी लॉरेंस कोहलबर्ग के द्वारा प्रस्तावित नैतिक विकास की एक अवस्था है?
A. प्रसुप्ति अवस्था
B. सामाजिक अनुबंध अभिविन्यास
C. मूर्त संक्रियात्मक अवस्था
D. उद्योग बनाम अधीनता अवस्था

123. कक्षा में परिचर्चा के दौरान एक शिक्षक प्रायः लड़कियों की तुलना में लड़कों पर अधिक ध्यान देता है। यह किसका उदाहरण है?
A. जेंडर पक्षपात B. जेंडर पहचान
C. जेंडर संबद्धता D. जेंडर समरूपता

124. बच्चों में जेंडर रूढ़िवादिता एवं जेंडर-भूमिका अनुरूपता को कम करने के लिए निम्नलिखित में से कौन-सी पद्धति प्रभावशाली है?
A. जेंडर-पक्षपात के बारे में परिचर्चा
B. जेंडर-विशिष्ट भूमिकाओं को महत्व देना
C. जेंडर-पृथक खेल समूह बनाना
D. जेंडर-पृथक बैठने की व्यवस्था करना

125. निम्नलिखित में से किस मनोवैज्ञानिक ने बच्चों को ज्ञान के सक्रिय जिज्ञासु के रूप में देखते हुए उनके चिंतन पर सामाजिक एवं सांस्कृतिक विषय वस्तुओं के प्रभाव को महत्व दिया?
A. जॉन बी. वाट्सन B. लेव वायगोत्स्की
C. जीन पियाजे D. लॉरेंस कोहलबर्ग

126. जिग-सॉ पहेली को करते समय 5 वर्ष की नजमा स्वयं से कहती है, "नीला टुकड़ा कहाँ है? नहीं, यह वाला नहीं, गाढ़े रंग वाला जिससे यह जूता पूरा बन जाएगा"।
इस प्रकार की वार्ता को वायगोत्स्की किस तरह संबोधित करते हैं?
A. व्यक्तिगत वार्ता B. जोर से बोलना
C. पाड़ (ढाँचा) D. आत्मकेन्द्रित वार्ता

127. बच्चों को संकेत देना तथा आवश्यकता पड़ने पर सहयोग प्रदान करना, निम्नलिखित में से किसका उदाहरण है?
A. प्रबलन B. अनुबंधन
C. मॉडलिंग D. पाड़ (ढाँचा)

128. निम्नलिखित व्यवहारों में से कौन-सा जीन पियाजे के द्वारा प्रस्तावित 'मूर्त संक्रियात्मक अवस्था' को विशेषित करता है?
A. परिकल्पित-निगमनात्मक तर्क; साध्यात्मक विचार
B. संरक्षण; कक्षा समावेशन
C. आस्थगित अनुकरण; पदार्थ स्थायित्व
D. प्रतीकात्मक खेल; विचारों की अनुत्क्रमणीयता

129. बच्चों के संज्ञानात्मक विकास के संदर्भ में निम्नलिखित में से कौन-सी पियाजे की संरचना है?
A. स्कीमा B. अवलोकन अधिगम
C. अनुबंधन D. प्रबलन

130. आकलन का प्राथमिक उद्देश्य क्या होना चाहिए?
A. विद्यार्थियों के लिए श्रेणी निश्चित करना
B. संबंधित अवधारणाओं के बारे में बच्चों की स्पष्टता तथा भ्रांतियों को समझना
C. विद्यार्थियों के प्राप्तांकों के आधार पर उनको नामांकित करना
D. रिपोर्ट कार्ड में उत्तीर्ण या अनुत्तीर्ण अंकित करना

131. निम्नलिखित कथनों में से कौन-सा बुद्धि के बारे में सही है?
A. बुद्धि एक निश्चित योग्यता है जो जन्म के समय ही निर्धारित होती है
B. बुद्धि को मानकीकृत परीक्षणों के प्रयोग से सटीक रूप से मापा एवं निर्धारित किया जा सकता है
C. बुद्धि एक एकात्मक कारक तथा एक एकाकी विशेषक है
D. बुद्धि बहु-आयामी है तथा जटिल योग्यताओं का एक समूह है

132. रूही हमेशा समस्या के एकाधिक समाधानों के बारे में सोचती है। इनमें से काफी समाधान मौलिक होते हैं। रूही किन गुणों का प्रदर्शन कर रही है?
A. सृजनात्मक विचारक B. अभिसारिक विचारक
C. अनम्य विचारक D. आत्म-केन्द्रित विचारक

133. शिक्षण-अधिगम प्रक्रिया में, वंचित समूह से संबंधित विद्यार्थियों के द्वारा सहभागिता कम होने की स्थिति में एक शिक्षक को क्या करना चाहिए?

A. बच्चों को विद्यालय छोड़ने के लिए कहना चाहिए
B. इस स्थिति को जैसी है, स्वीकार कर लेना चाहिए
C. इन विद्यार्थियों से अपनी अपेक्षाओं को कम करना चाहिए
D. अपनी शिक्षण पद्धति पर विचार करना चाहिए तथा बच्चों की सहभागिता में सुधार करने के लिए नए तरीके ढूँढ़ने चाहिए

134. एक समावेशी कक्षा में, एक शिक्षक को विशिष्ट शैक्षिक योजनाओं को :

A. तैयार नहीं करना चाहिए
B. कभी-कभी तैयार करना चाहिए
C. सक्रिय रूप से तैयार करना चाहिए
D. तैयार करने के लिए हतोत्साहित होना चाहिए

135. 'पठनवैकल्य' (dyslexia) में बच्चों के प्राथमिक लक्षण क्या हैं?

A. न्यून-अवधान विकार
B. अपसारी चिंतन; पढ़ने में धाराप्रवाहिता
C. धाराप्रवाह पढ़ने की अक्षमता
D. एक ही गतिविषयक कार्य को बार-बार दोहराना

136. शिक्षा का अधिकार अधिनियम, 2009 में उल्लेख की गई 'समावेशी शिक्षा' की अवधारणा निम्नलिखित में किस पर आधारित है?

A. व्यवहारवादी सिद्धांत
B. अशक्त बच्चों के प्रति एक सहानुभूतिक अभिवृत्ति
C. अधिकार-आधारित मानवतावादी परिप्रेक्ष्य
D. मुख्यतः व्यावसायिक शिक्षा उपलब्ध करा करके अशक्त बच्चों को मुख्यधारा में शामिल करना

137. संरचनावादी ढाँचे में, अधिगम प्राथमिक रूप से :

A. यंत्रवत् याद करने पर आधारित है
B. प्रबलन पर केंद्रित है
C. अनुबंधन द्वारा अर्जित है
D. अवबोधन की प्रक्रिया पर केंद्रित है

138. अनेक घटनाओं के बारे में बच्चों के द्वारा बनाए गए 'सहजानुभूत सिद्धांतों' के संदर्भ में एक शिक्षिका को क्या करना चाहिए?

A. बच्चों के इन सिद्धांतों को अनदेखा करना चाहिए
B. बच्चों को दंडित करना चाहिए
C. बार-बार याद करने के द्वारा एक सही सिद्धांत से 'बदल' देना चाहिए
D. प्रतिकूल प्रमाण एवं उदाहरणों को प्रस्तुत करके बच्चों के इन सिद्धांतों को चुनौती देनी चाहिए

139. छात्र केंद्रित शिक्षाशास्त्र की क्या विशेषता है?

A. केवल पाठ्यपुस्तकों पर निर्भर होना
B. बच्चों के अनुभवों को प्रमुखता देना
C. यंत्रवत् याद करना
D. योग्यता के आधार पर विद्यार्थियों को नामांकित करना तथा वर्गीकरण करना

140. संवेग एवं संज्ञान एक दूसरे से .... हैं।

A. पूर्णतया अलग   B. स्वतंत्र
C. सन्निहित   D. संबंधित नहीं

141. संरचनावादी सिद्धांतों के अनुसार अधिगम के बारे में निम्नलिखित कथनों में से कौन-सा सही है?

A. अधिगम पुनरुत्पादन एवं स्मरण की प्रक्रिया है
B. अधिगम यंत्रवत् याद करने की प्रक्रिया है
C. अधिगम आवृत्तीय संबंध के द्वारा व्यवहारों का अनुबंधन है
D. अधिगम सक्रिय विनियोजन के द्वारा ज्ञान की संरचना की प्रक्रिया है

142. विद्यार्थियों को स्पष्ट उदाहरण एवं गैर-उदाहरण देने का क्या परिणाम है?

A. अवधारणात्मक परिवर्तनों को प्रोत्साहित करने के लिए यह एक प्रभावशाली तरीका है
B. यह विद्यार्थियों के दिमाग में भ्रांतियाँ उत्पन्न करता है
C. यह अवधारणाओं की समझ में अभाव पैदा करता है
D. यह अवधारणात्मक समझ के बजाय कार्यविधिक/प्रक्रियात्मक ज्ञान पर ध्यान केंद्रित करता है

143. बच्चों को अधिगम गतिविधियों में भागीदारी करने के लिए लगातार पुरस्कार देना व दंड का प्रयोग करने से क्या प्रभाव पड़ता है?

A. बाहरी अभिप्रेरणा कम होती है
B. आंतरिक अभिप्रेरणा बढ़ती है
C. यह बच्चों को प्रदर्शन आधारित लक्ष्यों के बजाय निपुणता पर ध्यान देने के लिए प्रोत्साहित करेगा
D. अधिगम में बच्चों की स्वाभाविक अभिरुचि तथा जिज्ञासा कम होती है

144. निम्नलिखित में से कौन-सी प्रथाएँ सार्थक अधिगम को बढ़ावा देती हैं?

(*i*) शारीरिक दंड   (*ii*) सहयोगात्मक अधिगम पर्यावरण
(*iii*) सतत् एवं समग्र मूल्यांकन   (*iv*) निरंतर तुलनात्मक मूल्यांकन

A. (*i*), (*ii*)   B. (*ii*), (*iii*)
C. (*i*), (*ii*), (*iii*)   D. (*ii*), (*iii*), (*iv*)

145. शिक्षक बच्चों की जटिल अवधारणाओं की समझ को किस प्रकार सहज कर सकते हैं?

A. एक व्याख्यान देकर के
B. प्रतियोगितात्मक अवसरों की व्यवस्था करके
C. बार-बार यांत्रिक अभ्यास के द्वारा
D. अन्वेषण एवं परिचर्चा के लिए अवसर उपलब्ध करके

146. एक प्राथमिक विद्यालय की अध्यापिका बच्चों को एक प्रभावशाली समस्या-समाधानकर्ता बनने के लिए किस प्रकार से प्रोत्साहित कर सकती है?

A. प्रत्येक छोटे कार्य के लिए भौतिक पुरस्कार देकर
B. केवल प्रक्रियात्मक ज्ञान पर बल/महत्व देकर
C. 'गलत उत्तरों' को अस्वीकार करके एवं दंडित करके
D. बच्चों को सहजानुभूत अनुमान लगाने के लिए प्रोत्साहित करके तथा उसी पर आधारित विचार मंथन करके

147. निम्नलिखित अवधि में से किसमें शारीरिक वृद्धि एवं विकास तीव्र गति से घटित होता है?
A. शैशवावस्था एवं प्रारंभिक बाल्यावस्था
B. प्रारंभिक बाल्यावस्था एवं मध्य बाल्यावस्था
C. मध्य बाल्यावस्था एवं किशोरावस्था
D. किशोरावस्था एवं वयस्कता

148. निम्नलिखित में से कौन-सा विकास का सिद्धांत **नहीं** है?
A. विकास जीवनपर्यन्त होता है
B. विकास परिवर्त्य होता है
C. विकास आनुवंशिकता एवं पर्यावरण दोनों के द्वारा प्रभावित होता है
D. विकास सार्वभौमिक है तथा सांस्कृतिक संदर्भ इसे प्रभावित नहीं करते

149. वैयक्तिक विभिन्नताओं का प्राथमिक कारण क्या है?
A. लोगों के द्वारा माता-पिता से प्राप्त आनुवंशिक संकेत पद्धति (कोड)
B. जन्मजात विशेषताएँ
C. पर्यावरणीय प्रभाव
D. आनुवंशिकता एवं पर्यावरण के बीच जटिल पारस्परिक क्रिया

150. निम्नलिखित में से कौन-सा द्वितीयक सामाजीकरण एजेन्सी का उदाहरण है?
A. परिवार एवं पास-पड़ोस B. परिवार एवं मीडिया
C. विद्यालय एवं मीडिया D. मीडिया एवं पास-पड़ोस

151. मानव-विकास का प्रारम्भ होता है :
A. पूर्व-बाल्यावस्था से B. उत्तर-बाल्यावस्था से
C. शैशवावस्था से D. गर्भावस्था से

152. 'द कंडीशन्स ऑफ लर्निंग' पुस्तक के लेखक हैं :
A. बी.एफ. स्किनर B. आर.एम. गेने
C. आई.पी. पावलव D. ई.एल. थार्नडाइक

153. ''किशोरावस्था बड़े संघर्ष, तनाव, हमला व विरोध की अवस्था है।'' यह कथन क़िसका है?
A. स्टेन्ले हॉल B. सिम्पसन
C. क्रो एण्ड क्रो D. जरशील्ड

154. सूक्ष्म शिक्षण के भारतीय प्रतिमान में कुल कितना समय लगता है?
A. 40 मिनट B. 45 मिनट
C. 30 मिनट D. 36 मिनट

155. ''सीखने का पठार सीखने की प्रक्रिया के मुख्य अभिलक्षण हैं जो उस स्थिति को प्रकट करते हैं जिसमें सीखने की प्रक्रिया में कोई उन्नति नहीं होती है।'' यह कथन किसका है?
A. हालिंगवर्थ B. रॉस
C. स्किनर D. गेट्स व अन्य

156. यदि शिक्षक कक्षा में छात्र को समस्यात्मक बालक के रूप में पाता है, तो उसे
A. बच्चे को नजरअन्दाज कर देना चाहिए
B. बच्चे को परामर्श देना चाहिए
C. तत्काल घर वापस भेज देना चाहिए
D. बच्चे को दण्ड देना चाहिए

157. पाठ्य-सहगामी क्रियाएँ मुख्यतः सम्बन्धित हैं :
A. छात्रों के सर्वांगीण विकास से
B. छात्रों के वृत्तिक विकास से
C. छात्रों के मानसिक विकास से
D. शैक्षिक संस्थानों के विकास से

158. निम्न में से किसने अधिगम सिद्धान्त का प्रतिपादन **नहीं** किया?
A. स्किनर B. बी.एस. ब्लूम
C. थार्नडाइक D. कोहलर

159. शिक्षा के अवरोधन का तात्पर्य है :
A. बालक का विद्यालय न जाना
B. बालक द्वारा विद्यालय छोड़ देना
C. किसी बालक का एक वर्ष से अधिक समय तक एक ही कक्षा में रहना
D. बालक का विद्यालय में प्रवेश न लेना

160. निम्न में से किस कौशल में पूर्व ज्ञान का परीक्षण आता है?
A. प्रस्तावना कौशल B. समापन कौशल
C. प्रदर्शन कौशल D. उद्दीपन-परिवर्तन कौशल

161. किसने बहुविमात्मक प्रज्ञा का प्रत्यय दिया?
A. स्पीयरमैन B. जॉन मेयर
C. गार्डनर D. गोलमैन

162. डिस्लेक्सिया में यह करने में कठिनाई होती है :
A. व्यक्त करने में B. खड़े होने में
C. बोलने में D. पढ़ने/वर्तनी में

163. निम्न में से क्या समावेशी कक्षा में शिक्षक की भूमिका **नहीं** है?
A. शिक्षक को निःशक्त बच्चों पर ध्यान नहीं देना चाहिए
B. शिक्षक को बच्चों को प्रोत्साहित करना चाहिए
C. शिक्षक को सीखने में अक्षम को अतिरिक्त समय देना चाहिए
D. बच्चे की आवश्यकता के अनुरूप बैठने की पर्याप्त व्यवस्था करनी चाहिए

164. कक्षा में छात्रों को प्रश्न पूछने के लिए :
A. प्रेरित करना चाहिए B. रोक देना चाहिए
C. अनुमति नहीं देनी चाहिए D. हतोत्साहित करना चाहिए

165. बच्चे की वृद्धि मुख्यतः सम्बन्धित है :
A. सामाजिक विकास से B. भावात्मक विकास से
C. नैतिक विकास से D. शारीरिक विकास से

166. 'व्यवहार के कारण व्यवहार में परिवर्तन ही अधिगम है' यह किसने कहा है?
A. गिलफर्ड B. स्किनर
C. क्रो एण्ड क्रो D. वुडवर्थ

167. सूची–A तथा सूची–B को सुमेलित कीजिए।

सूची–A	सूची–B
(*a*) ब्रुनर	(*i*) बुनियादी शिक्षण प्रमिान
(*b*) ऑसुबेल	(*ii*) सायनेक्टिक्स शिक्षण प्रतिमान
(*c*) ग्लेजर	(*iii*) अग्रिम संगठन शिक्षण प्रतिमान
(*d*) गॉर्डन	(*iv*) सम्प्रत्यय उपलब्धि शिक्षण प्रतिमान
	(*v*) पृच्छा प्रशिक्षण प्रतिमान

कूट :

	(*a*)	(*b*)	(*c*)	(*d*)
A.	(*iv*)	(*iii*)	(*ii*)	(*i*)
B.	(*i*)	(*ii*)	(*iii*)	(*v*)
C.	(*iii*)	(*i*)	(*ii*)	(*v*)
D.	(*iv*)	(*iii*)	(*i*)	(*ii*)

168. समस्या समाधान का प्रथम चरण है :
A. समस्या की पहचान
B. परिकल्पना का परीक्षण
C. परिकल्पना का निर्माण
D. आँकड़ा संग्रहण

169. बालकों का अधिगम सर्वाधिक प्रभावशाली होगा जब :
A. बालकों का संज्ञानात्मक, भावात्मक तथा मनोचालक पक्षों का विकास होगा।
B. शिक्षण व्यवस्था एकाधिकारवादी होगी।
C. शिक्षक अधिगम प्रक्रिया में आगे होकर बालकों को निष्क्रिय रखेगा।
D. पढ़ने-लिखने एवं गणितीय कुशलताओं पर ही बल होगा।

170. स्मृति स्तर एवम् बोध स्तर के शिक्षण प्रतिमान की संरचना में कौन-सा सोपान उभयनिष्ठ है?
A. अन्वेषण
B. प्रस्तुतीकरण
C. तैयारी
D. सामान्यीकरण

171. निम्न में किस सिद्धान्त को पुनर्बलन का सिद्धान्त भी कहते हैं?
A. उद्दीपक अनुक्रिया सिद्धान्त
B. सूझ का सिद्धान्त
C. क्रिया प्रसूत अनुबन्धन सिद्धान्त
D. शास्त्रीय अनुबन्धन सिद्धान्त

172. निम्न में से कौन-सी अवस्था ब्रूनर के संज्ञानात्मक विकास सिद्धान्त का अंग **नहीं** है?
A. प्रतिबिम्बात्मक अवस्था
B. संकेतात्मक अवस्था
C. क्रियात्मक अवस्था
D. आन्त प्रज्ञ अवस्था

173. मॉरीशन ने बोध स्तर के शिक्षण प्रतिमान में पाँच पदों का वर्णन किया है वे हैं :
(*a*) प्रस्तुतीकरण
(*b*) खोज
(*c*) संगठन/व्यवस्था
(*d*) आत्मीकरण
(*e*) वाचन/अभिव्यक्तिकरण
इनकी सही क्रम है
A. (*b*), (*a*), (*d*), (*c*), (*e*)
B. (*b*), (*a*), (*c*), (*d*), (*e*)
C. (*a*), (*b*), (*c*), (*d*), (*e*)
D. (*d*), (*e*), (*c*), (*a*), (*b*)

174. निम्न में से कौन-सा संज्ञानात्मक क्षेत्र से संबंधित नहीं है?
A. अनुप्रयोग
B. बोध
C. ज्ञान
D. अनुमूल्यन

175. निम्न में से कौन-सा अधिगम का वक्र **नहीं** है?
A. मिश्रित
B. लम्बवत्
C. उन्नतोदर (उत्तल)
D. नतोदर

176. स्तम्भ–A तथा स्तम्भ–B को सुमेलित कीजिए।

स्तम्भ–A	स्तम्भ–B
(*a*) एनिमल इंटैलिजेन्स	(*i*) गेस्टॉल्ट
(*b*) पुनर्बलन की अनुसूची	(*ii*) पियाजे
(*c*) सारगर्भिता का नियम	(*iii*) थॉर्नडाइक
(*d*) अनुकूलन	(*iv*) स्किनर

कूट :

	(*a*)	(*b*)	(*c*)	(*d*)
A.	(*ii*)	(*iv*)	(*iii*)	(*i*)
B.	(*ii*)	(*iv*)	(*i*)	(*iii*)
C.	(*iii*)	(*iv*)	(*i*)	(*ii*)
D.	(*i*)	(*iv*)	(*iii*)	(*ii*)

177. "विकास कभी न समाप्त होने वाली प्रक्रिया है।" यह कथन विकास के किस सिद्धान्त से सम्बन्धित है?
A. एकीकरण का सिद्धान्त
B. अन्तःसम्बन्ध का सिद्धान्त
C. निरन्तरता का सिद्धान्त
D. अन्तःक्रिया का सिद्धान्त

178. संविधान के किस संशोधन से शिक्षा एक मौलिक अधिकार बन गयी है?
A. 25वें संशोधन
B. 52वें संशोधन
C. 22वें संशोधन
D. 86वें संशोधन

179. अभिप्रेरणा के मूल-प्रवृत्ति सिद्धान्त के प्रतिपादक थे :
A. अब्राहम मैस्लो
B. सिम्पसन
C. विलियम जेम्स
D. मैकूडूगल

180. विकास की किस अवस्था को कोल तथा ब्रूस ने "संवेगात्मक विकास का अनोखा काल" कहा है?
A. बाल्यावस्था
B. प्रौढ़ावस्था
C. किशोरावस्था
D. शैशवावस्था

181. कोह्लर यह सिद्ध करना चाहता था कि सीखना :
A. एक ऐसी स्थिति है जिसमें व्यक्ति, पशु से श्रेष्ठ है
B. स्वायत्त यादृच्छिक क्रिया है
C. संज्ञानात्मक संकार्य है
D. परिस्थिति के विभिन्न अंगों का प्रत्यक्षीकरण है

182. किसी भी नयी भाषा को सीखने के लिए कहाँ से प्रारम्भ किया जाना चाहिए?
A. अक्षरों व शब्दों के मध्य साहचर्य से
B. वाक्यों के निर्माण से
C. शब्दों के निर्माण से
D. उपर्युक्त में से कोई नहीं

183. समावेशी कक्षा में किस प्रकार का/के छात्र शामिल होता/होते है/हैं?

A. केवल विशिष्ट छात्र
B. सामान्य और विशिष्ट छात्र
C. केवल सामान्य छात्र
D. बहुभाषी और प्रतिभाशाली छात्र

184. अधोलिखित में गणित-सम्बन्धी अधिगम अक्षमता को कौन-सा पद परिभाषित करता है?

A. नीरसता सम्बन्धी दोष B. पठन दोष
C. गणना दोष D. उपर्युक्त में से कोई नहीं

185. समावेशीकरण की सफलता के लिए आवश्यक है :

A. क्षमता निर्माण का अभाव
B. अभिभावकों की भागेदारी का न होना
C. अलगाव
D. संवेदनशीलता

186. निम्न में से कौन-सा संवेग का तत्व **नहीं** है?

A. व्यवहारात्मक B. दैहिक
C. संज्ञानात्मक D. संवेदी

187. संज्ञानात्मक क्षेत्र का सही क्रम है :

A. ज्ञान-अनुप्रयोग-अवबोध-विश्लेषण-संश्लेषण-मूल्यांकन
B. मूल्यांकन-अनुप्रयोग-विश्लेषणं-संश्लेषण-अवबोध-ज्ञान
C. मूल्यांकन-संश्लेषण-विश्लेषण-अनुप्रयोग-अवबोध-ज्ञान
D. ज्ञान-अवबोध-अनुप्रयोग-विश्लेषण-संश्लेषण-मूल्यांकन

188. निम्न में से कौन-सा अच्छे शिक्षण की विशेषता **नहीं** है?

A. स्वेच्छाचारी B. जनतांत्रिक
C. सहानुभूतिपूर्ण D. वांछनीय सूचनाएँ देने वाला

189. अभिप्रेरणा का प्रत्याशा सिद्धान्त किसके द्वारा दिया गया है?

A. विक्टर व्रूम B. मास्लो
C. हर्जबर्ग D. स्किनर

190. अग्रिम व्यवस्थापक प्रतिमान किस परिवार से सम्बन्धित है?

A. वैयक्तिक B. सामाजिक अन्तःक्रिया
C. सूचना प्रक्रियाकरण D. व्यवहार परिमार्जन

191. कौशलों के स्थानान्तरण के लिए कौन-सा उपयोगी है?

A. कौशल अन्तरण एक गति है न कि उद्देश्य
B. रेखीय अभिक्रम
C. शाखीय अभिक्रम
D. तैयारी और अर्जन

192. निम्न में से कौन-सा शिक्षण का सूत्र **नहीं** है?

A. सरल से कठिन की ओर B. अनिश्चित से निश्चित की ओर
C. दृश्य से अदृश्य की ओर D. निगमन से आगमन की ओर

193. सूक्ष्म-शिक्षण चक्र का प्रथम पद होता है :

A. प्रतिपुष्टि B. शिक्षण
C. योजना बनाना D. प्रस्तावना

194. निम्न में से कौन-सा अवबोध स्तर के शिक्षण में शामिल है?

A. पृथक्करण B. अनुप्रयोग
C. तुलना D. अन्वेषण

195. शैक्षिक सुधारों में प्रभावी विकेन्द्रीकरण तभी संभव होगा :

1. जब खंड व संकुल संदर्भ केंद्रों की भागीदारी बढ़े
2. स्थानीय संदर्भ व्यक्ति उपलब्ध हो
3. अध्यापकों के पास संसाधन और प्रासंगिक सामग्री भी मौजूद हो

सही उत्तर चुनें :

A. 1 और 3 B. 1 और 2
C. 2 और 3 D. 1, 2 और 3

196. एक छात्र पढ़ रहा है, उसका नाम लेकर किसी ने बुलाया। निम्न में से किस संवेदना द्वारा वह (छात्र) अपनी अनुक्रिया प्रकट करेगा?

A. दृष्टि संवेदना B. स्पर्श संवेदना
C. ध्वनि संवेदना D. प्रत्यक्षण संवेदना

197. पियाजे के सिद्धान्त के अनुसार प्राक्संक्रियात्मक अवस्था की अवधि क्या है?

A. चार से आठ साल B. जन्म से दो साल
C. दो से सात साल D. पाँच से आठ साल

198. निम्न में से कौन-सी बाद की बाल्यावस्था के बौद्धिक विकास की विशेषता **नहीं** है?

A. भविष्य की योजना की सूझ-बूझ
B. विज्ञान की काल्पनिक कथाओं में अधिक रुचि
C. बढ़ती हुई तार्किक शक्ति
D. काल्पनिक भयों का अन्त

199. इनमें से कौन मनोवैज्ञानिक 'भाषा विकास' से संबद्ध है?

A. पावलोव B. बिने
C. चोम्स्की D. मास्लो

200. थॉर्नडाइक ने अपने सिद्धान्त को किस शीर्षक से सिद्ध किया?

A. संज्ञानात्मक अधिगम B. अधिगम के प्रयास एवं भूल
C. संकेत अधिगम D. स्थान अधिगम

201. गिरोह अवस्था किस आयु-वर्ग एवं विलम्ब-विकास से संबंधित है?

A. 16-19 वर्ष एवं नैतिकता
B. 3-6 वर्ष एवं भाषा
C. 8-10 वर्ष एवं समाजीकरण
D. 16-19 वर्ष एवं संज्ञानात्मक

202. पियाजे के अनुसार संज्ञानात्मक विकास की तृतीय अवस्था निम्न में से कौन-सी है?

A. औपचारिक संक्रिया अवस्था
B. पूर्व-संक्रिया अवस्था
C. मूर्त संक्रिया अवस्था
D. संवेदनात्मक गामक अवस्था

203. निम्न में से अधिगम में योगदान देने वाले, मनोवैज्ञानिक कारकों में कौन-सा शामिल **नहीं** है?

A. अधिगम की इच्छा B. प्रेरणा

C. रुचि D. विषयवस्तु का स्वरूप

204. निम्न में से सामाजिक मूल्य कौन-सा है?

A. सहायतापरक व्यवहार B. प्राथमिक लक्ष्य

C. मूल प्रवृत्ति D. आक्रामकता की आवश्यकता

205. पश्च अन्वेषण तथा साधन-साक्ष्य विश्लेषण निम्न में से किसके उदाहरण हैं?

A. स्वतःशोध B. एल्गोरिदम

C. मानसिक वृत्ति D. प्रकार्यात्मक स्थिरता

206. ''सीखने के वक्र अभ्यास द्वारा सीखने की मात्रा, गति और प्रगति की सीमा को ग्राफ पर प्रदर्शित करते हैं।'' यह किसने कहा है?

A. स्किनर B. रॉस

C. एबिंगहास D. एम.एल. बिग्गी

207. निम्न में से कौन-सा थॉर्नडाइक के अधिगम के प्राथमिक नियमों में शामिल **नहीं** है?

A. साहचर्यात्मक स्थानान्तरण का नियम

B. अभ्यास का नियम

C. प्रभाव का नियम

D. तत्परता का नियम

208. अनुकूलित अनुक्रिया सिद्धान्त किसके अनुकूलन पर बल देता है?

A. तर्क B. व्यवहार

C. चिन्तन D. अभिप्रेरणा

209. क्रिया-प्रसूत अनुबन्धन का दूसरा नाम है :

A. समीपस्थ अनुबंधन B. नैमित्तिक अनुबंधन

C. प्राचीन अनुबंधन D. चिह्न अनुबंधन

210. निम्न में से कौन-सी अधिगम की एक विशेषता **नहीं** है?

A. अधिगम का अवलोकन प्रत्यक्ष रूप से किया जा सकता है

B. अधिगम व्यवहार में अपेक्षाकृत स्थायी परिवर्तन है

C. अधिगम प्राणी की अभिवृद्धि है

D. अधिगम एक लक्ष्योन्मुख प्रक्रिया है

211. सीखने की वह अवधि, जब सीखने की प्रक्रिया में कोई उन्नति नहीं होती, कहलाती है :

A. सीखने का वक्र B. सीखने का पठार

C. स्मृति D. अवधान

212. बुद्धि लब्धि निकालने का सूत्र है :

A. मानसिक आयु × वास्तविक आयु

B. $\frac{\text{वास्तविक आयु}}{\text{मानसिक आयु}}$

C. $\frac{\text{वास्तविक आयु}}{\text{मानसिक आयु}} \times 100$

D. वास्तविक आयु + मानसिक आयु

213. सीखने में प्रयास व भूल के सिद्धान्त का प्रतिपादन किसने किया?

A. कोह्लर B. पावलोव

C. थॉर्नडाइक D. गेस्टाल्ट

214. सामान्य संयुक्त कोशिका में गुणसूत्रों के जोड़े होते हैं :

A. 22 B. 23

C. 24 D. उपर्युक्त में से कोई नहीं

215. क्रियाप्रसूत अनुबन्धन सिद्धान्त का प्रतिपादन किया :

A. हल ने B. थॉर्नडाइक ने

C. हेगार्टी ने D. स्किनर ने

216. कोह्लर निम्न में से किससे सम्बन्धित हैं?

A. अभिप्रेरणा का सिद्धान्त B. विकास का सिद्धान्त

C. व्यक्तित्व का सिद्धान्त D. अधिगम का सिद्धान्त

217. बुद्धि के तरल क्रिस्टलीय प्रतिमान के प्रतिपादक कौन थे?

A. कैटेल B. थॉर्नडाइक

C. वर्नन D. स्किनर

218. शिक्षण हेतु मानसिक उद्वेलन प्रतिमान का प्रयोग निम्न में से किसके सुधार हेतु किया जाता है?

A. समझ B. अनुप्रयोग

C. सृजनात्मकता D. समस्या समाधान

219. गोलमैन निम्न में से किससे सम्बन्धित है?

A. सामाजिक बुद्धि B. संवेगात्मक बुद्धि

C. आध्यात्मिक बुद्धि D. सामान्य बुद्धि

220. निम्न में कौन शेष से भिन्न है?

A. अधिगम के लिए अधिगम का सिद्धान्त

B. समान अवयवों का सिद्धान्त

C. ड्राइव रिडक्शन सिद्धान्त

D. सामान्यीकरण का सिद्धान्त

221. संज्ञानात्मक सम्प्राप्ति का न्यूनतम स्तर है :

A. ज्ञान B. बोध

C. अनुप्रयोग D. विश्लेषण

222. एक बालक, जो साइकिल चलाना जानता है, मोटरबाइक चलाना सीख रहा है। यह उदाहरण होगा :

A. क्षैतिज अधिगम अन्तरण का

B. ऊर्ध्व अधिगम अन्तरण का

C. द्विपार्श्विक अधिगम अन्तरण का

D. कोई भी अधिगम अन्तरण नहीं

223. निम्न में से कौन-सा अधिगम के पठार का कारण नहीं है?

A. प्रेरणा की सीमा B. विद्यालय का असहयोग

C. शारीरिक सीमा D. ज्ञान की सीमा

224. ''अधिगम, अनुभव और प्रशिक्षण के परिणामस्वरूप व्यवहार में परिवर्तन है।'' यह कथन किनके द्वारा दिया गया?

A. गेट्स व अन्य B. मॉर्गन और गिलिलैण्ड

C. स्किनर D. क्रॉनबैक

225. 'स्टैनफोर्ड-बिने परीक्षण' मापन करता है :
A. व्यक्तित्व का B. पढ़ने की दक्षता का
C. बुद्धि का D. उपर्युक्त में से कोई नहीं

226. अन्तर्मुखी व्यक्तित्व एवं बहिर्मुखी व्यक्तित्व का वर्गीकरण किसने किया है?
A. फ्रायड B. युंग
C. मन D. आलपोर्ट

227. बच्चों के सामाजिक विकास को प्रभावित करने वाले कारक हैं :
A. आर्थिक तत्व B. सामाजिक परिवेशजन्य तत्व
C. शारीरिक तत्व D. वंशानुगत तत्व

228. निम्न में से कौन-सा शारीरिक विकास का एक प्रमुख नियम है?
A. मानसिक विकास से भिन्नता का नियम
B. अनियमित विकास का नियम
C. द्रुतगामी विकास का नियम
D. कल्पना और संवेगात्मक विकास से सम्बन्ध का नियम

229. निम्न में से कौन-सा विकास का सिद्धान्त नहीं है?
A. अनुकूलित प्रत्यावर्तन का सिद्धान्त
B. निरन्तर विकास का सिद्धान्त
C. परस्पर सम्बन्ध का सिद्धान्त
D. समान प्रतिमान का सिद्धान्त

230. ''विकास के परिणामस्वरूप नवीन विशेषताएँ और नवीन योग्यताएँ प्रकट होती हैं।'' यह कथन किसने दिया है?
A. गेसेल B. हरलॉक
C. मेरेडिथ D. डगलस और होलैण्ड

231. मूल प्रवृत्तियों को चौदह प्रकार से किसने वर्गीकृत किया है?
A. ड्रेवर B. मैक्डूगल
C. थॉर्नडाइक D. वुडवर्थ

232. ''किसी दूसरी वस्तु की अपेक्षा एक वस्तु पर चेतना का केन्द्रीकरण अवधान है।'' यह कथन है :
A. डम्विल का B. रॉस का
C. मन का D. मैक्डूगल का

233. निम्न में से कौन-सा सीखने के मुख्य नियमों में शामिल नहीं है?
A. तत्परता का नियम B. अभ्यास का नियम
C. बहु-अनुक्रिया का नियम D. प्रभाव का नियम

234. 12 वर्ष से 16 वर्ष के बच्चों के लिए हिन्दी में डॉ. एस. जलोटा ने कौन-सा परीक्षण प्रतिपादित किया है?
A. अशाब्दिक बुद्धि परीक्षण
B. साधारण मानसिक योग्यता परीक्षण
C. आर्मी अल्फा परीक्षण
D. चित्रांकन परीक्षण

235. बुद्धि के द्विकारक सिद्धान्त का प्रतिपादन किसने किया?
A. थॉर्नडाइक B. स्पीयरमैन
C. वर्नन D. स्टर्न

236. निम्न में से कौन-सा युग्म सही नहीं है?
A. सीखने का उद्दीपक-अनुक्रिया सिद्धान्त—थॉर्नडाइक
B. सीखने का क्रियाप्रसूत अनुबन्धन सिद्धान्त—बी.एफ. स्किनर
C. सीखने का क्लासिकल सिद्धान्त—पावलोव
D. सीखने का समग्र सिद्धान्त—हल

237. इनमें से किनका नाम 'सुजननशास्त्र के पिता' से जुड़ा हुआ है?
A. क्रो एवं क्रो B. गाल्टन
C. रॉस D. वुडवर्थ

238. ग्रन्थियों के आधार पर व्यक्तित्व के विभिन्न प्रकारों की चर्चा किसने की है?
A. क्रेशमर B. युंग
C. कैनन D. स्प्रैन्जर

239. ''सृजनात्मकता मौलिक परिणामों को अभिव्यक्त करने की मानसिक प्रक्रिया है।'' यह कथन है :
A. कोल एवं ब्रूस का B. ड्रेवहल का
C. डीहान का D. क्रो एवं क्रो का

240. 'विद्रोह की भावना' की प्रवृत्ति निम्न में से किस अवस्था से सम्बन्धित है?
A. बाल्यावस्था B. शैशवावस्था
C. पूर्व किशोरावस्था D. मध्य किशोरावस्था

241. किसके द्वारा थेमैटिक एपरसिपशन टेस्ट (T.A.T.) विकसित किया गया?
A. साइमंड B. हॉल्ट्ज़मैन
C. मुर्रे D. बेलैक

242. शिक्षा में मनोविज्ञान का सर्वोत्तम योगदान है :
A. विषयोन्मुख शिक्षा B. शिक्षक-केंद्रित शिक्षा
C. गतिविधि-आधारित शिक्षा D. बाल-केंद्रित शिक्षा

243. निम्नलिखित में से कौन वृद्धि एवं विकास के सिद्धांतों से संबद्ध नहीं है?
A. निरंतरता का सिद्धांत B. वर्गीकरण का सिद्धांत
C. एकीकरण का सिद्धांत D. वैयक्तिकता का सिद्धांत

244. कक्षा अध्यापन में, किसी अध्याय का परिचय कराने के चरण किस अधिगम के नियम पर आधारित हैं?
A. प्रभाव के नियम B. समरूपता के नियम
C. तत्परता के नियम D. साहचर्यता के नियम

245. अवधारणा गठन का प्रथम चरण है :
A. सामान्यीकरण B. सारग्रहण
C. ग्रहणबोध D. विभेदीकरण

246. किसके द्वारा पर्यवेक्षणीय अधिगम की अवधारणा प्रतिपादित की गई?
A. टॉलमैन B. बंडुरा
C. थॉर्नडाइक D. कोहलर

247. अधिगम में, प्रभाव के नियम किसके द्वारा दिए गए?
A. पावलोव B. स्किनर
C. वाट्सन D. थॉर्नडाइक

248. निम्नलिखित में से कौन-सी विधि का प्रयोग स्मरणशक्ति/ अनुस्मरण की माप के लिए नहीं की जाती है?
A. रिकॉल मेथड (प्रत्याहवान विधि)
B. तर्क विधि
C. अभिज्ञान विधि
D. पुर्नअधिगम विधि

249. बाल मनोविज्ञान का प्रयोजन है :
A. केवल शैशव अवस्था की विशेषताओं का अध्ययन
B. केवल गर्भावस्था काल की विशेषताओं का अध्ययन
C. केवल बाल्यावस्था की विशेषताओं का अध्ययन
D. गर्भावस्था से किशोरावस्था की विशेषताओं का अध्ययन

250. वह स्थिति जो सामान्यतः माँ की 21वीं गुणसूत्र की जोड़ी की विफलता के कारण उत्पन्न होती है, कहलाती है :
A. डाउन सिंड्रोम B. एडवर्ड्स सिंड्रोम
C. टर्नर्स सिंड्रोम D. हॉनर्स सिंड्रोम

251. कोहलबर्ग के अनुसार, किस स्तर पर नैतिकता बाहृयरूप से नियंत्रित की जाती है?
A. पूर्व-परंपरागत स्तर B. परंपरागत स्तर
C. पोस्ट-परंपरागत स्तर D. इनमें से कोई नहीं

252. निम्न में से कौन-सा एक सही विकास क्रम है?
A. डिंब-शुक्राणु, ब्लास्टोसिस्ट, युग्मनज
B. ब्लास्टोसिस्ट, डिंब-शुक्राणु, युग्मनज
C. ब्लास्टोसिस्ट, युग्मनज, डिंब-शुक्राणु
D. डिंब-शुक्राणु, युग्मनज, ब्लास्टोसिस्ट

253. व्यक्तित्व के अंतर्मुखी, बहिर्मुखी और उभयमुखी प्रकारों का वर्गीकरण ______ द्वारा किया गया है।
A. क्रीटेचर B. जंग
C. शैल्डॉन D. स्प्रेंजर

254. निम्नलिखित में से किस विधि के चरण दृष्टांत, अवलोकन, विश्लेषण और सामान्यकरण हैं?
A. निगमनात्मक विधि B. प्रेरक विधि
C. आत्मविश्लेषण D. एक्सट्रोस्पेक्शन

255. अवधान की आंतरिक या व्यक्तिपरक निर्धारकें हैं :
A. अभिरुचि, चाल-ढाल, प्रवृत्ति
B. उद्दीपन, वस्तुएं, साधन
C. प्रकाश, ध्वनि, महक
D. प्रतिफल, दंड, प्रोत्साहन

256. व्यवहारवादी .... ने कहा, "मुझे जन्मजात शिशु दो। मैं उसे डॉक्टर, वकील, चोर या जो मैं चाहूँ बना सकता हूँ"
A. फ्रीमैन B. न्यूमैन
C. वॉट्सन D. हॉलजिंगर

257. .... ध्यानाकर्षण में महत्वपूर्ण भूमिका अदा करती है।
A. प्रोत्साहन की तीव्रता B. प्रोत्साहन की उपयोगिता
C. प्रोत्साहन की विश्वसनीयता D. प्रोत्साहन की गतिविधि

258. " .... छात्रों में रुचि पैदा करने की एक कला है।"
A. शिक्षण B. सहानुभूति
C. निष्पक्ष दृष्टिकोण D. प्रेरणा

259. फ्रायड के अनुसार ....
A. जो कुछ भी अर्जित किया गया उसे पुनः याद करने में असफल होने अथवा उसे याद रखने में असफल होना ही भूलना है।
B. भूलने का अर्थ है किसी समय किसी अनुभव को याद करने में असफल रहना जब वह किया जा रहा हो अथवा पूर्व में यदि किए गए क्रिया को संपादित किया जा रहा हो।
C. भूलना स्मृति से बाहर निकालने की एक आदत है जो आनंददायक नहीं है।
D. उपरोक्त में से कोई नहीं

260. किसके द्वारा S – O – R प्रस्तावित किया गया?
A. वाट्सन B. कोफका
C. कोहलर D. जीस्टाल्ट मनोवैज्ञानिकों

261. वह कौन-सा स्केल है जिसमें इंटरवल स्केल के सभी गुण हैं और इसके अलावा परम शून्य है?
A. नोमिनल स्केल B. ऑर्डिनल स्केल
C. इंटरवल स्केल D. रेशियो स्केल

262. फ्रायड के अनुसार, हमारी बहुमूल्यता .... के अंदर आंतरिक हैं।
A. आईडी B. अहंकार
C. अतिअहंकार D. परिस्थितियों

263. अनुभव के माध्यम से व्यवहार का संशोधन .... कहलाता है।
A. स्मृति B. अधिगम
C. प्रेरणा D. चिंतन

264. सांख्यिकी में, आवृत्ति वितरण का दंड आरेख कहलाता है :
A. हिस्टोग्राम B. आवृत्ति बहुभुज
C. संचयी आवृत्ति D. आरेख

265. विकास के किस चरण में, अधिकतम बुद्धि का विकास होता है?
A. बचपनावस्था B. शैशवावस्था
C. किशोरावस्था D. वयस्कता

266. बच्चे का अधिकतम व्यवहार आधारित होता है :
A. सहज प्रवृत्ति B. नैतिकता
C. वास्तविकता D. अवधान

267. अंतर्दृष्टि द्वारा अधिगम के सिद्धांत में कोहलर ने .... पर अपना प्रयोग किया।
A. कुत्ता B. चिम्पैंजी
C. बिल्ली D. चूहे

268. यह आवश्यक नहीं है कि उच्च बुद्धिमत्ता लब्धि वाले बच्चे .... में भी श्रेष्ठ हों।

A. सृजनशीलता B. अध्ययन
C. विश्लेषण D. अच्छे अंक प्राप्त करने में

269. आंतरिक अवस्था जो ध्यान को आकर्षित करती है, है:

A. अवधि B. नवीनता
C. रुचि D. आकृति

270. एक परिस्थिति में अर्जित ज्ञान जब अन्य परिस्थिति में उपयोगी होती है, तो कहलाती है :

A. अधिगम की विधियां B. अधिगम में हस्तांतरण
C. अधिगम में पठार D. अधिगम में रुचि

271. निम्नलिखित में से कौन-सा निरंतर और व्यापक मूल्यांकन का समर्थन करेगा?

A. सर्वश्रेष्ठ कार्य पोर्टफोलियो
B. वृद्धि और अधिगम प्रगति पोर्टफोलियो
C. मानकीकृत उपलब्धि परीक्षण
D. मानकीकृत बुद्धि परीक्षण

272. गणित में अपने खराब अंकों के बारे में बात करते हुए अवि कहता है, "मुझे अंकों की समझ नहीं है।" अवि अपने प्रदर्शन का कारण किसको ठहरा रहा है?

A. किस्मत B. कार्य कठिनाई
C. कोशिश की कमी D. योग्यता का अभाव

273. निम्नलिखित में से कौन-सा कथन प्रगतिशील शिक्षा में शिक्षक की भूमिका का सबसे अच्छा वर्णन करता है?

A. शिक्षक ज्ञान का प्राथमिक स्रोत होते हैं।
B. शिक्षक एक सुविधाप्रदाता के रूप में कार्य करते हैं।
C. शिक्षक निर्धारित पाठ्यक्रम को 'ज्यों का त्यों' लागू करते हैं।
D. शिक्षक बच्चों को स्वतंत्र रूप से कार्य करने के लिए उनके हाल पर छोड़ देते हैं।

274. हॉवर्ड गार्डनर की दी गई बुद्धि की अवधारणा का निहितार्थ है कि :

A. सभी लोग दुनिया को समान रूप से समझते और संसाधित करते हैं।
B. अलग-अलग आयामों में लोगों की अलग-अलग योग्यताएँ होती हैं।
C. बुद्धि का केवल एक ही आयाम होता है।
D. बुद्धि केवल प्रयोगात्मक अधिगम से संबंधित है।

275. विकास के सन्दर्भ में निम्नलिखित में से कौन-सा कथन सही है?

A. विकास एक असतत प्रक्रिया है।
B. विकास चक्रीय तरीके से होता है, रैखिक नहीं।
C. विकास विशिष्ट से सामान्य की ओर बढ़ता है।
D. विकास के विभिन्न पहलू एक-दूसरे से स्वतंत्र होते हैं।

276. लेव वायगोत्स्की के अनुसार, बच्चे अपने स्वयं के व्यवहार को किस प्रकार नियमित करते हैं?

A. अनुकूलन की प्रक्रियाओं द्वारा
B. आत्म वाक् के प्रयोग द्वारा
C. संतुलीकरण की प्रक्रिया द्वारा
D. खुद को पुनर्बलन के उपयोग द्वारा

277. कक्षा पाँचवीं के बच्चों को तैरने और डूबने की अवधारणाओं को पढ़ाने के लिए संरचनावाद में दृढ़ विश्वास रखने वाले शिक्षकों द्वारा कौन-सा शैक्षणिक दृष्टिकोण अपनाया जाएगा?

A. व्याख्यान विधि
B. वीडियो दिखाना
C. पावर प्वाइंट प्रस्तुतीकरण दिखाना
D. निर्देशित खोज

278. निम्नलिखित में से कौन-सी सार्थक सीखने के लिए एक प्रभावी स्मृति तकनीक **नहीं** है?

A. रटने व दोहराव B. स्मृति सहायक विधियाँ
C. संकल्पना चित्रण D. विस्तृत दोहराव

279. आनुवंशिकता पूरी तरह से एक व्यक्ति के/की ______ का निर्धारण करती है।

(*i*) सेक्स (*ii*) जेंडर
(*iii*) शैक्षणिक सफलता (*iv*) सीखने की शैली

A. (*i*) B. (*ii*)
C. (*i*), (*iii*), (*iv*) D. (*ii*), (*iii*), (*iv*)

280. दोहराव व बारम्बार किए जाने वाला व्यवहार किसकी विशिष्ट पहचान है?

A. स्वलीन क्रम विकार की
B. अधिगमात्मक विकलांगता की
C. ध्यान न्यूनता अतिक्रियाशीलता विकार की
D. मस्तिष्क पक्षाघात की

उत्तरमाला

1	2	3	4	5	6	7	8	9	10
D	C	A	C	A	B	C	A	C	C
11	**12**	**13**	**14**	**15**	**16**	**17**	**18**	**19**	**20**
A	B	C	C	D	B	C	D	C	C
21	**22**	**23**	**24**	**25**	**26**	**27**	**28**	**29**	**30**
C	A	C	D	B	B	B	A	C	C
31	**32**	**33**	**34**	**35**	**36**	**37**	**38**	**39**	**40**
C	C	B	B	D	C	B	C	D	B

41	42	43	44	45	46	47	48	49	50
B	B	B	B	C	C	D	B	D	D
51	**52**	**53**	**54**	**55**	**56**	**57**	**58**	**59**	**60**
B	B	B	D	B	C	B	D	A	A
61	**62**	**63**	**64**	**65**	**66**	**67**	**68**	**69**	**70**
A	A	B	A	B	B	A	B	B	B
71	**72**	**73**	**74**	**75**	**76**	**77**	**78**	**79**	**80**
B	A	A	A	C	A	A	A	D	A
81	**82**	**83**	**84**	**85**	**86**	**87**	**88**	**89**	**90**
B	A	D	D	A	C	C	D	A	D
91	**92**	**93**	**94**	**95**	**96**	**97**	**98**	**99**	**100**
D	A	B	D	D	D	D	D	A	C
101	**102**	**103**	**104**	**105**	**106**	**107**	**108**	**109**	**110**
B	C	A	B	D	A	D	C	A	D
111	**112**	**113**	**114**	**115**	**116**	**117**	**118**	**119**	**120**
C	A	D	B	C	B	B	A	C	B
121	**122**	**123**	**124**	**125**	**126**	**127**	**128**	**129**	**130**
B	B	A	A	B	A	D	B	A	B
131	**132**	**133**	**134**	**135**	**136**	**137**	**138**	**139**	**140**
D	A	D	C	C	C	D	D	B	C
141	**142**	**143**	**144**	**145**	**146**	**147**	**148**	**149**	**150**
D	A	D	B	D	D	A	D	D	C
151	**152**	**153**	**154**	**155**	**156**	**157**	**158**	**159**	**160**
D	B	A	D	B	B	A	B	C	A
161	**162**	**163**	**164**	**165**	**166**	**167**	**168**	**169**	**170**
C	D	A	A	D	A	D	A	A	B
171	**172**	**173**	**174**	**175**	**176**	**177**	**178**	**179**	**180**
C	D	A	D	B	C	C	D	D	A
181	**182**	**183**	**184**	**185**	**186**	**187**	**188**	**189**	**190**
C	A	A	C	D	D	D	A	A	C
191	**192**	**193**	**194**	**195**	**196**	**197**	**198**	**199**	**200**
A	D	C	D	D	C	C	A	C	B
201	**202**	**203**	**204**	**205**	**206**	**207**	**208**	**209**	**210**
A	C	D	A	A	C	A	B	B	A
211	**212**	**213**	**214**	**215**	**216**	**217**	**218**	**219**	**220**
B	C	C	B	D	D	A	C	B	C
221	**222**	**223**	**224**	**225**	**226**	**227**	**228**	**229**	**230**
A	B	B	A	C	B	B	C	A	B
231	**232**	**233**	**234**	**235**	**236**	**237**	**238**	**239**	**240**
B	A	C	B	B	D	B	C	D	C
241	**242**	**243**	**244**	**245**	**246**	**247**	**248**	**249**	**250**
C	D	B	C	C	B	D	B	D	A
251	**252**	**253**	**254**	**255**	**256**	**257**	**258**	**259**	**260**
A	D	B	B	A	C	A	D	C	A
261	**262**	**263**	**264**	**265**	**266**	**267**	**268**	**269**	**270**
D	C	B	A	C	A	B	A	C	B
271	**272**	**273**	**274**	**275**	**276**	**277**	**278**	**279**	**280**
B	D	B	B	B	B	D	A	A	A

शब्दावली

अंतर्दृष्टि (Insight) : नयी परिस्थितियों का प्रभावशाली ढंग से सामना कर सकने की योग्यता।

अधिगम (Learning) : अनुभव के कारण प्राणी के व्यवहार में होने वाला अपेक्षाकृत स्थायी परिवर्तन।

अनुबंधन (Conditioning) : एक व्यवस्थित प्रक्रिया जिसके माध्यम से उद्दीपक के प्रति नयी अनुक्रियाएँ सीखी जाती हैं।

अनुबंधित अनुक्रिया (Conditioned response, CR) : प्राचीन अनुबंधन में एक अनुबंधित उद्दीपक के प्रति सीखी गई या अर्जित अनुक्रिया।

अनुबंधित उद्दीपक (Conditioned stimulus, CS) : एक तटस्थ उद्दीपक, अननुबंधित उद्दीपक के साथ बार-बार के साहचर्य से, अनुबंधित अनुक्रिया प्राप्त करने में समर्थ हो जाता है।

अननुबंधित अनुक्रिया (Unconditioned response, UR): किसी अननुबंधित उद्दीपक के प्रति बगैर सीखी हुई या अनैच्छिक अनुक्रिया।

अननुबंधित उद्दीपक (Unconditioned stimulus, US) : एक उद्दीपक जो सामान्यतः एक अनैच्छिक, मापनयोग्य अनुक्रिया उत्पन्न करता है।

अपसारी चिंतन (Divergent thinking) : ऐसा चिंतन जो मौलिक, आविष्कारशील और लचीला है। ऐसे प्रश्न जिनके कई उत्तर हो सकते हैं, उन सभी प्रकार के उत्तरों को खोजने के लिए विभिन्न दिशाओं में चिंतन उन्मुख होता है और जो सर्जनात्मकता की विशेषता है।

अभिक्षमता (Aptitude) : ऐसी विशेषताओं का संयोग जो व्यक्ति की प्रशिक्षण द्वारा कुछ विशिष्ट कौशलों को अर्जित करने की समर्थता का सूचक होता है।

अभिप्रेरण (Motivation) : एक आवश्यकता अथवा इच्छा जो व्यवहार को शक्ति देती है और उसे निर्देशित करती है।

अभिवृत्तियाँ (Attitudes) : किसी विषय पर मन, विचारों या प्रत्ययों की वे स्थितियाँ जिनमें संज्ञानात्मक, भावात्मक और व्यवहारात्मक घटक होते हैं।

अभिसारी चिंतन (Convergent thinking) : ऐसा चिंतन जो समस्या के एक सही समाधान की ओर निर्देशित होता है।

अल्पकालिक स्मृति (Short term memory, STM) : हम उन सभी सूचनाओं पर ध्यान नहीं देते जो हमारे संवेदी ग्राहकों को प्रभावित करती हैं। जिन सूचनाओं पर हम ध्यान देते हैं वे हमारी द्वितीय स्मृति भंडार में प्रवेश करती हैं जिसे अल्पकालिक स्मृति कहा जाता है, जो थोड़ी सूचना को थोड़े समय तक (सामान्यतः 30 सेकण्ड या उससे कम) ही रख पाती है।

अहंकेन्द्रवाद (Egocentrism) : पूर्व-संक्रियात्मक चिंतन की एक प्रमुख विशेषता जो किसी व्यक्ति द्वारा अपने परिप्रेक्ष्य और किसी दूसरे के परिप्रेक्ष्य के बीच भेद न कर पाने की अयोग्यता की ओर संकेत करती है।

आत्म-सम्मान (Self-esteem) : आत्म या स्व का व्यापक मूल्यांकन आयाम।

आत्मसिद्धि (Self-actualisation) : यह स्व-पूर्ति की एक अवस्था है जिसमें व्यक्ति अपनी उच्चतम क्षमताओं को विशिष्ट प्रकार से अनुभव करते हैं।

आवश्यकता (Need) : शरीरक्रियात्मक (आंतरिक) अथवा पर्यावरण (बाह्य) संबंधी असंतुलन जो किसी अंतर्नोद को जन्म देता है।

उद्दीपक (Stimulus) : पर्यावरण में स्थित कोई सुपरिभाषित तत्व जो प्राणी को प्रभावित करता हो तथा जो प्रकट अथवा अप्रकट अनुक्रिया को जन्म देता हो।

उपलब्धि की आवश्यकता (Achievement need) : सफल होना, अग्रगण्य होना, दूसरों से अच्छा कार्य निष्पादन करने की आवश्यकता, ऐसे चुनौतीपूर्ण कार्यों को करना जो व्यक्ति की योग्यता का प्रदर्शन करें।

कूट संकेतन (Encoding) : स्मृति तंत्र में पहली बार आने वाली सूचनाओं का अभिलेखन करने की प्रक्रिया।

कृत्रिम बुद्धि (Artificial intelligence, AI) : यह क्षेत्र मशीनों की निर्मिति (जैसे-कंप्यूटर) से संबद्ध है, जो कि जटिल काम कर सकती हैं, जिसके लिए पहले मानव बुद्धि की आवश्यकता समझी जाती थी।

क्रियाप्रसूत अनुबंधन (Operant conditioning) : ऐसा अधिगम जिसमें ऐच्छिक अनुक्रियाएँ उनके परिणामों द्वारा नियंत्रित होती है।

कार्यकारी स्मृति (Working memory) : स्मृति की प्रक्रिया जो प्रत्यक्षण की गई नवीन घटनाओं और अनुभवों को परिरक्षित रखती है, इसे अल्पकालिक स्मृति भी कहा जाता है।

गुणारोपण (Attribution) : बाह्य कारकों (संकेतों) के प्रत्यक्षण के आधार पर किसी व्यक्ति की आंतरिक स्थिति के बारे में अनुमान।

गेस्टाल्ट मनोविज्ञान (Gestalt psychology) : मनोविज्ञान की एक शाखा जिसमें व्यवहार को, इसके अपने भागों के कुल योग की अपेक्षा, अधिक व्यापक और एकीकृत साकल्य माना जाता है।

घटनापरक स्मृति (Episodic memory) : एक प्रकार की दीर्घकालिक स्मृति जो आत्मगत या निजी सूचनाएँ धारण करती है और जिसे विगत घटनाओं के लिए विशेष कालावधि में संदर्भ हेतु कोड दिया जाता है।

दंड (Punishment) : व्यवहार के दमन के लिए एक अप्रिय अथवा हानिकर उद्दीपक का अनुप्रयोग।

दीर्घकालिक स्मृति (Long term memory, LTM) : ऐसी सामग्री, जो अल्पकालिक स्मृति की क्षमता एवं धारणा अवधि की सीमाओं को पार कर जाती है, वह दीर्घकालिक स्मृति में प्रवेश करती है जिसकी क्षमता व्यापक है। यह स्मृति का ऐसा स्थायी भंडार है जहाँ सूचनाएँ, चाहे वह कितनी भी नयी क्यों न हों, जैसे आपने कल क्या नाश्ता किया था? से लेकर इतनी पुरानी, जैसे आपने अपना छठा जन्मदिन कैसे मनाया था? सभी संचित होती हैं।

धनात्मक प्रबलन (Positive reinforcement) : कोई उद्दीपक अथवा घटना, जब इसके प्रारंभ को एक विशेष अनुक्रिया पर निर्भर बनाया जाता है, तो वह उस अनुक्रिया के घटित होने की संभावना में वृद्धि करती है।

परसंस्कृतिग्रहण (Acculturation) : दो भिन्न सांस्कृतिक समूहों में प्रथम एवं सतत संपर्क के परिणामस्वरूप उत्पन्न होने वाले सांस्कृतिक एवं मनोवैज्ञानिक परिवर्तन।

प्रबलन (Reinforcement) : एक अनुक्रिया का अनुसरण करती घटना जो अनुक्रिया के घटित होने की प्रवृत्ति को शक्ति देती है।

पूर्व-संक्रियात्मक अवस्था (Pre-operational stage) : पियाजे (Piaget) का दूसरा चरण जिसमें बच्चे संसार को शब्दों, प्रतिमाओं और रेखांकन से प्रस्तुत करते हैं किंतु तार्किक रूप से संक्रिया नहीं कर सकते।

प्राचीन अनुबंधन (Classical conditioning) : अधिगम का एक प्रकार जिसमें कोई जीव उद्दीपकों को संबद्ध करना सीखता है। इसमें मुख्य लक्षण यह है कि मूलभूत रूप से तटस्थ लेकिन अनुबंधित उद्दीपक (CS) अननुबंधित उद्दीपक (US) के साथ बार-बार युग्मित किए जाने पर वही अनुक्रिया अर्जित कर लेता है जो किसी भी अननुबंधित उद्दीपक के लिए की जाती है।

बुद्धि (Intelligence) : चुनौतियों का सामना करते समय संसाधनों का प्रभावपूर्ण ढंग से उपयोग करने, सविवेक चिंतन करने और जगत को समझने की क्षमता।

बुद्धि लब्धि (Intelligence quotient, IQ) : कालानुक्रमिक आयु से मानसिक आयु का अनुपात इंगित करने वाला मानकीकृत बुद्धि परीक्षणों से प्राप्त एक सूचकांक।

मनोरोग-चिकित्सा (Psychotherapy) : मानसिक/मनोवैज्ञानिक विकार या कुसमायोजन के उपचार में किसी मनोवैज्ञानिक तकनीक का उपयोग।

मानसिक आयु (Mental age, MA) : आयु के रूप में अभिव्यक्त बौद्धिक कार्यशीलता का मापक।

यौवनारंभ (Puberty) : तीव्र रूप से घटित होने वाली कंकालीय एवं लैंगिक परिपक्वता जो मुख्यतः किशोरावस्था में घटित होती है।

व्यवहारवाद (Behaviourism) : एक विचारधारा जो वस्तुनिष्ठता, प्रेक्षणीय व्यवहारात्मक अनुक्रियाओं, पर्यावरणी निर्धारकों और सीखने पर बल देती है।

व्यवहार चिकित्सा (Behaviour therapy) : ऐसी उपचार पद्धति जो दुरनुकूलक व्यवहार को परिवर्तित करने के लिए व्यवहारवादी अधिगम सिद्धांतों के नियमों पर आधरित होती है।

वाचिक अधिगम (Verbal learning) : वाचिक उद्दीपक के प्रति वाचक रूप से अनुक्रिया करने की अधिगम की प्रक्रिया। इसमें प्रतीक, निरर्थक पद, शब्दों की सूचियाँ आदि होते हैं।

सर्जनात्मकता (Creativity) : अभिनव और असाधारण तरीके से सोचने की योग्यता और समस्याओं को अनन्य ढंग से हल करना।

संप्रत्यय (Concept) : विचारों, वस्तुओं, व्यक्तियों अथवा अनुभवों की एक सामान्य श्रेणी जिसके सदस्यों में कुछ समान गुण विद्यमान होते हैं।

समंजन (Accommodation) : लेंस की आकृति को बदलने के लिए पक्ष्माभिकी पेशी की चाक्षुष क्रिया।

सम्मान संबंधी आवश्यकताएँ (Esteem needs) : मैस्लो के सिद्धांत में प्रतिष्ठा, सफलता और आत्म-सम्मान की आवश्यकताएँ। आत्मीयता और प्रेम संबंधी आवश्यकताओं के तुष्ट होने के बाद इन्हें पूरा किया जा सकता है।

संवेग तर्क चिकित्सा (Rational emotive therapy, RET) : अल्बर्ट एलिस द्वारा विकसित एक चिकित्सा पद्धति। यह तर्कहीन, समस्या-उत्पादक दृष्टिकोणों के स्थान पर अधिक यथार्थवादी दृष्टिकोणों को प्रतिस्थापित करने का प्रयास करती है।

संस्कृति (Culture) : एक समुदाय में व्यापक रूप से सहभाजित रीति-रिवाज, विश्वास, मूल्य, मानव, संगठन एवं अन्य उत्पाद जो पीढ़ियों में सामाजिक रूप से संचारित होते हैं।

सहचारी अधिगम (Associative learning) : ऐसा अधिगम जिसमें कुछ घटनाएँ साथ-साथ घटित होती हैं। ये घटनाएँ दो उद्दीपक हो सकती हैं (जैसा कि प्राचीन अनुबंधन में) या एक अनुक्रिया और उसका परिणाम (जैसाकि क्रियाप्रसूत अनुबंधन में) हो सकती हैं।

संज्ञान (Cognition) : जानने के साथ जुड़ी सभी मानसिक प्रक्रियाएँ, यथा-प्रत्यक्षण करना, चिंतन करना और याद करना इत्यादि। यह सूचना के प्रक्रमण, समझ एवं संप्रेषण से संबंधित है।

संज्ञानात्मक अधिगम (Cognitive learning) : वैसा अधिगम जिसमें प्रत्यक्षण, ज्ञान एवं विचार की पुनर्व्यवस्था अंतर्निहित होती है।

संज्ञानात्मक उपागम (Cognitive approach) : वह दृष्टिकोण जो कि मानव चिंतन और जानने की सभी प्रक्रियाओं को मनोविज्ञान के अध्ययन के केंद्र में रखने पर बल देता है।

संज्ञानात्मक प्रक्रियाएँ (Cognitive processes) : व्यक्ति के चिंतन, बुद्धि और भाषा को संलग्न करने वाली मानसिक प्रक्रियाएँ।

संज्ञानात्मक मूल्यांकन प्रणाली (Cognitive assessment system) : परीक्षणों की एक माला जिसका निर्माण चार आधारभूत पास (PASS) प्रक्रियाओं (योजना-अवधान-सहकालिक-आनुक्रमिक) का मापन करने के लिए किया गया है।

संज्ञानात्मक लाघव (Cognitive economy) : संप्रत्ययों के श्रेणीबद्ध संगठन द्वारा दीर्घकालिक स्मृति का अधिकाधिक एवं प्रभावकारी उपयोग बताने के लिए एक पारिभाषिक शब्द।

संज्ञानात्मक शैली (Cognitive style) : संज्ञानात्मक शैली का संबंध अपने पर्यावरण के साथ संगत तरीके से व्यवहार करने से है। हम जिस तरह पर्यावरण का प्रत्यक्षण करते हैं उसे यह सार्थक रूप से प्रभावित करती है। अपने पर्यावरण का प्रत्यक्षण करने में लोग विभिन्न संज्ञानात्मक शैली का उपयोग करते हैं।

सुव्यक्त स्मृति (Explicit memory) : तथ्यों और अनुभवों की स्मृति जिसे कोई चेतन रूप से जानता है और उसे घोषित कर सकता है (इसे घोषणात्मक स्मृति भी कह सकते हैं)।

सूचना-प्रक्रमण उपागम (Information-processing approach) : एक उपागम जिसका इन बातों से संबंध है : व्यक्ति अपने जीवन-संसार के बारे में सूचनाएँ किस तरह प्रक्रमित करता है, किस प्रकार सूचनाएँ हमारे मन में प्रवेश करती हैं और रूपांतरित होती हैं, तथा किसी कार्य को करने, किसी समस्या का हल ढूँढ़ने और तर्वफना के लिए इन्हें पुनः कैसे प्राप्त किया जाता है।

समाकृति या स्कीमा (Schema) : एक संज्ञानात्मक संरचना; संयोजनों का एक संजाल जो किसी व्यक्ति के प्रत्यक्षण को संगठित और निर्देशित करता है।

संवेदी स्मृति (Sensory memory) : प्रारंभिक प्रक्रिया जो उद्दीपक के संक्षिप्त प्रभावों को संरक्षित रखती है, इसे संवेदी पंजिका भी कहा जाता है।

संवेदी तंत्रिका कोशिका (Sensory neurons) : इन्हें अभिवाही तंत्रिका कोशिका भी कहते हैं। ये संवेदी ग्राहक कोशिकाओं से संदेशों को केंद्रीय तंत्रिका तंत्र तक ले जाती हैं।

सामाजिक सुकरीकरण (Social facilitation) : अन्य लोगों या श्रोतागण की उपस्थिति में अपने निष्पादन में सुधार करने को लोगों की प्रवृत्ति।

गणित

SECTION-A

गणित (MATHEMATICS)

1 संख्या एवं संख्या पद्धति

हिन्दू-अरबी (या अंतर्राष्ट्रीय) अंक प्रणाली में दस मूल अंक होते हैं: 0, 1, 2, 3, 4, 5, 6, 7, 8 और 9। ये अंक संख्याएं लिखने के लिए उपयोग किए जाते हैं। किसी संख्या को अंकों के समूह द्वारा प्रदर्शित किया जाता है।

हिन्दू-अरबी संख्या के लिए स्थानीय-मान तालिका इस प्रकार है:

दस करोड़	करोड़	दस लाख	लाख	दस हजार	हजार	सैकड़ा	दहाई	इकाई

संख्या 789345126 को इस प्रकार पढ़ा जा सकता है:

''अठहत्तर करोड़, तिरानबे लाख, पैंतालीस हजार, एक सौ छब्बीस।''

अंतर्राष्ट्रीय अंक प्रणाली के लिए स्थानीय-मान तालिका इस प्रकार है:

बिलियन	सौ मिलियन	दस मिलियन	मिलियन	सौ हजार	दस हजार	हजार	सैकड़ा	इकाई

संख्या 123115027 को इस प्रकार पढ़ा जा सकता है:

''एक सौ तेईस मिलियन एक सौ पन्द्रह हजार सत्ताईस।''

स्थानीय मान और जातीय (वास्तविक) मान

- **स्थानीय मान (Place Value):** किसी भी संख्या में किसी अंक का जो मान उसके स्थान के कारण होता है, उसे उस अंक का स्थानीय मान कहते हैं। जैसे: 56 में इकाई के स्थान पर 6 तथा दहाई के स्थान पर 5 है। अतः 6 का स्थानीय मान = 6 × 1 = 6 तथा 5 का स्थानीय मान 5 × 10 = 50 होगा।
- **जातीय मान (Face Value):** किसी संख्या में किसी अंक का जो वास्तविक मान होता है, वही उसका जातीय मान कहलाता है, चाहे अंक किसी भी स्थान पर हो। जैसे: 42 में अंक 2 का जातीय मान = 2 तथा 4 का जातीय मान = 4 होगा।

नोट: 0 (शून्य) का स्थानीय मान 0 (शून्य) होता है, चाहे वह किसी भी स्थान पर हो।

संख्याओं के प्रकार

- **प्राकृतिक संख्याएँ (Natural Numbers):** गिनती में प्रयुक्त होने वाली संख्याओं को प्राकृतिक संख्याएँ कहते हैं। इनमें 0 (शून्य) शामिल नहीं है। प्राकृतिक संख्या 1 से शुरू होकर अनन्त तक होती हैं।

  अतः 1, 2, 3, 4, 5, 6, 7, 8, ... प्राकृतिक संख्याएँ कहलाती हैं।
- **पूर्ण संख्याएँ (Whole Numbers):** प्राकृतिक संख्याओं के साथ '0' (शून्य) जोड़ने पर जो संख्याएँ बनती हैं, उन्हें पूर्ण संख्याएँ कहते हैं। अर्थात् 0, 1, 2, 3, 4, 5, 6, ... आदि पूर्ण संख्याएँ हैं।
- **पूर्णांक (Integers):** पूर्ण संख्याओं और ऋणात्मक संख्याओं के संग्रह को पूर्णांक कहा जाता है।

  अर्थात्, ..., –3, –2, –1, 0, 1, 2, 3, ... सभी पूर्णांक हैं।

  1, 2, 3, 4, ..., आदि धनात्मक पूर्णांक कहलाते हैं।

  –1, –2, –3, –4, ..., आदि ऋणात्मक पूर्णांक कहलाते हैं।

  0 (शून्य) एक पूर्णांक है। यह न तो धनात्मक है और न ही ऋणात्मक।

- **सम संख्याएँ (Even Numbers):** वे सभी संख्याएँ जो 2 से पूर्णतः विभाजित हो जाती हैं, सम संख्याएँ कहलाती हैं। इस प्रकार 2, 4, 6, 8, 10, 12, 28, 32 आदि सम संख्याएं हैं।
- **विषम संख्याएँ (Odd Numbers):** वे सभी संख्याएँ जो 2 से पूर्णतः विभाजित नहीं होती हैं, विषम संख्याएँ कहलाती हैं। अतः 1, 3, 5, 7, 9, 19, 21 आदि विषम संख्याएँ हैं।
- **अभाज्य संख्याएँ (Prime Numbers):** वे संख्याएँ जिनके केवल दो गुणनखण्ड होते हैं, 1 और वह संख्या स्वयं, अभाज्य संख्याएँ कहलाती हैं। अतः 2, 3, 5, 7, 11, 19, 23, 31, ... आदि अभाज्य संख्याएँ कहलाती हैं।
- **भाज्य संख्याएँ (Composite Numbers):** जिन संख्याओं के दो से अधिक गुणनखण्ड होते हैं, उन्हें भाज्य संख्याएँ कहते हैं। अतः 4, 9, 15, 18, 27, ... आदि भाज्य संख्याएँ कहलाती हैं।

मुख्य बिंदु

- ☛ 1 एक ऐसी संख्या है जो न तो अभाज्य है और न ही भाज्य है।
- ☛ 2 सबसे छोटी अभाज्य संख्या है।
- ☛ 2 एकमात्र सम अभाज्य संख्या है।

- **सह-अभाज्य संख्याएँ (Co-Primes Numbers):** दो प्राकृतिक संख्याएँ *a* और *b* सह-अभाज्य संख्याएँ कहलाती हैं यदि उनका महत्तम समापवर्तक 1 हो। अतः (2, 3), (4, 5), (7, 9), (8, 11), आदि सह-अभाज्य संख्याओं के जोड़े हैं।
- **जुड़वाँ अभाज्य संख्याएँ (Twin Primes Numbers):** दो क्रमागत विषम अभाज्य संख्याओं को जुड़वाँ अभाज्य संख्याएँ कहते हैं। दूसरे शब्दों में, जुड़वाँ अभाज्य संख्याएँ अभाज्य संख्याओं के ऐसे युग्म होते हैं जिनमें 2 का अंतर होता है।

  उदाहरण: (*i*) 3 और 5, (*ii*) 5 और 7, (*iii*) 17 और 19.

विभाज्यता परीक्षण

- **2 से विभाज्यता:** ऐसी संख्याएँ जिनके इकाई के स्थान पर 0, 2, 4, 6 या 8 का अंक हो, तो वे संख्याएँ 2 से पूर्णतः विभाजित होंगी। उदाहरण के लिए; 130, 244, 566, 278 ..... में से प्रत्येक संख्या 2 से विभाज्य है।
- **3 से विभाज्यता:** जब किसी संख्या के अंकों का योग 3 से विभाजित हो जाए, तो वह संख्या भी 3 से विभाजित होगी। उदाहरण के लिए: 8964, 3 से विभाजित है। क्योंकि (8 + 9 + 6 + 4) के अंकों का योग = 27 जो 3 से विभाज्य है।

  संख्या 234561 में अंकों (2 + 3 + 4 + 5 + 6 + 1) का योग = 21 है जो 3 से विभाज्य है। अतः दी गई संख्या भी 3 से विभाज्य है।
- **4 से विभाज्यता:** यदि किसी संख्या के अंतिम दो अंक 4 से विभाज्य हैं, तो वह संख्या भी 4 से विभाज्य होगी।

  उदाहरण के लिए: 634728, 4 से विभाज्य है क्योंकि 28, 4 से विभाज्य है।
- **5 से विभाज्यता:** यदि किसी संख्या का इकाई अंक 0 (शून्य) या 5 हो, तो वह संख्या 5 से अवश्य विभाज्य होगी। उदाहरण के लिए: 100, 205, 12340, 72345 में से प्रत्येक संख्या 5 से विभाज्य है क्योंकि इनमें से प्रत्येक संख्या में इकाई का अंक 0 या 5 है।
- **6 से विभाज्यता:** यदि कोई संख्या 2 तथा 3 दोनों से विभाज्य है, तो वह संख्या 6 से भी विभाज्य होगी।

  उदाहरण के लिए: 243534, 6 से विभाज्य है क्योंकि इसका अंतिम अंक 4 है जो 2 से विभाज्य है और अंकों 2 + 4 + 3 + 5 + 3 + 4 का योग = 21 है जो 3 से विभाज्य है। अतः दी गई संख्या 6 से विभाज्य है।
- **8 से विभाज्यता:** यदि किसी संख्या के सैकड़ा, दहाई और इकाई अंकों से बनी संख्या 8 से विभाज्य हो, तो वह संख्या भी 8 से विभाज्य होगी।

  उदाहरण के लिए: संख्या 16789352 में, अंतिम तीन अंकों अर्थात् 352 से बनी संख्या 8 से विभाज्य है।

  ∴ 16789352, 8 से विभाज्य है।
- **9 से विभाज्यता:** यदि किसी संख्या के अंकों का योग 9 से विभाज्य होगा, तो वह संख्या 9 से विभाज्य होगी। उदाहरण के लिए: संख्या 246591 में, अंकों (2 + 4 + 6 + 5 + 9 + 1) = 27 है, जो 9 से विभाज्य है।

  ∴ 246591, 9 से विभाज्य है।
- **10 से विभाज्यता:** यदि किसी संख्या का इकाई का अंक 0 (शून्य) हो, तो वह संख्या 10 से विभाज्य होगी।

  उदाहरण के लिए: 50, 80, 1310, 1400 में से प्रत्येक संख्या 10 से विभाज्य है क्योंकि इनमें से प्रत्येक संख्या में इकाई अंक 0 (शून्य) है।
- **11 से विभाज्यता:** यदि किसी संख्या के विषम स्थानों के अंकों का योग और सम स्थानों के अंकों के योग का अंतर या तो 0 हो या 11 से विभाज्य हो, तो वह संख्या 11 से विभाज्य होगी।

  संख्या 29435417 पर विचार कीजिए।

  (विषम स्थानों के अंकों का योग) – (सम स्थानों के अंकों का योग)

  = (7 + 4 + 3 + 9) – (1 + 5 + 4 + 2)

  = (23 – 12)

  = 11

  जो 11 से विभाज्य है।

  ∴ 29435417, 11 से विभाज्य है।

साधित उदाहरण

उदाहरण 1 : प्रथम चार अभाज्य संख्याओं का योग क्या है?

हल : प्रथम चार अभाज्य संख्याओं का योग
$= 2 + 3 + 5 + 7 = 17.$

उदाहरण 2 : $(6)^{10} \times (7)^{17} \times (55)^{27}$ के अभाज्य गुणनखंडों की संख्या क्या है?

हल : $(6)^{10} \times (7)^{17} \times (55)^{27} = 2^{10} \times 3^{10} \times 7^{17} \times 5^{27} \times 11^{27}$
$\therefore$ अभाज्य गुणनखंडों की संख्या
$= 10 + 10 + 17 + 27 + 27 = 91$

उदाहरण 3 : क्या 979 एक अभाज्य संख्या है?

हल : 979 का अनुमानित वर्गमूल 32 है।
32 से कम अभाज्य संख्याएँ 2, 3, 5, 7, 11, 13, 17, 19, 23, 29, 31 हैं। हम देखते हैं कि 979, 11 से विभाज्य है, इसलिए यह एक अभाज्य संख्या नहीं है।

उदाहरण 4 : 70 और 100 के बीच सभी अभाज्य संख्याओं का योग क्या है?

हल : 70 और 100 के बीच अभाज्य संख्याएँ 71, 73, 79, 83, 89 और 97 हैं।
$\therefore 71 + 73 + 79 + 83 + 89 + 97$ का योग $= 492$.

उदाहरण 5 : 7501 में 5 के जातीय मान और स्थानीय मान में क्या अंतर है?

हल : 7501 में 5 का स्थानीय मान = 500 और 7501 में 5 का जातीय मान = 5.
$\therefore$ अभीष्ट अंतर $= 500 - 5 = 495.$

उदाहरण 6 : निम्नलिखित में से कौन-सा जुड़वाँ अभाज्य संख्याओं का युग्म है?
(*i*) 5, 11 (*ii*) 7, 11 (*iii*) 11, 17 (*iv*) 1, 3 (*v*) 17, 19

हल : जुड़वां अभाज्य संख्याएँ उन अभाज्य संख्याओं के युग्म हैं जिनका अंतर 2 है। दिए गए विकल्पों में, (17, 19) दो अभाज्य संख्याओं का ऐसा युग्म है जिनका अंतर 2 है।

उदाहरण 7 : $(742)^{75}$ के इकाई स्थान पर क्या है?

हल : यहाँ, $N^n = (742)^{75}$
घातांक 75 को 4 से विभाजित करने पर शेषफल 3 प्राप्त होता है।
$\therefore (742)^{75}$ के इकाई स्थान पर वही संख्या होगी जो $(742)^3$ के इकाई स्थान पर होगी और $(742)^3$ के इकाई स्थान पर संख्या 8 है क्योंकि, $2 \times 2 \times 2 = 8$.

उदाहरण 8 : एक संख्या को 899 से विभाजित करने पर शेषफल 63 प्राप्त होता है। यदि उसी संख्या को 29 से विभाजित किया जाए, तो शेषफल क्या होगा?

हल : संख्या $= D \times Q + R = 899 \times K + 63$
$= 31 \times 29 \times K + 29 \times 2 + 5$
$= 29\,(31K + 2) + 5$
$\therefore$ संख्या को 29 से विभाजित करने पर शेषफल 5 होता है।

उदाहरण 9 : यदि $30\,x\,0103$, 11 से विभाज्य हे, तो x का मान क्या है?

हल : यदि कोई संख्या 11 से विभाज्य है, तो सम स्थानों पर अंकों के योग और विषम स्थानों पर अंकों के योग के बीच का अंतर शून्य या 11 का गुणज होना चाहिए।
सम स्थानों के अंकों का योग = 0 और विषम स्थानों के अंकों का योग $= 3 + x + 1 + 3 = 7 + x$
$\therefore \; (7 + x) - 0 = 11$
$x = 11 - 7 = 4.$

उदाहरण 10: एक भाग के प्रश्न में भाजक भागफल का दस गुना और शेषफल का पाँच गुना होता है। यदि शेषफल 46 है तो भाज्य ज्ञात कीजिए।

हल : माना कि भागफल Q है और शेषफल R है।
प्रश्न के अनुसार,

भाजक $= 5 \times 46 = 230$

भागफल $= 230/10 = 23$

$\therefore$ भाज्य = भाजक × भागफल + शेषफल
$= 230 \times 23 + 46$
$= 5290 + 46$
$= 5336.$

अभ्यास

1. Z का मान ज्ञात कीजिए यदि संख्या 417Z8, 9 से विभाज्य हो।

A. 7 B. 9 C. 3 D. 6

2. यदि $2160 = 2^a \times 3^b \times 5^c$, तो $3^a \times 2^{-b} \times 5^{-c}$ का मान ज्ञात कीजिए।

A. $\frac{81}{40}$ B. $\frac{37}{39}$ C. $\frac{1}{2}$ D. 0

3. $\{(2^{-1})\}^{-1}$ के सरलीकरण से प्राप्त संख्या होगी :
(*a*) अभाज्य संख्या
(*b*) सम संख्या
(*c*) 2 का गुणक
(*d*) विषम संख्या

A. (*a*), (*c*), (*d*) B. (*a*), (*b*), (*d*)
C. (*a*), (*b*), (*c*) D. (*b*), (*c*), (*d*)

4. $(2153)^{167}$ के गुणनफल में इकाई का अंक होगा :
A. 7 B. 9 C. 1 D. 3

5. 8 से विभाज्य होने वाली संख्याएँ हैं :
(*a*) 5240 (*b*) 5220 (*c*) 97128 (*d*) 97124
A. (*a*), (*c*) तथा (*d*) B. (*a*) तथा (*c*)
C. (*a*) तथा (*b*) D. (*b*) तथा (*c*)

6. निम्न में से कौन-सी परिमेय संख्या $\frac{3}{5}$ और $\frac{4}{5}$ के मध्य नहीं आती है?
A. $\frac{7}{10}$ B. $\frac{19}{30}$ C. $\frac{2}{3}$ D. $\frac{16}{30}$

7. यदि $2352 = 2^x \times 3^y \times 7^z$, तब $x + y + z$ का मान है :
A. 8 B. 5 C. 7 D. 9

8. 100 के सम भाजकों की संख्या होगी :
A. 7 B. 6 C. 5 D. 8

9. 3^{1989} में 7 से भाग देने पर शेषफल होगा :
A. 8 B. 7 C. 6 D. 10

10. यदि सभी प्राकृतिक संख्याओं a और b के लिए $a * b = a^2 + b^2 - ab$ है, तो 9 * 10 का मान है :
A. 181 B. 90 C. 91 D. 182

11. यदि x और y शून्येतर वास्तविक संख्याएँ हों, तो $x^2 + xy + y^2$:
A. हमेशा धनात्मक है
B. हमेशा ऋणात्मक है
C. x और y के कुछ मानों के लिए शून्य है
D. का मान धनात्मक और ऋणात्मक दोनों हो सकता है

12. यदि किन्हीं दो प्राकृतिक संख्याओं a और b के लिए $a^b = 125$ हो, तो b^a है :
A. 243 B. 241 C. 242 D. 247

13. 1 से 10 तक की सभी प्राकृतिक संख्याओं से विभाजित होने वाली सबसे छोटी संख्या है :
A. 1000 B. 5040 C. 2520 D. 100

14. (378 × 236 × 459 × 312) के गुणनफल में इकाई का अंक होगा :
A. 6 B. 8 C. 2 D. 4

15. यदि संख्या 604___6, 11 से विभाज्य हो, तो रिक्त स्थान का पूर्णांक है :
A. 1 B. 3 C. 7 D. 5

16. किसी दो-अंकीय संख्या के अंकों का गुणनफल 6 है। उस संख्या में 9 जोड़ने से प्राप्त संख्या में अंकों के स्थान बदल जाते हैं। वह संख्या है :
A. 16 B. 35 C. 43 D. 23

17. 121012 को 12 से भाग देने पर शेषफल है :
A. 0 B. 2 C. 3 D. 4

18. सबसे छोटी अभाज्य संख्या है :
A. 2 B. 3 C. 5 D. 7

19. चार अंकों की सबसे छोटी संख्या है :
A. 1001 B. 0001 C. 0010 D. 1000

20. चार अंकों की सबसे बड़ी संख्या है :
A. 1000 B. 9000 C. 9009 D. 9999

21. दो अभाज्य संख्याओं का गुणनफल है :
A. अभाज्य संख्या B. सम संख्या
C. विषम संख्या D. भाज्य संख्या

22. किसी संख्या के अभाज्य गुणनखंड 2, 2, 3, 7 हैं। वह संख्या है :
A. 14 B. 41 C. 48 D. 84

23. वह संख्या जिसे उसी संख्या में 10 बार जोड़ने पर 264 प्राप्त होता है। वह संख्या है :
A. 20 B. 22 C. 24 D. 26

24. दो क्रमागत संख्याओं के वर्गों के बीच का अंतर 25 है। संख्याएँ हैं :
A. 11, 12 B. 12, 13 C. 15, 14 D. 14, 13

25. यदि संख्या $(10^n - 1)$ 11 से विभाज्य है, तो n है :
A. विषम संख्या B. सम संख्या
C. कोई भी संख्या D. 11 का गुणज

26. 48 को दो भागों में इस प्रकार विभाजित करें कि पहले भाग का 7 गुना और दूसरे भाग का 5 गुना जोड़ने पर 246 हो। पहला भाग ज्ञात करें।
A. 2 B. 3 C. 4 D. 5

27. एक संख्या और उसके व्युत्क्रम का योग, उसी संख्या और उसके व्युत्क्रम के अंतर का तीन गुना है। संख्या ज्ञात करें।
A. $\sqrt{2}$ B. $\sqrt{3}$ C. $\sqrt{5}$ D. $\sqrt{7}$

28. राम सुबह में 8 केले, दोपहर को 5 और शाम को 2 केले खाता है। वह एक दिन में कितने दर्जन केले खाता है?
A. $1\frac{1}{4}$ B. $\frac{1}{4}$ C. $\frac{3}{13}$ D. $14\frac{17}{30}$

29. जब 7K25, 5 से विभाज्य हो तो K का न्यूनतम मान क्या है :
A. 0 B. 1 C. 2 D. 3

30. एक पांच सितारा होटल में एक रिसेप्शन पार्टी आयोजित की गई थी और प्रति प्लेट का शुल्क उतने ही रुपये थे जितने प्लेट का इस्तेमाल किया गया था। कुल शुल्क ₹ 15129 हुआ। प्रति प्लेट कितने रुपये वसूले गए?
A. 120 B. 121 C. 122 D. 123

31. गुणनफल $(7^{71} \times 6^{59} \times 3^{65})$ में इकाई का अंक है :
A. 6 B. 4 C. 2 D. 1

32. यदि संख्या 357 ★ 25 ★ 3 और 5 दोनों से विभाज्य है, तो इकाई के स्थान और हजारवें स्थान में लुप्त अंक क्रमशः है :
A. 0, 4 B. 5, 4 C. 5, 6 D. 0, 6

33. दो क्रमागत विषम पूर्णांकों के वर्गों के बीच का अंतर सदैव विभाज्य होता है :

A. 8 B. 7 C. 6 D. 3

34. वह संख्या ज्ञात कीजिए जो 457 के निकटतम है और 11 से पूर्णतः विभाज्य है।

A. 462 B. 460 C. 451 D. 450

35. 427398 में से कौन सी न्यूनतम संख्या घटाई जानी चाहिए ताकि शेष संख्या 15 से विभाज्य हो?

A. 11 B. 6 C. 5 D. 3

36. वह सबसे बड़ी संख्या जिससे 3 के तीन लगातार गुणजों का गुणनफल हमेशा विभाज्य होता है :

A. 243 B. 162 C. 81 D. 54

37. शून्य शेष वाले एक विभाजन के प्रश्न में, एक उम्मीदवार ने 21 के बजाय 12 को भाजक के रूप में लिया। उसके द्वारा प्राप्त भागफल 35 था। सही भागफल है :

A. 20 B. 13 C. 12 D. 0

38. दो संख्याओं के बीच का अंतर 1365 है। जब बड़ी संख्या को छोटी संख्या से विभाजित किया जाता है, तो भागफल 6 होता है और शेषफल 15 होता है। छोटी संख्या है :

A. 360 B. 295 C. 270 D. 240

39. जब किसी संख्या को 31 से विभाजित किया जाता है, तो शेषफल 29 होता है। जब उसी संख्या को 16 से विभाजित किया जाता है, तो शेषफल क्या होगा?

A. 15
B. 13
C. 11
D. डेटा अपर्याप्त

40. जब किसी संख्या को 6 से विभाजित किया जाता है तो शेषफल 3 बचता है। जब उसी संख्या के वर्ग को 6 से विभाजित किया जाता है, तो शेषफल होता है :

A. 3 B. 2 C. 1 D. 0

व्याख्यात्मक उत्तर

1. (A): यदि किसी संख्या के सभी अंकों का योग 9 से विभाज्य है तब संख्या 9 से पूर्ण विभाज्य होगी।

$\because$ 417Z8, 9 से विभाज्य है

$\therefore 4 + 1 + 7 + Z + 8$, 9 से विभाज्य है

$\therefore 20 + Z$, 9 से विभाज्य है

जब, $Z = 7$, तब $20 + Z = 27$, 9 से विभाज्य है।

2. (A): दिया है, $2160 = 2^a \times 3^b \times 5^c$

$\Rightarrow \quad 2^4 \times 3^3 \times 5^1 = 2^a \times 3^b \times 5^c$

$\therefore a = 4, b = 3, c = 1$

$$\therefore \quad 3^a \times 2^{-b} \times 5^{-c} = 3^4 \times 2^{-3} \times 5^{-1} = \frac{3^4}{2^3 \times 5^1} = \frac{81}{40}.$$

3. (C): $\{(2^{-1})\}^{-1} = \left\{\frac{1}{2}\right\}^{-1} = \left(\frac{1}{2}\right)^{-1} = \frac{1}{2^{-1}} = 2$

$\therefore$ संख्या 2 :

(*a*) अभाज्य संख्या; (*b*) सम संख्या; (*c*) 2 का गुणक।

4. (A): $\because \quad (2153)^{167} = (2153)^{41 \times 4 + 3}$

$= \{(2153)^4\}^{41} \times (2153)^3$

$\{(2153)^4\}^{41}$ का इकाई अंक = 1

और $(2153)^3$ का इकाई अंक = 7

$\therefore$ गुणनफल $(2153)^{167}$ में इकाई अंक $= 1 \times 7 = 7$.

5. (B): यदि किसी संख्या के दाईं ओर से तीन अंक शून्य हों या तीनों अंक 8 से विभाजित हों तब वह संख्या 8 से पूर्ण विभाजित होगी।

$\therefore$ (*i*) 5240 और (*iii*) 97128, 8 से विभाजित है।

6. (D): $\because \frac{3}{5} = 0.6, \frac{4}{5} = 0.8$

(*a*) $\frac{7}{10} = 0.7 \Rightarrow 0.6 < 0.7 < 0.8$

(*b*) $\frac{19}{30} = 0.633 \Rightarrow 0.6 < 0.633 < 0.8$

(*c*) $\frac{2}{3} = 0.666 \Rightarrow 0.6 < 0.666 < 0.8$

(*d*) $\frac{16}{30} = 0.533 \Rightarrow 0.533 < 0.6$

$\therefore \frac{16}{30}$, परिमेय संख्या $\frac{3}{5}$ और $\frac{4}{5}$ के मध्य नहीं आती।

7. (C):

2	2352
2	1176
2	588
2	294
3	147
7	49
7	7
	1

$$2352 = 2 \times 2 \times 2 \times 2 \times 3 \times 7 \times 7 = (2)^4 \times (3)^1 \times (7)^2$$

$2^x \times 3^y \times 7^z$ से तुलना करने पर, हम पाते हैं कि

$x = 4,$

$y = 1, z = 2$

$\therefore \quad x + y + z = 4 + 1 + 2 = 7.$

8. (B):

2	100
2	50
5	25
5	5
	1

$$100 = 2 \times 2 \times 5 \times 5$$
$$100 = (2)^2 \times (5)^2$$

100 के कुल भाजक $= (2 + 1)\,(2 + 1) = 3 \times 3 = 9$

100 के विषम भाजक $= (2 + 1) = 3$

100 के सम भाजक $= 9 - 3 = 6.$

9. (C): $\dfrac{3^{1989}}{7} = \dfrac{\left((3)^3\right)^{663}}{7} = \dfrac{(27)^{663}}{7}$

$$= (-1)^{663} = -1$$

इसलिए शेषफल $= 7 - 1 = 6.$

10. (C): दिया है,

$$a * b = a^2 + b^2 - ab$$
$$9 * 10 = (9)^2 + (10)^2 - 9 \times 10$$
$$= 81 + 100 - 90 = 181 - 90 = 91.$$

11. (A): $x^2 + xy + y^2 = x^2 + y^2 + 2xy - xy$

$$= (x + y)^2 - xy$$

$\because \quad (x + y)^2 \geq 4xy \quad \left[\dfrac{x+y}{2} \geq \sqrt[2]{xy}\right]$

$(x + y)^2$ का मान हमेशा धनात्मक और xy से बड़ा होगा।

इसलिए, $x^2 + xy + y^2$ हमेशा धनात्मक होगा।

12. (A): दिया है, a और b दो प्राकृतिक संख्याएँ हैं।

$(a)^b = 125$

$(a^b) = (125)^1$ या $(a^b) = (5)^3$

$a = 125, b = 1$ $\qquad a = 5, b = 3$

$(b)^a = (1)^{125} = 1$ $\qquad (b)^a = (3)^5 = 243$

जोकि विकल्प में नहीं है $\qquad$ जो विकल्प में है।

13. (C): 1 से 10 तक की सभी प्राकृतिक संख्याओं से विभाजित होने वाली सबसे छोटी संख्या उनका ल.स.प. होगा।

$1 = 1$
$2 = 1 \times 2$
$3 = 1 \times 3$
$4 = 1 \times 2 \times 2$
$5 = 1 \times 5$
$6 = 1 \times 2 \times 3$
$7 = 1 \times 7$
$8 = 1 \times 2 \times 2 \times 2$
$9 = 1 \times 3 \times 3$
$10 = 1 \times 2 \times 5$

ल.स.प. $= 1 \times 2 \times 2 \times 2 \times 3 \times 3 \times 5 \times 7 = 2520.$

14. (D): $378 \times 236 \times 459 \times 312$ के गुणनफल में इकाई के स्थान पर अंक

$$= 8 \times 6 \times 9 \times 2$$
$$= 864 = 4$$

इकाई का अंक = 4.

15. (D): $604\boxed{5}6$, 11 से विभाजित है

$\therefore 6 + 4 + 6 - (0 + 5) = 16 - 5 = 11$

अतः रिक्त स्थान का पूर्णांक 5 है।

16. (D): माना कि दहाई का अंक $= x$

तथा इकाई का अंक $= y$

$\therefore$ संख्या $= 10x + y$

प्रश्नानुसार, $xy = 6$

$$10x + y + 9 = 10y + x$$

$\Rightarrow 9x - 9y = -9$

$\Rightarrow x - y = -1$

$\Rightarrow x = y - 1$

$\because xy = 6$

$\Rightarrow (y - 1)y = 6$

$\Rightarrow y^2 - y - 6 = 0$

$\Rightarrow y^2 - 3y + 2y - 6 = 0$

$\Rightarrow y(y - 3) + 2(y - 3) = 0$

$\Rightarrow (y - 3)(y + 2) = 0$

$\Rightarrow y = 3$ अथवा $y = -2$

$\therefore y = 3$

$x = 3 - 1 = 2$

$\therefore$ संख्या $= 10x + y$

$$= 10 \times 2 + 3 = 23.$$

17. (D):

```
       10084
  12) 121012 (
       12
      ----
       ×101
         96
        ---
        ×52
         48
        ---
          4
```

अतः शेषफल = 4.

18. (A): सबसे छोटी अभाज्य संख्या = 2.

19. (D): चार अंकों की सबसे छोटी संख्या 1000 है।

20. (D): चार अंकों की सबसे बड़ी संख्या 9999 है।

21. (D): दो अभाज्य संख्याओं का गुणनफल हमेशा एक भाज्य संख्या होता है।

22. (D): संख्या अभाज्य गुणनखंडों के गुणनफल के बराबर है।

$\therefore 2 \times 2 \times 3 \times 7 = 84$ अभीष्ट संख्या है।

23. (C): माना संख्या x है।

तब $x + 10x = 264$

$\Rightarrow 11x = 264$

$\therefore x = \frac{264}{11} = 24.$

24. (B): माना संख्याएँ x और $(x + 1)$ हैं

$\therefore (x + 1)^2 - x^2 = 25$

$\Rightarrow x^2 + 1 + 2x - x^2 = 25$

$\Rightarrow 2x + 1 = 25$

$\Rightarrow 2x = 25 - 1 = 24$

$\therefore x = \frac{24}{2} = 12$

$\therefore x + 1 = 12 + 1 = 13$

अतः संख्याएँ 12, 13 हैं।

25. (B): n सम संख्या है।

26. (B): माना पहला भाग = x, तो दूसरा भाग = $(48 - x)$

प्रश्न के अनुसार, $7x + 5(48 - x) = 246$

$\Rightarrow 2x = 246 - 240$

$\therefore x = 3.$

27. (A): माना संख्या = x तो इसका व्युत्क्रम = $\frac{1}{x}$

प्रश्न से, $\left(x+\frac{1}{x}\right) = 3\left(x-\frac{1}{x}\right)$

$\Rightarrow \frac{x^2+1}{x} = \frac{3\left(x^2-1\right)}{x}$

$\Rightarrow x^2 + 1 = 3x^2 - 3$

$\Rightarrow 3x^2 - x^2 = 3 + 1$

$\therefore x = \sqrt{2}.$

28. (A): राम एक दिन में कुल केले खाता है (दर्जन में)

$= \frac{8}{12}+\frac{5}{12}+\frac{2}{12} = \frac{15}{12} = 1\frac{1}{4}.$

29. (A): एक संख्या 5 से विभाज्य है यदि उसका अंतिम अंक (इकाई अंक) 0 या 5 है।

संख्या 7K25, में अंतिम अंक 5 है। K एकल अंक है

$\therefore$ दिए गए विकल्पों (0, 1, 2 और 3) में से, K के लिए सबसे छोटा (न्यूनतम) संभावित मान 0 है।

30. (D): माना कि प्लेटों की संख्या = x

तो एक प्लेट की लागत = x

$\therefore$ कुल प्लेट की लागत = $x \times x = x^2$

प्रश्न के अनुसार, $x^2 = 15129$

$\therefore x = \sqrt{15129} = \sqrt{123 \times 123} = 123.$

31. (B): $(7^{71} \times 6^{59} \times 3^{65})$

$= [7^{(17 \times 4 + 3)} \times 6^{(14 \times 4 + 3)} \times 3^{(16 \times 4 + 1)}]$

अतः, आवश्यक अंक = $(3 \times 6 \times 3)$ में इकाई अंक = 4.

32. (C): 357 ★ 25 ★

5 से विभाज्य होने के लिए अंतिम अंक 0 या 5 होना चाहिए।

यदि अंतिम अंक 0 है, तो अन्य आवश्यक अंक 2 या 5 या 8 होंगे

अतः, संख्याएँ (0, 2) या (0, 5) या (0, 8) हैं

यदि अंतिम अंक 5 है, तो अन्य आवश्यक अंक 0 या 3 या 6 या 9 होंगे

अतः, संख्याएँ (5, 0) या (5, 3) या (5, 6) या (5, 9) हैं

अतः, सही विकल्प (C) है।

33. (A): माना दो लगातार विषम संख्याएं $(2n + 1)$ और $(2n + 3)$ हैं

अतः, $(2n + 3)^2 - (2n + 1)^2$

$= 4n^2 + 12n + 9 - 4n^2 - 4n - 1$

$= 8n + 8 = 8(n + 1)$

जो सदैव 8 से विभाज्य है।

34. (A): संख्याएं 451 और 462, 11 से विभाज्य हैं, जिसमें 462, 457 के निकटतम है।

35. (D): $427398 = 15 \times 28493 + 3$

अतः घटाई जाने वाली आवश्यक संख्या = 3.

36. (B): माना 3 के तीन लगातार गुणज $3n, 3(n + 1), 3(n + 2)$ हैं

अब, $3n \times 3(n + 1) \times 3(n + 2) = 27n(n^2 + 3n + 2)$

$n = 1$ रखने पर, तब, $27 \times 1(12 + 3 \times 1 + 2)$

$= 27 \times 6 = 162$

अतः अभीष्ट संख्या = 162.

37. (A): संख्या = $12 \times 35 = 420$

अतः, सही भागफल = $420 \div 21 = 20$

38. (C): यहां, $(x + 1365) = 6x + 15$

$\Rightarrow 5x = 1350$

$\therefore x = \frac{1350}{5} = 270$

अतः छोटी संख्या = 270.

39. (D): संख्या = $31x + 29$

यहां, दिया गया डेटा अपर्याप्त है।

40. (A): संख्या = $6x + 3$

अब, $(6x + 3)^2 = 36x^2 + 36x + 9$

$= (36x^2 + 36x + 6) + 3$

$= 6(6x^2 + 6x + 1) + 3$

अतः अभीष्ट शेषफल = 3.

2 संख्याओं पर संक्रियाएँ (जोड़, घटाव, गुणा और भाग)

जब प्राकृत संख्याओं के साथ शून्य (0) को सम्मिलित कर लिया जाता है, तो उन्हें पूर्ण संख्या कहते हैं।

इसे 'W' से दर्शाया जाता है।

पूर्ण संख्याएँ :

W = {0, 1, 2, 3, 4, ...}

इस अध्याय में पूर्ण संख्याओं पर आधारित चार मूलभूत संक्रियाओं (जैसेः जोड़, घटाव, गुणा और भाग) का अध्ययन करेंगे।

जोड़ (योग) [Addition]

दो या दो से अधिक संख्याओं या राशियों का योग निकालने की प्रक्रिया को 'जोड़' कहते हैं।

संख्याओं को जोड़ने पर प्राप्त अंतिम परिणाम को योगफल (sum) कहा जाता है।

उदाहरण के लिए :

$$3 + 5 + 8 = 16$$
$$10 + 15 + 6 = 31$$

जोड़ (योग) के गुण (Properties of Addition)

(*i*) पूर्ण संख्याओं का योग क्रम विनिमेय (commutative) होता है। यदि a तथा b कोई दो पूर्ण संख्याएँ हैं, तब

$$a + b = b + a$$

जैसेः $4 + 6 = 6 + 4.$

(*ii*) पूर्ण संख्याओं का योग साहचर्य (Associative) होता है। यदि a, b, c कोई तीन पूर्ण संख्याएँ हैं, तब

$$(a + b) + c = a + (b + c)$$

जैसेः $(6 + 4) + 5 = 6 + (4 + 5)$

(*iii*) किसी भी पूर्ण संख्या और 0 (शून्य) का योग स्वयं व पूर्ण संख्या होती है।

यदि 'a' कोई पूर्ण संख्या है, तब

$$a + 0 = 0 + a = a$$

जैसेः $6 + 0 = 0 + 6 = 6$

शून्य (0) को पूर्ण संख्याओं के लिए तत्समक अव्यव (identity element) या योज्य तत्समक (additive identity) कहते हैं।

घटाव (Subtraction)

घटाव दो संख्याओं के बीच का अंतर ज्ञात करने की प्रक्रिया है, जिसमें एक संख्या (जिसे व्यवकलित या ऋणात्मक संख्या कहते हैं) को दूसरी संख्या (जिसे वियोजक संख्या कहते हैं) से घटाया जाता है। इस प्रक्रिया का परिणाम अंतर कहलाता है।

उदाहरण के लिए : 79 में से 51 घटाएं।

हलः यहाँ, वियोजक संख्या = 79

और व्यवकलित संख्या = 51

$\therefore$ अंतर = 79 – 51 = 28

इस प्रकार घटाव, योग को 'पूर्ववत' करने के विचार का प्रतिनिधित्व करता है।

सामान्यतः, यदि $a + b = c,$

तब $c - a = b$

और $c - b = a.$

जैसेः $58 - 36 = 22.$

घटाव के गुण (Properties of Subtraction)

घटाव क्रमविनिमेय (Commutative) नहीं होता है। घटाव साहचर्य (Associative) नहीं होता है। घटाव तत्समक अवयव (Identity element) नहीं होता है।

अर्थात् $a - b \neq b - a,$

$$a - (b - c) \neq (a - b) - c$$

तथा $a - 0 \neq 0 - a \neq a$

(यद्यपि $a - 0 = a$ सत्य है।)

गुणा (Multiplication)

गुणन समस्या में, जिस संख्या को गुणा किया जाता है वह गुण्य (Multiplicand) कहलाती है, और जिससे गुणा किया जाता है वह गुणक (Multiplier) कहलाती है, और इन दोनों के परिणाम को गुणनफल (Product) कहते हैं।

उदाहरण के लिए

$3 \times 4 = 12$ या $4 + 4 + 4 = 12$

$4 \times 3 = 12$ या $3 + 3 + 3 + 3 = 12$

गुणा के गुण (Properties of Multiplication)

- दो पूर्ण संख्याओं का गुणनफल हमेशा एक पूर्ण संख्या होती है। इस गुण को गुणन का संवृत गुण कहते हैं।
- पूर्ण संख्याओं का गुणन क्रमविनिमेय (Commutative) होता है। यदि a और b कोई दो पूर्ण संख्याएँ हैं, तब

$$a \times b = b \times a$$

जैसे $\quad 8 \times 6 = 6 \times 8$

- पूर्ण संख्याओं का गुणन साहचर्य (Associative) होता है। यदि a, b, c कोई तीन पूर्ण संख्याएँ हैं, तब

$$a \times (b \times c) = (a \times b) \times c$$

जैसेः $\quad 6 \times (2 \times 4) = (6 \times 2) \times 4$

- पूर्ण संख्या और 1 का गुणनफल स्वयं पूर्ण संख्या होती है। दूसरे शब्दों में, किसी पूर्ण संख्या को 1 से गुणा करने पर उनका गुणनफल उस संख्या के बराबर होता है।

  यदि a पूर्ण संख्या है, तब

$$a \times 1 = 1 \times a = a$$

जैसेः $\quad 8 \times 1 = 1 \times 8 = 8$

पूर्ण संख्याओं के गुणन के लिए 1 को तत्समक अवयव (Identity element) कहा जाता है।

- योग पर गुणन का वितरण नियम (Distributive property of multiplication over addition)

  यदि a, b, c कोई तीन पूर्ण संख्याएँ हैं, तब

$$a \times (b + c) = a \times b + a \times c$$

जैसेः $\quad 4 \times (5 + 6) = 4 \times 5 + 4 \times 6$

भाग (Division)

भाग की प्रक्रिया में, जिस संख्या को विभाजित किया जाता है उसे 'भाज्य' कहते हैं, जिससे विभाजित किया जाता है उसे 'भाजक' कहते हैं, भाग देने पर प्राप्त परिणाम को भागफल कहते हैं, और जो अंत में शेष बच जाता है उसे 'शेषफल' कहते हैं।

उदाहरण के लिएः $\quad 32 \div 8 = 4$

क्योंकि, $\quad 32 - 8 - 8 - 8 - 8 = 0$

भाग या विभाजन, गुणन की व्युत्क्रम संक्रिया है।

उदाहरण के लिएः

$32 \div 8 = 4$ क्योंकि $4 \times 8 = 32$

$32 \div 4 = 8$ क्योंकि $8 \times 4 = 32$

सामान्यतः, यदि $a \times b = c$, तब

$c \div a = b$ और $c \div b = a$

उदाहरणः 240 को 16 से भाग दें

$$\begin{array}{r} 16\overline{)\,240\,}(15 \\ -16 \\ \hline \times\ 80 \\ -80 \\ \hline \times \end{array}$$

इस प्रकार, $240 \div 16 = 15$

हम कह सकते हैं कि भागफल 15 है और शेषफल 0 है।

पूर्ण संख्याओं के भाग (विभाजन) के संबंध में महत्वपूर्ण सूत्र

$$\text{भाज्य} = (\text{भाजक} \times \text{भागफल}) + \text{शेषफल}$$

$$\text{भाजक} = \frac{\text{भाज्य} - \text{शेषफल}}{\text{भागफल}}$$

$$\text{भागफल} = \frac{\text{भाज्य} - \text{शेषफल}}{\text{भाजक}}$$

पूर्ण संख्याओं पर आधारित समस्याओं को हल करते समय ध्यान रखने योग्य बातेंः

(*i*) 1 से n तक प्राकृत संख्याओं का योग $= \dfrac{n(n+1)}{2}$

(*ii*) 1 से n तक विषम संख्याओं का योग $= (\text{विषम संख्याओं की संख्या})^2$

(*iii*) 1 से n तक विषम संख्याओं की संख्या $= \left(\dfrac{\text{अंतिम विषम संख्या} + 1}{2}\right)$

(*iv*) 1 से n तक सम संख्याओं की संख्या $= \left(\dfrac{\text{अंतिम सम संख्या}}{2}\right)$

(*v*) 1 से n तक सम संख्याओं का योग = (सम संख्याओं की संख्या) × (सम संख्याओं की संख्या + 1)

साधित उदाहरण

उदाहरण 1 : 6367402 और 547639 को जोड़ें

हल :

$$\begin{array}{r} \scriptstyle 1\ 1\ 1\quad 1\ \ \\ 6\,3\,6\,7\,4\,0\,2 \\ +\ 5\,4\,7\,6\,3\,9 \\ \hline 6\,9\,1\,5\,0\,4\,1 \end{array} \leftarrow \text{हासिल}$$

∴ दी गई संख्याओं का योग = 6915041.

उदाहरण 2 : 97432 में से 52681 को घटाएं।

हल :

$$\begin{array}{r} \scriptstyle 13\ 13\quad \\ 9\,7\,4\,3\,2 \\ -5\,2\,6\,8\,7 \\ \hline 4\,4\,7\,5\,1 \end{array} \leftarrow \text{उधार लेना}$$

∴ 97432 – 52681 = 44751.

उदाहरण 3 : 546 को 100 से गुणा करें।

हल : किसी दी गई संख्या को 100 से गुणा करने के लिए, दी गई संख्या के दायीं ओर दो शून्य जोड़ दें:
$\therefore$ 546 × 100 = 54600.

उदाहरण 4 : 5672 को 746 से गुणा करें।

हल :

```
      5672
     ×746
   -------
     34032   ← (5672 × 6)
    22688×   ← (5672 × 4)
   39704××   ← (5672 × 7)
   -------
   4231312   ← (योगफल)
```

उदाहरण 5 : 37568 को 14 से भाग दीजिए।

हल : भाज्य = 37568 और भाजक = 14.

```
14) 37568 (2683
   -28
    95
   -84
    116
   -112
      48
     -42
       6
```

$\therefore$ भागफल = 2683 और शेषफल = 6.

अभ्यास

1. निम्नलिखित में से कौन-सा 24 के बराबर नहीं है?
A. 18 + (13 –7) B. (12 – 4) + (13 – 5)
C. (11 – 3) + 16 D. (14 – 5) + (19 – 4)

2. विभाजन के किसी प्रश्न में, यदि भाजक, भागफल और शेषफल क्रमशः 54, 14 और 7 हैं, तो भाज्य क्या होगा?
A. 803 B. 753 C. 763 D. 767

3. दो संख्याओं का गुणनफल 980 है। यदि एक संख्या, दूसरी संख्या की पाँच गुनी है, तो छोटी संख्या है:
A. 14 B. 20
C. 28 D. 35

4. दो संख्याओं का गुणनफल 3136 है। यदि एक संख्या, दूसरी संख्या की चार गुनी है, तो बड़ी संख्या है:
A. 96 B. 108 C. 112 D. 128

5. 17662 को किसी निश्चित संख्या से भाग देने पर भागफल 78 और शेष 34 प्राप्त होता है। भाजक ज्ञात कीजिए:
A. 221 B. 226 C. 228 D. 234

6. जब किसी निश्चित संख्या को 13 से गुणा किया जाता है, तो गुणनफल में सभी अंक 8 के होते हैं। ऐसी सबसे छोटी संख्या क्या है?
A. 68376 B. 68888
C. 68686 D. 68876

7. जब (–1) को स्वयं से 40 बार गुणा किया जाता है, तो गुणनफल है:
A. 40 B. –40 C. –1 D. 1

8. जब (–1) को स्वयं से 25 बार गुणा किया जाए, तो गुणनफल है:
A. 1 B. –1 C. –25 D. 25

9. यदि 9587 – A = 7429 – 4358, तब A का मान क्या है?
A. 6516 B. 5616 C. 6156 D. 6616

10. यदि 7589 – P = 3434, तब P का मान है:
A. 4242 B. 4155 C. 1123 D. 11023

11. 12401 को किसी संख्या से भाग देने पर भागफल 76 तथा शेष 13 प्राप्त होता है। भाजक ज्ञात कीजिए:
A. 163 B. 165 C. 173 D. 153

12. किसी संख्या को 342 से भाग देने पर शेष 47 आता है तो उसी संख्या को 18 से भाग देने पर शेष क्या होगा?
A. 8 B. 9 C. 10 D. 11

13. 8001 + 7909 + 5190 = ?
A. 21100 B. 20100 C. 21090 D. 20090

14. 981 और 100 का गुणनफल क्या है?
A. 0 B. 981 C. 9810 D. 98100

15. 797 × 0 का गुणनफल ज्ञात कीजिए।
A. 797 B. 0
C. 7970 D. इनमें से कोई नहीं

16. निम्नलिखित व्यंजक का मान है:
6784 × 53 + 6784 × 47
A. 783700 B. 678840 C. 678400 D. 678040

17. निम्नलिखित का गुणनफल ज्ञात कीजिए:
637 × 105
A. 66785 B. 66985 C. 66815 D. 66885

18. निम्नलिखित का गुणनफल ज्ञात कीजिए:
532 × 1002
A. 533064 B. 532064 C. 534064 D. 533024

19. 55555 + 5665 + 565 – ? = 4334 + 434
A. 57017 B. 57007 C. 56017 D. 58017

20. 23208 × 254 × 0 × 126 का गुणनफल क्या है?
A. 15351470 B. 189765
C. 0 D. 232080

व्याख्यात्मक उत्तर

1. (B): (A) $18 + (13 - 7) = 18 + 6 = 24$
(B) $(12 - 4) + (13 - 5) = 8 + 8 = 16$
(C) $(11 - 3) + 16 = 8 + 16 = 24$
(D) $(14 - 5) + (19 - 4) = 9 + 15 = 24$
अतः विकल्प (B) 24 के बराबर नहीं है।

2. (C): दिया है: भाजक = 54, भागफल = 14, शेषफल = 7
∴ भाज्य = (भाजक × भागफल) + शेषफल
$= (54 \times 14) + 7 = 756 + 7 = 763.$

3. (A): मांना छोटी संख्या $= x$.
तब, बड़ी संख्या $= 5x$
$\therefore \quad x \times 5x = 980 \quad \Rightarrow \quad 5x^2 = 980$
$\Rightarrow \quad x^2 = 196 \quad \Rightarrow \quad x = \sqrt{196} = 14$
अतः छोटी संख्या $= x = 14$.

4. (C): माना छोटी संख्या $= x$
तब, बड़ी संख्या $= 4x$
$\therefore \quad x \times 4x = 3136$
$\Rightarrow \quad 4x^2 = 3136$
$x^2 = \frac{3136}{4} = 784$
$\Rightarrow \quad x = \sqrt{784} = 28$
अतः बड़ी संख्या $= 4x = 4 \times 28 = 112$.

5. (B): भाजक = $\frac{\text{भाज्य} - \text{शेषफल}}{\text{भागफल}}$

∴ भाजक = $\frac{17662 - 34}{78} = \frac{17628}{78} = 226$

6. (A): यह स्पष्ट है कि, हम 8888 ..... को 13 से भाग देते रहेंगे, तो हमें शेषफल 0 प्राप्त होगा।

```
     68376
13)888888....
   78
   108
   104
     48
     39
      98
      91
       78
       78
        ×
```

अतः अभीष्ट संख्या 68376 है।

7. (D): $(-1) \times (-1) \times (-1) \times (-1) \times$ ..... 40 बार $= (-1)^{40} = 1$

$\left[\because \quad (-1)^n = \begin{cases} 1, \text{जब } n \text{ सम हो} \\ -1, \text{जब } n \text{ विषम हो} \end{cases}\right]$

8. (B): $(-1) \times (-1) \times (-1) \times (-1) \times$ ..... 25 बार
$= (-1)^{25} = -1$

$\left[\because \quad (-1)^n = \begin{cases} 1, \text{जब } n \text{ सम हो} \\ -1, \text{जब } n \text{ विषम हो} \end{cases}\right]$

9. (A): $\because \quad 9587 - A = 7429 - 4358$
$\Rightarrow \quad 9587 + 4358 - 7429 = A$
$\Rightarrow \quad 13945 - 7429 = A \Rightarrow 6516 = A$
$\therefore \quad A = 6516.$

10. (B): $\because \quad 7589 - P = 3434$
$\Rightarrow \quad 7589 - 3434 = P \Rightarrow 4155 = P$
$\therefore \quad P = 4155$

11. (A): भाजक × भागफल + शेषफल = भाज्य
∴ भाजक = $\frac{\text{भाज्य} - \text{शेषफल}}{\text{भागफल}} = \frac{12401 - 13}{76} = \frac{12388}{76} = 163.$

12. (D): माना दी गई संख्या को 342 से विभाजित करने पर,
भागफल = K तथा शेष = 47
तब, संख्या $= 342 \times K + 47$
18 से भाग देने पर $= (18 \times 19K) + (18 \times 2) + 11$
$= 18\,(19K + 2) + 11$
अतः संख्या को जब 18 से भाग दिया जाता है, तो शेष 11 होगा।

13. (A): $8001 + 7909 + 5190 = 21100.$

14. (D): किसी दी गई संख्या को 100 से गुणा करने के लिए, दी गई संख्या के दायीं और दो शून्य जोड़ दें।
अतः $981 \times 100 = 98100.$

15. (B): किसी भी संख्या को '0' से गुणा करने पर गुणनफल '0' प्राप्त होता है।
$\therefore \quad 797 \times 0 = 0.$

16. (C): वितरण गुण $a \times b + a \times c = a \times (b + c)$ का उपयोग करने पर,
$6784 \times 53 + 6784 \times 47 = 6784 \times (53 + 47)$
$= 6784 \times 100 = 678400.$

17. (D): $637 \times 105 = 637 \times (100 + 5)$
$= 637 \times 100 + 637 \times 5$
$= 63700 + 3185 = 66885.$

18. (A): $532 \times 1002 = 532 \times (1000 + 2)$
$= 532 \times 1000 + 532 \times 2$
$= 532000 + 1064 = 533064.$

19. (A): $55555 + 5665 + 565 - x = 4334 + 434$
$\Rightarrow \quad 61785 - x = 4768$
$\Rightarrow \quad x = 61785 - 4768 \Rightarrow x = 57017.$

20. (C): $23208 \times 254 \times 0 \times 126 = 0$
क्योंकि किसी भी संख्या को शून्य से गुणा करने पर परिणाम हमेशा शून्य ही होता है।

3 संख्याओं का लघुत्तम समापवर्त्य तथा महत्तम समापवर्तक

लघुत्तम समापवर्त्य (L.C.M.)

किन्हीं दो या दो से अधिक दी हुई संख्याओं का लघुत्तम समापवर्त्य वह छोटी-से-छोटी संख्या है जो प्रत्येक दी हुई संख्याओं से पूरी-पूरी विभाजित हो जाए।

लघुत्तम समापवर्त्य ज्ञात करने की दो विधियाँ हैं :

(*i*) अभाज्य गुणनखण्ड विधि द्वारा

(*ii*) भाग विधि द्वारा

(i) अभाज्य गुणनखण्ड विधि द्वारा ल.स. निकालना

इस विधि में दी गई संख्याओं का सबसे पहले अभाज्य गुणनखण्ड करते हैं। इसके बाद सर्वाधिक बार आए हुए गुणनखण्डों को आपस में गुणा कर देते हैं। इस प्रकार प्राप्त गुणनफल अभीष्ट ल.स. होता है।

उदाहरण : 24, 36 तथा 90 का ल.स. ज्ञात कीजिए।

हल :

$$24 = 2 \times 2 \times 2 \times 3$$
$$36 = 2 \times 2 \times 3 \times 3$$
$$90 = 2 \times 3 \times 3 \times 5$$

अतः स्पष्ट है कि अभाज्य गुणनखण्ड 2 सबसे अधिक 3 बार, 3 दो बार तथा 5 एक बार आया है।

$\therefore$ अभीष्ट ल.स. $= 2 \times 2 \times 2 \times 3 \times 3 \times 5 = 360$

(ii) भाग विधि द्वारा ल.स. निकालना

दी हुई संख्याओं को अर्थात् जिन संख्याओं का ल.स. ज्ञात करना हो उन्हें क्रम से लिख देते हैं। फिर 2, 3, 4, 5, ... से बारी-बारी से भाग देते जाते हैं। यदि किसी संख्या में भाग न जाए, तो उसे ज्यों-का-त्यों उतार देते हैं। अगली बार उसे उसके भाजक से भाग देते हैं। जब सभी संख्याओं का अन्तिम भागफल 1 आ जाए तो सभी भाजकों को आपस में गुणा कर देते हैं। इस प्रकार प्राप्त गुणनफल अभीष्ट ल.स. होगा।

उदाहरण : 16, 24, 36 तथा 54 का ल.स. (L.C.M.) ज्ञात कीजिए।

हल :

2	16,	24,	36,	54
2	8,	12,	18,	27
2	4,	6,	9,	27
3	2,	3,	9,	27
3	2,	1,	3,	9
	2,	1,	1,	3

अतः ल.स. $= 2 \times 2 \times 2 \times 3 \times 3 \times 2 \times 3 = 432.$

महत्तम समापवर्तक (H.C.F.)

किन्हीं दो या दो से अधिक दी गई संख्याओं का महत्तम समापवर्तक (म.स.) वह बड़ी-से-बड़ी संख्या है जो प्रत्येक दी गई संख्याओं को पूरा-पूरा विभाजित कर दे।

महत्तम समापवर्तक ज्ञात करने की दो विधियाँ हैं:

(*i*) अभाज्य गुणनखण्ड विधि द्वारा

(*ii*) भाग विधि द्वारा

(i) अभाज्य गुणनखण्ड विधि द्वारा म.स. निकालना

जिन संख्याओं का म.स. ज्ञात करना होता है, उनका बारी-बारी से अभाज्य गुणनखण्ड करते हैं।

अभाज्य गुणनखण्ड करने के बाद सार्वनिष्ठ गुणनखण्डों (Common factors) को आपस में गुणा कर लेते हैं।

इस प्रकार प्राप्त गुणनफल अभीष्ट म.स. होता है।

उदाहरण : 28, 32 तथा 40 का म.स. ज्ञात कीजिए।

हल :

$$28 = \underline{2 \times 2} \times 7$$
$$32 = \underline{2 \times 2} \times 2 \times 2 \times 2$$
$$40 = \underline{2 \times 2} \times 2 \times 5$$

चूँकि तीनों संख्याओं का उभयनिष्ठ गुणनखण्ड $2 \times 2 = 4$ है।

अतः अभीष्ट म.स. $= 4$

(ii) भाग विधि द्वारा म.स. निकालना

जब दी गई संख्याएँ इस प्रकार हों कि उनका अभाज्य गुणनखण्ड आसानी से ज्ञात न हो सके, तब भाग विधि का प्रयोग किया जाता है। इस विधि में सबसे पहले दो संख्याओं को लेकर छोटी संख्या से बड़ी संख्या में भाग देते हैं। इस क्रिया के अन्त में जो शेष बचता है उससे भाजक में भाग देते हैं पुनः इसमें प्राप्त शेष से इसके भाजक में भाग देते हैं। यही क्रिया तब तक करते हैं जब तक शेष शून्य न हो जाए। जब शेष शून्य हो जाए तो अन्तिम भाजक दोनों संख्याओं का म.स. होगा। यदि तीसरी संख्या भी प्रश्न में दी गई हो, तो इस म.स. और तीसरी संख्या का म.स. उक्त भाग विधि से ज्ञात करते हैं। इस प्रकार चौथी, पाँचवीं संख्या का म.स. ज्ञात किया जाता है।

उदाहरण : 48, 168 तथा 324 का म.स. (H.C.F.) ज्ञात कीजिए।

हलः सबसे पहले 168 को 48 से भाग देते हैं।

```
48) 168 (3
    144
    24) 48 (2
        48
         ×
```

इस प्रकार 48 और 168 का म.स. 24 हुआ। अब 24 और तीसरी संख्या 324 का म.स. इसी भाग विधि से ज्ञात करेंगे।

```
24) 324 (13
    24
     84
     72
    12) 24 ( 2
        24
         ×
```

अतः तीनों संख्याओं 48, 168 तथा 324 का म.स. 12 हुआ।

भिन्नों का ल.स. तथा म.स. ज्ञात करना

$$\text{ल.स.} = \frac{\text{अंश का ल.स.}}{\text{हर का म.स.}}, \text{ तथा } \text{म.स.} = \frac{\text{अंश का म.स.}}{\text{हर का ल.स.}}$$

दो संख्याओं तथा उनके म.स. तथा ल.स. में सम्बन्ध

किन्हीं दो दी गई संख्याओं का म.स. तथा ल.स. का गुणनफल उन दो दी गई संख्याओं के गुणनफल के बराबर होता है।

अर्थात् पहली संख्या × दूसरी संख्या = म.स. × ल.स.

नोटः
- दो सह-अभाज्य संख्याओं का महत्तम समापवर्तक (H.C.F.) हमेशा 1 होता है।
- दो सह-अभाज्य संख्याओं का लघुत्तम समापवर्त्य (L.C.M.) हमेशा उन दोनों संख्याओं के गुणनफल के बराबर होता है।

साधित उदाहरण

उदाहरण 1 : अभाज्य गुणनखण्ड विधि द्वारा 4, 8 और 12 का ल.स. ज्ञात कीजिए।

हल :

```
2 | 4        2 | 8        2 | 12
2 | 2        2 | 4        2 | 6
  | 1        2 | 2        3 | 3
               | 1          | 1
```

$4 = 2 \times 2 = 2^2$

$8 = 2 \times 2 \times 2 = 2^3$

$12 = 2 \times 2 \times 3 = 2^2 \times 3^1$

$\therefore$ 4, 8 और 12 का ल.स. $= 2^3 \times 3^1 = 8 \times 3 = 24.$

उदाहरण 2 : सामान्य विभाजन विधि द्वारा 9, 18 और 27 का ल.स. ज्ञात कीजिए।

हल :

```
3 | 9, 18, 27
3 | 3, 6, 9
  | 1, 2, 3
```

$\therefore$ 9, 18 और 27 का ल.स. $= 3 \times 3 \times 2 \times 3 = 54.$

उदाहरण 3 : अभाज्य गुणनखण्ड विधि द्वारा 12 और 18 का म.स. ज्ञात कीजिए।

हल :

```
2 | 12       2 | 18
2 | 6        3 | 9
3 | 3        3 | 3
  | 1          | 1
```

$12 = 2 \times 2 \times 3$

$18 = 2 \times 3 \times 3$

$\therefore$ 12 और 18 का म.स. $= 2 \times 3 = 6$

उदाहरण 4 : भाग (विभाजन) विधि द्वारा 24 और 36 का म.स. ज्ञात कीजिए।

हल :

```
24) 36 (1
    24
    12) 24 (2
        24
         ×
```

चूँकि, अंतिम भाजक 12 है।

$\therefore$ 24 और 36 का म.स. = 12

उदाहरण 5 : $\frac{2}{5}, \frac{3}{10}$ तथा $\frac{6}{25}$ का ल.स. निकालें।

हल : $\frac{2}{5}, \frac{3}{10}$ और $\frac{6}{25}$ का ल.स.

$$= \frac{\text{2, 3 तथा 6 का ल.स.}}{\text{5, 10 तथा 25 का म.स.}} = \frac{6}{5}$$

उदाहरण 6 : $\frac{4}{9}, \frac{10}{21}$ तथा $\frac{20}{63}$ का म.स. ज्ञात कीजिए।

हल : $\frac{4}{9}, \frac{10}{21}$ तथा $\frac{20}{63}$ का म.स.

$$= \frac{\text{4, 10 तथा 20 का म.स.}}{\text{9, 21 तथा 63 का ल.स.}} = \frac{2}{63}.$$

उदाहरण 7 : दो संख्याओं का ल.स. तथा म.स. क्रमशः 72 तथा 6 है। यदि उनमें से एक संख्या 18 हो, तो दूसरी संख्या का मान कितना होगा?

हल : पहली संख्या × दूसरी संख्या = ल.स. × म.स.

$\therefore$ 18 × दूसरी संख्या = 72 × 6

$\therefore$ दूसरी संख्या $= \frac{72 \times 6}{18} = 24.$

अभ्यास

1. 84, 140 और 70 का ल.स. क्या है?
   A. 210 B. 420 C. 630 D. 294

2. यदि दो सह-अभाज्य संख्याओं का गुणनफल 117 है, तो उसका ल.स. क्या होगा?
   A. 9 B. 13 C. 39 D. 117

3. वह बड़ी-से-बड़ी संख्या, जिससे 280 और 1245 को विभाजित करने पर क्रमशः 4 और 3 शेष बचते हैं, है:
   A. 138 B. 148 C. 145 D. 178

4. वह बड़ी-से-बड़ी संख्या जिससे यदि 1277 और 1368 को भाग किया जाए, तो प्रत्येक स्थिति में 3 शेष बचे।
   A. 68 B. 77 C. 91 D. 97

5. वह बड़ी-से-बड़ी संख्या, जिससे 270 और 426 को भाग करने पर प्रत्येक दशा में शेषफल 6 बचे, है:
   A. 22 B. 30 C. 12 D. 36

6. दो संख्याओं के म.स. और ल.स. का गुणनफल 384 है। यदि एक संख्या 24 है, तो दूसरी संख्या क्या है?
   A. 18 B. 6 C. 32 D. 16

7. तीन घंटियां क्रमशः 12, 15 तथा 18 मिनट के अंतराल में बजती हैं। यदि वे प्रातः 9 बजे एक साथ बजीं, तो वे कब फिर एक साथ बजेंगी?
   A. 10:00 am B. 11:00 am
   C. 12:00 pm D. 1:00 pm

8. तीन घंटियां क्रमशः 16, 20 तथा 24 मिनट के अंतराल पर बजती हैं। यदि वे सुबह 9:30 बजे एक साथ बजती हैं, तो वे कब फिर एक साथ बजेंगी?
   A. दोपहर 12:00 बजे B. 1:00 pm
   C. 1:30 pm D. 3:00 pm

9. दो संख्याओं का म.स. तथा ल.स. क्रमशः 4 तथा 48 है। यदि उनमें से एक संख्या 12 है, तो दूसरी संख्या है:
   A. 16 B. 12 C. 8 D. 4

10. $\frac{5}{6}, \frac{6}{7}, \frac{7}{8}, \frac{8}{9}$ तथा $\frac{9}{10}$ का म.स. कितना होगा?
   A. $\frac{1}{2420}$ B. $\frac{1}{2520}$ C. $\frac{1}{2660}$ D. $\frac{1}{2540}$

11. दो संख्याओं का ल.स. तथा म.स. क्रमशः 4284 तथा 32 है। यदि उन संख्याओं में से एक संख्या 204 है, तो दूसरी संख्या का मान क्या होगा?
   A. 672 B. 576 C. 676 D. 572

12. तीन अंकों की वह बड़ी-से-बड़ी संख्या क्या होगी जिसमें 6, 9 तथा 12 से भाग देने पर प्रत्येक दशा में 1 शेष बचे?
   A. 887 B. 987 C. 973 D. 730

13. बिजली की तारें दो तरह की हैं जिसमें एक एल्युमिनियम की है जिसकी लम्बाई 9 मी. 60 से.मी. है तथा दूसरी तार तांबे की है जिसकी लम्बाई 5 मी. 12 से.मी. है। तार के उस टुकड़े की अधिकतम लम्बाई ज्ञात कीजिए जो दोनों तारों को पूर्णतः विभाजित कर सकें।
   A. 40 सेमी. B. 46 सेमी. C. 64 सेमी. D. 60 सेमी.

14. पाँच घंटियाँ एक साथ 24, 40, 64, 72 तथा 120 सेकेण्ड के अन्तर पर बजती हैं। कितने सेकेण्ड के बाद वे फिर एक साथ बजेंगी?
   A. 42 मिनट B. 36 मिनट C. 48 मिनट D. 54 मिनट

15. तीन विभिन्न चौराहों पर यातायात की बत्तियाँ 48 सेकेण्ड, 72 सेकेण्ड तथा 108 सेकेण्ड के बाद बदलती रहती हैं। यदि वे प्रातः 9 बजे एक साथ बदलें, तो पुनः एक साथ कितने बजे बदलेंगी?
   A. 10 मिनट 10 सेकेण्ड B. 7 मिनट 12 सेकेण्ड
   C. 7 मिनट 10 सेकेण्ड D. 12 मिनट 10 सेकेण्ड

16. वह बड़ी-से-बड़ी नाप ज्ञात कीजिए जो क्रमशः 4 मी. 3 सेमी., 4 मी. 34 सेमी. तथा 4 मी. 65 सेंमी. की लम्बाइयों को पूर्णतया नाप सके।
   A. 31 सेमी. B. 29 सेमी.
   C. 28 सेमी. D. 32 सेमी.

17. तीन घंटियाँ क्रमशः 4, 5 तथा 6 मिनटों के अन्तराल पर बजती हैं। यदि वे प्रातः 8:30 बजे एक साथ बजना आरम्भ करें, तो वे पुनः कितने बजे एक-साथ बजेंगी?
   A. 8:45 am B. 9:30 am
   C. 9:45 am D. 10:15 am

18. चार ट्रैफिक सिग्नल 5, 10, 15 और 20 मिनट के अंतराल पर चमकते हैं। कितने समय बाद वे एक साथ चमकेंगे?
   A. 30 मिनट B. 90 मिनट
   C. 60 मिनट D. 120 मिनट

19. दो या अधिक क्रमागत सम संख्याओं का म.स. क्या है?
   A. 0 B. 1
   C. 2 D. इनमें से कोई नहीं

20. दो संख्याओं का ल.स. 48 है। यदि संख्याएँ 16 तथा 24 हैं, तो उनका म.स. है।
   A. 4 B. 6 C. 8 D. 12

व्याख्यात्मक उत्तर

1. (B):

2	84, 140, 70
2	42, 70, 35
3	21, 35, 35
5	7, 35, 35
7	7, 7, 7
	1, 1, 1

∴ 84, 140 और 70 का ल.स. = 2 × 2 × 3 × 5 × 7 = 420.

2. (D): 13 और 9 दो सह-अभाज्य संख्याएँ हैं जिनका गुणनफल = 13 × 9 = 117

∴ 13 और 9 का ल.स. = 117.

3. (A): 280 – 4 = 276

1245 – 3 = 1242

276 और 1242 का म.स.

```
276) 1242 (4
     1104
     ----
      138) 276 (2
           276
           ---
            ×
```

अतः अभीष्ट संख्या = 138.

4. (C): 1277 – 3 = 1274

1368 – 3 = 1365

2	1274
7	637
7	91
13	13
	1

3	1365
5	455
7	91
13	13
	1

1274 = 2 × 7 × 7 × 13

1365 = 3 × 5 × 7 × 13

∴ 1274 और 1365 का म.स. = 7 × 13 = 91.

5. (C): 270 – 6 = 264

426 – 6 = 420

2	264
2	132
2	66
3	33
11	11
	1

2	420
2	210
3	105
5	35
7	7
	1

264 = 2 × 2 × 2 × 3 × 11

420 = 2 × 2 × 3 × 5 × 7

∴ अभीष्ट संख्या = 264 और 420 का म.स.

= 2 × 2 × 3 = 12.

6. (D): पहली संख्या × दूसरी संख्या = ल.स. × म.स.

24 × दूसरी संख्या = 384

∴ दूसरी संख्या = $\frac{384}{24} = 16$.

7. (C): 12, 15 और 18 मिनट का ल.स.

2	12, 15, 18
2	6, 15, 9
3	3, 15, 9
3	1, 5, 3
5	1, 5, 1
	1, 1, 1

= 2 × 2 × 3 × 3 × 5 = 180 मिनट

= $\left(\frac{180}{60}\right)$ = 3 घंटे

∴ अभीष्ट समय = 9:00 am + 3 घंटे = 12.00 pm.

8. (C): 16, 20 और 24 मिनट का ल.स.

2	16, 20, 24
2	8, 10, 12
2	4, 5, 6
	2, 5, 3

= 2 × 2 × 2 × 2 × 5 × 3 = 240 मिनट

= $\left(\frac{240}{60}\right)$ = 4 घंटे

∴ घंटियाँ फिर से एक साथ बजेंगी = 9:30 am + 4 घंटे

= 1:30 pm.

9. (A): दूसरी संख्या = $\frac{\text{म.स.} \times \text{ल.स.}}{\text{पहली संख्या}} = \frac{4 \times 48}{12} = 4 \times 4 = 16$.

10. (B): $\frac{5}{6}, \frac{6}{7}, \frac{7}{8}, \frac{8}{9}$ तथा $\frac{9}{10}$ का म.स.

म.स. = $\frac{\text{अंश का म.स.}}{\text{हर का ल.स.}}$

$= \frac{\text{5, 6, 7, 8, 9 का म.स.}}{\text{6, 7, 8, 9, 10 का ल.स.}} = \frac{1}{2520}$.

11. (A): ∵ पहली संख्या × दूसरी संख्या = ल.स. × म.स.

⇒ 204 × दूसरी संख्या = 4284 × 32

∴ दूसरी संख्या = $\frac{4284 \times 32}{204} = 42 \times 16$

∴ अभीष्ट संख्या = 672.

12. (C): 6, 9 तथा 12 का ल.स.

$= 2 \times 3 \times 3 \times 2 = 36$

$\because$ तीन अंकों की सबसे बड़ी संख्या = 999

36) 999 (27
72
279
252
27

2	6, 9, 12
3	3, 9, 6
	1, 3, 2

$\therefore$ तीन अंकों की सबसे बड़ी संख्या जो 6, 9 तथा 12 से पूर्णतः विभाजित है

$= 999 - 27 = 972$

$\therefore$ अभीष्ट संख्या = 972 + 1 = 973.

13. (C): 9 मी. 60 सेमी. = 960 सेमी.

तथा 5 मी 12 सेमी. = 512 सेमी.

960 तथा 512 का म.स.

512) 960 (1
512
448) 512 (1
448
64) 448 (7
448
×

$\therefore$ अभीष्ट सबसे बड़ा टुकड़ा = 64 सेमी.।

14. (C): 24, 40, 64, 72 तथा 120 का ल.स.

2	24,	40,	64,	72,	120
2	12,	20,	32,	36,	60
2	6,	10,	16,	18,	30
3	3,	5,	8,	9,	15
5	1,	5,	8,	3,	5
	1,	1,	8,	3,	1

ल.स. $= 2 \times 2 \times 2 \times 3 \times 5 \times 8 \times 3 = 2880$

2880 सेकेण्ड $= \frac{2880}{60} = 48$ मिनट

$\therefore$ अभीष्ट समय = 48 मिनट।

15. (B): 48, 72 तथा 108 का ल.स. = 432 सेकेण्ड

यातायात की बत्तियाँ 432 सेकेण्ड के बाद बदलेंगी

= 7 मिनट 12 सेकेण्ड

$\therefore$ अभीष्ट समय = 7 मिनट 12 सेकेण्ड।

16. (A): 4 मी. 3 सेमी. = 403 सेमी.

4 मी. 34 सेमी. = 434 सेमी.

4 मी. 65 सेमी. = 465 सेमी.

403, 434 तथा 465 का म.स.

403) 434 (1
403
×31) 403 (13
31
×93
93
×

31) 465 (15
31
155
155
×

$\therefore$ अभीष्ट माप = 403, 434 तथा 465 का म.स. = 31 सेमी.।

17. (B): 4, 5 तथा 6 का ल.स.

2	4, 5, 6
	2, 5, 3

ल.स. $= 2 \times 2 \times 5 \times 3 = 60$ मिनट

60 मिनट = 1 घंटा

$\therefore$ अभीष्ट समय = 8:30 a.m. + 1 घंटा

= प्रातः 9:30 बजे।

18. (C): अभीष्ट समय = 5, 10, 15 और 20 मिनट का ल.स.

5	5, 10, 15, 20
2	1, 2, 3, 4
	1, 1, 3, 2

$= (5 \times 2 \times 3 \times 2)$ मिनट

= 60 मिनट।

19. (C): दो या अधिक क्रमागत सम संख्याओं का म.स. हमेशा 2 होता है।

20. (C): म.स. $= \frac{\text{पहली संख्या} \times \text{दूसरी संख्या}}{\text{ल.स.}}$

$\therefore$ अभीष्ट म.स. $= \frac{16 \times 24}{48} = 8$.

4 भिन्नात्मक संख्याएँ

भिन्नात्मक संख्याएँ (Fractional Numbers)

भिन्न दो संख्याओं से मिलकर बनी होती है: अंश (Numerator), जो कि ऊपर की संख्या होती है (संक्षेप में N_r) और हर (Denominator), जो कि नीचे की संख्या होती है (संक्षेप में D_r).

अर्थात्, भिन्न $= \frac{N_r}{D_r}$.

भिन्न एक पूर्ण संख्या के भाग या दो पूर्ण संख्याओं के अनुपात को दर्शाती है, जिसे $\frac{x}{y}$ के रूप में लिखा जाता है, जहाँ x अंश होता है (कुल भागों में से लिए गए भाग) और y हर होता है (कुल बराबर भाग)।

परिमेय संख्या वह होती है जिसे $\frac{p}{q}$ के रूप में व्यक्त किया जा सकता है।

जहाँ p और q पूर्णांक (पूर्ण संख्याएँ) हो और q शून्य के बराबर न हो ($q \neq 0$)।

भिन्नों के प्रकार (Types of Fractions)

भिन्न मुख्यतः तीन प्रकार की होती हैं।

(*i*) **सम भिन्न (Proper Fraction):** जिस भिन्न का अंश उसके हर से कम होता है, उसे सम भिन्न कहते हैं।

जैसे: $\frac{1}{8}, \frac{3}{11}, \frac{14}{23}$ इत्यादि।

(*ii*) **विषम भिन्न (Improper Fraction):** जिस भिन्न का अंश उसके हर से बड़ा होता है, उसे विषम भिन्न कहते हैं।

जैसे: $\frac{8}{7}, \frac{7}{3}, \frac{12}{7}$ इत्यादि।

(*iii*) **मिश्रित भिन्न (Mixed Fraction):** जिस भिन्न में एक पूर्ण संख्या और एक सम भिन्न एक साथ होती है, उसे मिश्रित भिन्न कहते हैं।

जैसे: $4\frac{3}{7}, 12\frac{1}{8}, 20\frac{4}{5}$

मिश्रित भिन्न को विषम भिन्न के रूप में और इसके विपरीत भी लिखा जा सकता है।

जैसे: $\frac{23}{17} = 1\frac{6}{17}$

समान तथा असमान भिन्न (Like and Unlike Fractions)

समान भिन्न (Like Fractions): समान हर वाला भिन्न, समान भिन्न (Like fractions) कहलाता है।

जैसे: $\frac{3}{13}, \frac{5}{13}, \frac{9}{13}, \frac{11}{13}$ इत्यादि।

असमान भिन्न (Unlike Fractions): जिस भिन्न के हर अलग-अलग हों, असमान भिन्न (Unlike fractions) कहलाता है। जैसे: $\frac{2}{3}, \frac{5}{7}, \frac{7}{9}$ इत्यादि।

समतुल्य भिन्न (Equivalent fractions): दो या दो से अधिक भिन्नों को समतुल्य भिन्न कहा जाता है यदि उनके अंश और हर चाहे जो भी हों, उनका मान समान हो।

जैसे: $\frac{1}{2}, \frac{4}{8}, \frac{6}{12}, \frac{15}{30}$ इत्यादि।

भिन्न की चार मूलभूत संक्रियाएँ (Four Fundamental Operations on Fractions)

इस अध्याय में पूर्णांक संख्या पर आधारित चार मूलभूत संक्रियाओं (जैसे: जोड़, घटाव, गुणा और भाग) का अध्ययन करेंगे।

(A) जोड़ (Addition)

(*i*) **समान भिन्नों का जोड़ (Addition of Like Fractions):** समान भिन्न बहुत आसानी से जोड़े जा सकते हैं। आपको सिर्फ उनके अंशों (ऊपर वाली संख्या) को जोड़ना है और हर (नीचे वाली संख्या) को वैसे ही रखना है।

जैसे: $\frac{2}{13} + \frac{5}{13} + \frac{4}{13} = \frac{2+5+4}{13} = \frac{11}{13}$.

(*ii*) **असमान भिन्नों का जोड़ (Addition of unlike fractions):** असमान भिन्नों को जोड़ने की प्रक्रिया में उनके हरों का लघुत्तम समापवर्त्य (LCM) ज्ञात करके पहले उन्हें समान हर वाले समतुल्य भिन्नों में बदला जाता है। फिर, उभयनिष्ठ हर को यथावत रखते हुए अंशों को जोड़ा जाता है।

जैसेः 1. $\frac{2}{3}+\frac{3}{5} = \frac{2\times5+3\times3}{15}$

$= \frac{10+9}{15} = \frac{19}{15}$

$= 1\frac{4}{15}$

2. $\frac{1}{2}+\frac{2}{3}+\frac{5}{6}$

2, 3 तथा 6 का लघुत्तम समापवर्तक = 6

$= \frac{3+4+5}{6} = \frac{12}{6} = 2.$

(B) घटाव (Subtraction)

समान, असमान और मिश्रित, भिन्नों का घटाव, जोड़ की तरह ही किया जाता है। मुख्य अंतर केवल अंशों को जोड़ने की बजाय घटाना है, बशर्ते कि उनके हर (Denominator) समान हों। यदि हर असमान हैं, तो घटाने से पहले लघुत्तम समापवर्त्य (L.C.M.) का उपयोग करके उन्हें समान बनाया जाता है।

जैसेः $1-\frac{3}{7}$

हलः $1-\frac{3}{7} = \frac{7-3}{7} = \frac{4}{7}.$

(C) गुणा (Multiplication)

किसी भिन्न को किसी पूर्ण संख्या या किसी दूसरे भिन्न से गुणा किया जा सकता है।

(*i*) **किसी भिन्न का पूर्ण संख्या से गुणन (Multiplication of fraction by a whole number):** किसी भिन्न को एक पूर्ण संख्या से गुणा करते समय सिर्फ अंश को गुणा करते हैं तथा हर को ज्यों का त्यों रखते हैं।

जैसेः $\frac{3}{5}$ को 8 से गुणा कीजिए।

हलः अभीष्ट परिणाम $= \frac{3}{5}\times8 = \frac{24}{5} = 4\frac{4}{5}.$

(*ii*) **एक भिन्न का अन्य भिन्न से गुणन (Multiplication of a fraction by another fraction):** एक भिन्न से दूसरे भिन्न को गुणा करते समय उनके अंश को अंश से तथा हर को हर से गुणा करते हैं तथा परिणाम को सरल करते हैं।

जैसेः $\frac{3}{5}$ को $\frac{7}{8}$ से गुणा कीजिए।

हलः अभीष्ट परिणाम $= \frac{3}{5}\times\frac{7}{8} = \frac{21}{40}.$

(D) भिन्नों का भाग (Division of fractions)

किसी पूर्ण संख्या को एक भिन्न से भाग करने के लिए उस पूर्ण संख्या को उस भिन्न के व्युत्क्रम (Reciprocal) से गुणा कर दीजिए।

जैसेः $2\div\frac{3}{4} = 2\times\frac{4}{3} = \frac{8}{3}$

एक भिन्न को दूसरे भिन्न से भाग करते समय दूसरे भिन्न के व्युत्क्रम से गुणा करते हैं।

जैसेः $\frac{2}{3}$ को $\frac{8}{9}$ से भाग दीजिए।

हलः $\frac{2}{3}\div\frac{8}{9} = \frac{2}{3}\times\frac{9}{8} = \frac{18}{24} = \frac{3}{4}.$

भिन्न के गुण

जोड़ (Addition)→ $\frac{a}{b}+\frac{c}{d} = \frac{ad+bc}{bd}$

घटाव (Subtraction) → $\frac{a}{b}-\frac{c}{d} = \frac{ad-bc}{bd}$

गुणा (Multiplication) → $\frac{a}{b}\times\frac{c}{d} = \frac{ac}{bd}$

भाग (Division)→ $\frac{a}{b}\div\frac{c}{d} = \frac{a}{b}\times\frac{d}{c}$

भिन्न से भाग देना उसके व्युत्क्रम से गुणा देने के बराबर है।

क्रॉस गुणा (Cross product) → $\frac{a}{b} = \frac{c}{d} \Leftrightarrow ad = bc$

योगात्मक सर्वसमिका (Additive Identity):

$$\frac{a}{b}+0 = \frac{a}{b}$$

गुणक सर्वसमिका (Multiplicative Identity):

$$\frac{a}{b}\times1 = \frac{a}{b}$$

गुणक व्युत्क्रम (Multiplicative Inverse): किसी भिन्न का व्युत्क्रम, जब मूल भिन्न से गुणा किया जाता है, तो 1 प्राप्त होता है।

$$\frac{a}{b}\times\frac{b}{a} = 1$$

साधित उदाहरण

उदाहरण 1 : निम्नलिखित में से कौन-सी भिन्न सबसे बड़ी है?

$\frac{3}{7}, \frac{1}{7}, \frac{8}{7}$ और $\frac{2}{7}$

हल : दी गई भिन्नें समान भिन्न हैं जिसका हर 7 है।

$\therefore$ जिस भिन्न का अंश सबसे बड़ा होगा, वह सबसे बड़ी भिन्न होगी।

अतः दी गई भिन्नों में से सबसे बड़ी भिन्न $\frac{8}{7}$ है।

उदाहरण 2 : निम्नलिखित में से कौन-सी भिन्न सबसे छोटी है?

$\frac{2}{5}, \frac{3}{5}, \frac{1}{5}$ और $\frac{4}{5}$

हल : दी गई भिन्नें समान भिन्न हैं जिनका हर 5 है।

$\therefore$ जिस भिन्न का अंश सबसे छोटा होगा, वह सबसे छोटी भिन्न होगी।

अतः दी गई भिन्नों में से सबसे छोटी भिन्न $\frac{1}{5}$ है।

उदाहरण 3 : निम्नलिखित भिन्नों में से सबसे छोटी और सबसे बड़ी भिन्न ज्ञात कीजिए:

$\frac{1}{4}, \frac{2}{3}, \frac{4}{7}$ और $\frac{1}{2}$

हल : दी गई भिन्नें असमान भिन्न हैं।

$\frac{1}{4} = 0.25; \ \frac{2}{3} = 0.66;$

$\frac{4}{7} = 0.57$ और $\frac{1}{2} = 0.50$

$0.25 < 0.50 < 0.57 < 0.66$

$\therefore$ सबसे छोटी भिन्न = 0.25 या $\frac{1}{4}$

और सबसे बड़ी भिन्न = 0.66 या $\frac{2}{3}$.

उदाहरण 4 : $2\frac{3}{5}$ को विषम भिन्न में बदलिए।

हल : $2\frac{3}{5} = 2+\frac{3}{5} = \frac{2}{1}+\frac{3}{5} = \frac{2\times5+3}{5}$

$= \frac{10+3}{5} = \frac{13}{5}$

उदाहरण 5 : $\frac{5}{7}, \frac{2}{7}$ और $\frac{6}{7}$ का योगफल ज्ञात कीजिए।

हल : दी गई भिन्नें समान भिन्न हैं।

$\therefore \frac{5}{7}+\frac{2}{7}+\frac{6}{7} = \frac{5+2+6}{7} = \frac{13}{7}$

उदाहरण 6 : $\frac{1}{4}$ और $\frac{3}{5}$ का योगफल ज्ञात कीजिए।

हल : दी गई भिन्नें असमान भिन्न हैं।

हर 4 और 5 का लघुत्तम समापवर्त्य (L.C.M.)

$= 2 \times 2 \times 5 = 20$

$\frac{1}{4} = \frac{1\times5}{4\times5} = \frac{5}{20}$ और $\frac{3}{5} = \frac{3\times4}{5\times4} = \frac{12}{20}$

$\therefore \frac{1}{4}+\frac{3}{5} = \frac{5}{20}+\frac{12}{20} = \frac{5+12}{20} = \frac{17}{20}$

उदाहरण 7 : $\frac{3}{7}$ में से $\frac{5}{7}$ घटाएं।

हल : दी गई भिन्नें समान भिन्न हैं।

$\therefore \frac{5}{7}-\frac{3}{7} = \frac{5-3}{7} = \frac{2}{7}$

उदाहरण 8 : $\frac{3}{5}$ और $\frac{5}{7}$ का गुणनफल सरलतम रूप में ज्ञात कीजिए।

हल : $\frac{3}{5}\times\frac{5}{7} = \frac{3\times5}{5\times7} = \frac{15}{35} = \frac{15\div5}{35\div5} = \frac{3}{7}$

उदाहरण 9 : $3\frac{1}{5}$ का व्युत्क्रम ज्ञात कीजिए।

हल : दी गई भिन्न $3\frac{1}{5}$ या $\frac{16}{5}$ है।

$\therefore \frac{16}{5}$ का व्युत्क्रम $= \frac{5}{16}$

उदाहरण 10 : $\frac{3}{7}$ एवं इसके व्युत्क्रम का योग ज्ञात कीजिए।

हल : $\frac{3}{7}$ का व्युत्क्रम $= \frac{7}{3}$

$\therefore$ अभीष्ट योग $= \frac{3}{7}+\frac{7}{3}$

$= \frac{9+49}{21} = \frac{58}{21}$ या $2\frac{16}{21}$.

अभ्यास

1. निम्नलिखित भिन्नों में से सबसे छोटी भिन्न कौन-सी है?

A. $\frac{11}{17}$ B. $\frac{9}{16}$ C. $\frac{13}{19}$ D. $\frac{10}{18}$

2. निम्नलिखित भिन्नों में से सबसे बड़ी भिन्न कौन-सी है?

A. $\frac{14}{25}$ B. $\frac{11}{19}$ C. $\frac{17}{28}$ D. $\frac{13}{22}$

3. निम्नलिखित में से कौन-सी भिन्न सम भिन्न नहीं है?

A. $\frac{21}{29}$ B. $\frac{38}{40}$ C. $\frac{47}{44}$ D. $\frac{36}{39}$

4. निम्नलिखित में से कौन-सी भिन्न विषम भिन्न है?

A. $\frac{15}{9}$ B. $\frac{11}{15}$ C. $\frac{19}{21}$ D. $\frac{5}{11}$

5. $\frac{48}{60}$ के बराबर वह भिन्न कौन-सी है जिसका हर 5 है?

A. $\frac{2}{5}$ B. $\frac{4}{5}$ C. $\frac{6}{5}$ D. $\frac{3}{5}$

6. निम्नलिखित भिन्नों को आरोही क्रम में व्यवस्थित करें:

$\frac{17}{3}, \frac{17}{11}, \frac{17}{9}, \frac{17}{15}$

A. $\frac{17}{15} < \frac{17}{11} < \frac{17}{9} < \frac{17}{3}$ B. $\frac{17}{11} < \frac{17}{15} < \frac{17}{9} < \frac{17}{3}$

C. $\frac{17}{15} < \frac{17}{9} < \frac{17}{11} < \frac{17}{3}$ D. $\frac{17}{3} < \frac{17}{9} < \frac{17}{11} < \frac{17}{15}$

7. भिन्नों $\frac{6}{7}, \frac{5}{7}, \frac{11}{7}, \frac{9}{7}$ को अवरोही क्रम में व्यवस्थित कीजिए:

A. $\frac{9}{7} > \frac{11}{7} > \frac{6}{7} > \frac{5}{7}$ B. $\frac{5}{7} > \frac{11}{7} > \frac{9}{7} > \frac{6}{7}$

C. $\frac{6}{7} > \frac{9}{7} > \frac{11}{7} > \frac{5}{7}$ D. $\frac{11}{7} > \frac{9}{7} > \frac{6}{7} > \frac{5}{7}$

8. $1\frac{3}{16}$ तथा इसके व्युत्क्रम का अन्तर है:

A. $1\frac{1}{8}$ B. $\frac{4}{3}$

C. $\frac{15}{16}$ D. इनमें से कोई नहीं

9. 350 का $\frac{3}{5}$ भाग, 210 के $\frac{4}{7}$ भाग से कितना अधिक है?

A. 90 B. 110 C. 120 D. 210

10. एक संख्या का 5वाँ भाग उस संख्या के 7वाँ भाग से 10 अधिक है। संख्या है:

A. 125 B. 150 C. 175 D. 200

11. किसी संख्या का $\frac{3}{7}$ का $\frac{1}{4}$ का $\frac{2}{5}$, 15 है। उस संख्या का आधा कितना होगा?

A. 94 B. 175 C. 188 D. 196

12. एक व्यक्ति अपने वेतन का $\frac{2}{5}$ भाग मकान किराये पर, अपने वेतन का $\frac{3}{10}$ भाग भोजन पर, वेतन का $\frac{1}{8}$ भाग परिवहन पर खर्च करता है। यदि उसके पास ₹ 1400 बचता है, तो वह भोजन पर कितना खर्च करता है?

A. ₹ 2000 B. ₹ 2200 C. ₹ 2400 D. ₹ 2500

13. एक पेंसिल का $\frac{1}{8}$ भाग काला, शेष का $\frac{1}{2}$ भाग उजला (सफेद) तथा शेष $3\frac{1}{2}$ सेमी. नीला है, तो पेंसिल की कुल लम्बाई ज्ञात कीजिए।

A. 6 सेमी. B. 7 सेमी. C. 8 सेमी. D. 9 सेमी.

14. संख्या 18 में कितने चतुर्थांश हैं?

A. 96 B. 72 C. 84 D. 18

15. भिन्न $3\frac{5}{17}$ का व्युत्क्रम है:

A. $\frac{17}{56}$ B. $\frac{17}{15}$ C. $\frac{17}{50}$ D. $\frac{56}{17}$

16. $3\frac{2}{5}$ और उसके व्युत्क्रम का योग है:

A. $\frac{314}{85}$ B. $\frac{305}{85}$

C. $\frac{289}{85}$ D. $\frac{325}{85}$

17. $4\frac{2}{3}$ और उसके व्युत्क्रम का अंतर है:

A. $\frac{181}{42}$ B. $\frac{181}{42}$ C. $\frac{187}{42}$ D. $\frac{189}{42}$

18. 36 मिनट, एक घंटे का कौन-सा भाग है?

A. $\frac{2}{5}$ B. $\frac{3}{5}$ C. $\frac{4}{5}$ D. $\frac{2}{3}$

19. 12 घंटे, 7 दिनों का कौन-सा भाग है?

A. $\frac{1}{7}$ B. $\frac{1}{60}$ C. $\frac{1}{5}$ D. $\frac{1}{14}$

20. $\frac{2}{5}$ मीटर लंबा तार का एक टुकड़ा दो टुकड़ों में टूट गया। इनमें से एक टुकड़ा $\frac{3}{8}$ मीटर लंबा है, तो दूसरे टुकड़े की लम्बाई है:

A. $\frac{1}{20}$ मी. B. $\frac{3}{5}$ मी. C. $\frac{5}{8}$ मी. D. $\frac{1}{40}$ मी.

21. अमित के पास केक का $\frac{5}{9}$वाँ हिस्सा था। उसने इसका $\frac{3}{4}$ भाग खा लिया। केक का कितना हिस्सा खाने के लिए बचा था?

A. $\frac{5}{24}$ B. $\frac{5}{32}$ C. $\frac{5}{28}$ D. $\frac{5}{36}$

22. यदि एक भिन्न के अंश को 20% और उसके हर को 25% बढ़ा दिया जाए, तो भिन्न $\frac{3}{5}$ हो जाता है, तो मूल भिन्न है :

A. $\frac{8}{5}$ B. $\frac{8}{3}$ C. $\frac{3}{8}$ D. $\frac{5}{8}$

23. एक भिन्न का हर, अंश के दोगुने से 1 अधिक है। अंश में 2 जोड़ने और हर में 3 घटाने पर संख्या 1 प्राप्त होती है। मूल भिन्न ज्ञात कीजिए।

A. $\frac{2}{5}$ B. $\frac{1}{3}$ C. $\frac{4}{9}$ D. $\frac{1}{9}$

24. $\left(1\frac{1}{2}+11\frac{1}{2}+111\frac{1}{2}+1111\frac{1}{2}\right)$ बराबर है :

A. 1263 B. 1236 C. 1233 D. 1239

25. यदि $\frac{a}{3}=\frac{b}{4}=\frac{c}{7}$ हो, तो $\frac{a+b+c}{c}$ का मान है :

A. $\sqrt{2}$ B. 7 C. 2 D. $\frac{1}{\sqrt{7}}$

व्याख्यात्मक उत्तर

1. (D): $\frac{11}{17}=0.647;\quad \frac{9}{16}=0.5625;$

$\frac{13}{19}=0.684;\quad \frac{10}{18}=0.556$

स्पष्ट रूप से, 0.556 अर्थात् $\frac{10}{18}$ सबसे छोटी भिन्न है।

2. (C): $\frac{14}{25}=0.56;\quad \frac{11}{19}=0.579;$

$\frac{17}{28}=0.607;\quad \frac{13}{22}=0.591$

स्पष्ट रूप से, 0.607 अर्थात् $\frac{17}{28}$ सबसे बड़ी भिन्न है।

3. (C): भिन्न $\frac{47}{44}$ सम भिन्न नहीं है क्योंकि इसका अंश इसके हर से बड़ा है।

4. (A): भिन्न $\frac{15}{9}$ विषम भिन्न है क्योंकि इसका अंश इसके हर से बड़ा है।

5. (B): माना $\frac{48}{60}=\frac{x}{5}$

$\Rightarrow \quad 60x = 5 \times 48$

$\Rightarrow \quad x=\frac{5\times 48}{60}=4$

अतः अभीष्ट भिन्न $\frac{4}{5}$ है।

6. (A): समान अंश वाली भिन्नों के लिए,

- सबसे छोटे हर वाली भिन्न सबसे बड़ी भिन्न होती है।
- सबसे बड़े हर वाली भिन्न सबसे छोटी भिन्न होती है।

अतः भिन्न का आरोही क्रम है: $\frac{17}{15}<\frac{17}{11}<\frac{17}{9}<\frac{17}{3}$.

7. (D): समान हर वाली भिन्नों में, सबसे बड़े अंश वाली भिन्न ही सबसे बड़ी होती है।

$\therefore$ अतः अवरोही क्रम है: $\frac{11}{7}>\frac{9}{7}>\frac{6}{7}>\frac{5}{7}$.

8. (D): $1\frac{3}{16}=\frac{1\times 16+3}{16}=\frac{19}{16}$

इसका व्युत्क्रम $=\frac{16}{19}$

अन्तर $=\frac{19}{16}-\frac{16}{19}=\frac{19\times 19-16\times 16}{304}$

$=\frac{361-256}{304}=\frac{105}{304}$.

9. (A): $\frac{3}{5}\times 350-\frac{4}{7}\times 210$

$= 3 \times 70 - 4 \times 30 = 210 - 120 = 90.$

10. (C): $\frac{1}{5}\times x-\frac{1}{7}x = 10$

$\Rightarrow \frac{7x-5x}{35} = 10$

$\Rightarrow 2x = 35 \times 10$

$\Rightarrow x = \frac{350}{2} = 175.$

11. (B): माना संख्या x है, तब

x का $\frac{3}{7}$ का $\frac{1}{4}$ का $\frac{2}{5} = 15$

$\Rightarrow x\times\frac{3}{7}\times\frac{1}{4}\times\frac{2}{5} = 15$

$\Rightarrow \frac{3x}{70} = 15$

$\Rightarrow x = \frac{70\times 15}{3} = 70\times 5 = 350$

$\therefore$ 350 का $\frac{1}{2} = \frac{1}{2}\times 350 = 175.$

12. (C): वेतन का बचा हिस्सा

$= 1-\left(\frac{2}{5}+\frac{3}{10}+\frac{1}{8}\right)$

$= 1-\left(\frac{16+12+5}{40}\right) = \frac{40-33}{40} = \frac{7}{40}$

माना मासिक वेतन = ₹ x

तब x का $\frac{7}{40} = 1400$

$\Rightarrow x = \frac{40\times 1400}{7} = 8000$

$\therefore$ भोजन पर खर्च $= \frac{3}{10}\times 8000 =$ ₹ 2400

13. (C): माना पेंसिल की कुल लम्बाई = x सेमी.

$\therefore$ काला भाग $= \left(\frac{x}{8}\right)$ सेमी.

शेष भाग $= x-\frac{x}{8} = \frac{7x}{8}$ सेमी.

उजला भाग $= \left(\frac{1}{2}\times\frac{7x}{8}\right) = \frac{7x}{16}$ सेमी.

शेष भाग $= \frac{7x}{8}-\frac{7x}{16} = \frac{14x-7x}{16} = \frac{7x}{16}$

$\therefore \frac{7x}{16} = \frac{7}{2} \Rightarrow x = \frac{16\times 7}{2\times 7} = 8$

अतः पेंसिल की कुल लम्बाई = 8 सेमी.

14. (B): 18 में चतुर्थांशों की संख्या

$= \left(18\div\frac{1}{4}\right) = \left(18\times\frac{4}{1}\right) = 72$

15. (A): $3\frac{5}{17} = \frac{3\times 17+5}{17} = \frac{51+5}{17} = \frac{56}{17}$

$\therefore 3\frac{5}{17}$ का व्युत्क्रम अर्थात् $\frac{56}{17} = \frac{17}{56}$

16. (A): $3\frac{2}{5} = \frac{3\times 5+2}{5} = \frac{15+2}{5} = \frac{17}{5}$

तब, $3\frac{2}{5}$ का व्युत्क्रम अर्थात् $\frac{17}{5} = \frac{5}{17}$

$\therefore$ अभीष्ट योग $= \frac{17}{5}+\frac{5}{17} = \frac{289+25}{85} = \frac{314}{85}.$

17. (C): $4\frac{2}{3} = \frac{4\times 3+2}{3} = \frac{12+2}{3} = \frac{14}{3}$

तब, $4\frac{2}{3}$ का व्युत्क्रम अर्थात् $\frac{14}{3} = \frac{3}{14}$

$\therefore$ अभीष्ट अंतर $= \frac{14}{3}-\frac{3}{14} = \frac{196-9}{42} = \frac{187}{42}.$

18. (B): 60 मिनट = 1 घंटा

1 मिनट $= \frac{1}{60}$ घंटा

$\therefore$ 36 मिनट $= \left(\frac{1}{60}\times 36\right)$ घंटा $= \frac{3}{5}$ घंटा

19. (D): अभीष्ट भिन्न $= \frac{12 \text{ घंटे}}{7 \text{ दिन}} = \frac{12 \text{ घंटे}}{(7\times 24) \text{ घंटे}}$

$= \frac{12}{7\times 24} = \frac{1}{14}$

20. (D): तार के टुकड़े की कुल लंबाई $= \frac{2}{5}$ मी.

एक टुकड़े की लंबाई $= \frac{3}{8}$ मी.

$\therefore$ दूसरे टुकड़े की लंबाई $= \left(\frac{2}{5}-\frac{3}{8}\right)$ मी.

$= \left(\frac{16-15}{40}\right)$ मी. $= \frac{1}{40}$ मी.

21. (D): अमित द्वारा खाया गया केक का हिस्सा

$$= \frac{5}{9} \text{ का } \frac{3}{4} = \left(\frac{3}{4}\times\frac{5}{9}\right) = \frac{5}{12}$$

$\therefore$ केक का बचा हुआ हिस्सा

$$= \left(\frac{5}{9}-\frac{5}{12}\right) = \left(\frac{20-15}{36}\right) = \frac{5}{36}.$$

22. (D): माना मूल भिन्न $= \frac{x}{y}$

तब, $$\frac{x\times\frac{120}{100}}{y\times\frac{125}{100}} = \frac{3}{5}$$

$$\Rightarrow \quad \frac{x}{y} = \frac{3}{5}\times\frac{125}{120}$$

$$= \frac{25}{40} = \frac{5}{8}$$

$$\Rightarrow \quad \frac{x}{y} = \frac{5}{8}.$$

23. (C): माना एक भिन्न का अंश x है तब हर $2x + 1$ है

$$\Rightarrow \quad \frac{x+2}{2x+1-3} = 1$$

$$\Rightarrow \quad x + 2 = 2x - 2$$

$$\Rightarrow \quad x = 2 + 2$$

$$= 4$$

अतः मूल भिन्न $= \frac{x}{2x+1}$

$$= \frac{4}{2\times4+1}$$

$$= \frac{4}{9}.$$

24. (B): $1\frac{1}{2}+11\frac{1}{2}+111\frac{1}{2}+1111\frac{1}{2}$

$$= (1 + 11 + 111 + 1111) + \left(\frac{1}{2}+\frac{1}{2}+\frac{1}{2}+\frac{1}{2}\right)$$

$$= 1234 + 2$$
$$= 1236$$

25. (C): $\because \quad \frac{a}{3} = \frac{b}{4} = \frac{c}{7} = k$

$$\therefore \quad a = 3k,\ b = 4k,\ c = 7k$$

$$\frac{a+b+c}{c} \text{ का मान} = \frac{3k+4k+7k}{7k}$$

$$= \frac{14k}{7k} = 2.$$

5 दशमलव प्रणाली

दशमलव भिन्न (Decimal Fraction)

ऐसी भिन्नात्मक संख्याएँ जिनके हर 10 के घात में हों, दशमलव भिन्नें कहलाती हैं।

जैसेः $\frac{1}{10}, \frac{7}{100}, \frac{11}{1000}$ इत्यादि।

$\frac{1}{10} = .1$ इसे दशमलव एक पढ़ा जाता है।

$\frac{7}{100} = .07$ इसे दशमलव शून्य सात पढ़ा जाता है।

$\frac{11}{1000} = .011$ इसे दशमलव शून्य एक एक पढ़ा जाता है।

समान और असमान दशमलव (Like and Unlike Decimals)

(*i*) **समान दशमलवः** जिन दशमलवों में दशमलव बिंदु के बाद अंकों की संख्या समान होती है, उन्हें समान दशमलव कहा जाता है। उदाहरण के लिए, 3.01, 15.78 और 112.30 समान दशमलव हैं क्योंकि सभी में दशमलव के बाद दो अंक हैं।

(*ii*) **असमान दशमलवः** जिन दशमलवों में दशमलव बिन्दु के बाद अंकों की संख्या अलग-अलग होती है, उन्हें असमान दशमलव कहा जाता है।

उदाहरण के लिए, 0.71, 1.2, 205.1014 और 0.004 असमान दशमलव हैं।

नोटः
- दशमलव संख्या के दायीं ओर शून्य जोड़ने से उसका मान नहीं बदलता है। ऐसा इसलिए है क्योंकि ये अतिरिक्त शून्य, संख्या के मान में कोई परिवर्तन नहीं करते हैं।

  इसलिए, 2.5, 2.50, 2.500 और 2.5000 सभी का मान एक ही होता है।
- यदि किसी भिन्न के अंश और हर दोनों में दशमलव हों, तो हम पहले दोनों को समान दशमलव में बदलते हैं और फिर दोनों से दशमलव चिह्न हटा देते हैं,

  अर्थात् $= \frac{1.535}{0.21} = \frac{1.535}{0.210} = \frac{1535}{210} = \frac{307}{42} = 7\frac{13}{42}$

दशमलव पर सभी मूलभूत संक्रियाएँ

दशमलव भिन्नों को जोड़ना तथा घटाना

दिये गये दशमलव भिन्नों को इस प्रकार लिखा जाता है कि दशमलव बिन्दु एक-दूसरे के ऊपर नीचे रहे।

अब इन संख्याओं को उसी प्रकार जोड़ा या घटाया जाता है, जिस प्रकार साधारण संख्याओं को। उत्तर में दशमलव बिन्दु ठीक ऊपर लिए गए बिन्दुओं के नीचे लगाते हैं।

दशमलव भिन्नों का गुणा

दी गई संख्याओं को बिना दशमलव बिन्दु के गुणा कर लेते हैं। गुणनफल में दशमलव बिन्दु उतने लेते हैं, जितना कि दी गई भिन्नों के दशमलव स्थानों का योग है।

जैसे– $2.41 \times 0.45 = 241 \times 45 = 10845$

दशमलव स्थानों का योग $= 2 + 2 = 4$

$\therefore \quad 2.41 \times 0.45 = 1.0845$

किसी दशमलव संख्या को 10 से गुणा करने पर दशमलव बिंदु दायीं ओर एक स्थान खिसकता है, 100 से गुणा करने पर दो स्थान, 1000 से गुणा करने पर तीन स्थान, और इसी प्रकार 10 की किसी भी घात से गुणा करने पर दशमलव बिंदु दायीं ओर उतने स्थान खिसकता है जितनी उस संख्या में शून्य होते हैं।

दूसरे शब्दों में, हम दशमलव बिंदु को दायीं ओर उतने स्थानों तक खिसकाते (ले जाते) हैं, जितने गुणक में 1 के बाद शून्य होते हैं।

जैसेः $4.16 \times 10 = 41.6,$

$0.065 \times 100 = 6.5$

दशमलव भिन्न में एक पूर्णांक से भाग

यदि किसी दशमलव भिन्न में किसी पूर्णांक से भाग करना हो, तो दशमलव चिह्न (.) को ध्यान में रखे बिना साधारण क्रिया से भाग करें। भागफल में दाहिनी ओर से गिनकर उतने अंकों के बाद दशमलव चिह्न लगा दें, जितने अंकों के बाद दशमलव चिह्न (.) भाज्य भिन्न में हों।

जैसेः $(0.0204 \div 17)$ में भागफल ज्ञात करना है।

हलः $204 \div 17 = 12$

भाज्य में दशमलव के 4 स्थान हैं।

अतः $0.0204 \div 17 = 0.0012$

दशमलव भिन्न का दशमलव भिन्न से भाग

किसी दशमलव भिन्न में किसी दूसरी दशमलव भिन्न से भाग करना हो, तो भाजक और भाज्य दोनों में 10 की ऐसी न्यूनतम घात से गुणा करनी चाहिए जिससे भाजक एक पूर्णांक बन जाए। फिर उपरोक्त बताई गई विधि के अनुसार क्रिया करके भागफल में दशमलव चिह्न (.) सुविधा अनुसार लगा दें।

जैसे: $\dfrac{0.00066}{0.11} = \dfrac{0.00066\times100}{0.11\times100} = \dfrac{0.066}{11} = 0.006$

सन्निकटन दशमलव भिन्न

यदि आप किसी संख्या को कुछ दशमलव स्थानों तक सन्निकट (round) करना चाहते हैं, तो अंतिम अवशिष्ट अंक (यानि, जिस स्थान तक आप सन्निकट कर रहे हैं) के ठीक दायीं ओर के अंक को देखें। यदि वह अंक 5 या उससे बड़ा है, तो अवशिष्ट अंक में 1 जोड़ दें और दायीं ओर के सभी अंकों को छोड़ दें। यदि वह अंक 5 से छोटा है, तो अंतिम अवशिष्ट अंक को वैसे ही रहने दें और दायीं ओर के सभी अंकों को छोड़ दें।

जैसे: 0.486753

पाँच दशमलव स्थानों तक इसका अनुमानित मान 0.48675, चार दशमलव स्थानों तक 0.4868, तीन दशमलव स्थानों तक 0.487 आदि है।

दशमलव संख्या को मिश्रित संख्या में बदलना
(Conversion of Decimal Number into Mixed Number)

दशमलव को मिश्रित संख्या के बदलने के लिए, पहले दशमलव के बायीं ओर के पूर्णांक भाग को अलग करें, फिर दशमलव भाग को अंश के रूप में और 1 के बाद उतने शून्य लगाकर हर के रूप में एक भिन्न में बदलें, जितनी दशमलव के बाद संख्याएँ हों। अंत में इस भिन्न को सरल करें और इसे पूर्णांक भाग के साथ जोड़ दें।

यदि किसी दशमलव संख्या का पूर्णांक (या पूर्ण संख्या) वाला हिस्सा शून्य (0) हो, तो इसे नजरअंदाज किया जा सकता है।

जैसे:

$$7.23 = 7\frac{23}{100} = \frac{723}{100}$$

$$0.45 = \frac{45}{100} = \frac{9}{20}$$

$$0.0013 = \frac{13}{10000}$$

पुनरावृत्ति दशमलव (Recurring Decimal)

यदि किसी दशमलव भिन्न में दशमलव के एक अथवा अधिक अंकों की लगातार पुनरावृत्ति हो, तो ऐसी भिन्नें पुनरावृत्त दशमलव भिन्नें कहलाती हैं। ऐसी भिन्नों को व्यक्त करने के लिए पुनरावृत्त अंकों के सबसे पहले तथा अन्तिम अंक के ऊपर बिन्दु लगाते हैं अथवा पुनरावृत्त अंकों पर रेखा खींच देते हैं।

उदाहरण: $\dfrac{2}{3} = 0.6666.... = 0.\dot{6} = 0.\overline{6}$

$\dfrac{17}{90} = 0.1888..... = 0.1\overline{8} = 0.1\dot{8}$

पुनरावृत्ति दशमलव भिन्न दो प्रकार की होती है:

(*i*) शुद्ध (Pure) (*ii*) मिश्रित (Mixed)

(*i*) शुद्ध पुनरावृत्त दशमलव (Pure recurring decimals): ऐसी भिन्न जिसमें दशमलव बिन्दु के बाद के सभी अंकों की पुनरावृत्ति हो, शुद्ध पुनरावृत्त दशमलव भिन्न कहलाती है।

जैसे: $0.\overline{3}, 0.\overline{37}, 3.\overline{4579}$ आदि।

(*ii*) मिश्रित पुनरावृत्त दशमलव (Mixed recurring decimals): ऐसी भिन्न जिसमें दशमलव बिन्दु के बाद के कुछ अंकों की पुनरावृत्ति नहीं होती तथा कुछ अंकों की पुनरावृत्ति होती है, मिश्रित पुनरावृत्त दशमलव भिन्न कहलाती है।

जैसे: $0.3\overline{59}, 0.29\overline{54}, 0.2\overline{7}$ आदि

पुनरावृत्त दशमलव भिन्न को साधारण भिन्न में बदलना
(Conversion of Recurring into Vulgar Fraction)

(*i*) शुद्ध पुनरावृत्त दशमलव (Pure recurring decimals):

नियम: दशमलव चिह्न के ठीक बाद जितनी अंकों पर पुनरावृत्ति की आड़ी रेखा हो, उन्हें साधारण भिन्न का अंश बना लें और नीचे 9 का अंक उतनी बार लिखें जितने अंक पुनरावृत्ति की आड़ी रेखा के नीचे हों।

जैसे:

$$0.\overline{33} = \frac{33}{99} = \frac{1}{3}$$

$$0.\overline{35} = \frac{27}{99} = \frac{3}{11}$$

$$0.\overline{5} = \frac{5}{9}$$

(*ii*) मिश्रित पुनरावृत्त दशमलव (Mixed recurring decimals):

नियम: अंश में दशमलव के बाद वाले सभी अंक लिखें और उसमें से बिना हर (without recurring) वाले अंक घटा दें। हर में उतने 9 लिखें जितने अंक पर बार (recurring) लगा हो तथा उतने शून्य लगा दें जितने अंक पर बार (recurring) नहीं लगा हो।

जैसे:

$$0.5\overline{35} = \frac{535-5}{990} = \frac{530}{990} = \frac{53}{99}$$

$$\therefore \quad 0.1\overline{8} = \frac{18-1}{90} = \frac{17}{90}$$

$$0.43\overline{213} = \frac{43213-43}{99900} = \frac{43170}{99900}$$

$$= \frac{4317}{9990}$$

साधित उदाहरण

उदाहरण 1 : 521 + 52.1 + 5.21 + 0.521 का जोड़ ज्ञात कीजिए।

हल :

$$\begin{array}{r} 521.000 \\ 52.100 \\ 5.210 \\ +\ 0.521 \\ \hline 578.831 \end{array}$$

जोड़ने के बाद 578.831 हमें प्राप्त होता है।

उदाहरण 2 : निम्नलिखित व्यंजक का सरलीकृत मान क्या है? (1.1 + 10.01 + 101.0101)

हल : 1.1 + 10.01 + 101.0101 = 112.1201

$$\begin{array}{r} 1.1000 \\ 10.0100 \\ +101.0101 \\ \hline 112.1201 \end{array}$$

उदाहरण 3 : 31.004 में से 17.2386 घटाइए।

हल :

$$\begin{array}{r} 31.0040 \\ -\ 17.2386 \\ \hline 13.7654 \end{array}$$

अतः 31.004 – 17.2386 = 13.7654 होगा।

उदाहरण 4 : .2 × .02 × .002 का गुणनफल ज्ञात कीजिए।

हल : 2 × 2 × 2 = 8; अतः स्थानों का योग = 1 + 2 + 3 = 6

अतः गुणनफल में 6 अंकों पूर्व दशमलव बिन्दु लगाएं।

अतः .2 × .02 × .002 = 0.000008

उदाहरण 5 : 6.32 × 0.002 का मान ज्ञात कीजिए।

हल : 632 × 2 = 1264; दशमलव स्थानों का योग = 2 + 3 = 5

अतः गुणनफल में 5 अंकों पूर्व दशमलव बिन्दु लगाएं।

6.32 × 0.002 = .01264

अतः अभीष्ट गुणनफल = .01264

उदाहरण 6 : 0.052 को 1.3 से भाग दीजिए।

हल : $\frac{0.052}{1.3} = \frac{0.052\times10}{1.3\times10} = \frac{0.52}{13} = 0.04$

उदाहरण 7 : यदि 4.73 × 0.6 = 2.838 है, तो 473 × 0.6 का मान है:

हल : 4.73 × 0.6 = 2.838

$\Rightarrow$ 4.73 × 0.6 × 100 = 2.838 × 100

$\Rightarrow$ (4.73 × 100) × 0.6 = 283.8

$\therefore$ 473 × 0.6 = 283.8

उदाहरण 8 : यदि $\frac{1}{3.128} = 0.31969$, तो $\frac{1}{0.003128}$ का मान है:

हल : दिया गया है: $\frac{1}{3.128} = 0.31969$

$$\therefore \frac{1}{0.003128} = \frac{1}{0.003128}\times\frac{1000}{1000}$$

$$= \frac{1}{3.128}\times 1000$$

$$= 0.31969 \times 1000 = 319.69$$

उदाहरण 9 : $0.\overline{09}$ को $7.\overline{3}$ से गुणा कीजिए।

हल : $0.\overline{09} \times 7.\overline{3} = \frac{9}{99} \times \frac{73-7}{9}$

$$= \frac{1}{11}\times\frac{66}{9} = \frac{2}{3} = 0\overline{6}.$$

उदाहरण 10 : $0.\overline{6}$ को 0.75 से भाग कीजिए।

हल : $0.\overline{6} \div 0.75 = \frac{6}{9} \div \frac{75}{100}$

$$= \frac{2}{3} \div \frac{3}{4}$$

$$= \frac{2}{3}\times\frac{4}{3} = \frac{8}{9} = 0.\overline{8}.$$

अभ्यास

1. $x \times 0.015 = 0.0075 \times 0.147$ है, तो x का मान ज्ञात कीजिए।

A. 0.735 B. 0.0735 C. 0.0675 D. 0.675

2. 337.62 + 8.591 + 34.4 का योगफल ज्ञात कीजिए:

A. 370.611 B. 380.511
C. 380.611 D. 426.97

3. 34.95 + 240.016 + 23.98 का मान ज्ञात कीजिए:

A. 298.0946 B. 298.111
C. 298.946 D. 299.09

4. 4.036 को 0.04 से भाग देने पर मिलता है:

A. 1.009 B. 10.09 C. 100.9 D. 1009

5. $\frac{1}{0.04}$ का मान है:

A. $\frac{1}{40}$ B. $\frac{2}{5}$ C. 2.5 D. 25

6. 95.75 तथा .02554 के गुणनफल में दशमलव के दाहिनी तरफ कितनी अंक होंगे?

A. 5 B. 6 C. 7 D. 3

7. यदि $\frac{144}{0.144} = \frac{14.4}{x}$, तब x का मान है:

A. 0.0144 B. 1.44 C. 14.4 D. 144

8. एक दर्जी के पास 37.5 मी. कपड़ा है और एक मीटर में उसे 8 टुकड़े बनाना है, तो पूरे कपड़े में कितने टुकड़े प्राप्त होंगे?

A. 320 B. 360
C. 400 D. इनमें से कोई नहीं

9. 892.7 – 573.07 – 95.007 = ?

A. 224.623 B. 224.777 C. 233.523 D. 414.637

10. .4 × .04 × .004 × 40 का गुणनफल ज्ञात कीजिए:

A. 25600 B. .002560 C. 2560 D. .00264

11. यदि 522 ÷ 29 = 18 है, तो 5.22 ÷ 0.0018 = ?

A. 0.29 B. 2900 C. 2.9 D. 290

12. यदि $\frac{1}{4.126} = 0.24236$ है, तो $\frac{1}{0.004126}$ का मान है:

A. 24.236 B. 2.4236 C. 2423.6 D. 242.36

13. दो दशमलव संख्याओं का गुणनफल 0.768 है। यदि उनमें से एक दशमलव संख्या 1.6 है, तो दूसरी दशमलव संख्या ज्ञात कीजिए

A. 0.48 B. 0.47 C. 0.42 D. 0.37

14. एक सेकंड एक घंटे का कितना दशमलव भाग होता है?

A. 0.0256 B. 0.0025 C. 0.00027 D. 0.000225

15. 45 मिनट, एक घंटे का कितना दशमलव भाग है?

A. 0.05 B. 0.75 C. 0.25 D. 0.5

16. एक खाली बर्तन का भार 5.48 किग्रा है और पानी भरे होने पर 17.36 किग्रा है। इसमें पानी का भार क्या है?

A. 10.88 किग्रा B. 11.48 किग्रा
C. 22.84 किग्रा D. 11.88 किग्रा

17. समीर ने ₹ 471.50 में 10.25 मीटर कपड़ा खरीदा। प्रति मीटर कपड़े की कीमत ज्ञात कीजिए।

A. ₹ 42 B. ₹ 48 C. ₹ 46 D. ₹ 36

18. रिया ने एक विश्वविद्यालय परीक्षा में 56.73 अंक और आशा ने 74.92 अंक प्राप्त किए। रिया ने आशा से कितने अंक कम प्राप्त किए?

A. 1.8 B. 18.19 C. 18.10 D. 18.15

19. एक शहर में महीने के पहले पाँच दिनों में 1.27 सेमी, 3.25 सेमी, 2.79 सेमी, 2.57 सेमी और 1.37 सेमी वर्षा हुई थी। कुल मिलाकर कितनी वर्षा हुई?

A. 11.25 सेमी B. 9.98 सेमी
C. 11.00 सेमी D. 11.98 सेमी

20. एक दर्जी को एक पर्दा बनाने के लिए 2.5 मीटर कपड़ा चाहिए। उसे श्रीमती पुरी से 25 पर्दे बनाने का ऑर्डर मिला है तो, पूरे ऑर्डर को पूरा करने के लिए उसे कितने मीटर कपड़े की आवश्यकता होगी?

A. 65 मी B. 51 मी C. 62.5 मी D. 625.50 मी

21. निम्नलिखित में से सबसे छोटी दशमलव संख्या है:

A. $\frac{2.4}{4}$ B. 5.2×0.1
C. $\frac{4.6}{10}$ D. $(0.6)^2$

22. 0.75 को उसके न्यूनतम भिन्न रूप में परिवर्तित करें:

A. $\frac{5}{8}$ B. $\frac{1}{4}$ C. $\frac{3}{4}$ D. $\frac{3}{8}$

23. सात-दशांश को दशमलव रूप में लिखिए:

A. 0.7 B. 7 × 10 C. 70.0 D. $\frac{7}{20}$

24. $2.1\overline{36}$ का भिन्न रूप में मान है:

A. $2\frac{3}{22}$ B. $2\frac{1}{22}$ C. $\frac{47}{220}$ D. $\frac{68}{495}$

25. $6.\overline{46}$ का भिन्नात्मक मान क्या होगा?

A. $\frac{640}{99}$ B. $\frac{640}{100}$ C. $\frac{64640}{1000}$ D. $\frac{646}{99}$

व्याख्यात्मक उत्तर

1. (B): $x \times 0.015 = 0.0075 \times 0.147$

$$\Rightarrow \quad x = \frac{0.0075 \times 0.147}{0.015}$$

$$= \frac{0.0075 \times 0.147}{0.015} \times \frac{10000000}{10000000}$$

$$\Rightarrow \quad x = \frac{75 \times 147}{15 \times 10000}$$

$$= \frac{5 \times 147}{10000} = \frac{735}{10000}$$

$$\therefore \quad x = 0.0735$$

2. (C):

$$\begin{array}{r} 337.62 \\ 8.591 \\ +\ 34.4 \\ \hline 380.611 \end{array}$$

3. (C):

$$\begin{array}{r} 34.95 \\ 240.016 \\ +\ 23.98 \\ \hline 298.946 \end{array}$$

4. (C): $\frac{4.036}{0.04} = \frac{4036}{1000} \times \frac{100}{4} = \frac{1009}{10} = 100.9.$

5. (D): $\frac{1}{0.04} = \frac{100}{4} = 25.$

6. (B): दशमलव स्थानों का योग = 7

$\because$ गुणनफल में अन्तिम अंक 0, $(5 \times 4 = 20)$ आ रहा है।

अतः दशमलव के बाद दाहिनी तरफ 6 अंक होंगे।

7. (A): $\frac{144 \times 1000}{144} = \frac{144}{10x}$

$\Rightarrow 1000 \times 10x = 144$

$\Rightarrow \quad x = \frac{144}{10000} = 0.0144.$

8. (D): अभीष्ट टुकड़ों की संख्या = 37.5×8

$= \frac{375 \times 8}{10} = \frac{3000}{10} = 300.$

9. (A): $892.7 - 573.07 - 95.007$

$$\begin{array}{r} 892.700 \\ -668.077 \\ \hline 224.623 \\ \hline \end{array}$$

$= 892.7 - 668.077 = 224.623$

10. (B): $.4 \times .04 \times .004 \times 40$

$= \frac{4 \times 4 \times 4 \times 40}{10 \times 100 \times 1000} = \frac{256}{100000}$

$= 0.00256 = .002560.$

11. (B): $522 \div 29 = 18$

अब, $\quad 5.22 \div 0.0018 = ?$

$? = \frac{522}{100} \div \frac{18}{10000}$

$? = \frac{522}{18} \times \frac{10000}{100}$

$= 29 \times 100 = 2900$

12. (D): दिया है, $\frac{1}{4.126} = 0.24236$

$\therefore \quad \frac{1}{0.004126} = \frac{1}{0.004126} \times \frac{1000}{1000}$

$= \frac{1}{4.126} \times 1000$

$= 0.24236 \times 1000 = 242.36$

13. (A): माना दूसरी दशमलव संख्या x है।

$x \times 1.6 = 0.768$

$\Rightarrow \quad x \times \frac{16}{10} = \frac{768}{1000}$

$\therefore \quad x = \frac{768}{1000} \times \frac{10}{16} = \frac{48}{100} = 0.48$

14. (C): 1 घंटा = (60×60) सेकंड = 3600 सेकंड

$\therefore$ अभीष्ट दशमलव भाग = $\frac{1 \text{ सेकंड}}{3600 \text{ सेकंड}}$ = 0.00027 (लगभग)

15. (B): 1 घंटा = 60 मिनट

$\therefore$ अभीष्ट दशमलव भाग = $\frac{45 \text{ मिनट}}{1 \text{ घंटा}} = \frac{45 \text{ मिनट}}{60 \text{ मिनट}} = \frac{3}{4}$

$= 0.75$

16. (D): पानी से भरे हुए बर्तन का भार = 17.36 किग्रा

खाली बर्तन का भार = 5.48 किग्रा

$\therefore$ बर्तन में पानी का भार = $(17.36 - 5.48)$ किग्रा = 11.88 किग्रा

17. (C): 10.25 मीटर कपड़े की कीमत = ₹ 471.50

$\therefore$ 1 मीटर कपड़े की कीमत = $\left(\frac{471.50}{10.25}\right)$ = ₹ 46

18. (B): रिया द्वारा प्राप्त अंक = 56.73

आशा द्वारा प्राप्त अंक = 74.92

आशा से रिया के अंक कम होने का अंतर = $74.92 - 56.73$
$= 18.19$

$\therefore$ रिया ने आशा से 18.19 अंक कम प्राप्त किए।

19. (A): कुल वर्षा = $(1.27 + 3.25 + 2.79 + 2.57 + 1.37)$ सेमी
= 11.25 सेमी

20. (C): एक पर्दे के लिए कपड़े की मात्रा = 2.5 मी.

पर्दों की संख्या = 25

$\therefore$ कुल कपड़े की आवश्यकता = (2.5×25) मी. = 62.5 मी.।

21. (D): $\frac{2.4}{4} = 0.60; \; 5.2 \times 0.1 = 0.52;$

$\frac{4.6}{10} = 0.46; \; (0.6)^2 = 0.36$

स्पष्टतः, $0.60 > 0.52 > 0.46 > 0.36$

$\Rightarrow \frac{2.4}{4} > 5.2 \times 0.1 > \frac{4.6}{10} > (0.6)^2$

$\therefore$ दी गई संख्याओं में से सबसे छोटी संख्या $(0.6)^2$ है।

22. (C): $0.75 = \frac{75}{100} = \frac{75 \div 25}{100 \div 25} = \frac{3}{4}$

23. (A): सात-दशांक = $\frac{7}{10} = 0.7$

24. (A): $2.\overline{136} = 2 + 0.\overline{136} = 2 + \frac{136 - 1}{990}$

$= 2 + \frac{135}{990} = 2 + \frac{3}{22} = 2\frac{3}{22}.$

25. (A): $6.\overline{46} = 6 + 0.\overline{46} = 6 + \frac{46}{99} = \frac{594 + 46}{99} = \frac{640}{99}.$

6 वर्गमूल

किसी संख्या का वर्गमूल वह संख्या है जिसे गुणा करने पर संबंधित संख्या प्राप्त होती है। हम 'धनात्मक वर्गमूल' के लिए मूल चिह्न '$\sqrt{}$' का उपयोग करते हैं।

किसी दी गई संख्या का वर्गमूल निम्नलिखित दो तरीकों से प्राप्त किया जा सकता है :

1. अभाज्य गुणनखंड विधि द्वारा
2. विभाजन विधि द्वारा

1. अभाज्य गुणनखंडन विधि द्वारा एक पूर्ण वर्ग संख्या का वर्गमूल

यह विधि तब सबसे उपयुक्त होती है जब दी गई संख्या एक छोटी पूर्ण वर्ग संख्या हो।

इस विधि में हम निम्नलिखित चरण अपनाते हैं :

(*a*) दी गई संख्या के अभाज्य गुणनखंड ज्ञात कीजिए।

(*b*) समान गुणनखंडों के जोड़े बनाएं।

(*c*) प्रत्येक जोड़ी से एक संख्या लें और एक साथ गुणा करें।

ऊपर बताई गई विधि को समझाने के लिए नीचे कुछ उदाहरण दिए गए हैं।

9 का वर्गमूल $= \sqrt{9} = \sqrt{3 \times 3} = 3$

इसी प्रकार,

25 का वर्गमूल $= \sqrt{25} = \sqrt{5 \times 5} = 5$

36 का वर्गमूल $= \sqrt{36}$

$= \sqrt{2 \times 2 \times 3 \times 3}$

$= 2 \times 3 = 6$

2. भाग विधि द्वारा एक पूर्ण वर्ग संख्या का वर्गमूल

जब संख्याएँ बहुत बड़ी होती हैं या आसानी से गुणनखंडित नहीं की जा सकतीं तो हम इस विधि का उपयोग करते हैं। यह विधि तब भी लागू होती है जब गुणनखंड पूर्ण जोड़े नहीं बनाते हैं या संख्याएँ दशमलव रूप में दी गई हैं। इस विधि में हम दी गई वर्ग संख्या को इकाई के अंक से शुरू करके दो अंकों के जोड़े में विभाजित करते हैं।

उदाहरण के लिए : 1681 का वर्गमूल ज्ञात कीजिये।

हम पहले संख्या को इकाई के अंक से शुरू करके दो अंकों के जोड़े में विभाजित करते हैं और फिर दी गई संख्या का वर्गमूल निकालने के लिए विभाजन विधि लागू करते हैं।

इस प्रकार,

$$\begin{array}{r|l} & 41 \\ \hline 4 & \overline{16}\ \overline{81} \\ & 16 \\ \hline 81 & \quad 81 \\ & \quad 81 \\ \hline & \quad \times \end{array}$$

अतः, 1681 का वर्गमूल 41 है।

3. दशमलव भिन्नों का वर्गमूल

दशमलव भिन्नों का वर्गमूल ज्ञात करने के लिए विभाजन विधि काफी उपयुक्त है। उदाहरण के लिए :

.001849 का वर्गमूल ज्ञात कीजिये।

$$\begin{array}{r|l} & .043 \\ \hline 4 & \overline{00}\ \overline{18}\ \overline{49} \\ & \quad 16 \\ \hline 83 & \quad 249 \\ & \quad 249 \\ \hline & \quad \times \end{array}$$

$\therefore$ .001849 का वर्गमूल .043 है।

साधित उदाहरण

उदाहरण 1 : $32 + \sqrt{5+\sqrt{121}}$ का वर्गमूल ज्ञात कीजिए।

हल : $32 + \sqrt{5+\sqrt{121}}$ का वर्गमूल

$= \sqrt{32+\sqrt{5+\sqrt{121}}} = \sqrt{32+\sqrt{5+11}}$

$= \sqrt{32+\sqrt{16}}$

$= \sqrt{32+4} = \sqrt{36}$

$= \sqrt{2 \times 2 \times 3 \times 3}$

$= 2 \times 3 = 6$

उदाहरण 2 : $128+\sqrt{261-\sqrt{25}}$ का वर्गमूल ज्ञात कीजिए।

हल : $128+\sqrt{261-\sqrt{25}}$ का वर्गमूल

$$= \sqrt{128+\sqrt{261-\sqrt{25}}}$$

$$= \sqrt{128+\sqrt{261-5}} = \sqrt{128+\sqrt{256}}$$

$$= \sqrt{128+16} = \sqrt{144} = 12$$

उदाहरण 3 : 104976 का वर्गमूल ज्ञात कीजिए।

हल :

	324
3	$\overline{10}\ \overline{49}\ \overline{76}$
	9
62	149
	124
644	2576
	2576
	×

∴ 104976 का वर्गमूल 324 है।

उदाहरण 4 : 180625 का वर्गमूल ज्ञात कीजिए।

हल :

	425
4	$\overline{18}\ \overline{06}\ \overline{25}$
	16
82	206
	164
845	4225
	4225
	×

∴ 180625 का वर्गमूल 425 है।

उदाहरण 5 : चार अंकों की सबसे बड़ी संख्या ज्ञात कीजिए जो एक पूर्ण वर्ग हो।

हल : चार अंकों की सबसे बड़ी संख्या 9999 है

	99
9	$\overline{99}\ \overline{99}$
	81
189	1899
	1701
	198

∴ चार अंकों की सबसे बड़ी पूर्ण वर्ग संख्या 9999 – 198 = 9801 है।

उदाहरण 6 : छह अंकों की वह न्यूनतम संख्या ज्ञात कीजिए जो एक पूर्ण वर्ग हो।

हल : छह अंकों की सबसे छोटी संख्या = 100000

	316
3	$\overline{10}\ \overline{00}\ \overline{00}$
	9
61	100
	61
626	3900
	3756
	144

∴ $100000 = (316)^2 + 144$ जो एक पूर्ण वर्ग संख्या नहीं है।

∴ छह अंकों की सबसे छोटी पूर्ण वर्ग संख्या = $(317)^2$

∴ अभीष्ट संख्या 317 × 317 = 100489 है।

अभ्यास

1. $5\frac{4}{9}$ का वर्गमूल है :

A. $\frac{8}{3}$ B. $\frac{7}{3}$ C. $\frac{5}{3}$ D. $\frac{1}{2}$

2. 15625 के वर्गमूल का मान क्या होगा?

A. 115 B. 135
C. 125 D. 145

3. $\sqrt{1296}$ का वर्गमूल होगा :

A. 6 B. 36 C. 16 D. 26

4. दशमलव के तीन स्थानों तक 72 का वर्गमूल क्या होगा?

A. 8.485 B. 6.465
C. 8.845 D. 8.465

5. यदि $\frac{x}{7} = \frac{28}{x}$ है, तो x का मान क्या होगा?

A. 12 B. 21 C. 18 D. 14

6. $\sqrt{95+\sqrt{13+\sqrt{144}}}$ का मान है :

A. 12 B. 11 C. 10 D. 19

7. 675 को किस सबसे छोटी संख्या से गुणा किया जाए ताकि गुणनफल एक पूर्ण वर्ग संख्या बन जाए?

A. 2 B. $\frac{3}{5}$ C. 4 D. 3

8. यदि 80 का अनुमानित वर्गमूल 8.94 है तो $\sqrt{20}$ का मान क्या होगा?

A. 3.37 B. 4.47 C. 4.87 D. 4.40

9. यदि $\frac{\sqrt{?}}{4}=\frac{1}{3}$ है, तो (?) के स्थान पर क्या होगा?

A. $\frac{16}{3}$ B. $\frac{16}{9}$ C. $\frac{21}{16}$ D. $\frac{4}{3}$

10. चार अंकों की वह न्यूनतम संख्या ज्ञात कीजिए जो एक पूर्ण वर्ग हो।

A. 1025 B. 1125
C. 1016 D. 1024

11. 11125 में से कौन सी न्यूनतम संख्या घटाई जाए ताकि परिणामी संख्या एक पूर्ण वर्ग बन जाए?

A. 100 B. 99 C. 81 D. 90

12. एक बगीचे में 4624 पौधों को इस प्रकार व्यवस्थित किया गया है कि प्रत्येक पंक्ति में पौधों की संख्या पंक्तियों की संख्या के समान है। कितने पौधों को एक पंक्ति में व्यवस्थित किया गया है?

A. 63 B. 68 C. 78 D. 58

13. एक सेना जनरल अपने सैनिकों को इस प्रकार व्यवस्थित करता है कि पंक्तियों की संख्या स्तंभों की संख्या के समान हो। ऐसा करने पर, उसे पता चलता है कि 100 सैनिक छूट गये हैं। यदि सैनिकों की कुल संख्या 14500 है, तो प्रत्येक पंक्ति में सैनिकों की संख्या ज्ञात कीजिये।

A. 110 B. 105 C. 120 D. 115

14. कंचन के पास 537 टॉफियाँ थीं। अपने जन्मदिन पर उसने अपने मित्रों के बीच टॉफियाँ इस प्रकार बाँटी कि उसके प्रत्येक मित्र को उतनी ही टॉफियाँ मिलीं जितनी उसके मित्र की संख्या थी। ऐसा करने पर उसके पास 8 टॉफियाँ बच गईं। उसके मित्रों की कुल संख्या है :

A. 22 B. 23 C. 24 D. 27

15. एक सहकारी समिति में उसके सदस्यों द्वारा एक निश्चित माह में ₹ 676 की राशि जमा की गई। यदि सोसायटी के प्रत्येक सदस्य ने उतनी ही राशि (पैसे में) जमा की, जितनी सोसायटी के सदस्यों की संख्या थी, तो सोसायटी के सदस्यों की संख्या क्या थी?

A. 270 B. 260 C. 272 D. 280

16. $\left(\frac{\sqrt{625}}{11}\times\frac{14}{\sqrt{25}}\times\frac{11}{\sqrt{196}}\right)$ को सरल करने पर प्राप्त होगा :

A. 11 B. 8 C. 6 D. 5

17. सरल कीजिये : $\sqrt{41-\sqrt{21+\sqrt{19-\sqrt{9}}}}$

A. 6.4 B. 6 C. 5 D. 3

18. सरल कीजिये : $\sqrt{\frac{25}{81}-\frac{1}{9}}$

A. $\frac{25}{81}$ B. $\frac{16}{81}$ C. $\frac{4}{9}$ D. $\frac{2}{3}$

19. $\sqrt{(272)^2-(128)^2}=?$

A. 256 B. 240
C. 200 D. 144

20. दो अंकों की कितनी संख्याएँ इस गुण को संतुष्ट करती हैं : दो अंकों की संख्या के वर्ग का अंतिम अंक (इकाई का अंक) 8 है?

A. 3
B. 2
C. 1
D. इनमें से कोई नहीं

व्याख्यात्मक उत्तर

1. (B): $5\frac{4}{9}$ का वर्गमूल $=\frac{49}{9}$ का वर्गमूल

$$=\sqrt{\frac{49}{9}}=\frac{\sqrt{7\times7}}{\sqrt{3\times3}}=\frac{7}{3}.$$

2. (C):

$$\begin{array}{r|l} & 125 \\ \hline 1 & \overline{1}\ \overline{56}\ \overline{25} \\ & 1 \\ \hline 22 & 56 \\ & 44 \\ \hline 245 & 1225 \\ & 1225 \\ \hline & \times \end{array}$$

$\therefore$ 15625 का वर्गमूल = 125.

3. (A): $\sqrt{1296}$ का वर्गमूल $=\sqrt{\sqrt{1296}}$

$$=\sqrt{\sqrt{\overline{6\times6}\times\overline{6\times6}}}$$

$$=\sqrt{\overline{6\times6}}=6$$

4. (A): 72 = 72.000000

$$\begin{array}{r|l} & 8.485 \\ \hline 8 & \overline{72}.\overline{00}\ \overline{00}\ \overline{00} \\ & 64 \\ \hline 164 & 800 \\ & 656 \\ \hline 1688 & 14400 \\ & 13504 \\ \hline 16565 & 89600 \\ & 82825 \\ \hline & 6775 \end{array}$$

तीन दशमलव स्थानों तक 72.000000 का वर्गमूल = 8.485.

5. (D): $\frac{x}{7}=\frac{28}{x}$

$\Rightarrow$ $x^2=7\times28$

$\Rightarrow$ $x^2=7\times7\times2\times2$

$\Rightarrow$ $x=\sqrt{7\times7\times2\times2}$

$\Rightarrow$ $x=7\times2=14.$

6. (C): $\sqrt{95+\sqrt{13+\sqrt{144}}} = \sqrt{95+\sqrt{13+12}} = \sqrt{95+\sqrt{25}}$

$= \sqrt{95+5} = \sqrt{100} = \sqrt{10\times10} = 10$

7. (D): $675 = 3 \times 3 \times 3 \times 5 \times 5 = 3 \times 3^2 \times 5^2$

उपरोक्त से, हम पाते हैं कि केवल 3 का एक गुणनखंड अयुग्मित बचा है

∴ यदि हम 675 को 3 से गुणा करें तो गुणनफल होगा $\underline{3 \times 3} \times 3^2 \times 5^2$ जो एक पूर्ण वर्ग है।

∴ अभीष्ट सबसे छोटी संख्या 3 है।

8. (B): $\sqrt{80} = 8.94$ (दिया गया)

$\therefore \sqrt{20} = \sqrt{\dfrac{20\times4}{4}} = \sqrt{\dfrac{80}{4}} = \dfrac{8.94}{2} = 4.47$

∴ $\sqrt{20}$ का मान = 4.47.

9. (B): $\dfrac{\sqrt{?}}{4} = \dfrac{1}{3} \Rightarrow \sqrt{?} = \dfrac{4}{3}$

$\Rightarrow ? = \dfrac{4}{3}\times\dfrac{4}{3} = \dfrac{16}{9}$

∴ प्रश्नवाचक (?) $\dfrac{16}{9}$ से प्रतिस्थापित किया जाना चाहिए।

10. (D): चार अंकों की सबसे छोटी संख्या = 1000

1000 का वर्गमूल =

$$\begin{array}{r|l} & 31 \\ \hline 3 & \overline{10}\ \overline{00} \\ & 9 \\ \hline 61 & 100 \\ & 61 \\ \hline & 39 \end{array}$$

$\therefore 1000 = (31)^2 + 39$ जो एक पूर्ण वर्ग संख्या नहीं है

∴ चार अंकों की सबसे छोटी संख्या है

$32^2 = 32 \times 32 = 1024.$

11. (A): 11125 का वर्गमूल

$$\begin{array}{r|l} & 105 \\ \hline 1 & \overline{1}\,\overline{11}\ \overline{25} \\ & 1 \\ \hline 205 & 1125 \\ & 1025 \\ \hline & 100 \end{array}$$

शेष 100 दर्शाता है कि यदि हम 11125 में से 100 घटा दें, तो परिणामी संख्या एक पूर्ण वर्ग होगी।

∴ 11125 में से 100 घटाना है।

12. (B): एक पंक्ति में व्यवस्थित किए गए पौधों की संख्या 4624 का वर्गमूल होगी।

$$\therefore \sqrt{4624} = \begin{array}{r|l} & 68 \\ \hline 6 & \overline{46}\ \overline{24} \\ & 36 \\ \hline 128 & 1024 \\ & 1024 \\ \hline & \times \end{array}$$

∴ एक पंक्ति में व्यवस्थित पौधों की संख्या 68 होगी।

13. (C): प्रत्येक पंक्ति में सैनिकों की संख्या 14500 – 100 = 14400 का वर्गमूल होगी

∴ 14400 का वर्गमूल = $\sqrt{14400}$

$= \sqrt{12\times10\times12\times10} = 12 \times 10 = 120.$

14. (B): कंचन के दोस्तों की कुल संख्या = (537 – 8 = 529) का वर्गमूल

$$\begin{array}{r|l} & 23 \\ \hline 2 & \overline{5}\ \overline{29} \\ & 4 \\ \hline 43 & 129 \\ & 129 \\ \hline & \times \end{array}$$

∴ उसके मित्रों की कुल संख्या = 23.

15. (B): ₹ 676 = 676 × 100 = 67600 पैसे

∴ सोसायटी के सदस्यों की संख्या = 67600 का वर्गमूल

$$\begin{array}{r|l} & 260 \\ \hline 2 & \overline{6}\ \overline{76}\ \overline{00} \\ & 4 \\ \hline 46 & 276 \\ & 276 \\ \hline 520 & \times \end{array}$$

∴ सदस्यों की संख्या = 260.

16. (D): $\left(\dfrac{\sqrt{625}}{11}\times\dfrac{14}{\sqrt{25}}\times\dfrac{11}{\sqrt{196}}\right) = \dfrac{25}{11}\times\dfrac{14}{5}\times\dfrac{11}{14} = 5$

17. (B): $\sqrt{41-\sqrt{21+19-\sqrt{9}}} = \sqrt{41-\sqrt{21+\sqrt{19-3}}}$

$= \sqrt{41-\sqrt{21+\sqrt{16}}} = \sqrt{41-\sqrt{21+4}}$

$= \sqrt{41-\sqrt{25}} = \sqrt{41-5} = \sqrt{36} = 6$

18. (C): $\sqrt{\dfrac{25}{81}-\dfrac{1}{9}} = \sqrt{\dfrac{25-9}{81}} = \sqrt{\dfrac{16}{81}} = \dfrac{\sqrt{16}}{\sqrt{81}} = \dfrac{4}{9}$

19. (B): $\sqrt{(272)^2-(128)^2} = \sqrt{(272+128)(272-128)}$

$= \sqrt{400\times144} = 20\times12 = 240$

20. (D): दो अंकों की एक संख्या जिसके इकाई स्थान पर 8 हो, पूर्ण वर्ग नहीं हो सकती क्योंकि 1 से 9 तक के अंकों के वर्ग परिणाम में 8 इकाई अंक नहीं आता है।

7 सरलीकरण

बोडमास नियम (BODMAS Rule)

जब किसी व्यंजक में अनेकों गणितीय संक्रियाएँ शामिल होती हैं, तो इन संक्रियाओं के निष्पादन का क्रम इस प्रकार निर्धारित होता है:

B → कोष्ठक
O → का
D → भाग
M → गुणा
A → जोड़
S → घटाव

नोट:

- कोष्ठक ( ), { } और [ ] के क्रम में हटाए जाते हैं।
- संक्रिया करते समय 'का' को '×' से प्रतिस्थापित किया जाता है और फिर गुणन के रूप में हल किया जाता है।

कुछ महत्वपूर्ण सूत्र

$$(a + b)^2 = a^2 + b^2 + 2ab$$
$$(a - b)^2 = a^2 + b^2 - 2ab$$
$$a^2 - b^2 = (a + b)(a - b)$$

साधित उदाहरण

उदाहरण 1 : सरल करें: $16 + 12 \div 4 \times 5 - 2$

हल : $16 + 12 \div 4 \times 5 - 2$ ← D
$= 16 + 3 \times 5 - 2$ ← M
$= 16 + 15 - 2$ ← A
$= 31 - 2$ ← S
$= 29$

उदाहरण 2 : सरल करें: $30 - (12 - 6 \div 3)$

हल : $30 - (12 - 6 \div 3)$
$= 30 - (12 - 2) = 30 - 10 = 20.$

उदाहरण 3 : सरल करें: $90 - [90 - \{45 + (45 \div 15)\}]$

हल : $90 - [90 - \{45 + (45 \div 15)\}]$
$= 90 - [90 - \{45 + 3\}]$
$= 90 - [90 - 48] = 90 - 42 = 48.$

उदाहरण 4 : सरल करें: $60 - [46 - \{14 \div (8 - 1)\}]$

हल : $60 - [46 - \{14 \div (8-1)\}]$
$= 60 - [46 - \{14 \div 7\}]$
$= 60 - [46 - 2] = 60 - 44 = 16.$

उदाहरण 5 : $84 + 16 \div 2 - 6 \text{ of } 7 + 3 \times 2 = ?$

हल : $? = 84 + 16 \div 2 - 6 \text{ of } 7 + 3 \times 2$
$? = 84 + 8 - 42 + 3 \times 2$
$= 84 + 8 - 42 + 6$
$= 98 - 42 = 56.$

उदाहरण 6 : $\dfrac{16 - 6 \times 2 + 3}{23 - 3 \times 2} = ?$

हल : $? = \dfrac{16 - 6 \times 2 + 3}{23 - 3 \times 2}$

$= \dfrac{16 - 12 + 3}{23 - 6} = \dfrac{19 - 12}{23 - 6} = \dfrac{7}{17}.$

उदाहरण 7 : सरल करें: $\dfrac{4}{5} + \left[\dfrac{3}{4} - \left\{\dfrac{3}{2} \text{ of } \dfrac{2}{6} \div \left(\dfrac{1}{4} + \dfrac{1}{2}\right)\right\}\right]$

हल : दिया गया व्यंजक

$= \dfrac{4}{5} + \left[\dfrac{3}{4} - \left\{\dfrac{3}{2} \text{ of } \dfrac{2}{6} \div \left(\dfrac{1}{4} + \dfrac{1}{2}\right)\right\}\right]$

$= \dfrac{4}{5} + \left[\dfrac{3}{4} - \left\{\dfrac{3}{2} \text{ of } \dfrac{2}{6} \div \dfrac{3}{4}\right\}\right]$

$= \dfrac{4}{5} + \left[\dfrac{3}{4} - \left\{\dfrac{3}{2} \times \dfrac{2}{6} \times \dfrac{4}{3}\right\}\right]$

$= \dfrac{4}{5} + \left[\dfrac{3}{4} - \dfrac{2}{3}\right]$

$= \dfrac{4}{5} + \left[\dfrac{9 - 8}{12}\right] = \dfrac{4}{5} + \dfrac{1}{12}$

$= \dfrac{48 + 5}{60} = \dfrac{53}{60}.$

अभ्यास

1. $8 + 8 \div 2 + 2$ का मान है :

A. 9 B. 8
C. 10 D. 14

2. $(700 \div 10) - \{(12 \times 8) \div (34 - 10)\}$ का मान ज्ञात कीजिए :

A. 69 B. 68
C. 67 D. 66

3. $7789 \times 48 + 7789 \times 52$ का मान ज्ञात कीजिए।

A. 19846372 B. 407524
C. 778900 D. 778999

4. सरल कीजिए : $2.5 + 2.5 \div 0.5 \times 2 - 4$

A. 8 B. 8.5
C. 6 D. 10.5

5. $-\{3 - (2 - 3) + 5 - 7\}$ का मान है :

A. –2 B. 3
C. 4 D. –4

6. नैना को केक का $1\frac{1}{2}$ टुकड़ा दिया गया और नजमा को केक का $1\frac{1}{3}$ टुकड़ा दिया गया, तो दोनों को दिए गए केक की कुल मात्रा है :

A. $\frac{19}{6}$ B. $\frac{17}{6}$
C. $\frac{13}{6}$ D. $\frac{11}{6}$

7. $\frac{7}{8}$ मीटर लंबे तार का एक टुकड़ा दो टुकड़ों में टूट गया। एक टुकड़ा $\frac{1}{4}$ मीटर लंबा था, तो दूसरे टुकड़े की लंबाई क्या है?

A. 3/8 मीटर B. 7/8 मीटर
C. 5/8 मीटर D. 9/8 मीटर

8. जयदेव को स्कूल का मैदान पार करने में $2\frac{1}{5}$ मिनट लगते हैं। राहुल को वही काम करने में $\frac{7}{5}$ मिनट लगते हैं। इसमें किसे कम समय लगता है और कितना कम?

A. जयदेव 2/3 मिनट B. जयदेव 4/3 मिनट
C. राहुल 4/5 मिनट D. राहुल 3/5 मिनट

9. $75 \times \{25 + (3 \times 10)\} \div 3$ का हल है :

A. 1075 B. 1275
C. 1375 D. 1575

10. सरल कीजिए : $6 \div 6 + 6 \times 6 - 6$

A. 1 B. 7
C. 31 D. 36

11. सरल कीजिए : $1\frac{1}{24} - 1 + \frac{7}{36}$

A. $\frac{17}{72}$ B. $1\frac{17}{72}$
C. $\frac{7}{60}$ D. $\frac{5}{60}$

12. हल कीजिए: $(106 \times 106 - 94 \times 94) = ?$

A. 2400 B. 2000
C. 1904 D. 1906

13. बैंगन, भिंडी और प्याज का कुल वजन 48.057 किलोग्राम है। यदि बैंगन और भिंडी का वजन क्रमशः 5.35 किग्रा और 24.52 किग्रा है, तो प्याज का वजन ज्ञात कीजिए।

A. 17.187 किग्रा B. 18.187 किग्रा
C. 17.180 किग्रा D. 18.180 किग्रा

14. $9 + [6 + 7$ का $3 - (9 + 2 - 6 \div 2)]$

A. 25 B. 26
C. 27 D. 28

15. यदि 420 संतरों का मूल्य ₹ 2,520 है, तो 8 दर्जन संतरों का मूल्य है :

A. ₹ 480 B. ₹ 528
C. ₹ 540 D. ₹ 576

16. यदि 16 बैगों का मूल्य ₹ 1,520 है, तो 3 बैगों का मूल्य होगा :

A. ₹ 240 B. ₹ 255
C. ₹ 270 D. ₹ 285

17. $\frac{1}{13}[7+2\times5\times11+12\times13]$ का सरलीकरण बराबर है :

A. 13 B. 9
C. 11 D. 12

18. $10\times10+\left[400\div\left\{100-\left(50-\overline{3\times10}\right)\right\}\right]$ के सरलीकरण पर हमें प्राप्त होता है :

A. 265 B. 65
C. 310 D. 105

19. सरलीकरण करें : $19 - [4 + 16 - (12 - 2)]$.

A. 9 B. 17
C. 21 D. 23

20. सरलीकरण करें: $27-[18-\{16-(5-\overline{4-1})\}]$.

A. 27 B. 25
C. 23 D. 21

21. $\frac{(7967)^2-(4137)^2}{(7967-4137)}=?$

A. 3830 B. 12104
C. 7968 D. 7969

22. यदि दो संख्याओं का अन्तर तथा गुणनफल क्रमशः 5 तथा 36 हो, तो उनके व्युत्क्रमों का अन्तर है :

A. $\frac{5}{9}$ B. $\frac{9}{5}$
C. $\frac{5}{36}$ D. $\frac{31}{36}$

23. यदि $\frac{a+b}{c}=\frac{b+c}{a}=\frac{c+a}{b}=K$ हो, तो K का मान है :

A. $\frac{1}{2}$ B. $\frac{3}{2}$ C. 1 D. 2

24. सरल कीजिए : $(-9)-\{(-8)+(24\div\overline{13-7})\}$

A. –8 B. इनमें से कोई नहीं
C. 5 D. –5

25. एक खम्भे का $\frac{4}{7}$ भाग कीचड़ में धँसा है। जब धँसे हुए का $\frac{1}{3}$ भाग बाहर खींचा जाता है, तो पाया गया कि 8 मीटर माप का खम्भा अभी भी कीचड़ में है। खम्भे की पूरी लम्बाई क्या होगी?

A. 21 मीटर B. 25 मीटर
C. 30 मीटर D. 12 मीटर

व्याख्यात्मक उत्तर

1. (D): $8+8\div2+2=8+\frac{8}{2}+2$
$=8+4+2=14.$

2. (D): $(700\div10)-\{(12\times8)\div(34-10)\}$
$=70-\{96\div24\}$
$=70-4=66.$

3. (C): $7789\times48+7789\times52$
$=7789\times(48+52)$
$=7789\times100=778900.$

4. (B): $2.5+2.5\div0.5\times2-4$
$=2.5+2.5\times\frac{1}{0.5}\times2-4$
$=2.5+5\times2-4$
$=2.5+10-4=12.5-4=8.5.$

5. (A): $-\{3-(2-3)+5-7\}$
$=-\{3-(-1)+5-7\}$
$=-\{3+1+5-7\}$
$=-\{9-7\}=-2.$

6. (B): केक की कुल मात्रा
$=1\frac{1}{2}+1\frac{1}{3}$
$=\frac{3}{2}+\frac{4}{3}=\frac{9+8}{6}=\frac{17}{6}$

7. (C): दूसरे टुकड़े की लम्बाई
$=\frac{7}{8}-\frac{1}{4}=\frac{7-2}{8}=5/8$ मीटर।

8. (C): जयदेव द्वारा लिया गया समय $=2\frac{1}{5}=\frac{11}{5}$ मिनट

राहुल द्वारा लिया गया समय = 7/5 मिनट
राहुल को कम समय लगता है
$=\frac{11}{5}-\frac{7}{5}=\frac{44-28}{20}=\frac{16}{20}$
$=\frac{4}{5}$ मिनट

9. (C): $75\times\{25+30\}\div3=75\times55\div3$
$=75\times55\times\frac{1}{3}$
$=25\times55=1375.$

10. (C): $6\div6+6\times6-6=1+36-6=37-6=31.$

11. (A): $1\frac{1}{24}-1+\frac{7}{36}$
$\Rightarrow \frac{25}{24}-1+\frac{7}{36}=\frac{75-72+14}{72}=\frac{17}{72}.$

12. (A): $106\times106-94\times94=11236-8836=2400$

13. (B): बैंगन, भिंडी और प्याज का कुल वजन
= 48.057 किलोग्राम

और बैंगन और भिंडी का कुल वजन
= 5.35 + 24.52 = 29.87

अतः, प्याज का वजन = 48.057 – 29.87 = 18.187 किग्रा.

14. (D): $9+[6+7\times3-(9+2-3)]$
$=9+[6+21-8]=9+19=28.$

15. (D): $\because$ 420 संतरे की कीमत = ₹ 2520

$\therefore$ 96 संतरे की कीमत = ₹ $\frac{2520}{420} \times 96$ = ₹ 576.

16. (D): 16 बैग की लागत = ₹ 1520

3 बैग की लागत = $\frac{1520}{16} \times 3$ = ₹ 95 × 3 = ₹ 285.

17. (C): $\frac{1}{13}[7+2\times5\times11+2\times13]$

$= \frac{1}{13}[7+110+26] = \frac{1}{13}[143] = 11.$

18. (D): $10\times10+\left[400\div\left\{100-\left(50-\overline{3\times10}\right)\right\}\right]$

$= 100 + [400 \div \{100 - (50 - 30)\}]$
$= 100 + [400 \div \{100 - 20\}]$
$= 100 + [400 \div 80]$
$= 100 + 5 = 105.$

19. (A): $19 - [4 + \{16 - (12 - 2)\}]$
$= 19 - [4 + \{16 - 10\}] = 19 - [4 + 6]$
$= 19 - 10 = 9.$

20. (C): $27-\left[18-\left\{16-\left(5-\overline{4-1}\right)\right\}\right]$

$= 27 - [18 - \{16 - (5 - 3)\}]$
$= 27 - [18 - \{16 - 2\}]$
$= 27 - [18 - 14] = 27 - 4 = 23.$

21. (B): $? = \frac{(7967)^2 - (4137)^2}{(7967 - 4137)}$

$= \frac{(7967 + 4137)(7967 - 4137)}{(7967 - 4137)}$

$[\because a^2 - b^2 = (a + b)(a - b)]$

$= (7967 + 4137) = 12104.$

22. (C): माना दो संख्याएँ x और y हैं

तब, $x - y = 5$ ...(*i*)

तथा $xy = 36$

$\because (x + y)^2 = (x - y)^2 + 4xy$

$\Rightarrow (x + y)^2 = 52 + 4(36)$

$\Rightarrow (x + y)^2 = 25 + 144$

$\Rightarrow (x + y)^2 = 169 = 132$

$\Rightarrow x + y = 13$ ...(*ii*)

(*i*) और (*ii*) को जोड़ने से, हम पाते हैं :

$2x = 18$

$\Rightarrow x = 9$

अब (*i*) से, $x = 9$, तब $y = 4$

$\therefore \frac{1}{x}-\frac{1}{y} = \frac{1}{9}-\frac{1}{4}$

$= \frac{4-9}{36} = \frac{4-9}{36}$

और $\frac{1}{y}-\frac{1}{x} = \frac{1}{4}-\frac{1}{9}$

$= \frac{9-4}{36} = \frac{5}{36}.$

23. (D): दिया है, $\frac{a+b}{c} = \frac{b+c}{a} = \frac{c+a}{b} = K$

$\therefore a + b = cK$ ...(*i*)

$b + c = aK$ ...(*ii*)

$c + a = bK$ ...(*iii*)

(*i*), (*ii*) और (*iii*) को जोड़ने से, हम पाते हैं :

$a + b + b + c + c + a = cK + aK + bK$

$\Rightarrow 2(a + b + c) = K(a + b + c)$

$\Rightarrow 2 = K$

अतः K का मान = 2.

24. (D): $(-9)-\left\{(-8)+(24\div\overline{13-7})\right\}$

$= (-9) - \{(-8) + (24 \div 6)\}$
$= (-9) - \{(-8) + 4\}$
$= -9 + 4$
$= -5.$

25. (A): माना कि खम्भे की पूरी लम्बाई = x मीटर

कीचड़ में धँसा हुआ भाग = $\frac{4x}{7}$

कीचड़ से बाहर निकाला गया भाग = $\frac{4x}{7}\times\frac{1}{3} = \frac{4x}{21}$

कीचड़ में बचा शेष भाग = $\frac{4x}{7}-\frac{4x}{21} = \frac{12x-4x}{21} = \frac{8x}{21}$

प्रश्न से, $\frac{8x}{21} = 8 \Rightarrow x = \frac{8\times21}{8} = 21$

अतः खम्भे की पूरी लम्बाई = x = 21 मीटर।

8 ऐकिक नियम

ऐकिक नियम या विधि गणित की ऐसी विधि है जिसमें पहले एकाधिक इकाइयों के मान से एक इकाई का मान ज्ञात किया जाता है, और फिर उस इकाई के मान का उपयोग करके वांछित (आवश्यक) इकाइयों की संख्या का मान निकाला जाता है।

एकात्मक विधि या ऐकिक नियम में सामान्यतः दो गणनाएँ (संक्रियाएँ) उपयोग की जाती हैं– गुणा (जब हम कई वस्तुओं की लागत निकालते हैं) और भाग (जब हम एक वस्तु की लागत निकालते हैं)।

साधित उदाहरण

उदाहरण 1 : यदि 15 संतरों का मूल्य ₹ 105 है, तो 33 संतरों का मूल्य क्या होगा?

हल : 12 संतरों का मूल्य = ₹ 105

$\Rightarrow$ 1 संतरे का मूल्य = ₹ $\left(\frac{105}{5}\right)$ [कम संतरे, कम मूल्य]

$\therefore$ 33 संतरों का मूल्य = ₹ $\left(\frac{105}{15}\times 33\right)$ = ₹ 231.

[अधिक संतरे, अधिक मूल्य]

उदाहरण 2 : एक आदमी ₹ 216 में दो दर्जन आम खरीदता है। ऐसे 42 आमों का मूल्य क्या है?

हल : दो दर्जन आम यानी 24 आमों का मूल्य = ₹ 216

$\Rightarrow$ 1 आम का मूल्य = ₹ $\frac{216}{24}$

$\therefore$ 42 आमों का मूल्य = ₹ $\left(\frac{216}{24}\times 42\right)$

= ₹ (9 × 42) = ₹ 378.

उदाहरण 3 : एक व्यक्ति एक सप्ताह काम करके ₹ 4200 कमाता है। यदि वह उसी दर से 18 दिन काम करे तो वह कितना कमाएगा?

हल : एक सप्ताह यानी 7 दिन की कमाई = ₹ 4200

$\Rightarrow$ 1 दिन की कमाई = ₹ $\left(\frac{4200}{7}\right)$

$\therefore$ 18 दिन की कमाई = ₹ $\left(\frac{4200}{7}\times 18\right)$

= (600 × 18) = ₹ 10800.

उदाहरण 4 : एक बाइक 28 लीटर पेट्रोल में 1904 किमी की दूरी तय करती है। 5712 किमी की दूरी तय करने के लिए कितनी पेट्रोल की आवश्यकता होगी?

हल : 1904 किमी की दूरी तय करने में खपत हुआ पेट्रोल = 28 लीटर

1 किमी की दूरी तय करने में खपत हुआ पेट्रोल

$= \frac{28}{1904}$ लीटर [कम दूरी, कम पेट्रोल]

$\therefore$ 5712 किमी की दूरी तय करने में खपत हुआ पेट्रोल

$= \frac{28}{1904}\times 5712 = 84$ लीटर

[अधिक दूरी, अधिक पेट्रोल]

उदाहरण 5 : यदि 21 आदमी किसी काम को 14 दिनों में पूरा कर सकते हैं, तो 42 आदमी उसी काम को कितने दिनों में पूरा करेंगे?

हल : 21 आदमी काम को पूरा करते हैं = 14 दिन में

1 आदमी काम को पूरा करेगा = (14 × 21) दिन में

[कम आदमी, अधिक दिन]

$\therefore$ 42 आदमी काम को पूरा कर सकते हैं = $\frac{14\times 21}{42}$ दिन

$= \frac{14}{2}$ दिन = 7 दिन [अधिक आदमी, कम दिन]

अभ्यास

1. 16 सेबों का मूल्य ₹ 80 है, तो 30 सेबों का मूल्य क्या है?
A. ₹ 140 B. ₹ 150 C. ₹ 146 D. ₹ 160

2. 18 पेनों का मूल्य ₹ 153 है, तो 32 पेनों का मूल्य क्या है?
A. ₹ 272 B. ₹ 232 C. ₹ 262 D. ₹ 292

3. यदि 12 पुस्तकों का मूल्य ₹ 144 है, तो 18 पुस्तकों का मूल्य है:
A. ₹ 180 B. ₹ 198 C. ₹ 216 D. ₹ 206

4. यदि कोई व्यक्ति 150 किमी की यात्रा 5 घंटे में तय करता है, तो उसे 180 किमी की यात्रा तय करने में कितना समय लगेगा?
A. 3 घंटे B. 6 घंटे C. 4 घंटे D. 8 घंटे

5. यदि 6 कटोरियों का मूल्य ₹ 90 है, तो ऐसी ही 10 कटोरियों का मूल्य क्या होगा?
A. ₹ 120 B. ₹ 125 C. ₹ 150 D. ₹ 175

6. 6 दर्जन अण्डे ₹ 108 में खरीदे जाते हैं। 108 अण्डों का मूल्य क्या होगा?
A. ₹ 162 B. ₹ 152 C. ₹ 172 D. ₹ 182

7. यदि 15 आमों का मूल्य ₹ 180 है, तो 25 आमों का मूल्य क्या होगा?
A. ₹ 200 B. ₹ 220 C. ₹ 300 D. ₹ 360

8. 25 पेंसिलों का मूल्य ₹ 75 है, तो 75 पेंसिलों का मूल्य क्या होगा?
A. ₹ 100 B. ₹ 150 C. ₹ 180 D. ₹ 225

9. यदि बिस्कुट के 12 पैकेटों का मूल्य ₹ 240 है, तो बिस्कुट के 8 पैकेटों का मूल्य होगा:
A. ₹ 160 B. ₹ 140 C. ₹ 120 D. ₹ 240

10. 12 किग्रा आलू का मूल्य ₹ 360 है। 8 किग्रा आलू का मूल्य ज्ञात कीजिए।
A. ₹ 180 B. ₹ 240 C. ₹ 300 D. ₹ 120

11. यदि 120 मीटर कपड़े का मूल्य ₹ 9600 है, तो 147 मीटर कपड़े का मूल्य क्या होगा?
A. ₹ 16170 B. ₹ 11670 C. ₹ 11760 D. ₹ 17160

12. यदि 18 चॉकलेट का मूल्य ₹ 540 है, तो 25 चॉकलेट का मूल्य क्या है?
A. ₹ 450 B. ₹ 500 C. ₹ 750 D. ₹ 900

13. यदि 49 मीटर कपड़े का मूल्य ₹ 1225 है, तो ₹ 7500 में कितने मीटर कपड़ा खरीदा जा सकता है?
A. 280 मी B. 300 मी C. 320 मी D. 350 मी

14. यदि 33.5 मीटर सिल्क का मूल्य ₹ 8375 है, तो ₹ 5000 में कितने मीटर सिल्क खरीदी जा सकती है?
A. 20 मी B. 22 मी C. 24 मी D. 36 मी

15. यदि 17 मीटर लंबी एक छड़ का भार 53.2 किग्रा है, तो 23 मीटर लंबी छड़ का भार क्या होगा?
A. 70.01 किग्रा B. 71.2 किग्रा
C. 71.97 किग्रा D. 72.1 किग्रा

16. 60 गाय एक खेत को 17 दिन में चर सकती है, तो उसी खेत को 12 दिन में कितनी गाय चरेंगी?
A. 85 B. 102 C. 68 D. 80

17. यदि 36 आदमी किसी काम को 16 दिनों में पूरा कर सकते हैं, तो 9 आदमी उसी काम को कितने दिन में पूरा कर लेंगे?
A. 32 B. 36 C. 54 D. 64

18. 42 आदमी एक खाई को 16 दिन में खोद सकते हैं, तो 7 आदमी उसी खाई को खोदने में कितना समय लेंगे?
A. 98 B. 96 C. 104 D. 108

19. रेल द्वारा 800 किमी की यात्रा का किराया ₹ 4520 है, तो किसी व्यक्ति द्वारा 200 किमी की यात्रा करने पर कितना किराया लगेगा?
A. ₹ 1170 B. ₹ 2140 C. ₹ 1130 D. ₹ 3250

20. 75 क्विंटल माल की कीमत ₹ 375 है। 42 क्विंटल माल की कीमत ज्ञात कीजिए।
A. ₹ 200 B. ₹ 210 C. ₹ 220 D. ₹ 230

21. तरुण आधे घंटे में 450 शब्द टाइप करता है। वह 7 मिनट में कितने शब्द टाइप करेगा?
A. 90 शब्द B. 105 शब्द C. 100 शब्द D. 110 शब्द

22. एक हवाई जहाज 6000 किमी की दूरी 12 घंटे में तय कर सकता है। वह 1 घंटे में कितनी दूरी तय कर सकता है?
A. 400 किमी B. 450 किमी C. 500 किमी D. 600 किमी

23. एक मजदूर को 6 दिन काम करने पर ₹ 750 मिलते हैं। यदि वह 23 दिन काम करे, तो उसे कितनी धनराशि मिलेगी?
A. ₹ 2825 B. ₹ 2875 C. ₹ 2850 D. ₹ 2890

24. एक कमीज के लिए 2 मीटर 75 सेमी कपड़ा चाहिए तो, ऐसी 6 कमीज बनाने के लिए कितने मीटर कपड़ा की आवश्यकता होगी?
A. 15 मी 50 सेमी B. 16 मी 50 सेमी
C. 18 मी D. 21 मी

25. 15 आदमी एक काम को 36 घंटे में पूरा कर सकते हैं। उसी काम को 20 घंटे में पूरा करने के लिए कितने आदमियों की आवश्यकता होगी?
A. 23 आदमी B. 25 आदमी
C. 27 आदमी D. 30 आदमी

व्याख्यात्मक उत्तर

1. (B): 16 सेबों का मूल्य = ₹ 80

$\Rightarrow$ 1 सेब का मूल्य = ₹ $\left(\frac{80}{16}\right)$

$\therefore$ 30 सेबों का मूल्य = ₹ $\left(\frac{80}{16}\times 30\right)$

= ₹ (5 × 30) = ₹ 150.

2. (B): 18 पेनों का मूल्य = ₹ 153

$\Rightarrow$ 1 पेन का मूल्य = ₹ $\left(\frac{153}{18}\right)$

$\therefore$ 32 पेनों का मूल्य = ₹ $\left(\frac{153}{18}\times 32\right)$

= ₹ (17 × 16) = ₹ 272.

3. (C): 12 पुस्तकों का मूल्य = ₹ 144

$\Rightarrow$ 1 पुस्तक का मूल्य = ₹ $\left(\frac{144}{12}\right)$

$\therefore$ 18 पुस्तकों का मूल्य = ₹ $\left(\frac{144}{12}\times 18\right)$

= ₹ (12 × 18) = ₹ 216.

4. (B): 150 किमी दूरी तय करने में लगा समय = 5 घंटे

$\Rightarrow$ 1 किमी दूरी तय करने में लगा समय = $\left(\frac{5}{150}\right)$ घंटे

$\therefore$ 180 किमी दूरी तय करने में लगा समय

= $\left(\frac{5}{150}\times 180\right)$ घंटे

= $\left(\frac{1}{30}\times 180\right)$ घंटे = 6 घंटे।

5. (C): 6 कटोरियों का मूल्य = ₹ 90

$\Rightarrow$ 1 कटोरी का मूल्य = ₹ $\left(\frac{90}{6}\right)$

$\therefore$ 10 कटोरियों का मूल्य = ₹ $\left(\frac{90}{6}\times 10\right)$

= ₹ (15 × 10) = ₹ 150.

6. (A): 6 दर्जन = 6 × 12 = 72

72 अण्डों का मूल्य = ₹ 108

$\Rightarrow$ 1 अंडा का मूल्य = ₹ $\left(\frac{108}{72}\right)$

$\therefore$ 108 अण्डों का मूल्य = ₹ $\left(\frac{108}{72}\times 108\right)$

= ₹ (18 × 9) = ₹ 162.

7. (C): 15 आमों का मूल्य = ₹ 180

$\Rightarrow$ 1 आम का मूल्य = ₹ $\left(\frac{180}{15}\right)$

$\therefore$ 25 आमों का मूल्य = ₹ $\left(\frac{180}{15}\times 25\right)$

= ₹ (12 × 25) = ₹ 300.

8. (D): 25 पेंसिलों का मूल्य = ₹ 75

$\Rightarrow$ 1 पेंसिल का मूल्य = ₹ $\left(\frac{75}{25}\right)$

$\therefore$ 75 पेंसिलों का मूल्य = ₹ $\left(\frac{75}{25}\times 75\right)$

= ₹ (3 × 75) = ₹ 225.

9. (A): बिस्कुट के 12 पैकेटों का मूल्य = ₹ 240

$\Rightarrow$ बिस्कुट के 1 पैकेट का मूल्य = ₹ $\left(\frac{240}{12}\right)$

$\therefore$ बिस्कुट के 8 पैकेटों का मूल्य = ₹ $\left(\frac{240}{12}\times 8\right)$

= ₹ (20 × 8) = ₹ 160

अतः बिस्कुट के 8 पैकेटों का मूल्य = ₹ 160.

10. (B): 12 किग्रा आलू का मूल्य = ₹ 360

$\Rightarrow$ 1 किग्रा आलू का मूल्य = ₹ $\left(\frac{360}{12}\right)$

$\therefore$ 8 किग्रा आलू का मूल्य = ₹ $\left(\frac{360}{12}\times 8\right)$

= ₹ (30 × 8) = ₹ 240.

11. (C): 120 मीटर कपड़े का मूल्य = ₹ 9600

$\Rightarrow$ 1 मीटर कपड़े का मूल्य = ₹ $\left(\frac{9600}{120}\right)$

$\therefore$ 147 मीटर कपड़े का मूल्य = ₹ $\left(\frac{9600}{120}\times 147\right)$

= (80 × 147) = ₹ 11760.

12. (C): 18 चॉकलेट का मूल्य = ₹ 540

$\Rightarrow$ 1 चॉकलेट का मूल्य = ₹ $\left(\frac{540}{18}\right)$

$\therefore$ 25 चॉकलेट का मूल्य = ₹ $\left(\frac{540}{18}\times 25\right)$

= ₹(30 × 25)

= ₹ 750.

13. (B): ₹ 1225 में खरीदा गया कपड़ा = 49 मी

$\Rightarrow$ ₹ 1 में खरीदा गया कपड़ा = $\left(\frac{49}{1225}\right)$ मी

$\therefore$ ₹ 7500 में खरीदा गया कपड़ा = $\left(\frac{49}{1225}\times 7500\right)$ मी

$= \left(\frac{7500}{25}\right)$ मी = 300 मी.।

14. (A): ₹ 8375 में खरीदी गई सिल्क = 33.5 मी

$\Rightarrow$ ₹ 1 में खरीदी गई सिल्क = $\left(\frac{33.5}{8375}\right)$ मी

$\therefore$ ₹ 5000 में ख़रीदी गई सिल्क = $\left(\frac{33.5}{8375}\times 5000\right)$ मी.

$= \left(\frac{335}{8375\times 10}\times 5000\right)$ मी.

$= \left(\frac{1}{25\times 10}\times 5000\right)$ मी. = 20 मी.।

15. (C): 17 मीटर लंबी छड़ का भार = 53.2 किग्रा

$\Rightarrow$ 1 मीटर लंबी छड़ का भार = $\left(\frac{53.2}{17}\right)$ किग्रा

$\therefore$ 23 मीटर लंबी छड़ का भार = $\left(\frac{53.2}{17}\times 23\right)$ किग्रा

$= \left(\frac{532}{17\times 10}\times 23\right)$ किग्रा = 71.97 किग्रा।

16. (A): 60 गाय एक खेत को चरती है = 17 दिन में

1 गाय एक खेत को चरती है = (17 × 60) दिन में

$\therefore$ 12 दिनों में एक खेत चरने के लिए आवश्यक गायों की संख्या

$= \frac{17\times 60}{12} = 17 \times 5 = 85$ गाय

17. (D): 36 आदमी काम को पूरा करते हैं = 16 दिन में

$\Rightarrow$ 1 आदमी काम को पूरा करता है = (16 × 36) दिन में

$\therefore$ 9 आदमी उसी काम को पूरा करेंगे $\left(\frac{16\times 36}{9}\right)$ दिन = 64 दिन

18. (B): 42 आदमी एक खाई को खोदते हैं = 16 दिन में

$\Rightarrow$ 1 आदमी एक खाई को खोदता है = (16 × 42) दिन में

$\therefore$ 7 आदमी उसी खाई को खोदेंगे = $\left(\frac{16\times 42}{7}\right)$ दिन

= (16 × 6) दिन

= 96 दिन।

19. (C): रेल द्वारा 800 किमी यात्रा का किराया = ₹ 4520

$\Rightarrow$ रेल द्वारा 1 किमी यात्रा का किराया = ₹ $\left(\frac{4520}{800}\right)$

$\therefore$ रेल द्वारा 200 किमी यात्रा का किराया = ₹ $\left(\frac{4520}{800}\times 200\right)$

= ₹ $\left(\frac{4520}{4}\right)$ = ₹ 1130.

20. (B): 75 क्विंटल माल की कीमत = ₹ 375

$\Rightarrow$ 1 क्विंटल माल की कीमत = ₹ $\left(\frac{375}{75}\right)$

$\therefore$ 42 क्विंटल माल की कीमत = ₹ $\left(\frac{375}{75}\times 42\right)$

= ₹ (5 × 42) = ₹ 210.

21. (B): आधे घंटे (30 मिनट) में टाइप किए गए शब्दों की संख्या = 450 शब्द

$\Rightarrow$ 1 मिनट में टाइप किए गए शब्दों की संख्या = $\left(\frac{450}{30}\right)$ शब्द

$\therefore$ 7 मिनट में टाइप किए गए शब्दों की संख्या = $\left(\frac{450}{30}\times 7\right)$ शब्द

= (15 × 7) शब्द = 105 शब्द।

22. (C): 12 घंटे में हवाई जहाज द्वारा तय की गई दूरी = 6000 किमी

$\therefore$ 1 घंटे में हवाई जहाज द्वारा तय की गई दूरी

$= \left(\frac{6000}{12}\right)$ किमी = 500 किमी.।

23. (B): मजदूर द्वारा 6 दिन में कमाई गई धनराशि = ₹ 750

$\Rightarrow$ मजदूर द्वारा 1 दिन में कमाई गई धनराशि = ₹ $\left(\frac{750}{6}\right)$

$\therefore$ मजदूर द्वारा 23 दिन में कमाई गई धनराशि = ₹ $\left(\frac{750}{6}\times 23\right)$

= ₹ (125 × 23) = ₹ 2875.

24. (B): एक कमीज बनाने के लिए आवश्यक कपड़ा = 2.75 मी

6 कमीज बनाने के लिए आवश्यक कपड़ा = (2.75 × 6) मी

= 16.50 मी

अतः 6 कमीज बनाने के लिए आवश्यक कपड़े की लंबाई = 16 मी 50 सेमी.।

25. (C): 36 घंटे में एक काम को पूरा करेंगे = 15 आदमी

$\therefore$ 20 घंटे में उसी काम को पूरा करने के लिए आवश्यक आदमियों की संख्या = $\left(\frac{15\times 36}{20}\right)$ = 27 आदमी।

9 लम्बाई, द्रव्यमान, धारिता, समय और तापमान इत्यादि का मापन

मापन अनुभव (Measurement Experiences)

लम्बाई (Length)

लम्बाई किसी वस्तु के एक सिरे से दूसरे सिरे तक की माप है। लम्बाई की मानक इकाइयाँ मीटर (m), सेन्टीमीटर (cm) और किलोमीटर (km) हैं।

इस सारणी में कुछ सामान्य मीट्रिक इकाइयाँ दर्शायी गई हैं :

1000 मिलीमीटर (mm) = 1 मीटर (m)
10 मिलीमीटर (mm) = 1 सेंटीमीटर (cm)
100 सेंटीमीटर (cm) = 1 मीटर (m)
1000 मीटर (m) = 1 किलोमीटर (km)

द्रव्यमान (Mass)

किसी वस्तु का द्रव्यमान वस्तु में उपस्थित पदार्थ का कुल परिमाण है। द्रव्यमान से हमें यह ज्ञात होता है कि कोई वस्तु कितनी भारी है।

द्रव्यमान की मात्रक इकाइयाँ किलोग्राम (kg) तथा ग्राम (g) हैं। इस सारणी में कुछ सामान्य द्रव्यमान की इकाइयाँ दर्शायी गई हैं।

1000 माइक्रोग्राम (mcg) = 1 मिलीग्राम (mg)
1000 मिलीग्राम (mg) = 1 ग्राम (g)
1000 ग्राम (g) = 1 किलोग्राम (kg)
1000 किलोग्राम (kg) = 1 टन (tonne)

धारिता (Capacity)

धारिता का अर्थ किसी बर्तन द्वारा धारण किए जा सकने के आयतन (मात्रा) से है। उदाहरणस्वरूप किसी गर्म पानी की टंकी की क्षमता टंकी के अन्दर समा सकने वाले पानी की मात्रा है। किसी पेट्रोल की टंकी की क्षमता उसका आयतन है।

1 लीटर पानी के जग का आयतन 1 लीटर होता है। खाली जग का आयतन शून्य होता है।

आयतन की मात्रक इकाइयाँ लीटर (*l*) तथा मिलीलीटर (ml) है।

1000 मिलीलीटर (ml) = 1 लीटर (*l*)
1000 लीटर (*l*) = 1 किलोलीटर (kl)
1000 घन सेंटीमीटर (cc) = 1 लीटर (*l*)

समय (Time)

समय एक अमूर्त तथा जटिल सिद्धान्त है। कैलेन्डर समय का मापक है। बच्चों में महीनों के नाम, ऋतुओं तथा दिनों को क्रम में लगाने की योग्यता होनी चाहिए।

उन्हें कैलेन्डर के उपयोग तथा प्रत्येक महीने में दिनों की संख्या निर्धारित करने के लिए प्रोत्साहित किया जाना चाहिए।

60 सेकेण्ड = 1 मिनट
60 मिनट = 1 घंटा
24 घंटा = 1 दिन
7 दिन = 1 सप्ताह
4 सप्ताह या 30 दिन = 1 महीना
12 महीने = 1 वर्ष
365 दिन = 1 वर्ष
366 दिन = 1 लीप वर्ष (अधिवर्ष)

तापमान (Temperature)

तापक्रम किसी वस्तु के ठंडा अथवा गर्म होने की माप है। तापक्रम को डिग्री सेंटीग्रेड (C) तथा डिग्री फारेनहाइट (F) में मापा जाता है। तापक्रम को मापने के लिए जिस उपकरण का उपयोग किया जाता है उसे थर्मामीटर कहते हैं।

डॉक्टर डिग्री फारेनहाइट थर्मामीटर का उपयोग करते हैं।

(*i*) सेल्सियस एवं फारेनहाइट में संबंध:

$$\frac{C}{5} = \frac{F-32}{9}$$

(*ii*) फारेनहाइट को सेल्सियस और सेल्सियस को फारेनहाइट में बदलना:

$$°C = (°F - 32) \times \frac{5}{9};$$

$$°F = \frac{9}{5} \times °C + 32$$

साधित उदाहरण

उदाहरण 1 : 7 मीटर को मिलीमीटर में बदलिए।

हल : 1 मीटर = 1000 मिमी

$\therefore$ 7 मीटर = (7 × 1000) मिमी

= 7000 मिमी

उदाहरण 2 : 21 सेंटीमीटर को डेकामीटर में बदलिए।

हल : 1 डेकामीटर = 1000 सेमी

$\Rightarrow$ 1 सेमी = $\frac{1}{1000}$ डेकामीटर

$\therefore$ 21 सेमी = $\left(21\times\frac{1}{1000}\right)$ डेकामीटर

= 0.021 डेकामीटर

उदाहरण 3 : 5 किलोग्राम को ग्राम में बदलिए।

हल : 1 किग्रा = 1000 ग्राम

$\therefore$ 5 किग्रा = (5 × 1000) ग्राम = 5000 ग्राम

उदाहरण 4 : 3 लीटर को मिलीलीटर में बदलिए।

हल : 1 लीटर = 1000 मिलीलीटर

$\therefore$ 3 लीटर = (3 × 1000) मिलीलीटर

= 3000 मिलीलीटर

उदाहरण 5 : 36 सेकंड को मिनट में बदलिए।

हल : 1 मिनट = 60 सेकंड

$\Rightarrow$ 1 सेकंड = $\frac{1}{60}$ मिनट

$\therefore$ 36 सेकंड = $\left(36\times\frac{1}{60}\right)$ मिनट

= $\frac{6}{10}$ मिनट = 0.6 मिनट

उदाहरण 6 : दोपहर 1 बजकर 12 मिनट को लिख सकते हैं:

हल : दोपहर 1 बजकर 12 मिनट = 1 : 12 pm

उदाहरण 7 : 113°F को °C तापमान में बदलिए :

हल : $°C = (°F - 32) \times \frac{5}{9}$

$\therefore = (113 - 32) \times \frac{5}{9}$

$= 81 \times \frac{5}{9} = 9 \times 5 = 45°C$

उदाहरण 8 : 35°C तापमान को फारेनहाइट में परिवर्तित कीजिए।

हल : $°F = \frac{9}{5}\times°C+32 = \frac{9}{5}\times35+32$

$= 9 \times 7 + 32 = 63 + 32 = 95°F.$

अभ्यास

1. 4850 ग्राम बराबर है:

A. 4 किग्रा 85 ग्राम B. 4 किग्रा 850 ग्राम
C. 48 किग्रा 50 ग्राम D. 48 किग्रा 5 ग्राम

2. एक सेंटीमीटर का $\frac{4}{10}$ वां भाग, जब मीटर के भिन्नों में लिखा जाए, तो वह बराबर होता है:

A. 0.04 B. 0.0004 C. 0.004 D. 0.00004

3. एक मीटर का पाँच-सौवां भाग, जब किलोमीटर के भिन्नों में लिखा जाता है, तो वह बराबर होता है:

A. 0.2 B. 0.000002
C. 0.002 D. 0.0005

4. सुबह के 7 बजकर 20 मिनट को लिखा जाता है:

A. 7:02 p.m. B. 7:20 p.m.
C. 7:02 a.m. D. 7:20 a.m.

5. एक दिन में कुल कितने सेकंड होते हैं?

A. 24 B. 60 C. 3600 D. 86400

6. 7 घंटे और 40 मिनट में कितने सेकंड होते हैं?

A. 27600 B. 2860
C. 26600 D. 26700

7. 3 किलोमीटर बराबर है:

A. 3000 सेमी B. 30000 सेमी
C. 300000 सेमी D. $\frac{3}{1000}$ सेमी

8. 6 डेकामीटर बराबर है:

A. 6000 सेमी B. $\frac{1}{600}$ सेमी
C. 600 सेमी D. $\frac{1}{6000}$ सेमी

9. 2 डेकामीटर 45 सेमी बराबर है:

A. 20045 सेमी B. 2045 सेमी
C. 2450 सेमी D. 24500 सेमी

10. 568 मिनट को घंटे और मिनट में बदलें।
A. 8 घंटे 48 मिनट B. 9 घंटे 28 मिनट
C. 10 घंटे 8 मिनट D. 9 घंटे 38 मिनट

11. 8 सेंटीमीटर में कितने मिलीमीटर होते हैं?
A. 0.08 B. 0.008 C. 80 D. 800

12. 4 हेक्टेयर को वर्गमीटर में परिवर्तित कीजिए।
A. 40000 मी^{2} B. 4000 मी^{2}
C. 400 मी^{2} D. 400000 मी^{2}

13. 185°F का डिग्री सेल्सियस में मान है:
A. 83°C B. 85°C C. 84°C D. 86°C

14. 428°F को डिग्री सेल्सियस में बदलिए।
A. 230°C B. 210°C C. 220°C D. 202°C

15. 75 डिग्री सेल्सियस को डिग्री फारेनहाइट में बदलिए।
A. 167°F B. 176°F C. 187°F D. 197°F

16. 116 डिग्री सेल्सियस को डिग्री फारेनहाइट में बदलिए।
A. 204.8°F B. 240.8°F C. 242.8°F D. 244.8°F

17. 6 वर्ष और 3 महीने में कुल कितने महीने होते हैं?
A. 57 महीने B. 76 महीने
C. 75 महीने D. 77 महीने

18. 13 वर्ष और 7 महीने में कुल कितने महीने होते हैं?
A. 136 महीने B. 143 महीने
C. 153 महीने D. 163 महीने

19. लीप वर्ष में दिनों की संख्या कितनी होती है?
A. 365 दिन B. 362 दिन
C. 366 दिन D. 364 दिन

20. 5 वर्ष 178 दिन को दिनों में बदलिए।
A. 2030 दिन B. 2003 दिन
C. 2300 दिन D. 2078 दिन

21. 4 मीटर 2604 सेंटीमीटर को सेंटीमीटर में बदलिए।
A. 3040 सेमी B. 3400 सेमी
C. 3004 सेमी D. 6604 सेमी

22. दोपहर 3 बजकर 5 मिनट को लिखा जाता है:
A. 5:30 a.m. B. 5:30 p.m.
C. 3:50 p.m. D. 3:05 p.m.

23. 5 सेमी को किलोमीटर में व्यक्त कीजिए:
A. 0.005 किमी B. 0.0005 किमी
C. 0.00005 किमी D. 0.000005 किमी

24. एक सप्ताह में कुल कितने घंटे होते हैं?
A. 168 घंटे B. 156 घंटे
C. 172 घंटे D. 164 घंटे

25. 12 सप्ताह में मिनटों की संख्या है:
A. 1276 मिनट B. 1296 मिनट
C. 12960 मिनट D. 120960 मिनट

व्याख्यात्मक उत्तर

1. (B): 1000 ग्राम = 1 किग्रा $\Rightarrow$ 1 ग्राम = $\frac{1}{1000}$ किग्रा

$\therefore$ 4850 ग्राम = $\left(\frac{1}{1000}\times 4850\right)$ किग्रा = 4 किग्रा 850 ग्राम

2. (C): 1 मीटर = 100 सेमी $\Rightarrow$ 1 सेमी = $\frac{1}{100}$ मी

$\therefore$ सेंटीमीटर का $\frac{4}{10}$ वां भाग

$= \left(\frac{4}{10}\times\frac{1}{100}\right)$ मी $= \frac{4}{1000} = 0.004$ मी

3. (B): 1 किमी = 1000 मी $\Rightarrow$ 1 मी = $\frac{1}{1000}$ किमी

$\therefore$ मीटर का पाँच-सौवां भाग = $\left(\frac{1}{500}\times\frac{1}{1000}\right)$ किमी

$= \frac{1}{500000} = 0.000002$

4. (D): सुबह के 7 बजकर 20 मिनट को 7:20 a.m. लिखा जाता है।

5. (D): एक दिन में घंटों की संख्या = 24 घंटे

$\therefore$ 24 घंटे = (24 × 60) मिनट
= (24 × 60 × 60) सेकंड
= (24 × 3600) सेकंड
= 86400 सेकंड

6. (A): 7 घंटे = (7 × 60 × 60) सेकंड
= (7 × 3600) सेकंड = 25200 सेकंड
40 मिनट = (40 × 60) सेकंड = 2400 सेकंड
$\therefore$ 7 घंटे और 40 मिनट = (25200 + 2400) सेकंड
= 27600 सेकंड

7. (C): 1 मी = 100 सेमी
1 किमी = 1000 मी
= (1000 × 100) सेमी = 100000 सेमी
$\therefore$ 3 किमी = (3 × 100000) सेमी = 300000 सेमी.।

8. (A): 1 मी = 100 सेमी

1 डेकामीटर = 10 मी = (10 × 100) सेमी = 1000 सेमी

∴ 6 डेकामीटर = (6 × 1000) सेमी = 6000 सेमी

9. (B): 1 डेकामीटर = 10 मी = (10 × 100) सेमी = 1000 सेमी

∴ 2 डेकामीटर 45 सेमी = (2 × 1000) सेमी + 45 सेमी

= (2000 + 45) सेमी = 2045 सेमी

10. (B): 1 घंटा = 60 मिनट

∴ 568 मिनट = 9 घंटे 28 मिनट

$$60\overline{)568}(9$$
$$\underline{540}$$
$$\underline{28}$$

11. (C): 1 सेमी = 10 मिलीमीटर

∴ 8 सेमी = (8 × 10) मिलीमीटर = 80 मिलीमीटर

12. (A): 1 हेक्टेयर = 100 मी × 100 मी = 10000 मी^{2}

∴ 4 हेक्टेयर = (4 × 10000) मी^{2} = 40000 मी^{2}

13. (B): $°C = (°F - 32) \times \frac{5}{9}$

$= (185 - 32) \times \frac{5}{9} = 153 \times \frac{5}{9}$

$= 17 \times 5 = 85°C$

∴ 185°F = 85°C

14. (C): $°C = (°F - 32) \times \frac{5}{9}$

$= (428 - 32) \times \frac{5}{9} = 396 \times \frac{5}{9}$

$= 44 \times 5 = 220°C$

∴ 428 °C = 220°C

15. (A): $°F = \frac{9}{5} \times °C + 32 = \frac{9}{5} \times 75 + 32$

$= 9 \times 15 + 32$

$= 135 + 32 = 167\ °F$

∴ 75 °F = 167 °F

16. (B): $°F = \frac{9}{5} \times °C + 32$

$= \frac{9}{5} \times 116 + 32 = 9 \times 23.2 + 32$

$= 208.8 + 32 = 240.8\ °F$

∴ 116°C = 240.8 °F

17. (C): 6 वर्ष 3 महीने = 6 वर्ष + 3 महीने

= (6 × 12) महीने + 3 महीने

= 72 महीने + 3 महीने

= 75 महीने

18. (D): 13 वर्ष 7 महीने = 13 वर्ष + 7 महीने

= (13 × 12) महीने + 7 महीने

= 156 महीने + 7 महीने

= 163 महीने

19. (C): लीप वर्ष में 366 दिन होते हैं क्योंकि लीप वर्ष में फरवरी माह में 29 दिन होते हैं।

20. (B): 5 वर्ष 178 दिन = 5 वर्ष + 178 दिन

= (5 × 365) दिन + 178 दिन

= 1825 दिन + 178 दिन

= 2003 दिन।

21. (C): 1 मी = 100 मी

∴ 4 मी 2604 सेमी = 4 मी + 2604 सेमी

= (4 × 100 + 2604) सेमी

= (400 + 2604) सेमी = 3004 सेमी

22. (D): दोपहर के 3 बजकर 5 मिनट को 3:05 p.m. लिखा जाता है।

23. (C): 1 सेमी = $\frac{1}{100}$ मी और 1 मी = $\frac{1}{1000}$ किमी

∴ 5 सेमी = $\frac{5}{100}$ मी = $\left(\frac{5}{100} \times \frac{1}{1000}\right)$

= $\frac{5}{100000}$ किमी.

= 0.00005 किमी.।

24. (A): 1 सप्ताह = 7 दिन

1 दिन = 24 घंटे

∴ 1 सप्ताह = (7 × 24) घंटे = 168 घंटे

25. (D): 1 सप्ताह = 7 दिन

1 दिन = 24 घंटे

1 घंटा = 60 मिनट

∴ 12 सप्ताह = (12 × 7) दिन

= (12 × 7 × 24) घंटे

= (12 × 7 × 24 × 60) मिनट

= 120960 मिनट।

10 प्रतिशतता

'प्रतिशत' शब्द का अर्थ है 'सौ में से'। प्रतिशत एक भिन्न है जिसका हर हमेशा 100 होता है। इसे प्रतिशत चिह्न (%) से दर्शाया जाता है।

प्रतिशत को भिन्न में बदलने के लिए, हमें प्रतिशत चिह्न हटाना होगा और दी गई संख्या को 100 से भाग देना होगा।

उदाहरण के लिए:

(*i*) $4\% = \frac{4}{100} = \frac{1}{25}$ (*ii*) $10\% = \frac{10}{100} = \frac{1}{10}$

भिन्नों को प्रतिशत में बदलने के लिए, पहले अंश को हर से भाग दें और फिर उसे 100 से गुणा करें और उसके बाद % चिह्न लगाएँ।

उदाहरण के लिए :

$$\frac{3}{5} = \left(\frac{3}{5} \times 100\right)\% = 60\%$$

यदि किसी चर X का मान $a\%$ बढ़ता है, तो परिणामी मान X के $(100 + a)\%$ के बराबर होता है।

यदि किसी चर X का मान $a\%$ घटता है, तो परिणामी मान X के $(100 - a)\%$ के बराबर होता है।

$$\% \text{ वृद्धि} = \left(\frac{\text{मान में वृद्धि}}{\text{आरंभिक मान}} \times 100\right)\%$$

$$\% \text{ कमी} = \left(\frac{\text{मान में कमी}}{\text{आरंभिक मान}} \times 100\right)\%$$

साधित उदाहरण

उदाहरण 1 : निम्नलिखित को प्रतिशत के रूप में व्यक्त करें:

(*i*) $\frac{3}{25}$ (*ii*) $\frac{9}{40}$ (*iii*) $8\frac{2}{3}$

हल : (*i*) $\frac{3}{25} \times 100 = 12\%$

(*ii*) $\frac{9}{40} \times 100 = 22.5\%$

(*iii*) $\frac{26}{3} \times 100 = 866\frac{2}{3}\%$

उदाहरण 2 : निम्नलिखित को भिन्न में व्यक्त करें :

(*i*) 25% (*ii*) 75% (*iii*) 240%

हल : (*i*) $25\% = \frac{25}{100} = \frac{1}{4}$

(*ii*) $75\% = \frac{75}{100} = \frac{3}{4}$

(*iii*) $240\% = \frac{240}{100} = \frac{12}{5}$

उदाहरण 3 : 400 का 75% ज्ञात कीजिए:

हल : $400 \times \frac{75}{100} = 300$

उदाहरण 4 : एक कस्बे की जनसंख्या प्रति वर्ष 25% बढ़ती है। यदि इस वर्ष कस्बे की जनसंख्या 3,50,000 है, तो दो वर्ष बाद कस्बे की जनसंख्या ज्ञात कीजिए।

हल : जनसंख्या में वृद्धि = 25%

इसका अर्थ है कि यदि कस्बे की जनसंख्या 100 है, तो एक वर्ष बाद उसकी जनसंख्या 125 हो जाएगी।

∴ यदि इस वर्ष कस्बे की जनसंख्या 3,50,000 है, तो एक वर्ष बाद उसकी जनसंख्या होगी।

$$= \frac{125 \times 3,50,000}{100} = 4,37,500$$

∴ एक और वर्ष बाद शहर की जनसंख्या

$$= \frac{125}{100} \times 437500 = 546875.$$

उदाहरण 5 : किसी शहर की जनसंख्या 70,000 से बढ़कर 75,000 हो गई है। वृद्धि प्रतिशत ज्ञात कीजिए।

हल : जनसंख्या में वृद्धि = 75000 − 70000 = 5000

$$\text{प्रतिशत वृद्धि} = \frac{5000 \times 100}{70,000} = \frac{50}{7}\%$$

$$= 7\frac{1}{7}\%$$

उदाहरण 6 : एक स्कूल में 300 छात्र हैं। उनमें से 40% लड़कियाँ हैं। स्कूल में लड़के और लड़कियों की संख्या ज्ञात कीजिए।

हल : छात्राएँ = 40%

लड़कियों की संख्या $= \frac{40}{100} \times 300 = 120$

लड़कों की संख्या = 300 – 120 = 180.

उदाहरण 7 : नीरज का वेतन धीरज के वेतन से 15% अधिक है। यदि धीरज का वेतन ₹ 1200 है, तो नीरज का वेतन ज्ञात कीजिए।

हल : नीरज का वेतन धीरज के वेतन से 15% अधिक है। यदि धीरज का वेतन ₹100 है, तो नीरज का वेतन = ₹115

∴ यदि धीरज का वेतन ₹ 1 है, तो नीरज का वेतन = ₹ $\frac{115}{100}$

∴ जब धीरज का वेतन ₹1200 है, तो नीरज का वेतन $= \frac{115 \times 1200}{100}$ = ₹1380.

अभ्यास

1. कौन-सी संख्या 80 से 60% कम है?
A. 48 B. 42 C. 32 D. 12

2. एक परीक्षा में 93% छात्र उत्तीर्ण हुए और 259 अनुत्तीर्ण हुए। छात्रों की कुल संख्या है :
A. 3700 B. 500
C. 3950 D. इनमें से कोई नहीं

3. एक गाँव की जनसंख्या 6700 है। यदि उनमें से 30% पुरुष हैं, और 25% महिलाएँ हैं, तो गाँव में बच्चों की संख्या ज्ञात कीजिए।
A. 3015 B. 3105 C. 3501 D. 3005

4. 2 घंटे का 40% क्या है?
A. 24 मिनट B. 36 मिनट C. 48 मिनट D. 30 मिनट

5. एक छात्र ने कुल 600 अंकों में से 30% अंक प्राप्त किए। यदि वह 60 अंकों से अनुत्तीर्ण हो गया, तो परीक्षा उत्तीर्ण करने के लिए आवश्यक कुल अंक हैं :
A. 75 B. 180 C. 240 D. 220

6. एक घंटे का 75% क्या है?
A. 45 मिनट B. 30 मिनट C. 40 मिनट D. 60 मिनट

7. ₹ 2000 का 7.5% क्या है?
A. ₹ 1.50 B. ₹ 15.00 C. ₹ 1500 D. ₹ 150

8. एक लड़के को 80 में से 25 अंक मिलते हैं और वह 15 अंकों से अनुत्तीर्ण हो जाता है। उत्तीर्ण अंकों का प्रतिशत ज्ञात कीजिए।
A. 40% B. 30% C. 33% D. 50%

9. अंजू ने गणित की परीक्षा में 60 में से 39 अंक प्राप्त किए। यह कितने % है?
A. 75% B. 35% C. 60% D. 65%

10. यदि किसी संख्या का 75%, 15 है, तो वह संख्या ज्ञात कीजिए।
A. 20 B. 25 C. 40 D. 35

11. रमा की मासिक आय ₹ 6000 थी। यदि उसकी आय में 10% की वृद्धि होती है, तो वृद्धि के बाद उसकी आय है:
A. ₹ 6100 B. ₹ 6200 C. ₹ 6500 D. ₹ 6600

12. भारत की जनसंख्या लगभग 100 करोड़ है। यदि वार्षिक वृद्धि 2 प्रतिशत प्रति वर्ष है, तो एक वर्ष बाद जनसंख्या होगी :
A. 100 करोड़ B. 101 करोड़
C. 102 करोड़ D. 105 करोड़

13. एक परीक्षा में, सुरेश ने 750 अंकों में से 89% अंक प्राप्त किए। उसे कितने अंक मिले?
A. 667.5 B. 668.5 C. 669.5 D. 670.5

14. एक बरसात के दिन 40 छात्रों की एक कक्षा में 35% छात्र अनुपस्थित थे। तो अनुपस्थित छात्रों की संख्या है :
A. 16 B. 15 C. 14 D. 13

15. एक गाँव की जनसंख्या 2400 है। यदि 12% बच्चे हैं, तो वयस्कों की संख्या है:
A. 2552 B. 2652 C. 2752 D. 2112

16. मंजू का वजन अंजू के वजन से 14% अधिक है। यदि अंजू का वजन 63 किग्रा है, तो मंजू का वजन है:
A. 71.82 किग्रा B. 72.82 किग्रा
C. 73.82 किग्रा D. 74.82 किग्रा

17. अपनी 69% राशि खर्च करने के बाद, एक महिला के पास ₹93 शेष बचे। पहले उसके पास कितने थे?
A. ₹250 B. ₹350 C. ₹300 D. ₹800

18. किसी परीक्षा में उपस्थित 200 उम्मीदवारों में से 25% असफल रहे। कितने उम्मीदवार सफल हुए?
A. 150 B. 145 C. 140 D. 160

19. A का वेतन B के वेतन से 50% अधिक है। यदि B का वेतन ₹1500 है, तो A का वेतन ज्ञात कीजिए।
A. ₹2500 B. ₹2400 C. ₹2250 D. ₹2350

20. एक युद्ध में एक सेना के 6% सैनिक मारे गए। यदि 282 सैनिक अभी भी जीवित हैं, तो युद्ध में मारे गए सैनिकों की संख्या ज्ञात कीजिए।
A. 15 B. 18 C. 16 D. 17

21. मक्खन की कीमत ₹ 25 प्रति किग्रा है। यदि कीमत 40% प्रति किग्रा बढ़ जाती है, तो 4 किग्रा मक्खन की कीमत ज्ञात कीजिए।
A. ₹140 B. ₹145 C. ₹150 D. ₹135

22. एक शहर की जनसंख्या 50,000 से बढ़कर 60,000 हो गई है। वृद्धि प्रतिशत ज्ञात कीजिए।
A. 18% B. 20% C. 25% D. 15%

23. A, B से 20% अधिक कमाता है। यदि B, ₹ 40 कमाता है, तो A की कमाई ज्ञात कीजिए।
A. ₹ 40 B. ₹ 50 C. ₹ 45 D. ₹ 48

24. एक मजदूर को प्रतिदिन ₹10 मिलते हैं। वह अपनी मासिक आय का 20% बचाता है। एक वर्ष में उसकी बचत ज्ञात कीजिए।
A. ₹ 690 B. ₹ 720 C. ₹ 735 D. ₹ 700

25. एक गाँव की जनसंख्या 4,500 है। यदि उनमें से 11/18 भाग पुरुष और शेष महिलाएँ हैं, तो महिलाओं का प्रतिशत ज्ञात कीजिए।
A. $38\frac{8}{9}\%$ B. $37\frac{8}{9}\%$ C. $39\frac{8}{9}\%$ D. $35\frac{8}{9}\%$

26. एक व्यापारी एक किलोग्राम वजन के स्थान पर 800 ग्राम वजन करता है। व्यापारी द्वारा की गई त्रुटि प्रतिशत ज्ञात कीजिए।
A. 15% B. 18% C. 20% D. 25%

27. 2018 में अमित का वेतन ₹ 1,26,500 है। वर्ष 2016 में उसका वेतन प्रतिवर्ष क्रमशः 10% व 15% बढ़कर 2018 के वेतन तक पहुँच गया। वर्ष 2016 में उसका वेतन कितना था?
A. ₹ 1,25,000 B. ₹ 1,00,000
C. ₹ 95,000 D. ₹ 1,15,000

28. यदि P का P% 36 हो, P बराबर होगा:
A. 15 B. 3600 C. 600 D. 60

29. यदि किसी कस्बे की जनसंख्या 60000 से बढ़कर 65000 हो जाती है, तो जनसंख्या में वृद्धि (प्रतिशत में) है:
A. $7\frac{1}{4}$ B. $7\frac{9}{13}$ C. $8\frac{1}{3}$ D. $8\frac{1}{9}$

30. किसी संख्या के 60% का $\frac{3}{5}$वाँ भाग 36 है, तो वह संख्या है:
A. 100 B. 75 C. 80 D. 90

व्याख्यात्मक उत्तर

1. (C): $80-80\times\frac{60}{100}=80-48=32.$

2. (A): मान लीजिए कुल विद्यार्थियों की संख्या = x
दिया गया है, उत्तीर्ण विद्यार्थियों की संख्या = 93%
∴ अनुत्तीर्ण विद्यार्थियों की संख्या = 100 – 93 = 7%
$\because \quad x\times 7\% = 259$
$\therefore \quad x\times\frac{7}{100}=259$
$\Rightarrow \quad x=\frac{259\times100}{7}=37\times100=3700$
अतः, कुल विद्यार्थियों की संख्या = 3700.

3. (A): एक गाँव की जनसंख्या = 6700
पुरुष = 30%
महिलाएँ = 25%
बच्चे = 100 – (30 + 25)
= 100 – 55 = 45%
∴ गाँव में बच्चों की संख्या = $6700\times\frac{45}{100}$
= 67 × 45 = 3015.

4. (C): 2 घंटे का 40%
= 2 का 40% × 60 मिनट [1 घंटा = 60 मिनट]
$=\frac{40}{100}\times120$ = 48 मिनट।

5. (C): कुल अंक = 600
प्राप्त अंक = $\frac{30}{100}\times600=180$
प्रश्नानुसार, उत्तीर्ण अंक = 180 + 60 = 240.

6. (A): एक घंटा का 75% = 60 मिनट $\times\frac{75}{100}$
$=60\times\frac{3}{4}$ = 45 मिनट।

7. (D): ₹ 2000 का 7.5% = $2000\times\frac{7.5}{100}$
= 20 × 7.5 = ₹ 150.

8. (D): कुल अंक = 80, उत्तीर्ण अंक = 25 + 15 = 40
∴ उत्तीर्ण अंकों का % = $\frac{40}{80}\times100=50\%$.

9. (D): अभीष्ट % = $\frac{39}{60}\times100=\frac{13}{20}\times100$
= 13 × 5 = 65%.

10. (A): मान लीजिए संख्या x है
तो, x का 75% = 15
$\Rightarrow \quad x\times\frac{75}{100}=15\Rightarrow x\times\frac{3}{4}=15$
$\Rightarrow \quad x=\frac{15\times4}{3}=5\times4=20.$

11. (D): वृद्धि के बाद मासिक आय

$$= 6000 + 6000 \times \frac{10}{100} = ₹\,6600$$

12. (C): जनसंख्या वृद्धि $= 100 \times \frac{2}{100} = 2$ करोड़

$\therefore$ एक वर्ष बाद जनसंख्या = 100 + 2 = 102 करोड़

13. (A): प्राप्त अंक = 750 का 89%

$$= \frac{89}{100} \times 750 = 89 \times 7.5 = 667.5.$$

14. (C): अनुपस्थित छात्रों की संख्या $= 40 \times \frac{35}{100} = 14$

15. (D) वयस्कों की संख्या = 2400 का 88%

$$= 2400 \times \frac{88}{100} = 24 \times 88 = 2112.$$

16. (A): मंजू का वजन $= 63 + 63 \times \frac{14}{100}$

= 63 + 8.82 = 71.82 किग्रा।

17. (C): व्यय = 69%, बचत = 100 – 69 = 31%

यदि बचत ₹31 है, तो कुल राशि = ₹100

$\therefore$ जब बचत ₹93 है, तो कुल राशि $= \frac{100 \times 93}{31} = ₹\,300$

18. (A): सफल उम्मीदवारों की संख्या $= \frac{75 \times 200}{100} = 150.$

19. (C): A का वेतन = B के वेतन से 50% अधिक

$\therefore$ जब B ₹100 कमाता है, तो A ₹150 कमाता है

$\therefore$ जब B का वेतन ₹1500 है, तो A का वेतन

$$= \frac{150 \times 1500}{100} = ₹\,2250$$

20. (B): मारे गए सैनिक = 6%, जीवित सैनिक = 100 – 6 = 94%

जब 94 सैनिक जीवित हैं, तो मारे गए सैनिकों की संख्या = 6

जब जीवित सैनिकों की संख्या 282 है, तो युद्ध में मारे गए सैनिकों की संख्या $= \frac{6 \times 282}{94} = 18.$

21. (A): कीमत में वृद्धि = 40%

1 किग्रा मक्खन का मूल मूल्य = ₹25

1 किलो मक्खन की नई कीमत $= \frac{140 \times 25}{100} = ₹\,35$

4 किलो मक्खन की नई कीमत = 35 × 4 = ₹140

22. (B): जनसंख्या में वृद्धि = 60000 – 50000 = 10000

$\therefore$ वृद्धि प्रतिशत $\frac{10000 \times 100}{50000} = 20\%.$

23. (D): A की कमाई = B की कमाई से 20% अधिक

$\therefore$ जब B ₹100 कमाता है, तो A ₹120 कमाता है

जब B ₹40 कमाता है, तो A कमाता है $= \frac{120 \times 40}{100} = ₹\,48$

24. (B): मासिक कमाई = 30 × 10 = ₹300

मासिक बचत $= \frac{20 \times 300}{100} = 60$

$\therefore$ मजदूर की वार्षिक बचत = 12 × 60 = ₹720.

25. (A): गाँव की जनसंख्या = 4500

पुरुषों की संख्या $= \frac{11}{18} \times 4500 = 2750$

$\therefore$ महिलाओं की संख्या = 4500 – 2750 = 1750

$\therefore$ महिलाओं का प्रतिशत $= \frac{1750 \times 100}{4500} = 38\frac{8}{9}\%$

26. (C): 1 किग्रा = 1000 ग्राम

त्रुटि = (1000 – 800) ग्राम = 200 ग्राम

1000 ग्राम वजन करने पर त्रुटि = 200 ग्राम

$\therefore$ प्रतिशत त्रुटि $= \frac{200 \times 100}{1000} = 20\%$

27. (B): माना अमित का वेतन वर्ष 2016 में ₹x था

तब, $x\left(1+\frac{10}{100}\right)\left(1+\frac{15}{100}\right) = 1,26,500$

$\Rightarrow \quad x \times \frac{11}{10} \times \frac{23}{20} = 1,26,500$

$\Rightarrow \quad x = \frac{1,26,500}{11 \times 23} = \frac{11500}{23} \times 10 \times 20$

$= 500 \times 200 = 1,00,000$

$\Rightarrow \quad x = ₹\,1,00,000.$

28. (D): P का $P\% = 36$

$$P \times \frac{P}{100} = 36$$

$$P^2 = 3600$$

$$P = \sqrt{3600} = 60.$$

29. (C): जनसंख्या में प्रतिशत वृद्धि

$$= \frac{65,000 - 60,000}{60,000} \times 100 = \frac{5000}{60000} \times 100$$

$$= \frac{50}{6} = \frac{25}{3} = 8\frac{1}{3}\%.$$

30. (A): माना कि संख्या = x

$\therefore \quad x \times \frac{60}{100} \times \frac{3}{5} = 36 \Rightarrow x = \frac{36 \times 5 \times 10}{3 \times 6} = 100$

अतः संख्या = 100.

11 साधारण ब्याज

- **मूलधन :** बैंक में आपके द्वारा जमा की गई राशि को मूलधन (P) कहते हैं।
- **ब्याज :** बैंक से आपको जो अतिरिक्त राशि मिलती है उसे ब्याज (I) कहते हैं।
- **मिश्रधन :** एक निश्चित समय के बाद आपको मिलने वाली कुल राशि को मिश्रधन (A) कहते हैं।
- **साधारण ब्याज :** यदि ब्याज वार्षिक रूप से दिया जाता है और एक वर्ष के बाद चक्रवृद्धि नहीं होता है, तो ऐसे ब्याज को साधारण ब्याज (S.I.) कहते हैं।

महत्वपूर्ण सूत्र

साधारण ब्याज (S.I.) $= \frac{P \times R \times T}{100}$

मूलधन (P) $= \frac{S.I. \times 100}{R \times T}$

दर (R) $= \frac{S.I. \times 100}{P \times T}$

समय (T) $= \frac{S.I. \times 100}{P \times R}$

मिश्रधन (A) $= P + I$

मूलधन (P) $= A - I$

ब्याज (I) $= A - P$

जहाँ, P = मूलधन, T = समय
R = दर, I = ब्याज

साधित उदाहरण

उदाहरण 1 : ₹4,000 कितने वर्षों में, 6% वार्षिक दर से ₹4,480 हो जाएँगे?

हल : यहाँ $P = ₹4,000;\ R = 6\%;\ T = ?$

$A = ₹4,480$

$\therefore\quad I = ₹4480 - 4000 = ₹480$

अतः $T = \frac{I \times 100}{P \times R} = \frac{480 \times 100}{4,000 \times 6} = 2$ वर्ष

उदाहरण 2 : ₹500 पर 6% वार्षिक दर से 4 वर्षों का ब्याज ज्ञात कीजिए।

हल: $P = ₹500,\ R = 6\%,\ T = 4$ वर्ष

$\therefore$ साधारण ब्याज $= \frac{P \times R \times T}{100} = \frac{500 \times 6 \times 4}{100} = ₹120.$

उदाहरण 3 : ₹1,800, 2½ वर्षों में ₹2,250 हो जाते हैं। प्रतिशत दर ज्ञात कीजिए।

हल: $P = ₹1,800,\ A = ₹2,250$

$\therefore\quad I = A - P = 2250 - 1800 = ₹450$

समय $= 2\frac{1}{2}$ वर्ष $= \frac{5}{2}$ वर्ष

$R = \frac{100 \times S.I.}{P \times T} = \frac{100 \times 450 \times 2}{1,800 \times 5} = 10\%.$

उदाहरण 4 : 4% प्रति वर्ष की दर से 3 वर्षों के लिए उधार दी गई कितनी धनराशि ₹392 होगी?

हल: समय = 3 वर्ष, R = 4%

माना मूलधन ₹100 है

$I = \frac{P \times R \times T}{100} = \frac{100 \times 4 \times 3}{100} = ₹12$

$\therefore$ मिश्रधन = ₹100 + 12 = ₹112

$\therefore$ जब मिश्रधन ₹112 है, तो मूलधन = ₹100

$\therefore$ जब मिश्रधन ₹392 है,

तो मूलधन $= \frac{100 \times 392}{112} = ₹350.$

उदाहरण 5 : 5% वार्षिक ब्याज दर पर ₹500 कितने समय में ₹1,000 हो जाएँगे?

हल :

$P = ₹500, A = ₹1000$

$\therefore \quad I = A - P = 1000 - 500 = ₹500$

$R = 5\%$

$$\text{समय} = \frac{100 \times I}{P \times R} = \frac{100 \times 500}{500 \times 5} = 20 \text{ वर्ष}$$

उदाहरण 6 : 2 जुलाई से 12 सितंबर, 2006 तक 4% प्रति वर्ष की दर से ₹1,000 पर साधारण ब्याज ज्ञात कीजिए।

हल : 2 जुलाई से 12 सितंबर, 2006 तक दिनों की संख्या :

जुलाई + अगस्त + सितंबर = 30 + 31 + 12 = 73 दिन

मूलधन = ₹1000, दर = 4%

$$\text{समय} = \frac{73}{365} \text{ वर्ष} = \frac{1}{5} \text{ वर्ष}$$

$$\because \quad S.I. = \frac{P \times R \times T}{100} = \frac{100 \times 4 \times 1}{5 \times 100} = ₹8$$

उदाहरण 7 : प्रमोद ने अजय से 8% वार्षिक ब्याज पर ₹1,100 लिए। छह महीने बाद वह अजय को कितनी राशि लौटाएगा?

हल : यहाँ, $P = ₹1,100; R = 8\%$

$$T = 6 \text{ महीना} = \frac{1}{2} \text{ वर्ष}$$

$$\therefore \quad I = \frac{P \times R \times T}{100} = \frac{1100 \times 8 \times 1}{100 \times 2} = ₹44$$

$$\therefore \quad A = P + S.I. = 1100 + 44 = ₹1144.$$

उदाहरण 8 : वह मूलधन ज्ञात कीजिए जिस पर 5 वर्षों में 6% वार्षिक ब्याज दर से ₹60 का ब्याज मिलेगा।

हल :

$I = ₹60, R = 6\%,$

$T = 5$ वर्ष

$$P = \frac{100 \times I}{R \times T} \Rightarrow P = \frac{100 \times 60}{6 \times 5} = ₹200.$$

$$\Rightarrow \quad P = \frac{100 \times 60}{6 \times 5} = ₹200.$$

अभ्यास

1. किस दर पर ₹ 6000 की राशि 5 वर्षों में ₹ 7800 हो जाएगी?
A. 3% B. 4% C. 5% D. 6%

2. ₹ 5000 पर 3 वर्ष की अवधि के लिए 7½% की दर से साधारण ब्याज ज्ञात कीजिए।
A. ₹ 5000 B. ₹ 6125 C. ₹ 2000 D. ₹ 1125

3. ₹ 450 की राशि पर 4.5% वार्षिक ब्याज दर पर ₹ 81 ब्याज प्राप्त करने में कितना समय लगेगा?
A. 3 वर्ष B. 4 वर्ष C. 6 वर्ष D. 5 वर्ष

4. जोसेफ ने ₹ 25,000 साधारण ब्याज पर 6% प्रति वर्ष की दर से 4 वर्षों के लिए उधार लिए। 4 वर्षों के अंत में उसने कितना भुगतान किया?
A. ₹ 30,000 B. ₹ 31,000 C. ₹ 31,800 D. ₹ 31,920

5. 9% वार्षिक साधारण ब्याज की दर से ₹ 1,800 की राशि कितने वर्षों में ₹ 2,610 हो जाएगी?
A. 4 वर्ष B. 5 वर्ष C. 6 वर्ष D. 4½ वर्ष

6. 9% की दर से 3 वर्षों के लिए उधार दी गई कितनी धनराशि पर ₹81 साधारण ब्याज मिलेगा?
A. ₹225 B. ₹250 C. ₹300 D. ₹325

7. डाकघर में ₹200 की राशि 5½% वार्षिक साधारण ब्याज की दर से जमा की जाती है। 2 वर्ष बाद कुल राशि कितनी होगी?
A. ₹550 B. ₹345 C. ₹255 D. ₹222

8. ₹120 पर 7 महीनों के लिए 5% वार्षिक ब्याज की दर से साधारण ब्याज ज्ञात कीजिए।
A. ₹2.50 B. ₹3.50 C. ₹4.50 D. ₹5.50

9. यदि 10 वर्षों में ₹150 की राशि ₹200 हो जाती है, तो साधारण ब्याज की दर ज्ञात कीजिए।
A. $3\frac{1}{3}\%$ B. $4\frac{1}{2}\%$ C. $3\frac{1}{2}\%$ D. $4\frac{1}{3}\%$

10. सत्येंद्र ने राजू से ₹450 उधार लिए। दो वर्ष बाद, उसने राजू को ₹549 का भुगतान करके खाता साफ कर दिया। ब्याज दर ज्ञात कीजिए।
A. 8% B. 9% C. 10% D. 11%

11. अभिषेक ने 4% प्रति वर्ष की दर से 6 वर्ष की अवधि के लिए ₹750 उधार लिए। निश्चित समय के बाद, उसने ₹300 नकद और एक रेडियो सेट देकर अपना कर्ज चुका दिया। रेडियो सेट की कीमत ज्ञात कीजिए।
A. ₹580 B. ₹630 C. ₹625 D. ₹595

12. कोई धनराशि 6 वर्षों में 5% वार्षिक ब्याज दर से ₹910 हो जाती है। मूलधन ज्ञात कीजिए।
A. ₹500 B. ₹600 C. ₹700 D. ₹400

13. मनोज ने अपने मित्र से 8% वार्षिक ब्याज दर पर ₹1,500 उधार लिए और ... बाद पूरी राशि वापस कर दी। उसने कितनी राशि चु...
A. ₹1200 ... ₹1600

14. साधारण ब्याज ...
हो जाते हैं?
A. 3%

15. ₹ 1050 का 12% वार्षिक ब्याज दर से 2 वर्षों का साधारण ब्याज है:
A. ₹ 1102 B. ₹ 52 C. ₹ 352 D. ₹ 252

16. सलमा ने किसी से ₹ 2500 उधार लिए। ढाई साल बाद उसने ₹ 3000 चुकाकर अपना कर्ज चुका दिया, तो ब्याज दर है:
A. 5% B. 6% C. 7% D. 8%

17. यदि मूलधन ₹ 250 है, वार्षिक ब्याज दर 8% और अवधि 3 वर्ष है, तो साधारण ब्याज है:
A. ₹ 60 B. ₹ 70 C. ₹ 75 D. ₹ 85

18. यदि साधारण ब्याज ₹ 200 है, वार्षिक ब्याज दर 3% और अवधि 20 महीने है, तो मूलधन है:
A. ₹ 6000 B. ₹ 5000 C. ₹ 4000 D. ₹ 3000

19. यदि मूलधन ₹ 1000, साधारण ब्याज ₹ 250 और समय 2 वर्ष है, तो दर है:
A. 10.5% B. 11.5% C. 13.5% D. 12.5%

20. यदि मूलधन ₹ 400, साधारण ब्याज ₹ 100 और ब्याज दर 12½% प्रति वर्ष है, तो समय ज्ञात कीजिए:
A. 6 वर्ष B. 5 वर्ष C. 3 वर्ष D. 2 वर्ष

21. यदि मूलधन ₹ 2000, साधारण ब्याज ₹ 510 और ब्याज दर 8½% प्रति वर्ष है, तो समय है:
A. 3 वर्ष B. 2 वर्ष C. 7 वर्ष D. 5 वर्ष

22. कोई धनराशि साधारण ब्याज पर 5 वर्षों में दोगुनी हो जाती है, तो ब्याज दर है:
A. 10% B. 15% C. 20% D. 25%

23. सोनम ने मीना से 5 वर्ष के लिए 7% प्रति वर्ष की दर से ₹ 2200 उधार लिए। पाँच वर्ष के अंत में सोनम ने ₹ 2100 और एक हैंड मिक्सी लौटा दी, तो हैंड मिक्सी की कीमत है:
A. ₹ 670 B. ₹ 770 C. ₹ 870 D. ₹ 970

24. 5% वार्षिक साधारण ब्याज दर पर ₹ 1,200 की राशि कितने वर्षों में ₹ 1,800 हो जाएगी?
A. 10 वर्ष B. 20 वर्ष
C. 15 वर्ष D. 25 वर्ष

25. एक धनराशि साधारण ब्याज की वार्षिक दर से 16 वर्षों में दोगुनी हो जाएगी:
A. 10% B. 6¼% C. 8% D. 16%

व्याख्यात्मक उत्तर

1. (D): S.I. = मिश्रधन – मूलधन
= 7800 – 6000 = ₹ 1800

$\because$ $\text{S.I.} = \dfrac{P \times R \times T}{100}$

$$1800 = \frac{6000 \times r \times 5}{100}$$

$$R = \frac{1800 \times 100}{6000 \times 5} = 6\%.$$

2. (D): $\text{S.I.} = \dfrac{P \times R \times T}{100} = \dfrac{500 \times \frac{15}{2} \times 3}{100}$

$$= \frac{5000 \times 15 \times 3}{200} = \frac{225000}{200} = ₹\ 1125$$

3. (B): यहाँ, P = ₹ 450, R = 4.5%,
साधारण ब्याज = ₹ 81

$\therefore$ समय (T) $= \dfrac{\text{S.I.} \times 100}{P \times R}$

$$= \frac{81 \times 100}{450 \times 4.5} = \frac{81 \times 1000}{450 \times 45}$$

$$= \frac{9 \times 100}{45} = \frac{1 \times 20}{5} = 4 \text{ वर्ष}$$

4. (B): $\text{S.I.} = \dfrac{P \times R \times T}{100} = \dfrac{25000 \times 6 \times 4}{100} = ₹\ 6000.$

मिश्रधन (A) = P + S.I. = 25000 + 6000 = ₹ 31000
अतः 4 वर्ष के अंत में जोसेफ ने ₹ 31000 का भुगतान किया।

5. (B): S.I. = 2610 – 1800 = ₹ 810

समय (T) $= \dfrac{\text{S.I.} \times 100}{P \times R} = \dfrac{810 \times 100}{1800 \times 9} = 5$ वर्ष

6. (C): साधारण ब्याज = ₹ 81, R = 9%, T = 3 वर्ष

$$P = \frac{100 \times \text{S.I.}}{T \times R} = \frac{100 \times 81}{3 \times 9} = 300$$

$\therefore$ P = ₹ 300.

7. (D): P = ₹ 200, $R = \dfrac{11}{2}\%$, T = 2 वर्ष

$\therefore$ साधारण ब्याज $= \dfrac{200 \times 11 \times 2}{2 \times 100} = ₹ 22$

A = P + S.I. = ₹ 200 + ₹ 22

$\therefore$ मिश्रधन = ₹ 222.

8. (B): P = ₹ 120, R = 5%, $T = \dfrac{7}{12}$ वर्ष

$\therefore$ $\text{S.I.} = \dfrac{120 \times 5 \times 7}{12 \times 100} = ₹ 3.50.$

9. (A): P = ₹150, A = ₹200

S.I. = 200 – 150 = ₹50

समय = 10 वर्ष

$$R = \frac{100\times S.I.}{P\times T} \Rightarrow R = \frac{100\times 50}{150\times 100} = 3\frac{1}{3}\%.$$

10. (D): P = ₹450, A = ₹549

साधारण ब्याज (S.I.) = 549 – 450 = ₹99

समय = 2 वर्ष

$$R = \frac{100\times S.I.}{P\times T} = \frac{100\times 99}{450\times 2} = 11\%.$$

11. (B): P = ₹750, R = 4%, T = 6 वर्ष

$$\text{साधारण ब्याज} = \frac{750\times 4\times 6}{100} = ₹180$$

मिश्रधन = 750 + 180 = ₹930

अब ₹300 + रेडियो सेट की कीमत = ₹930

∴ रेडियो सेट की कीमत = 930 – 300 = ₹630.

12. (C): माना, P = ₹100

$$S.I. = \frac{100\times 5\times 6}{100} = ₹30$$

मिश्रधन = 100 + 30 = ₹130

जब मिश्रधन ₹130 हो तो P = ₹100

$$\text{जब मिश्रधन ₹910 हो तो } P = \frac{100}{130}\times 910$$

∴ P = ₹700.

13. (D):
$$S.I. = \frac{P\times R\times T}{100} = \frac{15000\times 8\times 10}{100\times 12} = ₹100$$

मिश्रधन = 1500 + 100 = ₹1600.

14. (C): S.I. = मिश्रधन – मूलधन

= 2325 – 1875 = ₹450

$$R = \frac{S.I\times 100}{P\times T} = \frac{450\times 100}{1875\times 4} = 6$$

∴ R = 6%.

15. (D):
$$\text{साधारण ब्याज} = \frac{P\times R\times T}{100} = \frac{1050\times 12\times 2}{100}$$

= 21 × 12 = ₹ 252.

16. (D): P = ₹ 2500, A = ₹ 3000,

$$T = 2\frac{1}{2} \text{ वर्ष} = \frac{5}{2} \text{ वर्ष}$$

S.I. = A – P = ₹ (3000 – 2500) = ₹ 500

$$R = \frac{S.I.\times 100}{P\times T} = \frac{500\times 100\times 2}{2500\times 5}$$

∴ R = 8%.

17. (A): P = ₹250, R = 8% p.a., T = 3 वर्ष

$$S.I. = \frac{P\times R\times T}{100} = \frac{250\times 8\times 3}{100} = ₹ 60.$$

18. (C): S.I. = ₹ 200, R = 3% प्रति वर्ष

$$T = 20 \text{ महीना} = 1+\frac{8}{12} \text{ वर्ष} = \frac{5}{3} \text{ वर्ष}$$

$$P = \frac{S.I.\times 100}{R\times T} = \frac{200\times 100\times 3}{3\times 5} = ₹ 4000.$$

19. (D): P = ₹ 1000, S.I. = ₹ 250, T = 2 वर्ष

$$R = \frac{S.I.\times 100}{P\times T} = \frac{250\times 100}{1000\times 2} = 12.5\%.$$

20. (D): P = ₹ 400, S.I. = ₹ 100

$$R = \frac{25}{2}\%,\ T = \frac{100\times 100\times 2}{400\times 25} = 2 \text{ वर्ष}$$

21. (A): P = ₹ 2000, S.I. = ₹ 510

$$R = \frac{17}{2} \text{ प्रति वर्ष},\ T = \frac{5100\times 100\times 2}{2000\times 17} = 3 \text{ वर्ष}$$

22. (C): माना P = ₹ 100, A = ₹ 200,

S.I. = 200 – 100 = ₹ 100

$$R = \frac{S.I.\times 100}{P\times T} = \frac{100\times 100}{100\times 5} = 20\%.$$

23. (C):
$$S.I. = \frac{2200\times 7\times 5}{100} = 22\times 35 = ₹ 770$$

A = 2200 + 770 = ₹ 2970

हैंड मिक्सर की कीमत = 2970 – 2100 = ₹ 870.

24. (A): यहाँ, P = ₹ 1200, A = ₹ 1800, r = 5%

∴ साधारण ब्याज = A – P

= ₹ 1800 – ₹ 1200 = ₹ 600

$$T = \frac{S.I.\times 100}{P\times R}$$

$$= \frac{600\times 100}{1200\times 5} = \frac{6\times 20}{12} = \frac{20}{2} = 10.$$

∴ समय = 10 वर्ष

25. (B): माना, मूलधन = ₹ P

तो, मिश्रधन = ₹ 2P

∴ साधारण ब्याज = मिश्रधन – मूलधन = 2P – P = ₹ P.

दिया है, समय = 16 वर्ष

$$\text{दर} = \frac{\text{ब्याज}\times 100}{\text{मूलधन}\times \text{समय}}$$

$$= \frac{P\times 100}{P\times 16}\% = \frac{25}{4} = 6\frac{1}{4}\%.$$

12 लाभ और हानि

उपभोक्ता वह व्यक्ति है जो बाजार जाता है और कुछ सामान खरीदता है। खरीदार को ग्राहक कहा जाता है और जो दुकानदार उसे सामान बेचता है उसे खुदरा विक्रेता कहा जाता है। खुदरा विक्रेता एक थोक विक्रेता से बारी-बारी से सामान खरीदता है जो वस्तुओं का बड़ा स्टॉक रखता है और इस मामले में, खुदरा विक्रेता ग्राहक बन जाता है।

1. **क्रय मूल्य (C.P.):** लागत मूल्य वह मूल्य है जिस पर कोई विशेष वस्तु खरीदी जाती है। लाभ और हानि दोनों को क्रय मूल्य पर निकाला जाता है।

2. **विक्रय मूल्य (S.P.):** विक्रय मूल्य वह मूल्य है जिस पर कोई विशेष वस्तु बेची जाती है।

3. **लाभ या लाभ :** जब भी कोई व्यक्ति किसी वस्तु को लागत मूल्य से अधिक कीमत पर बेचता है तो कहा जाता है कि उसने लाभ या लाभ कमाया है।
   लाभ = S.P. – C.P.

4. **हानि :** यदि S.P., C.P. से कम है, तब हानि होती है।
   हानि = C.P – S.P.

कुछ महत्वपूर्ण सूत्रः

(*i*) लाभ = S.P. – C.P.

(*ii*) हानि = C.P. – S.P.

(*iii*) $\text{लाभ \%} = \dfrac{\text{लाभ} \times 100}{\text{C.P.}}$

(*iv*) $\text{हानि \%} = \dfrac{\text{हानि} \times 100}{\text{C.P.}}$

इनसे हम S.P. और C.P. के लिए सीधे व्यंजक लिख सकते हैं।

(*v*) $\text{S.P.} = \left(\dfrac{100 + \text{लाभ\%}}{100}\right) \times \text{C.P.}$; लाभ की स्थिति में

(*vi*) $\text{S.P.} = \left(\dfrac{100 - \text{हानि\%}}{100}\right) \times \text{C.P.}$; हानि की स्थिति में

इन्हें इस प्रकार पुनः लिखा जा सकता है

$\text{C.P.} = \dfrac{100}{100 + \text{लाभ\%}} \times \text{S.P.}$; लाभ की स्थिति में

$\text{C.P.} = \dfrac{100}{100 - \text{हानि\%}} \times \text{S.P.}$; हानि की स्थिति में

(*vii*) यदि वस्तु x का C.P. = वस्तु y का S.P., तब

(*a*) $\text{लाभ \%} = \dfrac{x - y}{y} \times 100$ [$x > y$ की स्थिति में]

(*b*) $\text{हानि \%} = \dfrac{y - x}{y} \times 100$ [$y > x$ की स्थिति में]

(*viii*) जब एक आदमी दो चीजें एक ही कीमत पर बेचता है और इस प्रक्रिया में पहली चीज पर उसका नुकसान $x\%$ है और दूसरी चीज पर लाभ $x\%$ है, तो इस प्रकार के प्रश्न में हमेशा नुकसान होता है।

$\text{हानि \%} = x \text{ का } x\% = \dfrac{x^2}{100} = \left(\dfrac{x}{10}\right)^2$.

$\text{एवं हानि} = \dfrac{2 \times \text{S.P.}}{\left(\dfrac{100}{x}\right)^2 - 1}$

(*ix*) एक वस्तु $x\%$ के लाभ पर बेची जाती है। यदि इसे ₹ a अधिक में बेचा गया होता, तो $y\%$ का लाभ होता। तब,

$\text{वस्तु का C.P.} = \dfrac{\text{अधिक लाभ} \times 100}{\text{प्रतिशत लाभ में अन्तर}}$

(*x*) $\text{M.P.} = \left(\dfrac{100}{100 - \text{छूट\%}}\right) \times \text{S.P.}$

(*xi*) छूट = M.P. – S.P.

(*xii*) एक बेईमान दुकानदार अपनी लागत मूल्य पर सामान बेचना पसंद करता है लेकिन प्रत्येक किलोग्राम के लिए x ग्राम का गलत वजन इस्तेमाल करता है। तो उसका लाभ प्रतिशत,

$\text{लाभ \%} = \dfrac{\text{त्रुटि}}{\text{सही मूल्य} - \text{त्रुटि}} \times 100$

$= \dfrac{1000 - x}{x} \times 100$

$\text{या, लाभ \%} = \dfrac{\text{सही वजन} - \text{गलत वजन}}{\text{गलत वजन}} \times 100$.

साधित उदाहरण

उदाहरण 1 : एक बेईमान व्यापारी अपना माल लागत मूल्य पर बेचने का दावा करता है, लेकिन वह किलोग्राम वजन के लिए 950 ग्राम वजन का उपयोग करता है। उसका लाभ प्रतिशत ज्ञात कीजिए।

हल : $\text{लाभ \%} = \dfrac{\text{त्रुटि}}{\text{सही मान} - \text{त्रुटि}} \times 100$

$= \dfrac{50}{950} \times 100 = 5.26\%$

उदाहरण 2 : एक व्यक्ति को एक घड़ी ₹630 में बेचने पर 10% की हानि होती है। घड़ी का क्रय मूल्य ज्ञात कीजिए।

हल : हानि = 10 %

∴ जब विक्रय मूल्य ₹90 है, तो क्रय मूल्य = ₹100

∴ जब विक्रय मूल्य ₹630 है, तो

क्रय मूल्य $= \dfrac{100}{90} \times 630 =$ ₹700.

उदाहरण 3 : विकास ने एक ट्रांजिस्टर ₹500 में खरीदा और उसे ₹550 में बेच दिया। हानि या लाभ प्रतिशत क्या है?

हल : क्रय मूल्य = ₹500

विक्रय मूल्य = ₹550

लाभ = 550 – 500 = ₹50

∴ $\text{लाभ \%} = \dfrac{50}{500} \times 100 = 10\%$.

उदाहरण 4 : देवेंद्र ने एक मोटरसाइकिल ₹10,000 में खरीदी। उसने ₹150 रोड टैक्स और ₹100 लाइसेंस शुल्क के रूप में चुकाए। 20% लाभ प्राप्त करने के लिए उसे कितनी कीमत चुकानी होगी?

हल : मोटर साइकिल का वास्तविक क्रय मूल्य

= ₹(10,000 + 150 + 100) = ₹10,250

लाभ = 20%

∴ विक्रय मूल्य $= \dfrac{120}{100} \times 10,250 =$ ₹12,300.

उदाहरण 5 : एक घड़ीसाज ने एक पुरानी घड़ी ₹80 में खरीदी। उसने उसकी मरम्मत पर ₹10 खर्च किए और फिर उसे ₹117 में बेच दिया। उसका लाभ या हानि प्रतिशत ज्ञात कीजिए।

हल : घड़ी का क्रय मूल्य = ₹80

मरम्मत पर व्यय = ₹10

वास्तविक क्रय मूल्य = ₹80 + ₹10 = ₹90

विक्रय मूल्य = 117

∴ लाभ = ₹117 – ₹90 = ₹27

अतः, लाभ प्रतिशत $= \dfrac{27}{90} \times 100 = 30\%$

उदाहरण 6 : कुछ आम 1.50 प्रति दर्जन की दर से खरीदे गए और 2.25 प्रति दर्जन की दर से बेचे गए। यदि लाभ ₹ 2.25 है, तो कितने आम खरीदे गए?

हल : क्रय मूल्य = ₹1.50 प्रति दर्जन

विक्रय मूल्य = ₹2.25 प्रति दर्जन

लाभ = 2.25 – 1.50 तो आमों की संख्या

= ₹0.75 प्रति दर्जन।

∴ जब लाभ ₹0.75 था, तो एक दर्जन आम खरीदे गए।

∴ जब लाभ ₹2.25 है, तो खरीदे गए आमों की संख्या

$= \dfrac{2.25}{0.75} = \dfrac{225}{75} = 3$ दर्जन आम खरीदे गए।

अभ्यास

1. एक वस्तु को ₹165 में बेचने पर एक व्यक्ति को 4% की हानि होती है। 28% लाभ प्राप्त करने के लिए, वस्तु का विक्रय मूल्य क्या होना चाहिए।

A. ₹220 B. ₹180 C. ₹225 D. ₹195

2. रमेश ₹120 प्रति मीटर की दर से 50 मीटर कपड़ा खरीदता है। 20% लाभ प्राप्त करने के लिए उसे कपड़ा किस दर पर बेचना चाहिए?

A. ₹180 B. ₹144 C. ₹150 D. ₹154

3. एक इलेक्ट्रॉनिक्स विक्रेता ₹475 में एक रेडियो खरीदता है और उसकी मरम्मत पर ₹25 खर्च करता है। यदि वह रेडियो को ₹600 में बेचता है, तो उसका लाभ प्रतिशत ज्ञात कीजिए?

A. 20% B. 8% C. 12% D. 9%

4. ₹30 में 60 संतरे बेचने पर एक व्यक्ति को 25% की हानि होती है। 30 संतरों का क्रय मूल्य ज्ञात कीजिए।

A. ₹25 B. ₹30 C. ₹20 D. ₹15

5. किसी वस्तु को ₹625 में बेचने पर 25% का लाभ होता है। यदि वस्तु को ₹550 में बेचा जाए तो लाभ प्रतिशत ज्ञात कीजिए।

A. 15% B. 18% C. 8% D. 10%

6. सुनील ने एक मोटरसाइकिल ₹8,500 में खरीदी। उसने मरम्मत पर ₹500 खर्च किए। उसने मोटरसाइकिल 15% के लाभ पर बेची। मोटरसाइकिल का विक्रय मूल्य ज्ञात कीजिए।

A. ₹10520 B. ₹10350 C. ₹10820 D. ₹10440

7. सोहन ने अपना टेलीविजन ₹5,067 में बेचा और उसे 10% की हानि हुई। यदि उसने टेलीविजन ₹5,630 में बेचा, तो उसका लाभ या हानि प्रतिशत ज्ञात कीजिए?

A. 20% B. 30%
C. 25% D. न हानि, न लाभ

8. एक व्यक्ति ने एक रुपये में 6 संतरे खरीदे और उन्हें 20% के लाभ पर बेच दिया। उसने एक रुपये में कितने संतरे बेचे?

A. 6 संतरे B. 5 संतरे C. 4 संतरे D. 3 संतरे

9. एक दुकानदार ₹225 में एक पंखा खरीदता है। वह 8 प्रतिशत का लाभ कमाना चाहता है। उसे इसे किस कीमत पर बेचना चाहिए?

A. ₹243 B. ₹250 C. ₹255 D. ₹240

10. एक व्यक्ति ने ₹6,200 में एक पुरानी कार खरीदी और उसकी मरम्मत पर ₹1700 खर्च किए। उसने कार को ₹8,200 में बेच दिया। उसे कितना लाभ हुआ?

A. ₹400 B. ₹500 C. ₹200 D. ₹300

11. करिश्मा ने ₹ 1,39,500.00 में दो हार खरीदे। उसने उनमें से एक को ₹ 75,000.00 में और दूसरे को ₹ 80,000.00 में बेच दिया। उसे कितना लाभ हुआ?

A. ₹ 25,500.00 B. ₹ 15,500.00
C. ₹ 20,500.00 D. ₹ 15,000.00

12. एक व्यक्ति ने ₹ 450 में एक पुरानी साइकिल खरीदी और उसके रख-रखाव पर ₹ 50 खर्च किए। यदि उसने पुरानी साइकिल ₹ 600 में बेची, तो उसका लाभ प्रतिशत है:

A. 15% B. 18% C. 20% D. 25%

13. राहुल एक कुर्सी ₹ 600 में खरीदता है और ₹ 200 उसकी मरम्मत में खर्च करता है। यदि वह उसे ₹ 1000 में बेचता है, तो उसे होगी:

A. न लाभ, न हानि B. 25% हानि
C. 25% लाभ D. गणना नहीं की जा सकती

14. एक मोबाइल फोन ₹ 1500 में खरीदने के बाद ₹ 1650 में बेचा जाता है। लाभ का प्रतिशत क्या है?

A. 10 B. 15 C. 20 D. 16

15. एक निश्चित ब्रांड का साबुन पाउडर ₹ 15 प्रति पैकेट की दर से बेचा जाता है। इसकी कीमत ₹ 144 प्रति दर्जन है। 8 दर्जन पैकेट पर प्रतिशत में लाभ क्या है?

A. 20 B. 25 C. 24 D. 36

16. एक व्यक्ति एक स्पीकर 20% लाभ पर ₹ 7,500 में और दूसरा स्पीकर 10% हानि पर ₹ 8,100 में बेचता है। उसकी कुल हानि या लाभ ज्ञात कीजिए।

A. हानि = ₹ 300 B. हानि = ₹ 350
C. लाभ = ₹ 300 D. लाभ = ₹ 350

17. एक व्यापारी ने 50 टेबल ₹ 4570 प्रति टेबल की दर से खरीदा। नौ टेबल परिवहन के दौरान क्षतिग्रस्त हो गईं। उसने शेष टेबल ₹ 5000 प्रति टेबल की दर से बेच दीं। इस स्थिति के लिए सबसे उपयुक्त कथन चुनें?

A. वह क्षतिग्रस्त टेबलों की लागत वसूल करने में सक्षम था।
B. उसने ₹ 25000 का लाभ कमाया।
C. उसे ₹ 23500 की हानि हुई।
D. उसने ₹ 23500 का लाभ कमाया।

18. जसपाल ने एक पुरानी कार ₹ 1,18,000 में खरीदी और उसके रख-रखाव पर ₹ 7,000 खर्च किए। यदि उसने कार ₹ 1,40,000, में बेची, तो उसका लाभ प्रतिशत है:

A. 10% B. 11% C. 12% D. 12.5%

19. एक मिठाई विक्रेता घोषणा करता है कि वह मिठाई क्रय मूल्य पर बेचता है। हालाँकि, वह 500 ग्राम के बजाय 450 ग्राम वजन का उपयोग करता है। उसका प्रतिशत लाभ है:

A. 10 B. $11\frac{1}{9}$ C. 12 D. $12\frac{2}{9}$

20. 20% लाभ प्राप्त करने के लिए ₹ 1500 की एक गाय का विक्रय मूल्य क्या होना चाहिए?

A. ₹ 1530 B. ₹ 1600 C. ₹ 2000 D. ₹ 1800

21. ₹ 10 के 6 की दर से केले खरीदकर ₹ 6 में 4 की दर से बेचने पर कितने प्रतिशत हानि होगी?

A. 5% B. 20% C. 10% D. 6%

22. यदि 8 पेन का क्रय-मूल्य 6 पेन के विक्रय-मूल्य के बराबर है, तो लाभ प्रतिशत है :

A. $33\frac{1}{3}\%$ B. $11\frac{1}{2}\%$ C. $13\frac{1}{3}\%$ D. 25%

23. यदि किसी दुकानदार को एक वस्तु को ₹ 390, पर बेचने पर 20% का लाभ होता है, तो वस्तु का क्रय-मूल्य है :

A. ₹ 324 B. ₹ 321 C. ₹ 323 D. ₹ 325

24. यदि किसी वस्तु का क्रय-मूल्य उसके विक्रय-मूल्य का $\frac{3}{2}$ है, तो लाभ या हानि प्रतिशत है :

A. $33\frac{1}{3}\%$ लाभ B. $33\frac{1}{3}\%$ हानि
C. $33\frac{1}{8}\%$ हानि D. $33\frac{1}{8}\%$ लाभ

25. यदि किसी वस्तु का विक्रय मूल्य क्रय मूल्य का दोगुना हो तो प्रतिशत लाभ कितना होगा?

A. $66\frac{2}{3}$ B. 100 C. $105\frac{1}{3}$ D. 120

व्याख्यात्मक उत्तर

1. (A): किसी वस्तु का विक्रय मूल्य = ₹165

हानि = 4%

जब विक्रय मूल्य ₹96 है, तो वस्तु का क्रय मूल्य = ₹100

∴ जब विक्रय मूल्य ₹165 है, तो वस्तु का क्रय मूल्य

$$= \frac{100 \times 165}{96} = \frac{25 \times 55}{8}$$

लाभ = 28%

जब वस्तु का क्रय मूल्य ₹100 है

विक्रय मूल्य = ₹128

जब वस्तु का क्रय मूल्य $\frac{25 \times 55}{8}$ हो, तो

$$\text{विक्रय मूल्य} = \frac{128 \times 25 \times 55}{100 \times 8} = ₹220$$

2. (B): ₹120 प्रति मीटर की दर से 50 मीटर कपड़े का क्रय मूल्य = ₹6000

लाभ = 20%

$$\therefore \quad \text{विक्रय मूल्य} = \frac{120 \times 6000}{100} = ₹7200$$

अतः, 50 मीटर कपड़ा ₹7200 में बेचा जाना चाहिए।

∴ 1 मीटर कपड़े का विक्रय मूल्य

$$= \frac{7200}{50} = ₹144.$$

3. (A): रेडियो का क्रय मूल्य = ₹475

मरम्मत शुल्क = ₹25

रेडियो का वास्तविक क्रय मूल्य = ₹500

विक्रय मूल्य = ₹600

लाभ = ₹600 – ₹500 = ₹100

$$\text{लाभ प्रतिशत} = \frac{100 \times 100}{500} = 20\%$$

4. (C): 60 संतरों का विक्रय मूल्य = ₹30

हानि = 25%

$$\therefore 60 \text{ संतरों का विक्रय मूल्य} = \frac{100 \times 30}{75} = ₹40$$

$$\therefore 30 \text{ संतरों का विक्रय मूल्य} = \frac{40 \times 30}{60} = ₹20$$

5. (D): एक वस्तु का विक्रय मूल्य = ₹625

लाभ = 25%

$$\text{वस्तु का क्रय मूल्य} = \frac{100 \times 625}{125} = ₹500$$

अब विक्रय मूल्य = ₹550

∴ लाभ = ₹550 - ₹500 = ₹50

$$\therefore \quad \text{लाभ \%} = \frac{50 \times 100}{500} = 10\%.$$

6. (B): मोटर साइकिल का कुल क्रय मूल्य

= ₹8500 + ₹500 = ₹9000

लाभ = 15%

जब क्रय मूल्य ₹100 हो, विक्रय मूल्य = ₹115

$$\text{जब क्रय मूल्य ₹9000 हो, विक्रय मूल्य} = \frac{115 \times 9000}{100}$$

= ₹10350.

7. (D): एक टेलीविजन का विक्रय मूल्य = ₹5067

हानि = 10%

$$\text{जब विक्रय मूल्य ₹5067 है; क्रय मूल्य} = \frac{100 \times 5067}{90} = ₹5630$$

टेलीविजन का क्रय मूल्य = ₹5630

∴ टेलीविजन का विक्रय मूल्य = ₹5630

अतः, इस लेन-देन में कोई हानि या लाभ नहीं होगा।

8. (B): 6 संतरों का क्रय मूल्य = ₹1

लाभ = 20%

$$\therefore 6 \text{ संतरों का विक्रय मूल्य} = \frac{120 \times 1}{100} = ₹1.20$$

इसका मतलब है कि उसने 6 संतरे ₹1.20 में बेचे।

$$\therefore \text{एक रुपये में उसने} = \frac{6 \times 1}{1.20} = 5 \text{ संतरे बेचे।}$$

9. (A): पंखे का क्रय मूल्य = ₹225

$$\text{लाभ} = \frac{8}{100} \times 225 = ₹18$$

पंखे का विक्रय मूल्य = 225 + 18 = ₹243.

10. (D): कार का क्रय मूल्य = 6200 + 1700 = ₹7900

कार का विक्रय मूल्य = ₹8200

लाभ = 8200 – 7900 = ₹300.

11. (B): क्रय मूल्य = ₹ 1,39,500

विक्रय मूल्य = ₹ 75,000 + ₹ 80,000 = ₹ 1,55,000

लाभ = ₹ 1,55,000 – ₹ 1,39,500

= ₹ 15,500.

12. (C): कुल क्रय मूल्य = ₹ 450 + ₹ 50 = ₹ 500

कुल विक्रय मूल्य = ₹ 600

लाभ = क्रय मूल्य – विक्रय मूल्य

= 600 – 500 = ₹ 100

$$\text{लाभ \%} = \frac{\text{लाभ}}{\text{क्रय मूल्य}} \times 100$$

$$= \frac{100}{500} \times 100 = 20\%.$$

13. (C): कुर्सी का कुल क्रय मूल्य = ₹ 600 + ₹ 200 = ₹ 800

कुर्सी का विक्रय मूल्य = ₹ 1000

$\because$ विक्रय मूल्य > क्रय मूल्य → लाभ

$$\text{अभीष्ट लाभ \%} = \frac{\text{विक्रय मूल्य} - \text{क्रय मूल्य}}{\text{क्रय मूल्य}} \times 100$$

$$= \frac{1000-800}{800} \times 100 = \frac{200 \times 100}{800}$$

= 25% लाभ

14. (A): यहाँ, एक मोबाइल फोन का विक्रय मूल्य = ₹ 1650

और क्रय मूल्य = ₹ 1500

$\therefore$ लाभ = विक्रय मूल्य – क्रय मूल्य

= 1650 – 1500 = ₹ 150

$$\text{अब, लाभ का प्रतिशत} = \frac{\text{लाभ} \times 100}{\text{क्रय मूल्य}}$$

$$= \frac{150 \times 100}{1500} = \frac{150}{15} = 10\%$$

15. (B): प्रति पैकेट साबुन पाउडर का विक्रय मूल्य = ₹ 15

1 दर्जन पैकेट का विक्रय मूल्य = 12 × 15 = ₹ 180

8 दर्जन पैकेट का विक्रय मूल्य = 8 × 180 = ₹ 1440

और 8 दर्जन पैकेट का क्रय मूल्य

= 8 × 144 = ₹ 1152

लाभ = विक्रय मूल्य – क्रय मूल्य

= 1440 – 1152 = 288

$$\therefore \text{लाभ प्रतिशत} = \frac{\text{लाभ} \times 100}{\text{क्रय मूल्य}}$$

$$= \frac{288 \times 100}{1152} = \frac{28800}{1152} = 25\%.$$

16. (D): एक स्पीकर का क्रय मूल्य

$$= 7500 \times \frac{100}{100+20}$$

$$= 7500 \times \frac{100}{120} = 7500 \times \frac{5}{6}$$

= 1250 × 5 = ₹ 6250

और, दूसरे स्पीकर का क्रय मूल्य

$$= 8100 \times \frac{100}{100-10}$$

$$= 8100 \times \frac{100}{90} = 8100 \times \frac{10}{9}$$

= 900 × 10 = ₹ 9000

$\therefore$ कुल क्रय मूल्य = 6250 + 9000 = ₹ 15250

और कुल विक्रय मूल्य = 7500 + 8100 = ₹ 15600

अब, लाभ = विक्रय मूल्य – क्रय मूल्य

= 15600 – 15250 = ₹ 350.

17. (C): 50 मेजों का क्रय मूल्य = ₹ 4570 × 50 = ₹ 228500

$\because$ परिवहन में 9 मेजों के क्षतिग्रस्त होने के बाद शेष मेजों की संख्या

= 50 – 9 = 41

अब, 41 मेजों का विक्रय मूल्य = ₹ 5000 × 41 = ₹ 205000

अब, हानि = क्रय मूल्य – विक्रय मूल्य

= ₹ 228500 – ₹ 205000

= ₹ 23500.

18. (C): एक पुरानी कार का क्रय मूल्य = ₹ 118,000 + ₹ 7000

= ₹ 125,000

और एक पुरानी कार का विक्रय मूल्य = ₹ 140,000

$\therefore$ लाभ = विक्रय मूल्य – क्रय मूल्य

= 140,000 – 125,000 = ₹ 15,000

$$\text{अतः, लाभ प्रतिशत} = \frac{\text{लाभ} \times 100}{\text{क्रय मूल्य}}$$

$$= \frac{15,000 \times 10}{125,000} = \frac{1500}{125}$$

$$= \frac{60}{5} = 12\%.$$

19. (B): 1 किग्रा मिठाई का क्रय मूल्य = ₹ 1000

वास्तविक मूल्य = 500 ग्राम का क्रय मूल्य = ₹ 500

और 450 ग्राम का क्रय मूल्य = ₹ 450

$\therefore$ त्रुटि = ₹ 500 – ₹ 450 = ₹ 50

$$\therefore \text{प्रतिशत लाभ} = \left[\frac{\text{त्रुटि}}{\text{वास्तविक मान} - \text{त्रुटि}} \times 100\right]\%$$

$$= \left[\frac{50}{500-50} \times 100\right]\%$$

$$= \frac{50}{450} \times 100\%$$

$$= \frac{1}{9} \times 100\% = 11\frac{1}{9}\%.$$

20. (D): दिया गया है, क्रय मूल्य = ₹ 1500

और लाभ = 20%

$$\therefore \text{विक्रय मूल्य} = ₹\, 1500 \times \frac{120}{100}$$

= ₹ 15 × 120 = ₹ 1800.

21. (C): यहाँ, 1 केले का क्रय मूल्य = ₹$\frac{10}{6}$ = ₹$\frac{5}{3}$

और 1 केले का विक्रय मूल्य = ₹$\frac{6}{4}$ = ₹$\frac{3}{2}$

$\therefore$ हानि = क्रय मूल्य − विक्रय मूल्य

$$= \frac{5}{3} - \frac{3}{2}$$

$$= \frac{10-9}{6} = \frac{1}{6}$$

$$\therefore \quad \text{प्रतिशत हानि} = \frac{\text{हानि} \times 100}{\text{क्रय मूल्य}}$$

$$= \frac{\frac{1}{6} \times 100}{\frac{5}{3}} = \frac{100}{6} \times \frac{3}{5} = 10\%.$$

22. (A): दिया है, 8 पेनों का क्रय मूल्य = 6 पेनों का विक्रय मूल्य

$$\therefore \quad \frac{\text{पेनों का क्रय मूल्य}}{\text{पेनों का विक्रय मूल्य}} = \frac{6}{8}$$

माना पेन का क्रय मूल्य और विक्रय मूल्य, क्रमशः ₹ $6x$ और ₹ $8x$ है।

$$\text{तब, लाभ प्रतिशत} = \frac{\text{विक्रय मूल्य} - \text{क्रय मूल्य}}{\text{क्रय मूल्य}} \times 100$$

$$= \frac{8x - 6x}{6x} \times 100 = \frac{2x}{6x} \times 100$$

$$= \frac{1}{3} \times 100 = 33\frac{1}{3}\%$$

23. (D): दिया है, वस्तु का विक्रय मूल्य = ₹ 390

लाभ % = 20%

$$\because \quad \text{क्रय मूल्य} = \frac{100}{(100 + \text{लाभ}\%)} \times \text{विक्रय मूल्य}$$

$$= \frac{100}{100+20} \times 390 = \frac{100}{120} \times 390$$

$$= ₹\ 325$$

अतः वस्तु का क्रय मूल्य 325 रुपये है।

24. (B): माना कि विक्रय मूल्य = ₹ x

$$\therefore \quad \text{क्रय मूल्य} = \frac{3x}{2}$$

स्पष्टतः क्रय मूल्य, विक्रय मूल्य से अधिक है

$\therefore$ हानि = क्रय मूल्य − विक्रय मूल्य

$$= \frac{3x}{2} - x = \frac{x}{2}$$

$$\text{हानि \%} = \frac{\text{हानि}}{\text{क्रय मूल्य}} \times 100$$

$$= \frac{\frac{x}{2}}{\frac{3x}{2}} \times 100 = \frac{x}{2} \times \frac{2}{3x} \times 100$$

$$= \frac{100}{3} = 33\frac{1}{3}\%.$$

25. (B): माना कि क्रय मूल्य = ₹ x

विक्रय मूल्य = ₹ $2x$

लाभ = $2x - x = x$

$$\text{लाभ \%} = \frac{\text{लाभ}}{\text{क्रयमूल्य}} \times 100 = \frac{x}{x} \times 100 = 100\%$$

13 धन (रुपया/पैसा)

यह अध्याय भारतीय मुद्रा (₹) का उपयोग करके बुनियादी गणनाओं पर केंद्रित है। यह छात्रों को खरीद और बिक्री जैसी वास्तविक जीवन स्थितियों को समझने में मदद करता है :

- रुपए और पैसे को समझना (1 रुपया = 100 पैसे)
- पैसे से जोड़, घटाव, गुणा और भाग करना
- कुल लागत और परिवर्तन के बारे में शाब्दिक समस्याओं का समाधान करना

साधित उदाहरण

उदाहरण 1 : प्रिया ने ₹ 85.50 में एक पेंसिल बॉक्स और ₹ 124.75 में पानी की बोतल खरीदी। वह ₹ 250 का भुगतान करती है। उसे दुकानदार ने कितनी राशि वापिस की?

हल : पेंसिल बॉक्स की लागत = ₹ 85.50

पानी की बोतल की कीमत = ₹ 124.75

कुल लागत = 85.50 + 124.75 = 210.25

भुगतान किया गया पैसा = ₹ 250

कुल वापसी = 250 – 210.25 = 39.75.

उदाहरण 2 : अमन 5 किलो चावल ₹ 60 प्रति किलो और 3 किग्रा चीनी ₹ 45 प्रति किग्रा. पर खरीदता है। कुल लागत ज्ञात कीजिए।

हल : चावल की लागत = 5 × 60 = ₹ 300

चीनी की कीमत = 3 × 45 = ₹ 135

कुल लागत = 300 + 135 = ₹ 435.

उदाहरण 3 : 12 पेंसिलों की कीमत ₹ 60 है। 1 पेंसिल की कीमत क्या है? 8 पेंसिलों की कीमत क्या होगी?

हल : 1 पेंसिल की कीमत = 60 ÷ 12 = ₹ 5

8 पेंसिलों का मूल्य = 8 × 5 = ₹ 40

इसलिए, 1 पेंसिल की कीमत ₹ 5 है; 8 पेंसिलों की कीमत ₹ 40 है।

उदाहरण 4 : मीरा के दोपहर के भोजन का बिल : 2 इडली प्रत्येक ₹ 15 की, 1 डोसा ₹ 40 में, और 1 कॉफी ₹ 25 में। कुल बिल ज्ञात कीजिए।

हल : इडली = 2 × 15 = ₹ 30

डोसा = ₹ 40, कॉफी = ₹ 25

कुल बिल = 30 + 40 + 25 = ₹ 95

अतः, कुल बिल ₹ 95 है।

अभ्यास

1. एक व्यक्ति ने अपने बैंक के खाते में से किसी महीने की 4 तारीख को ₹ 4,560 निकाले और उसी महीने में 20 तारीख को ₹ 2,567 जमा करा दिए। यदि महीने के अंत में उसके खाते में ₹ 3,125 की धनराशि है, तो महीने के प्रारंभ में उसके खाते में कितनी धनराशि (₹ में) थी?

A. 5,128 B. 5,118
C. 4,998 D. 5,213

2. निम्नलिखित में से किसकी लागत सबसे कम है?

A. ₹7.50 प्रत्येक पैकेट वाले 750 पैकेट
B. ₹750 प्रत्येक वस्तु वाली 7.5 दर्जन वस्तुएँ
C. ₹7.50 प्रत्येक वस्तु वाली 75 दर्जन वस्तुएँ
D. ₹750 प्रत्येक पैकेट वाले 75 पैकेट

3. संगीता एक साबुन खरीदना चाहती है, जिसका मूल्य ₹ 10 है। उसके पास एक पाँच रुपए का सिक्का, 2 एक रुपए के सिक्के और 5 पचास पैसे के सिक्के हैं। उसे साबुन खरीदने के लिए और कितनी धनराशि की जरूरत है?

A. ₹ 2.50 B. ₹ 0.50 C. ₹ 1.50 D. ₹ 2.00

4. प्रिया एक दुकान पर ₹ 500 का नोट लेकर गई। उसने एक साबुन, एक टूथपेस्ट, एक सिर पर लगाने वाला तेल, एक शैम्पू और एक कंघी क्रमशः ₹ 36, ₹ 85, ₹ 110, ₹ 160 और ₹ 13

का खरीदा। उसने दुकानदार को ₹ 500 का नोट दिया और उसने ₹ 95 उसे वापिस किए। उसने जाँच की और पाया कि:

A. दुकानदार ने ₹ 1 कम वापिस किया है।

B. दुकानदार ने ₹ 1 अधिक वापिस किया है।

C. वापिस की गई राशि सही है।

D. वापिस की गई राशि ₹ 9 कम है।

5. सविता ए.टी.एम. से कुछ रुपये निकालने गई। उसे ₹ 2000 के पाँच नोट, ₹ 500 के चार नोट और ₹ 100 के नौ नोट मिले। रुपये गिनने पर उसे मालूम हुआ कि उसके पास ₹ 2000 का एक नोट और ₹ 100 का एक नोट कम मिला है। उसने ए.टी. एम. से निकालने के लिए कितनी राशि भरी थी?

A. 14000 B. 14500 C. 15000 D. 16500

6. विभिन्न स्टेशनरी (लेखन-सामग्री) वस्तुओं की दरें नीचे दी गई हैं:

क्रेयान का एक पैकेट – ₹ 15.50
पेंसिलों का एक पैकेट – ₹ 14.00
स्केच पेन का एक पैकेट – ₹ 22.50
एक कैंची – ₹ 17.00
एक रबड़ – ₹ 2.00
चमकीले कागज की एक परत (शीट) – ₹ 2.50
सजावटी स्टिकर का एक पैक – ₹ 5.00

सोहेल ने एक पैकेट क्रेयान, दो पैकेट पेंसिल, एक पैकेट स्केच पेन, एक कैंची, चमकीले कागज की 5 शीटें और एक पैकेट सजावटी स्टिकर खरीदे। उसको कितना भुगतान करना होगा?

A. ₹ 100.50 B. ₹ 102.00 C. ₹ 98.00 D. ₹ 86.50

7. आयशा के पास केवल ₹ 5 और ₹ 10 के सिक्के हैं। यदि उसके पास सिक्कों की कुल संख्या 25 और ₹ 160 का धन है, तो उसके पास ₹ 5 और ₹ 10 के सिक्कों की संख्या है :

A. क्रमशः 18 और 7 B. क्रमशः 10 और 15

C. क्रमशः 15 और 10 D. क्रमशः 20 और 5

8. सुपर बाजार में सब्जियों की मूल्य सूची निम्नलिखित है :

वस्तु	मात्रा	मूल्य (₹)
टमाटर	1 किग्रा.	40
आलू	2 किग्रा.	25
गाजर	250 ग्रा.	20
लौकी	1 किग्रा.	10
मिर्च	100 ग्रा.	10
नींबू	4 नग	10

संजय ने $\frac{1}{2}$ किग्रा. टमाटर, 1 किग्रा. आलू, $\frac{1}{2}$ किग्रा. गाजर, 250 ग्रा. मिर्च और 6 नींबू खरीदे। उसने बिल क्लर्क को काउंटर पर ₹ 200 का नोट दिया। उसे कितने रुपये वापिस मिलेंगे?

A. ₹ 112.50 B. ₹ 87.50

C. ₹ 86.50 D. ₹ 97.50

9. ₹ 10.40 + ₹ 15.30 + ₹ 8.20 का मान ज्ञात कीजिए।

A. ₹ 33.90 B. ₹ 34.00

C. ₹ 30.90 D. ₹ 339

10. आपके पास ₹ 50 हैं। आप ₹ 15.75 में एक आइसक्रीम और ₹ 18.30 में एक चॉकलेट खरीदते हैं। बचा हुआ पैसा है = ₹ ....।

A. 15.95 B. 16.95 C. 14.95 D. 17.95

11. एक दैनिक अखबार की कीमत ₹ 4 है। जनवरी महीने में अखबार की कीमत क्या है?

A. ₹ 120 B. ₹ 124 C. ₹ 35 D. ₹ 25

12. हरि प्रतिदिन अपने जेब खर्च से ₹ 5 बचाता है। मार्च महीने में उसने कितने रुपये बचाए हैं?

A. ₹ 36 B. ₹ 31 C. ₹ 155 D. ₹ 150

13. 8 मीटर कपड़े की कीमत ₹ 680 है। 1 मीटर कपड़े की कीमत क्या है?

A. ₹ 80 B. ₹ 85 C. ₹ 70 D. ₹ 90

14. यदि 1 किलो चावल की कीमत ₹ 45.75 है, तो 5 किलो चावल की कीमत क्या होगी?

A. ₹ 228.75 B. ₹ 229.75

C. ₹ 227.75 D. ₹ 230.75

15. एक पेन की कीमत ₹ 12.25 और एक नोटबुक की कीमत ₹ 24.75 है। नोटबुक की कीमत पेन से कितनी अधिक है?

A. ₹ 12.75 B. ₹ 13.00 C. ₹ 12.50 D. ₹ 13.25

16. ₹ 5 रुपये के सिक्के का वज़न 6 ग्राम होता है। ऐसे 10 सिक्कों का कुल वजन कितना है?

A. 60 ग्राम B. 55 ग्राम C. 65 ग्राम D. 70 ग्राम

17. एक बैग की कीमत ₹ 450 है। एक पर्स की कीमत ₹ 275 है। उनकी कुल लागत ज्ञात कीजिए।

A. ₹ 715 B. ₹ 720 C. ₹ 730 D. ₹ 725

18. एक पेंसिल की कीमत ₹ 3.65 है। ऐसी 12 पेंसिलों का मूल्य क्या है?

A. ₹ 42.80 B. ₹ 43.80 C. ₹ 44 D. ₹ 42

19. श्री भाटिया ने ₹ 267.30 में 18 किलो आम खरीदे। उसने प्रति किलो किस दर पर आम खरीदे?

A. ₹ 13.85 B. ₹ 14.50 C. ₹ 15.00 D. ₹ 14.85

20. एक आदमी के पास 1 रुपये, 2 रुपये, और 5 रुपये के सिक्कों में 320 रुपये हैं। यदि प्रत्येक मूल्यवर्ग के सिक्कों की संख्या बराबर है, तो सिक्कों की कुल संख्या क्या है?

A. ₹ 100 B. ₹ 120 C. ₹ 150 D. ₹ 90

व्याख्यात्मक उत्तर

1. (B): माना महीने के प्रारंभ में उसके खाते में ₹ x थे

तब, ₹ x + ₹ 2567 – ₹ 4560 = ₹ 3125

⇒ ₹ x + ₹ 2567 = ₹ 4560 + ₹ 3125

⇒ ₹ x + ₹ 2567 = ₹ 7685

⇒ ₹ x = 7685 – 2567

⇒ ₹ x = ₹ 5118.

2. (A): यह निर्धारित करने के लिए कि निम्नलिखित में से किसकी लागत सबसे कम है, हम प्रत्येक विकल्प के लिए कुल लागत की गणना करेंगे :

(A) ₹7.50 प्रति पैकेट की दर से 750 पैकेट = ₹5625.00

(B) ₹750 प्रति वस्तु की दर से 7.5 दर्जन (90) वस्तु = ₹67500.00

(C) ₹7.5 प्रति वस्तु की दर से 75 दर्जन (900) वस्तु = ₹6750.00

(D) ₹750 प्रति पैकेट की दर से 75 पैकेट = ₹56250.00

तुलना करने पर हम देखते हैं कि न्यूनतम लागत ₹5625.00 है अर्थात् ₹7.50 प्रति पैकेट की दर से 750 पैकेट।

3. (B): साबुन की कीमत = ₹ 10

संगीता के पास कुल धनराशि = ₹ 5 + ₹ 2 + ₹ 2.5 = ₹ 9.5

₹ 10 – ₹ 9.5 = ₹ 0.50

∴ आवश्यक धनराशि = ₹ 0.50.

4. (A): कुल खर्च = ₹ 36 + ₹ 85 + ₹ 110 + ₹ 160 + ₹ 13 = ₹ 404

दुकानदार को ₹ 500 का नोट दिया गया।

₹ 500 – ₹ 404 = ₹ 96

दुकानदार ने ₹ 95 वापस किया।

स्पष्टतः दुकानदार ने ₹ 1 कम वापस किया है।

5. (C): माना कि निकासी के लिए भरी गई राशि = ₹ x

तब, ₹ x – [₹ 2000 + ₹ 100]

= ₹ [5 × 2000 + 4 × 500 + 9 × 100]

⇒ ₹ x – ₹ 2100 = 10000 + 2000 + 900

⇒ ₹ x = ₹ 2100 + ₹ 12900

⇒ ₹ x = ₹ 15000.

6. (A): भुगतान हेतु आवश्यक धनराशि

= 15.50 + 2 × 14 + 22.50 + 17 + 5 × 2.50 + 5

= ₹ 100.50.

7. (A): दिया है, सिक्कों की कुल संख्या = 25

माना कि ₹ 5 के सिक्कों की संख्या = x

तब ₹ 10 के सिक्कों की संख्या = $(25 - x)$

इसलिए, $5x + 10(25 - x)$ = ₹ 160

⇒ $5x + 250 + 10x = 160$

⇒ $250 - 5x = 160$

⇒ $5x = 250 - 160$

⇒ $5x = 90 \Rightarrow x = 18$

∴ ₹ 5 के सिक्कों की संख्या = $x = 18$

और ₹ 10 के सिक्कों की संख्या = $(25 - x) = 25 - 18 = 7$.

8. (B): संजय द्वारा ली गई सब्जियाँ = 1/2 किग्रा. टमाटर + 1 किग्रा. आलू + 1/2 किग्रा. गाजर + 250 ग्रा. मिर्च + 6 नग नींबू

सब्जियों का मूल्य

= ₹ (20 + 12.50 + 40 + 25 + 15) = ₹ 112.50

अतः संजय को रुपये वापिस मिलेंगे

= ₹ 200 – ₹ 112.50 = ₹ 87.50.

9. (A): कुल मूल्य = 10.40 + 10.30 + 8.20 = ₹ 33.90.

10. (A): कुल धन = ₹ 50

आइसक्रीम की कीमत = ₹ 15.75

चॉकलेट की कीमत = ₹ 18.30

कुल खर्च किया गया पैसा = 15.75 + 18.30 = 34.05

∴ शेष राशि = 50 – 34.05 = ₹ 15.95

अतः, शेष धनराशि ₹ 15.95 है।

11. (B): 1 समाचार पत्र की लागत = ₹ 4

जनवरी में कुल दिन = 31 दिन

∴ कुल लागत = 4 × 31 = ₹ 124.

12. (C): हरि प्रतिदिन बचाता है = ₹ 5

मार्च में कुल दिन = 31 दिन

∴ कुल बचत = ₹ 5 × 31 = ₹ 155.

13. (B): 8 मीटर कपड़े की लागत = ₹ 680

∴ 1 मीटर कपड़े का मूल्य = $\frac{680}{8}$ = ₹ 85.

14. (A): 1 किलो चावल की कीमत = ₹ 45.75

∴ 5 किलो चावल की कीमत = 45.75 × 5 = ₹ 228.75.

15. (C): एक नोटबुक की लागत = ₹ 24.75

एक पेन की कीमत = ₹ 12.75

∴ अभीष्ट अंतर = 24.75 – 12.25 = ₹ 12.50.

16. (A): एक सिक्के का वजन = 6 ग्राम

सिक्कों की संख्या = 10

∴ कुल वजन = 6 × 10 = 60 ग्राम.

17. (D): एक बैग की कीमत = ₹ 450

एक पर्स की कीमत = ₹ 275

∴ कुल लागत = 450 + 275 = ₹ 725.

18. (B): 1 पेंसिल की कीमत = ₹ 3.65

∴ 12 पेंसिल का मूल्य = 12 × 3.65 = ₹ 43.80.

19. (D): 18 किलो आम की कीमत = ₹ 267.30

∴ 1 किलो आम की कीमत = $\frac{267.30}{18}$ = ₹ 14.85.

20. (B): माना प्रत्येक मूल्यवर्ग के लिए सिक्कों की संख्या = x

$x + 2x + 5x = 320$

⇒ $8x = 320 \Rightarrow x = \frac{320}{8} = 40$

∴ कुल सिक्के = $3x = 3 \times 40 = 120$

अतः, सिक्कों की कुल संख्या 120 है।

14 क्षेत्रफल और परिमाप

क्षेत्रमिति के इस भाग में हमें अक्सर समतल आकृतियों के क्षेत्रफल और परिमाप ज्ञात करने की समस्या से जूझना पड़ता है।

त्रिभुज

1. परिमाप = $3 \times$ भुजा (समबाहु त्रिभुज)
2. क्षेत्रफल = $\frac{1}{2} \times$ आधार $\times$ ऊँचाई, या

   क्षेत्रफल = $\sqrt{s(s-a)(s-b)(s-c)}$

   जहाँ a, b, c, त्रिभुज की भुजाओं की लंबाई हैं और $s = \frac{a+b+c}{2}$

समकोण त्रिभुज : यह वह त्रिभुज है जिसका एक कोण समकोण अर्थात $90°$ होता है।

1. $(\text{कर्ण})^2 = (\text{लंब})^2 + (\text{आधार})^2$
2. क्षेत्रफल = $\frac{1}{2} \times$ आधार $\times$ लंब

समबाहु त्रिभुजः तीनों भुजाओं की लंबाई बराबर होती है और तीनों कोण $60°$ के बराबर होते हैं।

1. क्षेत्रफल = $\frac{\sqrt{3}}{4} \times (\text{भुजा})^2$
2. क्षेत्रफल = $\frac{(\text{ऊँचाई})^2}{\sqrt{3}}$
3. ऊँचाई = $\frac{\sqrt{3}}{2} \times$ भुजा
4. परिमाप = $3 \times$ भुजा

समद्विबाहु त्रिभुजः दो भुजाओं की लंबाई बराबर होती है।

1. क्षेत्रफी = $\frac{b}{4}\sqrt{4a^2 - b^2}$

   जहाँ a = समान भुजाओं की लंबाई

   b = असमान भुजा की लंबाई
2. एक समद्विबाहु समकोण त्रिभुज में,

   (*a*) विकर्ण = $\sqrt{2} \times$ सर्वांगसम भुजा (*a*)

   (*b*) क्षेत्रफल = $\frac{1}{2} \times a^2$

   (*c*) परिमाप = $\sqrt{2} \times a(\sqrt{2}+1)$

आयत

1. क्षेत्रफल = लंबाई (l) $\times$ चौड़ाई (b)
2. परिमाप = $2(l + b)$
3. विकर्ण = $\sqrt{l^2 + b^2}$

वर्ग

1. क्षेत्रफल = $(\text{भुजा})^2$
2. परिमाप = $4 \times$ भुजा
3. विकर्ण = भुजा $\times \sqrt{2}$

समांतर चतुर्भुज

समांतर चतुर्भुज में सम्मुख भुजाएँ समान्तर और बराबर होती हैं। दोनों विकर्ण हमेशा बराबर नहीं होते हैं लेकिन वे प्रतिच्छेदन बिंदु पर एक दूसरे को समद्विभाजित करते हैं।

क्षेत्रफल = आधार $\times$ ऊँचाई

समलंब चतुर्भुज

यह एक चतुर्भुज है जिसकी सम्मुख भुजाओं का एक जोड़ा समानांतर होता है तथा अन्य दो विपरीत भुजाएँ असमानांतर होती हैं।

क्षेत्रफल = $\frac{1}{2} \times$ ऊँचाई $\times$ (समानांतर भुजाओं का योग)

यहाँ, ऊँचाई दो समानांतर भुजाओं के बीच की दूरी है।

विषमकोण चतुर्भुज

यह समांतर चतुर्भुज है जिसकी सभी भुजाएँ बराबर होती हैं और विकर्ण एक दूसरे को समकोण पर समद्विभाजित करते हैं।

1. क्षेत्रफल = $\frac{1}{2} \times$ विकर्णों का गुणनफल
2. भुजा = $\sqrt{\left(\frac{d_1}{2}\right)^2 + \left(\frac{d_2}{2}\right)^2}$, जहाँ d_1 और d_2 विकर्ण हैं
3. परिमाप = $4 \times$ भुजा

चतुर्भुज

क्षेत्रफल = $\frac{1}{2}$ × एक विकर्ण (विपरीत शीर्षों से इस पर डाले गए लम्ब का योग)

$= \frac{1}{2} \times d \times (a+b)$

वृत

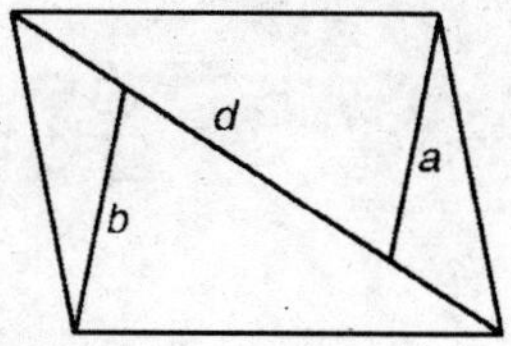

1. व्यास = 2 × त्रिज्या
2. क्षेत्रफल = $\pi r^2 = \frac{\pi}{4} d^2$;

   जहाँ d = व्यास = $\sqrt{\frac{4A}{\pi}}$
3. परिधि = $2\pi r = \pi d$
4. त्रिज्या = $\frac{\text{परिधि}}{2\pi} = \frac{\sqrt{\text{क्षेत्रफल}}}{\pi}$
5. चाप की लम्बाई = $\frac{\theta}{360°} \times 2\pi r$
6. त्रिज्यखंड का क्षेत्रफल = $\frac{\theta}{360°} \times \pi r^2 = \frac{1}{2} \times \text{Arc} \times r$

बहुभुज

1. आंतरिक कोण + बाहरी कोण = 180°
2. प्रत्येक आंतरिक कोण = $\left(\frac{2n-4}{n}\right) \times 90°$

   जहाँ n = भुजाओं की संख्या
3. बाह्य कोणों का योग = 360°
4. परिमाप = भुजाओं की संख्या × भुजा की लंबाई
5. 'a' भुजा वाले एक समबाहु त्रिभुज के लिए

   (a) अंतर्वृत्त की त्रिज्या = $\frac{a}{2\sqrt{3}}$

   और त्रिभुज की भुजा = $2\sqrt{3}r$,

   (b) परिवृत्त की त्रिज्या = $\frac{a}{\sqrt{3}}$
6. सम बहुभुज का क्षेत्रफल = $\frac{1}{2}$(भुजाओं की संख्या) × (अंकित वृत्त की त्रिज्या)
7. समषट्भुज का क्षेत्रफल = $\frac{3\sqrt{3}}{2}$ (भुजा)^2 = 2.598 (भुजा)^2
8. सम अष्टभुज का क्षेत्रफल = $2\left(\sqrt{2}+1\right)$ (भुजा)^2

   = 4.828 (भुजा)^2
9. चतुर्भुज का क्षेत्रफल,

   $A = \sqrt{s(s-a)(s-b)(s-c)(s-d)}$

   जहाँ, $s = \frac{a+b+c+d}{2}$

साधित उदाहरण

उदाहरण 1 : एक आयताकार मैदान का क्षेत्रफल 1600 वर्ग मीटर है। यदि इसकी लंबाई इसकी चौड़ाई से चार गुनी है, तो इस आयताकार मैदान की लंबाई ज्ञात करें।

हल : मान लीजिए कि इस मैदान की लंबाई और चौड़ाई क्रमशः $4x$ मीटर और x मीटर है।

∴ मैदान का क्षेत्रफल

$= 4x \times x = 4x^2$ वर्ग मीटर

चूँकि, $4x^2 = 1600 \Rightarrow x^2 = 400$

$\Rightarrow x = \sqrt{400} \Rightarrow x = 20$

∴ आयताकार मैदान की लंबाई = 4 × 20

= 80 मी.

उदाहरण 2 : एक कमरे के आयताकार फर्श का परिमाप 100 मीटर है। यदि इसकी लंबाई और चौड़ाई का अनुपात 3:2 है, तो इस आयताकार फर्श का क्षेत्रफल ज्ञात करें।

हल : मान लीजिए कि इस आयताकार फर्श की लंबाई और चौड़ाई क्रमशः $3x$ मीटर और $2x$ मीटर है।

फर्श का परिमाप = 2 × (l + b)

$= 2(3x + 2x) = 2 \times 5x = 10x$ मीटर

चूँकि $10x = 100$

∴ $x = \frac{100}{10} = 10$

∴ फर्श की लंबाई = 3 × 10 = 30 मी.

और फर्श की चौड़ाई = 2 × 10 = 20 मी.

∴ फर्श का क्षेत्रफल = 30 × 20 = 600 वर्ग मीटर

उदाहरण 3 : यदि एक समचतुर्भुज के दो विकर्ण क्रमशः 72 सेमी और 30 सेमी हैं, तो इसका परिमाप ज्ञात कीजिए।

हल : मान लीजिए समचतुर्भुज ABCD में,

विकर्ण AC = 72 सेमी.

और विकर्ण BD = 30 सेमी.

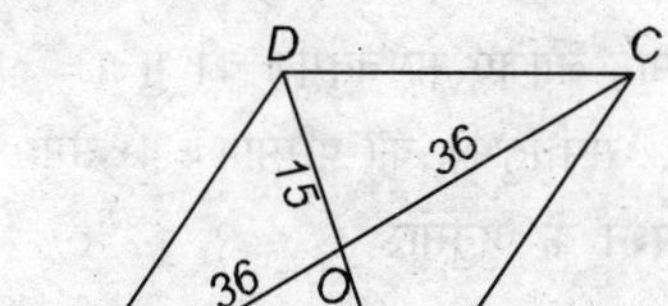

∴ $OB = OD = \frac{BD}{2} = \frac{30}{2} = 15$ सेमी.

और $OA = OC = \frac{AC}{2} = \frac{72}{2} = 36$ सेमी

$\therefore \quad AB = BC = CD = DA = \sqrt{36^2 + 15^2}$

$= \sqrt{1296 + 225} = \sqrt{1521} = 39$

$\therefore$ समचतुर्भुज का परिमाप $= 4 \times 39 = 156$ सेमी।

उदाहरण 4 : एक आयताकार मैदान 50 मीटर लंबा और 40 मीटर चौड़ा है। मैदान के बाहरी किनारों पर 5 मीटर चौड़ा रास्ता है। इस पथ में घास उगाने की लागत ₹ 10.50 प्रति वर्ग मीटर ज्ञात कीजिए।

हल : मैदान का क्षेत्रफल $= 50 \times 40 = 2000$ वर्ग मीटर

और पथ सहित क्षेत्र का क्षेत्रफल

$= 60 \times 50 = 3000$ वर्ग मीटर।

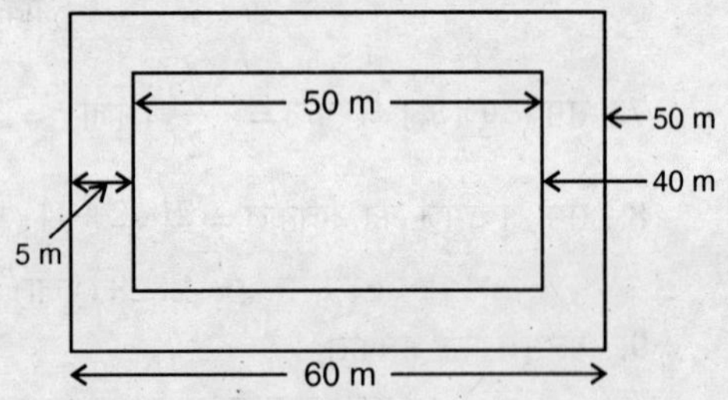

$\therefore$ पथ का क्षेत्रफल $= 3000 - 2000$

$= 1000$ वर्ग मीटर

$\therefore$ पथ में घास उगाने की लागत

$=$ ₹ $1000 \times 10.50 =$ ₹ 10500.

उदाहरण 5 : एक चतुर्भुज का विकर्ण 140 मीटर है और उस पर अंतरित लंब की लंबाई क्रमशः 100 मीटर और 30 मीटर हैं। इस चतुर्भुज का क्षेत्रफल ज्ञात कीजिए।

हल : चतुर्भुज का क्षेत्रफल $= \frac{1}{2} \times$ विकर्ण $\times$ अंतर्लंब का योग

$= \frac{1}{2} \times 140 \times (100 + 30)$

$= \frac{1}{2} \times 140 \times 130 = 9100$ वर्ग मीटर

उदाहरण 6 : एक समचतुर्भुज की भुजा ज्ञात कीजिए जिसका परिमाप 14 सेमी त्रिज्या वाले वृत्त की परिधि के बराबर है।

हल : मान लीजिए समचतुर्भुज की भुजा $= x$ सेमी

$\therefore$ समचतुर्भुज का परिमाप $= 4x$ सेमी

प्रश्न के अनुसारः

समचतुर्भुज का परिमाप = वृत्त की परिधि

$\Rightarrow 4x = 2\pi \times 14$ ($\because$ वृत्त की त्रिज्या = 14 सेमी)

$\Rightarrow \quad 4x = 2 \times \frac{22}{7} \times 14$

अतः, $x = \frac{2 \times 22 \times 2}{4} = 22$ सेमी

$\therefore$ समचतुर्भुज की भुजा = 22 सेमी

उदाहरण 7 : एक समबाहु त्रिभुज का क्षेत्रफल $\sqrt{3}$ वर्ग सेमी है। इसकी भुजाओं की लंबाई ज्ञात कीजिए।

हल : समबाहु त्रिभुज का क्षेत्रफल $= \frac{\sqrt{3}}{4} \times (\text{भुजा})^2$

$\therefore \frac{\sqrt{3}}{4} \times (\text{भुजा})^2 = \sqrt{3} \Rightarrow (\text{भुजा})^2$

$= \frac{\sqrt{3} \times 4}{\sqrt{3}} = 4$

$\Rightarrow$ भुजा $= \sqrt{4} = 2$

अतः त्रिभुज की भुजा = 2 सेमी

उदाहरण 8 : एक आयताकार टैंक 25 मीटर लंबा, 12 मीटर चौड़ा और 6 मीटर ऊंचा है। इसकी दीवारों और तली पर प्लास्टर कराने की लागत 75 पैसे प्रति वर्ग मीटर ज्ञात कीजिए।

हल : टैंक की चारों दीवारों का क्षेत्रफल

$= 2 \times$ ऊंचाई (लंबाई + चौड़ाई)

$= 2 \times 6 \times (25 + 12)$

$= 12 \times 37 = 444$ वर्ग मीटर

और टैंक के तल का क्षेत्रफल

$=$ लंबाई $\times$ चौड़ाई

$= 25 \times 12 = 300$ वर्ग मीटर

कुल क्षेत्रफल $= 444 + 300 = 744$ वर्ग मीटर

$\therefore$ पलस्तर की लागत $= 744 \times \frac{75}{100} =$ ₹ 558.

उदाहरण 9 : एक समकोण त्रिभुज का क्षेत्रफल क्या होगा जिसकी ऊँचाई 13 सेमी. वाले आधार से दोगुनी है?

हल : समकोण त्रिभुज का क्षेत्रफल $= \frac{1}{2} \times 13 \times 26$

$= 169$ सेमी^{2}

उदाहरण 10 : उस वृत्त का क्षेत्रफल क्या होगा जिसकी परिधि 132 सेमी है?

हल : वृत्त की त्रिज्या, $r = \frac{\text{परिधि}}{2\pi} = \frac{132 \times 7}{2 \times 22} = 21$ सेमी

अतः वृत्त का क्षेत्रफल $= \frac{22}{7} \times 21 \times 21$

$= 1386$ सेमी^{2}

अभ्यास

1. एक खेत वर्गाकार है, जिसका परिमाप 580 मी. है। इस खेत का क्षेत्रफल है:

A. 21025 वर्ग मी. B. 20225 वर्ग मी.
C. 30025 वर्ग मी. D. 19975 वर्ग मी.

2. उस वर्ग का क्षेत्रफल ज्ञात कीजिए जिसकी प्रत्येक भुजा 20 सेमी है।

A. 300 वर्ग सेमी. B. 380 वर्ग सेमी.
C. 360 वर्ग सेमी. D. 400 वर्ग मी.

3. एक वृत्त का क्षेत्रफल 154 वर्ग सेमी है। इसकी परिधि होगी?

A. 44 सेमी B. 48 सेमी C. 54 सेमी D. 68 सेमी

4. एक त्रिभुज का आधार और ऊँचाई क्रमशः 8 सेमी और 10 सेमी है। इसका क्षेत्रफल होगा?

A. 40 वर्ग सेमी. B. 20 वर्ग सेमी.
C. 49 वर्ग सेमी. D. 64 वर्ग सेमी.

5. यदि यह दिया गया है कि एक समलंब चतुर्भुज की समांतर भुजाएँ 15 मीटर और 25 मीटर हैं, जबकि उनके बीच की दूरी 10 मीटर है, तो इसका क्षेत्रफल होगा:

A. 150 वर्ग मी. B. 225 वर्ग मी.
C. 200 वर्ग मी. D. 270 वर्ग मी.

6. यदि किसी वर्ग की भुजा 50% कम कर दी जाए तो उसका क्षेत्रफल कितना कम हो जाएगा?

A. 50% B. 75% C. 80% D. 60%

7. एक वर्ग का परिमाप 24 मीटर है और दूसरे का परिमाप 32 मीटर है। तीसरे वर्ग का परिमाप ज्ञात कीजिए, जिसका क्षेत्रफल इन दोनों वर्गों के क्षेत्रफलों के योग के बराबर है

A. 40 मी B. 51 मी C. 37 मी D. 42 मी

8. यदि एक समबाहु त्रिभुज का परिमाप 72 सेमी है, तो इसका क्षेत्रफल होगा

A. $144\sqrt{3}$ वर्ग सेमी B. $142\sqrt{3}$ वर्ग सेमी
C. $154\sqrt{2}$ वर्ग सेमी D. $144\sqrt{2}$ वर्ग सेमी

9. दो वृत्तों की त्रिज्याएँ क्रमशः 5 सेमी और 12 सेमी हैं। उस वृत्त की त्रिज्या ज्ञात कीजिए जिसका क्षेत्रफल इन दोनों वृत्तों के बराबर है।

A. 15 सेमी B. 13 सेमी C. 10 सेमी D. 8 सेमी

10. यदि एक आयत की लंबाई 20% बढ़ा दी जाए और चौड़ाई 15% कम कर दी जाए, तो इसका क्षेत्रफल

A. 4% घटता है B. 2% बढ़ता है
C. 2% घटता है D. 3% बढ़ता है

11. यदि एक त्रिभुज जिसका आधार 6 सेमी है, का क्षेत्रफल 6 सेमी भुजा वाले एक वर्ग के क्षेत्रफल के बराबर है, तो इस त्रिभुज की ऊँचाई ज्ञात कीजिए।

A. 10 सेमी B. 22 सेमी C. 12 सेमी D. 18 सेमी

12. एक बगीचा 24 मी लंबा और 14 मी चौड़ा है। बगीचे के बाहर, उसकी भुजाओं के साथ-साथ 1 मी चौड़ा एक रास्ता है। यदि इस रास्ते को 20 सेमी × 20 सेमी, आकार की वर्गाकार संगमरमर की टाइलों से बनाना हो, तो रास्ते को ढकने के लिए आवश्यक टाइलों की संख्या ज्ञात कीजिए।

A. 1800 B. 2200 C. 2000 D. 2150

13. एक वृत्ताकार पहिये की त्रिज्या 1.75 मीटर है। 11 किमी की यात्रा में यह कितने चक्कर लगाएगा?

A. 10 B. 100 C. 1000 D. 10,000

14. एक साइकिल के पहिये का व्यास 70 सेमी है. यह सड़क पर धीरे-धीरे चलता है। 24 पूर्ण चक्करों में यह कितनी दूर तक जाएगी?

A. 38.9 मी B. 52.8 मी C. 56.6 मी D. 60 मी

15. एक कमरे की लंबाई 15 मीटर और चौड़ाई 12 मीटर है। यदि फर्श ₹ 125 प्रति वर्ग मीटर की दर से बनाया जाए, तो कुल लागत कितनी होगी?

A. ₹ 20,050 B. ₹ 20,500 C. ₹ 22,050 D. ₹ 22,500

16. एक वृत्ताकार मैदान का क्षेत्रफल 616 मी^{2} के बराबर है। वृत्त के अंदर एक छोटा वृत्त है जिसकी त्रिज्या वृत्त की त्रिज्या के आधे के बराबर है। शेष वृत्त का क्षेत्रफल ज्ञात कीजिए।

A. 154 मी^{2} B. 156 मी^{2} C. 460 मी^{2} D. 462 मी^{2}

17. एक वृत्त का क्षेत्रफल 1386 मी^{2} है। इसकी परिधि ज्ञात कीजिए।

A. 124 मी B. 132 मी C. 136 मी D. 140 मी

18. एक आयत की लंबाई 30% बढ़ा दी जाती है। इसकी चौड़ाई कितने प्रतिशत कम कर दी जाए ताकि इसका क्षेत्रफल वही रहे?

A. 23.08% B. 40% C. 35.06% D. 54.02%

19. एक आयत की लंबाई 30% बढ़ा दी जाती है और चौड़ाई समान प्रतिशत कम कर दी जाती है, क्षेत्रफल में प्रभावी परिवर्तन होगा :

A. 6% की कमी B. 6% की वृद्धि
C. 9% की कमी D. 9% की वृद्धि

20. एक वृत्त की परिधि 88 सेमी है। इसका क्षेत्रफल ज्ञात कीजिये।

A. 544 सेमी^{2} B. 616 सेमी^{2} C. 724 सेमी^{2} D. 849 सेमी^{2}

21. 20 सेमी भुजा वाले एक समबाहु त्रिभुज का क्षेत्रफल है:

A. $\left(100/\sqrt{3}\right)$ सेमी^{2} B. $100\sqrt{3}$ सेमी^{2}
C. $100\sqrt{3}/2$ सेमी^{2} D. $100\sqrt{3}/4$ सेमी^{2}

22. यदि एक वर्ग का परिमाप $(4a + 8)$ इकाई हो, तो उस वर्ग का क्षेत्रफल कितना होगा?

A. $(a^2 + 4a + 4)$ वर्ग इकाई
B. $(10a^2 - a - 8)$ वर्ग इकाई
C. $(a + 2a^2 + 4)$ वर्ग इकाई
D. $(4a^2 + 4a - 4)$ वर्ग इकाई

23. एक आयताकार बाग की लम्बाई 45 मीटर तथा चौड़ाई 30 मीटर है। इसके बाहर चारों तरफ 2.5 मीटर चौड़ा रास्ता बनाया गया है। रास्ते का क्षेत्रफल कितना होगा?

A. 200 मी^{2} B. 300 मी^{2} C. 400 मी^{2} D. 375 मी^{2}

24. किसी कमरे की चारों दीवारों का कुल क्षेत्रफल 660 m^2 है तथा लम्बाई उसकी चौड़ाई की दोगुनी है। यदि कमरे की ऊँचाई 11 मी. है, तो उसकी छत का क्षेत्रफल है :

A. 200 मी^{2} B. 150 मी^{2} C. 100 मी^{2} D. 75 मी^{2}

25. यदि किसी आयताकार भूखण्ड की लम्बाई और चौड़ाई में क्रमशः 50% तथा 20% की वृद्धि कर दी जाए, तो इसका क्षेत्रफल कितना गुना बढ़ जाएगा?

A. $\frac{4}{5}$ B. $1\frac{4}{5}$ C. $1\frac{1}{5}$ D. $\frac{1}{5}$

26. 80 मी व्यास वाले एक वृत्ताकार पार्क के अन्दर अधिकतम क्षेत्रफल का एक वर्गाकार खेल का मैदान बना है। खेल के मैदान का क्षेत्रफल है:

A. 3200 मी^{2} B. 6400 मी^{2}
C. 1600 मी^{2} D. 12800 मी^{2}

27. एक समचतुर्भुज के विकर्णों की लम्बाइयाँ 16 सेमी तथा 12 सेमी हैं। समचतुर्भुज की भुजा है :

A. 9 सेमी B. 7 सेमी C. 8 सेमी D. 10 सेमी

28. एक आयत की लम्बाई में 60% की वृद्धि करने पर उसकी चौड़ाई में कितने प्रतिशत की कमी करनी होगी जिससे आयत का क्षेत्रफल न बदले?

A. 125% B. 37.5% C. 50% D. 75.5%

29. किसी आयताकार खेत का विकर्ण 17 मीटर तथा परिमाप 46 मीटर है, तो खेत का क्षेत्रफल होगा :

A. 132 मी^{2} B. 289 मी^{2} C. 112 मी^{2} D. 120 मी^{2}

30. किसी कमरे के 15 मी. 17 सेमी लम्बे और 9 मी. 2 सेमी चौड़े फर्श पर लगाई जा सकने वाली वर्गाकार टाइलों की न्यूनतम संख्या कितनी है?

A. 841 B. 840 C. 814 D. 820

व्याख्यात्मक उत्तर

1. (A): यहां, $4 \times$ भुजा $= 580 \Rightarrow$ भुजा $= \frac{580}{4} = 145$ मी

$\therefore$ क्षेत्रफल $=$ (भुजा)$^2 = (145)^2 = 21025$ वर्ग मीटर।

2. (D): वर्ग का क्षेत्रफल $=$ (भुजा)$^2 = (20)^2 = 400$ वर्ग मीटर।

3. (A): वृत्त का क्षेत्रफल $= \pi r^2 \Rightarrow \pi r^2 = 154$

$\Rightarrow r^2 = \frac{154 \times 7}{22} \Rightarrow r = 7$ सेमी

$\therefore$ वृत्त की परिधि $= 2\pi r = 2 \times \frac{22}{7} \times 7 = 44$ सेमी।

4. (A): त्रिभुज का क्षेत्रफल $= \frac{1}{2} \times 8 \times 10 = 40$ वर्ग सेमी।

5. (C): समलंब का क्षेत्रफल $= \frac{1}{2} \times (15 + 25) \times 10 = 200$ वर्ग मीटर।

6. (B): वर्ग का क्षेत्रफल $= x^2$ वर्ग मी.

नए वर्ग की भुजा $= x - x$ का 50% $= \frac{x}{2}$ मी

$\therefore$ नए वर्ग का क्षेत्रफल $= \left(\frac{x}{2}\right)^2 = \frac{x^2}{4}$ वर्ग मी.

$\therefore$ वर्ग के क्षेत्रफल में कमी $= x^2 - \frac{x^2}{4}$

$= \frac{3x^2}{4}$ वर्ग मी.

$\therefore$ प्रतिशत कमी $= \frac{3x^2/4}{x^2} \times 100 = 75\%$

7. (A): पहले वर्ग की भुजा $= \frac{24}{4} = 6$ मी.

और दूसरे वर्ग की भुजा $= \frac{32}{4} = 8$ मी.

अब, तीसरे वर्ग का क्षेत्रफल $= 6^2 + 8^2$

$= 36 + 64 = 100$ वर्ग मी.

$\therefore$ तीसरे वर्ग की भुजा $= \sqrt{100} = 10$ मी.

अतः, तीसरे वर्ग का परिमाप $= 4 \times$ भुजा $= 4 \times 10 = 40$ मी.

8. (A): यहां, $3x = 72 \Rightarrow x = \frac{72}{3} = 24$ सेमी

$\therefore$ समबाहु त्रिभुज का क्षेत्रफल $= \frac{\sqrt{3}}{4} \times x^2$

$= \frac{\sqrt{3}}{4} \times (24)^2 = 144\sqrt{3}$ वर्ग सेमी

9. (B): नए वृत्त का क्षेत्रफल $= \pi.5^2 + \pi.12^2$

$= 25\pi + 144\pi = 169\pi$ वर्ग सेमी.

$= \pi(13)^2$ वर्ग सेमी.

अतः यह स्पष्ट है कि नये वृत्त की त्रिज्या 13 सेमी होगी।

10. (B): आयत का क्षेत्रफल $= xy$ वर्ग मीटर

नए आयत का क्षेत्रफल $= \frac{120}{100} x \times \frac{85}{100} y$

$= 1.020\, xy$ वर्ग मीटर

$\therefore$ क्षेत्रफल में वृद्धि $= 1.02\,xy - xy$

$= .02\,xy$ वर्ग मी.

$\therefore$ प्रतिशत वृद्धि $= \dfrac{.02xy}{xy} \times 100 = 2\%$

11. (C): वर्ग का क्षेत्रफल = 36 वर्ग सेमी

अब, $\frac{1}{2} \times$ आधार $\times$ ऊंचाई $= 36 \Rightarrow \frac{1}{2} \times 6 \times$ ऊंचाई $= 36$

$\therefore$ त्रिभुज की ऊँचाई $= \dfrac{36 \times 2}{6} = 12$ सेमी.

12. (C): बगीचे का क्षेत्रफल $= 24 \times 14 = 336$ वर्ग मीटर

(बगीचा + पथ) का क्षेत्रफल $= 26 \times 16 = 416$ वर्ग मीटर

$\therefore$ पथ का क्षेत्रफल $= 416 - 336 = 80$ वर्ग मीटर

1 टाइल का क्षेत्रफल $= 20 \times 20 = 400$ वर्ग सेमी

$= .04$ वर्ग मीटर

$\therefore$ पथ को कवर करने के लिए आवश्यक टाइलों की संख्या

$= \dfrac{80}{.04} = 2000.$

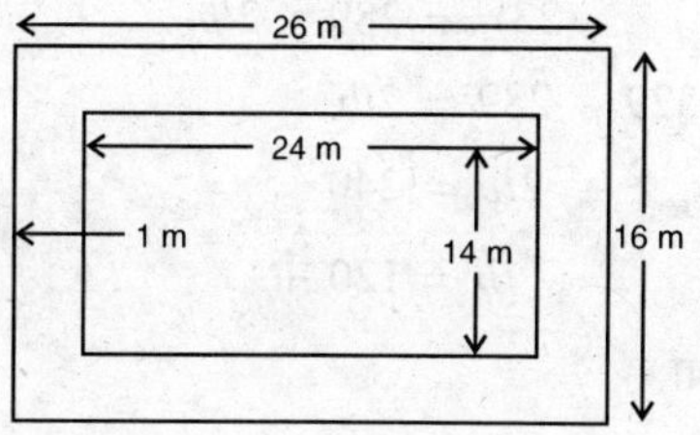

13. (C): चक्करों की संख्या $= \dfrac{11 \times 1000}{2 \times \frac{22}{7} \times 1.75}$

$= \dfrac{11 \times 1000 \times 7}{2 \times 22 \times 1.75} = 1000.$

14. (B): 24 चक्करों में तय की गई दूरी

$= 24 \times 2 \times \frac{22}{7} \times 35$

$= 5280$ सेमी $= 52.8$ मी.

15. (D): फर्श का क्षेत्रफल $= 15 \times 12 = 180$ मी^{2}

अतः, फर्श बनाने की कुल लागत $= 180 \times$ ₹ 125 = ₹ 22,500

16. (D): वृत्ताकार मैदान की त्रिज्या $= \sqrt{\dfrac{616 \times 7}{22}} = \sqrt{28 \times 7}$

$= 14$ मी.

शेष भाग का क्षेत्रफल $= 616 - \frac{22}{7} \times 7^2$

$= 616 - 154 = 462$ मी^{2}

17. (B): वृत्त की त्रिज्या $= \sqrt{\dfrac{1386 \times 7}{22}} = \sqrt{63 \times 7} = 21$मी

वृत्त की परिधि $= 2 \times \frac{22}{7} \times 21 = 132$ मी.

18. (A): माना चौड़ाई $x\%$ कम हो जाती है, तो,

$30 - x - \dfrac{30 \times x}{100} = 0 \Rightarrow x + \dfrac{3x}{10} = 30$

$\Rightarrow \dfrac{13x}{10} = 30 \quad \therefore x = \dfrac{30 \times 10}{13} = 23.08\%$

19. (C): क्षेत्र में प्रभावी परिवर्तन $= 30 - 30 - \dfrac{30 \times 30}{100} = -9$

अतः, क्षेत्रफल 9% कम हो जाता है।

20. (B): वृत्त की त्रिज्या $= \dfrac{88 \times 7}{2 \times 22} = 14$ सेमी

वृत्त का क्षेत्रफल $= \dfrac{22}{7} \times 14 \times 14 = 616$ सेमी^{2}

21. (B): समबाहु त्रिभुज का क्षेत्रफल

$= \dfrac{\sqrt{3}}{4}$(भुजा)^2

$= \dfrac{\sqrt{3}}{4} \times (20)^2 = \dfrac{\sqrt{3}}{4} \times 400$

$= 100\sqrt{3}$ वर्ग सेमी.

22. (A): वर्ग का परिमाप $= 4 \times$ भुजा

$\Rightarrow$ $4 \times$ भुजा $= 4a + 8 = 4(a + 2)$

वर्ग की भुजा $= a + 2$

वर्ग का क्षेत्रफल $= (a + 2)^2$

$= (a^2 + 4a + 4)$ वर्ग इकाई

23. (C): रास्ता छोड़कर क्षेत्रफल $= 45 \times 30$

$= 1350$ वर्ग मी.

रास्ता सहित क्षेत्रफल $= 50 \times 35$

$= 1750$ वर्ग मी.

$\therefore$ रास्ते का क्षेत्रफल $= 1750 - 1350$

$= 400$ वर्ग मी.

24. (A): चारों दीवारों का क्षेत्रफल $= 2(l + b) \times h$

$2(l + b) \times h = 660$

$\Rightarrow$ $2(2b + b) \times 11 = 660$

$\Rightarrow$ $3b = 30$

$\Rightarrow$ $b = 10$ मीटर

$\therefore$ लम्बाई $= 10 \times 2 = 20$ मीटर

छत का क्षेत्रफल $= l \times b$

$= 20 \times 10 = 200$ वर्ग मीटर

25. (A): माना आयताकार भूखण्ड की प्रारम्भिक लम्बाई और चौड़ाई क्रमशः x इकाई और y इकाई है।

आयताकार भूखण्ड का प्रारम्भिक क्षेत्रफल = ल. $\times$ चौ.

$= x \times y$ वर्ग इकाई

आयताकार भूखण्ड की नयी लम्बाई

$= x \times 150\%$

$= \dfrac{3x}{2}$ इकाई

तथा, आयताकार भूखण्ड की नयी चौड़ाई

$= y \times 120\% = \dfrac{6y}{5}$ इकाई

आयताकार भूखण्ड का क्षेत्रफल = ल. × चौ.

$= \dfrac{3x}{2} \times \dfrac{6y}{5} = \dfrac{9}{5}xy$ वर्ग इकाई

आयताकार भूखण्ड के क्षेत्रफल में वृद्धि

$= \dfrac{9}{5}xy - xy = \dfrac{4}{5}xy$

$= \dfrac{4}{5} \times$ प्रारम्भिक क्षेत्रफल

अतः क्षेत्रफल $\dfrac{4}{5}$ गुना बढ़ जाता है।

26. (A): एक वर्गाकार खेल के मैदान का क्षेत्रफल अधिकतम होगा,

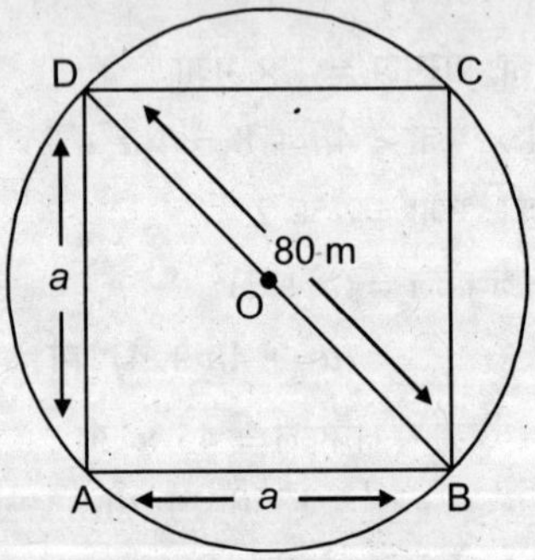

यदि वृत्त का व्यास = वर्ग का विकर्ण

$\therefore \quad \sqrt{2}a = 80$

$a = \dfrac{80}{\sqrt{2}} = 40\sqrt{2}$ मी

खेल के मैदान का क्षेत्रफल $= a^2 = \left(40\sqrt{2}\right)^2$

$= 3200$ मी^{2}

27. (D): हम जानते हैं कि, एक समचतुर्भुज में, विकर्णों और भुजा के बीच सम्बन्ध निम्न है,

$d_1^2 + d_2^2 = 4a^2$

दिया है, $d_1 = 16$ सेमी, $d_2 = 12$ सेमी

$(16)^2 + (12)^2 = 4a^2$

$4a^2 = 256 + 144$

$4a^2 = 400$

$a^2 = 100$

$a = 10$ सेमी

अतः समचतुर्भुज की भुजा = 10 सेमी.।

28. (B): अभीष्ट प्रतिशत $= \dfrac{60}{160} \times 100\%$

$= \dfrac{3}{8} \times 100\% = \dfrac{150}{4}\% = 37\dfrac{1}{2}\% = 37.5\%.$

29. (D): माना आयताकार खेत की लंबाई = l तथा चौड़ाई = b

दिया है विकर्ण = 17 मी.

$\Rightarrow \quad \sqrt{l^2 + b^2} = 17$ मी.

$\Rightarrow \quad l^2 + b^2 = 289$ मी.

और परिमाप = 46 मी.

$\Rightarrow \quad 2(l + b) = 46$ मी.

$\Rightarrow \quad l + b = 23$ मी.

$\because \quad (l + b)^2 = l^2 + b^2 + 2lb$

$\therefore \quad (23)^2 = 289 + 2lb$

$\Rightarrow \quad 529 - 289 = 2lb$

$\Rightarrow \quad 2lb = 240$

$\Rightarrow \quad lb = 120$ मी.

30. (C): दिया है,

कमरे की लंबाई = 15 मी. 17 सेमी. = 1517 सेमी.

और चौड़ाई = 9 मी. 2 सेमी. = 902 सेमी.

∵ वर्गाकार टाइल का अधिकतम आकार

= लंबाई और चौड़ाई का महत्तम समापवर्तक

```
902 | 1517 | 1
    | -902 |
     615  | 902 | 1
          | -615|
           287  | 615 | 2
                | -574|
                  41  | 287 | 7
                      | -287|
                        ×××
```

∵ म.स. = 41 सेमी.

∴ वर्गाकार टाइल का अधिकतम आकार = 41 सेमी.

अतः वर्गाकार टाइलों की न्यूनतम संख्या

$= \dfrac{\text{कमरे का क्षेत्रफल}}{\text{प्रत्येक टाइल का क्षेत्रफल}}$

$= \dfrac{1517 \times 902}{41 \times 41} = 37 \times 22 = 814.$

15 आयतन और पृष्ठीय क्षेत्रफल

क्षेत्रमिति में हमें अक्सर ठोस आकृतियों का आयतन निकालने की समस्या से निपटना होता है।

घनाभ

घनाभ एक त्रिआयामी ठोस होता है जिसमें 6 फलक (आयताकार), 8 शीर्ष और 12 किनारे होते हैं। उदाहरण के लिए, एक आयताकार ईंट।

आयतन = लम्बाई × चौड़ाई × ऊँचाई

सम्पूर्ण पृष्ठ का क्षेत्र = 2(लम्बाई × चौड़ाई + चौड़ाई × ऊँचाई + ऊँचाई × लम्बाई)

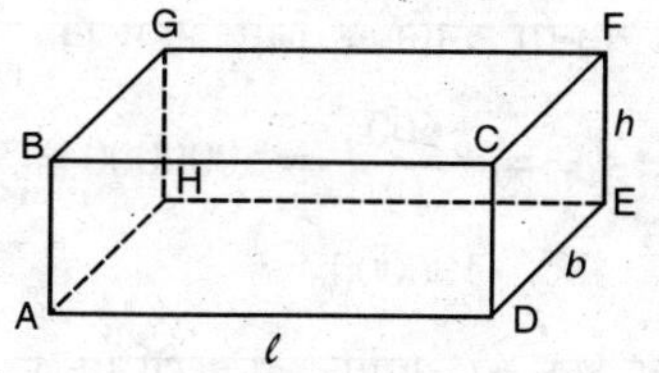

$$\text{विकर्ण} = \sqrt{(\text{लम्बाई})^2 + (\text{चौड़ाई})^2 + (\text{ऊँचाई})^2}$$

घन

एक घन में,

लंबाई = चौड़ाई = ऊँचाई

आयतन = $(\text{लम्बाई})^3$

लम्बाई = $\sqrt[3]{\text{आयतन}}$

सम्पूर्ण पृष्ठ का क्षेत्रफल = $6 \times (\text{लम्बाई})^2$

विकर्ण = लम्बाई × $\sqrt{3}$

पार्श्व पृष्ठ का क्षेत्रफल = $4 \times (\text{लम्बाई})^2$

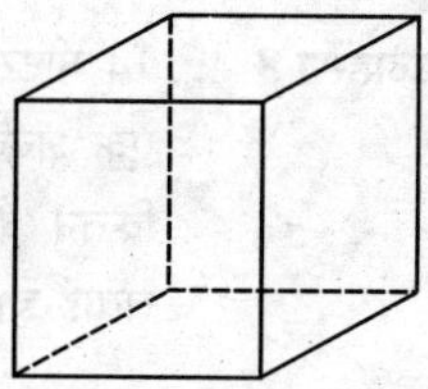

बेलन

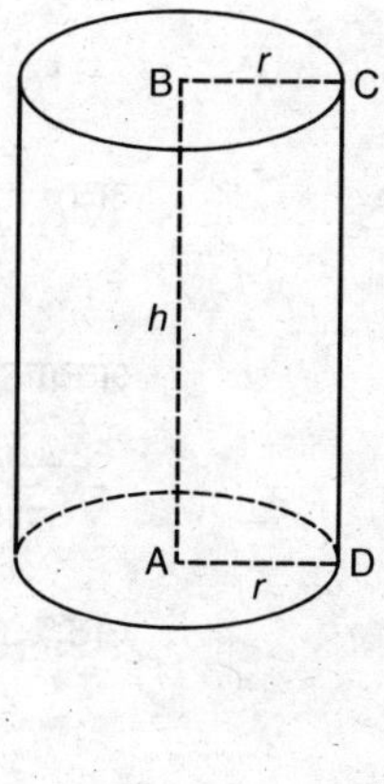

आयतन = $\pi r^2 h$

वक्र पृष्ठ का क्षेत्रफल = $2\pi rh$

सम्पूर्ण पृष्ठ का क्षेत्रफल = $2\pi r(r + h)$

जहाँ r = त्रिज्या, h = ऊँचाई

गोला

आयतन = $\frac{4}{3}\pi r^3$

सम्पूर्ण पृष्ठ का क्षेत्रफल= $4\pi r^2$

खोखला गोला

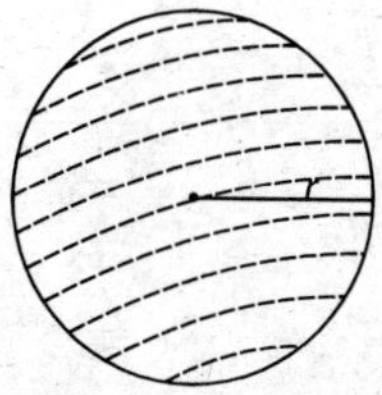

आयतन = $\frac{4}{3}\pi\left(R^3 - r^3\right)$

सम्पूर्ण पृष्ठ का क्षेत्रफल = $4\pi (R^2 - r^2)$

जहाँ R = बाह्य त्रिज्या एवं r = आंतरिक त्रिज्या

अर्द्धगोला

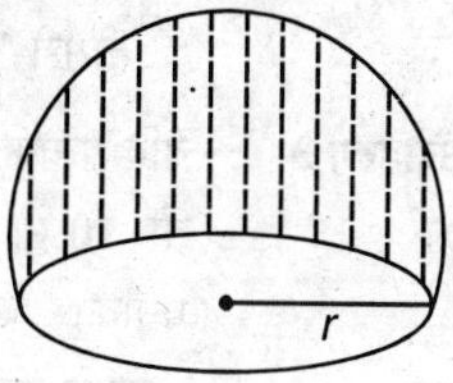

आयतन = $\frac{2}{3}\pi r^3$

वक्र पृष्ठ का क्षेत्रफल = $2\pi r^2$

सम्पूर्ण पृष्ठ का क्षेत्रफल= $3\pi r^2$

शंकु

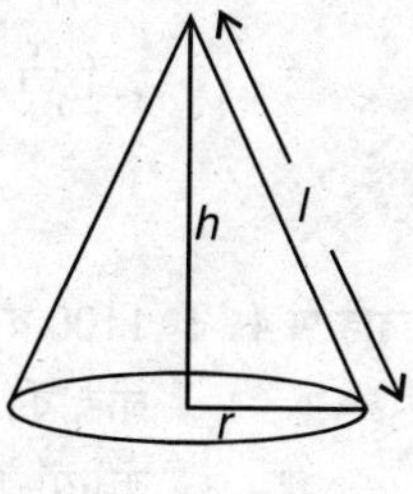

तिरछी ऊँचाई $(l) = \sqrt{r^2 + h^2}$

आयतन = $\frac{1}{3}\pi r^2 h$

वक्र पृष्ठ का क्षेत्रफल = πrl

सम्पूर्ण पृष्ठ का क्षेत्रफल= $\pi r(l + r)$

यदि शंकु के छिन्नक की गहराई (ऊंचाई) k है और इसके सिरों की त्रिज्याएँ r_1 तथा r_2 हैं, तो

शंकु के छिन्नक की तिरछी ऊँचाई = $\sqrt{k^2 + (r_1 - r_2)^2}$

छिन्नक के वक्र पृष्ठ का क्षेत्रफल = $\pi (r_1 + r_2)\, l$

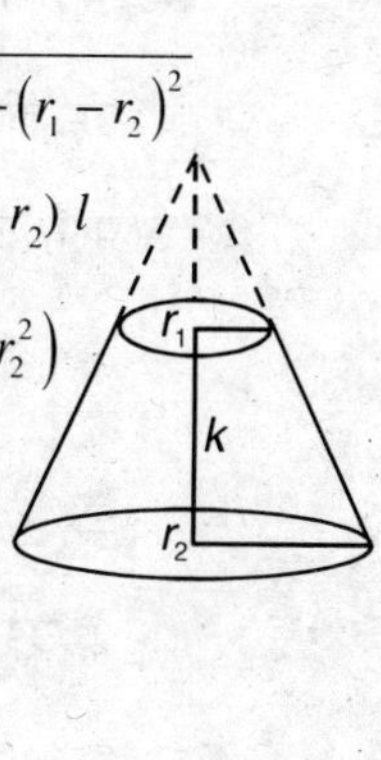

आयतन = $\frac{\pi k}{3}\left(r_1^2 + r_1 r_2 + r_2^2\right)$

जहाँ k = छिन्नक की गहराई, r_1 तथा r_2 दोनों छोर की त्रिज्याएँ हैं।

साधित उदाहरण

उदाहरण 1 : एक घन की भुजा और पृष्ठीय क्षेत्रफल ज्ञात कीजिए, जिसका आयतन 729 घन सेमी है।

हल : यहाँ, $(\text{भुजा})^3 = 729$

$\Rightarrow$ $(\text{भुजा})^3 = (9)^3$

$\Rightarrow$ भुजा = 9 सेमी

$\therefore$ पृष्ठीय क्षेत्रफल $= 6l^2 = 6 \times (9)^2$

$= 6 \times 81 = 486$ वर्ग सेमी

उदाहरण 2 : एक आयताकार ठोस आकृति के विकर्ण की लंबाई 17 सेमी है। यदि इसकी दो भुजाएँ क्रमशः 8 सेमी और 9 सेमी हैं, तो इसकी तीसरी भुजा ज्ञात कीजिए।

हल : माना, तीसरी भुजा की लंबाई = x cm

विकर्ण = 17

$$= \sqrt{(8)^2 + (9)^2 + x^2}$$

$\Rightarrow$ $(17)^2 = (8)^2 + (9)^2 + x^2$

$\Rightarrow$ $289 = 64 + 81 + x^2$

$\Rightarrow$ $289 = 145 + x^2$

$\Rightarrow$ $x^2 = 289 - 145 = 144$

$\Rightarrow$ $x = \sqrt{144} = 12$

$\therefore$ तीसरी भुजा की लंबाई 12 सेमी है।

उदाहरण 3 : यदि प्रत्येक घनाकार ब्लॉक का आयतन 15 घन मीटर है, तो 10 मी × 6 मी × 4 मी आकार के डिब्बे में कितने घनाकार ब्लॉक रखे जा सकते हैं?

हल : डिब्बे का आयतन = $l \times b \times h$

$= 10 \times 6 \times 4 = 240$ घन मी

$\therefore$ डिब्बे में पैक किए जाने वाले घनाकार ब्लॉकों की संख्या

$$= \frac{240}{15} = 16$$

उदाहरण 4 : 1100 घन सेमी के एक लोहे के घन को पिघलाकर एक लोहे की छड़ के रूप में ढाला जाता है, जो एक लंब वृत्तीय बेलन के आकार की है। यदि छड़ का व्यास 4 सेमी रखा जाता है, तो इस छड़ की लंबाई कितनी होगी?

हल : मान लीजिए छड़ की लंबाई = h सेमी

छड़ की त्रिज्या = $\frac{4}{2} = 2$ सेमी

यहाँ, छड़ का आयतन = लोहे के घन का आयतन

$\therefore$ $\frac{22}{7} \times (2)^2 \times h = 1100$

$\Rightarrow$ $h = \frac{1100 \times 7}{22 \times 4} = 87.5$ cm

$\therefore$ छड़ 87.5 सेमी लंबी होगी।

उदाहरण 5 : 2 सेमी त्रिज्या वाली कितनी गोलाकार गोलियाँ एक ऐसे धातु के गोले से बनाई जा सकती हैं जिसकी त्रिज्या 8 सेमी है?

हल : यहाँ, गोलियों की संख्या = $\frac{\text{धातु के गोले के आयतन}}{\text{प्रत्येक गोली का आयतन}}$

$$= \frac{\frac{4}{3}\pi(8)^3}{\frac{4}{3}\pi(2)^3} = (8)^2 = 64$$

उदाहरण 6 : 15 मीटर लंबे, 8 मीटर चौड़े और 5 मीटर ऊँचे एक चबूतरे का निर्माण करने के लिए 6 सेमी × 5 सेमी × 4 सेमी आकार की कितनी ईंटों की आवश्यकता होगी?

हल : चबूतरे का आयतन = $15 \times 8 \times 5$

= 600 घन मीटर

एक ईंट का आयतन

$$= \frac{6}{100} \times \frac{5}{100} \times \frac{4}{100} = \frac{12}{100000} \text{ घन मीटर}$$

$\therefore$ चबूतरा बनाने के लिए आवश्यक ईंटों की संख्या

$$= \frac{600}{\frac{12}{100000}} = 5000000 = 5 \times 10^6.$$

उदाहरण 7 : एक शंकु का आयतन ज्ञात कीजिए, जिसकी ऊँचाई (h) उसके आधार की त्रिज्या (r) की दोगुनी है।

हल : यहाँ, $h = 2r$

चूँकि, शंकु का आयतन $= \frac{1}{3}\pi r^2 . 2r = \frac{2}{3}\pi r^3$

उदाहरण 8 : 14 मीटर ऊँचे और 346.5 वर्ग मीटर फर्श क्षेत्रफल वाले एक शंक्वाकार तंबू को बनाने के लिए 1.1 मीटर चौड़े कितने कैनवस (कपड़े) की आवश्यकता होगी, इसकी लंबाई ज्ञात कीजिए।

हल : यहाँ, $\pi r^2 = 346.5$

$\Rightarrow$ $r^2 = \frac{346.5 \times 7}{22} = 110.25$

$\therefore$ $r = 10.5$ मी

अब, तिर्यक ऊँचाई, $l = \sqrt{(14)^2 + (10.5)^2}$

$\sqrt{306.25} = 17.5$ मी

शंक्वाकार तंबू का वक्र पृष्ठीय क्षेत्रफल

$$= \frac{22}{7} \times 10.5 \times 17.5 = 577.5 \text{ मी}^3.$$

अतः, आवश्यक कैनवस की लंबाई = $\frac{577.5}{1.1} = 525$ मी

अभ्यास

1. एक घनाभ के आकार के ठोस का परिमाप 4 सेमी × 3 सेमी × 2 सेमी है। इसका आयतन होगा :

A. 20 घन सेमी B. 22 घन सेमी
C. 28 घन सेमी D. 24 घन सेमी

2. एक जलाशय 3 मी लंबा, 2 मी चौड़ा और 1 मी गहरा है। लीटर में इसकी क्षमता है :

A. 8000 लीटर B. 10000 लीटर
C. 6500 लीटर D. 6000 लीटर

3. एक घन का पृष्ठीय क्षेत्रफल 1014 वर्ग मी है। इसका आयतन होगा :

A. 2197 घन मी B. 2297 घन मी
C. 2179 घन मी D. 2117 घन मी

4. दो गोलों के पृष्ठीय क्षेत्रफल 9 : 16 के अनुपात में हैं। उनके आयतन किस अनुपात में होंगे?

A. 64 : 27 B. 27 : 64 C. 16 : 27 D. 11 : 27

5. एक कमरे में, जिसकी लंबाई 12 मी, चौड़ाई 9 मी और ऊँचाई 8 मी है, रखी जा सकने वाली सबसे लंबी छड़ की लंबाई है :

A. 17 मी B. 18 मी C. 25 मी D. 16 मी

6. एक लंब वृत्तीय शंकु की त्रिज्या और ऊँचाई 3 : 5 के अनुपात में हैं। यदि इसका आयतन 120 π घन मी है, तो इसकी तिर्यक ऊँचाई है :

A. $3\sqrt{34}$ मी B. $2\sqrt{28}$ मी C. $2\sqrt{44}$ मी D. $2\sqrt{34}$ मी

7. एक बेलन के आधार की परिधि 88 सेमी है और बेलन की ऊँचाई 42 सेमी है। इसका आयतन है :

A. 25872 घन सेमी B. 28572 घन सेमी
C. 25870 घन सेमी D. 22584 घन सेमी

8. यदि 10 सेमी भुजा वाले दो घनों को एक-दूसरे के पास रखा जाए, तो इस प्रकार बने घनाभ का पृष्ठीय क्षेत्रफल किसके बराबर होगा?

A. 1200 वर्ग सेमी B. 5000 वर्ग सेमी
C. 1000 वर्ग सेमी D. 1250 वर्ग सेमी

9. एक कमरा 10 मीटर भुजा वाले घन के आकार का है। इसमें रुई की कितनी गांठें रखी जा सकती हैं, यदि प्रत्येक गांठ 5 घन मीटर जगह घेरती है?

A. 100 B. 175 C. 200 D. 225

10. एक घन का पृष्ठीय क्षेत्रफल 600 वर्ग मीटर है। इसका विकर्ण है :

A. $10\sqrt{3}$ सेमी B. $5\sqrt{3}$ सेमी
C. $4\sqrt{2}$ सेमी D. $10\sqrt{2}$ सेमी

11. यदि किसी गोले की त्रिज्या 50% कम कर दी जाए, तो उस गोले का पृष्ठीय क्षेत्रफल कितने प्रतिशत कम हो जाएगा?

A. 50% B. 40% C. 60% D. 75%

12. एक शंकु और एक गोले की त्रिज्या और आयतन समान हैं। गोले के व्यास और शंकु की ऊँचाई का अनुपात है :

A. 1 : 3 B. 3 : 2 C. 1 : 2 D. 2 : 3

13. उस सबसे लंबी छड़ की लंबाई ज्ञात कीजिए जिसे 30 मीटर लंबे, 24 मीटर चौड़े और 18 मीटर ऊँचे कमरे में रखा जा सकता है।

A. $15\sqrt{2}$ मी B. 30 मी
C. $30\sqrt{2}$ मी D. 60 मी

14. यदि किसी घन का आयतन 512 घन सेमी है, तो उसका कुल पृष्ठीय क्षेत्रफल ज्ञात कीजिए।

A. 192 वर्ग सेमी B. 256 वर्ग सेमी
C. 329 वर्ग सेमी D. 384 वर्ग सेमी

15. एक घन का आयतन संख्यात्मक रूप में उसकी भुजाओं की लम्बाई के योग के बराबर है। घन का सम्पूर्ण पृष्ठीय क्षेत्रफल वर्ग इकाई में है:

A. 72.0 B. 44.2 C. 12.4 D. 64.5

16. एक कमरे की लम्बाई 10% घटायी गयी तथा चौड़ाई 20% घटायी गयी जबकि ऊँचाई 5% बढ़ायी गयी। इस प्रकार कमरे के आयतन में कितने प्रतिशत का परिवर्तन हुआ?

A. 24.4% B. 24.6% C. 24% D. 24.2%

17. 15 सेमी भुजा वाले किसी घन में से 3 सेमी भुजा वाले कुल कितने घन काटे जा सकते हैं?

A. 125 B. 25 C. 27 D. 144

18. 5 सेमी. भुजा वाले एक घन के सभी फलकों पर रंग लगाया जाता है। यदि इसे 1 सेमी.^{3} वाले घनों में काटा जाता है तो, 1 सेमी.^{3} वाले कितने घनों में केवल एक ही फलक पर रंग होगा?

A. 142 B. 27 C. 42 D. 54

19. किसी घनाभ की लम्बाई, चौड़ाई तथा ऊँचाई का अनुपात 6 : 5 : 4 है। यदि सम्पूर्ण पृष्ठ का क्षेत्रफल 5328 वर्ग सेमी. हो, तो घनाभ की लम्बाई, चौड़ाई तथा ऊँचाई कितनी होगी?

A. 20 सेमी, 22 सेमी, 23 सेमी B. 38 सेमी, 25 सेमी, 23 सेमी
C. 36 सेमी, 30 सेमी, 24 सेमी D. 22 सेमी, 23 सेमी, 21 सेमी

20. एक गोदाम घनाभ आकृति का है जिसका माप 60 मी. × 40 मी. × 30 मी. है। यदि एक घनाभ आकृति वाले बक्से का आयतन 0.8 घन मीटर है, तो इस गोदाम में कितने बक्से रखे जा सकते हैं?

A. 40,000 B. 60,000
C. 90,000 D. 72,000

व्याख्यात्मक उत्तर

1. (D): घनाभ का आयतन = $l \times b \times h = 4 \times 3 \times 2$

$= 24$ घन सेमी

2. (D): जलाशय का आयतन = $l \times b \times h = 3 \times 2 \times 1$

$= 6$ घन मी.

($\because$ 1 घन मी. = 1000 लीटर)

$\therefore$ जलाशय की क्षमता = $6 \times 1000 = 6000$ लीटर

3. (A): यहाँ, $6 \times (\text{भुजा})^2 = 1014$

$\Rightarrow$ $(\text{भुजा})^2 = \frac{1014}{6} = 169$

$\therefore$ भुजा = $\sqrt{169} = 13$ सेमी

अतः, घन का आयतन = $(\text{भुजा})^3 = (13)^3$

$= 2197$ घन सेमी.

4. (B): यहाँ, $4\pi r_1^2 : 4\pi r_2^2 = 9 : 16$

$\Rightarrow$ $r_1^2 : r_2^2 = 9 : 16$

$\Rightarrow$ $\left(\frac{r_1}{r_2}\right)^2 = \left(\frac{3}{4}\right)^2$

$\Rightarrow$ $r_1 : r_2 = 3 : 4$

$\Rightarrow$ $\frac{r_1^3}{r_2^3} = \frac{27}{64}$

$\Rightarrow$ $r_1^3 : r_2^3 = 27 : 64.$

इसलिए, उनके आयतनों का अनुपात = $\frac{4}{3}\pi r_1^3 : \frac{4}{3}\pi r_2^3$

$= r_1^3 : r_2^3 = 27 : 64$

5. (A): घनाभाकार कमरे में रखी जा सकने वाली सबसे लंबी छड़ = विकर्ण की लंबाई

$= \sqrt{l^2 + b^2 + h^2}$

$= \sqrt{(12)^2 + (9)^2 + (8)^2}$

$= \sqrt{144 + 81 + 64}$

$= \sqrt{289} = 17$ मी

6. (D): मान लीजिए कि लंब वृत्तीय शंकु की आधार त्रिज्या और ऊँचाई क्रमशः $3x$ मी. और $5x$ मी. हैं।

$\therefore$ शंकु का आयतन = $\frac{1}{3}\pi r^2 h$

$= \frac{1}{3}\pi (3x)^2 \times 5x$ घन मी.

अब, $\frac{1}{3}\pi \times 9x^2 \times 5x = 120\pi \Rightarrow x^3 = \frac{120 \times 3}{9 \times 5}$

$\Rightarrow$ $x^3 = 8 \Rightarrow x^3 = (2)^3 \Rightarrow x = 2$ मी.

$\therefore$ शंकु की त्रिज्या और ऊँचाई क्रमशः $3 \times 2 = 6$ मी. और $5 \times 2 = 10$ मी. होगी।

$\therefore$ शंकु की तिर्यक ऊँचाई = $\sqrt{r^2 + h^2}$

$= \sqrt{(6)^2 + (10)^2}$

$= \sqrt{36 + 100} = \sqrt{136} = 2\sqrt{34}$ मी.

7. (A): यहाँ, $2\pi r = 88$

$\therefore$ $r = \frac{88}{2\pi} = \frac{88 \times 7}{2 \times 22} = 14$ सेमी

चूँकि, बेलन का आयतन = $\pi r^2 h$

$= \frac{22}{7} \times (14)^2 \times 42 = 22 \times 2 \times 14 \times 42 = 25872$ घन सेमी

8. (C): यहाँ, घनाभ की लंबाई = पहले घन का किनारा + दूसरे घन का किनारा

$= 10 + 10 = 20$ सेमी

$\therefore$ घनाभ का पृष्ठीय क्षेत्रफल

$= 2(20 \times 10 + 10 \times 10 + 10 \times 20)$

$= 2(200 + 100 + 200)$

$= 2 \times 500 = 1000$ वर्ग सेमी.

9. (C): घनाकार कमरे का आयतन = $(10)^3 = 1000$ घन मी

कमरे में रखे जा सकने वाले रुई के गठ्ठरों की संख्या

$= \frac{\text{कमरे का आयतन}}{\text{कपास की प्रत्येक गांठ का आयतन}} = \frac{1000}{5} = 200.$

10. (A): यहाँ, $6 \times (\text{भुजा})^2 = 600$

$\Rightarrow$ $\text{भुजा}^2 = 100$

$\Rightarrow$ भुजा = $\sqrt{100} = 10$ cm

$\therefore$ घन का विकर्ण = $\sqrt{3} \times$ भुजा

$= \sqrt{3} \times 10 = 10\sqrt{3}$ सेमी.

11. (D): गोले के पृष्ठीय क्षेत्रफल में परिवर्तन

$= \left(-50 - 50 + \frac{-50 \times -50}{100}\right)\%$

$= (-100 + 25)\% = -75\%$

अतः, गोले का पृष्ठीय क्षेत्रफल 75% कम हो जाएगा।

12. (C): यहाँ, $4/3\pi r^3 = \frac{1}{3}\pi r^2 h$

$\Rightarrow$ $4r = h$

$\Rightarrow$ $2d = h \quad \therefore \frac{d}{h} = \frac{1}{2}$

अतः, अभीष्ट अनुपात = 1 : 2

13. **(C):** सबसे लंबी छड़ की लंबाई $= \sqrt{30^2 + 24^2 + 18^2}$

$= \sqrt{1800} = 30\sqrt{2}$ मी

14. **(D):** घन की भुजा $= (512)^{1/3} = 8$ सेमी

कुल पृष्ठीय क्षेत्रफल $= 6 \times 8^2 = 384$ सेमी^{2}

15. **(A):** माना एक घन के किनारे की लंबाई $= x$ यूनिट

तब, आयतन $= x^3$ घन यूनिट

और घन की भुजाओं की लंबाई का योग $= 12x$ यूनिट

$\therefore \quad x^3 = 12x$

$\Rightarrow \quad x^2 = 12$

$\therefore$ घन का सम्पूर्ण पृष्ठीय क्षेत्रफल $= 6x^2$

$= 6 \times 12 = 72$ वर्ग यूनिट।

16. **(A):** कमरे का आयतन $= lbh$ घन यूनिट

तथा कमरे का परिवर्तित आयतन

$$= \frac{9}{10}l \times \frac{80}{100}b \times \frac{105}{100}h$$

$$= \frac{9}{10}l \times \frac{4}{5}b \times \frac{21}{20}h$$

$$= \frac{189}{250}lbh \text{ घन यूनिट}$$

$\therefore$ कमरे के आयतन में परिवर्तन

$$= lbh - \frac{189}{250}lbh$$

$$= \frac{61}{250}lbh \text{ घन यूनिट}$$

$$\therefore \text{ प्रतिशत परिवर्तन} = \frac{\frac{61}{250}lbh}{lbh} \times 100\%$$

$$= \frac{61}{5} \times 2\%$$

$$= \frac{122}{5}\% = 24.4\%$$

17. **(A):** माना 'n' घन काटे जा सकते हैं।

तब, 15 सेमी भुजा वाले घन का आयतन

$= n \times 3$ सेमी भुजा वाले घन का आयतन

$(15)^3 = n \times (3)^3$

$$n = \frac{15 \times 15 \times 15}{3 \times 3 \times 3}$$

$n = 5 \times 5 \times 5$

$n = 125$

अतः 125 छोटे घन काटे जा सकते हैं।

18. **(D):** एक घन में छह फलक होते हैं। यदि 5 सेमी भुजा वाले एक घन के सभी फलकों को रंगा जाए और उसे 1 सेमी^{3} वाले छोटे घनों में काटा जाए, तो केवल एक फलक से रंगे हुए 1 सेमी^{3} वाले घनों की संख्या प्रत्येक फलक पर $= 3 \times 3 = 9$ होगी।

अतः, केवल एक फलक से रंगे हुए 1 सेमी^{3} वाले घनों की कुल संख्या $= 9 \times 6 = 54$ होगी।

19. **(C):** घनाभ के सम्पूर्ण पृष्ठों का क्षेत्रफल $= 2(lb + bh + hl)$

$\Rightarrow 5328 = 2(6x \times 5x + 5x \times 4x + 4x \times 6x)$

$\Rightarrow \quad 74x^2 = 2664$

$\Rightarrow \quad x^2 = 36$

$\Rightarrow \quad x = 6$

लम्बाई $= 6 \times 6 = 36$ सेमी.

चौड़ाई $= 5 \times 6 = 30$ सेमी.

तथा ऊँचाई $= 4 \times 6 = 24$ सेमी.

20. **(C):** बक्से की संख्या $= \dfrac{60 \times 40 \times 30 \times 10}{8} = 90{,}000$

16 ज्यामिति

(*i*) **बिन्दु :** एक सूक्ष्म ज्यामितीय आकृति जो केवल स्थान का निर्धारण करता है बिन्दु कहलाता है। बिन्दु एक बहुत छोटी सी बिन्दी है जिसमें लम्बाई अथवा चौड़ाई नहीं होती।

उदाहरण : परकार (compass) का नोक, सूई का अग्रसिरा, आदि।

(*ii*) **रेखा-खण्ड :** एक ज्यामितीय आकृति जिसमें लम्बाई होता है किन्तु चौड़ाई नहीं। इसके दो अन्तिम बिन्दु होते हैं। रेखा-खण्ड एक रेखा का भाग होता है। यह बिन्दुओं के बीच सबसे छोटी दूरी है। यदि किसी रेखाखण्ड में दो अन्त बिन्दु X और Y हों तो इसे $\overline{XY}$ या $\overline{YX}$ से सूचित करते हैं।

उदाहरण : बक्सा का किनारा, किताब का किनारा, पैंसिल आदि।

(*iii*) **रेखा :** यदि एक रेखाखण्ड को दोनों दिशाओं में अनन्त तक बढ़ाया जाय तो इसे रेखा कहते हैं। हम न तो एक पूरी रेखा खींच सकते हैं और न ही इसकी लम्बाई निर्धारित कर सकते हैं। क्योंकि दोनों दिशाओं में इसका कोई अन्त बिन्दु नहीं होता। अतः इसकी अनन्तता को प्रदर्शित करने के लिए हम दोनों ओर तीर का निशान लगा देते हैं।

जैसेः 

रेखा को निर्धारित करने के लिए हम कम से कम दो बिन्दु किसी रेखा पर रखते हैं और रेखा को $\overleftrightarrow{AB}$ या $\overleftrightarrow{BA}$ के रूप में प्रदर्शित करते हैं।

(*iv*) **किरण :** किरण रेखा का एक भाग है। इसकी केवल एक अन्त बिन्दु होती है। यह एक बिन्दु से प्रारम्भ होकर दूसरी दिशा में अनन्त तक जाती है। किरण की लम्बाई भी निर्धारित नहीं की जा सकती। किरण इस प्रकार 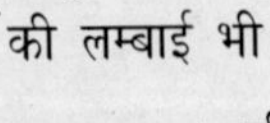

खींचा जाता है और $\overrightarrow{AB}$ के रूप में व्यक्त किया जाता है।

उदाहरण : सूर्य की किरण, टॉर्च से निकलती रौशनी, आदि।

(*v*) **प्रतिच्छेदी :** जब दो रेखाओं में एक उभयनिष्ठ बिन्दु हो तो दोनों परस्पर प्रतिच्छेदी रेखाएँ कहलाती हैं।

उदाहरण : 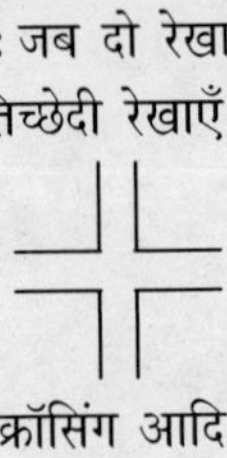 × (अंग्रेजी वर्णमाला का अक्षर, गुणा का चिह्न, रोड-क्रॉसिंग आदि।

(*vi*) **समान्तर रेखाएँ :** यदि दो रेखाएँ अपने अनन्त बिन्दु तक एक-दूसरे को प्रतिच्छेदित नहीं करती तो दोनों परस्पर समान्तर कही जाती हैं। दूसरे शब्दों में, ऐसी दो रेखाएँ जो कभी एक-दूसरे से नहीं मिलती समान्तर कहलाती हैं।

उदाहरण : रेलवे की पटरी, स्केल के विपरीत किनारे, मेज के विपरीत किनारे आदि।

(*vii*) **वक्र रेखाएँ:** यदि कोई रेखा अपनी दिशा बदलती है तो उसे वक्र रेखा कहते हैं। यदि हम बिना रूलर का प्रयोग किए और कागज पर से बिना पेंसिल हटाए कोई रेखा खींचते हैं तो ये वक्र रेखाएं होती हैं।

(*a*) **सामान्य वक्र:** यदि कोई वक्र स्वयं को नहीं काटती तो यह सामान्य वक्र या खुला वक्र कहलाती है।

(*b*) **बन्द वक्र:** यदि कोई वक्र खुद को काटती है और इस प्रकार कुछ स्थान को घेर लेती है तो उसे बन्द वक्र कहते हैं।

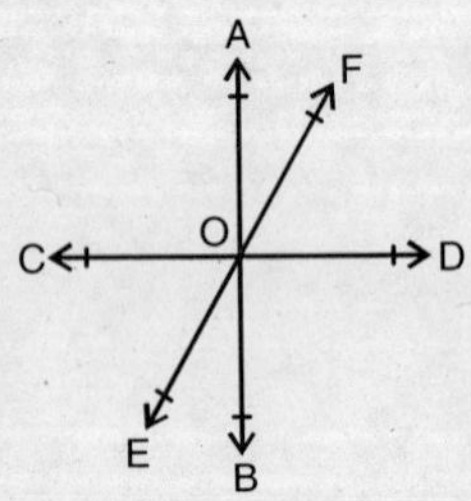

(*viii*) **संगामी रेखाएँ:** जब तीन या तीन से अधिक रेखाएं एक ही बिन्दु पर कटती है तो वे सभी रेखाएँ संगामी कहलाती है।

(*ix*) **कोण:** एक ज्यामितीय आकृति जिसमें एक ही आरम्भ बिन्दु से दो किरणें निकलती है कोण कहलाता है।

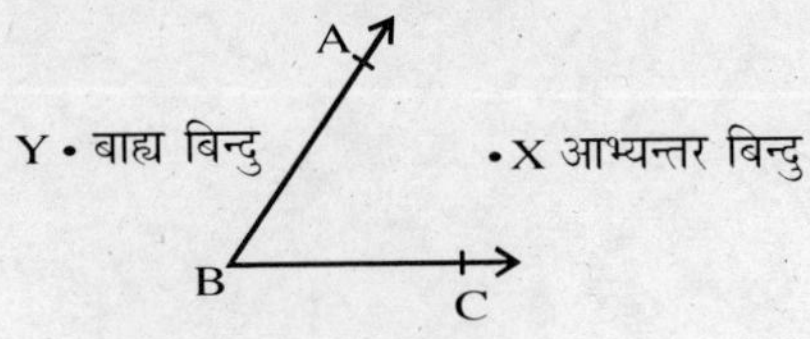

(x) कोण के प्रकारः

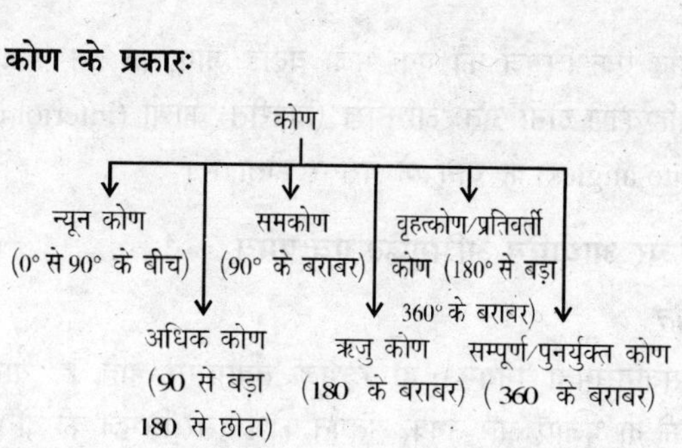

(xi) कोटिपूरक कोण: कोटिपूरक कोणः जब दो कोणों का योग 90° के बराबर हों तो दोनों कोण परस्पर कोटिपूरक कहलाते हैं। जैसेः θ का कोटिपूरक = (90° – θ)

(xii) सम्पूरक कोण: जब दो कोणों का योग 180° के बराबर हों तो दोनों कोण परस्पर सम्पूरक कहलाते हैं। जैसेः θ का सम्पूरक = (180° – θ)

(xiii) आसन्न कोण: यदि दो कोणों के शीर्ष उभयनिष्ठ हों तो वे आसन्नकोण कहे जाते हैं।

यहाँ, ∠BAC एवं ∠CAD आसन्न कोण हैं।

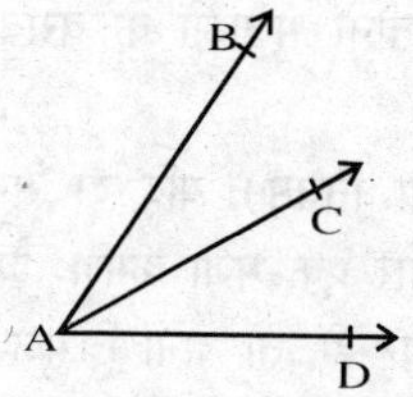

(xiv) रैखिक युग्म: यदि आसन्न कोणों का युग्म परस्पर सम्पूरक भी हों तो दोनों रैखिक युग्म कहलाते हैं।

यहाँ, ∠ABC एवं ∠CBD आसन्न कोण हैं
तथा ∠ABC + ∠CBD = 180°

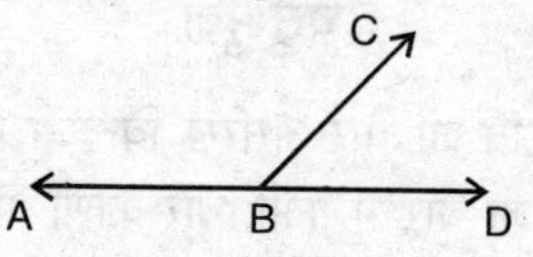

अतः, दोनों कोण रैखिक युग्म हैं।

(xv) शीर्षाभिमुख कोण: यदि दो रेखाएँ एक ही बिन्दु पर परस्पर प्रतिच्छेद करती है तो बिन्दु के गिर्द एकान्तर कोणों का युग्म शीर्षाभिमुख कोण कहलाता है। शीर्षाभिमुख कोणों का युग्म हमेशा परस्पर समान होता है।

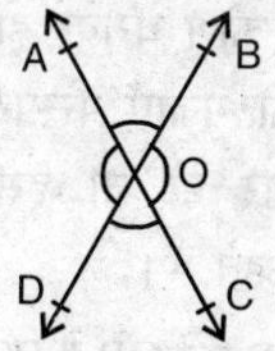

यहाँ ∠AOB एवं ∠DOC
तथा ∠AOD एवं ∠BOC शीर्षाभिमुख कोण हैं।
अतः ∠AOB = ∠DOC एवं ∠AOD = ∠BOC

(xvi) समान्तर रेखाओं पर कोण:

अनुप्रस्थ या प्रतिच्छेदी रेखा: जब एक सीधी रेखा दो या दो से अधिक समान्तर रेखाओं को प्रतिच्छेदित करती है तो इसे प्रतिच्छेदी या अनुप्रस्थ रेखा कहते हैं। जब एक प्रतिच्छेदी रेखा दो समान्तर रेखाओं को काटती है तो यह आठ कोण बनाती है।

(*a*) **संगत कोण:** माना कि AB तथा CD दो समान्तर रेखाएं हैं और *l* प्रतिच्छेदी रेखा है तब, संगत कोणों के युग्म बराबर होते हैं। अर्थात्

∠1 = ∠6   ∠3 = ∠8
∠2 = ∠5   ∠4 = ∠7

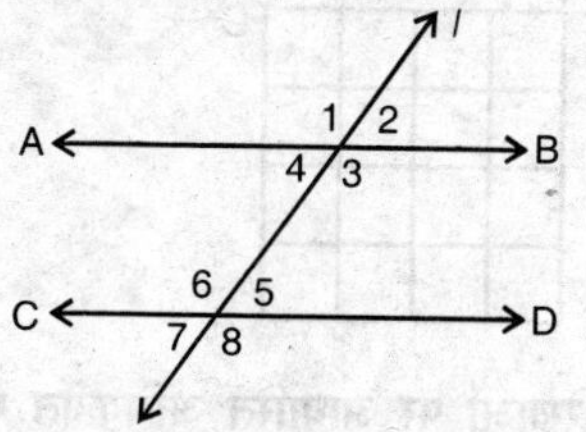

(*b*) **एकान्तर अन्तः कोण:** ऊपर के चित्र में ∠4 एवं ∠5 तथा ∠3 एवं ∠6 एकान्तर अन्तः कोणों के युग्म हैं। एकान्तर अन्तः कोणों के युग्म परस्पर समान होते हैं।

अतः ∠4 = ∠5 एवं ∠3 = ∠6

* **प्रतिच्छेदी रेखा के एक ही ओर के अन्त कोणों का योग हमेशा 180° होता है।**

अर्थात्, ∠3 + ∠5 = 180° तथा ∠4 + ∠6 = 180°.

त्रिभुज

तीन भुजाओं से घिरा वह समतल क्षेत्र जिसमें तीन शीर्ष और तीन कोण होते हैं, त्रिभुज कहलाता है।

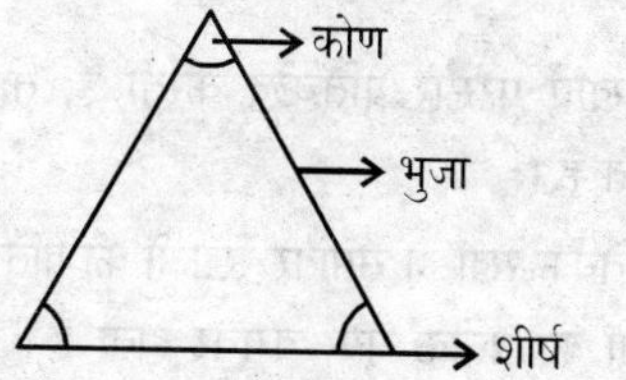

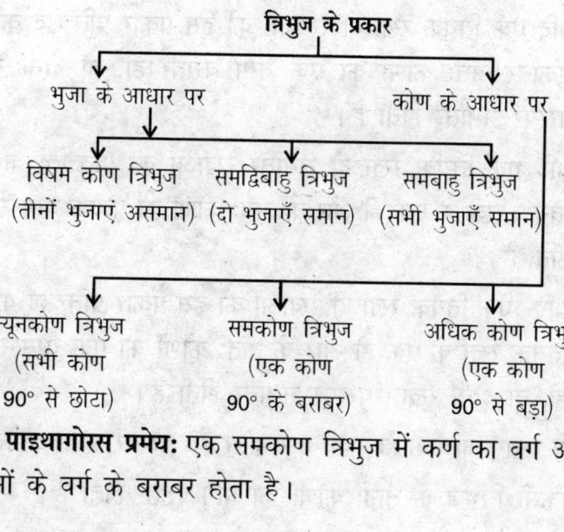

पाइथागोरस प्रमेय: एक समकोण त्रिभुज में कर्ण का वर्ग अन्य दो भुजाओं के वर्ग के बराबर होता है।

अर्थात् $AC^2 = AB^2 + BC^2$

$\Rightarrow \quad b^2 = c^2 + a^2$

$= a^2 + c^2$

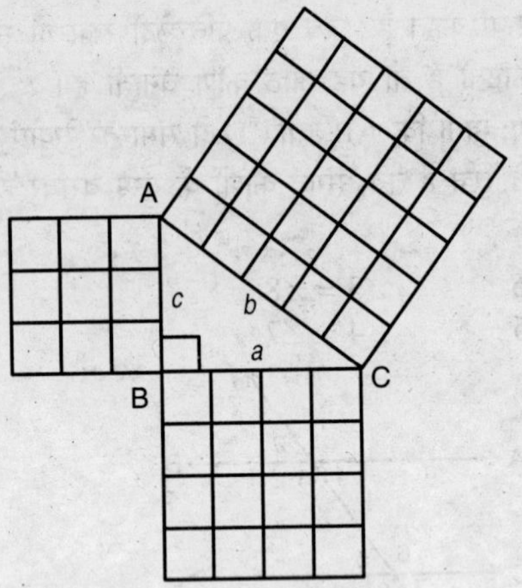

कोणों और रेखाओं पर आधारित अभिगृहीत एवं प्रमेयः

अभिगृहीत

1. यदि एक किरण एक रेखा पर खड़ी हो, तो इस प्रकार बने दोनों आसन्न कोणों का योग 180° होता है।
2. यदि दो आसन्न कोणों का योग 180° है, तो उनकी उभयनिष्ठ भुजाएँ एक रेखा बनाती हैं।
3. यदि एक तिर्यक रेखा दो समांतर रेखाओं को प्रतिच्छेद करे, तो संगत कोणों का प्रत्येक युग्म बराबर होता है।
4. यदि एक तिर्यक रेखा दो रेखाओं को इस प्रकार प्रतिच्छेद करे कि संगत कोणों का एक युग्म बराबर है, तो दोनों रेखाएँ परस्पर समांतर होती हैं।

प्रमेय

1. यदि दो रेखाएँ परस्पर प्रतिच्छेद करती हैं, तो शीर्षाभिमुख कोण बराबर होते हैं।
2. यदि एक तिर्यक रेखा दो समांतर रेखाओं को प्रतिच्छेद करे, तो एकांतर अंतः कोणों का प्रत्येक युग्म बराबर होता है।
3. यदि एक तिर्यक रेखा दो रेखाओं को इस प्रकार प्रतिच्छेद करे कि एकांतर अंतः कोणों का एक युग्म बराबर हो, तो दोनों रेखाएँ परस्पर समांतर होती हैं।
4. यदि एक तिर्यक रेखा दो समांतर रेखाओं को प्रतिच्छेद करे, तो तिर्यक रेखा के एक ही ओर के अंतः कोणों का प्रत्येक युग्म संपूरक होता है।
5. यदि एक तिर्यक रेखा दो रेखाओं को इस प्रकार प्रतिच्छेद करे कि तिर्यक रेखा के एक ही ओर के अंतः कोणों का एक युग्म संपूरक हो, तो दोनों रेखाएँ परस्पर समांतर होती हैं।
6. वे रेखाएँ जो एक ही रेखा के समांतर हों, परस्पर समांतर होती हैं।
7. किसी त्रिभुज के तीनों कोणों का योग 180° होता है।
8. यदि एक त्रिभुज की एक भुजा बढ़ाई जाए, तो इस प्रकार बना बहिष्कोण दोनों अंतः अभिमुख (विपरीत) कोणों (interior opposite angles) के योग के बराबर होता है।

त्रिभुजों पर आधारित अभिगृहित एवं प्रमेय

अभिगृहीत

(SAS सर्वांगसमता नियम): दो त्रिभुज सर्वांगसम होते हैं, यदि एक त्रिभुज की दो भुजाएँ और उनके अंतर्गत कोण दूसरे त्रिभुज की दो भुजाओं और उनके अंतर्गत कोण के बराबर हों।

प्रमेय

1. **(ASA सर्वांगसमता नियम):** दो त्रिभुज सर्वांगसम होते हैं, यदि एक त्रिभुज के दो कोण और उनकी अंतर्गत भुजा दूसरे त्रिभुज के दो कोणों और उनकी अंतर्गत भुजा के बराबर हों।
2. एक समद्विबाहु त्रिभुज की बराबर भुजाओं के सम्मुख कोण बराबर होते हैं।
3. किसी त्रिभुज के बराबर कोणों की सम्मुख भुजाएँ बराबर होती हैं।
4. **(SSS सर्वांगसमता नियम):** यदि एक त्रिभुज की तीनों भुजाएँ एक अन्य त्रिभुज की तीनों भुजाओं के बराबर हों, तो दोनों त्रिभुज सर्वांगसम होते हैं।
5. **(RHS सर्वांगसमता नियम):** यदि दो समकोण त्रिभुजों में, एक त्रिभुज का कर्ण और एक भुजा क्रमशः दूसरे त्रिभुज के कर्ण और एक भुजा के बराबर हों, तो दोनों त्रिभुज सर्वांगसम होते हैं।
6. यदि किसी त्रिभुज की दो भुजाएँ असमान हों, तो लम्बी भुजा का सम्मुख कोण बड़ा होता है।
7. किसी त्रिभुज में, बड़े कोण की सम्मुख भुजा बड़ी (लम्बी) होती है।
8. त्रिभुज की किन्हीं दो भुजाओं का योग तीसरी भुजा से बड़ा होता है।

चतुर्भुज

एक ज्यामितीय आकृति जो चार असंरेख बिन्दुओं के मिलने से बनता है अथवा एक आकृति जो चार भुजाओं, चार कोणों और चार शीर्षों से बना हो चतुर्भुज कहते हैं। चतुर्भुज के चारों कोणों का योग 360° होता है।

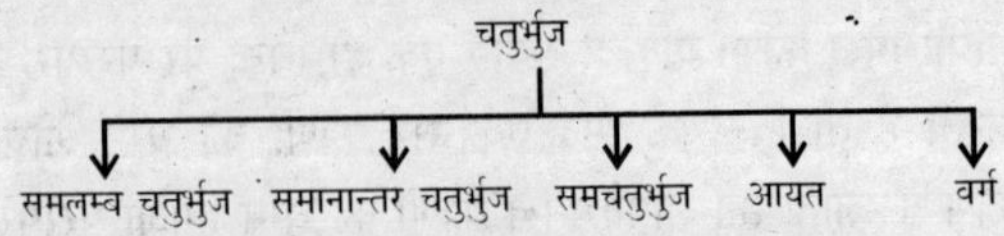

(*i*) **समानान्तर चतुर्भुजः** यदि किसी चतुर्भुज के आमने सामने का कोण बराबर हो तथा आमने-सामने की भुजाएँ परस्पर समान्तर और बराबर हो तो इसे समानान्तर चतुर्भुज कहते हैं।

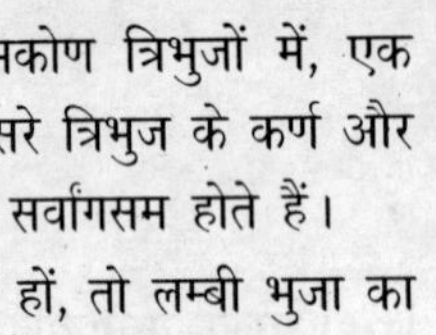

यहाँ, (*a*) $QR \parallel OP$ एवं $OR \parallel PQ$

(*b*) $\angle ORQ = \angle QPS$ एवं $\angle ROP = \angle PQR$

(*c*) $RQ = OP$ एवं $OR = PQ$

(*d*) विकर्ण परस्पर समद्विभाजित करते हैं।

(*ii*) **समलम्ब चतुर्भुजः** यदि किसी चतुर्भुज के आमने-सामने की भुजाओं का एक युग्म (जोड़ा) समानान्तर हो तो इसे समलम्ब चतुर्भुज कहते हैं।

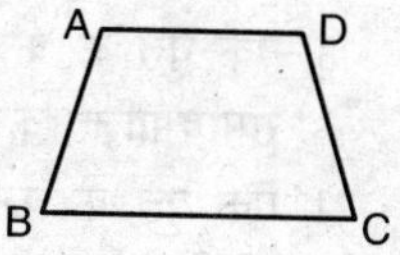

यहाँ, AD || BC

(*iii*) **समचतुर्भुजः** यदि एक समानान्तर चतुर्भुज की सभी भुजाएं बराबर हो तो उसे समचतुर्भुज कहते हैं।

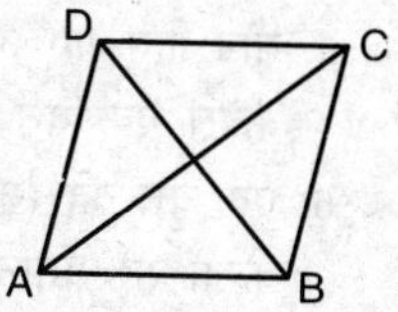

यहाँ, (*a*) चतुर्भुज ABCD समानान्तर चतुर्भुज है।

(*b*) AB = BC = CD = AD

(*c*) इसके विकर्ण परस्पर 90º पर समद्विभाजित करते हैं।

(*iv*) **आयतः** यदि किसी समानान्तर चतुर्भुज के सभी कोण समकोण व आमने सामने की भुजा बराबर हो तो उसे आयत कहते हैं।

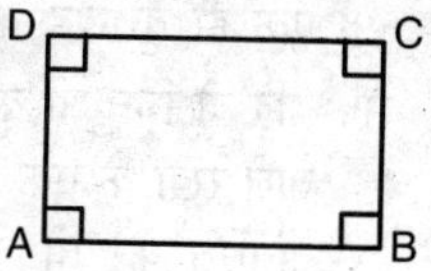

यहाँ, (*a*) ABCD एक समानान्तर चतुर्भुज है।

(*b*) AB = CD एवं AD = BC

(*c*) सभी कोण समकोण हैं।

(*d*) विकर्ण बराबर हैं और परस्पर समद्विभाजित करते हैं।

(*v*) **वर्गः** यदि किसी समानान्तर चतुर्भुज के सभी कोण समकोण व सभी भुजाएँ बराबर हो तो इसे वर्ग कहते हैं।

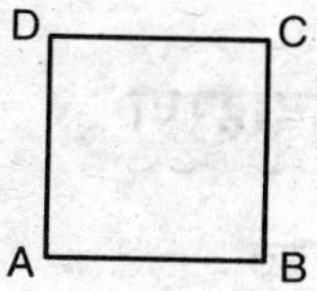

यहाँ, (*a*) AB = BC = CD = AD

(*b*) AB || CD एवं AD || BC

(*c*) सभी कोण समकोण

(*d*) विकर्ण बराबर होते हैं और परस्पर 90º पर समद्विभाजित करते हैं।

चतुर्भुज पर आधारित प्रमेय

1. किसी समानान्तर चतुर्भुज का एक विकर्ण उसे दो सर्वांगसम त्रिभुजों में विभाजित करता है।
2. एक समानान्तर चतुर्भुज में सम्मुख भुजाएँ बराबर होती हैं।
3. यदि एक चतुर्भुज की सम्मुख भुजाओं का प्रत्येक युग्म बराबर हो, तो वह एक समानान्तर चतुर्भुज होता है।
4. एक समानान्तर चतुर्भुज में सम्मुख कोण बराबर होते हैं।
5. यदि एक चतुर्भुज में सम्मुख कोणों का प्रत्येक युग्म बराबर हो, तो वह एक समानान्तर चतुर्भुज होता है।
6. समानान्तर चतुर्भुज के विकर्ण एक दूसरे को (परस्पर) समद्विभाजित करते हैं।
7. यदि एक चतुर्भुज के विकर्ण एक दूसरे को समद्विभाजित करें, तो वह एक समानान्तर चतुर्भुज होता है।
8. कोई चतुर्भुज एक समानान्तर चतुर्भुज होता है, यदि उसकी सम्मुख भुजाओं का एक युग्म बराबर और समांतर हो।
9. किसी त्रिभुज की किन्हीं दो भुजाओं के मध्य-बिंदुओं को मिलाने वाला रेखाखंड तीसरी भुजा के समानान्तर होता है।
10. किसी त्रिभुज की एक भुजा के मध्य-बिंदु से दूसरी भुजा के समानान्तर खींची गई रेखा तीसरी भुजा को समद्विभाजित करती है।

समानान्तर चतुर्भुजों एवं त्रिभुजों के क्षेत्रफल पर आधारित प्रमेय

प्रमेय

1. एक ही आधार और एक ही समानान्तर रेखाओं के बीच स्थित समानान्तर चतुर्भुज क्षेत्रफल में बराबर होते हैं।
2. एक ही आधार (या बराबर आधारों) और एक ही समानान्तर रेखाओं के बीच स्थित त्रिभुज क्षेत्रफल में बराबर होते हैं।
3. एक ही आधार (या बराबर आधारों) वाले और बराबर क्षेत्रफलों वाले त्रिभुज एक ही समानान्तर रेखाओं के बीच स्थित होते हैं।

वृत्त

वृत किसी समतल पर बिन्दुओं का एक समुच्चय है जो किसी निश्चित बिन्दु से समान दूरी पर होते हैं।

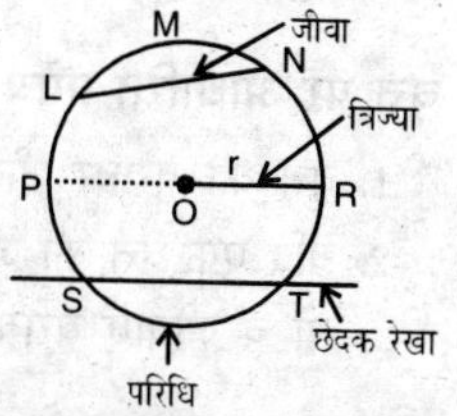

यहाँ, निश्चित बिन्दु O है जो केन्द्र कहलाता है। समान दूरी त्रिज्या कहलाती है। PR वृत्त का व्यास है। व्यास त्रिज्या का दोगुना होता है।

चापः वृत्त की परिधि का एक हिस्सा चाप कहलाता है। यह परिधि पर स्थित कम-से-कम तीन बिन्दुओं से व्यक्त किया जाता है। जैसे ऊपर के चित्र में LMN वृत्त का एक चाप है।

छेदक रेखाः एक रेखा जो वृत्त को दो बिन्दुओं पर काटती है।

चापकर्ण/जीवाः वृत्त के परिधि के किसी बिंदुओं को मिलाने वाला रेखा-खण्ड।

वृत्तखण्डः एक जीवा वृत्त को दो भागों में बाँटती है, प्रत्येक भाग वृत्तखण्ड कहलाता है।

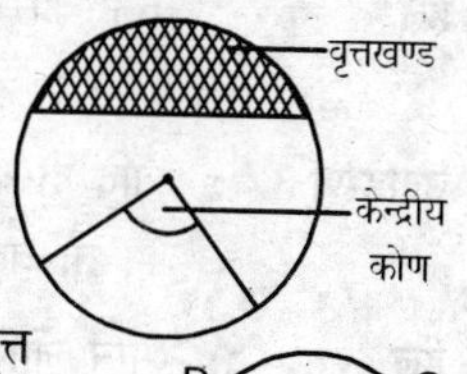

अर्द्धवृत्तः व्यास वृत्त को दो बराबर भागों में बाँटती है, प्रत्येक भाग अर्द्धवृत्त कहलाता है।

केन्द्रीय कोणः एक कोण जिसका शीर्ष वृत्त का केन्द्र हो केन्द्रीय कोण कहलाता है।

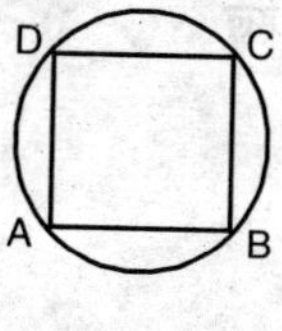

चक्रीय चतुर्भुजः यदि किसी चतुर्भुज के सभी शीर्ष वृत्त की परिधि पर स्थित हों तो ऐसे चतुर्भुज को चक्रीय चतुर्भुज कहते हैं।

कुछ महत्त्वपूर्ण परिणाम

- किसी जीवा पर केन्द्र से डाला गया लम्ब जीवा को दो बराबर भागों में बाँटता है।
- जीवा के मध्य बिन्दु से केन्द्र को मिलाने वाली रेखा जीवा पर लम्ब होती है।
- दो सर्वांगसम वृत्त की समान जीवाएँ अपने केन्द्र से समान दूरी पर स्थित होती है।

- सर्वांगसम वृत्त की जीवाएं यदि संगत केन्द्र से समान दूरी पर हो तो जीवाएं समान लम्बाई की होगी।
- एक ही वृत्त की समान जीवाएं केन्द्र से समान दूरी पर स्थित होती हैं।
- एक वृत्त की समान जीवाएं केन्द्र पर समान कोण अंतरित करती हैं।
- एक वृत्त के चाप द्वारा केन्द्र पर अन्तरित कोण, इसी चाप द्वारा शेष वृत्त के अन्य बिन्दु पर अन्तरित कोण का दुगुना होता है।
- किसी समान वृत्त खण्ड के कोण समान होते हैं।
- यदि किसी चतुर्भुज आमने-सामने के कोणों के युग्म का योग 180º हो तो वह चतुर्भुज चक्रीय हो सकता है।
- अर्द्धवृत्त के कोण हमेशा समकोण होते हैं।
- वृत्त के किसी चाप द्वारा इसके एकान्तर खण्ड में किसी बिन्दु पर यदि समकोण बनाया जाय तो यह अर्द्धवृत्त होता है।

वृत्त पर आधारित प्रमेय

1. वृत्त की बराबर जीवाएँ केन्द्र पर बराबर कोण अंतरित करती हैं।
2. यदि एक वृत्त की जीवाओं द्वारा केन्द्र पर अंतरित कोण बराबर हों, तो वे जीवाएँ बराबर होती हैं।
3. एक वृत्त के केन्द्र से एक जीवा पर डाला गया लम्ब जीवा को समद्विभाजित करता है।
4. एक वृत्त के केन्द्र से एक जीवा को समद्विभाजित करने के लिए खींची गई रेखा जीवा पर लंब होती है।
5. तीन दिए गए असरेखी बिन्दुओं द्वारा होकर जाने वाला एक और केवल एक वृत्त है।
6. एक वृत्त की (या सर्वांगसम वृत्तों की) बराबर जीवाएँ केन्द्र से (या केन्द्रों से) समान दूरी पर होती हैं।
7. एक वृत्त के केन्द्र से समदूरस्थ जीवाएँ लम्बाई में समान होती हैं।
8. एक चाप द्वारा केन्द्र पर अंतरित कोण वृत्त के शेष भाग के किसी बिन्दु पर अन्तरित कोण का दुगुना होता है।
9. एक ही वृत्तखंड के कोण बराबर होते हैं।
10. यदि दो बिन्दुओं को मिलाने वाला रेखाखण्ड उसको अन्तर्विष्ट करने वाले रेखा के एक ही ओर स्थित दो अन्य बिन्दुओं पर समान कोण अंतरित करे तो चारों बिन्दु एक ही वृत्त पर स्थित होते हैं।
11. चक्रीय चतुर्भुज के सम्मुख कोणों के प्रत्येक युग्म का योग 180º होता है।
12. यदि किसी चतुर्भुज के सम्मुख कोणों के एक युग्म का योग 180º हो, तो चतुर्भुज चक्रीय होता है।

साधित उदाहरण

उदाहरण 1 : 57° का संपूरक कोण ज्ञात कीजिए।

हल : 57° का संपूरक कोण

$= 180° - 57° = 123°.$

उदाहरण 2 : 63° का कोटिपूरक कोण ज्ञात कीजिए।

हल : 63° का कोटिपूरक कोण

$= 90° - 63° = 27°.$

उदाहरण 3 : यदि दो कोटिपूरक कोणों में से एक, दूसरे से 14° छोटा है, तो बड़ा कोण ज्ञात कीजिए।

हल : मान लीजिए कि दूसरा कोण x है। तब,

पहला कोण = $(x - 14°)$

अब, $x + (x - 14°) = 90°$

$\Rightarrow \quad 2x = 90° + 14°$

$2x = 104°$

$\Rightarrow \quad x = \frac{104°}{2} = 52°$

पहला कोण = $(x - 14°)$

$= (52° - 14°) = 38°$

दूसरा कोण = 52°

$\therefore$ बड़ा कोण = 52°.

उदाहरण 4 : यदि AB ∥ CD और CD ∥ EF तथा EA ⊥ AB और यदि ∆ BEF = 55º तो x, y और z का मान ज्ञात करें।

हल : $y + 55° = 180°$

(तिर्यकछेदी रेखा के एक ही और के अन्त कोण)

अतः, $y = 180° - 55° = 125°$

पुनः $x = y$

(AB ∥ CD, संगत कोण)

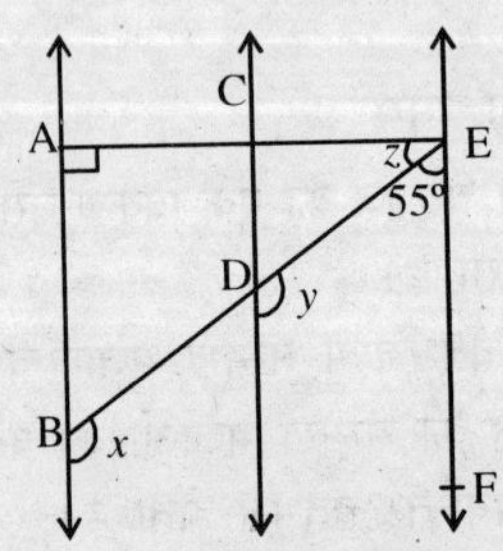

अतः $x = 125°.$

अब चूँकि AB ∥ CD और CD ∥ EF,

अतः AB ∥ EF,

$\therefore \quad \angle EAB + \angle FEA = 180°$

$\therefore \quad 90° + z + 55° = 180°$

$\therefore \quad z = 35°$

उदाहरण 5 : यदि ABCD एक चक्रीय चतुर्भुज है जिसमें AC और BD विकर्ण हैं एवं ∠ DBC = 55º तथा ∠ BAC = 45º तो ∠ BCD ज्ञात करें।

हल : $\angle CAD = \angle DBC = 55°$

(एक ही वृत्तखण्ड के कोण)

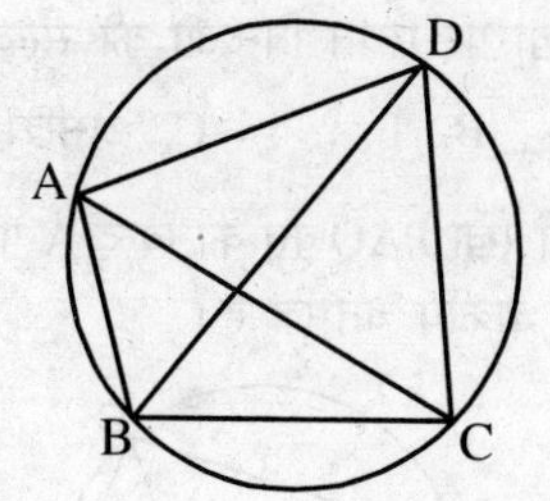

यहाँ, $\angle DAB = \angle CAD + \angle BAC$
$= 55^\circ + 45^\circ$
$= 100^\circ$

किन्तु, $\angle DAB + \angle BCD = 180^\circ$

(चक्रीय चतुर्भुज के आमने-सामने का कोण)

अतः, $\angle BCD = 180^\circ - 100^\circ = 80^\circ$

उदाहरण 6 : दिये गए चित्र में x की माप निकालें।

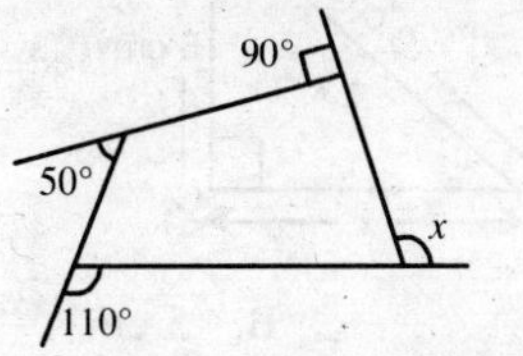

हल : $x + 90^\circ + 50^\circ + 110^\circ = 360^\circ$

$x + 250^\circ = 360^\circ$

$x = 110^\circ$.

अभ्यास

1. दो रेखाएँ परस्पर दिए गए चित्रानुसार O बिन्दु पर कटती है। यदि $x = 45^\circ$ तो y, z और u का मान होगाः

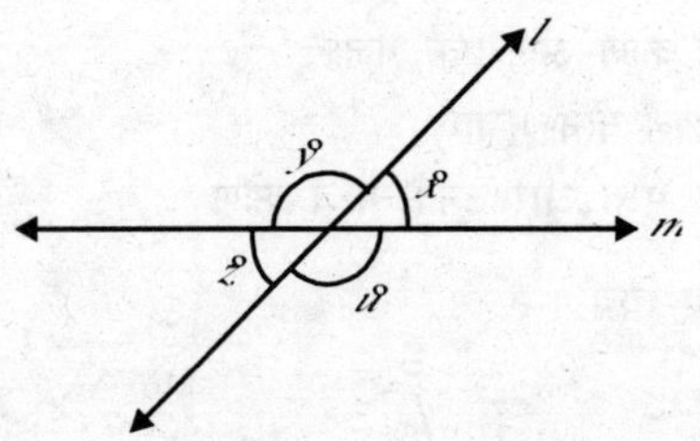

A. 45º, 135º, 135º B. 135º, 135º, 45º
C. 135º, 45º, 135º D. 115º, 45º, 115º

2. दिए गए चित्र में x एवं y का मान होगाः

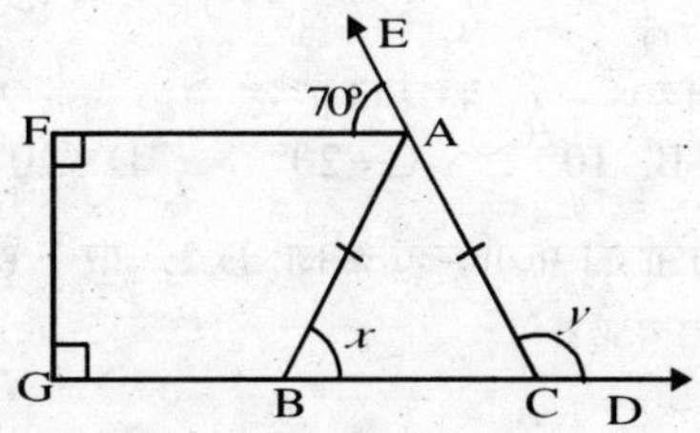

A. 70º, 110º B. 110º, 70º
C. 120º, 60º D. 70º, 90º

3. निम्न में कौन कथन असत्य है?

A. रेखाखण्ड किसी भी लम्बाई की खींची जा सकती है।
B. दिए हुए किसी एक बिन्दु से केवल एक सरल रेखा खींची जा सकती है।
C. दो दिए गए बिन्दु से एक और केवल एक सरल रेखा खींचा जाना सम्भव है।
D. दो सरल रेखाएँ केवल एक बिन्दु पर प्रतिच्छेदित हो सकती हैं।

4. एक समबहुभुज जिसके प्रत्येक बाह्य कोणों की माप 45º है तो इसके भुजाओं की संख्या है:

A. 7 B. 5 C. 10 D. 8

5. ABCD एक समान्तर चतुर्भुज है तो x, y और z का मान है:

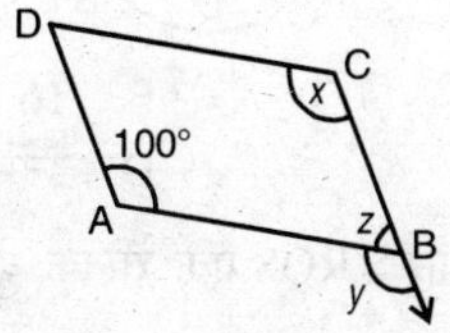

A. 80º, 100º, 100º B. 80º, 180º, 100º
C. 80º, 100º, 80º D. 100º, 100º, 80º

6. समान्तर चतुर्भुज RSTU में, यदि $m\angle R = 70^\circ$ तो शेष अन्य कोण x, y एवं z की माप है:

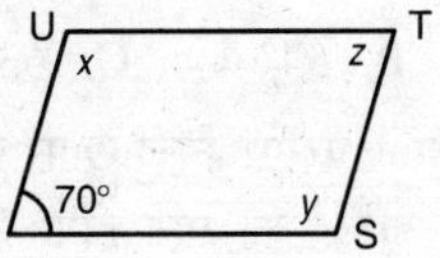

A. 101º, 101º, 70º B. 110º, 70º, 110º
C. 110º, 110º, 70º D. इनमें से कोई नहीं

7. यदि ABCD एक समान्तर चतुर्भुज है और OB = 4 एवं AC, BD से 5 ज्यादा है तो OA बराबर होगाः

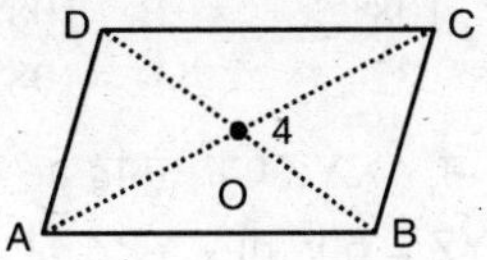

A. 6.6 B. 6.5
C. 5.5 D. 5.6

8. यदि ABCD एक आयत है और इसके विकर्ण O पर मिलते हैं, तो x का मान क्या होगा, यदि $OA = 2x + 4$ और $OD = 3x + 1$?

A. 3 B. 4
C. 5 D. इनमें से कोई नहीं

9. यदि कोई कोण अपने कोटिपूरक की दो तिहाई है तो कोण की माप होगी:

A. 45º B. 63º C. 90º D. 36º

10. दिए गए चित्रानुसार, x का मान होगाः

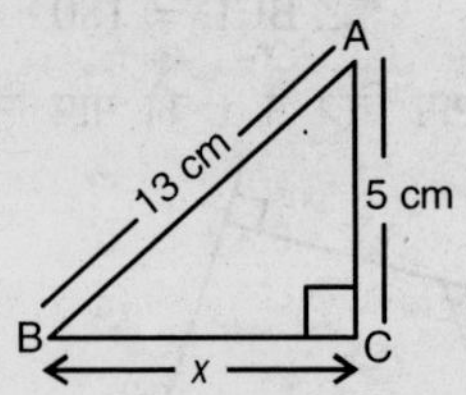

A. 13 cm B. 5 cm
C. 12 cm D. इनमें से कोई नहीं

11. यदि किसी वृत्त की जीवा वृत्त के केन्द्र से 6 से.मी. की दूरी पर है और वृत्त के त्रिज्या की लम्बाई 10 से.मी. हो तो जीवा की लम्बाई होगीः

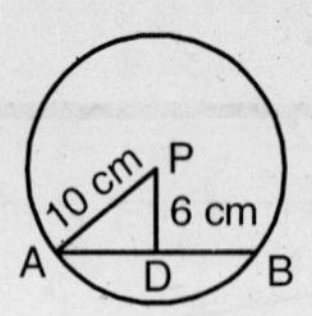

A. 8 cm B. 16 cm
C. 6 cm D. इनमें से कोई नहीं

12. यदि $\angle PQR$ और $\angle RQS$ एक रैखिक युग्म बनाते हों तो x का मान होगाः

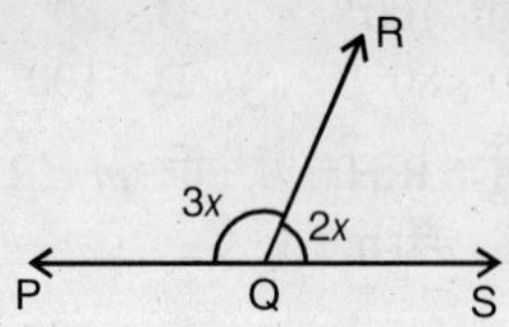

A. 45º B. 54º C. 63º D. 36º

13. दो रेखाएं l तथा m परस्पर बिन्दु O पर काटती है और यदि a = 72º तो x, y और z का मान होगाः

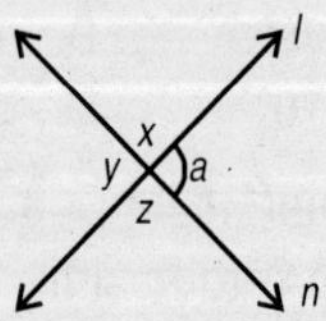

A. 72º, 72º, 108º B. 108º, 108º, 72º
C. 72º, 108º, 72 D. 108º, 72º, 108º

14. दिए गए चित्र में, ΔXYZ एक समद्विबाहु त्रिभुज है जिसमें XY = XZ एवं $\angle XYZ = 60°$ तो $\angle YPZ$ की माप होगीः

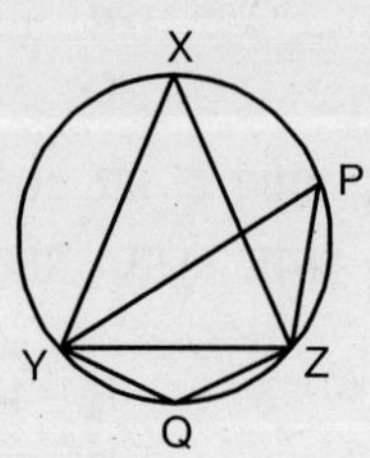

A. 120º
B. 60º
C. निर्धारित नहीं की जा सकती
D. इनमें से कोई नहीं

15. एक सरल रेखा पर स्थित बिन्दुओं की संख्या होती है :

A. 2 B. 1 C. असंख्य D. 0

16. संलग्न चित्र में रेखा PAQ वृत्त को बिन्दु A पर स्पर्श करती है तथा ABCD एक चक्रीय चतुर्भुज है।

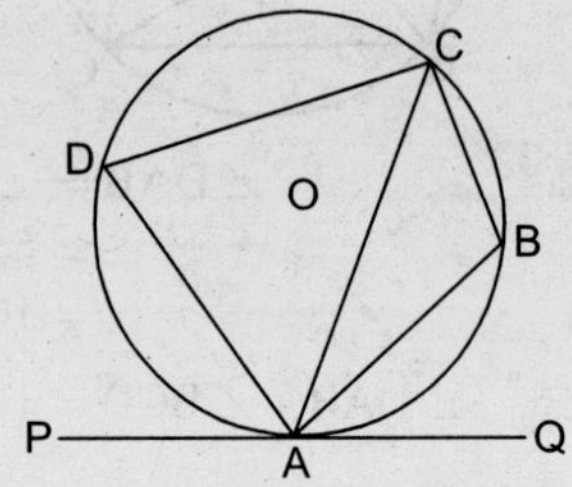

यदि $\angle CAQ = 70°$ है, तो $\angle ABC$ है :

A. 110° B. 70° C. 80° D. 90°

17. हम एक त्रिभुज की रचना नहीं कर सकते हैं, यदि हमें दिया गया है :

A. केवल तीन कोण
B. दो कोण और एक भुजा
C. केवल तीन भुजाएँ
D. दो भुजा और उनके मध्य कोण

18. दिए गए चित्र

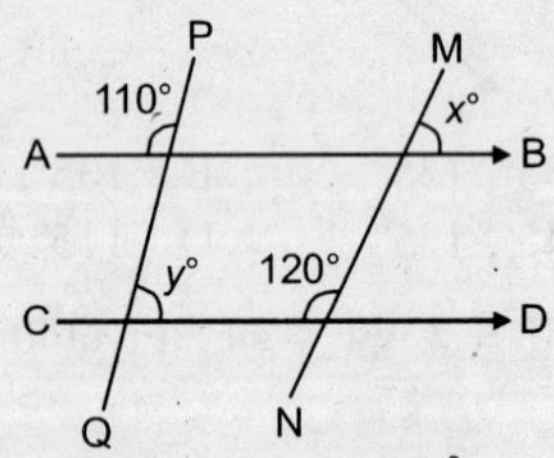

में AB||CD, तब $y° - x°$ का मान है :

A. 30° B. 10° C. 20° D. 40°

19. ΔABC की भुजाओं की मध्यबिन्दुएँ क्रमशः D, E और F हैं। निम्न में से कौन-सा सत्य है?

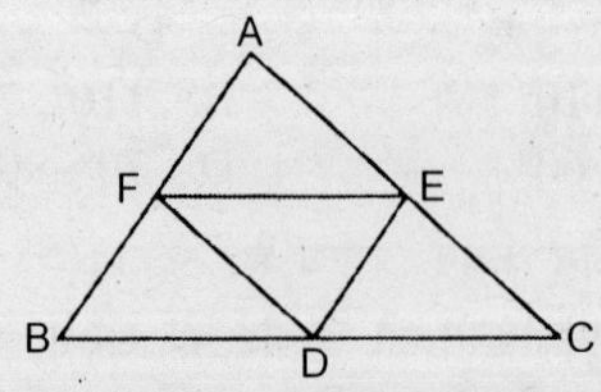

A. ΔDEF का क्षेत्रफल = ΔABC का क्षेत्रफल

B. ΔDEF का क्षेत्रफल = $\frac{1}{2}$ ΔABC का क्षेत्रफल

C. ΔDEF का क्षेत्रफल = $\frac{1}{3}$ ΔABC का क्षेत्रफल

D. ΔDEF का क्षेत्रफल = $\frac{1}{4}$ ΔABC का क्षेत्रफल

20. दो कोटिपूरक कोणों का अन्तर 40° है। दोनों कोण होंगे :

A. 65°, 35° B. 70°, 30° C. 25°, 65° D. 70°, 110°

व्याख्यात्मक उत्तर

1. (C): $x = z$ [∵ शीर्षाभिमुख कोण]

$\Rightarrow \quad x = 45^\circ \Rightarrow z = 45^\circ$

$y + x = 180^\circ$ [∵ रैखिक युग्म]

$\Rightarrow \quad y = 180^\circ - 45^\circ$

$\therefore \quad y = 135^\circ$

तथा, $y = u$ [∵ शीर्षाभिमुख कोण]

$\Rightarrow \quad u = 135^\circ$.

2. (A): Δ ABC में,

$\angle ABC = \angle ACB = x$

एवं $x + y = 180^\circ$

अब, $\angle EAF = \angle ACB = 70^\circ$

[संगत कोण]

$\therefore \quad x = 70^\circ$

$\Rightarrow \quad y = 180^\circ - 70^\circ$

$\therefore \quad y = 110^\circ$.

3. (B): चूँकि दिए गए बिन्दु से अनगिनत रेखाएँ खींची जा सकती है। अतः (*b*) असत्य कथन है।

4. (D): सभी बहिष्कोणों की कुल माप = 360°

प्रत्येक बहिष्कोणों की माप = 45°

$\therefore$ बहिष्कोणों की संख्या $= \dfrac{360}{45} = 8$

अतः बहुभुज में 8 भुजाएँ हैं।

5. (D): C, A के आमने-सामने है।

अतः, $x = 100^\circ$ (समान्तर चतुर्भुज के सामने का कोण)

$y = 100^\circ$ (x का संगत कोण)

$z = 80^\circ$ ($\because \angle y, \angle x$ रैखिक युग्म है।)

6. (C): दिया है, $m\angle R = 70^\circ$

चूँकि, ∠R एवं ∠T समान्तर चतुर्भुज के आमने-सामने का कोण है और ∠R एवं ∠S परस्पर कोटिपूरक है।

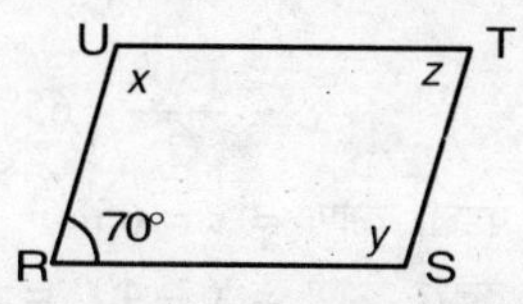

$m\angle S = 180^\circ - 70^\circ = 110^\circ$

तथा, $m\angle U = 110^\circ$ क्योंकि ∠U, ∠S के आमने-सामने है।

इस प्रकार, $m\angle R = m\angle T = 70^\circ$

एवं $m\angle S = m\angle U = 110^\circ$

7. (B): OB = 4 तो OD भी बराबर 4

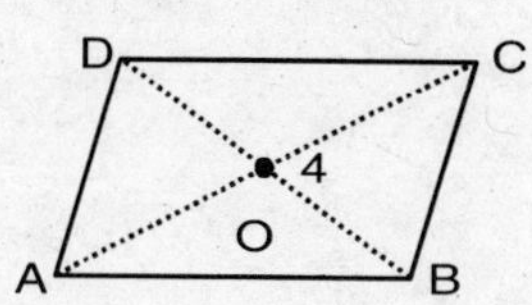

अतः, PB = 8,

अतः, AC = 8 + 5 = 13

अतः, $OA = \dfrac{1}{2} \times 13 = 6.5$

8. (A): $\overline{OD}$ विकर्ण $\overline{DB}$ का आधा है।

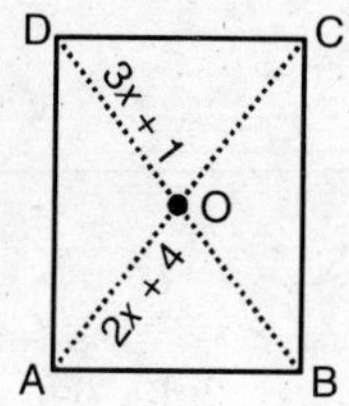

$\overline{OA}$ विकर्ण $\overline{AC}$ का आधा है।

दोनों विकर्ण बराबर है।

अतः इनका आधा भी बराबर होगा।

$3x + 1 = 2x + 4$

$\Rightarrow \quad x = 3$.

9. (D): माना कि कोण = x°

प्रश्नानुसार, $x^\circ = \dfrac{2}{3}(90^\circ - x)$

$\Rightarrow \quad x = \dfrac{180^\circ - 2x^\circ}{3}$

$\Rightarrow \quad 3x^\circ = 180^\circ - x^\circ$

$\Rightarrow \quad 5x^\circ = 180^\circ$

$\therefore \quad x^\circ = \dfrac{180^\circ}{5} = 36^\circ$.

10. (C): पाइथागोरस प्रमेय से,

$AC^2 + BC^2 = AB^2$

$\Rightarrow \quad 5^2 + x^2 = 13^2$

$\Rightarrow \quad x^2 = 169 - 25$

$\therefore \quad x = \sqrt{144} = 12$ सेमी

11. (B): माना कि AB वृत्त की त्रिज्या, P केन्द्र तथा त्रिज्या की लम्बाई 10 से.मी. है।

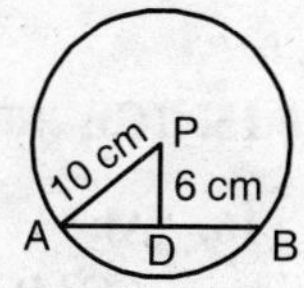

चित्रानुसार,

PD = 6 से.मी. PA = 10 से.मी.

हम जानते हैं कि केन्द्र से खीचा गया लम्ब जीवा को समद्विभाजित करता है। अब ADP एक समकोण त्रिभुज है।

$AD = \sqrt{AP^2 - PD^2}$

$= \sqrt{10^2 - 6^2} = \sqrt{100 - 36}$

$= \sqrt{64} = 8$ से.मी.

अतः जीवा की लम्बाई = 2AD = 2 × 8 = 16 से.मी.।

12. (D): चूँकि ∠PQR एवं ∠RQS रैखिक युग्म बनाती है।

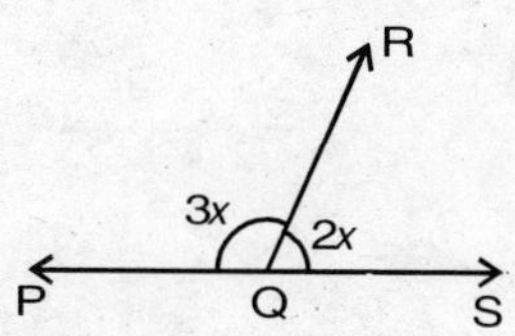

अतः, $\angle PQR + \angle RQS = 180°$

$\Rightarrow$ $3x + 2x = 180°$

$\Rightarrow$ $5x = 180°$

$\therefore$ $x = 36°$.

13. (D): चूँकि, y एवं a तथा x एवं z शीर्षाभिमुख कोण के युग्म हैं और ये हमेशा परस्पर समान होते हैं।

अतः $\angle y = 72°$

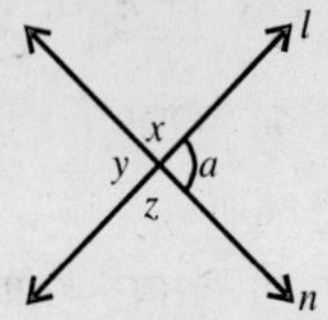

पुनः चूँकि $\angle x$ एवं $\angle y$ रैखिक युग्म हैं

अतः $\angle x + \angle y = 180°$

$\therefore$ $x = 180° - 72°$

$= 108°$

एवं $\angle z = 108°$ (शीर्षाभिमुख कोण)

14. (B): चूँकि $XY = XZ$

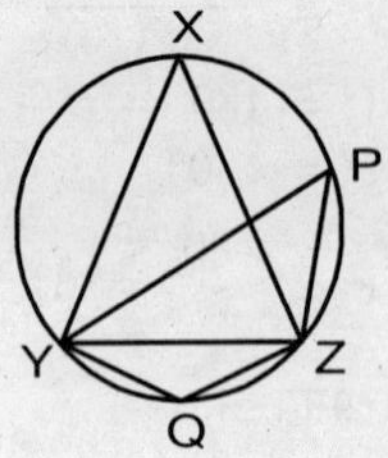

$\Rightarrow$ $\angle XYZ = \angle XZY = 60°$

ΔXYZ में,

$\angle YXZ = 180° - (60° + 60°)$

$= 60°$

$\therefore$ $\angle YPZ = \angle YXZ = 60°$

(एक ही वृत्त खण्ड के कोण)

15. (C): असंख्य

16. (A): $\angle CAQ = 70°$ (दिया है)

$\angle CAP + \angle CAQ = 180°$

$\angle CAP = 180° - \angle CAQ$

$= 180° - 70° = 110°$

$\because$ $\angle ABC = \angle CAP$

(एकान्तर वृत्तखण्ड कोण)

$\therefore$ $\angle ABC = 110°$

17. (A): केवल तीन कोण।

18. (B):

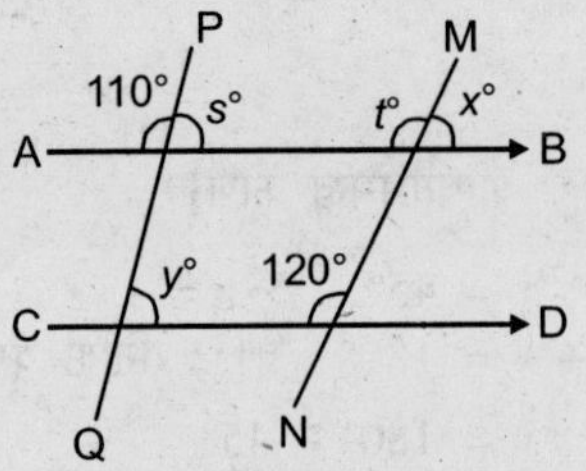

$\angle s° = 180° - 110° = 70°$

$\angle y = \angle s° = 70°$ (संगत कोण)

$\angle t° = 120°$ (संगत कोण)

$x° = 180° - \angle t° = 180° - 120° = 60°$

$\therefore$ $y° - x° = 70° - 60° = 10°$

19. (D):

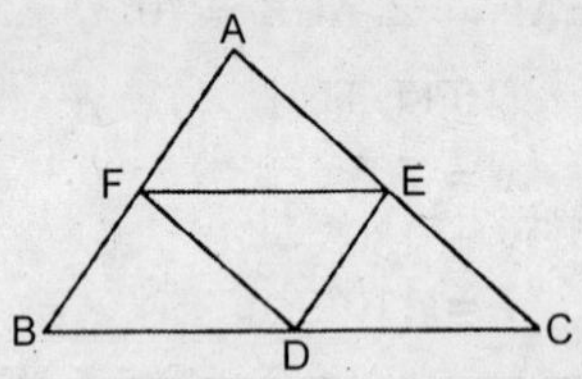

$\because$ D, E, F, ΔABC के मध्य बिन्दु हैं।

$\therefore$ $ar\Delta AFE = ar\Delta DEF$

(समांतर चतुर्भुज AFDE में EF विकर्ण है)

$ar\Delta BFD = ar\Delta DEF$

(समांतर चतुर्भुज BFED में FD विकर्ण है)

$ar\Delta ECD = ar\Delta DEF$

(समांतर चतुर्भुज FDCE में DE विकर्ण है)

ΔDEF का क्षेत्रफल $= \frac{1}{4}$ ΔABC का क्षेत्रफल

20. (C): माना कि एक कोण $x°$ है, तब दूसरा कोण $= x - 40°$

$\because$ कोटिपूरक कोणों का योग $90°$ होता है।

$\therefore$ $x + x - 40° = 90°$

$\Rightarrow$ $2x = 90° + 40°$

$\Rightarrow$ $2x = 130°$

$\therefore$ $x = \frac{130°}{2} = 65°$

$\therefore$ पहला कोण $= x = 65°$

एवं दूसरा कोण $= x - 40° = 65° - 40° = 25°$

अतः विकल्प (C) $25°, 65°$ सही है।

17 रेलवे/बस समय सारणी

इस अध्याय में, छात्र यात्रा की अवधि की गणना करने, प्रस्थान और आगमन के समय निर्धारित करने और प्रभावी ढंग से यात्रा की योजना बनाने के लिए 24-घंटे के शेड्यूल की व्याख्या करना सीखते हैं। मुख्य कौशल में घंटों और मिनटों को जोड़ना और घटाना, 12-घंटे और 24-घंटे के प्रारूपों के बीच परिवर्तित करना और समय-सारणी में रुकने की अवधि और अंतराल को समझना शामिल है।

साधित उदाहरण

उदाहरण 1 : एक ट्रेन 600 किमी की यात्रा करती है। पहली आधी यात्रा में यह 60 किमी/घंटा की रफ्तार से चलती है, और दूसरी अर्द्धयात्रा में 90 किमी/घंटा की रफ्तार से चलती है। ट्रेन तीन बार प्रत्येक 15 मिनट के लिए रुकती है। यात्रा का कुल समय कितना है?

हल : **पहला भाग :** समय $(t_1) = 300 \div 60 = 5$ घंटा

दूसरा भाग : समय $(t_2) = 300 \div 90$

= 3 घंटा 20 मिनट

स्टॉप = 3

अवधि समय = $3 \times 15 = 45$ मिनट

कुल यात्रा समय = 5 घंटा + 3 घंटा 20 मिनट + 45 मिनट

= 8 घंटा + 65 मिनट

= 9 घंटे और 05 मिनट।

उदाहरण 2 : दो बसें एक ही स्टेशन से एक साथ चलती हैं। बस A की गति 40 किमी/घंटा है और बस B की गति 50 किमी/घंटा है। बस B 30 मिनट बाद चलती है। बस B को बस A पकड़ने में कितना समय लगेगा

हल : दिया गया है : बस A की गति = 40 किमी/घंटा, बस B की गति = 50 किमी/घंटा

बस B 30 मिनट बाद चलती है,

30 मिनट = 0.5 घंटा

दूरी = गति × समय

= $40 \times 0.5 = 20$ किमी

अर्थात् बस A की आरंभिक दूरी 20 किमी है।

चूँकि दोनों बसें एक ही दिशा में चल रही हैं,

सापेक्ष गति = 50 – 40 = 10 किमी/घंटा

बस B के लिए बस A पकड़ने का समय

= दूरी ÷ सापेक्ष गति

= 20 ÷ 10 = 2 घंटा

उदाहरण 3 : आगरा के लिए एक बस हर 25 मिनट में रवाना होती है। क्लर्क का कहना है कि बस 15 मिनट पहले रवाना हुई थी और अगली बस सुबह 9:00 बजे रवाना होगी. सूचना कितने बजे दी गई?

हल : वह समय जब पिछली बस चली थी

= अगली बस का समय – अंतराल सँमय

= प्रातः 9:00 – 25

= प्रातः 8:35

जिस समय सूचना दी गई

= पिछली बस का समय + 15 मिनट

= प्रातः 8:35 + 15

= प्रातः 8:50.

उदाहरण 4 : ट्रेन A दिल्ली से प्रातः 07:00 बजे जयपुर के लिए रवाना होती है जो 60 किमी/घंटा की गति से यात्रा करती है। ट्रेन B सुबह 09:00 बजे दिल्ली से जयपुर के लिए निकलती है और 80 किमी/घंटा की गति से चलती है। ट्रेन B किस समय ट्रेन A से मिलेगी?

हल : ट्रेन B के रवाना होने से पहले ट्रेन A द्वारा तय की गई दूरी :

समय अंतर = 09:00 – 07:00 = 2 घंटे

दूरी = 60 किमी/घंटा × 2 घंटा

= 120 किमी

ट्रेन A के संदर्भ में, ट्रेन B की सापेक्ष

= 80 – 60

= 20 किमी/घंटा

ट्रेन A को पकड़ने में ट्रेन B द्वारा लिया गया समय

= दूरी ÷ सापेक्ष गति

= 120 ÷ 20 = 6 घंटा

समय = 09:00 + 6 घंटे

= 15:00 घंटे (3:00 अपराह्न)।

अभ्यास

1. दिल्ली से एक बस हर आधे घंटे में एक बस टर्मिनल से निकलती है। एक पूछताछ क्लर्क ने एक यात्री को बताया कि बस दस मिनट पहले चली गई थी और अगली बस सुबह 9:25 बजे रवाना होगी। पूछताछ क्लर्क ने यात्री को यह जानकारी किस समय दी?

A. सुबह 9:10 बजे B. सुबह 9:15 बजे
C. सुबह 8.55 बजे D. सुबह 9:05 बजे

2. बस स्टैंड से हर चालीस मिनट में जयपुर के लिए एक बस निकलती है। एक पूछताछ क्लर्क ने एक यात्री को बताया कि बस 20 मिनट पहले ही जा चुकी है और अगली बस सुबह 11:35 बजे रवाना होगी। पूछताछ क्लर्क ने यात्री को यह जानकारी कितने बजे दी?

A. सुबह 11:15 बजे B. सुबह 11:08 बजे
C. सुबह 10:55 बजे D. सुबह 10:10 बजे

3. एक ट्रेन 30 अप्रैल 2025 को 20:45 बजे मुंबई से रवाना होती है और 2 मई को 09:15 बजे बोकारो पहुंचती है। ट्रेन का कुल यात्रा समय क्या है?

A. 30 घंटे 30 मिनट B. 35 घंटे 15 मिनट
C. 34 घंटे 30 मिनट D. 29 घंटे 45 मिनट

4. एक बस सुबह 8:15 बजे स्टेशन A से निकलती है और दोपहर 12:45 बजे स्टेशन B पर पहुँचती है। यदि A और B के बीच की दूरी 270 किमी है, बस की औसत गति क्या है?

A. 55 किमी/घंटा B. 60 किमी/घंटा
C. 65 किमी/घंटा D. 70 किमी/घंटा

5. बिना रुके एक ट्रेन की औसत गति 48 किमी प्रति घंटा है और स्टॉपेज के साथ औसत गति 40 किमी प्रति घंटा. है। ट्रेन प्रति घंटे कितनें मिनट रुकती है?

A. 8 मिनट B. 10 मिनट
C. 12 मिनट D. 15 मिनट

6. एक ट्रेन स्टेशन P से Q तक यात्रा करती है। यदि वह 4 मध्यवर्ती स्टेशनों में से प्रत्येक पर 5 मिनट रुकती है, और स्टॉपेज सहित उसकी औसत गति 50 किमी/घंटा है। यदि कुल दूरी 200 किमी है तो कुल यात्रा का समय क्या है?

A. 3 घंटे B. 3 घंटे 20 मिनट
C. 4 घंटे D. 4 घंटे 20 मिनट

7. एक यात्री ट्रेन एक मालगाड़ी के जाने के 2 घंटे बाद स्टेशन से निकलती है। यात्री ट्रेन 4 घंटे में मालगाड़ी से आगे निकल जाती है। यदि मालगाड़ी की गति 40 किमी/घंटा है तो यात्री ट्रेन की गति क्या है?

A. 60 किमी/घंटा B. 70 किमी/घंटा
C. 80 किमी/घंटा D. 90 किमी/घंटा

8. बस स्टैंड से हर 30 मिनट में दिल्ली के लिए एक बस निकलती है। एक पूछताछ क्लर्क एक यात्री को बताता है कि बस 10 मिनट पहले रवाना हुई थी और अगली बस सुबह 11:00 बजे रवाना होगी। पूछताछ क्लर्क ने यह जानकारी किस समय दी थी?

A. सुबह 10:20 बजे B. सुबह 10:30 बजे
C. सुबह 10:40 बजे D. सुबह 10:50 बजे

9. एक बस सुबह 5:15 बजे बस स्टैंड से निकलती है और 11 घंटे 35 मिनट के बाद अपने गंतव्य पर पहुंचती है। गंतव्य पर समय है :

A. शाम 4:50 बजे B. शाम 5:05 बजे
C. 4:45 अपराह्न D. 5:55 अपराह्न

10. एक ट्रेन स्टेशन A से सुबह 06:15 बजे प्रस्थान करती है और स्टेशन B पर 11:45 बजे पहुंचती है। यह 4 मध्यवर्ती स्टेशनों में से प्रत्येक पर 3 मिनट के लिए रुकती है। यदि ठहराव के बीच ट्रेन एक समान गति से चलती है, तो दो लगातार स्टेशनों के बीच लगने वाला औसत समय क्या है?

A. 1 घंटा 3 मिनट 36 सेकंड
B. 1 घंटा 9 मिनट 38 सेकंड
C. 1 घंटा 15 मिनट 40 सेकंड
D. 1 घंटा 12 मिनट 45 सेकंड

11. एक बस सुबह 09:00 बजे निकलती है और हर घंटे पर 5 मिनट रुकते हुए दोपहर 02:00 बजे अपने गंतव्य पर पहुंचती है। यदि बस 300 किमी की दूरी तय करती है तो प्रभावी औसत गति क्या है?

A. 57.35 किमी/घंटा B. 60.55 किमी/घंटा
C. 62.25 किमी/घंटा D. 65.45 किमी/घंटा

12. एक बस 180 किमी की यात्रा 4 घंटे में तय करती है, जिसमें प्रत्येक 10 मिनट के 3 ब्रेक शामिल हैं। ब्रेक को छोड़कर बस की औसत गति क्या है?

A. 51.43 किमी/घंटा B. 55.45 किमी/घंटा
C. 60.55 किमी/घंटा D. 65.25 किमी/घंटा

13. रूबीना ने कार से अपनी यात्रा 16:50 बजे शुरू की और उसी दिन 21:15 बजे समाप्त की। यात्रा पूरी करने में लगा समय है :

A. 4 घंटे 35 मिनट B. 3 घंटे 25 मिनट
C. 4 घंटे 25 मिनट D. 3 घंटे 35 मिनट

14. एक ट्रेन 30 मई, 2025 को 23:40 बजे पटना से रवाना होती है और 1 जून, 2025 को 5:15 बजे मुंबई पहुँचती है। ट्रेन की कुल यात्रा का समय क्या है?

A. 29 घंटे 15 मिनट　B. 28 घंटे 25 मिनट
C. 28 घंटे 20 मिनट　D. 29 घंटे 35 मिनट

15. एक ट्रेन 29 अगस्त, 2019 को 16:30 बजे दिल्ली से रवाना होती है और 31 अगस्त को 08:45 बजे अपने गंतव्य पर पहुँचती है। यात्रा का कुल समय है :

A. 36 घंटे 15 मिनट　B. 38 घंटे 45 मिनट
C. 39 घंटे 45 मिनट　D. 40 घंटे 15 मिनट

व्याख्यात्मक उत्तर

1. (D): बस टर्मिनल से बस प्रस्थान का समय

$= \frac{1}{2}$ घंटे = 30 मिनट

अगली बस सुबह 9:25 बजे रवाना होगी

पिछली बस रवाना हुई = सुबह 9:25 – 30 मिनट

= प्रातः 8:55

∴ समय जब यात्री ने पूछताछ क्लर्क से पूछा

= प्रातः 8:55 + 10 मिनट

= प्रातः 9:05.

2. (A): वह समय जब पिछली बस रवाना हुई थी

= 11:35 पूर्वाह्न – 40 मिनट

= सुबह 10:55 बजे

∴ समय जब यात्री ने पूछताछ क्लर्क से पूछा

= सुबह 10:55 + 20 मिनट

= सुबह 11:15.

3. (C): 30 अप्रैल 2025 को ट्रेन द्वारा लिया गया समय

= 1 घंटा 15 मिनट

1 मई 2025 को ट्रेन द्वारा लिया गया समय = 24 घंटे

2 मई 2025 को ट्रेन द्वारा लिया गया समय

= 9 घंटा 15 मिनट

∴ बोकारो पहुँचने में ट्रेन द्वारा लिया गया कुल समय

= (1 घंटा 15 मिनट) + (24 घंटे) + (9 घंटा 15 मिनट)

= 34 घंटे 30 मिनट।

4. (B): लिया गया समय = 12:45 – 8:15 = 4 घंटे 30 मिनट

= 4.5 घंटे

∴ औसत गति $= \frac{\text{दूरी}}{\text{समय}}$

$= \frac{270}{4.5} = \frac{270 \times 10}{45}$

= 60 किमी/घंटा।

5. (B): गति में अंतर = 48 – 40 किमी प्रति घंटा

= 8 किमी प्रति घंटा

प्रति घंटा रुकने का समय $= \frac{\text{अन्तर}}{\text{बिना स्टॉपेज के गति}} \times 60$ मिनट

$= \left(\frac{8}{48}\right) \times 60 = \frac{1}{6} \times 60$

= 10 मिनट

इसलिए, ट्रेन प्रति घंटे 10 मिनट रुकती है।

6. (D): स्टॉप को छोड़कर कुल यात्रा समय $= \frac{\text{दूरी}}{\text{चाल}}$

$= \frac{200}{50} = 4$ घंटे

कुल रुकने का समय = 4 स्टेशन × 5 मिनट = 20 मिनट

∴ कुल समय = 4 घंटे + 20 मिनट

= 4 घंटे 20 मिनट।

7. (A): मालगाड़ी ने 2 + 4 = 6 घंटे की यात्रा की

मालगाड़ी द्वारा तय की गई दूरी = 40 × 6 = 240 किमी

यात्री ट्रेन वही 240 किमी की दूरी 4 घंटे में तय करती है।

∴ गति $= \frac{240}{4} = 60$ किमी

अतः, यात्री ट्रेन की गति 60 किमी प्रति घंटा है।

8. (C): अगली बस का समय = सुबह 11:00 बजे

वह समय जब पिछली बस रवाना हुई

= 11:00 – 30 मिनट

= सुबह 10:30 बजे

∴ समय जब यात्री ने पूछताछ क्लर्क से पूछा

= प्रातः 10:30 + 10 मिनट

= सुबह 10:40 बजे।

9. (A): प्रस्थान समय = सुबह 5:15 बजे

यात्रा का समय = 11 घंटे 35 मिनट

गंतव्य पर पहुँचने का समय = 5:15 + 11 घंटे 35 मिनट

= 16:50 (या 4:50 अपराह्न)

इसलिए, गंतव्य पर समय शाम 4:50 बजे है।

10. (A): कुल यात्रा समय = 11:45 – 06:15

= 5 घंटे 30 मिनट

= 330 मिनट

कुल रुकने का समय = 4 × 3 = 12 मिनट

यात्रा में बिताया गया वास्तविक समय

= 330 – 12

= 318 मिनट

अंतरालों की संख्या = 5

∴ दो स्टेशनों के बीच प्रति औसत समय = $\frac{318}{5}$

= 63.6 मिनट

= 1 घंटा 3 मिनट 36 सेकंड।

11. (D): कुल यात्रा समय = सुबह 9:00 बजे से दोपहर 2:00 बजे तक।

= 5 घंटे

= 300 मिनट

स्टॉप = 1 स्टॉप प्रति घंटा → 5 स्टॉप

रुकने की अवधि = 5 × 5

= 25 मिनट

यात्रा का समय = 5 घंटे – 25 मिनट

= 4 घंटा 35 मिनट

= 4.583 घंटा

∴ औसत गति = $\frac{300}{4.583}$

= 65.45 किमी/घंटा

12. (A): कुल ब्रेक का समय = 3 × 10 = 30 मिनट = 0.5 घंटा

यात्रा का समय = 4 – 0.5 घंटे = 3.5 घंटे

∴ औसत गति = $\frac{180}{3.5}$ = 51.43

= 51.43 किमी/घंटा।

13. (C): यात्रा 16:50 बजे कार से शुरू हुई

समापन समय = 21:15 घंटे

यात्रा पूरी करने में लगा समय

= 21:15 घंटे – 16:50 घंटे

= 4:25 घंटे

= 4 घंटे 25 मिनट।

14. (D): ट्रेन का कुल यात्रा समय

= 30 मई, 2020 को 23:40 से 31 मई, 2020 को 23:40 + 31 मई, 2020 को 23:40 से 1 जून, 2020 को प्रातः 5:15 तक

= 24 घंटा + 5 घंटे 15 मिनट + 20 मिनट

= 24 घंटे + 5 घंटे 35 मिनट

= 29 घंटे 35 मिनट।

15. (D): ट्रेन के प्रस्थान का समय 16:30 बजे है

29 अगस्त को लगा कुल समय

= 24 घंटे – 16:30 घंटे

= 7:30 घंटे

30 अगस्त को लगा कुल समय = 24 घंटे

31 अगस्त को लगा कुल समय = 8:45 घंटे

यात्रा का कुल यात्रा समय = 7:30 घंटे + 24 घंटे + 8:45 घंटे

= 40 घंटे 15 मिनट।

18 कैलेंडर

(*i*) 1 वर्ष = 365 दिन = 52 सप्ताह + 1 दिन
($\therefore$ एक सामान्य वर्ष में 1 विषम दिन होता है)।

(*ii*) 1 लीप वर्ष = 366 दिन = 52 सप्ताह + 2 दिन
($\therefore$ एक लीप वर्ष में 2 विषम दिन होते हैं)

(*iii*) 100 वर्ष = 76 सामान्य वर्ष + 24 लीप वर्ष
= 76 विषम दिन + 24 × 2 विषम दिन = 124 विषम दिन
= 17 सप्ताह + 5 दिन
$\therefore$ 100 वर्षों में 5 विषम दिन होते हैं।

(*iv*) 200 वर्षों में 3 विषम दिन होते हैं।

(*v*) 300 वर्षों में 1 विषम दिन होता है।

(*vi*) 400 वर्षों में कोई विषम दिन नहीं होता क्योंकि चूँकि 100 वर्षों में 5 विषम दिन होते हैं, 400 वर्षों में 20 दिन होंगे। लेकिन हर चौथी शताब्दी एक लीप वर्ष होती है।

(*vii*) प्रथम जनवरी 1 ई. सोमवार था। इसलिए हमें रविवार से दिन गिनना चाहिए।
यानी 0 विषम दिन के लिए रविवार, 1 विषम दिन के लिए सोमवार, 2 विषम दिन के लिए मंगलवार और इसी तरह।

(*viii*) सदी का पहला दिन या तो सोमवार, मंगलवार, गुरुवार या शनिवार होना चाहिए।

(*ix*) सदी का अंतिम दिन मंगलवार, गुरुवार या शनिवार नहीं हो सकता।

साधित उदाहरण

उदाहरण 1 : 15 अगस्त 1947 को कौन सा दिन था?

हल : 15 अगस्त 1947 = 1946 + 1947वाँ वर्ष 15 अगस्त तक
= 1600 + 300 + 46 + वर्ष 1947 में 15 अगस्त तक दिन।

1600 वर्षों में विषम दिनों की संख्या	= 0
300 वर्षों में विषम दिनों की संख्या	= 1
35 सामान्य वर्षों में विषम दिनों की संख्या	= 35
11 लीप वर्ष में विषम दिनों की संख्या	= 22
जनवरी में विषम दिनों की संख्या	= 3
फरवरी में विषम दिनों की संख्या	= 0
मार्च में विषम दिनों की संख्या	= 3
अप्रैल में विषम दिनों की संख्या	= 2
मई में विषम दिनों की संख्या	= 3
जून में विषम दिनों की संख्या	= 2
जुलाई में विषम दिनों की संख्या	= 3
अगस्त में विषम दिनों की संख्या	= 15
विषम दिनों की कुल संख्या	= 89

= 89 दिन = 12 सप्ताह 5 दिन

$\therefore$ 15 अगस्त 1947 को 5वां दिन यानि 'शुक्रवार' था।

उदाहरण 2 : गांधीजी का जन्म 2 अक्टूबर 1869 को हुआ था, उस दिन शनिवार था। 2 अक्टूबर 1870 को कौन सा दिन था?

हल : 2 अक्टूबर, 1869 और 2 अक्टूबर, 1870 के बीच एक वर्ष का अंतर है। फरवरी में दिनों की संख्या 28 है। एक वर्ष पूरा होने के बाद 1 विषम दिन बढ़ जाता है। इसलिए, 2 अक्टूबर, 1870 को रविवार था।

उदाहरण 3 : 31 दिसम्बर 1917 को कौन सा दिन था?

हल : पूरी प्रक्रिया को दोहराना आवश्यक नहीं है। 1 जनवरी, 1918 का दिन खोजना थोड़ा आसान होगा। फिर 31 दिसंबर, 1917 पिछला दिन होगा।

1 जनवरी, 1918 = 1900 वर्ष + 17 वर्ष + 1918वें वर्ष का 1 दिन

1900 वर्षों में विषम दिनों की संख्या	= 1
13 वर्ष में विषम दिनों की संख्या	= 13
4 लीप वर्ष में विषम दिनों की संख्या	= 8
जनवरी में विषम दिनों की संख्या	= 1
विषम दिनों की कुल संख्या	= 23

23 दिन = 3 सप्ताह + 2 दिन

$\therefore$ 1 जनवरी 1918 को मंगलवार था और 31 दिसंबर 1917 को सोमवार था।

उदाहरण 4 : सदी का अंतिम दिन मंगलवार, गुरुवार या शनिवार क्यों नहीं हो सकता।

हल : पहली शताब्दी में विषम दिनों की संख्या = 5
$\therefore$ प्रथम शताब्दी का अंतिम दिन शुक्रवार होगा
2 शताब्दियों में विषम दिनों की संख्या = 3
$\therefore$ द्वितीय शताब्दी का अंतिम दिन बुधवार होगा

3 शताब्दियों में विषम दिनों की संख्या = 1

∴ तीसरी शताब्दी का अंतिम दिन सोमवार होगा

4 शताब्दियों में विषम दिनों की संख्या = 0

∴ चौथी शताब्दी का अंतिम दिन रविवार होगा

इसके बाद दोबारा यही प्रक्रिया दोहराई जाएगी. इसलिए किसी भी शताब्दी का अंतिम दिन मंगलवार, गुरुवार या शनिवार नहीं हो सकता।

उदाहरण 5 : वर्ष 1981 का कैलेंडर वर्ष 1987 में कैसे उपयोग किया जा सकता है।

हल : 1 जनवरी, 1981 और 1 जनवरी, 1987 के बीच का अंतर 6 वर्ष है जिसमें 1984 एक लीप वर्ष है।

∴ इन 6 वर्षों में विषम दिनों की संख्या

= 6 + 1 = 7 = 1 सप्ताह + 0 दिन।

तो, इन 6 वर्षों में विषम दिनों की संख्या 0 है। 1 जनवरी 1981 और 1 जनवरी 1987 को एक ही दिन होगा। इस प्रकार, 1981 का कैलेंडर वर्ष 1987 में उपयोग किया जा सकता है।

उदाहरण 6 : यदि आने वाला परसों रविवार है, तो बीता हुआ परसों क्या था?

हल : परसों (आने वाला) - रविवार

कल - शनिवार

आज - शुक्रवार

कल - गुरूवार

परसों (बीते वाला) - बुधवार

अभ्यास

1. यदि परसों बुधवार था, तो परसों कौन-सा दिन होगा?
A. रविवार B. सोमवार C. मंगलवार D. गुरुवार

2. यदि आज सोमवार है, तो परसों कौन-सा दिन था?
A. शुक्रवार B. शनिवार C. रविवार D. बुधवार

3. यदि कल गुरुवार है, तो तीन दिन पहले कौन-सा दिन था?
A. रविवार B. सोमवार C. मंगलवार D. शनिवार

4. यदि परसों मंगलवार है, तो कल कौन-सा दिन था?
A. शुक्रवार B. सोमवार C. रविवार D. शनिवार

5. 400 वर्षों में कितने लीप वर्ष होते हैं?
A. 98 B. 99 C. 100 D. 97

6. जुलाई महीने में कितने विषम दिन होते हैं?
A. 1 B. 2 C. 3 D. 4

7. वर्ष 1846 का कैलेंडर किस वर्ष के कैलेंडर के समान था?
A. 1840 B. 1841 C. 1836 D. 1835

8. वर्ष 1740 का कैलेंडर किस वर्ष के कैलेंडर के समान था?
A. 1741 B. 1768 C. 1746 D. 1747

9. यदि 'शुक्रवार' 17 सितंबर है, तो उसी वर्ष के किस महीने की 17 तारीख शुक्रवार होगी?
A. जनवरी B. जुलाई C. दिसंबर D. मार्च

10. यदि किसी महीने की 2 तारीख रविवार को पड़ती है, तो उस महीने की 31 तारीख को कौन-सा दिन होगा?
A. मंगलवार B. शनिवार C. शुक्रवार D. सोमवार

11. कौन-से दिन शताब्दी का पहला दिन नहीं हो सकते?
A. रविवार, मंगलवार, शुक्रवार B. रविवार, बुधवार, शुक्रवार
C. मंगलवार, गुरुवार, शनिवार D. इनमें से कोई नहीं

12. कौन-से दिन शताब्दी का अंतिम दिन नहीं हो सकते?
A. रविवार, मंगलवार, शुक्रवार B. रविवार, बुधवार, शुक्रवार
C. मंगलवार, गुरुवार, शनिवार D. इनमें से कोई नहीं

13. यदि 3 दिसंबर 1999 को रविवार है, तो 3 जनवरी 2000 को कौन सा दिन है?
A. मंगलवार B. बुधवार C. गुरुवार D. शुक्रवार

14. 31 दिसम्बर 1 ई. को कौन सा दिन था?
A. सोमवार B. शुक्रवार C. मंगलवार D. रविवार

15. निम्नलिखित में से कौन सा लीप वर्ष नहीं है?
A. 1860 ई. B. 1900 ई
C. 2000 ई. D. सभी लीप वर्ष हैं

16. 31 दिसम्बर 1800 ई. को कौन सा दिन था?
A. शुक्रवार B. मंगलवार C. बुधवार D. रविवार

17. लगातार 400 वर्षों में महीने का 29वां दिन कितनी बार आता है?
A. 97 बार B. 4400 बार
C. 4497 बार D. इनमें से कोई नहीं

18. यदि 31 मई 2025 को शनिवार था तो 28 जून 2025 को कौन सा दिन था?
A. रविवार B. बुधवार C. शनिवार D. सोमवार

19. यदि 4/8/2017 को शुक्रवार है, तो 61 दिन बाद कौन सा दिन होगा?
A. गुरुवार B. मंगलवार C. बुधवार D. शुक्रवार

20. यदि तीसरा शुक्रवार महीने की 16 तारीख को है, तो उसी महीने के चौथे (चौथे) मंगलवार की तारीख क्या होगी?
A. 27 B. 29 C. 20 D. 22

व्याख्यात्मक उत्तर

1. (A):

बीता हुआ परसों	—	बुधवार
बीता हुआ कल	—	गुरुवार
आज	—	शुक्रवार
आने वाला कल	—	शनिवार
∴ आने वाला परसों	—	रविवार

2. (B):

आज	—	सोमवार
बीता हुआ कल	—	रविवार
∴ बीता हुआ परसों	—	शनिवार

3. (A):

आने वाला कल	—	गुरुवार
आज	—	बुधवार
बीता हुआ कल	—	मंगलवार
दो दिन पहले	—	सोमवार
∴ तीन दिन पहले	—	रविवार

4. (B):

आने वाला परसों	—	मंगलवार
आने हुआ कल	—	सोमवार
आज	—	रविवार
∴ बीता हुआ कल	—	शनिवार

5. (D): 1 से 300 वर्ष = $3 \times 24 = 72$

301 से 400 वर्ष = 25

∴ कुल लीप वर्ष = $72 + 25 = 97$

6. (C): जुलाई महीने में कुल दिन = 31

∴ विषम दिन = $31 \div 7 = 3$ (शेष)

अतः, जुलाई माह में 3 विषम दिन होते हैं।

7. (D): एक साधारण वर्ष का कैलेंडर 11 वर्षों के बाद दोहराया जाता है।

∴ अपेक्षित वर्ष = $1846 - 11 = 1835$.

8. (B): एक लीप वर्ष का कैलेंडर 28 वर्षों के बाद दोहराया जाता है।

∴ अपेक्षित वर्ष = $1740 + 24 = 1768$.

9. (C): समान माह कोड वाले महीनों का कैलेंडर समान होगा। सितंबर और दिसंबर का माह कोड समान है।

10. (D): महीने की 2 तारीख → रविवार

महीने की 2 तारीख से 31 तारीख तक विषम दिनों की संख्या = $29 \div 7 = 1$ (शेष) विषम दिन

उस महीने की 31 तारीख = (रविवार + 1 दिन) = सोमवार

11. (B): किसी शताब्दी का पहला दिन सोमवार, मंगलवार, गुरुवार और शनिवार हो सकता है। इसलिए शेष दिन बुधवार, शुक्रवार और रविवार शताब्दी का पहला दिन नहीं हो सकते।

12. (C): शताब्दी के अंतिम दिन रविवार, सोमवार, बुधवार और शुक्रवार हैं। इसलिए शेष दिन मंगलवार, गुरुवार और शनिवार शताब्दी का अंतिम दिन नहीं हो सकते।

13. (B): 3 दिसंबर 1999 को रविवार है।

3 दिसंबर 1999 और 3 जनवरी 2000 के बीच दिनों की संख्या = $28 + 3 = 31$ दिन। $31 \div 7$ शेषफल के रूप में 3 देता है। तो, 31 दिसंबर 1999 को रविवार होगा और 3 जनवरी 2000 को 3 दिन आगे यानी बुधवार होगा।

14. (A): हम जानते हैं कि 1 जनवरी, 1 ई. सोमवार था।

अब, 1 जनवरी, 1 ई. से 31 दिसम्बर, 1 ई. के बीच दिनों की संख्या 364 = 52 सप्ताह है।

तो, 31 दिसंबर 1, ईस्वी सोमवार था।

15. (D): सभी लीप वर्ष हैं।

16. (C): 31 दिसंबर, 1800 ई. = 1600 वर्ष + 200 वर्ष

अब, 1600 वर्षों में शून्य विषम दिन हैं

और 200 वर्ष में 3 विषम दिन होते हैं

अतः कुल विषम दिन = 3

अतः, 31 दिसंबर, 1800 ई. को बुधवार था।

17. (C): पहले तीन 100 वर्षों में प्रत्येक में 76 सामान्य वर्ष होते हैं लेकिन 400 वर्षों के अंतिम 100 वर्षों में केवल 75 सामान्य वर्ष होते हैं।

अतः, लगातार 400 वर्षों में फरवरी के महीनों की संख्या जिसमें केवल 28 दिन हैं

$= 3 \times 76 + 75 = 303$

अतः, महीनों की आवश्यक संख्या = $12 \times 400 - 303 = 4497$.

18. (C): 31 मई, 2025 और 28 जून, 2025 के बीच दिनों की संख्या = 28 दिन = 4 सप्ताह + शून्य विषम दिन

चूँकि 31 मई, 2025 को शनिवार था, इसलिए, 28 जून, 2025 को भी शनिवार था।

19. (A): 4/8/2017 → शुक्रवार, 61 दिनों के बाद = 62वां दिन

62वें दिन = 8 सप्ताह + 6 दिन

(शनिवार, रविवार, सोमवार, मंगलवार, बुधवार, गुरुवार)

तो, 61 दिनों के बाद, दिन गुरुवार होगा।

20. (A): दिया गया है, तीसरा शुक्रवार महीने की 16 तारीख को है

∴ पहला शुक्रवार = 16 – 14 = महीने का दूसरा दिन

∴ पहला मंगलवार = 2 + 4 = महीने का 6वाँ दिन

∴ 4 वां मंगलवार = 6 + 21 = महीने का 27 वां दिन।

19 संख्याएँ और ज्यामितीय आकृतियाँ

इस अध्याय में, छात्र संख्यात्मक और ज्यामितीय आकृतियों जैसे संख्या वर्ग, त्रिकोण, वृत्त और अन्य पैटर्न का विश्लेषण करना सीखते हैं। वे जोड़, घटाव, गुणा और भाग जैसे बुनियादी गणितीय कार्यों का उपयोग करके संख्याओं और आकृतियों के बीच संबंधों की पहचान करने की क्षमता विकसित करते हैं।

साधित उदाहरण

उदाहरण 1 : प्रश्नवाचक चिह्न (?) के स्थान पर सही विकल्प का चयन कीजिए।

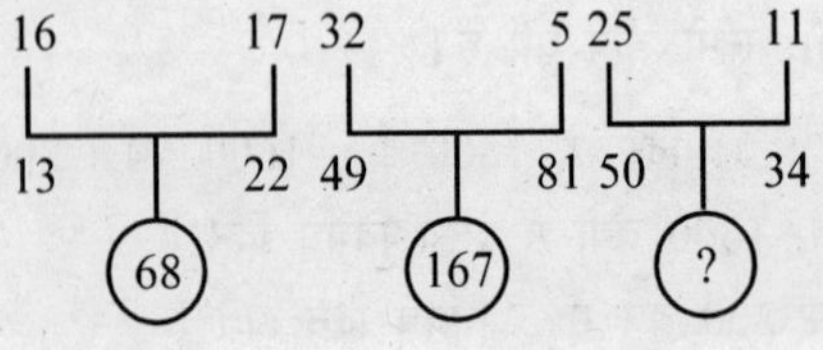

A. 65 B. 120
C. 116 D. 192

हल (B) : वृत्त के अंदर की संख्या अन्य चार संख्याओं का योग है, अर्थात्,

16 + 17 + 13 + 22 = 68

32 + 5 + 49 + 81 = 167

इसी प्रकार,

25 + 11 + 50 + 34 = 120

उदाहरण 2 : प्रश्नवाचक चिह्न के स्थान पर कौन-सी संख्या आनी चाहिए।

A. 6 B. 8
C. 7 D. 3

हल (A) : दो विपरीत संख्याओं का अंतर 4 है, अर्थात्,

23 – 19 = 4

और 16 – 12 = 4

14 – 10 = 4

और 12 – 8 = 4

इसी प्रकार, 9 – 5 = 4

और 6 – 2 = 4.

उदाहरण 3 : निम्नलिखित प्रश्न में लुप्त पद (?) ज्ञात कीजिए :

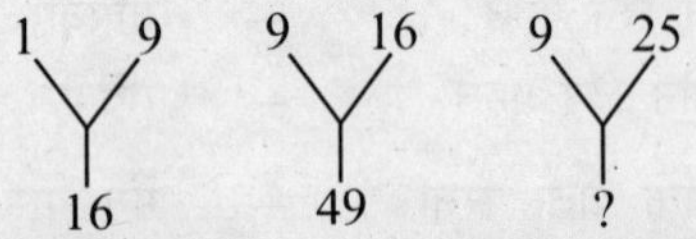

A. 49 B. 64
C. 25 D. 36

हल (B) : हमारे पास है,

$\left(\sqrt{1}+\sqrt{9}\right)^2 \Rightarrow (1+3)^2$

$\Rightarrow (4)^2 = 16$

$\left(\sqrt{9}+\sqrt{16}\right)^2 \Rightarrow (3+4)^2$

$\Rightarrow (7)^2 = 49$

लुप्त संख्या = $\left(\sqrt{9}+\sqrt{25}\right)^2$

$\Rightarrow (3+5)^2 \Rightarrow (8)^2 = 64$

उदाहरण 4 : निम्नलिखित प्रश्न में लुप्त पद (?) ज्ञात कीजिए :

A. 55 B. 62
C. 59 D. 71

हल (C) : विकर्ण अंकों को गुणा और योग करने पर मध्य संख्या प्राप्त होती है।

$(5 \times 4) + (3 \times 2) = 20 + 6 = 26$

$(8 \times 4) + (6 \times 5) = 32 + 30 = 62$

अतः, लुप्त संख्या = $(3 \times 8) + (7 \times 5)$

$= 24 + 35 = 59.$

अभ्यास

निर्देश (प्रश्न संख्या 1 से 17): *निम्नलिखित प्रत्येक प्रश्न में, कुछ संख्याओं/अक्षरों वाली आकृतियों का एक समूह दिया गया है। यह मानते हुए कि प्रत्येक समूह की संख्याएँ एक समान पैटर्न का अनुसरण करती हैं, प्रत्येक स्थिति में लुप्त संख्या ज्ञात कीजिए।*

1. 

A. 693
B. 939
C. 981
D. 993

2. 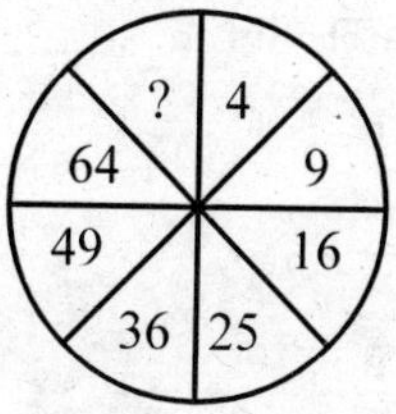

A. 68 B. 100 C. 72 D. 81

3. 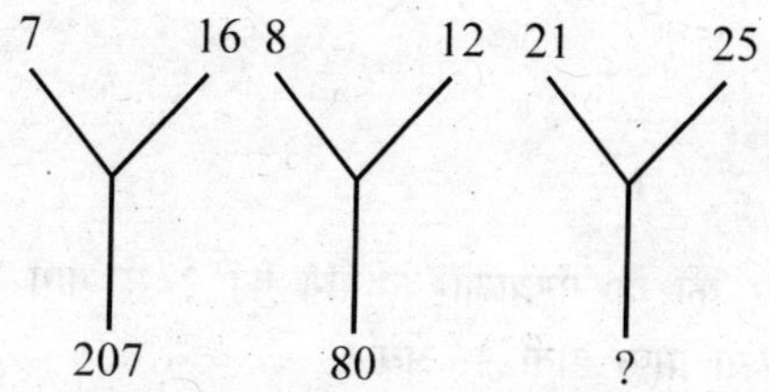

A. 425 B. 184 C. 241 D. 210

4. 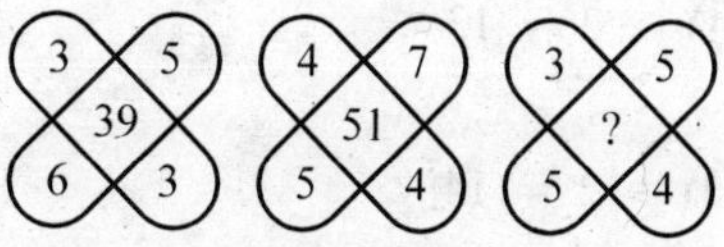

A. 35 B. 37 C. 45 D. 48

5. 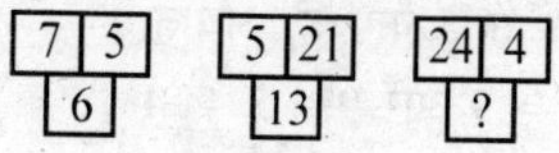

A. 4 B. 8 C. 20 D. 14

6.

14	9	4
12	7	2
10	5	0
16	11	?

A. 9 B. 6 C. 3 D. 7

7. 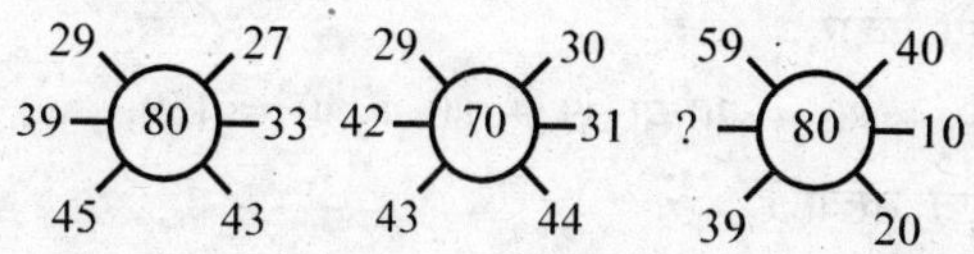

A. 69 B. 49 C. 50 D. 60

8. 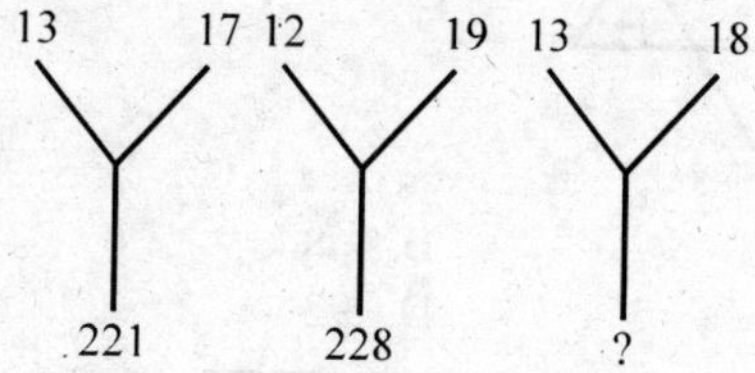

A. 31 B. 229 C. 234 D. 312

9. 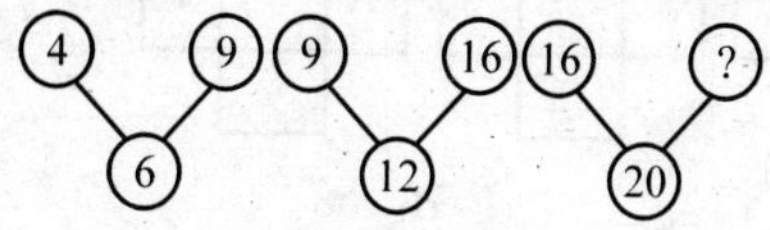

A. 21 B. 25 C. 50 D. 60

10.

51	(11)	61
64	(30)	32
35	(?)	43

A. 25 B. 27 C. 32 D. 37

11. 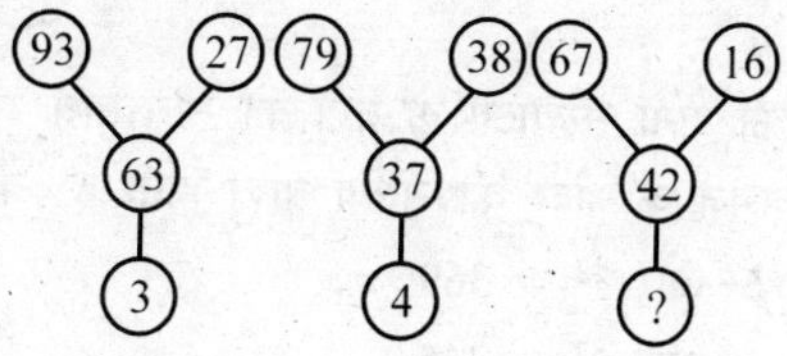

A. 5 B. 6 C. 8 D. 9

12. 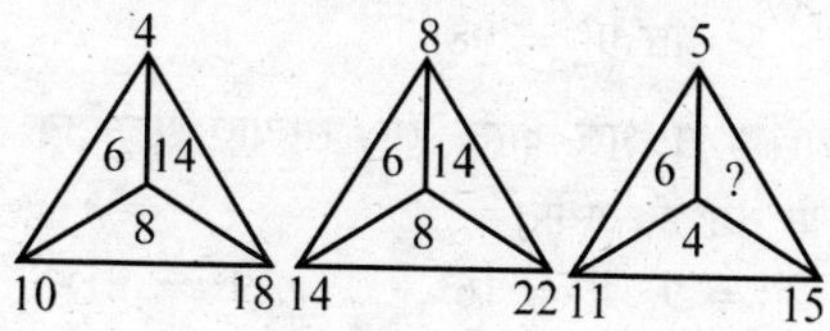

A. 8 B. 14 C. 10 D. 6

13. 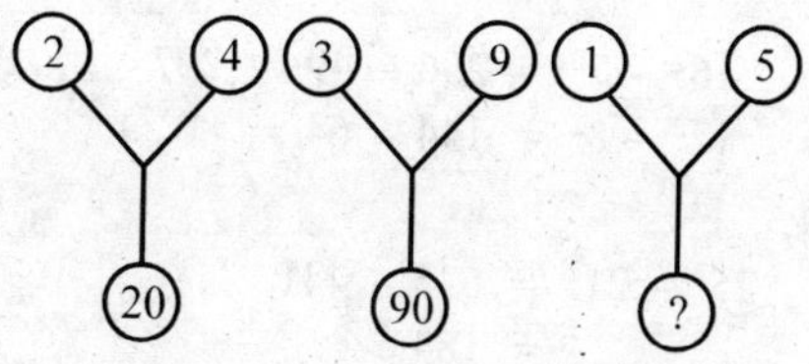

A. 20 B. 25 C. 26 D. 75

14. 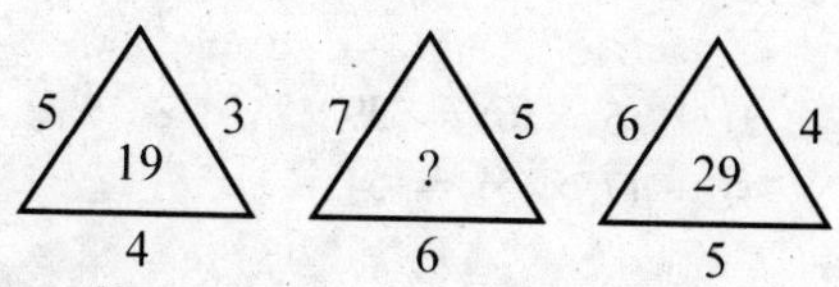

A. 25 B. 47 C. 37 D. 41

15.

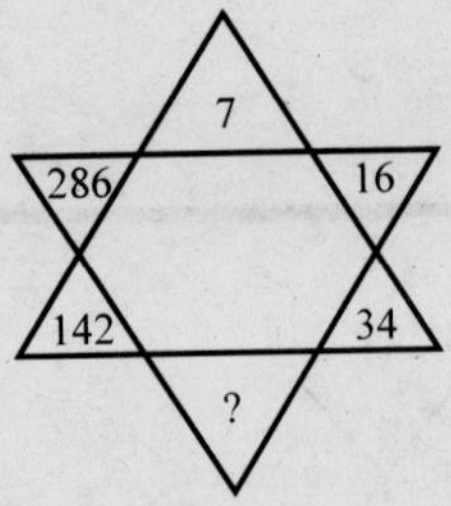

A. 70 B. 68
C. 56 D. 92

16.

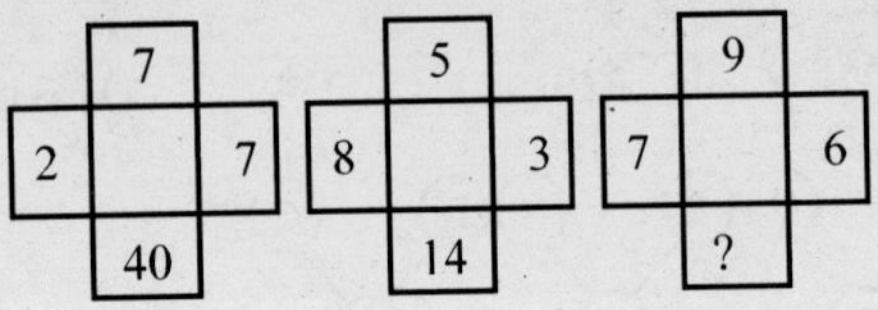

A. 72 B. 68
C. 82 D. 96

17.

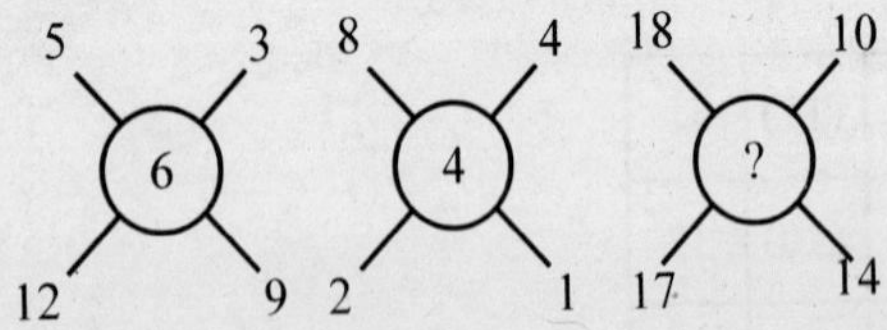

A. 18 B. 10 C. 36 D. 24

18. प्रश्नवाचक चिह्न के स्थान पर कौन-सी संख्या आएगी?

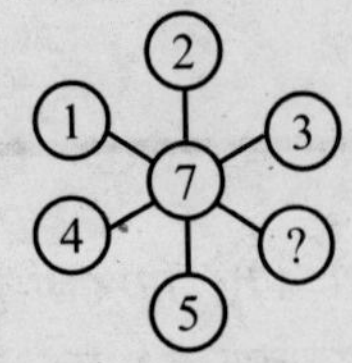

A. 8 B. 3 C. 4 D. 6

19. संलग्न चित्र में * के स्थान पर संख्या होगी :

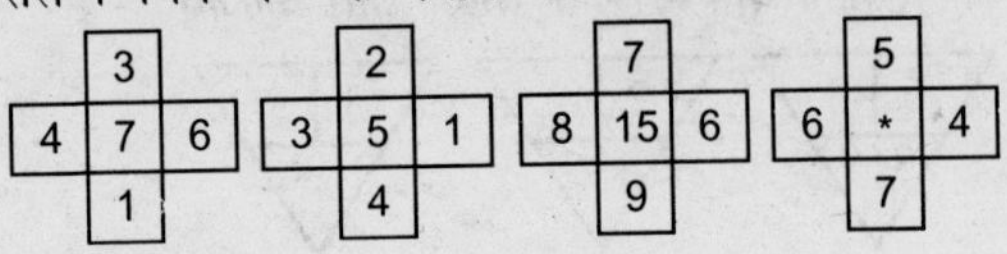

A. 10 B. 8
C. 9 D. 11

20. पार्श्व आकृति द्वारा ज्ञात करें, x का मान है :

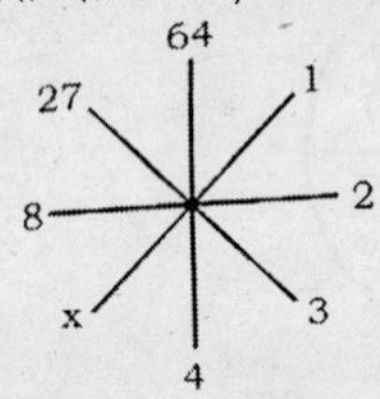

A. 5 B. 6 C. 0 D. 1

व्याख्यात्मक उत्तर

1. (C): ऊपर की दोनों संख्याओं के वर्गों को साथ-साथ रखने पर नीचे वाले त्रिभुज के अंदर की संख्या प्राप्त होती है, अर्थात्

6^2 और $3^2 = 369$

2^2 और $5^2 = 425$

इसी प्रकार,

3^2 और $9^2 = 981$.

2. (D): संख्या 4 से शुरू करते हुए, संख्याएँ प्राकृतिक क्रम में संख्याओं के वर्ग हैं, अर्थात्

$2^2 = 4, 3^2 = 9, 4^2 = 16 \ldots\ldots 9^2 = 81$.

3. (B): नीचे की संख्या ऊपर की दो संख्याओं के वर्गों का अंतर है, अर्थात्

$16^2 - 7^2 = 256 - 49 = 207$

$12^2 - 8^2 = 144 - 64 = 80$

इसी प्रकार,

$25^2 - 21^2 = 625 - 441$

$= 184$.

4. (B): केंद्र की संख्या विकर्ण संख्याओं के गुणनफल का योग है, अर्थात्

$(3 \times 3) + (5 \times 6) = 39$

$(4 \times 4) + (7 \times 5) = 51$

इसी प्रकार,

$(3 \times 4) + (5 \times 5) = 37$.

5. (D): ऊपर की दो संख्याओं के योग को 2 से भाग देने पर तीसरी संख्या प्राप्त होती है, अर्थात्

$(7 + 5) \div 2 = 6$

$(5 + 21) \div 2 = 13$

इसी प्रकार,

$(24 + 4) \div 2 = 14$.

6. (B): दूसरे और तीसरे कॉलम की संख्याएँ क्रमशः पहले और दूसरे कॉलम की संख्याओं से 5 कम हैं, अर्थात्,

$14 - 5 = 9$ और $9 - 5 = 4$

$12 - 5 = 7$ और $7 - 5 = 2$

इसी प्रकार, $16 - 5 = 11$ और $11 - 5 = 6$.

7. (A): एक आकृति में प्रत्येक पंक्ति में 3 संख्याओं का योग समान है, अर्थात्,

$29 + 80 + 43$ या $39 + 80 + 33$

और $45 + 80 + 27 = 152$

$29 + 70 + 44$ या $42 + 70 + 31$

और $43 + 70 + 30 = 143$

इसी प्रकार,

$59 + 80 + 20$ या $39 + 80 + 40 = 159$.

लुप्त संख्या है :

$159 - (80 + 10) = 69$.

8. (C): नीचे की संख्या ऊपर की दो संख्याओं का गुणनफल है, अर्थात्

$13 \times 17 = 221$

$12 \times 19 = 228$

इसी प्रकार, $13 \times 18 = 234$.

9. (B): नीचे की संख्या का वर्ग ऊपर की दो संख्याओं के गुणनफल के बराबर है, अर्थात्

$6^2 = 4 \times 9$, अर्थात् 36

$12^2 = 9 \times 16$, अर्थात् 144

इसी प्रकार, $20^2 = 16 \times ?$, अर्थात् 400

लुप्त संख्या $400 \div 16 = 25$.

10. (B): पहले और तीसरे स्तंभ की संख्याओं के अंकों के गुणनफल का योग दूसरे स्तंभ की संख्या है, अर्थात्

$(5 \times 1) + (6 \times 1) = 11$

$(6 \times 4) + (3 \times 2) = 30$

इसी प्रकार,

$(3 \times 5) + (4 \times 3) = 27$.

11. (D): दाईं और केंद्र की संख्याओं के योग को बाईं ओर की संख्या से घटाने पर नीचे की संख्या प्राप्त होती है, अर्थात्

$93 - (27 + 63) = 3$

$79 - (38 + 37) = 4$

इसी प्रकार,

$67 - (16 + 42) = 9$.

12. (C): प्रत्येक त्रिभुज के अंदर की संख्या उसके आधार पर स्थित संख्याओं का अंतर है। अर्थात्,

$10 - 4 = 6$, $18 - 4 = 14$ और $18 - 10 = 8$

$14 - 8 = 6$, $22 - 8 = 14$ और $22 - 14 = 8$

इसी प्रकार,

$11 - 5 = 6$, $15 - 5 = 10$ और $15 - 11 = 4$.

13. (C): ऊपर की दो संख्याओं के वर्गों के योग नीचे की तीसरी संख्या प्राप्त होती है, अर्थात्,

$2^2 + 4^2 = 20$

$3^2 + 9^2 = 90$

इसी प्रकार, $1^2 + 5^2 = 26$.

14. (D): त्रिभुज के दोनों ओर की संख्याओं का गुणनफल और आधार पर स्थित संख्याओं का योग त्रिभुज के अंदर की संख्या होती है, अर्थात्

$(5 \times 3) + 4 = 19$

$(6 \times 4) + 5 = 29$

इसी प्रकार,

$(7 \times 5) + 6 = 41$.

15. (A): संख्या 7 से दक्षिणावर्त दिशा में प्रारंभ करते हुए, अगली संख्या उस संख्या को दोगुना करके और 2 जोड़कर प्राप्त की जाती है, अर्थात्

$(7 \times 2) + 2 = 16$

$(16 \times 2) + 2 = 34$

इसी प्रकार,

$(34 \times 2) + 2 = 70$

$(70 \times 2) + 2 = 142$

$(142 \times 2) + 2 = 286$.

16. (B): नीचे की संख्या, मध्य ग्रिड रेखा में दो संख्याओं के योग को ऊपर की संख्या के वर्ग से घटाकर प्राप्त की जाती है, अर्थात्,

$7^2 - (2 + 7) = 49 - 9 = 40$

$5^2 - (8 + 3) = 25 - 11 = 14$

इसी प्रकार,

$9^2 - (7 + 6) = 81 - 13 = 68$.

17. (D): वृत्त के अंदर की संख्या ऊपर की दो संख्याओं के अंतर और नीचे की दो संख्याओं के अंतर का गुणनफल है, अर्थात्,

$(5 - 3)(12 - 9) = 6$

$(8 - 4)(2 - 1) = 4$

इसी प्रकार,

$(18 - 10)(17 - 14) \doteq 24$.

18. (D): दिया गया है,

$2 + 5 = 7$

$4 + 3 = 7$

इसी प्रकार,

$1 + ? = 7$

$\therefore \quad ? = 7 - 1 = 6$

अतः, लुप्त संख्या 6 है।

19. (D): जिस प्रकार,

$4 + 3 = 7$ और $1 + 6 = 7$

$3 + 2 = 5$ और $4 + 1 = 5$

$8 + 7 = 15$ और $9 + 6 = 15$

उसी प्रकार,

$6 + 5 = 11$ और $7 + 4 = 11$.

20. (D): आकृति द्वारा

$\because \quad 1^3 = 1$

$\therefore \quad x = 1$

$2^3 = 8$

$3^3 = 27$

$4^3 = 64$.

20 आँकड़ों का प्रबंधन

आँकड़ों का प्रबन्धन दिए गए सूचना को विभिन्न तरह के संकेतों का प्रयोग कर उसे व्यक्त करने या प्रदर्शित करने का साधन है। हम अपने दैनिक जीवन में कई प्रकार की सूचनाओं से रू-ब-रू होते हैं जैसे :

(*i*) 10 घंटे में कार द्वारा तय की गई दूरी।

(*ii*) पिछले सप्ताह पुस्तक विक्रेता द्वारा बेचे गए पुस्तकों की संख्या।

(*iii*) विश्व कप में सचिन द्वारा बनाया गया रन आदि।

इस तरह की हरेक स्थिति में संग्रह की गई सूचनाओं को 'आँकड़े' कहते हैं। दूसरे शब्दों में "आँकड़े संख्याओं का संग्रह है जिसे कुछ सूचनाएँ देने के लिए इकट्ठा किया जाता है। यह प्रायः उन परिस्थितियों के संदर्भ में संचित किया जाता है जिनका हम अध्ययन करना चाहते हैं। यह क्या प्रदर्शित करता है इसका एक स्पष्ट विचार देने के लिए आँकड़ों को ग्राफीय रूप में प्रदर्शित किया जाता है।

आँकड़ों का संगठन

आँकड़े प्रायः असंगठित या कच्चे रूप में दिए जाते हैं। हम इसका अर्थपूर्ण निष्कर्ष प्राप्त करने के लिए इसे क्रमबद्ध रूप में संगठित करते हैं। जैसे : एक शहर के 30 दिनों का तापमान दिया गया है: 30°, 25°, 29°, 28°, 25°, 30°, 30°, 26°, 29°, 28°, 30°, 30°, 28°, 26°, 30°, 28°, 22°, 29°, 28°, 30°, 26°, 28°, 30°, 27°, 30°, 25°, 28°, 29°, 30° और 29° तो कितने दिन शहर ने अधिकतम तापमान का सामना किया? दिए गए अव्यवस्थित तापमानों को देखकर प्रश्न का उत्तर देना आसान नहीं है। अतः सर्वप्रथम हम मिलान चिह्नों (tally mark) का प्रयोग कर उसे व्यवस्थित करते हैं फिर आसानी से प्रश्नों का उत्तर दे पाते हैं।

तापमान	मिलान चिह्न	दिनों की संख्या
25°	|||	3
26°	|||	3
27°			1
28°	𝍸 |||	8
29°	𝍸	5
30°	𝍸 𝍸	10
		N = 30

इस प्रकार हम आसानी से तय कर सकते हैं कि शहर ने अधिकतम ताप तापमान 30° का 10 दिनों तक सामना किया।

आँकड़ों का समूहन

ऊपर के उदाहरण में हमने देखा कि तापमान के कुछ माप (डिग्री) बार-बार आते हैं जैसेः 30° दस बार, 28° आठ बार 29° पाँच बार आदि। इन सूचनाओं को हम ग्राफीय विधि से भी प्रदर्शित कर सकते हैं।

अपने दैनिक जीवन में हम इस तरह के अनेक आँकड़ों से रू-ब-रू होते हैं। इनमें से कुछ आँकड़े छोटे तो कुछ बड़े होते हैं। उदाहरणस्वरूप—अप्रैल महीने में एक कार्यालय के कर्मचारियों की दैनिक उपस्थिति निम्नलिखित है— 14, 16, 46, 24, 22, 43, 25, 24, 32, 43, 14, 30, 27, 31, 32, 28, 18, 19, 30, 27, 16, 25, 11, 12, 31, 30, 17, 48, 19, 23.

उपरोक्त आँकड़ों का बारम्बारता वितरण बहुत लम्बा होगा। अतः इन आँकड़ों का समूह बनाकर बारंबारता वितरण तैयार करना आसान होगा। जैसे— 0-10, 10-20, 20-30 इत्यादि। समूह बनाने के पश्चात् हम आँकड़ों के समूह की बारम्बारता मिलान चिह्न का उपयोग कर प्राप्त करते हैं।

समूह	मिलान चिह्न	बारम्बारता
10-20	𝍸 𝍸	10
20-30	𝍸 ||||	9
30-40	𝍸 ||	7
40-50	||||	4
		N = 30

इस प्रकार से संगठित आँकड़ों को **वर्गीकृत आँकड़ा** और इस प्रकार से संगठित वितरण को वर्गीकृत बारम्बारता वितरण कहते हैं। अब हम इस वितरण से कई अर्थपूर्ण निष्कर्ष निकाल सकते हैं, जैसेः

(*i*) अधिकांश दिन उपस्थिति कम थी।

(*ii*) केवल चार दिन उपस्थिति सर्वाधिक थी, आदि।

महत्त्वपूर्ण परिभाषाएँ

- **विचर (Variate) :** उस राशि को जिसे हम अलग-अलग प्रेक्षणों में मापते हैं, विचर (variate) कहते हैं।
- **वर्ग-अंतराल (Class Interval) :** हम आंकड़ों के प्रस्तुतीकरण को अधिक सरल बनाने की दृष्टि से उन्हें प्रायः वर्गों में रखते हैं जिसके लिए कुछ अंतराल का प्रयोग किया जाता है जिसे वर्ग-अंतराल कहते हैं। उदाहरण: 0-5, 5-10, 10-15, आदि।

- **वर्ग आमाप (Class-size) :** किसी वर्ग अंतराल की वास्तविक उपरि सीमा और वास्तविक निम्न सीमा के अंतर को उस वर्ग अंतराल का आमाप (size) कहते हैं। उदाहरण : वर्ग अंतराल 0-5 का वर्ग आमाप 5 है।
- **मध्य मान (Mid-value) :** किसी वर्ग की निम्न और उपरि सीमा के बीच के चर मान को उस वर्ग का मध्य मान कहते हैं,

  उदाहरण : वर्ग अंतराल 0-5 का मध्य मान $0 + \frac{5}{2} = 2.5$ है।
- **बारंबारता (Frequency) :** किसी विशिष्ट वर्ग के संगत प्रेक्षणों की संख्या को उस वर्ग की बारंबारता कहते हैं। उदाहरण : वर्ग अंतराल 5-10 की बारंबारता 6 हो, तो इसका अर्थ है कि 6 व्यक्तियों को 5 या अधिक किंतु 10 से कम चीजें प्राप्त हुईं।
- **संचयी बारंबारता (Cumulative Frequency) :** किसी वर्ग विशेष की बारंबारता और उससे पूर्व के सभी वर्गों की बारंबारता के योगफल को उस वर्ग-विशेष की संचयी बारंबारता कहते हैं। संचयी बारंबारता बंटन सारणी में अंतिम वर्ग की संचयी बारंबारता बारंबारताओं की कुल संख्या होती है।
- **वर्ग सीमाएं (Class Limits) :** प्रत्येक वर्ग-अंतराल की दो सीमाएं होती हैं। अंतराल की निचली संख्या को निम्न सीमा (lower limit) और उपरि संख्या को उपरि सीमा (upper limit) कहते हैं। उदाहरण के लिए, वर्ग अंतराल 0-5 में, 0 निम्न सीमा है जबकि 5 वर्ग-अंतराल की उपरि सीमा है।

आँकड़ों का आरेखीय निरूपण

(*a*) एक विमीय आरेख–(i) दण्डालेख (Bar-diagram)
(ii) उपविभाजित दण्डालेख (Sub-divided Bar-diagram)
(iii) बहुदण्डालेख (Multiple Bar-diagram)

(*b*) द्विविमीय आरेख–(i) वर्ग (ii) वृत्त (iii) वृत्तचार्ट

(*c*) त्रिविमीय आरेख–(i) घन (ii) बेलन (iii) गोला

(*d*) चित्रालेख (Pictogram)

(*e*) मानारेखा (Cartogram)

आँकड़ों का ग्राफीय निरूपण

(*a*) आयत चित्र (Histogram)

(*b*) बारम्बारता बहुभुज (Frequency polygon)

(*c*) बारम्बारता वक्र (Frequency curve)

(*d*) संचयी बारम्बारता वक्र या तोरण (Cumulative frequency curve or ogive)

आयत चित्र

एक सांख्यिकी आलेख जो आँकड़ों को आयताकार स्तम्भ की ऊँचाई द्वारा प्रदर्शित करता है। इसके स्तम्भों की संख्या वर्ग-अन्तराल की संख्या के बराबर होती है। जैसे– निम्नलिखित सारणी एक शहर के वयस्क लोगों के विभिन्न उम्र-वर्गों की संख्या को प्रदर्शित करता है।

आयु वर्ग	लोगों की संख्या
15-20	200
20-25	350
25-30	475
30-35	600
35-40	750
40-45	900
45-50	100

उपरोक्त आँकड़ों का आयत-चित्र निम्नलिखित है।

आयतचित्र

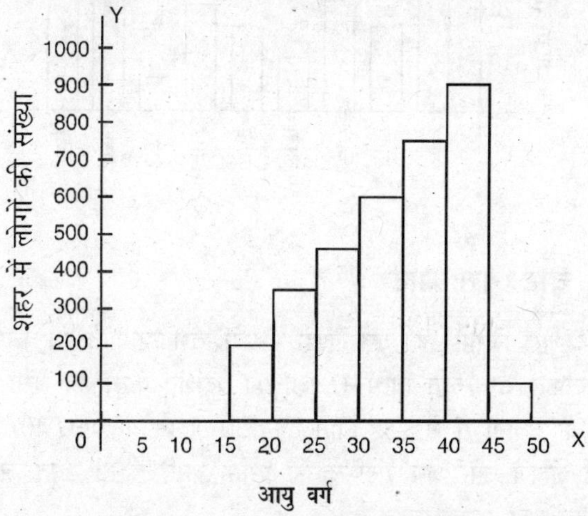

बारम्बारता बहुभुज

जब आयत चित्र के प्रत्येक आयताकार स्तम्भ के शीर्ष रेखाओं के मध्य-बिन्दुओं को रेखा-खण्डों द्वारा मिलाया जाता है तो प्राप्त आकृति को बारम्बारता बहुभुज या आवृत्ति बहुभुज कहते हैं। बहुभुज का क्षेत्रफल आयताकार दण्डों के कुल क्षेत्रफल के बराबर होता है। बारम्बारता बहुभुज की रचना वर्ग अन्तराल के मध्य बिन्दुओं और उससे सम्बन्धित बारम्बारताओं के उभयनिष्ठ बिन्दुओं (common points) को रेखाखण्डों द्वारा मिलाने पर भी होता है। जैसे, उपरोक्त आँकड़ों का बारम्बारता बहुभुज नीचे दिया गया है।

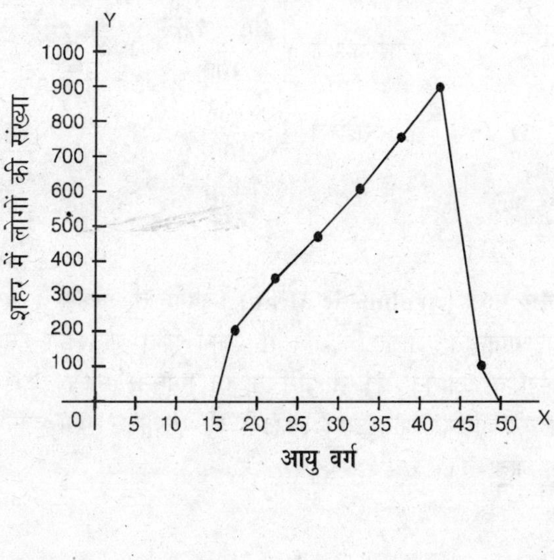

दण्डालेख

एक आलेख जिसमें दण्ड होते हैं, जिसकी लम्बाई-आँकड़ों के समूह की मात्रा के समानुपाती होती है। इसका उपयोग तब होता है, जब एक अक्ष पर संख्यात्मक पैमाने नहीं होते हैं। जैसेः यह दिखाना कि मिश्रित बीजों के एक पैकेट से विभिन्न रगों के फूल के कितने पौधे उगते हैं।

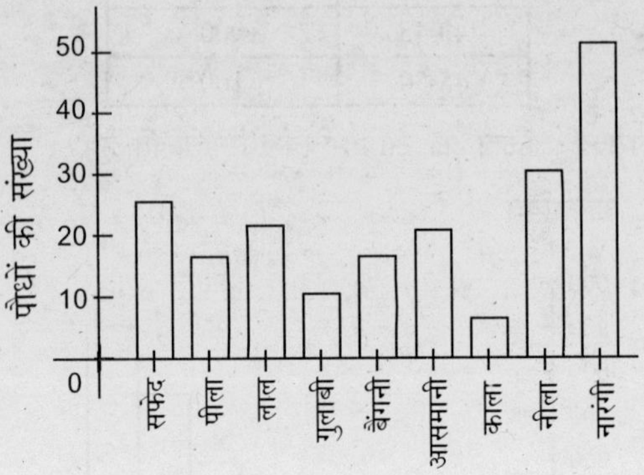

पाई चार्ट/वृत्त चार्ट

एक आलेख जिसमें अंश वृत्त खण्डों में प्रदर्शित किए जाते हैं। वृत्तखण्डों के क्षेत्रफल सम्बन्धित विभिन्न अंशों को प्रदर्शित करते हैं। जैसेः 100 सेना के जवानों में से 25 जवान टैंक, 30 जवान युद्धपोत, 40 जवान हवाई जहाज और शेष राइफल का प्रयोग करते हैं तो उक्त आँकड़ों का वृत्त चार्ट निम्नलिखित हैं।

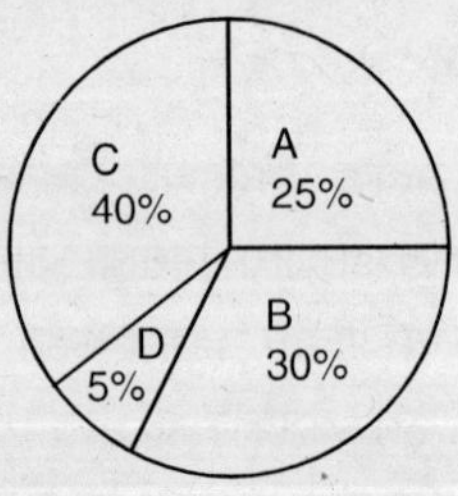

A टैंक $= \dfrac{25 \times 360}{100} = 90°$

B युद्धपोत $= \dfrac{30 \times 360}{100} = 108°$

C हवाई जहाज $= \dfrac{40 \times 360}{100} = 144°$

D राइफल $= \dfrac{5 \times 360}{100} = 18°$

माध्य

समान्तर माध्य (Arithmetic Mean) (अवर्गीकृत आंकड़े) : समान्तर माध्य सामान्यतः औसत के रूप में प्रयोग किए जाते हैं। हम सभी 'आँकड़ों का औसत' पद से परिचित हैं। समान्तर माध्य इकाइयों के मानों को जोड़कर और उसमें इकाइयों की संख्या से भाग देकर प्राप्त किया जाता है।

उदाहरण : 10 छात्रों द्वारा प्राप्त अंक निम्नलिखित हैं: 22, 35, 37, 38, 29, 27, 34, 36, 28, 34 तो अंकों का माध्य क्या होगा?

हल : छात्रों की संख्या = 10

$$\text{माध्य } (\overline{x}) = \frac{22+35+37+38+29+27+34+36+28+34}{10}$$

$$= \frac{320}{10} = 32 \text{ अंक।}$$

समान्तर माध्य(वर्गीकृत आंकड़े): यदि आंकड़े बिना वर्ग अन्तराल के वर्गीकृत हो और साथ में उनका भार दिया गया हो तो, भारित माध्य

$$\overline{x} = \frac{\sum_{i=1}^{n} f_i x_i}{\sum_{i=1}^{n} f_i}$$

पुनः यदि आंकड़े वर्ग-अन्तराल के साथ वर्गीकृत हो और साथ में उनकी बारम्बारता दी गई हो तो,

$$\text{माध्य} = \frac{\Sigma fx}{N}$$

जहाँ f = बारंबारता, x = मध्यमान (mid-value),

उदाहरणः निम्नलिखित वितरण के माध्य की गणना करें:

प्राप्तांक	बारम्बारता
10-20	6
20-30	8
30-40	15
40-50	7
50-60	3
60-70	0
70-80	1

हल :

प्राप्तांक	माध्य-मान (x)	बारम्बारता (f)	$f \times x$
10-20	15	6	$15 \times 6 = 90$
20-30	25	8	$25 \times 8 = 200$
30-40	35	15	$35 \times 15 = 525$
40-50	45	7	$45 \times 7 = 315$
50-60	55	3	$55 \times 3 = 165$
60-70	65	0	$65 \times 0 = 0$
70-80	75	1	$75 \times 1 = 75$
		$\sum f = 40$	$\sum fx = 1370$

$$\text{माध्य } \overline{x} = \frac{\sum fx}{\sum f} = \frac{1370}{40} = 34.25$$

माध्यिका

यह किन्हीं इकाइयों के व्यवस्थित शृंखला के इकाई मान के रूप में परिभाषित किया जाता है जो सम्पूर्ण शृंखला को दो समान खण्डों में विभाजित करता है। इस व्यवस्था का मध्य पद माध्यिका कहलाती है।

उदाहरणस्वरूप आँकड़े 3, 5, 9, 13, 15, 21, 22, 25, 29 की माध्यिका 15 है।

जब आँकड़े अवर्गीकृत हैं और इकाइयों की संख्या विषम है तो माध्यिका $\left(\frac{n+1}{2}\right)$ वीं इकाई होगी।

यदि इकाइयों की संख्या सम है तो ऐसी अवस्था में दो केन्द्रीय इकाई होंगे जैसे $\left(\frac{n}{2}\right)$ वीं इकाई एवं $\left(\frac{n}{2}+1\right)$ वीं इकाई। इस स्थिति में माध्यिका इन दोनों इकाइयों का औसत मान होगा। यदि आँकड़े वर्गीकृत हों तो माध्यिका

$$= l+\frac{\frac{N}{2}-C}{f}\times i$$

जहाँ, l = वर्ग अन्तराल की निम्न सीमा जिसमें माध्यिका पड़ती है।

N = बारम्बारता का योग

i = वर्ग सीमा का अन्तर (वर्ग आमाप)

f = माध्यिका वर्ग की बारम्बारता

c = माध्यिका वर्ग से एक वर्ग पूर्व की संचयी बारम्बारता

उदाहरण : 1. प्राप्तांक 25, 28, 20, 8, 10, 15 की माध्यिका क्या होगी?

हल : प्राप्तांकों का आरोही क्रम = 8, 10, 15, 20, 25, 28

$$\therefore \text{ माध्यिका} = \frac{15+20}{2}=\frac{35}{2}=17.5$$

उदाहरण : 2. निम्नलिखित आंकड़ों के माध्यिका की गणना करें।

आय (रुपये) : 20 21 22 23 24

लोगों की संख्या : 2 4 4 3 6

हल :

आय (x)	बारम्बारता (f)	संचयी बारम्बारता (c)
20	2	2
21	4	6
22	4	10
23	3	13
24	6	19

यहाँ $N=$ 19 जो कि विषम है।

$\therefore$ माध्यिका = $\left(\frac{n+1}{2}\right)$ वें पद की आय

= $\left(\frac{19+1}{2}\right)$ वें पद की आय

= 10वें पद की आय = 22 रु.

बहुलक

बहुलक किसी शृंखला के उस इकाई के रूप में जाना जाता है जो सर्वाधिक बार आता है। एक बारम्बारता वितरण में बहुलक वह चर है जिसकी सर्वाधिक बारम्बारता है। जब हम यह कहते हैं कि भारतीयों की औसत उम्र 60 वर्ष है तो इसका अर्थ है कि भारत में लोगों की आदर्श उम्र 60 वर्ष है, अर्थात् भारत में अधिकांश लोग 60 के बाद मरते हैं।

उदाहरण : दिए गए संख्या समूह का बहुलक निकालें :

2, 2, 3, 5, 4, 3, 2, 3, 3, 3, 5

हल : समान संख्या को एक साथ रखकर व्यवस्थित करने पर,

2, 2, 2, 3, 3, 3, 3, 4, 5, 5

इस आँकड़े का बहुलक 3 है क्योंकि यह अन्य पदों के अपेक्षा ज्यादा बार आया है। वर्गीकृत आंकड़े की स्थिति में,

$$\text{बहुलक} = l+\frac{f-f_1}{2f-(f_1+f_2)}\times i$$

जहाँ, l = वर्ग अन्तराल की निम्न सीमा जिमसें बहुलक पड़ता है।

f = बहुलक वर्ग की बारम्बारता

f_1 = बहुलक वर्ग से पूर्व वर्ग की बारम्बारता

f_2 = बहुलक वर्ग के बाद वाले वर्ग की बारम्बारता

i = वर्ग सीमा का अन्तर (वर्ग आमाप)

उदाहरण : निम्नलिखित बारम्बारता बंटन का बहुलक ज्ञात करें।

वर्ग अन्तराल	बारम्बारता
24.5–29.5	1
29.5–34.5	1
34.5–39.5	3
39.5–44.5	4
44.5–49.5	7
49.5–54.5	9
54.5–59.5	3
59.5–64.5	8
64.5–69.5	4

हल : बहुलक = $l+\frac{f-f_1}{2f-(f_1+f_2)}\times i$

$$= 49.5+\frac{9-7}{2\times 9-7-3}\times 5$$

$$= 49.5 + 1.2 = 50.7$$

अभ्यास

1. एक शहर के 25 दिनों के वर्षा का विवरण (मिली मीटर में) निम्नलिखित है।
38, 27, 36, 40, 20, 24, 36, 28, 22, 25, 36, 40, 27, 38, 26, 30, 28,, 32, 37, 38, 39, 27, 25, 28, 30. तो दैनिक औसत वर्षा है:

A. 30.08 मि.मी. B. 32.08 मि.मी.
C. 31.80 मि.मी. D. 31.08 मि.मी.

2. 30 दिन का तापमान (डिग्री में) नीचे दिया गया है:
38, 36, 26, 42, 38, 27, 40, 30, 36, 35, 28, 25, 42, 40, 28, 38, 41, 28, 25, 32, 38, 36, 26, 30, 38, 30, 36, 40, 32. तो माध्य तापमान (डिग्री में) होगा:

A. 33.366 B. 33.663
C. 33.633 D. इनमें से कोई नहीं

3. किसी विशिष्ट वर्ग के संगत प्रेक्षणों की संख्या कहलाती है:

A. वर्ग-अन्तराल B. वर्ग सीमा
C. वर्ग आमाप D. बारम्बारता

4. 7, 11, 23, 36, 42, 50, 61, 73, 110 एवं 120 की माध्यिका है:

A. 54.5 B. 5.55
C. 55.5 D. इनमें से कोई नहीं

5. 14, 11, 16, 22, 14, 23, 17, 14, 26, 28, 11, 14 एवं 26 का बहुलक है:

A. 0.14 B. 1.4
C. 14.0 D. 140

6. एक बारम्बारता बंटन में किसी पद की बारम्बारता सर्वाधिक हो तो उस पद को कहते हैं:

A. माध्य B. आयतचित्र
C. मध्यमान D. बहुलक

निर्देश (7-9): *दिये गये वृत्त चार्ट में एक देश में विभिन्न खेलों पर किसी वर्ष किए गए खर्च को दिखाया गया है। वृत्त चार्ट का सावधानीपूर्वक अध्ययन करें और निम्नलिखित प्रश्नों के उत्तर दें।*

किसी वर्ष विभिन्न खेलों पर किया गया प्रतिशत खर्च

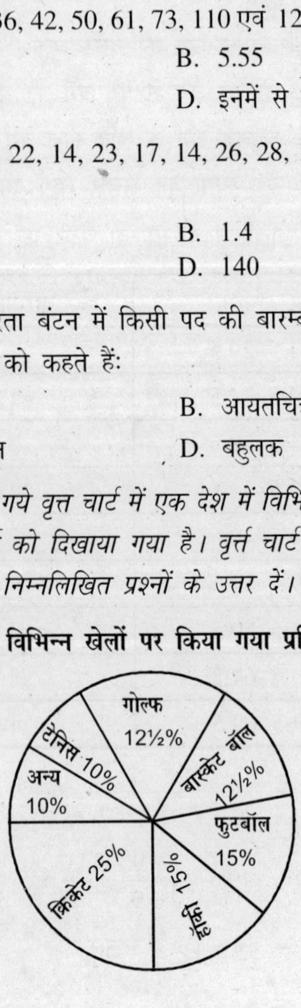

7. ग्राफ दिखाता है कि देश का सर्वाधिक जनप्रिय खेल है:

A. फुटबॉल B. हॉकी
C. क्रिकेट D. टेनिस

8. नीचे दिए खेलों के जोड़ों में से किसमें देश बराबर राशि खर्च करता है

A. हॉकी एवं क्रिकेट B. हॉकी एवं फुटबॉल
C. हॉकी एवं गोल्फ D. टेनिस एवं गोल्फ

9. फुटबॉल पर किए गए कुल खर्च एवं हॉकी पर किए गए कुल खर्च का अनुपात है:

A. 2 : 1 B. 1 : 1 C. 1 : 2 D. 3 : 2

निर्देश (10-12): *निम्न दण्डालेख छः वर्षों के दौरान कुल अनाज उत्पादन (हजार टन में) को दिखाता है। आलेख का ध्यानपूर्वक अध्ययन करें और निम्नलिखित प्रश्नों के उत्तर दें।*

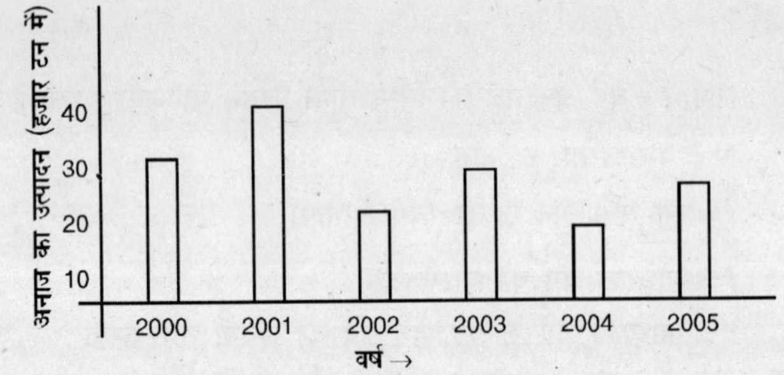

10. वर्ष 2002 एवं वर्ष 2004 में हुए कुल अनाज का उत्पादन किस वर्ष के उत्पादन के बराबर था?

A. 2000 B. 2001
C. 2003 D. 2005

11. वर्ष 2001 एवं वर्ष 2005 में हुए अनाज उत्पादनों में अन्तर है:

A. 500 टन B. 1000 टन
C. 5000 टन D. 10000 टन

12. वर्ष 2004 के अपेक्षा वर्ष 2005 में अनाज उत्पादन में कितने प्रतिशत की वृद्धि हुई?

A. 15% B. 30% C. 50% D. 100%

13. आँकड़ों के व्यवस्थित संग्रह के लिए हम प्रयोग करते हैं:

A. मिलान चिह्न (Tally mark) B. माध्य (Mean)
C. मध्यमान (Mid-value) D. इनमें से कोई नहीं

14. उच्च सीमा और निम्न सीमा के मध्य अन्तर को कहा जाता है:

A. वर्ग अन्तराल (Class-interval)
B. वर्ग-आमाप (Class-size)
C. मध्य-मान (Mid-value)
D. वर्ग-सीमा (Class-limit)

15. 10 लड़कियों की ऊँचाई क्रमशः 143, 148, 135, 150, 128, 139, 149, 146, 151, 132 सेमी. है। लड़कियों की औसत ऊँचाई क्या होगी?

A. 141.1 सेमी. B. 142.1 सेमी.
C. 143.1 सेमी. D. 140.2 सेमी.

16. निम्न में से कौन केन्द्रीय प्रवृत्ति की माप नहीं है?

A. माध्य B. माध्यिका C. बहुलक D. परास

17. आँकड़े 25, 15, 23, 40, 27, 25, 23 तथा 42 का परास कितना होगा?

A. 37 B. 17 C. 27 D. 27.5

18. यदि अवरोही क्रम में रखे गए आँकड़ों के दोनों छोरों से चरम प्रेक्षण हटाए जाते हैं, तो केन्द्रीय प्रवृत्ति के कौन-से मापक प्रभावित होते हैं?

A. माध्य और माध्यक B. माध्य, माध्यक और बहुलक
C. माध्य और बहुलक D. बहुलक और माध्यक

19. आयतचित्र में आयत की ऊँचाई दर्शाती है :

A. उस वर्ग की बारम्बारता B. उस वर्ग की चौड़ाई
C. उस वर्ग की ऊपरी सीमा D. उस वर्ग की निम्न सीमा

20. 240 अंकों की एक परीक्षा में किसी परीक्षार्थी ने 52 अंक अर्जित किया। पाई-आलेख में इसका संगत कोण है :

A. 63° B. 75° C. 78° D. $\left(21\frac{2}{3}\right)^{\circ}$

21. किसी बंटन का बहुलक ज्ञात किया जा सकता है :

A. 'से अधिक' संचयी बारम्बारता वक्र द्वारा
B. आवृत्ति बहुभुज द्वारा
C. आयत चित्र द्वारा
D. 'से कम' संचयी बारम्बारता वक्र द्वारा

22. 'आँकड़ों का प्रबंधन' के संबंध में निम्नलिखित में से कौन-सा सही है?

A. एक रेखा-आलेख आँकड़ों की विभिन्न श्रेणियों के बीच तुलना करने के काम आता है।
B. एक आयत चित्र किसी एक संपूर्ण के विभिन्न भागों की तुलना करने के लिए उपयोग किया जाता है।
C. आँकड़ों का आलेखों द्वारा प्रदर्शन समझने में बहुत आसान होता है, जब भी आँकड़ों का रूझान या तुलना दिखनी हो।
D. एक दंड-आलेख ऐसे आँकड़े प्रस्तुत करता है, जो समय के साथ-साथ लगातार बदलते रहते हैं।

23. प्राथमिक स्तर पर 'आँकड़ों का प्रबंधन' के परिचय के लिए निम्नलिखित में से क्या सबसे उपयुक्त है?

A. कक्षा में विद्यार्थियों की लम्बाई, उनका पसंदीदा खाना, रंग, कार्टून इत्यादि पर आँकड़े इकट्ठे करना और आँकड़ों पर आधारित प्रश्न पूछना
B. विद्यार्थियों को एक शहर की पाँच साल की जनसंख्या गणना दिखाना और विद्यार्थियों को जनसंख्या वृद्धि की तुलना करने को कहना
C. श्यामपट्ट पर एक दंड-आरेख चित्रांकित करना और विद्यार्थियों को उसमें से आँकड़ों को पढ़ने के लिए कहना
D. विद्यार्थियों को बस और ट्रेन के समय की समय-सारणियों को पढ़ने के लिए कहना

24. निम्नलिखित कथनों में से कौन-सा प्राथमिक कक्षाओं में आँकड़ों का प्रबंधन के शिक्षण के संबंध में सही है?

A. इसका परिचय नहीं देना चाहिए क्योंकि प्राथमिक कक्षाओं के विद्यार्थी आँकड़ों को संभाल नहीं पाएंगे।
B. यह अंकगणित और ज्यामितीय में गणितीय अवधारणाओं से संबद्ध नहीं है।
C. इसका प्राथमिक कक्षाओं में अनौपचारिक रूप से परिचय दिया जा सकता है क्योंकि प्राथमिक कक्षाओं के विद्यार्थी इसे अपने दैनिक जीवन के अनुभवों से जोड़ सकते हैं।
D. यह उच्च संज्ञानात्मक कौशल की अपेक्षा रखता है जो प्राथमिक कक्षाओं के विद्यार्थियों के पास नहीं होती है।

25. नीचे दिए अंकों के माध्य और माध्यिका के लिए निम्नलिखित में से कौन-सा कथन सत्य है?

15, 8, 13, 1, 23, 15, 20, 1

A. माध्य माध्यिका से अधिक है
B. माध्यिका माध्य से अधिक है
C. माध्य और माध्यिका दोनों समान हैं
D. माध्यिका को ज्ञात नहीं किया जा सकता क्योंकि अंकों की संख्या सम है

व्याख्यात्मक उत्तर

1. (D): दैनिक औसत वर्षा

$$= \frac{\begin{array}{l}20\times1+22\times1+24\times1+25\times2+26\times1\\+27\times3+28\times3+30\times2+32\times1+36\times3\\+37\times1+38\times3+39\times1+40\times2\end{array}}{1+1+1+2+1+3+3+2+1+3+1+3+1+2}$$

$= \frac{777}{25} = 31.08$ मि.मी.।

2. (C): तापमान का माध्य

$$= \frac{\begin{array}{l}25\times2+26\times2+27\times1+28\times4\\+30\times3+32\times2+35\times1+36\times4\\+38\times5+40\times3+41\times1+42\times2\end{array}}{2+2+1+4+3+2+1+4+5+3+1+2}$$

$= \frac{1009}{30} = 33.633$ डिग्री।

3. **(D):** किसी विशेष वर्ग में प्रेक्षणों की संख्या उसकी आवृत्ति कहलाती है।

4. **(C):** प्रेक्षणों की संख्या (n) = 10

माध्यिका = $\frac{1}{2}$ (5वाँ प्रेक्षण + 6वाँ प्रेक्षण)

$= \frac{1}{2} \times (50 + 61) = \frac{111}{2} = 55.5$.

5. **(C):** प्रेक्षण 14 सर्वाधिक (4) बार आया है अतः बहुलक = 14

6. **(D):**

7. **(C):** ग्राफ के अनुसार, क्रिकेट पर खर्च सर्वाधिक है अतः क्रिकेट सर्वाधिक जनप्रिय खेल है।

8. **(B):** ग्राफ के अनुसार, हॉकी और फुटबॉल पर बराबर राशि खर्च किया जाता है।

9. **(B):** फुटबॉल पर खर्च = कुल खर्च का 15%

हॉकी पर खर्च = 15%

अतः दोनों खेलों पर खर्चों का अनुपात = 1 : 1.

10. **(B):** वर्ष 2002 एवं 2004 में कुल उत्पादन

= 20 हजार टन + 15 हजार टन = 35 हजार टन

यह कुल उत्पादन वर्ष 2001 में हुए उत्पादन के बराबर है।

11. **(C):** वर्ष 2001 एवं 2005 में हुए उत्पादन में अन्तर

= 35 हजार टन – 30 हजार टन = 5 हजार टन।

12. **(D):** अनाज के उत्पादन में प्रतिशत वृद्धि

$= \frac{30-15}{15} \times 100 = 100\%$.

13. **(A):** टैली चिह्नों का उपयोग आगे के विश्लेषण से पहले कच्चे डेटा को सरल गिनती के रूप में व्यवस्थित करने के लिए किया जाता है। डेटा को व्यवस्थित करने के बाद माध्य और माध्यिका का उपयोग किया जाता है।

14. **(B):** किसी वर्ग अंतराल की ऊपरी सीमा और निचली सीमा के बीच के अंतर को वर्ग-आमाप कहा जाता है।

15. **(B):** लड़कियों की औसत ऊँचाई

$= \frac{143+148+135+150+128+139+149+146+151+132}{10}$

$= \frac{1421}{10} = 142.1$ सेमी.।

16. **(D):** परास केन्द्रीय प्रवृत्ति का माप नहीं है।

17. **(C):** आँकड़े का परास = अधिकतम – न्यूनतम

= 42 – 15 = 27.

18. **(C):** बढ़ते क्रम में या घटते क्रम में रखे गए आँकड़ों के दोनों छोरों से चरम प्रेक्षण हटाने पर सिर्फ माध्य एवं बहुलक प्रभावित होते हैं जबकि माध्यक प्रभावित नहीं होता है।

अतः सही विकल्प (C) है।

19. **(A):** किसी आयतचित्र में आयत की ऊँचाई उस वर्ग की बारम्बरता को दर्शाती है।

20. **(C):** पाई-आलेख में संगत कोण = $\frac{52}{240} \times 360° = 78°$.

21. **(C):** किसी बंटन का बहुलक ज्ञात करने के लिए आयतचित्र (Histogram) का उपयोग किया जा सकता है।

22. **(C):** आँकड़ों के प्रबंधन में आलेखों का उपयोग महत्वपूर्ण होता है क्योंकि वे जटिल आँकड़ों को आसानी से समझने योग्य रूप में प्रस्तुत करते हैं। जब आँकड़ों में प्रवृत्ति (trend) या तुलना (comparison) दिखानी हो, तो ग्राफ और पाई चार्ट एक प्रभावी तरीका होते हैं। उदाहरण के लिए, रेखा-आलेख किसी घटना के समय के साथ परिवर्तन को दर्शाने में सहायक होता है, जबकि दंड-आलेख विभिन्न श्रेणियों के बीच तुलना करने में मदद करता है।

23. **(A):** प्राथमिक स्तर पर 'डेटा हैंडलिंग' की शुरूआत उन गतिविधियों के माध्यम से सबसे उचित रूप से की जाती है जो युवा शिक्षार्थियों के लिए प्रासंगिक और आकर्षक हैं। कक्षा के माहौल में सरल आँकड़े एकत्रित करना, जैसे कि छात्रों की ऊँचाई, पसंदीदा भोजन, रंग, कार्टून आदि और फिर इस डेटा से संबंधित प्रश्न पूछना, अवधारणा को उनके रोजमर्रा के अनुभवों के लिए मूर्त और प्रासंगिक बनाता है। यह दृष्टिकोण छात्रों को डेटा के संग्रह, विश्लेषण और चर्चा में सक्रिय रूप से भाग लेने की अनुमति देता है, जिससे सार्थक संदर्भ में बुनियादी डेटा प्रबंधन अवधारणाओं की उनकी समझ को बढ़ावा मिलता है।

24. **(C):**

25. **(B):** संख्याओं को आरोही क्रम में व्यवस्थित करने पर,

1, 1, 8, 13, 15, 15, 20, 23

यहाँ, $n = 8$ (सम संख्या)

$\therefore$ माध्यिका $= \frac{1}{2}\left[\frac{n}{2}\text{वाँ पद} + \left(\frac{n}{2}+1\right)\text{वाँ पद}\right]$

$= \frac{1}{2}\left[\text{चौथा पद} + \text{पांचवाँ पद}\right]$

$= \frac{1}{2}[13+15] = \frac{1}{2}[28] = 14$

एवं माध्य $= \frac{1+1+8+13+15+15+20+23}{8} = 12$

अतः माध्यिका माध्य से अधिक है।

$\Rightarrow$ माध्यिका (14) > माध्य (12).

SECTION-B

शिक्षाशास्त्रीय मुद्दे (PEDAGOGICAL ISSUES)

1 गणित की प्रकृति

गणित क्या है?

गणित मापन एवं गणनाओं का विज्ञान है। यह तार्किक समझ युक्त, क्रमबद्ध, व्यवस्थित एवं विज्ञान की यथार्थ शाखा है।

गणित की विशालता के कारण इसकी कोई सार्वभौमिक परिभाषा नहीं दी जा सकती। बहुत से गणितज्ञों ने अपने तरीकों से गणित को परिभाषित किया है। किन्तु, वे गणित के सभी पहलुओं को छू भी नहीं पाये हैं।

जैसे:–

"गणित मापन, मात्रा और विस्तार का विज्ञान है।"

–ऑक्सफोर्ड शब्दकोश

"गणित को एक ऐसे विषय के रूप में परिभाषित किया जा सकता है जिसमें हम कभी नहीं जानते कि हम किस विषय पर बात कर रहे हैं और न यह जानते हैं कि वह सत्य है भी या नहीं।"–बर्ट्रेण्ड रसेल

"गणित एक भाषा है जिसमें ईश्वर ने ब्रह्माण्ड की रचना की है।" –गैलेलियो

"गणित गूढ़ तत्वों से बने गूढ़ तंत्र का अध्ययन है। ये तत्व मूर्त्त रूप में वर्णित नहीं है।"

–मार्शल एच. स्टोन

"गणित बच्चों के मस्तिष्क में तार्किक आदत को व्यवस्थित करने का तरीका है। –लॉक

"गणित एक विज्ञान है जो आवश्यक निष्कर्षों को प्राप्त करती है।" –बेंजामिन पियर्स

"गणित के नियम जितना ज्यादा वास्तविकता से सम्बन्ध रखते हैं उतना ही निश्चित नहीं होते और जितना ज्यादा निश्चित होते हैं उतना ही वास्तविकता से सम्बन्ध नहीं रखते।"

–अल्बर्ट आइंस्टीन

उपरोक्त परिभाषाओं के अनुसार हम निम्न निष्कर्ष प्राप्त कर सकते हैं–

(*i*) गणित एक ऐसा विज्ञान है जो आवश्यक निष्कर्षों को प्राप्त कर सकता है।

(*ii*) यह क्रमबद्ध, व्यवस्थित और विज्ञान की यथार्थ शाखा है।

(*iii*) यह तार्किक आदतों को मस्तिष्क में व्यवस्थित करता है।

(*iv*) यह तार्किक समझ का विज्ञान है।

(*v*) यह संख्या और गणना का भी विज्ञान है।

(*vi*) गणित अंतरिक्ष, मापन, विस्तार व मात्रा का विज्ञान है।

(*vii*) यह मात्रात्मक तथ्यों एवं उसके बीच के सम्बन्धों का अध्ययन करता है।

(*viii*) गणित एक अमूर्त (गूढ़), प्रयोगात्मक और आगमनात्मक विज्ञान है।

गणित का महत्त्व

आधुनिक समाज में गणितीय सोच कार्यस्थल, व्यवसाय और वाणिज्य एवं व्यक्तिगत निर्णय लेने में तथा मानसिक अवस्था के रूप में एक सार्थक पहलू है। राष्ट्र की समृद्धि के लिए गणित अति आवश्यक है। यह विज्ञान, प्रौद्योगिकी, तकनीकी एवं अन्य सम्बन्धित विषयों के लिए साधन प्रदान करता है। यह सार्वजनिक निर्णय लेने एवं ज्ञानार्जन की जटिलता में बहुत महत्त्वपूर्ण साधन है। गणित छात्रों को संसार का वर्णन करने, विश्लेषण करने एवं परिवर्तित करने हेतु सशक्त तरीका प्रदान करता है। इसके पास खुशी व आश्चर्य के क्षणों की रचना करने की शक्ति है। जब छात्र किसी समस्या का पहली बार समाधान करता है, एक बेहतर समाधान ढूँढ़ता है या किसी छिपे हुए सम्बन्धों का अन्वेषण करता है तब उन्हें ये क्षण प्राप्त होते हैं। यदि कोई छात्र गणित में बहुत अच्छा है और तेज सोच सकने

में सक्षम है तो वह प्रायोगिक व काल्पनिक दोनों तरीकों से स्वतंत्र रूप से सोचने में सक्षम होता है और वह समस्या का कारण जान सकता है, समाधान कर सकता है तथा खतरे का अनुमान लगा सकता है। सच्चाई यह है कि शिक्षा हमेशा गणित से ही शुरू होनी चाहिए क्योंकि यह अच्छे मस्तिष्क की रचना करता है जो सही समझ के योग्य होता है। यह भी सिद्ध किया जा चुका है कि जिसने बचपन से ही गणित पढ़ा है उसने ठोस आधार प्राप्त कर लिया है।

गणित केवल एक विषय नहीं है जो छात्रों को उच्च शैक्षणिक योग्यता या भविष्य में काम पाने के लिए तैयार करता है। यह केवल बीजगणित, सांख्यिकी और प्रतीक गणित की गणना अभ्यास के लिए भी नहीं है। यह कार्य तो कम्प्यूटर भी करने में सक्षम है। बल्कि यह मानव मस्तिष्क को समस्याओं, सिद्धान्तों और समाधान के तरीकों को सूत्रबद्ध करने को बाध्य करता है। यह बच्चों को उन सामान्य से लेकर अत्यधिक जटिल चुनौतियों का सामना करने के लिए तैयार करता है, जिन चुनौतियों का प्रत्येक व्यक्ति दैनिक जीवन में सामना करता है। जीवन में अपने महत्त्व का ख्याल किए बिना यदि आपकी दक्षता प्रारंभिक है फिर भी आप गणित का अनुप्रयोग करते हैं अर्थात् कर सकते हैं। इन दैनिक क्रियाकलापों में सांसारिक वस्तुओं के साथ ही आप फोन नम्बर याद करते हैं, सब्जी खरीदने में, खाना पकाने में, बजट सन्तुलित करने में, बिल भुगतान करने में, गैस के खपत का अनुमान लगाने में, दूरी मापने में एवं अपने समय प्रबंधन में भी आप गणित का इस्तेमाल करते हैं।

विविध प्रकार के कारखाने जो आपके आस-पास अस्तित्व में हैं के साथ ही व्यवसाय व अर्थशास्त्र के क्षेत्र में भी प्रारंभिक से लेकर जटिल गणितीय सक्रियाएँ निर्णायक होती हैं।

संसार में कहीं भी, विभिन्न क्षेत्रों जैसे आयुर्विज्ञान, प्रौद्योगिकी, प्राकृतिक विज्ञान, सामाजिक विज्ञान, शारीरिक विज्ञान, तकनीकी शास्त्र, व्यवसाय व वाणिज्य इत्यादि में गणित मूल उपकरण की तरह व्यवहृत होता है। अध्ययन और कार्य के प्रत्येक क्षेत्र में गणितीय ज्ञान का उपयोग नए विषय की खोज व उन्नति का सृजन करता है। संसार के सभी अभिनव परिवर्तन और तकनीकी के सभी उत्पाद जिनसे मनुष्य आनन्द प्राप्त करते हैं, ये सभी विज्ञान और गणित के सह उत्पाद हैं। कम्प्यूटर, स्वचालित मशीनें, वायुयान, पारिवारिक एवं व्यक्तिगत सामान जैसे आराम और सुविधा की वस्तुएँ जिनका आज लोग उपयोग करते हैं कभी संभव नहीं होता यदि इनमें तकनीकी साधनों का उपयोग न होता।

विभिन्न प्रकार के भविष्य निर्माण में गणित के विभिन्न विभागों का अलग-अलग उपयोग है। प्रतिरूप विश्लेषण, तार्किक सोच, समस्या समाधान व सम्बन्ध निर्णय जैसे गणित के अभ्यास से प्राप्त दक्षता आपको अपना भविष्य चुनने में मदद करता है। यह संसार में कहीं भी पसंदीदा और उच्च वेतन वाले कार्य को प्राप्त करने योग्य बनाता है। चाहे आपने गणित से संबंधित विषय-वस्तु नहीं भी लिया है किन्तु यदि आपके पास मजबूत गणितीय पृष्ठभूमि है तो अन्य उम्मीदवार के अपेक्षा नौकरी पाने की प्रतियोगिता में ज्यादा कुशल होंगे। चूँकि गणित मानव जीवन के सभी पहलुओं को समाहित करता है, यह शिक्षा के क्षेत्र में निस्संदेह महत्त्वपूर्ण है। यह न केवल छात्रों को बल्कि सभी लोगों को जिन्दगी के हरेक कदम पर मदद करता है। गणित दैनिक कार्यों के दक्षतापूर्वक सम्पादन में एवं उसे उत्पादक बनाने मे महत्त्वपूर्ण भूमिका निभाता है।

गणित की प्रकृति

छात्रों को उन विषयों का लक्ष्य एवं उद्देश्य अवश्य समझना चाहिए जो पाठ्यक्रम में शामिल है। क्योंकि यह विषय की प्रकृति को निर्धारित करता है। गणित का पाठ्यक्रम में अन्य विषयों की तुलना में अटूट और मजबूत स्थान है। यह अन्य विषयों जो विद्यालय के पाठ्यक्रम में पढ़ाए जाते हैं, के अपेक्षा ज्यादा स्थाई व महत्त्वपूर्ण है। यह वे पहलू है जो किसी विषय की संरचना, सत्यता, संभावना और विश्वसनीयता को निर्धारित करती है।

गणित तर्क और रचनात्मकता दोनों पर निर्भर है। यह विविध प्रकार के व्यावहारिक उद्देश्यों एवं इसके मूलभूत अभिरूचि की खोज में लगा रहता है। न केवल पेशेवर गणितज्ञों बल्कि आम लोगों के सौंदर्य एवं बौद्धिक चुनौतियों में गणित विद्यमान होता है। अभियंताओं वैज्ञानिकों के साथ अन्य लोगों के कार्यों में भी गणित के प्रमुख मूल्य व्यवहृत होते हैं क्योंकि गणित नई संस्कृति में कुछ ऐसी भूमिका का निर्वाह करता है कि वैज्ञानिक चेतना के लिए इसके (गणित के) प्रकृति की मौलिक समझ की आवश्यकता होती है। इसे प्राप्त करने के लिए छात्रों को गणित को एक वैज्ञानिक उद्यम के एक हिस्से के रूप में समझना, गणितीय सोच की प्रकृति को समझना तथा गणितीय विचार व दक्षताओं से वाकिफ होना होता है।

गणित प्रतिरूपों और सम्बन्धों का विज्ञान है। सैद्धान्तिक नियमों की तरह गणित अमूर्तों के बीच सम्बन्धों की खोज करता है। यह इस बात को महत्त्व नहीं देता कि इन अमूर्त चीजों का वास्तविक जीवन में दूसरा भी पक्ष है या नहीं। ये अमूर्त चीजें संख्याओं के कतार से लेकर भौगोलिक परिदृश्य या फिर समीकरणों के समूह में से कुछ भी हो सकती है। जब हम यह कहते हैं कि क्या अभाज्य संख्याओं का अन्तराल एक प्रतिरूप का निर्माण करते हैं?'' सैद्धान्तिक प्रश्नों की तरह गणित केवल प्रतिरूपों को खोजने या यह बताने में कि ऐसा नहीं है, तक दिलचस्पी रखता है। वह यह नहीं बताता कि इस प्रकार के ज्ञान का क्या उपयोग हो सकता है। उदाहरणस्वरूप यह किसी नियमित ठोस के सतह के क्षेत्रफल में परिवर्तन जिससे उसका आयतन शून्य हो जाता है, के लिए एक व्यंजन प्राप्त कर सकता है। किन्तु वास्तविक जीवन में किसी भौतिक वस्तु या भौगोलिक वस्तु में ऐसा हो सकता है कि नहीं इस बात में इसे कोई दिलचस्पी नहीं है।

सैद्धान्तिक गणित के खोज का मुख्य विषय अध्ययन के प्रत्येक क्षेत्र में मौलिक विचारों एवं नियमों के एक छोटे समूह की पहचान करना है जिससे उस क्षेत्र के अन्य सभी दिलचस्प विचारों एवं नियमों का तार्किक परिणाम निकाला जा सके। अन्य वैज्ञानिकों की तरह गणितज्ञ भी विशेषतः तब खुश होते हैं जब गणित के पूर्ववर्ती असम्बद्ध हिस्से एक दूसरे से उत्पन्न होने योग्य या कुछ और सामान्य नियमों से सम्बद्ध पाया जाता है। मजे की बात यह है कि बहुत से लोग यह महसूस कर चुके हैं कि

गणित सर्वाधिक विस्तार या जटिलता पाने में नहीं बल्कि सर्वाधिक किफायत, अभिव्यक्ति की सादगी एवं प्रमाणों में निहित है। जैसे-जैसे गणित का विकास हुआ है इसके विभागों के बीच क्रमशः ज्यादा सम्बन्ध पाया गया है। उदाहरणस्वरूप, बीजगणित की सांकेतिक निरूपण एवं ज्यामिति की स्थानिक निरूपण। ये परस्पर सम्बन्ध विभिन्न विभागों में विकसित होने के लिए अन्तर्दृष्टि प्रदान करते हैं। साथ ही, वे संपूर्ण संरचना की निहित एकता और उपयुक्तता में विश्वास को मजबूत करते हैं।

गणित एक व्यावहारिक विज्ञान भी है। बहुत से गणितज्ञ अपना ध्यान समस्याओं के समाधान पर केन्द्रित करते हैं जो अनुभवों की दुनिया में उत्पन्न होता है। वे भी प्रतिरूपों और सम्बन्धों की खोज करते हैं और इस क्रम में वे तकनीकी का प्रयोग करते हैं।

यह उन तकनीकी के समान होता है जो शुद्धतः सैद्धान्तिक गणित में प्रयुक्त होता है। इसमें एक बड़ा अन्तर उद्देश्यों का है। सैद्धान्तिक गणित एवं प्रायोगिक गणित के परिणाम एक-दूसरे को प्रभावित करते हैं। सैद्धान्तिक गणितज्ञों की खोजें अभूतपूर्व प्रायोगिक मूल्य प्राप्त करने के लिए बार-बार उपस्थित होते हैं—कभी-कभी दशकों बाद। यादृच्छिक घटनाओं के गणितीय गुणों का अध्ययन उदाहरणस्वरूप, सामाजिक एवं प्राकृतिक विज्ञान में प्रयोग के स्वरूप को सुधारने में जो बाद में ज्ञान के परिणामस्वरूप संभव बना। विलोमतः लम्बी दूरी वाले टेलीफोन उपभोक्ता की साफ-सुथरी बिल बनाने की समस्या को हल करने की कोशिश में गणितज्ञों ने जटिल नेटवर्क की गणना के लिए मौलिक खोज की है। सैद्धान्तिक गणित दूसरे विज्ञान की तरह वास्तविक दुनिया से बँधा नहीं है। लेकिन दीर्घावधि में यह उस दुनिया की बेहतर समझ पैदा करता है।

अपनी अमूर्तता के कारण गणित इस अर्थ में सार्वभौमिक है कि मानवीय सोच के अन्य क्षेत्र सार्वभौमिक नहीं है। यह व्यापार, उद्योग, संगीत, ऐतिहासिक विद्वता, राजनीति, खेल, आयुर्विज्ञान, कृषि, प्रौद्योगिकी सामाजिक तथा प्राकृतिक विज्ञान में उपयोगी अनुप्रयोगों की खोज करता है। गणित एवं अन्य मौलिक व प्रायोगिक विज्ञान के क्षेत्र के बीच का संबंध विशेषतः मजबूत है। यह अन्य कई कारणों के अलावा निम्न कारणों से है—

- विज्ञान और गणित के बीच संबंधों का पिछले कई शताब्दियों का लम्बा इतिहास है। विज्ञान गणित के माध्यम से दिलचस्प समस्याएँ खोजने को देती है और गणित विज्ञान के साथ आँकड़ों के विश्लेषण के लिए शक्तिशाली साधन प्रदान करता है। अमूर्त प्रतिरूप जिसका प्रायः वैज्ञानिकों द्वारा अपने शर्तों पर अध्ययन किया गया या विज्ञान में उपयोगी होने के लिए बाद में उपस्थित हुआ है। विज्ञान और गणित दोनों सामान्य प्रतिरूपों व सम्बन्धों को खोजने की कोशिश कर रहे हैं और इस अर्थ में वे एक ही उद्यम के हिस्से हैं।
- गणित विज्ञान की मुख्य भाषा है। गणित की सांकेतिक भाषा वैज्ञानिक विचारों की स्पष्ट अभिव्यक्ति के लिए नितांत महत्त्वपूर्ण है। यह कथन कि $a = F/m$ केवल यह कहने का कि किसी वस्तु का त्वरण इसके द्रव्यमान पर लगाए गए बल पर निर्भर करता है, का संक्षिप्त तरीका मात्र नहीं है। बल्कि यह उन चरों के मध्य गणितीय सम्बन्धों का संक्षिप्त कथन है। उससे भी महत्त्वपूर्ण है कि गणित, विज्ञान को व्याकरण तथा वैज्ञानिक विचारों व आँकड़ों का परिशुद्धता के साथ विश्लेषण करने के लिए नियम प्रदान करता है।
- गणित और विज्ञान के बहुत से गुण समान हैं। जिसमें समझ योग्य क्रम में विश्वास, परिकल्पना और परिशुद्धता, तर्क में पारस्परिक प्रभाव, उन्मुक्तता और ईमानदारी का विचार, समकक्ष की समीक्षा का आलोचनात्मक महत्त्व, कार्यक्षेत्र में अन्तर्राष्ट्रीय होना, शक्तिशाली कम्प्यूटर के विकास में सहयोगी, अनुसंधान के नए क्षेत्र को खोलने में तकनीकी का प्रयोग के योग्य होना।
- गणित और तकनीकी ने एक-दूसरे के साथ मिलकर उपयोगी संबंधों का विकास किया है। कम्प्यूटर हार्डवेयर और प्रोग्रामिंग तकनीक के विकास में संयोजनों के गणित और तार्किक शृंखला में महान योगदान किया है। इंजीनियरिंग में भी गणित ज्यादा उदारतापूर्वक योगदान करता है जैसे कि जटिल पद्धति के वर्णन में। इसी व्यवहार का नकल बाद में कम्प्यूटर द्वारा किया गया। इन अनुरूपणों में आदर्श अभिकल्पना प्राप्त करने हेतु साधन के रूप में अभिकल्पना के लक्षण और संचालन की शर्तें विभिन्न हो सकती है। इसके विभाग के लिए कम्प्यूटर तकनीकी ने गणित में पूरी तरह एक नया क्षेत्र खोल दिया है।

यह आवश्यक नहीं है कि सभी विषयों की समान प्रकृति हो। तुलनात्मक रूप से गणित की एक अनोखी प्रकृति है। इस प्रकार इस आधार पर हम प्रायः इसे अन्य विषयों से तुलना करते हैं। बेशक दो या दो से अधिक विषयों के तुलना का आधार उनकी प्रकृति है। निम्नलिखित लक्षणों/गुणों के आधार पर गणित की प्रकृति को समझना आसान हो सकता है:—

(*i*) गणित तर्क और रचनाशीलता पर निर्भर करता है।

(*ii*) यह विभिन्न प्रकार के व्यावहारिक उद्देश्यों और इसके आंतरिक दिलचस्पी के खोज में लगा रहता है।

(*iii*) गणित आधुनिक संस्कृति में मुख्य भूमिका निभाता है।

(*iv*) यह प्रतिरूपों और सम्बन्धों का विज्ञान है।

(*v*) गणित अमूर्तों (रहस्यों) के बीच एक सैद्धान्तिक विषय के रूप में सम्बन्धों की खोज करता है।

(*vi*) यह एक अनुप्रयुक्त विज्ञान (applied science) है।

(*vii*) गणित इस अर्थ में सार्वभौमिक है कि मानवीय सोच का दूसरा क्षेत्र ऐसा नहीं है।

(*viii*) यह व्यापार, उद्योग, संगीत, ऐतिहासिक विद्वता, राजनीति, खेल, आयुर्विज्ञान, कृषि, प्रौद्योगिकी एवं सामाजिक और प्राकृतिक विज्ञान एवं मानव जीवन के अन्य क्षेत्रों में उपयोगी अनुप्रयोगों की खोज करता है।

(*ix*) सैद्धान्तिक और प्रायोगिक गणित के परिणाम एक-दूसरे को प्रभावित करते हैं।

(*x*) गणित और मौलिक तथा प्रायोगिक विज्ञान के अन्य क्षेत्रों के बीच का सम्बन्ध विशेषतः मजबूत होता है।

(*xi*) गणित विज्ञान की मुख्य भाषा है।

(*xii*) गणित और विज्ञान के गुण/लक्षण समान हैं।

(*xiii*) यह अमूर्त संकल्पनाओं को निश्चित रूप देने में शामिल होता है।

(*xiv*) यह दिए गए आँकड़े और सूचनाओं के आधार पर संख्यात्मक अनुमान निकालता है।

(*xv*) गणित सिद्धान्त, नियम व सूत्र सार्वभौमिक होते हैं।

(*xvi*) इसकी अपनी भाषा होती है जो सुपरिभाषित, उपयोगी और स्पष्ट होती है। इस भाषा में गणितीय पद, संकल्पनाएँ, सूत्र, सिद्धान्त, नियम व संकेत होते हैं।

(*xvii*) यह आत्मविश्वास व आत्मनिर्भरता की आदतों का विकास करता है।

(*xviii*) यह संदेहरहित एवं त्रुटिरहित सिद्धान्त, नियम व संकल्पनाएँ आदि प्रदान करता है।

(*xix*) यह समालोचना की समझ और वैज्ञानिक मनोवृत्ति के विकास में मदद करता है।

(*xx*) यह वैज्ञानिक विधियों का प्रशिक्षण देता है।

(*xxi*) यह ज्ञानेन्द्रियों पर आधारित सटीक एवं विश्वसनीय ज्ञान प्रदान करता है।

अब हम गणित की प्रकृति को समझ सकते हैं और निष्कर्ष प्राप्त कर सकते हैं कि वास्तव में गणित की संरचना ही इसकी प्रकृति का आधार है। यह अन्य विषयों के अपेक्षा मजबूत है। रोजर बेकन ने भी कहा है कि गणित सभी विज्ञानों का मुख्य रास्ता और चाबी है।

तार्किक चिंतन

तार्किक चिन्तन एक प्रक्रिया है जिसमें किसी निष्कर्ष पर पहुंचने के लिए एक व्यक्ति अनुकूल तार्किक शक्ति का प्रयोग करता है। समस्याएँ या परिस्थितियाँ जो तार्किक सोच को जटिल बनाता है, संरचनाओं, तथ्यों के बीच सम्बन्धों, और तार्किक शक्ति की शृंखला जो समझ विकसित करता है, के लिए आवश्यक है।

डा. कार्ल अल्ब्रेट के अनुसार, शृंखलाबद्ध सोच सभी तार्किक चिन्तन का आधार है। यह प्रक्रिया महत्त्वपूर्ण विचारों तथ्यों एवं ऐसे निष्कर्षों को शामिल करती है जो स्वयं को शृंखलाबद्ध श्रेणी में व्यवस्थित करते हुए समस्या में शामिल है और एक अर्थ ग्रहण करता है। विभिन्न चरणों में सोचना ही तार्किक रूप से सोचना है।

यह सिद्ध किया जा चुका है कि तार्किक सोच-प्रक्रिया में विशेष लोगों को अपेक्षाकृत ज्यादा चतुर या हाजिर-जवाब बना सकता है।

तार्किक सोच बच्चे को त्वरित उत्तर जैसे कि 'मैं नहीं जानता' या 'यह बहुत मुश्किल है।' को नकारने की प्रवृत्ति देता है। इसके लिए यह प्रश्नों की गहन खोज करने, सोच की प्रक्रिया और विधि को बेहतर समझने और समाधान तक पहुँचने की शक्ति प्रदान करता है।

तार्किक सोच गणित की एक महत्त्वपूर्ण मौलिक कौशल भी है। गणित सीखना एक उच्चस्तरीय शृंखलाबद्ध प्रक्रिया है। यदि आप किसी संकल्पना, तथ्य या प्रक्रिया को नहीं समझते, तो आप इस पर आधारित बाद में आने वाली चीजों को समझने की उम्मीद नहीं कर सकते। उदाहरणस्वरूप : भिन्न को समझने के लिए आपको पहले भाग समझना होगा। बीज गणित में सामान्य समीकरण को समझने के लिए यह आवश्यक है कि आप पहले भिन्न को समझें। शाब्दिक समस्या का समाधान इस बात पर निर्भर करता है कि समीकरण को कैसे संगठित किया जाता है और कैसे उससे काम निकाला जा सकता है, आदि।

तार्किक सोच कोई जादुई प्रक्रिया या आनुवंशिक प्रतिभा की बात नहीं है यह एक पांडित्यपूर्ण मानसिक प्रक्रिया है।

गणित के विभिन्न उद्देश्यों में एक यह भी है कि बच्चे को तार्किक रूप से सोचने को सिखाया जाये। तार्किक सोच को अभ्यास का सावधानीपूर्वक श्रेणीकरण किया जाता है। उदाहरणस्वरूप, तार्किक सोच अभ्यास के पहले उदाहरण में एक बच्चे को रंगीन खण्ड की शृंखला को उनके सामने बायें से दायें व्यवस्थित करने को कहा जा सकता है।

तब कोई बच्चे से पूछे – "यदि तुम्हें ऊपर की शृंखला के अनुसार एक और खण्ड जोड़ने को कहा जाये तो कौन-सा रंग चुनोगे?" बेशक, उत्तर गहरा काला होगा।

बच्चों की सोच को समझना

गणितीय शिक्षाशास्त्र के सुधार की मौलिक विशेषता है कि शिक्षक प्रत्येक बच्चों के गणितीय सोच को समझ कर उत्साहित होते हैं और इस ज्ञान का उपयोग वे अपने शैक्षणिक योजना में करते हैं। पच्चीस वर्ष पूर्व के प्रतीकात्मक शिक्षाशास्त्र की तुलना में आज शिक्षक द्वारा किया गया व्याख्या/निरूपण कम महत्त्वपूर्ण है। जबकि छात्रों की सोच का पता लगाने के लिए प्रश्न पूछना ज्यादा महत्वपूर्ण है। इस अवधि का एक प्रभाव यह है बच्चे अपने सोच की विवेचना में क्या कहते हैं इसका अर्थ लगाना शिक्षक के लिए बोझ बन जाता है। अर्थ लगाने में न केवल संबंधित सोच की जो विवरण का आधार हो सकता है, के समझ की जरूरत होती है बल्कि छात्रों के गणितीय समझ के विकास को समझना पड़ता है कि छात्रों ने किस दिशा में कितनी तेजी से समझ विकसित की है। प्रत्येक छात्रों के गणितीय विकास को समझना शिक्षक के ध्यान का आलोचनात्मक केन्द्र होता है।

प्रश्न पूछना

शिक्षक विभिन्न तरीकों से छात्रों के सोच के बारे में जानकारी प्राप्त कर सकते हैं। उदाहरणस्वरूप, प्रश्न पूछना, निरीक्षण, छात्रों के लेखक का

विश्लेषण, जाँच एवं परियोजना कार्य। संभवतः इनमें से सबसे ज्यादा महत्वपूर्ण, प्रश्न पूछना है। क्योंकि यह सभी तकनीकों में सबसे ज्यादा प्रतिक्रियात्मक है। प्रश्नों की एक शृंखला द्वारा एक शिक्षक, एक या एक से अधिक लक्ष्यों को पूरा कर सकता है। पहला, सावधानीपूर्वक शृंखलाबद्ध किए गए प्रश्न छात्रों को सही उत्तर देने में मार्गदर्शन करता है। सचमुच बहुत से शिक्षक आसानी से सबकुछ पूछ लेने में बड़े कुशल होते हैं। यद्यपि इसका दूसरा पक्ष यह कि छात्रों के लिए यह स्पष्ट नहीं हो सकता है कि वे प्रश्न क्यों पूछे गए हैं या अन्तिम सही उत्तर का आशय क्या है?

दूसरा, प्रश्न छात्रों को प्रक्रिया में, एक उत्तर को खुद से सुधारने में मदद कर सकता है। जब कभी गणना, प्रक्रिया या प्रक्रिया के चुनाव आदि में चूक हो रहा होता है जो शिक्षक हमेशा जानता है। छात्रों के कार्य के बारे में प्रश्न पूछना उस कार्य के पुनर्विश्लेषण के क्रम में छात्रों की गतिविधि में कमी का प्रभाव हो सकता है। यह पुनर्विचार छात्रों को गलतियों के देखने और सुधारने के लिए पर्याप्त होता है।

तीसरा, प्रश्न छात्रों के सोच को प्रकट करने में मदद कर सकता है, ताकि शिक्षक इसे समझ सके। कभी-कभी शिक्षक वास्तव में शीघ्र ही यह नहीं देख पाता कि एक छात्र कैसे सोच रहा है या प्रतिक्रिया देने में किस विधि का प्रयोग कर रहा है। उस परिस्थिति में प्रश्न छात्रों के सोच को प्रकट करने में मदद करता है ताकि शिक्षक यह तय कर सके कि सोची गयी प्रक्रिया स्वीकार्य है या नहीं। यह इस तरह के प्रश्न पूछने की प्रक्रिया है कि शिक्षकों के लिए छात्रों की सोच को जानने की कला सीखने में शायद सर्वाधिक उपयोगी है। किन्तु प्रक्रिया के बारे में शिक्षक सबसे कम जानते हैं। यह प्रश्न पूछने की ऐसी भी प्रक्रिया है जिसमें शिक्षक को सबसे ज्यादा मदद की जरूरत होती है कि इसे कैसे करना है।

आमने-सामने के संवाद के दौरान प्रश्न पूछने की प्रक्रिया में वास्तविक समयान्तराल रखना होता है। शिक्षक को शीघ्र और बहुत कम अन्तराल पर प्रश्न पूछना होता है। शिक्षकों के पास जितना वह कक्षा में काम करता है स्पष्टतः उससे ज्यादा समय उसे कक्षा से बाहर मिलता है। अतः एक विकल्प के रूप में भले ही शायद उतना प्रभावी न हो किन्तु छात्रों के सोच को समझने की तकनीक छात्रों के लिखावट का विश्लेषण है। छात्र रोजनामचा (journal) में समस्या का समाधान दर्ज कर सकते हैं, विशेष और तत्काल उठाए गए प्रश्नों का उत्तर दे सकते हैं, परियोजना रिपोर्ट तैयार कर सकते हैं या उनके द्वारा सम्पूर्ण समय में किए गए कार्यों को अपने फाइल में दर्ज कर सकते हैं। यह कई तरीकों में, शिक्षक के लिए सबसे आसान तरीका है। खासकर मध्य व उच्च विद्यालय की कक्षाओं में ताकि वह छात्रों को प्रश्न पूछकर अगली चीज याद दिलाएं। संभवतः इन अनुबोधनों (prompts) में सर्वाधिक बार प्रयोग किया गया अनुबोधन है–''अपना कार्य दिखाओ''। इन अनुबोधनों के साथ कठिनाई यह है कि जो इन कार्यों का सृजन करता है उनसे शिक्षक और छात्र प्रायः समान दृष्टिकोण साझा नहीं करते। शिक्षण के हिस्से के रूप में यह महत्वपूर्ण है कि शिक्षक और छात्र इस सहमति पर पहुँचे जिस पर लिखा जाना चाहिए, जिससे कि शिक्षक उस सोच को समझे जो किसी खास समस्या के समाधान के पीछे निहित है।

लेखन की उपयोगिता इस बात से प्रकट होती है कि छात्रों की सोच उसकी भाषा और लिखने की योग्यता से प्रभावित होती है। यह प्राथमिक स्तर में उच्च स्तर के अपेक्षा कम उपयोगी होता है और तब भी कम उपयोगी होता है जब छात्रों से उनके दूसरी भाषा में लिखने की उम्मीद की जाती है। हमें विचार करना चाहिए यद्यपि गणितीय सांकेतिकता (Symbolism) बहुत से छात्रों के लिए दूसरी भाषा ही है। लिखित संवाद के इस स्वरूप पर विशेषज्ञता पाने हेतु शिक्षकों द्वारा शिक्षण में एवं छात्रों द्वारा अधिगम में प्रयास को अवश्य आगे बढ़ाना चाहिए।

बच्चों के सोच को समझने पर केन्द्रित व्यावसायिक विकास

बहुत से व्यावसायिक विकास योजनाएं हैं जिसने शिक्षकों को दक्षता एवं बच्चों की सोच की समझने की प्रक्रिया का ज्ञान पाने में मदद किया है। उनमें से एक जिससे हम सबसे ज्यादा परिचित हैं, ''संज्ञानात्मक रूप से निर्देशित शिक्षण (सीजीआई) Cognitively Guided Instruction (CGI)। सी.जी.आई. गणित शिक्षण का एक अभिगम (approach) है जिसमें निर्देशात्मक निर्णय लेने में बच्चों की सोच का ज्ञान केन्द्र में है। शिक्षक खास छात्रों को खास चीजें सीखने में उसकी मदद के लिए गणितीय सोच के बारे में शोध पर आधारित ज्ञान का प्रयोग करते हैं और तब निर्देशों को समायोजित करने के लिए छात्रों के निष्पादन (Performance) की तुलना करते हैं।

शिक्षक छात्रों के सोच का मूल्यांकन करना सीखते हैं और तब उस ज्ञान का उपयोग शिक्षण योजना में करते हैं। यदि शिक्षक छात्रों को उसके सोच के परिष्करण (Sophistication) के स्तर को बढ़ाने में मदद करने जा रहा हो तो विकास के रूप में अधिगम नाजुक लगता है। शिक्षक को दोनों दृष्टिकोण की जरूरत होती है, जिस स्तर का परिष्करण वह छात्रों को प्राप्त कराना चाहता है और जहां प्रत्येक छात्र उस दृष्टिकोण के साथ है का भाव। इसके अतिरिक्त शिक्षकों को इस विषय में सोचते रहने की जरूरत होती है कि शिक्षण को कैसे संगठित किया जाए ताकि छात्र वांछित लक्ष्य की दिशा में चले।

एक प्रक्रिया के रूप में विचारशील कल्पना महत्वपूर्ण है जिससे शिक्षक अपना शिक्षण बेहतर कर सके। यह छात्रों के लिए भी इस अर्थ में महत्वपूर्ण है कि बच्चों को अपने गणितीय विकास पर चिन्तन करना चाहिए। इस प्रकार, शिक्षकों को अपने कार्यों पर चिन्तन करना चाहिए और छात्रों के अपने सोच पर चिन्तन में मदद करना चाहिए। उदाहरणस्वरूप, अपने सहपाठियों से सुनकर उत्तरों की व्याख्या करना, उत्तरों के प्रस्तुतिकरण को स्पष्ट करने के लिए प्रश्न पूछना सीखना, और उनके उत्तरों का लिखित रिकार्ड रखना जो चिन्तन के लिए आँकड़ों का निर्माण कर सके।

सी.जी.आई. वर्ग कक्ष में संवाद विशेषतः महत्वपूर्ण है किन्तु संवाद होने के लिए सभी संलग्न पक्षों को एक दूसरे को सुनना चाहिए। सी.जी.आई. के कार्यान्वयन के दौरान शिक्षकों को सुनने की विशेष जिम्मेदारी होती है। सी.जी.आई. के पूर्व के कार्यान्वयन के दौरान शिक्षक छात्रों की व्याख्या इस उम्मीद से सुनते हैं कि वे यानि शिक्षक छात्रों की सोच को इस आधार पर सही मान लेते हैं कि जो बच्चे कहते हैं, वे सामान्यतः समझते ही हैं।

इस प्रकार के सुनने को 'निष्क्रिय श्रवण' (passive listening) कहा जा सकता है। इसके विपरीत जो शिक्षक सी.जी.आई. के कार्यान्वयन में विशेष रूप से प्रभावी हैं वे शायद यह समझते हैं कि बच्चों के सोच (चिन्तन) का अर्थ लगाना दोनों की जिम्मेदारी है। शिक्षक एवं बच्चे दोनों की सोच के विषय में साझा ज्ञान पैदा करने में योगदान करना चाहिए। ये शिक्षक प्रायः बच्चों को समाधान की रणनीति के बारे में बातचीत में लगाए रखते हैं ताकि शिक्षक और बच्चे दोनों को समझ में आ जाए कि जो कहा गया है वह वास्तविक सोच को प्रतिबिम्बित करता है। इस प्रकार के सुनने के क्रिया को 'सक्रिय श्रवण' (active thinking) कहा जा सकता है। एक शिक्षक के या तो निष्क्रिय श्रवण या सक्रिय श्रवण कला का विकास छात्रों के व्यक्तिगत अर्थ के विकास को स्वीकारने (होने देने) के अनुकूल है।

सुनने का एक दूसरा फायदा है कि यह शिक्षक और छात्र दोनों उसी समय प्राप्त करता है। जब एक शिक्षक चाहता है कि वह सुने तो वर्ग में सभी बच्चों को सोचने और अर्थ के विकास का समय होता है। जब सुनना प्रश्न करने के साथ जुड़ा होता है वांछित समय और बढ़ जाता है, चूँकि छात्रों को उन प्रश्नों के उत्तर देने के लिए समय की जरूरत होती है। शिक्षक के पास किसी प्रश्नों के हल के किसी खास पहलू पर छात्रों का ध्यान केन्द्रित करने के लिए प्रश्नों के उपयोग का अवसर होता है ताकि सोच के उन पहलुओं पर उनका विचार ज्यादा भावप्रवण (intense) हो। छात्रों को गणित की अवधारणा की गहरी समझ की अनुभूति होने देने तक धैर्य रखना एक प्रभावशाली शिक्षक के आवश्यक गुण हैं।

आधुनिक पाठ्यक्रम योजना ने भी शिक्षकों को छात्रों की सोच को समझने में मदद करने की कोशिश की है। ये चीजें व्यावसायिक विकास के लिए प्रभावशाली साधन हो सकते हैं। उदाहरणस्वरूप, अनुसंधान की वस्तु में संवाद पेटी (dialogue box) है, जो यह दिखाती है कि कैसे बच्चे किसी खास प्रश्न पर प्रतिक्रिया देते हैं; प्रश्न सूची, जिसे शिक्षक छात्रों की सोच को जाँचने में उपयोग कर सकता है और परामर्श जिसे निरीक्षण के दौरान खोजते हैं। संबंधित गणित परियोजना वस्तु में क्रिया-कलाप के लिए आरम्भ करने/खोज करने/सार प्रस्तुत करने की रणनीति की सलाह दी गई है और लेख में इनमें से प्रत्येक के लिए जो छात्र जानते हैं और कर सकते हैं, के मूल्यांकन के तरीकों के लिए असंख्य सलाह हैं। ये सहायक सामग्री शिक्षकों के लिए तैयार किए जाते हैं। ताकि इसकी मदद से शिक्षक बच्चों की सोच में और गहरी समझ पाने हेतु कक्षा संवाद कर सकेंगे। साथ ही यह उम्मीद की जाती है कि शिक्षक इस जानकारी का उपयोग बेहतर शिक्षण निर्णय में कर सकेंगे। यह वह प्रक्रिया है जिसे कक्षा मूल्यांकन कहा जाता है। बच्चों को सहयोग करने वाले शिक्षकों को कक्षा-मूल्यांकन में उसका लाभ मिलता है। यह एक बेहतर शिक्षण योजना है जो बाद में छात्रों को बेहतर अधिगम की ओर प्रेरित करता है।

बहुत से अनुसंधानों ने छात्रों के सोच में आए परिवर्तन को समझने में मदद की कोशिश की है। इसने छात्रों के सोच में अबाध विकास को रेखांकित किया है जिससे छात्रों के समस्याओं के समाधान की रणनीति उजागर हुई है। जब शिक्षक विकास की प्रक्रिया को समझता है तब वह बच्चों के सोच का अनुमान लगा सकता है और परिष्कृत सोच की विकसित करने में बच्चों को मदद करने हेतु योजनाएँ बना सकता है।

व्यावसायिक विकास की वस्तुएँ एवं कार्यक्रम बच्चों की सोच को समझने में मदद करता है। इसके अलावे छात्रों को जानने का एक स्पष्ट लाभ शिक्षकों को यह मिलता है कि वे खुद को हमेशा अद्यतन महसूस करते हैं और एक सफल शिक्षक बनने हेतु ज्यादा उत्साहित रहते हैं। इस तरह का नवीकरण अपने आप में एक मूल्यवान लक्ष्य है किन्तु बेहतर छात्र अधिगम उससे भी बड़ी उपलब्धि है जो शिक्षकों के शिक्षण के बारे में नित नए उत्साह से आती है।

2 पाठ्यक्रम में गणित का स्थान

पाठ्यक्रम में गणित का महत्व

"विज्ञान व गणित को सामान्य शिक्षा के अन्तर्गत सभी विद्यालयों के लिए पहली कक्षा से लेकर दसवीं कक्षा तक अनिवार्य विषय बना देना चाहिए।"

—कोठारी आयोग (1964-66)

"गणित की प्रगति राष्ट्र की समृद्धि से जुड़ा हुआ है।" —नेपालियन

"गणित सभी शास्त्रों की रानी है जिसका कोई राजा नहीं है।"

—अज्ञात

गणित पाठ्यक्रम में सबसे महत्वपूर्ण विषय है। वास्तव में मातृभाषा को छोड़कर ऐसा कोई विषय नहीं है जो इस हद तक हमारे दैनिक जीवन से जुड़ा हो जितना कि गणित जुड़ा है। आजकल पाठ्यक्रम में इसे महत्वपूर्ण स्थान मिल रहा है, क्योंकि इसका केवल हमारे दैनिक जीवन में उपयोग ही नहीं है बल्कि इसका सामाजिक व सांस्कृतिक महत्व भी है। यह हमारे अंतः अनुशासन को विकसित करने में मदद करता है। गणित का अपना अनुशासनिक मूल्य है और इसे पाठ्यक्रम में जगह पाने के लिए विशेष मूल्यांकन या जाँच की आवश्यकता नहीं है। जब कोई व्यक्ति अपने बच्चे को विद्यालय भेजता है तो वह प्रायः उम्मीद करता/करती है कि बच्चा ज्ञान, कौशल, व्यवहार एवं विचार प्राप्त कर पाएगा। बच्चों के माता-पिता यह उम्मीद करते हैं कि बच्चा बौद्धिक आचरण और विभिन्न प्रकार की शक्तियाँ जैसे—अनुशासन, मूल्य, नैतिकता आदि अर्जित कर लेगा। निस्सन्देह गणित बच्चों को उपरोक्त गुण हासिल करने में मदद करता है। इसके अलावे, गणित को उचित महत्व देने और अनिवार्य विषय बनाने के बहुत फायदे हैं।

पाठ्यक्रम में गणित का स्थान

प्रत्येक व्यक्ति को गणित के कुछ ज्ञान की आवश्यकता होती है लेकिन एक सामान्य जन की दृष्टि में यह अनुभव किया जाता है कि प्राथमिक व मध्य विद्यालय में अर्जित ज्ञान ही पर्याप्त होगा। परिणामस्वरूप विद्यालय के पाठ्यक्रम में गणित के स्थान पर कुछ विवाद है।

कुछ लोगों की दृष्टि में गणित अत्यन्त मुश्किल विषय है अर्थात् इसके अध्ययन के लिए विशेष योग्यता और बुद्धि की जरूरत होती है। यह अनुभव किया जाता है कि हरेक व्यक्ति इसे सफलतापूर्वक सीखने के योग्य नहीं होता। अतः हरेक व्यक्ति पर इसके अध्ययन का बोझ नहीं डाला जाना चाहिए। इसके संदर्भ में यह भी तर्क दिया जाता है कि इस विषय में अनुतीर्ण छात्रों की संख्या ज्यादा व उत्तीर्ण छात्रों की संख्या कम होती है। यह न्यून परिणाम भी इस दृष्टिकोण का समर्थन करता है कि गणित को एक वैकल्पिक विषय बना देना चाहिए।

गणित को उच्च विद्यालय स्तर पर ऐच्छिक विषय बनाने के दृष्टिकोण का औचित्य दिखता है चूँकि गणित तो अनुशासनिक मूल्य और मानसिक अनुशासन के लिए प्रारंभ में ही पढ़ा दिया जाता है अतः मध्य विद्यालय स्तर के बाद गणित पढ़ाने की कोई जरूरत नहीं है। यह भी सत्य है कि गणित विभिन्न विज्ञानों एवं व्यवसायों के लिए अपरिहार्य है किन्तु हरेक व्यक्ति एक इंजीनियर या सांख्यिकी विशेषज्ञ तो नहीं बनने जा रहा है। केवल वही जिसे इस पेशे में जाना है, इसका अध्ययन जारी रख सकता है। औसत बुद्धि वाले छात्रों पर इस विषय के अध्ययन का बोझ डालने की आवश्यकता नहीं है विशेषकर तब जबकि एक औसत नागरिक गणित के बिना किसी विशेष ज्ञान के इसके साधारण ज्ञान से ही सफल जीवन जी सकता है। यदि हम परिस्थिति का विस्तृत दृष्टिकोण लें तो यह निष्कर्ष निकाल सकते हैं कि इसकी आलोचना में विश्वास रखने वाले भ्रम में है। जहाँ तक गणित सीखने में विशेष योग्यता के जरूरत का प्रश्न है तो प्रयोगों से यह स्थापित हो चुका है कि गणित में विशेष योग्यता से ज्यादा सामान्य बुद्धि की जरूरत है।

ज्यादातर पेशे और विशिष्ट पाठ्यक्रम के लिए गणित एक उपयोगी विषय है। यद्यपि विद्यालय में पढ़ने वाला प्रत्येक व्यक्ति एक इंजीनियर या वैज्ञानिक नहीं बनने जा रहा लेकिन एकदम आरंभिक स्तर पर यह भी तय करना मुश्किल है कि कौन इस प्रकार के पेशों से जुड़ने जा रहा है। अतः विद्यालय का यह कर्तव्य है कि वह एक व्यापक दृष्टिकोण प्रदान करे जो छात्रों को भविष्य में कुछ प्राप्त करने योग्य बना सके। उच्च विद्यालय के स्तर पर बच्चे को इस विषय के ज्ञान से वंचित करने का अर्थ है उसके लिए अर्द्ध पेशागत पाठ्यक्रम, प्रारंभिक पाठ्यक्रम एवं पेशों के विकल्प को सीमित करना। गणित की अनभिज्ञता उसके भविष्य की पढ़ाई या कार्य की खोज के राह में बड़ी बाधा होगी।

शिक्षा विशेषज्ञों ने यह अनुभव करना शुरू दिया है कि आज नागरिकों को मध्य विद्यालय स्तर तक की गणित शिक्षा पर्याप्त नहीं है। अनिवार्य गणित शिक्षा को मध्य विद्यालय स्तर से उच्च विद्यालय स्तर तक बढ़ाने की जरूरत है। अनिवार्य गणित शिक्षा के आठ से दस या ग्यारह वर्ष की अवधि के विस्तार के बाद गणित को कई वर्षों तक अनिवार्य विषय बनाए रखना होगा। भारत में उच्च विद्यालय स्तर पर छात्र ज्यादा ही छोटा व अपरिपक्व होता है कि वह खुद से अपना पेशा या कार्यक्षेत्र चुन सके। उनके माता-पिता ज्यादातर अशिक्षित होते हैं और इस अवस्था में नहीं होते कि वे अपने बच्चों के भविष्य की पढ़ाई एवं पेशे के चुनाव में अंतिम निर्णय दे सकें।

गणित को अनिवार्य रखने से दोनों तरह के छात्रों की दिलचस्पी बनी रहेगी। अतः इस प्रकार के विषयों की विषयवस्तु ऐसी होनी चाहिए कि जो छात्र उच्च विद्यालय स्तर के बाद अपनी शिक्षा समाप्त कर सामान्य जिन्दगी जीना चाहते हों उसके लिए भी उपयोगी बनी रहे। इसमें इस तरह का ज्ञान जैसे गणितीय सिद्धान्तों का स्पष्टीकरण और प्रक्रिया आदि भी समाहित रहना चाहिए ताकि जो छात्र बाद में विश्वविद्यालय की शिक्षा पाना चाहते हों वे पाठ्यक्रम स्तर के अचानक ऊपर उठ जाने से खुद को कमजोर महसूस न करें। फिर भी उच्च माध्यमिक स्तर के अंतिम दर्ज में इसके विविधता और विशिष्टता की आवश्यकता के संबंध में दो राय नहीं हो सकता। यहाँ अन्य विषयों की तरह गणित को भी ऐच्छिक या विशिष्ट विषय के रूप में प्रयोग किया जाना चाहिए। आज संसार में अभूतपूर्व परिवर्तन हो रहे हैं जो आज के छात्रों के भविष्य पर भी प्रभाव डालेंगे। संसार जहाँ ये रहते हैं की मांग को देखते हुए छात्रों को इन परिवर्तनों के अनुकूल खुद को ढालना होगा और स्वतंत्र रूप से अध्ययन करना होगा। उन्हें तकनीकी के उपयोग की योग्यता एवं बड़ी मात्रा में सांख्यिकीय सूचनाओं के प्रसरण (processing) की दक्षता की जरूरत होगी।

आज के गणित का पाठ्यक्रम छात्रों को भविष्य में समाज में उसकी भूमिका को ध्यान में रखकर तैयार करना चाहिए। इसे गणित के आवश्यक ज्ञान व दक्षता के साथ-साथ तार्किक योग्यता, समस्या समाधान और संचार से भी सुसज्जित किया जाना चाहिए। इससे भी ज्यादा महत्वपूर्ण यह कि वह योग्यता व प्रोत्साहन के साथ खुद के बल पर अध्ययन जारी रखे। यह पाठ्यक्रम इन लक्ष्यों के प्राप्ति की रूपरेखा प्रदान करती है।

गणितीय ज्ञान का विकास एक क्रमिक प्रक्रिया है। गणित में निहित सिद्धान्तों या बड़े परिणाम को पाने में छात्रों की मदद के लिए एक सुसंगत एवं सतत् कार्यक्रम की आवश्यकता है। यह पाठ्यक्रम इस विश्वास को प्रतिबिम्बित करती है कि जब छात्रों को प्रारंभ में स्वतंत्रतापूर्वक किसी विचार या सिद्धान्त आदि को खोजने का मौका दिया जाता है और तब उसमें निहित अमूर्त (गूढ़) गणित को समझने में मार्गदर्शन किया जाता है तो वह गणित को प्रभावशाली तरीके से सीख पाता है।

माध्यमिक स्तर पर गणित का सन्तुलित कार्यक्रम बीजगणितीय दक्षता में विकास कराता है। पाठ्यक्रम का निर्माण इस तरह से किया जाना चाहिए कि छात्र बीजगणितीय दक्षता से सुसज्जित हो सके साथ ही समस्याओं के अर्थपूर्ण समाधान हेतु गणित के जिन पहलुओं का वे अध्ययन कर रहे हैं उन्हें समझ सकें। साथ ही, अगर वे भविष्य में गणित का अध्ययन जारी रखते हैं तो उसमें सफलता पाते रहें।

गणित का पाठ्यक्रम में स्थान क्यों?

किसी खास विषय को पढ़ाने से पूर्व यह जानना आवश्यक है कि हम इस विषय को क्यों पढ़ाने जा रहे हैं। लक्ष्यहीनता किसी कार्य को नीरस बना देता है और यह समय, ऊर्जा एवं अन्य संसाधनों की बर्बादी है। अतः सर्वप्रथम हमें किसी कार्य का लक्ष्य और उद्देश्य तय करना चाहिए। इस प्रकार, गणित शिक्षण के भी कुछ लक्ष्य और उद्देश्य हैं। क्योंकि गणित की लक्ष्यहीन पढ़ाई भी शिक्षकों व छात्रों के लिए नीरस, समय, ऊर्जा व अन्य संसाधनों की बर्बादी हो जाएगी। गणित शिक्षण के कुछ लक्ष्य निम्नलिखित हैं–

(*i*) बौद्धिक शक्ति व अनुशासन का विकास करना।
(*ii*) बच्चों के दैनिक जीवन में गणित के उपयोग के योग्य बनाना।
(*iii*) छात्रों को सामाजिक व नैतिक मूल्यों को पाने में मदद करना।
(*iv*) अन्य विषयों एवं भविष्य में गणित के अध्ययन में मदद करना।
(*v*) गणित के विभिन्न शाखाओं एवं प्रकरणों के बीच सम्बन्धों को पहचानने के लिए अन्तर्दृष्टि देना।
(*vi*) बच्चों के विभिन्न अभिरुचियों को पूरा करना, उसके सौन्दर्य विषयक योग्यता का विकास करना एवं उसके खाली समय के उपयोग करने की शक्ति का विकास करना।
(*vii*) गणित की समस्याओं एवं नए प्रकरणों पर अधिकार पाने हेतु आत्मविश्वास विकसित करने में छात्रों की मदद करना।
(*viii*) सभ्यता एवं संस्कृति के विकास में गणित के योगदान को समझाना।
(*ix*) भविष्य के पेशा या व्यवसाय के लिए छात्रों को तैयार करना।

सभी शिक्षाविदों यथा-पेस्टालॉजी, दिनाकरन, हर्बर्ट, फिशर आदि ने भी गणित को मानव विकास का आधार मानते हुए पाठ्यक्रम में सर्वाधिक महत्व देने की वकालत की है। गणित को पाठ्यक्रम में क्यों स्थान दिया जाए इसके निम्न आधार हो सकते हैं।

(*i*) गणित का मानव जीवन में घनिष्ठ सम्बन्ध है।
(*ii*) गणित बच्चों में तार्किक दृष्टिकोण पैदा करता है।
(*iii*) गणित एक विशेष प्रकार से सोचने का दृष्टिकोण प्रदान करता है।
(*iv*) गणित मानसिक शक्तियों को विकसित करने का अवसर प्रदान करता है।
(*v*) बच्चों में अनुशासन सम्बन्धी गुण या विशेषता का विकास होता है।
(*vi*) गणित का ज्ञान चरित्र निर्माण एवं नैतिकता के विकास में सहायक है।
(*vii*) गणित की भाषा सार्वभौमिक होती है।
(*viii*) यह विज्ञान विषयों का आधार है।
(*ix*) गणित का ज्ञान अन्य विषयों के अध्ययन में सहायक होता है।
(*x*) प्रत्येक विषय के अध्ययन में गणित के ज्ञान की प्रत्यक्ष तथा अप्रत्यक्ष रूप से आवश्यकता पड़ती है क्योंकि गणित को सभी विज्ञानों का विज्ञान तथा समस्त कलाओं की कला माना जाता है।
(*xi*) गणित के अध्ययन से ही छात्रों में नियमित तथा क्रमबद्ध रूप से ज्ञान ग्रहण करने की आदतों का विकास होता है।
(*xii*) गणित ही एक ऐसा विषय है जिसमें बच्चों को अपनी तर्क-शक्ति, विचार-शक्ति, अनुशासन, आत्म-विश्वास तथा भावनाओं पर नियन्त्रण रखने का प्रशिक्षण मिलता है।
(*xiii*) गणित का ज्ञानार्जन करने के लिए गणित सम्बन्धी ऐसी कोई जन्म-जात विशेष योग्यता एवं कुशलता नहीं होती, जोकि दूसरे विषयों के अध्ययन की योग्यता से अलग हो।
(*xiv*) यदि गणित विषय को पाठ्यक्रम में उचित स्थान न दिया गया तो बच्चों को मानसिक प्रशिक्षण के अवसर नहीं मिल सकेंगे जिसके अभाव में उनका बौद्धिक विकास प्रभावित हो सकता है।

उपरोक्त विवरण के आधारण पर निर्विवाद रूप से यह कहा जा सकता है कि गणित की आवश्यकता मंत्री से लेकर संतरी तक एवं इंजीनियर से लेकर मिस्त्री तक सबको पड़ती है। अतः यदि पाठ्यक्रम के निर्माण में केवल रोजी-रोटी का ही ध्यान रखा जाए तब भी गणित का स्थान पाठ्यक्रम में सबसे ऊपर ही होना चाहिए और इसे कम से कम दसवीं कक्षा तक अनिवार्य विषय अवश्य बनाया जाना चाहिए।

3 गणित की भाषा

भाषा क्या है?

"वाक्यों का एक समुच्चय (सीमित या असीमित), जिसमें प्रत्येक वाक्य की लम्बाई सीमित हो और तत्वों के सीमित समुच्चय से निर्मित हो।"
—नोम चोम्स्की

"एक कूट जिसका हम खुद को व्यक्त करने में एवं दूसरों से संवाद करने में उपयोग करते हैं।"

—स्पीच एण्ड लैंग्वेज थैरेपी ग्लोसरी ऑफ टर्म्स

"ध्वनि एवं पारम्परिक संकेतों के उपयोग द्वारा संवाद का एक सुव्यवस्थित साधन भाषा कहलाती है।" —नेट वर्ल्ड

उपरोक्त परिभाषाएं भाषा के निम्नलिखित अवयवों की व्याख्या करती है—

- संकेतों या शब्दों का संग्रह
- एक व्याकरण जिसमें नियम दिया गया है और यह भी कि इन संकेत का प्रयोग कैसे किए जा सकते है।
- लोगों का एक समुदाय जो इन संकेतों का प्रयोग करता है व समझता है।
- इन संकेतों द्वारा प्रसारित अर्थों का एक क्षेत्र।

ये सभी अवयव गणित की भाषा में पाये जाते हैं। गणितीय भाषा गणितज्ञों के बीच गणितीय विचारों को संचारित करने की एक प्रणाली है। इस भाषा में कुछ भाषाओं (जैसे-अंग्रेजी) का तत्व पाया जाता है। इसमें जिस तकनीकी शब्द और व्याकरणीय परिपाटी का प्रयोग किये गये हैं, वे गणितीय प्रबन्ध के लिए अनूठे हैं। गणितीय सूत्र के लिए इसमें अतिविशिष्ट सांकेतिक अंकन पद्धति का उपयोग किया जाता है।

गणितीय शब्दावली

गणितीय अंकनपद्धति में कई वर्णमालाओं व टंकन आकृतियों से संकेतों को अपनाया गया है। इसमें वैसे संकेत भी शामिल हैं जो खासकर गणित के ही हैं। जैसे—$\forall \exists \nabla \wedge \infty$ आदि।

गणितीय अंकन पद्धति आधुनिक गणित की केन्द्रीय शक्ति है। यद्यपि अल-ख्वरिज़्मी के बीजगणित ने ऐसे संकेतों का प्रयोग नहीं किया है। इसने कई ऐसे नियमों की मदद से समीकरण को हल किया है जिसका उपयोग आज सांकेतिक अंकन पद्धति में होता है और इस कार्य में उसे बहुत मुश्किलें आयी हैं। कभी-कभी सूत्र बिना लिखित या मौखिक रूप में ही पर्याप्त होते हैं। कभी-कभी उसे बोलकर पढ़ना मुश्किल होता है या शब्द का अनुवाद करने पर सूचनाएं गुम हो जाती हैं, जैसे कि जब निक्षिप्त (कोष्टक में स्थित) तथ्य शामिल होते हैं या जब जटिल संरचना जैसे कि आव्यूह (Matrix) से काम लिया जाता है।

अन्य विषयों की भांति गणित के तकनीकी शब्दों की भी अपनी पहचान है, कुछ स्थितियों में सामान्य प्रयोग के शब्दों का गणित से खास अर्थ होता है।

जैसे—वर्ग या समूह (group), वलय या चक्र (ring), क्षेत्र (field), वर्ग (category), पद (term), और अपवर्तक (factor) इत्यादि।

अन्य स्थिति में विशिष्ट पद दिए जा रहे हैं जो गणित के बाहर नहीं पाये जाते। उदाहरणस्वरूप—तानिका (Tensor), फ्रेक्टल (fractal) [वक्र रेखा या प्रतिरूप जिसके साथ उससे छोटी किन्तु ठीक वैसी आकृति होती है।] फंक्टर (functor) [गणितीय क्रियाओं के चिह्न जैसे +, –, × आदि] गणितीय कथनों का अपने तरह का जटिल वर्गीकरण होता है।

ये अभिगृहित (axioms), अनुमान (conjectures), प्रमेय (theorems), प्रमेयिका (lemmas) एवं उपप्रमेय (corollaries) में बँटे होते हैं।

साथ ही गणित में बहुत से मुहावरे हैं जो विशिष्ट अर्थों के साथ प्रयुक्त होते हैं जैसे—"यदि और केवल यदि" (if and only if) "आवश्यक व पर्याप्त" (necessary and sufficient) "व्यापकता के लोप के बिना" (without loss of generality) इस प्रकार के मुहावरे गणित की विशिष्ट शब्दावली (mathematical jargon) कहलाते हैं।

गणितीय शब्दावली में दृश्य तत्व भी होते हैं। श्याम पट्ट (Black board) पर अनौपचारिक रूप से आरेख का प्रयोग किया जाता है या फिर प्रकाशन कार्यों में ज्यादा औपचारिक रूप से आरेख का प्रयोग होता है। जब आरेख का प्रयोग उचित ढंग से होता है तब विच्छेदकारी (schematic) सूचनाएँ यह बड़ी आसानी से प्रदर्शित करता है।

आरेख दृश्य रूप में भी मदद करता है और सहजानभूत (intuitive) गणना में मदद करता है।

कभी-कभी साध्य (proposition) के लिए आरेख दृश्य-साक्ष्य के रूप में पूर्ण औचित्य की तरह कार्य करता है। आरेख परिपाटी का एक निकाय गणितीय अंकन पद्धति में विकसित हो सकता है।

गणित का भाषा समुदाय

गणित गणितज्ञों द्वारा प्रयोग किए जाते हैं जो कई भाषाएं बोलने वालों का एक वैश्विक समुदाय का निर्माण करते हैं। इसका प्रयोग गणित के छात्रों द्वारा भी किया जाता है। प्राथमिक शिक्षा के एक अंग के रूप में लगभग सभी देशों के लगभग सभी शिक्षित लोगों का गणित शिक्षा के सैद्धान्तिक क्षेत्र में कुछ योगदान है। यह जानना काफी दिलचस्प है कि आधुनिक गणित में सांस्कृतिक निर्भरता या रुकावट काफी कम है। गणित की कुछ अन्तर्राष्ट्रीय प्रतियोगिता है जैसे–अन्तर्राष्ट्रीय गणितीय ओलम्पियाड (International Mathematical Olympiad) एवं आम स्थानों पर व्यावसायिक गणितज्ञों के बीच सहयोग।

गणित एक भाषा

"मेरे विचार में, जिसे मैं अपने कई सहकर्मियों से साझा करता हूँ, यह सामान्य बात है कि गणित एक भाषा है। अंग्रेजी, लैटिन या चीनी भाषा की तरह गणित में भी निश्चित संकल्पनाएँ हैं। यह उसके लिए है जिसके द्वारा गणित विशेष रूप से अच्छी तरह पढ़ा गया है। प्यार की कविता लिखने की तरह अंग्रेजी भाषा का प्रयोग कर बीजगणित का मौलिक प्रमेय लिखने की कोशिश मूर्खता ही होगी।" —आर.एल. स्वार्जेनबर्गर (2000)

एक प्राकृतिक भाषा की तरह गणित अर्थ के एक विस्तृत क्षेत्र का संचार कर सकता है। यहाँ इनकी विस्तृत कोटि है–

- **गणित वास्तविक संसार की व्याख्या करता है**–खेतों की माप (ज्यामिति) से लेकर सेब के गिरने (कलकुलस) और जुआ खेलने (प्रायिकता) से लेकर पृथ्वी की गति (गति विज्ञान) जानने जैसे विश्व परिदृश्य का वर्णन करने और उसकी समस्याओं के समाधान की कोशिश सभी गणित से जुड़ा होता है। गणित का भौतिकी एवं प्रौद्योगिकी में बड़े पैमाने पर प्रयोग होता है। यह हमारे चारों ओर ब्रह्माण्ड के विस्तार से लेकर क्वाण्टम जैसे छोटे चीजों को समझने में बहुत ही सफल सिद्ध हो रहा है। वास्तव में गणित की सबसे बड़ी सफलता इस अर्थ में है कि यह आज भी दार्शनिकों के लिए उलझन है।
- **गणित अमूर्त संरचना का वर्णन करता है**–दूसरी ओर सैद्धान्तिक गणित का क्षेत्र है जो अमूर्त संरचना से सम्बन्धित है। जिसमें भौतिकी प्रतिरूप का कोई ज्ञान नहीं है फिर भी यहाँ उस कोटि का कोई उदाहरण देना मुश्किल है। सबसे गूढ़ संरचना को भौतिकी की कुछ शाखाओं में मॉडल के रूप में सहयोजित (co-opted) किया जा सकता है।
- गणित खुद गणित का वर्णन करता है–गणित को खुद इसके वर्णन के लिए प्रयोग किया जा सकता है। यह भी गणित का ही एक क्षेत्र है जिसे परागणित (Metamathematics) कहते हैं।

भाषा के रूप में गणित के अपने संकेत, शब्द और वाक्य के नियम हैं जो मान्यताओं के एक निश्चित और सुसंगत समूह पर आधारित है और ये मान्यताएँ नियमों व तर्कों से बने हैं। इस प्रकार के तर्क गणितीय सोच के विकास के लिए आवश्यक है।

इसकी समझ और अनुप्रयोग सामान्य भाषा के विकास के स्तर पर निर्भर करता है। जैसे–"सभी आयत एक समान्तर चतुर्भुज है किन्तु सभी समान्तर चतुर्भुज एक आयत नहीं है।"

यहां केवल योजकों (conjunctions) अर्थात्, अतः, चूँकि, या, एवं, इत्यादि के प्रयोग के विकास के बाद साधारण भाषा जो गणित में भी प्रयोग किए जाते हैं, के लिए तैयार होते हैं। किन्तु इन शब्दों का एक सटीक गणितीय अर्थ होता है। जैसे–कुल (योग), अन्तर, जोड़, घात, गुणा, भाग, घटाव आदि।

वैकल्पिक दृष्टिकोण

भाषाओं की कुछ परिभाषाएँ उसके वाचक प्रकृति पर जोड़ देते हैं। इस परिभाषा के अन्तर्गत गणित एक भाषा नहीं सिद्ध होती। जबकि प्रारंभिक तौर पर लिखित संवाद के रूप में यह भाषा है। जबकि ये परिभाषाएं सांकेतिक भाषाओं को भी अयोग्य ठहराती है जो कि अब वाचक भाषा से अलग अपनी तरह की एक भाषा के रूप में जानी जाती है।

अन्य भाषाविद् मानते हैं कि भाषा और गणित में कोई विधिगत तुलना ही नहीं की जा सकती क्योंकि दोनों सामान्यतः काफी अलग-अलग हैं।

4 सामुदायिक गणित

सामुदायिक गणित शिक्षा का वह पहलू है, जो बालकों को केवल कक्षा की सीमाओं तक सीमित न रखकर सामाजिक, सांस्कृतिक और स्थानीय संदर्भों में गणित का अनुभव कराता है। यह दृष्टिकोण बालकों को केवल सूत्र याद करने या समस्याएँ हल करने तक सीमित नहीं रखता, बल्कि उन्हें व्यावहारिक, अनुभवजन्य और जीवनोपयोगी गणित से परिचित कराता है। सामुदायिक गणित का उद्देश्य यह है कि बालक गणित को रोजमर्रा की जीवन स्थितियों में पहचान सके, प्रयोग कर सके और उसका अर्थ समझ सके।

सामुदायिक गणित का स्वरूप और दृष्टिकोण

सामुदायिक गणित का मूल सिद्धांत यह है कि गणित सीखना केवल कक्षा और किताबों तक सीमित नहीं होना चाहिए, बल्कि बालक को स्थानीय घटनाओं, परिवेश और समुदाय के अनुभवों के माध्यम से गणित की अवधारणाएँ समझनी चाहिए। उदाहरण के लिए, स्थानीय बाजार में वस्तुओं की कीमतें, खेलों का स्कोर, स्थानीय सांख्यिकीय आँकड़े, या पर्यावरण में मापन जैसी गतिविधियाँ बालक को गणितीय अवधारणाओं से जोड़ती हैं।

जीन पियाजे के रचनावादी दृष्टिकोण के अनुसार, बालक अनुभवों और पूर्वज्ञान के आधार पर नई अवधारणाएँ बनाता है। सामुदायिक गणित में यह प्रक्रिया और अधिक प्रभावी होती है क्योंकि बालक वास्तविक जीवन की समस्याओं का सामना करता है और उन्हें हल करने के लिए सक्रिय सोच, योजना और निर्णय का उपयोग करता है।

लेव वायगोत्स्की के सामाजिक-सांस्कृतिक दृष्टिकोण के अनुसार, बालक का संज्ञानात्मक विकास सामाजिक अंतःक्रियाओं के माध्यम से होता है। सामुदायिक गणित में सहपाठी, शिक्षक और परिवार के साथ संवाद बालक की सीखने की प्रक्रिया को अर्थपूर्ण और स्थायी बनाता है।

प्रमुख शैक्षिक दृष्टिकोण

दृष्टिकोण	विचारक	सामुदायिक गणित में योगदान
विकासवादी/रचनावादी	जीन पियाजे	अनुभव और पूर्वज्ञान से नई अवधारणाएँ बनाना
सामाजिक-सांस्कृतिक	लेव वायगोत्स्की	सामाजिक अंतःक्रिया और ZPD से सीखना
अनुभवजन्य शिक्षा	जॉन ड्यूई	प्रत्यक्ष अनुभव, प्रयोग और परियोजनाओं के माध्यम से सीखना
बहु-स्रोत/सांस्कृतिक	वर्नोन	गणित = पुस्तक + स्थानीय/सांस्कृतिक अनुभव

अधिगम में योगदान देने वाले कारक

(*i*) व्यक्तिगत कारक

व्यक्तिगत कारक बालक की आंतरिक योग्यता, मानसिक संरचना, प्रेरणा और अनुभव से जुड़े होते हैं।

- **संज्ञानात्मक क्षमता :** बालक की बुद्धि, ध्यान, स्मृति और तर्क क्षमता उसे गणितीय अवधारणाओं को समझने और लागू करने में मदद करती है।
- **पूर्वज्ञान और अनुभव :** बालक का पूर्वज्ञान उसे नई अवधारणाओं को जोड़ने और internalize करने में सहायक होता है। उदाहरण के लिए, यदि बालक पहले से किसी खेल या बाजार गतिविधि में अनुभव रखता है, तो वह वहां गणित का उपयोग बेहतर समझ पाएगा।
- **प्रेरणा और जिज्ञासा :** बालक की आंतरिक जिज्ञासा और बाहरी प्रोत्साहन दोनों सीखने की प्रक्रिया को सक्रिय करते हैं। Intrinsic Motivation बालक को स्वयं सीखने के लिए प्रेरित करती है, जबकि Extrinsic Motivation पुरस्कार और प्रशंसा के माध्यम से प्रेरणा बढ़ाती है।
- **भावनात्मक और व्यक्तित्व संबंधी गुण :** आत्म-सम्मान, आत्म-विश्वास, धैर्य, उत्साह और सहनशीलता जैसे गुण बालक को सक्रिय और स्थायी अधिगम की दिशा में प्रेरित करते हैं।

(*ii*) वातावरणीय कारक

वातावरणीय कारक बालक के शैक्षिक, सामाजिक और भौतिक परिवेश से संबंधित हैं।

- **शिक्षक और शिक्षण पद्धति :** शिक्षक facilitator के रूप में कार्य करता है और बालक को अनुभवजन्य अधिगम, प्रयोग और सक्रिय भागीदारी के अवसर प्रदान करता है। शिक्षक की सक्रिय, सहानुभूतिपूर्ण और प्रेरक शैली बालक की सीखने की क्षमता को बढ़ाती है।
- **सहपाठी और सामाजिक अंतःक्रिया :** समूह गतिविधियाँ, चर्चा और सहयोगात्मक अधिगम बालक को सामाजिक कौशल और सहयोग की भावना विकसित करने में मदद करती हैं।
- **भौतिक और शैक्षिक संसाधन :** प्रयोगशालाएँ, पुस्तकालय, डिजिटल उपकरण और शिक्षण सामग्री बालक के अनुभवजन्य अधिगम और गणितीय समझ को गहन बनाते हैं।
- **परिवार और सांस्कृतिक परिवेश :** पारिवारिक समर्थन, भाषा, संस्कृति और मूल्य बालक के सीखने के दृष्टिकोण और प्रेरणा को प्रभावित करते हैं।

अध्यापन सम्बन्धी प्रमुख मुद्दे

सामुदायिक गणित के प्रभावी अध्यापन में कई चुनौतीपूर्ण मुद्दे सामने आते हैं :

- **सामग्री का स्थानीयकरण :** बालकों को ऐसे उदाहरण उपलब्ध कराना जो उनके समुदाय और दैनिक जीवन से जुड़े हों।
- **शिक्षक की भूमिका :** शिक्षक को facilitator बनकर बालक को स्वयं खोजने, प्रयोग करने और समस्याओं का समाधान खोजने के लिए प्रेरित करना होता है।
- **संसाधनों की उपलब्धता :** पर्याप्त उपकरण, डिजिटल माध्यम और शिक्षण सामग्री की कमी अधिगम को प्रभावित कर सकती है।
- **सामाजिक विविधता :** बालकों के सामाजिक, सांस्कृतिक और भाषाई पृष्ठभूमि का ध्यान रखना आवश्यक है।
- **मूल्यांकन :** केवल परीक्षा आधारित मूल्यांकन नहीं, बल्कि वास्तविक जीवन की समस्याओं में गणित के प्रयोग और समाधान की क्षमता को परखना।

अधिगम की प्रक्रिया

सामुदायिक गणित में अधिगम सक्रिय, अनुभवजन्य और सहयोगात्मक होता है। बालक समस्या की पहचान करता है, विकल्पों का परीक्षण करता है, परिणामों पर चिंतन करता है और समाधान लागू करता है। इस पूरी प्रक्रिया में बालक का संज्ञानात्मक, भावनात्मक और सामाजिक विकास समान रूप से होता है।

शिक्षक बालक की जिज्ञासा, रचनात्मकता और अनुभवजन्य सीखने को मार्गदर्शन और feedback के माध्यम से प्रोत्साहित करता है। बालक अनुभवों और सामाजिक अंतःक्रियाओं के माध्यम से गणित के सिद्धांतों को internalize करता है और उन्हें वास्तविक जीवन में लागू करता है।

आधुनिक दृष्टिकोण

आज की शिक्षा में सामुदायिक गणित को वास्तविक जीवन की समस्याओं के संदर्भ में सीखना अधिक प्रभावी माना जाता है। डिजिटल माध्यम, स्थानीय समुदाय और परियोजनाओं के माध्यम से बालक गणितीय अवधारणाओं को अर्थपूर्ण, स्थायी और जीवनोपयोगी तरीके से सीखता है।

सामुदायिक गणित बालक को केवल पाठ्यपुस्तक आधारित सीखने तक सीमित नहीं रखता, बल्कि उसे सक्रिय समस्या समाधानकर्ता और अनुभवजन्य अन्वेषक के रूप में विकसित करता है।

5 मूल्यांकन

मूल्यांकन कक्षा में दिये गये अधिगम अनुभवों के प्रभाव को निर्धारित करने वाली सुव्यवस्थित एवं सतत् प्रक्रिया है।

—राष्ट्रीय शैक्षिक अनुसंधान एवं प्रशिक्षण परिषद्

''मूल्यांकन एक सतत् प्रक्रिया है; यह शिक्षा के सम्पूर्ण तंत्र के समग्र भाग का निर्माण करती है और यह शैक्षिक उद्देश्यों से सघन रूप से जुड़ा है। इसका प्रयोग बच्चों के अध्ययन सम्बन्धी आदतों और शिक्षकों के शिक्षण विधि पर अच्छा प्रभाव डालता है। इस प्रकार यह न केवल शैक्षणिक उपलब्धियों के मापन में बल्कि इसके सुधार में भी मदद करता है। मूल्यांकन की तकनीक वांछित दिशा में छात्रों के विकास के बारे में साक्ष्य संग्रह के साधन हैं।''

—कोठारी आयोग

''मूल्यांकन, मापन की व्यापक अवधारणा को स्पष्ट करने हेतु प्रस्तुत किया गया अपेक्षाकृत एक नया तकनीकी शब्द है, जो अनौपचारिक जाँच और परीक्षाओं में प्रयुक्त होता है।''

—इनसाइक्लोपिडिया ऑफ एजुकेशन रिसर्च

जो शैक्षिक उद्देश्य बच्चों द्वारा प्राप्त की जाती है; मूल्यांकन को उसके सीमा निर्धारण की सुव्यवस्थित प्रक्रिया के रूप में परिभाषित किया जा सकता है।

—दाण्डेकर

मूल्यांकन एक समग्र अवधारणा है जिसमें वांछित उपलब्धियों के गुणों, मूल्यों व प्रभावों का पता लगाने के लिए सभी तरह के साधनों को निर्दिष्ट करता है। यह वस्तुनिष्ठ प्रमाण एवं वस्तुनिष्ठ निरीक्षण का मिश्रण है। यह कुल एवं अंतिम आंकलन है। यह नीतियों के संशोधन एवं अन्य कार्यों का बहुमूल्य एवं अपरिहार्य मार्गदर्शन है।

—वेस्ले

उपरोक्त कथनों के आधार पर कहा जा सकता है कि मूल्यांकन एक ऐसी प्रक्रिया है जिसके द्वारा एक शिक्षक यह जानने की कोशिश करता है कि कक्षा में शिक्षण द्वारा शिक्षण उद्देश्यों की प्राप्ति किस सीमा तक हुई है। शिक्षक यह जानना चाहता है कि उसके छात्रों ने प्राप्त ज्ञान को किस सीमा तक स्वांगीकृत किया है। उनकी रुचि, व्यवहार आदि में किस हद तक परिवर्तन हुआ है। विषय के प्रति उनकी अभिरुचि कितनी है, समझ का स्तर क्या है आदि। मूल्यांकन में ये सारी प्रक्रिया सम्मिलित होती है। निष्कर्षतः शिक्षा में मूल्यांकन का अभिप्राय उस प्रक्रिया से है जिसमें एक शिक्षक अपने छात्र की शैक्षिक उपलब्धियों का पता लगाता है।

हालाँकि मूल्यांकन और परीक्षा को प्रायः समान माना जाता है किन्तु वास्तव में परीक्षा मूल्यांकन का एक अंग मात्र है। मूल्यांकन के लिए शिक्षक को परीक्षा व अन्य विधियों द्वारा मापन करना होता है। अंकन (scoring) मापन का अंतिम चरण होता है। इन अंकों को सांख्यिकी द्वारा विभिन्न रूपों में जोड़े-तोड़े जाते हैं। परन्तु मूल्यांकन में यह प्रक्रिया आगे भी जारी रहती है। इसमें मापन द्वारा प्राप्तांकों के आधार पर मूल्यात्मक निर्णय (value judgement) भी लिया जाता है। सारांशतः मूल्यांकन में मापन एवं मूल्यात्मक निर्णय सम्मिलित है। मूल्यांकन एक गुणात्मक निर्णय लेने की प्रक्रिया है जबकि मापन का रूप आंकिक है। मापन मूल्यांकन का अनिवार्य अंग है।

उद्देश्य, अधिगम अनुभव एवं मूल्यांकन के बीच संबंध

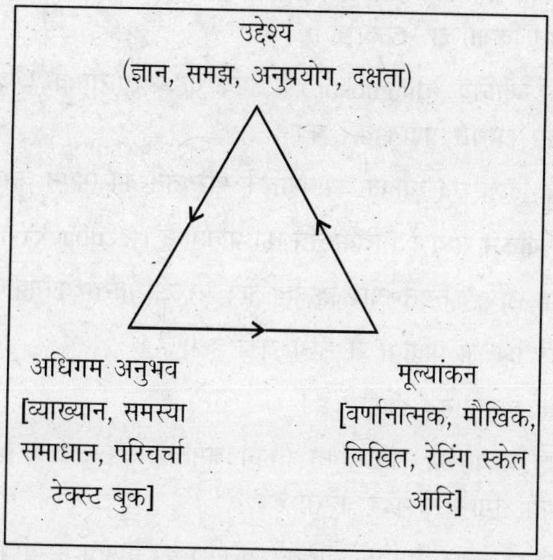

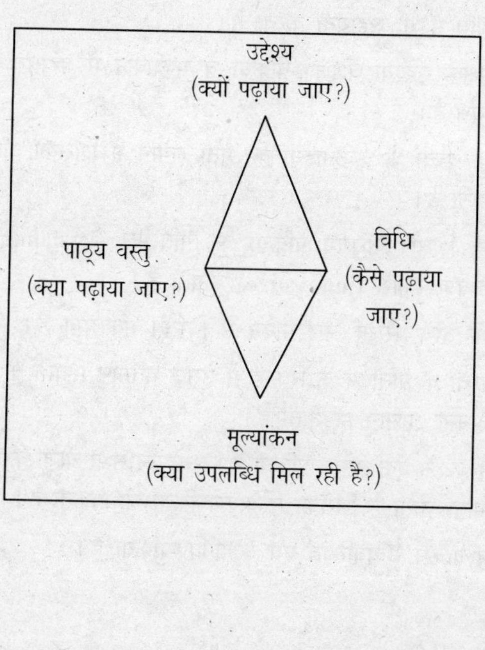

उद्देश्य, अधिगम अनुभव और मूल्यांकन सभी एक-दूसरे से सम्बंधित हैं। मूल्यांकन शिक्षण उद्देश्य और अधिगम अनुभव पर आधारित है और यह उसी समय उद्देश्यों का भी मूल्यांकन करता है। इस प्रकार, कक्षा-शिक्षण में शिक्षक छात्रों के व्यवहार में वांछित परिवर्तन के प्रोत्साहन के क्रम में उपयुक्त शिक्षण-अधिगम क्रिया-कलाप की व्यवस्था करता है। यह जाँच और परीक्षा से ज्यादा व्यापक पद है।

यह केवल छात्रों के आकलन के साथ नहीं जुड़ा है बल्कि शिक्षा की सम्पूर्ण प्रक्रिया से संबंधित है। यह कि क्या पढ़ाया जाए? (पाठ्यवस्तु), कैसे पढ़ाया जाए? (शिक्षण विधि) और क्यों पढ़ाया जाए? (शिक्षण उद्देश्य) तय करने के बाद यह प्रश्न उठता है कि उपलब्धि क्या हो रही है? इस प्रकार मूल्यांकन इस प्रश्न का उत्तर देने में मदद करता है कि छात्रों की उपलब्धि क्या है? इस प्रकार, मूल्यांकन एक प्रक्रिया है जिसके द्वारा शिक्षण कार्यक्रम का आकलन, उपलब्धि और प्रभावशीलता निर्धारित की जाती है।

मूल्यांकन की महत्वपूर्ण विशेषताएं

1. इसका प्रयोग पाठ्यक्रम, शिक्षण-विधि और परीक्षा में सुधार के लिए किया जा सकता है।
2. यह नैदानिक (diagnostic) है ताकि वह उपचारात्मक शिक्षण के लिए आधार प्रदान कर सके।
3. यह दिशा एवं व्यापक व्यावहारिक परिवर्तन का मापन करता है।
4. मूल्यांकन सम्पूर्ण शैक्षिक तंत्र की प्रतिपुष्टि (feedback) देता है।
5. यह छात्र केन्द्रित और क्रियाकलाप पर आधारित कार्यक्रम है।
6. यह शिक्षण प्रक्रिया से सीधे जुड़ा हुआ है।
7. यह एक सतत् प्रक्रिया है।
8. यह बच्चों की अंतःशक्ति (कार्य क्षमता) और उसकी रुचि का पता लगाने में मदद करता है।
9. यह न केवल छात्रों के शैक्षिक उपलब्धि को मापता है बल्कि उसके प्रगति में भी सहायता करता है।
10. शैक्षिक उद्देश्यों, शिक्षण-प्रक्रिया व मूल्यांकन में परस्पर घनिष्ठ संबंध है।
11. यह बच्चों के कठिनाइयों का पता लगाने में शिक्षकों की मदद करता है।
12. यह शिक्षण-अधिगम प्रक्रिया को गतिशील (Dynamic) और नवप्रवर्तनकारी (innovative) बनाता है।
13. यह जाँच परीक्षा और मापन से विस्तृत संकल्पना है।
14. बच्चों के प्रतिदिन के रिकार्ड से उसके वर्तमान स्थिति के बारे में जानना आसान हो जाता है।
15. मूल्यांकन एक सम्पूर्ण प्रक्रिया है जिसमें उन सभी चीजों को शामिल किया जाता है जिसका मूल्यांकन किया जा सकता है।
16. मूल्यांकन सुव्यवस्थित एवं वैज्ञानिक प्रक्रिया है।
17. मूल्यांकन में परिमाणात्मक और गुणात्मक दोनों पहलू शामिल हैं।
18. यह एक निर्णय देने वाली प्रक्रिया है।
19. मूल्यांकन शिक्षा को प्रयोजन केन्द्रित बनाता है।
20. मूल्यांकन बच्चों के वृद्धि और विकास से संबंधित है उसके सामूहिक स्थिति से नहीं।

मूल्यांकन के उद्देश्य एवं कार्य

1. **अभिप्रेरण :** बच्चों को बेहतर अधिगम के लिए प्रेरित करना।
2. **बच्चों की वर्तमान स्थिति :** मूल्यांकन शिक्षण-अधिगम प्रक्रिया में बच्चों की वर्तमान स्थिति को निर्धारित करने में मदद करता है।
3. **मार्गदर्शन एवं सलाह :** मूल्यांकन बच्चों में व्यक्तिगत अन्तर को पहचान कर उसके मार्गदर्शन एवं सलाह के लिए आधार प्रदान करता है।
4. **समस्याओं की पहचान करना :** मूल्यांकन प्रक्रिया बच्चों की कमी को जानने और आगे के शिक्षण हेतु उसकी कमजोरी एवं ताकत का पता लगाने में शिक्षक की मदद करता है।
5. **परीक्षा व्यवस्था का मापन :** मूल्यांकन शिक्षकों को परीक्षा व्यवस्था के मापन में भी मदद करता है अर्थात् यह इस बात की भी जानकारी देता है कि कक्षा में सर्वश्रेष्ठ या असफल छात्र कौन है, आदि।
6. **बच्चों में प्रगति की दर :** मूल्यांकन बच्चों में प्रगति की दर को निर्धारित करने में मदद करता है। अर्थात् किसी छात्र ने प्रथम आवधिक (Terminal) परीक्षा में एवं अंतिम परीक्षा में कितने अंक प्राप्त किए, आदि।
7. **छात्रों का वर्गीकरण :** मूल्यांकन बच्चों को विभिन्न श्रेणियों में वर्गीकृत करने में मदद करता है जैसे–विशिष्ट, पिछड़े या औसत छात्र।
8. **चुनाव का आधार :** विभिन्न अभियोग्यता व अभिरुचि जाँच की मदद से विभिन्न पाठ्यक्रमों हेतु चयन, नियोजन (placement) आदि में मूल्यांकन महत्वपूर्ण भूमिका अदा करता है।
9. **नवप्रवर्तनकारी** (Innovative) **एवं प्रभावी शिक्षण विधि की खोज :** मूल्यांकन द्वारा बच्चों की कमजोरी एवं ताकत (दक्षता) का अनुमान लगाने से नवप्रवर्तनकारी एवं प्रभावी शिक्षण विधि की खोज में मदद मिलती है।
10. **पाठ्यक्रम में सुधार :** मूल्यांकन द्वारा शिक्षक पाठ्यक्रम में सुधार के लिए साक्ष्य जुटाते हैं।
11. **शिक्षण में सफलता :** मूल्यांकन द्वारा शिक्षक अपने शिक्षण की सफलता का आकलन करते हैं।
12. **शिक्षण-अधिगम प्रक्रिया में सुधार :** मूल्यांकन शिक्षकों को बच्चों की कमजोरी जानने में मदद करता है और इस आधार पर वे अपनी शिक्षण अधिगम प्रक्रिया में सुधार लाते हैं।

13. छात्रों का श्रेणीकरण : मूल्यांकन छात्रों के त्रैमासिक, अर्द्धवार्षिक व वार्षिक परीक्षाओं के आधार पर उसकी श्रेणीकरण (grading) में मदद करता है। इस प्रकार, कक्षा में छात्रों का श्रेणी-क्रम जाना जाता है।

14. बच्चों में व्यावहारिक परिवर्तन : मूल्यांकन द्वारा बच्चों में व्यावहारिक परिवर्तनों यथा–उसकी रुचि, शारीरिक, भावनात्मक, नैतिक एवं सामाजिक विकास आदि के बारे में भी जानकारी मिलती है।

15. क्रियात्मक खोज (Action Research) **हेतु शिक्षकों को प्रोत्साहन :** मूल्यांकन के आधार पर शिक्षक क्रियात्मक खोज की नई रणनीति अपनाते हैं।

16. शिक्षक एवं छात्रों को प्रतिपुष्टि (feedback) : मूल्यांकन शिक्षक व छात्र दोनों को अभिप्रेरण (Reinforcement) और प्रतिपुष्टि (feedback) देने में मदद करता है।

17. उपचारात्मक कार्य हेतु : मूल्यांकन छात्रों को उसके समस्याओं के समाधान ढूँढने में मदद करता है ताकि बेहतर परिणाम प्राप्त किया जा सके।

18. शिक्षा के उद्देश्यों का स्पष्टीकरण : मूल्यांकन उद्देश्यों पर आधारित है। शिक्षक प्रत्येक विषय-वस्तु का शिक्षा में उसकी उपयोगिता के दृष्टिकोण से उद्देश्य समझने की कोशिश करता है।

19. प्रवेश का आधार : छात्रों की प्रगति का मूल्यांकन विविध पद्धतियों यथा–जाँच, वार्षिक परीक्षा आदि द्वारा किया जाता है और इसी के आधार पर छात्रों को अगली कक्षा में प्रवेश दिया जाता है।

20. छात्रवृत्ति देने में : मूल्यांकन छात्रों की प्रगति के निर्णय में मदद करता है और इस आधार पर उसे छात्रवृत्ति दी जाती है।

मूल्यांकन प्रक्रिया

मूल्यांकन प्रक्रिया में निम्न चरण होते हैं–

1. उद्देश्यों का चयन एवं प्रतिपादन (formulation)
2. व्यावहारिक परिवर्तन के दृष्टिकोण से उद्देश्य की परिभाषित करना।
3. मूल्यांकन के उपकरणों (tools) एवं तकनीकों का चुनाव
4. परिणामों की व्याख्या एवं सामान्यीकरण (Generalisation)
5. शिक्षण-अधिगम प्रक्रिया में सुधार हेतु परिणामों की प्रतिपुष्टि

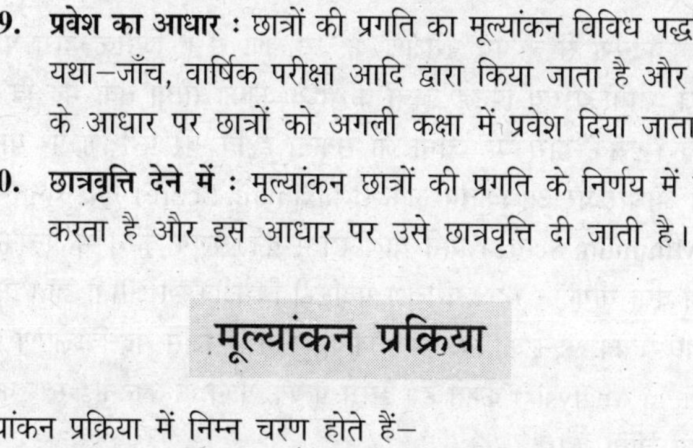

1. उद्देश्यों का चयन : जिन चीजों की जाँच की जानी है मूल्यांकन से पूर्व उनके उद्देश्यों का चयन किया जाता है। अतः शिक्षकों को निर्देशों के प्रति बहुत सावधान चाहिए। क्योंकि निर्देशों में मामूली परिवर्तन मूल्यांकन के उद्देश्यों को प्रभावित कर सकता है।

2. उद्देश्यों का प्रतिपादन : एक शिक्षक को विभिन्न कक्षाओं के शिक्षण-उद्देश्यों के प्रति बहुत सावधान रहना पड़ता है। इसी आधार पर विभिन्न कक्षाओं के लिए विशिष्ट उद्देश्यों वाले जाँच की वस्तु तैयार किए जाते हैं।

3. व्यावहारिक दृष्टि से उद्देश्यों को परिभाषित करना : जिन चीजों की जाँच की जानी है उसके उद्देश्यों के चयन एवं प्रतिपादन के बाद शिक्षकों को छात्रों के व्यवहार में अपेक्षित परिवर्तन की दृष्टि में रखकर उसके उद्देश्यों को स्पष्टतः परिभाषित करना चाहिए। ये अपेक्षित बिन्दु निम्न हो सकते हैं– (*i*) ज्ञान, (*ii*) समझ, (*iii*) अनुप्रयोग, (*iv*) दक्षता।

4. मूल्यांकन के उपकरण एवं तकनीकी का चुनाव : उपयुक्त उपकरण एवं तकनीकी का चुनाव अपेक्षित प्रमाणों के प्रकार पर निर्भर करता है। उपकरण व तकनीक को संबंधित शिक्षण-उद्देश्यों को अवश्य प्रमाण प्रस्तुत करना चाहिए। उन्हें अच्छे मापन एवं अच्छे मूल्यांकन के मापदण्डों को अवश्य संतुष्ट करना चाहिए।

5. उपकरणों एवं तकनीकों का उपयोग एवं परिणाम निर्धारण : उपकरणों के चयन एवं विकास के पश्चात् शिक्षक उनका प्रयोग जाँच स्थितियों में करता है। वह व्यावहारिक परिवर्तनों से संबंधित अन्य प्रमाणों को भी एकत्र करता है। एकत्रित प्रमाणों एवं सूचनाओं के आधार पर निष्कर्ष निकाले जाते हैं।

6. परिणामों की व्याख्या एवं सामान्यीकरण : जब तक कि परिणामों की सही व्याख्या न की जाए, मूल्यांकन के विभिन्न उपकरणों व तकनीकों से प्राप्त प्रमाणों का छात्रों, शिक्षकों या फिर अभिभावकों के लिए कोई अर्थ नहीं रहता। तब कक्षा में किसी छात्र के तुलनात्मक प्रदर्शन के परिणामों की व्याख्या प्रगति के दर के उद्देश्यों के रूप में की जाती है। ये संग्रहित आँकड़े प्रत्येक कक्षा या छात्र विशेष आदि के उपलब्धि स्तर के सामान्यीकरण में मदद करते हैं।

7. परिणामों में प्रतिपुष्टि : जाँच के परिणामों के विश्लेषण या अंकित प्रमाणों के आधार पर छात्रों की प्रगति रिपोर्ट बनाई जाती है और अभिभावकों को दिखाई जाती है। माता-पिता के लिए यह आवश्यक है कि वे बच्चों के स्वमूल्यांकन शक्तियों (दक्षता) एवं कमजोरियों को उचित निदान हेतु बच्चों की प्रगति की जानकारी लें।

8. शिक्षण-अधिगम प्रक्रिया में सुधार : परिणामों के प्रतिपुष्टि के आधार पर एवं नैदानिक मापक के बाद पुनर्शिक्षण एवं उपचारात्मक शिक्षण की व्यवस्था की जाती है तथा शिक्षक छात्रों के प्रगति में बेहतर उपलब्धि के लिए शिक्षण-अधिगम प्रक्रिया में कुछ नए रणनीतियों को अपनाते हैं।

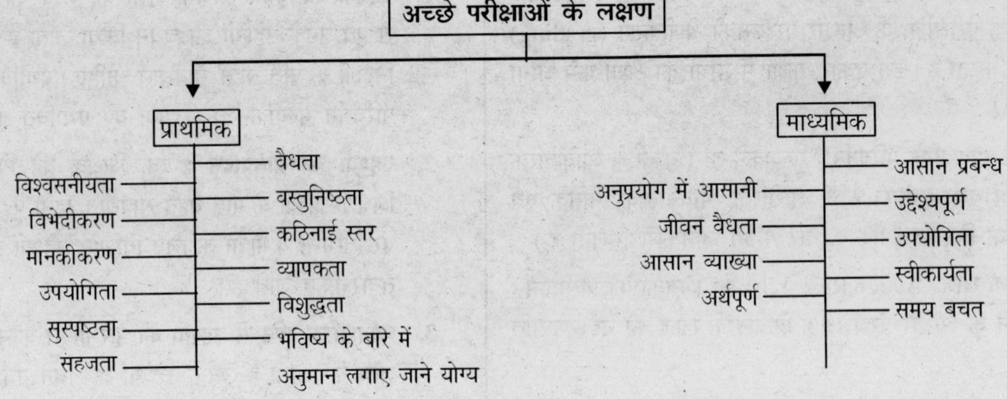

वैधता (Validity)

''वैधता उस मात्रा की एक अभिव्यक्ति का नाम है जहाँ तक एक परीक्षा उन गुणों, योग्यताओं, कौशलों तथा सूचनाओं को मापती है, जिन्हें मापने के लिये वह वांछित होती है।'' –ग्रीन

यदि कोई परीक्षण वही मापन करता है जिसके मापन के लिए इसका निर्माण हुआ है तो वह परीक्षण वैध (Valid Test) कहलाता है। इस प्रकार वैधता गुणांक (Validity Index) यह सूचित करता है कि किसी परीक्षण ने वस्तुतः उसी विशेषता (Trait) का मापन किस सीमा तक किया है जिसका मापन करने के लिए वह दावा करता है। जैसे गणित की परीक्षा को वैध तभी कहेंगे जबकि उसके द्वारा हम गणित की योग्यता का ही मापन करें, इसके अतिरिक्त भाषा की योग्यता, स्वच्छता अथवा सामान्य बुद्धि का नहीं।

विश्वसनीयता (Reliability)

''विश्वसनीयता उस विश्वास (Faith) को प्रकट करती है जो कि एक परीक्षा में स्थापित की जा सकती है।'' –रिजलैण्ड

यदि किसी परीक्षा के परिणाम समान परिस्थितियों में एक समान बने रहते हैं तो उस परीक्षा को विश्वसनीय (Reliable) माना जाता है। इस प्रकार किसी परीक्षा की विश्वसनीयता परीक्षा में प्रतिदर्श की मात्रा (Sample Size) तथा अंकों की वस्तुनिष्ठता (Objectivity in Scoring) पर निर्भर करती है। अर्थात् विश्वसनीयता = प्रतिदर्श की मात्रा + अंकों की वस्तुनिष्ठता।

कोई प्रश्न तभी विश्वसनीय माना जाएगा जब उसके उत्तर विद्यार्थी की सही उपलब्धि अथवा स्तर का ज्ञान कराए अर्थात् परिणामी अंक त्रुटियों की सम्भावना से मुक्त हों। त्रुटियों की सम्भावना प्रायः निर्देशों की अस्पष्टता के कारण होती है। यह दो स्तरों पर ही हो सकती है–प्रथम, जब विद्यार्थी प्रश्न का उत्तर दे रहा हो और दूसरा, जब परीक्षक उत्तर का मूल्यांकन कर रहा हो।

वस्तुनिष्ठता (Objectivity)

जो परीक्षा परीक्षक के व्यक्तिगत प्रभाव से मुक्त हो वह वस्तुनिष्ठ कहलाती है और परीक्षा का यह गुण वस्तुनिष्ठता कहलाती है। वस्तुनिष्ठता परीक्षा का एक आवश्यक गुण है क्योंकि इसका विश्वसनीयता व वैधता पर बहुत ही गहरा प्रभाव पड़ता है। इसकी सबसे बड़ी कसौटी यह कि एक बार जब प्राप्तांक कुंजी (Scorning key) बन जाए तो यह प्रश्न ही नहीं उठना चाहिए कि प्रश्न अस्पष्ट तो नहीं है या उसके उत्तर के बारे में सटीक निर्णय नहीं लिया जा सकता। फिर मूल्यांकन कोई भी करे छात्र को उतना ही अंक मिलना चाहिए, यही वस्तुनिष्ठता कहलाती है। निबन्धात्मक या व्याख्यात्मक प्रश्नों में परीक्षक का व्यक्तिगत निर्णय अधिक महत्व रखता है। यही कारण है कि नवीन परीक्षा प्रणाली में वस्तुनिष्ठ प्रश्नों को ज्यादा महत्व दिया जाता है।

विभेदीकरण (Discrimination)

विभेदीकरण से तात्पर्य परीक्षण के उस गुण से है जिसके द्वारा पढ़ने में तेज, सामान्य एवं पिछड़े छात्रों के मध्य काफी सीमा तक भेद किया जा सके। इसके द्वारा यह जाना जा सकता है कि पूरे परीक्षण पर प्राप्तांकों के आधार पर अधिकतम अंक (Maximum Score) एवं न्यूनतम अंक (Minimum Score) पाने वाले छात्रों को अलग करने में प्रत्येक प्रश्न का क्या योगदान रहा। परीक्षण मदों की विभेदीकरण क्षमता ज्ञात करने के लिए प्रत्येक प्रश्न का विश्लेषण किया जाता है, जिसे मद विश्लेषण प्रक्रिया (Item Analysis) कहते हैं। इससे प्रत्येक प्रश्न के कठिनाई स्तर का पता चल जाता है।

कठिनाई स्तर (Difficulty level)

कठिनाई स्तर का अभिप्राय सही प्रश्न हल करने वाले छात्रों की प्रतिशतता है। यह परीक्षा का बहुत महत्वपूर्ण लक्षण है। सम्पूर्ण प्रश्न पत्र में दिए गए अंकों के वितरण को इसी आधार पर निर्धारित किया जा सकता है। उन प्रश्नों में जिसका अंकन शुद्ध या अशुद्ध रूप में किया जा सकता है। निबन्धात्मक व लघुत्तरीय प्रश्न जो आंशिक रूप से शुद्ध हो सकते हैं कठिनाई स्तर का सूत्र निम्नलिखित है–

$$\text{कठिनाई स्तर} = \frac{\text{प्रश्न में उस वर्ग द्वारा प्राप्तांकों का औसत}}{\text{निर्धारित पूर्णांक}}$$

प्रश्न ज्यों-ज्यों सरल होगा कठिनता सूचक बढ़ता जाएगा।

मानकीकरण (Standardization)

मानकीकरण भी परीक्षा का एक अपरिहार्य लक्षण है। इसके अन्तर्गत प्रश्न ऐसे होने चाहिए जिसका उत्तर सभी छात्रों व परीक्षकों के लिए समान हो।

अर्थात् पूछे गए प्रश्नों के उद्देश्यों में स्पष्टता हो और छात्र तथा परीक्षकों का प्रश्न पर समान दृष्टिकोण हो।

व्यापकता (Comprehensiveness)

व्यापकता के अन्तर्गत परीक्षण का वह प्रारूप आ जाता है जिसके द्वारा परीक्षण उस योग्यता (Trait) के विभिन्न पक्षों का मापन करने में समर्थ हो सकता है जिसके मापन हेतु उसको निर्मित किया गया है। परीक्षण की व्यापकता के बारे में निर्णय करना स्वयं एक निर्माता की सूझ-बूझ एवं क्षमता पर निर्भर करता है।

उपयोगिता (Utility)

यह परीक्षण का वह गुण है जिसमें प्रश्न ऐसे होने चाहिए जिसका छात्रों के जीवन में उपयोग हो। उदाहरणस्वरूप गणित के प्रश्न ऐसे होने चाहिए कि छात्र उसका उपयोग अपने जीवन में कर सके। यही कारण है कि नवीन परीक्षा पद्धति में व्यावहारिक प्रश्नों का प्रमुखता से स्थान दिया जाता है।

विशुद्धता (Accuracy)

इस गुण के अन्तर्गत प्रश्न शुद्ध होने चाहिए जिससे छात्र प्रश्नों को पढ़कर उसके पूछे जाने के उद्देश्यों एवं दृष्टिकोणों को सही ढंग से समझ सके और प्रश्न का सटीक उत्तर दे सके। प्रश्नों में वर्तनी संबंधी या व्याकरणिक दोष नहीं होने चाहिए जिससे छात्र प्रश्नों को पढ़कर भ्रमित या असमंजस की स्थिति में हो जाए और उसका यथेष्ट उत्तर न दे सके।

सुस्पष्टता (Unambiguity)

परीक्षण में प्रश्नों के निहितार्थ स्पष्ट होने चाहिए जिससे उसके पूछे जाने का उद्देश्य समझा जा सके। ऐसा न हो कि प्रश्नों के दो अलग-अलग अर्थ हों। परिणामस्वरूप छात्र किसी एक अर्थ को समझकर उत्तर दे और परीक्षक दूसरे अर्थ को समझकर मूल्यांकन करे। ऐसे में छात्र का सही मूल्यांकन नहीं हो पाएगा।

भविष्य के बारे में अनुमान लगाए जाने योग्य (Predictability)

परीक्षण में प्रश्न ऐसे होने चाहिए जिससे छात्रों का उत्तर पढ़कर उसकी रुचि, दक्षता, समझ आदि का भी मूल्यांकन किया जा सके जिससे उसके भविष्य के बारे में सोचना आसान हो और उसके आगे की पढ़ाई व पेशे के बारे में सही दृष्टिकोण अपनाया जा सके।

सहजता (Usability)

"सहजता वह मात्रा है, जिस तक परीक्षा अथवा अन्य साधन को, अध्यापकों तथा पाठशाला प्रबन्धकों द्वारा बिना समय तथा शक्ति के अपव्यय के सफलतापूर्वक प्रयुक्त किया जा सकता है। एक शब्द में सहजता का अर्थ व्यावहारिकता है।"

– सी.सी. रॉस

वह परीक्षण जो निर्माण करने, छात्रों द्वारा उसका उत्तर देने एवं अंकदान करने, तीनों पक्षों की दृष्टि से सरल हो, एक अच्छा परीक्षण कहलाता है। अर्थात्, वह परीक्षण जिसके निर्माण में कठिनाई न हो, छात्रों को भी उसके उत्तर देने में सहजता हो तथा अंकन की प्रक्रिया में भी किसी प्रकार की जटिलता न आए, सहजता के गुण वाला परीक्षण कहलाता है।

मूल्यांकन के आधारभूत सिद्धान्त

किसी इमारत की नींव या आधार काफी मजबूत होना चाहिए। यदि इमारत काफी सुन्दर है लेकिन उसकी नींव या आधार कमजोर है तो इमारत निश्चित रूप से नष्ट हो जाएगी। इसी प्रकार, यदि मूल्यांकन निश्चित आधारभूत सिद्धान्तों पर आधारित नहीं हो तो मूल्यांकन पद्धति को प्रभावशाली नहीं कहा जा सकता और शिक्षण उद्देश्यों को प्राप्त नहीं किया जा सकता। मूल्यांकन के कुछ आधारभूत सिद्धान्त निम्न हैं–

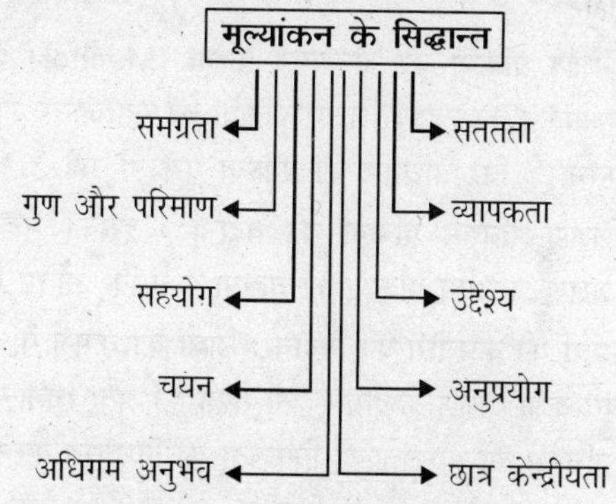

मूल्यांकन के प्रकार

1. नैदानिक मूल्यांकन (Diagnostic Evaluation)
2. पूर्वानुमान मूल्यांकन (Prognosis Evaluation)
3. रचनात्मक मूल्यांकन (Formative Evaluation)
4. संकलनात्मक मूल्यांकन (Summative Evaluation)
5. व्यापक मूल्यांकन (Comprehensive Evaluation)
6. सतत् मूल्यांकन (Continuous Evaluation)

रचनात्मक मूल्यांकन

जब कोई शिक्षक किसी अध्याय का एक हिस्सा या कुछ प्रकरण (topic) या अंश या कोई संकल्पना पढ़ा चुका होता है तो वह छात्रों का निष्कर्ष जानना चाहता है। इसी प्रकार, छात्र भी यह जानना चाहता है कि वह उस हिस्से या प्रकरण या संकल्पना को कितना समझ सका है। रचनात्मक मूल्यांकन शिक्षक एवं छात्र दोनों के लिए इस अर्थ में मददगार है कि यह दोनों को उसकी शिक्षण और अधिगम की शक्ति व कमजोरी के बारे में सूचना देता है।

रचनात्मक शब्द का अर्थ शिक्षण कार्यक्रम के क्रम में छात्रों की उपलब्धियों का लगातार या सुव्यवस्थित आकलन है। रचनात्मक मूल्यांकन रचनात्मक अवस्था में होता है जब शिक्षण-अधिगम प्रक्रिया चल रही होती है पूर्ण नहीं हो जाती।

नई शिक्षा नीति (1986) के अनुसार रचनात्मक मूल्यांकन शिक्षण-अधिगम प्रक्रिया का एक अनिवार्य अंग है। रचनात्मक मूल्यांकन रचनात्मक अवस्था में पाठ्यक्रम के निर्माण में भी सहायक होता है।

रचनात्मक मूल्यांकन औपचारिक (जैसे–प्रश्नोत्तर, गृहकार्य, जाँच, प्रश्नोत्तरी (quiz), लेखकार्य आदि) एवं अनौपचारिक (जैसे–संवाद, छात्रों की प्रतिक्रिया, निरीक्षण आदि) दोनों में कार्यान्वित होता है।

रचनात्मक मूल्यांकन के गुण/ महत्व/आवश्यकता

1. **अधिगम का निम्नतम स्तर :** रचनात्मक मूल्यांकन का शिक्षकों द्वारा यह तय करने के लिए प्रयोग किया जा सकता है कि कक्षा में सभी छात्रों द्वारा अधिगम का निम्नतम स्तर प्राप्त किया गया है कि नहीं।
2. **शिक्षण प्रक्रिया का अनुश्रवण करना** (Monitor) : रचनात्मक मूल्यांकन का उद्देश्य शिक्षण प्रक्रिया का यह जानने हेतु अनुश्रवण करना है कि अधिगम की प्रक्रिया पूरी हो रही है या नहीं।
3. **शिक्षण-अधिगम प्रक्रिया को बढ़ाना :** इसका मुख्य अभिप्राय शिक्षण-अधिगम प्रक्रिया को बढ़ाना है न कि अंतिम निर्णय देना।
4. **छात्रों की कमजोरी का निदान :** छात्रों की कमजोरी का समाधान पूरी कक्षा-शिक्षण के दौरान होता रहता है। अतः रचनात्मक मूल्यांकन अधिगम की सफलता या विफलता को निर्धारित करने हेतु शिक्षक व छात्र दोनों लगातार प्रतिपुष्टि (feedback) देता है।
5. **शिक्षकों व छात्रों को प्रतिपुष्टि :** रचनात्मक मूल्यांकन एक ओर जहां बच्चों को उसके अधिगम की प्रतिपुष्टि देता है। वहीं दूसरी ओर शिक्षकों को शिक्षण की प्रतिपुष्टि देता है और शिक्षक उसी के अनुसार अपने शिक्षण प्रक्रिया को सुधार सकता है।
6. **छात्रों के अधिगम प्रक्रिया का अनुश्रवण** (Monitoring) : यह छात्रों के सीखने की प्रक्रिया में मददगार होता है। छात्र रचनात्मक मूल्यांकन द्वारा यह जान पाता है कि पढ़ाए गए किस अंश में किस हद तक वह तथ्यों को आत्मसात् कर चुका है और आगे उस दिशा में कितना प्रयास किया जाना चाहिए।
7. **स्मरण बढ़ाने में सहायक :** यह छात्रों के स्मरण को बढ़ाने एवं पढ़ाए गए इकाई या प्रकरण (topic) के अधिगम के हस्तांतरण को सुगम बनाने में मदद करता है।
8. **स्वमूल्यांकन :** रचनात्मक मूल्यांकन स्वमूल्यांकन के रूप में भी प्रयुक्त हो सकता है। इसका उपयोग बच्चों द्वारा स्वमूल्यांकन के रूप में भी किया जा सकता है।
9. **अधिगम में कमी को सुधारना :** यह छात्रों के अधिगम अपूर्णता (learning deficiency) एवं कमजोरी में सुधार में भी मदद करता है।
10. **छात्रों को सजग रखना :** रचनात्मक या निर्माणात्मक मूल्यांकन छात्रों को सजग बनाये रखता है। छात्र लगातार प्राप्त किए गए प्रतिपुष्टि द्वारा अपनी स्थिति से अवगत होता रहता है और अपने अधिगम के प्रति सजग बना रहता है।
11. **शीघ्र निर्णय करना :** छात्र जिन परिस्थितियों में होता है उसके विरुद्ध शीघ्र निर्णय लेने में भी निर्माणात्मक मूल्यांकन संर्वाधिक उपयोगी सिद्ध होता है।
12. **विभिन्न तकनीकों का प्रयोग :** यह शिक्षण का सतत् व अनिवार्य अंग है जहाँ कोई विभिन्न प्रकार के तकनीक का प्रयोग करता है अर्थात् अभियोग्यता, अभिरुचि, तालिका (inventories), चेकलिस्ट, रेटिंग स्केल आदि तथा सजग श्रोता व छात्र पढ़ाए जा रहे प्रकरणों से अवगत होता है।
13. **विभिन्न अवधारणाओं का स्वांगीकरण** (assimilation) : निर्माणात्मक मूल्यांकन यह निर्धारित करता है कि छात्रों ने विभिन्न संकल्पनाओं, दक्षताओं एवं व्यावहारिक परिवर्तनों को कितने अच्छे तरह से आत्मसात् (assimilate) किया है।
14. **शैक्षिक व्यवहार के सुधार में मदद :** निर्माणात्मक मूल्यांकन विकास की अवस्था में शैक्षिक व्यवहार के सुधार में मदद करता है। बल्कि कार्यक्रम की समाप्ति के बाद इसकी असफलता के कारण कठिनाई में होने पर भी मदद करता है।
15. **असफलता का कोई कारण नहीं :** जब छात्रों का रचनात्मक मूल्यांकन द्वारा लगातार मूल्यांकन होता है, उसका मार्गदर्शन किया जाता है तो फिर अंतिम परीक्षा में उनके असफलता का कोई कारण ही नहीं हो सकता।

संकलनात्मक मूल्यांकन

जब छात्र सम्पूर्ण पाठ्यक्रम से भली-भांति परिचित हो जाता है तब संकलनात्मक मूल्यांकन संचालित किया जाता है। इस प्रकार, संकलनात्मक (Summative) मूल्यांकन सत्र के अंत में होता है। इसके आधार पर छात्र का परीक्षा परिणाम अर्थात् उत्तीर्ण या अनुत्तीर्ण निर्धारित किया जाता है और इसी आधार पर उसे नई कक्षा में प्रोन्नति दी जाती है।

संकलनात्मक (Summative) शब्द का अर्थ है–शिक्षण कार्यक्रम के एक सत्र के अन्त में छात्रों को एक श्रेणी (grade) में बाँटना। इस प्रकार का मूल्यांकन पाठ या इकाई के अन्त में कार्यान्वित किया जाता है। यह छात्रों के शिक्षण के प्रगति के परिणाम के रूप में उसके द्वारा की गई उन्नति की अंतिम जाँच या माप को प्रदर्शित करता है।

इस प्रकार, जहाँ रचनात्मक मूल्यांकन अपने अंतिम चरण में पहुंच जाता है वहाँ संकलनात्मक मूल्यांकन की तत्काल आवश्यकता होती है। यह सत्र या अवधि के अन्त में होता है जो छात्रों की सफलता का मापन करता है और यह पता करता है कि छात्रों द्वारा क्या उपलब्धि पाई गई। संकलनात्मक मूल्यांकन हेतु दोनों तरह की मूल्यांकन तकनीक यथा–औपचारिक और अनौपचारिक दोनों प्रयुक्त की जा सकती है। औपचारिक तकनीक में मानकीकृत (Standardised) जाँच जैसे–शिक्षक निर्मित जाँच, प्रश्नावली, साक्षात्कार, प्रदत्त कार्य (assignments), रेटिंग स्केल आदि आते हैं। अनौपचारिक तकनीक में निरीक्षण, बातचीत, प्रतिक्रिया एवं छात्रों द्वारा दी गई प्रतिपुष्टि आते हैं।

संकलनात्मक मूल्यांकन के गुण/ महत्व/आवश्यकता

1. **अंतिम प्रगति :** यह छात्रों के पाठ्यक्रम की समाप्ति के बाद परिणाम के रूप में अंतिम प्रगति के बारे में बताता है।

2. **प्रतिपुष्टि में कमी :** संरचनात्मक मूल्यांकन की अपेक्षा इसमें शिक्षक-छात्रों के बीच संवाद बहुत सीमित होता है और प्रतिपुष्टि बहुत ही कम मिलता है।
3. **शैक्षिक वर्ष का अन्त :** यह सत्र के शैक्षिक वर्ष के अन्त में होता है।
4. **उत्तीर्ण या अनुत्तीर्ण की घोषणा :** संकलनात्मक मूल्यांकन के आधार पर छात्रों के उत्तीर्ण या अनुत्तीर्ण होने की घोषणा की जाती है और इस आधार पर वे अगली कक्षा में प्रोन्नति पाते हैं।
5. **परीक्षा का आयोजन :** यह वार्षिक परीक्षा, आवधिक (terminal) परीक्षा, बाहरी (external) परीक्षा (जैसे CBSE की परीक्षा) आदि के रूप में होती है।
6. **छात्रों की प्रोन्नति :** यह छात्रों के श्रेणी में वर्गीकरण और प्रोन्नति में मदद करता है। जिससे छात्रों को अपने ज्ञान स्तर का भी पता चलता है और इसी आधार पर इनकी अगली कक्षा में प्रोन्नति भी मिलती है।
7. **पाठ्यक्रम की समाप्ति :** इसे पाठ्यक्रम गतिविधि की समाप्ति के रूप में व्यवहृत किया जाता है अर्थात् संकलनात्मक मूल्यांकन के पूर्व यह मान लिया जाता है कि पाठ्यक्रम गतिविधि का एक सत्र समाप्त हो गया है।
8. **परिणाम जीविका की तलाश में मदद करता है :** छात्रों का परीक्षा परिणाम, उसकी जीविका (career) के चुनाव, नियोजन (placement) और भविष्य की सफलता के पूर्वानुमान में मदद करता है।

उपरोक्त विवरणों के आधार पर यह स्पष्ट है कि औपचारिक एवं अनौपचारिक विधि एक तकनीक है जो रचनात्मक एवं संकलनात्मक दोनों ही मूल्यांकन में समान रूप से प्रयोग किए जाते हैं किन्तु दो मूल्यांकनों में तकनीकी का उद्देश्य भिन्न होता है।

मूल्यांकन क्यों?

प्रभावशाली शिक्षक यह निर्धारित करने के लिए कि उनके छात्र कितनी मात्रा में और कितने अच्छे ढंग से अधिगम कर रहे हैं, विभिन्न प्रकार के साधन जैसे कुछ औपचारिक एवं अन्य अनौपचारिक साधनों का प्रयोग करते हैं। उदाहरणस्वरूप, ज्यादातर शिक्षक छात्रों के अधिगम का औपचारिक मूल्यांकन हेतु प्रश्नोत्तरी (quizes), जाँच, परीक्षा, गृहकार्य, टर्न पेपर, लैब रिपोर्ट आदि का प्रयोग करते हैं। ये औपचारिक तकनीक शिक्षकों को छात्रों के उपलब्धि मूल्यांकन करने एवं उन्हें श्रेणी (grade) प्रदान करने में मदद करते हैं।

कक्षा अधिगम के अनौपचारिक मूल्यांकन हेतु भी शिक्षक कई प्रकार के तकनीकों का इस्तेमाल करते हैं।

उदाहरणस्वरूप शिक्षक प्रश्न प्रस्तुत करता है फिर छात्रों के उत्तर और प्रतिक्रिया को सुनता है और चेहरे के भाव व शारीरिक भाषा को अनुश्रवण करता है।

अनौपचारिक मूल्यांकन प्रायः अप्रत्यक्ष होता है जो शिक्षकों को उसके शिक्षण में समन्वय (adjustment) की अनुमति देता है। यह गतिविधि की गति को कम करने या प्रश्नों, उलझनों एवं भ्रम पर प्रतिक्रिया देने में पाठ्य-वस्तुओं के पुनरावलोकन की भी अनुमति देता है या जब छात्र का प्रदर्शन उम्मीद से हो वैसी स्थिति में आगे बढ़ने की भी अनुमति देता है।

परम्परागत कक्षा शिक्षण के मुकाबले सुदूर शिक्षा में शिक्षकों को कई प्रकार के चुनौतियों का सामना करना पड़ता है। उदाहरणतः शिक्षक के पास निम्न चीजें नहीं होती–

- ☆ एक परम्परागत परिचित कक्षा
- ☆ अपेक्षाकृत एक जैसे छात्रों का समूह
- ☆ कक्षा के दौरान आमने-सामने की प्रतिपुष्टि (जैसे–छात्रों से प्रश्न पूछना, प्रतिक्रिया, शारीरिक भंगिमा एवं चेहरे का भाव)
- ☆ सुदूर हस्तांतरण व्यवस्था पर पूर्ण नियंत्रण
- ☆ छात्रों से व्यक्तिगत संवाद का सुविधाजनक अवसर

इन कारणों से सुदूर शिक्षक (Distance educators) न केवल छात्रों को जाँच एवं गृहकार्य द्वारा औपचारिक रूप से मूल्यांकन में उपयोगी पा सकते हैं बल्कि आँकड़ों के संग्रह में अनौपचारिक उपायों का भी प्रयोग कर सकते हैं।

6 गणित शिक्षण की समस्याएँ

हमारे विद्यालय में गणित शिक्षा का प्रत्येक विश्लेषण जटिल मुद्दों की एक शृंखला की पहचान करता है। हम निम्नलिखित चार समस्याओं जिन्हें हम संबंधित क्षेत्र का केन्द्र समझते हैं के इर्द-गिर्द मुद्दों की समझ बनाते हैं:

(1) ज्यादातर बच्चों में गणित के प्रति असफलता एवं भय का भाव

(2) पाठ्यक्रम जो अल्पसंख्यक प्रतिभावान छात्रों के साथ ही बहु-संख्यक ऐसे छात्र जो गणित की कक्षा में भाग नहीं लेते, दोनों को एक साथ निराश करता है।

(3) आकलन की अपरिष्कृत विधि जो गणित को एक यांत्रिक संगणना (Mechanical Computation) के रूप में बोध को बढ़ाता है।

(4) शिक्षकों की तैयारी एवं गणित शिक्षण में मदद का अभाव इनमें से प्रत्येक को विस्तारित किया जा सकता है और विस्तारित करने की जरूरत भी है। चूँकि वे पाठ्यक्रम की रूपरेखा से आवश्यक रूप से जुड़े हैं।

भय एवं असफलता

यदि अध्ययन का कोई विषय-क्षेत्र विस्तृत भावनात्मक प्रतिक्रिया का आह्वान करता है तो वह गणित है। जबकि तमिल में शिक्षित कोई व्यक्ति (बिना शर्मिंदगी के) यह स्वीकार नहीं करेगा कि वह किसी तिरूक्कुरल को नहीं जानता। सगर्व यह घोषणा करना कि वह कभी भी गणित नहीं सीख सका, यह किसी व्यक्ति का मुक्त सामाजिक मानदण्ड है। जबकि ये वयस्कों की मनोवृत्ति हो सकती है, बच्चों में हमेशा गणित को लेकर भय और चिन्ता होती है। प्रसिद्ध साहित्य में इसके लिए 'गणित की चिंता' (Mathematics anxiety) एवं 'गणित का भय' (Math-phobia) नाम दिया गया है।

भारतीय परिप्रेक्ष्य में इस प्रकार की चिन्ता का खास आयाम है। प्राथमिक शिक्षा के वैश्वीकरण के बाद इसे राष्ट्रीय प्राथमिकता एवं कानूनी अधिकार बना दिया गया है। इस ऐतिहासिक परिस्थिति में प्रत्येक पहलुओं की जांच के लिए एक गंभीर प्रयास अवश्य किया जाना चाहिए जो बच्चों को इससे विमुख करता है और गणित की कक्षा में भाग न लेने में महत्वपूर्ण भूमिका निभाता है। यहाँ तक कि उसे व्यवस्था से अलग कर देता है। यदि कोई विषय जो विद्यालय में पढ़ाया जाता है, बच्चे को कक्षा से विमुख करने में भूमिका निभाता है और विद्यालय आने से रोकने का कारण है तो वह निश्चय ही गणित है। जो भय को इतना ज्यादा बल देता है कि दोष का एक बड़ा हिस्सा ले लेता है।

इस प्रकार का भय असफलता के भाव से काफी नजदीकी से जुड़ है। तीसरी या चौथी कक्षा से ही बहुत बच्चे गणित की जरूरतों का सामन करने से खुद को अयोग्य देखना प्रारंभ कर देते हैं। उच्च विद्यालय में जो बच्चे वर्षान्त परीक्षा में एक या दो विषयों में अनुत्तीर्ण हो जाते हैं और इसलिए उसी कक्षा में रोक लिए जाते हैं उनमें से अधिकतर बच्चे गणित में ही अनुत्तीर्ण होते हैं। यह आंकड़ा दसवीं कक्षा तक हमारा पीछा करत है जब शिक्षा बोर्ड किसी छात्र के लिए प्रमाण पत्र जारी करता है। बोर्ड परीक्षा में बड़ी संख्या में छात्र गणित में ही अनुत्तीर्ण होते हैं।

बहुत से अध्ययन और विश्लेषण विद्यालयों में गणित के भय का कारण है। उनमें से एक गणित की संचयी प्रकृति है। यदि आप दशमलव से आगे बढ़ेंगे तो प्रतिशत से आगे बढ़ेंगे; यदि प्रतिशत से आगे बढ़ेंगे तो बीज गणित से आगे बढ़ेंगे इसी प्रकार क्रमिक रूप से गणित के अन्य प्रकरणों तक पहुँच सकेंगे। गणित के भय का दूसरा मुख्य कारण सांकेतिक भाषाओं का आधिपत्य माना जाता है। जब संकेतों का बिना समझ के उपयोग किया जाता है तो एक सीमा के बाद बच्चों के ऊपर ऊब (boredom) और घबराहट (bewilderment) छा जाता है और इससे विषय के प्रति अलगाव (disassociation) पैदा होता है।

एक खास बात की चर्चा अवश्य की जानी चाहिए जो खासकर प्राथमिक स्तर पर समस्या पैदा करती है, वह है पाठ्य-पुस्तकों में प्रयुक्त भाषा। देश के अधिकांश बच्चों के लिए विद्यालय में सिखाई गई गणित की भाषा उसके प्रतिदिन बोले जाने वाले भाषाओं से काफी भिन्न और भयंकर है।

निराशाजनक पाठ्यक्रम

गणित का कोई पाठ्यक्रम जो इसकी क्रिया-विधि एवं सूत्रों के समझ व ज्ञान पर बल देता है वह चिन्ता को बढ़ाता है। विद्यालय में गणित का प्रचलित अभ्यास इसे प्रोत्साहन देता है। दूसरी ओर यह बड़े पैमाने पर माना जाता है कि एक से ज्यादा किसी अन्य अध्ययन के विषयों में गणित एक ऐसा विषय है जिसमें प्रारंभिक स्तर पर बहुत कम बच्चों में बहुत ज्यादा अभिप्रेरणा (motivation) एवं प्रतिभा देखी जाती है। ये वे बच्चे हैं जो संख्या पद्धति एवं बीजगणित को बहुत सहजता से लेते हैं और बहुत आसानी से हल करते हैं।

पाठ्यक्रम जो कुछ देते हैं वह इस प्रकार के बच्चों के लिए भी अधिक निराशाजनक है। पाठ्यक्रम न तो संकल्पनात्मक गम्भीरता देता है न ही चुनौती देता है, बल्कि बच्चों के अभिप्रेरण के न्यूनतम उपयोग को

भी स्वीकार कर लेता है। उनके लिए अधिगम प्रक्रिया आसान हो सकती है किन्तु तार्किक शक्ति के लिए उनकी समझ और क्षमता अभ्यास के अन्तर्गत ही रहती है।

अपरिष्कृत आकलन

हम गणित के भय और असफलता पर बात कर चुके हैं। क्या होता है जबकि बच्चे कक्षा से विमुख होते हैं? कक्षा से विमुख होना परीक्षा की तरह भय उत्पन्न नहीं करता। ऊपर चिह्नित ज्यादातर समस्याएँ विद्यालय में पढ़ाये जाने वाले गणित के सूत्रों को याद करने और व्यवहार में लाने के ज़ुल्म से संबंधित है। अर्थात् छोटे बच्चों को विद्यालय में गणित के सूत्र याद कराना एवं उसका अनुप्रयोग कराना उसके प्रति अत्याचार है। साथ ही क्रियाविधि के आधिपत्य का मुख्य कारण आकलन और मूल्यांकन की प्रकृति है। प्रश्नपत्र केवल छात्रों के क्रिया-विधि के ज्ञान एवं तथ्यों तथा सूत्रों के स्मरण के आकलन के लिए तैयार किए जाते हैं। प्रश्न-पत्र निर्माण परीक्षा में प्रदर्शन को ध्यान में रखकर किया जाता है। संकल्पना के अधिगम का स्थान क्रिया-विधि के स्मरण ने ले लिया है। वे बच्चे जो इस प्रकार का परिवर्तन सफलतापूर्वक नहीं कर सकते वे भय का अनुभव करते हैं और असफल हो जाते हैं।

जबकि गणित विद्यालय में औपचारिक समस्या के समाधान का बड़ा आधार है। यह बच्चों का एक मात्र रंगस्थली भी है जहाँ ये प्रश्नों का उत्तर देकर खेलने की थोड़ी सी जगह देखते हैं। गणित में ऐसा दिखता है कि प्रश्न का एक अनूठा उत्तर होता है उसे या तो आप जानते हैं या नहीं। भाषा में, सामाजिक अध्ययन में यहां तक कि विज्ञान में भी आप आंशिक ज्ञान का उपयोग एवं प्रदर्शन कर सकते हैं किन्तु गणित में ऐसा करने की कोई गुंजाइश नहीं है। स्पष्टतः इस स्तर का बोध (perception) चिन्ता को और बढ़ाता है।

आश्चर्यजनक तो यह है कि गणित की शिक्षा पर बड़ी मात्रा में अनुसंधान हो रहे हैं और इनमें से कुछ गणित के पाठ्यक्रम एवं शिक्षण विधि में परिवर्तन की बात करते हैं किन्तु सौ वर्ष या उससे भी ज्यादा समय के बाद भी हमारे विद्यालय में गणित के मूल्यांकन पद्धति में कुछ ज्यादा बदलाव नहीं आया है। यह सातवीं कक्षा की त्रैमासिक परीक्षा दसवीं के बोर्ड परीक्षा से ज्यादा अलग नहीं है और पाठ्यक्रम में अध्याय की समाप्ति के बाद के अभ्यास प्रश्न भी समान पद्धति पर आधारित है। यह प्रासंगिक नहीं है। अध्याय में दी गई जानकारी आंशिक है और कुछ खास सवालों को हल करने के लिए दिया उद्धरण (text) परम्परागत हैं। यदि इस संबंध में मौलिक परिवर्तन किया जाना हो तो आकलन के इस प्रकार के पुराने एवं अपरिष्कृत (rude) तरीके को पूरी तरह बदलना होगा।

शिक्षकों की अपर्याप्त तैयारी

गणित की शिक्षा पाठ्यवस्तु की नियमावली एवं उसकी तैयारियों पर बहुत ज्यादा निर्भर होता है। शिक्षकों को गणित की प्रकृति एवं उसके शिक्षण तकनीक की अपनी समझ होनी चाहिए। पाठ्यक्रम केन्द्रित शिक्षण विधि शिक्षक के अपने गणितीय गतिविधि को कुंठित करता है। इस सम्पूर्ण शृंखला के दोनों ओर गणित शिक्षण के सामने खास समस्याएँ हैं। प्राथमिक स्तर पर ज्यादातर शिक्षक यह मानते हैं कि वे सभी गणितीय जरूरतों को जानते हैं और खास शैक्षणिक विधि के प्रशिक्षण के अभाव में प्रायः उन तकनीकों का प्रयोग करते हैं जिनका अनुभव उन्होंने खुद विद्यालय में पढ़ने के दौरान पाया है। प्रायः यह समस्या को समय और स्थान के परे स्थाई और अप्रत्यशित स्थिति में पहुँचा देता है।

माध्यमिक एवं उच्चतर माध्यमिक स्तर पर कुछ शिक्षक अलग प्रकार के परिस्थितियों का सामना करते हैं। उनके विद्यालय में पढ़ाई के दिनों के अपेक्षा आज का पाठ्यक्रम काफी बदला हुआ होता है। शिक्षक के लिए सुव्यवस्थित एवं सतत् शिक्षा कार्यक्रम के अभाव में कई संकल्पनाओं के क्षेत्र में उनका मौलिक ज्ञान मजबूत नहीं होता। यह बच्चों को अत्यल्प ज्ञान देने वाले बाजारू नोट्स पर निर्भरता को बढ़ावा देता है।

शिक्षकों की अपर्याप्त तैयारी एवं सहयोग विद्यालय में गणित शिक्षण पर नकारात्मक प्रभाव डालता है। प्राथमिक स्तर पर इसके मुख्य परिणाम हैं कि गणित शिक्षण विधि बच्चों के शिक्षण विधि के अनुसंधान से प्राप्त निष्कर्ष के साथ अनुकूलता का अनुभव करता है। उच्च प्राथमिक स्तर पर जब कल्पना की भाषा बीजगणित में औपचारिक रूप लेती है तब शिक्षकों की अपर्याप्त तैयारी प्रायोगिक अधिगम का औपचारिक गणित के साथ जोड़ने की अयोग्यता के रूप में प्रतिबिम्बित होती है। अर्थात् शिक्षक पर्याप्त तैयारी के अभाव में प्रायोगिक अधिगम को औपचारिक गणित के साथ जोड़ने में नाकाम होते हैं। इसके बाद यह गणित या विषय के बाहर के क्षेत्र का विज्ञान में अनुप्रयोग के साथ संबंध बनाने में अक्षम दिखता है। इस प्रकार, यह छात्रों को महत्वपूर्ण अभिप्रेरणा एवं रसास्वादन से वंचित करता है।

अन्य समस्याएँ

हम कुछ व्यवस्थाजन्य समस्याओं की संक्षिप्त में चर्चा करना चाहते हैं। एक बड़ी समस्या श्रेणीकरण की है। प्राथमिक विद्यालयों एवं उच्च विद्यालयों के गणित-शिक्षकों के बीच बकायदा संवाद बहुत कम है। इसी प्रकार कॉलेज के गणित शिक्षकों का उच्च विद्यालय के गणित शिक्षकों के बीच संवाद नहीं है। ज्यादातर विद्यालय-शिक्षक ने शोधकर्ता गणितज्ञों से बातचीत नहीं की है, सम्पर्क नहीं किया है यहाँ तक कि देखा भी नहीं है। जो शिक्षकों की शिक्षा से जुड़े हैं वे भी एक तरह से कॉलेज और गणित के शोध से बाहर ही हैं।

दूसरी महत्वपूर्ण समस्या पाठ्यक्रम की गत्यात्मकता है। एक पीढ़ी पूर्व कॉलेज में छात्रों को सबसे पहले 'कलन' (Calculus) से सामना होता था। उससे भी एक पीढ़ी पूर्व विश्लेषणात्मक ज्यामिति को कॉलेज का गणित माना जाता था। किन्तु अब ये सभी विद्यालय पाठ्यक्रम का हिस्सा हैं।

जबकि हमने लिंग-भेद को व्यवस्थागत मुद्दे के रूप में चर्चा की है किन्तु इस समस्या को विस्तृत रूप से समझने की जरूरत है। गणित को 'पुरुष केन्द्रित' माना जा रहा है। यह समझ गणित के पाठ्यक्रम में या फिर गणित के शोध के क्षेत्र में महिलाओं की अनुपस्थिति के कारण पैदा हुई है। वर्ग कक्ष के शोध भी लड़कियों का स्पष्टतः व्यवस्थागत अवमूल्यन करता है कि लड़कियाँ गणित पर पकड़ बनाने में अक्षम है जबकि वे मौखिक एवं संज्ञानात्मक दोनों ही कार्यों में गणित में उल्लेखनीय रूप से अच्छा प्रदर्शन कर रही है। यह देखा जाता है कि शिक्षक लड़कियों के

अपेक्षा लड़कों को ज्यादा सम्बोधित करते हैं, जो पुरुष के रूप में आदर्श गणित शिक्षार्थी के निर्माण का पोषण करता है। अध्ययन यह दिखाता है कि शिक्षकों का ज्यादा झुकाव छात्रों की गणितीय सफलता को उसकी 'योग्यता' मानने में तथा लड़कियों की गणितीय सफलता को उसका 'प्रयास' मानने में होता है। इस प्रकार कक्षा का माहौल भी गणित को पुरुष केन्द्रित बनाये रखने में मदद करता है।

इसके अलावा भी गणित शिक्षण की कई समस्याएँ है जो प्रत्यक्षतः या परोक्षतः गणितीय ज्ञान के प्रसार में बाधा डालती है। यथा–

1. **शिक्षक का दोषपूर्ण व्यवहारः** शिक्षक का व्यवहार छात्रों के सीखने को प्रत्यक्ष रूप से प्रभावित करता है। शिक्षक में एक आदर्श शिक्षक के सभी गुण होने चाहिए। उसके व्यवहार में सहानुभूति, सहयोग, समानता शिक्षण कला में निपुणता, मृदुभाषी, संयम आदि गुण हैं तो छात्र कक्षा वातावरण में सहज रूप से सब कुछ सीख सकेंगे। लेकिन यदि शिक्षक का व्यवहार अत्यन्त कठोर है तो छात्र उसकी कक्षा से पलायन करने लगते हैं, जो शिक्षण के दौरान एक प्रमुख समस्या है।
2. **दोषपूर्ण शिक्षण विधिः** शिक्षण विधि का सीधा सम्बन्ध अधिगम प्रक्रिया से होता है। साथ ही, प्रत्येक शिक्षक के पढ़ाने का तरीका भी भिन्न होता है तथा सभी छात्र एक ही विधि से नहीं सीख पाते। शिक्षण की विधि जितनी अधिक वैज्ञानिक एवं प्रभावशाली होगी उतनी ही सीखने की प्रक्रिया सरल एवं लाभप्रद होगी। बच्चों के सन्दर्भ में खेल विधि द्वारा सीखना, करके सीखना, निरीक्षण द्वारा सीखना, योजना विधि द्वारा सीखना, खोज द्वारा सीखना आदि का अपना अलग-अलग महत्त्व है। लेकिन शिक्षक छात्रों की रुचि के अनुरूप उन्हें शिक्षा न देकर पुरानी विधियों पर ही निर्भर रहते हैं।
3. **अध्यापक को विषय का यथेष्ठ ज्ञान न होनाः** अध्यापक का किसी विषय से सम्बन्धित ज्ञान, अनुभव एवं योग्यता आदि छात्रों को प्रत्यक्ष रूप से प्रभावित करते हैं। यदि अध्यापक को अपने विषय की गहन जानकारी नहीं है तो वह छात्रों को बहुत कुछ नहीं दे पाएगा। इसके विपरीत, यदि अध्यापक को अपने विषय का पूर्ण ज्ञान है तो आत्मविश्वास के साथ छात्रों को नवीन ज्ञान देने में सक्षम होगा तथा उसका शिक्षण प्रभावी होगा। आजकल गणित शिक्षण से जुड़ी यह एक प्रमुख समस्या है।
4. **छात्रों में व्यक्तिगत भेदः** प्रत्येक छात्र की बुद्धि रुचि, योग्यता, क्षमता, अभिवृत्ति आदि अलग-अलग होती है तथा यही विशेषता शिक्षण की एक समस्या बन जाती है। इन्हीं विशेषताओं के कारण कुछ छात्र तो अध्यापक द्वारा प्रदत्त ज्ञान को आसानी से आत्मसात् कर लेते हैं और कुछ देर से कर पाते हैं या बिल्कुल ही नहीं कर पाते। सामान्यतः एक कक्षा में अध्यापक को तीन प्रकार के छात्रों का सामना करना होता है–मेधावी, सामान्य तथा पिछड़े हुए छात्र। इसी समस्या को व्यक्तिगत भेद की समस्या की संज्ञा दी जाती है। आजकल शिक्षक अपने शिक्षण की व्यवस्था इनके अनुरूप सुचारु रूप से व्यवस्थित करने में असफल हो रहे हैं।
5. **समय-चक्र में गणित का गलत स्थानः** यदि छात्र अधिक देर तक किसी क्रिया को करता रहता है तो वह थकान का अनुभव करने लगता है और थकान अनुभव होने से सीखने की प्रक्रिया में शिथिलता उत्पन्न हो जाती है। विद्यालयों में समय-चक्र बनाते समय इस बात का ध्यान रखा जाना चाहिए कि गणित जैसे कठिन विषयों को पहले तथा सरल विषयों को समय-चक्र में बाद में पढ़ाने की व्यवस्था बनाई जाए साथ ही मध्यान्तर की व्यवस्था भी आवश्यक रूप से की जानी चाहिए। समय चक्र में इस बात का भी ध्यान रखा जाना चाहिए कि एक कक्षा की समय अवधि कितनी है।
6. **अभ्यास की उचित व्यवस्था न होनाः** अभ्यास, गणित शिक्षण का एक महत्त्वपूर्ण अंग है। गणित शिक्षण में अभ्यास का उचित विभाजन नहीं है, गणित शिक्षण में अभ्यास का मापदण्ड आवश्यक है। अभ्यास उतना होना चाहिए जितना कि छात्र उसे बिना थकावट का अनुभव कर कर सके तथा यह प्रक्रिया निरन्तर होनी चाहिए। माध्यमिक स्तर पर गणित शिक्षण में अभ्यास की प्रक्रिया का स्वरूप एक समान नहीं है जो गणित शिक्षण में एक प्रमुख समस्या है। आवश्यकता से अधिक अभ्यास कराने से सीखने की क्षमता का ह्रास होता है।
7. **छात्रों का शारीरिक एवं मानसिक स्वास्थ्यः** गणित शिक्षण के अन्तर्गत छात्रों का शारीरिक तथा मानसिक रूप से स्वस्थ होना नितान्त आवश्यक है। क्योंकि बालक के ध्यान, रुचि व एकाग्रता पर इसका प्रभाव पड़ता है। किसी भी प्रकार की मानसिक विकृति, शारीरिक रुग्णता तथा मानसिक तनाव का प्रत्यक्ष प्रभाव बालकों के शिक्षण पर प्रतिकूल पड़ता है। शारीरिक एवं मानसिक रूप से अस्वस्थ बालक शीघ्र ही थक जाते हैं।
8. **पाठ्यक्रम की दोषपूर्ण संरचनाः** गणित शिक्षण में पाठ्यक्रम की संरचना का बड़ा महत्त्व है। पाठ्यक्रम सरल से कठिन की ओर 'बाल केन्द्रित' तथा 'जीवनोन्मुखी' सिद्धान्तों पर आधारित होना चाहिए। लेकिन माध्यमिक स्तर पर पाठ्यक्रम की संरचना का व्यवस्थित ना होना भी गणित शिक्षण की एक प्रमुख समस्या है।
9. **प्राथमिक स्तर पर छात्रों का कमजोर गणितीय आधारः** माध्यमिक स्तर पर गणित शिक्षण की एक प्रमुख समस्या यह भी है कि छात्रों का प्राथमिक स्तर पर गणित शिक्षण बहुत कमजोर रूप में होता है। जिस कारण माध्यमिक स्तर पर छात्र गणित को ठीक से नहीं समझ पाते तथा इसी कारण से गणित शिक्षण के प्रति उनकी रुचि कम हो जाती है। जिस कारण माध्यमिक स्तर पर गणित शिक्षण का कार्य सुचारु रूप से नहीं हो पाता। जो माध्यमिक स्तर पर गणित की एक प्रमुख समस्या बन जाती है।
10. **गणित शिक्षण के लिए उचित वातावरण का अभावः** विद्यालयों में गणित शिक्षण के लिए उचित वातावरण की समस्या आज गणित शिक्षण की एक प्रमुख समस्या बन गई है। गणित शिक्षण में गणित कक्ष, गणित, प्रयोगशालाओं, पुस्तकालय, कक्षा कक्ष में प्रकाश व वायु की व्यवस्था आदि का उत्तम प्रबन्ध न होना प्रमुख है।

7 त्रुटि विश्लेषण

छात्रों द्वारा त्रुटि

अधिगम अयोग्यता वाले छात्रों एवं धीमा प्रदर्शन वाले छात्रों के लिए खास त्रुटियों की पहचान विशेष रूप से महत्वपूर्ण है। छात्रों के त्रुटियों का सही-सही निरूपण कर शिक्षक छात्रों के जरूरत के क्षेत्र का लक्ष्य के अनुरूप शिक्षा दे सकता है। सामान्यतः वैसे छात्र जिन्हें गणित सीखने में कठिनाई होती है, उनमें कई कारणों से महत्त्वपूर्ण संकल्पनात्मक ज्ञान का अभाव होता है। यथा–शिक्षण गति के अनुरूप सूचनाओं को संसाधित (Process) करने की अयोग्यता, प्रतिक्रिया या उत्तर देने के लिए पर्याप्त अवसरों का अभाव, भ्रांति या न समझने की स्थिति में शिक्षक से विशेष प्रतिपुष्टि (feedback) का अभाव, गणित के विषय में चिन्ता एवं दृश्य-श्रव्य माध्यम में कठिनाई।

ज्ञान का अभाव

छात्रों के ज्ञान का अभाव एक बहुत बड़ा कारण हो सकता है कि क्यों वे बार-बार एक निश्चित सवाल को हल नहीं कर पाते। जैसा कि ऊपर कहा गया है, तीन तरह की त्रुटियाँ होती है– क्रिया-विधि संबंधी (procedural), तथ्यों पर आधारित (factual) एवं अवधारणात्मक (conceptual)। यदि एक छात्र सही क्रिया-विधि का अनुसरण नहीं करता तो यह क्रिया-विधि संबंधी या व्यावहारिक त्रुटि है। तथ्यात्मक त्रुटि वे गलतियां है जो छात्र तब करता है जब एक तथ्य सवालों को हल करने के लिए आवश्यक होता है और छात्र उसे याद नहीं रख पाता या छात्रों को आधारभूत तथ्यों पर पकड़ नहीं होती। क्रिया-विधि संबंधी एवं तथ्यात्मक त्रुटि (जिसे असावधानी भी कहा जाता है) भ्रांतियों के कारण नहीं होता। असावधानी, याद्दाश्त में कमी (slips), आवेगशीलता (inpulsivity) या दृश्य प्रेरक संघटन (visual motor integration) की समस्या के कारण होती है, इसकी पहचान अवधारणात्मक त्रुटियों की अपेक्षा ज्यादा आसान है। अवधारणात्मक या संकल्पनात्मक त्रुटि (Bugs) क्रिया-विधि संबंधी त्रुटि की तरह दिख सकता है। किन्तु यह तब होता है जब छात्र गणित के किसी खास संकल्पना को पूरी तरह नहीं समझ पाता। यह अन्य त्रुटियों की अपेक्षा ज्यादा गंभीर त्रुटि है।

यदि कोई त्रुटि संकल्पनात्मक है तो उसे निर्धारित करने के लिए शिक्षकों को छात्रों को ठोस उदाहरण द्वारा समस्या को प्रस्तुत करने या सवाल को हल करने के लिए प्रयुक्त चरणों (Steps) को दिखाने और उसकी व्याख्या करने के लिए कहना चाहिए।

एकाग्रता में कमी या असावधानी

छात्रों द्वारा किए गए त्रुटि का अन्य संभव कारण एकाग्रता में कमी या असावधानी है। इस मुद्दे के समाधान के लिए शिक्षक को सर्वप्रथम निर्देशों पर विचार करना चाहिए, फिर छात्रों की योग्यता और कार्य पर। उदाहरणस्वरूप, एकाग्रता में कमी लम्बे भाग के दौरान जबकि छात्र ने भाग करना नहीं सीखा है या पूर्व की आवश्यक दक्षता नहीं हासिल की है के समान होता है। यहां निर्देशों एवं छात्र की योग्यता में मेल नहीं होता। जहां छात्रों को एक लम्बी अवधि तक सुनने की जरूरत होती है पाठ के उस हिस्से के शिक्षण के दौरान अएकाग्रता (Inattention) हो सकती है। इस स्थिति में, शिक्षकों को एक स्फूर्तिकारक विषय-वस्तु प्रस्तुत करना चाहिए; वह भी उत्साह पूर्ण तरीके से और यह निश्चित करते हुए कि छात्रों को पाठ से जुड़ने एवं प्रश्नों पर प्रतिक्रिया या उत्तर देने का पर्याप्त अवसर दिया गया है। जब स्वतंत्र कार्यों के दौरान एकाग्रता में कमी हो तब शिक्षक को कार्य पूरा करने की अपेक्षाओं (Expectations) को स्पष्ट कर देना चाहिए। इन्हें छात्रों के कार्यों का अनुश्रवण (Monitor) करना चाहिए तथा सुधारात्मक प्रतिपुष्टि भी प्रदान करना चाहिए।

त्रुटि विश्लेषण करना

निम्नलिखित चरण (Steps) गणित में प्रयुक्त त्रुटि विश्लेषण प्रक्रिया की व्याख्या करते हैं:

1. छात्रों के प्रत्येक तरह के समस्याओं के लिए (जैसे-एक अंक का जोड़, दो अंकों गुणा) छात्रों के कार्यों का नमूना एकत्र करना। इनमें प्रत्येक तरह की समस्याओं के लिए कम-से-कम तीन से पाँच चीजें होनी चाहिए।
2. बिना किसी तरह के संकेत या प्रोत्साहन के छात्रों द्वारा जैसे कि वह सवालों को हल किया है का विवरण रखना।
3. छात्रों के सभी लिखित व मौखिक रूप में प्रतिक्रियाओं का संग्रह करना।
4. प्रतिक्रियाओं का विश्लेषण करना एवं समान तरह के समस्याओं में एकरूपता का पता लगाना।
5. एक स्पष्ट प्रतिरूप में अपवाद के उदाहरणों का पता लगाना। सटीक अपवाद यह संकेत देता है कि छात्र क्रिया-विधि या संकल्पना को पूरी तरह नहीं समझता है।

6. निरीक्षण किए गए प्रतिरूपों एवं छात्रों की समस्याओं को संभव कारणों का सामान्य भाषा में वर्णन करना। जैसे कि यदि छात्र ने दो अंक वाले जोड़ के सवालों का पुनः समूहीकरण नहीं किया है तो इसका यह संकेत हो सकता है कि वह छात्र स्थानीय मान की अवधारणा (Concept) को नहीं समझता।
7. छात्रों का यह पूछकर साक्षात्कार लेना कि उसने प्रश्नों को कैसे हल किया ताकि संदेहास्पद त्रुटि प्रतिरूपों की पुष्टि की जा सके।

मूल्यांकन में त्रुटि

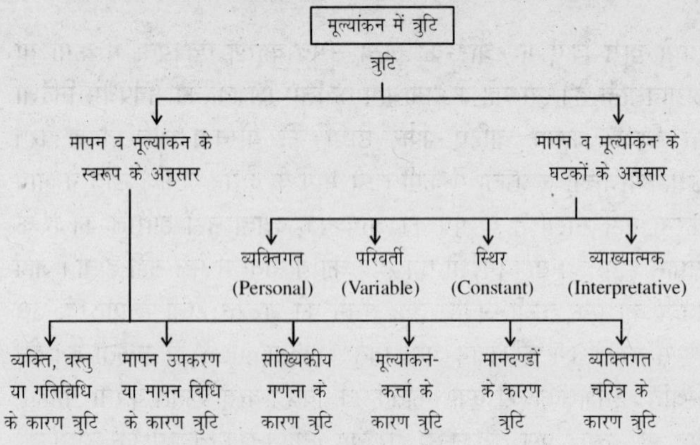

व्यक्ति, वस्तु या गतिविधि के कारण त्रुटि

वह त्रुटि जो उस व्यक्ति वस्तु या गतिविधि के कारण होता है जिसका मापन या मूल्यांकन किया जाना है। उदाहरणस्वरूप, ऐसे छात्र के वास्तविक योग्यता का मापन या मूल्यांकन कठिन है जो मानसिक या शारीरिक रूप से सामान्य नहीं है या वह थका हुआ, डरा हुआ या बीमार है या फिर उसे यह अनुभव नहीं है कि जाँच परीक्षा कैसे संचालित की जाती है।

समाधानः इस प्रकार की त्रुटि को छात्रों को परीक्षा के बारे में सम्पूर्ण जानकारी देकर और सहानुभूतिपूर्वक व्यवहार कर कम किया जा सकता है।

मापन उपकरण एवं मापन विधि के कारण त्रुटि

इस प्रकार की त्रुटि तब होती है जब छात्रों की योग्यता को मापने में अपर्याप्त उपकरण एवं विधि का प्रयोग किया जाता है। जैसे, यदि योग्यता के मापन में उपलब्धि परीक्षण का प्रयोग नहीं किया जाय तो मापन सही नहीं हो पायेगा।

समाधानः इस प्रकार के त्रुटियों को उचित उपकरण एवं विधि के निर्माण द्वारा सुधारा जा सकता है किन्तु ये उपकरण एवं विधियां वस्तुनिष्ठ, वैध एवं विश्वसनीय होना चाहिए।

सांख्यिकीय गणना के कारण त्रुटि

यदि कोई मूल्यांकनकर्त्ता उचित सांख्यिकीय विधि या गणना के चुनाव में त्रुटि करता है तो मूल्यांकन का परिणाम गलत होगा। इस प्रकार की त्रुटि इसके अन्तर्गत आती है।

समाधानः इस प्रकार की त्रुटि को सांख्यिकी एवं गणना के स्पष्ट ज्ञान द्वारा खत्म किया जा सकता है।

मूल्यांकनकर्त्ता के कारण त्रुटि

यदि मापनकर्त्ता या मूल्यांकनकर्त्ता उपकरण एवं विधि के साथ-साथ उपयुक्त सांख्यिकीय तरीका उपयोग करने में सक्षम नहीं है तो इस प्रकार की त्रुटि होती है। उदाहरणस्वरूप यदि मूल्यांकनकर्त्ता चिढ़ा हुआ या ईर्ष्याग्रस्त है तब वह सही-सही मूल्यांकन नहीं कर सकता।

समाधानः इस प्रकार के त्रुटि का समाधान मूल्यांकनकर्त्ता के निष्पक्ष व तटस्थ होने पर हो सकता है।

मानदण्ड के कारण त्रुटि

यदि एक मूल्यांकनकर्त्ता को मूल्यांकन परिणाम की व्याख्या के मानदण्डों का स्पष्ट ज्ञान नहीं है तो वह मापन के परिणामों की सही व्याख्या नहीं कर सकता।

समाधानः इस प्रकार की त्रुटि का समाधान मूल्यांकनकर्त्ता का मानदण्डों की स्पष्ट जानकारी देकर किया जा सकता है।

व्यक्तिगत चरित्रों के कारण त्रुटि

यदि एक मूल्यांकनकर्त्ता छात्र के चरित्र के मापन के प्रति सजग नहीं है। उन्हें यह भी नहीं मालूम है कि बच्चों के किस प्रकार के गुणों का मापन किया जाना है, तो वह उपयुक्त जाँच की रचना करने में सक्षम नहीं हो सकता। परिणामतः वह छात्र के गुणों का उचित ढंग से मापन नहीं कर सकता।

समाधानः इस प्रकार की त्रुटि को गुणों के मापन के निर्धारण द्वारा समाप्त किया जा सकता है।

व्यक्तिगत त्रुटि

मूल्यांकनकर्त्ता की शारीरिक एवं मानसिक अवस्था, उसका व्यक्तिगत दृष्टिकोण, उसकी, पसन्द और नापसन्द आदि प्रत्यक्षतः अथवा परोक्षतः मापन एवं मूल्यांकन प्रक्रिया का प्रभावित करते हैं। इस प्रकार की त्रुटि प्रायः वर्णनात्मक उत्तरों में पाये जाते हैं।

समाधानः इस प्रकार की त्रुटि का समाधान प्रश्नों को वस्तुनिष्ठ बनाकर किया जाना चाहिए।

परिवर्ती त्रुटि

इस प्रकार की त्रुटियाँ मापन वस्तुओं के प्रयोग, व्यक्ति, गतिविधि, गुण, उपकरण एवं विधि के कारण होती हैं। छात्रों के असामान्य शारीरिक व मानसिक अवस्था, उपकरण एवं विधि की अनुपयुक्तता, अपर्याप्त उपयोग एवं मापन की मात्रा की अस्पष्टता आदि के कारण भी त्रुटियाँ होती हैं।

समाधानः इस प्रकार के त्रुटियों का निराकरण छात्रों के साथ सहानुभूतिपूर्वक व्यवहार, सर्वाधिक उपयुक्त विधि का चुनाव, पर्याप्त उपयोग एवं मापन योग्यता की स्पष्टत समझ द्वारा की जा सकती है।

स्थिर त्रुटि

इस प्रकार की त्रुटि उपकरण, विधि के स्वरूप एवं उसके उपयोग में होती है। सभी छात्रों द्वारा प्राप्त अंक इस त्रुटि से प्रभावित होते हैं।

समाधानः इस प्रकार की त्रुटि को मापन विधि को ज्यादा वैध बनाकर कम किया जा सकता है।

8 नैदानिक परीक्षण एवं उपचारात्मक शिक्षण

नैदानिक परीक्षण

्क शिक्षक के रूप में हमारी भूमिका बच्चों में गुणात्मक अधिगम को ोत्साहित करना है। यह तभी सम्भव है जब है जब हम मार्गदर्शक की ूमिका निभाएं और छात्र अधिगम प्रक्रिया में सक्रिय रूप से हिस्सा लें। शिक्षण-अधिगम प्रक्रिया में हमें उन क्षेत्रों की पहचान एवं निर्धारण करना ोगा जहां छात्र गलतियाँ करते हैं। यह शिक्षण-अधिगम प्रक्रिया की निर्णायक अवस्था है जहाँ हमें अधिगम के वांछित गुणों को सुनिश्चित करने के हेतु पचारात्मक शिक्षण के लिए शैक्षणिक विषय-वस्तु की पहचान करनी होगी ्वं उसका निर्माण भी करना होगा।

इस अवस्था में शिक्षक की भूमिका एक चिकित्सक (Doctor) की ाती है। जो रोग को पहचानने के लिए विभिन्न परीक्षणों द्वारा सभी आवश्यक कदम उठाते हैं। तब पहचान किए गए रोगों के लिए दवा की लाह देते हैं। शिक्षा के मामले में नैदानिक परीक्षण की क्रिया रोगों की हचान तथा उपचारात्मक शिक्षण इसके समाधान हेतु सलाह है। अतः दानिक परीक्षण एवं उपचारात्मक शिक्षण प्रभावशाली अधिगम सुनिश्चित रने एवं शिक्षा की गुणवत्ता को सुधारने हेतु बहुत आवश्यक है।

नैदानिक परीक्षण के उपाय

- शैक्षणिक (Education)
- शारीरिक रोग विषयक (Physical/Clinical)

दानिक परीक्षण के उद्देश्य

☆ नैदानिक परीक्षण का अर्थ व महत्त्व समझने के लिए।

☆ नैदानिक परीक्षण की प्रकृति व उसका अभिप्राय समझने के लिए।

☆ कक्षा में शिक्षण-अधिगम प्रक्रिया में नैदानिक परीक्षण के चरणों एवं उनकी अवस्थाओं के अनुसरण के लिए।

☆ कक्षा की अवस्थानुसार गणित में उपचारात्मक शिक्षण संचालन के लिए।

नैदानिक परीक्षण के गुण

☆ शिक्षकों के लिए यह एक प्रभावशाली उपकरण है जिसकी मदद से शिक्षक उपचारात्मक शिक्षण का आयोजन करता है।

☆ यह विषय-वस्तु के अधिगम में छात्रों की कमी और कमजोरी का पता लगाता है।

☆ यह शैक्षिक समूह के निर्माण का आधार है, इस प्रकार यह कमजोर छात्रों को उसकी कमी को दूर कर उसके कार्य प्रदर्शन को सुधारने में मदद करता है।

☆ यह एक गुणात्मक परीक्षण है, मात्रात्मक नहीं।

☆ इन परीक्षणों में सही प्रश्नों के लिए अंक निर्धारित नहीं किए जाते बल्कि पाठ्य-वस्तु के शिक्षण के दौरान गलत उत्तर या प्रतिक्रिया पर ही नजर रखा जाता है।

☆ इसमें केवल वस्तुनिष्ठ प्रश्न ही होते हैं।

☆ इस परीक्षण में गलत उत्तरों के कारण जानने के लिए कुशल एवं विशेषज्ञ व्यक्ति की जरूरत होती है।

☆ यह सभी अधिगम एवं शिक्षण बिन्दुओं पर पूरा जोर देते हैं।

☆ इसमें बातों को सुनने के क्रम में अपने भीतर संजोया जाता है अतः अधिगम अवस्था में परिवर्तन लाकर बातों को समझाने में मदद किया जा सकता है।

नैदानिक परीक्षण के कार्य

- वर्गीकरण
  - (i) अभियोग्यता स्तर (Aptitude level)
  - (ii) व्यावसायिक स्तर (Vocational level)
  - (iii) बौद्धिक स्तर (Intellectual level)
- निम्न बिन्दुओं के संदर्भ में विशिष्ट योग्यताओं का आकलन
  - (i) असामान्यता का स्तर (Level of Abnormality)
  - (ii) समायोजन का स्तर (Level of Adjustment)
  - (iii) दबाव एवं चिंता का स्तर (Level of Depression and Anxiety)
- उपचार
  - (i) विकलांगों के लिए विशेष शिक्षा
  - (ii) मानसिक रोग के लिए परामर्श
  - (iii) अधिगम में कमजोर के लिए उपचारात्मक शिक्षण
  - (iv) शारीरिक रोग के लिए रोग-विषयक (Clinical) उपचार
- रोग के कारणों का वैज्ञानिक अध्ययन
  - (i) रोग के कारणों का अध्ययन

नैदानिक परीक्षण : अर्थ एवं महत्त्व

सामान्यतः एक खास अध्याय की समाप्ति के बाद छात्रों की उपलब्धि के आकलन के लिए हम एक परीक्षण (जांच) की व्यवस्था करते हैं। मूल्यांकन के पश्चात् हम कुछ निष्कर्ष निकालते हैं और हम पाते हैं कि कुछ छात्रों ने बहुत अच्छा प्रदर्शन किया है और छात्रों के एक खास समूह ने हमारे उम्मीद से बहुत कम उपलब्धि प्राप्त की है। अब हमें इस निम्न उपलब्धि एवं धीमे अधिगम का कारण जानना है। इस निम्न परिलब्धि का एक निश्चित कारण हो सकता है। अब यह पता लगाना बहुत आवश्यक है कि छात्रों को किस क्षेत्र में कठिनाई है या कौन सी वह खास संकल्पना है जहां छात्र गलतियाँ करते हैं। अधिगम में कठिनाई के इस क्षेत्र को पहचानने एवं निर्धारित करने की जरूरत हमें नैदानिक परीक्षण को प्रेरित करता है।

त्रुटि वाले क्षेत्रों की पहचान के बाद हमें उन कारणों का पता लगाना होगा जिसके कारण किसी खास बच्चे/बच्चों के समूह ने अच्छी तरह जवाब नहीं दिया। इस अवस्था में हमें चिकित्सक (Doctor) की भूमिका निभानी होगी। जब कोई रोगी किसी डॉक्टर के क्लीनिक में जाता है तो उसके रोग के लक्षणों का निरीक्षण कर उससे संबंधित विभिन्न प्रकार परीक्षण (जांच) करवाने की सलाह देता है। परीक्षणों की रिपोर्ट पाने के बाद वह रोग की पहचान कर पाता है और तब इसके वह दवा लेने की सलाह देता है।

इसी तरह, एक शिक्षक के रूप में हमें उस क्षेत्र की पहचान करनी होगी जहां त्रुटियां पायी जाती हैं। शिक्षण अवस्था में इस प्रक्रिया को अपनाएं जाने को ही नैदानिक परीक्षण के रूप में जाना जाता है। हम कह सकते हैं कि नैदानिक परीक्षण में अधिगम समस्याओं का विस्तृत अध्ययन अंतर्निहित होता है।

नैदानिक परीक्षण के दौरान निम्नलिखित बिन्दुओं पर अवश्य ध्यान रखना चाहिए :

(*i*) कौन छात्र है जिसे मदद की जरूरत है?

(*ii*) त्रुटियाँ कहाँ हुई है?

(*iii*) त्रुटियाँ क्यों हुई है?

माना कि हमने दो अंकों वाली संख्या के घटाव की साधारण विधि को पढ़ाया और एक परीक्षण का आयोजन किया जिसमें एक छात्र द्वारा निम्नलिखित हल प्रस्तुत किया गया:

98	77	85	81	97
– 62	– 52	– 35	– 40	– 67
36	25	5(5)	41	3(7)

परीक्षण के बाद हम पूरे समूह के आकलन की स्थिति में हैं। यह आकलन एक विश्लेषण के बाद का है। अर्थात् हमें प्रत्येक व्यक्ति के उन क्षेत्रों का पता लगाना है जहाँ छात्रों ने गलती की है। उदाहरणस्वरूप, 'अंशु' ने दो अंकों वाली संख्या के घटाव (बिना उधारवाली) के सभी प्रश्नों को सही-सही हल किया है किन्तु जहां किसी अंक में से समान अंक को घटाना था वहां उसने त्रुटि की है। जैसे–5 – 5 = 5 एवं 7 – 7 = 7। अब हम उस संकल्पना की पहचान कर सकते हैं जिसे 'अंशु' नहीं समझ सकी। यही नैदानिक परीक्षण कहलाता है।

नैदानिक परीक्षण के दौरान किसी खास प्रकरण या इकाई में छात्रों द्वारा किए गए प्रगति की सही प्रकृति का विश्लेषण करना हमारा विशेष लक्ष्य होता है। साथ ही हमें त्रुटि/कमजोरी के विशिष्ट क्षेत्रों को जानना होता है जिसके लिए सावधानीपूर्वक एवं श्रेणीबद्ध परीक्षणों के एक शृंखला की विश्लेषण करना होता है, आकलन करना नहीं। यह निम्न उदाहरण से ज्यादा स्पष्ट होगाः

छात्र का नाम–आशीष

370	590	860	870
– 210	– 230	– 330	– 353
160	360	530	52(0)

513	654	845
– 206	– 352	– 203
307	(2)02	6(0)2

असावधानी के कारण त्रुटि

260	280	370
– 109	– 140	– 143
1(0)(0)	240	23(0)

घटाव के निष्पादन की दक्षता का विश्लेषण

हमने कक्षा में घटाव में दक्षता के आकलन हेतु एक परीक्षण का संचालन किया। इस आकलन के बाद हमें यह पता लगाना है कि कितने छात्र इस दक्षता को नहीं हासिल कर सके और वे कौन हैं। वह संकल्पना जो छात्रों के लिए स्पष्ट नहीं है या वह खास चरण जहाँ बच्चे गलतियाँ करते हैं, का पता लगाने के लिए हमें खास समूह के छात्रों की सूची बनानी होगी। उदाहरणस्वरूप, आशीष के मामले में हमने पाया है कि घटाव (उधार वाले) के प्रश्न में जब शून्य में से किसी संख्या को या किसी संख्या में से शून्य को घटाना होता है तभी वह गलतियाँ करता है। आशीष शून्य में से शून्य को घटाना जानता है।

इस विश्लेषण से हम निष्कर्ष निकाल सकते हैं कि आशीष केवल तभी गलती करता है जब घटाव में शून्य और एक संख्या एक साथ आती है। अधिगम समस्या के इन क्षेत्रों की पहचान और शामिल प्रक्रिया तथा समस्याओं का परीक्षण नैदानिक परीक्षण कहलाती है।

नैदानिक परीक्षण का निर्माण

- ☆ उद्देश्यों या पाठ्य-वस्तु की रूपरेखा को सूत्रबद्ध करना।
- ☆ पाठ्य-वस्तुओं एवं अवयवों का उपप्रकरण के संदर्भ में विश्लेषण करना।
- ☆ उपप्रकरण (Subtopic) के क्रम में समस्याओं की पहचान करना
- ☆ मदों का विश्लेषण करना एवं उसे रूपान्तरित करना।
- ☆ परीक्षण का अंतिम प्रारूप तैयार करना।
- ☆ परीक्षण की नियमावली तैयार करना।
- ☆ उपचारात्मक उपाय एवं साधन

नैदानिक परीक्षण का उद्देश्य एवं प्रकृति

यदि हम गुणात्मक एवं मात्रात्मक दोनों दृष्टिकोण से अंकगणितीय उपलब्धि पर विचार करें तो इन्हें चार मुख्य बिन्दुओं में विभाजित कर सकते हैं–(*i*) यथार्थता या परिशुद्धता (Accuracy), (*ii*) लिखने की गति (*iii*) काम करने का तरीका और (*iv*) गणितीय विधि का विस्तार जिसमें दक्षता मिल गई हो।

यह स्पष्ट है कि हम उपरोक्त चार निर्देशों के आधार पर वर्ग-कार्य, साप्ताहिक या मासिक परीक्षा जो छात्रों की योग्यता को रेखांकित करते हैं, द्वारा प्रतिपुष्टि प्राप्त करने की कोशिश करेंगे। किन्तु यह खासकर मन्दबुद्धि छात्रों के शिक्षक के लिए पर्याप्त नहीं है। इस समूह के छात्रों के उपलब्धि का हमें ज्यादा विश्लेषणात्मक आकलन प्राप्त करने की जरूरत है। इसके लिए हम निम्नलिखित उदाहरण ले सकते हैं:

छात्रों के एक समूह को गणित की मौलिक क्रिया (जोड़, घटाव, गुणा एवं भाग) पढ़ाने के बाद हम 10 मदों (Items) की एक परीक्षा संचालित करते हैं जिसका परिणाम संक्षिप्त रूप में निम्नलिखित हैं:

मद	त्रुटि	मद	त्रुटि
1	2	6	10
2	1	7	8
3	3	8	9
4	2	9	32
5	3	10	32

ऊपर के आँकड़ों से जाँच मदों का विश्लेषण संभव है। यह स्पष्ट है कि मद संख्या 9 एवं 10 में ज्यादातर छात्रों ने गलती की है। इस स्थिति में हमें मद संख्या 9 एवं 10 में बदलाव पर पुनर्विचार करना होगा। यही वह अवस्था है जहां हमने समस्याओं की पहचान तथा इनका निर्धारण किया है और इसलिए यह छात्रों द्वारा की गई त्रुटि का पहचान किया क्षेत्र है।

इसी प्रकार मद संख्या 6, 7 एवं 8 के लिए हम पुनर्विचार करेंगे और अधिगम में गुणात्मक सुधार हेतु शिक्षण-सामग्री तैयार करेंगे। उपरोक्त उदाहरण में गुणात्मक सुधार हेतु शिक्षण-सामग्री तैयार करेंगे। उपरोक्त उदाहरण हमें बता देते हैं कि नैदानिक परीक्षण की प्रकृति विश्लेषणात्मक है जहां शिक्षक को परीक्षण के दौरान छात्रों का प्रदर्शन देखना होता है। उन्हें यह जानना होता है कि क्यों छात्र किसी खास संकल्पना को नहीं सीख पाया या उसकी दक्षता नहीं हासिल कर पाया। व्यक्तिगत रूप से प्रत्येक छात्रों के लिए जिस तरह की त्रुटि वह करता है उसके संदर्भ में शिक्षकों को एक दृष्टिकोण बनाना पड़ता है।

यह विश्लेषण शिक्षकों के सामान्य विचार पर नहीं बल्कि प्रदर्शन की तारीख पर निर्भर करता है। इसकी व्याख्या प्रत्येक छात्र के संबंध में, छात्रों के समूह के संबंध में प्रत्येक संकल्पना/सामर्थ्य (competency) के संबंध में एवं प्रत्येक प्रश्न के लिए हो सकती है।

आखिर शिक्षकों को छात्रों के प्रदर्शन में इस प्रकार की तहकीकात की जिम्मेदारी लेने की जरूरत क्यों पड़ती है। इसका स्पष्ट उत्तर है कि वे अधिगम की गुणवत्ता को कायम रखना चाहते हैं तथा यह जानने के प्रति उत्सुक रहते हैं कि वांछित परिणाम प्राप्त करने के लिए कौन से विशिष्ट कदम उठाये जाएँ। इस प्रकार नैदानिक-परीक्षण का मुख्य उद्देश्य उपचारात्मक शिक्षण के संबंध में सुधारात्मक उपाय विकसित करने के लिए छात्रों के कठिनाई को चिह्नित करना है।

नैदानिक परीक्षण में विभिन्न चरण एवं अवस्थाएँ

शैक्षिक निरूपण (diagnosis) में आवश्यक चरण हैः

(*i*) **उन छात्रों की पहचान करना जिन्हें समस्या है और मदद की जरूरत हैः** सर्वप्रथम, उन छात्रों के बारे में जानना चाहिए जिन्हें मदद चाहिए। इसके लिए हम पहले पढ़ाए गए पाठों पर आधारित सामान्य उपलब्धि परीक्षण का आयोजन कर सकते हैं। मूल्यांकन के पश्चात् हम औसत से नीचे, औसत एवं औसत से ऊपर के छात्रों की सूची बना सकते हैं। उनके बाद छात्रों की कठिनाइयों में गहरी अन्तर्दृष्टि रखते हुए उन क्षेत्रों को चिह्नित कर सकते हैं जहाँ गलतियाँ हुई हैं।

(*ii*) **त्रुटियों एवं अधिगम की समस्याओं की खोज करनाः** जिन छात्रों को मदद की जरूरत है उसकी पहचान एवं अधिगम में गुणात्मक सुधार हेतु अतिरिक्त शिक्षण सामग्री की आवश्यकता की कल्पना के बाद हमारी मुख्य भूमिका यह पता करने में है कि बच्चे कहाँ गलती करते हैं या किस क्षेत्र में अधिगम की समस्या है। उदाहरण के तौर पर हम छात्रों के उत्तर का निम्न प्रकार परीक्षण करते हैं।

(*i*) $\frac{3}{4}+\frac{5}{4}=\frac{8}{4}$ (*ii*) $\frac{7}{12}+\frac{4}{12}=\frac{11}{12}$

(*iii*) $1+\frac{3}{4}=\frac{④}{4}$ (*iv*) $5+\frac{1}{7}=\frac{⑦}{7}$

(*v*) $\frac{1}{2}+\frac{1}{3}=\frac{②}{⑤}$ (*vi*) $\frac{3}{7}+\frac{4}{5}=\frac{⑦}{⑫}$

ऊपर के उदाहरण से हम मानते हैं कि छात्रों को समान हर (denominator) वाले भिन्न के जोड़ का ज्ञान है जबकि विभिन्न हरों वाले भिन्न के जोड़ की समझ स्पष्ट नहीं है। इस प्रकार हमने उस क्षेत्र की पहचान कर ली जहाँ अधिगम की समस्या है।

(*iii*) **मन्द अधिगम के कारण-सम्बन्धी पहलुओं की खोज करनाः** अधिगम में कठिनाई के कुछ मामलों में कारण-सम्बन्धी पहलू अपेक्षाकृत सामान्य होते हैं। एक छात्र शिक्षण अधिगम के दौरान असावधान (inattentive) हो सकता है या हो सकता है कि वह अपर्याप्त अभ्यास के कारण या फिर अनियमित उपस्थिति के कारण गलतियाँ करता हो।

कभी-कभी गलतियाँ छात्रों के खराब स्वास्थ्य या काम के दोषपूर्ण आदतों की वजह से भी होती हैं। कई बार ऐसा भी देखा जाता है कि निम्न उपलब्धि छात्रों का असहाय महसूस करने या विषय वस्तु की जटिलता जो छात्रों के समझ स्तर से काफी ऊपर होता है, के कारण भी होता है।

नीचे का श्रृंखलाबद्ध प्रदर्शन दिखाता है कि कैसे नैदानिक परीक्षण अधिगम के गुणात्मक सुधार को प्रोत्साहित करता है।

शिक्षण अधिगम	⟶	मूल्यांकन	⟶	छात्रों का असंतोषजनक प्रदर्शन
				↓
उन छात्रों की पहचान जिन्हें मदद की जरूरत है।	⟵	एक सामान्य उपलब्धि परीक्षण का आयोजन या पूर्व परीक्षण के आंकड़ों का उपयोग करना	⟵	समस्या पहचान का मामला
↓				
कठिनाई के क्षेत्रों की पहचान करना	⟶	कारण-संबंधी पहलुओं की पहचान करना	⟶	उपचारात्मक साधन उपलब्ध कराना
				↓
				अधिगम का उन्नत गुण

उपचारात्मक शिक्षण

जबकि समस्या निरूपण (diagnosis) छात्रों के कठिनाइयों की खोज करने की प्रक्रिया है। इसके बाद वे कार्य किए जाते हैं जो बच्चों को उनकी कमी को पूरी करने में मदद करता है। इसे उपचारात्मक शिक्षण (Remedial Teaching) नाम दिया गया है। अतः हमें इस प्रकार की सामग्री तैयार करने या व्यवस्थित करने में कुशलता रखनी होगी जिसका सुधारात्मक शिक्षण में उपयोग किया जा सके और इस प्रकार अधिगम की गुणवत्ता को बढ़ाया जा सके।

1. अध्यापकों को भी निदानात्मक परीक्षणों (Diagnostic tests) के निर्माण में दक्ष (Expert) होना चाहिए।
2. अध्यापक एवं छात्र में निकट सम्बन्ध (Rapport) स्थापित किया जाए।
3. कार्यानुभव (Work-Experience) हमारे उपचारात्मक शिक्षण का एक अनिवार्य अंग होना चाहिए।
4. उपचार की सम्पूर्ण व्यवस्था की योजना स्पष्ट रूप से बना लेनी चाहिए एवं उसके कार्यान्वयन (Execution) में सावधानी से काम लेना चाहिए।
5. प्रक्रिया के दौरान विद्यार्थी को अधिक से अधिक सक्रिय (Active) रखा जाए।
6. अध्यापक अपने अनुभवों के आधार पर विस्तृत दृष्टिकोण अपनाए।
7. उपचार विधि की यह विशेषता होनी चाहिए कि उससे विद्यार्थी को अपनी सफलता के सम्बन्ध में शीघ्र परिणाम मिल सकें।
8. उपचारात्मक शिक्षण का प्रत्येक पहलू बालकों की आयु, रुचि, योग्यता एवं अनुभवों के अनुकूल हो।
9. उपचारात्मक शिक्षण के दौरान बालकों की रुचि को बनाए रखने के लिए उन्हें पर्याप्त प्रोत्साहन देते रहना चाहिए।

सामग्री का चयनः उपचारात्मक शिक्षण के लिए उपयुक्त शिक्षण सामग्री के चुनाव के समय निम्न बातों को ध्यान में रखा जाना चाहिएः

(*i*) सुधारात्मक सामग्री का निर्माण इस उद्देश्य से किया जाना चाहिए कि वह छात्रों के व्यक्तिगत कठिनाई को सुधार सके।

(*ii*) हमें निरीक्षण, साक्षात्कार एवं नैदानिक परीक्षण द्वारा मन्द बुद्धि के छात्रों के कार्यों का विश्लेषण करना होगा। इन तीनों पर सावधानीपूर्वक विचार करने पर यह तय करने में मदद मिलेगा कि किस प्रकार की सुधारात्मक सामग्री तैयार किया जाय और क्या उक्त सामग्री छात्रों के विशिष्ट कठिनाइयों को सुधारने के लिए पर्याप्त है?

(*iii*) सुधारात्मक सामग्री श्रेणीकृत और स्व निर्देशित होनी चाहिए तथा छात्रों को स्वतंत्रतापूर्वक कार्य करने देना चाहिए। लिखित निर्देश जो सामग्री के साथ दिया होता है छात्रों के लिए आसानी से पढ़ने व समझने योग्य होना चाहिए।

(*iv*) व्यक्ति को उसकी स्वाभाविक गति के अनुसार सुधारात्मक सामग्री से प्रगति करने देना चाहिए।

(*v*) सुधारात्मक सामग्री द्वारा छात्रों के प्रगति के प्रमाण के सुव्यवस्थित रिकार्ड को प्रोत्साहन मिलना चाहिए।

प्रतिभाशाली बालकों के लिये उपचारात्मक शिक्षण

1. प्रतिभाशाली छात्र गणित की खोजों में अत्यधिक-रुचि लेते हैं। अतः उन्हें गणित सम्बन्धी नवीन आविष्कारों को सीखने एवं जानने के पर्याप्त अवसर देने चाहिए।
2. ऐसे छात्रों के लिये मानसिक एवं मौखिक गणित की अपेक्षा लिखित गणित पर अधिक ध्यान देना चाहिए।
3. इन छात्रों के सम्मुख स्थूल या प्रत्यक्ष वस्तुओं के स्थान पर पर गूढ़ (Abstract) प्रत्यय सीधे ही प्रस्तुत किए जा सकते हैं।
4. प्रतिभाशाली छात्रों को सुनियोजित कार्यक्रम के माध्यम से व्यवस्थित ढंग से कार्यरत रखा जाना चाहिए।
5. प्रतिभाशाली छात्रों को एक ही समस्या को विभिन्न तरीकों से हल करने को प्रोत्साहन देना चाहिए।
6. ऐसे छात्रों को कभी-कभी कक्षा पढ़ाने का कार्य भी सौंपा जाना चाहिए। ऐसा करने से उनमें आत्म-विश्वास की वृद्धि होगी।
7. इनको आधुनिक गणित (Modern Mathematics), की विभिन्न शाखाओं में समन्वय स्थापित करके (Integrated Approach) पढ़ाना चाहिए।
8. ऐसे छात्रों से अध्यापक को गणित शिक्षण सम्बन्धी आकर्षक सहायक सामग्री बनवानी चाहिए।
9. इन छात्रों को व्यवस्थित सामग्री (Programmed Material) के माध्यम से पढ़ाना चाहिए।
10. इन छात्रों के मूल्यांकन हेतु विशेष परीक्षाओं (Tests) का आयोजन किया जाना चाहिए।
11. इन छात्रों के शिक्षण में निगमन, संश्लेषण, प्रयोगशाला, ह्यूरिस्टिक एवं प्रोजेक्ट विधियों का प्रयोग करना चाहिए।
12. शिक्षक को चाहिए कि वह ऐसे छात्रों को गणित के पाठ्य-क्रम के अतिरिक्त गणित सम्बन्धी इतिहास, गणित का विकास, पत्रिकाएँ (Journals) तथा सम्बन्धित साहित्य को पढ़ने के लिए प्रोत्साहित करें।

अभ्यास प्रश्न

1. गणित की कक्षाओं में निम्नलिखित में से कौन-सा रचनात्मक आकलन के बारे में सबसे कम उपयुक्त है?

A. यह विद्यार्थियों की भ्रांतियों की पहचान करने में सहायता करता है।

B. यह संचयी मूल्यांकन उपलब्ध कराता है जो कि बच्चों को श्रेणीबद्ध करने में सहायता करता है।

C. निर्देशात्मक क्रियाकलापों के दौरान विद्यार्थियों की प्रगति को जाँचना।

D. विद्यार्थियों की अवधारणात्मक समझ की पहचान करना।

2. सबसे उपयुक्त संज्ञानात्मक कौशल क्या है, जो विद्यार्थियों को विशेषताओं और गुणों के अनुसार आकृतियों को पहचानने और उनका समूह बनाने में मदद करता है?

A. संरक्षण B. अपघटन

C. वर्गीकरण D. क्रमबद्धता

3. विद्यार्थियों को भाग की समस्याएँ हल करने में कठिनाई आती हैं क्योंकि :

A. भाग की समस्याओं की दैनिक जीवन में कोई उपयोगिता नहीं है।

B. भाग की समस्याओं को हल करने के लिए कोई अनौपचारिक कलन विधियाँ नहीं होती हैं।

C. भाग की समस्याएँ हल करने के लिए यह आवश्यक है कि विद्यार्थी जमा, घटा और गुणा करना अच्छी तरह से जान लें।

D. विद्यार्थी भाग का चिह्न पसंद नहीं करते।

4. दूसरी कक्षा के अधिकांश शिक्षार्थी चार कैंडी और तीन कैंडी जैसी दो मात्राएँ जोड़ने में सक्षम होते हैं, लेकिन जब वर्कशीट पर $4 + 5$ करने के लिए कहा जाता है तो अधिकांश वही शिक्षार्थी ऐसा करने में असमर्थ होते हैं। राष्ट्रीय पाठ्यचर्या रूपरेखा 2005 के अनुसार इसका क्या कारण है?

A. शिक्षार्थी वास्तविक गणित सीखने में रुचि नहीं रखते हैं।

B. शिक्षार्थी अमूर्त गणितीय प्रतीकों के उपयोग के लिए तैयार नहीं होते हैं।

C. शिक्षार्थियों को योग ठीक से नहीं सिखाया जाता है।

D. कुछ शिक्षार्थी गणितीय कौशल में कमजोर होते हैं।

5. गणित की कक्षा में मुक्त सिरे वाले प्रश्नों को समाकलित करने के लिए निम्नलिखित में से क्या सबसे अधिक उपयुक्त है?

A. ये प्रश्न विद्यार्थियों में आलोचनात्मक चिंतन का विकास करते हैं।

B. इन प्रश्नों के उत्तर पुस्तक में नहीं दिए होते।

C. इन प्रश्नों को हल करने में समय अधिक लगता है।

D. इन प्रश्नों की एक-दूसरे से नकल करना आसान नहीं है।

6. राष्ट्रीय शिक्षा नीति 2020 गणित और कम्प्यूटेशनल सोच के महत्व को बढ़ावा देती है क्योंकि :

A. यह एआई (AI), मशीन लर्निंग और डेटा साइंस आदि जैसी उभरती हुई तकनीकों का आधार है।

B. यह एक शिक्षक का स्थान ले सकता है।

C. यह स्कूल में सीखने का सबसे कठिन पहलू है।

D. यह मानव अस्तित्व के लिए मूलभूत है।

7. राष्ट्रीय पाठ्यचर्या रूपरेखा 2005 के अनुसार गणित के शिक्षकों को इस ओर ध्यान केंद्रित करने की जरूरत है:

(*a*) संस्मरण और गहन रूप से एलगोरिद्म को बढ़ावा देना

(*b*) गणितीय तर्क विचार

(*c*) सही उत्तरों के लिए एकमात्र अधिकारी बनना

सही विकल्प चुनें:

A. केवल (*b*) B. (*b*) और (*c*)

C. केवल (*a*) D. (*a*) और (*b*)

8. गणित की कक्षा में विद्यार्थियों में वैयक्तिक भिन्नता की पहचान के लिए निम्नलिखित में से कौन-सी आकलन तकनीक उपयुक्त नहीं होगी?

A. योगात्मक आकलन B. रचनात्मक आकलन

C. नैदानिक आकलन D. समकक्षी आकलन

9. निम्नलिखित में से कौन-सा संसाधन दशमलव की अवधारणा को समझाने के लिए **सबसे** उचित है?

(*a*) संख्या चार्ट (*b*) डाइनिस ब्लॉक्स

(*c*) टेलर का गिनतारा (*d*) ग्राफ पेपर

सही विकल्प चुनें।

A. केवल (*b*) B. (*b*) और (*d*)

C. (*a*) और (*c*) D. (*a*) और (*b*)

10. निम्नलिखित में से बच्चों के लिए कौन-सा अधिगम अनुभव समाज तथा दैनिक जीवन में गणित के योगदान को प्रतिबिम्बित करता है?

A. औपचारिक एवं अनौपचारिक भाषा दोनों का उपयोग कर गणितीय विचारों का लिखित में सम्प्रेषण।

B. रोजगार के भिन्न-भिन्न क्षेत्रों के लोगों से मिलना तथा अन्वेषण करना कि वे अपने काम में गणित का प्रयोग किस प्रकार करते हैं।
C. दैनिक जीवन में उत्पन्न डाटा को एकत्र करना, सुव्यवस्थित करना, निरूपित करना तथा प्रतिपादित करना।
D. छोटे समूह वाले ऐसे खेल खेलना जो गणितीय कौशल एवं अवधारणाओं पर आधारित हों।

11. निम्नलिखित में से क्या गणित की एक प्रयोगशाला की विशेषताओं को निरूपित करता है?

(*a*) यह अनौपचारिक अन्वेषण के द्वारा गणित में आनंद लेने का स्थान है।
(*b*) यह प्रयोगों के द्वारा गणितीय प्रमेयों को सिद्ध करने के अवसर प्रदान करती है।
(*c*) यह कन्जेक्चर बनाने, उनकी जाँच करने और देखे गए पैटर्न का सामान्यीकरण करने के अवसर प्रदान करती है।
(*d*) इसका उपयोग विद्यार्थियों के गणित के ज्ञान का आकलन करने के लिए और तदनुसार उनको ग्रेड देने के लिए किया जाता है।

सही विकल्प चुनें।

A. (*a*) और (*d*)   B. (*a*) और (*c*)
C. (*b*) और (*d*)   D. (*b*) और (*c*)

12. निम्नलिखित में से किन भारतीय गणितज्ञों को 'संख्यात्मक विश्लेषण' के संस्थापक के रूप में जाना जाता है?

(*i*) रामानुजन   (*ii*) भास्कराचार्य
(*iii*) वराहमिहिर   (*iv*) आर्यभट्ट

सही विकल्प चुनें।

A. (*i*) और (*iii*)   B. (*ii*) और (*iv*)
C. (*ii*) और (*iii*)   D. (*i*) और (*iv*)

13. बुनियादी स्तर के लिए राष्ट्रीय पाठ्यचर्या रूपरेखा (NCFFS), 2022 ने अमूर्त गणितीय अवधारणा के शिक्षण के समय निम्नलिखित घटकों के महत्व पर प्रकाश डाला :

(*a*) लिखित चिह्न   (*b*) अनुभव
(*c*) बोल-चाल वाली भाषा   (*d*) चित्र

अमूर्त गणितीय अवधारणा के शिक्षण के समय इन घटकों का कौन-सा निम्नलिखित उपयुक्त क्रम है?

A. $(c) \to (a) \to (d) \to (b)$
B. $(b) \to (c) \to (a) \to (d)$
C. $(c) \to (d) \to (a) \to (b)$
D. $(b) \to (c) \to (d) \to (a)$

14. कथन "गणित उन स्तरों में पदानुक्रमित है जो कि तार्किक रूप से व्यवस्थित हैं" के लिए निम्नलिखित में से कौन-से सही उदाहरण हैं?

(*a*) पूर्णांकों की अवधारणा को संख्याओं के गुणन और भाग की अवधारणा से पूर्व विकसित करने की आवश्यकता होती है।
(*b*) गुणन, योग की अवधारणा का अनुपालन करता है और उस पर विकसित होता है।
(*c*) संख्या बोध को योग और व्यवकलन की अवधारणा से पूर्व विकसित करने की आवश्यकता होती है।

सही विकल्प चुनें।

A. (*a*) और (*b*)   B. (*b*) और (*c*)
C. (*a*) और (*c*)   D. केवल (*b*)

15. गणित की एक शिक्षिका कक्षा में विवृत एवं संवृत वक्र की अवधारणा पर चर्चा करती है। विद्यार्थियों की बेहतर समझ के लिए वह चार बिंदुओं के साथ एक उदाहरण देती है। अगर वक्र विवृत है तब चार बिंदुओं की स्थिति हैं :

A. सभी सरेखी हैं
B. उनमें से दो सरेखी होने चाहिए
C. उनमें से तीन सरेखी होने चाहिए
D. उनमें से तीन असरेखी होने चाहिए

16. मुख्य उपागम जिसकी सलाह राष्ट्रीय पाठ्यचर्या रूपरेखा (NCF) 2005 में गणित के शिक्षण अधिगम को लेकर की गई है, वह हैः

A. शिक्षावाद   B. उपयोगितावाद
C. व्यवहारवाद   D. रचनात्मकतावाद

17. निम्नलिखित में से कौन-सा कथन सबसे अधिक उपयुक्त है?

A. चार्ट्स गणित की कक्षा में एक प्रभावी शिक्षण-अधिगम सामग्री है
B. शिक्षण-अधिगम सामग्री का उपयोग गणित की कक्षा में विद्यार्थियों के अभ्यास का समय व्यय कर देता है
C. विद्यार्थी गणित की कक्षा में पहेलियों में आनंद नहीं लेते
D. गणित की लैब जरूरी है क्योंकि यह क्रियाशील गतिविधियों का अवसर प्रदान करती है

18. निम्नलिखित में से कौन-सा स्कूली गणित में इबारती सवालों के लिए सही है?

A. इबारती सवाल गणितीय निदर्शन के उदाहरण नहीं होते
B. इबारती सवाल केवल माध्यमिक कक्षाओं में महत्वपूर्ण होते हैं
C. इबारती सवाल गणित में कार्यविधिक ज्ञान पर अधिक केन्द्रित होते हैं
D. इबारती सवाल उन अभ्यासों को संदर्भित करते हैं जहाँ बच्चा परिस्थिति को एक ऐसा औपचारिक रूप देता है जिसमें गणितीय तकनीक को लागू किया जा सके

19. राष्ट्रीय शिक्षा नीति 2020, के अनुसार, शिक्षर्थियों का आकलन .... को शामिल करता है।

A. संज्ञानात्मक, भावात्मक और मनोगत्यात्मक आयाम
B. संज्ञानात्मक, सामाजिक, आध्यात्मिक आयाम
C. भौतिक और मनोवैज्ञानिक आयाम
D. संज्ञानात्मक और भौतिक आयाम

20. राष्ट्रीय शिक्षा नीति (NEP) - 2020 "भारत का ज्ञान" के बारे में बात करती है। निम्नलिखित में से क्या इसमें सम्मिलित नहीं है?

A. विभिन्न विषयों जैसे गणित, खगोल विज्ञान, चिकित्सा, कृषि इत्यादि के हिस्से के रूप में आदिवासी ज्ञान, अधिगम के स्वदेशी और पारंपरिक तरीके

B. सांस्कृतिक आदान-प्रदान कार्यक्रमों के हिस्से के रूप में विभिन्न राज्यों का दौरा
C. विद्यार्थियों के ज्ञान में वृद्धि के आकलन के लिए औपचारिक परीक्षाएँ
D. आधुनिक भारत के प्रति प्राचीन भारत का ज्ञान और उसका योगदान

21. राष्ट्रीय पाठ्यचर्या रूपरेखा, 2005 के अनुसार एक प्राथमिक गणित कक्षा में निम्नलिखित में से कौन-सी प्रक्रियाएँ सबसे कम रूप से प्रासंगिक हैं?
A. पैटर्न (प्रतिमानों) का उपयोग करना
B. दृश्यीकरण
C. संबंध स्थापित करना और निरूपण
D. सूत्रों को याद करना

22. गणित शिक्षण में संज्ञानात्मक संघर्ष के विचार के लिए निम्नलिखित में से कौन-सा/से कथन सबसे उपयुक्त है/हैं?
(*a*) संज्ञानात्मक संघर्ष के प्रति बच्चों को सुगम्य बनाने के शिक्षक के विचारपूर्ण प्रयासों से उनकी गणितीय समझ को बढ़ावा मिल सकता है।
(*b*) यह बच्चों में गणितीय समझ को बढ़ावा देने के लिए प्रभावी नहीं है।
(*c*) संज्ञानात्मक संघर्ष से बचना चाहिए क्योंकि इससे बच्चे भ्रमित हो जाते हैं
सही विकल्प चुनें :
A. (*a*) और (*c*)
B. केवल (*a*)
C. केवल (*c*)
D. (*b*) और (*c*)

23. गणित के शिक्षण में 'विभिन्न प्रकार के तरीकों' के लिए निम्नलिखित में से कौन-सा सत्य नहीं है?
A. यह बच्चे के अधिगम में बाधा डालता है क्योंकि यह भ्रम की अगुआई करता है
B. इस तरह के विकल्प प्रस्तुत करने से बच्चों को उस उपागम का अन्वेषण करने और उपयोग करने का अवसर मिलता है जो उनके लिए सबसे स्वभाविक और आसान हो
C. यह स्कूली गणित को एक ही सही उत्तर होने की परम्परा से मुक्त करने के लिए महत्वपूर्ण है
D. ऐसा बहुत बार होता है कि एक समस्या का समाधान करने के कई तरीके हों

24. निम्नलिखित में से कौन-सी प्राथमिक स्तर पर गणितीय भाषा की विशेषताएँ होनी चाहिए?
(*a*) यह सटीक होनी चाहिए
(*b*) यह अस्पष्ट होनी चाहिए ताकि यह विषय में खुलापन जोड़ सके
(*c*) बच्चे की दैनिक जीवन में उपयोग की जाने वाली भाषा के माध्यम से इसे प्रबलित किया जाना चाहिए
(*d*) यह अत्यधिक प्राविधिक होनी चाहिए क्योंकि इससे विद्यार्थियों की गणित में सही सम्प्रेषण करने में सहायता होगी
सही विकल्प चुनें :
A. (*a*), (*b*) और (*c*)
B. (*a*) और (*c*)
C. (*a*), (*c*) और (*d*)
D. (*a*) और (*d*)

25. जब शिक्षिका यह सुनिश्चित करती है कि उसके द्वारा बनाया गया टैस्ट, उस टैस्ट के उद्देश्यों एवं कसौटी को पूरा करते हैं तब मूल्यांकन के किस पक्ष का उपयोग किया गया है?
A. व्यावहारिकता
B. विश्वसनीयता
C. सुसंगति
D. वैधता

26. निम्नलिखित में से कौन-से कथन गणित की प्रकृति के बारे में सबसे उपयुक्त हैं?
(*a*) यह बच्चे को सृजनात्मक बनने में सहायता करता है।
(*b*) यह बच्चे की कल्पना को पोषित करने में सहायता करता है।
(*c*) यह निगमनात्मक विवेचन (तर्क) पर आधारित है।
(*d*) यह हमेशा अभिसारी होता है।
सही विकल्प चुनिए :
A. (*a*), (*b*) और (*c*)
B. (*b*) और (*c*)
C. (*a*) और (*c*)
D. (*a*) और (*b*)

27. बच्चों में गणितीय अभिरुचि को विकसित करने के लिए, एक अध्यापिका निम्नलिखित गतिविधियाँ अपनी कक्षा में करवाती हैं। इनमें से वह चुनिए जो उसके उद्देश्य को पूरा करने में प्रभावी **नहीं** है।
A. वह हमेशा उस विद्यार्थी की प्रशंसा करती है जो कक्षा में सत्रान्त परीक्षा में सबसे अधिक अंक प्राप्त करता/करती है।
B. वह बच्चों को भारतीय गणितज्ञों और उनके योगदानों के वीडियो दिखाती है।
C. वह कक्षा में गणितीय पहेलियाँ और जादुई वर्ग हल करने के लिए देती है।
D. उन्होंने अपनी कक्षा में एक गणितीय कोना बनाया है जहाँ पर विद्यार्थी विभिन्न गणितीय गतिविधियाँ कर सकते हैं।

28. निम्नलिखित कथनों में से कौन-सा सही **नहीं** है?
A. विद्यार्थियों की त्रुटियाँ उनके सोचने की प्रक्रिया (चिंतन) के बारे में जानकारी देती हैं।
B. गणित में त्रुटियाँ अधिगम का हिस्सा होती हैं।
C. गणित में त्रुटियाँ शिक्षकों को उनके पाठ की योजना बनाने में मदद करती हैं।
D. विद्यार्थियों की त्रुटियों को अनदेखा कर देना चाहिए क्योंकि त्रुटियों की ओर इशारा उनको प्रेरणाहीन करेगा।

29. आकलन के बारे में निम्नलिखित में से कौन-सा कथन सही **नहीं** है?
A. मानक-संदर्भित आकलन नैदानिक परीक्षण और उपचारात्मक शिक्षण में उपयोगी है।
B. मानदंड-संदर्भित आकलन विद्यार्थियों की अधिगम में निपुणता का मूल्यांकन करना है।
C. मानदंड-संदर्भित आकलन नैदानिक परीक्षण और उपचारात्मक शिक्षण में उपयोगी है।
D. मानक-संदर्भित आकलन हमें बताता है कि एक विद्यार्थी अपने प्रदर्शन में अन्य विद्यार्थियों की तुलना में कहाँ खड़ा/खड़ी है।

30. गणितीय अधिगम सामग्री :

(*a*) सूत्र के प्रदर्शन में शिक्षकों की मदद करती है।

(*b*) स्वतः अधिगम में विद्यार्थियों की मदद करती है।

(*c*) निर्देश देने में शिक्षकों की मदद करती है।

(*d*) कक्षा में अधिगम वातावरण का निर्माण करने में मदद करती है।

सही विकल्प चुनिए :

A. (*c*) और (*d*)
B. (*a*) और (*b*)
C. (*b*) और (*d*)
D. (*b*) और (*c*)

31. राष्ट्रीय शिक्षा नीति (NEP) 2020 के अनुसार, देशभर में विभिन्न विषयों में ओलिंपियाड और प्रतियोगिताएँ ________ होंगी।

A. सरल
B. मजबूत
C. हतोत्साहित
D. कम

32. अधिक-कम, लम्बा-छोटा, दूर-समीप, बड़ा-छोटा, अवधारणाएँ :

A. तुलना के लिए अस्पष्ट शब्द हैं।
B. विलोम शब्द हैं, जो गणित सीखने के लिए आवश्यक नहीं हैं।
C. सीधे शब्दों में अंग्रेजी भाषा विशेषण हैं।
D. महत्वपूर्ण पूर्व-संख्या (प्री-नम्बर) अवधारणाएँ हैं।

33. राष्ट्रीय पाठ्यचर्या रूपरेखा, 2005 के अनुसार, कक्षाओं के ऊपर किए गए शोध बताते हैं कि लड़कियों को गणित में 'विशेषज्ञता' के योग्य न मानकर उनका काफी व्यवस्थित अवमूल्यन होता है जबकि वे गणित में अच्छा प्रदर्शन करती हैं। इसका सबसे उपयुक्त कारण क्या है?

A. गणित में लड़कियों का खराब प्रदर्शन उनके गणित के प्रति प्रचलित भय के कारण होता है।
B. गणित, अपनी प्रकृति द्वारा ही, पुरुष-प्रधान विषय है।
C. समाज की लिंग संबंधी धारणाएँ इस मान्यता की ओर ले जाती हैं कि लड़के समस्या-समाधान की ज्यादा नवीन कार्यविधियाँ उपयोग करते हैं और इसलिए उन्हें बेहतर अवधारणात्मक समझ होती है।
D. लड़कों में गणितीय क्षमताएँ जन्मजात हैं।

34. कक्षायी शोध यह दर्शाते हैं कि अधिकांश विद्यार्थी गणित को उसी कक्षा में जो अन्य विषय वे पढ़ते हैं, उनसे अधिक कठिन समझते हैं। गणित की प्रकृति का निम्नलिखित में से कौन-सा पहलू इस भय को बढ़ाता है?

A. गणित का विस्तृत ज्ञान-भंडार
B. गणित में दिए गए प्रश्न के अनेक उत्तर होने की व्यापकता
C. गणित में किसी समस्या का समाधान करने के लिए कई अलग-अलग प्रणालियों की व्यापकता
D. गणित में प्राथमिक अवधारणाओं की अमूर्त प्रकृति

35. निम्नलिखित में से किसने गणितीय खगोल-विज्ञान के क्षेत्र में काम किया है?

A. आर्यभट्ट
B. भास्कर I
C. रामानुजन
D. महावीर

36. निम्नलिखित में से कौन-सी परिस्थिति यह दर्शाती है कि बच्चे ज्ञान का निर्माण स्वयं कर रहे हैं?

A. कक्षा का सर्वोत्तम छात्र/छात्रा पहाड़ों को ऊँचे स्वर में पढ़ रहा/रही है और बाकी के विद्यार्थी उसके पीछे-पीछे दोहरा रहे हैं।
B. बच्चे एक साथ पहाड़ों की कविता-पाठ कर रहे हैं।
C. बच्चों को हस्तकौशल सामग्री जैसे संख्याओं के ग्रिड, आयताकार सारणियों में व्यवस्थित गीटियाँ दी गई हैं और वे इनका प्रयोग कर गुणन के पैटर्न खोज रहे हैं।
D. शिक्षिका ने श्यामपट्ट पर अधूरे पहाड़े लिखे हैं और बच्चे उन पहाड़ों को श्यामपट्ट पर लिखकर पूरा कर रहे हैं।

37. एक शिक्षिका गणित कक्षा में रोल प्ले (भूमिका निर्वाह) विधि का उपयोग करती है। उसका उद्देश्य है :

A. बच्चों को व्यस्त रखना।
B. विचारों का बहिर्वेशन।
C. बच्चों का मनोरंजन।
D. अनुशासन बनाए रखना।

38. राष्ट्रीय पाठ्यचर्या रूपरेखा, 2005 के अनुसार, गणित पाठ्यक्रम ________ होना चाहिए।

A. सुसंगत और स्थैतिक
B. महत्त्वाकांक्षी और स्थैतिक
C. स्थैतिक और गतिविधि पर केंद्रित
D. महत्त्वाकांक्षी और सुसंगत

39. प्राथमिक कक्षा के अधिगमकर्ताओं में "बीजीय – चिंतन" को विकसित करने के लिए निम्नलिखित में से किसको आधार के रूप में लिया जा सकता है?

A. आकृतियों की पुनरावृत्ति वाले सरल प्रतिमानों से आरंभ करना और फिर ऐसे जटिल प्रतिमानों की ओर बढ़ना जिनमें संख्याएँ भी शामिल हों।
B. बीजीय समीकरणों का परिचय देने के लिए ग्राफी (आलेखी) विधि का उपयोग करना।
C. समस्या को हल करने के लिए बीजीय सर्वसमिकाओं का परिचय देना।
D. दैनिक जीवन में बीजगणित के उपयोग पर बल देना।

40. प्राथमिक स्तर पर बच्चों की गणितीय तर्क-क्षमता का सर्वाधिक उपयुक्तता से ________ के द्वारा अनुमान लगाया जा सकता है।

A. गृह कार्य के लिए दिए गए प्रश्नों को चरण दर चरण पूरा करने
B. बहुविकल्पीय प्रश्नों पर आधारित नियमित परीक्षाओं में सफलता
C. उनकी त्रुटियों का विश्लेषण करने
D. औपचारिक कलन-विधि को कंठस्थ करने

41. राष्ट्रीय पाठ्यचर्या रूपरेखा, 2005 के अनुसार निम्नलिखित में से कौन-सा/से गणित में भय और असफलता के लिए उत्तरदायी है/हैं?

(*a*) प्रतीकात्मक भाषा का प्रभुत्व

(*b*) गणित की संचयी प्रकृति

(*c*) जेंडर-विशिष्ट योग्यताएँ

(*d*) रचनात्मक आकलन तकनीकें (प्रणालियाँ)

सही विकल्प का चयन कीजिए:

A. केवल (*d*)
B. (*a*) और (*b*)
C. (*b*) और (*c*)
D. (*a*) और (*c*)

42. एक आयत से किसी समांतर चतुर्भुज का क्षेत्रफल निकालते हुए, सबसे सामान्य एक रूपांतरण जो शिक्षक इन दोनों आकृतियों के क्षेत्रफल के सूत्रों को संबद्धित करने के लिए करता है, वह है:

A. पलटना

B. घूर्णन

C. यह रूपांतरण संभव नहीं है

D. स्थानांतरण

43. निम्नलिखित में से कौन-सी उच्च प्राथमिक स्तर पर गणित में हस्तकौशल सहायक सामग्री के उपयोग के बारे में सही **नहीं** है?

A. ये गणित की जटिल अवधारणाओं को समझने में मदद करते हैं।

B. इनका उपयोग गणित की कक्षा में खाली समय बिताने के लिए किया जाता है।

C. इनका उपयोग आकलन के लिए एक शिक्षणशास्त्रीय संसाधन के रूप में किया जाता है।

D. ये गणित की अमूर्त अवधारणाओं के मूर्त प्रस्तुतीकरण में मदद करते हैं।

44. नीचे दो विद्यार्थियों के बीच अपनी गणित की कक्षा के बारे में हो रहा संवाद दिया गया है:

A : मेरे मस्तिष्क में बहुत से प्रश्न घूम रहे थे पर मुझे पूछने में डर लग रहा था।

B : मैं गणित में प्रश्न पूछने में बहुत डरती हूँ क्योंकि मुझे लगता है कि यदि वे गलत हुए तो कहीं मैं बेवकूफ न कहलाई जाऊँ।

यह संवाद क्या प्रदर्शित करता है?

(*a*) अध्यापक-केन्द्रित कक्षा

(*b*) गणित की कक्षा में भयरहित माहौल की कमी

(c) गणित की कक्षा में अधिकांश विद्यार्थियों द्वारा बनाए गए बहाने

(*d*) अध्यापक की अवधारणाओं के प्रति समझ में कमी

सही विकल्प का चयन कीजिए:

A. (*a*) और (*c*) B. (*b*) और (*d*)

C. केवल (*c*) D. (*a*) और (*b*)

45. राष्ट्रीय शिक्षा नीति (NEP), 2020 के अनुसार, गुणवत्ता शिक्षा प्रदान करने और बच्चों को स्वतः/स्वःअधिगमकर्ता बनाने के लिए महत्वपूर्ण सिद्धांत है:

A. यह सीखना कि क्या सीखना है

B. यह सीखना कि कहाँ से सीखना है

C. यह सीखना कि कैसे सीखना है

D. यह सीखना कि किससे सीखना है

46. एक शिक्षक के लिए ''अनुमान'' के शिक्षण के समय निम्नलिखित में से क्या महत्वपूर्ण है?

A. शिक्षक को यह समझाना चाहिए कि अनुमान लगाने का एक ही श्रेष्ठ मार्ग है।

B. शिक्षक को उन विद्यार्थी के उत्तरों की उपेक्षा करनी चाहिए जिनके उत्तर अनुमानित उत्तर से काफी दूर हैं।

C. शिक्षक को उन विद्यार्थियों को प्रोत्साहित करना चाहिए जिनका अनुमान सबसे निकट है।

D. शिक्षक को विभिन्न यथोचित उत्तरों के परास (रेंज) के लिए अवसर प्रदान करने चाहिए तत्पश्चात् उन पर चर्चा करनी चाहिए।

47. गणित में नैदानिक परीक्षा का प्राथमिक उद्देश्य है:

A. माता-पिता को बच्चे के लिए घर पर ट्यूशन रखने के लिए बल देना

B. बच्चों की रिपोर्ट-कार्ड बनाना

C. गणित में बच्चे की सीखने में रह गई कमियों को समझना

D. बच्चों को कक्षा के विभिन्न खंडों (सेक्शन्स) में बाँटना

48. गणित की कक्षा में एक विद्यार्थी कहता है कि एक वर्ग, एक समान्तर चतुर्भुज और एक आयत दोनों है। वह आगे कहता है सारे आयत भी समांतर चतुर्भुज होते हैं। वैन हैले की ज्यामितीय चिंतन के सिद्धांत के अनुसार, विद्यार्थी, ज्यामितीय चिंतन के किस स्तर पर है?

A. संबद्धता B. विश्लेषण

C. दृश्यीकरण D. स्वयंसिद्धीय

49. अध्यापिका बच्चों को कुछ वस्तुएं देती है जिनमें एक माचिस, एक बॉल, एक किताब, एक स्टील का गिलास और एक रस्सी शामिल है फिर वह उस वस्तु को पहचानने के लिए कहती है जिसमें सबसे ज्यादा कोने हैं। उपरोक्त स्थिति के अनुसार इनमें से कौन-सा कथन सत्य है?

A. रस्सी का चुनाव किया जाना चाहिए क्योंकि दी गई वस्तुओं में रस्सी सबसे लम्बी है।

B. किताब का चुनाव किया जाना चाहिए क्योंकि इसमें माचिस से ज्यादा कोने हैं।

C. माचिस और किताब का चुनाव किया जाना चाहिए क्योंकि दोनों को किनारे, सतहें और कोनों के आधार पर एक ही श्रेणी में वर्गीकृत किया गया है।

D. बॉल का चुनाव किया जाना चाहिए क्योंकि इसमें अनंत कोने हैं।

50. गणित में ''निरंतर और व्यापक'' मूल्यांकन के अंतर्गत सम्मिलित होगा:

(*a*) छात्रों की अवधारणात्मक समझ पर विस्तृत प्रतिपुष्टि।

(*b*) कक्षा में फेल और पास बच्चों की संख्या की प्रतिशतता के अनुसार केवल सामूहिक प्रगति को देखना।

(*c*) सम्पूर्ण वर्ष में छात्रों की प्रगति।

(*d*) गणित में अधिगम के न्यूनतम स्तरों को जानना।

सही विकल्प चुनें :

A. (*b*) और (*d*) B. (*a*), (*b*) और (*d*)

C. (*a*) और (*c*) D. केवल (*b*)

51. 'लम्बाई का मापन' पढ़ाते समय एक अध्यापिका छात्रों को अपनी मेज की लम्बाई पैमाने से नापने के बजाय बिलांद (हाथ) और पेपर क्लिप से नापने को कहती है। इस क्रियाकलाप को कराने का अति उपयुक्त कारण क्या है?

A. वह विद्यार्थियों को क्रियाशील गतिविधियों में व्यस्त रखना चाहती है, क्योंकि विद्यार्थियों के लिए यह रोचक होता है

B. वह अपने विद्यार्थियों को यह सिखाना चाहती है कि पेपर क्लिप के द्वारा लम्बाई का सही मापन कैसे किया जाता है
C. वह चाहती है कि उसके विद्यार्थी पुराने तरीकों से वस्तुओं का मापन करने का अभ्यास करें
D. वह चाहती है कि विद्यार्थी मापन के लिए मानक इकाईयों की आवश्यकता को समझें

52. एक प्राथमिक विद्यालय की गणित की अध्यापिका ने अपने छात्रों को 'रूलर' (पैमाना) निकालने के लिए कहा क्योंकि वह लम्बाई के मापन का विषय पढ़ाने जा रही थी।

छात्रों को भ्रांति हो गई की वे राजा या रानी कैसे निकाल सकते हैं। इस प्रकार के शब्द श्रुतिसम भिन्नार्थक (समनाम) शब्द कहलाते हैं। कक्षा में अध्यापिका इस प्रकार की चुनौती को कैसे संबोधित कर सकती है।

A. अंग्रेजी भाषा की अध्यापिका को इस प्रकार के शब्दों के अर्थों को अंग्रेजी की कक्षा में पढ़ाने के लिए कह कर।
B. जब भी पढ़ाते समय इस प्रकार के शब्द आते हैं तब अध्यापिका को बच्चों का ध्यान गणित के संदर्भ में प्रयुक्त इनके विशिष्ट अर्थ की ओर आकर्षित करना चाहिए।
C. अध्यापिका को इस प्रकार के शब्दों की एक सूची उनके अर्थों के साथ बनानी चाहिए और छात्रों को उसे स्मरण करने के लिए कहना चाहिए।
D. अध्यापिका को ध्यान नहीं देना चाहिए क्योंकि बच्चे अधिक प्रश्नों का अभ्यास करेंगे तो वे अंततः इस प्रकार के कई शब्द सीख जायेंगे।

53. कक्षा III की एक अध्यापिका अपने छात्रों के लिए निम्नलिखित प्रश्न पढ़ती है।

''अगर मैं दो दहाई में से दो इकाई घटाती हूँ तो उत्तर क्या होगा?

छात्रों में से एक छात्र जवाब देता है, उत्तर शून्य है।

निम्नलिखित कथनों में से कौन-सा उपरोक्त संदर्भ में सही है?

A. छात्र द्वारा दिया गया उत्तर सही है।
B. छात्र में स्थानीय मान की संकल्पना को दृढ़ करने के लिए शिक्षक को मूर्त सामग्री का प्रयोग करना चाहिए।
C. शिक्षक को अभ्यास के लिए दस (10) समान प्रश्न देने चाहिए।
D. शिक्षक को छात्र के उत्तर पर ध्यान नहीं देना चाहिए तथा स्वयं सही उत्तर दे देना चाहिए और अगले प्रश्न को हल करने के लिए बढ़ जाना चाहिए।

54. भिन्नों के योग की अवधारणा के पाठ की योजना बनाते समय एक अध्यापक आयताकार पट्टी को मोड़ने के क्रियाकलाप का उपयोग कर रहा है। ऊपर दिया गया क्रियाकलाप एक ...... है।

A. विषय-वस्तु क्रियाकलाप B. उत्तर विषय-वस्तु क्रियाकलाप
C. पूर्व विषय-वस्तु क्रियाकलाप D. समय की क्षति

55. प्राथमिक स्तर पर गणित की अच्छी पाठ्य पुस्तक के लिए निम्नलिखित में से कौन-सा लक्षण अत्यधिक महत्वपूर्ण है?

A. अवधारणाओं का संदर्भों के साथ परिचय देना चाहिए।
B. अभ्यास कराने के लिए इसमें केवल बहुत से प्रश्न होने चाहिए।
C. यह आकर्षक और रंगीन होनी चाहिए।
D. अवधारणाओं का परिचय मानक कलन विधियों द्वारा दिया जाना चाहिए।

56. राष्ट्रीय पाठ्यचर्या रूपरेखा (2005) मानता है कि गणित में 'चिंतन और तर्कण का एक निश्चित तरीका' आवेष्टित है। यह दृष्टि चरितार्थ की जा सकती है :

A. छात्रों को विशेष अनुशिक्षण देकर।
B. अन्वेषण उपागम हस्त कौशल सामग्री का उपयोग, अवधारणाओं का वास्तविक जीवन से संबंध जोड़ना, छात्रों को चर्चा में सम्मिलित करना।
C. गणित की सभी पाठ्य पुस्तकों को दोबारा लिखकर।
D. पाठ्य पुस्तक में दी गई समस्याओं/प्रश्नों को हल करने पर बल देकर।

57. एक गणित के शिक्षक के रूप में आप बच्चों के गणित के प्रदर्शन को सुधारने के लिए संभावित शिक्षकों को क्या परामर्श देंगे?

A. बच्चों को अभ्यास के लिए अधिक से अधिक पुस्तकें उपलब्ध करायें
B. अभिभावकों को परामर्श देना कि वह बच्चों को घर पर ट्यूशन पढ़ाएँ
C. बच्चों को उनके अवधारणात्मक और कार्यविधिक ज्ञान के बीच में संबंध स्थापित करने में सहायता करना
D. वर्ष के अंत में बच्चों के लिए उपचारी कक्षाओं की योजना तैयार करना

58. कथन ''शिक्षक छात्रों को संबंधों की खोज करने और अपने आप से प्रतिमान ढूंढने में एक सुसाध्य का कार्य करता है'' के साथ अत्यधिक अनुकूल है।

A. भूमिका अभिनय B. आगमनिक विधि
C. विश्लेषणात्मक विधि D. प्रदर्शन (निरूपण)

59. एक प्राथमिक कक्षा का अध्यापक अपने विद्यार्थियों को अपने आस-पड़ोस (कम से कम पाँच परिवार) में कक्षा पाँचवीं में पढ़ रहे लड़के और लड़कियों के आंकड़े एकत्रित करने के लिए कहता है।

निम्नलिखित में से कौन-सा इस क्रियाकलाप के उद्देश्य का अति उपयुक्तता से वर्णन करता है।

A. विद्यार्थियों को अपने आस-पड़ोस में लैंगिक (जेंडर) भेदभाव के प्रति जागरूक कराना
B. प्रकरण आकड़ों का प्रबंधन का परिचय देना
C. विद्यार्थियों को अपने समुदाय से परिचित कराना.
D. विद्यार्थियों को एक अवकाशकालीन गृहकार्य देना

60. गणित के शिक्षण-अधिगम पर निम्नलिखित में से किसका प्रभाव होने की संभावना न्यूनतम है?

A. मूल्यांकन के कारण छात्रों के आत्मविश्वास पर प्रभाव पड़ने के तरीकों की जानकारी होना।
B. छात्रों के गलत उत्तरों के पूरे हल देना।

C. प्रतिपुष्टि की गुणवत्ता में वृद्धि।
D. मूल्यांकन के परिणामों के प्रयोग से शिक्षण में परिवर्तन करना।

61. गणित के शिक्षण-अधिगम के विषय में निम्नलिखित में से कौन-सा कथन सत्य **नहीं** है?
A. नमूनों के अवलोकन और सामान्यीकरण से प्राथमिक कक्षा के विद्यार्थियों में गणितीय ज्ञान का सर्जन किया जा सकता है।
B. गणितीय ज्ञान के सर्जन में तर्क और वार्ता की एक महत्त्वपूर्ण भूमिका है।
C. गणितीय अधिगम एक सामाजिक प्रक्रिया है जिसमें संवाद सम्मिलित है।
D. गणितीय ज्ञान की रचना में संस्कृति और संदर्भों की कोई भूमिका नहीं है।

62. प्राथमिक स्तर पर गणित पढ़ाने के लिए निम्नलिखित में से कौन-सा पहलू अत्यंत महत्त्वपूर्ण है?
A. उच्चतर पढ़ाई और रोजगार के लिए तैयार करना।
B. प्रौद्योगिकी के लिए प्रोत्साहन और तैयारी कराना।
C. गणित को बच्चों के जीवन के अनुभवों का भाग बनाना।
D. परिकलन में परिशुद्धता विकसित करना।

63. गणित की प्रकृति के विषय में निम्नलिखित में से कौन-सा कथन सत्य **नहीं** है?
A. प्राथमिक स्तर पर गणित प्रत्यक्ष है और कल्पना की आवश्यकता नहीं है।
B. गणित में विचारों के सही संचारण के लिए विशेष शब्दावली का प्रयोग होता है।
C. गणितीय ज्ञान की संरचना में तर्क कौशल महत्त्वपूर्ण है।
D. गणितीय संकल्पनाओं की प्रकृति श्रेणीबद्ध है।

64. निम्नलिखित क्रियाकलापों में से किससे विद्यार्थियों में त्रिविम विवेचन (दिक्‌स्थान की समझ) विकसित होने की सर्वाधिक संभावना है?
A. चौपड़ आकृतियों को पहचानना।
B. आँकड़ों की निरूपित करने के लिए दण्ड आरेख खींचना।
C. एक संख्या चार्ट में नमूने को पहचानना।
D. सूडोकू पहेली को हल करना।

65. गणित के शिक्षण-अधिगम संदर्भ में निम्नलिखित में से कौन-सी प्रक्रिया वांछनीय है?
A. खुली पुस्तक परीक्षा से बचना चाहिए।
B. विद्यार्थियों को बताना चाहिए कि प्रश्नों को हल करने के लिए निर्धारित कदमों का अनुकरण करें।
C. भ्रांति को रोकने के लिए मुक्त उत्तर वाले (ओपन एन्डेड) प्रश्नों से बचना चाहिए।
D. संकल्पनाओं की अंतर्दर्शी समझ को प्रोत्साहित करना चाहिए।

66. गणित के प्राथमिक पाठ्यक्रम में 'प्रतिचित्रण' का परिचय देने का मुख्य प्रयोजन है :
(*a*) त्रिविम विचार-क्षमता को प्रोत्साहन देना।
(*b*) आनुपातिक विवेचन को प्रोत्साहन देना।
(*c*) विषय को सरल और रुचिकर बनाना।
(*d*) संख्याओं की नीरसता को समाप्त करना।
A. (*a*) और (*c*) B. (*a*) और (*d*)
C. (*a*) और (*b*) D. (*b*) और (*c*)

67. NCF (राष्ट्रीय पाठ्यचर्या) 2005 के अनुसार निम्नलिखित में से कौन-से विषय प्राथमिक विद्यालय में गणित पाठ्यक्रम का भाग नहीं हैं?
A. चौपड़ (Tessellation) B. सममिति (Symmetry)
C. प्रतिरूप (Patterns) D. अनुपात (Ratio)

68. निम्न में से गणित में उपलब्धि कम होने का कारण क्या हो सकता है?
A. लिंग
B. सामाजिक-सांस्कृतिक पृष्ठभूमि
C. गणित का स्वरूप
D. व्यक्ति की स्वाभाविक क्षमता

69. प्राथमिक कक्षाओं में बच्चों को गणित पढ़ाने के लिए बनाई जाने वाली पाठ योजना का निम्नलिखित में से कौन-सा अति महत्वपूर्ण पहलू है?
A. पाठ्य-पुस्तक के अनुक्रम का अनुसरण करना
B. गणितीय संकल्पनाओं को संरचनात्मक ढंग से प्रस्तुत करना
C. विद्यार्थियों को अवसर देना कि वे संकल्पनाओं की संरचना करें
D. क्रियाकलापों को लिखना और इस संदर्भ में प्रश्न देना

70. निम्नलिखित में से किसे संरचनात्मक (रचनावादी) गणितीय कक्षा कक्ष का लक्षण **नहीं** माना जा सकता है?
A. गणित के अधिगम में भाषा और संवादों की भूमिका पर उचित ध्यान दिया जाता है
B. अध्यापक स्वीकार करता है कि दी गई अन्योन्य क्रिया को विभिन्न विद्यार्थी अलग-अलग प्रकार से समझ सकते हैं
C. प्राथमिक स्तर पर आकलन के लिए विषयपरक प्रकार की परीक्षा का उपयोग किया जाता है
D. गणित और दूसरे पाठ्येतर क्षेत्रों के बीच के संबंधों को उजागर किया जाता है

71. निम्नलिखित में से कौन-से कथन की सहमति गणित के संरचनात्मक (रचनावादी दृष्टिकोण) से की जा सकती है?
A. गणित तथ्यों को सीखने के बारे में है
B. गणितज्ञों से सच्चाई का आविष्कार अपेक्षित होना चाहिए
C. गणित पूर्णतया विषयपरक है
D. मानसदर्शन गणित का महत्वपूर्ण पहलू है

72. निम्नलिखित में से कौन-सा क्रियाकलाप बच्चों में त्रिविम समझ को विकसित करने के लिए अधिक उपयुक्त है?
A. बोतल के ऊपरी दृश्य को चित्रित करना।
B. मानचित्र पर शहरों का स्थान निर्धारण करना।
C. चंद्रमा के उदय होने का समय लिखना।
D. संख्याओं को संख्या रेखा पर निरूपित करना।

73. गणित के अधिगम के संबंध में निम्नलिखित में से क्या सही **नहीं** है?
A. गणित में उत्कृष्ट प्रदर्शन की प्रतिभा स्वाभाविक होती है
B. अध्यापक के सीखने वालों के प्रति विचारों का अधिगम परिणामों पर प्रभावशाली असर होता है
C. विद्यार्थियों की सामाजिक-आर्थिक पृष्ठभूमि का गणित के निष्पादन पर असर होता है
D. विद्यालय में दिए जाने वाले निर्देशों की भाषा का असर बच्चे के गणित के प्रदर्शन पर हो सकता है

74. निम्नलिखित शाब्दिक समस्या के प्रकार को पहचानिए :
मेरे पास 6 पेंसिल हैं। मनीष के पास मेरे से दो अधिक हैं। मनीष के पास कितनी पेंसिल हैं?
A. तुलनात्मक जमा B. तुलनात्मक घटा
C. व्यवकलित जमा D. व्यवकलित घटा

75. "गणित बच्चों के मस्तिष्क में तार्किक आदत को व्यवस्थित करने का तरीका है।" यह कथन किसका है?
A. लॉक B. गैलिलियो
C. बर्ट्रेण्ड रसेल D. बेंजामिन पियर्स

76. निम्न में से कौन गलत है?
A. गणित का अध्ययन विश्लेषण की शक्ति देता है।
B. यह अच्छे मस्तिष्क की रचना करता है।
C. यह असंभव को संभव बनाता है।
D. गणित का हमारे व्यावहारिक जीवन से गहरा सम्बन्ध है।

77. गणित शिक्षण में शिक्षक को निम्नलिखित बात पर ध्यान नहीं देना चाहिए–
A. व्यावहारिक जीवन से विषय का सम्बन्ध हो
B. मानसिक शक्तियों का विकास हो
C. जातीय प्रतिष्ठा का उपाय हो
D. आनन्द की प्राप्ति ना हो

78. गणित में क्रियात्मक विधि की निम्न में से कौन-सी विशेषता नहीं है?
A. छात्रों में विभिन्न कौशलों का विकास करना
B. इस विधि के द्वारा शिक्षा ग्रहण कर विद्यार्थी श्रम के महत्त्व को समझता है
C. छात्रों में विभिन्न सामाजिक गुणों का विकास होता है
D. उपरोक्त में से कोई नहीं

79. निम्न में से कौन-सी गणित शिक्षक की एक विशेष योग्यता है?
A. गणित उपकरणों को प्रयोग करने की क्षमता
B. गणित कक्षा संचालन की योग्यता
C. विभिन्न शिक्षण विधियों का ज्ञान
D. उपरोक्त सभी

80. छात्र को आयत तथा वर्ग का अवबोध है, यदि वह–
A. दोनों की परिभाषा व सारांश बता सके
B. दोनों में समानताएँ तथा असमानताएँ बता सके
C. दोनों की परिभाषा के साथ चित्र भी बना सके
D. दोनों को देखते ही पहचान सके

81. गणित का शिक्षक अज्ञात से ज्ञात की ओर शिक्षण सिद्धान्त का पालन किस विधि में करता है?
A. खेल विधि B. प्रदर्शन विधि
C. आगमन विधि D. निगमन विधि

82. गणित निर्भर है–
A. तर्क और रचनात्मकता पर B. कल्पना और विश्वास पर
C. धर्म और आस्था पर D. उपरोक्त सभी पर

83. गणित विज्ञान है–
A. प्रतिरूपों का B. संबंधों का
C. A और B दोनों का D. इनमें से किसी का नहीं

84. इनमें से कौन गलत है?
A. गणित विज्ञान की मुख्य भाषा है।
B. यह एक अनुप्रयुक्त विज्ञान है।
C. यह वैज्ञानिक विधियों का प्रशिक्षण देता है।
D. इनमें से कोई नहीं

85. वर्तमान पाठ्यक्रम का दोष है–
A. पुस्तकीय ज्ञान पर बल
B. विषयों में सह-सम्बन्ध का अभाव
C. लचीलेपन का अभाव
D. उपरोक्त सभी

86. वह उद्देश्य जो शिक्षक गणित पढ़ाने के बाद कक्षा में ही प्राप्त कर लेता है, उसे कहा जाता है?
A. सांस्कृतिक उद्देश्य B. शैक्षणिक उद्देश्य
C. सामाजिक उद्देश्य D. उपरोक्त सभी

87. जहाँ तक तर्क देने का क्रम विशिष्ट से सामान्य की ओर बढ़ता है, वह विधि है–
A. आगमन विधि B. प्रदर्शन विधि
C. योजना विकार विधि D. निगमन विधि

88. प्रचलित पाठ्यक्रम का दोष है–
A. जीवन से असम्बन्धित B. संकुचित दृष्टिकोण
C. परीक्षा की प्रधानता D. उपरोक्त सभी

89. "गणित की प्रगति राष्ट्र की समृद्धि से जुड़ा है" यह कथन किसका है
A. मार्शल एच. स्टोन B. गैलिलियो
C. डॉ. कार्ल अल्ब्रेट D. नेपोलियन

90. गणित को पाठ्यक्रम में स्थान मिलना चाहिए क्योंकि–
A. यह छात्रों को सामाजिक व नैतिक मूल्यों को पाने में मदद करता है।
B. यह बौद्धिक शक्ति व अनुशासन का विकास करता है।
C. यह अन्य विषयों एवं भविष्य में गणित के अध्ययन में मदद करता है।
D. उपरोक्त सभी

91. गणित की वह कौन-सी विधि है जो 'करके सीखने के सिद्धान्त' पर काम करती है, जिसमें छात्र अधिक सक्रिय रहते हैं व जिसके द्वारा नवीन तथ्यों की खोज की जा सकती है?
A. प्रदर्शन विधि B. प्रयोगशाला विधि
C. संश्लेषणात्मक विधि D. प्रायोजना विधि

92. रेखागणित के किसी साध्य का हल ज्ञात करने हेतु प्रायः किस विधि का प्रयोग किया जाता है?
A. आगमन विधि B. संश्लेषण विधि
C. विश्लेषण विधि D. निगमन विधि

93. विश्लेषण विधि के ठीक विपरीत विधि है–
A. संश्लेषण विधि B. निगमन विधि
C. खोज विधि D. खेल विधि

94. गणित के सिद्धान्त, नियम व सूत्र होते हैं–
A. अनुपयुक्त B. सार्वभौमिक
C. क्षेत्रीय D. इनमें से कोई नहीं

95. बच्चों की सोच को जानने का सबसे प्रभावशाली उपाय है–
A. उससे मित्रता करना B. उस पर नजर रखना
C. प्रश्न पूछना D. इनमें से कोई नहीं

96. निम्न में से कौन-सा गुण शिक्षक में नहीं होना चाहिए?
A. गणत की विषय-वस्तु का उपयुक्त ज्ञान
B. अभ्यास कार्य को अधिक महत्त्व देना
C. पक्षपात रहित व्यवहार
D. वार्षिक योजना तैयार नहीं करना

97. व्यावहारिक गणित का भाग है–
A. संख्याओं का हिसाब लगाना
B. जोड़ व बाकी करना
C. समीकरणों को हल करना
D. बैंकों की कार्यप्रणाली की जाँच करना

98. वह विधि जो 'देखो, सुनो और समझो' सिद्धान्त पर आधारित है–
A. प्रदर्शन विधि B. प्रयोगशाला विधि
C. विश्लेषणात्मक विधि D. संश्लेषणात्मक विधि

99. छात्रों की सोच को समझने का मुख्य उद्देश्य है–
A. शिक्षण योजना में उसका उपयोग
B. उनके द्वारा किए जाने वाले शरारतों पर रोक
C. उसके माता-पिता या अभिभावक को अवगत कराना
D. इनमें से कोई नहीं

100. गणित को दसवीं कक्षा तक अनिवार्य विषय रखना चाहिए क्योंकि–
A. इसके अध्ययन के लिए विशेष योग्यता व बुद्धि की जरूरत होती है।
B. हरेक व्यक्ति सफलतापूर्वक इसे नहीं सीख सकता।
C. यह एक व्यापक दृष्टिकोण प्रदान करता है जो उसे भविष्य में कुछ भी बनने में मदद कर सकता है।
D. इनमें से कोई नहीं

101. पाठ्यक्रम में गणित विषय का महत्त्व है–
A. बौद्धिक मूल्य B. नैतिक महत्त्व
C. सांस्कृतिक महत्त्व D. उपरोक्त सभी

102. 'गणित' विषय में छात्र की रुचि पैदा करने के लिए प्रभावी तरीका होगा–
A. कमजोर छात्रों के लिए अतिरिक्त कक्षाओं की व्यवस्था करना
B. समय-विभाग-चक्र में गणित विषय को अधिक कालांश देना
C. विद्यालय में अधिक पुस्तकें खरीदना
D. खेल विधि से शिक्षण करवाना

103. वह विधि जिसमें उदाहरणों के द्वारा नए नियमों की स्थापना की जाती है, उसे कहते हैं–
A. आगमन विधि B. विश्लेषण विधि
C. संश्लेषण विधि D. निगमन विधि

104. रेखागणित में प्रायोगिक अवस्था में प्रयुक्त होने वाली शिक्षण विधि है–
A. प्रदर्शन विधि B. निगमन विधि
C. आगमन विधि D. उपरोक्त सभी

105. मूल्यांकन की कार्यसूचक क्रिया है–
A. चिह्नित करना B. निर्णय लेना
C. भूल खोजना D. उपरोक्त सभी

106. गणित शिक्षण की मुख्य विधि है–
A. व्याख्यान विधि B. प्रदर्शन विधि
C. आगमन-निगमन विधि D. उपरोक्त सभी

107. आगमन विधि का आधार है–
A. तर्क B. निर्णय
C. उदाहरण D. लक्ष्य

108. गणित शिक्षण में अभ्यास कार्य देते समय ध्यान रखना चाहिए–
A. अभ्यास कार्य का उद्देश्य स्पष्ट होना चाहिए
B. अभ्यास कार्य की गति उपयुक्त होनी चाहिए
C. पुनरावृत्ति उचित कालान्तर से होनी चाहिए
D. उपरोक्त सभी

109. गणित शिक्षण में अभ्यास कार्य का निम्न से क्या महत्त्व नहीं है?
A. निपुणता एवं कुशलता प्राप्त करने के लिए
B. गणित सम्बन्धी कुशलताओं का विकास होना
C. एकाग्रता एवं आत्मविश्वास के विकास हेतु
D. व्यावसायिक कुशलता प्राप्त करने हेतु

110. एकभाषा के रूप में गणित के बारे में कौन-सा कथन गलत है?
A. गणित वास्तविक संसार की व्याख्या करता है।
B. गणित संरचना का वर्णन करता है।
C. गणित खुद गणित का वर्णन करता है।
D. इनमें से कोई नहीं

111. मूल्यांकन के संबंध में निम्न में से क्या गलत है?
A. इसके द्वारा शिक्षक यह जानने की कोशिश करता है कि शिक्षण उद्देश्यों की प्राप्ति किस सीमा तक हुई है।
B. छात्रों ने प्राप्त ज्ञान को किस सीमा तक स्वांगीकृत किया है।
C. शिक्षक यह जानने की कोशिश करता है कि विषय के प्रति उसकी अभिरुचि एवं समझ का स्तर क्या है।
D. इनमें से कोई नहीं।

112. विद्यार्थी गणित की संकल्पनाओं और सिद्धान्तों के अर्थ को समझता है, यह अधिगम के किस उद्देश्य की प्राप्ति है?
A. कौशल B. पूर्व ज्ञान
C. अनुप्रयोग D. अवबोधन

113. उच्च प्राथमिक स्तर पर गणित शिक्षण का सर्वाधिक महत्त्व किस रूप में है?
A. भौतिक B. मानसिक
C. व्यावहारिक D. आध्यात्मिक

114. गणित विषय में सहायक सामग्री का कौन-सा एक उपयोग नहीं है?
A. पाठ को आकर्षक व रुचिकर बनाना
B. नवीन भाषा शैली का ज्ञान
C. मन्दबुद्धि व प्रतिभाशाली बालकों के लिए आवश्यक
D. छोटी कक्षाओं के बालकों के विकास हेतु

115. इनमें से कौन मूल्यांकन की विशेषताओं में शामिल नहीं है?
A. यह एक सतत् प्रक्रिया है।
B. यह शिक्षा को प्रयोजन केन्द्रित बनाता है।
C. यह छात्रों पर पाठ-याद करने के लिए दबाव डालने का साधन है।
D. यह सम्पूर्ण शैक्षिक तंत्र की प्रतिपुष्टि देता है।

उत्तरमाला

1	2	3	4	5	6	7	8	9	10
B	C	C	B	A	A	A	A	B	A
11	12	13	14	15	16	17	18	19	20
B	A	D	B	A	D	D	D	A	C
21	22	23	24	25	26	27	28	29	30
D	B	A	B	D	A	A	D	A	C
31	32	33	34	35	36	37	38	39	40
B	D	C	D	B	C	B	D	A	C
41	42	43	44	45	46	47	48	49	50
B	A	B	D	C	D	C	A	C	C
51	52	53	54	55	56	57	58	59	60
D	B	B	C	A	B	C	B	B	B
61	62	63	64	65	66	67	68	69	70
D	C	A	A	D	C	D	B	C	C
71	72	73	74	75	76	77	78	79	80
D	A	A	A	A	C	D	D	D	B
81	82	83	84	85	86	87	88	89	90
C	A	C	D	D	B	A	D	D	D
91	92	93	94	95	96	97	98	99	100
B	C	A	B	C	D	D	A	A	C
101	102	103	104	105	106	107	108	109	110
D	D	A	D	D	D	A	D	D	D
111	112	113	114	115					
D	D	C	B	C					

पर्यावरणीय अध्ययन

SECTION-A

पर्यावरणीय अध्ययन (Environmental Studies)

परिवार

परिवार के संबंध में **मर्डोक** (Murdoch) की अवधारणा है कि परिवार एक ऐसा सामाजिक समूह है जिसका एक सामान्य निवास होता है, आर्थिक सहयोग होता है तथा जिसमें प्रजनन क्रिया पायी जाती है। समाजशास्त्री **गेराल्ड लेसली** (Gerald Leslie) के अनुसार 'परिवार दो भिन्न लिंगों के वयस्क लोगों का समूह है जो सामाजिक मान्यता प्राप्त यौन संबंध स्थापित करते हुए रहते हैं। उनके साथ ही उनके बच्चे अथवा गोद लिए हुए बच्चे भी होते हैं।' अनेक कार्यों का निष्पादन करते हुए परिवार प्रजनन और जैविक (Biological) इकाई का वह समूह होता है जिसमें स्त्री व पुरुष को यौन संबंधों को स्थापित करने तथा संतान को जन्म देने की सामाजिक स्वीकृति मिली होती है। परिवार के कार्यों और उसके सामाजिक महत्व को रेखांकित करते हुए समाजशास्त्री **लुण्डबर्ग** (Lundberg) ने कहा है कि 'सामाजिक व्यवस्था में यदि पुनरुत्पादन (Reproduction) का कार्य रुक जाय, यदि बच्चों का पालन पोषण न किया जाय और इन्हें विचारों को आगामी पीढ़ी के लिए संचरित करना तथा एक दूसरे से सहयोग करना न सिखाया जाय तब संभवत: समाज का अस्तित्व की समाप्त हो जाएगा।' इस प्रकार यह जाहिर है कि परिवार का दायित्व सामाजिक अस्तित्व की रक्षा करना है। परिवार के माध्यम से ही व्यक्ति की मौलिक आवश्यकताओं की पूर्ति संभव हो पाती है। ऐसा अन्य समूहों में होना कठिन है। **एण्डरसन** (Anderson) के मुताबिक 'परिवार का एक रूप वह है जिसमें हम जन्म लेते हैं (Family of Orientation) और दूसरा वह रूप है जिसमें वह बच्चों को जन्म देते हैं। परिवार की सार्वभौमिकता का स्पष्टीकरण इसी बात से हो जाता है कि इसमें ऐसा कोई भी व्यक्ति नहीं है जो परिवार के इन दोनों रूपों में से किसी का भी सदस्य न हो।' आधुनिक दौर में मनुष्य ने सुविधाओं को ध्यान में रखते हुए तमाम वस्तुओं का आविष्कार कर लिया है जिनके कारण अनेक सामाजिक संस्थाओं ने अपनी प्रासंगिकता खो दी है परन्तु विवाह और परिवार का केंद्रीय महत्व अनवरत बना हुआ है।

अर्थ एवं परिभाषा

परिवार शब्द से तात्पर्य ऐसे लोगों के समूह से है जो आपस में सेवाभाव से रहते हैं। अंग्रेजी शब्द family जो लैटिन भाषा के Famalus शब्द से बना है उसका अर्थ भी सेवक होता है। विभिन्न समाजशास्त्रियों ने परिवार की भिन्न-भिन्न परिभाषा दी है। एक संस्था के रूप में परिवार का महत्व लगभग समान माना गया है लेकिन परिवार के आकार-प्रकार के बारे में भिन्न-भिन्न नजरिया है। **बर्गेस और लॉक** के कथनानुसार परिवार ऐसे व्यक्तियों का समूह है जो विवाह रक्त अथवा गोद लेने में संबंधों द्वारा संगठित हैं। एक छोटी-सी गृहस्थी का निर्माण करते हैं और पति-पत्नी, माता-पिता, पुत्र-पुत्री, भाई-बहन के रूप में एक दूसरे से अन्त:क्रियाएं करते हैं तथा एक सामान्य संस्कृति का निर्माण तथा देखरेख करते हैं। इस बारे में **मैकाइवर और पेज** के विचार हैं कि, 'परिवार ऐसा समूह है जो यौन-संबंधों पर आश्रित है तथा इतना छोटा और शक्तिशाली है कि संतान के जन्म और पालन-पोषण की व्यवस्था करने की क्षमता रखता है।' **मैकाइवर** की परिभाषा के अनुसार परिवार के लिए यौन संबंध ही एक प्रमुख तत्व है। लेकिन यह विचार जितना पश्चिमी समाज के अनुकूल है उतना भारतीय पारिवारिक व्यवस्था के प्रति नहीं। **प्रभु** का मत है कि 'दक्षिण भारत में नायर समुदाय के व्यक्ति तो यौन संबंधों को परिवार के कार्यों से बिल्कुल बाहर मानते हैं। इससे स्पष्ट होता है कि यौन संबंध परिवार का एक उद्देश्य तो हो सकता है लेकिन सर्वप्रमुख और केंद्रीय नहीं।'

परिवार के संबंध में अनेक नृतत्व शास्त्रीय अध्ययनों से पता चला है कि आदिम समाजों में परिवार आर्थिक उद्देश्यों की पूर्ति के सबसे बड़े और केंद्रीय माध्यम थे। माता-पिता के बीच संबंध केवल इसी कारण नहीं होते हैं कि वे दोनों एक दूसरे से शादी के बंधन में बंधे होते हैं क्योंकि अनेक प्राचीन समाजों में विवाह पूर्व यौन-संबंधों को मान्यता दी जाती है और अनेक समाजों में निर्धारित संबंधियों के साथ कई अवसरों पर विवाह से पूर्व यौन-संबंधों की अनुमति होती है। **टॉम वी बोटोमोर** (Tom V. Votomore) ने लेवी स्त्रॅात की किताब से एक उद्धरण दिया है—''लेवी स्त्रॅात ने अधिकांश आदिम समाजों में अविवाहित व्यक्तियों की तकलीफदेह हालत का जीवंत चित्रण किया है। वह मध्य ब्राजील के एक नौजवान की हालत के बारे में लिखता है—'एक झोपड़ी में कोने में घंटों दुबका रहने वाला उदास, देखभाल बगैर, दुबला-पतला और लगता है पूरी तरह विषादग्रस्त ... वह अकेले शिकार करने के लिए बाहर जाने के अलावा शायद ही कभी बाहर निकलता हो। आग को घेर कर जब पारिवारिक भोज होता है तो वह आमतौर पर भूखा ही रह जाता, अगर एक संबंधी उसकी ओर कभी-कभी थोड़ा भोजन सरका न देता जिसे वह चुपचाप खा लेता, मुझे लगा कि उसे कोई

गंभीर बीमारी हो गई इसलिए मैंने पूछा कि उसके साथ गड़बड़ी क्या है तो मेरे संदेह पर लोग हंसे और मुझे बताया कि वह कुंआरा है।''

परिवार की विशेषताएं

संसार भर के समाजों में परिवार का महत्व है। परिवार के सन्दर्भ में अलग-अलग दृष्टिकोण होने के बावजूद इसकी कुछ ऐसी विशेषताएं हैं जो सार्वभौमिक और सर्वमान्य हैं। **मैकाइवर और पेज** ने परिवार की आठ विशेषताओं का उल्लेख किया है जो निम्नवत हैं—

1. **सर्वव्यापकता (Universality)**—सभी संस्थाओं और समितियों में परिवार का स्थान बहुत महत्वपूर्ण तथा अधिक व्यापकता लिए हुए है। सभी प्रकार के सभ्य और आदिम समाजों में परिवार विद्यमान है तथा सामाजिक विकास के सभी स्तरों पर यह किसी न किसी रूप में अस्तित्व मान रहा है। आने वाले समय में इसके स्वरूप अथवा कार्यों में कितना भी बदलाव क्यों न हो जाय किंतु इसका महत्व कम नहीं होगा। परिवार की सार्वभौमिकता का पहला कारण मनुष्य की मूल आवश्यकताओं की पूर्ति करने में इसकी भूमिका है। दूसरा प्रमुख कारण परिवार द्वारा किए जाने वाले सांस्कृतिक, धार्मिक, सामाजिक एवं मनोरंजन संबंधी कार्य हैं जो कि बुनियादी राज्य से लगभग सभी समाजों में परिवार के द्वारा पूरे किए जाते हैं।
2. **भावनात्मक आधार (Emotional Basis)**—भावनात्मक आधार परिवार की एक महत्वपूर्ण विशेषता है। इसके सदस्य आपस में मिल-जुल कर भावनात्मक आधार पर कार्य करते हैं। दाम्पत्य, मातृत्व और पितृत्व द्वारा मनुष्य को जीवन के विभिन्न चरणों में जो सुरक्षा एवं सहयोग मिलता है वह परिवार के द्वारा ही संभव है। परिवार के सदस्यों के बीच पारस्परिक त्याग की भावना एक ऐसी विशेषता है जो भावनात्मक आधार पर परिवार के सदस्यों को एक सूत्र में बांधे रखती है। इन विशेषताओं के कारण परिवार शांति और सद्भावना का केन्द्र बना रहता है। वास्तव में भावनात्मक आधार ही परिवार के लिए मजबूत आधार होता है।
3. **रचनात्मक प्रभाव (Formative Influence)**—सामाजिक व्यवस्था में परिवार एक ऐसी इकाई है जहां यथार्थतः सभी की भूमिकाएं वास्तविक रूप से निर्धारित होती हैं। परिवार का प्रभाव दिखावा न होने के कारण ही रचनात्मक है। इसकी क्रियात्मकता और उद्देश्य किसी व्यक्ति विशेष को लाभ पहुँचाने के बजाय सभी के हितों की समान रूप से सुरक्षा करना और उनके महत्व को समझना है। माता-पिता के व्यवहार का प्रभाव बच्चों पर स्थायी रूप से पड़ता है। इसलिए परिवार को प्राथमिक और केन्द्रीय व्यवहार विद्यालय के रूप में रेखांकित किया जाता है।
4. **छोटा आकार (Limited Size)**—परिवार की प्रमुख विशेषता उसका आकार होती है। समाज के सदस्यों की एक निश्चित संख्या ही एक परिवार बनाती है। प्राचीन परिवारों का आकार बड़ा होता था। लेकिन आधुनिक परिवार बहुत छोटे होते हैं। इसके बावजूद दोनों ही परिवारों की स्थापना उसके निकट सम्बन्धियों द्वारा ही होती है। औद्योगीकरण तथा आधुनिक युग में परिवार का आकार इतना छोटा होता गया कि उसमें पति-पत्नी तथा उनके अविवाहित बच्चों के अलावा और कोई भी सम्मिलित नहीं रहता।
5. **सामाजिक ढांचे का केन्द्र (Centre of Social Structure)**—परिवार सम्पूर्ण सामाजिक ढांचे में न केवल केन्द्रीय स्थान रखता है बल्कि वह सामाजिक ढांचे का केन्द्र भी है। जिस प्रकार सभी व्यक्तियों, वस्तुओं और स्थानों में केन्द्रीय भाग का विशेष महत्व होता है उसी प्रकार परिवार भी समाज का केंद्रीय भाग होता है। इस कारण इसका भी विशेष महत्व है। यदि परिवार का कोई सदस्य कोई नया कार्य करता है तो वह परिवार के हितों का सदैव ढांचे पर भी पड़े। इसी कारण अरस्तू ने समुदाय की परिभाषा करते हुए उसे परिवारों का संकल्प कहा था। इस का तात्पर्य यही था कि पारिवारिक संरचना समुदाय अथवा सामाजिक ढांचे का आधार है।
6. **सदस्यों का असीमित दायित्व (Unlimited Responsibility of the Members)**—परिवार के सदस्यों के उत्तरदायित्व पारिवारिक स्नेह के कारण बहुत अधिक होते हैं उसके बावजूद सभी सदस्य इसकी पूर्ति में कोताही नहीं करते। पारिवारिक सदस्यों के प्रयत्नों और उनकी निष्ठा से परिवार एक ऐसा मंच बन जाता है जहां किसी प्रकार का वैर-भाव, संघर्ष नहीं होने पाता वरन उनके स्थान पर पारिवारिक सहयोग और सहानुभूति का वातावरण बन जाता है। इसीलिए सामंजस्य पूर्ण परिवार को लोग स्वर्ग की उपाधि देते हैं। इस वातावरण के निर्माण में पारिवारिक सदस्यों का एक दूसरे के प्रति असीमित दायित्व का निर्वाह है। उत्तरदायित्व निर्वाह की यह भावना परिवार के अतिरिक्त अन्य सामाजिक संस्थाओं में नहीं दिखाई पड़ती। परिवार वह स्थान है जहां व्यक्ति व्यक्तिगत हितों को नजरअंदाज करके अपनी आवश्यकता और क्षमता से भी अधिक दायित्व पूरा करने को तैयार होता है।
7. **सामाजिक संगठन का आधार (Base of Social Organisation)**—समाज के निर्माण में परिवार की सबसे प्रमुख भूमिका होती है। पारिवारिक नियमों के कारण ही सामाजिक व्यवस्था का निर्माण संभव होता है। परिवार के नियम किसी एक क्षेत्र में व्यक्ति के जीवन को प्रभावित नहीं करते बल्कि पारस्परिक संबंधों, शिष्टाचार, व्यवहार, रीति-रिवाज, धर्म, शिक्षा और कर्तव्यबोध आदि सभी क्षेत्रों में परिवार के नियम ही निर्णायक भूमिका निभाते हैं, तथा मनुष्य के सामाजिक जीवन को नियमित बनाते हैं।
8. **स्थायी तथा अस्थायी स्वभाव (Permanent and Temporary Nature)**—परिवार एक समिति भी है और संस्था भी। **मैकाइवर** का यह कथन सही है कि परिवार संस्था के सार्वभौमिक और

सार्वकालिक महत्व को स्थापित करता है। एक समिति के रूप में परिवार पति-पत्नी-बच्चों तथा कुछ अन्य व्यक्तियों का समूह है। उसका यह रूप अस्थायी है क्योंकि विवाह-विच्छेद, मृत्यु, विवाह तथा नए शिशु के जन्म के कारण परिवार का आकार बदलता रहता है। लेकिन परिवार कुछ नियमों और कार्यप्रणालियों की व्यवस्था भी करता है। इस प्रकार वह एक संस्था के रूप में विद्यमान है। पति, पत्नी अथवा कुछ अन्य सदस्यों के न रहने पर भी परिवार के नियम सदैव बने रहते हैं। इन विशेषताओं के कारण परिवार का स्वभाव स्थायी और अस्थायी दोनों प्रकार का होता है।

परिवार के प्रकार

समाजशास्त्रियों ने परिवार के तीन प्रकार बताए हैं। के.पी. चट्टोपाध्याय ने तीन प्रकार के परिवारों का निर्धारण किया है—(1) साधारण (Simple) परिवार , जिसे केन्द्रीय परिवार भी कहा जाता है, (2) मिश्रित (Compound) परिवार तथा (3) संश्लिष्ट (Composite) परिवार।

लेकिन विभिन्न आधारों पर परिवार को कम-से-कम पांच श्रेणियों में बांटा गया है। ये पांच श्रेणियां निम्न प्रकार की हैं—(1) सदस्यों की संख्या के आधार पर तीन प्रकार के परिवार माने गए हैं-केंद्रीय परिवार, विवाह संबंधी परिवार और संयुक्त परिवार, (2) निवास के आधार पर भी तीन प्रकार के परिवार माने गए हैं-पितृ स्थानीय परिवार, मातृ स्थानीय परिवार तथा सेवा स्थानीय परिवार, (3) सत्ता तथा वंश परिवार, (4) विवाह के आधार पर तीन प्रकार के परिवार होते हैं—एक विवाही परिवार, बहुपति विवाही परिवार तथा बहुपत्नी विवाही परिवार और (3) सामाजिक परिस्थिति के आधार पर दो प्रकार के परिवार माने गए हैं-ग्रामीण परिवार तथा नगरीय परिवार। इतने विभाजनों के बावजूद एक संस्था के रूप में परिवार का महत्व सर्वव्यापी है। उनका मौलिक गुण भी सामान्य रूप से समान है। यदि परिवार को एक समूह के रूप में देखा जाय तो विभिन्न समाजों में उसका चरित्र अलग-अलग प्रकार का मिलता है। सभी के विचारों, मूल्यों, जीवन पद्धतियों तथा धार्मिक विश्वासों में अधिक भिन्नता पाई जाती है। अनेक परिवार आज भी आदिम स्वरूपों में पाए जाते हैं और अनेक परिवार समय के साथ प्रगति करते हुए भौतिक, संस्कृति और उपलब्धियों में बहुत आगे तक पहुंच गए हैं। पारिवारिक संगठन में भी अनेक प्रकार के बदलाव आए हैं। परिवार के वर्गीकरण के बावजूद यह नहीं कहा जा सकता है कि एक प्रकार की विशेषताएं केवल उसी प्रकार के परिवार में पाई जाती है। सदैव एक प्रकार के परिवार की विशेषताएं दूसरे प्रकार के परिवारों में प्रचुरता से पाई जाती है।

सदस्यों की संख्या के आधार पर परिवार तीन प्रकार के पाए जाते हैं जिनमें केंद्रीय परिवार, विवाह संबंधी परिवार तथा संयुक्त परिवार हैं। उनका विवरण निम्न प्रकार से दिया जा सकता है—

1. **साधारण परिवार (Simple family)**—साधारण परिवार का आकार छोटा होता है। इसमें पति-पत्नी और उनके अविवाहित बच्चे सम्मिलित होते हैं। इसे केंद्रीय परिवार (Nuclear family) भी कहा जाता है। इसकी परिभाषा करते हुए **हैरिस** (Harris) ने लिखा है कि, ''एक केंद्रीय परिवार उन व्यक्तियों का छोटा समूह है जो जैविकीय भूमिका निभाने के अतिरिक्त एक दूसरे के प्रति संस्थागत सामाजिक दायित्वों को पूरा करते हैं तथा ऐसा करने के साथ ही उन विश्वासों और मूल्यों का पालन करते हैं जिनकी परिवार के अन्तर्गत करने की आशा की जाती है।'' ऐसे परिवार प्राथमिक और तात्कालिक परिवार भी कहे जाते हैं।

   कभी-कभी बच्चे के जन्म के बाद जब जीवन साथी की मृत्यु हो जाती है और पुनर्विवाह के पश्चात् जब दूसरी पत्नी से बच्चे पैदा होते हैं तो उन्हें शामिल करने पर उस परिवार को साधारण परिवार नहीं कहा जा सकता क्योंकि यह बच्चों के दो प्रकार के समुच्चय (sets) की इकाई होती है। इस तरह की इकाई में दो साधारण परिवार हैं। **चट्टोपाध्याय** ने दोनों ही परिवारों को मिश्रित परिवारों में रखा है। इसे साधारण परिवार से इस अर्थ में भिन्न पाया है कि इसमें बच्चों के दो समुच्चय हैं। एक मृत साथी से और दूसरा उस जीवित साथी से जिससे पुनर्विवाह हुआ है। लेकिन बच्चों के दो समुदायों में मां या बाप समान है।

2. **विवाह संबंधी परिवार (Conjugal family)**—विवाह संबंधी परिवार उस परिवार को कहते हैं जिसमें रहने वाले सदस्यों का जन्म भिन्न-भिन्न परिवारों में हुआ है। इसमें पत्नी पक्ष के कुछ दूसरे व्यक्तियों को भी सम्मिलित कर लिया जाता है। यह परिवार केंद्रीय परिवार की अपेक्षा कुछ बड़ा होता है। साधारणतया ऐसे परिवार केवल उन्हीं समूहों में पाए जाते हैं जो विवाह को दो व्यक्तियों का समूह न मानकर दो परिवारों का संबंध मानते हैं। भारत की बहुत-सी जनजातियों में विवाह संबंधी परिवारों का प्रचलन है। इनमें **खरिया** जनजाति प्रमुख है। इसके अतिरिक्त अभी तक पासी और गोंड लोगों में भी ऐसे परिवार पाए जाते हैं। हालांकि आधुनिक समाज में इस तरह के परिवारों की संख्या लगातार घटती जा रही है।

3. **संयुक्त परिवार (Joint family)**—संयुक्त परिवार के बारे में समाजशास्त्री **श्यामाचरण दुबे** का कहना है कि, ''यदि अनेक केंद्रीय परिवार एक साथ रहते हों, वे एक ही साथ एक स्थान पर भोजन करते हों, तथा एक ही आर्थिक इकाई के रूप में कार्य करते हों तब ऐसे सम्मिलित परिवार को ही संयुक्त परिवार कहा जा सकता है।'' इस संयुक्तता के संबंध में अनेक विद्वानों ने अलग-अलग व्याख्याएं दी हैं। **इरावती कर्वे** ने संयुक्तता के लिए सहनिवास को आवश्यक माना है। **कर्वे** के अनुसार प्राचीन भारत में परिवार निवास, सम्पत्ति और प्रकार्यों के आधार पर संयुक्त था। उन्होंने ऐसे परिवार को परम्परागत तथा संयुक्त परिवार कहा है। **कपाड़िया** का कथन है कि ''हमारा आदि परिवार केवल संयुक्त या पितृसत्तात्मक ही नहीं था। इसके साथ-साथ हमारे परिवार व्यक्तिश: भी होते थे।'' **एफ.जी. बेली** ने संयुक्त सम्पत्ति स्वामित्व को अधिक महत्व दिया है। **देसाई** नातेदारों के प्रति दायित्वों को पूरा करने को महत्व देते हैं। भले

ही उनके निवास अलग-अलग हों तथा सम्पत्ति में सहस्वामित्व न हों। दायित्व को पूरा करने का अर्थ है अपने को परिवार का सदस्य मानना, वित्तीय और अनेक प्रकार की सहायता देना तथा संयुक्त परिवार के नियमों को मानना। **इरावती कर्वे** ने पाश्चात्य परिवार की पांच विशेषताएं चिन्हित की हैं-सहनिवास, सहरसोई, सहसम्पत्ति, सह-पूजा और कोई नातेदारी संबंध।

भारत की पारस्परिक सामाजिक व्यवस्था में संयुक्त परिवार एक प्राचीन संगठन है। **कर्वे** ने रामायण तथा महाभारत काल के पारिवारिक संगठन का उल्लेख करते हुए जिन आधारों का हवाला दिया है वे ही आधार प्राय: सभी समाजशास्त्रियों ने रेखांकित किया है। **कर्वे** की परिभाषा का ही समर्थन अन्य समाजशास्त्रियों ने किया है—''एक ऐसे व्यक्तियों का समूह जो (व्यक्ति) आमतौर पर एक ही छत के नीचे रहते हैं, एक ही चूल्हे पर पका भोजन करते हैं, साझी सम्पत्ति रखते हैं, परिवार की सह-पूजा में भाग लेते हैं तथा एक दूसरे से एक विशेष प्रकार के नातेदारी संबंधों से जुड़े होते हैं।'' संयुक्त परिवार में दादा, दादी, चाचा, चाची, ताऊ, ताई, चचेरे भाई-बहन तथा अपवाद स्वरूप बुआ भी एक साथ रहते हैं। लेकिन **आर. पी. देसाई** का कथन है कि ''सहनिवास और सहरसोई को संयुक्त परिवार की परिसीमा के लिए आवश्यक समझना ठीक नहीं है क्योंकि ऐसा करने से संयुक्त परिवार को सामाजिक संबंधों का समुच्चय एवं प्रकार्यात्मक इकाई नहीं माना जाएगा।'' वे कहते हैं एक घर के सदस्यों के बीच के आपसी संबंधों तथा अन्य घरों के सदस्यों के साथ संबंधों पर ही परिवार के प्रकार का निर्धारण किया जा सकता है। एकाकी परिवार को संयुक्त परिवार से अलग देखने के लिए संबंधों (Role Relations) के अन्तर को एवं विभिन्न रिश्तेदारों के बीच व्यवहार के मानदंडीय प्रतिमान (Normative pattern) को समझना पड़ेगा। जब दो एकाकी परिवार नातेदारी संबंधों के होने पर भी अलग-अलग रहते हों लेकिन एक ही व्यक्ति के अधिकार क्षेत्र में कार्य करते हों तो वह परिवार संयुक्त परिवार होगा। ऐसा परिवार 'प्रकार्यात्मक संयुक्त परिवार (Functional joint family) कहा जाता है।

आर.के. मुखर्जी ने पांच प्रकार के संबंधों का निर्धारण करते हुए संयुक्त परिवार को परिभाषित किया है। ये पांच संबंध हैं—वैवाहिक (Conjugal), माता-पिता, पुत्र-पुत्री (Parental-filial), भाई-भाई, भाई-बहन, (Inter sibling), समरेखीय (Linieal), और विवाह मूलक (Affinal) इत्यादि। उनके मुताबिक ''संयुक्त परिवार वह है जिसके सदस्यों में उपरोक्त पहले तीन संबंधों में से एक या अधिक और या समरेखीय या विवाह मूलक या दोनों संबंध पाए जाते हैं।''

परम्परागत रूप से भारतीय परिवार संयुक्त परिवार कहे जाते हैं क्योंकि यहाँ सामूहिकता को सदैव सामाजिक जीवन का महत्वपूर्ण आधार माना जाता है। वर्तमान समय में औद्योगीकरण तथा शहरीकरण के कारण लोगों का पलायन गांव से तेजी से हो रहा है और संयुक्त परिवार टूट रहे हैं।

आवासीय आधार वाले परिवार

आवास के आधार पर तीन प्रकार के परिवारों का निर्धारण किया गया है—

1. **पितृ स्थानीय परिवार (Patrilocal Family)**—जब व्यक्ति अपने माता-पिता के निवास-स्थान पर रहता है तो उसका परिवार पितृस्थानीय परिवार कहा जाता है। इस परिवार में सामाजिक नियमानुसार पत्नी को अपने पति के घर जाकर रहना होता है। भारत के अधिकांश हिन्दू परिवार पितृस्थानीय परिवार की श्रेणी में आते हैं। मुस्लिम, सिख और ईसाई परिवार भी मूलत: पितृस्थानीय परिवार माने जाते हैं। **एम.एन. श्रीनिवास** ने दक्षिण भारतीय कुर्गों का अध्ययन किया और इस निष्कर्ष पर पहुंचे कि **ओक्का** या पितृमूलक और पितृस्थानीय परिवार कुर्गों में बुनियादी समूह है। किसी कुर्ग के बारे में उसके **ओक्का** के बगैर, जिसका वह सदस्य है, कल्पना करना असंभव है। यह उसके जीवन को हरेक बिंदु पर प्रभावित करता है और बाहरी दुनिया के साथ उसके संबंधों को निर्धारित करता है। जो लोग किसी **ओक्का** से नहीं जुड़े होते उनका कोई सामाजिक अस्तित्व नहीं होता, और संबद्ध पक्षों पर बुजुर्ग हमेशा यह दबाव डालते रहते हैं कि विवाह के बाद पैदा होने वाली संतान पिता या माता के **ओक्का** की सदस्यता ग्रहण कर लें।

   किसी **ओक्का** की सदस्यता जन्म से ही प्राप्त हो जाती है और बाहरी दुनिया किसी व्यक्ति को उसके **ओक्का** के जरिए ही पहचानती है। व्यक्ति की उसके **ओक्का** के साथ संबद्धता मृत्यु के बाद भी समाप्त नहीं होती, क्योंकि उसके बाद वह देवता बन चुके पूर्वजों (करनवा) के झुण्ड में शामिल हो जाता है जो उस **ओक्का** की देखरेख करते रहते हैं जिसके सदस्य वे जीवितावस्था में थे। पूर्वजों की पूजा होती है और भोजन पानी का चढ़ावा (भरनी) उन्हें कभी-कभी अर्पित किया जाता है।

   किसी **ओक्का** के बच्चे सपिंडज पुरुषों के सभी लड़के, **ओक्का** के पशुओं को साथ चराते हैं, एक साथ पक्षियों का शिकार करते हैं और खेल खेलते हैं। जब वे बड़े हो जाते हैं तो वे सभी मिलकर **ओक्का** के मुखिया के निर्देशन में पैतृक सम्पत्ति की देखरेख करते हैं।

   किसी **ओक्का** की सदस्यता बहुत हद तक जीवन साथी के चुनाव को निर्धारित कर देती है। सबसे पहले तो एक ही **ओक्का** के सदस्यों के बीच वैवाहिक संबंध वर्जित होते हैं। जहां सपिंडजता **ओक्का** के बाहर तक चली जाती है, वहां यह निषेध उन सपिंडज संबंधों तक पहुंचता है जो **ओक्का** के सदस्य नहीं होते। फिर, बहनों के बच्चे भी आपस में विवाह नहीं कर सकते।

   पहले किसी **ओक्का** की पैतृक, अंचल स्थिति अविभाज्य मानी जाती थी। आमतौर पर यह सपिंडज पुरुषों की एक पीढ़ी से दूसरी पीढ़ी तक इस प्रक्रिया में बिना बंटवारे के चली आती थी। बहरहाल, बंटवारा होता था जब **ओक्का** के सभी वयस्क

पुरुष ऐसा चाहें। लेकिन ऐसा बहुत कम होता था कम-से-कम यही बताया गया। बंटवारे की कठिनाई और नियोगात्मक संबंधों की वरीयता **ओक्का** की शक्ति बढ़ाते थे। एक **ओक्का** के सदस्य जन्म से मृत्यु तक एक ही साथ रहते थे।

2. **मातृस्थानीय परिवार (Matrilocal Family)**—इस तरह के परिवार में विवाह के बाद पति को अपनी पत्नी के घर में आकर रहना पड़ता है तथा बच्चों का पालन-पोषण भी वहीं करना पड़ता है। परिवारों का सामाजिक आधार मातृसत्तात्मक पारिवारिक संरचना है। भारत में मालाबार के नायरों में उस प्रकार के परिवार बहुतायत पाए जाते थे लेकिन वर्तमान समय में यह प्रचलन कम होता जा रहा है। खासी जनजाति तथा गारो जनजाति में भी इस प्रकार के विवाह प्रचलित थे तथा ऐसे परिवार बड़ी संख्या में पाए जाते थे।

3. **सेवास्थानीय परिवार**—ऐसे परिवारों को जो बढ़ते हुए औद्योगीकरण तथा सामाजिक गतिशीलता के कारण अस्तित्व में आते हैं उन्हें सेवास्थानीय परिवार कहा जाता है। इसकी प्रमुख विशेषता है कि दम्पत्ति अपने कार्य स्थान के अनुरूप अपने आवास का निर्धारण करते हैं। अर्थात् न तो वे पति के माता-पिता के साथ रहते हैं और न ही पत्नी के माता-पिता के साथ। कभी-कभी ये परिवार में किसी घटना के कारण अपने माता-पिता के पास लौट आते हैं लेकिन ऐसा अक्सर नहीं होता। ये परिवार आधुनिक सभ्यता के परिणामस्वरूप प्रचलन में आए। वस्तुत: ये व्यक्ति की आर्थिक क्रियाओं के कारण विकसित हुए हैं। इन क्रियाओं में परिवर्तन के साथ-साथ परिवार का स्वरूप भी बदलता गया है। वर्तमान भारत में राजकीय तथा अन्य सार्वजनिक सेवाओं के कारण इस प्रकार के परिवारों की संख्या में भारी वृद्धि हुई है।

सत्ता एवं वंशनाम के आधार वाले परिवार

संसार भर में दो तरह की पारिवारिक संरचनाए पायी जाती है। जिन परिवारों की सत्ता स्त्री के हाथ में होती है उन्हें मातृसत्तात्मक परिवार कहा जाता है और जिन परिवारों में सत्ता पुरुष के हाथ में होती है उसे पितृसत्तात्मक परिवार कहते हैं। दोनों प्रकार के परिवारों की विशिष्टताएं विपरीत प्रकार की होती हैं लेकिन कार्य और उद्देश्य समान पाया जाता है।

1. **मातृसत्तात्मक परिवार (Matriarchal Family)**—**श्यामाचरण दुबे** का कहना है कि 'मातृसत्तात्मक परिवारों में पुरुष, स्त्रियों की ओर से (On behalf of) सत्ता का उपयोग करता हैं।' इस प्रकार यह जाहिर है कि जिस प्रकार के परिवार में सामाजिक, धार्मिक और आर्थिक क्षेत्र में पुरुषों की अपेक्षा स्त्रियों की प्रधानता पायी जाती है उसे मातृसत्तात्मक परिवार कहा जाता है। इस परिवार की मुखिया कोई स्त्री होती है और उसी को पारिवारिक मामलों में निर्णय लेने का अधिकार होता है। परिवार में पुरुष सदस्यों का दायित्व उन नियमों और आदेशों का पालन करना होता है। मातृसत्तात्मक परिवारों में स्त्रियों का आपसी संबंध मां, पुत्री, बहन, मामा, भांजी के होते हैं। पुरुष इन स्त्रियों के भाई, पुत्र, नाती और भांजे लगते हैं। पुरुषों के बीच आपस में भाई, मामा, भांजे का संबंध होता है। ये सभी संबंध रक्त संबंध होते हैं। लेकिन इनमें पति और पत्नी के संबंध भी होते हैं। ऐसी स्थिति में परिवार में पति की भूमिका कार्यपालक की होती हैं तथा वंश परम्परा माता के नाम पर चलती है। भारत की जनजातियों के बीच ऐसे परिवार बहुतायत पाए जाते हैं। नायर, खासी तथा असम के पूर्वी हिस्सों में पायी जाने वाली जनजातियों में इस तरह के परिवार प्रचलन में हैं। उत्तर प्रदेश की थारु जनजाति में भी इस तरह के लक्षण पाए जाते हैं।

2. **पितृसत्तात्मक परिवार (Patriarchal Family)**—जिन परिवारों की सत्ता पुरुषों के हाथ में होती है उन्हें पितृसत्तात्मक परिवार कहते हैं। इस प्रकार के परिवार में परिवार की सत्ता पुरुष सदस्य के हाथ में होती है जिसे कर्ता कहा जाता है। ऐसे परिवारों में निर्णय लेने का अधिकार पुरुषों के हाथ में होता है। वंश परम्परा भी पिता के नाम पर चलती है। संसार भर में पितृसत्तात्मक परिवार पाए जाते हैं। अनेक जनजातियों में जहां मातृसत्तात्मक परिवारों का अस्तित्व था वहां भी धीरे-धीरे पितृसत्तात्मक परिवार व्यवस्था में वृद्धि होती जा रही है।

विवाह के आधार वाले परिवार

विवाह के आधार पर संसार भर के परिवार-व्यवस्था को तीन श्रेणियों में वर्गीकृत किया गया है— (1) एक विवाही परिवार, (2) बहुपति विवाही परिवार, तथा (3) बहुपत्नी विवाही परिवार आदि।

1. **एकविवाही परिवार (Monogamous Family)**—जब कोई स्त्री अथवा पुरुष एक विवाह द्वारा अपने परिवार का निर्माण करते हैं तो उसे एक विवाही परिवार कहा जाता है। इस तरह के परिवार में पति,पत्नी तथा उनके अविवाहित बच्चे शामिल होते हैं। एक जीवन साथी के रहते हुए पति अथवा पत्नी सामान्यतया दूसरे व्यक्ति से विवाह संबंध नहीं स्थापित कर सकते। एक विवाही परिवार की महत्ता सारे संसार में है। इस विषय में **हार्वर्ड** का कथन है कि ''विवाह यद्यपि एक सर्वव्यापी और अनिवार्य संस्था है लेकिन प्रगतिशील समाजों में एक पत्नी विवाह प्रथा ही विवाह का स्वाभाविक और आदर्श रूप है। विवाह के अन्य स्वरूप या तो पतन के सूचक हैं अथवा आदिमकाल की पुनरावृत्ति के।'' आज सभी हिन्दू, मुस्लिम, सिख, ईसाई, जैन और बौद्ध परिवार इसी श्रेणी में आते हैं। भारत की अनेक जनजातियां भी सभ्यता के नजदीक आने पर एक विवाही परिवार को प्राथमिकता देती जा रही है।

2. **बहुपति विवाही परिवार (Polyandrous Family)**—भारत में अनेक प्रदेशों की जनजातियों के बीच इस श्रेणी का परिवार प्राचीन काल से ही पाया जाता था जिसमें एक स्त्री के साथ अनेक पुरुष परिवार का निर्माण करते हैं। इसमें भ्रातृ और अभ्रातृ दोनों

ही प्रकार के बहुपति विवाही परिवार होते हैं। भारत में खास कोटा, टोजा, नायर, टिपान, कुटुम्ब और कम्मल आदि जनजातियों में आज भी इस प्रकार के परिवार पाए जाते हैं। लेकिन वर्तमान समय तथा आधुनिकता के प्रभाव में आकर जनजातियों के बीच भी ऐसे परिवार लुप्त होते जा रहे हैं।

3. **बहुपत्नी विवाही परिवार (Polygamous Family)**—जब एक पुरुष दो या अधिक स्त्रियों से विवाह संबंध स्थापित करता है और परिवार का निर्माण करता है तो ऐसे विवाह को बहुपत्नी विवाह के रूप में अभिहित किया जाता है। भारत में ऐसे परिवार बहुतायत से पाए जाते हैं। अनेक समाजों में बहुपत्नी विवाह समृद्धि और पौरुष का प्रतीक समझा जाता रहा है। मुसलमानों में अब भी बहुपत्नी विवाही परिवार पाए जाते हैं। सन् 1955 के पश्चात् हिन्दू, सिख, जैन और बौद्ध समाजों के लिए बहुपत्नी विवाह प्रथा पर रोक लगा दी गयी। भारत की अनेक जनजातियां अब भी बहुपत्नी विवाह प्रथा को अपनाए हुए हैं। नागा, बैंगा, गोंड लुशाई, खस और हो जनजातियों में बहुपत्नी विवाही परिवार पाए जाते हैं।

परिस्थिति के आधार वाले परिवार

परिवार की पारम्परिक संरचना में परिस्थितियों की बहुत बड़ी भूमिका होती है। इससे जाहिर है कि सामाजिक परिवेश जिस प्रकार का होगा परिवार का संगठन उससे गंभीर रूप में प्रभावित होगा। दूसरी ओर जिस प्रकार का पारिवारिक संगठन रहेगा उसका प्रभाव भी समाज पर पड़ता है। इस तरह परिवार और समाज एक दूसरे पर बहुत गहरा प्रभाव डालते हैं। परिस्थितियों के आधार पर परिवार दो प्रकार के मिलते हैं। जो निम्नलिखित हैं–

1. **ग्रामीण परिवार (Rural Family)**—भारत को ग्रामों का देश कहा जाता है। यहां 80% जनता गावों में निवास करती है तथा कृषि संबंधी कार्यों द्वारा जीवनयापन करती है। ग्रामीण परिवार की संरचना परम्परागत है। परम्परागत संस्कृति के कारण परिवार का केंद्रीय महत्व है। एक लंबे समय से ग्रामीण और शहरी संस्कृति में भिन्नता होने के कारण ग्रामीण और नगरीय परिवारों के स्वरूप में भी भिन्नता हो गई है। ग्रामीण जीवन की परिस्थितियां (Ecological Condition) तथा आवश्यकता नगरीय जीवन से भिन्न होने के कारण तथा गांवों के जीवन के भिन्न स्वरूप के कारण यहां आरंभिक काल से ही एक ऐसी परिवार प्रणाली को महत्व दिया जाता रहा है जहां अनेक पीढ़ियों के सदस्य एक साथ रहते हैं तथा सम्पत्ति, निवास और निमंत्रण के भोज में सामूहिकता को सर्वाधिक महत्व देते हैं। **श्यामाचरण दुबे** का कहना है कि, ''ग्रामीण परिवारों की प्रकृति में संयुक्त परिवारों तथा विस्तृत परिवारों की विशेषताओं का संयुक्त रूप से समावेश है।'' विस्तृत परिवार की व्याख्या करते हुए **दुबे** ने कहा है कि ''जब अनेक केंद्रक परिवार एक समय साथ रहते हों, उनमें निकट का नाता हो तथा वे एक आर्थिक इकाई के रूप में कार्य करते हों, तब ऐसे परिवार को एक विस्तृत अथवा संयुक्त परिवार कहा जा सकता है। स्पष्ट है कि यह परिवार केवल आजीविका उपार्जित करने वाले सदस्यों को ही महत्व नहीं देते बल्कि निराश्रित व्यक्तियों को सामाजिक सुरक्षा प्रदान करने का भी सर्वोत्तम माध्यम है।''

2. **नगरीय परिवार (Urban Family)**—भारत में औद्योगिक और नगरीकरण के विकास के साथ ही इनसे जुड़े लोगों की संख्या में वृद्धि हुई है। इस प्रकार बनने वाले परिवारों को नगरीय परिवार कहते हैं। **टी.वी. बाटामोर** ने इनके पीछे आर्थिक परिवर्तनों को महत्वपूर्ण माना है। रोजगार विविधता, व्यक्तिवादी प्रवृत्ति के कारण एकलपरिवार, जो नगरीय परिवारों की खास विशेषता है, बढ़े। यह प्रवृत्ति सम्पत्ति कानूनों के परिवर्तन में भी अभिव्यक्त हो रही है। भारत में ब्रिटिश शासन की स्थापना के बाद हिन्दू लोग अधिकाधिक सम्पत्ति के वसीयती विवरण की शरण में जाने लगे, और 1870 का एक कानून अंग्रेजी कानून की तर्ज पर वसीयत को मान्यता देता है। बाद के कानूनों ने संयुक्त परिवार की कानूनी स्थिति में और सुधार किए। **गेन्स ऑफ लर्निंग एक्ट (1930)** परिवार के खर्चे पर प्राप्त शिक्षा के जरिए कमाई गई सम्पत्ति पर व्यक्ति को अधिकार प्रदान करता है, जब कि 'हिन्दू लॉ आफ इन हैरिटेंस (अमेंडमेंट) एक्ट (1929) ने मातृसम्पत्ति की वसीयत की अनुमति दे दी। 1956 का हिन्दू सक्सेशन एक्ट सम्पत्ति पर व्यक्तिगत अधिकारों की स्थापना में एक और आगे बढ़ा कदम है।'' नगरीय परिवारों का आकार छोटा होता है। इनमें सामाजिक और सांस्कृतिक गतिशीलता पायी जाती है तथा इसके कर्ता को सर्वाधिकार सम्पन्न नहीं समझा जाता और न ही परिवार की स्थिति के निर्धारण में आयु का विशेष महत्व होता है।

इन विवेचनों से स्पष्ट होता है कि आधुनिक समाज विविधतावादी समाज है।

परिवार के कार्य

परिवार की भूमिका के बारे में **एण्डरसन** का कथन है कि ''एक कार्यात्मक इकाई के रूप में परिवार इतनी महत्वपूर्ण संस्था है कि सभी समाज परिवार के माध्यम से ही अपनी मान्यता प्राप्त लक्ष्यों को प्राप्त करने का प्रयत्न करते हैं।'' इस प्रकार परिवार व्यक्ति तथा समाज दोनों के लिए सबसे महत्वपूर्ण इकाई है। परिवार का विकास मानव सभ्यता के विकास की सीढ़ी है। परिवार के कारण ही संस्कृतियों का विकास संभव हुआ तथा नए-नए आविष्कारों को करते हुए संसार आधुनिक युग में पहुंच गया। इसी के कारण मनुष्य में त्याग की भावना का प्रसार हुआ था। उसने अनेक नैतिक उपलब्धियों को प्राप्त किया। परिवार ही समाज की संरचना का बुनियादी आधार है। इसी से समाजीकरण का विकास होता है। परिवार अनेक प्रकार से अपने सदस्यों की आवश्यकताओं की पूर्ति करता है तथा उनके विकास में सर्वाधिक महत्वपूर्ण भूमिका निभाता है। **किंगसले डेविस** का कहना कि ''परिवार के सभी कार्य इतने स्वतंत्र प्रकृति के होते हैं कि उन सभी कार्यों को अन्य संस्थाओं

के द्वारा भी किया जा सकता है लेकिन परिवार के अतिरिक्त ऐसी कोई संस्था नहीं है जिसमें इन कार्यों को असीमित उत्तरदायित्व की भावना के साथ किया जाता हो।''

1. **जैविकीय कार्य**—परिवार पति-पत्नी और बच्चों का संगठन होता है जिसका सबसे महत्वपूर्ण कार्य संतति की निरंतरता बनाए रखना है। न केवल निरंतरता बल्कि पालन-पोषण की व्यवस्था करना भी परिवार का महत्वपूर्ण कार्य है। जैविकीय कार्यों का संबंध मानव की आंतरिक प्रवृत्तियों की संतुष्टि करने से है। परिवार के जैविकीय कार्यों में यौन-संबंधों के अवसर प्रदान करता है। यदि कोई व्यक्ति इसका उल्लंघन करता है तो उसके सामाजिक दंड की व्यवस्था करता है। परिवार के जैविकीय कार्यों में सन्तानोत्पत्ति की व्यवस्था करना दूसरा सबसे महत्वपूर्ण कार्य है। यदि ऐसा न हो तो समाज और सभ्यता का विकास रुक जाएगा। परिवार के अभाव में संतान का पालन-पोषण अव्यवस्थित हो जाएगा। अवैध संतानों की संख्या भी बढ़ेगी। **विलियम मुड** का कहना है कि परिवार ही बच्चों को वैधता प्रदान कर सकता है। परिवार का तीसरा महत्वपूर्ण कार्य पारिवारिक सदस्यों को शारीरिक सुरक्षा प्रदान करना है। बच्चे को जन्म देने से लेकर उसके पालन पोषण तथा एक सामाजिक प्राणी के रूप में उसके रूपांतरण तक का सारा दायित्व परिवार निभाता है। सदस्यों को दुर्घटना, बीमारी, बेकारी इत्यादि से सुरक्षित रखना, आयु और लिंग के अनुसार सुविधाएं देना तथा मानसिक सुरक्षा प्रदान करना परिवार का महत्वपूर्ण कार्य है।
2. **सामाजिक कार्य**—परिवार का महत्वपूर्ण कार्य व्यक्ति का समाजीकरण है। यह जैविकीय कार्यों की तुलना में कम महत्वपूर्ण नहीं है। **एण्डरसन** के अनुसार, ''व्यक्ति की पाशविक प्रवृत्ति पर नियंत्रण रखना, सामाजिक सीख देना, आदतों का निर्माण करना, उत्तरदायित्वों को समझाना तथा व्यक्ति में स्वाभिमान का विकास करना परिवार का सामाजिक कार्य है।'' परिवार पद और कार्य प्रदान करने वाला प्रतिनिधि भी कहा जाता है। परिवार सभी सदस्यों के पारिवारिक दायित्व का निर्धारण करता है। एक सदस्य की बदनामी और अपमान से पूरा परिवार अपमानित माना जाता है। इसी तरह एक व्यक्ति का सम्मान पूरे परिवार का सम्मान माना जाता है। परिवार व्यक्तियों को सामाजिक नियंत्रण में रखता है। यदि परिवार के संस्कारों से बच्चे को वंचित रखा जाएगा तो वह अपने सामाजिक दायित्व के प्रति लापरवाह होगा। सामाजिक गुणों का मूल स्रोत परिवार ही है तथा इसी के कारण उसे सामाजिक जीवन का अमिट स्रोत कहा जाता है। दया, सहानुभूति, प्रेम, एकता, सद्भावना और भाईचारे की भावना का विकास करने में परिवार की केन्द्रीय भूमिका होती है।
3. **आर्थिक कार्य**—परिवार आर्थिक क्रियाओं की धुरी भी माना जाता है। परिवार में उत्पादन, विनिमय से लेकर उपभोग तक सारी प्रक्रियाएं अपनी भूमिका निभाती हैं। आर्थिक कार्यों को कुछ विद्वानों ने जीवन यापन संबंधी कार्यों के रूप में अभिहित किया है। परिवार सदस्यों की आवश्यकतानुसार सुविधाएं प्रदान करता है। इस प्रकार वह कोई व्यक्तिवादी इकाई न होकर एक समाजवादी इकाई के रूप में प्रतिष्ठित होती है। परिवार श्रम विभाजन करता है तथा आय की व्यवस्था करता है। आदिमकाल से ही यह परिवार का प्रमुख कार्य रहा है। पुरुषों और स्त्रियों की भूमिकाओं का निर्धारण केंद्र भी परिवार रहा है। आयु के आधार पर बच्चों, वयस्कों तथा वृद्धों की भूमिका को तय करना तथा कौन अपने कार्यों को कुशलतापूर्वक कर रहा है इसका निर्धारण करना परिवार का कार्य रहा है। यहीं से उत्तराधिकार की भी व्यवस्था होती है। इससे संबद्ध नियमों का निर्माण भी परिवार ही करता है। सम्पत्ति का प्रबंध करने के लिए परिवार सभी सदस्यों के बीच इसका उचित विभाजन करता है जिससे संघर्ष की बजाय परस्पर सहयोग भावना का विकास होता है।
4. **धार्मिक कार्य**—मनुष्य के जीवन में धर्म की भूमिका जीवन भर बनी रहती है। इस भूमिका का संदर्भ भी परिवार ही बनाता है। प्रत्येक परिवार किसी न किसी धर्म में विश्वास करता है। इसी से संबंधित मूल्यों, आदर्शों तथा आचरणों की सीख परिवार द्वारा अपनी आगामी पीढ़ियों को मिलती है। धर्म की पवित्रता परिवार की पवित्रता मानी जाती है। सभी परिवार इसी मान्यता के अंतर्गत अपने धार्मिक कार्यों को पूरा करते हैं। अनेक विद्वान यह मानते हैं कि धार्मिक कार्यों की सम्पूर्ण संरचना परिवार पर ही आधारित होती है। भारतीय परिवारों में धर्म एक अनिवार्य भावना है। इसी कारण भारतीय मनीषा विवाह को 'काम तुष्टि' का साधन न मानकर धर्म कार्य की पूर्ति मानती है। विवाह का धार्मिक महत्व इतना अधिक है कि जिस व्यक्ति ने शादी करके अपने परिवार का निर्माण नहीं किया और बच्चे को जन्म नहीं दिया वह पितृऋण से मुक्त नहीं माना जाता। पिण्ड दान, तर्पण इत्यादि के माध्यम से ही पैतृक आत्माओं की संतुष्टि संभव मानी जाती है और इन सभी में धर्म की भूमिका सर्वोपरि होती है। इन कर्तव्यों अथवा कर्मकाण्डों की पूर्ति किसी अन्य संस्था अथवा समूह के द्वारा पूरी नहीं हो सकती। परिवार के कारण ही जीवन में हर कदम पर धर्म एक अनिवार्य तत्व के रूप में मौजूद होता है।
5. **सांस्कृतिक कार्य**—परिवार व्यक्ति को सामाजिक व्यवहारों की शिक्षा देता है। संस्कृति को समाज का सबसे बुनियादी आधार माना जाता है। क्योंकि इसी के माध्यम से लोगों की रुचियों और मनोवृत्तियों का विकास होता है तथा इन्हीं से सामाजिक जीवन को स्थायित्व मिलता है। समाज के सभी आदतों, नियमों, लोकाचारों, रिवाजों तथा परंपराओं का विकास संस्कृति के ही माध्यम से होता है। यदि परिवार लोगों को सांस्कृतिक रूप से विकसित न करे तो सामाजिक संगठन टूट जाएगा। परिवार के कारण की एक पीढ़ी से दूसरी पीढ़ी के बीच सांस्कृतिक संचरण (Cultural Transition) संभव है। परिवार अपने समय

और समाज से जुड़े मूल्यों, आदर्शों, विश्वासों, नैतिकताओं का अर्थ स्पष्ट करके आगामी पीढ़ी को देता है। इस तरह परिवार सांस्कृतिक निरंतरता के लिए एक प्राकृतिक और सुविधाजनक साधन हैं।

इसके साथ ही परिवार सदस्यों के चरित्र निर्माण हेतु मनोरंजन का कार्य भी करता है। इसके मद्देनजर अच्छा साहित्य, अच्छी कला तथा अच्छे सिनेमा का चुनाव भी करता है। यदि इसमें किसी प्रकार की लापरवाही होगी तो परिवार के सदस्य गलत रुचियों के ही शिकार नहीं होंगे बल्कि उनमें कई तरह की दुष्प्रवृत्तियां भी पनपेंगी। धार्मिक उत्सव-समारोह भी परिवार के मनोरंजन के साधन हैं। अनेक लोग मनोरंजन को हल्के तरीके से ग्रहण करते हैं लेकिन यह एक महत्त्वपूर्ण सांस्कृतिक कार्य है।

6. **राजनीतिक कार्य—**परिवार के राजनीतिक कार्यों के संबंध में प्रसिद्ध चीनी विचारक **कन्फ्यूशियस** का मानना है कि, ''मनुष्य सबसे पहले अपने परिवार का सदस्य है और फिर राज्य का। इस प्रकार राज्य का रूप परिवार पर ही आधारित होना चाहिए।'' अनेक समाजशास्त्रियों ने परिवार को प्रशासनिक इकाई माना है। राज्य के ही समान परिवार भी भूमि, जनसंख्या, नियमों और परंपराओं की देखरेख करता है तथा इनके संतुलित कार्यान्वयन की समीक्षा भी करता है। परिवार जैसी स्थानीय इकाई में कर्ता की प्रभुसत्ता होती है। कर्त्ता ही सभी सदस्यों के व्यवहारों को नियंत्रित करता है। यदि कोई परिवार के बनाए अथवा निर्धारित नियमों की अवहेलना करता है तो उसे दंड देने की व्यवस्था भी कर्ता करता है। परिवार के मुख्य कामों में से एक काम ऐसे गुणों का विकास करना भी है जिससे व्यक्ति पारिवारिक तथा राजनीतिक अनुशासन को बनाए रख सके। वर्तमान समय में परिवार भी एक प्रकार की जनतांत्रिक प्रणाली में विश्वास करने लगा है जहां अनुशासन, समानता, स्वतंत्रता और बंधुत्व की भावना का विकास करके उन्हें सफल नागरिकों के रूप में विकसित करना एक महत्त्वपूर्ण दायित्व होता है।

मित्र

बच्चे अपने माता-पिता के बाद जिनके सबसे करीब होते हैं– वे हैं मित्र। बच्चे अपने आसपास के सभी बच्चों को अपना मित्र नहीं बनाते। वे ऐसे बच्चे को अपना मित्र बनाते हैं– जो उनके साथ उठते-बैठते, खेलते-कूदते एवं पढ़ाई करते हैं। एक तरह से उनके हाव-भाव एवं विचार समान होते हैं। उनकी मित्रता स्वार्थ रहित होती है। उनकी रुचि एवं अरुचि ही उन्हें एक-दूसरे के करीब लाती है। उनकी दोस्ती के आधार हैं–साथ-साथ पढ़ना, साथ-साथ खेलना एवं एक समान रुचि।

सच्ची मित्रता को ईश्वर का वरदान कहा जाता है। सच्चा मित्र वह होता है जो कठिन परिस्थिति में अपने मित्र का साथ देता है। वह अपने स्वार्थ एवं हित से ऊपर उठकर अपने मित्र के भले के बारे में सोचता है।

बच्चा अपने मित्रों से बहुत कुछ सीखता है। कहा जाता है–''संगत से गुण आत है, संगत से गुण-जात'' अतः बच्चों को अच्छे बच्चों की संगति करनी चाहिए। यदि किसी बच्चे की दोस्ती शांत एवं जिज्ञासु प्रवृत्ति के बच्चे के साथ है तो उसमें भी इन प्रवृत्तियों का विकास होगा। इसके विपरीत उसकी दोस्ती अगर गुस्सैल या झगड़ालू बच्चे से होगी तो वह भी इन्हीं अवगुणों का अपना लेगा।

आज शहरों में एक नयी समस्या देखने को मिल रही है। प्रायः माता-पिता के बीच खराब संबंधों या उनकी नौकरी पेशागत व्यस्तता के कारण बच्चों की उचित परवरिश नहीं हो पाती, वे बुरे लड़कों की संगति में पड़ जाते हैं। इससे उनका पूरा कैरियर एवं भविष्य बर्बाद हो जाता है। अतः माता-पिता को भी इस बात का ख्याल रखना चाहिए कि उनका बच्चा किन बच्चों के साथ उठता-बैठता एवं समय व्यतीत करता है। इस संदर्भ में माता-पिता को बच्चों का सही मार्ग दर्शन करना चाहिए।

रिश्तेदार

बच्चे जैसे-जैसे बड़े होते हैं, वे अपने माता-पिता एवं भाई-बहन के साथ अपने रिश्ते-नाते के लोगों के साथ भी संपर्क में आते हैं। बच्चों में ग्रहणशीलता अधिक होती है, वे जिनके भी संपर्क में आते हैं– उनकी आदतों एवं व्यवहारों की नकल करते हैं। वे जीवन के कई सारे व्यवहार एवं गुण जैसे—उठना-बैठना, अभिवादन, हाथ मिलाना, प्रेम, सहानुभूति, सहनशीलता एवं सहयोग आदि रिश्ते एवं नातेदारों से ही सीख पाते हैं।

रिश्ते एवं नाते के लोगों के संपर्क में आने से बच्चों का सामाजिक ज्ञान बढ़ता है। वे माता-पिता के अतिरिक्त अन्य संबंधियों से परिचित होते हैं। परिवार एवं रिश्तेदार के संपर्क से वह सामाजिक मूल्यों एवं आदर्शों को सीखता है। इस प्रकार परिवार, मित्र एवं रिश्तेदार बच्चे के समाजीकरण की पहली पाठशाला हैं।

खाद्य पदार्थ

एक प्राणी अपने विकास हेतु, कार्य हेतु, नष्ट कोशिकाओं की पुनर्बहाली हेतु तथा अपनी जीवन प्रक्रियाओं को बनाए रखने के लिए पोषक पदार्थों का सेवन करता है। यह भोजन उसे कार्य करने तथा शरीर के तापमान को बनाए रखने के लिए ऊर्जा प्रदान करता है। यह पोषक पदार्थ शरीर के विकास हेतु सामग्री उपलब्ध कराता है, प्रजनन के लिए आवश्यक सामग्री का निर्माण करता है तथा हमारे शरीर की नष्ट हुई कोशिकाओं और ऊतकों की मरम्मत करने में सहायक होता है। भोजन के अनेकों संघटक हैं तथा इनमें से प्रत्येक एक अथवा दूसरे कार्य के लिए आवश्यक हैं। जिनमें प्रमुख पोषक हैं— कार्बोहाइड्रेट, वसा, प्रोटीन, खनिज, विटामिन, जल और रफेज।

कार्बोहाइड्रेट : ये तीन तत्वों से मिलकर बने होते हैं : कार्बन, हाइड्रोजन और ऑक्सीजन। यहां हाइड्रोजन और ऑक्सीजन का अनुपात जल में इसके अनुपात के समरूप होता है। ग्लूकोज ($C_6H_{12}O_6$), सुक्रोज ($C_{12}H_{22}O_{11}$) और स्टार्च $(C_6H_{10}O_5)_n$ कार्बोहाइड्रेट के उदाहरण हैं। कार्बोहाइड्रेट हमारे शरीर की ऊर्जा के प्रमुख स्रोत होते हैं। ऑक्सीकरण

के फलस्वरूप 1 ग्राम कार्बोहाइड्रेट लगभग 17 किलो जूल्स ऊर्जा उत्पन्न करता है। एक सामान्य व्यक्ति के लिए दैनिक रूप से 400 से 500 ग्राम कार्बोहाइड्रेट की आवश्यकता होती है लेकिन खिलाड़ियों, बढ़ते बच्चों और प्रसूताओं को अधिक ऊर्जा की आवश्यकता होती है। सेलुलोज, जो पौधों की कोशिकाओं में सेल वॉल का निर्माण करता है, एक तरह का कार्बोहाइड्रेट होता है लेकिन यह मनुष्यों के काम आने वाला भोज्य पदार्थ नहीं है क्योंकि मनुष्यों में सेलुलोज को पचाने वाले इंजाइम उत्पन्न नहीं होते। हालांकि सेलुलोज स्वस्थ पाचन तंत्र को बरकरार रखने में मदद करता है। चीनी एक प्रकार का कार्बोहाइड्रेट है जो मीठी होती है। ग्लूकोज, फ्रक्टोज और सुक्रोज सुगर के उदाहरण हैं। हमारे भोजन में मौजूद कार्बोहाइड्रेट वनस्पति स्रोतों जैसे—गेहूं, चावल, मक्का, आलू, मटर, सेम और फलों से आता है। श्वसन के दौरान कार्बोहाइड्रेट का ऑक्सीकरण होता है। इसे निम्न रूप से दर्शाया जाता है :

$$C_6H_{12}O_6 + 6O_2\ 6CO_2 + 6H_2O + \text{ऊर्जा}$$

वसा : ये लंबी कड़ी वाले फैट्टी एसिड और ग्लिसरॉल नामक अल्कोहल के इस्टर्स होते हैं। वसा में कार्बन, हाइड्रोजन और ऑक्सीजन के अणु भी होते हैं। हालांकि कार्बोहाइड्रेट की तुलना में वसा में ऑक्सीजन का अनुपात कम होता है। शरीर में वसा का मुख्य कार्य ऊर्जा का स्थिर स्रोत उपलब्ध कराना है और इसके लिए वे शरीर की कोशिकाओं में जमा हो जाते हैं। वसा की 1 ग्राम मात्रा 37 किलो जूल ऊर्जा उत्पन्न करती है जो कार्बोहाइड्रेट द्वारा निष्पादित ऊर्जा के दोगुने से भी अधिक है। हमारे शरीर में ऊर्जा का सबसे समृद्ध माध्यम उत्तरवर्ती आवश्यकताओं के लिए शरीर में संग्रहित हो सकते हैं। चूंकि वसा जल में अघुलनशील होती है, अत: हमारे शरीर द्वारा अवशोषित नहीं की जा सकती और इन्हें साधारण पदार्थ के रूप में हाइड्रोलाइज किया जाता है जो जल में घुलनशील होती है। प्रत्येक दिन एक औसत आहार में वसा की 75 ग्राम मात्रा सम्मिलित होनी चाहिए। हमारे शरीर को वसा मक्खन, घी, पनीर, दूध, अंडे के पीले भाग, मांस, गिरी, सोयाबीन और खाद्य तेलों से प्राप्त होती है। सैचुरेटेड फैट्टी एसिड से युक्त वसा कमरे के तापमान पर ठोस अवस्था में होती है जबकि असंतृप्त फैट्टी एसिड युक्त वसा द्रव रूप में होती है। सैचुरेटेड फैट्स स्थिर होते हैं इसलिए वे शरीर में संग्रहित हो जाते हैं। हमारा शरीर कार्बोहाइड्रेट को कुछेक फैट्टी एसिड में बदल सकता है लेकिन कुछ अन्य को भोजन के साथ लेना पड़ता है क्योंकि ये शरीर के भीतर संश्लेषित नहीं हो सकते। ये फैट्टी एसिड जिसकी भोजन के जरिए आपूर्ति की जाती है को अनिवार्य फैट्टी एसिड कहते हैं। अपनी प्रकृति में ये असंतृप्त होते हैं। अत: बेहतर यह है कि हमें भोजन में असंतृप्त वसा का उपभोग करना चाहिए।

ऊर्जा आवश्यकताएं : आयु, लिंग, जीवनशैली, व्यवसाय, जलवायु और विशेष परिस्थितियों जैसे प्रसव काल में और शिशु को दुग्धाहार कराने आदि के आधार पर शरीर की ऊर्जा-आवश्यकताएं भिन्न-भिन्न होती हैं। कम मात्रा में लिया गया भोजन अपर्याप्त ऊर्जा प्रदान करता है जिसके कारण कमजोरी उत्पन्न होती है। अत्यधिक मात्रा में लिया गया भोजन भी समस्याएं उत्पन्न करता है। निम्नलिखित तालिका ऊर्जा की औसत दैनिक आवश्यकता का विवरण देती है जहां एक ही आयु वर्ग के पुरुषों की तुलना में स्त्रियों को कम ऊर्जा की आवश्यकता होती है।

आयु	*ऊर्जा आवश्यकता*
5 वर्ष	6,000 किलो जूल प्रतिदिन
11 वर्ष	9,000 किलो जूल प्रतिदिन
18 वर्ष	11,000 किलो जूल प्रतिदिन
वयस्क (सामान्य कार्य)	9,600 किलो जूल प्रतिदिन
वयस्क (भारी कार्य)	12,000 किलो जूल प्रतिदिन
वयस्क (बहुत भारी कार्य)	16,000 किलो जूल प्रतिदिन

प्रोटीन : ये जटिल कार्बनिक यौगिक होते हैं जो कार्बन, हाइड्रोजन, ऑक्सीजन और नाइट्रोजन से बने होते हैं। प्रोटीन की आधारभूत संरचनात्मक इकाई अमीनो अम्ल है तथा ये अमीनो अम्ल काफी बड़ी संख्या में मौजूद हैं। कुछ प्रोटीन में सल्फर और फास्फोरस भी मौजूद होते हैं। प्रोटीन बच्चों और किशोरों के विकास हेतु आवश्यक है तथा वे वयस्कों में नए ऊतकों का निर्माण करने के साथ-साथ क्षतिग्रस्त ऊतकों की भी मरम्मत करती है। प्रोटीन नाइट्रोजन से बने होते हैं जिनमें अमीनो अम्ल नामक यौगिक मौजूद होते हैं। एक वयस्क को अपने शरीर के प्रत्येक किलो वजन हेतु 1 ग्राम प्रोटीन की आवश्यकता होती है। प्रोटीन को वनस्पतियों के साथ-साथ पशुओं से भी प्राप्त किया जा सकता है। वनस्पतियों के अंतर्गत मूंगफली, सेम, दालें, अनाज जैसे गेहूं और मक्का आदि आते हैं जबकि मछली, अंडा, दूध, पनीर, मांस आदि से भी प्रोटीन प्राप्त होती है। दूध, मांस, अंडे में वे सभी अमीनो एसिड मौजूद होते हैं जिनकी हमारे शरीर को आवश्यकता होती है।

खनिज : हमारे शरीर को कुछ गैर आर्गेनिक पदार्थों की आवश्यकता होती है। जैसे धातु, अधातु और उनके लवण। हालांकि इन पदार्थों की आवश्यकता काफी कम मात्रा में होती है। इन खनिजों की आवश्यकता हड्डियों, दांतों और लाल रक्त कणिकाओं के निर्माण, रक्त के जमने, मांसपेशियों, नाड़ियों और ग्रंथियों के कार्य करने आदि के लिए पड़ती है।

हमारे शरीर को जिन प्रमुख खनिजों की आवश्यकता है वे हैं: लोहा, आयरन, कैल्शियम, फास्फोरस, सोडियम, पोटाशियम, जस्ता, तांबा, मैग्नीशियम, क्लोराइड, फ्लोराइड और सल्फर। हम अधिकांश खनिजों को मिलीजुली अवस्था में वनस्पतियों से प्राप्त करते हैं। इन खनिजों की कमी से अनेक रोग उत्पन्न हो जाते हैं। एक सामान्य व्यक्ति को दैनिक रूप से लोहे की लगभग 30 मिलीग्राम मात्रा, आयोडीन की 1 मिलीग्राम मात्रा तथा 1 ग्राम कैल्शियम और फास्फोरस की आवश्यकता होती है।

विटामिन : ये जटिल आर्गेनिक यौगिक होते हैं जो सामान्य शारीरिक विकास, अच्छे स्वास्थ्य, अच्छी दृष्टि, उपयुक्त पाचन और स्वस्थ दांतों, मसूड़ों और हड्डियों के लिए आवश्यक हैं। ये हमारे शरीर में उपापचय की कुछेक रासायनिक अभिक्रियाओं में उत्प्रेरक का कार्य करते हैं। ये न तो हमारे शरीर को ऊर्जा प्रदान करते हैं और न ही शरीर के ऊतकों का निर्माण करते हैं। विटामिनों की आवश्यकता अल्प मात्रा में पड़ती है तथा उनकी कमी से आंखें, चमड़ी, हड्डियां, बाल और सामान्य वृद्धि प्रभावित होते हैं। 15 से अधिक प्रकार के विटामिन ज्ञात हैं तथा इनमें से केवल दो विटामिन 'डी' और 'के' हमारे शरीर के अंदर निर्मित

हो सकते हैं। बाकी या तो भोजन के द्वारा प्राप्त किए जा सकते हैं या अलग से इन्हें सिंथेटिक प्रारूप में लिया जा सकता है। विटामिन बी-काम्प्लेक्स और सी जल में घुलनशील हैं जबकि विटामिन ए, डी, ई और के वसा में घुलनशील हैं। विटामिन बी-काम्प्लेक्स 11 विटामिनों का मिश्रण है। निम्नलिखित तालिका विटामिनों की आवश्यकता और उनके स्रोतों का विवरण देती है :

विटामिन	आवश्यकता	स्रोत
विटामिन ए	अच्छी दृष्टि तथा बेहतर त्वचा और बालों के लिए	कॉड लीवर आयल, मछली, अंडे, दूध, गाजर, पत्तेदार सब्जियां
विटामिन $बी_1$	वृद्धि हेतु, कार्बोहाइड्रेट के उपापचय हेतु, हृदय, नाड़ियों और मांसपेशियों के कार्य हेतु	दूध, सोया से बने खाद्य, मांस, अनाज, हरी सब्जियां
विटामिन सी	दांत, मसूड़ों और जोड़ों को स्वस्थ बनाए रखने के लिए, संक्रमण के प्रति शरीर की प्रतिरक्षण शक्ति में वृद्धि के लिए	खट्टे फल, अमरूद, टमाटर
विटामिन डी	हड्डियों और दांतों की सामान्य वृद्धि के लिए	दूध, अंडे, मक्खन, कॉड लीवर आयल, सूर्य का प्रकाश
विटामिन ई	सामान्य प्रजनन हेतु, मांसपेशियों के कार्य हेतु तथा जिगर की सुरक्षा हेतु	हरी पत्तेदार सब्जियां, दूध, मक्खन, टमाटर
विटामिन के	रक्त के थक्के बनाने हेतु तथा जिगर के सामान्य कार्य हेतु	हरी पत्तेदार सब्जियां, सोयाबीन, टमाटर

जल : यह हमारे शरीर के लिए अत्यंत आवश्यक है क्योंकि यह भोजन के परिपाचन में सहायता करता है। मानव के शरीर का दो-तिहाई भाग जल से बना है जो ऊतकों में मौजूद होता है। जल पाचन, वाहन, उत्सर्जन और शरीर के तापमान को संचालित करने में भी सहायक होता है। जल के बिना अधिक देर तक जिंदा नहीं रहा जा सकता। जल की आवश्यकता एक व्यक्ति की आयु, उसके कार्य के प्रकार और जलवायु पर निर्भर करती है। शरीर से अत्यधिक मात्रा में जल निकल जाने से निर्जलीकरण (डिहाइड्रेशन) हो जाता है।

रफेज : यह पौधों और उनके उत्पादों में विद्यमान रेशेदार पदार्थ होता है। इसमें मुख्यत: गैर पाचन योग्य पौधों के कार्बोहाइड्रेट होते हैं, जिसे सेलुलोज कहते हैं। हालांकि यह शरीर को किसी प्रकार की ऊर्जा प्रदान नहीं करता फिर भी यह शरीर में जल की पुनर्बहाली में और शरीर की संरचना को बनाए रखने में सहायता पहुंचाकर पाचन प्रणाली को दुरुस्त बनाए रखता है। रफेज के मुख्य स्रोत हैं—सलाद, गोभी, मक्के की रोटी, दलिया, सब्जियां तथा फल और तने।

संतुलित आहार

हमारे शरीर की वृद्धि और अच्छे स्वास्थ्य को बनाए रखने के लिए हमारे आहार में वे सभी पोषक, उचित मात्रा में होने चाहिए जिनकी हमारे शरीर को आवश्यकता है। कोई भी पोषक न अत्यधिक हो और न बहुत कम। हमारे आहार में पर्याप्त मात्रा में रुक्षांश तथा जल भी होना चाहिए। इस प्रकार के आहार को **संतुलित आहार** कहते हैं।

दालें, मूँगफली, सोयाबीन, अंकुरित बीज (मूँग व चना), किण्वित भोजन (दक्षिण भारतीय भोजन जैसे, इडली), आटे का मिश्रण (मिस्सी रोटी, थेपला-अनाज व दालों से बना) केला, पालक, सत्तु, गुड़, उपलब्ध सब्जियाँ तथा इसी प्रकार के अन्य भोजन, कई पोषक उपलब्ध कराते हैं। इसलिए कोई व्यक्ति अल्प व्यय में भी संतुलित आहार खा सकता है।

उचित प्रकार का भोजन करना ही पर्याप्त नहीं है। इसे उचित तरीके से पकाना भी चाहिए ताकि इसके पोषक तत्त्व नष्ट न हों।

छिलका उतार कर यदि सब्जियों और फलों को धोया जाता है तो यह संभव है कि उनके कुछ विटामिन नष्ट हो जाएँ। सब्जियों और फलों की त्वचा में कई महत्वपूर्ण विटामिन तथा खनिज-लवण होते हैं। चावल और दालों को बार-बार धोने से उनमें उपस्थित विटामिन और कुछ खनिज-लवण अलग हो सकते हैं।

पकाने से भोजन का स्वाद बढ़ता है तथा इसे पचाने में आसानी होती है। इसके साथ-साथ पकाने में कुछ पोषक तत्त्वों की हानि भी हो सकती है। यदि भोजन पकाने में अत्यधिक जल का उपयोग किया जाता है और बाद में उसे फेंक दिया जाता है तो कई लाभदायक प्रोटीन तथा खनिज-लवणों की हानि हो जाती है।

पकाने में विटामिन C आसानी से गर्मी से नष्ट हो जाता है।

अभावजन्य रोग

एक व्यक्ति खाने के लिए पर्याप्त भोजन पा रहा है, लेकिन कभी-कभी उसके भोजन में किसी विशेष पोषक की कमी हो जाती है। यदि यह कमी लंबी अवधि तक रहती है तो वह व्यक्ति उसके **अभाव** से ग्रसित हो सकता है। एक या अधिक पोषक तत्त्वों का अभाव हमारे शरीर में रोग अथवा विकृतियाँ उत्पन्न कर सकता है। वे रोग जो लंबी अवधि तक पोषकों के अभाव के कारण होते हैं, उन्हें **अभावजन्य रोग** कहते हैं।

यदि कोई व्यक्ति अपने भोजन में पर्याप्त प्रोटीन नहीं ले रहा है तो उसे कुछ रोग हो सकते हैं जैसे वृद्धि का अवरुद्ध होना, चेहरे पर सूजन, बालों के रंग का उड़ना, त्वचा की बीमारियाँ और पेचिश आदि।

यदि प्रोटीन तथा कार्बोहाइड्रेट दोनों ही किसी व्यक्ति के आहार से एक लंबे समय तक अनुपस्थित रहें तो उसकी वृद्धि पूरी तरह से अवरुद्ध हो जाएगी। ऐसा व्यक्ति बहुत दुबला-पतला हो जाएगा। वह इतना दुर्बल हो जाएगा कि चलने में भी असमर्थ होगा।

विभिन्न विटामिनों और खनिज लवणों के अभाव से विभिन्न रोग अथवा विकृतियाँ हो सकती हैं। इनमें से कुछ सारणी में दर्शाए गए हैं।

सभी अभावजन्य रोगों की रोकथाम संतुलित आहार लेने से की जा सकती है।

विटामिन और खनिज लवणों के अभाव के कारण होने वाले कुछ रोग/विकार

विटामिन/खनिज	अभावजन्य रोग/विकार	लक्षण
विटामिन A	क्षीणता, दृष्टि हीनता	कमजोर दृष्टि, अंधेरे (रात) में कम दिखाई देना, कभी-कभी पूरी तरह से दिखाई देना बंद हो जाना
विटामिन B_1	बेरी-बेरी	दुर्बल पेशियाँ और काम करने की ऊर्जा में कमी
विटामिन C	स्कर्वी	मसूढ़ों से खून निकलना, घाव भरने में अधिक समय का लगना
विटामिन D	रिकेट्स	अस्थियों का मुलायम होकर मुड़ जाना
कैल्सियम	अस्थियाँ और दंतक्षय	कमजोर अस्थियाँ, दंतक्षय
आयोडीन	घेंघा (गॉयटर)	गर्दन की ग्रंथि का फूल जाना, बच्चों में मानसिक विकलांगता
लौह	अरक्तता	कमजोरी

खाद्य-शृंखला

किसी भी पारिस्थितिक तन्त्र में सभी जीव आपस में, खाद्य व्यवहार के आधार पर एक क्रमबद्ध शृंखला में जुड़े होते है। दूसरे शब्दों में खाने एवं खाए जाने की क्रमबद्ध प्रक्रिया को खाद्य-शृंखला कहते हैं।

मनुष्य (Man) ← भेड़ (Sheep) ← चारा (Fodder)

उदाहरण के लिए, एक घास-स्थल पारिस्थितिक-तन्त्र में पौधों का पूरा समूह सूर्य की प्रकाश-किरणों की सहायता से प्रकाश संश्लेषण द्वारा खाद्य बनाता है जिन्हें स्वपोषी कहा जाता है। इन पौधों को शाकाहारियों द्वारा खाया जाता है, जिनको पहले प्राथमिक मांसाहारी खाते हैं। प्राथमिक मांसाहारी को द्वितीय मांसाहारियों द्वारा या उनसे उच्च स्तर के मांसाहारियों द्वारा खाया जाता है।

बैक्टीरिया अपघटन के पश्चात ← बिल्ली या बाज

← चिड़िया ← कीट ← पौधे

उदाहरण के लिए एक कीट पौधे की पत्ती को खाता है। एक चिड़िया उस कीट को खाती है, एक बिल्ली या बाज उस चिड़िया को खाती है, और इन सबकी मृत्यु के पश्चात् बैक्टीरिया उन मृत पदार्थों का अपघटन कर उन्हें खा जाते हैं। तात्पर्य यह कि पारिस्थितिक-तन्त्र में एक ऐसी व्यवस्था बनी हुई है कि कुछ भी व्यर्थ नहीं जाता।

खाद्य-शृंखला के कुछ उदाहरण–

(1) घास क्षेत्र पारिस्थितिक तन्त्र में

घास → टिड्डी → मेंढक → सांप → बाज

(2) टुण्ड्रा पारिस्थितिक-तन्त्र में–

लाइकेन (काई) → रेडियर → मनुष्य

(3) तालाब पारिस्थितिक-तन्त्र में–

पादप-प्लवक → जल के पिस्सू → छोटी मछली → बड़ी मछली

किसी भी खाद्य-शृंखला में हरे पौधे हमेशा पहला स्तर बनाते हैं इसीलिए इन्हें प्रायः 'प्राथमिक उत्पादक' का नाम दिया जाता है। इन उत्पादकों में संचित ऊर्जा, शाकाहारियों द्वारा ले ली जाती है। फिर शाकाहारी मांसाहारियों का भोजन बनते हैं तभी इन्हें द्वितीय उपभोक्ता एवं तृतीय उपभोक्ता कहते हैं। कुछ जीवों को सर्वाहारी (Omnivorous) कहा जाता है क्योंकि ये उत्पादकों एवं उपभोक्ताओं (मांसाहारियों) दोनों को खाद्य-शृंखला के आरम्भ में ही खाते हैं।

खाद्य शृंखलाओं के प्रकार

प्रकृति में प्रायः दो प्रकार की खाद्य-शृंखलाएँ होती हैं–

(अ) अपरद खाद्य-शृंखला

(ब) चराई खाद्य-शृंखला।

(अ) अपरद खाद्य-शृंखला–ये खाद्य-शृंखलाएँ मृत जैविक पदार्थ पर निर्भर होती हैं जिसे अपरद (Detritus) भी कहते हैं। अतः यह शृंखलाएँ सीधे सूर्य ऊर्जा पर निर्भर होती हैं।

अपरद खाद्य-शृंखला का आरम्भ बिन्दु अपघटित जैविक पदार्थ है। यह अपरद पहले अपघटनकारी जीवों, जैसे–बैक्टीरिया, कवक तथा प्रोटोज़ोआ का भोजन बनता है। इनको प्राथमिक उपभोक्ता कहा जाता है। इन जीवों को इसी कारण अपरद-पोषी जीव कहते हैं। फिर अपरद-पोषी जीव कुछ शिकारी जीवों, जैसे–कीट-लार्वे, नैमाटोड का भोजन बनते हैं। अपरद-पोषी जीवों का मुख्य कार्य मृत जैविक पदार्थ को अपघटित करके अजैविक तत्त्वों को निकालकर, पारिस्थितिक-तन्त्र में भेजना होता है। पारिस्थितिक-तन्त्रों में अजैविक तत्त्वों का पुनर्चक्रण इन तन्त्रों को सुचारु रखता है। चराई खाद्य-शृंखलाओं के मुकाबले में अपरद-खाद्य-शृंखलाएँ प्रायः छोटी होती हैं।

अपरद खाद्य-शृंखला का एक महत्त्वपूर्ण उदाहरण मैंग्रोव में देखने को मिलता है। लाल मैंग्रोव में राइजोफोरा के गिरे पत्ते इस शृंखला का पहला स्तर बनाते हैं। फिर अपरद खाने वाले जीव जैसे बैक्टीरिया, कवक, प्रोटोजोआ आदि इस मृत जैविक पदार्थ पर अपना कार्य करते हैं तथा इन्हें साधारण अजैविक तत्त्वों में बदल देते हैं। फिर ये अपरद-पोषी अन्ततः उपभोक्ताओं, जैस–कीट, लार्वे, केकड़े, सीपियां, कोपियॉड, नैमेटोड आदि का भोजन बन जाते हैं। इस खाद्य-शृंखला का आखिरी स्तर अपरद-भक्षी का उपभोक्ताओं, जैसे–मछली, आदि द्वारा खाया जाना है जो बड़े मांसाहारी जीव हैं।

(ब) चराई खाद्य-शृंखला–यह शृंखला घास स्थल पारिस्थितिक तन्त्र में घास से शुरू होकर शाकाहारी से होती हुई–मांसाहारियों प्राथमिक, द्वितीय एवं तृतीय उपभोक्ता तक जाती है तथा जलीय पारिस्थितिक तन्त्र में पादप-प्लवकों (phytoplankton) से शुरू होकर प्राणि-प्लवकों (Zooplanktons) से होती हुई छोटी मछलियों से जाकर-बड़ी मछलियों तक पहुँचती है।

घास-स्थल में हरे पौधे (उत्पादक) पहला स्तर बनाते हैं। ये पौधे शाकाहारियों जैसे–कीट, चूहे, मूषक, चरने वाले पशु का भोजन बनते हैं, जो अन्त में मांसाहारियों द्वारा खाए जाते हैं। चराई खाद्य शृंखलाएँ सीधे तौर पर सूर्य की किरणों के पड़ने पर निर्भर करती हैं। हरे पौधे सूर्य की किरणों की सहायता से प्रकाश-संश्लेषण की विधि से खाद्य पदार्थ बनाते हैं। ये लम्बी खाद्य-शृंखलाएँ होती हैं तथा ये सदा अपघटनकारी जीवों पर आकर समाप्त होती हैं। ऊर्जा की दृष्टि से, ये चराई खाद्य-शृंखलाएँ बहुत महत्त्वपूर्ण होती हैं।

खाद्य-स्तर

खाद्य-शृंखलाओं में क्रमशः कई स्तर होते हैं जिन्हें खाद्य-स्तरों का नाम देते हैं। उदाहरण के लिए हरे पौधे पहला खाद्य-स्तर बनाते हैं जिसे उत्पादक स्तर भी कह सकते हैं। फिर शाकाहारी जिन्हें प्राथमिक उपभोक्ता भी कहते हैं, दूसरा खाद्य-स्तर बनाते हैं। इस स्तर को प्राथमिक उपभोक्ता स्तर भी कहते हैं। उसके बाद मांसाहारी, जिन्हें द्वितीयक उपभोक्ता का नाम देते हैं, तीसरा खाद्य स्तर बनाते हैं। इसे द्वितीयक उपभोक्ता स्तर भी कहा जा सकता है।

यहाँ वर्णन करना आवश्यक है कि एक खाद्य-शृंखला में विभिन्न स्तरों पर उपलब्ध ऊर्जा की मात्रा एक के बाद एक कम होती जाती है, क्योंकि हर स्तर पर कुछ ऊर्जा व्यर्थ जाती है। जिसे ऊष्मा गतिकी के दूसरे सिद्धान्त के आधार पर समझाया जा सकता है। इस सिद्धान्त के अनुसार ऊर्जा का एक से दूसरे रूप में परिवर्तन सुचारु नहीं होता तथा इस प्रक्रिया में ऊर्जा व्यर्थ भी जाती है। यह क्रिया खाद्य-शृंखला की लम्बाई को कम करके केवल 4-5 स्तरों तक ही सीमित कर देती है।

खाद्य-जाल

खाद्य-जाल कई खाद्य-प्रणालियों का एक जाल होता है जो परस्पर विभिन्न खाद्य स्तरों द्वारा जुड़ा होता है तथा जिनसे एक जैविक समुदाय के जीवों में एक-दूसरे को खाने के क्रमबद्ध सम्बन्ध होते हैं।

प्रत्येक पारिस्थितिकी तन्त्र में एक से अधिक खाद्य-शृंखला होती है। ऊर्जा का प्रवाह जीवों की एक विशेष शृंखला के द्वारा होता है। परन्तु यह एक विशेष रैखिक-व्यवस्था पारिस्थितिक तन्त्र में उपस्थित सभी जीवों के पारस्परिक सम्बन्धों का पूर्ण चित्र प्रस्तुत नहीं करता है। वस्तुतः खाद्य-शृंखलाओं के विभिन्न पोषण स्तरों पर उपस्थित जीवों में एक जटिल सम्बन्ध पाया जाता है। कोई भी जीव एक से अधिक पोषण स्तरों से अपना भोजन प्राप्त कर सकता है।

दूसरे शब्दों में कोई भी प्रथम, द्वितीयक या तृतीयक उपभोक्ता की भाँति व्यवहार कर सकता है। प्रकृति में ऊर्जा स्थानान्तरण की प्रक्रिया साधारण रैखिक रूप में न होकर जटिल शृंखला के रूप में होती है।

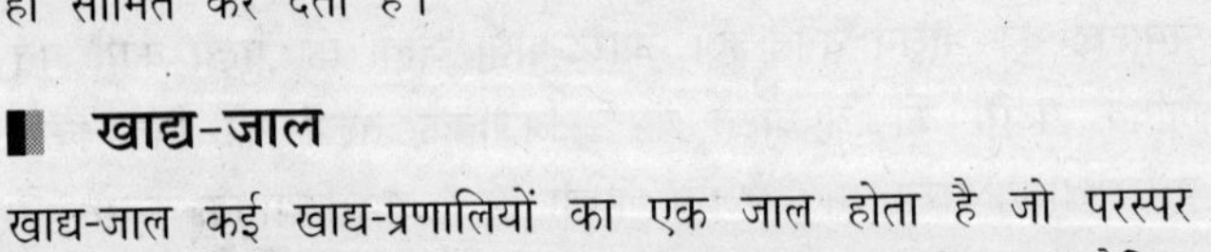

उदाहरण के लिए एक घास-स्थल पारिस्थितिक-तन्त्र में चरने वाले पशु घास को खाते हैं, परन्तु इन पशुओं के अभाव में यही घास खरगोशों द्वारा भी खाई जा सकती है। इन दोनों की अनुपस्थिति में चूहे एवं मूषक भी घास को खा सकते हैं। इसी प्रकार चूहे एवं मूषक को शिकारी पक्षी अथवा साँप खा सकते हैं, तथा साँप भी शिकारी पक्षियों द्वारा खाए जा सकते हैं। तात्पर्य यह है कि प्रकृति में भोजन-सम्बन्धी कई विकल्प मौजूद रहते हैं। अतः खाद्य जालों में कोई एक प्रजाति एक ही समय में एक से अधिक खाद्य-स्तर पर सक्रिय हो सकती है।

एक घास के मैदान में खाद्य-जाल के निम्न वैकल्पिक जाल हो सकते हैं–

(*i*) घास → खरगोश → बाज

(*ii*) घास → टिड्डी → बाज

(*iii*) घास → चूहा → बाज

(*iv*) घास → टिड्डी → छिपकली → बाज

(*v*) घास → चूहा → साँप → बाज।

खाद्य जाल, भोजन उपलब्धि के वैकल्पिक मार्ग प्रदान करता है। उदाहरणतः यदि पारिस्थितिक-तन्त्र में कोई एक प्रजाति रोग आदि के कारण समाप्त हो जाए तो वहाँ के शाकाहारी किसी दूसरी प्रजाति के उत्पादकों को अपना भोजन बना सकते हैं। इसी प्रकार द्वितीय उपभोक्ता, जैसे–शिकारी पक्षी, चूहों एवं मूषकों को खा सकते हैं, यदि उस स्थान पर खरगोश की संख्या कम हो गई हो जिन पर कि वे सामान्यतः निर्भर होते हैं।

खाद्य-जाल में, यदि वैकल्पिक मार्ग अधिक होंगे तो वह खाद्य-जाल उतना ही स्थिर होगा।

उष्ण-कटिबंधीय क्षेत्रों में खाद्य-जाल अपेक्षाकृत जटिल होते हैं और यहाँ भोजन एवं भक्षण सम्बन्धी पर्याय भी अधिक उपलब्ध हैं। अपेक्षाकृत जटिल खाद्य-जालों वाले पारिस्थितिक-तन्त्र अधिक स्थाई एवं सुचारु होते हैं।

खाद्य-शृंखला व खाद्य-जाल का महत्त्व

खाद्य-शृंखला व खाद्य-जाल एक पारिस्थितिक तन्त्र में पोषण चक्र तथा ऊर्जा प्रवाह में मूल भूमिका अपनाते हैं क्योंकि इन्हीं कड़ियों के माध्यम से पोषक तत्त्वों व ऊर्जा का स्थानान्तरण होता है। खाद्य-शृंखला के महत्त्व को निम्नलिखित बिन्दुओं के अन्तर्गत स्पष्ट किया जा सकता है–

1. खाद्य-शृंखला के माध्यम से कुछ रासायनिक पदार्थों का क्रमशः हर अगले स्तर पर अधिक-से-अधिक मात्रा में संचय होता है। जिसे जैव-सान्द्रता (Biomagnification) कहा जाता है।
2. खाद्य-जाल अधिक उत्पत्ति करने वाले जीवों की बढ़ती आबादी पर भी रोक लगाते हैं।
3. खाद्य-जाल पारिस्थितिक-तन्त्र के विकास में भी सहायता करते हैं।

स्वास्थ्य और स्वच्छता

स्वास्थ्य का अर्थ और अवधारणा

स्वास्थ्य एक ऐसी अवस्था है जिसमें व्यक्ति पूर्ण रूप से शारीरिक, मानसिक तथा सामाजिक दृष्टि से स्वस्थ होता है, और यह केवल रोग या बीमारी की अनुपस्थिति मात्र नहीं है। शारीरिक स्वास्थ्य का अर्थ है शरीर तथा उसके अंगों का समुचित रूप से कार्य करना। मानसिक स्वास्थ्य में भावनात्मक स्थिरता, सकारात्मक सोच तथा तनाव का सामना करने की क्षमता सम्मिलित होती है। सामाजिक स्वास्थ्य का आशय है दूसरों के साथ प्रभावी ढंग से संवाद स्थापित करना तथा स्वस्थ संबंध बनाए रखना। इस प्रकार, स्वास्थ्य एक व्यापक अवधारणा है जो मानव जीवन के सभी पक्षों को समाहित करती है और समग्र विकास सुनिश्चित करती है।

स्वच्छता का अर्थ और महत्व

स्वच्छता उन आदतों और परिस्थितियों का समूह है जो स्वास्थ्य को बनाए रखने तथा रोगों की रोकथाम में सहायक होते हैं। इसमें व्यक्तिगत स्वच्छता के साथ-साथ पर्यावरणीय स्वच्छता भी शामिल होती है। स्वच्छता का महत्व इसलिए है क्योंकि यह संक्रमणों के विरुद्ध प्रथम सुरक्षा पंक्ति के रूप में कार्य करती है। उत्तम स्वच्छता व्यवहार हानिकारक सूक्ष्मजीवों के प्रसार को कम करते हैं और एक सुरक्षित तथा स्वस्थ वातावरण का निर्माण करते हैं। उचित स्वच्छता के अभाव में, सामान्य संक्रमण भी गंभीर स्वास्थ्य समस्याओं में परिवर्तित हो सकते हैं।

व्यक्तिगत स्वच्छता और उसके अभ्यास

व्यक्तिगत स्वच्छता में वे सभी दैनिक आदतें सम्मिलित होती हैं जिन्हें व्यक्ति अपने शरीर को स्वच्छ और स्वस्थ बनाए रखने के लिए अपनाता है। नियमित स्नान करने से त्वचा से धूल, पसीना तथा कीटाणु दूर हो जाते हैं। भोजन करने से पहले और शौचालय के उपयोग के बाद साबुन से हाथ धोना बैक्टीरिया और विषाणुओं के प्रसार को रोकता है। दिन में दो बार दाँतों की सफाई करने से मुख-स्वास्थ्य बना रहता है और दाँतों से संबंधित समस्याओं की रोकथाम होती है। स्वच्छ वस्त्र पहनना तथा नाखूनों को छोटा और साफ रखना भी संक्रमण के जोखिम को कम करता है। व्यक्तिगत स्वच्छता बनाए रखना न केवल व्यक्ति को रोगों से सुरक्षित रखता है, बल्कि आत्मविश्वास और सामाजिक स्वीकृति को भी बढ़ाता है।

पर्यावरणीय स्वच्छता और स्वच्छ परिवेश

पर्यावरणीय स्वच्छता का आशय उन स्थानों की स्वच्छता बनाए रखने से है जहाँ लोग रहते हैं, अध्ययन करते हैं और कार्य करते हैं। इसमें कचरे का उचित निपटान, स्वच्छ पेयजल का उपयोग, शौचालयों और जल-निकासी प्रणालियों का रखरखाव तथा प्रदूषण का नियंत्रण शामिल है। स्वच्छ परिवेश रोग उत्पन्न करने वाले जीवों जैसे बैक्टीरिया, विषाणु और कीटों के प्रजनन को रोकता है। उदाहरण के लिए, ठहरा हुआ पानी मच्छरों के पनपने का स्थान बन सकता है, जिससे मलेरिया और डेंगू जैसी बीमारियाँ फैलती हैं। अतः सामुदायिक स्वास्थ्य के लिए पर्यावरणीय स्वच्छता बनाए रखना अत्यंत आवश्यक है।

अपर्याप्त स्वच्छता से उत्पन्न रोग

उचित स्वच्छता के अभाव में विभिन्न संक्रामक रोगों का प्रसार हो सकता है। जल-जनित रोग जैसे हैजा, टाइफाइड और दस्त दूषित जल के कारण होते हैं। वायु-जनित रोग जैसे क्षय रोग और सामान्य सर्दी-जुकाम खाँसी और छींक के माध्यम से वायु में फैलते हैं। वाहक-जनित रोग जैसे मलेरिया और डेंगू मच्छरों जैसे कीटों के माध्यम से फैलते हैं। इन रोगों को उचित स्वच्छता के अभ्यास तथा पर्यावरण में साफ-सफाई बनाए रखकर नियंत्रित और रोका जा सकता है।

स्वास्थ्य में संतुलित आहार की भूमिका

संतुलित आहार उत्तम स्वास्थ्य बनाए रखने में अत्यंत महत्वपूर्ण भूमिका निभाता है। यह शरीर को आवश्यक पोषक तत्व प्रदान करता है, जैसे ऊर्जा के लिए कार्बोहाइड्रेट, वृद्धि और ऊतकों की मरम्मत के लिए प्रोटीन, ऊर्जा के भंडारण के लिए वसा, तथा शरीर के समुचित क्रियान्वयन के लिए विटामिन और खनिज। पर्याप्त मात्रा में स्वच्छ जल का सेवन भी पाचन तथा शरीर से अपशिष्ट पदार्थों के निष्कासन के लिए आवश्यक है। संतुलित आहार प्रतिरक्षा प्रणाली को सुदृढ़ करता है और शरीर को संक्रमण तथा रोगों से लड़ने में सक्षम बनाता है।

स्वास्थ्य और स्वच्छता के प्रोत्साहन में विद्यालयों और शिक्षकों की भूमिका

विद्यालयों और शिक्षकों की बच्चों में स्वास्थ्य एवं स्वच्छता के प्रति जागरूकता विकसित करने में महत्वपूर्ण भूमिका होती है। शिक्षक विद्यार्थियों को स्वच्छता के महत्व, उचित पोषण तथा स्वस्थ आदतों के बारे में शिक्षित कर सकते हैं। विद्यालयों को स्वच्छ पेयजल, उपयुक्त स्वच्छता सुविधाएँ तथा एक स्वच्छ वातावरण प्रदान करना चाहिए। स्वास्थ्य शिक्षा कार्यक्रम, स्वच्छता अभियान तथा हाथ धोने के अभियान जैसी गतिविधियाँ विद्यार्थियों में अच्छी आदतों का विकास करने में सहायक होती हैं। जब बच्चे प्रारम्भिक आयु में इन अभ्यासों को सीखते हैं, तो वे जीवन भर उनका पालन करने की अधिक संभावना रखते हैं।

आवास

आवास उस स्थान या व्यवस्था को कहते हैं जहाँ लोग रहते या ठहरते हैं। यह भोजन, जल और वस्त्र के साथ-साथ एक मूलभूत मानवीय आवश्यकता है। आवास मनुष्यों को आश्रय, संरक्षण तथा वर्षा, हवा, सूर्य, ठंड और तूफानों जैसी प्राकृतिक शक्तियों से सुरक्षा प्रदान करता है। एक उचित और सुव्यवस्थित आवास व्यक्तियों तथा परिवारों के लिए आराम, सुरक्षा, गोपनीयता तथा स्वस्थ जीवन-पर्यावरण सुनिश्चित करता है।

आवास का महत्व

मानव जीवन में आवास की अत्यंत महत्वपूर्ण भूमिका होती है। इसका महत्व निम्नलिखित प्रकार से स्पष्ट किया जा सकता है–

1. **प्राकृतिक आपदाओं से सुरक्षा :** सुदृढ़ एवं सुव्यवस्थित घर लोगों को तूफान, बाढ़, अत्यधिक गर्मी या ठंड तथा अन्य पर्यावरणीय खतरों से सुरक्षित रखते हैं।
2. **स्वास्थ्य और स्वच्छता :** स्वच्छ जल, उचित स्वच्छता, जल-निकासी तथा वेंटिलेशन (वातायन) से युक्त आवास हैजा, टाइफाइड, श्वसन संक्रमण तथा मलेरिया जैसे रोगों के प्रसार को रोकता है।
3. **गोपनीयता और सुरक्षा :** आवास व्यक्तिगत स्थान प्रदान करता है, अजनबियों या जंगली जानवरों से सुरक्षा सुनिश्चित करता है तथा मानसिक सुरक्षा की भावना को बढ़ावा देता है।
4. **सामाजिक और सांस्कृतिक महत्व :** घर का प्रकार प्रायः निवासियों की परंपराओं, संस्कृति, सामाजिक स्थिति और जीवनशैली को दर्शाता है।
5. **स्थिरता और उत्पादकता :** सुविधाजनक आवास नियमित दिनचर्या, शिक्षा, कार्य तथा सामाजिक सहभागिता को प्रोत्साहित करता है, जिससे व्यक्ति एक संतुलित और उत्पादक जीवन व्यतीत कर पाता है।

आवास के प्रकार

आवास को संरचना, निर्माण सामग्री, उद्देश्य तथा अवधि के आधार पर वर्गीकृत किया जा सकता है–

1. **पारंपरिक आवास :**
   - मिट्टी, बाँस, लकड़ी, पत्तों या घास-फूस जैसी प्राकृतिक सामग्रियों से निर्मित होते हैं।
   - सामान्यतः गाँवों और ग्रामीण क्षेत्रों में पाए जाते हैं।
   - स्थानीय जलवायु और उपलब्ध संसाधनों के अनुसार अनुकूलित होते हैं।
2. **आधुनिक आवास :**
   - ईंट, सीमेंट, कंक्रीट और इस्पात का उपयोग करके निर्मित किए जाते हैं।
   - इनमें बिजली, जल आपूर्ति तथा स्वच्छता जैसी आधुनिक सुविधाएँ उपलब्ध होती हैं।
   - मुख्यतः शहरी और अर्ध-शहरी क्षेत्रों में पाए जाते हैं।
3. **अपार्टमेंट/फ्लैट :**
   - बहुमंजिला इमारतें होती हैं, जिन्हें शहरों में बड़ी जनसंख्या को समायोजित करने के लिए बनाया जाता है।
   - सीमित शहरी स्थान का कुशल उपयोग करते हुए इनमें लिफ्ट, जल आपूर्ति और पार्किंग जैसी सुविधाएँ होती हैं।
4. **अस्थायी आश्रय :**
   - तंबू या अस्थायी संरचनाएँ, जो आपातकालीन स्थितियों, आपदाओं या घुमंतू समुदायों द्वारा उपयोग की जाती हैं। अल्पकालिक सुरक्षा और गतिशीलता प्रदान करती हैं।
   - आवास का चयन जलवायु, उपलब्ध निर्माण सामग्री, सामाजिक-आर्थिक परिस्थितियों तथा सांस्कृतिक परंपराओं पर निर्भर करता है।

आवास और जलवायु

घर प्रायः स्थानीय जलवायु के अनुसार इस प्रकार बनाए जाते हैं कि वे आरामदायक और टिकाऊ हों–

1. **गर्म क्षेत्र :**
   - गर्मी को रोकने के लिए मोटी दीवारें
   - सूर्य के प्रकाश को कम करने के लिए छोटी खिड़कियाँ
   - वायु संचार के लिए हवादार छतें
2. **शीत क्षेत्र :**
   - ऊष्मा को बनाए रखने के लिए ऊष्मारोधी दीवारें
   - ऊष्मा के ह्रास को रोकने के लिए छोटे द्वार-खिड़कियाँ
   - बर्फ के फिसलकर नीचे गिरने के लिए ढलानदार छतें
3. **बाढ़-प्रवण क्षेत्र :**
   - जल-क्षति से बचने के लिए खंभों या ऊँचे प्लेटफॉर्म पर बने घर
   - जलरोधी एवं टिकाऊ निर्माण सामग्री
4. **तेज हवा/तूफानी क्षेत्र :**
   - वायु दाब को कम करने के लिए वायुगतिकीय डिजाइन
   - सुरक्षा के लिए सुदृढ़ दीवारें और छतें

आवास में स्वास्थ्य और स्वच्छता

उचित आवास शारीरिक और मानसिक स्वास्थ्य सुनिश्चित करता है। इसके आवश्यक तत्व निम्नलिखित हैं–

- स्वच्छ पेयजल
- उचित जल-निकासी और सीवेज प्रणाली
- पर्याप्त वेंटिलेशन (वातायन)
- स्वच्छता सुविधाएँ (शौचालय, स्नानघर)

अपर्याप्त आवास के जोखिम

- भीड़भाड़ और अस्वच्छ परिस्थितियाँ संक्रामक रोगों के प्रसार को बढ़ावा देती हैं।
- स्वच्छ जल या शौचालयों की कमी जल-जनित रोगों को बढ़ाती है।

घर के अंदर और बाहर स्वच्छता बनाए रखना स्वस्थ जीवन-पर्यावरण के लिए अत्यंत आवश्यक है।

समाज में आवास की भूमिका

आवास केवल आश्रय नहीं है; यह संस्कृति, जीवनशैली और आर्थिक स्थिति को भी दर्शाता है–

1. **जीवन की गुणवत्ता :** सुरक्षित और आरामदायक आवास जीवन-स्तर, सामाजिक स्थिरता तथा सामुदायिक विकास को सुधारता है।
2. **संवेदनशील वर्गों के लिए सहयोग :** सरकारें और संस्थाएँ आपदा-पीड़ित लोगों, शहरी झुग्गी-झोपड़ी निवासियों तथा वंचित समुदायों के लिए आवास उपलब्ध कराती हैं।
3. **शिक्षा और विकास :** सुरक्षित आवास बच्चों को नियमित रूप से विद्यालय जाने तथा परिवारों को कार्य और सामाजिक गतिविधियों में भाग लेने में सक्षम बनाता है।
4. **सांस्कृतिक पहचान :** पारंपरिक घर क्षेत्रीय संस्कृति, स्थापत्य कला और स्थानीय रीति-रिवाजों को प्रतिबिंबित करते हैं, जिससे विरासत और सामाजिक मूल्यों का संरक्षण होता है।

पेड़-पौधे एवं जीव-जंतु

वृक्ष और पौधे जीवित जीव हैं जो पृथ्वी पर जीवन की आधारशिला का निर्माण करते हैं। ये पारिस्थितिकी तंत्र के प्राथमिक उत्पादक होते हैं, अर्थात् ये सूर्य के प्रकाश, जल और कार्बन डाइऑक्साइड का उपयोग करके प्रकाश संश्लेषण (Photosynthesis) की प्रक्रिया द्वारा अपना भोजन स्वयं बना सकते हैं। पौधों में विविध प्रकार सम्मिलित होते हैं, जैसे वृक्ष, झाड़ियाँ, शाकीय पौधे, लताएँ और बेलें।

जीव-जंतु (Animals) पौधों पर निर्भर होते हैं और भोजन, आश्रय, प्रजनन तथा पारिस्थितिक संतुलन में योगदान करते हैं। मनुष्यों, पशुओं तथा अन्य जीवों का जीवन पौधों और अन्य जीव-जंतुओं पर आधारित है।

वृक्षों और पौधों का महत्व

वृक्ष और पौधे जीवन तथा पर्यावरण के लिए अत्यंत महत्वपूर्ण हैं। ये ऑक्सीजन का उत्पादन करते हैं, जो सभी जीवों के लिए आवश्यक है, तथा कार्बन डाइऑक्साइड को अवशोषित करके ग्रीनहाउस गैसों को कम करने और जलवायु परिवर्तन से मुकाबला करने में सहायक होते हैं। पौधे फलों, सब्जियों, अनाज और पत्तियों के रूप में भोजन प्रदान करते हैं। ये वस्त्र, कागज, औषधि, लकड़ी तथा ईंधन के लिए कच्चा माल भी उपलब्ध कराते हैं। वृक्ष मृदा अपरदन को रोकते हैं, जल का संरक्षण करते हैं तथा मिट्टी की उर्वरता बनाए रखते हैं। इसके अतिरिक्त, ये वायु की गुणवत्ता में सुधार करते हैं, जलवायु को नियंत्रित करते हैं तथा वातावरण को सुंदर और सुखद बनाते हैं।

पौधों के प्रकार

पौधों को उनके आकार, संरचना तथा उपयोग के आधार पर वर्गीकृत किया जा सकता है–

- **वृक्ष :** बड़े, काष्ठीय पौधे जिनमें एक मुख्य तना होता है, जैसे आम, नीम और बरगद। वृक्ष छाया, लकड़ी तथा फल प्रदान करते हैं।
- **झाड़ियाँ :** मध्यम आकार के काष्ठीय पौधे जिनमें अनेक तने होते हैं, जैसे गुड़हल और गुलाब। झाड़ियाँ प्रायः सजावट और औषधीय उपयोग के लिए प्रयुक्त होती हैं।
- **शाकीय पौधे :** छोटे, कोमल तनों वाले पौधे, जैसे धनिया, पालक और तुलसी। ये भोजन और औषधि के लिए महत्वपूर्ण होते हैं।
- **लताएँ (Climbers) :** वे पौधे जो सहारे के सहारे ऊपर की ओर बढ़ते हैं, जैसे मनी प्लांट, अंगूर की बेल और स्वीट पी।
- **भूमि पर फैलने वाले पौधे (Creepers) :** वे पौधे जो भूमि पर फैलते हैं, जैसे कद्दू और तरबूज। ये मिट्टी के संरक्षण में सहायक होते हैं और भोजन भी प्रदान करते हैं।

पर्यावरण में वृक्षों और पौधों की भूमिका

वृक्ष और पौधे पर्यावरण की रक्षा में अत्यंत महत्वपूर्ण भूमिका निभाते हैं। वे हानिकारक गैसों, धूल और धुएँ को अवशोषित करके वायु प्रदूषण को कम करते हैं। वृक्ष पक्षियों, कीटों और छोटे जीवों को आश्रय और भोजन प्रदान करते हैं, जिससे जैव विविधता को समर्थन मिलता है। वे पवनरोधक (विंडब्रेक) के रूप में कार्य करते हैं, जल प्रवाह को नियंत्रित करके बाढ़ को रोकते हैं और शहरी क्षेत्रों में तापमान को कम करते हैं। वन वर्षा के पैटर्न को बनाए रखने में सहायक होते हैं तथा जलवायु को स्थिर करते हैं। अधिक वृक्षों वाले हरित क्षेत्र मानसिक स्वास्थ्य में सुधार करते हैं, तनाव को कम करते हैं और मनुष्यों के लिए मनोरंजन के स्थान प्रदान करते हैं।

आर्थिक और सामाजिक महत्व

पौधे और वृक्ष अर्थव्यवस्था में महत्वपूर्ण योगदान देते हैं। लकड़ी, कागज, फल, सब्जियाँ, औषधीय पौधे तथा उद्योगों के लिए कच्चा माल वृक्षों और पौधों से प्राप्त होते हैं। वे पारंपरिक चिकित्सा और सांस्कृतिक प्रथाओं में भी महत्वपूर्ण भूमिका निभाते हैं। सामाजिक दृष्टि से, अनेक संस्कृतियों में वृक्षों को पवित्र माना जाता है, और त्योहारों तथा अनुष्ठानों में वृक्षारोपण या उनकी पूजा की जाती है। पार्कों, सड़कों के किनारे तथा विद्यालयों में शहरी वृक्षारोपण सौंदर्य को बढ़ाता है और हरित वातावरण के महत्व के प्रति जागरूकता उत्पन्न करता है।

वृक्षों और पौधों की संरक्षण के उपाय

पर्यावरणीय स्थिरता के लिए वृक्षों और पौधों का संरक्षण और संवर्धन अत्यंत आवश्यक है। लोगों को अनावश्यक रूप से वृक्षों की कटाई से बचना चाहिए, वनीकरण कार्यक्रमों में भाग लेना चाहिए तथा विद्यालयों, घरों और सार्वजनिक स्थानों पर अधिक से अधिक वृक्ष लगाना चाहिए। पौधों को कीटों और रोगों से बचाना, बगीचों का रखरखाव करना तथा उनके महत्व के बारे में जागरूकता फैलाना एक हरित और स्वस्थ पर्यावरण सुनिश्चित करने में सहायक होता है। समुदायों और सरकारों को मिलकर वनों और प्राकृतिक आवासों के संरक्षण के लिए कार्य करना चाहिए।

वृक्ष और पौधे पृथ्वी पर जीवन की रीढ़ हैं। वे पारिस्थितिक संतुलन बनाए रखते हैं, भोजन, ऑक्सीजन और आश्रय जैसे आवश्यक संसाधन प्रदान करते हैं तथा मनुष्यों और जीव-जंतुओं के जीवन की गुणवत्ता में सुधार करते हैं। वृक्षों का संरक्षण और रोपण केवल एक जिम्मेदारी ही नहीं, बल्कि वर्तमान और भावी पीढ़ियों के लिए एक सतत, स्वस्थ और प्रदूषण-मुक्त पर्यावरण सुनिश्चित करने की अनिवार्यता भी है। प्रत्येक व्यक्ति को पृथ्वी के हरित आवरण के संरक्षण और संवर्धन में अपना योगदान देना चाहिए।

वन संसाधन

स्थल का वह भाग जो कृषि विहीन हो और जहाँ लम्बे-घने वृक्ष उगते हों, वन कहलाते हैं। वनों की महत्ता से हम सभी परिचित हैं। क्षेत्र के पारिस्थितिकी सन्तुलन के लिए वन एवं वन्य जीवन आवश्यक है। वन हमारे पर्यावरण के साथ-साथ अर्थव्यवस्था का भी महत्त्वपूर्ण अंग है। वन पारिस्थितिकी तन्त्र में मुख्यतया वृक्ष पाये जाते हैं जिनकी विश्वभर में भिन्न-भिन्न जातियाँ मिलती हैं। जैसे मानसूनी वन, सदाबहार वन, पतझड़ वन आदि। दूसरे शब्दों में ऐसे स्थान जहाँ से ईंधन, लकड़ी, चारा व अन्य वन उपजें मिलती हों और समीपस्थ निवासी उसे अपने जीवनयापन के या उनके निजी उपयोग में काम में आने वाली वस्तुओं को प्रदान करने का माध्यम मानते हों, वन कहलाते हैं।

वैज्ञानिक दृष्टि से वनों का आशय उन क्षेत्रों से है जो वन अधिनियम में वर्णित विभिन्न श्रेणियों में से किसी एक श्रेणी के अन्तर्गत घोषित कर दिये गए हों।

पर्यावरण की दृष्टि से वन पेड़-पौधों और वनस्पति से आच्छादित वे क्षेत्र हैं जो वायुमण्डल की कार्बन डाइऑक्साइड को अवशोषित करते हैं और प्रकाश संश्लेषण की संक्रिया से वापिस ऑक्सीजन देकर वायुमण्डल को सन्तुलित रखते हैं।

अतः परिभाषा की दृष्टि से वन पेड़-पौधों, वनस्पति तथा जीव-जन्तु के ऐसे स्थान हैं जो प्राकृतिक संसाधन के महत्त्वपूर्ण घटक के रूप में जाने जा सकते हैं और जिन पर प्राणी मात्र का अस्तित्व टिका है।

वनों के प्रकार

वृक्षों के प्रकार तथा अन्य वनस्पति के आधार पर वनों को निम्नलिखित पाँच वर्गों में रखा गया है–

1. **विषुवत् रेखीय उष्ण आर्द्र या सदाबहार वन**–विषुवत् रेखीय वन का विस्तार दक्षिण अमेरिका के अमेजन बेसिन और मध्य अमेरिका, अफ्रीका के कांगो बेसिन, एशिया के दक्षिणी पूर्वी द्वीप समूहों में है। ये वन उष्ण कटिबंधीय प्रदेशों में पाये जाते हैं, जिनका विस्तार विषुवत् रेखा के दोनों ओर 5° उत्तर और 5° दक्षिण अक्षांशों के मध्य है। इन प्रदेशों में सदैव ऊँचे तापमान और वर्ष भर भारी वर्षा होने के कारण वन घने और सदाहरित रहते हैं। समुद्र की समीप्यता के कारण मलेशिया-इण्डोनेशिया के वन जायरे और अमेजन नदी घाटियों के वनों से अलग होते हैं। अमेजन नदी की घाटी में इन वनों को सेल्वास के नाम से जाना जाता है। इन वनों में महोगनी, आबनूस, सागौन, बाँस, रोजवुड, सिनकोना, रबर, नारियल आदि के वृक्ष उगते हैं। इन वनों का करीब 55 प्रतिशत दक्षिणी अमेरिका में, 20 प्रतिशत अफ्रीका में, 18 प्रतिशत दक्षिणी-पूर्वी एशिया और शेष 7 प्रतिशत ऑस्ट्रेलिया और अन्य महाद्वीपों में मिलते हैं। ऊपर से देखने पर ये वन स्तरित संरचना में दिखते हैं। ये वन हमेशा हरे-भरे रहते हैं क्योंकि इनके सभी वृक्ष एक साथ अपनी पत्तियाँ न गिराकर समय-समय पर गिराते हैं। इन वनों में मिलने वाले सिनकोना वृक्ष से मलेरिया की रोकथाम हेतु कुनैन दवा बनायी जाती है। इन वनों को काटकर मलेशिया और इण्डोनेशिया में रबर की कृषि की जा रही है।

2. **भूमध्य सागरीय वन या शीतोष्ण कटिबंधीय चौड़ी पत्ती वाले शुष्क सदापर्णी वन**–ये वन 30° से 45° अक्षांशों के बीच महाद्वीपों के पश्चिमी भाग में पाये जाते हैं। इन वनों की पत्तियां चौड़ी, चमकदार और चिकनी होती है, जिससे वाष्पीकरण कम होता है। इसके वृक्षों की जड़ें लम्बी और छाल मोटी होती है और उनके बीच में झाड़ियां पायी जाती हैं। इन वनों के प्रमुख क्षेत्र हैं–भूमध्यसागर के तटवर्ती देश, मध्यवर्ती चिली, दक्षिणी अफ्रीका का केप प्रान्त, दक्षिण-पश्चिमी ऑस्ट्रेलिया और मध्य कैलीफोर्निया। यहाँ के मुख्य वृक्ष हैं– ओक, जैतून, शहतूत, फर, पाइन (ताड़), स्प्रूस, बलूत, सनोवर आदि। यहाँ नींबू, नारंगी, अंगूर, अनार, नाशपाती और रसदार फलों के वृक्ष भी पाये जाते हैं।

3. **उष्ण कटिबन्धीय चौड़ी पत्ती वाले पर्णपाती या मानसून वन**–इन वनों का विस्तार भूमध्य रेखा के दोनों ओर महाद्वीपीय भागों में 5° से लेकर 30° उत्तरी तथा दक्षिणी अक्षांशों के मध्य है। यह उत्तरी-पूर्वी भारत, म्यॉमार (बर्मा), वियतनाम, थाइलैण्ड, फिलीपीन्स, लाओस, कम्बोडिया, ब्राजील, बांग्लादेश, दक्षिणी चीन, नेपाल, उत्तरी ऑस्ट्रेलिया, वेनेजुएला, कोलम्बिया के उत्तरी सागर तट और मेडागास्कर में पाये जाते हैं। गर्मी के मौसम में पत्तियां गिराने के कारण इन वनों को पतझड़ वन के नाम से भी जाना जाता है। पत्ती चौड़ी होने के कारण चौड़ी पत्ती वन तथा मानसूनी जलवायु में स्थित होने के कारण इन्हें मानसूनी वन भी कहते हैं। ये वन मानसून एशिया में 150 सेंमी. से 200 सेंमी. तक वर्षा वाले क्षेत्रों में उगते हैं। आर्थिक दृष्टि के बहुमूल्य वृक्ष जैसे–साल, शीशम, सागौन, आम, महुआ, बांस, इमली, चन्दन, पीपल, जामुन, नीम, देवदार और महोगनी आदि यहाँ उगते हैं। इन वनों का दोहन आसानी से हुआ है।

4. **समशीतोष्ण कोणधारी (शंकुल) वन**–ये वन 50° से 70° उत्तरी अक्षांशों के बीच उत्तरी अमेरिका और यूरेशिया के उत्तरी भागों में मिलते हैं। इनकी एक विस्तृत पेटी और उत्तरी गोलार्द्ध के कनाडा, स्वीडन, नार्वे, फिनलैण्ड, रूस के बाल्टिक क्षेत्र तथा मध्य पूर्वी साइबेरिया में पायी जाती है। इसे साइबेरिया में टैगा वनस्पति के नाम से जाना जाता है। समुद्र-तल से 1500 से 2000 मीटर तक की ऊँचाई के बीच पर्वतीय भागों में भी इस प्रकार की वनस्पतियां पायी जाती हैं। ये वृक्ष लम्बे, सीधे और सदाहरित होते हैं। एशिया में ये वन 55° उत्तरी अक्षांश, यूरोप में 60° उत्तरी अक्षांश और उत्तरी अमेरिका के पूर्व में 50° उत्तरी अक्षांश तक फैले हैं। वनों के वृक्षों की पत्तियाँ नुकीली या शंकुल या कोणधारी होती हैं।

   यूरोप के मध्यवर्ती पर्वतों और हिमालय के ढाल वाले क्षेत्रों में ऐसे ही वृक्ष मिलते हैं। दक्षिणी गोलार्द्ध में ये वन दक्षिणी चिली, दक्षिणी ब्राजील और न्यूजीलैण्ड में मिलते हैं। इस प्रकार के वन शीतल प्रदेशों के सदाबहार कोणधारी वन होते हैं। शंकुल वन ग्रीष्म ऋतु में अपनी पत्तियाँ नहीं गिराते हैं जो सदाबहार वन से अलग होते हैं और हमेशा हरे-भरे रहते हैं। इनकी ऊपरी चादर मोटी और चिकनी होती है, जिससे इनकी हिम, पाला और कठोर शीत से रक्षा होती है। इनमें नरम लकड़ी के वृक्ष जैसे–चीड़, फर, स्प्रूस आदि अधिकांश संख्या में मिलते हैं। इसके अलावा हैमलॉक, बर्च, सीडर, साइप्रस, डगलस फर, ब्लू पाइन आदि वृक्ष इन जंगलों में उगते हैं।

5. **शीतोष्ण कटिबन्धीय चौड़ी पत्ती वाले पतझड़ वन**–ये वन उत्तरी गोलार्द्ध में 40° से 50° अक्षांशों के बीच पाए जाते हैं। इन वनों का विस्तार मध्य और पश्चिमी यूरोप, चीन, जापान, कोरिया, मंचूरिया, दक्षिणी साइबेरिया और पूर्वी संयुक्त राज्य अमेरिका, कनाडा आदि क्षेत्रों में मिलता है। शीतोष्ण कटिबन्ध के उपोष्ण प्रदेशों में जहाँ ग्रीष्म ऋतु में वर्षा और शीत ऋतु में हिमपात होता है, ये वन पाये जाते हैं। इन वनों के वृक्ष शीत ऋतु के प्रारम्भ में अपनी पत्तियाँ गिरा देते हैं और पूरी शीत ऋतु में चौड़ी पत्तियों से विहीन रहते हैं। अतः इन्हें चौड़ी पत्तों वाले पर्णपाती वन भी कहते हैं। इनकी लकड़ियाँ मजबूत और टिकाऊ होती है। इन वनों में चेस्ट नट, हैमलॉक, वालनट, बीच, मैपिल, ओक, बर्च, पाइन, हिकारो, यूकेलिप्टस आदि वृक्ष उगते हैं। इन वनों का आर्थिक दोहन बहुत अधिक हुआ है।

घासभूमि

घास भूमियों का विस्तार उन भू-भागों पर पाया जाता है जहाँ पर्याप्त नमी विद्यमान रहती है। विश्व के बहुत बड़े भू-भाग पर घास के मैदान पाए जाते हैं। घासों का विकास ज्यादातर उन्हीं क्षेत्रों में होता है, जहाँ अन्य प्रकार की वनस्पतियाँ के उगने और विकसित होने की अनुकूल दशाएं उपलब्ध नहीं होती। घासों के विकास के लिए 35 सेंमी. से 70 सेंमी. तक औसत वार्षिक वर्षा पर्याप्त होती है। घास के मैदान के एक ओर मानूसनी वनस्पतियां मिलती हैं, जिनमें वृक्षों के नीचे घासों का विकास होता है और दूसरी ओर उष्ण मरुस्थलीय छोटी घासों का क्षेत्र पाया जाता है। इन दोनों के बीच सवाना वनस्पतियां पायी जाती हैं।

घास भूमियों के प्रकार

विश्व में पायी जाने वाली घास-भूमियों को मुख्यतः दो वर्गों में विभाजित किया गया है–

1. **उष्ण कटिबंधीय घास भूमियाँ**–इन घास वनों के एक तरफ सदाबहार वन होते हैं और दूसरी ओर मरुस्थल पाये जाते हैं। उष्ण कटिबंधीय घास भूमियाँ विषुवत्वृत्तीय वनों के दोनों ओर 25° अक्षांशों के बीच पायी जाती है। इनका विस्तार मुख्यतः अफ्रीका के सूडान, बाम्बेजी नदी बेसिन, पूर्वी अफ्रीका की उच्च भूमियों में, दक्षिणी अमेरिका के वेनेजुएला, ब्राजील के दक्षिणी भाग, आरेनीको बेसिन, उत्तरी ऑस्ट्रेलिया और न्यूजीलैण्ड में है। वार्षिक वर्षा का औसत 16 सेंमी. है। वर्षा प्रायः गर्मियों में होती है। वृक्षों की संख्या बहुत कम होती है। मोटी खुदरी और लम्बी घासें मिलती हैं, जिनकी लम्बाई 2 मीटर से 4 मीटर तक होती है तथा जो विषुवतीय क्षेत्रों में मरुस्थलों की तरफ जाने पर कम होती जाती है। इन घास भूमियों में घास खाने वाले पशुओं, जैसे–नीलगाय, जिराफ, बारहसिंघा तथा मांस खाने वाले पशुओं में चीता, तेंदुआ आदि मिलते हैं। उष्ण कटिबंधीय घास भूमि क्षेत्रों में वर्षा की कम मात्रा पायी जाती है।

   एशिया, अफ्रीका और ऑस्ट्रेलिया में इस प्रकार की घास भूमियों को सवाना के नाम से जाना जाता है। अमेजन नदी के उत्तर में स्थित ओरेनीको नदी घाटी में इसे लानोज (Llanos) अमेजन नदी के दक्षिण ब्राजील के मैदानी क्षेत्र में कैम्पास और मध्य अफ्रीका में पार्कलैण्ड कहा जाता है।

2. **शीतोष्ण कटिबंधीय घास भूमियाँ**–ये घास के मैदान एशिया, यूरोप, उत्तरी अमेरिका, दक्षिणी अमेरिका, ऑस्ट्रेलिया और न्यूजीलैण्ड में फैले हुए हैं। ये शीतोष्ण कटिबंधीय घास भूमियाँ 25° से 60° उत्तरी और दक्षिणी अक्षांशों के मध्य महाद्वीपों के आन्तरिक भागों में मध्य अक्षांशीय वनों की सीमा पर स्थित हैं। वर्षा ऋतु में 30 से 60 सेंमी. तक वर्षा होती है, जिसका अधिकतम भाग गर्मी में प्राप्त होता है। घास मुलायम होती है। वर्षा की कमी के कारण वृक्ष कम दिखाई पड़ते हैं। मुलायम घास की वजह से ये घास भूमियां पशुपालन के लिए उपयुक्त होती हैं। इन घास के मैदानों को उपजाऊ कृषि भूमि में परिवर्तित कर दिया गया है।

   शीतोष्ण कटिबंधीय घास भूमियों में विश्व के प्रमुख घास के मैदान प्रेयरी और स्टेपी प्रसिद्ध हैं। उत्तरी अमेरिका की प्रेयरी और एशिया की स्टेपी घास भूमियां घास मैदानों के लिए आदर्श हैं। इनका परिवर्तन अनाज उत्पादन के लिए बड़े पैमाने पर किया गया है। प्रेयरी उन घास भूमियों के नाम

हैं, जिनकी घासों की लम्बाई अधिक होती है। रॉकीज पर्वत के पूर्व में प्रेयरी घास भूमियों का विकास तीन बड़े भागों में हुआ है। पहले, शुष्क क्षेत्र वाले बड़े मैदान में 1 मी. से कम ऊँची घासों का मैदान क्षेत्र है। दूसरे, इसके पूर्व में मिश्रित प्रेयरी घास भूमियों पर घास की लम्बाई 1 से 2 मीटर तक होती है और तीसरे भाग में घासों की लम्बाई 3 से 4 मीटर तक होती है। इन घास के मैदानों का बहुत बड़े पैमाने पर परिवर्तन करके कृषि की फसलों, मुख्य रूप से गेहूँ की सबसे ज्यादा पैदावार ली जाती है। मध्य एशिया के घास के मैदान को स्टेपी कहा जाता है, जिसको विश्व की रोटी की टोकरी के नाम से जाना जाता है। इन घासों को अलग-अलग क्षेत्रों में अलग-अलग नाम से जाना जाता है। उदाहरण के लिए, अर्जेण्टीना में पम्पास, ऑस्ट्रेलिया में डाऊन्स, दक्षिण अफ्रीका के नेटाल प्रान्त में वेल्ड (Veld) और न्यूजीलैण्ड में कैंटरबरी (Canterbury) घास आदि नामों से विश्व में प्रसिद्ध है।

भारत में पाये जाने वाले वनों के प्रकार

हमारे देश का अधिकांश भाग उष्ण कटिबन्ध (Tropical) में स्थित है, परन्तु इसका कुछ भाग समुद्री तट से अत्यधिक ऊँचाई पर होने के कारण शीत कटिबन्ध में माना जाता है। इन दोनों भागों के मध्य में शीतोष्ण कटिबन्ध के भाग माने जाते हैं। भारत के कुछ भागों में औसत से भी अधिक वर्षा होती है तथा कुछ भाग प्रायः सूखे रहते हैं। हमारे देश में भूमि एवं जलवायु की असमानता के कारण यहाँ पर विभिन्न प्रकार की वनस्पतियाँ पायी जाती हैं। 50 सेंटीमीटर वर्षा वाले प्रदेशों में कँटीली झाड़ियाँ एवं छोटे वृक्षों वाले वन पाये जाते हैं। इन प्रदेशों में खेजड़ी, बबूल आदि अधिक पैदा होते हैं। जिसमें 100 सेंटीमीटर से अधिक वर्षा होती है, वहाँ पर चौड़ी पत्तियों वाले सदाबहार वन पाये जाते हैं। 100 से 200 सेंटीमीटर वर्षा वाले प्रदेशों में मानसूनी वन पाये जाते हैं। इन वनों में मुख्यतः रोजवुड, पाइन, सागौन आदि वृक्ष अधिक मात्रा में पाये जाते हैं।

भारत में लगभग 72 लाख हैक्टेयर भूमि पर कोणधारी वन (Coniferous Forests) तथा 670 लाख हैक्टेयर भूमि पर चौड़ी पत्ती वाले सदाबहार वन फैले हैं अर्थात्, कुल वन प्रदेशों का 7% शीतोष्ण वन, (3% कोणधारी वन 4% चौड़ी पत्ती के वन) 93% उष्ण कटिबन्धीय वन, (80% मानसूनी वन, 12% सदाबहार वन तथा 1% अन्य वन) हैं।

भारत में वनों की स्थिति

भारत वन स्थिति रिपोर्ट (ISFR)-2023 के अनुसार, वन एवं वृक्ष आवरण इसके भौगोलिक क्षेत्र (GA) का 25.17% है, जिसमें वन आवरण 21.76% और वृक्ष आवरण 3.41% है। देश के वन एवं वृक्ष आवरण में वर्ष 2021 की तुलना में 1,445.81 वर्ग किमी. की वृद्धि हुई है। रिपोर्ट के अनुसार 19 राज्यों/केंद्र शासित प्रदेशों का 33 प्रतिशत से अधिक भौगोलिक क्षेत्र वन आच्छादित है। भारत का वन कार्बन स्टॉक अनुमानित रूप से 7,285.5 मिलियन टन है, जो वर्ष 2021 की तुलना में 81.5 मिलियन टन अधिक है। भारत का मैंग्रोव आवरण 4,991.68 वर्ग किमी. (भौगोलिक क्षेत्र का 0.15%) है, जिसमें वर्ष 2021 से 7.43 वर्ग किमी. की कमी हुई है।

सर्वाधिक वन क्षेत्र (क्षेत्रवार): मध्य प्रदेश, अरुणाचल प्रदेश, छत्तीसगढ़।

वन आवरण का उच्चतम प्रतिशतः लक्षद्वीप (91.33%), मिजोरम (85.34%), अंडमान और निकोबार (81.62%)।

विभिन्न प्रकार के भारतीय वनों का क्षेत्रफल, क्षेत्र एवं प्रमुख प्रजातियां

क्रमांक	वन का प्रकार	अनुमानित क्षेत्रफल (वर्ग कि.मी.)	प्रमुख राज्य/क्षेत्र	प्रमुख प्रजातियाँ (वनस्पति और जीव-जंतु)
1	उष्ण कटिबंधीय सदाबहार वन	40,000	पश्चिमी घाट, अंडमान, नॉर्थ-ईस्ट	वनस्पति : सागौन, चिर, हरिजन, पीपल, बांस। जीव-जंतु : हाथी, बाघ, बंदर, गिलहरी, सारस।
2	उष्ण कटिबंधीय आर्द्र पतझड़ वन	30,000	असम, पश्चिम बंगाल, ओडिशा	वनस्पति : सागौन, कस्तूरी, देवदार। जीव-जंतु : हाथी, तेंदुआ, हिरण, बंदर।
3	उष्ण शुष्क पतझड़ वन	600,000	मध्य भारत, महाराष्ट्र, उत्तर प्रदेश, ओडिशा	वनस्पति : सागौन, शीशम, नीम, अर्जुन। जीव-जंतु : बाघ, तेंदुआ, सांभर, भालू।
4	उष्ण कटिबंधीय कंटीले वन	90,000	राजस्थान, गुजरात	वनस्पति : कांटेदार झाड़ियाँ, काकड़। जीव-जंतु : जंगली गधा, सियार, लोमड़ी।
5	उष्ण शुष्क सदाबहार वन	50,000	राजस्थान, गुजरात के शुष्क क्षेत्र	वनस्पति : बाँस, जलपाई, नीम। जीव-जंतु : जंगली गधा, सियार, कोयल।
6	ज्वारीय वन (Mangrove Forests)	6,740	सुंदरवन, गोवा, अंडमान	वनस्पति : आमलतास, सीबूट, गिरिगिर। जीव-जंतु : बाघ, मगरमच्छ, हेरोन, मछली।
7	उप-उष्ण कटिबंधीय चौड़ी पत्ती वाले वन	120,000	हिमालय के मध्य भाग, उत्तराखंड, उत्तर प्रदेश	वनस्पति : शीशम, देवदार, ओक। जीव-जंतु : भालू, तेंदुआ, मोर, लकड़बग्घा।

8	उप-उष्ण कटिबंधीय पाइन वन	50,000	हिमाचल, उत्तराखंड	वनस्पति : पाइन, देवदार, चीर। जीव-जंतु : भालू, गोरल, तेंदुआ।
9	उप-उष्ण कटिबंधीय शुष्क सदाबहार वन	40,000	हिमालय के पश्चिमी और मध्य भाग	वनस्पति : चिर, देवदार, पाइन। जीव-जंतु : भालू, तेंदुआ, सियार।
10	पर्वतीय आर्द्र शीतोष्ण वन	80,000	उत्तराखंड, सिक्किम, मणिपुर, मेघालय	वनस्पति : फर्न, ओक, सागौन। जीव-जंतु : बाघ, हाथी, हिरण, बंदर।
11	हिमाचल शीतोष्ण कटिबंधीय वन	60,000	हिमाचल प्रदेश, उत्तराखंड	वनस्पति : देवदार, पाइन, ओक। जीव-जंतु : भालू, हिम तेंदुआ, गोरल।
12	अल्पाइन वन	30,000	3000-5000 मीटर ऊँचाई वाले हिमालयी क्षेत्र	वनस्पति : फर्न, लघु झाड़ियाँ, घास। जीव-जंतु : हिम तेंदुआ, इबेक्स, खुरमुंडे।

अंतर्राष्ट्रीय वन दिवस

- अंतर्राष्ट्रीय वन दिवस की शुरुआत वर्ष 1971 में खाद्य एवं कृषि संगठन (FAO) द्वारा स्थापित 'विश्व वानिकी दिवस' से हुई।
- इसे संयुक्त राष्ट्र महासभा द्वारा वर्ष 2012 में औपचारिक रूप से मान्यता दी गई।
- इसका उद्देश्य वन संरक्षण और सतत् प्रबंधन के बारे में जागरूकता बढ़ाना है।

वनों की उपयोगिता

वन प्रकृति की अमूल्य धरोहर है। वनों को राष्ट्र की सामाजिक, आर्थिक व धार्मिक सम्पदा का दर्जा प्राप्त है। वन प्रत्यक्ष व परोक्ष दोनों प्रकार से हमारे लिए महत्त्वपूर्ण हैं।

वनों की औद्योगिक उपयोगिता

1. वन से लोग अपना जीविकोपार्जन भी करते हैं। जैसे–लकड़ी काटकर या फल-फूल एकत्रित कर लोग अपना जीवन-यापन करते हैं।
2. वनों की उपज को निर्यात करने से देश को आय होती है।
3. आधुनिक आविष्कार लकड़ी के स्टोव (Wood Stove) में ईंधन के रूप में लकड़ी के टुकड़े (Wood Pellets) काम में लाये जाते हैं जिन्हें अनुपयोगी वस्तु जैसे–लकड़ी की छीलन, लकड़ी के बुरादे से बनाया जाता है।
4. वन्य क्षेत्रों को मनोरंजन स्थान के रूप में प्रयोग किया जाता है। प्रकृति को समीप से देखने के इच्छुक व्यक्ति वनों में प्रकृति के सानिध्य में समय बिताना पसन्द करते हैं।
5. वनों से कई प्रकार की औषधियाँ प्राप्त होती हैं जिनसे सामान्यजन तो अपना इलाज करते ही हैं साथ ही इनका बड़े पैमाने पर औद्योगिक उत्पादन भी किया जाता है।
6. द्वितीयक उत्पाद के रूप में निर्मित गोंद, लाख, कत्था, शहद, रबर जैसी अनगिनत वस्तुएँ हमारे लिए अत्यन्त उपयोगी हैं। ये भी प्रमुख वन उत्पाद हैं।
7. वनों से प्राप्त होने वाली लकड़ी व्यावसायिक व घरेलू उपयोग में समान महत्त्व रखती है।
8. वनों में निवास करने वाले वन्य जीवों से कई प्रकार की कीमती वस्तुएँ, जैसे–हाथी दाँत एवं फर आदि प्राप्त होती हैं।
9. वनों से प्राप्त होने वाले फलों व बीजों से तेल निकाले जाते हैं।
10. वन पशुओं को खाद्य-सामग्री उपलब्ध कराते हैं।
11. अनेक उद्योगों, जैसे–कागज व दियासलाई आदि का कच्चा सामान वनों की ही देन है।

वनों की पर्यावरणीय उपयोगिता

वनों की पर्यावरणीय उपयोगिता को निम्नलिखित बिन्दुओं द्वारा स्पष्ट किया जा सकता है–

1. वन, जल-चक्र व वायु-चक्र को नियमित करने में अहम् भूमिका निभाते हैं।
2. वृक्षों पर लगी पत्तियाँ वर्षा की बूँदों के वेग को कम करके तथा प्रवाह को धीमा करके मृदा अपरदन को रोकती हैं।
3. वन देश के प्राकृतिक सौन्दर्य में वृद्धि करते हैं।
4. वन अनेक पशु-पक्षियों व जीव-जन्तुओं के आश्रय स्थल हैं जो पारिस्थितिकी तन्त्र को सन्तुलित बनाये रखने में हमारी मदद करते हैं।
5. वन पानी के प्रवाह को कम करके बाढ़ व मिट्टी के कटाव को रोकते हैं।
6. वृक्षों से भूमि पर गिरने वाली पत्तियाँ सड़-गलकर खाद में बदल जाती हैं, जिससे भूमि उपजाऊ बनती है।
7. वनों से वायुमण्डल की आर्द्रता में वृद्धि होती है, तापमान में कमी आती है व वर्षा की सम्भावना बढ़ती है।
8. वन ऑक्सीजन के ऐसे संचित कोष-स्थल (Reservoir) हैं जो कार्बन-डाइऑक्साइड को अवशोषित कर हमें ऑक्सीजन देते हैं व पर्यावरण में गैसों का सन्तुलन बनाये रखते हैं।
9. वन, उद्योगों से निकलने वाली विषैली गैसों व ध्वनि से होने वाले प्रदूषण को कम करते हैं। अनुसंधानों से यह ज्ञात हुआ है कि वृक्ष शोर प्रदूषण को भी नियन्त्रित करते हैं।

10. ये पानी और मिट्टी जैसे महत्त्वपूर्ण संसाधनों की सुरक्षा एवं संरक्षण (Preservation and Conservation) करते हैं। भू-सतही जल को रोककर उसे स्वच्छ कर भूमि में भेजते हैं तथा जमीन की नमी बनाये रखते हैं।
11. ये नदियों के प्रवाह को नियमित करते हैं, उनके प्रदूषण को कम करते हैं, मिट्टी को बहकर जाने से रोकते हैं व बाढ़ की सम्भावना कम करते हैं।

अंत में हम निष्कर्ष के रूप में कह सकते हैं कि वन हर दृष्टिकोण से मानव के लिए उपयोगी हैं।

जैव-विविधता एवं संरक्षण

जैव-विविधता सभी जीवों व पारिस्थितिक तंत्रों की विभिन्नता एवं असमानता को कहा जाता है। यह एक समूहवाची शब्द है, जिसमें सृष्टि के सभी प्रकार के पौधे, प्राणी, सूक्ष्म-जन्तु समाहित हैं। मरुस्थलों से लेकर घने उष्ण-कटिबंधीय वनों तक हिम-आच्छादित पर्वत-शिखरों से महासागरों की गहराइयों तक विभिन्न आकार, प्रकार, रंग एवं रूपों में प्राणी जगत् विद्यमान हैं। जरा विचार कीजिए, अगर विश्व में कुछ प्रजातियाँ ही होती, तो जीवन कितना नीरस बनकर रह जाता।

अन्तर्राष्ट्रीय संघ की साधारण सभा ने प्रकृति संरक्षण के लिए फरवरी 1988 में कोस्टारिका में एक बैठक आयोजित की थी। इस बैठक में सर्वसम्मति से प्रकृति संरक्षण हेतु एक प्रस्ताव पारित किया गया। *प्रजातियों और उनकी समष्टियों* के अन्तर्गत विभिन्नता तथा परिवर्तित प्रजातियों, उनके जीव रूपों की विविधता, सह-सम्बन्धित प्रजातियों के संकुल की भिन्नता तथा उनकी अन्योन्य क्रियाएँ पारिस्थितिकीय प्रक्रियाओं द्वारा प्रभावित अथवा सम्पन्न होती हैं। कहने का आशय यह है कि विविधता चाहे प्रजाति के भीतर हो, प्रजातियों के बीच हो या समुदाय में इसे पारिस्थितिकीय प्रक्रियाएँ ही सम्पन्न और प्रभावित करती हैं।

ब्राजील के रियो-डी-जेनेरियो में 2-14 जून, 1992 को आयोजित **पृथ्वी शिखर** सम्मेलन में अनुबंधित पार्टियों में जैव-विविधता के संरक्षण तथा दस्तावेज में निर्धारित अनुच्छेद 1 से 42 को सुनिश्चित करने पर सहमति बनी। इस पर विश्व के 156 देशों और यूरोपीय समुदाय ने हस्ताक्षर किए। इस सहमति पर भारत ने भी हस्ताक्षर किए हैं। इस अधिवेशन के अनुसार जैव-विविधता की परिभाषा इस प्रकार है–धरातलीय, महासागरीय एवं अन्य जलीय पारिस्थितिक तंत्रों में उपस्थित अथवा उससे सम्बन्धित तंत्रों में पाए जाने वाले जीवों के बीच विभिन्नता जैव-विविधता है।

22-23 अगस्त, 1994 को बंगलौर में जैव-विविधता के संरक्षण सम्बन्धी उद्देश्यों को पूरा करने के लिए एक बैठक बुलायी गयी। इस बैठक में विभिन्न देशों जैसे–बांग्लादेश, भूटान, भारत, जापान, मलेशिया, मालदीव, म्यांमार, फिलीपीन्स, थाइलैण्ड और वियतनाम आदि के प्रतिनिधि एवं अन्तर्राष्ट्रीय संगठनों के विशेषज्ञों ने भी भाग लिया। इस बैठक का आयोजन पर्यावरण एवं वन मंत्रालय भारत सरकार तथा संयुक्त राष्ट्र पर्यावरण कार्यक्रम नैरोबी (केन्या) के संयुक्त तत्त्वाधान में किया गया। इसमें कुछ अनुकरणीय उद्देश्य निर्धारित किए गए। जैव विविधता पर एशिया क्षेत्रीय अनुबन्ध भी हुआ है।

स्थलीय, समुद्री तथा अन्य जलीय पारिस्थितिक तंत्रों और इनसे सम्बन्धित सभी स्रोतों के जीवधारियों तथा इसके पारिस्थितिक संकुलों में पाई जाने वाली विभिन्नता जैव-विविधता है। इसमें प्रजातियों के मध्य पारिस्थितिक तंत्र की विविधता शामिल है। इस प्रकार किसी क्षेत्र में जीनों, प्रजातियों तथा पारिस्थितिक तंत्रों की समग्रता जैव-विविधता है।

वर्तमान में यह महसूस किया जाने लगा है कि भूमण्डल के चारों ओर जैविक समुदाय धीरे-धीरे लुप्त होने लगा है जिसका कारण है, मनुष्य द्वारा आवासीय विनाश, जैसे–वनों को काटना, अतिचारण, वनभूमियों का अवगाहन और पारिस्थितिक तंत्र को प्रदूषित करना, परन्तु जैव-विविधता का संरक्षण मानव जाति के लिए अति महत्त्वपूर्ण है।

जैव-विविधता का स्तर–इसे तीन स्तरों में उपविभाजित किया जा सकता है–

(*i*) पारिस्थितिक तंत्र विविधता,
(*ii*) आनुवंशिक-विविधता,
(*iii*) प्रजातीय विविधता।

पारिस्थितिक तन्त्र विविधता

यह पारिस्थितिकीय जटिलता जैसे–आवास, खाद्य-स्तर, खाद्य-जाल एवं पदार्थ-चक्रण आदि के बीच पाई जाने वाली विविधता है। पारिस्थितिक तंत्र भौतिक घटकों जैसे–तापमान, आर्द्रता, ऊँचाई एवं वर्षण आदि के साथ भी विभिन्नता दर्शाता है। अतः पारिस्थितिक तंत्र के इन घटकों के बीच भी असमानता है। विभिन्न प्रकार के जंगलों में, जहाँ मुख्यतः पेड़ों का बाहुल्य है, वहाँ भी अलग-अलग क्षेत्रों में विविधता देखने को मिलती है। उष्ण कटिबंधीय वनों, पतझड़ वनों और शीतोष्ण वनों में इन्हीं भौतिक घटकों की विविधता के कारण जैव-विविधता विकसित हुई है। यह विविधता करोड़ों वर्षों में विकसित हुई है और इसका संरक्षण अति आवश्यक है। जैव-विविधता को नुकसान पहुँचाने का अर्थ है, पर्यावरणीय असंतुलन। हम जैव-विविधता को एक स्थान से दूसरे स्थान पर स्थानांतरित भी नहीं कर सकते क्योंकि यह विविधता क्षेत्र-विशेष की जलवायु पर निर्भर करती है। यह संभव नहीं है कि हम शीतोष्ण वनों की विविधता को बढ़ाने के लिए उष्ण कटिबंधीय वनों की प्रजातियों को वहाँ स्थानान्तरित कर दें। प्रकृति के हर क्षेत्र की जैव विविधता वर्षों के प्राकृतिक चयन द्वारा विकसित हुई है।

आनुवंशिक विविधता

यह जैविक-विविधता का मुख्य स्रोत है। जीवों में पाई जाने वाली 'जीन' विभिन्न प्रकार से मिलकर जीवों में विविधता लाने के लिए उत्तरदायी है। 'जीन' एक पीढ़ी से दूसरी पीढ़ी तक विभिन्न लक्षणों को ले जाने वाली मूल इकाई है। जब एक ही प्रजाति के जीन विभिन्न प्रकार से मिलकर जीवों में अंतर पैदा कर दें तो इसे आनुवंशिक विविधता कहते हैं।

उदाहरण के लिए, 'मानव' की सभी प्रजातियाँ 'होमोसेपियन्स' (*Homo sapiens*) से बनी हैं। इसी तरह आम की सभी किस्में एक ही प्रजाति से बनी हैं, परन्तु आनुवंशिक विविधता के कारण इनका रंग, आकार, खुशबू एवं पोषक तत्त्व विभिन्न प्रकार के हैं। इसी प्रकार मटर की सभी किस्में 'पाइसम सटाइवम' (*Pisum sativum*) से तैयार हुई हैं।

आनुवंशिक विविधता की उपयोगिता

आनुवंशिक विविधता दो कारणों से अनिवार्य है–

1. प्रकृति में विकासीय प्रक्रियाओं के संचालित बने रहने के लिए तथा
2. न्यूनतम जीवन क्षय समष्टि के अनुरक्षण द्वारा जाति को विलुप्त होने से बचाने के लिए।

प्रजातीय विविधता

इसके अन्तर्गत किसी समुदाय में जीवों की समृद्धता एवं प्रचुरता को दर्शाया जा सकता है। प्रजाति-विविधता को आंकने के दो मापक हैं–'शैनन-वीनर इन्डेक्स' और 'सिम्पसन इन्डेक्स'। 1992 में विल्सन द्वारा दिए गए आँकड़ों के अनुसार प्रजातियों की कुल संख्या 1 करोड़ से 5 करोड़ के बीच है। आज तक केवल 10 लाख 50 हज़ार जीवित एवं 3 लाख जीवाश्मों की पहचान कर उनके वैज्ञानिक नाम दिए गए हैं। संभावना है कि इनको खोज कर सूचीबद्ध करने से पहले ही बहुत-सी प्रजातियाँ इस धरती से विलुप्त हो जाएंगी और हम इनसे मिलने वाले लाभों के बारे में जानने से पहले ही प्रकृति के इन उपहारों को खो देंगे।

प्रजाति-विविधता का महत्त्व

प्रजाति-विविधता निम्नलिखित कारणों से महत्त्वपूर्ण है–

1. स्थानीय लोगों के उपयोग के लिए।
2. वन्य जीव पर्यटन के लिए।
3. शिक्षा एवं विकास के लिए।
4. उपयोगी पालतू जानवर विकसित करने के लिए।
5. पादप एवं जन्तु अभिजनन द्वारा वन्य पौधों से फसलों की उन्नत किस्में तथा वन्य जन्तुओं से उन्नत नस्ल के पालतू जानवर विकसित करने के लिए।
6. शोध या अनुसंधान के बेहतर अवसर प्रदान करने के लिए।

जैव-विविधता का संरक्षण

जैव-विविधता का पारिस्थितिकी संतुलन में महत्त्वपूर्ण स्थान है, क्योंकि परितंत्र में परिवर्तन की क्रिया सतत चलती रहती है, सजीव अवयव एवं पारिस्थितिकीय जटिलताओं की जैव-विविधता, जिसका वे एक भाग हैं, परिवर्तनशील है। इसमें प्रजातियों एवं पारितंत्रों के अंदर की विविधता भी शामिल है। भोजन, कृषि औषधि एवं उद्योग में जैव-विविधता की सापेक्ष खपत होती है। जैव-विविधता के संरक्षण से संबंधित विभिन्न मुद्दों से जुड़ी विभिन्न एजेंसियों के बीच समन्वय सुनिश्चित करने तथा उसके लिए पर्याप्त नीतिगत दस्तावेजों की समीक्षा करने, उन पर निगरानी रखने तथा उन्हें तैयार करने के लिए जैव-विविधता पर एक योजना शुरू की गई थी।

जैव-विविधता संरक्षण के निम्नवत् दो स्थल हैं–

1. **यथा स्थल संरक्षण**–जैव-विविधता को उसके सभी स्तरों जननिक (genetic) प्रजातियों के रूप में और अप्रभावित पारितंत्रों के रूप में यथास्थल ही सबसे अच्छी तरह सुरक्षित रखा जा सकता है और इसके लिए निर्जन क्षेत्र का पर्याप्त भाग संरक्षित क्षेत्र के रूप में अलग कर देना ही सबसे अच्छा तरीका है। यह क्षेत्र राष्ट्रीय पार्कों और अभ्यारण्यों का तंत्र होना चाहिए और इस तंत्र में हर विशेष पारितंत्र शामिल होना चाहिए। ऐसा कोई तंत्र किसी क्षेत्र की पूरी जैव-विविधता को सुरक्षित रखेगा। अतीत में बाघ, शेर, हाथी और हिरन जैसे बड़े वन्य प्राणियों के संरक्षण के लिए ही भारत में राष्ट्रीय पार्क और अभ्यारण्य अधिसूचित किए जाते थे। फिर इन क्षेत्रों के उद्देश्य को बढ़ाकर उनमें ऐसे अपेक्षाकृत अप्रभावित प्राकृतिक पारितंत्र भी शामिल कर लिए गए जिनमें सूक्ष्म एककोशीय पौधों और प्राणियों से लेकर विराट वृक्षों और विशाल स्तनपाइयों तक सारी जैव-विविधता सुरक्षित रखी जा सके। लेकिन प्रजातियों का अलग-अलग संरक्षण असंभव है क्योंकि वे सब एक-दूसरे पर निर्भर हैं, इसलिए पूरे परितंत्र का संरक्षण किया जाना चाहिए।

   जीवविज्ञानी का संबंध ऐसे क्षेत्र से होता है जो अपेक्षाकृत प्रजाति-समृद्ध हों या जहाँ दुर्लभ, संकटग्रस्त प्रजातियाँ रहती हों या जहाँ 'स्थानिक' प्रजातियाँ हों जो कहीं और न मिलें। चूँकि दुर्लभ स्थानिक प्रजातियाँ एक छोटे-से क्षेत्र में ही पाई जाती हैं, इसलिए मानव के कार्यकलाप के कारण ये आसानी से नष्ट हो जाती है। हाथी जैसे पशुओं को विभिन्न मौसमों में भोजन के लिए अलग-अलग प्रकार के आवास चाहिए। वे वर्षा के बाद घास के खुले मैदानों में रहते हैं जहाँ नई उगी घास काफी पौष्टिक होती है। घास सूखने लगती है तो हाथी पेड़ों के पत्तों की चाह में जंगलों में चले जाते हैं। इसलिए हाथियों के लिए बना संरक्षित क्षेत्र काफी बड़ा होना चाहिए और परस्पर संबंधित प्रजातियों के एक पूरे समूह को सहारा देने के लिए उसमें विभिन्न प्रकार के आवास होने चाहिए।

2. **बहिःस्थल संरक्षण**–प्रकृति में विभिन्न प्रकार की प्रजातियाँ रहती हैं। अतः यदि उन्हें संरक्षण प्रदान करना है तो इसमें सबसे अच्छा ढंग उसके आवास को उन तमाम दूसरी प्रजातियों के साथ सुरक्षित रखना है जो उसमें प्राकृतिक ढंग से रहती हैं। इसे यथास्थल संरक्षण (*in-situ* conservation) कहा जाता है जिसका मतलब राष्ट्रीय पार्कों और अभयारण्यों का निर्माण करके उस प्रजाति को उसके अपने वातावरण में संरक्षण करना है। इस रणनीति को बहिःस्थल सरंक्षण कहते हैं, अर्थात पौधों के लिए वानस्पतिक उद्यान या प्राणियों के लिए चिड़ियाघर जैसे नियंत्रित स्थितियाँ पैदा करके उस प्रजाति को उसके प्राकृतिक आवास से बाहर संरक्षित करना। ऐसी जगहों पर कृत्रिम ढंग से बनाई गई दशाओं में उनकी संख्या बढ़ाने की विशेषज्ञता भी होती है। लेकिन किसी संरक्षित क्षेत्र के प्रबंध की अपेक्षा दुर्लभ पौधों और प्राणियों के लिए ऐसे प्रजनन कार्यक्रम अधिक महंगे होते हैं। इसलिए इनके संरक्षण के लिए पर्याप्त धन की आवश्यकता होती है।

   पौधों के संरक्षण का एक और ढंग उनके जननद्रव्य (germplasm) को जीन बैंक में सुरक्षित रखना है ताकि

भविष्य में आवश्यकता पड़ने पर उनका उपयोग किया जा सके। यह और भी महंगा होता है।

कोई प्राणी अगर विनाश के कगार पर हो तो सावधानी से उसका प्रजनन किया जाना चाहिए ताकि अंतःप्रजनन (inbreeding) के कारण उसकी जीन संरचना कमजोर न पड़े। एक ही मूल के प्राणियों के आपसी प्रजनन से संतान की अनुकूलन क्षमता कम होती है, और पर्याप्त संतान पाने की क्षमता भी नष्ट हो सकती है। प्रजनन के आधुनिक कार्यक्रम चिड़ियाघरों में चलाए जाते हैं जो वन्यप्राणी की सभी आवश्यकताएँ प्रदान करते हैं–ऐसे बाड़ों समेत जो उसके वन्य आवास के समान होते हैं। कृत्रिम प्रजनन में सहायता देने की आवश्यकता भी पड़ सकती है। इस तरह जहाँ अधिकांश चिड़ियाघरों का उद्देश्य दर्शकों को करीब से वन्य प्राणियों को देखने का अनुभव और प्रजातियों के बारे में सूचनाएँ प्रदान करना होता है, वहीं एक आधुनिक चिड़ियाघर को इन कार्यों से आगे जाकर संकटग्रस्त प्रजातियों के प्रजनन का कार्यक्रम भी संरक्षण के एक उपाय के रूप में चलाना होता है।

भारत में बहिःस्थल संरक्षण के सफल कार्यक्रम हमारे मगरमच्छों की तीनों प्रजातियों के लिए चलाए गए हैं; ये अत्यधिक सफल रहे हैं। सबसे सफल उदाहरण मद्रास क्रोकोडाइल ट्रस्ट बैंक का है जिसमें मगरमच्छ 10 से बढकर 8,035 हो चुके हैं और यहाँ वे साल में दो बार अंडे देते हैं जबकि निर्जन में एक बार देते थे। हाल की एक और सफलता गुवाहटी चिड़ियाघर में बहुत ही दुर्लभ प्राणी पिग्गी सूअर का प्रजनन है।

दिल्ली के चिड़ियाघर ने भी नोकदार सींगवाले दुर्लभ मणिपुरी हिरन का प्रजनन कराया है। लेकिन किसी प्रजाति के मूल निर्जन आवास में उसे फिर से खपाना एक सफल प्रजनन कार्यक्रम का सबसे महत्त्वपूर्ण चरण होता है। इसके लिए विनष्ट आवास की पुनर्स्थापना की और शिकार, विघ्न-बाधाओं और अन्य मानव-निर्मित प्रभावों जैसे दूसरे कारणों को दूर करने की आवश्यकता होती है क्योंकि इन्हीं मानवीय क्रियाओं के परिणामस्वरूप जैव संरक्षण में समस्या उत्पन्न होती है।

जैव-विविधता संरक्षण अंतर्राष्ट्रीय संधि (सीबीडी)

सबसे महत्त्वपूर्ण समझौता 1992 में रियो डी जेनेरो (ब्राजील) में 1992 में विश्व शिखर वार्ता के दौरान किया गया जो कि जैव-विविधता से संबंधित सभी पहलुओं पर किया गया एक व्यापक समझौता है। सीबीडी के 196 सदस्य देश हैं। यह सम्मेलन सदस्य देशों के जैविक स्रोतों के अधिकारों की संप्रभुता को बनाये रखने के लिए आयोजित किया गया था। इसके मुख्य उद्देश्य–जैव-विविधता का संरक्षण, इसके अवयवों का स्थायी इस्तेमाल और जेनेटिक संसाधनों के इस्तेमाल के लाभों का उचित एवं सही भागीदार है। भारत सीबीडी का सदस्य देश है।

सीबीडी की अब तक आठ बैठकें हो चुकी हैं। इसकी आठवीं बैठक ब्राजील में क्यूरिटिबा में 20-31 मार्च 2006 को आयोजित की गई थी। नौवीं बैठकी मई, 2008 में जर्मनी, बॉन में 19-30 मई को आयोजित की गई। दक्षिण एवं पश्चिमी एशिया क्षेत्र में संरक्षित क्षेत्रों पर सीबीडी की क्षमता बढ़ाने और उसकी समीक्षा के लिए भारत में उप-क्षेत्रीय कार्यशाला (सीओपी-8) आयोजित की गई। यह कार्यशाला 2-4 अप्रैल, 2007 से देहरादून में भारतीय वन्यजीव संस्थान द्वारा आयोजित की गई। सीओपी-8 के निर्णयों के बाद सीबीडी के अंतर्गत 4 अंतर्राष्ट्रीय बैठकें आयोजित की गई। इस दिशा में 2-6 जुलाई, 2007 को फ्रांस, पेरिस में वैज्ञानिक, तकनीकी और प्रौद्योगिकी परामर्श पर सहायक निकाय की 12वीं बैठक शामिल है। दूसरी बैठक 9-13 जुलाई, 2007 को पेरिस में ही आयोजित की गई।

ओपन एंडिड वर्किंग ग्रुप की पांचवीं बैठक कनाडा में 8-12 अक्टूबर, 2007 को मांट्रियल, कनाडा में आयोजित की गई। उसके बाद 15-19 अक्टूबर, 2007 को मांट्रियाल में ही आयोजित की गई। 2006 में मंत्रिमंडल द्वारा राष्ट्रीय पर्यावरण नीति की स्वीकृति के बाद राष्ट्रीय जैविक नीति और कार्ययोजना पर संयुक्त राष्ट्र विकास कार्यक्रम की अंतिम तकनीकी रिपोर्ट को देखते हुए कार्य किया जा रहा है।

जैव-विविधता संरक्षण को बढ़ावा देने तथा इसके संतुलन को बनाए रखने के उद्देश्य से जैव विकास प्राधिकरण की स्थापना चेन्नई में 1 जुलाई, 2008 को की गई। यह प्राधिकरण जैव-विविधता अधिनियम 2002 के कार्यान्वयन के लिए स्थापित किया गया था। अनुसंधान पर दिशा-निर्देश की अधिसूचना और जेनेटिक संसाधनों को ध्यान में रखते हुए प्राधिकरण की तीन बैठकें हुई। इसके अलावा प्राधिकरण ने अधिनियम के प्रावधानों के प्रति जागरूकता जगाने के लिए कई सेमीनार और गोष्ठियाँ भी आयोजित कीं।

वन्य जीवन

विश्व के सम्पूर्ण वन क्षेत्र का मात्र 2 प्रतिशत भाग भारत में है, जबकि यहाँ विश्व के 5 प्रतिशत जीव-जन्तु पाए जाते हैं। वनों एवं जीव जन्तुओं पर मानवीय क्रियाकलापों का बहुत अधिक दबाव है। आज लगभग 15000 वानस्पतिक प्रजातियाँ एवं 75,000 जीव प्रजातियाँ मानवीय क्रियाकलाप के दबाव से विलुप्तप्राय हो चुकी हैं। हमारे देश में भी लगभग 10 प्रतिशत से ज्यादा वनस्पति समाप्त होने के कगार पर है। इनमें से कई प्रजातियाँ तो ऐसी हैं जिसके गुणों को मानव समुदाय पहचाने उससे पहले ही वे समाप्त हो जाएँगी। भारत के लगभग 134 सर्वाधिक संकटापन्न पौधों की प्रजातियों में से 99 हिमालय एवं उत्तर पूर्व के हैं। किसी समय सम्पूर्ण भारत वर्ष में हाथी पाये जाते थे, लेकिन आज महाराष्ट्र, मध्य प्रदेश एवं आन्ध्र प्रदेश से हाथी समाप्त हो चुके हैं।

वन्य जीवन संरक्षण के लिए 1952 में 'केन्द्रीय सलाहकार समिति' (इण्डियन बोर्ड ऑफ वाइल्ड लाइफ) के अतिरिक्त बॉम्बे नेचुरल हिस्ट्री सोसायटी, मुम्बई, द वाइल्ड लाइफ प्रिजर्वेशन सोसायटी ऑफ इण्डिया एवं द वाइल्ड लाइफ फण्ड ऑफ इण्डिया इत्यादि अनेक संस्थाएँ वन्य जीवन के संरक्षण तथा प्रबंधन में महत्त्वपूर्ण भूमिका निभा रहे हैं। राष्ट्रीय वन्य जीवन कार्य योजना, वन्य जीवन संरक्षण के लिए कार्य नीति और कार्यक्रम की रूपरेखा प्रस्तुत करती है।

राष्ट्रीय उद्यान, वन्य जीव अभयारण्य और जैवमंडलीय अभयारण्य

राष्ट्रीय उद्यान या अभयारण्य वह क्षेत्र होता है जिसे राज्य द्वारा वन्य जीव और उनका प्राकृतिक वातावरण सुरक्षित रखने के लिए घोषित

किया जाता है। इसका उद्देश्य वन्य जीवों का संरक्षण, उनकी संख्या बढ़ाना और उनका पर्यावरण बचाना होता है। इन क्षेत्रों में शिकार, लकड़ी काटना, ईंधन एकत्र करना और पालतू जानवरों को चराने जैसी मानव गतिविधियाँ निषिद्ध हैं।

राष्ट्रीय उद्यान, अभयारण्य और जैवमंडलीय अभयारण्य वन्य जीवों का ध्यान रखने और उन्हें सुरक्षित रखने के लिए बनाए जाते हैं। यहाँ वन्य जीवों की नियमित निगरानी की जाती है और उन्हें बचाने के लिए योजनाएँ बनाई और लागू की जाती हैं। ये क्षेत्र न केवल वन्य जीवों के लिए महत्वपूर्ण हैं, बल्कि मानव जीवन के लिए भी लाभकारी हैं, क्योंकि उनका संरक्षण पूरे पारिस्थितिकी तंत्र की सुरक्षा सुनिश्चित करता है।

राष्ट्रीय उद्यान विशेष रूप से प्राकृतिक दृश्य, वन्य जीव और वातावरण के संरक्षण के लिए समर्पित होते हैं। इसमें किसी के निजी अधिकार नहीं होते और सभी वानिकी कार्य और अन्य उपयोग जैसे पालतू जानवरों का चराना प्रतिबंधित होता है।

भारत में संरक्षित क्षेत्रों की कुल स्थिति (2026)

भारत में जैव विविधता संरक्षण हेतु संरक्षित क्षेत्रों का एक समृद्ध नेटवर्क मौजूद है। देश में 107 राष्ट्रीय उद्यान, 573 वन्यजीव अभयारण्य, 96 रामसर स्थल, 58 टाइगर रिजर्व और 18 बायोस्फीयर रिजर्व हैं। इस प्रकार भारत में कुल संरक्षित क्षेत्रों की संख्या 852 है।

भारत के महत्वपूर्ण राष्ट्रीय उद्यान और वन्य जीव अभयारण्य

राज्य	राष्ट्रीय उद्यान और वन्य जीव अभयारण्य
आंध्र प्रदेश	कोरिंगा वन्य जीव अभयारण्य, कोल्लेरू : वन्य जीव अभयारण्य, रोल्लापाडु वन्य जीव अभयारण्य
अरुणाचल प्रदेश	नामदापा पेलिकेनरी वन्य जीव अभयारण्य
असम	काजीरंगा राष्ट्रीय उद्यान, मानस वन्य जीव अभयारण्य
झारखंड	हजारीबाग राष्ट्रीय उद्यान, बेतला राष्ट्रीय उद्यान
गोवा	मोल्लेण वन्य जीव अभयारण्य
गुजरात	गिर राष्ट्रीय उद्यान, वेलावदर राष्ट्रीय उद्यान
हरियाणा	सुल्तानपुर झील पक्षी अभयारण्य
जम्मू और कश्मीर	दचीगाम वन्य जीव अभयारण्य
कर्नाटक	बांदीपुर राष्ट्रीय उद्यान, नागरहोल राष्ट्रीय उद्यान, रंगनाथित्तो पक्षी अभयारण्य, साइलेंट वैली राष्ट्रीय उद्यान
केरल	पेरियार वन्य जीव अभयारण्य, वायनाड वन्य जीव अभयारण्य
मध्य प्रदेश	कान्हा राष्ट्रीय उद्यान, शिवपुरी राष्ट्रीय उद्यान, बांधवगढ़ राष्ट्रीय उद्यान, पन्ना राष्ट्रीय उद्यान
महाराष्ट्र	ताडोदा राष्ट्रीय उद्यान, यावल वन्य जीव अभयारण्य
मणिपुर	केइबुल लैमजाओ राष्ट्रीय उद्यान
मेघालय	बालपाकराम अभयारण्य
मिजोरम	डांपा वन्य जीव अभयारण्य
नागालैंड	इंटांगकी वन्य जीव अभयारण्य
ओड़िशा	सिमलिपाल राष्ट्रीय उद्यान, चिल्का झील पक्षी अभयारण्य
पंजाब	अबोहर वन्य जीव अभयारण्य
राजस्थान	रणथंभौर राष्ट्रीय उद्यान, सरिस्का वन्य जीव अभयारण्य, घना पक्षी अभयारण्य
सिक्किम	कंचनजंगा राष्ट्रीय उद्यान
तमिलनाडु	मुदुमलाई वन्य जीव अभयारण्य, वेदांतंगल जल पक्षी अभयारण्य
उत्तर प्रदेश	दुधवा राष्ट्रीय उद्यान
उत्तराखंड	कॉर्बेट राष्ट्रीय उद्यान, राजाजी राष्ट्रीय उद्यान
पश्चिम बंगाल	जलदापारा वन्य जीव अभयारण्य

भारत में जैवमंडलीय अभयारण्य

क्र.	नाम	क्षेत्रफल (किमी^{2})	स्थापना तिथि	स्थान
1	नीलगिरि*	5520	1986	तमिलनाडु, केरल और कर्नाटक में वायनाड, नागरहोल, बांदीपुर, मुदुमलाई, नीलम्बुर, साइलेंट वैली और सिरुवनी पहाड़ियों का हिस्सा
2	नंदा देवी*	5860.69	1988	उत्तराखंड के चमोली, पिथोरागढ़ और अल्मोड़ा जिलों का हिस्सा
3	नोकरेक	820	1988	मेघालय के ईस्ट, वेस्ट और साउथ गारो हिल जिलों का हिस्सा
4	मानस	2837	1989	असम के कोकराझार, बोंगाईगांव, बारपेटा, नलबाड़ी, कामरूप और दरांग जिलों का हिस्सा
5	सुंदरबन'	9630	1989	पश्चिम बंगाल में गंगा और ब्रह्मपुत्र नदी तंत्र के डेल्टा का हिस्सा
6	मन्नार की खाड़ी'	10500	1989	तमिलनाडु में रामेश्वरम द्वीप से कन्याकुमारी तक भारत का मन्नार खाड़ी हिस्सा

7	ग्रेट निकोबार*	885	1989	अंडमान और निकोबार द्वीपसमूह का दक्षिणतम द्वीप
8	सिमलिपाल*	4374	1994	ओड़िशा के मयूरभंज जिले का हिस्सा
9	डिब्रू-सैखोवा	765	1997	असम के डिब्रूगढ़ और तिनसुकिया जिलों का हिस्सा
10	देहांग-दिबांग	5111.5	1998	अरुणाचल प्रदेश के अपर सियांग, वेस्ट सियांग और दिबांग वैली जिलों का हिस्सा
11	पचमढ़ी*	4981.72	1999	मध्य प्रदेश के बेतूल, होशंगाबाद और छिंदवाड़ा जिलों का हिस्सा
12	कंचनजंगा*	2931.12	2000	सिक्किम के उत्तर और पश्चिम जिलों का हिस्सा
13	अगस्त्यमलाई*	3500.36	2001	तमिलनाडु के तिरुनेलवेली और कन्याकुमारी जिलों तथा केरल के तिरुवनंतपुरम, कोल्लम और पथानमथिट्टा जिलों का हिस्सा
14	अचनकमार-अमरकंटक'	3835.51	2005	मध्य प्रदेश के अनुपपुर और डिंडोरी जिलों तथा छत्तीसगढ़ के बिलासपुर जिले का हिस्सा
15	कच्छ	12454	2008	गुजरात के कच्छ, राजकोट, सुरेंद्रनगर और पाटन जिलों का हिस्सा
16	कोल्ड डेजर्ट	7770	2009	हिमाचल प्रदेश में पिन वैली राष्ट्रीय उद्यान और आसपास; चंद्रताल और सारचू; और किब्बर वन्य जीव अभयारण्य
17	सेशाचलम	4755.99	2010	आंध्र प्रदेश के चित्तूर और कडपा जिलों के हिस्से वाले पूर्वी घाटों की सेशाचलम पहाड़ियों का हिस्सा
18	पन्ना	2998.98	2011	मध्य प्रदेश के पन्ना और छतरपुर जिलों का हिस्सा

* जिन स्थलों के नाम के साथ * हैं, उन्हें यूनेस्को के विश्व जैवमंडल रिजर्व नेटवर्क में शामिल किया गया है।

भारत के संरक्षित क्षेत्रों के प्रमुख तथ्य

- भारत में राष्ट्रीय उद्यान को IUCN श्रेणी II संरक्षित क्षेत्र के अंतर्गत वर्गीकृत किया गया है। भारत का पहला राष्ट्रीय उद्यान 1936 में "हेली नेशनल पार्क" के रूप में स्थापित किया गया था, जिसे वर्तमान में उत्तराखंड में "जिम कॉर्बेट राष्ट्रीय उद्यान" के नाम से जाना जाता है।
- 1970 तक भारत में केवल पाँच राष्ट्रीय उद्यान थे। 1972 में वन्यजीव संरक्षण अधिनियम लागू किया गया तथा प्रोजेक्ट टाइगर की शुरुआत उन प्रजातियों के आवासों की रक्षा हेतु की गई जो संरक्षण पर निर्भर हैं।
- वर्तमान में, भारत में 107 राष्ट्रीय उद्यान हैं, जिनका कुल क्षेत्रफल 44,402.95 वर्ग किलोमीटर है। यह IUCN श्रेणी II के अंतर्गत आता है और भारत के कुल भौगोलिक क्षेत्र का लगभग 1.35% है।
- मध्य प्रदेश और अंडमान एवं निकोबार द्वीपसमूह जैसे राज्यों में राष्ट्रीय उद्यानों की संख्या अधिक है।
- सबसे पुराना राष्ट्रीय उद्यान : जिम कॉर्बेट राष्ट्रीय उद्यान (1936 में हेली नेशनल पार्क के रूप में स्थापित), उत्तराखंड।
- सबसे बड़ा राष्ट्रीय उद्यान : हेमिस राष्ट्रीय उद्यान, लद्दाख (हिम तेंदुओं के लिए प्रसिद्ध)।
- सबसे छोटा राष्ट्रीय उद्यान : साउथ बटन आइलैंड राष्ट्रीय उद्यान, अंडमान एवं निकोबार द्वीपसमूह।
- एकमात्र तैरता हुआ राष्ट्रीय उद्यान : केइबुल लामजाओ राष्ट्रीय उद्यान (मणिपुर), जो लोकतक झील पर स्थित है।
- एकमात्र एशियाई शेर का आवास : गिर राष्ट्रीय उद्यान एवं वन्यजीव अभयारण्य (गुजरात)।
- यूनेस्को विश्व धरोहर स्थल : इनमें काजीरंगा (असम), मानस (असम), केवलादेव (राजस्थान) और सुंदरबन (पश्चिम बंगाल) शामिल हैं।
- प्रोजेक्ट टाइगर : बाघों के आवासों की सुरक्षा हेतु प्रारंभ किया गया, जिसमें कॉर्बेट और रणथंभौर जैसे उद्यान महत्वपूर्ण स्थल हैं।

भारत के बायोस्फीयर रिजर्व से संबंधित प्रमुख तथ्य

- पहला बायोस्फीयर रिजर्व : नीलगिरि (1986)।
- सबसे बड़ा बायोस्फीयर रिजर्व : ग्रेट रण ऑफ कच्छ (गुजरात)।
- सबसे छोटा बायोस्फीयर रिजर्व : डिब्रू-सैखोवा (असम)।
- यूनेस्को मान्यता : 2026 की शुरुआत तक भारत के 18 बायोस्फीयर रिजर्व में से 13 को यूनेस्को MAB (Man and Biosphere) कार्यक्रम के अंतर्गत अंतरराष्ट्रीय मान्यता प्राप्त है।
- वित्त पोषण : इस योजना का क्रियान्वयन भारत सरकार द्वारा किया जाता है, जिसमें उत्तर-पूर्वी एवं हिमालयी राज्यों के लिए 90:10 अनुपात तथा अन्य राज्यों के लिए 60:40 अनुपात में वित्तीय सहायता दी जाती है।

भारत एवं विश्व में संरक्षित क्षेत्रों की स्थिति

- भारत में संरक्षित क्षेत्र पृथ्वी पर जैव विविधता संरक्षण का प्रमुख माध्यम है तथा in-situ जैव विविधता संरक्षण की सबसे महत्वपूर्ण इकाइयों के रूप में कार्य करते हैं।
- विश्व की केवल 2.4% भूमि क्षेत्र, 16.7% मानव जनसंख्या तथा 18% पशुधन होने के बावजूद भारत वैश्विक जैव विविधता का लगभग 8% योगदान देता है।
- विश्वभर में 1,20,000 से अधिक नामित संरक्षित क्षेत्र पृथ्वी की भूमि सतह के लगभग 13% भाग को कवर करते हैं।
- समुद्री संरक्षित क्षेत्र 6.3% प्रादेशिक समुद्रों तथा 0.5% खुले समुद्रों को कवर करते हैं।

जन्तु जगत

वर्गीकरण

वर्ग	उदाहरण	विशेषता
स्तनधारी (Mammals)	हाथी, बिल्ली, कुत्ता	दूध पिलाते हैं, बाल वाले
पक्षी (Birds)	तोता, कबूतर	पंख, अंडे देते हैं, उड़ान
सरीसृप (Reptiles)	कछुआ, सांप	ठंडा खून, लेदर जैसी त्वचा
उभयचर (Amphibians)	मेंढक, सेलामैंडर	जल और स्थल पर जीवन, अंडे देते हैं
मछली (Fish)	रोहू, कतेला	जल में, पंख, गलफड़े
कीट (Insects)	तितली, चींटी	बाह्य कंकाल, तीन भाग : सिर, सीना, पेट
सुमिरण (Arachnids)	मकड़ी, बिच्छू	आठ पैर, विशेष जाल या विष

हमारा पर्यावरण (परिवेश)

पर्यावरण या परिवेश से आशय हमारे चारों ओर उपस्थित उन सभी तत्वों से है—चाहे वे प्राकृतिक हों या मानव-निर्मित—जो हमारे जीवन तथा अन्य जीवित प्राणियों के जीवन को प्रभावित करते हैं। इसमें वायु, जल, भूमि, पौधे, पशु, मनुष्य तथा इनके बीच होने वाली सभी परस्पर क्रियाएँ सम्मिलित हैं।

एक स्वच्छ और स्वस्थ पर्यावरण जीवन, स्वास्थ्य, विकास तथा समग्र कल्याण के लिए अत्यंत आवश्यक है।

पर्यावरण के प्रकार

प्रकार	विवरण	उदाहरण
प्राकृतिक पर्यावरण	प्रकृति द्वारा प्रदत्त तत्व	नदियाँ, वन, पर्वत, झीलें, वायु, मृदा
मानव-निर्मित पर्यावरण	मनुष्यों द्वारा निर्मित तत्व	घर, सड़कें, विद्यालय, बाजार, कारखाने

पर्यावरण के घटक

1. **वायु (वायुमंडल) :** श्वसन और जीवन-निर्वाह के लिए आवश्यक।
2. **जल :** पेय, भोजन पकाने, स्वच्छता, कृषि तथा उद्योग के लिए उपयोगी।
3. **भूमि (मृदा) :** कृषि, भवन निर्माण और मानव गतिविधियों का आधार।
4. **पौधे / वनस्पति :** ऑक्सीजन, भोजन, औषधि और आश्रय प्रदान करते हैं।
5. **पशु :** पारिस्थितिकी तंत्र का हिस्सा; भोजन प्रदान करते हैं, कृषि में सहायक होते हैं तथा पारिस्थितिक संतुलन बनाए रखते हैं।
6. **मनुष्य :** संस्कृति, प्रौद्योगिकी और सामाजिक गतिविधियों के माध्यम से पर्यावरण को प्रभावित करते हैं।

ये सभी घटक परस्पर क्रिया करके एक संतुलित पर्यावरण का निर्माण करते हैं।

पर्यावरण का महत्व

- जीवन-निर्वाह के लिए आवश्यक मूलभूत संसाधन (वायु, जल, भोजन, आश्रय) प्रदान करता है।
- जलवायु और मौसम के संतुलन को बनाए रखता है।
- जैव विविधता तथा पारिस्थितिक संतुलन का समर्थन करता है।
- शिक्षा, मनोरंजन और सांस्कृतिक गतिविधियों के लिए स्थान प्रदान करता है।
- बाढ़ और मृदा अपरदन जैसी प्राकृतिक आपदाओं से संरक्षण प्रदान करता है।

पर्यावरण प्रदूषण

प्रदूषण तब होता है जब हानिकारक पदार्थ या कारक पर्यावरण को दूषित कर देते हैं, जिससे वह जीवन के लिए असुरक्षित हो जाता है।

प्रदूषण के प्रकार

प्रकार	कारण	प्रभाव
वायु प्रदूषण	वाहन का धुआँ, कारखानों से उत्सर्जन, ईंधन का दहन	श्वसन संबंधी समस्याएँ, धुंध (स्मॉग), अम्ल वर्षा
जल प्रदूषण	औद्योगिक अपशिष्ट, सीवेज, रसायन	जल-जनित रोग, जलीय जीवों की मृत्यु
मृदा प्रदूषण	कीटनाशक, प्लास्टिक, औद्योगिक अपशिष्ट	फसल उत्पादन में कमी, मृदा की उर्वरता में गिरावट
ध्वनि प्रदूषण	तेज यातायात, निर्माण कार्य, मशीनें	श्रवण हानि, तनाव, नींद संबंधी समस्याएँ

पर्यावरण की रक्षा के उपाय

1. **वृक्षारोपण (Afforestation) :** वायु की गुणवत्ता में सुधार करता है और मृदा अपरदन को रोकता है।
2. **जल संरक्षण (Water Conservation) :** जल की बर्बादी से बचें, वर्षा जल का संचयन करें।
3. **उचित अपशिष्ट प्रबंधन :** कचरे को डस्टबिन में डालें, इधर-उधर न फैलाएँ।
4. **प्लास्टिक के उपयोग में कमी :** मृदा और जल प्रदूषण को रोकता है।
5. **ऊर्जा संरक्षण (Energy Conservation) :** बिजली और ईंधन का विवेकपूर्ण उपयोग करें।

पर्यावरण संरक्षण में मनुष्यों की भूमिका

- घर, विद्यालय और आसपास के क्षेत्र में स्वच्छता बनाए रखें।
- वृक्षों और हरित क्षेत्र का रोपण और संरक्षण करें।
- जल और ऊर्जा का जिम्मेदारीपूर्वक उपयोग करें।
- साइकिल चलाकर, पैदल चलकर या सार्वजनिक परिवहन का उपयोग करके प्रदूषण कम करें।
- नदियों, झीलों या खुले स्थानों में कचरा न फेंकें।

महत्वपूर्ण तथ्य

विषय	मुख्य बिंदु
पर्यावरण का अर्थ	हमारे चारों ओर की सभी वस्तुएँ, चाहे वे प्राकृतिक हों या मानव-निर्मित
प्राकृतिक घटक	वायु, जल, भूमि, पौधे, पशु
मानव-निर्मित घटक	सड़कें, भवन, विद्यालय, बाजार, उद्योग
प्रदूषण के प्रकार	वायु, जल, मृदा, ध्वनि
संरक्षण के उपाय	वृक्षारोपण, जल संरक्षण, अपशिष्ट प्रबंधन, प्लास्टिक के उपयोग में कमी
महत्व	संसाधन प्रदान करता है, जीवन की रक्षा करता है, जैव विविधता बनाए रखता है, स्वास्थ्य का समर्थन करता है

मेला

मेला या फेयर लोगों का एक ऐसा सामूहिक आयोजन होता है, जो सामाजिक, सांस्कृतिक, धार्मिक या मनोरंजन के उद्देश्यों के लिए आयोजित किया जाता है। यह सामान्यतः त्योहारों, फसल कटाई या धार्मिक अवसरों पर आयोजित होता है। मेलों में लोग एक-दूसरे से मिलते हैं, उत्सव मनाते हैं, मनोरंजन का आनंद लेते हैं, वस्तुओं का व्यापार करते हैं तथा स्थानीय परंपराओं, हस्तशिल्प और खाद्य पदार्थों का प्रदर्शन करते हैं।

मेलों के प्रकार

मेलों को उनके उद्देश्य के आधार पर वर्गीकृत किया जा सकता है–

1. **धार्मिक मेले :** धार्मिक अवसरों या त्योहारों के उपलक्ष्य में आयोजित किए जाते हैं। उदाहरण :
   - कुंभ मेला (भारत में), जो प्रत्येक 12 वर्षों में होता है और लाखों श्रद्धालुओं को आकर्षित करता है।
   - पुष्कर मेला (राजस्थान), जो एक पवित्र झील और मंदिर से संबंधित है।
2. **मौसमी या फसल मेले :** कृषि चक्र या फसल कटाई के उत्सव के रूप में आयोजित किए जाते हैं। किसान और ग्रामीण लोग वस्तुओं की खरीद-फरोख्त और व्यापार में भाग लेते हैं। उदाहरण : लोहड़ी मेला, बैसाखी मेला।
3. **व्यापार और वाणिज्य मेले :** स्थानीय उद्योगों, हस्तशिल्प और व्यवसायों को बढ़ावा देने के लिए आयोजित किए जाते हैं। व्यापारी हस्तशिल्प, वस्त्र, खाद्य पदार्थ और घरेलू वस्तुओं का प्रदर्शन एवं विक्रय करते हैं। उदाहरण : सूरजकुंड मेला (हरियाणा)।
4. **सांस्कृतिक मेले :** संगीत, नृत्य, कला और प्रदर्शन पर केंद्रित होते हैं। इनमें लोक परंपराओं का प्रदर्शन होता है तथा अक्सर प्रतियोगिताएँ भी आयोजित की जाती हैं। उदाहरण : सोनपुर मेला (बिहार)।

मेलों का महत्व

1. **सामाजिक महत्व**
   - विभिन्न गाँवों और शहरों के लोग एकत्र होकर मित्रता और एकता को बढ़ावा देते हैं।
   - मेले सांस्कृतिक परंपराओं को अगली पीढ़ी तक पहुँचाने में सहायक होते हैं।
   - ये मनोरंजन, खेल-कूद और आनंद के अवसर प्रदान करते हैं।
2. **आर्थिक महत्व**
   - व्यापारी और कारीगर वस्तुएँ और हस्तशिल्प बेचकर आय अर्जित करते हैं।
   - स्थानीय उद्योगों और पर्यटन को बढ़ावा मिलता है, जिससे अर्थव्यवस्था सुदृढ़ होती है।
   - किसान अपने कृषि उत्पाद सीधे खरीदारों को बेच सकते हैं।
3. **सांस्कृतिक और शैक्षिक महत्व**
   - लोक संगीत, नृत्य और कला का संरक्षण एवं संवर्धन होता है।
   - बच्चे और युवा अपनी विरासत, हस्तकला और पारंपरिक व्यवसायों के बारे में सीखते हैं।
   - मेलों में अक्सर स्वास्थ्य, स्वच्छता और पर्यावरण से संबंधित शैक्षिक प्रदर्शनियाँ या जागरूकता कार्यक्रम शामिल होते हैं।

मेले की विशेषताएँ

- बड़ी संख्या में लोगों का एकत्र होना, जो प्रायः 1-10 दिनों तक चलता है।
- वस्त्र, खिलौने, भोजन, हस्तशिल्प आदि की दुकानें (स्टॉल)।
- झूले, खेल और सांस्कृतिक प्रस्तुतियाँ।
- कुछ मेलों में धार्मिक अनुष्ठान और समारोह।
- अस्थायी बाजार व्यवस्था तथा आवास और स्वच्छता की सुविधाएँ।

मेलों के पर्यावरणीय और स्वास्थ्य संबंधी पहलू

- मेलों में प्लास्टिक, बचा हुआ भोजन और कागज जैसे कचरे का उत्पादन होता है, जिसका उचित प्रबंधन आवश्यक है।
- बीमारियों से बचाव के लिए स्वच्छ पेयजल और शौचालयों की अस्थायी व्यवस्था आवश्यक है।
- मेले के आसपास वृक्षारोपण और हरित क्षेत्रों का संरक्षण प्रदूषण को कम कर सकता है।
- स्वच्छता, स्वास्थ्य और कचरा निपटान के प्रति जागरूकता फैलाना आवश्यक है।

मेलों में विद्यार्थियों और समुदाय की भूमिका

- विद्यार्थी स्वच्छता अभियानों और जागरूकता कार्यक्रमों में भाग ले सकते हैं।
- समुदाय स्थानीय सांस्कृतिक कार्यक्रमों के माध्यम से अपनी विरासत को प्रस्तुत कर सकता है।
- कपड़े के थैलों के उपयोग जैसी पर्यावरण-अनुकूल आदतों को बढ़ावा देना चाहिए।
- मेलों के दौरान शैक्षिक प्रदर्शनियों और कार्यशालाओं में भागीदारी को प्रोत्साहित करना चाहिए।

स्थानीय व्यवसायों से जुड़े व्यक्ति एवं व्यवसाय

स्थानीय व्यवसाय वे पेशे, कार्य या व्यापार होते हैं जो किसी विशेष समुदाय, गाँव या नगर में स्थानीय संसाधनों, कौशल और परंपराओं के आधार पर किए जाते हैं। ये व्यवसाय रोजगार प्रदान करते हैं, स्थानीय जनसंख्या की आवश्यकताओं की पूर्ति करते हैं तथा स्थानीय अर्थव्यवस्था को सशक्त बनाते हैं।

स्थानीय व्यवसायों का महत्व

- आत्म-रोजगार और आय सृजन को बढ़ावा देते हैं।
- पीढ़ी-दर-पीढ़ी हस्तांतरित पारंपरिक कौशल और शिल्पों का संरक्षण करते हैं।
- स्थानीय बाजारों को वस्तुएँ और सेवाएँ प्रदान करके समर्थन देते हैं।
- बाहरी वस्तुओं और सेवाओं पर निर्भरता को कम कर आर्थिक स्थिरता को बढ़ावा देते हैं।
- समुदाय की सांस्कृतिक और सामाजिक पहचान को बनाए रखने में सहायता करते हैं।

स्थानीय व्यवसायों के प्रकार

1. **कृषि और खेती**
   - किसान गेहूँ, चावल, सब्जियाँ और फलों जैसी फसलें उगाते हैं।
   - सहायक व्यवसायों में डेयरी फार्मिंग, मुर्गी पालन और मत्स्य पालन शामिल हैं।
   - व्यवसाय : स्थानीय कृषि आपूर्ति की दुकानें, बीज की दुकानें और उर्वरक आपूर्तिकर्ता।
2. **हस्तशिल्प और कारीगर**
   - स्थानीय कारीगर मिट्टी के बर्तन, बुनाई, कढ़ाई, आभूषण और लकड़ी के कार्य जैसे उत्पाद बनाते हैं।
   - व्यवसाय : हस्तशिल्प की स्थानीय तथा पर्यटकों के लिए बिक्री की दुकानें, निर्यात व्यवसाय।
   - उदाहरण : कश्मीर की कालीन बुनाई, खुर्जा की मिट्टी के बर्तन, पूर्वोत्तर भारत के बाँस के शिल्प।
3. **व्यापार और वाणिज्य**
   - दुकानदार, किराना व्यापारी, सब्जी विक्रेता और स्थानीय बाजार समुदाय की सेवा करते हैं।
   - लघु उद्योग और पारिवारिक व्यवसाय भी इसमें योगदान देते हैं।
   - उदाहरण : किराना दुकानें, छोटे कपड़े के स्टोर और स्थानीय भोजनालय।
4. **सेवाएँ और व्यवसाय**
   - स्थानीय सेवाओं में शिक्षक, नाई, दर्जी, बढ़ई, इलेक्ट्रिशियन और प्लंबर शामिल हैं।
   - स्वास्थ्य सेवाओं में स्थानीय डॉक्टर, नर्स और फार्मासिस्ट आते हैं।
   - परिवहन सेवाएँ : रिक्शा चालक, टैक्सी चालक और छोटे लॉजिस्टिक्स व्यवसाय।
5. **सांस्कृतिक और धार्मिक व्यवसाय**
   - पुजारी, लोक कलाकार, संगीतकार और पारंपरिक कलाकार।
   - स्थानीय व्यवसाय : आयोजन प्रबंधन, त्योहार और धार्मिक मेले।

स्थानीय व्यवसायों में व्यक्तियों की भूमिका

- **कौशल संरक्षण :** पारंपरिक ज्ञान और तकनीकों को अगली पीढ़ी तक पहुँचाना।
- **सामुदायिक सहयोग :** स्थानीय स्तर पर आवश्यक वस्तुएँ और सेवाएँ प्रदान करना।
- **आर्थिक योगदान :** स्वयं तथा दूसरों के लिए आय और रोजगार का सृजन करना।
- **नवाचार :** स्थानीय प्रासंगिकता बनाए रखते हुए नई विधियों और उत्पादों का विकास करना।

स्थानीय व्यवसायों एवं कारीगरों के समक्ष चुनौतियाँ

- बड़े पैमाने पर उत्पादित एवं आयातित वस्तुओं से प्रतिस्पर्धा।
- आधुनिक तकनीक और बाजारों तक सीमित पहुँच।
- पर्याप्त वित्तीय सहायता या ऋण सुविधाओं का अभाव।
- गुणवत्ता मानकों और विपणन के प्रति जागरूकता की कमी।
- युवा पीढ़ी का शहरों की ओर पलायन, जिससे पारंपरिक कौशल का ह्रास होता है।

स्थानीय व्यवसायों को समर्थन देने के उपाय

- स्थानीय वस्तुओं और सेवाओं की खरीद को बढ़ावा देना।
- सरकारी सहायता : अनुदान, प्रशिक्षण कार्यक्रम और प्रदर्शनियाँ।
- कौशल विकास और व्यावसायिक शिक्षा को प्रोत्साहित करना।
- सामूहिक विपणन और बेहतर लाभ के लिए सहकारी समितियों की स्थापना करना।
- सांस्कृतिक विरासत और पारंपरिक शिल्पों के संरक्षण हेतु जागरूकता अभियान चलाना।

जल

जल एक बहुमूल्य प्राकृतिक संसाधन है और पृथ्वी पर सभी प्रकार के जीवन के लिए अत्यंत आवश्यक है। मनुष्य, पशु और पौधे जल के बिना जीवित नहीं रह सकते। यह कृषि, उद्योगों, ऊर्जा उत्पादन तथा दैनिक गतिविधियों के लिए भी अत्यंत महत्वपूर्ण है। यद्यपि पृथ्वी की सतह का लगभग 71% भाग जल से ढका हुआ है, फिर भी इसमें केवल लगभग 3% जल ही मीठा जल (Freshwater) है, और उसमें से भी बहुत कम जल मानव उपयोग के लिए सीधे उपलब्ध है।

जल के स्रोत

जल प्राकृतिक तथा भूमिगत स्रोतों से प्राप्त होता है–

1. **प्राकृतिक स्रोत**
   - **नदियाँ :** बहता हुआ मीठा जल, जिसका उपयोग पेयजल, सिंचाई और उद्योगों में किया जाता है।
     उदाहरण : गंगा नदी, यमुना, ब्रह्मपुत्र।
   - **झीलें और तालाब :** स्थिर जल निकाय जो स्थानीय उपयोग के लिए जल संग्रहित करते हैं।
     उदाहरण : डल झील (जम्मू-कश्मीर), चिल्का झील (ओडिशा)।
   - **वर्षा :** मीठे जल का मुख्य स्रोत; यह नदियों और भूजल को पुनः भरती है।
   - **हिमनद (ग्लेशियर) :** पर्वतीय क्षेत्रों में विशाल मात्रा में मीठे जल का संग्रह करते हैं; पिघलने पर धीरे-धीरे जल प्रदान करते हैं।
   - **महासागर और सागर :** खारे जल के विशाल भंडार, जो पीने योग्य नहीं होते, परंतु समुद्री जीवन और परिवहन के लिए महत्वपूर्ण हैं।
2. **भूमिगत स्रोत**
   - **कुएँ :** भूजल निकालने के लिए बनाए गए मानव-निर्मित गड्ढे।
   - **ट्यूबवेल :** पंप की सहायता से भूजल को सतह पर लाने की व्यवस्था।
   - **झरने (स्प्रिंग्स) :** भूमिगत जल के प्राकृतिक रूप से बाहर निकलने के स्रोत।

जल के प्रकार

जल का प्रकार	विवरण	उदाहरण
मीठा जल	बहुत कम मात्रा में लवण (नमक) युक्त जल; पीने के लिए उपयुक्त	नदियाँ, झीलें, तालाब
खारा जल	अधिक मात्रा में नमक युक्त जल; पीने योग्य नहीं	महासागर जैसे हिंद महासागर
भूजल	पृथ्वी की सतह के नीचे पाया जाने वाला जल	कुएँ, हैंडपंप, ट्यूबवेल
वर्षा जल	सीधे वर्षा से एकत्र किया गया जल	छत पर जल-संचयन प्रणाली

जल चक्र (जल-परिसंचरण चक्र)

जल चक्र वह निरंतर प्रक्रिया है जिसके द्वारा जल पर्यावरण में लगातार संचरित होता रहता है, जिससे पृथ्वी पर जल का संतुलन बना रहता है।

जल चक्र के चरण

1. **वाष्पीकरण (Evaporation) :** सूर्य की ऊष्मा के कारण नदियों, झीलों और महासागरों का जल वाष्प में परिवर्तित हो जाता है।
2. **संघनन (Condensation) :** जलवाष्प ठंडी होकर बादलों का निर्माण करती है।
3. **वर्षण (Precipitation) :** जल वर्षा, हिम, ओला या फुहार के रूप में पृथ्वी पर गिरता है।
4. **संचयन (Collection) :** जल नदियों, झीलों, तालाबों तथा भूमिगत जलाशयों में एकत्र हो जाता है।

यह चक्र जल का पुनर्चक्रण करता है तथा पृथ्वी के जल संतुलन को बनाए रखता है।

जल के उपयोग

जल जीवन और मानव विकास के लिए अत्यंत आवश्यक है। इसके मुख्य उपयोग निम्नलिखित हैं–

उपयोग	विवरण
घरेलू उपयोग	पीना, खाना बनाना, स्नान करना, कपड़े धोना
कृषि	फसलों की सिंचाई, पशुओं को पानी देना

उद्योग	कारखानों में उपयोग, उत्पादन कार्य, मशीनों को ठंडा करना
जलविद्युत ऊर्जा	जल प्रवाह के माध्यम से विद्युत उत्पादन
परिवहन	नावें, जहाज और जलमार्ग
मनोरंजन	तैराकी, नौकायन, जल क्रीड़ाएँ
पर्यावरणीय उपयोग	नदियों, झीलों और पारिस्थितिक तंत्र का संरक्षण

जल का महत्व

- सभी जीवित प्राणियों के अस्तित्व के लिए आवश्यक
- कृषि और खाद्य उत्पादन का आधार
- पारिस्थितिक संतुलन बनाए रखता है
- जलवायु और तापमान को नियंत्रित करता है
- जलीय जीवों के लिए आवास प्रदान करता है
- जलविद्युत ऊर्जा का उत्पादन करता है
- घरेलू, औद्योगिक और मनोरंजन गतिविधियों के लिए महत्वपूर्ण है

जल प्रदूषण

जब हानिकारक पदार्थ जल में मिल जाते हैं और उसे जीवन के लिए असुरक्षित बना देते हैं, तो उसे जल प्रदूषण कहते हैं।

जल प्रदूषण के कारण

- औद्योगिक अपशिष्ट और रसायन
- सीवेज और घरेलू कचरा
- कृषि उर्वरक और कीटनाशक
- तेल रिसाव और समुद्री कचरा

जल प्रदूषण के प्रभाव

- जल-जनित रोगों का प्रसार (हैजा, टाइफाइड, पेचिश)
- मछलियों और जलीय जीवों की मृत्यु
- सुरक्षित पेयजल की कमी
- नदियों, झीलों और आर्द्रभूमियों का क्षरण

जल संरक्षण

जल संरक्षण का अर्थ है जल को बचाना और भविष्य की पीढ़ियों के लिए इसका विवेकपूर्ण उपयोग करना।

जल संरक्षण के उपाय

1. **वर्षा जल संचयन (Rainwater Harvesting) :** वर्षा जल को एकत्र कर संग्रहित करना।
2. **अपव्यय में कमी :** टपकते नलों की मरम्मत करना, जल का सावधानीपूर्वक उपयोग करना।
3. **जल पुनर्चक्रण (Recycling) :** बागवानी और सफाई में जल का पुनः उपयोग करना।
4. **सिंचाई तकनीकें :** ड्रिप सिंचाई और स्प्रिंकलर प्रणाली जल की बचत करती हैं।
5. **वनीकरण (Afforestation) :** वृक्षारोपण से भूजल पुनर्भरण बढ़ता है।

पेयजल और सुरक्षा

- सुरक्षित पेयजल स्वच्छ, रंगहीन, गंधहीन और रोगाणु-मुक्त होना चाहिए।
- शुद्धिकरण के तरीके :
  - ❑ **उबालना :** रोगाणुओं को नष्ट करने के लिए
  - ❑ **निस्पंदन (Filtration) :** गंदगी और अशुद्धियाँ हटाने के लिए
  - ❑ **क्लोरीनीकरण :** जल को कीटाणुरहित करने के लिए

महत्वपूर्ण तथ्य

विषय	तथ्य
पृथ्वी पर कुल जल	सतह का 71%
मीठा जल	कुल जल का 3% से भी कम
मुख्य स्रोत	वर्षा
जल चक्र	वाष्पीकरण, संघनन, वर्षण, संचयन
प्रदूषित जल	हैजा, टाइफाइड जैसी बीमारियों का कारण
संरक्षण विधियाँ	वर्षा जल संचयन, ड्रिप सिंचाई, सावधानीपूर्वक उपयोग

मुख्य बिंदु

- जल एक नवीकरणीय परंतु सीमित संसाधन है
- मीठा जल मुख्यतः नदियों, झीलों, हिमनदों और भूजल में पाया जाता है
- 'जल चक्र' जीवन और जलवायु को बनाए रखता है
- प्रदूषण जल को मनुष्यों और जीवों के लिए असुरक्षित बनाता है
- भविष्य की पीढ़ियों के लिए जल संरक्षण आवश्यक है

यातायात एवं संचार
(Traffic and Communication)

यातायात और संचार मानव सभ्यता के दो मूलभूत पहलू हैं, जो विभिन्न क्षेत्रों में लोगों, वस्तुओं तथा सूचनाओं के आवागमन को संभव बनाते हैं। ये आर्थिक, सामाजिक और सांस्कृतिक विकास की रीढ़ हैं। जहाँ

यातायात से तात्पर्य विभिन्न साधनों के माध्यम से लोगों और वस्तुओं के भौतिक आवागमन से है, वहीं संचार का अर्थ मौखिक, लिखित, प्रसारण या डिजिटल माध्यमों से सूचना के आदान-प्रदान से है। दोनों आपस में जुड़े हुए हैं, क्योंकि प्रभावी संचार अक्सर यातायात प्रणालियों की दक्षता को बढ़ाता है, और सुचारू यातायात संसाधनों की समय पर आपूर्ति एवं संचार को सरल बनाता है।

यातायात

यातायात में भूमि, जल और वायु मार्गों द्वारा वाहनों, लोगों और वस्तुओं की आवाजाही शामिल होती है। सड़कें, रेलवे, जलमार्ग और वायुमार्ग परिवहन के प्रमुख साधन हैं। सड़कें सबसे सामान्य और व्यापक रूप से उपयोग होने वाला माध्यम हैं, जो शहरों, कस्बों और गाँवों को जोड़ती हैं। रेलवे भारी वस्तुओं तथा बड़ी संख्या में यात्रियों को लंबी दूरी तक कुशलतापूर्वक ले जाने के लिए आवश्यक है। नदियाँ, नहरें और समुद्र सहित जलमार्ग थोक माल के किफायती परिवहन का साधन प्रदान करते हैं, जबकि वायु परिवहन लोगों और शीघ्र खराब होने वाले सामान को राष्ट्रीय एवं अंतरराष्ट्रीय सीमाओं के पार तेजी से पहुँचाने के लिए महत्वपूर्ण है।

कुशल यातायात प्रणालियाँ व्यापार, वाणिज्य, उद्योग और पर्यटन को बढ़ावा देती हैं, साथ ही स्वास्थ्य सेवाओं, आपातकालीन प्रतिक्रिया और आपदा प्रबंधन जैसी आवश्यक सेवाओं का समर्थन भी करती हैं। हालाँकि, तीव्र शहरीकरण और वाहनों की बढ़ती संख्या ने कई पर्यावरणीय चुनौतियाँ उत्पन्न की हैं, जिनमें वायु एवं ध्वनि प्रदूषण, ग्रीनहाउस गैस उत्सर्जन, मृदा प्रदूषण तथा प्राकृतिक आवासों का विखंडन शामिल हैं। वाहनों की बढ़ती संख्या और अनियोजित शहरी विस्तार पारिस्थितिक तंत्र को बाधित कर सकते हैं तथा मानव स्वास्थ्य पर प्रतिकूल प्रभाव डाल सकते हैं।

संचार

संचार से तात्पर्य एक व्यक्ति या समूह से दूसरे व्यक्ति या समूह तक सूचना, विचारों और ज्ञान के आदान-प्रदान से है। यह मौखिक, लिखित, प्रसारण माध्यमों या डिजिटल तकनीकों के द्वारा हो सकता है। मौखिक संचार में आमने-सामने की बातचीत और टेलीफोन कॉल शामिल होते हैं, जबकि लिखित संचार में पत्र, समाचार-पत्र, पुस्तकें और आधिकारिक दस्तावेज सम्मिलित होते हैं। प्रसारण संचार, जैसे टेलीविजन और रेडियो, सूचना को एक साथ बड़ी संख्या में लोगों तक पहुँचाता है। इंटरनेट, मोबाइल ऐप्स और वीडियो कॉन्फ्रेंसिंग के माध्यम से डिजिटल संचार ने सूचना के आदान-प्रदान में क्रांति ला दी है, जिससे यह अधिक तेज, संवादात्मक और वैश्विक हो गया है।

संचार शिक्षा, शासन, व्यवसाय और सामाजिक एकीकरण में अत्यंत महत्वपूर्ण भूमिका निभाता है। यह लोगों को सूचित रहने, निर्णय लेने और प्रभावी ढंग से सहयोग करने में सक्षम बनाता है। हालांकि, आधुनिक संचार तकनीकें पर्यावरणीय चिंताएँ भी उत्पन्न करती हैं, विशेषकर इलेक्ट्रॉनिक कचरे, ऊर्जा खपत और मोबाइल टावरों एवं डेटा केंद्रों जैसे बुनियादी ढाँचे के पर्यावरणीय प्रभाव के रूप में। इलेक्ट्रॉनिक उपकरणों का अनुचित निपटान मिट्टी और जल को विषैले पदार्थों से प्रदूषित कर सकता है, जबकि अत्यधिक ऊर्जा उपयोग कार्बन उत्सर्जन को बढ़ाता है।

यातायात और संचार के बीच अंतर्संबंध

यातायात और संचार आपस में गहराई से जुड़े हुए हैं। कुशल यातायात प्रणालियाँ समय पर संचार पर निर्भर करती हैं, जैसे समय-सारणी, मार्ग नियोजन और सुरक्षा प्रबंधन। इसी प्रकार, संचार संदेशों, वस्तुओं और सेवाओं की डिलीवरी के लिए यातायात पर निर्भर करता है। उदाहरण के लिए, डाक सेवाएँ, कूरियर वितरण और आपातकालीन सेवाएँ प्रभावी रूप से कार्य करने के लिए यातायात और संचार दोनों नेटवर्क का उपयोग करती हैं। ये दोनों मिलकर समाज, अर्थव्यवस्था और शासन प्रणालियों के सुचारू संचालन को सुनिश्चित करते हैं।

पर्यावरणीय प्रभाव

यद्यपि यातायात और संचार विकास के लिए आवश्यक हैं, लेकिन यदि इन्हें जिम्मेदारीपूर्वक प्रबंधित न किया जाए तो ये पर्यावरणीय क्षरण में योगदान करते हैं। वाहनों का उत्सर्जन, औद्योगिक यातायात और वायु परिवहन वायु प्रदूषण तथा ग्रीनहाउस गैसों के उत्सर्जन को बढ़ाते हैं। सड़कों, रेलवे और हवाई अड्डों से उत्पन्न ध्वनि प्रदूषण मानव स्वास्थ्य और वन्यजीवों को प्रभावित करता है। संचार तकनीकों से उत्पन्न अपशिष्ट, जैसे फेंके गए इलेक्ट्रॉनिक उपकरण, भूमि और जल को प्रदूषित करते हैं। सार्वजनिक परिवहन, इलेक्ट्रिक वाहन, डिजिटल नेटवर्क के लिए नवीकरणीय ऊर्जा तथा उचित ई-वेस्ट प्रबंधन जैसे सतत समाधान इन प्रभावों को कम करने के लिए आवश्यक हैं।

प्रमुख बातें

यातायात और संचार आधुनिक जीवन के लिए अनिवार्य हैं, जो लोगों, वस्तुओं और विचारों के कुशल आदान-प्रदान को संभव बनाते हैं। साथ ही, इनके पर्यावरणीय प्रभावों को नजरअंदाज नहीं किया जा सकता। विकास और सततता के बीच संतुलन के लिए सावधानीपूर्वक योजना, तकनीकी नवाचार और जन-जागरूकता आवश्यक है। जिम्मेदार यातायात प्रबंधन और पर्यावरण-सचेत संचार प्रणालियाँ यह सुनिश्चित कर सकती हैं कि मानव प्रगति स्वच्छ, सुरक्षित और सतत पर्यावरण के साथ सह-अस्तित्व में रहे।

खेल एवं खेल भावना

खेल शारीरिक गतिविधियाँ हैं जिनमें कौशल, प्रतिस्पर्धा और टीम भावना शामिल होती है। ये शिक्षा और दैनिक जीवन का एक महत्वपूर्ण हिस्सा हैं, जो व्यक्तियों को स्वस्थ, अनुशासित और सामाजिक रूप से सक्रिय बनाए रखने में सहायता करते हैं। खेल विभिन्न स्तरों पर खेले जा सकते हैं—स्थानीय, राष्ट्रीय या अंतरराष्ट्रीय—और इनमें फुटबॉल, क्रिकेट, एथलेटिक्स, बैडमिंटन, शतरंज तथा योग जैसी गतिविधियाँ शामिल होती हैं। खेलों में भागीदारी न केवल शरीर को मजबूत बनाती है, बल्कि मानसिक सतर्कता, धैर्य और सामाजिक मूल्यों का भी विकास करती है।

खेल भावना से तात्पर्य खेल के दौरान खिलाड़ियों से अपेक्षित नैतिक और निष्पक्ष व्यवहार से है। इसमें विरोधियों का सम्मान करना, नियमों का पालन करना, जीत और हार को सहजता से स्वीकार करना तथा निष्पक्षता और समानता को बढ़ावा देना शामिल है। सच्ची खेल भावना यह सुनिश्चित करती है कि प्रतियोगिता केवल जीत के लिए संघर्ष न होकर एक सीखने का अनुभव बने।

खेलों का महत्व

खेल शारीरिक, मानसिक और सामाजिक विकास में अत्यंत महत्वपूर्ण भूमिका निभाते हैं। ये शरीर की शक्ति, सहनशक्ति और लचीलापन बढ़ाते हैं तथा शरीर को स्वस्थ और फिट रखते हैं। नियमित रूप से खेलों में भाग लेने से तनाव कम होता है, एकाग्रता बढ़ती है और समस्या-समाधान की क्षमता विकसित होती है।

सामाजिक रूप से, खेल लोगों को एक साथ लाते हैं, टीम भावना को प्रोत्साहित करते हैं और सहयोग की भावना विकसित करते हैं। ये विद्यार्थियों और समुदायों को नेतृत्व, संचार और सहयोग कौशल सीखने के अवसर प्रदान करते हैं। राष्ट्रीय स्तर पर, जब खिलाड़ी अंतरराष्ट्रीय प्रतियोगिताओं में अपने देश का प्रतिनिधित्व करते हैं, तो खेल एकता, देशभक्ति और गर्व की भावना को बढ़ावा देते हैं।

खेलों का वर्गीकरण

खेलों को उनकी प्रकृति के आधार पर विभिन्न श्रेणियों में वर्गीकृत किया जा सकता है–

1. **इनडोर और आउटडोर खेल**
   - इनडोर खेल बंद स्थानों जैसे हॉल या कमरों में खेले जाते हैं। उदाहरण : बिलियर्ड्स, टेबल टेनिस, बैडमिंटन और बॉक्सिंग। इन खेलों में सटीकता, एकाग्रता और तीव्र प्रतिक्रिया क्षमता की आवश्यकता होती है।
   - आउटडोर खेल खुले मैदानों में खेले जाते हैं। उदाहरण : क्रिकेट, हॉकी, फुटबॉल, गोल्फ और बेसबॉल। इन खेलों में सामान्यतः अधिक शारीरिक शक्ति, सहनशक्ति और टीम वर्क की आवश्यकता होती है।
2. **व्यक्तिगत और टीम खेल**
   - व्यक्तिगत खेल वे होते हैं जो एक खिलाड़ी द्वारा दूसरे व्यक्ति के विरुद्ध खेले जाते हैं, जैसे एथलेटिक्स, बॉक्सिंग, टेनिस और गोल्फ।
   - टीम खेल वे होते हैं जिनमें खिलाड़ियों का समूह मिलकर खेलता है, जैसे क्रिकेट, बास्केटबॉल, वॉलीबॉल, हॉकी और फुटबॉल। इन खेलों में समन्वय और सहयोग पर विशेष बल दिया जाता है।

प्रमुख खेलों का विस्तृत विवरण

एथलेटिक्स : एथलेटिक्स सबसे प्राचीन और मूलभूत खेलों में से एक है, जिसमें ट्रैक और फील्ड इवेंट्स शामिल होते हैं, जैसे दौड़ (रेस), कूद (लंबी कूद, ऊँची कूद) और फेंक (भाला फेंक, डिस्कस थ्रो)। यह मुख्यतः व्यक्तिगत खेल होता है और ओलंपिक खेलों जैसी अंतरराष्ट्रीय प्रतियोगिताओं का एक प्रमुख हिस्सा है। एथलेटिक्स से गति, शक्ति, सहनशक्ति और चपलता का विकास होता है।

बैडमिंटन : बैडमिंटन एक तेज गति वाला इनडोर खेल है, जिसे रैकेट और शटल कॉक की सहायता से खेला जाता है। इसे सिंगल्स या डबल्स दोनों रूपों में खेला जा सकता है। इसका उद्देश्य शटल कॉक को नेट के ऊपर से मारकर विपक्षी के कोर्ट में गिराना होता है। इसमें तीव्र प्रतिक्रिया, चपलता और हाथ-आँख समन्वय की आवश्यकता होती है।

बेसबॉल : बेसबॉल एक आउटडोर टीम खेल है, जो दो टीमों के बीच खेला जाता है, प्रत्येक टीम में नौ खिलाड़ी होते हैं। खिलाड़ी बारी-बारी से बल्लेबाजी और क्षेत्ररक्षण करते हैं। इसका उद्देश्य गेंद को मारकर और बेसों के चारों ओर दौड़कर रन बनाना होता है। इसमें रणनीति, समन्वय और समय-निर्धारण की आवश्यकता होती है।

बास्केटबॉल : बास्केटबॉल एक आयताकार कोर्ट पर दो टीमों के बीच खेला जाता है, प्रत्येक टीम में पाँच खिलाड़ी होते हैं। इसका उद्देश्य गेंद को विपक्षी टीम के हूप (टोकरी) में डालकर अंक प्राप्त करना होता है। यह एक गतिशील खेल है जिसमें गति, टीम वर्क, समन्वय और निर्णय लेने की क्षमता आवश्यक होती है।

बिलियर्ड्स : बिलियर्ड्स एक इनडोर क्यू स्पोर्ट है, जो कपड़े से ढकी आयताकार मेज पर खेला जाता है। खिलाड़ी क्यू स्टिक की सहायता से गेंदों को मारकर अंक प्राप्त करते हैं। इसमें सटीकता, एकाग्रता और रणनीतिक सोच की आवश्यकता होती है।

बॉक्सिंग : बॉक्सिंग एक युद्धक खेल है जिसमें दो प्रतिभागी सुरक्षात्मक दस्तानों के साथ अपनी मुट्ठियों का उपयोग करके मुकाबला करते हैं। यह मैच रिंग में खेला जाता है और राउंड्स में विभाजित होता है। इसमें शक्ति, सहनशक्ति, अनुशासन और रणनीतिक कौशल की आवश्यकता होती है।

क्रिकेट : क्रिकेट भारत के सबसे लोकप्रिय खेलों में से एक है। यह दो टीमों के बीच खेला जाता है, प्रत्येक टीम में ग्यारह खिलाड़ी होते हैं। एक टीम रन बनाने के लिए बल्लेबाजी करती है, जबकि दूसरी टीम गेंदबाजी और क्षेत्ररक्षण करके रन रोकने और खिलाड़ियों को आउट करने का प्रयास करती है। इसमें धैर्य, टीम वर्क, रणनीति और तकनीकी कौशल की आवश्यकता होती है।

हॉकी : हॉकी एक स्टिक और गेंद के साथ खेला जाने वाला खेल है, जो दो टीमों के बीच खेला जाता है, प्रत्येक टीम में ग्यारह खिलाड़ी होते हैं। इसका उद्देश्य गेंद को विपक्षी टीम के गोलपोस्ट में डालकर गोल करना होता है। इसमें गति, समन्वय और टीमवर्क आवश्यक होता है।

टेबल टेनिस : टेबल टेनिस, जिसे पिंग-पोंग भी कहा जाता है, एक इनडोर खेल है जो टेबल पर छोटे पैडल और हल्की गेंद की सहायता से खेला जाता है। इसे सिंगल्स या डबल्स में खेला जा सकता है। इसमें तेज प्रतिक्रिया, एकाग्रता और सटीक नियंत्रण की आवश्यकता होती है।

फुटबॉल : फुटबॉल विश्व का सबसे लोकप्रिय खेल है। यह दो टीमों के बीच खेला जाता है, प्रत्येक टीम में ग्यारह खिलाड़ी होते हैं। खिलाड़ी गेंद को किक करके विपक्षी टीम के गोल में डालकर गोल करने का प्रयास करते हैं। इसमें सहनशक्ति, टीमवर्क और रणनीतिक योजना की आवश्यकता होती है।

टेनिस : टेनिस रैकेट और गेंद की सहायता से खेला जाने वाला खेल है, जिसे सिंगल्स या डबल्स दोनों रूपों में खेला जाता है। खिलाड़ी गेंद को नेट के ऊपर से विपक्षी कोर्ट में मारते हैं। इसमें शक्ति, चपलता, एकाग्रता और सहनशक्ति की आवश्यकता होती है।

वॉलीबॉल : वॉलीबॉल दो टीमों के बीच खेला जाता है, प्रत्येक टीम में छह खिलाड़ी होते हैं। इसका उद्देश्य गेंद को नेट के ऊपर से भेजकर विपक्षी कोर्ट में गिराना होता है। इसमें टीम समन्वय, तीव्र प्रतिक्रिया और संचार पर विशेष जोर दिया जाता है।

गोल्फ : गोल्फ एक आउटडोर व्यक्तिगत खेल है जिसमें खिलाड़ी क्लब की सहायता से गेंद को कम से कम स्ट्रोक में होल्स (गड्ढों) में डालने का प्रयास करते हैं। इसमें सटीकता, धैर्य और एकाग्रता की आवश्यकता होती है।

खेलों के मूल नियम और उपकरण

खेल	मूल नियम	उपकरण
एथलेटिक्स	ट्रैक लेन का पालन करना; फॉल्स स्टार्ट नहीं; इसमें दौड़, कूद और फेंक शामिल हैं	ट्रैक, रनिंग शूज, भाला, डिस्कस
बैडमिंटन	शटल नेट के ऊपर से जाना चाहिए; 21 अंकों तक खेला जाता है; सिंगल्स/डबल्स	रैकेट, शटल कॉक, नेट
बेसबॉल	प्रत्येक टीम में 9 खिलाड़ी; बेस के चारों ओर दौड़कर रन बनाना	बैट, गेंद, दस्ताने, हेलमेट
बास्केटबॉल	प्रत्येक टीम में 5 खिलाड़ी; ड्रिब्लिंग करते हुए आगे बढ़ना; हूप में स्कोर करना	बास्केटबॉल, हूप, कोर्ट
बिलियर्ड्स	क्यू स्टिक से गेंदों को मारना; लक्ष्यों को हिट करके अंक प्राप्त करना	क्यू स्टिक, गेंदें, टेबल
बॉक्सिंग	कमर से ऊपर पंच मारना; राउंड्स में खेला जाता है; अंक या नॉकआउट से जीत	दस्ताने, माउथगार्ड, रिंग
क्रिकेट	प्रत्येक टीम में 11 खिलाड़ी; रन बनाना; गेंदबाज विकेट लेते हैं	बैट, गेंद, स्टंप्स, पैड्स
हॉकी	स्टिक से गेंद को मारना; गोल पोस्ट में गोल करना	हॉकी स्टिक, गेंद, शिन गार्ड्स
टेबल टेनिस	गेंद को बाउंस करना चाहिए; 11 अंकों तक खेला जाता है	पैडल, गेंद, टेबल, नेट
फुटबॉल	हाथों का उपयोग नहीं (गोलकीपर को छोड़कर); गोल करना	फुटबॉल, गोलपोस्ट, शिन गार्ड्स
टेनिस	गेंद को नेट के ऊपर से मारना; सिंगल्स/डबल्स; अंक प्रणाली	रैकेट, गेंद, नेट
वॉलीबॉल	प्रत्येक टीम में 6 खिलाड़ी; अधिकतम 3 टच; गेंद को नेट के ऊपर भेजना	वॉलीबॉल, नेट, कोर्ट
गोल्फ	कम से कम स्ट्रोक में गेंद को होल्स में डालना	गोल्फ क्लब, गेंद

खेल भावना और उसके मूल्य

खेल भावना निष्पक्षता, सम्मान, ईमानदारी और धैर्य जैसे महत्वपूर्ण जीवन मूल्यों को सिखाती है। एक अच्छा खिलाड़ी कभी धोखा नहीं देता या नियमों का उल्लंघन नहीं करता, अपने साथियों को प्रोत्साहित करता है तथा विरोधियों के प्रयासों की सराहना करता है। विनम्रतापूर्वक जीत का उत्सव मनाने के साथ-साथ हार को गरिमा के साथ स्वीकार करना भी उतना ही महत्वपूर्ण है।

खेल भावना भावनात्मक नियंत्रण और अनुशासन को भी बढ़ावा देती है। खिलाड़ी दबाव को संभालना सीखते हैं, धैर्य विकसित करते हैं तथा दूसरों के प्रति सहानुभूति और प्रोत्साहन दिखाते हैं। ये मूल्य दैनिक जीवन में भी उपयोगी होते हैं, जिससे बच्चे जिम्मेदार और नैतिक व्यक्ति बनते हैं।

शिक्षा और समाज में खेलों की भूमिका

विद्यालय और शैक्षणिक संस्थान खेलों को बढ़ावा देने में महत्वपूर्ण भूमिका निभाते हैं। शारीरिक शिक्षा की कक्षाएँ, वार्षिक खेल प्रतियोगिताएँ और अंतर-विद्यालय प्रतियोगिताएँ विद्यार्थियों को सक्रिय रूप से भाग लेने के लिए प्रेरित करती हैं। खेल क्लब, खेल मैदान और प्रशिक्षण केंद्र प्रतिभाशाली व्यक्तियों की पहचान करने और उन्हें प्रशिक्षित करने में सहायता करते हैं।

सामाजिक स्तर पर, खेल विभिन्न समुदायों और क्षेत्रों के लोगों को एकजुट करते हैं। ओलंपिक, विश्व कप और कॉमनवेल्थ गेम्स जैसे प्रमुख खेल आयोजन अंतरराष्ट्रीय सहयोग और मैत्रीपूर्ण प्रतिस्पर्धा को बढ़ावा देते हैं। खेलों में भागीदारी नकारात्मक आदतों से दूर रखती है, मानसिक स्वास्थ्य को बढ़ाती है और युवाओं को अनुशासित जीवन जीने के लिए प्रेरित करती है।

खेल और खेल भावना में चुनौतियाँ

उनके महत्व के बावजूद, खेलों के सामने कई चुनौतियाँ हैं। उचित आधारभूत संरचना की कमी, अपर्याप्त प्रशिक्षण सुविधाएँ और कमजोर कोचिंग बच्चों और युवाओं के अवसरों को सीमित करती हैं। जीत पर अत्यधिक ध्यान, व्यवसायीकरण और डोपिंग जैसी अनैतिक प्रथाएँ सच्ची खेल भावना को नुकसान पहुँचाती हैं। सामाजिक और आर्थिक बाधाएँ भी प्रतिभाशाली व्यक्तियों को प्रशिक्षण और प्रतियोगिता के अवसरों से वंचित कर सकती हैं।

खेल और खेल भावना को बढ़ावा देने के उपाय

खेल और खेल भावना को प्रोत्साहित करने के लिए विद्यालय और समुदाय नियमित खेल, टूर्नामेंट और शारीरिक गतिविधियों का आयोजन कर सकते हैं। शिक्षक, कोच और अभिभावकों को केवल जीत पर नहीं, बल्कि कौशल विकास, टीम वर्क और नैतिक आचरण पर जोर देना चाहिए। सरकार और निजी संस्थाओं द्वारा खेल सुविधाएँ विकसित करना, छात्रवृत्तियाँ प्रदान करना और कोचों को प्रशिक्षित करना जमीनी स्तर पर प्रतिभा को विकसित करने में सहायक होता है।

निष्पक्ष खेल, विरोधियों के प्रति सम्मान और अनुशासन की शिक्षा को स्कूल पाठ्यक्रम में शामिल किया जाना चाहिए। स्थानीय खेलों और पारंपरिक खेलों को बढ़ावा देना सांस्कृतिक विरासत को संरक्षित करने के साथ-साथ भागीदारी को भी प्रोत्साहित करता है।

खेल और खेल भावना का महत्व

खेल और खेल भावना स्वस्थ, अनुशासित और सामाजिक रूप से जिम्मेदार व्यक्तियों के विकास के लिए अत्यंत आवश्यक हैं। खेलों में भाग लेने से शारीरिक फिटनेस में सुधार होता है, मानसिक क्षमता बढ़ती है और चरित्र मजबूत होता है। खेलों के माध्यम से बच्चे टीमवर्क, धैर्य और नियमों एवं विरोधियों के प्रति सम्मान सीखते हैं। प्रतियोगिताओं में खेल भावना और नैतिक व्यवहार को बढ़ावा देना एक संतुलित और समावेशी वातावरण सुनिश्चित करता है, जो व्यक्तिगत विकास, राष्ट्रीय गर्व और सामाजिक सद्भाव में योगदान देता है।

भारत : नदियाँ, पठार, वन, यातायात, महाद्वीप एवं महासागर

भारत एक विविधता से भरपूर देश है, जिसकी भौगोलिक और पारिस्थितिक संरचना अत्यंत समृद्ध है। यह दक्षिण एशिया में स्थित है और यहाँ पर्वत, मैदान, पठार, वन, नदियाँ तथा समुद्री तट जैसे विविध स्थलरूप पाए जाते हैं। ये भौतिक विशेषताएँ कृषि, जलवायु नियमन और जैव विविधता में महत्वपूर्ण भूमिका निभाती हैं। विकसित परिवहन और संचार प्रणालियों के कारण भारत आंतरिक रूप से सुदृढ़ रूप से जुड़ा हुआ है तथा विश्व के अन्य देशों से भी संपर्क में है।

भारत की नदियाँ

भारत अनेक नदियों से समृद्ध है, जो कृषि, पेयजल और उद्योग के लिए जीवनरेखा के समान हैं। प्रमुख नदियों में गंगा नदी, यमुना नदी, ब्रह्मपुत्र नदी, गोदावरी नदी, कृष्णा नदी और नर्मदा नदी शामिल हैं।

गंगा नदी, जिसे पवित्र माना जाता है, अपने किनारों पर रहने वाले लाखों लोगों का जीवन आधार है। नदियाँ सिंचाई, जलविद्युत उत्पादन और घरेलू उपयोग के लिए जल प्रदान करती हैं। ये मत्स्य पालन, आर्द्रभूमियों और विविध पारिस्थितिक तंत्रों का भी समर्थन करती हैं। कई नदियाँ हिमालय या पश्चिमी घाट से निकलती हैं, मैदानों से होकर बहती हैं और अंततः समुद्र में मिल जाती हैं।

भारत की प्रमुख नदियाँ

नदी	प्रकार	उद्गम	संगम (कहाँ मिलती है)	मुख्य विशेषता
गंगा नदी	हिमालयी	हिमालय	बंगाल की खाड़ी	भारत की सबसे पवित्र एवं लंबी नदी
यमुना नदी	हिमालयी	हिमालय	गंगा नदी	गंगा की सहायक नदी
ब्रह्मपुत्र नदी	हिमालयी	तिब्बत (हिमालय के निकट)	बंगाल की खाड़ी	जल आयतन के आधार पर सबसे बड़ी नदी
गोदावरी नदी	प्रायद्वीपीय	पश्चिमी घाट	बंगाल की खाड़ी	प्रायद्वीपीय भारत की सबसे लंबी नदी
कृष्णा नदी	प्रायद्वीपीय	पश्चिमी घाट	बंगाल की खाड़ी	सिंचाई के लिए अत्यंत महत्वपूर्ण
नर्मदा नदी	प्रायद्वीपीय	मध्य भारत	अरब सागर	पश्चिम की ओर बहने वाली नदी

भारत के पठार

भारत में कई महत्वपूर्ण पठार पाए जाते हैं, जो अपेक्षाकृत सपाट ऊपरी सतह वाले ऊँचे भू-भाग होते हैं। दक्षिण भारत का दक्कन पठार खनिजों से समृद्ध है और कृषि को समर्थन देता है। पूर्वी भारत का छोटानागपुर पठार कोयला, लौह अयस्क और अन्य खनिज संसाधनों के लिए प्रसिद्ध है।

पठार जलवायु, मृदा की उर्वरता और मानव बसाव के स्वरूप को प्रभावित करते हैं। ये प्राकृतिक जल भंडार के रूप में भी कार्य करते हैं, क्योंकि अनेक नदियाँ और जलधाराएँ यहीं से उत्पन्न होती हैं।

भारत के पठार

पठार	स्थान	संसाधन	महत्व
दक्कन पठार	दक्षिण भारत	खनिज, काली मिट्टी	कृषि, उद्योग, वानिकी
छोटानागपुर पठार	पूर्वी भारत	कोयला, लौह अयस्क, अभ्रक	प्रमुख औद्योगिक क्षेत्र, खनन
मालवा पठार	मध्य भारत	उपजाऊ मिट्टी, मैंगनीज	कृषि, खनिज संसाधन
राजस्थान पठार (अरावली क्षेत्र)	पश्चिमी भारत	जिप्सम, तांबा	खनन, कृषि
मेवाड़ पठार	राजस्थान	ग्रेनाइट, खनिज	निर्माण सामग्री, खनन
कर्नाटक पठार	दक्षिण भारत	लौह अयस्क, स्वर्ण	औद्योगिक एवं कृषि विकास

भारत के वन

भारत के वन विविध प्रकार के वनस्पतियों (वनस्पति जगत) और जीव-जंतुओं का घर हैं। इन्हें उष्णकटिबंधीय वर्षावन, पर्णपाती वन, कांटेदार वन और मैंग्रोव (दलदली) वन में वर्गीकृत किया जाता है।

पश्चिमी घाट और उत्तर-पूर्वी राज्यों के उष्णकटिबंधीय वर्षावन घने वनस्पति और उच्च जैव विविधता के लिए जाने जाते हैं। पर्णपाती वन मध्य भारत में पाए जाते हैं और लकड़ी तथा औषधीय पौधों के लिए महत्वपूर्ण हैं। सुंदरबन जैसे मैंग्रोव वन तटीय क्षेत्रों की रक्षा करते हैं और जलीय जीवन को समर्थन प्रदान करते हैं।

वन पारिस्थितिक संतुलन बनाए रखते हैं, मृदा अपरदन को रोकते हैं और जलवायु को नियंत्रित करते हैं।

भारत के वनों के प्रकार

वन का प्रकार	क्षेत्र	विशेषताएँ	उदाहरण/प्रमुख प्रजातियाँ
उष्णकटिबंधीय सदाबहार वन	पश्चिमी घाट, उत्तर-पूर्व	घने, सदाबहार, अत्यधिक वर्षा वाले क्षेत्र	सागौन, रोजवुड, बाँस
उष्णकटिबंधीय पर्णपाती वन	मध्य भारत (मध्य प्रदेश, छत्तीसगढ़, ओडिशा)	पेड़ मौसमी रूप से पत्तियाँ गिराते हैं; मध्यम वर्षा	सागौन, साल, नीम
कांटेदार वन/ झाड़ीदार वन	राजस्थान, अर्ध-शुष्क क्षेत्र	शुष्क, विरल वनस्पति, सूखे के अनुकूल	कैक्टस, बबूल, यूफोर्बिया
मैंग्रोव वन (दलदली वन)	तटीय क्षेत्र, सुंदरबन	नमक-सहिष्णु, ज्वारीय जल में उगने वाले	सुंदरि वृक्ष, एविसेनिया, राइजोफोरा
पर्वतीय/पहाड़ी वन	हिमालय क्षेत्र	सदाबहार या शंकुधारी; ठंडी जलवायु	देवदार, चीड़, सिल्वर फर
तटीय और दलदली वन	तटीय मैदान, आर्द्रभूमि	जल-भराव युक्त क्षेत्र, जलीय पौधे	नारियल के पेड़, कमल (वाटर लिली)

भारत में यातायात

यातायात से तात्पर्य भारत में लोगों, वाहनों और वस्तुओं के आवागमन से है। सड़कें, रेलवे, वायुमार्ग और जलमार्ग गाँवों, कस्बों और शहरों को आपस में जोड़ते हैं।

सड़क परिवहन—जैसे कार, बस, ट्रक और दो-पहिया वाहन—सबसे सामान्य माध्यम है। रेलवे लंबी दूरी की यात्रा और माल परिवहन के लिए अत्यंत आवश्यक है। वायुमार्ग राष्ट्रीय और अंतरराष्ट्रीय स्तर पर शहरों को जोड़ते हैं, जबकि नदियाँ और समुद्र जल परिवहन को समर्थन प्रदान करते हैं।

कुशल यातायात प्रणालियाँ व्यापार, शिक्षा, स्वास्थ्य सेवाओं, पर्यटन और समग्र राष्ट्रीय विकास को बढ़ावा देती हैं।

परिवहन के साधन (यातायात के प्रकार)

माध्यम	उदाहरण	लाभ
सड़क मार्ग	कार, बस	लचीला, घर-घर सेवा
रेल मार्ग	ट्रेनें	सस्ता, लंबी दूरी के लिए उपयुक्त
वायु मार्ग	विमान	सबसे तेज
जल मार्ग	जहाज, नाव	भारी माल के लिए सबसे सस्ता

महाद्वीप और महासागर

भारत एशिया महाद्वीप का हिस्सा है, जो विश्व का सबसे बड़ा महाद्वीप है। यह दक्षिण में हिंद महासागर, पश्चिम में अरब सागर और पूर्व में बंगाल की खाड़ी से घिरा हुआ है।

इन जल निकायों के बीच भारत की स्थिति इसकी जलवायु, व्यापार मार्गों और समुद्री जीवन को महत्वपूर्ण रूप से प्रभावित करती है। वैश्विक स्तर पर महाद्वीप और महासागर व्यापार, संचार और पारिस्थितिक तंत्रों के माध्यम से आपस में जुड़े हुए हैं, जिससे भारत विश्व भूगोल का एक महत्वपूर्ण हिस्सा बनता है।

महाद्वीप

महाद्वीप	विशेषता
एशिया	सबसे बड़ा और सबसे अधिक जनसंख्या वाला
अफ्रीका	वन्यजीवों से समृद्ध
उत्तरी अमेरिका	विकसित देश
दक्षिण अमेरिका	अमेज़न वर्षावन
अंटार्कटिका	सबसे ठंडा महाद्वीप
यूरोप	औद्योगीकृत क्षेत्र
ऑस्ट्रेलिया	सबसे छोटा महाद्वीप

भौगोलिक विशेषताओं का महत्व

भारत की नदियाँ, पठार और वन कृषि को समर्थन प्रदान करते हैं, प्राकृतिक संसाधन उपलब्ध कराते हैं तथा पारिस्थितिक संतुलन बनाए रखते हैं। यातायात प्रणालियाँ गतिशीलता, व्यापार और संचार को संभव बनाती हैं तथा देशभर के लोगों को आपस में जोड़ती हैं।

भारत की एशिया में स्थिति और प्रमुख महासागरों के निकट होना इसकी रणनीतिक, आर्थिक और सांस्कृतिक महत्ता को वैश्विक स्तर पर बढ़ाता है। इन भौगोलिक विशेषताओं के आपसी संबंध को समझना भारत की प्राकृतिक संपदा, पर्यावरणीय महत्व और वैश्विक विकास में इसकी भूमिका को समझने में सहायक होता है।

हमारा प्रदेश : नदियाँ, पर्वत, पठार, वन एवं यातायात

उत्तर प्रदेश, जो उत्तरी भारत में स्थित है, देश के सबसे बड़े और सर्वाधिक जनसंख्या वाले राज्यों में से एक है। यह अपनी उपजाऊ मैदानी भूमि, सांस्कृतिक विरासत और विविध प्राकृतिक संसाधनों के लिए जाना जाता है। राज्य में नदियाँ, पहाड़ियाँ, पत्थर और वन जैसे अनेक भौगोलिक तत्व पाए जाते हैं, जो कृषि, उद्योग, जलवायु और दैनिक जीवन को प्रभावित करते हैं। यातायात और परिवहन प्रणालियाँ पूरे राज्य में संपर्क, व्यापार और विकास को सुनिश्चित करती हैं। इन सभी पहलुओं को समझना उत्तर प्रदेश के पर्यावरण, अर्थव्यवस्था और जीवनशैली को समझने में सहायक होता है।

उत्तर प्रदेश की नदियाँ

उत्तर प्रदेश अनेक महत्वपूर्ण नदियों से समृद्ध है, जो कृषि, पेयजल, उद्योग और सांस्कृतिक गतिविधियों के लिए अत्यंत आवश्यक हैं।

- **गंगा नदी :** गंगा राज्य की सबसे पवित्र और प्रमुख नदी है, जो वाराणसी, कानपुर, इलाहाबाद (प्रयागराज) और अन्य शहरों से होकर बहती है। यह सिंचाई के लिए जल प्रदान करती है, मत्स्य पालन को समर्थन देती है और अपने किनारों पर बसे लाखों लोगों का जीवन आधार है। गंगा का धार्मिक महत्व भी अत्यधिक है, क्योंकि इसका उपयोग अनेक धार्मिक अनुष्ठानों में किया जाता है।
- **यमुना नदी :** यमुना आगरा, मथुरा और अन्य नगरों से होकर बहती है। यह पश्चिमी उत्तर प्रदेश में कृषि को समर्थन देती है तथा उद्योगों और घरेलू उपयोग के लिए जल प्रदान करती है।
- **घाघरा और गोमती नदियाँ :** घाघरा गंगा की एक सहायक नदी है, जो हिमालयी क्षेत्र से जल लाती है, जबकि गोमती लखनऊ और आसपास के क्षेत्रों से होकर बहती है और सिंचाई तथा दैनिक उपयोग में सहायक होती है।
- **अन्य नदियाँ :** बेतवा, चंबल, केन और राप्ती नदियाँ स्थानीय सिंचाई, मत्स्य पालन और मृदा उर्वरता के लिए महत्वपूर्ण हैं। अनेक नदियाँ उपजाऊ जलोढ़ मैदानों का निर्माण करती हैं, जिससे उत्तर प्रदेश भारत के सबसे समृद्ध कृषि क्षेत्रों में से एक बन जाता है।

नदियाँ भूजल स्तर बनाए रखने, आर्द्रभूमियों को समर्थन देने और जलीय पौधों एवं जीवों के लिए आवास उपलब्ध कराने में भी सहायता करती हैं। मानसून के दौरान, निचले क्षेत्रों में बाढ़ से बचाव के लिए उचित नदी प्रबंधन आवश्यक होता है।

उत्तर प्रदेश में पर्वत और पहाड़ियाँ

यद्यपि उत्तर प्रदेश का अधिकांश भाग इंडो-गंगा मैदान का हिस्सा है, फिर भी सहारनपुर और पीलीभीत जैसे उत्तरी जिलों में स्थित शिवालिक पहाड़ियाँ छोटे पर्वतीय क्षेत्रों का निर्माण करती हैं।

- ये पहाड़ियाँ वर्षा को बढ़ाकर तथा तापमान के पैटर्न को प्रभावित करके स्थानीय जलवायु को प्रभावित करती हैं।
- इन पहाड़ियों से निकलने वाली धाराएँ आस-पास के गाँवों और नदियों को जल आपूर्ति प्रदान करती हैं।
- पहाड़ियाँ और छोटे पर्वत वन्यजीवों और वनों का आवास हैं, जो पारिस्थितिक संतुलन में योगदान देते हैं।
- यह भू-भाग ट्रेकिंग, पर्यटन और सीढ़ीनुमा खेतों (टेरेस फार्मिंग) में छोटे पैमाने की कृषि जैसी गतिविधियों को भी समर्थन देता है।

यद्यपि उत्तर प्रदेश में बहुत ऊँचे पर्वत नहीं पाए जाते, फिर भी ये पहाड़ी क्षेत्र जल संरक्षण, जैव विविधता और सांस्कृतिक महत्व में महत्वपूर्ण भूमिका निभाते हैं।

खनिज

उत्तर प्रदेश में विभिन्न प्रकार के पत्थर और खनिज संसाधन पाए जाते हैं, जिनका उपयोग निर्माण, सड़क निर्माण और उद्योगों में किया जाता है।

- **चूना पत्थर :** ललितपुर और मिर्जापुर जैसे जिलों में पाया जाता है। इसका उपयोग सीमेंट निर्माण और भवन निर्माण में होता है।
- **बलुआ पत्थर और ग्रेनाइट :** मंदिरों, स्मारकों और सार्वजनिक अवसंरचना के निर्माण में उपयोग किए जाते हैं।
- **संगमरमर :** राज्य में कुछ संगमरमर भंडार पाए जाते हैं, जिनका उपयोग सजावटी कार्यों और फर्श निर्माण में किया जाता है।

ये संसाधन स्थानीय अर्थव्यवस्था में रोजगार प्रदान करके और उद्योगों को समर्थन देकर योगदान करते हैं। पर्यावरणीय क्षरण को रोकने तथा पारिस्थितिक संतुलन बनाए रखने के लिए उचित खनन और संसाधन प्रबंधन आवश्यक है।

उत्तर प्रदेश के वन

वन पर्यावरणीय संतुलन, वन्यजीव संरक्षण और मानव आजीविका के लिए अत्यंत महत्वपूर्ण हैं।

- **दुधवा राष्ट्रीय उद्यान :** लखीमपुर खीरी जिले में स्थित यह वन क्षेत्र बाघों, हाथियों और अन्य वन्यजीव प्रजातियों से समृद्ध है।
- **कतर्नियाघाट वन्यजीव अभयारण्य :** घनी वनस्पति और संकटग्रस्त प्रजातियों के लिए प्रसिद्ध है।
- **अन्य वन क्षेत्र :** पश्चिमी उत्तर प्रदेश और बुंदेलखंड क्षेत्रों में छोटे वन क्षेत्र पाए जाते हैं, जो जैव विविधता और स्थानीय आजीविका को समर्थन देते हैं।

वन लकड़ी, जलावन, औषधीय पौधे, फल और पशुओं के चरागाह प्रदान करते हैं। ये मृदा अपरदन को रोकते हैं, वर्षा के पैटर्न को बनाए रखते हैं, जलवायु को नियंत्रित करते हैं और कार्बन सिंक के रूप में कार्य करते हैं। कई समुदाय अपनी आजीविका के लिए वनों पर निर्भर हैं। सततता सुनिश्चित करने के लिए वनीकरण कार्यक्रम और वन संरक्षण आवश्यक हैं।

यातायात और परिवहन

यातायात और परिवहन प्रणालियाँ उत्तर प्रदेश को आंतरिक रूप से तथा अन्य राज्यों से जोड़ती हैं, जिससे व्यापार, संचार और गतिशीलता को बढ़ावा मिलता है।

- **सड़क मार्ग :** राष्ट्रीय राजमार्ग, गंगा एक्सप्रेसवे, यमुना एक्सप्रेसवे जैसे एक्सप्रेसवे तथा राज्य राजमार्ग प्रमुख शहरों, कस्बों और ग्रामीण क्षेत्रों को जोड़ते हैं। सड़कें वस्तुओं, कृषि उत्पादों तथा यात्रियों के आवागमन में सहायता करती हैं।
- **रेल मार्ग :** उत्तर प्रदेश में भारत के सबसे बड़े रेल नेटवर्कों में से एक स्थित है। लखनऊ, वाराणसी, कानपुर और इलाहाबाद (प्रयागराज) जैसे प्रमुख रेलवे स्टेशन यात्री एवं माल परिवहन को समर्थन देते हैं तथा ग्रामीण और शहरी क्षेत्रों को जोड़ते हैं।
- **वायु परिवहन :** लखनऊ, वाराणसी, कानपुर और आगरा के हवाई अड्डे घरेलू तथा अंतरराष्ट्रीय संपर्क को सुगम बनाते हैं।
- **जल मार्ग (Waterways) :** गंगा जैसी नदियों को कुछ क्षेत्रों में अंतर्देशीय जल परिवहन के लिए विकसित किया जा रहा है, जिससे व्यापार में सुधार होता है और सड़क तथा रेल मार्गों पर दबाव कम होता है।

कुशल यातायात प्रणालियाँ आर्थिक विकास, स्वास्थ्य सेवाओं की उपलब्धता, शिक्षा, पर्यटन और व्यापार को समर्थन देती हैं। उचित योजना और प्रबंधन सुरक्षा और सततता सुनिश्चित करते हैं।

उत्तर प्रदेश में नदियों, पर्वतों, पत्थरों, वनों और यातायात का महत्व

उत्तर प्रदेश की नदियाँ, पहाड़ियाँ, पत्थर और वन कृषि को बनाए रखते हैं, उद्योगों को समर्थन देते हैं तथा पारिस्थितिक संतुलन बनाए रखते हैं। यातायात और परिवहन प्रणालियाँ लोगों को जोड़ती हैं, व्यापार को बढ़ावा देती हैं और आवश्यक सेवाओं तक पहुँच सुनिश्चित करती हैं।

इन प्राकृतिक और मानव-निर्मित तत्वों का संयुक्त रूप से राज्य की अर्थव्यवस्था, जीवनशैली और संस्कृति के निर्माण में महत्वपूर्ण योगदान होता है। इन संसाधनों के प्रति जागरूकता और उचित प्रबंधन उत्तर प्रदेश में सतत विकास, पर्यावरण संरक्षण और सामाजिक प्रगति सुनिश्चित करता है।

भारत का संविधान (The Constitution of India)

भारत का संविधान देश का सर्वोच्च कानून है। यह सरकार की संरचना, उसके अंगों की शक्तियों और कर्तव्यों तथा नागरिकों के मौलिक अधिकारों एवं कर्तव्यों को परिभाषित करता है। संविधान भारत को एक संप्रभु, समाजवादी, धर्मनिरपेक्ष और लोकतांत्रिक गणराज्य के रूप में स्थापित करता है। यह विधि निर्माण, शासन-प्रणाली तथा नागरिकों के अधिकारों की सुरक्षा के लिए मार्गदर्शक दस्तावेज के रूप में कार्य करता है।

संविधान का महत्व

संविधान निम्नलिखित कारणों से महत्वपूर्ण है :

- यह सरकार के कार्य संचालन के लिए एक कानूनी ढाँचा प्रदान करता है।
- यह सभी नागरिकों के लिए न्याय, समानता, स्वतंत्रता और आजादी सुनिश्चित करता है।
- यह मौलिक अधिकारों की रक्षा करता है तथा नागरिकों के कर्तव्यों को निर्धारित करता है।
- यह केंद्र और राज्य सरकारों के बीच सामंजस्य बनाए रखता है।
- यह देश की संप्रभुता और अखंडता की रक्षा करता है।

भारतीय संविधान का इतिहास

- **ब्रिटिश शासन :** ब्रिटिश औपनिवेशिक शासन के दौरान भारत में 1919 और 1935 के भारत सरकार अधिनियम जैसे विभिन्न कानून लागू थे। इन अधिनियमों ने शासन की नींव तो रखी, लेकिन पूर्ण लोकतंत्र प्रदान नहीं किया।
- **संविधान सभा :** 9 दिसंबर 1946 को स्वतंत्र भारत के लिए संविधान तैयार करने हेतु संविधान सभा का गठन किया गया। डॉ. भीमराव अंबेडकर को प्रारूप समिति का अध्यक्ष नियुक्त किया गया।
- **स्वीकृति और लागू होना :** संविधान को 26 नवंबर 1949 को अपनाया गया और 26 जनवरी 1950 को लागू किया गया, जिसे अब भारत में गणतंत्र दिवस के रूप में मनाया जाता है।

संविधान की प्रमुख विशेषताएँ

भारतीय संविधान अपनी संघीय और एकात्मक विशेषताओं, लचीलेपन तथा व्यापकता के कारण अद्वितीय है। इसकी प्रमुख विशेषताएँ निम्नलिखित हैं :

1. **सबसे लंबा संविधान :** भारत का लिखित संविधान विश्व का सबसे लंबा संविधान है, जिसमें 448 अनुच्छेद और 12 अनुसूचियाँ हैं।
2. **संप्रभु, समाजवादी, धर्मनिरपेक्ष, लोकतांत्रिक, गणराज्य :** यह भारत की राजनीतिक व्यवस्था और विचारधारा को स्पष्ट करता है।
3. **संघीय ढाँचा (एकात्मक झुकाव के साथ) :** शक्तियाँ केंद्र और राज्य सरकारों के बीच विभाजित हैं, लेकिन आपातकाल की स्थिति में केंद्र को अधिक अधिकार प्राप्त होते हैं।
4. **मौलिक अधिकार और कर्तव्य :** नागरिकों को मौलिक अधिकार प्रदान किए गए हैं तथा उनसे संविधान के पालन की अपेक्षा की गई है।
5. **राज्य नीति के निदेशक सिद्धांत :** सरकार के लिए सामाजिक, आर्थिक और राजनीतिक न्याय सुनिश्चित करने हेतु दिशानिर्देश।
6. **शक्तियों का पृथक्करण :** विधायिका, कार्यपालिका और न्यायपालिका के बीच स्पष्ट विभाजन।

7. **स्वतंत्र न्यायपालिका :** सर्वोच्च न्यायालय और उच्च न्यायालय संविधान की रक्षा करते हैं तथा विधायिका एवं कार्यपालिका पर नियंत्रण रखते हैं।
8. **संशोधन प्रक्रिया :** संविधान को बदलती आवश्यकताओं के अनुसार संशोधित किया जा सकता है, जबकि इसकी मूल संरचना सुरक्षित रहती है।
9. **सार्वभौमिक वयस्क मताधिकार :** 18 वर्ष से अधिक आयु के प्रत्येक नागरिक को मतदान का अधिकार प्राप्त है।

संविधान की प्रस्तावना

प्रस्तावना संविधान के उद्देश्यों और दर्शन को दर्शाती है। इसके प्रमुख बिंदु निम्नलिखित हैं :

- **न्याय :** सभी के लिए सामाजिक, आर्थिक और राजनीतिक न्याय।
- **स्वतंत्रता :** विचार, अभिव्यक्ति, विश्वास, आस्था और उपासना की स्वतंत्रता।
- **समानता :** स्थिति और अवसर की समानता तथा भेदभाव का उन्मूलन।
- **बंधुता :** राष्ट्रीय एकता और अखंडता को बढ़ावा देना।
- **संप्रभु :** भारत किसी भी विदेशी नियंत्रण से मुक्त है।
- **समाजवादी :** संसाधनों और अवसरों का न्यायसंगत वितरण सुनिश्चित करना।
- **धर्मनिरपेक्ष :** किसी भी धर्म को विशेष प्राथमिकता नहीं दी जाती; सभी धर्मों का सम्मान किया जाता है।
- **लोकतांत्रिक गणराज्य :** राज्य का प्रमुख निर्वाचित होता है और शासन जनता के प्रतिनिधियों द्वारा किया जाता है।

मौलिक अधिकार

मौलिक अधिकार संविधान के अनुच्छेद 12-35 के अंतर्गत नागरिकों को प्रदान किए गए हैं, जो उन्हें भेदभाव और शोषण से सुरक्षा देते हैं :

1. **समानता का अधिकार (अनुच्छेद 14-18) :** धर्म, जाति, लिंग या जन्मस्थान के आधार पर भेदभाव को निषिद्ध करता है।
2. **स्वतंत्रता का अधिकार (अनुच्छेद 19-22) :** इसमें भाषण, अभिव्यक्ति, सभा, आवागमन और संघ बनाने की स्वतंत्रता शामिल है।
3. **शोषण के विरुद्ध अधिकार (अनुच्छेद 23-24) :** मानव तस्करी, जबरन श्रम और बाल श्रम को निषिद्ध करता है।
4. **धर्म की स्वतंत्रता का अधिकार (अनुच्छेद 25-28) :** धर्म का पालन, प्रचार और धार्मिक कार्यों के प्रबंधन की स्वतंत्रता प्रदान करता है।
5. **सांस्कृतिक और शैक्षिक अधिकार (अनुच्छेद 29-30) :** अल्पसंख्यकों को अपनी संस्कृति, भाषा और शैक्षणिक संस्थानों के संरक्षण का अधिकार देता है।
6. **संवैधानिक उपचारों का अधिकार (अनुच्छेद 32) :** नागरिकों को अपने मौलिक अधिकारों के प्रवर्तन के लिए उच्च न्यायालय या सर्वोच्च न्यायालय जाने का अधिकार देता है।

राज्य नीति के निदेशक सिद्धांत

- भाग IV (अनुच्छेद 36-51) में दिए गए ये सिद्धांत सरकार के लिए सामाजिक, आर्थिक और राजनीतिक न्याय सुनिश्चित करने हेतु मार्गदर्शक हैं।
- **उदाहरण :** शिक्षा को बढ़ावा देना, पर्याप्त आजीविका प्रदान करना, स्वास्थ्य और पोषण सुनिश्चित करना, असमानताओं को कम करना और पर्यावरण की रक्षा करना।
- ये न्यायालयों द्वारा लागू नहीं किए जा सकते, लेकिन नीति निर्माण में राज्य का मार्गदर्शन करते हैं।

मौलिक कर्तव्य

- 1976 के 42वें संशोधन द्वारा अनुच्छेद 51A के अंतर्गत जोड़े गए।
- इनमें संविधान का सम्मान करना, सद्भाव बढ़ाना, पर्यावरण की रक्षा करना और सार्वजनिक संपत्ति की सुरक्षा शामिल है।

केंद्र और राज्य सरकार

- **केंद्र सरकार :** राष्ट्रपति और प्रधानमंत्री द्वारा संचालित, जिसमें संसद (लोकसभा और राज्यसभा) शामिल है।
- **राज्य सरकार :** राज्यपाल और मुख्यमंत्री द्वारा संचालित, जिसमें राज्य विधानमंडल शामिल है।
- **शक्तियों का विभाजन :** शक्तियाँ संघ सूची, राज्य सूची और समवर्ती सूची (सातवीं अनुसूची) में विभाजित हैं।

भारत की न्यायपालिका

- **सर्वोच्च न्यायालय :** सर्वोच्च न्यायालय, संविधान का संरक्षक और मौलिक अधिकारों का रक्षक।
- **उच्च न्यायालय :** प्रत्येक राज्य में स्थित, अधीनस्थ न्यायालयों की निगरानी करते हैं।
- **अधीनस्थ न्यायालय :** जिला और स्थानीय स्तर पर दीवानी और आपराधिक मामलों का निपटारा करते हैं।
- **न्यायिक समीक्षा :** न्यायालय उन कानूनों को असवैधानिक घोषित कर सकते हैं जो संविधान का उल्लंघन करते हैं।

संविधान में संशोधन

- संविधान लचीला होने के साथ-साथ कुछ प्रावधानों में कठोर भी है।
- अनुच्छेद 368 संशोधन की अनुमति देता है, जिसमें विषय के अनुसार विभिन्न स्तर की स्वीकृति आवश्यक होती है।

- संशोधनों के माध्यम से मौलिक कर्तव्य, आरक्षण नीतियाँ और विकेंद्रीकरण जैसे परिवर्तन किए गए हैं।
- मूल संरचना सिद्धांत यह सुनिश्चित करता है कि संविधान के मूल सिद्धांतों में परिवर्तन नहीं किया जा सकता।

संविधान की अनुसूचियाँ

- 12 अनुसूचियाँ प्रशासनिक एवं शासन संबंधी विषयों को व्यवस्थित करती हैं :
  संघ एवं राज्य सूचियाँ, जनजातीय क्षेत्र, सीटों का आवंटन, शक्तियाँ और उत्तरदायित्व।
- ये शासन व्यवस्था को स्पष्टता प्रदान करती हैं तथा सरकार की कार्यप्रणाली को सुचारु बनाती हैं।

संविधान का महत्व

- यह सर्वोच्च कानून के रूप में शासन और नागरिकों के व्यवहार का मार्गदर्शन करता है।
- यह लोकतंत्र, समानता, न्याय और स्वतंत्रता की रक्षा करता है।
- यह भारत की एकता, अखंडता और संप्रभुता सुनिश्चित करता है।
- यह केंद्र और राज्यों के बीच शक्ति संतुलन बनाए रखता है।
- यह सामाजिक, आर्थिक और सांस्कृतिक विकास का मार्गदर्शन करता है।

भारतीय संविधान

विषय	विवरण
परिभाषा	संविधान भारत का सर्वोच्च कानून है, जो शासन की रूपरेखा और नागरिकों के अधिकारों को निर्धारित करता है।
स्वीकृति तिथि	26 नवंबर 1949
प्रवर्तन तिथि	26 जनवरी 1950
प्रारूप समिति के अध्यक्ष	बी. आर. अंबेडकर
लंबाई	विश्व का सबसे लंबा लिखित संविधान
स्रोत	विभिन्न देशों जैसे ब्रिटेन, अमेरिका, आयरलैंड, कनाडा आदि से प्रेरित
प्रस्तावना	संविधान का परिचय; भारत को संप्रभु, समाजवादी, धर्मनिरपेक्ष, लोकतांत्रिक गणराज्य घोषित करती है
भाग	प्रारंभ में 22 भाग; वर्तमान में 25 भाग
अनुच्छेद	प्रारंभ में 395 अनुच्छेद; वर्तमान में 450+ अनुच्छेद
अनुसूचियाँ	प्रारंभ में 8 अनुसूचियाँ; वर्तमान में 12 अनुसूचियाँ
मौलिक अधिकार	नागरिकों को प्रदत्त अधिकार (भाग III, अनुच्छेद 12-35)
मौलिक कर्तव्य	नागरिकों के कर्तव्य (भाग IVA, अनुच्छेद 51A)
राज्य नीति के निदेशक सिद्धांत	सरकार के लिए दिशानिर्देश (भाग IV)
संघीय प्रणाली	केंद्र और राज्यों के बीच शक्तियों का विभाजन
संसदीय प्रणाली	सरकार संसद के प्रति उत्तरदायी होती है
संशोधन प्रक्रिया	अनुच्छेद 368 में निर्धारित
नागरिकता	भाग II (अनुच्छेद 5-11) में वर्णित
आपातकालीन प्रावधान	राष्ट्रीय, राज्य एवं वित्तीय आपातकाल (भाग XVIII)
स्वतंत्र न्यायपालिका	सर्वोच्च न्यायालय सर्वोच्च न्यायिक प्राधिकरण है
धर्मनिरपेक्षता	कोई आधिकारिक धर्म नहीं; सभी धर्मों का समान सम्मान

महत्वपूर्ण बिंदु

- प्रस्तावना को संविधान की "आत्मा" माना जाता है।
- मौलिक अधिकार न्यायालय में प्रवर्तनीय (लागू किए जा सकने योग्य) होते हैं।
- राज्य नीति के निदेशक सिद्धांत गैर-न्यायोचित (Non-justiciable) होते हैं, अर्थात न्यायालय द्वारा लागू नहीं कराए जा सकते।
- मौलिक कर्तव्यों को 42वें संविधान संशोधन (1976) द्वारा जोड़ा गया था।

भारत में शासन प्रणाली (Governance System in India)

शासन का अर्थ किसी देश या क्षेत्र के प्रशासन और प्रबंधन की प्रणाली से है। भारत में शासन संविधान पर आधारित है, जो सरकार की संरचना, शक्तियों और कार्यों को राष्ट्रीय, राज्य और स्थानीय स्तर पर परिभाषित करता है। प्रभावी शासन कानून-व्यवस्था, विकास, नागरिक भागीदारी, न्याय और जनकल्याण सुनिश्चित करता है। भारत एक लोकतांत्रिक प्रणाली का पालन करता है, जिसमें लोग मतदान और स्थानीय प्रतिनिधित्व के माध्यम से भाग लेते हैं।

स्थानीय स्वशासन

स्थानीय स्वशासन वह प्रणाली है जिसमें स्थानीय लोग अपने गाँवों, कस्बों और शहरों के मामलों का स्वयं प्रबंधन करते हैं। यह स्थानीय स्तर पर सहभागी लोकतंत्र, विकास और जवाबदेही सुनिश्चित करता है।

इसके दो प्रकार हैं :

1. ग्रामीण स्थानीय निकाय (पंचायती राज)
2. शहरी स्थानीय निकाय (नगरपालिकाएँ)

ग्रामीण स्थानीय स्वशासन (पंचायती राज)

- 73वें संविधान संशोधन अधिनियम, 1992 द्वारा प्रारंभ किया गया
- त्रिस्तरीय प्रणाली का पालन करता है :
  1. ग्राम पंचायत : गाँव स्तर
  2. पंचायत समिति / ब्लॉक पंचायत : खंड स्तर
  3. जिला परिषद : जिला स्तर

विशेषताएँ :

- निर्वाचित प्रतिनिधि
- हर 5 वर्ष में नियमित चुनाव
- अनुसूचित जाति (SC), अनुसूचित जनजाति (ST) और महिलाओं के लिए आरक्षण
- अनुदान के लिए राज्य वित्त आयोग का गठन

(A) ग्राम पंचायत

- ग्रामीण शासन का सबसे निचला स्तर
- निर्वाचित प्रतिनिधियों से गठित, जिसमें प्रधान / सरपंच शामिल होता है।

  कार्य :
  - ❑ गाँव की सड़कों और सार्वजनिक भवनों का रखरखाव
  - ❑ पेयजल आपूर्ति
  - ❑ प्राथमिक शिक्षा और स्वास्थ्य सेवाएँ
  - ❑ कृषि विकास और कल्याणकारी योजनाएँ
- **ग्राम सभा :** सभी वयस्क ग्रामीणों की सभा, जो योजनाओं और बजट को अनुमोदित करती है।

(B) ब्लॉक पंचायत (पंचायत समिति)

- त्रिस्तरीय प्रणाली का मध्य स्तर
- ब्लॉक की ग्राम पंचायतों की गतिविधियों का समन्वय करती है।
- शिक्षा, स्वास्थ्य और सिंचाई से संबंधित विकास योजनाओं को लागू करती है।

(C) जिला परिषद

- जिला स्तर पर सर्वोच्च ग्रामीण निकाय
- ब्लॉक पंचायतों और ग्राम पंचायतों की निगरानी करती है।
- जिला स्तरीय विकास परियोजनाओं (सड़क, अस्पताल, विद्यालय आदि) की योजना बनाती है।
- राज्य और केंद्र सरकार से धन प्राप्त करती है।

शहरी स्थानीय स्वशासन

- 74वें संविधान संशोधन अधिनियम, 1992 द्वारा प्रारंभ किया गया।
- शहरों और कस्बों पर लागू होता है।

शहरी स्थानीय निकायों के प्रकार :

1. नगर निगम : बड़े शहरों के लिए
2. नगर परिषद / नगरपालिका : छोटे शहरों और कस्बों के लिए
3. नगर पंचायत : ग्रामीण से शहरी बनते क्षेत्रों के लिए

विशेषताएँ :

- निर्वाचित प्रतिनिधि
- शहरी नियोजन, सार्वजनिक स्वास्थ्य, स्वच्छता, जल आपूर्ति और संबंधित सेवाओं के लिए उत्तरदायी

(A) नगर पंचायत

- ग्रामीण से शहरी बनने वाले क्षेत्रों का शासन
- जल आपूर्ति, स्वच्छता, सड़क प्रकाश और सार्वजनिक स्वास्थ्य जैसी बुनियादी सुविधाएँ प्रदान करती है।

(B) नगरपालिका

- छोटे शहरों और कस्बों का शासन
- **कार्य :**
  - ❑ शहरी नियोजन और आवास
  - ❑ कचरा प्रबंधन और स्वच्छता
  - ❑ जल आपूर्ति और सड़क प्रकाश व्यवस्था
  - ❑ शिक्षा और स्वास्थ्य सेवाएँ

(C) नगर निगम

- लखनऊ, कानपुर जैसे बड़े शहरों का शासन
- जिम्मेदारियाँ :
  - ❑ शहर नियोजन और अवसंरचना विकास
  - ❑ सार्वजनिक परिवहन और यातायात प्रबंधन
  - ❑ स्वास्थ्य, स्वच्छता और सामाजिक कल्याण
  - ❑ कर संग्रह और बजट योजना

जिला प्रशासन

- जिला स्तर पर राज्य सरकार का प्रतिनिधित्व करता है।
- इसका प्रमुख जिला मजिस्ट्रेट / कलेक्टर होता है।

  कार्य :
  - ❑ कानून और व्यवस्था बनाए रखना
  - ❑ राजस्व (Revenue) का संग्रह करना
  - ❑ विकास योजनाओं का समन्वय करना
  - ❑ आपदा प्रबंधन और सार्वजनिक सेवाओं का संचालन
- यह ग्रामीण विकास के लिए जिला परिषद के साथ मिलकर कार्य करता है।

स्थानीय स्वशासन के कार्य

(A) ग्रामीण क्षेत्र (पंचायती राज)

- सड़कों, पुलों और सार्वजनिक भवनों का निर्माण एवं रखरखाव
- पेयजल आपूर्ति

- प्राथमिक शिक्षा
- स्वास्थ्य और स्वच्छता सेवाएँ
- कृषि विकास और कल्याणकारी कार्यक्रम

(B) शहरी क्षेत्र (नगरपालिकाएँ)

- शहरी अवसंरचना और आवास की योजना एवं विकास
- सार्वजनिक स्वास्थ्य और स्वच्छता
- जल आपूर्ति और सड़क प्रकाश व्यवस्था
- बाजारों का नियमन और झुग्गी-झोपड़ी विकास
- कमजोर वर्गों के लिए कल्याणकारी योजनाएँ

महत्व / लाभ

1. **लोकतांत्रिक भागीदारी :** नागरिक शासन में सक्रिय भाग लेते हैं।
2. **कुशल प्रशासन :** स्थानीय स्तर पर निर्णय तेजी से लिए जाते हैं।
3. **आर्थिक विकास :** समुदाय की आवश्यकताओं के अनुसार स्थानीय परियोजनाओं को बढ़ावा मिलता है।
4. **वंचित वर्गों का सशक्तिकरण :** महिलाओं और कमजोर वर्गों का प्रतिनिधित्व सुनिश्चित होता है।
5. **जवाबदेही और पारदर्शिता :** स्थानीय नेता नागरिकों के प्रति उत्तरदायी होते हैं।

चुनौतियाँ

- नागरिकों में जागरूकता की कमी
- राज्य सरकारों पर वित्तीय निर्भरता
- राजनीतिक हस्तक्षेप
- भ्रष्टाचार और कुप्रबंधन
- प्रशिक्षित कर्मियों की कमी

शब्द	अर्थ
ग्राम सभा	गाँव के सभी वयस्क सदस्यों की सभा
ग्राम पंचायत	गाँव स्तर पर निर्वाचित निकाय
जिला परिषद	जिला स्तर की शासकीय निकाय
नगर पंचायत	ग्रामीण से शहरी बनते क्षेत्रों का स्थानीय निकाय
नगरपालिका	छोटे शहरों का शासकीय निकाय
नगर निगम	बड़े शहरों का शासकीय निकाय

राज्य शासन (State Governance)

भारत का प्रत्येक राज्य अपना स्वयं का सरकार, प्रशासन और न्यायपालिका रखता है, जो भारतीय संविधान के ढाँचे के अंतर्गत कार्य करती है। प्रत्येक राज्य अपने क्षेत्र में कानून-व्यवस्था, विकास और सार्वजनिक सेवाओं के प्रबंधन के लिए उत्तरदायी होता है।

कार्यपालिका

कार्यपालिका का कार्य विधायिका द्वारा बनाए गए कानूनों और नीतियों को लागू करना तथा दैनिक प्रशासन का संचालन करना होता है।

मुख्य घटक :

1. **राज्यपाल**
   - राज्य का संवैधानिक प्रमुख होता है।
   - भारत के राष्ट्रपति द्वारा 5 वर्ष के लिए नियुक्त किया जाता है।

   शक्तियाँ :
   - ❑ राज्य विधानसभा को बुलाना और भंग करना
   - ❑ विधेयकों को कानून बनने से पहले स्वीकृति देना
   - ❑ मुख्यमंत्री और अन्य मंत्रियों की नियुक्ति करना
2. **मुख्यमंत्री**
   - राज्य सरकार का प्रमुख (वास्तविक कार्यपालिका शक्ति) होता है।
   - राज्य विधानसभा में बहुमत प्राप्त दल का नेता होता है।

   उत्तरदायित्व :
   - ❑ नीतियाँ और योजनाएँ बनाना
   - ❑ मंत्रिपरिषद का नेतृत्व करना
   - ❑ राज्य और केंद्र सरकार के बीच समन्वय स्थापित करना
3. **मंत्रिपरिषद**
   - मुख्यमंत्री की सलाह पर राज्यपाल द्वारा नियुक्त की जाती है।
   - यह मुख्यमंत्री को नीति निर्माण और प्रशासन में सहायता करती है।
4. **राज्य सचिवालय और विभाग**
   - यह सरकारी निर्णयों को लागू करने वाली प्रशासनिक शाखा होती है।
   - प्रमुख विभाग : शिक्षा, स्वास्थ्य, कृषि, वित्त, पुलिस आदि।

विधायिका

राज्य विधायिका का कार्य कानून बनाना होता है।

राज्य विधायिका के प्रकार :

1. एकसदनीय : केवल एक सदन (विधानसभा)
2. द्विसदनीय : दो सदन (विधानसभा + विधान परिषद)

कार्य :

- राज्य विषयों (शिक्षा, कृषि, स्वास्थ्य आदि) पर कानून बनाना
- राज्य बजट और व्यय को स्वीकृत करना
- कार्यपालिका को उत्तरदायी बनाना

न्यायपालिका

न्यायपालिका का कार्य न्याय प्रदान करना, कानूनों को लागू करना और संविधान का पालन सुनिश्चित करना है।

मुख्य घटक :

1. **उच्च न्यायालय**
   - किसी राज्य या राज्यों के समूह का सर्वोच्च न्यायालय होता है।
   - इसका प्रमुख न्यायाधीश होता है।
   - यह अधीनस्थ न्यायालयों के निर्णयों के विरुद्ध अपील सुनता है और नागरिकों के अधिकारों की रक्षा करता है।
2. **अधीनस्थ न्यायालय**
   - इसमें जिला न्यायालय, तहसील/तालुका न्यायालय तथा दीवानी/फौजदारी न्यायालय शामिल होते हैं।
   - ये स्थानीय स्तर पर दीवानी और आपराधिक मामलों का निपटारा करते हैं।

   कार्य :
   - कानूनों की व्याख्या और पालन सुनिश्चित करना
   - नागरिकों और राज्य के बीच विवादों का समाधान करना
   - मौलिक अधिकारों की रक्षा करना

प्रशासनिक संरचना

प्रशासन का कार्य नीतियों और सार्वजनिक सेवाओं को लागू करना होता है।

मुख्य अधिकारी :

1. **जिला कलेक्टर / जिला मजिस्ट्रेट**
   - जिला प्रशासन का प्रमुख होता है।
   - कार्य : राजस्व संग्रह, कानून-व्यवस्था बनाए रखना, आपदा प्रबंधन
2. **पुलिस अधीक्षक :** जिले में कानून और व्यवस्था बनाए रखता है।
3. **ब्लॉक और तहसील अधिकारी :** स्थानीय प्रशासन, विकास कार्यक्रमों और कल्याणकारी योजनाओं की निगरानी करते हैं।
4. **स्थानीय शासन निकाय :**
   - ग्रामीण : ग्राम पंचायत, पंचायत समिति, जिला परिषद
   - शहरी : नगर पंचायत, नगरपालिका, नगर निगम

राज्य शासन

शाखा	प्रमुख/मुख्य अधिकारी	उत्तरदायित्व
कार्यपालिका	राज्यपाल, मुख्यमंत्री, मंत्रिपरिषद	कानूनों का क्रियान्वयन, नीतियों का निष्पादन, दैनिक प्रशासन का संचालन
विधायिका	विधानसभा/विधान परिषद	कानून बनाना, बजट को स्वीकृत करना, कार्यपालिका पर निगरानी रखना
न्यायपालिका	उच्च न्यायालय, जिला न्यायालय	कानूनों का पालन सुनिश्चित करना, विवादों का निपटारा करना, अधिकारों की रक्षा करना
प्रशासन	जिला कलेक्टर, पुलिस अधीक्षक, तहसील अधिकारी	राजस्व व्यवस्था, कानून-व्यवस्था बनाए रखना, विकास कार्यक्रमों का क्रियान्वयन

राष्ट्रीय शासन

राष्ट्रीय स्तर पर शासन का संचालन केंद्र सरकार द्वारा किया जाता है, जो रक्षा, विदेश नीति, वित्त और राष्ट्रीय सुरक्षा जैसे विषयों का प्रबंधन करती है। इसमें निम्नलिखित प्रमुख अंग शामिल हैं :

- **कार्यपालिका :** राष्ट्रपति (संवैधानिक प्रमुख), प्रधानमंत्री और मंत्रिपरिषद।
- **विधायिका :** संसद, जिसमें लोकसभा (जनता का सदन) और राज्यसभा (राज्यों की परिषद) शामिल हैं।
- **न्यायपालिका :** भारत का सर्वोच्च न्यायालय, जो संविधान की रक्षा करता है, कानूनों की व्याख्या करता है और न्याय सुनिश्चित करता है।

राष्ट्रीय शासन, कानूनों के क्रियान्वयन, नीतियों के निर्माण और राष्ट्रीय विकास कार्यक्रमों के लिए राज्य सरकारों के साथ समन्वय करता है।

राष्ट्रीय पर्व

भारत एक समृद्ध संस्कृति, विविधता और एकता का देश है। राष्ट्रीय पर्व पूरे देश में बड़े उत्साह और सम्मान के साथ मनाए जाते हैं। ये पर्व नागरिकों के बीच एकता, देशभक्ति और राष्ट्रीय एकीकरण को बढ़ावा देते हैं। भारत के तीन प्रमुख राष्ट्रीय पर्व गणतंत्र दिवस, स्वतंत्रता दिवस और गांधी जयंती हैं।

1. **गणतंत्र दिवस (26 जनवरी) :** गणतंत्र दिवस प्रत्येक वर्ष 26 जनवरी को मनाया जाता है, क्योंकि इसी दिन वर्ष 1950 में भारत का संविधान लागू हुआ था। इसी दिन भारत एक संप्रभु, लोकतांत्रिक और गणराज्य राष्ट्र बना।
   - यह भारत के संविधान का सम्मान करता है।
   - यह देश के लोकतांत्रिक मूल्यों को दर्शाता है।
   - मुख्य समारोह नई दिल्ली में राजपथ (कर्तव्य पथ) पर आयोजित होता है।
   - भारतीय सशस्त्र बलों द्वारा भव्य परेड निकाली जाती है।
2. **स्वतंत्रता दिवस (15 अगस्त) :** स्वतंत्रता दिवस प्रत्येक वर्ष 15 अगस्त को मनाया जाता है, जो वर्ष 1947 में भारत की ब्रिटिश शासन से स्वतंत्रता की स्मृति में है। यह लगभग 200 वर्षों के औपनिवेशिक शासन के अंत का प्रतीक है।

- प्रधानमंत्री लाल किले (दिल्ली) पर राष्ट्रीय ध्वज फहराते हैं।
- पूरे देश में राष्ट्रीय गान गाया जाता है।
- स्वतंत्रता सेनानियों को श्रद्धांजलि दी जाती है।
- यह नागरिकों को स्वतंत्रता के लिए किए गए बलिदानों की याद दिलाता है।

3. **गांधी जयंती (2 अक्टूबर) :** गांधी जयंती प्रत्येक वर्ष 2 अक्टूबर को महात्मा गांधी (राष्ट्रपिता) के जन्मदिवस के रूप में मनाई जाती है।
   - यह महात्मा गांधी के सत्य और अहिंसा के सिद्धांतों का सम्मान करती है।
   - यह शांति, सादगी और सद्भाव को बढ़ावा देती है।
   - संयुक्त राष्ट्र द्वारा इसे अंतर्राष्ट्रीय अहिंसा दिवस के रूप में भी मनाया जाता है।
   - प्रार्थना सभाएँ और स्वच्छता अभियान आयोजित किए जाते हैं।

राष्ट्रीय पर्वों का महत्व

- राष्ट्रीय एकता और एकीकरण को बढ़ावा देते हैं।
- नागरिकों में देशभक्ति की भावना विकसित करते हैं।
- स्वतंत्रता सेनानियों के बलिदानों को याद करते हैं।
- संवैधानिक मूल्यों के प्रति जागरूकता फैलाते हैं।
- ''विविधता में एकता'' की भावना को मजबूत करते हैं।

राष्ट्रीय प्रतीक

राष्ट्रीय प्रतीक भारत की पहचान, संस्कृति और विरासत का प्रतिनिधित्व करते हैं। ये नागरिकों में एकता और गर्व की भावना को प्रेरित करते हैं :

- **राष्ट्रीय ध्वज :** तिरंगा ध्वज जिसमें केसरिया, सफेद और हरा रंग होता है, क्रमशः साहस, शांति और समृद्धि का प्रतीक है। इसके मध्य में अशोक चक्र स्थित है।
- **राष्ट्रीय प्रतीक चिन्ह :** अशोक स्तंभ के सिंह शीर्ष से लिया गया, जो शक्ति, साहस और न्याय का प्रतीक है।
- **राष्ट्रीय गान :** ''जन गण मन'', जो आधिकारिक कार्यक्रमों और राष्ट्रीय अवसरों पर गाया जाता है।
- **राष्ट्रीय गीत :** ''वंदे मातरम'', जो देशभक्ति का प्रतीक है।
- **राष्ट्रीय पशु :** बंगाल टाइगर, जो शक्ति का प्रतीक है।
- **राष्ट्रीय पक्षी :** मोर, जो सौंदर्य और गरिमा का प्रतीक है।
- **राष्ट्रीय फूल :** कमल, जो पवित्रता का प्रतीक है।
- **राष्ट्रीय फल :** आम, जो समृद्धि का प्रतीक है।

ये सभी प्रतीक नागरिकों को एकजुट करते हैं और भारत की संस्कृति, विविधता एवं मूल्यों को दर्शाते हैं।

मतदान और लोकतंत्र

लोकतंत्र एक ऐसी शासन प्रणाली है जिसमें सत्ता जनता के हाथों में होती है। लोकतंत्र में नागरिकों को अपने प्रतिनिधियों का चयन करने तथा निर्णय लेने की प्रक्रिया में भाग लेने का अधिकार होता है। मतदान वह सबसे महत्वपूर्ण साधन है जिसके माध्यम से नागरिक अपने लोकतांत्रिक अधिकारों का प्रयोग करते हैं। यह सुनिश्चित करता है कि सरकार की नीतियाँ और नेतृत्व जनता की इच्छा के अनुरूप हों।

मतदान का अर्थ

मतदान वह प्रक्रिया है जिसमें चुनावों के दौरान व्यक्ति अपनी पसंद या राय व्यक्त करता है। भारत में 18 वर्ष या उससे अधिक आयु के प्रत्येक नागरिक को मतदान का अधिकार संविधान द्वारा प्रदान किया गया है। मतदान नागरिकों को स्थानीय, राज्य तथा राष्ट्रीय स्तर पर नेताओं का चयन करने का अधिकार देता है, जिससे शासन और सार्वजनिक नीतियाँ प्रभावित होती हैं।

मतदान का महत्व

मतदान लोकतंत्र की आधारशिला है, इसके कई कारण हैं–

- यह शासन में जनता का प्रतिनिधित्व सुनिश्चित करता है।
- यह नागरिकों को नेताओं को उनके कार्यों और निर्णयों के लिए उत्तरदायी बनाने का अवसर देता है।
- यह सरकार में शक्ति संतुलन बनाए रखने में सहायता करता है।
- यह प्रत्येक व्यक्ति को उन निर्णयों को प्रभावित करने का अधिकार देता है जो उसके जीवन को प्रभावित करते हैं।
- यह नागरिकों में राजनीतिक जागरूकता और नागरिक उत्तरदायित्व को बढ़ावा देता है।

भारत में लोकतंत्र

भारत विश्व का सबसे बड़ा लोकतंत्र है। भारतीय लोकतांत्रिक प्रणाली समानता, स्वतंत्रता और न्याय के सिद्धांतों पर आधारित है। भारत में लोकतंत्र प्रतिनिधिक लोकतंत्र है, जिसमें नागरिक अपने प्रतिनिधियों का चुनाव करते हैं जो उनकी ओर से निर्णय लेते हैं। इसकी प्रमुख विशेषताएँ हैं–

- **सार्वभौमिक वयस्क मताधिकार :** 18 वर्ष से अधिक आयु के प्रत्येक नागरिक को जाति, धर्म, लिंग या सामाजिक स्थिति के बिना मतदान का अधिकार प्राप्त है।
- **स्वतंत्र एवं निष्पक्ष चुनाव :** भारत के निर्वाचन आयोग द्वारा संचालित, जो पारदर्शिता और निष्पक्षता सुनिश्चित करता है।
- **नियमित चुनाव :** स्थानीय, राज्य और राष्ट्रीय स्तर पर समय-समय पर चुनाव आयोजित किए जाते हैं।
- **शक्तियों का पृथक्करण :** शक्ति विधायिका, कार्यपालिका और न्यायपालिका में विभाजित होती है ताकि सत्ता के दुरुपयोग को रोका जा सके।

भारत में चुनावों के प्रकार

1. **स्थानीय चुनाव :** ये चुनाव शहरी और ग्रामीण स्थानीय निकायों के लिए होते हैं, जैसे ग्राम पंचायत, नगर पंचायत, नगरपालिका और नगर निगम। ये चुनाव नागरिकों को जमीनी स्तर पर शासन में भागीदारी का अवसर देते हैं।
2. **राज्य चुनाव :** ये चुनाव राज्य विधानसभाओं तथा कुछ राज्यों में विधान परिषद के लिए होते हैं। नागरिक ऐसे प्रतिनिधियों का चयन करते हैं जो राज्य के लिए कानून और नीतियाँ बनाते हैं।
3. **राष्ट्रीय चुनाव :** ये चुनाव लोकसभा (जनता का सदन) के लिए होते हैं, जो संसद का निम्न सदन है। इसके प्रतिनिधि पूरे देश के लिए कानून और निर्णय लेते हैं।

चुनाव प्रक्रिया

भारत में चुनाव प्रक्रिया को निष्पक्ष और पारदर्शी बनाने के लिए व्यवस्थित रूप से संचालित किया जाता है–

- **मतदाता पंजीकरण :** नागरिकों का नाम मतदाता सूची में होना आवश्यक है।
- **नामांकन :** योग्य उम्मीदवार चुनाव में भाग लेने के लिए नामांकन करते हैं।
- **प्रचार :** उम्मीदवार और दल अपनी नीतियाँ और योजनाएँ जनता तक पहुँचाते हैं।
- **मतदान :** नागरिक इलेक्ट्रॉनिक वोटिंग मशीन (EVM) या मतपत्र के माध्यम से मतदान करते हैं।
- **मतगणना और परिणाम :** मतों की गिनती की जाती है और बहुमत के आधार पर विजेता घोषित किए जाते हैं।

लोकतंत्र और मतदान का महत्व

- लोकतंत्र सभी नागरिकों को समान अधिकार और अवसर प्रदान करता है।
- मतदान नागरिकों को शासन के प्रति जिम्मेदार बनाकर राष्ट्रीय एकता को मजबूत करता है।
- यह जवाबदेही सुनिश्चित करता है क्योंकि निर्वाचित प्रतिनिधि जनता के प्रति उत्तरदायी होते हैं।
- मतदान में सक्रिय भागीदारी सामाजिक, आर्थिक और राजनीतिक विकास को बढ़ावा देती है।

लोकतंत्र में चुनौतियाँ

यद्यपि भारत में मजबूत लोकतांत्रिक व्यवस्था है, फिर भी कुछ चुनौतियाँ मौजूद हैं–

- कुछ क्षेत्रों में कम मतदान प्रतिशत।
- चुनावों में धन, जाति और धर्म का प्रभाव।
- गलत सूचना और फर्जी खबरों का प्रभाव।
- महिलाओं और गरीब वर्ग जैसे वंचित समूहों की भागीदारी में बाधाएँ।

नागरिक कर्तव्य

मतदान केवल अधिकार ही नहीं, बल्कि एक कर्तव्य भी है। नागरिकों को जिम्मेदारीपूर्वक मतदान करके लोकतंत्र को मजबूत करना चाहिए, निष्पक्ष शासन सुनिश्चित करना चाहिए और राष्ट्र के भविष्य के निर्माण में योगदान देना चाहिए। एक सशक्त लोकतंत्र एक जागरूक और सक्रिय नागरिक समाज का प्रतीक होता है, जो भारत को एक जीवंत और समावेशी राष्ट्र बनाता है।

राष्ट्रीय एकता

राष्ट्रीय एकता से तात्पर्य किसी देश के नागरिकों के बीच एकता और साथ होने की भावना से है। यह वह भावना है जिसमें लोग अपनी विभिन्नताओं–धर्म, भाषा, संस्कृति, जाति, क्षेत्र या सामाजिक पृष्ठभूमि के बावजूद–अपने आप को एक राष्ट्र का हिस्सा मानते हैं। राष्ट्रीय एकता किसी देश की स्थिरता, प्रगति और विकास के लिए अत्यंत आवश्यक है। भारत जैसे विविधता से भरपूर देश में, राष्ट्रीय एकता उसकी शक्ति और लोकतंत्र की आधारशिला है।

राष्ट्रीय एकता का महत्व

राष्ट्रीय एकता किसी राष्ट्र के विकास और सुरक्षा में महत्वपूर्ण भूमिका निभाती है–

- यह विभिन्न समुदायों के बीच शांति और सद्भाव सुनिश्चित करती है।
- यह राष्ट्रीय अखंडता को मजबूत करती है और संघर्षों की संभावना को कम करती है।
- एकजुट राष्ट्र बाहरी खतरों का अधिक प्रभावी ढंग से सामना कर सकता है।
- यह आर्थिक और सामाजिक विकास को बढ़ावा देती है क्योंकि लोग साझा लक्ष्यों के लिए मिलकर कार्य करते हैं।
- राष्ट्रीय एकता सामाजिक न्याय और समानता को बढ़ावा देती है, जिससे प्रत्येक नागरिक को सम्मान का अनुभव होता है।

राष्ट्रीय एकता के कारक

1. **संविधान और कानून :** भारतीय संविधान समानता, न्याय और स्वतंत्रता का एक ढांचा प्रदान करता है, जो सभी नागरिकों के साथ समान व्यवहार सुनिश्चित करता है। लोकतंत्र, धर्मनिरपेक्षता और विधि के शासन जैसे संवैधानिक मूल्य लोगों को एक साझा शासन प्रणाली के अंतर्गत जोड़ते हैं।
2. **लोकतंत्र और मतदान :** मतदान और नागरिक गतिविधियों में सक्रिय भागीदारी नागरिकों में देश के प्रति जिम्मेदारी की भावना विकसित करती है। लोकतांत्रिक अधिकार प्रत्येक व्यक्ति को अपनी आवाज देने का अवसर देते हैं, जिससे एकता मजबूत होती है।

3. **राष्ट्रीय प्रतीक :** राष्ट्रीय ध्वज, राष्ट्रीय चिन्ह, राष्ट्रगान और राष्ट्रीय गीत जैसे प्रतीक देशभक्ति और गर्व की भावना को बढ़ाते हैं। ये नागरिकों को साझा विरासत, संस्कृति और मूल्यों की याद दिलाते हैं।
4. **शिक्षा और जागरूकता :** शिक्षा राष्ट्रीय एकता को बढ़ाने में महत्वपूर्ण भूमिका निभाती है। विद्यालय बच्चों को देश के इतिहास, संस्कृति, विविधता तथा सहिष्णुता, सम्मान और सहयोग के महत्व के बारे में सिखाते हैं।
5. **सांस्कृतिक एकीकरण :** भारत की विविधता—अलग-अलग भाषाएँ, धर्म, त्योहार और परंपराएँ—उसकी शक्ति है। इस विविधता का सम्मान करते हुए एक साझा राष्ट्रीय पहचान बनाए रखना एकता को मजबूत करता है।
6. **मीडिया और संचार :** मीडिया, सोशल मीडिया और संचार माध्यम राष्ट्रीय मुद्दों, उपलब्धियों और एक राष्ट्र के रूप में मिलकर कार्य करने के महत्व के बारे में जागरूकता फैलाते हैं।

राष्ट्रीय एकता के लिए खतरे

एक लोकतांत्रिक और विविध देश होने के बावजूद कुछ तत्व राष्ट्रीय एकता को कमजोर कर सकते हैं—

- जातिवाद और सांप्रदायिकता, जो धर्म या सामाजिक स्थिति के आधार पर लोगों को विभाजित करते हैं।
- क्षेत्रवाद, जिसमें क्षेत्रीय हित राष्ट्रीय हितों से ऊपर रखे जाते हैं।
- भ्रष्टाचार और असमानता, जिससे नागरिकों में असंतोष और अविश्वास बढ़ता है।
- गलत सूचना और प्रचार, जो समुदायों या राष्ट्र के बारे में झूठी धारणाएँ फैलाते हैं।

राष्ट्रीय एकता को बढ़ावा देने के उपाय

- सभी धर्मों, भाषाओं और संस्कृतियों के प्रति सम्मान को बढ़ावा देना।
- संविधान और लोकतांत्रिक अधिकारों के बारे में शिक्षा और जागरूकता बढ़ाना।
- स्वैच्छिक सामाजिक सेवा को प्रोत्साहित करना, जिससे नागरिकों में परस्पर जुड़ाव बढ़े।
- स्वतंत्रता दिवस और गणतंत्र दिवस जैसे राष्ट्रीय पर्वों को मनाकर देशभक्ति की भावना को बढ़ाना।
- कानून और व्यवस्था को मजबूत करना ताकि शांति और सुरक्षा बनी रहे।

राष्ट्रीय एकता का महत्व

राष्ट्रीय एकता एक मजबूत और समृद्ध राष्ट्र की रीढ़ होती है। एकजुट नागरिक स्थिरता सुनिश्चित करते हैं, आर्थिक विकास को बढ़ावा देते हैं, संप्रभुता की रक्षा करते हैं और सामाजिक सद्भाव को बनाए रखते हैं। भारत जैसे विविध देश में राष्ट्रीय एकता केवल एक भावना नहीं, बल्कि प्रत्येक नागरिक का कर्तव्य है कि वह राष्ट्र के व्यापक हित के लिए मिलकर कार्य करे।

पर्यावरण : आवश्यकता, संरक्षण, महत्व और सामाजिक उत्तरदायित्व

पर्यावरण से तात्पर्य उन सभी परिवेशों से है जिनमें जीवित प्राणी रहते हैं। इसमें जैविक घटक (पौधे, पशु, मनुष्य) और अजैविक घटक (वायु, जल, मिट्टी, जलवायु) शामिल होते हैं। पर्यावरण जीवन के अस्तित्व और विकास के लिए आवश्यक संसाधन प्रदान करता है।

पर्यावरण की आवश्यकता

पर्यावरण पृथ्वी पर जीवन के अस्तित्व की मूल आधारशिला है। यह सभी जीवित प्राणियों को घेरता है और उनके जीवन तथा विकास के लिए आवश्यक परिस्थितियाँ प्रदान करता है। मनुष्य, पशु और पौधे सभी अपनी आवश्यकताओं की पूर्ति के लिए प्रत्यक्ष या अप्रत्यक्ष रूप से पर्यावरण पर निर्भर करते हैं।

जीवन-समर्थन प्रणाली के रूप में पर्यावरण

पर्यावरण एक जीवन-समर्थन प्रणाली के रूप में कार्य करता है, जो श्वसन के लिए वायु, पीने के लिए जल और पोषण के लिए भोजन उपलब्ध कराता है। इन आवश्यक तत्वों के बिना जीवन संभव नहीं है। यह आश्रय और उपयुक्त जीवन-परिस्थितियाँ भी प्रदान करता है, जो जीवों के विकास और प्रजनन में सहायक होती हैं। इन संसाधनों की उपलब्धता पृथ्वी पर जीवन की निरंतरता सुनिश्चित करती है।

पारिस्थितिक संतुलन का संरक्षण

पर्यावरण का एक महत्वपूर्ण पहलू पारिस्थितिक संतुलन बनाए रखना है। प्राकृतिक तंत्र खाद्य शृंखला, खाद्य जाल और प्राकृतिक चक्रों जैसी परस्पर संबंधित प्रक्रियाओं के माध्यम से कार्य करता है। ये प्रक्रियाएँ ऊर्जा के प्रवाह को बनाए रखती हैं और पोषक तत्वों का पुनर्चक्रण करती हैं। इस संतुलन में किसी भी प्रकार का व्यवधान गंभीर पर्यावरणीय समस्याएँ उत्पन्न कर सकता है।

प्राकृतिक संसाधनों का स्रोत

पर्यावरण प्राकृतिक संसाधनों का मुख्य स्रोत है। यह वन और जल जैसे नवीकरणीय संसाधन तथा खनिज और जीवाश्म ईंधन जैसे अनवीकरणीय संसाधन प्रदान करता है। ये संसाधन कृषि, उद्योग और समग्र आर्थिक विकास के लिए अत्यंत आवश्यक हैं। मानव प्रगति और तकनीकी उन्नति इन संसाधनों पर काफी हद तक निर्भर करती है।

जलवायु का नियमन

पर्यावरण जलवायु और मौसम की स्थितियों को नियंत्रित करने में महत्वपूर्ण भूमिका निभाता है। यह तापमान, वर्षा और ऋतु परिवर्तन

को प्रभावित करता है, जो कृषि और जीवन के लिए आवश्यक हैं। स्थिर जलवायु उचित फसल उत्पादन सुनिश्चित करती है और जीवों के जीवन को सहारा देती है।

जैव विविधता का संरक्षण

पर्यावरण विभिन्न प्रकार के पौधों और जीवों को प्राकृतिक आवास प्रदान करता है। यह जैव विविधता पारिस्थितिक स्थिरता और संतुलन बनाए रखने के लिए आवश्यक है। प्रत्येक प्रजाति पारिस्थितिकी तंत्र में अपनी विशिष्ट भूमिका निभाती है और उसके सुचारु संचालन में योगदान देती है।

सांस्कृतिक और सामाजिक महत्व

पर्यावरण का सांस्कृतिक, सामाजिक और सौंदर्यात्मक महत्व भी है। यह मानव जीवनशैली, परंपराओं और विश्वासों को प्रभावित करता है। प्राकृतिक परिवेश मनोरंजन, मानसिक शांति और समग्र कल्याण के अवसर प्रदान करता है, जिससे जीवन अधिक संतुलित और सार्थक बनता है।

पर्यावरण संरक्षण की आवश्यकता

पर्यावरण संरक्षण से तात्पर्य प्राकृतिक संसाधनों और पारिस्थितिक तंत्रों को क्षति और विनाश से बचाना है। वर्तमान समय में बढ़ती मानवीय गतिविधियों ने पर्यावरण को गंभीर रूप से प्रभावित किया है, जिससे इसका संरक्षण एक आवश्यकता बन गया है, न कि केवल एक विकल्प।

बढ़ता पर्यावरणीय ह्रास

तेजी से हो रहे औद्योगीकरण, शहरीकरण और जनसंख्या वृद्धि के कारण प्राकृतिक संसाधनों का अत्यधिक दोहन हो रहा है। इसके परिणामस्वरूप वनों की कटाई, प्रदूषण और जैव विविधता में कमी देखी जा रही है। पर्यावरण संरक्षण इन समस्याओं को नियंत्रित करने और प्राकृतिक संतुलन को पुनः स्थापित करने के लिए आवश्यक है।

प्रदूषण का नियंत्रण

औद्योगिक अपशिष्ट, वाहन उत्सर्जन और अनुचित कचरा प्रबंधन जैसी गतिविधियों के कारण वायु, जल और मृदा प्रदूषण में वृद्धि हुई है। ये प्रदूषक न केवल पर्यावरण को नुकसान पहुँचाते हैं, बल्कि मानव स्वास्थ्य को भी प्रभावित करते हैं। पर्यावरण की रक्षा करने से प्रदूषण को कम किया जा सकता है और स्वच्छ तथा स्वस्थ जीवन सुनिश्चित किया जा सकता है।

प्राकृतिक संसाधनों का संरक्षण

जल, वन, खनिज और जीवाश्म ईंधन जैसे प्राकृतिक संसाधन सीमित हैं। इनका अत्यधिक और अनुचित उपयोग इनके समाप्त होने का कारण बन सकता है। इसलिए पर्यावरण संरक्षण आवश्यक है ताकि इन संसाधनों का संरक्षण किया जा सके और आने वाली पीढ़ियों के लिए उनकी उपलब्धता सुनिश्चित की जा सके।

जैव विविधता का संरक्षण

पौधों और जानवरों की अनेक प्रजातियाँ आवास विनाश और पर्यावरणीय परिवर्तनों के कारण संकटग्रस्त या विलुप्त होती जा रही हैं। पर्यावरण की रक्षा करने से जैव विविधता का संरक्षण होता है और पारिस्थितिक संतुलन बना रहता है।

जलवायु परिवर्तन और वैश्विक ऊष्मीकरण

मानवीय गतिविधियों के कारण ग्रीनहाउस गैसों का उत्सर्जन बढ़ गया है, जिससे जलवायु परिवर्तन और वैश्विक ऊष्मीकरण हो रहा है। इसके परिणामस्वरूप चरम मौसम स्थितियाँ, हिमनदों का पिघलना और समुद्र स्तर में वृद्धि होती है। इन प्रभावों को कम करने और स्थिर जलवायु बनाए रखने के लिए पर्यावरण संरक्षण आवश्यक है।

सतत विकास सुनिश्चित करना

पर्यावरण संरक्षण सतत विकास को बढ़ावा देता है, जिसका अर्थ है वर्तमान आवश्यकताओं की पूर्ति इस प्रकार करना कि भविष्य की पीढ़ियाँ अपनी आवश्यकताओं को पूरा करने में सक्षम रहें। यह प्राकृतिक संसाधनों के संरक्षण के साथ संतुलित विकास सुनिश्चित करता है।

मानव स्वास्थ्य और कल्याण

स्वच्छ और स्वस्थ पर्यावरण का सीधा संबंध मानव स्वास्थ्य से है। प्रदूषण और पर्यावरणीय क्षति विभिन्न रोगों का कारण बन सकती है और जीवन की गुणवत्ता को कम कर सकती है। पर्यावरण की रक्षा करने से समग्र स्वास्थ्य और कल्याण में सुधार होता है।

अवधारणा अवलोकन

विषय	व्याख्या
ह्रास का नियंत्रण	पर्यावरणीय क्षति को कम करता है
प्रदूषण नियंत्रण	स्वच्छ वायु, जल और मृदा सुनिश्चित करता है
संसाधन संरक्षण	संसाधनों की कमी को रोकता है
जैव विविधता संरक्षण	पौधों और जानवरों को बचाता है
जलवायु स्थिरता	वैश्विक ऊष्मीकरण को कम करता है
सतत विकास	भविष्य की सुरक्षा सुनिश्चित करता है
स्वास्थ्य संरक्षण	जीवन की गुणवत्ता में सुधार करता है

पर्यावरण का महत्व, उपयोगिता और संरक्षण

पर्यावरण पृथ्वी पर जीवन के अस्तित्व और विकास के लिए अत्यंत आवश्यक है। यह जीवित प्राणियों को जीवित रहने, बढ़ने और प्रभावी ढंग से कार्य करने के लिए आवश्यक परिस्थितियाँ और संसाधन प्रदान करता है। इसका महत्व और उपयोगिता मानव जीवन, प्राकृतिक तंत्रों और पारिस्थितिक तंत्रों के विभिन्न पहलुओं के माध्यम से समझा जा सकता है।

पर्यावरण का महत्व

पर्यावरण जीवन को बनाए रखने में महत्वपूर्ण भूमिका निभाता है, क्योंकि यह वायु, जल, भोजन और आश्रय जैसी मूलभूत आवश्यकताएँ प्रदान करता है। ये संसाधन सभी जीवों के अस्तित्व और विकास को सुनिश्चित करते हैं। स्वस्थ पर्यावरण के बिना पृथ्वी पर जीवन संभव नहीं है।

यह खाद्य शृंखला, पोषक चक्र और ऊर्जा प्रवाह जैसी प्राकृतिक प्रक्रियाओं को नियंत्रित करके पारिस्थितिक संतुलन बनाए रखता है। यह संतुलन पर्यावरणीय असंतुलन को रोकने और पारिस्थितिक तंत्रों में स्थिरता बनाए रखने के लिए आवश्यक है।

इसके अतिरिक्त, पर्यावरण जलवायु और मौसम की स्थितियों जैसे तापमान, वर्षा और ऋतु परिवर्तन को नियंत्रित करता है। ये कारक कृषि, जल उपलब्धता और जीवन के समग्र समर्थन के लिए आवश्यक हैं।

एक अन्य महत्वपूर्ण पहलू जैव विविधता का संरक्षण है। पर्यावरण विभिन्न प्रजातियों के लिए आवास प्रदान करता है, जिससे पौधों, जानवरों और सूक्ष्मजीवों का संरक्षण होता है। जैव विविधता पारिस्थितिक तंत्र को मजबूत बनाती है, उसकी सहनशीलता बढ़ाती है और स्थिरता सुनिश्चित करती है।

पर्यावरण की उपयोगिता

पर्यावरण मानव जीवन के लिए आवश्यक प्राकृतिक संसाधनों का प्रमुख स्रोत है। यह पीने और सिंचाई के लिए जल, कृषि के लिए उपजाऊ मिट्टी, लकड़ी और ऑक्सीजन के लिए वन तथा औद्योगिक विकास के लिए खनिज प्रदान करता है। ये संसाधन आर्थिक विकास की आधारशिला हैं।

यह कृषि को उपजाऊ मिट्टी, उपयुक्त जलवायु और जल संसाधन प्रदान करके सहारा देता है। कृषि उत्पादन पूरी तरह पर्यावरणीय परिस्थितियों पर निर्भर करता है, जो इसकी व्यावहारिक उपयोगिता को दर्शाता है।

पर्यावरण उद्योगों के विकास में भी सहायक है, क्योंकि यह निर्माण और उत्पादन के लिए आवश्यक कच्चा माल और ऊर्जा संसाधन प्रदान करता है।

भौतिक संसाधनों के अतिरिक्त, पर्यावरण का मनोरंजन और सौंदर्यात्मक महत्व भी है। प्राकृतिक दृश्य, वन, नदियाँ और पर्वत पर्यटन, विश्राम और मानसिक शांति के अवसर प्रदान करते हैं, जिससे जीवन की गुणवत्ता में सुधार होता है।

इसके अलावा, इसका सांस्कृतिक और आध्यात्मिक महत्व भी है, क्योंकि कई परंपराएँ, रीति-रिवाज और विश्वास प्रकृति से जुड़े होते हैं। पर्यावरण मानव मूल्यों और जीवनशैली को प्रभावित करता है।

महत्वपूर्ण तथ्य

पहलू	महत्व	उपयोगिता
जीवन समर्थन	वायु, जल और भोजन प्रदान करता है	अस्तित्व और विकास सुनिश्चित करता है
पारिस्थितिक संतुलन	प्राकृतिक तंत्र बनाए रखता है	पर्यावरणीय असंतुलन को रोकता है
जलवायु	मौसम और ऋतुओं को नियंत्रित करता है	कृषि और जीवन को सहारा देता है
संसाधन	जैव विविधता का संरक्षण	कच्चा माल उपलब्ध कराता है
अर्थव्यवस्था	मानव विकास का समर्थन	कृषि और उद्योग को बढ़ावा देता है
सामाजिक मूल्य	परंपराओं और संस्कृति को बनाए रखता है	मनोरंजन और मानसिक शांति प्रदान करता है

पर्यावरण संरक्षण के कारण

औद्योगीकरण, शहरीकरण, वनों की कटाई और प्रदूषण जैसी मानवीय गतिविधियों ने प्राकृतिक संसाधनों और पारिस्थितिक तंत्रों को गंभीर क्षति पहुँचाई है। इसलिए पर्यावरण संरक्षण आवश्यक है–

- वायु, जल और मृदा प्रदूषण को नियंत्रित करना
- प्राकृतिक संसाधनों का संरक्षण करना
- जैव विविधता और संकटग्रस्त प्रजातियों की रक्षा करना
- जलवायु को नियंत्रित करना और वैश्विक ऊष्मीकरण के प्रभावों को कम करना
- भविष्य की पीढ़ियों के लिए सतत विकास सुनिश्चित करना
- स्वच्छ वायु, जल और सुरक्षित वातावरण प्रदान करके मानव स्वास्थ्य की रक्षा करना

पर्यावरण संरक्षण के उपाय

- **वनीकरण और पुनर्वनीकरण :** हरित क्षेत्र बढ़ाने के लिए पेड़ लगाना
- **प्रदूषण नियंत्रण :** वायु, जल और मृदा प्रदूषण को कम करना
- **अपशिष्ट प्रबंधन :** कम करना, पुनः उपयोग और पुनर्चक्रण (Reduce, Reuse, Recycle) अपनाना
- **जल और ऊर्जा संरक्षण :** प्राकृतिक संसाधनों का कुशल उपयोग
- **वन्यजीव संरक्षण :** संकटग्रस्त प्रजातियों और प्राकृतिक आवासों की रक्षा
- **नवीकरणीय ऊर्जा का उपयोग :** सौर, पवन और जलविद्युत ऊर्जा

अवधारणा अवलोकन

पहलू	महत्व/उपयोगिता	संरक्षण उपाय
वायु	श्वसन के लिए आवश्यक	उत्सर्जन कम करना, वृक्षारोपण
जल	पेय, सिंचाई, उद्योग	जल शोधन, संरक्षण
मृदा	कृषि, आवास	अपरदन रोकना, जैविक खेती
वन	ऑक्सीजन, जैव विविधता	वनीकरण, वनों की कटाई रोकना
वन्यजीव	पारिस्थितिक संतुलन	संरक्षित क्षेत्र, अवैध शिकार रोकना
प्राकृतिक संसाधन	अर्थव्यवस्था और विकास	सतत उपयोग, नवीकरणीय ऊर्जा
जलवायु	कृषि और जीवन को सहारा	प्रदूषण नियंत्रण, जलवायु जागरूकता

पर्यावरण के प्रति सामाजिक उत्तरदायित्व

पर्यावरण के प्रति सामाजिक उत्तरदायित्व से तात्पर्य व्यक्तियों, समुदायों और संगठनों का यह नैतिक कर्तव्य है कि वे प्राकृतिक संसाधनों का संरक्षण करें, उनकी रक्षा करें और उनका सतत उपयोग सुनिश्चित करें। प्रत्येक व्यक्ति पर्यावरण का एक हिस्सा है और मानवीय गतिविधियाँ सीधे इसके गुणवत्ता और स्थिरता को प्रभावित करती हैं। जिम्मेदारी निभाने से यह सुनिश्चित होता है कि पर्यावरण वर्तमान और भविष्य की पीढ़ियों के लिए स्वस्थ बना रहे।

व्यक्तियों की भूमिका

पर्यावरण संरक्षण में व्यक्तियों की महत्वपूर्ण भूमिका होती है। पर्यावरण के अनुकूल आदतों को अपनाकर प्रत्येक व्यक्ति स्वच्छ और हरित पर्यावरण में योगदान दे सकता है। कुछ प्रमुख जिम्मेदारियाँ हैं–

- **कचरे में कमी :** प्लास्टिक, कागज और गैर-जैव अपघटनीय पदार्थों के उपयोग को कम करना।
- **जल और ऊर्जा संरक्षण :** जल और बिजली का समझदारी से उपयोग करके अपव्यय को कम करना।
- **वृक्षारोपण :** पेड़ लगाना और मौजूदा हरियाली की रक्षा करना।
- **प्रदूषण में कमी :** सार्वजनिक परिवहन का उपयोग करना, अनावश्यक वाहन उपयोग से बचना और स्वच्छ ऊर्जा को बढ़ावा देना।
- **जागरूकता और शिक्षा :** पर्यावरणीय मुद्दों के बारे में दूसरों को जागरूक करना और सतत प्रथाओं को प्रोत्साहित करना।

समाज और समुदाय की भूमिका

समुदाय और समाज मिलकर पर्यावरण की गुणवत्ता को प्रभावित करते हैं। सामुदायिक स्तर पर सामाजिक उत्तरदायित्व में शामिल हैं–

- **पर्यावरणीय अभियानों का समर्थन :** स्वच्छता अभियान और वृक्षारोपण कार्यक्रमों में भाग लेना।
- **सतत प्रथाओं को बढ़ावा देना :** पुनर्चक्रण, नवीकरणीय ऊर्जा और पर्यावरण-अनुकूल उद्योगों को प्रोत्साहित करना।
- **स्थानीय पारिस्थितिक तंत्र का संरक्षण :** जल स्रोतों, वनों और वन्यजीव आवासों की रक्षा करना।
- **कचरा प्रबंधन :** ठोस और तरल अपशिष्ट का उचित निपटान और पृथक्करण करना।
- **नीतियों का समर्थन :** पर्यावरण संरक्षण से संबंधित कानूनों और नीतियों का समर्थन करना।

संगठनों और व्यवसायों की भूमिका

संगठन और व्यवसाय भी पर्यावरण के प्रति सामाजिक उत्तरदायित्व निभाते हैं–

- **हरित प्रथाओं को अपनाना :** उत्सर्जन को कम करना, नवीकरणीय ऊर्जा का उपयोग करना और औद्योगिक कचरे को कम करना।
- **कॉर्पोरेट सामाजिक उत्तरदायित्व (CSR) :** वनीकरण, जल संरक्षण और वन्यजीव संरक्षण जैसे पर्यावरणीय परियोजनाओं को समर्थन देना।
- **सतत उत्पादन :** पर्यावरण-अनुकूल प्रक्रियाओं और सामग्री का उपयोग करके उत्पादों का निर्माण करना।
- **कर्मचारी जागरूकता कार्यक्रम :** कर्मचारियों को पर्यावरण संरक्षण और सतत प्रथाओं के बारे में शिक्षित करना।

पर्यावरणीय उत्तरदायित्व के प्रमुख सिद्धांत

1. **कम करना, पुनः** उपयोग, पुनर्चक्रण (Reduce, Reusen, Recycle) : कचरे को कम करना और संसाधनों का संरक्षण करना।
2. **संसाधनों का सतत उपयोग :** प्राकृतिक संसाधनों का समझदारी से उपयोग करना, अत्यधिक दोहन से बचना।
3. **जैव विविधता का संरक्षण :** पौधों, जानवरों और पारिस्थितिक तंत्रों की रक्षा करना।
4. **प्रदूषण की रोकथाम :** वायु, जल और मृदा प्रदूषण को कम करना।
5. **जलवायु कार्यवाही :** वैश्विक ऊष्मीकरण और पर्यावरणीय खतरों को कम करने के प्रयासों का समर्थन करना।

महत्वपूर्ण तथ्य

स्तर	जिम्मेदारियाँ
व्यक्ति	कचरा कम करना, जल और ऊर्जा बचाना, पेड़ लगाना, प्रदूषण कम करना, जागरूकता फैलाना
समाज / समुदाय	पर्यावरणीय अभियानों में भाग लेना, कचरा प्रबंधन, स्थानीय पारिस्थितिक तंत्र की रक्षा, सतत विकास को बढ़ावा देना
संगठन / व्यवसाय	हरित प्रथाएँ अपनाना, CSR परियोजनाएँ, सतत उत्पादन, कर्मचारियों को पर्यावरण शिक्षा देना

भारत में पर्यावरण संरक्षण हेतु संचालित योजनाएँ

भारत में तीव्र औद्योगिकीकरण, शहरीकरण तथा प्राकृतिक संसाधनों के अत्यधिक दोहन के कारण पर्यावरण संरक्षण एक सर्वोच्च प्राथमिकता बन गया है। सरकार ने जैव विविधता के संरक्षण, प्रदूषण में कमी, पारिस्थितिक तंत्रों की पुनर्स्थापना तथा सतत विकास को बढ़ावा देने के लिए अनेक योजनाएँ और कार्यक्रम प्रारंभ किए हैं। इन योजनाओं का उद्देश्य जन-जागरूकता बढ़ाना तथा पर्यावरण संरक्षण में सामुदायिक भागीदारी को प्रोत्साहित करना भी है।

प्रमुख योजनाएँ एवं उनके उद्देश्य

1. **स्वच्छ भारत अभियान (Clean India Mission)**
   - **उद्देश्य :** शहरी एवं ग्रामीण क्षेत्रों में स्वच्छता, उचित स्वच्छतागृह व्यवस्था तथा अपशिष्ट प्रबंधन सुनिश्चित करना।

- **मुख्य विशेषताएँ :**
  - खुले में शौच की समाप्ति
  - ठोस अपशिष्ट के पृथक्करण, पुनर्चक्रण एवं प्रबंधन को बढ़ावा
  - नागरिक सहभागिता को प्रोत्साहित करने हेतु जागरूकता अभियान

2. राष्ट्रीय वनीकरण कार्यक्रम (NAP)

- **उद्देश्य :** वन आच्छादन में वृद्धि तथा अवनत भूमि का पुनर्स्थापन।
- **मुख्य विशेषताएँ :**
  - शहरी एवं ग्रामीण क्षेत्रों में वृक्षारोपण
  - वनों के संरक्षण में सामुदायिक सहभागिता
  - मृदा अपरदन की रोकथाम तथा जैव विविधता का संरक्षण

3. नमामि गंगे कार्यक्रम

- **उद्देश्य :** गंगा नदी का स्वच्छीकरण एवं संरक्षण।
- **मुख्य विशेषताएँ :**
  - सीवेज शोधन एवं नदी स्वच्छता परियोजनाएँ
  - नदी तटों के किनारे वनीकरण
  - जन-जागरूकता एवं सतत जल प्रबंधन

4. प्रोजेक्ट टाइगर

- **उद्देश्य :** बाघों तथा उनके आवास का संरक्षण।
- **मुख्य विशेषताएँ :**
  - टाइगर रिजर्व का निर्माण
  - अवैध शिकार (पोचिंग) के विरुद्ध उपाय एवं वन्यजीव संरक्षण
  - बाघों की जनसंख्या की निगरानी

5. राष्ट्रीय वायु गुणवत्ता निगरानी कार्यक्रम (AQI)

- **उद्देश्य :** भारतीय शहरों में वायु गुणवत्ता की निगरानी एवं सुधार।
- **मुख्य विशेषताएँ :**
  - वास्तविक समय (Real-time) वायु गुणवत्ता सूचकांक
  - प्रदूषण के स्रोतों की पहचान
  - वायु प्रदूषण कम करने हेतु जागरूकता अभियान

6. जल जीवन मिशन

- उद्देश्य : प्रत्येक घर तक सुरक्षित एवं सतत पेयजल उपलब्ध कराना।
- मुख्य विशेषताएँ :
  - वर्षा जल संचयन एवं जल संरक्षण को बढ़ावा
  - ग्रामीण एवं शहरी क्षेत्रों में पाइप द्वारा पेयजल आपूर्ति
  - जल प्रबंधन में सामुदायिक भागीदारी को प्रोत्साहन

7. नवीकरणीय ऊर्जा एवं ऊर्जा दक्षता योजनाएँ

- **उद्देश्य :** जीवाश्म ईंधनों पर निर्भरता कम करना एवं सतत ऊर्जा को बढ़ावा देना।
- **मुख्य विशेषताएँ :**
  - सौर, पवन एवं जल ऊर्जा का प्रोत्साहन
  - ऊर्जा-कुशल उपकरणों एवं औद्योगिक प्रक्रियाओं को बढ़ावा
  - कार्बन उत्सर्जन एवं पर्यावरण प्रदूषण में कमी

8. राष्ट्रीय जैव विविधता कार्य योजना (NBAP)

- **उद्देश्य :** भारत की समृद्ध जैव विविधता का संरक्षण।
- **मुख्य विशेषताएँ :**
  - लुप्तप्राय प्रजातियों का संरक्षण
  - पारिस्थितिक तंत्रों एवं आवासों की सुरक्षा
  - प्राकृतिक संसाधनों का सतत उपयोग

एक दृष्टि में : पर्यावरण संरक्षण योजनाएँ

योजना / कार्यक्रम	उद्देश्य / फोकस	प्रमुख गतिविधियाँ
स्वच्छ भारत अभियान	स्वच्छता एवं स्वच्छतागृह व्यवस्था	अपशिष्ट प्रबंधन, जागरूकता अभियान
राष्ट्रीय वनीकरण कार्यक्रम	वन आच्छादन में वृद्धि	वृक्षारोपण, मृदा संरक्षण
नमामि गंगे कार्यक्रम	गंगा का स्वच्छीकरण एवं संरक्षण	नदी सफाई, वनीकरण, सीवेज शोधन
प्रोजेक्ट टाइगर	बाघ संरक्षण	टाइगर रिजर्व, अवैध शिकार रोकथाम, निगरानी
राष्ट्रीय वायु गुणवत्ता निगरानी कार्यक्रम	वायु प्रदूषण की निगरानी	रीयल-टाइम AQI, प्रदूषण नियंत्रण अभियान
जल जीवन मिशन	सुरक्षित पेयजल	पाइप द्वारा जल आपूर्ति, जल संरक्षण
नवीकरणीय ऊर्जा एवं ऊर्जा दक्षता	सतत ऊर्जा को बढ़ावा	सौर, पवन, जल ऊर्जा, ऊर्जा-कुशल उपकरण
राष्ट्रीय जैव विविधता कार्य योजना	जैव विविधता संरक्षण	प्रजातियों एवं पारिस्थितिक तंत्रों की सुरक्षा, सतत उपयोग

योजनाओं का महत्व

1. **प्राकृतिक संसाधनों का संरक्षण :** जल, वन एवं जैव विविधता के सतत उपयोग को सुनिश्चित करता है।
2. **प्रदूषण नियंत्रण :** वायु, जल एवं मृदा प्रदूषण को कम कर सार्वजनिक स्वास्थ्य में सुधार करता है।
3. **जलवायु विनियमन :** नवीकरणीय ऊर्जा को बढ़ावा देता है तथा ग्रीनहाउस गैस उत्सर्जन को कम करता है।
4. **सामुदायिक जागरूकता :** पर्यावरण संरक्षण में नागरिकों की भागीदारी को प्रोत्साहित करता है।

5. **जैव विविधता संरक्षण :** लुप्तप्राय प्रजातियों की रक्षा करता है एवं पारिस्थितिक संतुलन बनाए रखता है।
6. **सतत विकास :** दीर्घकालिक आर्थिक एवं पारिस्थितिक स्थिरता को समर्थन देता है।

प्रमुख बातें

भारत की पर्यावरण संरक्षण योजनाएँ प्राकृतिक संसाधनों के संरक्षण, प्रदूषण नियंत्रण, जैव विविधता की रक्षा तथा सतत विकास को बढ़ावा देने के लिए अत्यंत महत्वपूर्ण हैं। ये कार्यक्रम न केवल पारिस्थितिक तंत्रों की सुरक्षा करते हैं, बल्कि सभी के लिए एक स्वस्थ, सुरक्षित और हरित पर्यावरण सुनिश्चित करते हैं।

व्यक्तियों, समुदायों तथा संगठनों की सक्रिय भागीदारी इन प्रयासों को सुदृढ़ बनाती है और प्रकृति के प्रति साझा जिम्मेदारी की भावना विकसित करती है। इन पहलों में सहभागिता करके प्रत्येक नागरिक दीर्घकालिक पारिस्थितिक संतुलन, सतत विकास तथा वर्तमान और भावी पीढ़ियों के कल्याण में योगदान देता है।

महत्वपूर्ण तथ्य

- पर्यावरण जीवित एवं निर्जीव वस्तुओं के आसपास का परिवेश है।
- **घटक :** अजैविक : वायु, जल, मृदा, सूर्य प्रकाश, तापमान; जैविक : पौधे, पशु, मनुष्य, सूक्ष्मजीव।
- पारिस्थितिकी तंत्र जीवों एवं उनके पर्यावरण के बीच की पारस्परिक क्रिया है।
- **खाद्य शृंखला ऊर्जा के प्रवाह को दर्शाती है :** उत्पादक → प्राथमिक उपभोक्ता → द्वितीयक उपभोक्ता → अपघटक; खाद्य जाल आपस में जुड़ी हुई अनेक खाद्य शृंखलाएँ हैं।
- **प्राकृतिक संसाधन :** नवीकरणीय : जल, वायु, वन, सौर ऊर्जा; अनवीकरणीय : कोयला, पेट्रोलियम, खनिज।
- **संरक्षण :** कम करना, पुनः उपयोग, पुनर्चक्रण, वनीकरण, वन्यजीवों की रक्षा, प्रदूषण की रोकथाम।
- **वायु प्रदूषण :** धुआँ और गैसें; स्वास्थ्य को प्रभावित करता है, श्वसन संबंधी समस्याएँ उत्पन्न करता है।
- **जल प्रदूषण :** सीवेज और रसायन; जलजनित रोग उत्पन्न करता है।
- **मृदा प्रदूषण :** कीटनाशक एवं औद्योगिक अपशिष्ट; उर्वरता को कम करता है।
- **ध्वनि प्रदूषण :** तेज वाहन एवं मशीनें; सुनने की क्षमता में कमी और तनाव उत्पन्न करता है।
- **जलवायु परिवर्तन एवं वैश्विक तापन :** ग्रीनहाउस गैसें (CO_2, CH_3); प्रभाव : तापमान में वृद्धि, हिमनदों का पिघलना, चरम मौसम।
- **व्यक्ति पर्यावरण की रक्षा कर सकते हैं :** वृक्षारोपण, प्लास्टिक से बचाव, जल एवं ऊर्जा का संरक्षण, पर्यावरण-अनुकूल आदतें अपनाना।
- **परिवार :** भूमिका, देखभाल, सहयोग, मूल्य, उत्तरदायित्व, बड़ों का सम्मान, पारस्परिक सहयोग।
- **भोजन, स्वास्थ्य, स्वच्छता :** संतुलित आहार, पोषण, स्वच्छता, हाथ धोना, मुख-स्वास्थ्य, व्यायाम, टीकाकरण, रोगों की रोकथाम।
- **आवास :** घरों के प्रकार, सुरक्षा, स्वच्छता, वेंटिलेशन (वातायन), स्वच्छ पेयजल, उचित प्रकाश व्यवस्था।
- **वृक्ष एवं पौधे :** प्रकार, उपयोग (भोजन, औषधि, ऑक्सीजन, लकड़ी), वृक्षारोपण, वन संरक्षण, औषधीय पौधे।
- **हमारा पर्यावरण :** प्राकृतिक एवं मानव-निर्मित परिवेश, स्वच्छ वायु एवं जल, हरित क्षेत्र, जैव विविधता, पारिस्थितिक संतुलन।
- **मेला :** स्थानीय मेले, सांस्कृतिक महत्व, सामुदायिक सहभागिता, पारंपरिक खेल एवं हस्तशिल्प।
- **स्थानीय व्यवसाय :** व्यापार, सेवाएँ, व्यवसाय, अर्थव्यवस्था में भूमिका, समुदाय की निर्भरता, कौशल विकास।
- **जल :** स्रोत (नदी, कुआँ, वर्षा जल), उपयोग (पेयजल, सिंचाई), संरक्षण (वर्षा जल संचयन, अपव्यय से बचाव), प्रदूषण की रोकथाम।
- **यातायात एवं संचार :** सड़क सुरक्षा, संकेत, सार्वजनिक परिवहन, पैदल यात्री नियम, टेलीफोन, इंटरनेट, डाक सेवाएँ।
- **खेल एवं खेल भावना :** शारीरिक गतिविधि, इनडोर एवं आउटडोर खेल, नियम, टीमवर्क, निष्पक्ष खेल, अनुशासन, सहयोग।
- **भारत :** नदियाँ, पठार, वन, यातायात प्रणाली, महाद्वीप, महासागर, जलवायु क्षेत्र, प्रमुख स्थल।
- **हमारा क्षेत्र :** स्थानीय नदियाँ, पर्वत, पत्थर, वन, परिवहन, स्थानीय उद्योग, सांस्कृतिक विरासत।
- **संविधान :** मौलिक अधिकार एवं कर्तव्य, समानता, कानून, न्याय, नागरिकता, धर्मनिरपेक्षता, स्वतंत्रता।
- **शासन :** स्थानीय स्वशासन (ग्राम पंचायत, नगर पंचायत, जिला पंचायत), शहरी शासन (नगरपालिका, नगर निगम), राज्य शासन (प्रशासनिक, न्यायिक, कार्यपालिका), राष्ट्रीय शासन (संसद, राष्ट्रपति, प्रधानमंत्री, राष्ट्रीय प्रतीक, मतदान, राष्ट्रीय एकता)।
- **पर्यावरण :** संरक्षण की आवश्यकता एवं महत्व, वायु/जल/मृदा संरक्षण, वृक्षारोपण, सामाजिक उत्तरदायित्व, पर्यावरण जागरूकता कार्यक्रम, सरकारी योजनाएँ (स्वच्छ भारत, ग्रीन इंडिया मिशन), सतत विकास, जलवायु परिवर्तन के प्रति जागरूकता।

SECTION-B

शिक्षाशास्त्रीय मुद्दे (Pedagogical Issues)

पर्यावरण अध्ययन की संकल्पना

पर्यावरण की परिभाषाएँ

कुछ विद्वानों द्वारा निम्नलिखित परिभाषायें दी गयी हैं–

बोरोन के मतानुसार, "एक व्यक्ति के पर्यावरण में वह सब कुछ सम्मिलित किया जाता है, जो उसके जन्म से मृत्यु तक प्रभावित करता है।"

डॉ. डेविस के मतानुसार, "मनुष्य के सम्बन्ध से भौगोलिक वातावरण से अभिप्राय भूमि या मानव के चारों ओर फैले उन सभी भौतिक स्वरूपों से है, जिसमें वह रहता है, जिसका उसकी आदतों और क्रियाओं पर प्रभाव पड़ता है।"

सोरोकिन के मतानुसार, "भौगोलिक पर्यावरण का तात्पर्य ऐसी दशाओं से है, जिसका अस्तित्व मनुष्य के कार्यों से स्वतन्त्र है, जो मानव रहित नहीं है और जो बिना मानव के अस्तित्व एवं कार्यों से प्रभावित हुए बिना स्वतः परिवर्तित होता है।"

आर.एम. मैकाइवर के शब्दों में, "भू-पृष्ठ तथा उसकी समस्त प्राकृतिक दशाएं प्राकृतिक संसाधन, भूमि, जल, पर्वत, मैदान, खनिज, पादप, जन्तु आदि तथा प्राकृतिक शक्तियां जो पृथ्वी पर विद्यमान होकर मानव जीवन को प्रभावित करती हैं, पर्यावरण के अन्तर्गत आती है।"

गिंस्बर्ट के मतानुसार, "पर्यावरण में उन सभी तत्वों को शामिल किया जाता है, जो जैव स्वरूप या वस्तु को निकट में घेरे होते हैं एवं उन्हें प्रत्यक्ष रूप से प्रभावित करते हैं।"

एम. जे. हर्सकोविट्ज के मतानुसार, "पर्यावरण उन सभी बाह्य दशाओं और प्रभावों का योग है जो भू-पृष्ठ पर जैविक तत्वों के विकास-चक्र को प्रभावित करते हैं।"

एच. फिटिंग के मतानुसार, "जीवों के पारिस्थितिक् कारकों का योग पर्यावरण है।"

वैज्ञानिक तथा तकनीकी शब्दावली आयोग भारत सरकार के मतानुसार, "पर्यावरण चारो ओर की उन बाहरी दशाओं का सम्पूर्ण योग है, जिसके अंदर एक जीव अथवा समुदाय रहता है या कोई वस्तु उपस्थित रहती है।"

विश्व कोष के अनुसार, "पर्यावरण के अन्तर्गत उन सभी दशाओं, संगठन एवं प्रभावों को सम्मिलित किया जा सकता है, जो किसी जीवन अथवा प्रजाति के उद्भव विकास एवं मृत्यु को प्रभावित करते हैं।"

सी. सी. पार्क के अनुसार "मनुष्य एक विशेष स्थान पर विशेष समय पर जिन सम्पूर्ण परिस्थितियों से घिरा हुआ है, उसे पर्यावरण कहा जाता है।"

जे. एस. रॉस के शब्दों में, "पर्यावरण या वातावरण वह बाह्य शक्ति है, जो हमें प्रभावित करती है।"

एन.एच. एनास्टसी के मतानुसार, "पर्यावरण वह प्रत्येक वस्तु है, जो जीन्स के अतिरिक्त प्रत्येक व्यक्ति को प्रभावित करता है।"

वुडवर्थ के मतानुसार, "पर्यावरण शब्द का अभिप्राय उन सभी बाहरी शक्तियों और तत्वों से है, जो व्यक्ति को आजीवन प्रभावित करते हैं।"

डगलस एवं रोमन हॉलैण्ड के मतानुसार "पर्यावरण उन सभी बाहरी शक्तियों एवं प्रभावों का वर्णन करता है, जो प्राणी जगत् के जीवन स्वभाव, व्यवहार, विकास और परिपक्वता को प्रभावित करता है।"

उपर्युक्त परिभाषाओं के अध्ययन से स्पष्ट हो जाता है कि जो कुछ भी हमारे चारों ओर विद्यमान है, वह हमारी रहन-सहन, दशाओं तथा मानसिक क्षमताओं को प्रभावित करता है, पर्यावरण कहलाता है। पृथ्वी के जिस भाग में जीवधारी रहते हैं, उसे जीवमण्डल कहते हैं। जीवमण्डल की माप लगभग स्थिर है। यह क्षेत्र धरती से लगभग 16 किमी. ऊँचाई तक फैला है और इसका क्षेत्रफल 45 करोड़ वर्ग किमी. है। जीवमण्डल में पृथ्वी (जमीन), वायु, जल, पेड़-पौधे और सभी जीव-जन्तु रहते हैं। जीवमण्डल धरती, वायु, ताप और जल से समृद्ध है और ये चारों ही जीव के अस्तित्व के लिए आवश्यक अंग हैं। इसके बिना कोई जीवधारी जीवित नहीं रह सकता। जनसामान्य के शब्दों में हमारी सम्पूर्ण पृथ्वी और उस पर उपस्थित प्रत्येक वस्तु हमारा पर्यावरण है। पर्यावरण में वे सभी परिस्थितियां भी आती हैं, जो हमारे जीवन पर प्रभाव डालती है। हमारा घर, मोहल्ला, गांव, शहर या नगर सभी हमारे पर्यावरण के अंग हैं क्योंकि वे सभी हमारे जीवन पर प्रभाव डालते हैं। 'पर्यावरण' मानव जीवन के प्रत्येक क्षेत्र में समाविष्ट है।

पर्यावरण एक व्यापक शब्द है। यह उन सम्पूर्ण शक्तियों, परिस्थितियों एवं वस्तुओं का योग है जो मानव को परावृत्त करती है तथा उसके क्रिया-कलापों को अनुशासित करती है।

पर्यावरण के घटक

पर्यावरण दो अवयवों से मिलकर बना होता है–जैविक व अजैविक।

1. **जैविक अवयव**–हरेक परिस्थितिकी तन्त्र में उपस्थित सजीव जैविक घटक के अन्तर्गत सम्मिलित किए जाते हैं। जैसे–पेड़-पौधे, जन्तु तथा मानव आदि। प्रकृति का प्रत्येक जीव किसी-न-किसी रूप में एक-दूसरे को प्रभावित करते हैं। कोई भी पूर्णतः आत्मनिर्भर नहीं होता है। इस प्रकार पारिस्थितिकी तन्त्र के सभी जैविक घटक

परस्पर एक वर्ग के सदस्य के रूप में व्यवहार करते हैं। इन्हें ही जैविक घटक के रूप में जाना जाता है।

2. अजैविक अवयव–सभी अजैविक तत्त्व यथा–जल, भूमि, हवा आदि पर्यावरण के अजैविक अवयव में सम्मिलित किए जाते हैं। अजैविक घटक को दो भागों में वर्गीकृत किया जाता है–भौतिक घटक व रासायनिक घटक।

(i) **भौतिक घटक**–मुख्य भौतिक घटक हैं–ताप, प्रकाश, जल, आर्द्रता, मिट्‌टी, प्रवाह तथा दाब। ये सभी घटक जीवधारियों को जीवन भर प्रभावित करते हैं तथा उनकी वृद्धि, विकास, स्वास्थ्य आदि क्रियाओं को नियंत्रित करते हैं। प्रमुख भौतिक घटकों की व्याख्या अग्रलिखित प्रस्तुत है–

(a) **आर्द्रता**–यह पर्यावरण का एक महत्त्वपूर्ण अजैविक घटक है। आर्द्रता का तात्पर्य वायु में उपस्थित जलवाष्प की मात्रा से है। इसे सम्पूर्ण आर्द्रता और सापेक्ष आर्द्रता दो रूपों में प्रदर्शित किया जाता है।

(b) **मृदा**–सामान्य रूप से पृथ्वी की ऊपरी सतह को मृदा कहते हैं। इसका निर्माण मिट्‌टी से ठीक नीचे वाली चट्‌टानों के विघटन और उन पर कार्बनिक पदार्थों और सूक्ष्म जीवधारियों के निरन्तर अनुक्रिया के फलस्वरूप होता है। इसमें अधिकांश वनस्पतियां और जन्तु स्थायी रूप से निवास करते हैं।

(c) **ताप**–वातावरण की गर्मी मापने का यह एक पैमाना है। इसे हम फॉरेनहाइट, सेल्सियस या कैल्विन डिग्री में प्रदर्शित करते हैं। वातावरण के अलग-अलग क्षेत्रों में ताप में अन्तर आता है। जैसे–ठण्डे समुद्रों में 3ºC, स्वच्छ जल में 0ºC तथा साइबेरिया के भू-भागों में –7ºC से भी नीचे ताप मिलता है। जबकि सहारा मरुस्थल में कुछ स्थानों पर 60ºC तक पाया जाता है। धरातल से प्रत्येक 150 मी. की ऊँचाई पर लगभग 1ºC तापक्रम कम होता जाता है। इसलिए पहाड़ों पर मैदानों की अपेक्षा ठंड अधिक होती है। इसका उदाहरण दिल्ली और मसूरी के तापमान का अन्तर है। धरातल पर तापान्तर का मुख्य कारण निम्नलिखित है–

(i) समुद्र से दूरी,

(ii) समुद्रतल से ऊँचाई,

(iii) विषुवत वृत्त से दूरी।

(d) **प्रकाश**–सूर्य प्रकाश का मुख्य स्रोत है। उसके विकिरण द्वारा ऊर्जा प्राप्त करके पौधे भोजन बनाते हैं। वास्तव में प्रकाश द्वारा संश्लेषित ऊर्जा ही सभी जीवधारियों के जीवन का मूलभूत आधार है। वह भी अत्यन्त महत्त्वपूर्ण घटक है। इसके अतिरिक्त जन्तुओं और वनस्पतियों की अनेक जैविक-क्रियाएं भी सीधे प्रकाश से प्रभावित होती हैं।

(e) **जल**–पृथ्वी का लगभग दो-तिहाई भाग जल से ढका हुआ है। इसका सभी जैव-भूमण्डल के जीवधारियों के लिए प्रत्यक्ष या परोक्ष रूप से असीमित महत्त्व है। जल के अभाव में जीवन की कल्पना ही कठिन है। धरातल पर जल का वितरण असमान है। कहीं-कहीं जल स्रोतों की गहराई 1 मी. भी नहीं है, जबकि विश्व के कुछ सागर जैसे प्रशांत महासागर 10,924 मी. तक गहरे नापे जा चुके हैं।

(ii) **रासायनिक घटक**–पर्यावरण के मुख्य रासायनिक घटक इस प्रकार हैं–

(a) **पोषक तत्त्व**–ये जीवधारियों के विकास, वृद्धि और वितरण पर प्रभाव डालते हैं। पोषक तत्त्वों को उनकी उपयोग की मात्रा के आधार पर दो उप-समूहों में बाँटा गया है–(क) सूक्ष्म पोषक तत्त्व तथा (ख) बृहत पोषक तत्त्व।

(b) **वायुमण्डल एवं वायुमण्डलीय गैसें**–यह प्रमुख रासायनिक घटक हैं। वायु के प्रमुख तत्त्व ऑक्सीजन, नाइट्रोजन, कार्बन-डाईऑक्साइड व निष्क्रिय गैसें हीलियम, नियॉन, आर्गन, क्रिप्टन, जेनॉन और रेडॉन होती हैं। वायु में ऑक्सीजन का प्रतिशत लगभग 21, नाइट्रोजन का 78 तथा कार्बन-डाईऑक्साइड का 0.03 है। इसके अतिरिक्त मौसम के अनुरूप वायु में जलवाष्प की मात्रा भी रहती है। अक्रिय गैसों को छोड़कर सभी गैसें महत्त्वपूर्ण उपापचय के रूप में उपयोगी हैं तथा वायु के रूप में समस्त भूमण्डल के चारों ओर सदैव चक्कर काटती रहती हैं।

(c) **पी.एच. या हाइड्रोजन आयन की सान्द्रता**–भूमण्डल पर जितनी भी वस्तुएँ विद्यमान हैं उनकी प्रकृति अम्लीय, क्षारीय या उदासीन होती है। क्षारीयता या अम्लीयता का गुण वस्तु विशेष में उपस्थित हाइड्रोजन आयन की सान्द्रता पर निर्भर करता है। वस्तु की इस प्रकृति को pH में दर्शाते हैं। pH-7 उदासीन बिन्दु है तथा 7 से नीचे अम्लीयता व 7 से ऊपर क्षारीयता का सूचक है।

पर्यावरण अध्ययन का क्षेत्र

हमारे रोजमर्रा के जीवन का हमारे परिवेश से अटूट सम्बन्ध है और इससे हमारा परिवेश प्रभावित भी होता है। उदाहरण के तौर पर नगर में रहने वाले लोग अपनी विभिन्न आवश्यकताओं को पूरा करने के लिए आस-पास के परिवेश पर निर्भर करते हैं। वे खाद्य पदार्थों के लिए आस-पास के गाँवों की कृषि पर निर्भर करते हैं। इसी तरह जल, ईंधन, चारा, मछलियाँ आदि के लिए वे जंगल, घास के मैदान, नदियाँ व समुद्रतटों पर निर्भर करते हैं। ये हमारा परिवेश ही हमारा पर्यावरण है और हमारा जीवन इस पर्यावरण को यथा संभव सुरक्षित रखने पर निर्भर करता है।

प्रकृति पर हमारी निर्भरता इतनी अधिक है कि पृथ्वी के पर्यावरण संसाधनों की रक्षा किए बिना हम जीवित नहीं रह सकते। इसीलिए अधिकांश संस्कृतियाँ पर्यावरण को 'माँ प्रकृति' कहती है और अधिकांश परंपरागत समाज जानते हैं कि प्रकृति का सम्मान करना उनकी अपनी जीविका की रक्षा के लिए कितना आवश्यक है। इस विचारधारा से ऐसे अनेक सांस्कृतिक कार्यकलाप विकसित हुए हैं जिन्होंने परम्परागत समाजों को उनके प्राकृतिक संसाधनों के संरक्षण में सहायता दी है। भारत में प्रकृति और सभी जीवित प्राणियों का ध्यान रखना कोई नई बात नहीं है। हमारी तमाम परंपराएँ इन्हीं जीवनमूल्यों पर आधारित हैं। प्राचीनतम ग्रन्थ, ऋग्वेद में तो पर्यावरण को पिता, धरती को माता, चन्द्रमा को भाई तथा अदिति को बहन का स्थान दिया गया है। सम्राट अशोक के शिलालेखों में इस बात का उल्लेख किया गया है कि विश्व में जो कुछ भी है वह मनुष्य के लिए बनायी गई है इसी से मनुष्य का कल्याण होगा। वर्तमान युग वैज्ञानिक युग कहा जाता है। दिन प्रतिदिन नए-नए अनुसंधान हो रहे हैं। जैसे–कृत्रिम खादों और कीटनाशक दवाओं का उपयोग करके खाद्य-उत्पादन बढ़ाना, पालतु पशुओं और फसलों की बेहतर किस्मों का विकास करना, विशालकाय बाँधों से खेतों को सींचना और उद्योगों का विकास करना। इन सबका परिणाम है तीव्र आर्थिक संवृद्धि, (rapid economic growth), लेकिन इस तरह के अविचारित विकास ने स्वाभाविक रूप से पर्यावरण को क्षति पहुँचाई है। हमारे अधिकाधिक उपभोगमुखी समाज के लिए वस्तुओं की आपूर्ति करने वाले औद्योगिक विकास और गहन कृषि बड़ी मात्रा में जल, खनिज, पेट्रोलियम उत्पादों और लकड़ी आदि प्राकृतिक संसाधनों का उपयोग कर रहे हैं।

खनिज और तेल ऐसे अनवीकरणीय संसाधन हैं कि अगर हम भावी पीढ़ियों का ध्यान रखे बिना इनका दोहन करते रहे तो ये भविष्य में समाप्त हो जाएँगे। इमारती लकड़ी और जल जैसे नवीकरणीय संसाधन का उपयोग किया जाता है, पर उन्हें पुनर्वृद्धि या वर्षा जैसी प्राकृतिक प्रक्रियाएँ फिर से पैदा कर सकती हैं। लेकिन प्रकृति जिस गति से उन्हें पैदा करती है उससे तीव्रतर गति से हम उनका उपयोग करते रहे तो ये भी समाप्त हो जाएँगे। यदि किसी जंगल में पेड़ों के उगने और उनके बढ़ने की गति से अधिक तेजी से हम इमारती और जलावन लकड़ी लेते रहे तो लकड़ी की आपूर्ति की भरपाई नहीं हो सकती। जंगल की हानि से न सिर्फ जंगल के संसाधनों, जैसे इमारती लकड़ी और लकड़ी से भिन्न दूसरी वस्तुओं की ही हानि होती है इससे हमारे जल संसाधन भी प्रभावित होते हैं क्योंकि एक सही-सलामत प्राकृतिक वन एक स्पंज की तरह काम करता है जो वर्षाकाल में जल को सोखता है और सूखे मौसमों में धीरे-धीरे उसे छोड़ता जाता है। वन हमारी राष्ट्रीय सम्पत्ति हैं। प्राकृतिक संतुलन को बनाये रखने के लिए इसका संरक्षण बहुत ही आवश्यक है। वन का ह्रास होने से प्राकृतिक संतुलन बिगड़ जाता है इसका परिणाम यह होता है कि वर्षा के न होने से नदियां सुख जाती हैं तथा असामयिक मौसम में परिवर्तन आने लगता है। इस बात से आम सहमति है कि अब पर्यावरणीय समस्याओं ने विश्वव्यापी आयाम धारण कर लिया है। विश्वव्यापी प्रयास के अन्तर्गत पृथ्वी को एक कुटुम्ब के रूप में देखना होगा तथा एक राष्ट्र को दूसरे राष्ट्र की सामाजिक एवं आर्थिक विविधता को ध्यान में रखकर कार्य करना होगा और आवश्यकताओं के अनुरूप पर्यावरणीय प्राथमिकताओं को निर्धारित करते हुए विकास के फलों को समानता में वितरित करना होगा।

पर्यावरण से सम्बन्धित अध्ययनों का विषय क्षेत्र

मानव एवं पर्यावरण के अन्तर्सम्बन्ध के क्रम विकास से यह स्पष्ट है कि सक्रिय मानव का अध्ययन प्राकृतिक पर्यावरण के सन्दर्भ में किया जाता है। इसके विषय क्षेत्र के अन्तर्गत विभिन्न प्रदेशों के मानव समुदाय से सम्बन्धित ऐसे तत्वों का अध्ययन किया जाता है जिनसे सांस्कृतिक भूदृश्य का निर्माण एवं विकास होता है। इन तत्वों में स्वयं मानव, सम. ुदाय की जनसंख्या एवं उसकी संरचना, उसका क्षेत्रीय वितरण, प्रतिरूप, मानव अधिवास, परिवहन मार्ग तथा आर्थिक कार्यकलाप के अन्य मूर्त रूप जैसे खेत, कारखानें आदि इसके अंतर्गत सम्मिलित हैं। ब्रून्स जैसे विद्वान अधिवास तथा परिवहन मार्ग तथा आर्थिक कार्य-कलाप के अन्य मूर्त रूप जैसे खेत, कारखानें आदि को इसमें सम्मिलित करते हैं। कृषि एवं पशुपालन सम्बन्धी तत्व भूतल के उत्पादन उपयोग के प्रतीक हैं। खनिज उत्खनन, वनदोहन आदि सम्बन्धित कार्यों को भी वे मानव एवं पर्यावरण के सम्बन्धों की परिसीमा में रखते हैं। इसी सन्दर्भ में मानव द्वारा पर्यावरण के परिष्कार हेतु अपनाई गई प्राविधिकी, जैसे सिंचाई तथा नये पौधों की कृषि को भी महत्व प्रदान किया जाता है।

कालान्तर में मानव के आर्थिक विकास कार्यकलाप आर्थिक भूगोल का विषय क्षेत्र बन गये, जबकि अन्य सांस्कृतिक तत्वों जैसे अधिवास, राजनीतिक संगठन आदि का भी अध्ययन विलग शाखाओं में होने लगा। अब मानव भूगोल जनसंख्या के वितरण प्रतिरूप एवं उसकी प्रजातिगत-सामाजिक संरचना के ऐतिहासिक परिप्रेक्ष्य में विवेचन तक सीमित रह गया है।

मानव भूगोल के अध्ययन का एक दूसरा पक्ष भविष्य के परिप्रेक्ष्य में मानव पर्यावरण तन्त्र का अध्ययन करता है। बीसवीं शताब्दी में मानव द्वारा जीवन-स्तर में अधिकाधिक वृद्धि के चक्कर में प्राकृतिक संसाधनों में अधिकाधिक शोषण से वातावरण में पारिस्थितिक असन्तुलन की समस्या प्रकट हुई है। निश्चित परिमाण में उपलब्ध संसाधनों जैसे खनिज की पूर्ण समाप्ति की आशंका के साथ वायु प्रदूषण की समस्या भी विकट हो रही है। अब यह विश्वव्यापी चिन्ता है कि इस प्रकार पर्यावरण का गुणात्मक ह्रास होते रहने से मानव जीवन का पृथ्वी पर अस्तित्व रह पायेगा? अतएव पर्यावरण नियोजन भी मानव एवं पर्यावरण के अध्ययन क्षेत्र का अभिन्न अंग हो गया है।

मानव समुदाय का पर्यावरण से अन्तर्सम्बन्ध का स्वरूप स्थायी नहीं है। किसी भी प्रदेश में निवास करने वाले मानव समुदाय का प्राकृतिक पर्यावरण से सम्बन्ध परिवर्तनशील होता है। वस्तुतः यह सम्बन्ध मानव समुदाय की तकनीकी क्षमता के अनुसार बदलता जाता है। पुरापाषाण काल के मानव समुदाय के लिए उसका पर्यावरण नियन्त्रणकारी था। नवपाषाण काल में मनुष्य ने पशुओं को पालतु बनाकर पशु ऊर्जा का उपयोग करना सीख लिया तथा वह विभिन्न प्रकार के फसलों का उत्पादन करने लगा। ऐसी दशा में उसी पर्यावरण की संसाधनता बढ़ गई। लगभग 200 वर्ष पूर्व जब मनुष्य के अजैव ऊर्जा स्रोतों जैसे कोयला की

मदद से विभिन्न प्रकार की मशीनें एवं उपकरण बनाना सीख लिया, तब प्राकृतिक पर्यावरण से प्राप्त विभिन्न पदार्थों (लोहा, बाक्साइट) से वह नाना प्रकार की वस्तुओं का निर्माण करने लगा। प्रकट है कि पर्यावरण एवं उसकी संसाधनता मनुष्य की प्राविधिक क्षमता एवं ज्ञान-विज्ञान में अभिवृद्धि के साथ बढ़ती गई है। इस परिवर्तनशील सम्बन्ध के स्वरूप के विषय में निम्न तथ्यों पर ध्यान देना आवश्यक है।

पर्यावरण अध्ययन का महत्त्व

पर्यावरण के अन्तर्गत मनुष्य तथा प्राकृतिक परिवेशों का अध्ययन किया जाता है। पर्यावरण कोई अनजान शब्द नहीं है। यह मनुष्य के पृथ्वी पर आने के पहले से ही उसके संबंधों का अध्ययन करता है। जिनमें विज्ञान और सामाजिक अध्ययन दोनों शामिल हैं। अपने पर्यावरण के विभिन्न पहलुओं को समझने के लिए हमें जीव विज्ञान, रसायन, भौतिकी, भूगोल, संसाधन प्रबंध, अर्थशास्त्र और जनसंख्या के प्रश्नों को समझना होगा। इस तरह पर्यावरण अध्ययन का विषय क्षेत्र अत्यंत व्यापक है और यह लगभग हर प्रमुख शास्त्र (discipline) के कुछ पहलुओं को समेटता है। हम ऐसे विश्व में रहते हैं जिसमें प्राकृतिक संसाधन सीमित हैं। जल, वायु, खनिज, तेल, जंगल, घास के मैदान, सागर, कृषि और मवेशियों से मिलने वाली वस्तुएँ ये सभी हमारी जीवन रक्षक व्यवस्थाओं के अंग हैं।

आधुनिक युग, विज्ञान एवं तकनीकी का युग कहा जाता है। दिन प्रतिदिन नए-नए आविष्कार किए जा रहे हैं। विज्ञान की दिशा में नए-नए आविष्कार से ही पता चलता है कि विश्व में जटिल रसायनों की संख्या कितनी अविश्वसनीय और अनगिनत है। नई दवाओं और औद्योगिक उत्पादों के विकास के लिए कच्चा माल का भंडार है जिससे भविष्य में हजारों नए उत्पादों का विकास किया जा सकता है। इस तरह फूल देने वाले पौधे और कीड़े, जो प्रजातियों की दृष्टि से जीवित प्राणियों के सबसे समृद्ध समूह हैं, मानव के भावी विकास के लिए महत्त्वपूर्ण हैं। अगर हम उनके आवास का ह्रास और नाश करते हैं तो ये प्रजातियाँ लुप्त हो जाएँगी। अगर हम गैरकानूनी ढंग से मारी गई जंगली प्रजातियों से बनी वस्तुओं का प्रयोग या विक्रय होते देखें और अधिकारियों को इसकी सूचना न दें तो हम भी उनके विलोप में भागीदार होंगे। एक बार कोई प्रजाति विलुप्त हो जाए तो मनुष्य उसे वापस नहीं ला सकता। अगर हम जंगलों, नम-भूमियों या अन्य प्राकृतिक क्षेत्रों का विनाश होने देते रहे तो वह दिन दूर नहीं जब हमें जीने के लिए हवा नहीं मिल पायेगी।

इस तरह सभी जीवित प्राणियों की सुरक्षा ऐसी धारणा है, जिसे समझना और जिस पर अमल करना हमारे लिए महत्त्वपूर्ण है। व्यक्तिगत स्तर पर हम शायद सीधे-सीधे किसी प्रजाति के विनाश को न रोक सकें। लेकिन प्रजातियाँ जिन राष्ट्रीय पार्कों और अभ्यारण्यों में रहती हैं उनकी रक्षा करने के लिए मजबूत जनमत तैयार करना निर्वहनीय जीवन का एक अहम् पहलू है। कृषि और वन के बीच गहरा संबंध है जो उसके उत्पादक मूल्य को दर्शाता है। फसलों की सफलता के लिए यह आवश्यक है कि फलदार पेड़ों और वनस्पतियों के फूल कीड़ों, चमगादड़ों और परिंदों द्वारा परागित हों। लेकिन उनके जीवन-चक्र अक्सर सुरक्षित जंगलों की माँग करते हैं।

अतः यह स्पष्ट है कि जैव विविधता हमारे भोजन, औषधि, वस्त्र, संस्कृति की बुनियाद हैं। आधुनिक सभ्यता बहुत हद तक जैव संसाधनों पर ही निर्भर है। जैव विविधता अमूल्य हैं। यह समस्त जानकारी हम पर्यावरण अध्ययन के द्वारा ही प्राप्त करते हैं।

प्रकृति के मनोरंजक व विहंगम दृश्य का मनुष्य आनन्द उठाता है। प्रकृति के अभाव में मनुष्य का वास्तविक रूप क्या है इसका सही आकलन नहीं किया जा सकता है। यह काम अपेक्षाकृत शांत क्षेत्रों में राष्ट्रीय पार्कों और अभ्यारण्यों का विकास करके किया जा सकता है। किसी निर्जन क्षेत्र में समय व्यतीत करने के अनुभव का मनोरंजन संबंधी मूल्य तो होता ही है, साथ ही एक अपार ज्ञानदायी अनुभव भी होता है।

हमारे देश में बहुत से ऐसे सुन्दर पार्क हैं जहाँ मनुष्य गर्मियों की छुट्टियों में भ्रमण एवं मनोरंजन करता है एवं इसे प्रकृति-पर्यटन या वन्यजीवन पर्यटन या पारिस्थितिकी-पर्यटन भी कहा जाता है, यह दुस्साहस भरे पर्यटन का भी एक पहलू है। मनोरंजन की ये सुविधाएँ सुखद अनुभव ही नहीं देतीं, बल्कि प्रकृति के प्रति गहरे सम्मान और प्रेम का भाव भी पैदा करती हैं। ये पर्यावरण की नजाकत और निर्वहनीय जीवनशैलियों की आवश्यकता के बारे में जनता को शिक्षित करने के बुनियादी साधन भी हैं। एक नगरीय परिवेश में हरे-भरे क्षेत्र और बाग. -बगीचे नगरवासियों के मानसिक-शारीरिक स्वास्थ्य के लिए अनिवार्य हैं। उनका सौंदर्य देखने योग्य तो होता ही है, वे यह भी सुनिश्चित करती हैं कि हर व्यक्ति को एक सीमा तक सुख-चैन मिल सके। इसलिए नगरों के पर्यावरण की योजना बनाने वालों को यह सुनिश्चित करना चाहिए कि बढ़ते नगरीय आवास समूहों में ऐसी सुविधाएँ शामिल हों।

ऐसे क्षेत्रों में जहाँ प्राणी या वनस्पति उद्यान जैसे संरक्षित क्षेत्र न हों, वहाँ छोटे-छोटे ऐसे प्रकृति सचेतना क्षेत्र (nature awareness areas) कायम किए जा सकते हैं जो प्राकृतिक पारितंत्र की नकल हों और जिनकी विशेषताओं के बारे में लोगों को समझाया जा सके। ऐसे तरीके लोगों में प्रकृति संरक्षण सचेतना और जागरूकता जगाने में अत्यंत महत्त्वपूर्ण साबित हो सकते हैं।

मनुष्य अपनी आवश्यकता की पूर्ति के लिए प्रकृति प्रदत्त संसाधनों का उपभोग करता है। मनुष्य को शायद इस बात का ज्ञान नहीं है कि प्राकृतिक संसाधनों के दोहन से भावी पीढ़ी के लिए आने वाले समय में इस पर संकट के बादल मड़रा रहे हैं। लेकिन हमें यह बात अच्छी तरह समझ लेनी चाहिए कि दैनिक जीवन में हमारी हर क्रिया का प्रकृति की अखंडता पर प्रतिकूल प्रभाव पड़ता है। मसलन, अगर हम अपने सारे संसाधनों का इस्तेमाल कर लें, पृथ्वी पर पौधों और जीवों की प्रजातियों को मार डालें या विलुप्त हो जाने दें, वायु और जल को प्रदूषित कर भूमि को बेकार बना डालें और अपार मात्रा में व्यर्थ पदार्थ पैदा करें तो वर्तमान पीढ़ी अपनी भावी पीढ़ियों के लिए कुछ नहीं छोड़ पाएगी। वर्तमान पीढ़ी ने जीवन के अनिर्वहनीय ढर्रों पर अपनी अर्थव्यवस्थाओं और जीवनशैलियों का विकास किया है। लेकिन प्रकृति, उसकी वस्तुओं और सेवाओं का कैसे उपयोग किया जाए, इसके बारे में अनेक विकल्प देती है। हम लोभी की तरह उसकी वस्तुओं और सेवाओं का उपयोग करके उसकी अखंडता और उसके दीर्घकालिक महत्त्व को खत्म कर

सकते हैं या फिर एक सज्जन की तरह उसके संसाधनों का निर्वहनीय उपयोग करके पर्यावरण पर अपने कार्यकलाप से पड़ रहे दुष्प्रभावों को कम कर सकते हैं। यह विकल्प हमें उसके संसाधनों का निर्वहनीय उपयोग करने की और भविष्य के लिए उसकी वस्तुओं और सेवाओं का संरक्षण करने का ज्ञान उपलब्ध कराता है।

पर्यावरण अध्ययन एवं पर्यावरण शिक्षा

पर्यावरणीय शिक्षा पर्यावरण प्रबन्धन का एक महत्वपूर्ण पक्ष है। इसमें पर्यावरण के विभिन्न पक्षों व घटकों का मानव के साथ अन्तर्सम्बन्धों का अध्ययन किया जाता है। इसमें जीवमण्डलीय पारिस्थितिक तन्त्र को प्रभावित करने वाले घटकों की भी जानकारी मिलती है। पर्यावरणीय शिक्षा के निम्न उद्देश्य हैं–

(क) सचेतना (Awareness), (ख) ज्ञान (Knowledge) पर्यावरण एवं सम्बन्धित समस्याओं के बारे में ज्ञान, (ग) पर्यावरणीय दृष्टिकोण विकसित करना, (घ) पर्यावरणीय समस्याओं के समाधान के लिए आवश्यक मानसिक योग्यता, (ङ) पर्यावरण मूल्यांकन की क्षमता विकसित होना, (च) सहभागिता, (छ) पर्यावरण के विभिन्न पक्षों की जानकारी प्रदान करना, (ज) विभिन्न पर्यावरणीय प्रदूषणों के कारणों तथा प्रभावों का ज्ञान देना, (झ) पर्यावरण संरक्षण एवं प्रबन्धन के लिए साहित्य उपलब्ध करवाना, (ञ) पर्यावरण चेतना तथा अवबोध विकसित करना।

पर्यावरणीय शिक्षा को प्रभावशाली बनाने के लिए इसकी विषय-वस्तु को अधिक वैज्ञानिक बनाया जाना चाहिए। 1981 में 'पर्यावरणीय शिक्षा' पर भारतीय पर्यावरण संस्था ने निम्न सुझाव प्रस्तुत किए–

(*i*) पर्यावरण शिक्षा का स्वरूप पर्यावरण नीति के विकास में सहायक हो तथा मानव के प्राकृतिक पर्यावरण के प्रति सम्बन्धों का द्योतक हो। पर्यावरण शिक्षा के अध्ययन से प्रत्येक व्यक्ति में यह भावना विकसित हो कि वह अपने आपको पर्यावरण का महत्वपूर्ण घटक समझे।

(*ii*) पर्यावरण शिक्षा की गुणवत्ता इतनी हो कि वह विविध पर्यावरणीय संकल्पनाओं तथा सिद्धान्तों की जानकारी देने में समर्थ हो।

(*iii*) अध्यापन के विभिन्न स्तरों (माध्यमिक तथा विश्वविद्यालय स्तर पर) में पर्यावरण शिक्षा का समन्वय होना चाहिए, जिससे विद्यार्थियों में पर्यावरण के प्रति जागरूकता विकसित हो सके।

(*iv*) पर्यावरण शिक्षा के द्वारा स्थानीय एवं क्षेत्रीय पर्यावरण के उपयोग, समस्याओं तथा उसके निवारण का ज्ञान करवाना चाहिए।

(*v*) शिक्षा के प्रत्येक स्तर पर विद्यार्थियों को पर्यावरण जागरूकता तथा प्रशिक्षण देना चाहिए।

(*vi*) एकीकृत ग्रामीण विकास की प्रक्रिया में पर्यावरण सम्बन्धी पक्षों को सम्मिलित करना चाहिए।

(*vii*) विश्वविद्यालय स्तर पर विद्यार्थियों को मानव एवं पर्यावरण के मध्य सम्बन्धों का अध्यापन कराना चाहिए, इसके लिए उनसे विभिन्न पर्यावरणीय घटकों पर केस अध्ययन कराकर प्रतिवेदन तैयार करवाना चाहिए।

(*viii*) विभिन्न दिशा-निर्देश कार्यक्रम आरम्भ करके पर्यावरण से जुड़े अध्यापकों, चिकित्सकों, इंजीनियरों, नियोजकों, सामाजिक कार्यकर्ताओं तथा प्रशासकों व राजनीतिज्ञों को पर्यावरण शिक्षा कार्यक्रम को सुदृढ़ बनाने के पक्ष में महत्वपूर्ण कार्य करने चाहिए।

पर्यावरण एक पक्ष पर केन्द्रित न होकर विस्तृत है। इसमें विभिन्न पर्यावरण संघटकों का अध्ययन किया जाता है। इसका अध्ययन जीव-विज्ञान, भौतिकी, रसायन, अभियान्त्रिकी, प्राकृतिक एवं सामाजिक विज्ञानों आदि में किया जाता है, अतः यह अन्तर्विषयी विषय है। सामान्यतः पर्यावरण के शिक्षा के अन्तर्गत निम्न तथ्यों का समावेश आवश्यक है।

(I) पर्यावरण के घटक

(*i*) उच्चावच

(*ii*) जलवायु → (अ) तापमान, (ब) वर्षा, (स) आर्द्रता, (द) हवाएँ;

(*iii*) प्राकृतिक वनस्पति;

(*iv*) मृदा;

(*v*) जल राशियाँ;

(*vi*) जीव-जन्तु।

(II) पर्यावरण उपयोग एवं विकसित आर्थिक परिदृश्य

(*i*) कृषि;

(*ii*) पशुपालन;

(*iii*) सिंचाई;

(*iv*) उद्योग;

(*v*) ऊर्जा;

(*vi*) खनिज खनन;

(*vii*) परिवहन।

(III) विकास द्वारा उत्पन्न पर्यावरणीय समस्यायें

(*i*) जलवायु में परिवर्तन;

(*ii*) विभिन्न प्रकार के प्रदूषण;

(*iii*) हरित गृह प्रभाव;

(*iv*) ओजोन का क्षयीकरण;

(*v*) ऊर्जा संकट;

(*vi*) विश्व तापमान में वृद्धि;

(*vii*) मरुस्थलीकरण;

(*viii*) जल संकट;

(*ix*) प्राकृतिक आपदाएं;

(*x*) शहरीकरण तथा औद्योगीकरण।

(IV) पर्यावरण प्रबन्धन

(*i*) वन प्रबन्धन;

(*ii*) भूमि प्रबन्धन;

(*iii*) जल प्रबन्धन;

(*iv*) वन्य जीवों का प्रबन्धन;

(*v*) ऊर्जा संसाधनों का प्रबन्धन;

(*vi*) प्रदूषण नियन्त्रण;

(*vii*) पर्यटन स्थलों, अभयारण्यों का विकास;

(*viii*) पर्यावरण चेतना का विकास।

(V) पर्यावरण संरक्षण

(*i*) प्रदूषण पर नियन्त्रण;
(*ii*) वनों की रक्षा एवं बनारोपण;
(*iii*) खनिज संसाधनों का संरक्षण;
(*iv*) ऊर्जा संरक्षण;
(*v*) जनसंख्या नियन्त्रण।

पर्यावरण प्रबन्धन में पर्यावरणीय शिक्षा का महत्वपूर्ण योगदान है। पर्यावरण शिक्षा के अन्तर्गत प्रबन्धन के विभिन्न पक्षों का विश्लेषण किया जाता है। उनके लिए भावी रणनीति तैयार की जाती है।

पर्यावरण संरक्षण हेतु जन-जागरूकता की आवश्यकता

जिस गति से जनसंख्या में वृद्धि हो रही है इससे यह अंदाजा लगाया जा सकता है कि अगर सभी लोग जागरूक होकर इस पर विचार नहीं करेंगे तो हमें रहने के लिए भूमि व खाने के लिए अन्न उपलब्ध नहीं हो पायेगा, इसलिए जाहिर है कि कुछ तो करना ही होगा। अकसर हम सोचते हैं कि यह सब ऐसे काम हैं जो सरकार को करने चाहिए। लेकिन अगर हम अपने पर्यावरण के लिए खतरे पैदा करते रहे तो सवाल ही पैदा नहीं होता कि सरकार को इस क्षेत्र में सफलता मिलेगी। पर्यावरण के ह्रास की रोकथाम हम सबके जीवन का अंग होना चाहिए। जिस तरह किसी भी रोग का इलाज से बेहतर विकल्प उसकी रोकथाम होती है, ठीक उसी तरह पर्यावरण को हानि पहुँचने के बाद उसकी भरपाई करने की तुलना में पर्यावरण का संरक्षण अधिक व्यावहारिक है।

पर्यावरण के प्रबंध में हम व्यक्ति-रूप में अहम् भूमिका निभा सकते हैं। हम प्राकृतिक संसाधनों की बरबादी रोक सकते हैं और ऐसे प्रहरियों का काम कर सकते हैं जो पर्यावरण के प्रदूषण और ह्रास के स्रोतों की जानकारी सरकार को दें। यह केवल जन-जागरूकता के द्वारा ही संभव है। समाचारपत्रों, रेडियो और टेलीविजन जैसे जनसंचार माध्यम जनमत पर जोरदार प्रभाव डालते हैं। अगर हममें से हर कोई पर्यावरण के बारे में संवेदनशील रहे तो प्रेस और संचार माध्यम हमारे प्रयासों को और धारदार बनाएँगे। लोकतंत्र में राजनीतिज्ञ जनता के जबरदस्त समर्थन वाले आंदोलन पर हमेशा सकारात्मक प्रतिक्रिया दिखाते हैं। इसलिए अगर आप संरक्षण के समर्थक किसी गैर-सरकारी संगठन का साथ दें तो हो सकता है कि आप राजनीतिज्ञों को हरित नीतियों के निर्माण के लिए प्रभावित कर सकें।

जन जागरूकता के लिए कुछ प्रमुख सुझाव–

(1) डब्ल्यू-डब्ल्यू एफ.आई (WWF-I), बी.एन.एच.एस. (BNHS) या किसी अन्य पर्यावरण संरक्षण समूह में शामिल होना चाहिए।
(2) डाउन टू अर्थ, डब्ल्यू-डब्ल्यू एफ.आई.न्यूजलेटर, बी.एन.एच.एस, हार्नबिल, सैंक्चुअरी आदि पत्र-पत्रिकाओं से प्रकाशित होने वाले लेखों को पढ़ना चाहिए।
(3) कागज एवं जल संरक्षण, प्लास्टिक का अल्पतम उपयोग, कचरा का सही-सही निबटारा आदि मुद्दों पर काम करना चाहिए तथा उनका प्रचार करना चाहिए।
(4) पेड़ बचाओ जैसे स्थानीय आंदोलनों में शामिल होना चाहिए।
(5) व्यर्थ पदार्थों का पुनर्चालन करना चाहिए।
(6) पर्यावरण-स्नेही वस्तुएँ खरीदनी चाहिए।
(7) अच्छी नागरिक-भावना और सफाई का व्यवहार-प्रचार करना चाहिए। इधर-उधर नहीं थूकना चाहिए, सड़क पर कचरा नहीं फेंकना चाहिए, सार्वजनिक स्थानों पर धूम्रपान नहीं करना चाहिए तथा इधर-उधर मल-मूत्र नहीं त्यागना चाहिए।
(8) सड़कों के किनारे ध्वनि अवशोषक वृक्षों एवं जहरीली गैसों को अवशोषित करने वाले वृक्षों का वैज्ञानिक तरीकों से वृक्षारोपण किया जाना चाहिए।
(9) विश्व पर्यावरण दिवस, वन्यजीवन सप्ताह आदि कार्यक्रमों में भाग लेना चाहिए।
(10) जन-साधारण को पर्यावरण-प्रदूषण के खतरों से अवगत कराया जाना चाहिए।

पर्यावरण से जुड़ी संस्थाएँ

पर्यावरण के संरक्षण के लिए सरकार द्वारा पर्यावरण से संबंधित विभिन्न योजनाएँ चलायी जा रही है जिससे प्राकृतिक ह्रास को रोका जा सके। लेकिन संरक्षण की वे परंपरागत विधियाँ धीरे-धीरे गायब हो चुकी हैं जो प्राचीन भारत की संस्कृति का अंग थीं। इस तरह पर्यावरण-सुरक्षा को बढ़ावा देने के लिए जन-जागरूकता एक बुनियादी आवश्यकता है। संस्थाओं की जिस बड़ी संख्या का पर्यावरण सुरक्षा और संरक्षण से संबंध है, उनमें कुछ प्रसिद्ध संस्थाएँ बी एस आई (BSI) और जेड एस आई (ZSI) जैसे सरकारी संगठन तथा बी एन एच एस (BNHS), डब्ल्यू डब्ल्यू एफ-आई (WWF-I) आदि गैर-सरकारी संगठन हैं। यहाँ कुछ प्रमुख संस्थाओं के विषय में संक्षेप में जानकारी प्रदान की जा रही है।

बांबे नेचुरल हिस्ट्री सोसायटी (BNHS), मुंबई : इसका आरंभ 1883 में छह व्यक्तियों की एक छोटी-सी समिति के रूप में हुआ। शिकारियों तथा जीवन के अनेक क्षेत्रों से सम्बन्धित व्यक्तियों के समूह से आगे बढ़कर यह समिति अब एक महत्त्वपूर्ण शोध संगठन बन चुकी है और देश में संरक्षण संबंधी नीति-निर्धारण में मदद देती है। वन्यजीवन संबंधी नीतियों के निर्माण, अनुसंधान, लोकप्रिय प्रकाशनों और जनता की कार्यवाही पर इस बहुमुखी सोसायटी का प्रभाव इसकी अनोखी विशेषता है। वन्यजीवन संबंधी अनुसंधान में निःसंदेह इसका प्रमुख योगदान है।

अनुसंधान पर आधारित भारत का सबसे पुराना गैर सरकारी संगठन BNHS है जो प्रजातियों और पारितंत्रों के संरक्षण के क्षेत्र में सबसे आगे है। यह सोसायटी हार्नबिल नाम से एक लोकप्रिय पत्रिका प्रकाशित करती है और अंतर्राष्ट्रीय ख्यातिप्राप्त पत्रिका जर्नल ऑन नेचुरल हिस्ट्री भी इसी सोसाइटी की पत्रिका है। सलीम अली कृत हैंडबुक ऑन बर्ड्स, जे सी डेनियल कृत बुक ऑफ इंडियन रेप्टाइल्स, एस एच प्रेटर कृत बुक आफ इंडियन मैमल्स और पी वी बोले कृत बुक आफ इंडियन ट्रीज इसके कुछ अन्य प्रकाशन हैं। इसके सबसे महान वैज्ञानिकों में एक डॉ. सलीम अली थे जिनका भारतीय उपमहाद्वीप के पक्षियों से सम्बन्धित योगदान विश्वविख्यात है। कालक्रम में इस सोसायटी ने सरकार को वन्यजीवन संबंधी कानून बनाने में सहायता पहुँचाई और 'खामोश वादी को बचाओ' जैसे अभियान चलाए। प्राकृतिक अस्तित्व को बनाये रखने के लिए इस दल ने महत्त्वपूर्ण कार्य किया।

वर्ल्डवाइड फंड फॉर नेचर-इंडिया (WWF-I), नई दिल्लीः इसका आरंभ 1969 में मुंबई में हुआ, पर इसका मुख्यालय बाद में दिल्ली आ गया। पूरे भारत में इसकी अनेक शाखाएँ हैं। आरंभ के वर्षों में इसने वन्यजीवन संबंधी शिक्षा और जागरूकता पर ध्यान केंद्रित किया। यह विद्यालयों के बच्चों के लिए भारतीय प्रकृति क्लब जैसे कार्यक्रम समेत अनेक कार्यक्रम चलाता है तथा पर्यावरण और विकास के मुद्दों पर विचार और कार्यवाही करता है।

विज्ञान और पर्यावरण केंद्र (Centre for Science and Environment, CSE), नई दिल्ली : अभियान चलाना, कार्यशालाएँ और सम्मेलनों का आयोजन करना तथा पर्यावरण से सम्बन्धित प्रकाशन करना इस केंद्र के कार्यों में शामिल हैं। इसने 'स्टेट आफ इंडियाज इनवायरनमेंट' नाम से एक बड़ी रिपोर्ट प्रकाशित की है जो पर्यावरण पर एक नागरिक की रिपोर्ट के रूप में अपने ढंग की पहली रिपोर्ट है। यह केंद्र लोकप्रिय पत्रिका *डाउन टू अर्थ* भी प्रकाशित करता है जो विज्ञान और पर्यावरण संबंधी एक पाक्षिक पत्रिका है। यह पुस्तकों, पोस्टरों, विडियो फिल्मों के रूप में सामग्री तैयार करता है तथा जैव-विविधता के मुद्दों पर कार्यशालाओं और संगोष्ठियों का आयोजन करता है। इसके माध्यम से पर्यावरण की जानकारी लोगों तक पहुँचायी जाती है तथा उन्हें जागरूक किया जाता है।

सी पी आर इनवायरमेंटल एजुकेशन सेंटर (CPR Environmental Education Centre) : इसकी स्थापना 1988 में मद्रास में की गयी थी। इस कार्यक्रम के अंतर्गत पर्यावरण के विषय में लोगों तक ज्ञान उपलब्ध कराना तथा जागरूक करना है। यह अनेक कार्यक्रम चलाकर लोगों तक पर्यावरण के विषय में जानकारी अवगत कराता है। प्रकृति और प्राकृतिक संसाधनों के संरक्षण को बढ़ावा देने के लिए यह आम तौर पर गैर-सरकारी संगठनों, अध्यापकों, महिलाओं, युवकों और बच्चों पर ध्यान केंद्रित करता है। वन्यजीवन और जैव-विविधता संबंधी प्रश्न भी इसके कार्यक्रमों में शामिल होते हैं। यह बड़े पैमाने पर प्रकाशन कार्य भी करता है।

पर्यावरण शिक्षा केंद्र (Centre for Environment Education, CEE) : पर्यावरण शिक्षा केन्द्र की स्थापना गुजरात के अहमदाबाद में 1989 में हुई थी। पर्यावरण पर इसके कार्यक्रमों का क्षेत्र बहुत बड़ा है और यह अनेक प्रकार की शिक्षा-सामग्री तैयार करता है। इसके पर्यावरण शिक्षा प्रशिक्षण (टी ई ई) कार्यक्रम ने अनेक पर्यावरण-शिक्षकों को प्रशिक्षित किया है।

भारती विद्यापीठ इंस्टीट्यूट आफ़ इनवायरनमेंट एजुकेशन एंड रिसर्च (Bharati Vidyapeeth Institute of Environment Education and Research, BVIEER), पुणे : यह भारती विद्यापीठ अर्द्ध-विश्वविद्यालय का एक अंग है। इस संस्थान में पर्यावरण विज्ञान में पी-एच. डी., स्नातकोत्तर और स्नातक स्तर के पाठ्यक्रम संचालित किये जा रहे हैं। यह सेवारत अध्यापकों के लिए पर्यावरण शिक्षा का एक प्रवर्तनकारी (innovative) डिप्लोमा (Diploma in Environment Education) भी चलाता है। यह एक व्यापक बहिर्मुखी कार्यक्रम (outreach program) चलाता है जिसके अंतर्गत यह संस्थान लगभग 435 विद्यालयों के अध्यापकों को प्रशिक्षित करता है और वार्षिक पर्यावरण शिक्षा कार्यक्रम चलाता है। जैव-विविधता का संरक्षण इसके शोध संबंधी पहलू का एक प्रमुख तत्त्व है। यह प्राकृतिक और वास्तविक स्थलों के लिए कम लागत वाले व्याख्या केंद्र स्थापित करता है जो अत्यधिक स्थान-विशिष्ट (locale-specific) है तथा विभिन्न लक्ष्य समूहों के लिए भारी मात्रा में प्रवर्तनकारी पर्यावरण शिक्षा सामग्री तैयार करता है। इसकी विशेषता है कि यह प्राथमिक शिक्षा से स्नातकोत्तर स्तर तक पर्यावरण शिक्षा का प्रबंध करता है। इस संस्थान द्वारा पर्यावरण शिक्षा संबंधी पर्याप्त सहायक सामग्री विकसित की गई है। इसने विद्यालयों की पाठ्यचर्या से सम्बन्धित एक अध्यापक पुस्तिका तथा पर्यावरण पर एक अनिवार्य स्नातक पाठ्यक्रम के सिलसिले में विश्वविद्यालय अनुदान आयोग के लिए एक पाठ्य पुस्तक तैयार की है। इसके निदेशक ने भारत की जैव-विविधता पर एक सीडी (CD) तैयार किया है। इससे छात्र विभिन्न स्थानों की प्रकृति, जलवायु तथा उसके द्वारा पड़ने वाले प्रभावों का अध्ययन कर सकते हैं।

उत्तराखंड सेवा निधि (Uttarakhand Seva Nidhi), अल्मोड़ाः यह एक शीर्ष संगठन है जो पर्यावरण संबंधी गतिविधियों के लिए धन देकर अनेक गैर-सरकारी संगठनों की मदद करता है। अपने स्थान-विशिष्ट पर्यावरण शिक्षा कार्यपुस्तिका के उपयोग के लिए विद्यालयों के अध्यापकों को संगठित और प्रशिक्षित करना इसका मुख्य कार्यक्रम है। विद्यालयी बच्चों के प्रशिक्षण द्वारा गाँव के स्तर पर संसाधनों का निर्वहनीय उपयोग संभव बनाना इसका प्रमुख लक्ष्य है।

कल्पवृक्ष (Kalpavriksh) : यह एक गैर सरकारी संगठन है, इसकी स्थापना पहले दिल्ली में की गयी थी वर्तमान समय में इसे स्थानान्तरित कर पुणे में स्थापित किया गया है। यह केवल पुणे में ही नहीं बल्कि भारत के अन्य राज्यों में भी सक्रिय भूमिका निभा रहा है। कल्पवृक्ष अनेक लक्ष्यों पर काम करता है। शिक्षा और चेतना, अन्वेषण और अनुसंधान, सीधी कार्यवाही और प्रचार, पर्यावरण और विकास के सवालों पर मुकदमेबाजी, विद्यालयों और महाविद्यालयों में वार्ताएँ और दृश्य-श्रव्य कार्यक्रम, प्रकृति-भ्रमण और शिविरों का आयोजन, सड़कों पर प्रदर्शन समेत जारी अभियानों में छात्रों की भागीदारी की व्यवस्था, खाद्य पदार्थों के बारे में उपभोक्ताओं में चेतना जगाना आदि विविध कार्यक्रमों के माध्यम से लोगों को जन जागरूक कर रहा है। प्रेस वक्तव्य, हरित चेतावनी और नगरों के प्रशासकों से मुलाकातें इसके कार्यों में शामिल हैं। यह विद्यालयों के अध्यापकों के लिए स्थल-विशिष्ट (site-specific) पर्यावरण हस्तपुस्तिकाओं की तैयारी में रत है। कल्पवृक्ष उन संगठनों में से एक है जो 2003 में भारत की राष्ट्रीय जैव-विविधता रणनीति और कार्यवाही योजना विकास में शामिल थे।

सलीम अली सेंटर फ़ॉर आर्नियोलॉजी एण्ड नेचुरल हिस्ट्री (The Salim Ali Centre for Ornithology and Natural History, SACON), कोयम्बटूर : यह सलीम अली का सपना था जो उनके निधन के बाद साकार हुआ। वे संरक्षण-प्रेमी वैज्ञानिकों के एक प्रतिबद्ध समूह को स्थायी आधार पर सहायता देना चाहते थे। आरंभ में इसकी परिकल्पना बांबे नेचुरल हिस्ट्री सोसायटी की एक शाखा के रूप में की गई थी। आगे चलकर 1990 में यह कोयम्बटूर में केंद्रित एक स्वतंत्र संस्था बन गई। इसने अनेक क्षेत्र-आधारित कार्यक्रम चलाए हैं जिन्होंने हमारी संकटग्रस्त

जैव-विविधता के बारे में देश में ज्ञान का प्रसार किया है। इस संस्था ने पर्यावरण के महत्त्व के विषय में लोगों तक सूचनाओं को उपलब्ध कराने में महत्त्वपूर्ण योगदान दिया है।

वाइल्डलाइफ़ इंस्टीट्यूट ऑफ इंडिया (The Wildlife Institute of India, WII) : इस संस्थान की स्थापना 1982 में देहरादून में की गयी थी। यह वन अधिकारियों को प्रशिक्षण देता है और वन्यजीवन प्रबंध संबंधी अनुसंधान कार्य करता है। प्लानिंग ए वाइल्डलाइफ प्रोटेक्टेड एरिया नेटवर्क फार इंडिया (रोजर्स एंड पँवार, 1988) इसका सबसे महत्त्वपूर्ण प्रकाशन है। पिछले कई वर्षों से यह संगठन भारत की जैविक संपदा संबंधी जानकारियाँ जुटाता रहा है और बड़ी संख्या में वन विभाग के अधिकारियों और कार्मिकों को वन्यजीवन प्रबंधकों के रूप में प्रशिक्षण दे रहा है। इसके स्नातकोत्तर पाठ्यक्रम के लिए वन्यजीवन के उत्तम वैज्ञानिक तैयार किए हैं। इसके पास एक पर्यावरण प्रभाव आंकलन प्रकोष्ठ (Environment Impact Assessment Cell) भी है। यह वन विभाग के कर्मियों को सम्बन्धित प्रशिक्षण देता है।

बॉटनिकल सर्वे ऑफ इंडिया (The Botanical Survey of India, BSI)–बॉटनिकल सर्वे आफ इंडिया का प्रमुख कार्य क्षेत्र वनस्पति संसाधनों का सर्वेक्षण करना है। इसकी स्थापना रॉयल बॉटनिकल गार्डेन, कोलकाता में 1890 में हुई थी। लेकिन 1939 के बाद यह अनेक वर्षों तक बंद रहा और 1954 में फिर से इसकी शुरुआत हुई। इसका पुनर्गठन करने और इसके उद्देश्यों को निरूपित करने के लिए 1952 में योजनाएँ बनाई गई थीं। 1955 तक कोलकाता इसका मुख्यालय बन चुका था और इसके मण्डल कार्यालय कोयम्बटूर, शिलांग, पुणे और देहरादून में थे। 1962 और 1979 के बीच इलाहाबाद, जोधपुर, पोर्ट ब्लेयर, इटानगर और गंगटोक में इसके कार्यालय खुल चुके थे। आज इसके नौ क्षेत्रीय केंद्र हैं। अलग-अलग क्षेत्रों की वनस्पति संसाधनों का संरक्षण इसके लिए महत्त्वपूर्ण है।

जूलॉजिकल सर्वे ऑफ इंडिया (Zoological Survey of India, ZSI)–1916 में कोलकाता में इस जूलॉजिकल संस्थान की स्थापना की गयी थी। कोलकाता में स्थापित इस चिड़ियाघर में तरह-तरह के पशु पक्षियों की प्रजातियाँ पायी जाती हैं। कालक्रम में इसने 'प्रजातियों के नमूने' जमा किए जिनके आधार पर वर्षों से हमारे यहाँ प्राणी जीवन का अध्ययन किया जाता रहा है। इसका काम 1875 में स्थापित भारतीय संग्रहालय, कोलकाता में जमा इन नमूनों से आरंभ हुआ। 1814 और 1875 के बीच एशियाटिक सोसायटी ऑफ बंगाल में संग्रहीत नमूने तथा 1875 और 1916 के बीच भारतीय संग्रहालय में संग्रहीत नमूने फिर इस संगठन को सौंप दिए गए। आज यहाँ दस लाख से अधिक संग्रहीत नमूने हैं। इसी वजह से यह एशिया में उपलब्ध प्रजातियों के नमूनों का सबसे बड़ा खजाना है। इसने वर्गिकी (taxonomy) और पारिस्थितिकी पर बहुत काम किया है। आज इस संगठन के 16 क्षेत्रीय केंद्र हैं।

मद्रास क्रोकोडाइल बैंक ट्रस्ट (The Madras Crocodile Bank Trust, MCBT)–इसकी स्थापना 1976 में मद्रास में की गयी थी। यह भारत ही नहीं बल्कि एशिया का पहला संरक्षित मगरमच्छ प्रजनन केंद्र है जिसे भारतीय मगरमच्छों के संरक्षण के लिए तथा संकटग्रस्त सरीसृपों की दूसरी प्रजातियों के संरक्षण और वंशवृद्धि के कार्यक्रम शुरू करने के लिए स्थापित किया गया। पिछले कई वर्षों में विभिन्न राज्यों के वन विभागों को 1500 से अधिक मगरमच्छ तथा इस जंतु के कई सौ अंडे दिए जा चुके हैं। इसका उद्देश्य भारत के दूसरे राज्यों और पड़ोसी देशों में इस जीव की वंशवृद्धि के कार्यक्रम चलाना और प्रजनन केंद्र स्थापित करना है। इस ट्रस्ट ने भारत में समुद्री कछुओं के सर्वेक्षण और संरक्षण का पहला कार्यक्रम शुरू किया है जिसमें एक प्रजनन केंद्र स्थापित करना भी शामिल है। ग्रामों और विद्यालयों के लिए यह एक पर्यावरण शिक्षा कार्यक्रम चला रहा है। इसके अंतर्गत प्रकृति-शिविर लगाना तथा अध्यापकों, युवा मछुआरों और संसाधन व्यक्तियों के लिए प्रशिक्षण कार्यशालाएँ आयोजित करना शामिल है। सरीसृप विज्ञानी और अन्य परिस्थिति के अध्ययन के लिए 1992 में अंडमान एवं निकोबार इनवायरमेंट टीम (एएनईटी) का गठन किया गया है। यह मद्रास क्रोकोडाइल बैंक ट्रस्ट का एक प्रयास है। हैरी एंड्रयूज (दक्षिणी अंडमान) में एक आधार केन्द्र भी बनाया गया है। क्रोकोडाइल बैंक में इरूला स्नेक कैचर्स कोआपरेटिव सोसायटी भी है। यह एक आदिवासी आत्मसहायक परियोजना है। यह विषमारक दवाओं के उत्पादन और चिकित्सकीय उपयोग के लिए भारत के साँपों और बिच्छुओं का जितना जहर जरूरी होता है, उसकी यह आपूर्ति करती है। ट्रस्ट के कार्मिकों ने इरूला आदिवासी महिला कल्याण समाज का भी गठन किया है, जिसका मुख्य उद्देश्य बंजर जमीनों पर जंगल लगाना और इरूला महिलाओं के लिए आय का सृजन करना है।

अधिगम सिद्धान्त

हिलगार्ड के अनुसार "सीखना (अधिगम) वह प्रक्रिया है जिससे कोई क्रिया आरम्भ होती है अथवा सामना की गयी परिस्थिति से प्रतिक्रिया के द्वारा परिवर्तित की जाती है। बशर्ते क्रिया के परिवर्तन के लक्षण स्वाभाविक प्रतिक्रिया की प्रवृत्तियाँ, परिपक्वता अथवा जीव को अस्थायी दशाओं के आधार पर न समझाई जा सकें।"

अधिगम (सीखने) के प्रमुख सिद्धान्त

सीखने की प्रक्रिया को और अधिक स्पष्ट करने के लिये विभिन्न मनोवैज्ञानिकों ने विभिन्न सिद्धान्त प्रस्तुत किये हैं, जिनमें प्रमुख हैं–

1. अन्तर्दृष्टि द्वारा अधिगम का सिद्धान्त अथवा पूर्णाकार सिद्धान्त।
2. संयोजनवाद या सम्बन्धवाद अथवा परीक्षण द्वारा भूल-सुधार सिद्धान्त।
3. स्किनर का क्रिया प्रकरण अनुकूलन का सिद्धान्त।
4. पावलोव का क्लासिकी सिद्धान्त।

अन्तर्दृष्टि द्वारा सीखने का सिद्धान्त

अन्तर्दृष्टि द्वारा सीखने के सिद्धान्त का प्रतिपादन जर्मनी के मनोवैज्ञानिक कोहलर ने किया। पहले इस सिद्धान्त के वैज्ञानिक पक्ष को समझाने के लिए पशुओं पर प्रयोग किये गये थे। बाद में इनका प्रयोग मनुष्यों को समझाने के लिये किया गया। कोहलर ने चिम्पैंजी (Chimpanzees)

पर प्रयोग किये। उन्होंने इन चिम्पैंजियों को प्राकृतिक स्थिति में रखकर उनकी बुद्धि पर प्रयोग किये और यह निष्कर्ष निकाला कि पशु भी बुद्धि का प्रयोग करते हैं। ऐसी स्थिति में यदि मनुष्य को रख दिया जाए तो वह भी उस प्रकार के व्यवहार करेगा।

अन्तर्दृष्टि से तात्पर्य है समस्या के सभी पक्षों को गम्भीरता से देखना। अन्तर्दृष्टि से सीखने में इकाई (Whole Unit) का उसके अंगों की अपेक्षा उसके भागों का अधिक महत्व होता है। इस विधि में भूल और प्रयास विधि का प्रयोग भी होता है। इस विधि के आवश्यक तत्व हैं– सम्पूर्ण इकाई का ज्ञान या बोध, स्पष्ट उद्देश्य, सामान्यीकरण की शक्ति, आकस्मिक समाधान की सूचना, वस्तुओं का नया रूप, सीखने का स्थानान्तरण तथा व्यवहार में परिवर्तन आदि।

अन्तर्दृष्टि का शैक्षिक महत्व

(*i*) कठिन विषयों में उपयोगी : कठिन से कठिन कार्यों को करने और सीखने के लिये सूझबूझ का सिद्धान्त अधिक लाभकारी रहता है। उदाहरणार्थ–विज्ञान व गणित विषय।

(*ii*) अभिप्रेरणा का महत्व : यदि सीखने से होने वाले लाभों का पहले से ज्ञान हो जाये तो बालक अपनी सूझबूझ और बुद्धि का भरपूर प्रयोग करेगा। अतएव अभिप्रेरणा का इस विधि में भी बहुत महत्व है। इससे बच्चों में कार्य सीखने की रुचि भी बनी रहेगी।

(*iii*) बौद्धिक शक्तियों के विकास में सहायता : बालकों के बौद्धिक विकास के लिए उनकी अन्तर्दृष्टि या सूझबूझ बहुत सहायक होती है। अतः इस विधि से अधिक से अधिक कार्यों को करने के लिये बालकों को प्रोत्साहित करना चाहिए।

(*iv*) पाठ्यक्रम निर्माण में उपयोगिता : पाठ्यक्रम के निर्माण में अन्तर्दृष्टि अथवा सूझ-बूझ प्रक्रिया को ध्यान में रखकर पाठ्यक्रम के विभिन्न अंगों को एकीकृत किया जाता है। दूसरे शब्दों में एकीकृत पाठ्यक्रम, इस सिद्धान्त के परिणामस्वरूप बनाया जाता है कि सारा विषय एक इकाई के समान हो।

(*v*) वैज्ञानिक खोजों के लिए उपयोगी : वैज्ञानिक खोजों के लिये अन्तर्दृष्टि का सिद्धान्त ही सहायता करता है। इसके बिना खोज कार्य नहीं हो सकते।

संयोजनवाद या सम्बन्धवाद

इस सिद्धान्त को उद्दीपन-अनुक्रिया एवं प्रसन्नता-दुख का सिद्धान्त भी कहा जाता है। इस सिद्धान्त का प्रतिपादन सन् 1968 में अमेरिका के मनोवैज्ञानिक **थार्नडाईक** (Thorndike) ने किया था। इस सिद्धान्त के अनुसार मनुष्य एवं पशु प्रयास एवं भूल के द्वारा बहुत कुछ सीखते रहते हैं। व्यक्ति प्रयास करता जाता है और परिणामस्वरूप धीरे-धीरे उसकी सीखने की प्रक्रिया होती रहती है। प्रयास एवं भूल द्वारा सीखने के लिये मनुष्य को प्रेरणा, बाधा, निरर्थक प्रतिक्रियायें, सफलता का आकस्मिक अवसर, उचित अनुक्रियाओं को स्थायी रखना तथा लक्ष्यों की प्राप्ति आदि तत्त्वों की आवश्यकता होती है तभी वह इस सिद्धान्त के अनुसार सीख सकेगा। इस सिद्धान्त के कुछ दोष भी हैं जैसे इस विधि द्वारा सीखने में बुद्धि का अधिक प्रयोग नहीं होता। सीखने में समय अधिक लगता है। सूझ-बूझ का प्रयोग भी कम होता है। यह विधि पिछड़े बच्चों के लिए ही उपयुक्त है, प्रतिभावान बालक इस विधि को अधिक पसन्द नहीं करते।

संयोजनवाद का शैक्षिक महत्व

(*i*) अभ्यास द्वारा सीखना : अभ्यास मनुष्य को परिपक्वता की ओर ले जाता है। अभ्यास प्रयास और भूल विधि की मुख्य विशेषता है।

(*ii*) कौशल अर्जित करना : छोटा बालक कई कौशल प्रयास और भूल विधि से ही सीख पाता है, जैसे–बैठना, खड़े होना, चलना, भागना। शिक्षण में भी बालक लेखन में गलतियाँ करके ही सुधार लाता है।

(*iii*) प्रेरणा पर बल : इस सिद्धान्त में प्रेरणा पर अधिक बल दिया जाता है। बालकों को सीखने से पहले अभिप्रेरित करना अति आवश्यक है।

(*iv*) सूझबूझ द्वारा सीखना : प्रयास और भूल विधि में सूझ का प्रयोग भी होता है। कई समस्याओं में इनका सम्मिश्रण करना पड़ता है।

(*v*) दोहराना : किसी कार्य को सीखने के लिये उसे दोहराना आवश्यक है। प्रयास और भूल विधि में कार्यों का दोहराव होता रहता है।

(*vi*) सरल से कठिन की ओर : इस सिद्धान्त द्वारा कार्य सरल पक्ष से प्रारम्भ किया जाता है और कठिनाई की ओर धीरे-धीरे बढ़ा जाता है। इससे कमजोर व पिछड़े बालकों को लाभ होता है।

सक्रिय अनुबन्धन का सिद्धान्त

पावलोव के अनुकूलित अनुक्रिया की तरह ही स्किनर (Skinner) ने सक्रिय अनुबन्धन के सिद्धान्त का प्रतिपादन किया। सक्रिय अनुबन्धन इस सिद्धान्त पर आधारित है कि व्यवहार के किसी एक पक्ष को पुरस्कृत किया जा सकता है।

सक्रिय अनुबन्धन का आधार पुनर्बलन है। पुनर्बलन का अर्थ निम्न प्रकार है–

सक्रिय अनुबन्धन का अर्थ है–जब किसी पुरस्कार से कोई अनुक्रिया हो तो उसी अनुक्रिया के दोहराये जाने की प्रवृत्ति रहती है।

"सक्रिय अनुबन्धन में किसी भी घटना का उद्दीपन जो किसी प्रकार की अनुक्रिया उत्पन्न करता है, पुनर्बलन कहलाता है।"

इस प्रकार बार-बार दिया जाने वाला पुनर्बलन भावी व्यवहार का निर्णायक हो जाता है।

उदाहरणार्थ, खाने की मेज पर यदि कोई भूखा व्यक्ति 'कृपया शब्द कहता है तो उसे खाना दे दिया जाता है। हर बार यह बात दोहराई जाती है और इस बात की सम्भावना बढ़ जाती है कि जब वह व्यक्ति भूख लगने पर 'कृपया' शब्द कहेगा तो उसे 'खाना' मिल जायेगा। इस प्रकार 'भोजन' उसके 'कृपया' अनुक्रिया के लिए सकारात्मक पुनर्बलक कहलायेगा। अतः स्किनर ने यह अवधारणा विकसित की कि सक्रिय अनुबन्धन एक अधिगम प्रक्रिया है जिसमें जब अनुक्रिया संभावित होती है, उस समय सक्रियता की शक्ति बढ़ जाती है।

स्किनर के अनुसार समस्त व्यवहार सक्रिय पुनर्बलन के द्वारा होता है। जीवन के हर क्षेत्र में पुनर्बलन द्वारा ही परिवर्तन आते हैं। अतः जब भी किसी व्यवहार को पुनर्बलित किया जाता है तो उस व्यवहार की पुनरावृत्ति के अवसर अधिक होते हैं।

सक्रिय अनुबन्धन का शैक्षिक महत्व

स्किनर का मानना है कि सक्रिय-अनुबन्धन द्वारा शिक्षण-प्रक्रिया को प्रभावी बनाया जा सकता है। इसी सिद्धांत के अनुसार पशुओं को भी प्रशिक्षित किया जा सकता है। शिक्षा के क्षेत्र में सक्रिय अनुबन्धन का महत्व निम्नलिखित है–

***(i)* व्यवहार को स्वरूप प्रदान करना :** सक्रिय-अनुबन्धन के सिद्धांत द्वारा शिक्षक विद्यार्थियों के व्यवहारों को वांछित स्वरूप एवं दिशा प्रदान कर सकता है। इस कार्य के लिये शिक्षक को उद्दीपन नियन्त्रित करना पड़ेगा।

***(ii)* निदानात्मक शिक्षण :** स्किनर के अनुसार कई जटिल तथा मानसिक रोगियों को सक्रिय अनुबन्धन द्वारा प्रशिक्षित किया जा सकता है तथा उनका अधिगम प्रभावशाली बनाया जा सकता है।

***(iii)* परिणाम की जानकारी :** यदि छात्रों को उनके प्रयासों के परिणाम का ज्ञान करा दिया जाए तो छात्र अपने कार्य में अधिक उन्नति कर सकते हैं। गृह कार्य की जाँच करके उसमें संशोधन करने से छात्र उन्नति कर सकता है।

***(iv)* अधिक्रमित अधिगम :** स्किनर ने इस सिद्धान्त का प्रयोग अभिक्रमित अधिगम के लिए किया है। इसी सिद्धान्त द्वारा शब्द भण्डार में भी वृद्धि की जा सकती है।

***(v)* पुनर्बलन का महत्व :** सक्रिय अनुबन्धन में पुनर्बलन का बहुत महत्व है। पुनर्बलन के विभिन्न रूप हो सकते हैं, जैसे– पुरस्कार, दण्ड, परिणाम का ज्ञान आदि।

अनुकूलित अनुक्रिया सिद्धान्त

इस सिद्धान्त द्वारा अनुबन्धन से सीखा जाता है। इस सिद्धान्त का प्रतिपादन **पावलोव** और **वाटसन** ने किया था। इस विधि के अनुसार सम्बद्ध स्थिति से भी अधिगम अधिक हो जाता है। दूसरे शब्दों में अनुकूलित या अनुबन्धित अनुक्रिया से तात्पर्य है–कृत्रिम उत्तेजना या उद्दीपन के प्रति स्वाभाविक क्रिया का पैदा होना। रूसी वैज्ञानिक वाटसन ने खरगोश पर प्रयोग करके और पावलोव ने कुत्ते पर प्रयोग करके यह सिद्ध कर दिया कि अनुकूलित या अनुबन्धित अनुक्रिया द्वारा पशु काफी कुछ सीखते हैं। यदि मानव को उन्हीं परिस्थितियों में रखा जाए तो वे भी पर्याप्त मात्रा में सीखते हैं। इस विधि में प्रमुख आवश्यक तत्व हैं: अनुक्रिया का प्रभुत्व, दो उद्दीपनों में समय का सम्बन्ध, उद्दीपनों की पुनरावृत्ति और उद्दीपनों की क्षमता आदि। इस सिद्धान्त के प्रमुख दोष हैं– यान्त्रिकता पर अधिक बल, अस्थायित्व तथा मनुष्य की अपेक्षा पशुओं पर किये गये अधिक प्रयोग।

अनुकूलित या अनुबन्धित अनुक्रिया पर अनेक कारक प्रभाव डालते हैं, उनमें प्रमुख हैं : अभ्यास, प्रेरक, समय, बाहरी रुकावटें, बुद्धि, आयु व मानसिक स्वास्थ्य आदि। इन कारकों के प्रभाव से अनुकूलित अनुक्रिया की गति अधिक अथवा कम हो सकती है।

अनुकूलित अनुक्रिया सिद्धान्त का शैक्षिक महत्व

***(i)* समायोजन में सहायक :** अनुबन्धन क्रिया छात्रों को नये-नये वातावरण में समायोजन में सहायक सिद्ध होती है।

***(ii)* भ्रम दूर करना :** अनावश्यक भ्रमों और वहमों को दूर करने के लिये इस विधि का प्रयोग किया जाना आवश्यक है।

***(iii)* भाषा के प्रशिक्षण में सहायक :** अनुकूलन या अनुबन्ध भाषा के प्रशिक्षण में बहुत उपयोगी होती है। उचित भाषा के प्रयोग से बालक उसके प्रयोग के लिए अनुकूलित हो जाता है।

***(iv)* भय, प्रेम तथा घृणा को जागृत करना :** इस विधि के द्वारा छात्र तथा अध्यापक के मध्य भय, प्रेम तथा घृणा के भाव जागृत किए जाते हैं। एक अध्यापक यदि छात्र को मारता-पीटता है तो छात्र उसके नाम से ही घृणा अथवा भय के भाव प्रदर्शित करेगा, यह उसका अनुबन्धन होता है।

***(v)* दंड पुरस्कार का सिद्धान्त :** दंड और पुरस्कार अनुकूल या अनुबन्ध पर बहुत निर्भर करता है। बुरे कार्यों के लिए दंड व अच्छे कार्यों के लिए पुरस्कार का मिलना बालक के अनुकूल या अनुबन्ध के लिये परम आवश्यक है। उचित समय पर दिया गया दंड या पुरस्कार बालक के व्यवहार को परिवर्तित करता है या उसमें संशोधन लाता है।

विज्ञान एवं सामाजिक विज्ञान के साथ संबंध

हमारा पर्यावरण अनेक जैविक एवं अजैविक कारकों से बना है। जैविक कारकों में पादप, जीवाणु, विषाणु, जन्तु जैसे कीट, पक्षी, जल प्लवक, जन्तु प्लवक, रीढ़धारी मानव, चूहा, दुग्धधारी व जंगली जीव इत्यादि सम्मिलित हैं। जबकि अजैविक कारकों में भौतिक कारक जैसे प्रकाश, ताप अथवा विकिरण, गुरुत्व इत्यादि तथा जलवायवीय कारक जैसे मिट्टी, जल, वायुमण्डलीय गैस, अग्नि इत्यादि सम्मिलित हैं। यह सभी कारक एक दूसरे से प्रभावित होते हैं। यदि ताप में बढ़ोत्तरी होती है तो यह दूसरे अजैविक व जैविक कारकों को भी प्रभावित करता है। इस तरह पर्यावरण विज्ञान एक विशाल व जटिल संगठन है जिसमें इतने सारे कारक एक साथ मिल कर संरचनात्मक एवं प्रकार्यात्मक रूप से समन्वित रूप से व्यवस्थित रहते हुए पारस्परिक प्रक्रियाएं व अन्योन्य क्रियाएं करते हैं। इसीलिये किसी भी पारिस्थितिकी का अध्ययन करते समय इन सभी कारकों से सम्बन्धित अध्ययन होने पर ही सही तरीके से मूल्यांकन किया जा सकता है। अतः पर्यावरण अध्ययन को विविध विषयी व विविध आयामी माना गया है जिसके आकलन के लिये अनेक विषयों की जानक. ारी मौके पर ही उपलब्ध होनी चाहिए। यह विभिन्न विषय से सम्बन्धित नाना प्रकार के वैज्ञानिकों के एक ही स्थान पर एकत्रित होकर एकजुट अनुसन्धान से सम्भव हो पाता है। आजकल सरकार भी ऐसे प्रोजेक्ट्स को प्रोत्साहन देती है, जो बहुविषयी, बहुआयामी व बहुद्देश्यी होते हैं जिनसे सभी पक्षों की महत्वपूर्ण जानकारी प्राप्त होने की सम्भावना रहती है।

पर्यावरण के अध्ययन हेतु निम्न विषय एवं उनसे सम्बन्धित विशेषज्ञों की आवश्यकता होती है–

अजैविक कारकों के अध्ययन हेतु

- ❑ भूविज्ञान ⇒ भूवैज्ञानिक
- ❑ जलीय विशेषज्ञ ⇒ जल वैज्ञानिक
- ❑ मृदा विज्ञान ⇒ मृदा वैज्ञानिक

- रसायन शास्त्र ⇒ रसायनविज्ञ
- भौतिक शास्त्र ⇒ भौतिक शास्त्री
- मौसम विज्ञान ⇒ मौसमविज्ञ

जीवित कारकों के अध्ययन हेतु

- सूक्ष्मजीव विज्ञान ⇒ सूक्ष्मजीवी विज्ञानी
- पादप विज्ञान ⇒ पादप विज्ञानी
- टेक्सोनोमी (Taxonomy) ⇒ टेक्सोनोमिस्ट (Taxonomist)
- शैवाल विज्ञान (Algology) ⇒ शैवाल विज्ञानी (Algologist)
- जन्तु विज्ञान (Zoology) ⇒ जन्तु विज्ञानी (Zoologist)
- फायटोलोजी ⇒ फायटोलोजिस्ट
- समाजशास्त्र ⇒ समाजशास्त्री
- फायकोलोजी (Phycology) ⇒ फायकोलोजिस्ट (Phycologist)
- मछली विज्ञान ⇒ मछली विज्ञानी
- कृषिविज्ञान ⇒ कृषि विज्ञानी
- अभियांत्रिकी (Engineering) ⇒ अभियांत्रिक (Engineer)
- अर्थशास्त्र ⇒ अर्थशास्त्री

इनके अतिरिक्त अनेक विषय और भी हैं जिनके अलग-अलग पर्यावरण व जलवायवीय स्थिति के अनुसार भिन्न-भिन्न विशेषज्ञों की आवश्यकता होती है। अतः अब यह स्पष्ट है कि पर्यावरण अध्ययन के लिये भिन्न-भिन्न विषय के विशेषज्ञों को एकजुट होकर कार्य करना पड़ता है, इसीलिये यह एक बहुविभागीय विषय माना गया है।

अवधारणाएँ प्रस्तुत करने के दृष्टिकोण

पर्यावरण से जुड़े विवादित विषयों के अध्ययन के समय यह आवश्यक हो जाता है कि प्रभावी अधिगम की अभिरुचियों को बनाए रखते हुए विषय के विभिन्न उपागमों को स्पष्ट किया जाए। साथ ही विज्ञान की विभिन्न अवधारणाओं एवं नीतियों को स्पष्ट करते समय छात्रों की अभिरुचि बनाए रखने के लिए कौन सी प्रविधि अपनाई जाय, इस बात का ध्यान रखना भी महत्वपूर्ण है।

1. विज्ञान संबंधी अवधारणाओं को पहले स्पष्ट करना चाहिए। यद्यपि पर्यावरण से जुड़े अनेक टॉपिक विज्ञान, नीति, अर्थशास्त्र एवं मानव प्रभाव के सम्मिश्र रूप हैं–इन्हें तीन विभिन्न उपखण्डों में बांट लेना उपयोगी होता है। सर्वप्रथम विज्ञान से जुड़ी अवधारणाओं को स्पष्ट करना चाहिए। इससे जुड़े आँकड़े एवं संबंधित उदाहरण का भी उपयोग करना चाहिए। फिर उस विषय से जुड़ी नीतियों एवं अन्य दृष्टिकोण को स्पष्ट करना चाहिए। इस तरह से एक बार यदि विषय की अवधारणाओं को स्पष्ट कर दिया जाए तो उस विषय में छात्रों की रुचि बढ़ जाती है।
2. अध्ययन के दौरान आंकड़ों का पर्याप्त प्रयोग करना चाहिए। पृथ्वी पर के जीव-जंतुओं की संख्या घटती जा रही है; दलदली भूमि का अधिकाधिक प्रयोग नगरीकरण के लिए किया जा रहा है तथा जलवायु दिनोंदिन गर्म होती जा रही है आदि कथन भावनात्मक प्रकार के हैं जिससे छात्रों की अवधारणाएँ स्पष्ट नहीं हो पाती। इसके लिए सही तरीका यह है कि कुछ वर्षों के आंकड़े सामने रखकर तथ्य को स्पष्ट किया जाए। इससे पढ़ने वाले छात्र आंकड़ों के आधार पर स्वयं ही सही निष्कर्ष निकाल पाएंगे।
3. शिक्षक को अध्यापन के दौरान शिक्षण की प्रभावी तकनीक का इस्तेमाल करना चाहिए। इसके लिए शिक्षण प्रक्रिया में छात्रों की भागदारी सुनिश्चित की जानी चाहिए। इसके लिए स्थानीय स्तर पर आंकड़े इकट्ठा करने में छात्रों को भागीदार बनाना, पर्यावरण से जुड़े विषय पर परिचर्चा आयोजित करना एवं पर्यावरण से जुड़े किसी प्रोजेक्ट में उन्हें भागीदार बनाना शामिल है।
4. विवादित, अनेकार्थक, अपर्याप्त एवं तथ्यों की कमी वाले विषयों का अध्यापन करते समय संतुलित एवं रचनात्मक दृष्टिकोण अपनाना चाहिए। छात्रों को इस बात के लिए प्रेरित करना चाहिए कि वे इस बारे में सही तथ्य को जानें और समस्या के हल के लिए उचित तथ्यों का संकलन करें। छात्रों में आंकड़ों एवं तथ्यों के आधार पर तार्किक क्षमता के विकास को प्रोत्साहित करना चाहिए।
5. शिक्षण के उद्देश्य एवं रणनीति का पूरी तरह स्पष्ट होना आवश्यक है। शिक्षक कक्षा में पाठ्यक्रम आरंभ करे इसके पहले उसे अपनी भूमिका का स्पष्ट ज्ञान होना चाहिए। क्या वह कक्षा में सिर्फ विषय से जुड़ी अवधारणाओं को स्पष्ट करना चाहता है? क्या वह पर्यावरण के प्रति छात्रों में जागरूकता पैदा करना चाहता है? या छात्रों को अपने आसपास उचित पर्यावरण के निर्माण के लिए प्रेरित करना चाहता है। इन सभी प्रकार के उद्देश्यों एवं रणनीतियों के अपने-अपने लाभ हैं, पर शिक्षक के दिमाग में यह बात स्पष्ट होनी चाहिए कि उसका उद्देश्य क्या है और वह उसे किस प्रकार प्राप्त करेगा।

पर्यावरण संबंधी क्रियाकलाप

हमारे आसपास की सभी चीजें जो हमारे पर्यावरण का निर्माण करती हैं, पृथ्वी पर मानव एवं जीव-जंतुओं के अस्तित्व के लिए आवश्यक हैं। हमारा पर्यावरण हमारे दैनिक जीवन के व्यवहार, क्रिया-कलाप, जीवन शैली एवं स्वास्थ्य सभी को प्रभावित करता है। इतना ही नहीं हमारे पर्यावरण में पाए जाने वाले सभी जीव-जंतु अपनी आवश्यकता के लिए एक-दूसरे पर निर्भर हैं। ऐसे में अपनी पर्यावरण को जानना एवं उसके साथ उचित तालमेल बिठा कर चलना हमारा दायित्व बन जाता है। हमारे क्रिया-कलापों से पर्यावरण को होने वाले नुकसान से अंततः इस धरती पर रहने वाले जीव-जंतुओं को ही नुकसान उठाना पड़ेगा। अतः आवश्यक है कि पर्यावरण के प्रति छात्रों, अभिभावकों, शिक्षकों एवं समाज के अन्य वर्गों को जागरूक बनाया जाए तथा ऐसे प्रयास किए जाएँ जिससे हमारा पर्यावरण शुद्ध बना रहे। इसके लिए निम्न क्रियाकलापों पर बल दिया जाना चाहिए।

1. हमें अपने आसपास की खाली जगह पर वृक्षारोपण करना चाहिए। अपने आवास एवं स्कूल स्तर से ही इसकी शुरुआत करनी चाहिए। 'एक बच्चा, एक पौधा' के सिद्धांत को अगर हम अपने जीवन में उतारें तो पर्यावरण को हो रही क्षति को काफी हद तक रोका जा सकता है।

2. विभिन्न प्राकृतिक घटनाओं, जिससे हमारे पर्यावरण को नुकसान होता है–जैसे, ज्वालामुखी, भूकंप, परमाणु विस्फोट आदि के चार्ट एवं मॉडल बनाकर उससे होने वाले नुकसान के बारे में छात्रों को अवगत कराना चाहिए।
3. जलवायु, मिट्टी, कृषि, जीव-जंतुओं आदि के बारे में संगोष्ठी का आयोजन।
4. पर्यावरण के विभिन्न घटकों के बारे में पर्यटन के माध्यम में छात्रों को जानकारी देना।
5. पर्यावरण की सुरक्षा एवं देखभाल के लिए छात्र कमांडो का गठन करना एवं उन्हें प्रशिक्षण देना।

प्रयोगात्मक कार्य

प्रयोग 1

उन पौधों के तने एवं शाखाओं को ध्यानपूर्वक देखिए:

- जो आपसे कम लंबे हैं।
- जिनकी लंबाई लगभग आपके बराबर है तथा
- जो आपसे बहुत अधिक लंबे हैं।

तने को स्पर्श कीजिए तथा यह जानने के लिए कि तना कोमल है अथवा कठोर, इसे धीरे से एक ओर मोड़ने का प्रयास कीजिए। लंबे पौधों के तने की मोटाई मापें और उसे अपने नोटबुक में दर्ज करें।

प्रयोग 2

आवश्यक सामग्रीः अरहर और चने के बीज, रुई, कटोरी तथा जल।

दो कटोरियाँ लीजिए। इनमें भीगी हुई रुई रखिए। एक कटोरी में चने के 3-4 बीज और दूसरी में अरहर के दाने रखिए। जल डालकर रुई को हमेशा नम रखिए जब तक कि बीज अंकुरित होकर नवोद्भिद नहीं बन जाएँ। एक सप्ताह बाद उन्हें खींचकर रुई से बाहर निकालने का प्रयास कीजिए।

क्या नवोद्भिद सरलता से रुई से बाहर खिंच आता है? क्यों?

प्रयोग 3

आप अपने निकट के वन क्षेत्र में जाइए। वहाँ पाए जाने वाले सभी पौधों, जंतुओं एवं वस्तुओं का अवलोकन कीजिए। अब इन सबकी एक सूची बनाइए। अपने माता-पिता, अध्यापक एवं मित्रों से भी इस बारे में चर्चा कीजिए। एक अन्य कॉलम में विभिन्न स्थानों पर पाए जाने वाले जंतुओं एवं पौधों की सूची भी तैयार कीजिए। पुस्तकालय में उपलब्ध पुस्तकों की सहायता से इस सूची में नई-नई जानकारियों को शामिल कीजिए।

	वन क्षेत्र	अन्य क्षेत्र
जंतु		
पौधे		
अन्य वस्तु		

प्रयोग 4

अपने कमरे की खिड़की जिससे दिन के समय धूप आती हो, के पास एक फूल का गमला रखिए। कुछ दिनों तक फूल को नियमित जल देते रहें। क्या यह फूल खुले स्थान पर रखे फूल की तरह सीधा बढ़ता है? अगर नहीं तो ज्ञात कीजिए वह किस ओर मुड़ता है? क्या यह किसी उद्दीपन के प्रति प्रतिक्रिया है?

प्रयोगात्मक कार्य का महत्वः प्रयोग करके सीखना किसी विषय को पढ़कर सीखने से कहीं आसान है। प्रयोग के दौरान छात्र अपनी सृजनात्मक शक्ति का प्रयोग करता है। इससे छात्रों की सृजनात्मक क्षमता का विकास होता है। प्रायोगिक ज्ञान अधिक टिकाऊ एवं दीर्घ काल तक मस्तिष्क में बना रहता है। विभिन्न प्रयोग करने से छात्र को आनन्द की प्राप्ति होती है तथा उसके आत्मविश्वास में वृद्धि के साथ-साथ उसमें उस विषय के प्रति रुचि भी जागृत हो जाती है। अतः छात्रों में रुचि जागृत करने हेतु प्रयोगात्मक विधि एक श्रेष्ठ प्रणाली है। प्रयोगात्मक विधि द्वारा छात्र को कक्षा के बाहर भी अध्ययन का मौका मिलता है।

परिचर्चा

जल-संरक्षण

जल प्रकृति द्वारा दिया गया एक बहुमूल्य उपहार है। इसके अभाव में जीवन का कोई अस्तित्व ही नहीं रह जाता। इस बहुमूल्य घटक की तुलना अमृत से किया गया है। अतः इसका संरक्षण बहुत जरूरी है। जल-संरक्षण हेतु हमें निम्नलिखित तथ्यों पर विचार करना चाहिए–

1. **मृदा में जल संचय**–मृदा में अपनी क्षेत्र-क्षमता के अनुसार जल का एक महत्त्वपूर्ण भाग जमा करने की क्षमता है। एक अनुमान के अनुसार नम क्षेत्रों में कुछ समय तक भूमि को परती छोड़ देने से आने वाले वर्ष की उपज के लिए भूमि में स्वतः जल संचय हो जाता है।
2. **सिंचाई द्वारा होने वाली जल-हानि में कमी**–इसके लिए अग्रलिखित उपाय किए जा सकते हैं–
    1. सिंचाई के लिए बनी नहरें और नालियों का पक्कीकरण हो।
    2. सुबह या शाम में की गई सिंचाई से वाष्पीकरण अपेक्षाकृत कम होती है, अतः सुबह या शाम में सिंचाई की जाए।
    3. सिंचाई में फव्वारे का प्रयोग 30-50% पानी की बचत में सहायक है, अतः फव्वारे का प्रयोग हो।
    4. खारे पानी व कम पानी को सहने वाली फसलों की उन्नत किस्में विकसित की जाएँ।
3. **जलवाह की रोकथाम**–वर्षा का अधिकतर जल धरती में सोख लिये जाने की अपेक्षा बह कर नष्ट हो जाता है जिसे 'जलवाह' कहा जाता है। इसे रोकने के निम्नलिखित प्रमुख उपाय हैं–
    1. जलवाह को रोकने के लिए पहाड़ी क्षेत्रों में सीढ़ीनुमा खेत, मेढ़ आदि बनाये जाते हैं।
    2. सीढ़ीनुमा खेती में जलवाह कम करने के लिए अवरोध बनाये जाते हैं। समतल व नीचे क्षेत्रों में अवरोध बनाकर भी जल

का संचय किया जाता है। विस्तृत भू-भाग में जलवाह ज्यादा होता है।

3. अवरोधों की शृंखला बनाकर भी ज्यादा से ज्यादा जल का संचय सम्भव है।
4. जलवाह को नियन्त्रित करने के लिए नालियों का निर्माण और संग्रह करने के लिए तालाबों का निर्माण भी आवश्यक है।
5. पेड़-पौधों के अवशेष, खाद आदि को भूमि की सतह पर बिछाना भी जल संचय में लाभदायक होता है।
6. जिप्सम ($CaSO_4.2H_2O$) व एच.पी.ए.एन. (हाइड्रोलाइज्ड पॉली एक्राइलोनाइट्राइल) जैसे रासायनिक तत्त्वों को मृदा में मिलाने से मृदा की पारगम्यता बढ़ती है अर्थात् जल धीरे-धीरे मिट्टी में रिसता रहता है। इससे भी जलवाह कम होता है।
7. खेतों व खुले स्थानों में जल जमा करने के लिए तालाब बनाने से जलवाह में तो कमी आती है साथ ही भू-जल-स्तर भी बढ़ता है।

4. **वाष्पीकरण में कमी**—धरती तक पहुँचने वाले जल का बहुत बड़ा अंश वाष्पित हो जाता है। नम क्षेत्रों में मृदा की सतह के नीचे 'एसफाल्ट' के अवरोध बनाकर पानी को सोखकर वाष्पन की दर को कम किया जाता है। इससे कृषि उत्पादों में भी 35-40% वृद्धि हो सकती है। यह बलुई मिट्टी में अधिक उपयोगी है। 'स्टार्च' व 'एक्राइलोनाइट्राइल' से बना बहुलक 'सुपर स्लर्पर' अपने भार से 1400 गुना अधिक पानी सोखने की क्षमता रखता है। यह रसायन रेतीले क्षेत्रों में जल-जमाव की दृष्टि से बहुत उपयोगी सिद्ध हुआ है।

ये सभी तरीके वर्षा जल-संग्रहण के सस्ते उपाय हैं जिन पर मरम्मत का खर्च भी बहुत कम आता है। वर्षा जल-संग्रहण से मृदा-अपरदन व जलवाह की दर भी कम होती है। साथ ही मृदा की उर्वरता, मृदा-जल व भू-जलस्तर में सुधार होता है।

जलाशय प्रबन्धन

जलाशय ऐसा क्षेत्र है जहाँ से जल गुरुत्वाकर्षण के प्रभाव से एक जल धारा में जाकर मिलता है। अतः जलाशय की सीमाएँ निर्धारित हैं और उससे जल की निकासी एक स्थान से होती है। यह भी लगभग तय होता है। किसी जलाशय की सीमाएँ, कुछ वर्ग किलोमीटर से हजारों वर्ग किलोमीटर तक हो सकती है। इनमें जल से सम्बन्धित स्थितियाँ ऐसी होती हैं कि जल का प्रवाह एक ही दिशा में केन्द्रित होता है, जहाँ से जल की निकासी होती है। जलाशय उस क्षेत्र की भूमि के गुण, वनस्पति, भूमि-उपयोग, जल व इनके बीच की जटिल प्रक्रियाओं का सम्मिलित रूप है। मनुष्य और पशु-पक्षी भी किसी जलाशय का अभिन्न अंग हैं जिनका एक-दूसरे पर पारस्परिक प्रभाव पड़ता है।

हिमालय में जलाशय प्रबन्धन का विशेष महत्त्व है, क्योंकि अधिकतर जलाशय इसी क्षेत्र में सीमित हैं। मृदा-अपरदन जंगलों की कटाई अनियोजित खनन आदि की रोकथाम करके जलाशयों के प्रबन्धन पर बल दिया जाना आवश्यक है। ढलानों पर तार लगाकर, वृक्षारोपण द्वारा व बेड़े लगाकर भूस्खलन पर रोक लगाने का प्रयास किया जाना चाहिए ताकि मृदा जल और वनस्पति का संरक्षण हो सके।

जलाशयों का अपघटन—अनियन्त्रित, अनियोजित और गैर-वैज्ञानिक भूमि उपयोग के चलते प्रायः जलाशयों के अपघटन की स्थिति उभरकर सामने आ जाती है। जंगलों की कटाई, पशुओं द्वारा अति चराई, खनन, औद्योगीकरण, झूम कृषि, प्राकृतिक या अन्य कारणों से जंगल में लगने वाली आग, मृदा-अपरदन और लोगों का सीमित ज्ञान जलाशयों के अपघटन के लिए सबसे ज्यादा उत्तरदायी हैं।

जलाशय-प्रबन्धन के प्रमुख उद्देश्य—जलाशय प्रबन्धन के प्रमुख उद्देश्य निम्न प्रकार हैं—

1. प्राकृतिक आपदाएँ जैसे—बाढ़, अकाल और भू-स्खलन पर नियंत्रण हो।
2. ग्रामीण क्षेत्रों का सामाजिक व आर्थिक विकास हो।
3. जलाशयों का पुनःस्थापना हो जिससे भूमि-क्षरण व मृदा-अपरदन कम-से-कम हों और भूमि की उर्वरा शक्ति में वृद्धि हो।
4. घरेलू उपयोग के लिए जल, सिंचाई व ऊर्जा उत्पादन में वृद्धि हो।

जलाशय प्रबन्ध को पांचवीं पंचवर्षीय योजना के अन्तर्गत राष्ट्रीय नीति में शामिल किया गया और इससे सम्बन्धित कार्यक्रम चलाये गये। जलाशय प्रबन्धन हमेशा क्षेत्र विशेष में उपस्थित संसाधनों के आधार पर किया जाता है। भूमि व जल संरक्षण विकास से सम्बन्धित योजना लोगों के हितों और सुस्थिर विकास को ध्यान में रखकर बनाई जाती है। जलाशय-प्रबन्धन के लिए अपनाई गई योजनाएँ निम्नलिखित हैं—

1. अनुचित ढंग से किए गए खनन में भूमि व पहाड़ियों की स्थिरता कम हुई है, जिसके परिणाम की घटना, बढ़ी भूस्खलन और अपरदन है। खुदाई के बाद बचे अवशिष्ट, मलबे के ढेर और खाली पड़ी भूमि पर वृक्षारोपण से खनन क्षेत्रों में जलाशय प्रबन्धन में सहायता मिली है। अतः खनन में वैज्ञानिक ढंग का उपयोग जरूरी है।
2. जलाशय प्रबन्धन कार्यक्रम में लोगों का सहयोग कुंजी के समान है विशेषकर मृदा और जल संरक्षण की दृष्टि से। इस क्षेत्र में लोगों का सहयोग जुटाना बहुत आवश्यक है। लोगों को जलाशयों के विकास, वृक्षारोपण की गई भूमि की देखभाल और सरकार तथा स्वयंसेवी संस्थाओं द्वारा अपनाई गई योजनाओं में शामिल करना चाहिए। लोगों को उचित ज्ञान, जागरूकता और विशेष सहयोग के लिए आर्थिक लाभ भी देना आवश्यक है। हरियाणा के पंचकुला में सुखोमाजरी, जलाशय निर्माण की सफलता में जन-सहयोग का बहुत बड़ा महत्त्व है।
3. सूखे के दिनों में जल की आपूर्ति हेतु जल-संग्रह किया जाता है। इससे बाढ़ों को रोकने में सहायता मिलती है तथा ऊर्जा उत्पादन की जाती है।
4. जलाशय-प्रबन्धन में वानिकी का महत्त्वपूर्ण योगदान है। इससे मृदा अपरदन कम होता है और मृदा की नमी में वृद्धि होती है। अधिक वर्षा वाले क्षेत्रों में फसलों के बीच में लगाए गए पेड़ मृदा-अपरदन की दर को कम करते हैं। देहरादून क्षेत्र में मृदा अपरदन को रोकने के लिए 'सफेदा' और घास को फसलों को लगाया जाना इस प्रक्रिया का उदाहरण है। यमुना से जुड़े जलाशय क्षेत्रों में शीशम, सागौन और कीकर के पेड़ वानिकी कार्यक्रम के अन्तर्गत लगाए गए हैं।

5. बाँध, अवरोध, सीढ़ीनुमा खेत की मेढ़, वानिकी आदि ऐसे यान्त्रिक ढाँचे हैं जो मृदा-अपरदन और जलवाह को रोकने में सहायक हैं, विशेषकर ढलानों पर। पहाड़ी क्षेत्र जैसे देहरादून और शिवालिक क्षेत्रों में मेंढ़ और बाँध लगाने के बाद मृदा-अपरदन और जलवाह में विशेष कमी आई है।

जलाशयों का हमारे ऊपर सीधा प्रभाव पड़ता है। जैसे–भोजन उत्पादन, जल-आपूर्ति, सिंचाई, ऊर्जा उत्पादन, कृषि, परिवहन, मृदा-अपरदन, वनस्पति, बाढ़, सूखा इन सब पर इनका प्रत्यक्ष प्रभाव पड़ता है। इस प्रकार जलाशयों का प्रबन्धन एक महत्त्वपूर्ण विषय है। दामोदर घाटी निगम ने पहली बार 1949 में 'एकीकृत जलाशय प्रबन्धन' की नींव रखी थी।

भूमण्डलीय ताप

समताप मण्डल वायुमण्डल की सबसे निचली परत है। इस परत में व्याप्त गैसें ऊष्मा को सोख लेती हैं। इस प्रभाव को हरितगृह प्रभाव कहते हैं। वायुमण्डल में तापमान की वृद्धि हरितगृह गैसों की सान्द्रता पर निर्भर करती है। प्रमुख हरितगृह गैसें कार्बन-डाईऑक्साइड, ओजोन, मीथेन, नाइट्रस ऑक्साइड, क्लोरोफ्लोरोकार्बन और जलवाष्प हैं। पृथ्वी का औसत तापमान 15°C है। अगर हरितगृह प्रभाव न हो तो पृथ्वी का तापमान −18°C होगा। इस प्रकार पृथ्वी का 33°C तापमान बनाए रखने में हरितगृह प्रभाव का प्रमुख योगदान होता है और पृथ्वी पर इसकी महत्त्वपूर्ण भूमिका होती है। प्रमुख ग्रीनहाउस गैसें जलवाष्प व कार्बन-डाईऑक्साइड क्रमशः जल-चक्रण और कार्बन-चक्रण द्वारा नियंत्रित होती हैं। सामान्य रूप से समतापमण्डल में जलवाष्प की मात्रा स्थिर बनी हुई है। औद्योगीकरण और शहरीकरण के कारण वायुमण्डल में कार्बन-डाईऑक्साइड, नाइट्रस ऑक्साइड और क्लोरोफ्लोरो कार्बन (सी.एफ.सी.) जैसी गैसों की मात्रा बढ़ती रहती है। जंगलों की कटाई भी कार्बन-डाईऑक्साइड की बढ़ती मात्रा का एक प्रमुख कारण है। पृथ्वी का औसत तापमान यदि हरित गृह गैसों के प्रभाव से 2°C बढ़ जाता है तो यह विनाश का सूचक हो जायेगा। बाढ़, सूखा एवं महासागरों का जल-स्तर बढ़ने के कारण समुद्रों के तट पर स्थित बहुत-से स्थान जीवन-रहित भी हो सकते हैं।

तापमान वृद्धि को रोकने के कुछ प्रमुख सुझाव : तापमान वृद्धि को रोकने के लिये सबसे पहले भूमण्डलीय कार्बन-डाईऑक्साइड के उत्सर्जन में 60 प्रतिशत की कमी लानी होगी। वर्तमान में प्रत्येक व्यक्ति को ऊर्जा के उपभोग के संदर्भ में अपना दृष्टिकोण बदलना होगा तथा नई प्रौद्योगिकियों द्वारा हानिकारक गैसों के उत्सर्जन में कमी लानी होगी। वाहनों, उद्योगों आदि को नई प्रौद्योगिकियों की मदद से कम से कम धुआँ छोड़ने वाला बनाना होगा। यहीं नहीं अपरम्परागत ऊर्जा स्रोतों में सौर ऊर्जा, पवन ऊर्जा आदि को उपयोग में लाने की दिशा में प्रयासों की आवश्यकता हैं।

तापमान वृद्धि को रोकने के कुछ प्रमुख सुझाव निम्नलिखित हैं–

1. सुस्थिर कृषि की तकनीक अपना कर।
2. जनसंख्या वृद्धि पर रोक लगाकर।
3. उद्योगों और वाहनों की संख्या कम करके।
4. प्रदूषण नियन्त्रण की नई तकनीकों का प्रयोग करके।
5. वृक्षारोपण करके।
6. ईंधन की खपत में कमी करके।
7. ऊर्जा का उपयोग बुद्धिमानी से करके।
8. नवीकरणीय ऊर्जा स्रोत अपनाकर।
9. ऊर्जा उत्पादन में नाभिकीय ऊर्जा का प्रयोग करके।
10. प्राकृतिक गैस के उपयोग पर बल देकर।
11. काई और शैवाल की मदद से वायुमण्डलीय CO_2 में कमी करके।

अम्लीय वर्षा

अम्लीय वर्षा के प्रमुख कारक सल्फर और नाइट्रोजन के ऑक्साइड हैं जो उद्योगों और वाहनों में पेट्रोलियम के दहन से निकलते हैं। वायुमण्डल में इनके ऑक्सीकरण के उपरान्त सल्फ्यूरिक और नाइट्रिक अम्ल बनते हैं जो अम्लीय वर्षा करते हैं। अम्लीय वर्षा, दो रूपों में होती है–शुष्क अम्लीय वर्षा और आर्द्र अम्लीय वर्षा। CO_2 गैस भी कार्बनिक अम्ल बनाकर अम्लीय वर्षा करती है। न्यूयार्क शहर की 'एडिरोनडैक' झील अम्लीय जल के लिए जानी जाती है। अम्लीय वर्षा में अधिकांश भाग सल्फ्यूरिक अम्ल का होता है तथा अन्य अम्लों का प्रभाव अपेक्षाकृत कम होता है। कैल्शियम, मैग्नीशियम व अमोनियम आयन जल की अम्लता को कम करते हैं। शुष्क अम्लीय वर्षा में SO_2, NO_X और अन्य अम्ल धूल के कणों के साथ पौधों, इमारतों व पृथ्वी की सतह पर जमा होते हैं। ये कण जल के साथ मिलकर अम्ल बनाते हैं। वायुमण्डल में इन गैसों का प्रभाव 1979 में अमेरिका में देखने को मिला। यहाँ वर्षा का pH 5.0 से कम मापा गया। सामान्य वर्षा के पी-एच का मान लगभग 5.6 होता है। जल का pH 5.6 से कम होने पर इसे अम्लीय माना जाता है। भारत के कोडाइकनाल, मिनिकाय और मोहनबाड़ी शहरों में भी वर्षा की pH क्रमशः 5.18, 5.52 और 5.50 दर्ज की गई हैं।

अम्लीय वर्षा के प्रभाव : अम्लीय वर्षा के प्रभाव को अधोलिखित बिन्दुओं द्वारा स्पष्ट कर सकते हैं–

1. यह अमूल्य पत्थरों और प्रतिमाओं को भी हानि पहुँचाती है।
2. यह धातुओं की चमक कम करती है।
3. झीलों और नदियों का जल अम्लीय हो तो इस पर निर्भर रहने वाले जीवों पर भी प्रतिकूल प्रभाव पड़ता है।
4. अम्लीय वर्षा के कारण भारी धातुएँ जल में घुल जाती हैं जिसका प्रभाव जलीय जीवों पर भी बहुत अधिक पड़ता है।
5. अम्लीय जल में मछलियों की संख्या व प्रजनन की क्षमता घट जाती है।
6. यह पेड़ों पर भी प्रतिकूल प्रभाव डालती है।
7. अम्लीय वर्षा के बाद पेड़-पौधों की रोग-रोधी क्षमता घट जाती है।
8. यह इमारतों के पत्थरों की मजबूती और चमक को कम करती है। ताजमहल के संगमरमर का पीला पड़ना अम्लीय वर्षा के ही प्रभाव का एक उदाहरण है।

- अम्लीय वर्षा के कारण पौधे के प्रकाश संश्लेषण की दर तथा उसकी वृद्धि भी प्रभावित होती है।

- अम्लीय वर्षा के कारण पौधों की कीट संक्रमण प्रतिरोधिता तथा बाह्य जलवायु परिवर्तन आदि की स्थिति को सहन करने की क्षमता में कमी आती जाती हैं।
- मृदा की अम्लीयता के कारण पेड़-पौधे अपने तन्त्र में कुछ घातक धात्विक आयनों (Metals alloys) जैसे–Cd, Al तथा Cr का अवशोषण करने लगते है। ऐसे घातक आयन खाद्य शृंखला के द्वारा मनुष्यों तथा जीव-जन्तुओं में विषाक्त प्रभाव उत्पन्न कर सकते है।
- अम्लीय वर्षा के कारण मृदा की उपजाऊपन बढ़ाने में सहायक केचुए आदि जीव मर जाते है।

अम्लीय वर्षा के नियंत्रण के उपाय : अम्लीय वर्षा के नियंत्रण के निम्नलिखित उपाय हैं–

1. उद्योगों व ऊर्जा संयंत्रों से निकलने वाली हानिकारक गैसों को नियन्त्रित किया जाना चाहिए।
2. ऐसे ईंधनों को उपयोग में लायें जिसमें सल्फर की मात्रा अल्पतम हों।
3. ईंधन के दहन के पूर्व उसके सल्फर यौगिकों को पृथक कर दिया जाये। ऐसा करने से ईंधन के जलने पर सल्फर डाईऑक्साइड की मात्रा अल्पतम उत्सर्जित होगी।
4. वैकल्पिक स्रोतों जैसे सौर ऊर्जा का अधिकतम उपयोग किया जाये।

ओजोन परत का क्षरण

पर्यावरण को संतुलित रखने में ओजोन परत महत्त्वपूर्ण भूमिका अदा करता है। यह पृथ्वी का सुरक्षा कवच माना जाता है। यह सूर्य से पृथ्वी पर आने वाली हानिकारक पराबैंगनी किरणों को रोकती है। 242 नैनोमीटर से कम तरंगदैर्ध्य की अल्ट्रावायलेट किरणें ओजोन के निर्माण में सहायक हैं। सूर्य के प्रकाश की उपस्थिति में ऑक्सीजन (O_2) के अणु दो परमाणुओं में टूट जाते हैं। इस प्रक्रिया को इस प्रकार स्पष्ट किया जा सकता है–

$$O_2 \xrightarrow{\text{सूर्य का प्रकाश}} O + O$$

पहले ऑक्सीजन का एक परमाणु ऑक्सीजन के अणु के साथ अभिक्रिया करके ओजोन (O_3) का एक अणु बनाता है।

$$O + O_2 + M \rightarrow O_3 + M$$

यहाँ M एक तीसरा अणु है जो उत्पन्न हुई ऊर्जा का वाहक होता है।

इस प्रकार बनी ओजोन क्षोभमण्डल में समान रूप से वितरित हो जाती है। पराबैंगनी किरणों के प्रभाव से ओजोन हमेशा टूटती और बनती रहती है।

$$O_3 \xrightarrow{\text{सूर्य का प्रकाश}} O_2 + O$$

इन रासायनिक अभिक्रियाओं के बीच परस्पर सन्तुलन ओजोन को निश्चित अनुपात में बनाए रखता है। क्षोभमण्डल में ओजोन 16 कि.मी. से 40 कि.मी. की ऊँचाई तक फैली हुई है। लगभग 24 कि.मी. से 27 कि.मी. तक ओजोन की मात्रा अधिकतम है। वायुमण्डल में क्लोरीन, ब्रोमीन व अन्य गैसें ओजोन के साथ अभिक्रिया करके इसे निष्क्रिय कर देते हैं। परिणामस्वरूप ओजोन परत की मोटाई घटती जा रही है जिसे हम 'ओजोन छिद्र' की संज्ञा देते हैं। ओजोन परत की मोटाई घटने पर पृथ्वी का ताप बढ़ रहा है जिसके हानिकारक प्रभाव होंगे।

ओजोन को 'डोब्सन स्पैक्ट्रोमीटर' की सहायता से मापा जाता है। एक डोब्सन इकाई 1 atm. (ऐटमोस्फेरिक) वायुदाब पर शुद्ध ओजोन की 0.01 मि.मी. की परत के बराबर है। शीत कटिबंध के ऊपर ओजोन की परत की मोटाई 350 डोब्सन इकाई है, उष्ण कटिबंध के ऊपर 250 डोब्सन इकाई और ध्रुवीय कटिबंधों में 450 डोब्सन इकाई है। इसका कारण क्षोभमण्डलीय वायुधाराएँ ओजोन को भूमध्यरेखा से ध्रुवों की ओर ले जाती हैं। अंटार्कटिका महाद्वीप के ऊपर ओजोन छिद्र के ब्रिटिश अंटार्कटिक सर्वेक्षण में कार्यरत **डॉ. जे.सी. फर्मन** और सहयोगियों ने पहली बार अनुभव किया। दक्षिणी ध्रुव की बसंत ऋतु अर्थात् सितम्बर से नवम्बर में ओजोन क्षरण सबसे अधिक होता है। 1970 के पश्चात् ओजोन की परत में निरन्तर कमी दर्ज की गई है। ओजोन की सबसे कम मात्रा अक्टूबर 1993 में आँकी गई थी।

क्षोभमण्डल में ओजोन क्षरण के लिए क्लोरोफ्लोरोकार्बन (CFC) उत्तरदायी है। इनका उपयोग रेफ्रीजरेटर, वातानुकूलन एवं यंत्र विलायक इत्यादि के रूप में होता है। CFC वायुमण्डल में पहुँचकर 65-110 वर्षों तक ओजोन को क्षति पहुँचाते रहते हैं। 1974 में मोलिना रौलैंड ने बताया कि CFC ओजोन क्षरण के लिए उत्तरदायी हैं तथा ओजोन परत की सुरक्षा हेतु CFC के निर्माण में कमी लाना आवश्यक है। 1985 में यह बात प्रकाश में आई कि प्रतिवर्ष 50% क्षरण सितम्बर से दिसम्बर के बीच होता है।

जेट विमानों से निकली नाइट्रस ऑक्साइड गैस भी ओजोन क्षरण के लिए उत्तरदायी है। नाइट्रिक अम्ल से नाइट्रोजन-डाईऑक्साइड गैस निकलती है जो क्लोरीन से अभिक्रिया करके ओजोन को निष्क्रिय कर देती है।

ओजोन-क्षरण के प्रभाव : ओजोन क्षरण से ओजोन परत पर निम्न. लिखित प्रभाव पड़ते हैं–

1. इनके प्रभाव से पादप-प्लवक अर्थात् जल की सतह पर तैरने वाले सूक्ष्म पौधों की संख्या पर प्रतिकूल प्रभाव पड़ेगा और अप्रत्यक्ष रूप से प्राणी-प्लवक मछलियों व अन्य समुद्री जीवों पर भी प्रभाव पड़ेगा।
2. मुख्य फसलों की पैदावार कम हो जाती है।
3. ओजोन क्षरण के कारण सूर्य की हानिकारक पराबैंगनी किरणें सीधे पृथ्वी पर आ सकती है। इन किरणों के प्रभाव से अनुवांशिक परिवर्तन, कैंसर व अन्य रोग तथा आँखों के मोतियाबिन्द आदि को बढ़ावा मिलेगा।
4. त्वचा में गहरा रंग बनाने वाली कोशिकाएँ निष्क्रिय हो जाएँगी और रोग रोधी क्षमता घटेगी तथा त्वचा के कैंसर को बढ़ावा मिलेगा।
5. पेंट, प्लास्टिक व अन्य बहुलकों पर भी प्रभाव पड़ेगा जिससे आर्थिक नुकसान हो सकता है।

सतत् एवं व्यापक मूल्यांकन (CCE)

सतत् एवं व्यापक मूल्यांकन स्कूल आधारित छात्रों के मूल्यांकन की वह पद्धति है जिसके अंतर्गत छात्रों के समग्र विकास का मूल्यांकन किया जाता है। इस मूल्यांकन पद्धति के मूलतः दो उद्देश्य हैं–इससे छात्र का निरंतर मूल्यांकन होता है, साथ ही उसके व्यापक अध्ययन एवं व्यावसायिक पहलुओं की भी जांच होती है।

सतत् एवं व्यापक मूल्यांकन पद्धति को अपनाए जाने का मुख्य कारण यह है कि चूंकि बालक के पुस्तकीय ज्ञान, सामाजिक-सांस्कृतिक क्रिया का निरंतर विकास होता रहता है; अतः इन स्थितियों का मूल्यांकन भी निरंतर होना चाहिए। इसके द्वारा छात्र एवं शिक्षक दोनों को ही अपनी कमियों एवं क्षमताओं का ज्ञान हो जाता है और उन्हें उसमें सुधार का मौका मिलता है।

व्यापक मूल्यांकन के द्वारा छात्र के शैक्षिक एवं सह-शैक्षिक गतिविधियों एवं क्रियाकलापों का मूल्यांकन साथ-साथ होता रहता है। इसमें न सिर्फ छात्र के पुस्तकीय ज्ञान की बल्कि उसके व्यक्तित्व के अन्य पहलुओं की भी जांच की जाती है, जैसे–

- छात्र के ज्ञान का स्तर
- छात्र की समझ
- ज्ञान को लागू करने की उसकी क्षमता
- छात्र की विश्लेषण क्षमता
- छात्र की मूल्यांकन क्षमता
- छात्र की सृजन क्षमता आदि।

सतत् एवं व्यापक मूल्यांकन का उद्देश्य

1. ज्ञानात्मक, मनोमिति एवं प्रभावी कौशल के विकास में मदद करना।
2. स्मरण शक्ति के स्थान पर सोच-विचार की शक्ति को विकसित करना।
3. शिक्षण-अधिगम प्रक्रिया के आंतरिक पहलुओं की जांच करना।
4. उपचारात्मक निर्देश के अंतर्गत की जाने वाली नियमित उपचार के दौरान छात्र एवं शिक्षण-अधिगम उपलब्धियों में सुधार का आकलन करना।
5. उपलब्धियों के लक्षित स्तर को बनाए रखने के लिए मूल्यांकन (गुण) को नियंत्रक पद्धति के रूप में इस्तेमाल करना।
6. किसी कार्यक्रम की सामाजिक उपयोगिता, उपादेयता एवं प्रभावशीलता का आकलन करने एवं छात्र, अधिगम प्रक्रिया एवं अधिगम वातावरण के बारे में उपयुक्त निर्णय लेना।
7. शिक्षण एवं अधिगम प्रक्रिया को छात्र-उन्मुख बनाना।

सतत् मूल्यांकन के साधन

सतत् मूल्यांकन के अंतर्गत कई साधनों का प्रयोग किया जाता है, जैसे–साक्षात्कार, प्रश्नावली, निरीक्षण, जांच सूची आदि।

1. साक्षात्कारः साक्षात्कार के द्वारा ज्ञान की मौखिक जांच की जाती है। साक्षात्कार में पूछे जाने वाले प्रश्न सरल होते हैं और दैनंदिन से जुड़े हुए प्रश्न ही पूछे जाते हैं। इसका उद्देश्य छात्र की अपने आसपास के वातावरण एवं चीजों के प्रति उसकी जानकारी एवं रुचि का परीक्षण करना होता है। इस विधि के अंतर्गत छात्र एवं शिक्षक एक-दूसरे के करीब आते हैं और उनमें घनिष्टता भी बढ़ती है।

2. प्रश्नावलीः इस विधि के अंतर्गत 0-6 वर्ष तक के बच्चों से चित्र आधारित प्रश्न पूछे जाते हैं। बच्चों से यह अपेक्षा की जाती है कि वे चित्रों की सही-सही पहचान कर सकें।

3. निरीक्षणः इस विधि के द्वारा छात्रों के सामूहिक व्यवहार की जांच की जाती है। इसमें छात्र की सामूहिक कार्य के प्रति रूचि, समूह के साथ उसकी क्रिया-प्रतिक्रिया आदि की जांच की जाती है। इस विधि की सबसे बड़ी विशेषता है–इसकी वस्तुनिष्ठता एवं प्रामाणिकता।

4. जांच-सूचीः इस विधि के अंतर्गत छात्र की संवेगात्मक क्षमता, सहपाठियों के साथ उसके व्यवहार एवं भाषा प्रयोग जैसे अभिलक्षणों की जांच की जाती है।

सतत् मूल्यांकन के लाभ

1. यह शिक्षक को प्रभावी शिक्षण रणनीति अपनाने की प्रेरणा देता है।
2. यह इस बात के मूल्यांकन में सहायक है कि सीखने वाले छात्र ने कितनी और कैसी प्रगति की है? इससे छात्र में होने वाले शैक्षिक एवं गैर-शैक्षिक दोनों ही तरह की प्रगति के बारे में जानकारी प्राप्त हो जाती है।
3. सतत् मूल्यांकन किसी विशेष छात्र की कमियों का उपचार करने और उसकी विशेषताओं एवं जरूरतों के बारे में पता लगाने में शिक्षक की मदद करता है। इससे शिक्षक को अपने कार्य का फीडबैक भी प्राप्त होता रहता है। इसी के आधार पर शिक्षक अपनी अगली कक्षा में किसी विषय पर विस्तार से चर्चा करने या न करने का निर्णय लेता है।
4. इसके द्वारा छात्र अपनी कमियों एवं विशिष्टताओं के बारे में अच्छी तरह जान पाते हैं और उन्हें भी अपने में सुधार लाने का मौका मिलता है। यह छात्रों के लिए आत्ममूल्यांकन का अवसर उपलब्ध कराता है। यह छात्रों को अपने लक्ष्य को प्राप्त करने एवं तदनुकूल पढ़ाई की सही रणनीति अपनाने की प्रेरणा देता है।
5. सतत् एवं व्यापक मूल्यांकन के द्वारा छात्र अपनी अभिरुचियों के बारे में भी भलीभांति जान पाते हैं। यह उन्हें अपनी मनोवृत्ति एवं मूल्यों में परिवर्तन लाने में मदद करता है।
6. सतत् एवं व्यापक मूल्यांकन छात्रों को उनकी भावी योजनाओं एवं कैरियर के बारे में सही निर्णय लेने में उनकी सहायता करता है।

शिक्षण-अधिगम सामग्री

शिक्षण प्रक्रिया को सुचारु रूप से संपन्न करने के लिए अनेक प्रकार की सामग्री की आवश्यकता होती है। मोटे तौर पर शिक्षण में प्रयुक्त सामग्री को दो वर्गों में रखा जा सकता है। पहले वर्ग में वह सामग्री आती है, जिसका शिक्षक तथा शिक्षार्थी दोनों ही नियमित रूप से प्रयोग करते हैं, जैसे–पाठ्यपुस्तक, पूरक पुस्तक तथा अभ्यास-पुस्तिका (विशेषतः

प्राथमिक स्तर पर)। वस्तुतः इस प्रकार की सामग्री शिक्षण प्रक्रिया का अभिन्न अंग है, क्योंकि शिक्षक तथा शिक्षार्थी दोनों को ही इसके प्रयोग की आवश्यकता होती है।

दूसरे वर्ग में वह सामग्री आती है जो कक्षा में प्रस्तुत विषयवस्तु को विद्यार्थियों के लिए सुस्पष्ट, सुबोध, सुग्राह्य एवं सजीव बनाने में शिक्षक की सहायता करती है। इसके अंतर्गत श्यामपट्ट, चार्ट, चित्र, मॉडल जैसे–पारंपरिक उपकरण तथा स्लाइड, पारदर्शी चित्र, टेप (कैसेट) जैसे आधुनिक उपकरण और रेडियो, दूरदर्शन, चलचित्र जैसे जनसंचार माध्यम आते हैं।

पाठ्यपुस्तक

शिक्षण प्रक्रिया में पाठ्यपुस्तक का अपना एक विशिष्ट स्थान है। वास्तव में यह संपूर्ण शिक्षण प्रक्रिया की आधारशिला है। यह एक ओर अध्यापक का शिक्षण-विषय के पाठ्यक्रम की सीमा के संदर्भ में मार्गदर्शन करती है तो दूसरी ओर विद्यार्थी के सम्मुख लक्ष्य का स्वरूप स्पष्ट करती है।

जब हम मातृभाषा का अध्ययन करते हैं तो पाठ्यपुस्तक का महत्त्व और भी बढ़ जाता है, क्योंकि मातृभाषा का विषय क्षेत्र अत्यंत व्यापक और बहुमुखी होने के कारण उसकी पाठ्यपुस्तक की सामग्री व्यापक एवं विविधतापूर्ण होती है। इतना ही नहीं, मातृभाषा की पाठ्यपुस्तक में समाहित सामग्री में वैचारिक तथा भाषिक दोनों पक्षों का ध्यान भी रखना होता है और साथ में विविध साहित्यिक रूपों एवं विधाओं का समावेश भी करना होताहै।

किसी भी पाठ्यपुस्तक के दो पक्ष होते हैं :

1. भाव पक्ष, तथा
2. कला पक्ष

1. भाव पक्ष : पाठ्यपुस्तक इस उद्देश्य से तैयार की जाती है कि उसके अध्ययन से विद्यार्थियों में अपेक्षित योग्यताओं का विकास हो सके। ये योग्यताएँ शिक्षण उद्देश्य कहलाती हैं। इन शिक्षण उद्देश्यों के अन्तर्गत विभिन्न प्रकार की विषयवस्तु का ज्ञान, भाषाई कौशल और सद्प्रवृत्तियाँ आती हैं। पाठ्य-सामग्री के भाव पक्ष के संदर्भ में उस विषय के शिक्षण उद्देश्यों का अत्यंत महत्त्व है। इस संबंध में निम्नलिखित तीन बातों को ध्यान में रखा जाता है :

(*i*) भावों का चयन।
(*ii*) भावों का क्रमिक स्तरीकरण।
(*iii*) भावों का प्रस्तुतीकरण।

2. कला पक्ष : पाठ्य-सामग्री के कला पक्ष के अंतर्गत उसके बाहरी और आंतरिक दोनों रूप आते हैं। बाहरी रूप के अंतर्गत पुस्तक का आकार तथा उसकी मोटाई ऐसी होनी चाहिए जिससे उस आयु वर्ग के बच्चों को उसे एक स्थान से दूसरे स्थान तक ले जाने में सुविधा हो और पुस्तक को हाथ में उठाकर पढ़ने में भी असुविधा न हो।

पुस्तक की छपाई, शुद्ध वर्तनी एवं चित्र रूप पक्ष के अंतर्गत ही आते हैं। छोटे बालकों के लिए टाइप का आकार बड़ा होना चाहिए। बढ़ती हुई कक्षाओं में यह आकार छोटा होता जाता है।

पुस्तक की वर्तनी के संबंध में सबसे प्रमुख बात यह है कि शब्दों की वर्तनी शुद्ध हो। दूसरी बात भिन्न रूपों वाले– अ, फ, क्ष, झ आदि जैसे अक्षरों का मानक रूप ही पूरी पुस्तक में प्रयुक्त हो। चाहिए, जाए, लाए जैसे शब्दों को पुस्तक में एक ही रूप में प्रस्तुत किया जाना चाहिए।

पाठ्य सामग्री में चित्र बहुत महत्त्वपूर्ण होते हैं। पाठ्य-सामग्री में केवल वे चित्र दिए जाने चाहिएँ जो उनका अंग बन सकें और उसके पूरक हों। इनमें से कुछ चित्र काल्पनिक होते हैं और कुछ तथ्यात्मक। छोटी कक्षाओं की शिक्षण सामग्री में फोटो तथा तस्वीर वाले चित्र अधिक उपयोगी होते हैं और बड़ी कक्षाओं की सामग्री में कार्टूनों तथा रेखा वाले और तथ्यात्मक फोटो आवश्यक और उपयोगी हैं। चित्रों का स्थान भी इसी आधार पर निर्धारित किया जाता है जिससे उनका लिखित सामग्री के साथ तादात्म्य स्थापित हो सके। यदि किसी चित्र को बार-बार देखने की आवश्यकता हो तो वह सामग्री के बीच में देना चाहिए। यदि कोई चित्र सामग्री की पृष्ठभूमि के रूप में कार्य करता हो तो उसे पूरे पृष्ठ पर फैलाना चाहिए। यदि लिखित सामग्री को पढ़ने की प्रेरणा देना चित्र का उद्देश्य हो तो वह सामग्री के प्रारंभ में दिया जा सकता है। चित्रों के रंग भी बहुत महत्त्वपूर्ण होते हैं।

चित्र

विषय के कठिन एवं गहन स्थलों को स्पष्ट करने में चित्रों तथा चित्र-शृंखलाओं की उपयोगिता सर्वमान्य है। चित्रों से अभिव्यक्ति में विस्तार एवं गहनता आती है। चित्र शब्दों और कहानियों का प्रतिनिधित्व करते हैं। क्रियाशील चित्र-शृंखला रचना और कहानी शिक्षण का श्रेष्ठ साधन है। शब्दों और चित्रों का समन्वय पर्यावरण शिक्षण की प्रक्रिया को जीवंत बना देता है।

रेखाचित्र

इसके अंतर्गत चार्टों, पोस्टरों, कार्टूनों, हास्य-व्यंग्य चित्रों, मानचित्रों आदि का समावेश होता है। फ्लैनलग्राफ पर क्रमबद्ध रूप में पर्यावरण के विभिन्न घटकों, उनके ह्रास एवं प्रभाव आदि को चार्ट के रूप में प्रदर्शित किया जा सकता है। मानचित्रों के प्रयोग से प्रदेशों का भाषावार वर्गीकरण दिखाया जा सकता है। पोस्टर, कार्टून और हास्य-व्यंग्य चित्र किसी व्यक्ति, विचार एवं स्थिति के चित्र होते हैं जिनका जनसमूह पर गहरा प्रभाव पड़ता है। इनसे उपहासात्मक किंतु विचारपरक हास्य-व्यंग्य एवं अतिशयोक्तिपूर्ण स्थलों के गूढ़ भावों का स्पष्टीकरण होता है। ये विचारों को क्रमबद्ध तथा गतिमय रूप में प्रस्तुत करते हैं।

फ्लैश कार्ड

ये शिक्षण के प्रभावशाली दृश्य उपकरण हैं। ये चित्रात्मक और लिखित दोनों प्रकार के हो सकते हैं।

वर्णमाला-शिक्षण में फ्लैश कार्डों का विशेष महत्त्व है। एक वर्ण को सिखाने के लिए फ्लैश कार्ड पर अनेक शब्द दिए जाते हैं जो उस वर्ण से आरंभ होते हैं।

इनमें शब्दों के साथ उनके चित्र भी दिए जाते हैं। आरंभिक कक्षाओं में शब्दों और वाक्यों के चित्र सहित फ्लैश कार्ड अधिक उपयोगी सिद्ध होते हैं। इनसे किसी एक वस्तु, घटना या तथ्य की झलक एक दृष्टि में प्रस्तुत की जा सकती है।

ग्रामोफोन और लिंग्वाफोन

इनके रिकार्डों द्वारा उच्चारण के विभिन्न अभ्यासों के अंतर्गत बलाघात, सुर, विवृत्ति और अनुतान का सहज रूप में अभ्यास कराया जा सकता है। इनमें महापुरुषों के भाषणों, उत्कृष्ट कवियों की पर्यावरण विषयक कविताओं और नाटकीय संवाद को सुना जा सकता है। उच्चारण, सस्वर पाठ और भाषण कला की प्रवीणता प्राप्त करने में इनका प्रयोग विशेष उपयोगी है।

टेप

उत्कृष्ट वक्ता के पर्यावरण विषयक भाषणों, गीतों, नाटकीय कथनोपकथन, कविताओं और भाषा कौशलों विशेषतः उच्चारण और वाचन पाठों का अंकन करके "प्लेबैक उपकरण" (रिकार्ड प्लेयर) द्वारा जब चाहे, तब सुना और सुनाया जा सकता है।

रेडियो

शिक्षण का एक अत्यंत उपयोगी एवं सुलभ साधन है। समाचार, नाटक, भजन, गीत, संगीत, कहानियों, कविताओं, संवादों आदि की आकर्षक एवं प्रभावशाली प्रस्तुति से विद्यार्थी मनोरंजनात्मक ढंग से पर्यावरण के प्रति जागरूकता विकसित कर सकते हैं।

दूरदर्शन और चलचित्र

दूरदर्शन और चलचित्रों के कार्यक्रम देश-विदेश की घटनाओं, कार्यकलापों और दृश्यों को सजीव एवं यथार्थ रूप में प्रस्तुत करते हैं। दूरदर्शन आधुनिक युग की सबसे बड़ी देन है। इसके कार्यक्रम हमारी सामाजिक संस्कृति की झलक प्रदर्शित करते हैं। इनसे राष्ट्र के नागरिकों और विद्यार्थियों में एकता और सद्भावना उत्पन्न होती है और वे राष्ट्र की मुख्य धारा में समाहित होने की प्रेरणा ग्रहण करते हैं।

इनके माध्यम से जन शिक्षा का आसानी से प्रचार-प्रसार और विस्तार किया जा सकता है। ये जीवन के सभी पक्षों से संबंधित कार्यक्रमों का प्रसारण करते हैं। इनके द्वारा समाज की मान्यताओं, जीवन मूल्यों, सांस्कृतिक परंपराओं आदि की जानकारी विद्यार्थियों को प्राप्त होती है। इसके अतिरिक्त भाषाई पाठों का प्रसारण भी दूरदर्शन पर होता है जिससे विद्यार्थी सरल एवं रोचक वातावरण में पाठ की विषयवस्तु को अनायास ही सीख लेते हैं। इन कार्यक्रमों से शिक्षकों और छात्राध्यापकों को कक्षा शिक्षण में प्रयुक्त होने वाली विधियों, तकनीकों और उपागमों का भी व्यावहारिक ज्ञान प्राप्त होता है।

पर्यावरण अध्ययन शिक्षण की समस्याएँ

एक स्वतंत्र विषय के रूप में पर्यावरण का अध्ययन काफी बाद में आरंभ हुआ। यद्यपि पर्यावरण के बारे में थोड़ी-बहुत जानकारी अन्य विषयों में भी दी जाती रही है। हाल के वर्षों में पर्यावरण संबंधी समस्याओं के चर्चा में आने के बाद पर्यावरण के विशेष अध्ययन पर जोर दिया जाने लगा।

पर्यावरण अध्ययन में विषयगत अंतर्संबद्धता अधिक है। इसके विषय-वस्तु में भी विविधता एवं व्यापकता है। इस कारण पर्यावरण अध्ययन के शिक्षण में कई समस्याएँ हैं।

1. इस विषय का पाठ्यक्रम अधिक सैद्धांतिक एवं तकनीकी है। इसमें विशेषज्ञ के निजी अनुभवों एवं केस स्टडी का पर्याप्त समावेश नहीं है। यद्यपि इस ओर अब ध्यान दिया जा रहा है, लेकिन इस क्षेत्र में काफी काम किया जाना बाकी है।
2. पर्यावरण का अध्ययन विज्ञान के अन्य विषयों से भिन्न है। विज्ञान के अन्य विषयों में जहां प्रयोग प्रयोगशाला के अंदर ही संभव है, वहीं पर्यावरण अध्ययन के दौरान प्रयोग उन विशिष्ट पर्यावरण स्थितियों के बीच ही किया जा सकता है। इसके लिए अधिक संसाधनों की आवश्यकता होती है। संसाधनों का पर्याप्त आवंटन न हो पाना भी इस विषय के अध्ययन की एक बड़ी समस्या है।
3. हमारे यहां शिक्षकों के प्रशिक्षण की व्यवस्था अत्यंत दयनीय है। प्रशिक्षण प्रदान करने वाली संस्थाएँ आज केवल डिग्रियाँ बांट रही हैं। ये संस्थाएं अध्यापन व्यवसाय की तत्कालीन एवं भावी आवश्यकताओं के साथ तालमेल बिठाने में असमर्थ रही हैं। विषय विशेष में विकसित हो रहे नवीनतम ज्ञान तथा शिक्षण तकनीकों से अध्यापकों को अवगत कराने पर हमारे अध्यापक शिक्षा कार्यकमों में कोई ध्यान नहीं दिया जाता है। नियुक्ति एवं सेवा शर्तों की कमजोर स्थिति के कारण योग्य एवं मेधावी लोग इस क्षेत्र में आना नहीं चाहते।
4. प्रायः छात्र एवं शिक्षक दोनों में ही प्रायोगिक कार्यक्रम के प्रति रूझान की कमी देखी जाती है। इसे अध्ययन-अध्यापन के दौरान मात्र एक औपचारिकता मान लिया जाता है। इससे पर्यावरण अध्ययन का कार्य कमजोर पड़ जाता है।
5. किसी भी विषय के अध्ययन के दौरान छात्र का शारीरिक-मानसिक स्तर, अनुभव, रुचि उसका परिवेश एवं सांस्कृतिक पृष्ठभूमि उसके सीखने के स्तर को प्रभावित करता है। इस कारण यह आवश्यक हो जाता है कि छात्रों पर व्यक्तिगत रूप से ध्यान दिया जाए। संभव हो तो छात्रों को उनकी मानसिक स्थिति के आधार पर अलग-अलग समूहों में बांटकर अध्यापन की योजना बनाई जाए।

एक नजर में : महत्वपूर्ण तथ्य

अवधारणा और व्याप्ति

- प्राकृतिक + सामाजिक + मानव निर्मित वातावरण का अध्ययन।
- उद्देश्य : बच्चों में पर्यावरणीय जागरूकता और संवेदनशीलता पैदा करना।
- विज्ञान + सामाजिक विज्ञान का एकीकृत अध्ययन।

महत्व

- जीवन और पर्यावरण के प्रति जागरूक नागरिक तैयार करता है।
- प्रदूषण नियंत्रण और संसाधनों का संतुलित उपयोग।
- सहयोग, जिम्मेदारी और समस्या समाधान क्षमता का विकास।

एकीकृत EVS

- विज्ञान + सामाजिक विज्ञान का समेकित अध्ययन।
- प्राकृतिक और सामाजिक घटकों के आंतरिक संबंध को समझना।
- व्यावहारिक और अनुभवजन्य अधिगम।

पर्यावरणीय शिक्षा

- ज्ञान आधारित शिक्षा = पर्यावरणीय संरक्षण और मूल्य शिक्षा।
- व्यवहार और निर्णय क्षमता बढ़ाती है।

अधिगम सिद्धांत

- पियाजे (विकासवादी) : अनुभव + पूर्वज्ञान → नई अवधारणाएँ।
- वायगोत्स्की (सामाजिक-सांस्कृतिक) : सामाजिक अंतःक्रिया → सीखना।
- विज्ञान + सामाजिक विज्ञान = वास्तविक जीवन में निर्णय।

अवधारणा प्रस्तुत करने के दृष्टिकोण

- अनुभवजन्य और क्रियाशील शिक्षण।
- समूह संवाद और चर्चा।
- दैनिक जीवन और स्थानीय संदर्भ से जोड़ना।

क्रियाकलाप (Activities)

- वृक्ष और पौधों की पहचान।
- जल संरक्षण और प्रदूषण जांच।
- स्थानीय संसाधनों का सर्वेक्षण।

प्रयोग / व्यावहारिक कार्य

- मिट्टी, जल और वायु प्रदूषण का परीक्षण।
- पौधों की वृद्धि पर पर्यावरणीय प्रभाव।
- सरल विज्ञान प्रयोग और प्रोजेक्ट कार्य।

चर्चा (Discussion)

- समस्याओं पर विचार-विमर्श।
- समूह में समाधान और तर्क विकसित करना।
- सामाजिक और पर्यावरणीय मुद्दों पर राय।

सतत व्यापक मूल्यांकन (CCE)

- केवल परीक्षा आधारित नहीं।
- गतिविधियाँ, परियोजना, व्यवहार, कौशल और ज्ञान का मूल्यांकन।

शिक्षण सामग्री / उपकरण

- पौधे, जल, मिट्टी, चार्ट, मॉडल, डिजिटल साधन।
- स्थानीय संसाधनों का उपयोग अनुभवजन्य अधिगम के लिए।

समस्याएं

- संसाधनों की कमी।
- प्रशिक्षित शिक्षकों की अपर्याप्तता।
- बच्चों की सामाजिक, सांस्कृतिक और भाषाई विविधता।
- पाठ्यक्रम का स्थानीय संदर्भ के अनुसार अनुकूलन न होना।

महत्वपूर्ण बिंदु

- बच्चों के लिए EVS = जीवनोपयोगी और अनुभवजन्य सीखने का माध्यम।
- प्रकृति, समाज और विज्ञान को जोड़कर समीकरण और तर्कपूर्ण सोच विकसित होती है।
- शिक्षक = मार्गदर्शक, बालक = सक्रिय खोजकर्ता।

अभ्यास प्रश्न

1. निम्नलिखित में से किस प्रदेश में रेंडियर पाया जाता है?
A. मानसून B. टैगा
C. टुण्ड्रा प्रदेश D. गर्म मरुस्थल

2. निम्नलिखित में से कौन-सा एक शीतोष्ण घास प्रदेश **नहीं** है?
A. डाउन्स B. प्रेयरीस
C. पम्पास D. कम्पास

3. जनसंख्या के आकार के अनुसार बृहत्तम महाद्वीप है:
A. एशिया B. अफ्रीका
C. यूरोप D. उत्तरी अमेरिका

4. भारत में थारू जनजाति कहाँ निवास करती है?
A. उत्तराखण्ड में B. झारखण्ड में
C. थार मरुस्थल में D. उत्तर प्रदेश के तराई क्षेत्र में

5. भिलाई इस्पात संयंत्र स्थित है:
A. छत्तीसगढ़ में B. ओडिशा में
C. मध्य प्रदेश में D. झारखण्ड में

6. भारत में महिलाओं के लिये आरक्षण की व्यवस्था कहाँ है?
A. मंत्रिमंडल में B. पंचायती राज संस्थाओं में
C. लोक सभा में D. विधान सभा में

7. किसी राज्य के राज्यपाल की नियुक्ति के लिए कम-से-कम क्या उम्र होनी चाहिए?
A. 50 वर्ष B. 30 वर्ष
C. 35 वर्ष D. 45 वर्ष

8. सूची-I और सूची-II का सुमेलन करते हुए सही कूट चुनें।

सूची-I	**सूची-II**
(a) भारतीय संघ	*(i)* प्रधानमंत्री
(b) राज्य	*(ii)* सरपंच
(c) नगर निगम	*(iii)* राज्यपाल
(d) ग्राम पंचायत	*(iv)* मेयर

कूट

	(a)	*(b)*	*(c)*	*(d)*
A.	*(i)*	*(iii)*	*(iv)*	*(ii)*
B.	*(iii)*	*(iv)*	*(i)*	*(ii)*
C.	*(iv)*	*(i)*	*(ii)*	*(iii)*
D.	*(ii)*	*(iii)*	*(iv)*	*(i)*

9. अनुच्छेद 356 का प्रथम प्रयोग कब और कहाँ हुआ?
A. जम्मू और कश्मीर 1956 B. मध्य प्रदेश 1957
C. बिहार 1958 D. केरल 1959

10. नगर निगम द्वारा कौन-सा कर लगाया जा सकता है?
A. चुंगी कर B. उपरोक्त सभी
C. मनोरंजन कर D. गृह कर

11. सन् 1853 में भारत की पहली यात्री ट्रेन चली थी:
A. कलकत्ता से अलीपुर के बीच
B. कलकत्ता से दमदम के बीच
C. बम्बई से पुणे के बीच
D. बम्बई से थाणे के बीच

12. एशिया का सबसे बड़ा पशु मेला आयोजित होता है:
A. पुष्कर में B. नासिक में
C. हरिद्वार में D. सोनपुर में

13. राष्ट्रीय एकता परिषद् की स्थापना हुई:
A. 1971 में B. 1981 में
C. 1951 में D. 1961 में

14. समता के अधिकार का उल्लेख संविधान के किन अनुच्छेदों में मिलता है?
A. अनुच्छेद 23 – 24 B. अनुच्छेद 25 – 28
C. अनुच्छेद 19 – 22 D.. अनुच्छेद 14 – 18

15. किस देश में लचीला संविधान लागू है?
A. अमेरिका B. यूनाइटेड किंगडम
C. भारत D. चीन

16. निम्न में से कौन-सा अचल जीव का उदाहरण है?
A. *काइटन* B. *इकनस*
C. *यूप्लेक्टेला* D. *लीच*

17. प्रोटीन अणुओं की इकाई है:
A. अमीनो अम्ल B. विटामिन
C. ग्लूकोज D. वसा अम्ल

18. निम्न में से कौन-सा अंगक पादप कोशिका में अनुपस्थित होता है?
A. रिक्तिकायें B. तारककाय
C. सेल्यूलोस कोशिका भित्ति D. लवक

19. मनुष्य के शरीर की सबसे बड़ी ग्रन्थि है:
A. अधिवृक्क ग्रन्थि B. यकृत
C. अग्न्याशय D. पीयूष ग्रन्थि

20. उत्तर प्रदेश का राज्य पक्षी है:
A. गौरैया B. तोता
C. सारस क्रेन D. मोर

21. पुरवा किस अधिवास में शामिल है?
A. रेखीय B. नगरीय
C. अपखण्डित D. ग्रामीण

22. कौन-सा ज्वालामुखी पर्वत है?
A. अप्लेशियन B. किलिमंजारो
C. अरावली D. यूराल

23. ऐलीफेण्टा द्वीप अवस्थित है:
A. मुम्बई तट B. गंगा डेल्टा
C. कच्छ तट D. गोवा तट

24. मानसूनी वन पाये जाते हैं जहाँ वर्षा होती है:
A. 50 – 150 सेमी B. 70 – 100 सेमी
C. 70 – 200 सेमी D. 150 – 200 सेमी

25. कार्बी आंगलोंग पठार विस्तार है:
A. तिब्बत का B. शान पठार का
C. प्रायद्वीपीय पठार का D. हिमालय का

26. संसार का सर्वाधिक समस्याकारी जलीय खरपतवार, जिसे 'बंगाल का आतंक' भी कहते हैं, वह है
A. *ऐखोर्निया क्रॉसिपस* (जलकुम्भी)
B. *सिनोडोन डेक्टाइलोन* (दूब घास)
C. *लैंटाना कैमारा*
D. *पारथीनियम हिस्टेरोफोरस* (कांग्रेस घास)

27. वाइरस के अजैविक होने का लक्षण है:
A. यह प्रजनन नहीं कर सकता
B. इसको क्रिस्टल के रूप में परिवर्तित किया जा सकता है
C. इसमें वंशानुगत सामग्री नहीं पायी जाती
D. इसमें प्रोटीन नहीं पाया जाता

28. पादप हार्मोन जो फलों को पकाने में सहायता करता है:
A. साइटोकाइनिन B. इथाइलीन
C. ऑक्सिन D. जिबरेलिन

29. स्वतंत्र रूप से भूमि में रहने वाला अवायवीय जीवाणु जिसमें नाइट्रोजन (N_2) स्थिरीकरण की क्षमता होती है, वह है:
A. क्लॉस्ट्रिडियम B. विब्रियो
C. एजोटोबैक्टर D. राइजोबियम

30. किस प्रकार का DNA कोशिका में सामान्य रूप से पाया जाता है?
A. B-DNA B. Z-DNA
C. A-DNA D. C-DNA

31. किस वर्णक की उपस्थिति के कारण पौधे हरे होते हैं?
A. एन्थोसाइएनिन B. कैरोटीनॉयड
C. लाइकोपीन D. क्लोरोफिल

32. मानवीय गतिविधियाँ, जो पृथ्वी पर जलवायु परिवर्तन के लिए जिम्मेदार है, हैं
A. एयरोसोल कैन का उपयोग B. वनों को जलाना
C. कृषि क्रियाकलाप D. उपर्युक्त सभी

33. यूफॉर्बिएसी फैमिली की कौन-सी फसल बायोडीजल उत्पन्न करने के लिए जानी जाती है?
A. कॉपर लीफ B. जैट्रोफा
C. कैंडलनट ट्री D. सर्पगंधा

34. 'जड़ी-बूटियों की रानी' भारत की सबसे पवित्र जड़ी-बूटी है। इस औषधीय पौधे का हिन्दू धर्म में महत्त्व है और इसका वानस्पतिक (scientific) नाम **ओसिमम सैंक्टम** है। इसको सामान्यतः किस नाम से जाना जाता है?
A. अजवायन के फूल B. तुलसी
C. रोजमैरी D. धनिया

35. पीने के लिए सुरक्षित पानी को क्या कहते हैं?
A. ताजा जल B. पीने-योग्य पानी
C. आसुत जल D. नल का पानी

36. वर्ष 1984 की भोपाल गैस त्रासदी निम्न में से किस गैस के रिसाव के कारण हुई थी?
A. मीथेन B. मिथाइल आइसोसायनेट
C. नाइट्रस ऑक्साइड D. कार्बन मोनोऑक्साइड

37. 'विश्व पर्यावरण दिवस' कब मनाया जाता है?
A. 5 जून B. 2 दिसम्बर
C. 16 सितम्बर D. 11 जुलाई

38. एम॰एस॰ स्वामीनाथन एक:
A. पारिस्थितिकी वैज्ञानिक थे B. पत्रकार थे
C. कृषि वैज्ञानिक थे D. पक्षी वैज्ञानिक थे

39. वाइल्डलाइफ इंस्टीट्यूट ऑफ इंडिया (डब्ल्यू.आइ.आइ.) कहाँ स्थित है?
A. अहमदाबाद B. नई दिल्ली
C. कोयम्बटूर D. देहरादून

40. प्रकाश-संश्लेषण के दौरान हरे पौधे निम्न में से किसे सोख लेते हैं?
A. कार्बन डाइऑक्साइड B. हीलियम
C. नाइट्रोजन D. ऑक्सीजन

41. अपशिष्ट उत्पादों को खाने वाले जीवों को कहा जाता है:
A. शाकभक्षी B. मृतकभक्षी
C. मांसभक्षी D. रसायनभक्षी

42. तप्त भौमजल से किस प्रकार की ऊर्जा प्राप्त होती है?
A. भूतापीय ऊर्जा B. जल-विद्युत् ऊर्जा
C. सौर ऊर्जा D. नाभिकीय ऊर्जा

43. शोला घासस्थल कहाँ पाए जाते हैं?
A. हिमालय B. पश्चिमी घाट
C. पूर्वी घाट D. विंध्याचल

44. भारत में पेलिकन पक्षी कहाँ प्रजनन करते हैं?
A. कोक्कारे बेलूर B. नेलापट्टू
C. कून्थनकुलम D. उपर्युक्त सभी

45. 'मीनामाता रोग' ऐसी मछली खाने से होता है, जिसमें अधिक मात्रा में पाया जाता है:
A. कैडमियम B. आर्सेनिक
C. पारा D. उपर्युक्त सभी

46. ओजोन परत का अधिकतम ह्रास निम्न में से किस पर हुआ है?
A. भूमध्यरेखा B. उत्तरी ध्रुव
C. दक्षिणी ध्रुव D. उपर्युक्त में से कोई नहीं

47. इनमें से कौन भारत का प्रथम मुख्य न्यायाधीश था?
A. हीरालाल जे. कानिया B. एम. पतंजलि शास्त्री
C. मेहर चन्द महाजन D. एस.आर. दास

48. 'रेड डाटा बुक' किससे सम्बन्धित है?
A. विलुप्ति के करीब जीव B. नदियों में प्रदूषण
C. घटता भूगर्भ जल-स्तर D. वायु प्रदूषण

49. इनमें से कौन वर्तमान राष्ट्रीय महिला आयोग की अध्यक्षा है?
A. मालिनी भट्टाचार्य B. गिरिजा व्यास
C. रेखा शर्मा D. यासमीन अबरार

50. लोकसभा और राज्यसभा की संयुक्त बैठक किसके द्वारा आहूत की जाती है?
A. संसद B. राष्ट्रपति
C. लोकसभा के अध्यक्ष D. राज्यसभा के सभापति

51. संविधान के किस भाग में पंचायती राजव्यवस्था सम्बन्धी प्रावधान दिए गए हैं?
A. III B. IX
C. VI D. IV

52. 74वें संविधान संशोधन का सम्बन्ध है:
A. राष्ट्रपति की शक्तियों से B. ग्रामीण स्थानीय स्वशासन से
C. शहरी स्थानीय स्वशासन से D. संसद की शक्तियों से

53. किस गैस के वर्षा के पानी में घुलने से वर्षा का पानी अम्लीय हो जाता है?
A. कार्बन डाइऑक्साइड B. हाइड्रोजन पेरॉक्साइड
C. नाइट्रोजन मोनोऑक्साइड D. सल्फर डाइऑक्साइड

54. भारतीय संविधान में 'विधि का शासन' विचार कहाँ से लिया गया है?
A. स्विट्ज़रलैण्ड B. अमेरिका
C. इंग्लैण्ड D. आयरलैण्ड

55. लोकसभा के चुनाव हेतु अधिसूचना कौन जारी करता है?
A. गृह मंत्रालय B. भारत का निर्वाचन आयोग
C. राष्ट्रपति D. लोकसभा सचिवालय

56. लोकसभा की कार्यवाही के प्रथम घण्टे को कहा जाता है:
A. शून्य काल B. सार्वजनिक काल
C. विशेषाधिकार काल D. प्रश्न काल

57. 'वर्षा-जल संग्रहण' क्या है?
A. पानी का वितरण
B. प्रयुक्त जल का संग्रह और भण्डारण
C. वर्षा-जल का जमाव और भण्डारण
D. उपर्युक्त में से कोई नहीं

58. भारतीय गैंडा कहाँ संरक्षित है?
A. बांदीपुर नेशनल पार्क B. कॉर्बेट नेशनल पार्क
C. काजीरंगा नेशनल पार्क D. गिर नेशनल पार्क

59. निम्न में से कौन-सा क्रम पारिस्थितिक तंत्र में ऊर्जा प्रवाह के सम्बन्ध में सही है?
A. उत्पादक → उपभोक्ता → अपघटक
B. उत्पादक → अपघटक → उपभोक्ता
C. अपघटक → उपभोक्ता → उत्पादक
D. उपभोक्ता → उत्पादक → अपघटक

60. कौन-सी ग्रीनहाऊस गैस वातावरण में सबसे अधिक मात्रा में उपस्थित रहती है?
A. कार्बन डाइऑक्साइड B. प्रोपेन
C. एथेन D. मीथेन

61. 'एगमार्क' का सम्बन्ध है:
A. गुणवत्ता से B. पैकेजिंग से
C. संसाधन से D. उत्पादन से

62. आर्सेनिक द्वारा जल-प्रदूषण सर्वाधिक है:
A. उत्तर प्रदेश में B. मध्य प्रदेश में
C. बिहार में D. पश्चिम बंगाल में

63. वन्यजीव सुरक्षा अधिनियम पारित किया गया था?
A. 1960 B. 1962
C. 1972 D. 1975

64. दूध से दही बनने की प्रक्रिया को कहते हैं:
A. प्रकाश-संश्लेषण B. आसवन
C. किण्वन D. स्टेरिलाइजेशन

65. किस देश के संविधान से मौलिक कर्तव्यों को लिया गया है?
A. जर्मनी B. यूनाइटेड किंगडम
C. यू.एस.ए. D. यू.एस.एस.आर.

66. ध्रुवतारा कहा जाता है:
A. उत्तरी तारे को B. दक्षिणी तारे को
C. पूर्वी तारे को D. पश्चिमी तारे को

67. भारत में 'प्रोजेक्ट टाइगर' प्रारम्भ किया गया था:
A. 1972 B. 1973
C. 1981 D. 1985

68. 'फूलों की घाटी' अवस्थित है:
A. जम्मू-कश्मीर में B. हिमाचल प्रदेश में
C. सिक्किम में D. उत्तराखंड में

69. एक वयस्क मानव में कुल अस्थियों की संख्या कितनी होती है?
A. 305 B. 275
C. 206 D. 175

70. ग्रीनपीस इंटरनेशनल का मुख्यालय अवस्थित है:
A. न्यूयॉर्क में B. सिडनी में
C. एम्सटर्डम में D. नागासाकी में

71. प्रकाश-संश्लेषण के प्रकाशीय चरण के दौरान _____ का ऑक्सीकरण एवं _____ का अपचयन होता है।
A. जल, NADP B. $NADPH_2$, CO_2
C. CO_2, जल D. CO_2, $NADPH_2$

72. एल.पी.जी. के संदर्भ में क्या सत्य नहीं है?
A. यह एक स्वच्छ ईंधन है
B. यह उच्च ऊष्मीय मान का है
C. यह नीले ज्वाला से जलने वाला है
D. यह मीथेन उत्सर्जन करने वाला है

73. *The Origin of Species* (प्रजातियों की उत्पत्ति) एक रचना है:
A. अरस्तू की B. चार्ल्स डार्विन की
C. मेंडेल की D. रॉबर्ट हुक की

74. 'मकर रेखा' है:
A. 23°N B. $23\frac{1}{2}$°N
C. $23\frac{1}{2}$°S D. 23° S

75. अन्तर्राष्ट्रीय न्यायालय का मुख्यालय अवस्थित है:
A. जेनेवा में B. हेग में
C. न्यूयॉर्क में D. पेरिस में

76. संविधान सभा ने राष्ट्रीय गान को अपनाया:
A. 20 जनवरी, 1950 को B. 24 जनवरी, 1950 को
C. 21 मई, 1949 को D. 13 नवम्बर, 1949 को

77. 'पुष्कर मेला' कहाँ आयोजित किया जाता है?
A. जयपुर B. उदयपुर
C. जोधपुर D. अजमेर

78. निम्नलिखित पराबैंगनी किरणों में से कौन-सा अधिक हानिकारक है?
A. UV-A B. UV-B
C. UV-C D. उपर्युक्त में से कोई नहीं

79. निम्नलिखित में से कौन-सा जैवमंडल का अजैविक घटक नहीं है?
A. प्रोटीन B. मृदा
C. कवक D. फॉस्फोरस

80. 'गिर शेर परियोजना' अवस्थित है:
A. गुजरात में B. महाराष्ट्र में
C. उत्तर प्रदेश में D. मध्य प्रदेश में

81. डब्ल्यू.डब्ल्यू.एफ. से आशय है:
A. वर्ल्ड वाइड फंड B. वर्ल्ड वॉर फंड
C. वर्ल्ड वाइल्डलाइफ फंड D. वर्ल्ड वॉच फंड

82. गंगा नदी निकलती है:
A. अरावली श्रेणी से B. लद्दाख ग्लेशियर से
C. गंगोत्री ग्लेशियर से D. मिलाप ग्लेशियर से

83. भारत में निम्नलिखित में से कौन-सी एजेंसी मुख्य रूप से प्रदूषण के मापन से संबंधित है?
A. ग्रीन ट्रिब्यूनल B. केन्द्रीय प्रदूषण नियंत्रण बोर्ड
C. केन्द्रीय जल आयोग D. सर्वे ऑफ इंडिया

84. 'कोटोपेक्सी' एक जाग्रत ज्वालामुखी है, जो अवस्थित है:
A. सिसली में B. हवाई में
C. एण्डीज में D. रॉकीज में

85. तिब्बत में सांगपो नदी भारत में किस नाम से जानी जाती है?
A. गंगा B. यमुना
C. ब्रह्मपुत्र D. सिंधु

86. घास-भूमि क्षेत्र के पारितंत्र की खाद्य श्रृंखला में सबसे उच्च स्तर के उपभोक्ता होते हैं:
A. शाकाहारी B. मांसाहारी
C. जीवाणु D. मांसाहारी या शाकाहारी

87. वायुमंडल का प्रमुख स्तर, जो पृथ्वी तल के नजदीक है, है:
A. समतापमंडल B. क्षोभमंडल
C. मध्यमंडल D. आयनमंडल

88. संयुक्त राष्ट्र सुरक्षा परिषद् में कितने स्थायी सदस्य हैं?
A. 3 B. 4
C. 5 D. 6

89. सरिस्का राष्ट्रीय उद्यान अवस्थित है:
A. पश्चिम बंगाल में B. गुजरात में
C. राजस्थान में D. असम में

90. पारिस्थितिक तंत्र में ऊर्जा का मुख्य स्रोत है:
A. ए.टी.पी. C. सूर्य-प्रकाश
B. डी.एन.ए. D. आर.एन.ए.

91. चिपको आंदोलन किससे प्रेरित था?
A. हेमवती नन्दन बहुगुणा B. सुन्दर लाल बहुगुणा
C. मदर टेरेसा D. महात्मा गाँधी

92. इन्सुलिन की रासायनिक प्रकृति है:
A. विटामिन B. प्रोटीन
C. लिपिड D. कार्बोहाइड्रेट

93. पौधों में मिऑसिस पाया जाता है:
A. रूट अप B. पोलेनग्रेन
C. स्टेम टिप D. एंथर

94. जैव समुदाय में प्राथमिक उपभोक्ता हैं:
A. कार्नीवोरस B. हर्बीवोरस
C. ओमनीवोरस D. डेट्रीटीवोरस

95. बुखार नियंत्रण में प्रयुक्त सर्वाधिक सामान्य औषधि का नाम क्या है?
A. ब्रुफेन B. बी-कॉम्प्लेक्स
C. पैरासिटामोल D. लिव-52

96. दही के बनने में कौन जीवाणु उत्तरदायी है?
A. एस्परजिलस B. स्ट्रेप्टोकोकस
C. रेट्रोवायरस D. लैक्टोबैसिलस

97. मानव जाति में रक्त समूह की खोज किसने की?
A. लैंडस्टिनर B. जेनिंग्स
C. पैंटिन एण्ड मास्ट D. कार्ल मार्क्स

98. प्याज, आलू और अदरक है:
A. जड़ B. तना
C. मूल जड़ D. पत्ती

99. इनमें से कौन एककोशिकीय सूक्ष्म जीव है?
A. स्पारोगाइरा B. विषाणु
C. पैरामीशियम D. हाइड्रा

100. निम्नलिखित में से कौन पादप-उत्पाद साबुन का विकल्प है?
A. रूद्राक्ष B. रीठा
C. तेंदू D. उपरोक्त सभी

101. निम्नलिखित ऑटोमोबाइल ईंधनों में से कौन पर्यावरण हितैषी है?
A. डीजल B. पेट्रोल
C. एलपीजी D. सीएनजी

102. कौन-सा पर्यावरणीय तंत्र खनिज चक्र कहलाता है:
A. जैवभूरासायनिक चक्र B. भूगर्भिक चक्र
C. रासायनिक चक्र D. इनमें से कोई नहीं

103. निम्नलिखित में से कौन-से पौधे विस्तृत रूप से फैलते हैं?
A. बीजाणु रूप में फैले पौधे B. बीज के रूप में फैले पौधे
C. फल के रूप में फैले पौधे D. शाकीय संचरण द्वारा फैले पौधे

104. जब एक जीव अपने साथ संलग्न जीव को बिना क्षति पहुँचाए उससे लाभान्वित होता है, इसे कहा जाता है:
A. पैरासाइट B. कॉम्मेंसल
C. सैप्रोफाइट D. सिमबॉयंट

105. जब एक मोर सर्प को खाता है जो हरे पौधों की ओर बढ़े हुए कीटों को खाता है, तब मोर है:
A. प्राथमिक उपभोक्ता B. अंतिम अपघटक
C. प्राथमिक अपघटक D. आहार-शृंखला का शीर्ष

106. निम्नलिखित में से कौन रूपांतरित चट्टान का उदाहरण है?
A. बलुआ पत्थर B. ग्रेनाइट
C. मार्बल D. चूना पत्थर

107. निम्नलिखित में से कौन-सा नमक समुद्र में सर्वाधिक मात्रा में पाया जाता है?
A. मैग्नीशियम सल्फेट B. कैल्शियम सल्फेट
C. मैग्नीशियम क्लोराइड D. सोडियम क्लोराइड

108. राज्य सभा के सम्मेलनों की अध्यक्षता कौन करता है?
A. उपराष्ट्रपति B. राष्ट्रपति
C. प्रधानमंत्री D. भारत का मुख्य न्यायाधीश

109. निम्नलिखित में से कौन-सी मिट्टी भारत में सर्वाधिक मात्रा में पाई जाती है?
A. काली मिट्टी B. जलोढ़ मिट्टी
C. लाल मिट्टी D. बलुआ मिट्टी

110. वैसे शाकाहारी प्राणी जो केवल हरे पौधों पर निर्भर रहते हैं:
A. प्राथमिक उपभोक्ता B. द्वितीयक उपभोक्ता
C. तृतीयक उपभोक्ता D. उपभोक्ता

111. प्लेग है:
A. विषाणुजनित रोग B. फफूँदजनित रोग
C. जीवाणुजनित रोग D. जलजनित रोग

112. गैसीय अपशिष्ट (कचरा) है:
A. फलों और सब्जियों के छिलके
B. घरेलू मलवाहक जल
C. खेत-खलिहानों के कचरे
D. कोयले और लकड़ियों के दहन के धुएँ

113. पर्यावरण तंत्र की समुचित परिभाषा है:
A. जैविक समुदाय की पारस्परिक क्रिया
B. किसी क्षेत्र के अजैव अवयव
C. पृथ्वी और वायुमंडल का आबाद क्षेत्र
D. जैव समुदाय और इसके वातावरण का संतुलित तंत्र

114. मनुष्य के विकास में द्विपाद क्रांति का सर्वाधिक लाभ है:
A. शरीर का संतुलन
B. वजन में ह्रास
C. मस्तिष्क के निर्देशों के अनुपालन के लिए हाथों का मुक्त होना
D. गति में वृद्धि

115. भूकंप की तीव्रता मापने का यंत्र क्या है?
A. फीजियोग्राफ B. सीस्मोग्राफ
C. कार्डियोग्राफ D. बैरोग्राफ

116. सूर्य के सर्वाधिक निकट ग्रह कौन है?
A. मंगल B. बृहस्पति
C. शुक्र D. बुध

117. 'गिर' राष्ट्रीय उद्यान अवस्थित है:
A. राजस्थान राज्य B. गुजरात राज्य
C. मध्य प्रदेश राज्य D. महाराष्ट्र राज्य

118. पर्यवेक्षण विधि का गुण नहीं है:
A. मनोवैज्ञानिक विधि
B. प्रायोगिक अनुभव आधारित
C. शिशु केन्द्रित विधि जिसमें शिक्षक केवल प्रशासक होता है।
D. विभिन्न सर्वेक्षणों पर आधारित विधि

119. पर्यावरणीय शिक्षा में समस्या-समाधान विधि का गुण है:
A. लक्ष्य आधारित विधि B. रचनात्मक विधि
C. चयनात्मकता D. उपरोक्त सभी

120. पर्यवेक्षण विधि की सीमा है:
A. यह विधि आर्थिक नहीं है
B. इसका परिणाम अधिक वैध सूक्ष्म पर्यवेक्षण नहीं है
C. व्यक्तिगत आंतरिक आचरण का अध्ययन संभव नहीं है
D. उपरोक्त सभी

121. वायुदाब नापने वाला यंत्र किस नाम से जाना जाता है?
A. बैरोमीटर B. थर्मामीटर
C. सीस्मोग्राफ D. हाइग्रोमीटर

122. बीटी कपास है
A. एक संकर पौधा B. एक ट्रांसजेनिक पौधा
C. एक प्राकृतिक पौधा D. एक औषधीय पौधा

123. कौन-सा वायुमण्डलीय प्रदूषक अम्लीय वर्षा का मुख्य कारक है?
A. SO_2 B. H_2S
C. HCl D. N_2

124. निम्न में कौन सर्वाधिक उत्पादक पारिस्थितिकी तंत्र है?
A. उष्णकटिबंधीय वर्षा वन B. टुंड्रा
C. सवाना D. मरुस्थल

125. निम्नलिखित में से कौन-सा रसायन आम पकाने में प्रयोग होता है?
A. कैल्सियम कार्बोनेट B. कैल्सियम हाइड्रॉक्साइड
C. कैल्सियम कार्बाइड D. कैल्सियम क्लोराइड

126. कौन-सी बीमारी दूषित जल पीने से फैलती है?
A. एड्स B. टाइफाइड
C. एनीमिया D. टिटेनस

127. निम्नलिखित में से कौन ग्रीन हाउस गैस नहीं है?
A. CO_2 B. N_2O
C. CO D. CH_4

128. इनमें से कौन द्विबीजपत्री पौधा है?
A. बाँस B. केला
C. गन्ना D. सरसों

129. पौधों में जल का अधिग्रहण किसके द्वारा होता है?
A. जाइलम B. फ्लोएम
C. कैम्बियम D. पैलीसेड

130. कौन सा प्रथम साहित्य स्रोत है?
A. ऋग्वेद B. सामवेद
C. यजुर्वेद D. अथर्ववेद

131. वायुमण्डल में 99% भाग पर किन दो गैसों का विस्तार है?
A. ओजोन एवं ऑक्सीजन
B. ऑक्सीजन एवं नाइट्रोजन
C. कार्बन डाइऑक्साइड एवं ओजोन
D. आर्गन एवं ओजोन

132. पर्यावरणीय अध्ययन में शैक्षणिक भ्रमण का मूल उद्देश्य है
A. बच्चों की ऊर्जा को विकसित करना
B. छात्रों के लिए प्रत्यक्ष अनुभव
C. समाजीकरण को बढ़ावा देना
D. टीम भावना बढ़ाना

133. "कार्यकीय रूप से शुष्क मिट्टी की क्या विशेषता है?" इसको कैसे पहचानेंगे?
A. उसमें अधिक जल होना।
B. पौधों को प्रकाश पर्याप्त नहीं मिलता।
C. मिट्टी में लवण सान्द्रता अधिक होगी।
D. मिट्टी कठोर होती है।

134. सतत और व्यापक मूल्यांकन क्यों आवश्यक है?
A. शिक्षार्थियों ने कितना नहीं सीखा है जानने के लिए
B. शिक्षार्थी की प्रगति निरन्तर न बनाये रखने के लिए
C. निरन्तर मूल्यांकन होते रहने से शिक्षार्थियों में परीक्षा का अनावश्यक भय नहीं होता है
D. परीक्षा प्रणाली को महत्व देने हेतु

135. चरने वाले पशु वनस्पति को कैसे बदलते हैं?
A. बीज प्रकीर्णन द्वारा B. पर-परागण द्वारा
C. चुनकर चरना D. रोग फैलाकर

136. निम्नलिखित में से कौन स्वस्थ अस्थियों के लिए आवश्यक हैं?
A. पोटैशियम एवं विटामिन K
B. कैल्सियम एवं विटामिन E
C. कैल्सियम एवं विटामिन C
D. कैल्सियम एवं विटामिन D

137. भारत में हिमालय की सबसे ऊँची चोटी का नाम है
A. माउण्ट के-2 B. माउण्ट एवरेस्ट
C. माउण्ट कंचनजंगा D. माउण्ट धौलागिरी

138. प्राथमिक स्तर पर शिक्षण की खेल विधि आधारित है :
A. विकास के मनोवैज्ञानिक सिद्धान्त पर
B. शिक्षण के समाजशास्त्रीय सिद्धान्त पर
C. शारीरिक शिक्षा कार्यक्रम के सिद्धान्त पर
D. शिक्षण विधि के सिद्धान्त पर

139. वायुमण्डल की सबसे निचली परत का क्या नाम है?
A. समतापमण्डल B. ओजोनमण्डल
C. आयनमण्डल D. क्षोभमण्डल

140. विटामिन-सी की कमी से होने वाली बीमारी का क्या नाम है?
A. स्कर्वी B. बेरी-बेरी
C. रतौन्धी D. थकान

141. भारत की प्रथम महिला आई.पी.एस. अफसर कौन हैं?
A. प्रतिभा पाटिल B. पद्मजा नायडू
C. किरण बेदी D. हन्सा मेहता

142. असम का प्रसिद्ध 'एक सींग वाले गैंडे' वाला वन्य जीव अभयारण्य कौन-सा है?
A. मानस B. काजीरंगा
C. गिर जंगल D. कान्हा-किस्ली

143. निम्नलिखित में से कौन-सा आग्नेय चट्टान का उदाहरण है?
A. बेसाल्ट B. चूना पत्थर
C. स्लेट D. ग्रेफाइट

144. पृथ्वी के वातावरण की किस सतह में ओजोन परत पायी जाती है?
A. ट्रोपोस्फीयर B. स्ट्रेटोस्फीयर
C. मीसोस्फीयर D. आयनोस्फीयर

145. सिक्ख धर्म के संस्थापक निम्न में से कौन हैं?
A. गुरु तेग बहादुर B. गुरु गोविंद सिंह
C. गुरु अर्जुन देव D. गुरु नानक

146. भूकम्प की तीव्रता नापने का यंत्र है
A. फिजियोग्राफ B. सीस्मोग्राफ
C. कार्डियोग्राफ D. बैरोग्राफ

147. दक्षिणी गोलार्द्ध का सबसे 'लम्बा दिन' किस दिन होता है?
A. 21 मार्च B. 21 जून
C. 23 सितम्बर D. 22 दिसम्बर

148. 'सत्यार्थ प्रकाश' के लेखक का नाम है :
A. स्वामी दयानन्द सरस्वती B. स्वामी विवेकानन्द
C. राजा राममोहन रॉय D. मदन मोहन मालवीय

149. 'बिहू' भारत के किस राज्य का लोकनृत्य है?
A. राजस्थान B. तमिलनाडु
C. असम D. उत्तर प्रदेश

150. खाद्य शृंखला के परस्पर समूह को कहा जाता है :
A. खाद्य चक्र B. शृंखला अभिक्रिया
C. खाद्य जाल D. बायोमास का पिरामिड

151. निम्नलिखित में से कौन बाल-केन्द्रित रणनीतियों को सबसे अच्छा दर्शाता है?
(*a*) चर्चा
(*b*) प्रदर्शन
(*c*) व्याख्यान
(*d*) सर्वेक्षण
A. (*b*) और (*c*) B. (*c*) और (*d*)
C. (*a*) और (*d*) D. (*a*) और (*b*)

152. निम्नलिखित में से कौन सी रणनीति ''भोजन'' थीम को पढ़ाते समय पूछताछ को बढ़ावा देती है?
A. सैंडविच, शिकंजी (लेमन वाटर) वगैरह को बिना आग के पकाने का प्रदर्शन
B. छात्रों से उनके परिवार के सदस्यों की खाने की पसंद का पता लगाने के लिए कहना
C. भारत के विभिन्न क्षेत्रों में उपयोग किए जाने वाले विभिन्न परिरक्षित खाद्य पदार्थों के चित्र दिखाना
D. छात्रों से विभिन्न खाद्य पदार्थों के चित्र एकत्र करने के लिए कहना

153. निम्नलिखित में से कौन-सा समूह प्राथमिक स्तर पर ईवीएस के थीमों को दर्शाता है?
A. भोजन, पदार्थ, आवास
B. परिवार और मित्र, यात्रा, प्राकृतिक संसाधन
C. आवास, यात्रा, चीजें जो हम बनाते हैं और करते हैं
D. मौसम, पानी, यात्रा

154. कथन (A) तथा (R) को ध्यान से पढ़ें तथा निम्नलिखित प्रश्नों का उत्तर दें :
(A) : रेशम का कीड़ा अपनी मादा को उसकी गंध से कई किलोमीटर दूर से ही पहचान लेता है।
(R) : कुछ मादा कीड़े ''फैरीमोन्स'' छोड़ते हैं जिसके गंध को नर कीड़े पहचान लेते हैं।
निम्नलिखित में से सही उत्तर का चुनाव करें :
A. दोनों कथन (A) एवं (R) सही हैं किन्तु (R), (A) की सही व्याख्या नहीं करता है।
B. (A) सही है किन्तु (R) गलत है।
C. (A) गलत है किन्तु (R) सही है।
D. दोनों कथन (A) एवं (R) सही हैं तथा (R), (A) की सही व्याख्या करता है।

155. डॉक्टर मरीजों में मलेरिया की पहचान के लिए खून की जाँच कराने के लिए निर्देशित करते हैं। खून की जाँच से:
A. उसमें उपस्थित लौह तत्व की मात्रा का पता चलेगा
B. उसमें मादा मच्छर के अंडों की उपस्थिति का पता चलेगा
C. उसमें उपस्थित जीवाणुओं का पता चलेगा
D. उसमें उपस्थित हीमोग्लोबिन का पता चलेगा

156. प्रत्येक परिवार में सदस्यों की संख्या और पानी की अनुमानित मात्रा की खपत का पता लगाने के लिए छात्र अपने घर और पड़ोस में एक सर्वेक्षण करते हैं। इस गतिविधि के माध्यम से कौन से कौशल और प्रक्रियाएँ विकसित की जाती हैं?

A. पूछताछ, परिणाम निकालना, अभिव्यक्ति

B. परिकल्पना, परिणाम निकालना, अभिव्यक्ति

C. अनुमान, प्रयोग, अवलोकन

D. प्रश्न पूछना, प्रयोग करना, पर्यावरण के प्रति संवेदनशीलता

157. एक ईवीएस शिक्षिका अपने छात्रों से सोचने और जवाब देने के लिए कहती है कि "हम सर्दियों के दौरान ऊनी कपड़ों में क्यों सहज महसूस करते हैं"। इस तरह का प्रश्न है :

A. विश्लेषणात्मक प्रश्न B. काल्पनिक प्रश्न

C. तथ्यात्मक प्रश्न D. अभिसारी प्रश्न

158. एक शिक्षिका ईवीएस शिक्षण के लिए अपने विद्यार्थियों के साथ तुल्यकालिक (सिन्क्रोनस) सम्प्रेषण का चयन करना चाहती है। वह निम्नलिखित में से किसे चुनेगी?

A. फोन कॉल, प्री-रिकॉर्डेड वीडियो, टेली-कॉन्फ्रेंसिंग

B. ई-मेल, सोशल मीडिया पोस्ट, फोन कॉल

C. त्वरित संदेश, ब्लॉग, टेली-कॉन्फ्रेंसिंग

D. वीडियो कॉन्फ्रेंसिंग, ऑनलाइन चैट सत्र, फोन कॉल

159. ईवीएस शिक्षण के दौरान, एक शिक्षक का बयान/प्रश्न जो विद्यार्थियों को स्वयं या अपने साथियों की प्रतिक्रियाओं से उत्तर को विस्तृत करने के लिए प्रोत्साहित करता है :

A. खोजपूर्ण प्रश्न B. कंडीशनिंग

C. चेनिंग D. परीक्षण और त्रुटि

160. निम्नलिखित कथनों को पढ़िए तथा सही विकल्प का चयन कीजिए:

अभिकथन (A): ईवीएस के सीखने को अवलोकन, पहचान, वर्गीकरण, आदि से संबंधित प्रक्रिया कौशल के लिए उन्मुख होने की आवश्यकता है।

कारण (R): विभिन्न प्रक्रिया कौशल प्राप्त करने के माध्यम से,ईवीएस के सीखने के परिणामों को हासिल करने की संभावना होती है।

A. (A) गलत है, परन्तु (R) सही है।

B. (A) और (R) दोनों सही हैं तथा (R), (A) की सही व्याख्या है।

C. (A) और (R) दोनों सही हैं, परन्तु (R), (A) की सही व्याख्या नहीं है।

D. (A) सही है, परन्तु (R) गलत है।

161. कक्षा III के विद्यार्थियों के लिए ईवीएस में निम्नलिखित में से कौन-सा सीखने का परिणाम (अधिगम प्रतिफल) **नहीं** है?

A. अच्छे और बुरे स्पर्श पर अपनी राय व्यक्त करना

B. देखे गए/अनुभव किए गए मुद्दों पर आवाज उठाना और समाज की प्रथाओं से संबंधित करना जैसे संसाधनों के स्वामित्व में भेदभाव

C. कुछ स्थानीय, इनडोर, आउटडोर खेलों में नियमों का अवलोकन करना

D. कक्षा की दिशाओं की पहचान करना

162. आप ईवीएस के विद्यार्थियों के लिए व्यावहारिक गतिविधियों को प्रोत्साहित करना चाहते हैं। निम्नलिखित में से कौन-सी क्रिया सबसे उपयुक्त है?

A. ग्लोब से नक्शा पढ़ना

B. विभिन्न देशों के सिक्के एकत्रित करना

C. उपलब्ध सामग्री से ईवीएस किट विकसित करना

D. एक चार्ट पर विभिन्न पौधों के भागों का चित्र बनाना

163. ईवीएस के लिए रचनात्मक आकलन ________ है।

(*a*) सीखने के लिए आकलन

(*b*) सीखने का आकलन

(*c*) अधिगम के रूप में आकलन

(*d*) सीखने के बारे में आकलन

सही विकल्प चुनिए :

A. (*c*) और (*d*) B. (*a*) और (*b*)

C. (*a*) और (*c*) D. (*b*) और (*c*)

164. जब हम ईंधन जलाते हैं तो हमें प्राप्त होती है/होते हैं :

A. केवल प्रकाश ऊर्जा B. ऊष्मा एवं प्रकाश ऊर्जा

C. यांत्रिक एवं प्रकाश ऊर्जा D. प्रकाश एवं ध्वनि ऊर्जा

165. साँपों के बारे में निम्नलिखित कथनों पर विचार कीजिए तथा निम्नलिखित में से गलत कथन को चिह्नित कीजिए :

A. वे अपने भोजन (शिकार) को पूरा निगल जाते हैं।

B. साँपों के दाँत नुकीले होते हैं।

C. जहरीले साँपों के डसने वाले दाँत होते हैं।

D. वे अपने शिकार को चबाकर खाते हैं।

166. __A__ की कमी से रक्त-अल्पता (एनीमिया) होता है और __B__ तथा __C__, A के उत्तम स्रोत हैं। A, B और C क्रमशः क्या हैं?

A. कैल्शियम, दूध, अंडे

B. लोहा (आयरन), दूध, अंडे

C. लोहा (आयरन), पालक, खजूर

D. कैल्शियम, पालक, खजूर

167. **कथन (A):** उबला हुआ अंडा पानी से भरे मग में डाला जाए, तो यह डूब जाता है जबकि नमक वाले पानी में डाला जाए तो यह ऊपर तैरता है।

तर्क (R): अंडे को उबाले जाने पर उसका घनत्व बढ़ जाता है।

सही विकल्प चुनें:

A. (A) और (R) दोनों सही हैं और (R), (A) की सही व्याख्या है

B. (A) और (R) दोनों सही हैं, लेकिन (R), (A) की सही व्याख्या नहीं है

C. (A) सही है और (R) गलत है

D. (A) और (R) दोनों गलत हैं

168. **कथन (A):** केंचुआ किसानों का सबसे अच्छा मित्र माना जाता है।
तर्क (R): केंचुए खरपतवारों को नष्ट करते हैं।
सही विकल्प चुनें:
A. (A) और (R) दोनों सही हैं और (R), (A) की सही व्याख्या है
B. (A) और (R) दोनों सही हैं, लेकिन (R), (A) की सही व्याख्या नहीं है
C. (A) सही है, लेकिन (R) गलत है
D. (A) और (R) दोनों गलत हैं

169. निम्न में से कौन-सा पर्यावरण अध्ययन शिक्षण में विद्यालयी क्षेत्र भ्रमण का महत्वपूर्ण लक्षण है?
A. विद्यार्थियों में नयी अधिगम जानकारी लेने की और सीखने की रुचि जगाना।
B. विद्यार्थियों और शिक्षक, दोनों को नियमित सीखने-सिखाने की प्रक्रिया से मुक्ति मिलती है।
C. शिक्षण अधिगम के लिए निधि का सही उपयोग करना।
D. अपने बच्चों को पिकनिक पर जाते हुए देख अभिभावकों का प्रसन्न होना।

170. पर्यावरण अध्ययन पाठ्यचर्या में विषय-आधारित उपागम का पालन क्यों किया गया है?
A. एक ही बार में अधिक-से-अधिक संकल्पनाओं को पूरा करना।
B. संसाधनों को बचाना।
C. बच्चों के अर्जित ज्ञान का संपूर्ण आकलन करना।
D. विद्यार्थियों को समाज और प्रकृति दोनों के बारे में संवेदनशील बनाना।

171. प्राथमिक विद्यार्थियों के लिए पर्यावरण अध्ययन शिक्षण अभिप्राय रखता है कि:
A. विद्यार्थी कम जिज्ञासु हों।
B. विद्यार्थी ज्यादा जिज्ञासु हों।
C. विद्यार्थी कम गलतियाँ करें।
D. विद्यार्थी अच्छे रेखाचित्र बनाने व लेखन कौशल विकसित करें।

172. पर्यावरण अध्ययन में शिक्षणशास्त्र निम्न में से सभी चलन का समर्थन करता है सिवाय:
A. विद्यार्थियों को सक्षम करना कि वे समालोचनात्मक चिंतन एवं समस्या समाधान कर सकें।
B. पाठ्यपुस्तकों को वास्तविक जीवन के अनुभवों से बेहतर मानना।
C. विद्यार्थियों में सहयोग को बढ़ावा देना।
D. विद्यार्थियों की जिज्ञासा और सृजनात्मकता का पोषण करना।

173. प्राथमिक स्तर पर पर्यावरण अध्ययन में अध्यापन-अधिगम के लिए 'समुदाय' जरूरी क्यों है?
A. यह आसानी से उपलब्ध संसाधन है।
B. इसमें बड़े और समझदार लोग होते हैं।
C. यह वास्तविक परिवेश में सीखने का मौका देता है।
D. इसके लिए किसी कोष के खर्च की आवश्यकता नहीं होती।

174. एक दक्ष पर्यावरण अध्ययन शिक्षक वह है जो ऐसी शिक्षाशास्त्रीय प्रक्रियाओं का उपयोग करता/करती है जो:
A. बच्चों के वास्तविक जीवन से सम्बन्धित हों।
B. वास्तविक विषय से संबंधित हों।
C. विद्यालय से वास्तविक तौर पर संबंधित हों।
D. वास्तविक तौर पर बच्चों के जीवन और विषय से संबंधित हों।

175. ईवीएस की कक्षा में निम्नलिखित में से किस एक को कम किया जाना चाहिए?
A. स्वतंत्र वाद-विवाद B. चित्र पठन
C. कथा D. विवरण

176. प्राथमिक स्तर पर ईवीएस सीखने के लिए वास्तविक चुनौती:
A. परिभाषाएं और जानकारी हैं
B. रटकर सीखना है
C. अवधारणाओं का विवरण है
D. विद्यार्थियों के लिए खुद को व्यस्त करने के अवसर हैं

177. प्राथमिक स्तर पर ईवीएस के पाठ्यक्रम में निम्नलिखित में से किस थीम में उप-थीम शामिल हैं?
A. परिवार और दोस्त B. जल
C. कार्य और खेल D. भोजन

178. जल थीम से संबंधित सामाजिक-सांस्कृतिक मुद्दों को प्रभावी ढंग से सीखा जा सकता है?
(*a*) भूमिका निर्वाह द्वारा
(*b*) विद्यार्थियों के बीच वास्तविक संवाद के द्वारा
(*c*) क्षेत्र भ्रमण द्वारा
(*d*) प्रदर्शन और गृह कार्य द्वारा
A. केवल (*a*), (*b*) और (*c*)
B. केवल (*c*) और (*d*)
C. केवल (*d*)
D. केवल (*c*)

179. ईवीएस में आत्म आकलन:
(*a*) सीखने के लिए आकलन है।
(*b*) सीखने के बारे में सीखना है।
(*c*) उपलब्धियों और सीखने के परिणाम के निर्णय के बारे में सीखना है।
(*d*) सीखने का आकलन।
A. केवल (*a*), (*b*) और (*c*) B. केवल (*c*)
C. केवल (*a*) और (*c*) D. केवल (*a*), (*c*) और (*d*)

180. ईवीएस का सीखना आधारित है:
A. सरल से जटिल के सिद्धांत पर
B. जटिल से सरल के सिद्धांत पर
C. वैश्विक से स्थानीय के सिद्धांत पर
D. अमूर्त से मूर्त के सिद्धांत पर

उत्तरमाला

1	2	3	4	5	6	7	8	9	10
C	D	A	D	A	B	C	A	D	B
11	12	13	14	15	16	17	18	19	20
D	D	D	D	B	C	A	B	B	C
21	22	23	24	25	26	27	28	29	30
D	B	A	C	C	A	B	B	A	A
31	32	33	34	35	36	37	38	39	40
D	D	B	B	B	B	A	C	D	A
41	42	43	44	45	46	47	48	49	50
B	A	B	D	C	C	A	A	C	B
51	52	53	54	55	56	57	58	59	60
B	C	D	C	B	D	C	C	A	A
61	62	63	64	65	66	67	68	69	70
A	D	C	C	D	A	B	D	C	C
71	72	73	74	75	76	77	78	79	80
A	D	B	C	B	B	D	C	C	A
81	82	83	84	85	86	87	88	89	90
C	C	B	C	C	B	B	C	C	B
91	92	93	94	95	96	97	98	99	100
B	B	D	C	C	D	A	B	B	B
101	102	103	104	105	106	107	108	109	110
D	A	C	B	D	C	D	A	B	A
111	112	113	114	115	116	117	118	119	120
C	D	D	C	B	D	B	C	D	D
121	122	123	124	125	126	127	128	129	130
A	B	A	A	C	B	C	D	A	A
131	132	133	134	135	136	137	138	139	140
B	B	C	C	C	D	A	D	D	A
141	142	143	144	145	146	147	148	149	150
C	B	A	B	D	B	D	A	C	C
151	152	153	154	155	156	157	158	159	160
C	B	C	D	C	A	A	D	A	B
161	162	163	164	165	166	167	168	169	170
B	C	C	B	D	C	B	C	A	C
171	172	173	174	175	176	177	178	179	180
B	B	C	D	D	D	A	A	A	A

हिन्दी भाषा

SECTION-A

भाषा बोधगम्यता एवं व्याकरण

1 भाषा बोध

परिचय

भाषा बोध के अंतर्गत व्यक्ति की समग्र अवबोधन क्षमता का मूल्यांकन किया जाता है। इससे अभ्यर्थी की समझ क्षमता एवं दिए गए अवतरण में छुपे गूढ़ विचारों को ग्रहण करने की क्षमता आंकी जाती है। इसके द्वारा अभ्यर्थी के निर्णय लेने की क्षमता की भी जांच की जाती है। ऐसा दिए गए प्रतिपाद्य के हृदयंगम द्वारा ही संभव है। इस प्रकार भाषा बोध व्यक्तित्व के बहुआयामी पहलुओं के परीक्षण की पद्धति है। इसके द्वारा भाषा-ज्ञान, निहितार्थ की समझ एवं अवबोधन क्षमता, निर्णय क्षमता एवं सही निष्कर्ष तक पहुंचने की क्षमता की जांच एक साथ की जाती है। जाहिर है, इतने सारे परीक्षणों के द्वारा व्यक्तित्व का समग्र उभार एवं निखार प्रकट हो जाता है। ऐसे में भाषा बोध के प्रश्नों को हल करने में अतिरिक्त सावधानी एवं सचेतता आवश्यक है। इस प्रकार के प्रश्नों के सही उत्तर देने के लिए निरंतर अभ्यास की आवश्यकता होती है।

सर्वप्रथम अवतरण (गद्यांश) को पढ़कर उसके मूलभाव या निहितार्थ को समझने की कोशिश करनी चाहिए। एक बार पढ़कर मूलभाव को समझने में कठिनाई हो तो उसे एक से अधिक बार पढ़ें। जबतक निहितार्थ समझ में न आए उसे दुबारा एवं तिबारा पढ़ें। निहितार्थ समझ लेने पर प्रश्नों का उत्तर देना आसान हो जाता है।

इस बात का ध्यान रखें कि प्रश्नों के उत्तर दिए गए अवतरण पर ही आधारित हों। अपनी पूर्व की जानकारी के आधार पर निष्कर्ष न निकालें। यह संभव है कि अवतरण में दी गई जानकारी आपकी पूर्व की जानकारी या राय से भिन्न हो। ऐसे में अपनी जानकारी को अवतरण में दी गई सूचना के साथ घालमेल न करें। ऐसा करना आत्मघाती कदम हो सकता है। अवतरण को पढ़ते समय महत्वपूर्ण बिंदुओं को रेखांकित करते चलें। ऐसे में मूल बिंदुओं को शीघ्रता से दुहरा सकते हैं। हो सकता है समयाभाव के कारण मूल अवतरण को बार-बार पढ़ना संभव न हो। अवतरण में दिए गए मोटे (Bold) शब्द एवं वाक्यांशों पर विशेष ध्यान दें और उन्हें मूल अवतरण एवं वाक्य से जोड़ने का प्रयास करें। ऐसा करना अवतरण के मूल भाव को समझने में सहायक होगा।

कभी-कभी अवतरण में किसी शब्द के समानार्थक या विपरीतार्थक शब्द पूछे जाते हैं। ऐसे प्रश्नों के उत्तर देने में जल्दबाजी न करें। जाहिर है किसी एक शब्द के कई समानार्थक एवं विपरीतार्थक शब्द हो सकते हैं। ऐसे में उपयुक्त शब्द का चुनाव आवश्यक है। इसके लिए लेखक के मूल कथ्य और विचार को समझना आवश्यक है।

नकारात्मक अंक मिलने की स्थिति में प्रश्न का उत्तर अनुमान के आधार पर न दें। ऐसे प्रश्नों को छोड़ देना ही उचित होगा।

कभी-कभी दिए गए अवतरण के लिए उपयुक्त शीर्षक लिखना होता है। यह प्रश्न काफी आसान भी है और कठिन भी। आसान इसलिए कि इनका उत्तर दिए गए अवतरण के आधार पर ही देना होता है और कठिन इसलिए कि अवतरण के मूल भाव को समझे बिना विषयांतर हो जाने की संभावना अक्सर बनी रहती है।

अंत में, सबसे जरूरी चीज है—अभ्यास! अभ्यास के बिना आसान प्रश्न भी कठिन लगने लगते हैं। भाषा-बोध के प्रश्नों को हल करने के लिए भाषा में अभिरुचि एवं समझ विकसित करनी चाहिए।

गद्यांश-1

कर्त्तव्य एक नैतिक बंधन है। यह एक तरह से ऋणी होने के समान है, जिस सामाजिक प्राणी के साथ हम रह रहे होते हैं। हमें अपने साथ रहने वालों के लिए इसकी अनुमति मिलनी चाहिए। हमारे जीवनवृत्ति का अधिकार संकेत देता है कि यह हमारा कर्त्तव्य है कि हम उन साथ रहने वाले प्राणियों को भी अपने समान ही जीवन की परिस्थितियां उपलब्ध कराएं। वास्तव में अधिकार और कर्त्तव्य परस्पर संबद्ध हैं। किसी एक

के संबंध में अधिकार दूसरे का कर्त्तव्य हो सकता है। अधिकार और कर्त्तव्य एक सिक्के के दो पहलू हैं। हमें दूसरे के ओहदों का हमेशा ख्याल रखना चाहिए। नैतिक कर्त्तव्य, वैधानिक अधिकार की अपेक्षा ज्यादा प्रभावी होते हैं। नैतिक कर्त्तव्य वह कर्त्तव्य है जो लोगों को नैतिक स्तर पर बांध कर रखती है। यह हमारा नैतिक कर्त्तव्य है कि हम गरीबों की मदद करें क्योंकि वह एक प्राणी और समाज का अंग है।

हमें उन परिस्थितियों के निर्माण के लिए हमेशा प्रयास करना चाहिए जिनसे मानवता का कल्याण हो सके। यह हमारा अनुकरणीय कर्त्तव्य है कि हम अपने माता-पिता की आज्ञा मानें और उन्हें सम्मान दें। यह कर्त्तव्य जिम्मेवारी की चेतना से पैदा होता है जो कि प्रत्यक्षतः हमारे अंतःकरण से संबंधित है। इस प्रकार से यह एक नैतिक कर्त्तव्य है जिसमें कोई व्यक्ति बिना वैधानिक बंधन के ही ऋणी है।

कर्त्तव्य की चेतना, सही तरीके से सभ्यता के विकास की सर्वश्रेष्ठता है। पाखंड कर्त्तव्य की चेतना के एकदम विपरीत है। पाखंड में जहां दुरात्मा का समावेश है, वहीं कर्त्तव्य में यथार्थता और विश्वस्तता का समावेश है।

1. गद्यांश के अनुसार, अधिकार और कर्त्तव्य हैं :
A. एक सिक्के के दो पहलू
B. अंतःसंबद्ध
C. (A) और (B) दोनों
D. (A) और (B) में से कोई नहीं

2. गद्यांश के अनुसार वैधानिक कर्त्तव्य है :
A. नैतिक कर्त्तव्य की अपेक्षा अधिक महत्त्वपूर्ण
B. नैतिक कर्त्तव्य की अपेक्षा कम महत्त्वपूर्ण
C. नैतिक कर्त्तव्य की अपेक्षा अधिक प्रभावी
D. नैतिक कर्त्तव्य की अपेक्षा कम प्रभावी

3. कर्त्तव्य आता है :
A. जिम्मेवारी से
B. वैधानिक बंधन से
C. पाखंड से
D. इनमें से कोई नहीं

4. निम्न में से कौन-सा वाक्य गद्यांश के अनुसार सही नहीं है?
A. पाखंड में दुष्टता का समावेश
B. पाखंड का कर्त्तव्य के विपरीत होना
C. कर्त्तव्य में यथार्थता का समावेश
D. कर्त्तव्य की चेतना का सभ्यता के विकास के लिए महत्त्वपूर्ण न होना

5. निम्न में से किन नैतिक कर्त्तव्यों का उल्लेख गद्यांश में नहीं किया गया है?
A. नैतिक कर्त्तव्य हमारी मातृभूमि से बढ़कर है
B. नैतिक कर्त्तव्य हमारे माता-पिता से बढ़कर है
C. नैतिक कर्त्तव्य गरीब से बढ़कर है
D. नैतिक कर्त्तव्य मानव-कल्याण में योगदान है

6. निम्न में से कौन नैतिक कर्त्तव्य से संबंधित नहीं है?
A. जिम्मेवारी की चेतना B. सद्विचार
C. पाखंड D. यथार्थता

7. गरीबों की मदद करना एक कर्त्तव्य है, क्योंकि :
A. हम गरीब हैं
B. हम अमीर हैं
C. हम उस समाज से संबंध रखते हैं
D. हम उनकी अच्छाई चाहते हैं

8. हमें माता-पिता के प्रति आज्ञाकारी और सम्मानपूर्ण होना चाहिए, क्योंकि :
A. यह जिम्मेवारी की चेतना है
B. यह वैधानिक बाध्यता है
C. यह सभ्यता है
D. यह पाखंड है

9. 'हमें दूसरे के ओहदों का हमेशा ध्यान रखना चाहिए।' यह एक है :
A. साधारण वाक्य B. जटिल वाक्य
C. मिश्रित वाक्य D. मुहावरा

10. 'हमें दूसरे के ओहदों का हमेशा ध्यान रखना चाहिए।' इस वाक्य में प्रयुक्त 'हमेशा' है :
A. क्रिया-विशेषण B. विशेषण
C. संज्ञा D. क्रिया

गद्यांश-2

ऐसे महान् चिन्तकों को जिनकी शिक्षाएँ वैश्विक हैं, अपने समय के संदर्भ से ही समझा जा सकता है। बुद्ध को व्यापक रूप में गलत समझा गया है। व्यवहारवादियों, अज्ञेयवादियों, निरीश्वरवादियों तथा नैतिक मानवतावादियों ने उन्हें अपने दर्शन का प्रचार करने वाला माना है। बुद्ध की शिक्षाओं को भारत की ईसा-पूर्व छठी शताब्दी को समझकर ही ठीक प्रकार से समझा जा सकता है क्योंकि उनका आविर्भाव उसी शताब्दी में हुआ था किन्तु ऐसा करना अपेक्षाकृत कठिन कार्य है।

ईसा-पूर्व छठी शताब्दी के भारत में बहुत प्रकार की विचारधाराएँ और सम्प्रदाय थे तथापि सभी सम्प्रदाय आत्मा के पुनर्जन्म, कर्म के दर्शन एवं मानव के चरम लक्ष्य निर्वाण के विषय में सहमत थे। बुद्ध ने इन सिद्धान्तों को स्वीकार किया है, यद्यपि उन्होंने धार्मिक सिद्धान्तवाद को अस्वीकार किया है, किन्तु उनका योगदान नैतिकता तथा सदाचार की उत्कृष्टता को महत्वपूर्ण मानने में था। उन्होंने हृदय को शान्ति प्रदान करने की आवश्यकता तथा नैतिकता के नियमों के अनुसरण पर विशेष बल दिया। दुःखों का अन्त शरीर की भूख को शान्त करने तथा हमारे संवेगों पर दृढ़ता से नियंत्रण करने से हो सकता है।

बुद्ध की रुचि ईश्वर में नहीं थी बल्कि मनुष्य और मानव-प्रयासों में थी। अपनी साधना और अपने प्रयत्नों से मानव अपने आपको देवत्व

की ऊँचाई तक उठा सकता है, यद्यपि भक्ति-सम्बन्धी तत्त्वों के बिना भी बुद्ध की शिक्षाएँ मुख्य रूप से धार्मिक हैं। बुद्ध के अन्दर आध्यात्मिक गहराई, नैतिक दृढ़ता तथा बौद्धिक स्पष्टता का भण्डार समाहित है। समय के व्यतीत होने के साथ-साथ उनके द्वारा की गई मानवता की सेवा का विश्वव्यापी समादर हो रहा है। उनका संदेश सभी काल के लिए सार्थक है।

1. परिच्छेद के अनुसार क्या बुद्ध की शिक्षाओं को धार्मिक कहा जा सकता है?
A. नहीं, क्योंकि उन्होंने ईश्वर के बारे में शिक्षा नहीं दी
B. हाँ, अवश्य ही
C. नहीं, क्योंकि उनकी शिक्षाओं में भक्ति-तत्वों का अभाव है
D. इस विषय में सन्देह है

2. बुद्ध के समय में प्रचलित विचारों के विभिन्न सम्प्रदायों का विश्वास था
A. आत्मा के पुनर्जन्म (आवागमन) में
B. कर्म के सिद्धान्त में
C. निर्वाण में
D. उपर्युक्त सभी में

3. बुद्ध ने किस पर जोर दिया?
A. ईश्वर की भक्ति पर
B. कर्मकाण्ड पर
C. प्रार्थना पर
D. आचारशास्त्र तथा नैतिक नियमों पर

4. परिच्छेद के अनुसार बुद्ध की शिक्षाएँ मुख्य रूप से धर्मसम्बन्धी हैं :
A. आध्यात्मिक गहराई के कारण
B. नैतिक दृढ़ता के कारण
C. क्योंकि विशुद्ध रूप से बौद्धिक नहीं हैं
D. उपर्युक्त सभी के कारण

5. बुद्ध ने अधिक महत्व प्रदान किया
A. ईश्वर को न कि मनुष्य को
B. मनुष्य तथा ईश्वर दोनों को
C. न ईश्वर को और न मनुष्य को
D. मनुष्य-मात्र को न कि ईश्वर को

6. संवेगों पर उचित नियंत्रण से होगा
A. दुःखों का अन्त
B. सर्वश्रेष्ठ और सर्वोच्च बनेंगे
C. हठधर्मिता को बढ़ावा मिलेगा
D. व्यक्ति ईश्वर की सन्निकटता प्राप्त करेगा

7. "उनके संदेशों की सार्वकालिक सार्थकता है।" यह कथन है :
A. साधारण वाक्य B. मिश्रित वाक्य
C. संयुक्त वाक्य D. सूक्ति

8. "बुद्ध की शिक्षाएँ मुख्य रूप से धार्मिक हैं" - इस वाक्य में 'मुख्य रूप से' यह शब्द है :
A. संज्ञा B. क्रिया
C. विशेषण D. क्रिया-विशेषण

9. महान विचारकों को ठीक से किसके द्वारा समझा जा सकता है?
A. ई॰ पू॰ छठी शताब्दी के भारत को समझने से
B. जिस काल में वे रहे हैं उस काल की सापेक्षता में उन्हें समझने से
C. बुद्ध की शिक्षाओं का ठीक-ठीक समादर करने से
D. उनके विचारों और दर्शन का अध्ययन करने तथा समझने से

10. परिच्छेद के अनुसार
A. बुद्ध ने उन सिद्धान्तों को स्वीकार नहीं किया जो उनके समय प्रचलन में थे
B. बुद्ध का नैतिक शास्त्र में अधिक योगदान नहीं है
C. बुद्ध का विश्वास हठवादी सैद्धान्तिक दर्शन में नहीं था
D. बुद्ध के समय कर्म का सिद्धान्त स्वीकार नहीं किया गया था

गद्यांश-3

मनुष्य का सुखी जीवन संतुलित प्राकृतिक पर्यावरण पर निर्भर करता है। मानव की बढ़ती जनसंख्या और तज्जन्य आवश्यकताएँ प्रकृति के संतुलन को बिगाड़ रही हैं। पर्यावरण में दूषित तत्त्वों की मात्रा आवश्यकता से अधिक बढ़ जाती है तो पर्यावरण का यह असन्तुलन प्रदूषण का रूप ले लेता है। मानव की आवासीय, औद्योगिक नगरीकरण, कृषि उत्पादन में वृद्धि करने की समस्याओं ने प्रकृति के संतुलन को बिगाड़कर प्रदूषण को बढ़ाया है। यातायात-साधनों की वृद्धि, वृक्षों की अंधाधुंध कटाई से वातावरण में ऑक्सीजन की कमी और कार्बन डाइआक्साइड की वृद्धि हो गई है। पॉप संगीत और रॉक संगीत तथा हॉर्न बजाने से ध्वनि प्रदूषण बढ़ रहा है। वातावरण को प्रदूषित कर हम अपनी मृत्यु को स्वयं ही निमंत्रण दे रहे हैं। प्रदूषण की वृद्धि के लिए मानव ही उत्तरदायी है। अतः इसके निवारण के लिए सर्वप्रथम अपने मानसिक प्रदूषण को दूर करना होगा। वृक्षारोपण, पेयजल-शुद्धीकरण, रासायनिक विस्फोटों पर नियंत्रण, कर्णभेदी ध्वनि विस्तारक यंत्रों, वाहनों और संगीत को रोकने के उपायों से मानव जीवन को प्रदूषण मुक्त बनाना होगा, तभी मानव जीवन सुखमय हो सकता है।

1. पर्यावरण असन्तुलन के लिए कौन उत्तरदायी है?
A. मानसिक प्रदूषण B. ध्वनि प्रदूषण
C. वृक्षों की अंधाधुंध कटाई D. प्राकृतिक प्रकोप

2. कर्णभेदी संगीत से किस प्रकार का प्रदूषण होता है?
A. वायु प्रदूषण B. ध्वनि प्रदूषण
C. पर्यावरण प्रदूषण D. मानसिक प्रदूषण

3. 'अपनी मृत्यु को स्वयं निमंत्रण देने' का अभिप्राय क्या है?
   A. आत्महत्या करना
   B. जीने की इच्छा छोड़ देना
   C. हताश हो जाना
   D. वातावरण को प्रदूषित करना

4. 'वृक्षारोपण' से प्रमुख लाभ क्या है?
   A. मृदा संरक्षण
   B. जड़ी-बूटियों, औषधियों की पूर्ति
   C. वातावरण में वायुशुद्धि
   D. रेगिस्तान वृद्धि की रोकथाम

5. मानव जीवन को सुखी कैसे बनाया जा सकता है?
   A. औद्योगीकरण से
   B. जनसंख्या नियंत्रण से
   C. संतुलित पर्यावरण से
   D. यातायात साधनों की वृद्धि से

गद्यांश-4

विकसित देशों के लोगों की अपेक्षा अविकसित देशों के लोगों की सोच ग्राम्यता के उत्प्रेरकों के सम्बन्ध में एकदम भिन्न है। वहाँ यह एक प्रकार से मानव के जीवित रहने की क्रिया के लिए केवल भौतिक आवश्यकता है। तीसरी दुनिया के देशों में, जो मुख्य रूप से ग्रामीण हैं, उनका एकमात्र आधार ग्रामीण विकास ही है, जिसके द्वारा मानव जीवन को इसके वर्तमान अवमानव स्तर से ऊपर उठाया जा सकता है। उन देशों में शताब्दियों से ग्रामीण जीवन जहाँ का तहाँ खड़ा अवरोधित है। उस ग्रामीण जनसंख्या की दशाओं को सुधारने के लिए कुछ नहीं किया गया जो अन्य चार पैर वाले प्रतिरूपों की तुलना में मामूली ढंग से भिन्न है। अविकसित एवं अर्द्धविकसित देशों में अज्ञान, कुस्वास्थ्य तथा गरीबी ग्रामीण जीवन के पर्याय बन गये हैं। लेकिन सबसे दुःखद स्थिति यह है कि इस प्रकार की मानव जनसंख्या ने ऐसा स्वीकार कर लिया है कि यह दुर्व्यवस्था अपरिवर्तनीय है। यह एक ऐसी स्थिति है जिसकी कोई दवा नहीं है। उनके जीवन से आशा की सभी किरणें दूर हो गयी हैं। इस प्रकार के देशों में, ग्रामीण विकास किसी प्रकार की भौतिक अथवा अभौतिक विकास के लिए अपरिहार्य शर्त है। इसलिए इन सभी देशों का प्रबुद्ध वर्ग ग्रामीण विकास के प्रश्न पर निरन्तर बढ़-चढ़कर रुचि ले रहा है।

उनके स्वतंत्रता संघर्ष की विरासत का यह एक अंग भी था। भारत जैसे देश में, इस बात को सभी जानते हैं कि स्वतंत्रता आन्दोलन में ग्रामीण विकास की कोशिश एक अविभाज्य अंग था। गाँधीजी जैसे नेताओं को भली-भाँति यह एहसास था कि वास्तविक भारत अवरोधग्रस्त ग्रामों में निवास करता है। शहर जो ज्यादातर पश्चिमी उपनिवेशवाद की उपज हैं, केवल दिखावटी दर्शनीय वस्तुएँ हैं। तब भी दो प्रकार की दुनिया थी—एक वह जहाँ तड़क-भड़क के जीवन जीने वाले तथा शाही रुचियों के सुविधासम्पन्न कुछ गिने-चुने सम्भ्रान्त क्षेत्रवासी रहते थे। दूसरे, वे क्षेत्र जो छोटे-छोटे टापू जैसे थे जिनको धूल-मिट्टी और गंदगी के विशाल समुद्र ने घेर रखा था और बहुसंख्यक लोग उन स्थानों का प्रतिनिधित्व करते थे।

भारत नगरों से किसी भी तरह अपरिचित नहीं रहा। प्राचीन भारत में, नगर देश के अंगभूत भाग थे जो मूलरूप से शेष सारे देश और समग्र समाज से सम्बन्धित थे। वे संस्कृति के सुमन की भाँति तथा राष्ट्र की कलात्मक उत्कृष्टता के परिचायक थे। आधुनिक नगर केवल दूसरों के शिकार करने वाले परजीवीमात्र हैं जो देश को कमजोर बना रहे हैं।

इसीलिए गाँधीजी ने 'गाँवों की ओर लौट चलो' यह ग्राम आन्दोलन प्रारम्भ किया था। उनके मतानुसार यह आन्दोलन ही भारत को स्वतंत्रता दिलवा सकता था और स्वतंत्रता को सुरक्षित रख सकता था। राष्ट्र की स्वतंत्रता के लिए अपनायी गयी उनकी रणनीति में ग्रामीण विकास गर्व का स्थान रखता था। इस प्रकार ग्रामीण विकास का उद्गम स्वतंत्रता संग्राम के मूल में सन्निहित है।

1. लोग ग्रामीण विकास में अत्यधिक रुचि ले रहे हैं क्योंकि—
   A. उन्हें इसकी अपरिहार्यता का अनुभव हो चुका है
   B. वे घोर स्वास्थ्य-समस्याओं से दुःखी हैं
   C. निकट भविष्य में कुछ भी सार्थक करना सम्भव नहीं है
   D. अब वे इसके सम्बन्ध में आशावादी हो गए हैं

2. परिच्छेद के अनुसार निम्नलिखित में से कौन-सा 'सहारा' (उत्तोलक का काम करने वाला) है?
   A. अभौतिक विकास
   B. ग्रामीण जीवन में अवरोधन
   C. ग्रामीण जनता के स्तर को ऊँचा उठाना
   D. समाज के कुछ खास वर्गों को प्रबुद्ध बनाना

3. निम्नलिखित में से लेखक की दृष्टि से कौन-सी सर्वाधिक दुःखद घटना है?
   A. ग्रामों में लोगों की अवमानवीय दशा
   B. ग्रामीण लोगों में स्व की दुर्दशा की ओर से निराशावाद
   C. ग्रामीण विकास के महत्त्व का एहसास होने की कमी
   D. नगर निवासियों के द्वारा ग्रामीणजनों का शोषण

4. इस परिच्छेद के सन्दर्भ में निम्नलिखित में से कौन-सा कथन सत्य नहीं है?
   A. तीसरी दुनिया के देशों की ग्रामीण जनता की यह सोच है कि उनकी अवमानवीय स्थिति सुधर नहीं सकती।
   B. तीसरी दुनिया के देशों के लोगों का जीवन-स्तर केवल ग्रामीण विकास द्वारा उठाया जा सकता है।
   C. आधुनिक नगरों में रहने वाले अधिकांश धनाढ्य लोग वास्तव में ग्रामीण विकास के सम्बन्ध में चिन्तित हैं।
   D. किसी भी प्रकार की अन्य उन्नति और विकास के लिए ग्रामीण विकास सर्वप्रथम आवश्यक है।

5. ग्रामीण विकास को भारत के स्वातंत्र्य आन्दोलन का एक अंग समझा गया था, क्योंकि—
   A. केवल ग्रामों में ही शाही रुचि निवास करती थी
   B. देश मुख्य रूप से ग्रामों से बना था
   C. गाँधीजी पश्चिमी उपनिवेशवाद के विरुद्ध थे
   D. उस समय वास्तविक भारत ब्रिटिश हुकूमत के मातहत था

6. तीसरी दुनिया के देशों में लोगों के रहन-सहन के स्तर–
   A. बहुत शीघ्रता से सुधर रहे हैं
   B. किसी भी सुधार के लिए निरापद हैं
   C. सुधार लाने के बड़े से बड़े उपाय के बावजूद अवमानवीय है
   D. एक जानवर की स्थिति से किसी भाँति अच्छे नहीं हैं

7. निम्नलिखित में कौन-सा कथन आधुनिक नगरों वाली दो विपरीत दुनिया का सबसे उपयुक्त वर्णन करता है?
   A. कुछ धनी लोग और अधिक गरीब लोग
   B. चमक-दमक का क्षेत्र और धनाढ्य लोग
   C. वाणिज्यिक तथा औद्योगिक शोषण
   D. पश्चिमी उत्पादों के संरक्षक तथा शाही रुचियों के पोषक

8. परिच्छेद के सन्दर्भ में निम्नलिखित में से कौन-सा कथन सत्य है?
   A. तीसरी दुनिया के अधिकांश देशों का त्वरित गति से नगरीकरण हो रहा है।
   B. भारत का स्वतंत्रता आन्दोलन ग्रामीण विकास का अंगभूत समझा जाता है।
   C. ग्रामीण जनता अपनी दशा सुधारने के बारे में बहुत आशावादी है।
   D. वर्तमान सन्दर्भ में अज्ञान, निर्धनता तथा रुग्ण-स्वास्थ्य ग्रामीण जीवन के अविभाज्य अंग हैं।

9. वह शब्द चुनिए जो परिच्छेद में प्रयुक्त शब्द 'मुख्य रूप से' जैसा हो।
   A. रोगी
   B. असंदिग्ध रूप से
   C. अभाव रूप से
   D. स्पष्ट रूप से दिखायी देने वाला

10. परिच्छेद में प्रयुक्त 'सुधारने के लिए' शब्द का विपरीतार्थक शब्द चुनिए।
   A. खराब होना B. कम होना
   C. शीघ्र पूरा करना D. जल्दी करना

गद्यांश-5

शिष्टजनों द्वारा अनुष्ठित आचरण मात्र कल्पना-उद्भूत सामाजिक शिष्टाचार नहीं है अपितु गंभीर वैज्ञानिक रहस्यों से ओत-प्रोत ऐसा संस्कार है जो मानव जीवन में गुणाधान प्रक्रिया को प्रशस्त करता है। भारतीय संस्कृति में शिष्टाचार का श्रीगणेश सामाजिक व्यवहार के सिंहद्वार – अभिवादन से होता है। ईश्वराभिवादन, पूज्यजनों को प्रणाम, नमस्कार, प्राञ्जलि, अञ्जलिपुट, प्रणिपात, नामोच्चारणपूर्वक नमन, प्रदक्षिणापूर्वक सम्मान तथा साष्टांग प्रणाम पर्यायभेद से अभिवादन के ही विविध रूप हैं। प्रतिदिन या विशिष्ट अवसरों पर कर्म में सफलता और दीर्घायुष्य-प्राप्ति हेतु माता-पिता तथा गुरुजनों को अभिवादन करना केवल भारतीय संस्कृति में ही विद्यमान है। अध्यात्म-विज्ञान की मान्यता है कि किसी वरेण्य व्यक्ति के आगमन पर प्राणस्पन्दन की गति ऊर्ध्वमुखी होकर ऊर्जस्वित हो जाती है। उनका आशीर्वाद प्राप्त कर प्राण ऊर्जावान् बन जाते हैं। आज अन्य क्षेत्रों की भाँति शिष्टाचार के विधि-विधान में प्रदूषण और अवमूल्यन निर्बाध गति से हो रहा है। 'हाय', 'ही', 'हेलो' करने वालों को भला हाथ जोड़कर मस्तक झुकाना कैसे रास आ सकता है? त्याग-वैराग्यसम्पन्न अल्पवयस्क या वयोवृद्धों का अभिवादन करना हमारी पुरातन आचार-पद्धति है।

1. शिष्टाचार का प्रथम सोपान क्या है?
   A. कुशलक्षेम पूछना B. मुस्कराते हुए बात करना
   C. अभिवादन करना D. भेंट देना

2. गुरुजनों को अभिवादन करने का कौन-सा कृत्य विधिसम्मत नहीं है?
   A. चरण स्पर्श करना B. हाथ जोड़कर सिर झुकाना
   C. साष्टांग प्रणाम करना D. हाथ मिलाना

3. आशीर्वाद ग्रहण करने का वैज्ञानिक रहस्य क्या है?
   A. मन प्रसन्न हो जाता है
   B. प्राण ऊर्जस्वित हो जाते हैं
   C. असम्भव कार्य सम्भव हो जाता है।
   D. हमारा आत्मविश्वास बढ़ता है

4. सामाजिक कुशलता प्राप्त करने का सिंहद्वार क्या है?
   A. श्रीगणेश का पूजन
   B. सहभोज का आयोजन
   C. प्रत्येक व्यक्ति को अपना गुरु मानना
   D. विधिपूर्वक यथायोग्य अभिवादन

5. 'सबहिं मानप्रद आप अमानी' का अभिप्राय है–
   A. स्वयं सम्मान की चाह न कर सबको सम्मान देना
   B. सबके मान की परवाह करने से पहले अपनी चिन्ता करना
   C. मान पाकर आपा न खोना
   D. अपने सम्मान के समान दूसरों का भी सम्मान करना

गद्यांश-6

शैक्षिक योजना का उद्देश्य सभी उम्र के वर्ग समूहों की कुल जनसंख्या की शैक्षिक आवश्यकताओं की पूर्ति करना होना चाहिए। निस्संदेह प्राथमिक स्तर से विश्वविद्यालयी स्तर तक शिक्षा का तीन स्तरीय पदानुक्रम परम्परागत शिक्षा की संरचना का सार भाग है तथापि हमें परिधीय शिक्षा जो उतनी ही महत्त्वपूर्ण है, की अवहेलना नहीं करनी चाहिए। आधुनिक अवस्थाओं के अंतर्गत, कार्यकर्त्ताओं को अपने उत्साह को तरोताजा करने की आवश्यकता है अथवा उन्हें एक नई दिशा में बढ़ने या अपने कौशलों को विश्वविद्यालयी प्रोफेसर के स्तर तक बढ़ाने की आवश्यकता है। सेवानिवृत और वृद्धों की भी अपनी आवश्यकताएँ होती हैं। शैक्षिक योजना ऐसी होनी चाहिए जिसमें प्रत्येक की आवश्यकताओं को ध्यान में रखा जाए। शिक्षा की हमारी संरचना इस मान्यता पर आधारित है कि शिक्षा का एक सीमावर्ती बिन्दु होता है। आजकल यह मूलभूत त्रुटि और अधिक हानिकारक बन गई है।

एडगर फौरे तथा अन्य सदस्यों द्वारा रचित युनेस्को का 'लर्निंग टू बी' नामक प्रतिवेदन, जो 1973 में प्रकाशित हुआ, यह दावा करता है कि बच्चों की शिक्षा द्वारा स्व-अधिगम के विभिन्न रूपों के लिए भावी प्रौढ़ तैयार होने चाहिएँ। एक व्यवहार्य भावी शिक्षा पद्धति में ऐसे मोड्यूल होने चाहिए जिसमें विभिन्न प्रकार के प्रकार्य सम्मिलित हों और वह विविध सामाजिक अवयवों के लिए उपयोगी हों। और प्रमाण-पत्रों का आधार अध्ययन अवधि न होकर निष्पादन होना चाहिए। इसकी इबारत पहले से ही दीवार पर लिखी हुई है।

इस बात या तथ्य को ध्यान में रखते हुए कि जीवन-पर्यन्त अधिगम या आजन्म शिक्षा के प्रति प्रतिबद्धता के महत्त्व को आजकल शैक्षिक रूप से विकसित देशों में भी विवेचित किया जा रहा है, परंतु इस बात की सम्भाव्यता कि यह विचार शैक्षिक चिंतन का अभिन्न अंग बन जाए बहुत दूर की बात है। क्योंकि इस दिशा में आगे बढ़ने का अर्थ है वर्तमान शैक्षिक संगठनों की पुनर्व्यवस्था से कुछ अधिक करना। कम-से-कम विभिन्न वर्गों के वयस्क अध्येताओं के लिए मुक्त विश्वविद्यालयी प्रोग्राम विकसित करके और परम्परागत महाविद्यालयों और विद्यालयों में प्रसार-सेवाएँ आरंभ करके इसका शुभारंभ किया जा सकता है। साथ ही इन संस्थाओं को चाहिए कि असंख्य सामुदायिक संगठनों, जैसे पुस्तकालय, संग्रहालय, म्युनिसिपल मनोरंजन कार्यक्रम, स्वास्थ्य सेवाएँ आदि, के साथ सहयोग करते रहें।

1. लेखक का मुख्य बल किस बात पर है?
   A. परम्परागत पद्धतियों को सुदृढ़ किया जाना चाहिए।
   B. औपचारिक शिक्षा, गैर-औपचारिक शिक्षा से अधिक महत्त्वपूर्ण है
   C. व्यक्ति को सीखना कभी बंद नहीं करना चाहिए
   D. मुक्त शिक्षा प्रणाली का कोई विकल्प नहीं है

2. निम्नलिखित में से कौन-सा कथन लेखक के प्रयोजन को वर्णित करता है?
   A. वर्तमान शैक्षिक प्रणाली की आलोचना करना
   B. वर्तमान शैक्षिक प्रणाली को मजबूत बनाना
   C. गैर-परम्परागत शैक्षिक संगठनों का समर्थन करना
   D. इनमें से कोई नहीं

3. परिच्छेद के अनुसार, वर्तमान शैक्षिक संरचनाएँ निम्नलिखित में से किसको मान्यता देती हैं?
   A. सभी व्यक्तियों को उनकी आवश्यकताओं के अनुसार शिक्षित किया जा सकता है
   B. वर्तमान में शैक्षिक योजना बहुत अधिक व्यवहार्य है
   C. शिक्षा एक निश्चित समय में पूर्ण होने वाली प्रक्रिया है
   D. जीवन-पर्यन्त शिक्षा (अधिगम) पर चर्चाएँ चलती रहनी चाहिए

4. दिए गए परिच्छेद के संदर्भ में निम्नलिखित में से कौन-सा सही नहीं है?
   A. जीवन-पर्यन्त शिक्षा एक आधुनिक अवधारणा है
   B. कर्मियों का ज्ञान तथा उनके कौशलों का निरंतर रूप से अद्यतन होते रहना चाहिए
   C. 'लर्निंग टू बी' नामक ग्रंथ इस बात का समर्थन करता है कि शिक्षा का एक सीमांत बिन्दु होता है
   D. विद्यालयों तथा महाविद्यालयों में भी विस्तार सेवाएँ आरंभ की जानी चाहिए

5. लेखक के अनुसार, 'जीवन-पर्यन्त शिक्षा' की अवधारणा है :
   A. इतनी पुरानी जितनी परम्परागत शिक्षा होती है
   B. जो अभी भी निर्माण अवस्था में हो
   C. जो विकसित देशों में प्रचलित है
   D. जो व्यवहार्य अथवा वांछनीय न हो

6. जीवन-पर्यन्त शिक्षा को शैक्षिक संरचना के साथ समेकित करने का अभिप्रेत होगा–
   A. परम्परागत विद्यालयों और महाविद्यालयों को बंद कर देना
   B. सभी औपचारिक पाठ्यक्रमों के लिए अधिक समयावधि
   C. वर्तमान शैक्षिक संगठनों का सामान्य पुनर्व्यवस्थापन
   D. इनमें से कोई नहीं

7. परिच्छेद के संदर्भ में इस वाक्य का क्या अर्थ है "इसकी इबारत पहले से ही दीवार पर लिखी हुई है"?
   A. आजकल सभी कुछ अनिश्चित है
   B. परिवर्तन पहले से ही हो चुके हैं
   C. परिवर्तन के संकेत पहले ही स्पष्ट हैं
   D. आप भविष्य को परिवर्तित नहीं कर सकते

8. निम्नलिखित में से कौन-सा शब्द परिच्छेद में प्रयुक्त 'पूर्ति करना' शब्द के अर्थ के सबसे समीप है?
   A. पहुँच B. संपर्क करना
   C. आरंभ करना D. संतुष्ट करना

9. परिच्छेद में प्रयुक्त 'अभिन्न' शब्द का विपरीतार्थक शब्द निम्नलिखित में से कौन-सा है?
   A. अनिवार्य B. स्वतंत्र
   C. मुख्य या प्रधान D. लघु या अप्रधान

10. परिच्छेद में प्रयुक्त शब्द 'परिधीय' का विपरीतार्थक शब्द निम्नलिखित में से कौन-सा है?
    A. वास्तविकता B. सैद्धांतिक सुझाव
    C. बहुत मजाकिया D. लगभग असंभव

गद्यांश-7

मानव-जीवन के सौ वर्षों को चार भागों में बाँटा गया है। वास्तव में सम्पूर्ण जीवन सतत प्रयत्न करते हुए व्यक्तित्व का विकास करने के लिए है। व्यक्तित्व के विकास की दिशा अवस्था के अनुसार बदलती है। विशेष प्रकार की योग्यताओं को विकसित करने के लिए अनुकूल वातावरण की आवश्यकता पड़ती है। आश्रम-व्यवस्था के अनुसार जीवन-भार श्रम करते हुए मानव अधिकाधिक सफलता प्राप्त कर सकता है। जीवन का प्रथम

आश्रम ब्रह्मचर्य अधिक से अधिक ज्ञान करने के लिए था। ब्रह्मचर्याश्रम में जो ज्ञान प्राप्त किया जाता है उसी की मात्रा के अनुरूप जीवन की सफलता होती है। इसी के बल पर गृहस्थाश्रम में वह अधिक से अधिक धन कमा कर लोक-कल्याण कर सकता है। मनुष्य की आध्यात्मिक प्रवृत्तियाँ स्वान्तः सुखाय होती हैं। इनके द्वारा वह वानप्रस्थ और संन्यास में शान्ति प्राप्त करता है।

1. वास्तव में सम्पूर्ण जीवन किसलिए है?
A. सतत प्रयत्न करते हुए व्यक्तित्व के विकास के लिए
B. श्रम करते हुए सफलता प्राप्त करने के लिए
C. अधिक से अधिक धन कमाने के लिए
D. अधिक से अधिक ज्ञान प्राप्त करने के लिए

2. व्यक्तित्व के विकास की दिशा कैसे बदलती है?
A. योग्यताओं के विकास के अनुसार
B. अनुकूल वातावरण के अनुसार
C. अवस्था के अनुसार
D. सतत प्रयत्नों के अनुसार

3. प्राप्त ज्ञान की मात्रा के अनुरूप क्या होता है?
A. जीवन की सफलता   B. सुख की प्राप्ति
C. धन की प्राप्ति   D. शान्ति की प्राप्ति

4. लोक-कल्याण कब अधिक किया जा सकता है?
A. ब्रह्मचर्याश्रम में   B. वानप्रस्थ में
C. गृहस्थाश्रम में   D. संन्यास में

5. मनुष्य शान्ति किसके द्वारा प्राप्त करता है?
A. ज्ञान के द्वारा
B. धन के द्वारा
C. लोक-कल्याण के द्वारा
D. आध्यात्मिक प्रवृत्तियों के द्वारा

गद्यांश-8

भारत की सांस्कृतिक शक्ति लोगों को आकर्षित करती है। सिकन्दर पूरब की ओर आया, तो उसने राज कायम कर लौटने का रास्ता पकड़ा। बाबर आया, तो वह भी लौटने की तैयारी में था। फिर भी उसे भारत ने आकर्षित किया। भारत में पश्चिम के लोग अपने लिए बेहद शांतिप्रिय बसेरा पाते हैं। निकोलोई-श्वेतास्लाव रोरिख, नारा रिचर्ड, एल्फ्रेड बुर्फल ऐसे अनेक नामी गिरामी लोगों ने, जो बीसवीं शताब्दी में ऊँचाइयों पर पहुँचे, बिना किसी संकोच के भारत को अपना घर बनाया। सरला बहन और मीरा बहन गांधी जी की दो शिष्याएं थीं। मीरा बहन ने पक्षी कुंज में अपना निवास बनाया था, जहां से वह हर समय हिमालय की बर्फ से लदी चोटियां देखती थी। मुंबई शहर को एक जर्मन विद्वान लाइफर ने आवास चुना।

भारतीय संस्कृति अपनी शक्ति उस वैविध्य से पाती है, जिसे मोटे तौर पर हम बहुलतावाद के रूप में देखते हैं। तथापि वैविध्य में गुणसूत्रों में जो लोकव्यापी होने का सामर्थ्य रहता है, वही तत्व संस्कृति का जीवनदायी तत्व निर्धारित हो जाता है। यानी भारतीय संस्कृति को सजीव और सक्रिय रखने की प्रक्रिया के भीतर गुणों को आत्मसात कर अपना बनाने की जो प्रवृत्ति है, यही वह मूल बिंदु है, जिसका बोध कर हम आसानी से कह सकते हैं कि भारतीय संस्कृति वैश्वीकरण, विश्व बाजार या नयी प्रौद्योगिकी से जन्मे कल-पुर्जों के अति उपयोगकर्ता सभ्यता के हमले भी झेल लेगी।

1. पश्चिमी दुनिया के लोगों के भारत की ओर आकर्षित होने का मुख्य कारण क्या है?
A. भारत की संपदा
B. भारत की आकर्षक जलवायु
C. भारत की बहुलतावादी संस्कृति
D. उपरोक्त सभी

2. निम्न में से किसने मुम्बई को अपना आवास स्थल बनाया?
A. लाइफर   B. सरला बहन
C. एल्फ्रेड बुर्फल   D. उपरोक्त सभी

3. भारतीय संस्कृति को जीवनदायी तत्त्व मिलते हैं–
A. लोक जीवन से   B. सांस्कृतिक आदान-प्रदान से
C. सांस्कृतिक विक्षेप से   D. A एवं B दोनों से

4. उपरोक्त उद्धरण के आधार पर निम्न में से कौन-सा कथन सही है?
A. भारत की संस्कृति ने सर्वदा ही विदेशियों को अपनी ओर आकर्षित किया है।
B. भारत की संस्कृति अन्य संस्कृतियों से श्रेष्ठ है।
C. भारत की संस्कृति एक बंद संस्कृति रही है।
D. A एवं B दोनों

गद्यांश-9

अफ्रीका में चीन के बढ़ते हुए प्रभाव से अमेरिका को एक और चिंता ने घेर लिया है। इराक, ईरान और उत्तरी कोरिया के बारे में तो अमेरिकी शासक खुलकर बात करते आये हैं, किंतु चीन से मुचैटा लेने के मामले में वे भारी सावधानी बरतते हैं। आखिर वे चीन के भारी कर्जदार तो हैं ही और शायद ये भुलाना भी आसान नहीं है कि किस प्रकार दशकों तक चीन से शत्रुता रखने के बाद उन्हें शीतयुद्ध जीतने के लिए पाकिस्तान की मध्यस्थता के माध्यम से, चीन की ओर मित्रता का हाथ बढ़ाना पड़ा था। चीन जैसी बड़ी ताकत से अपने रिश्तों में विश्व की सोल-सुपरपावर भी वो रुख नहीं अपना सकती, जो वह इराक जैसे बरसों से पिटे-पिटाए देश के साथ अपना सका था, यह बात समझना कठिन नहीं है।

लेकिन फिर भी अगर खतरा बढ़ने लगे, प्रतिस्पर्धा से कतराना संभव न रहे और वामपंथियों का दबाव बढ़ता चला जाये तो आखिर कब तक उनका राष्ट्रपति हाथों पर हाथ रखकर बैठा रह सकता है? इसीलिए तमाम उलझनों के बावजूद पूर्व राष्ट्रपति बुश को चीन की चुनौती की ओर ध्यान देने के लिए विवश होना पड़ा।

1. अमेरिका के लिए सबसे बड़ी चुनौती क्या है?
A. चीन का बढ़ता आर्थिक प्रभाव
B. शीत युद्ध के बाद सुपर पावर बने रहने की चिंता
C. दक्षिण पंथ का विस्तार
D. उपरोक्त सभी

2. चीन से मुचैटा लेने में अमेरिका अक्सर सावधानी बरतता है, क्यों?
A. चीन की बड़ी पूँजी अमेरिका के बाजार में लगी हुई है।
B. अमेरिका चीन के साथ बेहतर संबंध बनाना चाहता है।
C. चीन शीत युद्ध के दौरान तटस्थ रहा था।
D. A एवं C दोनों

3. निम्न में कौन-सा कथन सही है?
A. चीन एशिया एवं अफ्रीका में अपने प्रभाव क्षेत्र का विस्तार कर रहा है।
B. अमेरिका चीन के साथ संबंध खराब न हो जाए, इसलिए उत्तरी कोरिया के खिलाफ खुलकर कुछ नहीं कहता।
C. शीत युद्ध के दौरान अमेरिका ने चीन की ओर मित्रता का हाथ बढ़ाया था।
D. अमेरिका को वास्तविक खतरा विश्व आतंकवाद से है।

4. अमेरिकी राष्ट्रपति बुश को चीन की चुनौती की ओर क्यों ध्यान देना पड़ा?
A. चीन के बढ़ते आर्थिक प्रभाव के कारण
B. चीन द्वारा पाकिस्तान को मिलने वाले समर्थन के कारण
C. उत्तरी कोरिया का चीन द्वारा समर्थन के कारण
D. वामपंथ के बढ़ते दबाव के कारण

गद्यांश-10

समकालीन विश्व राजनीति में पश्चिम एशिया एक ऐसे क्षेत्र के तौर पर कुख्यात हो चुका है जहां केवल आतंक, अशांति और अराजकता का बोलबाला है। दूसरे विश्व युद्ध के बाद से ही मिडिल ईस्ट या पश्चिम एशिया कई छोटे-बड़े युद्ध और अनगिनत हिंसक झगड़े झेल चुका है। हाल ही में फतह और हमास द्वारा फिलिस्तीन के अलग-अलग इलाकों पर कब्जा करने के बाद तो पश्चिम एशिया का सामरिक वातावरण और उलझ गया है। अगर आतंक के खिलाफ विश्वव्यापी जंग की बात करें तो वर्तमान हालात यही इशारा कर रहे हैं कि अगर अमेरिका यह जंग हार नहीं रहा तो जीत भी उससे कोसों दूर है। पूरा पश्चिम एशिया समस्याग्रस्त है और अमेरिकी विदेश नीति के पास इन समस्याओं से जूझने के लिए कोई ठोस रणनीति नहीं है।

फिलहाल सबसे विकट समस्या इराक को लेकर है। इराक पर हुए अमेरिकी हमलों के कई साल गुजर चुके हैं। लेकिन वहाँ अभी तक शांति कायम नहीं की जा सकी है। रोजमर्रा के शिया-सुन्नी झगड़ों और अमेरिकी आधिपत्य के खिलाफ जिहादी हिंसा ने इराक को जर्जर बना दिया है। दोनों प्रमुख सम्प्रदायों को समान रूप से स्वीकार्य एक राजनीतिक व्यवस्था अभी नहीं पनप पाई है। दरअसल इराक को शिया, सुन्नी और कुर्द इलाकों में बाँटने की केवल औपचारिक घोषणा होना ही शेष है। अमेरिका के लिए गले की फांस बन चुका इराक दुनिया भर में जिहादियों के लिए प्रशिक्षण केंद्र में तब्दील हो चुका है। सितम्बर 2010 में अमेरिकी राष्ट्रपति बराक ओबामा ने ऑपरेशन 'इराकी फ्रीडम' खत्म होने की घोषणा की है। अब वहाँ स्थिति और बिगड़ सकती है। आत्मघाती हमलों में बेगुनाह इराकियों का मरना जारी है। अलकायदा दिन-प्रतिदिन अपनी ताकत में इजाफा कर रहा है। कट्टरपंथियों की फौज खड़ी हो रही है।

1. इराक में अमेरिका के लिए सबसे बड़ी चुनौति क्या है?
A. इराक में एक प्रतिनिधि सरकार स्थापित करना
B. इराक में शांति कायम करना
C. इराक में गठबंधन सेना के बीच समन्वय स्थापित करना
D. उपरोक्त सभी

2. उपरोक्त उद्धरण के आधार पर सही कथन का चयन कीजिए।
A. फतह एवं हमास गुट की सक्रियता के कारण पश्चिम एशिया की समस्या और भी उलझ गई है।
B. इराक में अमेरिका विरोधी जिहादी गुट लगातार सक्रिय हैं।
C. इराक पर अमेरिकी हमले के बाद वैश्विक आतंकवाद में कमी आई है।
D. A एवं B दोनों

3. इराक में शांति स्थापना में सबसे बड़ी बाधा क्या है?
A. अल कायदा की इस क्षेत्र में बढ़ती गतिविधियाँ
B. शिया-सुन्नी झगड़े
C. जिहादी हिंसा
D. A एवं C दोनों

4. पश्चिमी एशिया की पहचान निम्न में से किसके कारण है?
A. अरब-इजराइल युद्ध के कारण
B. इराक युद्ध के कारण
C. सीरिया में होने वाली शांति प्रक्रिया के कारण
D. उपरोक्त सभी के कारण

गद्यांश-11

किसी भी लोकतांत्रिक समाज का भविष्य, उसकी प्रगतिशीलता, वैज्ञानिकता और संवेदनशीलता पर निर्भर करता है। लोकतंत्र में मताधिकार योग्य व्यक्ति के चयन की कारगर व्यवस्था नहीं है। मतदाता की बौद्धिकता, वैज्ञानिकता और संवेदनशीलता ही सही निर्णय लेने में सहायक हो सकती है वरना चुनाव में तमाम हत्यारे अपराधी और गुंडे चुने जा सकते हैं। हमारे देश के ज्यादातर मतदाताओं में इन गुणों का अभाव है। वह मोबाइल युग में परम अवैज्ञानिक है। हम मतदाताओं की बौद्धिकता का अंदाज ऐसे लोगों को देखकर आसानी से लगा सकते हैं जो ओझा-तांत्रिक

और नीम-हकीमों के चक्कर में फंसकर तिल-तिल मरने को मजबूर हैं। वह यह समझ पाने की स्थिति में नहीं है कि ओझा-तांत्रिक, नीम-हकीम वगैरह उनकी अज्ञानता का लाभ उठाकर, शोषण कर रहे हैं।

हम वर्तमान शिक्षा व्यवस्था में पनपे उस गरीब समाज को देखकर बौद्धिकता की असलियत जान सकते हैं, जो अपनी औलादों की बलि देकर कल्याण ढूंढ़ता है। जो पढ़ने-पढ़ाने का हक मांगने के बजाय, उन्हें 'मिड-डे-मिल' खाना खिलाकर धन्य हो रहा है। बौद्धिकता की असलियत समाज के उन वयस्क मतदाताओं से जानी जा सकती है, जो असामाजिक तत्वों, अपराधियों के गले में माला डालकर उनकी जय-जयकार करते हैं। ये मतदाता वैज्ञानिकों या समाजशास्त्रियों को चुनने के बजाय फूलनदेवी, मलखान सिंह, मुख्तार अंसारी या शहाबुद्दीन जैसे लोगों को चुनते हैं।

1. उपरोक्त उद्धरण के आधार पर सही कथन का चयन कीजिए।
A. भारतीय मतदाता पिछड़ी सोच वाला और अवैज्ञानिक है।
B. भारतीय लोकतंत्र में मताधिकार, योग्य व्यक्ति के चयन की कारगर व्यवस्था नहीं है।
C. भारतीय मतदाता अशिक्षित है।
D. उपरोक्त सभी।

2. लोकतंत्र का भविष्य किस पर निर्भर करता है?
A. समाज की प्रगतिशीलता पर
B. सामाजिक संवेदनशीलता पर
C. D एवं B दोनों पर
D. सामाजिक सुव्यवस्था पर

3. भारतीय लोकतांत्रिक व्यवस्था का सबसे बड़ा अंतर्विरोध क्या है?
A. भारत में गरीबी एवं असमानता व्याप्त है।
B. समाज में भूखमरी एवं अज्ञानता है।
C. बौद्धिकता के युग में ज्यादातर मतदाता घोर अवैज्ञानिक हैं।
D. उपरोक्त सभी।

4. चुनाव में अपराधी किस्म के लोगों का चुना जाना किस बात का संकेत है?
A. जनता की तटस्थता का
B. जनता की अबौद्धिक निर्णय क्षमता का
C. जनता की सक्रिय भागीदारी का
D. प्रशासनिक विफलता का

गद्यांश-12

देह-प्रदर्शन स्वेच्छा से किया जाए या सामाजिक दबाव के कारण, लेकिन उसके दुष्प्रभावों को नजरअंदाज नहीं किया जा सकता है। नारियों से छेड़छाड़, अश्लील हरकतें, बलात्कार, यौन अपराध, देह व्यापार आदि बुराइयों की जड़ देह प्रदर्शन है। यदि पुरुषों से यह पूछा जाए कि क्या नारी के देह-प्रदर्शन से तुम को लज्जा महसूस नहीं होती है तो उनका तर्क होता है कि जब नारी को देह-प्रदर्शन करने में लज्जा नहीं आती है तो हमको देखने में लज्जा क्यों आएगी? देह-प्रदर्शन करने वाली नारी को समाज में हेय दृष्टि से देखा जाता है। ऐसी नारी को सिर्फ देह मानकर उसे इस्तेमाल किया जा रहा है।

आजकल माता-पिता के लिए लड़की की परवरिश करना चुनौतीपूर्ण होता जा रहा है क्योंकि यौन अपराधों की संख्या में वृद्धि होती जा रही है। माता-पिता सोचते हैं कि यदि हम बेटी की इज्जत की रक्षा न कर पाए तो बेटी को जन्म देने का क्या फायदा होगा? माता-पिता की यह सोच कन्या भ्रूण-हत्या का महत्त्वपूर्ण कारण है। जो नारी आर्थिक लाभ के लिए अंग प्रदर्शन करती है उसका यौवन व आकर्षण समाप्त हो जाने पर वह कुंठित हो जाती है। विषादग्रस्त होकर वह आत्महत्या भी कर सकती है। नारी देह के प्रति पुरुषों का आकर्षण यौवनावस्था में होता है, इसमें स्थायित्व नहीं होता है। ऐसी नारियाँ आकर्षणहीन हो जाने पर स्वयं को एकाकी महसूस करती हैं तथा कई प्रकार के मानसिक रोगों से ग्रस्त हो जाती हैं।

1. नारी देह-प्रदर्शन का स्वाभाविक परिणाम है–
A. उनके साथ छेड़छाड़ B. अश्लील हरकतें
C. यौन अपराध D. उपरोक्त सभी

2. नारी देह-प्रदर्शन की बढ़ती प्रवृत्ति का मुख्य कारण है–
A. नारी की स्व इच्छा
B. सामाजिक दबाव एवं लोलुपता
C. शिक्षा का माहौल
D. A एवं B दोनों

3. लेखक के अनुसार कन्या भ्रूण-हत्या का महत्वपूर्ण कारण क्या है?
A. महिलाओं के साथ होनेवाला यौन शोषण
B. बच्चियों का उचित परवरिश न हो पाना
C. सामाजिक असुरक्षा की भावना
D. उपरोक्त सभी

4. उपरोक्त उद्धरण के आधार पर सही कथन का चयन कीजिए।
A. आर्थिक लाभ के कारण नारी में शरीर-प्रदर्शन की प्रवृत्ति बढ़ती जा रही है।
B. नारी के देह-प्रदर्शन के पीछे सामाजिक दबाव एक मुख्य कारण है।
C. अंग-प्रदर्शन करनेवाली नारियों को यौवन का आकर्षण समाप्त हो जाने पर कुंठा का सामना करना पड़ता है।
D. उपरोक्त सभी।

गद्यांश-13

वर्तमान इतिहास में दो प्रवृत्तियां दिखाई देती हैं। एक प्रवृत्ति की दिशा वर्चस्व (हेजीमनी) की ओर है जो मानव-अस्तित्व (सरवाइवल) के लिए खतरा बन कर पागलपन के सैद्धांतिक चौखटे में तर्कपूर्ण ढंग से काम कर रही है। दूसरी प्रवृत्ति इस विश्वास को समर्पित है कि 'एक नयी दुनिया संभव है', जिन शब्दों से विश्व सामाजिक मंच प्रेरित है, जो शासक विचारात्मक प्रणालियों को चुनौती दे रहा है और जो विचार,

कर्म और संस्थाओं का नया सृजनात्मक विकल्प बनाना चाहता है। इनमें कौन-सी प्रवृत्ति जीतेगी, कोई इसकी भविष्यवाणी नहीं कर सकता है। यह प्रक्रिया समूचे इतिहास में दिखाई देती है।'

चोमस्की का कहना है कि अस्सी के दशक में मुख्यधारा के अमेरिका, खासकर मध्य अमेरिका से संबंधित जो मानव एकता आंदोलन चले उन्होंने साम्राज्यवाद के इतिहास में नयी जमीन जोड़ी। इससे पहले कभी भी शासक समाज के लोग बड़ी संख्या में दुष्टतापूर्ण हमले के शिकार लोगों के साथ रहने और उन्हें कुछ मात्रा में सुरक्षा प्रदान करने नहीं गये थे। वैसे आम जनता में मानव अधिकारों की यह जागरूकता 1960 के दशक में तेज हुई थी और कई क्षेत्रों में जन-सक्रियता ने अपना सभ्यताकारी प्रभाव डाला। इससे अल्पसंख्यक समूहों, स्त्रियों, भावी पीढ़ियों के अधिकारों के आंदोलन और फिर पर्यावरण सुरक्षा के आंदोलन विकसित हुए थे।

1. वर्तमान इतिहास की दो महत्वपूर्ण प्रवृत्तियाँ कौन-सी हैं?
A. आशा एवं निराशा की।
B. हिंसा एवं सभ्यता की।
C. विश्व वर्चस्व की एवं एक नई दुनिया बसाने की।
D. साम्राज्यवाद एवं उदारवाद की।

2. आज मानव अस्तित्व के लिए सबसे बड़ा खतरा क्या है?
A. वर्चस्व की प्रवृत्ति B. हिंसा की प्रवृत्ति
C. अधीनस्थता की प्रवृत्ति D. उपरोक्त सभी

3. मानव एकता आंदोलन ने किस रूप में सकारात्मक भूमिका निभाई?
A. इसने शासक वर्ग की मानसिकता में बदलाव लाया।
B. इसने साम्राज्यवाद के इतिहास में एक नई जमीन जोड़ी।
C. इसने मानव अधिकारों को और भी सशक्त बनाया।
D. उपरोक्त सभी।

4. उपरोक्त उद्धरण के आधार पर सही कथन का चयन कीजिए।
A. हेजीमनी मानव अस्तित्व को बनाए रखने में सहायक है।
B. 'एक नई दुनिया संभव है' का विचार शासक विचारात्मक प्रणाली के लिए खतरा है।
C. मानव एकता आंदोलन का आरंभ दक्षिण अमेरिका से हुआ।
D. उपरोक्त सभी।

गद्यांश-14

इंडिया के लिए कॉमनवेल्थ गेम्स की सफलता ने एक साथ कई काम किए हैं। गेम्स शुरू होने से पहले दुनिया भर में बनी देश की नेगेटिव छवि धुलकर पॉजिटिव हो गई। इंडिया में निवेश करने वाले इन्वेस्टर्स अब शायद बेधड़क यहां पैसा लगाएंगे। ऑस्ट्रेलियाई और अंग्रेज अब शायद एक हिंदुस्तानी को नीचे नजर से न देख पाएं। इस सफलता ने भविष्य में ओलंपिक गेम्स जैसे बड़े आयोजन को लेकर भारत की दावेदारी को भी पुख्ता किया है। भारतीय खिलाड़ियों ने 71 देशों में दूसरा स्थान हासिल कर देश के युवाओं को दिखाया है कि कैसे खेल भी उसके लिए नाम और रुतबे का जरिया बन सकते हैं। खेलों के आयोजन में हजारों करोड़ रुपये खर्च जरूर हुए मगर इससे देश की दो पीढ़ियों के करोड़ों लोगों में खेलों के प्रति नया जज्बा भी पैदा हुआ है। इन खेलों ने हमारे कई खिलाड़ियों को गुमनामी से निकाल कर रोशनी के घेरे में खड़ा कर दिया। दीपिका कुमारी, कृष्णा पूनिया, सुरंजय, ओंकार सिंह, जिन्हें मुट्ठी भर लोग ही जानते थे, अब नेशनल हीरो बन गए हैं। इनमें कई खिलाड़ी ऐसे हैं जिन्होंने अपने माता-पिता की सुरक्षित और बेहतर करियर अपनाने की नसीहतों के खिलाफ जाकर खेलों को अपनाया। गेम्स ने देश को उनकी कामयाबी दिखाई, उन्हें अपने देशवासियों के सामने अपनी मेहनत और अपनी जिद का उत्सव मनाने का मौका दिया।

देश की गरीब जनता की जरूरतों को भुलाकर एक सर्कस शो पर करोड़ों रुपये फूंकने की दलील देने वाले गेम्स के आलोचक आगे की बजाय पीछे देखते हुए ऐसा कह रहे हैं। वे यह नहीं समझ रहे कि भारत का एक बड़ी ताकत बनने का दावा सिर्फ आंकड़ों में कैद नहीं रहना चाहिए, तमाम क्षेत्रों में दिखना चाहिए। गेम्स की कामयाबी ने यही किया है। उसने इंडिया के फ्यूचर की तस्वीर पेश की है—आत्मविश्वास से भरा, बुनियादी सुविधाओं से लैस, सफलता का जश्न मनाता हुआ इंडिया।

1. कॉमनवेल्थ गेम्स की सफलता का सबसे बड़ा लाभ क्या हुआ है?
A. भारतीय खिलाड़ियों ने अंतर्राष्ट्रीय स्तर की खेल प्रतिभा का प्रदर्शन किया।
B. खेल के आयोजन में करोड़ों रुपये का घोटाला हुआ।
C. गेम्स के दौरान खिलाड़ियों को स्तरहीन सुविधाएँ उपलब्ध कराई गईं।
D. भविष्य में ओलंपिक खेल जैसे बड़े आयोजन को लेकर भारत की दावेदारी पुख्ता हुई है।

2. आलोचकों की नजर में कॉमनवेल्थ गेम्स एक सर्कस शो क्यों था?
A. क्योंकि इसमें सर्कस की तरह तमाशे हुए।
B. आयोजन की तैयारी पूरी न हो पाने के कारण गेम्स एक तमाशा बनकर रह गया।
C. इसमें देश की गरीब जनता की जरूरतों को भुलाकर अनावश्यक खर्च किए गए।
D. उपरोक्त सभी

3. 'गुमनामी से निकालकर रोशनी के घेरे में खड़ा कर दिया' पदबंध का अर्थ बताइए—
A. अचानक प्रसिद्धि मिलना
B. अचानक बड़ी धनराशि मिलना
C. रोशनी से चकाचौंध होना
D. ऊँचा पद प्राप्त होना

4. उपरोक्त उद्धरण के आधार पर सही कथन का चयन कीजिए।
   A. कॉमनवेल्थ गेम्स से दुनिया भर में देश की अच्छी छवि बनी है।
   B. इससे दुनिया भर के निवेशक भारत में निवेश के लिए प्रोत्साहित होंगे।
   C. इससे युवाओं में एक नई स्फूर्ति पैदा हुई है।
   D. उपरोक्त सभी।

गद्यांश-15

देश में खाद्यान्न भंडारण की समस्या ने विकराल रूप धारण कर लिया है। इसकी भयावहता का अंदाजा इसी बात से लगाया जा सकता है कि एफसीआई के गोदामों में 67,542 टन अनाज नष्ट हो गया। इसकी कीमत 60 हजार करोड़ रुपए बताई गई है। सुप्रीम कोर्ट ने इसमें दखल देते हुए कहा है कि गोदामों में अनाज सड़ाने की जगह इसे गरीबों में बाँट देना चाहिए। सुप्रीम कोर्ट ने 12 अगस्त, 2010 को केन्द्र सरकार को आदेश देते हुए कहा कि वह फूड कॉरपोशन ऑफ इंडिया के गोदामों में अनाज सड़ाने की जगह गरीबों को मुफ्त बाँट दें।

जस्टिस दलवीर भंडारी और जस्टिस दीपक वर्मा की बेंच ने कहा कि और अनाज न सड़ने पाए, इसके लिए सरकार तुरंत कदम उठाए। वह उतने ही अनाज की खरीदारी करे, जितने को संभाल सकती है। साथ ही कोर्ट ने केन्द्र से प्रत्येक राज्य में एक बड़ा गोदाम और अलग-अलग जिलों व संभागों में विभिन्न गोदाम बनाने की व्यवस्था करने को कहा। इसके अलावा सरकार से यह सुनिश्चित करने को भी कहा कि उचित मूल्य की दुकानें पूरे महीने खुली रहें। कोर्ट ने सरकार को निर्देश दिया है कि वह 2010 के आंकड़ों के आधार पर बीपीएल (गरीबी रेखा से नीचे), एबीपीएल (गरीबी रेखा से ऊपर), एएवाई (अंत्योदय अन्न योजना) परिवारों का नए सिरे से सर्वे कराए। अधिकारी फायदे बांटने के लिए एक दशक पुराने आंकड़े पर भरोसा नहीं कर सकते।

बेंच ने अपना पहले का आदेश दोहराया कि एबीपीएल परिवार सब्सिडी वाला अनाज न हासिल करने पाएं। अगर सरकार उन्हें लाभ देना ही चाहती है तो उन परिवारों को दे, जिनकी सालाना आय 3 लाख रुपये से कम हो।

सुप्रसिद्ध अर्थशास्त्री डॉ. अमर्त्य सेन द्वारा 1981 में लिखी गई 'पावर्टी एंड फैमीन एंड एस्से ऑन इनटाइटिलमेंट एंड डिप्राइवेशन' (गरीबी और अकाल और पात्रता और वंचना पर निबंध) कृति में तर्क दिया गया कि अधिकांश मामलों में भूख और अकाल अनाज की उपलब्धता की कमी के कारण नहीं पड़ते, बल्कि उनका कारण असमानता और वितरण व्यवस्था की कमी होती है। उन्होंने जो बात 1981 में कही थी, संभवतः वह 2010 में भी सही है। हालांकि स्वतंत्रता प्राप्ति के बाद विगत तिरसठ वर्षों में भूख और वंचना से लड़ने के क्रम में हमने काफी अनुभव प्राप्त किया है।

1. अनाजों के भंडारण को लेकर सर्वोच्च न्यायालय ने कौन-से आदेश दिए हैं?
   A. सरकार भंडारण के बराबर क्षमता के अनाज का ही क्रय करे।
   B. सरकार अलग-अलग जिलों एवं संभागों में गोदाम बनाने की व्यवस्था करे।
   C. उचित मूल्य की दुकानें महीने भर खुली रहें।
   D. उपरोक्त सभी
2. देश में खाद्यान्न भंडारण की समस्या का मुख्य कारण क्या है?
   A. खाद्यान्न भंडारण की सीमित क्षमता
   B. अत्यधिक खाद्यान्नों की खरीद
   C. समय पर खाद्यान्नों का वितरण न हो पाना
   D. उपरोक्त सभी
3. प्रसिद्ध अर्थशास्त्री अमर्त्य सेन के अनुसार भूख एवं अकाल का कारण है—
   A. राष्ट्रीय कृषि उपज में कमी
   B. कृषि निर्यात की असमानता
   C. अनाजों के उपयुक्त वितरण की समस्याएं
   D. A एवं C
4. कोर्ट ने किस आधार पर बीपीएल, एबीपीएल एवं एएवाई परिवारों का सर्वे कराने को कहा है?
   A. 2011 की जनगणना के आधार पर
   B. 2005 के आंकड़ों के आधार पर
   C. 2007 के योजना आयोग के आंकड़ों के आधार पर
   D. 2010 के आंकड़ों के आधार पर

गद्यांश-16

वैश्वीकरण की दौड़ में क्षेत्रीय संगठनों का महत्व बढ़ा है। आज विश्व की स्थिति यह है कि राष्ट्र अपने आपसी मतभेदों को भुलाकर व्यापार एवं आर्थिक क्षेत्रों में एक-दूसरे को सहयोग कर रहे हैं। राष्ट्रों की पारस्परिक निर्भरता पहले की अपेक्षा काफी बढ़ी है। सार्क विश्व की 22 प्रतिशत आबादी को अपने दामन में रखने वाला विश्व का सबसे बड़ा क्षेत्रीय संगठन है। भारत विश्व की उभरती हुई आर्थिक शक्ति है। सार्क के सदस्य देश आपस में एक-दूसरे का आर्थिक सहयोग करें तो इस क्षेत्र से गरीबी, भुखमरी, अशिक्षा को सदा के लिए समाप्त किया जा सकता है। आज यूरोपियन संघ एवं आसियान जैसे क्षेत्रीय संगठनों ने जो आर्थिक सफलता पायी है। उससे सार्क के नेताओं को प्रेरणा लेनी चाहिए। इन क्षेत्रीय संगठनों ने आर्थिक एकजुटता के बल पर काफी उपलब्धियाँ हासिल की हैं। अब यह स्थिति स्पष्ट हो चुकी है कि आर्थिक विकास में क्षेत्रीय वैश्वीकरण की भूमिका अतिमहत्वपूर्ण है।

जनवरी 2009 में इस्लामाबाद में हुए सम्मेलन में इस तरह की स्पष्ट अभिव्यक्ति सामने आई। इस सम्मेलन में सार्क देशों ने 2012 तक दक्षिण एशियाई स्वतंत्र व्यापार क्षेत्र (साफ्टा) बनाने की इच्छा व्यक्त की है, लेकिन इस दिशा में अभी तक कोई ठोस कार्य नहीं हुआ है। साफ्टा के बारे में छोटे-छोटे देशों को यह भ्रम पैदा हो गया कि इससे भारत को ही अधिक लाभ होगा, जबकि सच्चाई यह नहीं है। उदाहरणस्वरूप

अभी हम भारत, श्रीलंका के मुक्त व्यापार को देखें। दोनों देशों के बीच मुक्त व्यापार पिछले तीन वर्ष से चल रहा है। श्रीलंका का भारत को निर्यात 135 प्रतिशत सालाना की दर से बढ़ा है। इस तुलना में भारत का श्रीलंका को निर्यात 32 प्रतिशत की दर से बढ़ा है। अपितु मुक्त व्यापार के होने से श्रीलंका भारत की अपेक्षा अधिक लाभ की स्थिति में है। यही बात नेपाल एवं भूटान के साथ हैं। पाकिस्तान एवं बांग्लादेश के साथ भारत का व्यापार उतना नहीं बढ़ा है जितना बढ़ना चाहिए। इन देशों के असहयोग के कारण भी साफ्टा को लागू करने में कठिनाई है।

1. वैश्वीकरण के कारण क्षेत्रीय संगठनों का महत्व बढ़ा है–
A. क्योंकि वैश्वीकरण के दौरान विभिन्न देशों के बीच व्यापार बढ़ा है।
B. राष्ट्र अपने आपसी मतभेद को भूलाकर आर्थिक क्षेत्र में एक-दूसरे को सहयोग कर रहे हैं।
C. सभी राष्ट्रों ने व्यापार को सीमाकर मुक्त कर दिया है।
D. अंतर्राष्ट्रीय बाजार में डॉलर का मूल्य घटा है।

2. उपरोक्त उद्धरण के आधार पर सही कथन का चयन कीजिए।
A. हाल के वर्षों में राष्ट्रों के बीच पारस्परिक निर्भरता बढ़ी है।
B. सार्क दुनिया का सबसे बड़ा क्षेत्रीय संगठन है।
C. सार्क देशों में दुनिया की लगभग 1/4 आबादी रहती है।
D. उपरोक्त सभी।

3. सार्क देशों के बीच आपसी व्यापार में पर्याप्त वृद्धि नहीं हुई है, इसका क्या कारण है?
A. सार्क देशों के बीच व्यापार प्रतिबंध
B. आपसी सहयोग का अभाव
C. पश्चिमी देशों पर अत्यधिक निर्भरता
D. व्यापारिक निवेश का अभाव

4. साफ्टा को लेकर सार्क देशों में कौन-सा भ्रम फैला हुआ है?
A. इससे भारत को अधिक लाभ होगा।
B. भारत एक आर्थिक महाशक्ति बन जाएगा।
C. भारत का प्रभाव दुनिया के अन्य देशों में बढ़ जाएगा।
D. भारतीय रुपया और भी मजबूत होगा।

गद्यांश-17

महामशीन के महाप्रयोग का उद्देश्य परमाणु कणों की आपसी टक्कर को देखना है, जिनसे नए कण बन सकते हैं। उनका वेग और ऊर्जा मापकर मालूम हो सकता है कि आखिर शुरू में ब्रह्माण्ड कैसे बना और बाद में कैसे उसकी उत्पत्ति हुई। एलएचसी के इस प्रयोग में परमाणु कणों की बहुत अधिक वेग से अब तक की सबसे अधिक ऊर्जा से टक्कर हुई। आशा की जा रही है कि अब वैज्ञानिक भौतिकी की अनेक गुत्थियों को सुलझा लेंगे।

50,000 करोड़ रुपए की लागत से बना लार्ज हैड्रॉन कोलाइडर (LHC) 2008 में असफल हो गया था। उस समय इस सबसे बड़े एटम स्मैशर में दो शक्तिशाली चुम्बकों के बीच विद्युत कनेक्शन फ्यूज हो गया था। इन चुम्बक प्रोटॉनों को स्टीआर कहते हैं। इस खराबी से सुरंग में बड़े जोर का विस्फोट हुआ था, लेकिन इस बार का प्रयोग सफल रहा। एलएचसी प्रसिद्ध ईश्वरीय कण 'हिग्स बोसोन' के चिह्न की भी पहचान करेगा। बताया जाता है कि इसी कण के कारण ब्रह्माण्ड की सभी चीजों को पिण्ड भार मिलता है। इसके अलावा रहस्यमयी 'ब्लैक होल' की भी पहचान की जाएगी, जिससे काफी हद तक ब्रह्माण्ड बना है, लेकिन इसमें अंधेरा होने के कारण अब तक इसके दर्शन नहीं हुए हैं। वैज्ञानिकों का कहना है कि एलएचसी में जब कणों की टक्कर हुई, तब अनेक ऐसे मिनी बिग बैंग बने, जैसे आज से 13 अरब, 70 करोड़ वर्ष पहले बने थे।

इन असाधारण खोजों के अतिरिक्त मशीन बिग बैंग के पहले और बाद के कणों की नकल करेगी। गुरुत्वाकर्षण के रहस्य भी जानने के प्रयत्न किए जाएंगे। इस अनुसंधान में लगे वैज्ञानिकों का कहना है कि जब कणों की बीमों की टक्कर हुई तब सभी डिटेक्टरों ने अपने परमाणु कणों के बहुरंगी मार्गों की पहचान की। ये कण प्रत्येक दिशा में कार्यशील थे। भौतिकविद् का कहना है कि जब उप परमाणु कण बड़े वेग से आपस में टकराते हैं तो वे टूटकर नए तत्व बनाते हैं। आशा की जा रही है कि इसमें से एक तत्व हिग्स बोसोन होगा जिससे हमारे ब्रह्माण्ड बनने की गुत्थी सुलझेगी। वैज्ञानिकों का कहना है कि प्रयोग में उत्सर्जित ऊर्जा फील्ड को यदि ऊष्मा में बदल दिया जाए तो यह सूर्य की सतह से भी ज्यादा गर्म होगा।

1. महामशीन ब्रह्माण्ड की उत्पत्ति की जाँच किस आधार पर करेगा?
A. परमाणु कणों की आपसी टक्कर से उत्पन्न वेग के आधार पर
B. परमाणु कणों के बीच आपसी आकर्षण के आधार पर
C. परमाणु कणों की आपसी टक्कर से उत्पन्न वेग एवं ऊर्जा के आधार पर
D. परमाणु कणों के गुरुत्वाकर्षण के आधार पर

2. लार्ज हैड्रॉन कोलाइडर की पिछली असफलता का क्या कारण था?
A. चुम्बकीय विद्युत कनेक्शन का फ्यूज होना
B. हिग्स बोसोन कण का रिसाव
C. परमाणु कणों के बीच तीव्र विकर्षण
D. परमाणु कणों का विस्फोट

3. ब्रह्मांड के पिंडों का पिंड भार किस पर निर्भर करता है?
A. पिंड के द्रव्यमान पर
B. पिंड के घनत्व पर
C. हिग्स बोसोन कण पर
D. A एवं B दोनों पर

4. हिग्स बोसोन कण का निर्माण होता है–
A. जब उप परमाणु कण तीव्र वेग से आपस में टकराते हैं।
B. परमाणु कणों के बीच तीव्र आकर्षण बल के कारण।
C. परमाणु कणों के बीमों के साथ टक्कर से।
D. A एवं B दोनों

गद्यांश-18

विज्ञान शब्द की परिभाषा तथा इसके विस्तार, और प्रौद्योगिकी से इसके भेद को भी स्पष्ट रूप से समझ लेना जरूरी है। मानव जाति के भविष्य की कुंजी जिन कुछ शक्तिशाली ताकतों के हाथ में है, उनमें से विज्ञान संभवतः एकमात्र ऐसी ताकत है, जिसे एक अनूठा स्थान प्राप्त है क्योंकि वस्तुतः निरपवाद रूप से इसे सभी स्वीकार करते हैं। उन गिने-चुने व्यक्तियों के मामले में भी, जो विज्ञान के प्रति नफरत रखने वाले दिखाई देते हैं, उनके साथ भी एक बार बातचीत करने पर यह तथ्य उभरकर सामने आएगा कि वे वास्तव में विज्ञान के विरुद्ध नहीं हैं, बल्कि प्रौद्योगिकी के विरुद्ध हैं, जिसका सम्बन्ध मानव की विविध जरूरतों को पूरा करने के लिए विज्ञान के निष्कर्षों के अनुप्रयोगों से है।

वर्तमान समय में विज्ञान से हमारा अभिप्राय है हमारे विश्व तथा इसके परिवेश का मौलिक ज्ञान, उस ज्ञान का इसके सभी पहलुओं में, नियंत्रित तथा निरन्तर अनुसरण करना, इसके लिये जरूरी नहीं कि उसका प्रयोग सार्वजनिक प्रयोजनों के लिए किया जाए। प्रौद्योगिकी से हमारा आशय विज्ञान को मानव सेवा में लगाने के विभिन्न तरीकों से है, उन तरीकों का संकेन्द्रित अध्ययन जिनमें चीजों को मानव-प्रयोजन के लिए रचा या बदला जा सकता है। दोनों में स्पष्ट अन्तर करने के लिए इस समय आण्विक विज्ञान तथा टेक्नोलॉजी के सर्वाधिक लोकप्रिय क्षेत्रों से उदाहरण दिए जा सकते हैं। जब भारी धात्विक तत्व यूरेनियम के केन्द्रक का विखंडन या विस्फोटन होता है तब उससे निःसृत होने वाले कणों की संख्या तथा प्रकृति का मापन विज्ञान द्वारा ही किया जाता है। लेकिन, जब इस वैज्ञानिक ज्ञान का प्रयोग विद्युत उत्पादन के लिये परमाणु बिजली घर डिजाइन करने तथा बनाने अथवा एक परमाणु बम डिजाइन करने और बनाने के लिए किया जाता है तो यह प्रौद्योगिकी होती है। इस प्रकार, यह प्रौद्योगिकी ही होती है जो नैतिक रंग ले लेती है और इसे नैतिक या अनैतिक कहा जा सकता है। विज्ञान तटस्थ या नैतिकता से परे होता है और वह नैतिक-आचार या मानव कल्याण के विरुद्ध नहीं होता, हालांकि एक वैज्ञानिक एक मनुष्य तथा टेक्नोलाजिस्ट होने के नाते इसके विरुद्ध हो सकता है।

1. लेखक :

A. विज्ञान के प्रति बेहतर रवैया अपनाये जाने के लिए वकालत करने की कोशिश कर रहा है

B. यह सुझाव देने की कोशिश कर रहा है कि हम विज्ञान का सार्वजनिक हित के लिए प्रयोग करें

C. भौतिक विज्ञान के बजाय नैतिक विज्ञान का अध्ययन करने की कोशिश कर रहा है

D. विज्ञान तथा प्रौद्योगिकी (टेक्नोलाजी) के बीच भेद करने की कोशिश कर रहा है

2. लेखक के अनुसार, विज्ञान

A. एकमात्र ऐसी ताकत है, जो मानवजाति के भविष्य का निर्धारण करती है

B. मानव की नियति को निर्धारित करने वाली चन्द एक ताकतों में से एक है

C. भविष्य में मानवजाति की एकमात्र चिन्ता होगी

D. उन अनेक बाधाओं में से एक है जो मनुष्य की प्रगति में रुकावट डालती है

3. यह अवतरण

A. आलंकारिक है | B. वर्णनात्मक है
C. वृत्तात्मक है | D. व्याख्यात्मक है

4. यूरेनियम केन्द्रक के विस्फोट के अध्ययन को

A. आधुनिक प्रौद्योगिकी (टेक्नोलाजी) का एक उदाहरण कहा जा सकता है

B. विद्युत-सिद्धांतों का एक अनुप्रयोग कहा जा सकता है

C. ऐसा अध्ययन कहा जा सकता है जिसके कोई भौतिक निहितार्थ नहीं हैं

D. समूची मानवजाति के कल्याण के लिए महत्त्वपूर्ण कहा जा सकता है

गद्यांश-19

बच्चे किसी देश के सामाजिक तथा राजनीतिक दर्शन का अंग होते हैं। उनके प्रति जो रवैये अपनाये जाते हैं वे इस बात का निर्धारण करने में महत्त्वपूर्ण कारक होते हैं कि क्या उनकी जरूरतें पूरी होंगी तथा उनके अधिकार उन्हें मिलेंगे। भविष्योन्मुख कोई भी समाज इस बात का ध्यान रखेगा कि विपदा के समय बच्चों का ख्याल रखा जाये। इस समय विश्व के अनेक भागों में बच्चों को शांति तथा भाई-चारे की भावना के साथ पाले-पोसे जाने का कोई अवसर प्राप्त नहीं है। युद्ध तथा आतंकवाद के जो अत्यधिक भयावह रिकार्ड मिलते हैं वे हमेशा अपने घरों के खण्डहरों तथा अपने परिवारों के शवों के पास रोने के लिए बचे हुए शिशुओं या छोटे बच्चों की (या इतने सहमे हुए बच्चों की जो रो भी नहीं पाते) तस्वीरें होती हैं। ऐसे देशों में जहां लड़ाई-झगड़ा चल रहा हो या ऐसे समाजों में जहां ऐसी कार्यवाहियों को मनमोहक ढंग से पेश किया जाता हो, वहां बच्चों का निर्बाध रूप से खेलना जीवन की घटनाओं तथा/या ऐसी घटनाओं की सामाजिक स्वीकृति को परिलक्षित करेगा, जो हम सभी को यह सोचने पर मजबूर कर देगा कि क्या इस प्रकार के राष्ट्रीय दर्शनों से प्रभावित करोड़ों बच्चों को शांति की भावना के साथ बड़े होने के उनके अधिकार मिलने की कोई संभावना है। और निश्चय ही, "जाति, रंग, लिंग, राष्ट्रीय या सामाजिक मूल के धर्म" पर अकेले या कुछेक के मेल पर आधारित भेदभाव करोड़ों बच्चों को, जरूरतों की सार्वत्रिकता के बावजूद, जिन पर अधिकार आधारित होते हैं, इन अधिकारों से वंचित रखता है।

1. निम्नलिखित में से कौन-सा कथन बच्चों में शांति तथा भाई-चारे की भावना के विकास के लिए सहायक नहीं है?

A. जब वयोवृद्ध बच्चों को युद्ध के संत्रासों का अनुभव करने के लिए छोड़ देते हैं

B. जब प्रौढ़ लोग जातीय भेद-भाव का व्यवहार करते हैं
C. जब किसी देश का राजनीतिक दर्शन विश्वव्यापी भाई-चारे की वकालत करता है
D. जब समाज युद्ध के कार्यकलापों को मनमोहक ढंग से पेश करता है

2. प्रौढ़ों का बच्चों के प्रति एक कर्त्तव्य है। किसी समाज विशेष में बच्चों की देखभाल कितनी अच्छी तरह से होती है इसका पता इस बात से चल सकता है कि
A. विपदा के समय उनके लिए क्या किया जाता है
B. वे प्रौढ़ों का कितना ख्याल रखते हैं
C. प्रौढ़ उनके अधिकारों के प्रति कितने संवेदनशील हैं
D. समाज कितना समृद्ध है

3. लेखक की धारणा है कि
A. युद्धों के बावजूद बच्चे शान्तिपूर्वक रहने के अपने अधिकारों को प्राप्त कर लेते हैं
B. बच्चों के अधिकार सामाजिक दशाओं पर निर्भर होने चाहिए
C. बच्चों को शांति की भावना के साथ बड़ा होने का अधिकार है
D. राष्ट्रीय दर्शन बच्चों के अधिकारों का समर्थन करते हैं

4. युद्ध सम्बन्धी कार्यकलापों
A. का समाजों द्वारा परिहार किया जाता है
B. को समाजों द्वारा परिलक्षित किया जाता है
C. की समाजों द्वारा निन्दा की जाती है
D. को समाजों द्वारा स्वीकार किया जाता है

गद्यांश-20

हम सभी चिकित्सा विज्ञान के क्षेत्र में हुई कतिपय उल्लेखनीय खोजों से परिचित हैं। मिसाल के तौर पर, हम वैक्सीनों की खोज के बारे में जानते हैं। हम चेचक तथा पोलियो जैसे रोगों की रोकथाम को समझ सकते हैं। हम अनेक साधारण एंटीबायोटिक्स के बारे में भी जानते हैं। यह जानकारी कि हम उपदंश रोग पर पेनिसिलीन और तपेदिक पर आइसोनाइजिड से काबू पा सकते हैं, कुछ हद तक आश्वासनदायक है। हम इस विश्वास के आधार पर निश्चय ही अपने आपको झूठी तसल्ली दे सकते हैं कि संक्रामक रोग अब कोई खतरा नहीं रहे हैं। लेकिन यह सत्य नहीं है और समाचारों तथा मेडिकल जर्नलों में हाल में छपे समाचार हमें संक्रामक रोगों के विभिन्न तथा कभी-कभी 'नए' खतरों की याद दिलाते हैं।

ऐसे समाचारों में अपेक्षाकृत अधिक यथार्थवादी दृष्टिकोण को स्वीकार किया गया है। इस दृष्टिकोण का निहितार्थ यह है कि संक्रामक रोग बने रहेंगे और यह कि उनके अन्दर कुछ ऐसी क्षमताएं हैं कि वे उन्हें खत्म कर देने की हमारी कोशिशों के खिलाफ लड़ सकते हैं। कतिपय मानव-व्याधियों, जैसे सुजाक रोग, तत्त्व-गुण (Strains) विकसित हो गए हैं जिन पर कतिपय एंटीबायोटिक्स का कोई असर नहीं होता।

1. चेचक तथा पोलियो जैसे रोगों की रोकथाम किसकी खोज के कारण संभव हो सकी है?
A. पेनिसिलीन
B. आइसोनाइजिड
C. वैक्सीन
D. एंटीबायोटिक्स

2. चिकित्सा विज्ञान के क्षेत्र में खोजों के द्वारा अब तक क्या संभव नहीं हो पाया है?
A. चेचक तथा पोलियो की रोकथाम
B. पेनिसिलीन की सहायता से उपदंश रोग के फैलाव पर नियंत्रण करने की संभावना
C. संक्रामक रोगों का उन्मूलन
D. आइसोनाइजिड की सहायता से तपेदिक के फैलाव पर नियंत्रण करने की संभावना

3. कुछ संक्रामक रोग उन्हें खत्म कर देने के हमारे प्रयासों के खिलाफ कैसे लड़ते हैं?
A. अन्य क्षेत्रों में अंतरित होकर
B. वैक्सीनों को प्रभावहीन बनाने की शक्ति विकसित करके
C. पहले की तरह भ्रांतिजनक बने रहकर
D. मानव-तंत्रिका में गहरे पैठ कर

4. यह अवतरण
A. सूचना देने वाला है
B. वृत्तात्मक है
C. नाटकीय है
D. प्रोत्साहक है

गद्यांश-21

प्रत्येक व्यवसाय अथवा व्यापार, कला और विज्ञान की अपनी तकनीकी शब्दावली होती है, जिसका कार्य अंशतः उन प्रक्रियाओं और वस्तुओं को दर्शाना होता है जिनके नाम सामान्य अंग्रेजी में नहीं मिलते और अंशतः पारिभाषिक शब्दावली में पूर्ण यथार्थता प्राप्त करना होता है। किसी भी प्रकार की तकनीकी बातचीत में ऐसी विशिष्ट भाषिका अथवा शब्दजाल की आवश्यकता होती है। विज्ञान अथवा कला विशेष के अध्येताओं के लिए सर्वविदित होने के साथ-साथ गणितीय सूत्र जैसी सूक्ष्मता रखते हैं। साथ ही, वे समय बचाते हैं, किसी प्रक्रिया का वर्णन करने की अपेक्षा उसका नाम लेना अधिक किफायती है। ऐसे हजारों पारिभाषिक शब्द बहुत अच्छी तरह इन शब्दकोशों में संकलित किए गए हैं, फिर भी, कुल मिलाकर, वे अंग्रेजी भाषा की मूल शब्दावली के बजाय उसके आस-पास ही ठहरते हैं। फिर भी विभिन्न व्यवसाय अपनी विशिष्ट शब्दावली की दृष्टि से पर्याप्त भिन्नता लिए हुए हैं। व्यापार, हस्तकला, कृषि और मछलीपालन जैसे अन्य व्यवसायों में जहाँ लम्बे समय से भारी संख्या में लोग लगे हैं, तकनीकी शब्दावली बहुत पुरानी है। इसमें अधिकतर स्थानीय शब्द मिलते हैं अथवा ऐसे आयातित शब्द हैं जो हमारी भाषा में घुल-मिल गए हैं। अतः अनेक रूपों में पूर्णतः तकनीकी होते हुए भी ये शब्दावलियां बोलने में अधिक परिचित-सी हैं और अन्य अधिकांश तकनीकीय तुलना में अधिक सहजता से समझी जाती हैं।

कानून, औषधि, धर्मविज्ञान और दर्शन की विशिष्ट भाषिका भी अपने प्राचीन रूप में परिष्कृत व्यक्तियों में पर्याप्त परिचित हो गई है, और प्रचलित शब्दावली में काफी योगदान कर चुकी है फिर भी प्रत्येक व्यवसाय आज भी ऐसी बहुत-सी तकनीकी शब्दावली लिए हुए है जो मूलतः विदेशी हैं। यह अनुपात पिछले पचास वर्षों में अधिक बढ़ा है विशेषतः यांत्रिक कलाओं, प्राकृतिक विज्ञान और राजनीति विज्ञान के विभिन्न क्षेत्रों में। यहाँ पूरी आजादी से नए शब्दों को शामिल कर लिया गया है और व्यर्थ हो जाने पर छोड़ दिया गया है। अधिकतर नए पद विशिष्ट बातचीत तक सीमित रहे हैं, कभी-कभी ही सामान्य बातचीत अथवा साहित्य जुड़ पाए हैं। पर आज कोई भी व्यवसाय, जैसा कि पहले सभी थे बंद निकाय नहीं हैं। वकील, चिकित्सक, वैज्ञानिक और पादरी अपने साथी सृजनकर्त्ताओं से जुड़ता है और ऐसा नहीं है कि मात्र व्यावसायिक रूप से ही मिलता है। बल्कि आज का प्रचलित विज्ञान प्रत्येक व्यक्ति को आधुनिक विचारों और खोजों से जोड़ता है। कोई भी महत्त्वपूर्ण प्रयोग चाहे वह दूर अथवा क्षेत्रीय प्रयोगशाला में किया गया हो, समाचार-पत्रों में तुरंत प्रकाशित हो जाता है और हर एक व्यक्ति उसके बारे में ऐसे ही बात करना शुरू कर देता है जैसे विकिरण किरणों और बेतारी तार-संचार के बारे में बात करता है। अतः हमारी सामान्य बोली सदैव नए तकनीकी शब्दों को अपना रही है और उन्हें प्रचलित कर रही है।

1. तकनीकी शब्दावली बढ़ाई जा सकती है :

A. नए शब्द बनाकर, विदेशी भाषाओं से शब्द ग्रहण करके और पुराने हुए शब्दों को निकालकर

B. नई अवधारणाओं के लिए नए शब्द गढ़कर

C. नए शब्द ढालकर और विदेशी भाषाओं से शब्द आयात करके

D. विदेशी शब्दों का अपनी भाषा में अनुवाद करके

2. प्रचलित विज्ञान, प्रत्येक व्यक्ति को परिचित कराता है

A. आधुनिक विचारों और नवीन खोजों से

B. नवीन खोजों और आविष्कारों से

C. आधुनिक विचारों, नवीन खोजों और तकनीक से

D. विज्ञान और तकनीक में नए विकास से

3. तकनीकी शब्दावली सभी की भाषा का अंग बन गई है :

A. व्यावसायिकों के प्रयासों द्वारा

B. विदेशी भाषा पढ़कर

C. प्रचलित वैज्ञानिक लेखों और समाचारपत्रों द्वारा

D. भाषा के परिवर्तनों द्वारा

4. तकनीकी शब्द हैं :

A. संक्षिप्त, किफायती और नामात्मक

B. नवीन, कठिन पर आवश्यक

C. भाषा की मूल शब्दावली से चुने हुए

D. सभी द्वारा सामान्य रूप से समझे जाने वाले

गद्यांश-22

मैं इस अंधविश्वास को जानता हूँ कि आत्म-ज्ञान जीवन की चौथी अवस्था में ही सम्भव है और वह है संन्यास। पर इस बात को सभी जानते हैं कि जो इस अमूल्य अनुभव को जीवन के अन्तिम क्षणों के लिए टालते हैं वे आत्म-ज्ञान प्राप्त नहीं करते बल्कि द्वितीय और दयनीय बचपन के समान बुढ़ापे को प्राप्त करते हैं और पृथ्वी पर एक भार की तरह जीते हैं। मुझे पूरी तरह याद है कि जब मैं 1911-12 में पढ़ाता था तब भी इसी विचार को मानता था भले ही इसी तरह की भाषा में उसे अभिव्यक्त न किया हो।

तब किस प्रकार यह आध्यात्मिक प्रशिक्षण दिया जाना था? मैंने बच्चों को भजन याद कराये और उनका अभ्यास कराया और उन्हें नैतिक शिक्षा की पुस्तकों से पढ़कर सुनाया। पर यह सब मेरे लिए संतोषजनक नहीं था। जब मैं उनके और अधिक निकट आया तो पाया कि अध्यात्म का प्रशिक्षण केवल पुस्तकों के माध्यम से नहीं कराया जा सकता। उसी प्रकार जैसे शारीरिक प्रशिक्षण व्यायाम के माध्यम से दिया जाता है और बौद्धिक अभ्यास के द्वारा, अतः अध्यात्म का प्रशिक्षण भी अध्यात्म के अभ्यास से संभव था। और अध्यात्म का प्रशिक्षण पूर्णतः अध्यापक के जीवन और चरित्र पर निर्भर करता है। अध्यापक चाहे विद्यार्थियों के बीच में है अथवा नहीं उसे सदैव अपने व्यवहार और चरित्र का ध्यान रखना है।

1. ऊपर उद्धृत पाठ सामग्री के लिए सर्वाधिक उपयुक्त शीर्षक है :

A. बौद्धिक अभ्यास	B. अंधविश्वास

C. आध्यात्मिक विकास	D. प्रशिक्षण

2. व्यापक स्तर पर आत्म-ज्ञान के बारे में लोगों के बीच अंधविश्वास है कि यह

A. अनवरत प्रक्रिया है

B. केवल संन्यास द्वारा संभव है

C. केवल आरम्भिक जीवन में संभव है

D. एक मिथक है

3. लेखक के अनुसार बच्चों का आध्यात्मिक प्रशिक्षण मुख्यतः किसके चरित्र पर निर्भर है?

A. अभिभावकों के	B. अभिजात वर्ग के

C. सामाजिक नेताओं के	D. अध्यापकों के

4. लेखक का बुढ़ापे के बारे में पहले विचार था कि यह

A. एक गुण है	B. एक अभिशाप है

C. विचारों की स्मृति है	D. संतोष है

गद्यांश-23

क्या विद्यार्थियों द्वारा प्राप्त किये गये परिणामों से अध्यापन-कार्य का मूल्यांकन किया जा सकता है? कुछ हद तक अध्यापकों को इसी प्रकार आँका जाता है, प्रायः सामूहिक रूप से, किसी संस्थान की ख्याति के

रूप में। परन्तु इसमें कुछ कठिनाइयाँ हैं। विशेष रूप से उल्लेखनीय कठिनाई, जिसे स्क्राइवन (1988) ने 'हार्वर्ड फैलेसी (भ्रामकता)' के नाम से वर्णित किया है, इस प्रकार है :

...यह मान लेने की भ्रामकता कि हार्वर्ड में पढ़ाई अच्छी होती होगी क्योंकि यहां के स्नातक अपने बाद के जीवन में अच्छी तरक्की करते हैं ...इन आँकड़ों से यही परिणाम निकाला जा सकता है कि हार्वर्ड में मस्तिष्क को स्थायी हानि नहीं पहुँचाई जाती—सामान्यतया। बाकी की युक्ति केवल इतनी-सी है कि प्रतिभाशाली विद्यार्थियों का चयन कर कक्षाओं में भेजा जाए और उनके मार्ग में कोई रुकावट खड़ी न की जाए। उन्हें पुस्तकालय, प्रयोगशाला, पीयर ट्यूटरिंग और परिवार के प्रभाव या नाम के प्रति आदर का उपयोग करने दिया जाए। अध्यापकों का योगदान यदि कोई है तो वह अवशेष जो दूसरे कारणों से अलग करने के बाद बचता है जैसे कि ...'पुराने विद्यार्थियों के जाल' और नाम की मान्यता का नौकरी के लिए चयन और पदोन्नति पर प्रभाव। यद्यपि हार्वर्ड प्रमाण्यतः एक महान विश्वविद्यालय है तथापि निश्चित रूप से यह प्रमाण्यतः एक महान अध्यापन विश्वविद्यालय नहीं है बल्कि केवल एक भव्य रूप से सुसज्जित विश्वविद्यालय।

दूसरे देशों के विश्वविद्यालयों को स्पष्टतः हार्वर्ड के स्थान पर रखा जा सकता है। लेकिन फिर भी यदि एक जैसे संस्थानों के एक जैसे पाठ्यक्रमों के परिणामों की तुलना करना सम्भव हों तो भी सफलता का श्रेय दूसरे कारणों को देने की बजाय अध्यापन को देने के बारे में स्क्राइवन का तर्क विचारणीय रहेगा। किसी प्रकार के 'मूल्य-जुड़े' पैमाने से भी यह सम्भव नहीं होगा और ऐसे पैमाने या तो इतने अपक्व होंगे कि उनका कोई अर्थ ही नहीं होगा या फिर इतने जटिल होंगे कि जाँचने और आँकने के लिए पढ़ाने और सीखने की केन्द्रित गतिविधियों के मुकाबले में बहुत अधिक समय की आवश्यकता होगी। एक ही संस्थान में एक वर्ष के परिणामों की अगले वर्ष के परिणामों से तुलना करने में भी कठिनाइयाँ सामने आती हैं क्योंकि विभागों में और विद्यार्थियों में परिस्थितियाँ बदलती रहती हैं।

1. इस परिच्छेद का शीर्षक क्या हो सकता है?
A. हार्वर्ड विश्वविद्यालय में अध्यापन
B. विद्यार्थियों के परिणामों से अध्यापन-कार्य का मूल्यांकन
C. संस्थानों की प्रतिष्ठा
D. अध्यापकों के मूल्यांकन के लिए अवशिष्ट पद्धति

2. हार्वर्ड फैलेसी (भ्रामकता) का अर्थ है :
A. यह मान लेना कि प्रतिष्ठित संस्थानों में पढ़ाई अच्छी होती है
B. जो कुछ हार्वर्ड में भ्रामक रूप से किया जा रहा है
C. कि हार्वर्ड में प्रतिभाशाली विद्यार्थियों को दाखिला दिया जाता है और अच्छे परिणाम प्राप्त किये जाते हैं
D. कि हार्वर्ड में जो अध्यापन कार्य होता है उसमें बहुत-सी भ्रामकतायें हैं

3. विद्यार्थियों की उपलब्धियों में अध्यापकों के योगदान को स्क्राइवन के अनुसार किस बात से आँका जाना चाहिए?
A. स्नातकों द्वारा बाद के जीवन में अर्जित उपलब्धियों से
B. विद्यार्थियों के दाखिले के लिए संस्थानों द्वारा निर्धारित मानदण्डों से
C. बाकी सभी कारणों को निकालने के बाद बचे अवशिष्ट प्रभाव से
D. संस्थानों में उपलब्ध सुविधाओं से

4. स्क्राइवन के अनुसार हार्वर्ड की प्रतिष्ठा किस कारण से है?
A. इसका प्रचुर मात्रा में सुविधाओं से सम्पन्न होना
B. प्रतिभाशाली विद्यार्थियों को दाखिला और उनके मार्ग में रुकावट न डालना
C. इसका एक महान अध्यापन विश्वविद्यालय होना
D. इसके अपक्व और अर्थहीन तरीके जिनसे अध्यापन-कार्य की प्रभाविकता को माना जाता है

गद्यांश-24

भिखारी की भाँति गिड़गिड़ाना प्रेम की भाषा नहीं है। यहाँ तक कि मुक्ति के लिए भगवान् की उपासना करना भी अधम उपासना में गिना जाता है। प्रेम कोई पुरस्कार नहीं चाहता। प्रेम सर्वथा प्रेम के लिए ही होता है। भक्त इसलिए प्रेम करता है कि बिना प्रेम किए वह रह ही नहीं सकता। जब तुम किसी मनोहर प्राकृतिक दृश्य को देखकर उस पर मोहित हो जाते हो तो तुम किसी फल की याचना नहीं करते और न वह दृश्य ही तुमसे कुछ माँगता है। फिर भी उस दृश्य का दर्शन तुम्हारे मन को आनंद से भर देता है।

1. प्रेम का उद्देश्य क्या होता है?
A. मुक्ति B. उपासना
C. भक्ति D. प्रेम

2. मुक्ति का अर्थ है :
A. आजादी B. स्वतंत्रता
C. परतंत्र D. निर्वाण

3. कैसी उपासना अधम मानी गई है?
A. प्रेम की उपासना B. भगवान की उपासना
C. मुक्ति की उपासना D. भक्ति की उपासना

4. मनोहर शब्द है :
A. विशेषण B. संज्ञा
C. सर्वनाम D. अव्यव

5. प्राकृतिक शब्द का अर्थ है :
A. ईश्वरीय B. मानव संबंधी
C. प्रकृति संबंधी D. प्रेम संबंधी

गद्यांश-25

कुछ लोग भाग्यवादी होते हैं और सब-कुछ भाग्य के सहारे छोड़कर कर्म से विरत हो जाते हैं। ऐसे लोग समाज के लिए बोझ हैं। वे कभी कोई बड़ा काम नहीं कर पाते। बड़ी-बड़ी खोज, बड़े-बड़े आविष्कार और बड़े-बड़े निर्माण कार्य कर्मशील लोगों के द्वारा ही संभव हो सके हैं। हम अपनी बुद्धि और प्रतिभा तथा कार्य-क्षमता के बल पर सही मार्ग पर चल सकते हैं, किन्तु बिना कठिन श्रम के अपने लक्ष्य तक नहीं पहुँच सकते। कठिन परिश्रम करने के बाद पाई गई सफलता हमारे मन को अलौकिक आनंद से भर देती है। यदि हम अपने कार्य में अपेक्षित श्रम नहीं करते तो हमारा मन ग्लानि का अनुभव करता है।

1. "आविष्कार" शब्द का अर्थ है :
A. अनुसंधान B. खोज
C. निर्माण D. विनाश

2. अलौकिक शब्द का क्या अर्थ है?
A. संसारिक B. भौतिक
C. अमानुषी D. प्राकृतिक

3. सफलता का विलोम क्या है?
A. सफल B. असफल
C. सफलतापूर्वक D. असफलता

4. परिश्रम करने और न करने से हमारे जीवन पर क्या प्रभाव पड़ता है?
A. लोग भाग्यवादी बन जाते हैं
B. कर्म से विरत हो जाते हैं
C. मन में ग्लानि का अनुभव होता है
D. इनमें से कोई नहीं

5. किस प्रकार के लोग समाज के लिए बोझ हैं?
A. भाग्यवादी B. कर्मठ
C. परिश्रमी D. प्रतिभाशाली

गद्यांश-26

वैदिक काल से हिमालय के पहाड़ बहुत पवित्र माने जाते हैं। इसमें कोई सन्देह नहीं कि हिमालय के पहाड़ों का दृश्य अति सुन्दर है। उसकी विशालता को देखकर मन में आनन्द और कृतज्ञता की लहर उठती है। ऐसा लगता है कि यह विशाल सृष्टि प्रभु की अनुपम देन है। सारी सृष्टि के प्रति समभाव जाग्रत होता है। वस्तुतः यह दृष्टि कोरी कल्पनात्मक या आध्यात्मिक नहीं है। देखा जाए तो सारे भारत की जलवायु का समतोल करने वाले यह हिमालय के पहाड़ हैं, विशेषकर उत्तरी भारत को वर्षा और पानी देने वाले ये ही हैं। गंगोत्री, यमुनोत्री, बद्री, केदार को तीर्थ माना जाता है, जो व्यर्थ कल्पना नहीं है। उन स्थानों से निकलने वाली पवित्र नदियाँ ही वास्तव में हमारी प्राणदात्री रही हैं।

1. हिमालय के पर्वत बहुत पवित्र कब से माने जाते हैं?
A. पाषाण काल से B. वैदिक काल से
C. प्राचीन काल से D. आधुनिक काल से

2. विशालता शब्द है :
A. जातिवाचक B. भाववाचक
C. विशेषण D. सर्वनाम

3. भारत की जलवायु को समतोल कौन करता है?
A. गंगोत्री B. यमुनोत्री
C. केदार D. हिमालय

4. सृष्टि का समानार्थक शब्द है :
A. सृजन B. रचना
C. प्रकृति D. संसार

5. प्राणदात्री का क्या अर्थ है?
A. गंगोत्री B. यमुनोत्री
C. प्राणसंचार करने वाली D. समभाव जाग्रत करने वाली

गद्यांश-27

सच्चा मित्र एक शिक्षक की भाँति होता है। जिस प्रकार शिक्षक अपने छात्र को सन्मार्ग की ही ओर अग्रसर करता है, उसी प्रकार एक सच्चा मित्र अपने मित्र को पाप के गर्त में गिरने से बचाता है। मानव-जीवन अधिक रहस्यपूर्ण है। कभी-कभी जीवन में ऐसे अवसर उपस्थित हो जाते हैं, जब मनुष्य की धर्मबुद्धि नष्ट हो जाती है और उसका मन द्रुत गति से पाप की ओर दौड़ता है। ऐसे समय में मित्र का ही उपदेश अधिक कल्याणकारी सिद्ध होता है। मित्र के उपदेश का जितना प्रभाव हृदय पर पड़ता है, उतना और किसी का नहीं पड़ता है।

1. सच्चा मित्र किस प्रकार का होता है?
A. विपत्ति में सहायता देने वाला
B. गलत मार्ग पर चलने से रोकने वाला
C. शिक्षक की भाँति
D. धार्मिक गुरु की तरह

2. सन्मार्ग शब्द का विपरीत शब्द है :
A. अग्रसर B. कुमार्ग
C. सुमार्ग D. मार्गदर्शक

3. व्यक्ति को पाप के गर्त्त में गिरने से कौन बचाता है?
A. शिक्षक B. भाई
C. पिता D. सच्चा मित्र

4. मानव पाप की ओर कब दौड़ता है?
A. जब स्वार्थी बन जाता है
B. जब धर्म-बुद्धि नष्ट हो जाती है
C. जब सच्चामित्र साथ छोड़ देता है
D. जब धनवान बन जाता है

5. उपदेश में कौन-सा उपसर्ग है?
A. उ B. उप
C. दे D. देश

गद्यांश-28

सब तरह के भावों को प्रकट करने की योग्यता रखने वाली और निर्दोष होने पर भी यदि कोई भाषा अपना निज का साहित्य नहीं रखती, तो वह रूपवती भिखारिन की तरह कदापि आदरणीय नहीं हो सकती। उनकी शोभा, उसकी बडी सम्पन्नता, उसकी मान-मर्यादा उसके साहित्य पर ही अवलम्बित रहती है। उसके विचारों और राजनैतिक स्थितियों का प्रतिबिम्ब देखने को यदि कहीं मिल सकता है, तो उसके ग्रन्थ साहित्य में मिल सकता है। सामाजिक शक्ति या सजीवता, सामाजिक अशक्ति या निर्जीवता और सामाजिक सभ्यता तथा असभ्यता का निर्णायक एकमात्र साहित्य है।

1. साहित्य विहीन भाषा किस प्रकार की होती है?
A. आदरणीय B. भिखारिन
C. रूपवती D. रूपवती भिखारिन

2. रूपवती का पुल्लिंग रूप है :
A. रूपवान B. सुन्दर
C. सुन्दरी D. रूपवत

3. भाषा की मान मर्यादा किस पर निर्भर करती है?
A. लिपि पर B. साहित्यकार पर
C. भक्ति पर D. साहित्य पर

4. "सम्पन्नता" शब्द का विपरीत शब्द है :
A. गरीबी B. विपन्न
C. अमीर D. विपन्नता

5. राजनैतिक, सामाजिक शक्ति का दर्शन हमें किसमें मिलता है?
A. समाज B. राज्य
C. नेता D. साहित्य

गद्यांश-29

स्वतंत्र भारत का सम्पूर्ण दायित्व आज विद्यार्थियों के ही ऊपर है, क्योंकि आज जो विद्यार्थी हैं, वे ही कल स्वतंत्र भारत के नागरिक होंगे। भारत की उन्नति, उसका उत्थान उन्हीं की उन्नति और उत्थान पर निर्भर करता है। अतः विद्यार्थियों को चाहिए कि वे अपने भावी जीवन का निर्माण बड़ी सतर्कता और सावधानी के साथ करें। उन्हें प्रत्येक क्षण अपने राष्ट्र, अपने समाज अपने धर्म, अपनी संस्कृति को अपनी आँखों के सामने रखना चाहिए, जिससे उनके जीवन से राष्ट्र को कुछ बल प्राप्त हो सके। जो विद्यार्थी राष्ट्रीय दृष्टिकोण से अपने जीवन का निर्माण नहीं करते, वे राष्ट्र और समाज के लिए भार-स्वरूप हैं।

1. भारत की उन्नति किस पर निर्भर करती है?
A. युवाओं पर B. नेताओं पर
C. साहित्यकारों पर D. विद्यार्थियों पर

2. उन्नति का समानार्थक शब्द है :
A. पतन B. उत्थान
C. विकास D. उदय

3. उत्थान का विपरीत शब्द है :
A. उदय B. पतन
C. पराजय D. हार

4. किसे अपने जीवन का निर्माण सतर्कता और सावधानी से करना चाहिए?
A. युवाओं को B. नेताओं को
C. बच्चों को D. विद्यार्थियों को

5. धर्म, संस्कृति तथा समाज का रक्षक कौन है?
A. नागरिक B. ग्रामीण
C. विद्यार्थी D. युवा

गद्यांश-30

हास्य एक ऐसा माध्यम है, जो नीरस-जीवन को भी सुखद बना देता है। हास्य का जादू इतना प्रभावशाली होता है कि वह छूत के रोग की तरह चारों ओर फैल जाता है। जिसने कभी हँसना नहीं सीखा, सचमुच उसने जीना नहीं सीखा। सामान्यतः मनुष्य को जीवन में इतनी मुसीबतें झेलनी पड़ती हैं कि वह अपने जीवन को पहाड़ समझने लगता है। ऐसे दूभर जीवन को यदि जीने योग्य बनाना हो तो उसके लिए आवश्यक है कि जीवन में हँसने की गुंजाइश हो। हँसी के सहारे मनुष्य अपने कष्टों को भुलाने का प्रयत्न करता है। संघर्ष, तनाव, व्यस्तता, घुटन यदि आज के जीवन की सहज देन हैं, जिनसे बचने के लिए यह आवश्यक है कि हम हँसना सीखें।

1. नीरस जीवन को कौन सुखद बना देता है?
A. संगीत B. गीत
C. आमोद प्रमोद D. हास्य

2. नीरस का संधि विच्छेद है :
A. नी + रस B. नि + रस
C. निः + रस D. नीः + रस

3. किसका जीवन व्यर्थ है?
A. जिसने रोना नहीं सीखा B. जिसने हँसना नहीं सीखा
C. जिसने गाना नहीं सीखा D. इनमें से कोई नहीं

4. हँसना शब्द है :
A. संज्ञा B. विशेषण
C. क्रिया विशेषण D. क्रिया

5. तनाव और घुटन से बचने के लिए क्या करना चाहिए?
A. रोना चाहिए B. गाना चाहिए
C. हँसना चाहिए D. काम करना चाहिए

उत्तरमाला

गद्यांश	1	2	3	4	5	6	7	8	9	10
गद्यांश-1	C	D	A	D	A	C	C	A	A	A
गद्यांश-2	B	D	D	B	D	A	A	D	B	C
गद्यांश-3	A	B	D	C	C					
गद्यांश-4	A	C	B	C	B	D	A	D	D	A
गद्यांश-5	C	D	B	D	A					
गद्यांश-6	C	B	A	C	B	D	C	D	B	A
गद्यांश-7	A	C	A	C	D					
गद्यांश-8	C	A	A	A						
गद्यांश-9	A	D	C	D						
गद्यांश-10	B	D	B	A						
गद्यांश-11	D	C	C	B						
गद्यांश-12	D	D	A	D						
गद्यांश-13	C	A	D	B						
गद्यांश-14	D	C	A	D						
गद्यांश-15	D	A	C	D						
गद्यांश-16	B	D	B	A						
गद्यांश-17	C	A	C	A						
गद्यांश-18	A	B	D	C						
गद्यांश-19	B	C	C	B						
गद्यांश-20	C	C	B	A						
गद्यांश-21	C	A	C	A						
गद्यांश-22	C	B	D	B						
गद्यांश-23	B	A	C	B						
गद्यांश-24	D	D	C	A	C					
गद्यांश-25	B	D	D	C	A					
गद्यांश-26	B	B	D	A	C					
गद्यांश-27	C	B	D	B	B					
गद्यांश-28	B	A	D	D	D					
गद्यांश-29	D	B	B	D	C					
गद्यांश-30	D	C	B	D	C					

❄ ❄ ❄ ❄ ❄

2 भाषा, लिपि और बोलियाँ

भाषा वह साधन है जिसके द्वारा मनुष्य अपने विचार दूसरों के सामने प्रकट करता है या समझता है। 'भाषा' शब्द संस्कृत की 'भाष्' धातु से लिया गया है जिसका अर्थ है–'बोलना' या 'कहना'। जब हम अपने विचारों को लिखकर या बोलकर प्रकट करते हैं या दूसरे के विचारों को सुनकर या पढ़कर ग्रहण करते हैं, तो उसे भाषा कहते हैं। भाषा में सार्थक ध्वनि का ही समावेश होता है।

भाषा के रूप

भाषा रूपी साधन का प्रयोग मानव अपने विचारों के परस्पर संप्रेषण हेतु कई प्रकार से कर सकता है; जैसे–मौखिक भाषा, लिखित भाषा या सांकेतिक भाषा।

- **मौखिक भाषा :** जब हम अपने विचारों को बोलकर या सुनकर व्यक्त करते हैं, तो उसे 'मौखिक भाषा' कहते हैं।
- **लिखित भाषा :** जब हम अपने विचारों को लिखकर व्यक्त करते हैं, तो उसे लिखित भाषा कहते हैं। यह भाषा का स्थायी रूप होता है।
- **सांकेतिक भाषा :** जब हम अपने विचारों को ध्वनि या चिह्नों का प्रयोग न करके सांकेतिक संकेतों व हाव-भाव से प्रकट करते हैं, तो उसे सांकेतिक भाषा कहते हैं।

भारत के संविधान में वर्णित राजभाषाओं की सूची

भारतीय संविधान के भाग XVII में अनुच्छेद 343 से 351 तक आधिकारिक भाषाओं का वर्णन है, जो संघ, राज्यों, न्यायपालिका और भाषाई अल्पसंख्यकों से संबंधित है। मुख्य प्रावधानों में देवनागरी लिपि हिन्दी को संघ की राजभाषा (343) घोषित करना, क्षेत्रीय भाषाएँ (345) और हिन्दी के विकास के निर्देश (351) शामिल हैं, जो भाषाई विविधता को संतुलित करते हैं।

वर्तमान में संविधान की आठवीं अनुसूची में निम्नलिखित 22 भाषाएँ शामिल हैं :

असमिया, बांग्ला, गुजराती, हिन्दी, कन्नड़, कश्मीरी, कोंकणी, मलयालम, मणिपुरी, मराठी, नेपाली, उड़िया (ओडिया), पंजाबी, संस्कृत, सिंधी, तमिल, उर्दू, तेलुगू, बोडो, संथाली, मैथिली और डोगरी।

भारत में शास्त्रीय भाषाएँ

वर्तमान में ऐसी छह भाषाएँ हैं जिन्हें भारत में 'शास्त्रीय भाषा' का दर्जा प्राप्त है :

1. तमिल (2004)
2. संस्कृत (2005)
3. कन्नड़ (2005)
4. तेलुगू (2008)
5. मलयालम (2013)
6. ओडिया (2014)

ये सभी शास्त्रीय भाषाएँ संविधान की आठवीं अनुसूची में सूचीबद्ध हैं।

लिपि

लिपि ध्वनियों को लिखने के लिए उपयोग किए जाने वाले चिह्नों या प्रतीकों का एक व्यवस्थित समूह है, जो भाषा को लिखित रूप प्रदान करती है।

हिन्दी भाषा की लिपि 'देवनागरी लिपि' है; इसकी उत्पत्ति ब्राह्मी लिपि से हुई है। ब्राह्मी एक प्राचीन लिपि है, जिससे हिन्दी, बांग्ला, गुजराती आदि लिपियों का विकास हुआ है।

देवनागरी लिपि बायीं से दायीं ओर लिखी जाती है। भारत में अधिकतर भाषाएँ बायीं से दायीं ओर ही लिखी जाती हैं। केवल उर्दू भाषा ही दायीं से बायीं ओर लिखी जाती है।

विश्व की कुछ भाषाओं और उनकी लिपियों के नाम इस प्रकार हैं :

1.	हिन्दी, संस्कृत, मराठी, नेपाली	देवनागरी लिपि
2.	पंजाबी	गुरुमुखी लिपि
3.	उर्दू, अरबी, फारसी	फारसी लिपि
4.	अंग्रेजी, फ्रेंच, पोलिश, जर्मन, स्पेनिश	रोमन लिपि
5.	रूसी	रूसी लिपि

बोलियाँ

बोली भाषा का ही एक प्रारम्भिक रूप है। जब एक ही भाषा अलग-अलग क्षेत्रों में अलग-अलग प्रकार से बोली जाती है, तो उसे बोली कहते हैं। बोली में साहित्य की रचना नहीं होती। बोली, भाषा का स्थानीय/क्षेत्रीय रूप है।

हिन्दी की प्रमुख बोलियाँ और उनका क्षेत्रीय वितरण

हिन्दी भाषा में मुख्य रूप से 5 उपभाषाएँ और 18 बोलियाँ हैं, जो शौरसेनी, अर्धमागधी और मागधी अपभ्रंश से विकसित हुई हैं।

पश्चिमी हिन्दी (शौरसेनी अपभ्रंश)

- **खड़ी बोली (कौरवी)** : दिल्ली, मेरठ, रामपुर, सहारनपुर, मुरादाबाद।
- **ब्रज भाषा** : मथुरा, आगरा, अलीगढ़, एटा, मैनपुरी, बरेली।
- **हरियाणवी (बांगरू/जाटू)** : हरियाणा, दिल्ली का देहाती क्षेत्र।
- **बुंदेली** : बुंदेलखंड क्षेत्र (झांसी, बांदा, हमीरपुर, मध्य प्रदेश के कुछ क्षेत्र)
- **कन्नौजी** : कन्नौज, फर्रुखाबाद, इटावा, हरदोई, पीलीभीत।

पूर्वी हिन्दी (अर्धमागधी अपभ्रंश)

- **अवधी** : लखनऊ, इलाहाबाद, फैजाबाद, सीतापुर, सुल्तानपुर।
- **बघेली** : रीवा, बघेलखंड क्षेत्र (मध्य प्रदेश का पूर्वी भाग)।
- **छत्तीसगढ़ी** : छत्तीसगढ़ राज्य।

राजस्थानी (शौरसेनी अपभ्रंश)

- **मारवाड़ी (पश्चिमी राजस्थानी)** : जोधपुर, बीकानेर, जैसलमेर।
- **जयपुरी (ढूँढाड़ी) (पूर्वी राजस्थानी)** : जयपुर, अजमेर।
- **मेवाती (उत्तरी राजस्थानी)** : अलवर, भरतपुर।
- **मालवी (दक्षिणी राजस्थानी)** : मालवा (मध्य प्रदेश का हिस्सा)।

बिहारी हिन्दी (मागधी अपभ्रंश)

- **भोजपुरी** : वाराणसी, गोरखपुर, गाजीपुर, बिहार के पश्चिमी जिले।
- **मैथिली** : दरभंगा, मुजफ्फरपुर (उत्तरी बिहार)।
- **मगही** : पटना, गया, हजारीबाग (दक्षिणी बिहार)।

पहाड़ी हिन्दी (खस/शौरसेनी अपभ्रंश)

- **गढ़वाली** : उत्तराखंड (गढ़वाल क्षेत्र)।
- **कुमाऊँनी** : उत्तराखंड (कुमाऊँ क्षेत्र)।
- **हिमाचली** : हिमाचल प्रदेश।

हिन्दी की प्रमुख बोलियों के नामकरण कर्ता

बोली	नामकरण कर्ता
कौरवी	डॉ. राहुल सांकृत्यायन
ब्रज बोली	ईश्वर चन्द्र गुप्त
राजस्थानी	जॉर्ज ग्रियर्सन
डिंगल	बाँकी दास
बिहारी	जॉर्ज ग्रियर्सन
भोजपुरी	रेमण्ड
मैथिली	कोलब्रुक

अभ्यास प्रश्न

1. भाषा का प्राथमिक रूप क्या है?
A. पढ़ना B. बोलना
C. लिखना D. इनमें से कोई नहीं

2. लिपि किस भाषा का आधार है?
A. लिखित भाषा B. मौखिक भाषा
C. सांकेतिक भाषा D. मनोभाषा

3. हिन्दी कैसी भाषा है?
A. वियोगात्मक B. संयोगात्मक
C. दोनों D. इनमें से कोई नहीं

4. पूर्वी हिन्दी की बोली है :
A. बुन्देली B. मगही
C. बघेली D. भोजपुरी

5. पश्चिमी हिन्दी की बोली है :
A. अवधी B. बुन्देली
C. बघेली D. मेवाती

6. अपभ्रंश को 'पुरानी हिन्दी' किसने कहा?
A. ग्रियर्सन B. श्याम सुंदर दास
C. चन्द्रधर शर्मा 'गुलेरी' D. आचार्य रामचन्द्र शुक्ल

7. भाषा के ग्राह्यात्मक कौशल हैं :
A. सुनना, पढ़ना B. पढ़ना, लिखना
C. लिखना, बोलना D. बोलना, सुनना

8. लिखित भाषा के लिए अनिवार्य है :
A. लिपि का ज्ञान B. अंकों का ज्ञान
C. बाराखड़ी का ज्ञान D. व्याकरण का ज्ञान

9. भाषा एक .... विषय है।
A. सैद्धान्तिक B. व्यावहारिक
C. नीरस D. चुनौतीपूर्ण

10. भाषा के विषय में मूल सत्य क्या है?
A. भाषा मात्र लिखित होती है।
B. भाषा का ढाँचा संरचनाहीन होता है।

C. भाषा प्रतीकात्मक है।

D. भाषा अनुकरणहीन माध्यम है।

11. भाषा के बारे में कौन-सा कथन उचित है?

A. भाषा एक नियमबद्ध व्यवस्था है।

B. भाषा व्याकरण का अनुसरण करती है।

C. भाषा और बोली में कभी भी कोई भी संबंध नहीं होता।

D. भाषा अनिवार्यतः लिखित होती है।

12. निम्नलिखित में से किस देश में हिन्दी भाषा का प्रयोग लिखने एवं बोलने में किया जाता है?

A. ऑस्ट्रेलिया B. दक्षिण अमेरिका

C. पाकिस्तान D. मॉरीशस

13. निम्नलिखित में से कौन-सी भाषा व्याकरण और वर्तनी से शुद्ध भाषा कहलाती है?

A. साहित्यिक भाषा B. प्रांजल भाषा

C. व्याकरणिक भाषा D. मानक भाषा

14. 'सूरसागर' किस भाषा की रचना है?

A. अवधी B. बुन्देली

C. ब्रज D. छत्तीसगढ़ी

15. हिन्दी भाषा में कितनी बोलियाँ हैं?

A. 15 B. 25

C. 18 D. 22

16. देवनागरी लिपि का विकास किस लिपि से हुआ?

A. अपभ्रंश B. सिंधु

C. खरोष्ठी D. ब्राह्मी

17. 'संघ की भाषा हिन्दी और लिपि देवनागरी होगी', संविधान के किस अनुच्छेद में कहा गया है?

A. अनुच्छेद 372 B. अनुच्छेद 343

C. अनुच्छेद 354 D. अनुच्छेद 350

18. निम्नलिखित में से कौन-सी भाषा संस्कृत भाषा की अपभ्रंश है?

A. खड़ी बोली B. ब्रज भाषा

C. अवधी D. पालि

19. संविधान की आठवीं अनुसूची में कुल कितनी भारतीय भाषाएँ हैं?

A. 15 B. 22

C. 18 D. 24

20. पश्चिमी हिन्दी का उद्‌भव जिस क्षेत्रीय अपभ्रंश में हुआ है, उसका नाम है :

A. मागधी B. अर्धमागधी

C. शौरसेनी D. महाराष्ट्रीय

21. 'भोजपुरी' निम्नलिखित में से किस उपभाषा की बोली है?

A. पूर्वी हिन्दी B. पश्चिमी हिन्दी

C. पहाड़ी D. बिहारी

22. बांगरू किस उपभाषा वर्ग की बोली है?

A. पश्चिमी हिन्दी B. पूर्वी हिन्दी

C. पहाड़ी D. बिहारी

23. निम्नलिखित में से किस भाषा का विकास शौरसेनी अपभ्रंश से हुआ?

A. गुजराती B. प्रंजाबी

C. मराठी D. सिंधी

24. हिन्दी किस भाषा परिवार की भाषा है?

A. ऑस्ट्रिक B. भारोपीय

C. द्रविड़ D. चीनी-तिब्बती

25. भाषा लिखने के लिए प्रयुक्त चिह्नों के व्यवस्थित रूप को क्या कहते हैं?

A. व्याकरण B. बोली

C. लिपि D. भाषा

उत्तरमाला

1	2	3	4	5	6	7	8	9	10
B	A	A	C	B	C	A	A	B	C
11	**12**	**13**	**14**	**15**	**16**	**17**	**18**	**19**	**20**
A	D	D	C	C	D	B	D	B	C
21	**22**	**23**	**24**	**25**					
D	A	A	B	C					

❆ ❆ ❆ ❆ ❆

3 वर्ण विचार

वर्णमाला

मौखिक भाषा की अंतिम इकाई ध्वनि है। लिखित भाषा की अंतिम इकाई वर्ण है। वर्ण शब्द की व्युत्पत्ति संस्कृत के 'वर्ण' धातु से हुई है, जिसका अर्थ है–वर्णन करना। वर्णों के समूह को **वर्णमाला** कहते हैं। अंग्रेजी में इसे ही Alphabet कहते हैं। हिन्दी वर्णमाला को दो भागों में विभक्त किया जा सकता है–

स्वर

स्वर मूल ध्वनि है। इन्हें किसी अन्य ध्वनि की सहायता के बिना उच्चारित किया जा सकता है, जैसे–अ, इ, उ। स्वरों की संख्या 11 है–अ, आ, इ, ई, उ, ऊ, ऋ, ए, ऐ, ओ और औ। उच्चारण में लगने वाले समय के अनुसार स्वरों को तीन भागों में बांटा जा सकता है–*(i)* ह्रस्व स्वर, *(ii)* दीर्घ स्वर, और *(iii)* प्लुत स्वर। जिन स्वरों के उच्चारण में 'अ' के उच्चारण के बराबर समय लगता है, उन्हें ह्रस्व स्वर कहा जाता है। अ, इ, उ, ऋ ह्रस्व स्वर हैं। जिन स्वरों के उच्चारण में 'आ' के उच्चारण के बराबर समय लगता है, उन्हें दीर्घ स्वर कहा जाता है। आ, ई, ऊ, ओ और औ दीर्घ स्वर हैं। प्लुत स्वरों के उच्चारण में तीन मात्राओं के उच्चारण के बराबर समय लगता है। सतीश में 'ती' के उच्चारण और ओउम् में 'ओ' के उच्चारण में तीन मात्राओं के उच्चारण के बराबर समय लगता है। रचना के आधार पर स्वरों को दो भागों में बांटा जा सकता है–

(i) **मूल स्वर :** अ, इ, उ, ऋ

(ii) **संयुक्त स्वर :** अ + अ = आ, अ + इ = ए, अ + ए = ऐ, अ + उ = ओ आदि।

व्यंजन

व्यंजन उन वर्णों को कहते हैं, जिनके उच्चारण में स्वरों की सहायता ली जाती हैं। क् + अ = क, च् + अ = च, त् + अ = त–ये सब व्यंजन के उदाहरण हैं। यहाँ क, च और त के उच्चारण में 'अ' की सहायता ली गई है।

हिन्दी में तीन संयुक्त व्यंजन हैं–क्ष, त्र और ज्ञ। इनका निर्माण इस प्रकार होता है–

क् + ष = क्ष; त् + र = त्र और ज + ञ = ज्ञ।

व्यंजन तीन प्रकार के होते हैं–*(i)* स्पर्श, *(ii)* अन्तस्थ और *(iii)* ऊष्म। क से म तक 25 वर्ण स्पर्श कहलाते हैं; य, र, ल, व अन्तस्थ कहे जाते हैं और श, ष, स, ह ऊष्म कहे जाते हैं।

वर्णों के मेल से मात्रिक तथा अमात्रिक शब्दों की पहचान

जब कई वर्ण आपस में मिलते हैं तो शब्द का निर्माण होता है जिसमें कुछ शब्दों में मात्राओं का प्रयोग होता है और कुछ शब्दों में मात्राओं का प्रयोग नहीं होता है। इस प्रकार जो शब्द बनते हैं, उन्हें ही मात्रिक तथा अमात्रिक शब्द कहते हैं।

- **अमात्रिक शब्द :** जब वर्णों के मेल से शब्द का निर्माण होता है और उस शब्द में किसी भी मात्रा का प्रयोग नहीं होता है, तो उसे अमात्रिक शब्द कहते हैं। जैसे–घर → घ + र, कमल → क + म + ल, पलक → प + ल + क, तरकस → त + र + क + स।
- **मात्रिक शब्द :** जब वर्णों के मेल से शब्द का निर्माण होता है और उस शब्द में अलग-अलग प्रकार की मात्राओं का प्रयोग होता है, तो उसे मात्रिक शब्द कहते हैं। जैसे–माहेश्वरी, शामिल, चुनाव, कैसी आदि।
  माहेश्वरी → आ, ए, ई की मात्रा का प्रयोग हुआ है।
  शामिल → आ, इ की मात्रा का प्रयोग हुआ है।
  चुनाव → उ, आ की मात्रा का प्रयोग हुआ है।
  कैसी → ऐ, ई की मात्रा का प्रयोग हुआ है।

मुख्य अंतर

- **संरचना :** अमात्रिक शब्दों में केवल व्यंजन + 'अ' स्वर होता है। मात्रिक शब्दों में व्यंजन के साथ अ-स्वर के अलावा अन्य स्वर (आ, इ, ई आदि) जुड़ते हैं।
- **उच्चारण :** अमात्रिक शब्दों का उच्चारण सपाट होता है, जबकि मात्रिक शब्दों में मात्रा के अनुसार ध्वनि बदलती है।

हिन्दी की सभी ध्वनियों के पारस्परिक अंतर की जानकारी

उच्चारण स्थान के आधार पर वर्णों का वर्गीकरण इस प्रकार है–

- **कण्ठ्य :** अ, आ, कवर्ग (क, ख, ग, घ, ङ), ह और विसर्ग में जिह्वा कण्ठ छूती है। क, ख, ग–इनका उच्चारण कण्ठ और जिह्वा मूल से होता है।

- **तालव्य :** इ, ई, चवर्ग (च, छ, ज, झ, ञ), य और श केवल तालु से बोले जाते हैं।
- **मूर्धन्य :** ऋ, टवर्ग (ट, ठ, ड, ढ, ण), र, ष तथा ड़ और ढ़ का उच्चारण मूर्द्धा से होता है।
- **दन्त्य :** तवर्ग (त, थ, द, ध, न), ल और स का उच्चारण दाँतों के साथ जिह्वा के मेल से होता है।
- **ओष्ठ्य :** उ, ऊ, पवर्ग (प, फ, ब, भ, म) का उच्चारण ओठों से होता है।
- **कण्ठतालु :** ए, ऐ का उच्चारण कण्ठ और तालु के मेल से होता है।
- **कण्ठोष्ठ :** ओ, औ का उच्चारण कण्ठ और ओठों के मेल से होता है।
- **दन्तोष्ठ :** व (फ) का उच्चारण दाँत और ओठों से होता है।
- **अनुनासिक :** ङ, ञ, न, म का उच्चारण मुँह और नाक से होता है।
- **नासिका :** सभी अनुस्वार नाक से बोले जाते हैं।

सभी प्रकार की मात्राएँ

हिन्दी व्याकरण में मात्राएँ स्वरों के वे चिह्न हैं, जो व्यंजनों के साथ मिलकर शब्द बनाते हैं। कुल 11 स्वरों में से 10 की मात्राएँ होती हैं, 'अ' स्वर की अपनी कोई मात्रा नहीं होती, लेकिन यह हर व्यंजन में अंतर्निहित होता है। प्रमुख मात्राएँ हैं : आ (ा), इ (ि), ई (ी), उ (ु), ऊ (ू), ऋ (ृ), ए (े), ऐ (ै), ओ (ो), औ (ौ)।

अनुस्वार और अनुनासिक में अंतर

- **अनुस्वार :** यह एक नासिक्य व्यंजन है जिसका उच्चारण केवल नाक से होता है। अं का चिह्न (ं) होता है। जैसे–हंस, रंग।
- **अनुनासिक :** जिन स्वरों या वर्णों का उच्चारण मुख और नासिक दोनों से किया जाता है, वे अनुनासिक कहलाते हैं, इनका चिह्न चन्द्रबिंदु (ँ) है। जैसे–आँख, गाँव।

नोट–अनुस्वार और अनुनासिक (चन्द्रबिन्दु) के अंतर से शब्दों के अर्थ बदल जाते हैं। जैसे–हंस (जलपक्षी) और हँस (हँसने की क्रिया)।

चन्द्रबिन्दु वास्तव में स्वर का ही नासिक्य रूप है, जबकि अनुस्वार एक व्यंजन की ध्वनि है।

संयुक्ताक्षर एवं अनुनासिक ध्वनियों के प्रयोग से बने शब्द

संयुक्ताक्षर (दो व्यंजनों का मेल) और अनुनासिक (चन्द्रबिन्दु ँ) हिन्दी वर्तनी के महत्वपूर्ण हिस्से हैं। संयुक्ताक्षर शब्दों में अकसर एक आधा व्यंजन दूसरे पूरे व्यंजन से जुड़ता है, जबकि अनुनासिक स्वर नाक और मुख से उच्चारित होते हैं, जैसे–प्याला, मच्छर, चाँद, मुँह।

नोट–गुच्छे (अनुनासिक + संयुक्ताक्षर)
कम्पन (अनुस्वार / नासिका)।

अभ्यास प्रश्न

1. वर्ण किसे कहते हैं?
A. अक्षर को B. शब्द को
C. ध्वनि के लिखित रूप को D. इनमें से किसी को नहीं

2. हिन्दी वर्णमाला में कौन-से दो मुख्य वर्ण हैं?
A. स्वर - व्यंजन B. अनुस्वार - विसर्ग
C. संधि - समास D. विसर्ग - व्यंजन

3. हिन्दी वर्णमाला में ह्रस्व स्वरों की संख्या है :
A. चार B. पाँच
C. छः D. कोई नहीं

4. अनुस्वार क्या है?
A. स्वर है B. व्यंजन है
C. स्वर और व्यंजन दोनों हैं D. उपर्युक्त में से कोई नहीं

5. क से म तक के व्यंजन कहलाते हैं :
A. स्पर्श B. स्पर्श संघर्षी
C. कंठ्य D. ओष्ठ्य

6. श, ष, स, ह, वायुप्रक्षेप की दृष्टि से कैसे व्यंजन हैं?
A. अल्पप्राण B. महाप्राण
C. उपर्युक्त दोनों D. इनमें से कोई नहीं

7. वायु प्रक्षेप की दृष्टि से स्वर क्या होते हैं?
A. अल्पप्राण B. महाप्राण
C. उपर्युक्त दोनों D. इनमें से कोई नहीं

8. अधोलिखित में से अनुनासिक स्वर वाला शब्द चुनिए :
A. बंदर B. सुंदर
C. बंदरी D. नंदी

9. 'ह' व्यंजन उच्चारण की दृष्टि से क्या है?
A. कंठ्य B. कंठतालव्य
C. कण्ठोष्ठ D. इनमें से कोई नहीं

10. शब्द के बीच में या अंत में जब अ स्वर का उच्चारण पूरा नहीं होता तो इसके पूर्व स्वर पर :
A. व्यंजनाघात होता है। B. स्वराघात या बलाघात होता है।
C. मात्राघात होता है। D. वर्णाघात होता है।

11. संयोग की दृष्टि से क्या, क्यों अधोलिखित में से क्या हैं?
A. संयुक्त ध्वनि B. युग्मक ध्वनि
C. सामान्य संयुक्ताक्षर D. इनमें से कोई नहीं

12. निम्नलिखित ध्वनियों की निर्दिष्ट विशेषताओं में से कौन-सा अशुद्ध है?
A. च - तालव्य, महाप्राण B. ख - महाप्राण, कंठ्य
C. त - अल्पप्राण, दंत्य D. म - ओष्ठ्य, सघोष

13. प्लुत स्वर कौन-सा है?
A. ओउम् B. अउम
C. ओम D. ओम्

14. 'ट' वर्ग में किस प्रकार के व्यंजन हैं?
A. कंठ्य B. तालव्य
C. मूर्धन्य D. दन्त्य

15. 'ङ्' का उच्चारण स्थान होता है :
A. नासिक्य B. कण्ठोष्ठ
C. मूर्धन्य D. कण्ठतालव्य

16. 'श' ध्वनि का उच्चारण स्थान क्या है?
A. दन्त B. मूर्धा
C. तालु D. दंतालु

17. निम्न में से संयुक्त व्यंजन कौन-सा नहीं है?
A. त्र B. य
C. क्ष D. ज्ञ

18. जिसका उच्चारण ऊपर के दाँतों पर जीभ लगाने से होता है, उसे क्या कहते हैं?
A. मूर्धन्य B. कण्ठ्य
C. दन्त्य D. अनुनासिक

19. निम्नलिखित में से 'ऊष्म व्यंजन' कौन-से हैं?
A. च, छ, ज B. श, ष, स
C. अ, ब, स D. य, र, ल

20. उच्चारण स्थान की दृष्टि से कौन-सा विकल्प शुद्ध है?
A. स - दन्त्य B. च - कण्ठ्य
C. ष - तालव्य D. श - मूर्धन्य

21. इ, ई, उ, ऊ किस प्रकार के स्वर हैं?
A. संवृत B. असकृत
C. विवृत D. अर्द्धविवृत

22. 'य', 'र', 'ल', 'व' कौन-से व्यंजन कहलाते हैं?
A. स्पर्श व्यंजन B. संयुक्त व्यंजन
C. अंतःस्थ व्यंजन D. अय व्यंजन

23. उच्चारण की दृष्टि से व्यंजन 'ण' का स्थान है :
A. तालु B. जीभ
C. दाँत D. नासिका

24. वर्णमाला में स्पर्श व्यंजनों की संख्या कितनी है?
A. 25 B. 30
C. 20 D. 35

25. हिन्दी व्यंजनों में 'क' वर्ग की सभी ध्वनियाँ हैं :
A. कण्ठ्य B. अल्पप्राण
C. अनुनासिक D. अघोष

26. निम्नलिखित में से दंतोष्ठ्य ध्वनियाँ हैं :
A. य, र B. ल, व
C. प, फ D. व, फ

27. निम्नलिखित में दिए गए विकल्पों में से 'मूर्धन्य' वर्ण है :
A. द B. स
C. ट D. ध

28. 'घ' का उच्चारण स्थान क्या है?
A. मूर्धन्य B. कण्ठ्य
C. ओष्ठ्य D. तालव्य

29. इनमें से ह्रस्व स्वर नहीं है :
A. अ B. इ
C. उ D. ए

30. 'क' का उच्चारण स्थान क्या है?
A. दंतोष्ठ B. कण्ठ्य
C. तालु D. नासिक्य

उत्तरमाला

1	2	3	4	5	6	7	8	9	10
C	A	A	C	A	B	A	C	A	B
11	**12**	**13**	**14**	**15**	**16**	**17**	**18**	**19**	**20**
A	A	A	C	A	C	B	C	B	A
21	**22**	**23**	**24**	**25**	**26**	**27**	**28**	**29**	**30**
A	C	D	A	A	D	C	B	D	B

❋ ❋ ❋ ❋ ❋

4 शब्द विचार

शब्द

एक अथवा एक से अधिक वर्णों के मेल से बने सार्थक वर्ण-समूह को 'शब्द' कहते हैं, किन्तु केवल वर्णों का समूह ही शब्द नहीं होता, बल्कि उस वर्ण समूह का कोई-न-कोई अर्थ अवश्य होना चाहिए।

शब्द के प्रकार/भेद

व्याकरण के अनुसार शब्दों के निम्नलिखित चार प्रकार/भेद होते हैं, जो इस प्रकार हैं :

1. उत्पत्ति के आधार पर शब्द भेद

उत्पत्ति के आधार पर शब्दों के चार भेद हैं :

(*i*) **तत्सम शब्द :** संस्कृत भाषा के कुछ शब्द ऐसे होते हैं जो हिन्दी में भी बिना परिवर्तन के प्रयुक्त होते हैं, उन शब्दों को 'तत्सम शब्द' कहते हैं। जैसे—अग्नि, रात्रि, हस्त, क्षेत्र, कर्म, कृषि, पुष्प आदि। ऋ, ष, क्ष, त्र, ज्ञ, श्र आदि वर्णों का प्रयोग अधिकांशतः तत्सम शब्दों में ही पाया जाता है।

(*ii*) **तद्भव शब्द :** ऐसे शब्द जो संस्कृत भाषा के तो हैं, लेकिन हिन्दी भाषा में परिवर्तित करके प्रयोग में लाए जाते हैं, 'तद्भव शब्द' कहलाते हैं। जैसे—आग, रात, खेत, काम, फूल आदि।

कुछ तत्सम और तद्भव शब्द इस प्रकार हैं :

तत्सम	तद्भव	तत्सम	तद्भव	तत्सम	तद्भव
स्वर्ण	सोना	अमूल्य	अमोल	कदली	केला
आम्र	आम	अज्ञान	अजान	आश्रय	आसरा
कर्ण	कान	अक्षि	आँख	अष्ट	आठ
अग्नि	आग	कोकिल	कोयल	आलस्य	आलस

(*iii*) **देशज शब्द :** वे शब्द जो देश की अन्य बोलियों या क्षेत्रीय भाषा से हिन्दी में शामिल हुए, 'देशज शब्द' कहलाते हैं। जैसे—थैला, लोटा, टाँग, पगड़ी आदि।

(*iv*) **विदेशज शब्द :** विदेशों की भाषा से आए हुए शब्द जो हिन्दी में शामिल हुए, उन्हें 'विदेशज' या 'आगत शब्द' कहते हैं।

हिन्दी भाषा में प्रयुक्त किए जाने वाले कुछ विदेशी शब्द निम्नलिखित हैं :

- **अंग्रेजी शब्द :** डॉक्टर, स्कूल, स्टेशन, ट्रेन, कप्तान, प्रेस, कमीशन, जज, गेट, कमिश्नर आदि।
- **फ्रेंच शब्द :** पिकनिक, कूपन, लैम्प, बम आदि।
- **स्पैनिश शब्द :** सिगरेट, सिगार, कॉर्क आदि।
- **अरबी शब्द :** अखबार, अदालत, इंसाफ, रिश्वत, दफ्तर आदि।
- **फारसी शब्द :** आमदनी, सौदागर, खुराक, पेशा, चिराग आदि।
- **तुर्की शब्द :** कैंची, कुली, चाकू, तोप, बेगम, बन्दूक आदि।
- **पुर्तगाली शब्द :** आलपीन, अलमारी, कनस्तर, चाबी, तौलिया आदि।

2. व्युत्पत्ति या रचना के आधार पर शब्द भेद

व्युत्पत्ति या रचना के आधार पर शब्दों को तीन भागों में विभाजित किया गया है :

(*i*) **रूढ़ :** वे शब्द जो किसी विशेष अर्थ के लिए प्रसिद्ध होते हैं और जिनके टुकड़े करने पर उन टुकड़ों का कोई अर्थ नहीं निकलता, उन्हें 'रूढ़ शब्द' कहते हैं। जैसे—घर-रूढ़ शब्द है। घ + र = टुकड़े करने पर घ और र का कोई अर्थ नहीं निकल रहा है।

(*ii*) **यौगिक :** ऐसे शब्द जो एक से अधिक सार्थक शब्दों के योग से बने हों, उन्हें 'यौगिक शब्द' कहते हैं। इनके टुकड़े कर देने पर प्रत्येक शब्द का अर्थ भी निकलता है। जैसे—राजपुत्र = राज + पुत्र, अनपढ़ = अन + पढ़।

(*iii*) **योगरूढ़ :** ऐसे शब्द जो एक से अधिक सार्थक शब्दों के मेल से बने हों, लेकिन विशेष अर्थ की ओर संकेत करते हों, 'योगरूढ़ शब्द' कहलाते हैं।

जैसे—नीलकंठ = नील + कंठ (विशेष अर्थ—नीले कंठ वाले शिव जी), दशानन = दश + आनन (दस मुख वाला — रावण)

3. अर्थ के आधार पर शब्द भेद

अर्थ के आधार पर शब्दों के दो भेद हैं :

(*i*) **सार्थक शब्द :** वे शब्द जो एक निश्चित अर्थ को प्रकट करते हैं, 'सार्थक शब्द' कहलाते हैं।

जैसे—महल, पुस्तक, राजा आदि।

(*ii*) **निरर्थक शब्द :** ऐसे शब्द जिनका कोई अर्थ नहीं निकलता, 'निरर्थक शब्द' कहलाते हैं।

जैसे—खाना-वाना, पानी-वानी आदि।

4. प्रयोग के आधार पर शब्द भेद

प्रयोग के आधार पर शब्दों के दो भेद हैं :

(*i*) **विकारी शब्द :** जिन शब्दों का रूप लिंग, वचन, काल, कारक आदि के कारण बदल जाता है, उन्हें 'विकारी शब्द' कहते हैं। विकारी शब्द चार प्रकार के होते हैं—संज्ञा, सर्वनाम, क्रिया, विशेषण।

(*ii*) **अविकारी शब्द :** जिन शब्दों का रूप लिंग, वचन, काल, कारक आदि के कारण नहीं बदलता है, उन्हें 'अविकारी शब्द' कहते हैं। अविकारी शब्द चार प्रकार के होते हैं—क्रिया-विशेषण, संबंधबोधक, समुच्चयबोधक, विस्मयादिबोधक।

अभ्यास प्रश्न

1. तत्सम शब्द किस दृष्टि से शब्द का भेद है?
A. अर्थ की दृष्टि से B. उद्गम की दृष्टि से
C. व्युत्पत्ति की दृष्टि से D. इनमें से कोई नहीं

2. 'संध्या' का तद्भव रूप है :
A. साँझ B. वंध्या
C. आराध्य D. त्रिज्या

3. 'आम्र' का तद्भव रूप है :
A. नाम B. ग्राम
C. आम D. वाम

4. 'मयूर' का तद्भव रूप है :
A. मोर B. यार
C. माया D. मरण

5. 'सावन' शब्द का तत्सम रूप है :
A. वन B. श्रावन
C. श्रावण D. श्रवण

6. 'खेत' शब्द का तत्सम रूप है :
A. क्षेत्र B. नेत्र
C. रेत D. श्वेत

7. 'गाँव' इस शब्द का तद्भव रूप है :
A. ग्राम B. काँव
C. छाँव D. शहर

8. <u>फरमाइश</u> रेखांकित शब्द स्रोत की दृष्टि से है :
A. तद्भव B. तत्सम
C. विदेशी D. देशज

9. आवारा शब्द किस भाषा का है?
A. अरबी B. फारसी
C. तुर्की D. पुर्तगाली

10. लौकी कैसा शब्द है?
A. देशी B. तद्भव
C. तत्सम D. विदेशी

11. लालटेन किस भाषा का शब्द है?
A. देशी B. अंग्रेजी
C. फ्रेंच D. डच

12. 'चाकू' किस भाषा का शब्द है?
A. फारसी B. अरबी
C. तुर्की D. डच

13. 'गँवार' का तत्सम शब्द है:
A. मूर्ख B. ग्रामीण
C. ग्राहक D. गम्भीर

14. 'अलमारी' शब्द है:
A. अरबी B. फारसी
C. पुर्तगाली D. पश्तो

15. निम्नलिखित में से तद्भव शब्द हैं :
A. भ्रमर B. अग्नि
C. मस्तक D. मछली

16. इनमें से कौन-सा शब्द तद्भव है?
A. मधुप B. भ्रमर
C. भंवरा D. मधुकर

17. 'मुदरी' का तत्सम रूप है :
A. मुद्रिका B. मुद्री
C. मुंदरी D. मुदरिका

18. 'सीस' का तत्सम रूप क्या है?
A. शीशा B. शीर्ष
C. सिरा D. शीर्षक

19. 'गोधूम' शब्द का तद्भव है :
A. गेहूँ
B. गाय
C. गोबर
D. गोधन

20. तद्भव और उसके तत्सम का कौन-सा मेल गलत है?
A. आँत-अंत्र
B. लौंग-लवंग
C. लुनाई-लावण्यता
D. आयसु-आदेश

21. निम्नलिखित में से कौन-सा शब्द तद्भव है?
A. खेत
B. प्रभु
C. नाथ
D. त्रिकुटी

22. निम्नलिखित में से कौन-सा शब्द देशज है?
A. लाश
B. औरत
C. पतलून
D. धड़ाम

23. 'मेंढक' का तत्सम रूप क्या है?
A. मुष्टि
B. मंडूक
C. बंदूक
D. मुद्‌ग

24. 'कपोत' शब्द का तद्भव है :
A. काम
B. काज
C. कबूतर
D. गाल

25. निम्न में से देशज शब्द ज्ञात कीजिए :
A. परोपकार
B. छलछल
C. प्रसन्न
D. पुष्कल

26. निम्नलिखित में से तत्सम शब्द कौन-सा है?
A. दीपक
B. दाहिना
C. दामाद
D. दीवाली

27. निम्नलिखित में से 'लोटा' शब्द है :
A. तत्सम
B. तद्भव
C. देशज
D. विदेशज

28. 'ज्येष्ठ' शब्द का तद्भव शब्द है :
A. जयेष्ठ
B. जेठ
C. बड़ा
D. ज्येठ

29. 'चकवा' शब्द का तत्सम शब्द है :
A. चक्रवात
B. चक्षु
C. चक्रवाक
D. इनमें से कोई नहीं

30. 'चणक' शब्द का तद्भव शब्द है :
A. पलंग
B. खीर
C. खपरा
D. चना

उत्तरमाला

1	2	3	4	5	6	7	8	9	10
B	A	C	A	C	A	A	C	B	C
11	**12**	**13**	**14**	**15**	**16**	**17**	**18**	**19**	**20**
B	A	B	C	D	C	A	B	A	C
21	**22**	**23**	**24**	**25**	**26**	**27**	**28**	**29**	**30**
A	D	B	C	B	A	C	B	C	D

❊ ❊ ❊ ❊ ❊

5 उपसर्ग एवं प्रत्यय

उपसर्ग

ऐसे शब्दांश जो किसी शब्द के पूर्व जोड़े जाने पर उसके अर्थ को परिवर्तित कर देते हैं, वे उपसर्ग कहलाते हैं। ये स्वयं सार्थक नहीं होते, लेकिन जिस शब्द से पहले जुड़ते हैं, उसके अर्थ में विशेषता उत्पन्न कर देते हैं। जैसे 'ज्ञान' में 'वि' जोड़ने पर 'विज्ञान' बनकर ज्ञान शब्द का अर्थ पूरी तरह बदल जाता है। इसी प्रकार 'ज्ञान' में 'अ' जोड़ने पर भी पूर्णतः भिन्न शब्द 'अज्ञान' बन जाता है।

उपसर्गों को पाँच भागों में विभक्त किया जा सकता है–

1. **संस्कृत के उपसर्ग :** संस्कृत के उपसर्गों की संख्या 22 है। वे इस प्रकार हैं–प्र, परा, अप, सम्, अनु, अव, निस्, निर्, दुस्, दुर्, वि, आ, नि, अधि, अपि, अति, सु, उत्, अभि, प्रति, परि, उप।
2. **अंग्रेजी के उपसर्ग :** अंग्रेजी भाषा के निम्न उपसर्गों का प्रयोग किया जाता है। वे इस प्रकार हैं– हैड, वाइस, सब, हॉफ, हेड, चीफ, जनरल, डिप्टी।
3. **हिन्दी के उपसर्ग :** हिन्दी के उपसर्ग विशेकर तद्भव शब्दों के पूर्व अर्थात् पहले आते हैं। वे इस प्रकार हैं–अन, अध्, उन, भर, दु, नि, अ, क, कु, अब, सु, पर, बिन।
4. **उर्दू-फारसी के उपसर्ग :** उर्दू एवं फारसी के उपसर्ग इस प्रकार हैं– ला, बद, बे, कम, गैर, खुश, ना, अल, बर, बिल, हम, दर, फिल/फी, ब, बा, सर, बिला, हर, बेश, नेक आदि।
5. **उपसर्ग के समान प्रयुक्त किए जाने वाले संस्कृत के अव्यय :** संस्कृत के उपर्युक्त उपसर्गों के अतिरिक्त के अव्ययों को उपसर्ग की तरह ही हिन्दी में प्रयोग किया जाता है। वे इस प्रकार हैं– अन्तर्, मुनर्, प्रादुर्, पूर्ण, प्राक्, पुरस्, बहिर, बहिस्, आत्म, स्व, पुरा, का/कु, न, स, स्वयं, इति, अलम, तिरस्, तत्, सत्, सम, सह, अन आदि।

प्रत्यय

ऐसे शब्द या शब्दांश जो किसी शब्द के अंत में लगकर उस शब्द के अर्थ में परिवर्तन कर देते हैं, वे प्रत्यय कहलाते हैं। जैसे– सज + आवट = सजावट, दुकान + दार = दुकानदार, पालन + हार = पालनहार। प्रत्यय मुख्यतः दो प्रकार के होते हैं–

1. कृत् प्रत्यय

क्रिया अथवा धातु के बाद जो प्रत्यय लगाए जाते हैं, उन्हें कृत् प्रत्यय कहते हैं। कृत् प्रत्यय के मेल से बने शब्द को 'कृदंत' कहते हैं।

जैसे–तैर + आक = तैराक, पठ + अनीय = पठनीय।

कृत् प्रत्यय चार प्रकार के होते हैं–

(क) **कर्तृ वाचक कृत् प्रत्यय :** कर्ता का बोध कराने वाले प्रत्यय कर्तृ वाचक कृत् प्रत्यय कहलाते हैं।

जैसे– पाठ + आक = पाठक, गाड़ी + वाला = गाड़ीवाला।

(ख) **कर्म वाचक कृत् प्रत्यय :** कर्म का बोध कराने वाले प्रत्यय कर्म वाचक कृत् प्रत्यय कहलाते हैं।

जैसे–ओढ़ + नी = ओढ़नी, पढ़ + ना = पढ़ना।

(ग) **करण वाचक कृत् प्रत्यय :** साधन का बोध कराने वाले प्रत्यय करण वाचक कृत् प्रत्यय कहलाते हैं।

जैसे–चट + नी = चटनी, ढक + ना = ढकना।

(घ) **भाववाचक कृत् प्रत्यय :** क्रिया के भाव का बोध कराने वाले प्रत्यय भाववाचक कृत् प्रत्यय कहलाते हैं।

जैसे–मिल + आप = मिलाप, चिल्ल + आहट = चिल्लाहट।

हिन्दी के कुछ कृत् प्रत्यय और उनसे निर्मित शब्द

प्रत्यय	धातु	शब्द रूप (कृदंत)
आक	तैरना	तैराक
आड़ी	खेलना	खिलाड़ी
इया	बढ़	बढ़िया
अक्कड़	पीना	पियक्कड़
सार	मिलन	मिलनसार
आऊ	टिकना	टिकाऊ
हरा	सोना	सुनहरा
एरा	लूट	लुटेरा
औना	खेलना	खिलौना
ई	रेतना	रेती

प्रत्यय	धातु	शब्द रूप (कृदंत)
ऊ	झाड़ना	झाड़ू
वट	मिलना	मिलावट
त	बचना	बचत
आहट	घबराना	घबराहट
औता	समझाना	समझौता
औती	मनाना	मनौती

2. तद्धित प्रत्यय

क्रिया को छोड़कर संज्ञा, सर्वनाम, विशेषण आदि में जुड़कर नए शब्द बनाने वाले प्रत्यय तद्धित प्रत्यय कहलाते हैं। तद्धित प्रत्यय के मेल से बने शब्द को **'तद्धितांत'** कहते हैं।

हिन्दी के कुछ तद्धित प्रत्यय और उनसे निर्मित शब्द

प्रत्यय	शब्द	शब्द रूप (तद्धितांत)
आर	सोना	सुनार
आरी	जूआ	जुआरी
दार	समझ	समझदार
पन	बच्चा	बचपन
हट	चिकना	चिकनाहट
आस	मीठा	मिठास
क	ढोल	ढोलक
री	छाता	छतरी
इया	बूढ़ी	बुढ़िया
एल	नाक	नकेल
हाल	नाना	ननिहाल
औती	बाप	बपौती
इक	शरीर	शारीरिक
इमा	लाल	लालिमा
इष्ठ	वर	वरिष्ठ
ईन	कुल	कुलीन
र	मधु	मधुर
ई	गुजरात	गुजराती
गाह	चारा	चारागाह
त्र	सर्व	सर्वत्र
ओं	कोस	कोसों
स	आप	आपस
भर	दिन	दिनभर
ड़ा	दुःख	दुःखड़ा
ई	टोप	टोपी
इत	शाप	शापित
ए	धीर, पीछा	धीरे, पीछे

अभ्यास प्रश्न

निर्देश (प्र.सं. 1 से 15 तक) : *निम्नलिखित प्रश्नों में दिए गए शब्दों में प्रयुक्त उपसर्ग के सही विकल्प का चयन कीजिए।*

1. संकलन
A. संक B. स
C. सम् D. सम

2. स्वभाव
A. स B. स्व
C. सर्व D. सा

3. निष्काम
A. निस् B. निर
C. निः D. निश

4. उपहार
A. उप् B. उप
C. उपा D. उ

5. पराजय
A. पर B. परा
C. जय D. प

6. संयोग
A. सं B. सु
C. सम् D. सम

7. अत्याचार
A. अति B. आ
C. अ D. ति

8. अध्यात्म
A. अ B. अधि
C. धि D. आ

9. सरताज
A. स B. सर्
C. सर्र D. इनमें से कोई नहीं

10. अल्मस्त
A. अ B. अल्
C. आल् D. इनमें से कोई नहीं

11. नपुंसक
A. न B. ना
C. नपु D. इनमें से कोई नहीं

12. उत्तम
A. उ B. उत्
C. उत्त D. ऊत

13. संन्यासी
A. सम् B. सन्
C. सं D. सम

14. हमदर्दी
A. हम् B. हमद
C. हम D. इनमें से कोई नहीं

15. निरभिमान
A. निः B. निर्
C. निस D. निर

निर्देश (प्र.सं. 16 से 30 तक) : *निम्नलिखित प्रश्नों में दिए गए शब्दों में प्रयुक्त प्रत्यय के सही विकल्प का चयन कीजिए।*

16. विद्यालय
A. लय B. आलय
C. य D. अलय

17. वैज्ञानिक
A. इक B. क
C. आई D. ईक

18. चतुराई
A. आई B. राई
C. यी D. ई

19. मरियल
A. ईयल B. ल
C. रियल D. इयल

20. रसोइया
A. रस B. या
C. इया D. आ

21. गमन
A. अन B. मन
C. न D. उन

22. कहावत
A. हावत B. वत
C. आवत D. कह

23. पुजारिन
A. इन B. आइन
C. रिन D. पु

24. कवित्व
A. व B. त्व
C. तव D. इत्व

25. कविता
A. आ B. ता
C. त्व D. इता

26. पांडित्य
A. अ B. य
C. त्य D. इत्य

27. गांगेय
A. य B. एय
C. गेय D. इनमें से कोई नहीं

28. ग्रामीण
A. अ B. ण
C. ईन D. ईण

29. मासिक
A. अ B. क
C. इक D. इनमें से कोई नहीं

30. मलीन
A. न B. ईन
C. लीन D. लीन्

उत्तरमाला

1	2	3	4	5	6	7	8	9	10
C	B	A	B	B	C	A	B	B	B
11	**12**	**13**	**14**	**15**	**16**	**17**	**18**	**19**	**20**
A	B	A	C	B	B	A	A	D	C
21	**22**	**23**	**24**	**25**	**26**	**27**	**28**	**29**	**30**
A	C	A	B	B	B	B	C	C	B

❊ ❊ ❊ ❊ ❊

6 संज्ञा, सर्वनाम, क्रिया एवं विशेषण

संज्ञा

संज्ञा का अर्थ नाम होता है। संसार में जितने भी व्यक्ति या वस्तुएँ हैं, उनका कोई-न-कोई नाम अवश्य होता है। ऐसी सभी वस्तुओं के नामों को 'संज्ञा' कहा जाता है, जैसे–विजय, विनय, भारत, पाकिस्तान, दूध, दही, सुन्दरता, मिठास, झुण्ड आदि।

संज्ञा के भेद

संज्ञा के निम्नलिखित पाँच भेद होते हैं :

- **जातिवाचक संज्ञा :** जातिवाचक संज्ञा किसी प्राणी या वस्तु की सम्पूर्ण जाति का बोध कराती है; जैसे–गाय, किसान, किताब, लेखक, लड़का आदि।
- **व्यक्तिवाचक संज्ञा :** व्यक्तिवाचक संज्ञा किसी एक विशेष व्यक्ति, वस्तु या स्थान का बोध कराती है; जैसे–कृष्ण, गंगा, पटना, मेरठ, दिल्ली आदि। व्यक्तिवाचक संज्ञाओं के अंतर्गत निम्नलिखित नामों का समावेश होता है– व्यक्तियों के नाम, दिशाओं के नाम, देशों के नाम, नदियों के नाम, समुद्रों के नाम, पर्वतों के नाम, नगरों के नाम, पुस्तकों एवं समाचार पत्रों के नाम, दिनों के नाम, महीनों के नाम, ग्रह-नक्षत्रों के नाम, त्योहारों एवं उत्सवों के नाम, भाषाओं के नाम, वस्तुओं के नाम आदि।
- **द्रव्यवाचक संज्ञा :** द्रव्यवाचक संज्ञा किसी धातु या द्रव (तरल) पदार्थ का बोध कराती है; जैसे–दूध, दही, सोना, चाँदी, लोहा आदि।
- **समूहवाचक संज्ञा :** समूहवाचक संज्ञा किसी समूह का बोध कराती है; जैसे–झुण्ड, भीड़, सभा, गुच्छा, सेना, जुलूस आदि।
- **भाववाचक संज्ञा :** भाववाचक संज्ञा किसी व्यक्ति या वस्तु के धर्म अथवा गुण का बोध कराती है; जैसे–बुढ़ापा, मिठास, अच्छाई, मित्रता, शत्रुता आदि।

भाववाचक संज्ञा का निर्माण

भाववाचक संज्ञाओं का निर्माण तद्धित और कृदन्त प्रत्ययों को विभिन्न शब्द भेदों में लगाकर किया जाता है।

जातिवाचक संज्ञा से

जातिवाचक संज्ञा	भाववाचक संज्ञा	जातिवाचक संज्ञा	भाववाचक संज्ञा
पशु	पशुता	विद्वान	विद्वता
मनुष्य	मनुष्यता	शत्रु	शत्रुता
लड़का	लड़कपन	बूढ़ा	बुढ़ापा
देहात	देहाती	बंधु	बंधुत्व
स्त्री	स्त्रीत्व	शहर	शहरी
साधु	साधुत्व	माता	मातृत्व
घर	घरेलू	मूर्ख	मूर्खता

विशेषण से

विशेषण	भाववाचक संज्ञा	विशेषण	भाववाचक संज्ञा
सुन्दर	सुन्दरता	ईमानदार	ईमानदारी
कठोर	कठोरता	निपुण	निपुणता
कुरूप	कुरूपता	वीर	वीरता
गर्म	गर्मी	शिष्ट	शिष्टता
सर्द	सर्दी	कायर	कायरता
चौड़ा	चौड़ाई	नीच	नीचता
काला	कालापन	सभ्य	सभ्यता
नीला	नीलापन	शांत	शांति
कड़वा	कड़वाहट/कड़वापन	नम्र	नम्रता
छोटा	छुटपन/छोटापन	मीठा	मिठास

क्रिया से

क्रिया	भाववाचक संज्ञा	क्रिया	भाववाचक संज्ञा
पढ़ना	पढ़ाई	सजाना	सजावट
लड़ना	लड़ाई	लिखना	लिखावट
चढ़ना	चढ़ाई/चढ़ाव	बनाना	बनावट

क्रिया	भाववाचक संज्ञा	क्रिया	भाववाचक संज्ञा
विचारना	विचार	मिलाना	मिलावट
उठना	उठाव	निकलना	निकास
बहना	बहाव	झाड़ना	झाड़
खींचना	खिंचाव	फूँकना	फूँक
झुकना	झुकाव	लूटना	लूट

सर्वनाम से

सर्वनाम	भाववाचक संज्ञा	सर्वनाम	भाववाचक संज्ञा
मम	ममता	अहं	अहंकार
स्व	स्वत्व	पराया	परायापन
अपना	अपनत्व/अपनापन	सर्व	सर्वस्व
आप	आपा	निज	निजता
एक	एकता		

अव्यय से

अव्यय	भाववाचक संज्ञा	अव्यय	भाववाचक संज्ञा
निकट	निकटता	शाबाश	शाबाशी
समीप	समीपता/सामीप्य	वाह	वाहवाही
दूर	दूरी	धिक्	धिक्कार
अधिक	अधिकता	तेज	तेजी
सहज	सहजता	नित्य	नित्यता
नीचे	निचाई	बहुत	बहुतायत
मना	मनाही	शीघ्र	शीघ्रता
परस्पर	पारस्परिक	जल्दी	जल्दबाजी
कम	कमी	देर	देरी
बराबर	बराबरी	धीरे	धीमापन
ऊपर	ऊपरी		

अभ्यास प्रश्न

1. संज्ञा बोध कराती है :

A. व्यक्तियों के नाम का B. वस्तुओं के नाम का
C. स्थानों के नाम का D. उपरोक्त सभी का

2. वस्तु अथवा व्यक्ति के नाम को कहते हैं :

A. प्रतीक B. चिह्न
C. संज्ञा D. पहचान

3. संज्ञा के भेद होते हैं :

A. चार B. पाँच
C. छः D. तीन

4. प्रधानमंत्री कौन-सी संज्ञा है?

A. व्यक्तिवाचक B. समूहवाचक
C. जातिवाचक D. भाववाचक

5. जातिवाचक संज्ञा बोध कराती है :

A. व्यक्ति या मनुष्य के जातिवर्ग का
B. व्यक्ति के संस्कार का
C. पशुओं के जाति गुण का
D. व्यक्ति के पद का

6. सोना, चाँदी, लोहा, पीतल किस संज्ञा से संबद्ध शब्द हैं?

A. जातिवाचक संज्ञा B. भाववाचक संज्ञा
C. द्रव्यवाचक संज्ञा D. किसी से नहीं

7. इनमें से कौन-सा संज्ञा का कार्य नहीं है?

A. समूहसूचक नामों का बोध कराना
B. धातु, द्रव्य और अनाजों के नाम का बोध कराना
C. दिनों, महीनों, ग्रह-नक्षत्रों का बोध कराना
D. व्यक्ति के भविष्य का बोध कराना

8. इनमें से क्या भाववाचक संज्ञा नहीं है?

A. ममता B. कृपा
C. क्षमा D. गुच्छा

9. 'जयचन्दों' ने ही देश का विनाश किया। यहाँ 'जयचन्द' क्या है?

A. व्यक्तिवाचक संज्ञा B. जातिवाचक संज्ञा
C. भाववाचक संज्ञा D. इनमें से कोई नहीं

10. 'कक्षा' कौन-सी संज्ञा है?

A. जातिवाचक B. भाववाचक
C. समूहवाचक D. व्यक्तिवाचक

11. 'पढ़ना' की भाववाचक संज्ञा क्या होगी?

A. पाठ B. पठनीय
C. पढ़ाई D. पाठक

12. 'पंडित' की भाववाचक संज्ञा है:

A. पंडित्व B. पंडिताइन
C. पंडिताऊ D. पांडित्य

13. डॉ. राजेन्द्र प्रसाद को <u>देशरत्न</u> कहा जाता है। रेखांकित शब्द में कौन-सी संज्ञा है?

A. जातिवाचक संज्ञा B. द्रव्यवाचक संज्ञा
C. व्यक्तिवाचक संज्ञा D. भाववाचक संज्ञा

14. 'बुढ़ापा' शब्द में कौन-सी संज्ञा है?

A. जातिवाचक B. व्यक्तिवाचक
C. भाववाचक D. समूहवाचक

15. 'गंगा' शब्द में कौन-सी संज्ञा है?
A. जातिवाचक B. व्यक्तिवाचक
C. द्रव्यवाचक D. भाववाचक

16. 'सेना' शब्द में कौन-सी संज्ञा है?
A. समूहवाचक B. भाववाचक
C. द्रव्यवाचक D. व्यक्तिवाचक

17. 'गेहूँ' शब्द में कौन-सी संज्ञा है?
A. भाववाचक B. व्यक्तिवाचक
C. समूहवाचक D. द्रव्यवाचक

18. 'लड़का' शब्द में कौन-सी संज्ञा है?
A. समूहवाचक B. भाववाचक
C. जातिवाचक D. व्यक्तिवाचक

19. निम्नलिखित में से कौन-सा शब्द भाववाचक संज्ञा नहीं है?
A. सुन्दरता B. प्रेम
C. राम D. ईमानदारी

20. 'हिमालय' में कौन-सी संज्ञा है?
A. जातिवाचक B. व्यक्तिवाचक
C. द्रव्यवाचक D. समूहवाचक

उत्तरमाला

1	2	3	4	5	6	7	8	9	10
D	C	B	C	A	C	D	D	B	C
11	**12**	**13**	**14**	**15**	**16**	**17**	**18**	**19**	**20**
C	D	C	C	B	A	D	C	C	B

❊ ❊

सर्वनाम

संज्ञा शब्दों की पुनरुक्ति को दूर करने हेतु उनके स्थान पर जो शब्द प्रयुक्त किए जाते हैं, उन्हें सर्वनाम कहते हैं; जैसे—राम आज बीमार है, इसलिए वह आज विद्यालय नहीं आया। इस वाक्य में 'वह' शब्द राम के लिए प्रयुक्त हुआ है। यदि 'वह' शब्द का प्रयोग न होता तो 'राम' शब्द की पुनरुक्ति होती और वाक्य का सौन्दर्य नष्ट हो जाता।

हिन्दी के मूल सर्वनाम 11 हैं—मैं, तू, आप, यह, वह, जो, सो, कौन, क्या, कोई, कुछ।

सर्वनाम के भेद

सर्वनाम के निम्नलिखित छः भेद होते हैं :

- **पुरुषवाचक सर्वनाम :** जो सर्वनाम बोलने वाले या सुनने वाले या जिसके विषय में कुछ कहा जाए—इन तीनों पुरुषों का बोध कराते हैं, उन्हें पुरुषवाचक सर्वनाम कहा जाता है। 'पुरुषवाचक' सर्वनाम से पुरुष और स्त्री दोनों का बोध होता है।

  पुरुषवाचक सर्वनाम निम्न हैं : मैं, हम, तू, तुम, आप, यह, ये, वह, वे आदि।

  उदाहरण : उसने मुझे बोला था कि **तुम** पढ़ रही हो।

  उपर्युक्त वाक्य में तीन तरह के पुरुषवाचक शब्द आए हैं। उसने, मुझे और तुम— अतः स्पष्ट होता है कि पुरुषवाचक सर्वनाम के तीन भेद होते हैं।

  पुरुषवाचक सर्वनाम तीन प्रकार के होते हैं—

  1. **उत्तम पुरुष :** जिन शब्दों का प्रयोग बोलने वाला खुद (स्वयं) के लिए करता है। जैसे— मैं, मेरा, मुझे, मुझको, मेरी, हम, हमारा, हमारी, हम सब, हमलोग, आदि।
  2. **मध्यम पुरुष :** जिन शब्दों का प्रयोग सुनने वाले के लिए किया जाता है जैसे—तू, तुम, तुम्हें, तुम्हारा, तुमको, आप, आपको, आपलोग, आदि।
  3. **अन्य पुरुष :** जिन शब्दों का प्रयोग किसी तीसरे व्यक्ति के बारे में बात करने के लिए किया जाता है। जैसे—यह, वह, ये, वे, उन, उनको, उनसे, इन्हें, उन्हें, ये लोग, वे लोग, आदि।

- **निजवाचक सर्वनाम :** निजवाचक सर्वनाम से निज या अपने आप का बोध होता है; जैसे—आप, अपने-आप, खुद, निज, स्वतः, स्वयं, आदि।

  उदाहरण : मैं **अपनी** गाड़ी से जाऊँगा।

  मैं अपना काम **आप** ही कर लूंगी।

  उपर्युक्त वाक्यों में **अपनी** और **आप** निजवाचक सर्वनाम हैं।

- **निश्चयवाचक सर्वनाम :** निश्चयवाचक सर्वनाम से पास या दूर (उपस्थित या अनुपस्थित) की वस्तु का निश्चित रूप से बोध होता है; जैसे—यह, वे, वह, ये आदि।

  उदाहरण : यह मेरी गाड़ी है, **वह** राम की गाड़ी है।

- **अनिश्चयवाचक सर्वनाम :** अनिश्चयवाचक सर्वनाम से अज्ञात या अनिश्चित व्यक्तियों या वस्तुओं का बोध होता है; जैसे—कुछ, कुछ भी, सब कुछ, बहुत कुछ, कुछ-न-कुछ और जो कुछ, कोई, सब कोई, हर कोई, कोई भी और कोई-न-कोई आदि।

  उदाहरण : दरवाजे पर **कोई** खड़ा है। **कोई** आ रहा है।

- **प्रश्नवाचक सर्वनाम :** प्रश्नवाचक सर्वनाम का प्रयोग किसी व्यक्ति या वस्तु के विषय में कुछ पूछने के लिए होता है; जैसे–कौन, क्या आदि।

  उदाहरण : तुम **क्या** कर रहे हो?

- **संबंधवाचक सर्वनाम :** संबंधवाचक सर्वनाम से किसी संज्ञा या सर्वनाम के संबंध का ज्ञान होता है; जैसे–जो, सो... वह पुनरुक्त सर्वनाम के कुछ उदाहरण निम्न हैं–जो, सो, उसे, जिसकी, उसकी, जैसा, वैसा आदि।

  उदाहरण : जो सोएगा, सो खोएगा।

  जैसा कर्म करोगे, **वैसा** ही फल मिलेगा।

  उपर्युक्त वाक्यों में **जो,** और **सो** तथा **जैसा** और **वैसा** संबंध वाचक सर्वनाम हैं।

अभ्यास प्रश्न

1. **वह** सर्वनाम **वे** के रूप में कब व्यवहृत होता है?
A. आदर भाव में B. प्रश्न भाव में
C. संबंध भाव में D. अनिश्चय भाव में

2. इनमें से कौन शब्द पुरुषवाचक सर्वनाम नहीं है?
A. मैं B. तुम
C. आप D. सभी हैं

3. अधोलिखित में से कौन-सा प्रश्नवाचक सर्वनाम है?
A. कोई B. कौन
C. कभी D. कुछ

4. निम्नलिखित में कौन-सा शब्द अनिश्चयवाचक सर्वनाम है?
A. कौन B. क्या
C. वही D. कुछ

5. प्रश्नवाचक सर्वनाम में **कौन** का प्रयोग किसके लिए होता है?
A. व्यक्ति के लिए B. वस्तु के लिए
C. प्रश्न के लिए D. किसी के लिए नहीं

6. कोई आ रहा है– वाक्य में 'कोई' किस प्रकार का सर्वनाम है।
A. अनिश्चयवाचक B. निश्चयवाचक
C. निजवाचक D. संबंधवाचक

7. जैसा करोगे, वैसा भरोगे में कौन-सा सर्वनाम है?
A. पुरुषवाचक सर्वनाम B. प्रश्नवाचक सर्वनाम
C. संबंधवाचक सर्वनाम D. निजवाचक सर्वनाम

8. निम्न में सर्वनाम शब्द है:
A. नींद B. सफाई
C. रोग D. कौन

9. निम्न में कौन शब्द सर्वनाम है?
A. मोहन B. आप
C. कमला D. गुड़िया

10. शायद कमरे में कोई छिपा हुआ है। इस वाक्य में रेखांकित शब्द है।
A. प्रश्नवाचक सर्वनाम B. संबंधवाचक सर्वनाम
C. अनिश्चयवाचक सर्वनाम D. निजवाचक सर्वनाम

11. जो परिश्रम करेगा सो पास होगा। रेखांकित सर्वनाम का भेद बताइए।
A. निश्चयवाचक B. अनिश्चयवाचक
C. संबंधवाचक D. प्रश्नवाचक

12. निम्नलिखित वाक्य को उचित सर्वनाम के साथ पूर्ण कीजिए:
.... काम कर रहा है।
A. वह B. वेह
C. वे D. इनमें से कोई नहीं

13. बाहर कोई रो रहा है, इस वाक्य में कौन-सा शब्द सर्वनाम है?
A. बाहर B. रो रहा
C. कोई D. है

14. तुम क्या खोज रहे हो? रेखांकित शब्द में कौन-सा सर्वनाम है?
A. अनिश्चयवाचक B. प्रश्नवाचक
C. संबंधवाचक D. निश्चयवाचक

15. निम्नलिखित में सर्वनाम है:
A. राजेन्द्र B. पुस्तक
C. मैं D. सीता

16. निम्नलिखित में से निश्चयवाचक सर्वनाम है:
A. क्या B. कुछ C. कौन D. यह

17. निम्नलिखित वाक्य को उचित सर्वनाम के साथ पूर्ण कीजिए:
.... बहुत बुद्धिमान हो।
A. मैं B. तू C. तुम D. वह

18. किस वाक्य में प्रश्नवाचक सर्वनाम का प्रयोग हुआ है?
A. आपको यह काम करना है। B. वह पढ़ता-लिखता है न?
C. आप कहाँ रहते हो? D. वहाँ कौन पढ़ रहा था?

19. 'ऐसा भी हो सकता है।' वाक्य में कौन-सा शब्द सर्वनाम के रूप में प्रयोग किया गया है?
A. सकता B. ऐसा
C. भी D. हो

20. निम्नलिखित में से कौन-सा शब्द सर्वनाम नहीं है?
A. नदी B. यह C. वह D. आप

उत्तरमाला

1	2	3	4	5	6	7	8	9	10
A	D	B	D	A	A	C	D	B	C
11	12	13	14	15	16	17	18	19	20
C	A	C	B	C	D	C	D	B	A

❄ ❄

क्रिया एवं विशेषण

क्रिया

जिस शब्द से किसी काम का होना या करना समझा जाए, उसे क्रिया कहते हैं, जैसे–खाना, पीना, सोना, जागना, पढ़ना-लिखना आदि।

क्रिया तीन प्रकार के शब्दों से बनती है :

- धातु से–पढ़ना = पढ़ + ना
- संज्ञा से–हथियाना = हाथ + आ + ना
- विशेषण से–चिकनाना = चिकना + आ + ना

हिन्दी की बहुत-सी क्रियाएँ धातु से ही बनती हैं अर्थात् दूसरे शब्दों में हम कह सकते हैं कि जिस मूल शब्द से क्रिया का निर्माण होता है, उसे धातु कहते हैं। धातु में 'ना' जोड़ने से क्रिया का सामान्य रूप बनता है। इसका अर्थ यह है कि सामान्य क्रिया से 'ना' हटा देने पर, जो शब्द रह जाता है, उसे धातु कहते हैं :

- धातु + ना = सामान्य क्रिया; पढ़ + ना = पढ़ना

क्रिया के भेद

क्रिया के दो प्रकार के भेद होते हैं:

1. **सकर्मक क्रिया :** जो क्रिया सदैव कर्म के साथ आती हो, तो उसे सकर्मक क्रिया कहा जाता है। जैसे–श्याम ने केला खाया। इस वाक्य में **श्याम कर्ता** है, **खाया क्रिया** है और केला यहाँ पर **कर्म** है।
2. **अकर्मक क्रिया :** जिन क्रियाओं में कर्म का बोध नहीं होता और क्रिया का प्रभाव कर्ता पर पड़ता है, उन्हें अकर्मक क्रिया कहते हैं। जैसे–रमेश गाता है। यहाँ **कर्म** का अभाव है तथा गाता है **क्रिया** का प्रभाव रमेश पर पड़ता है।

अकर्मक एवं सकर्मक में परिवर्तन

जब कार्य अपने लिए न करके दूसरे के लिए किया जाए अथवा दूसरे से कराया जाए तब अकर्मक क्रिया सकर्मक बन जाती है और सकर्मक क्रिया द्विकर्मक बन जाती है। जैसे–

सुरेखा पुस्तक पढ़ती है। (सकर्मक)
सुरेखा पढ़ती है। (अकर्मक)
नवीन हँस रहा है। (अकर्मक)
नवीन, गोपाल को हँसाता है। (सकर्मक)
रमेश पढ़ता है। (सकर्मक)
अध्यापक, रमेश को पढ़ाता है। (द्विकर्मक)

क्रिया के अन्य भेद

संरचना के आधार पर क्रिया पाँच प्रकार की होती है।

1. **सामान्य क्रिया :** जहाँ किसी एक क्रिया का प्रयोग हो, तो वह सामान्य क्रिया कहलाती है।

   जैसे–महेश आया। इस वाक्य में 'आया' शब्द एक क्रिया के रूप में प्रयुक्त हुआ है।
2. **संयुक्त क्रिया :** जहाँ दो अथवा दो से अधिक क्रियाओं का साथ-साथ प्रयोग हो, तो वह संयुक्त क्रिया कहलाती है। जैसे–सूरज सो गया है। इस वाक्य में 'सो गया' दो-दो क्रियाओं का एक साथ प्रयोग हुआ है।
3. **नामधातु क्रिया :** संज्ञा, सर्वनाम, विशेषण आदि शब्दों से बने क्रिया पदों को नामधातु क्रिया कहते हैं। जैस–हाथ से हथियाना, गर्म से गर्माना, खटखट से खटखटाना आदि।
4. **प्रेरणार्थक क्रिया :** जब कर्ता कोई काम स्वयं न करके दूसरे को उसे करने को प्रेरित करे, तो अकर्मक क्रिया सकर्मक बन जाती है। ऐसी क्रियाएं प्रेरणार्थक क्रियाएं कहलाती हैं। जैसे–अध्यापक छात्रों से पाठ पढ़वाता है।
5. **पूर्वकालिक क्रिया :** मुख्य क्रिया से पहले आने वाली क्रिया पूर्वकालिक क्रिया कहलाती है। जैसे–मैं अभी सोकर उठा। यहाँ 'सोकर' पूर्वकालिक क्रिया है। यहाँ मुख्य क्रिया 'उठा' है।

विशेषण

संज्ञा और सर्वनाम की विशेषता बताने वाले शब्द को विशेषण कहते हैं। जिस शब्द की विशेषता बताई जाए, उसे विशेष्य कहते हैं; जैसे–उजली गाय मैदान में खड़ी है। इस वाक्य में 'उजली' विशेषण तथा गाय विशेष्य है।

विशेषण के भेद

विशेषण के मुख्य चार भेद निम्नलिखित हैं :

- **गुणवाचक विशेषण :** जिस विशेषण द्वारा विशेष्य के गुण अथवा दोष (भाव, रंग, आकार, स्थान, समय आदि) का बोध होता है, उसे 'गुणवाचक विशेषण' कहते हैं।
- **परिमाणबोधक/परिमाणवाचक विशेषण :** जो विशेषण किसी वस्तु की मात्रा वजन, माप-तोल को बताते हैं, उन्हें परिमाणबोधक या परिमाणवाचक विशेषण कहते हैं; जैसे—**बहुत** पानी, **कितना** सोना, **कितनी** चाँदी, **सब** कुछ, **और** दूध आदि।
- **सार्वनामिक विशेषण :** सर्वनाम जब किसी संज्ञा के पूर्व आते हैं, तो सार्वनामिक विशेषण कहलाते हैं; जैसे—यह कलम, वह थोड़ा, कौन आदमी, मेरा आदि।
- **संख्यावाचक विशेषण :** जिन विशेषणों द्वारा संख्या का बोध होता है, उसे संख्यावाचक विशेषण कहते हैं; जैसे—**पाँच** आदमी, **दो** विद्यार्थी, **एक** पुस्तक आदि।

विशेषण की रचना

कुछ शब्द मूल रूप में ही विशेषण होते हैं, किंतु कुछ विशेषण शब्दों की रचना निम्नलिखित शब्दों से की जाती है—

1. संज्ञा, 2. सर्वनाम, 3. क्रिया, 4. अव्यय

1. संज्ञा से विशेषण बनाना

संज्ञा	विशेषण	संज्ञा	विशेषण	संज्ञा	विशेषण
सप्ताह	साप्ताहिक	मानव	मानवीय	दिन	दैनिक
मिठाई	मीठा	लालच	लालची	गुलाब	गुलाबी
अंश	आंशिक	संकेत	सांकेतिक	नीति	नैतिक
अर्थ	आर्थिक	अज्ञान	अज्ञानी	पाप	पापी
चमक	चमकीला	नरक	नारकीय	वर्णन	वर्णनीय

2. सर्वनाम शब्दों से विशेषण बनाना

सर्वनाम	विशेषण	सर्वनाम	विशेषण	सर्वनाम	विशेषण
यह	ऐसा	आप	आप-सा	जो	जैसा
वह	वैसा	तुम	तुम-सा	कौन	कैसा

3. क्रिया शब्दों से विशेषण बनाना

क्रिया	विशेषण	क्रिया	विशेषण	क्रिया	विशेषण
पढ़ना	पढ़ाकू	चलना	चालू	भागना	भगोड़ा
गाना	गायक	मरना	मरियल	लड़ना	लड़ाकू
पूज	पूजनीय	वंद	वंदनीय	टिकना	टिकाऊ

4. अव्यय शब्दों से विशेषण बनाना

अव्यय	विशेषण	अव्यय	विशेषण	अव्यय	विशेषण
आगे	अगला	पीछे	पिछला	बाहर	बाहरी
अंदर	अंदरूनी	ऊपर	ऊपरी	नीचे	निचला
भीतर	भीतरी	सतह	सतही		

अभ्यास प्रश्न

1. क्रिया के सही रूप से वाक्य पूरा कीजिए:
ट्रेन अचानक से ....।
A. रुका है B. रुक गई
C. रुक रही थी। D. रुक चुकी है

2. अकर्मक क्रिया वाले वाक्य को चुनिए:
A. बच्चे पतंग उड़ाते हैं। B. चिड़ियाँ उड़ती हैं।
C. करीम ने दौड़ लगाई। D. उसने अपनी डायरी जला दी।

3. निम्नलिखित वाक्य में से क्रिया पहचानिए:
रमेश हर दिन बगीचे में खेलता है।
A. खेलता B. खिलौना
C. खिलाना D. इनमें से कोई नहीं

4. सही क्रिया चुनिए:
बच्चा कमरे में .... था।
A. सोना B. सो रहा
C. सोएगा D. सो रहा होगा

5. हम लोग आज बड़े मैदान में फुटबॉल मैच देखने जा रहे हैं। वाक्य में क्रिया क्या है?
A. देखने B. फुटबॉल मैच
C. बड़े D. रहे हैं

6. सही क्रिया चुनिए:
बच्चा दो घंटे से ....।
A. सो रहा है B. सो रहे हैं
C. सो चुका है D. सोएगा

7. सही क्रिया चुनिए : अशोक उसे कल ....।
A. मिलता है B. मिला
C. मिलेंगे D. मिल रहा है

8. सही क्रिया चुनिए:
भूमध्य रेखा के पास, सूर्य अधिक मात्रा में पानी ....।
A. वाष्पित कर रहा है B. वाष्पित करता है
C. वाष्पित कर चुका है D. वाष्पित करें

9. निम्न में से कौन-सी अकर्मक क्रिया है?
A. चुराना B. माँगना
C. लेना D. हँसना

10. निम्न में से कौन-सी सकर्मक क्रिया है?
A. सोना B. हँसना
C. रोना D. देखना

11. चिड़िया आकाश में उड़ रही है। इस वाक्य में 'उड़ रही' क्रिया किस प्रकार की है?
A. अकर्मक B. सकर्मक
C. सामान्य D. इनमें से कोई नहीं

12. विशेषण किसकी विशेषता बताता है?
A. संज्ञा की B. सर्वनाम की
C. संज्ञा, सर्वनाम दोनों की D. क्रिया की

13. जिस पद की विशेषता बतायी जाये, उसे कहते हैं :
A. विशेषण B. प्रविशेषण
C. विशेष्य D. प्रधानपद

14. यह किताब ठीक है। इस वाक्य में **यह** कौन-सा विशेषण है?
A. सार्वनामिक विशेषण B. परिमाण बोधक विशेषण
C. गुणवाचक विशेषण D. कोई नहीं

15. **पूजनीय** विशेषण पद बना है :
A. क्रिया में प्रत्यय लगाकर B. विशेषण में प्रत्यय लगाकर
C. संज्ञा में प्रत्यय लगाकर D. इनमें से कोई नहीं

16. तुलनात्मक विशेषण की कितनी अवस्थाएँ होती हैं?
A. दो B. तीन
C. चार D. पाँच

17. यह घोड़ा अच्छा है। वाक्य में **यह** कौन-सा विशेषण है?
A. गुणवाचक B. प्रविशेषण
C. क्रमवाचक D. सार्वनामिक

18. **मीठा** आम में मीठा कौन-सा विशेषण है?
A. गुणवाचक B. संख्यावाचक
C. परिमाणवाचक D. कोई नहीं

19. **चलता-फिरता, टेढ़ा-मेढ़ा** कैसा विशेषण हैं?
A. प्रत्यय लगने से विकारी विशेषण हैं
B. दो शब्दों के मेल से बने विकारी विशेषण हैं
C. दोनों के मेल से
D. कोई नहीं

20. दिए गए विकल्पों में से विशेषण पहचानिए:
A. ऊँचा B. पाया
C. चिड़ियाँ D. अवशेष

21. निम्नलिखित में से संकेतवाचक विशेषण को चुनिए:
A. वह मकान B. बीस मन अनाज
C. दस विद्यार्थी D. लंबी महिला

22. काला, पीला आदि शब्द किस प्रकार के विशेषण के उदाहरण हैं?
A. गुणवाचक विशेषण B. परिणामबोधक विशेषण
C. संख्यावाचक विशेषण D. सार्वनामिक विशेषण

23. 'मदनपुरी काली पतलून पहनकर खेलने आया' में विशेषण है।
A. पतलून B. खेलने
C. काली D. मदनपुरी

24. सात लीटर दूध है—इसमें विशेषण होगा।
A. संख्यावाचक B. परिमाणवाचक
C. गुणवाचक D. इनमें से कोई नहीं

25. 'वह नौकर नहीं आया' वाक्य में 'वह' कौन-सा विशेषण है?
A. संख्यावाचक B. सार्वनामिक
C. गुणवाचक D. परिमाणवाचक

निर्देश (प्र.सं. 26 से 30): *निम्नलिखित प्रश्नों में दिए गए विकल्पों में से सही विशेषण का चयन कीजिए।*

26. A. मीठा B. खाना C. बच्चा D. गाया
27. A. कुत्ता B. लंबा C. दौड़ D. सोया
28. A. पानी B. खाया C. हरा D. फल
29. A. पंख B. सुन्दर C. उड़ना D. बैठा
30. A. पेड़ B. चलना C. बड़ा D. बैठे

उत्तरमाला

1	2	3	4	5	6	7	8	9	10
B	B	A	B	A	A	B	B	D	D
11	**12**	**13**	**14**	**15**	**16**	**17**	**18**	**19**	**20**
A	C	C	A	A	B	D	A	B	A
21	**22**	**23**	**24**	**25**	**26**	**27**	**28**	**29**	**30**
A	A	C	B	B	A	B	C	B	C

❋ ❋ ❋ ❋ ❋

7 लिंग, वचन और कारक

लिंग

'लिंग' शब्द संस्कृत भाषा का शब्द है, जिसका अर्थ चिह्न होता है। जिस चिह्न द्वारा यह जाना जाए कि अमुक शब्द पुरुष जाति का है या स्त्री जाति का है। संज्ञा के जिस रूप से पुरुषत्व या स्त्रीत्व का बोध हो, उसे लिंग कहते हैं। हिन्दी में सृष्टि के समस्त पदार्थ, चाहे वे सजीव हों या निर्जीव, दो लिंगों में ही विभक्त किए गए हैं वे हैं–

- **पुल्लिंग :** जिन संज्ञा शब्द से (यथार्थ व कल्पित) पुरुषत्व का बोध होता है, उन्हें पुल्लिंग कहते हैं, जैसे–लड़का, बैल, पेड़, नगर इत्यादि। इन उदाहरणों में 'लड़का' और 'बैल' यथार्थ पुरुषत्व सूचक हैं और 'पेड़' तथा 'नगर' से कल्पित पुरुषत्व का बोध होता है।
- **स्त्रीलिंग :** जिस संज्ञा से (यथार्थ व कल्पित) स्त्रीत्व का बोध होता है, उसे स्त्रीलिंग कहते हैं, जैसे–लड़की, गाय, लता, पुरी इत्यादि। इन उदाहरणों में 'लड़की' और 'गाय' यथार्थ स्त्रीत्व का और 'लता' और 'पुरी' से कल्पित स्त्रीत्व का बोध होता है।

लिंग-परिवर्तन (पुल्लिंग से स्त्रीलिंग बनाने) के नियम

हिन्दी में पुल्लिंग से स्त्रीलिंग बनाने की कई विधियाँ प्रचलित हैं। इसके लिए शब्दों के अन्त में प्रत्यय जोड़े जाते हैं। इन्हें स्त्री प्रत्यय कहते हैं। हिन्दी में प्रमुख स्त्री प्रत्यय निम्नलिखित हैं– आ, ई, आइना, आनी, इका, इन, इया, नी।

नियम :

1. अकारान्त तथा आकारान्त पुल्लिंग संज्ञाओं के अंतिम 'अ' या 'आ' के स्थान पर 'ई' प्रत्यय जोड़ने से स्त्रीलिंग बनता है। जैसे–

पुल्लिंग	स्त्रीलिंग	पुल्लिंग	स्त्रीलिंग
नर	नारी	चाचा	चाची
देव	देवी	दादा	दादी
पुत्र	पुत्री	नाना	नानी
लड़का	लड़की	बेटा	बेटी
गदहा	गदही	छोटा	छोटी
घोड़ा	घोड़ी	लम्बा	लम्बी

2. पुल्लिंग संज्ञा शब्दों के अंतिम 'आ' के स्थान पर 'इया' जोड़कर स्त्रीलिंग बनाया जाता है। जैसे–

पुल्लिंग	स्त्रीलिंग	पुल्लिंग	स्त्रीलिंग
बेटा	बिटिया	चूहा	चुहिया
बूढ़ा	बुढ़िया	कुत्ता	कुतिया

3. कतिपय प्राणीवाचक अकारान्त पुल्लिंग संज्ञाओं के अन्त में 'नी' जोड़कर स्त्रीलिंग बनाया जाता है। जैसे–

पुल्लिंग	स्त्रीलिंग	पुल्लिंग	स्त्रीलिंग
मोर	मोरनी	ऊँट	ऊँटनी
शेर	शेरनी	राजपूत	राजपूतनी

4. वर्ण तथा व्यवसाय बोधक शब्दों के अन्त में 'आइन' प्रत्यय लगाकर स्त्रीलिंग बनाया जाता है। जैसे–

पुल्लिंग	स्त्रीलिंग	पुल्लिंग	स्त्रीलिंग
पण्डित	पण्डिताइन	बाबू	बबुआइन
ठाकुर	ठकुराइन	साधु	सधुआइन

5. कुछ पुल्लिंग संज्ञा शब्दों के अंतिम 'अक' प्रत्यय को इका करके भी स्त्रीलिंग बनाया जाता है। जैसे–

पुल्लिंग	स्त्रीलिंग	पुल्लिंग	स्त्रीलिंग
नायक	नायिका	सेवक	सेविका
गायक	गायिका	पाठक	पाठिका

6. पुल्लिंग संज्ञाओं के अन्त में 'आनी' प्रत्यय जोड़कर स्त्रीलिंग बनाया जाता है। जैसे–

पुल्लिंग	स्त्रीलिंग	पुल्लिंग	स्त्रीलिंग
मेहतर	मेहतरानी	देवर	देवरानी
सेठ	सेठानी	जेठ	जेठानी
नौकर	नौकरानी		

7. वर्ण और व्यवसाय सूचक शब्दों के अन्त में 'इन' लगाकर स्त्रीलिंग बनाया जाता है। जैसे–

पुल्लिंग	स्त्रीलिंग	पुल्लिंग	स्त्रीलिंग
माली	मालिन	तेली	तेलिन
लुहार	लुहारिन	कहार	कहारिन

8. कुछ आकारान्त पुल्लिंग शब्दों के अन्त में आये हुए 'आ' को 'अ' कर देने से स्त्रीलिंग बन जाता है। जैसे–

पुल्लिंग	स्त्रीलिंग	पुल्लिंग	स्त्रीलिंग
भैंसा	भैंस	भेंड़ा	भेंड़

9. कुछ आकारान्त पुल्लिंग शब्दों के अन्तिम 'आ' का 'ई' करके स्त्रीलिंग बनाया जाता है। जैसे–

पुल्लिंग	स्त्रीलिंग	पुल्लिंग	स्त्रीलिंग
फूफा	फूफी	चाचा	चाची
नाना	नानी	दादा	दादी
जीजा	जीजी		

10. कुछ पुल्लिंग संज्ञाओं के स्त्रीलिंग रूप बिल्कुल स्वतंत्र होते हैं। जैसे–

पुल्लिंग	स्त्रीलिंग	पुल्लिंग	स्त्रीलिंग
मर्द	औरत	ससुर	सास
राजा	रानी	मियाँ	बीबी
सम्राट्	सम्राज्ञी	वर	वधू
कवि	कवयित्री	पिता	माता
पुरुष	स्त्री		

वचन

शब्द के जिस रूप में एकत्व (एक संख्या) या अनेकत्व (अनेक संख्या) का बोध होता है, उसे वचन कहते हैं। वचन दो प्रकार के होते हैं :

- **एकवचन :** शब्द के जिस रूप में एक वस्तु का बोध होता है, उसे एकवचन कहते हैं, जैसे–कागज, कलम, घोड़ा, घड़ी इत्यादि।
- **बहुवचन :** शब्द के जिस रूप से अनेक वस्तुओं का बोध होता है, उसे बहुवचन कहते हैं, जैसे–कागजात, कलमें, घोड़े, घड़ियाँ इत्यादि।

सामान्यतः संज्ञा, सर्वनाम, विशेषण और क्रिया के ही रूप को एकवचन और बहुवचन में परिवर्तित किया जाता है।

विभक्ति रहित संज्ञाओं के बहुवचन बनाने के नियम

विभक्ति रहित संज्ञाओं का बहुवचन साधारणतः निम्नलिखित नियमों के अन्तर्गत बनाया जाता है–

1. पुल्लिंग संज्ञा के आकारान्त को एकारान्त कर बहुवचन बनाया जाता है। यथा–

एकवचन	बहुवचन	एकवचन	बहुवचन
घोड़ा	घोड़े	गधा	गधे
लड़का	लड़के		

अपवाद- मामा, नाना, बाबा, पिता, योद्धा, आत्मा, देवता, जामाता आदि। इन शब्दों के रूप दोनों वचनों में समान होते हैं।

2. पुल्लिंग आकारान्त शब्दों के अतिरिक्त अन्य मात्राओं से अन्त होने वाले शब्दों के रूप दोनों वचनों में एक समान रहते हैं। जैसे–

एकवचन	बहुवचन	एकवचन	बहुवचन
एक बालक	चार बालक	एक डाकू	चार डाकू
एक भाई	चार भाई	एक जौ	चार जौ

3. आकारान्त स्त्रीलिंग शब्दों के अन्त में 'एँ' जोड़ने से बहुवचन बनता है। जैसे–

एकवचन	बहुवचन	एकवचन	बहुवचन
शाखा	शाखाएँ	लता	लताएँ
माता	माताएँ	महिला	महिलाएँ

4. अकारान्त स्त्रीलिंग संज्ञा के बहुवचन शब्द में आगत अंतिम अ को यें कर देने से बनता है। जैसे–

एकवचन	बहुवचन	एकवचन	बहुवचन
गाय	गायें	रात	रातें
बात	बातें	आँख	आँखें
याद	यादें		

5. दीर्घ या ह्रस्व इकारान्त संज्ञाओं को ह्रस्व इकारान्त कर उनके अन्त में याँ जोड़ देने से बहुवचन बनता है। जैसे–

एकवचन	बहुवचन	एकवचन	बहुवचन
नारी	नारियाँ	पहेली	पहेलियाँ
लड़की	लड़कियाँ	सहेली	सहेलियाँ
नीति	नीतियाँ	नदी	नदियाँ
घड़ी	घड़ियाँ	छड़ी	छड़ियाँ
धोती	धोतियाँ	साड़ी	साड़ियाँ

6. जिन स्त्रीलिंग शब्दों के अन्त में 'या' आता है, 'या' पर चन्द्रबिन्दु लगाकर बहुवचन बनाया जाता है जैसे–

एकवचन	बहुवचन	एकवचन	बहुवचन
बुढ़िया	बुढ़ियाँ	चिड़िया	चिड़ियाँ
गुड़िया	गुड़ियाँ	डिबिया	डिबियाँ
दुनिया	दुनियाँ		

7. ह्रस्व या दीर्घ ऊकारान्त स्त्रीलिंग संज्ञाओं को ह्रस्व उकारान्त बनाकर अन्त में 'एँ' लगाने से बहुवचन का निर्माण होता है। जैसे–

एकवचन	बहुवचन	एकवचन	बहुवचन
धेनु	धेनुएँ	वस्तु	वस्तुएँ
बहू	बहुएँ	ऋतु	ऋतुएँ

8. कुछ शब्द समष्टि मूलक होते हैं। जैसे– गण, कुल, वृन्द, समूह, वर्ग, लोग, जन, मण्डल, दल, ग्राम, मण्डली आदि। ये शब्द विशेषतः वहाँ जोड़े जाते हैं, जहाँ दोनों वचनों में पुल्लिंग अथवा स्त्रीलिंग में एक ही रूप होते हैं।

उदाहरण :

एकवचन	बहुवचन	एकवचन	बहुवचन
पाठक	पाठकगण	आप	आप लोग
तुम	तुम लोग	छात्र	छात्रगण
विद्यार्थी	विद्यार्थीगण		

कारक

''क्रिया के साथ जिसका सीधा संबंध हो, उसे कारक कहते हैं– क्रियान्वायित्वं कारकत्वं।'' इस प्रकार वाक्य में जिस शब्द का संबंध क्रिया से होता है, कारक कहलाता है। कारक चिह्न अव्यय या संबंध के परिचायक होते हैं, इन्हें विभक्ति या परसर्ग (बाद में जुड़ने वाले) भी कहा जाता है। सामान्यतः ये स्वतंत्र होते हैं और संज्ञा या सर्वनाम के साथ प्रयुक्त होते हैं। हिन्दी के परसर्ग प्रत्ययों के विकसित रूप हैं। अतः इन्हें चरम कारक नहीं माना गया है, क्योंकि इनका क्रिया से कोई संबंध नहीं रहता है।

हिन्दी में 'संबंध' और 'संबोधन' को मिलाकर आठ कारक माने गए हैं। इनके नाम, विभक्तियाँ और विभक्तिबोधक चिह्न निम्नलिखित हैं–

विभक्ति	बोधक नाम	विभक्तिबोधक चिह्न
प्रथमा	कर्ता (कारक)	ने
द्वितीया	कर्म (कारक)	को
तृतीया	करण (कारक)	से, के द्वारा, द्वारा
चतुर्थी	सम्प्रदान (कारक)	को, के लिए, के वास्ते
पंचम	अपादान (कारक)	से
षष्ठी	संबंध	का, की, के, रा, री, रे
सप्तमी	अधिकरण (कारक)	में, पर
अष्टमी	सम्बोधन	ए, ऐ, हे, अजी, अरे, ओ

अभ्यास प्रश्न

1. 'आयुष्मान' का स्त्रीलिंग है:
A. श्रीमती B. आयुष्मती
C. आयुष्माती D. आयुमती

2. निम्न में से कौन-सा शब्द पुल्लिंग है?
A. दया B. घटना
C. जड़ता D. बुढ़ापा

3. निम्नलिखित में पुल्लिंग शब्द है:
A. नदी B. देवी
C. कविता D. चन्द्रमा

4. 'कवि' का स्त्रीलिंग है:
A. कवित्व B. कविता
C. कवयित्री D. कवियत्री

5. निम्न में से स्त्रीलिंग शब्द का चयन कीजिए:
A. वेग B. मौन
C. दही D. अहिंसा

6. 'मेहतरानी' का पुल्लिंग है:
A. मेहतरी B. मेहतराइन
C. मेहतर D. मेहतरा

7. निम्नलिखित में से स्त्रीलिंग शब्द का चयन कीजिए:
A. धुआँ B. संध्या
C. भत्ता D. धावा

8. 'भिखारिन' का पुल्लिंग शब्द कौन-सा है?
A. सेवक B. भिखारी
C. मजदूर D. इनमें से कोई नहीं

9. 'सम्राट' का स्त्रीलिंग शब्द कौन-सा है?
A. साम्रज्ञी B. साम्राज्ञी
C. सम्राटनी D. सम्राज्ञी

10. 'विद्वान' का स्त्रीलिंग शब्द है:
A. विद्वान B. बुद्धिमती
C. विदुषी D. विदुषिनी

11. 'तपस्वी' शब्द का सही स्त्रीलिंग है:
A. तपस्विनी B. तपस्वीनी
C. तपस्वनी D. इनमें से कोई नहीं

12. नदी शब्द है:
A. स्त्रीलिंग B. पुल्लिंग
C. उभयलिंग D. इनमें से कोई नहीं

13. 'सेवक' का स्त्रीलिंग है:
A. सेवका B. सेवकाइन
C. सेवकी D. सेविका

14. 'गायक' का स्त्रीलिंग है:
A. गायकी B. गायिका
C. गायिकी D. गायक

15. लिंग के अनुसार शुद्ध जोड़े का चयन कीजिएः
A. माली - मालिन B. माली - माला
C. माली - मालनी D. माली - मलिन

16. 'उसे' का बहुवचन हैः
A. उसको B. उससे
C. उन्हें D. उसका

17. 'हमें' का एकवचन हैः
A. हम B. हमको
C. मुझे D. मुझसे

18. 'लड़की' शब्द का बहुवचन रूप हैः
A. लड़कियाँ B. लड़की
C. लड़कियें D. लड़कीएं

19. 'देवता' का बहुवचन हैः
A. देवताएँ B. देवताओं
C. देवताइयों D. देवत्व

20. 'पक्षी' का बहुवचन हैः
A. पक्षियों B. पक्षीय
C. पक्षि D. पक्षी

21. 'फूल' का बहुवचन हैः
A. फुले B. फुल
C. फूल D. इनमें से कोई नहीं

22. इनमें से कौन-सा शब्द हमेशा बहुवचन के रूप में प्रयुक्त होता है?
A. माता B. प्राण
C. किताब D. भक्ति

23. 'गुरु' का बहुवचन होगाः
A. गुरुएँ B. गुरुआँ
C. गुरुजन D. गुरुवो

24. किस शब्द में बहुवचन बनाने में परिवर्तन होगा?
A. चाचा B. पिता
C. फूल D. भेड़िया

25. 'चाकू' का बहुवचन हैः
A. चाकुएँ B. चाकूओं
C. चाकुवों D. चाकू

26. 'देव' का बहुवचन हैः
A. देवता B. देवगण
C. देवजन D. देवमंडल

27. 'जाति' शब्द का बहुवचन रूप होगा?
A. जातीय B. जातियाँ
C. जातियो D. जातियों

28. इनमें सदैव एकवचन शब्दों का प्रयोग होता है?
A. कला B. भाषा
C. कथा D. वर्षा

29. 'बहन' का बहुवचन हैः
A. बहनों B. बहनें
C. बहना D. बहनाएँ

30. निम्नलिखित में से कौन-सा युग्म सही है?
A. प्राण-प्राणों B. दर्शन-दर्शनों
C. भक्त-भक्तजन D. दाम-दामों

31. कारक के कितने भेद होते हैं?
A. सात B. आठ
C. छः D. नौ

32. 'मैंने' कौन-सा कारक है?
A. कर्त्ता B. कर्म
C. करण D. सम्प्रदान

33. 'को' और 'के लिए' किस कारक के चिह्न हैं?
A. कर्म B. सम्प्रदान
C. संबंध D. करण

34. 'बालक ने पुस्तक पढ़ी होगी।' वाक्य में प्रयुक्त कारक चिह्न है।
A. कर्म कारक B. अधिकरण कारक
C. करण कारक D. कर्ता कारक

35. 'हे राम! रक्षा करो।' वाक्य में कौन-सा कारक है?
A. कर्ता B. अपादान
C. सम्बोधन D. अधिकरण

36. 'वह अगले साल आएगा।' इस वाक्य में कौन-सा कारक है?
A. कर्म कारक B. अपादान कारक
C. संबंध कारक D. अधिकरण कारक

37. 'रमेश जयपुर से दिल्ली जा रहा है।' इस वाक्य में कारक है।
A. संबंध B. अपादान
C. करण D. सम्प्रदान

38. 'भूखे को अन्न दो और प्यासे को पानी' वाक्य किस कारक का है?
A. सम्प्रदान B. संबंध
C. अपादन D. अधिकरण

39. कर्म कारक के लिए प्रयुक्त होने वाला चिह्न है।
A. ने B. के लिए
C. को D. से

40. 'मैं काम से जा रहा हूँ।' वाक्य में 'से' कारक है।
A. सम्प्रदान B. करण
C. अपादान D. अधिकरण

41. 'पेड़ पर पक्षी बैठे हैं।' इस वाक्य में 'पेड़ पर' पद में कौन-सा कारक है?

A. करण
B. अपादान
C. संबंध
D. अधिकरण

42. राजा सेवक को कम्बल देता है, वाक्य में रेखांकित पद में कौन-सा कारक है?

A. कर्मकारक
B. संबंध कारक
C. सम्प्रदान कारक
D. कर्ता कारक

43. 'राम की गाय चरती है।' वाक्य में कौन-सा कारक है?

A. कर्ता
B. कर्म
C. संबंध
D. अधिकरण

44. निम्न में अधिकरण कारक का परसर्ग कौन-सा है?

A. पर
B. ने
C. को
D. से

45. गृहिणी ने गरीबों को कपड़े दिए। रेखांकित पद का कारक बताइए।

A. संबंध कारक
B. सम्प्रदान कारक
C. अपादान कारक
D. कर्ता कारक

उत्तरमाला

1	2	3	4	5	6	7	8	9	10
B	D	D	C	D	C	B	B	D	C
11	**12**	**13**	**14**	**15**	**16**	**17**	**18**	**19**	**20**
A	A	D	B	A	C	C	A	B	A
21	**22**	**23**	**24**	**25**	**26**	**27**	**28**	**29**	**30**
C	B	C	D	D	B	B	D	B	C
31	**32**	**33**	**34**	**35**	**36**	**37**	**38**	**39**	**40**
B	A	B	D	C	D	B	A	C	B
41	**42**	**43**	**44**	**45**					
D	C	C	A	B					

❄ ❄ ❄ ❄ ❄

8 विलोम, पर्यायवाची, तुकांत और अतुकांत शब्द

विलोम शब्द

जब दो शब्दों के अर्थ एक-दूसरे के विपरीत हों, तो उन्हें विलोम या विपरीतार्थी शब्द कहते हैं। शब्दों का सामर्थ्य बढ़ाने तथा भावों को स्पष्ट और सटीक अभिव्यक्ति में भी विलोम शब्द सहायक होते हैं।

विलोम शब्दों की रचना प्रायः उपसर्ग और प्रत्यय की सहायता से होती है। जैसे—पुराना-नया, रुचि-अरुचि, आय-व्यय, आकर्षण-विकर्षण, उत्थान-पतन आदि।

मूल शब्द	विलोम शब्द
अनुराग	विराग
अपकार	उपकार
अतिवृष्टि	अनावृष्टि
आयात	निर्यात
आदान	प्रदान
आशा	निराशा
आदि	अन्त
आरंभ	अंत
आय	व्यय
आलसी	परिश्रमी
इच्छा	अनिच्छा
उपकार	अपकार
दुर्गन्ध	सुगन्ध
द्रुत	मन्द
दुर्जन	सज्जन
दिवस	निशि
दाता	याचक
उचित	अनुचित
उत्थान	पतन
उदय	अस्त
अंधकार	प्रकाश
अपना	पराया
अनुकूल	प्रतिकूल
अम्ल	मधुर
अग्रज	अनुज

मूल शब्द	विलोम शब्द
घृणा	प्रेम
जय	पराजय
जड़	चेतन
ज्ञान	अज्ञान
प्राचीन	अर्वाचीन
आदि	अनादि
आदर	निरादर
आकाश	पाताल
ईश	अनीश
न्याय	अन्याय
निरर्थक	सार्थक
नया	पुराना
पाप	पुण्य
पक्ष	विपक्ष
बुराई	भलाई
भला	बुरा
भूत	भविष्य
मंगल	अमंगल
यश	अपयश
राग	विराग
लाभ	हानि
विनीत	उद्दण्ड
विरोध	समर्थन
द्वैत	अद्वैत
धर्म	अधर्म

मूल शब्द	विलोम शब्द
धनी	निर्धन
निद्रा	जागरण
निराकार	साकार
निर्गुण	सगुण
नूतन	पुरातन
प्रत्यक्ष	परोक्ष
कनिष्ठ	ज्येष्ठ
कटु	मधुर
कल्याण	अकल्याण
उत्कृष्ट	अपकृष्ट, निकृष्ट
उत्कर्ष	अपकर्ष
उन्नति	अवनति
उत्तीर्ण	अनुत्तीर्ण
उष्ण	शीतल
ऐश्वर्य	अनैश्वर्य
ऐक्य	अनैक्य
गुरु	शिष्य
चर	अचर
ज्येष्ठ	कनिष्ठ
जीवन	मरण
जन्म	मृत्यु
ज्ञात	अज्ञात
दिन	रात
देव	दनुज, दानव

मूल शब्द	विलोम शब्द
कोमल	कठोर
क्रय	विक्रय
कृतज्ञ	कृतघ्न
गुण	अवगुण
उद्दण्ड	सरल
एक	अनेक
एकार्थक	अनेकार्थक
सुख	दुःख
सम्पत्ति	विपत्ति
सपूत	कपूत
कीर्ति	अपकीर्ति
गुरु	लघु
गर्मी	सर्दी
बद्ध	मुक्त
मान	अपमान
योगी	भोगी
विरोध	समर्थन
विष	अमृत
विद्या	अविद्या
शत्रु	मित्र
शांति	अशांति
शुभ	अशुभ
स्वतंत्र	परतंत्र
स्थावर	जंगम
स्तुति	निंदा

अभ्यास प्रश्न

1. 'शाश्वत' का विलोम शब्द कौन-सा है?
   - A. निषेध
   - B. जागरण
   - C. नश्वर
   - D. विशुद्ध

2. 'आधुनिक' का विलोम शब्द है:
   - A. वर्तमान
   - B. प्राचीन
   - C. निर्वाचित
   - D. समीचीन

3. 'अल्पज्ञ' का विलोम शब्द है:
   - A. कृतज्ञ
   - B. अभिज्ञ
   - C. सर्वज्ञ
   - D. अवज्ञ

4. 'अथ' का विलोम शब्द है:
   - A. इति
   - B. पूर्व
   - C. अंत
   - D. अनन्त

5. 'अंतरंग' का विलोम शब्द है:
   - A. अनुरंग
   - B. विरंग
   - C. अतिरंग
   - D. बहिरंग

6. 'मधुर' का विलोम शब्द है:
   - A. कूट
   - B. कटु
   - C. लवण
   - D. ललित

7. 'अवनति' का विलोम शब्द है:
   - A. प्रजाति
   - B. उन्नति
   - C. संगति
   - D. सहमति

8. 'निशीथ' का विलोम शब्द है:
   - A. दिन
   - B. रात
   - C. मध्याह्न
   - D. सांझ

9. 'भीषण' का विलोम क्या है?
   - A. दूषण
   - B. भयानक
   - C. शांत
   - D. सौम्य

10. 'भोगी' का विलोम क्या है?
    - A. त्यागी
    - B. जोगी
    - C. योगी
    - D. कामी

11. 'मृसण' का विलोम क्या है?
    - A. कोमल
    - B. रूक्ष
    - C. मधुर
    - D. मोक्ष

12. 'वाह' का विलोम क्या है?
    - A. ओह
    - B. कह
    - C. हाय
    - D. इनमें से कोई नहीं

13. 'श्याम' किसका विलोम है?
    - A. श्वेत का
    - B. पीले का
    - C. लाल का
    - D. नदी का

14. 'ऐच्छिक' का विलोम है?
    - A. करणीय
    - B. अनिवार्य
    - C. शैक्षिक
    - D. आवश्यक

15. इनमें से 'सदाचार' शब्द का विलोम शब्द पहचानिए।
    - A. अनाचार
    - B. स्वेच्छाचार
    - C. अत्याचार
    - D. दुराचार

निर्देश (प्र.सं. 16 से 20 तक): *रिक्त स्थान के लिए रेखांकित शब्द का उचित विलोम शब्द चयन कीजिए।*

16. सम्पन्न व्यक्ति .... की व्यथा नहीं जान सकता।
    - A. आसन्न
    - B. निष्पन्न
    - C. विपन्न
    - D. विषण्ण

17. सभी निरक्षर .... बनें।
    - A. साक्षर
    - B. पढ़े-लिखे
    - C. चतुर
    - D. होशियार

18. जो सबको ठीक लगे वह अर्थ है, जो एक लगे वह .... है।
    - A. सार्थ
    - B. अवदर्थ
    - C. अनर्थ
    - D. व्यर्थ

19. पक्ष और .... दोनों ने ध्वनिमत से बिल पारित किया।
    - A. विरोधी
    - B. विपक्ष
    - C. शत्रु
    - D. विपक्षी

20. दुराचार से व्यक्ति का .... नष्ट हो जाता है।
    - A. यश
    - B. विचार
    - C. फल
    - D. सदाचार

उत्तरमाला

1	2	3	4	5	6	7	8	9	10
C	B	C	A	D	B	B	C	D	C
11	**12**	**13**	**14**	**15**	**16**	**17**	**18**	**19**	**20**
B	C	A	B	D	C	A	C	B	D

❄ ❄ ❄ ❄ ❄

पर्यायवाची शब्द

किसी शब्द के समान अर्थ के लिए जिन शब्दों को प्रयोग में लाया जाता है, उन्हें **पर्यायवाची शब्द** कहा जाता है। आशय यह है कि पर्याय का अभिप्राय 'बदले में आने वाला' से लिया गया है। पर्यायवाची शब्द को 'प्रतिशब्द' भी कहते हैं।

1. **अग्नि**—अनल, पावक, कृशानु, वहिन, हुताशन, धूमकेतु, वैश्वानर।
2. **अनोखा**—अद्वितीय, अद्भुत, अनूठा, अनुपम, विचित्र, विलक्षण, निराला।
3. **अमृत**—पीयूष, सुधा, अमी।
4. **आकाश**-नभ, गगन, व्योम, अम्बर।
5. **आंख**—नेत्र, चक्षु, लोचन, दृग, नयन, अक्षि, अबंक।
6. **इच्छा**—आकांक्षा, स्पृहा, मनोरथ,चाह, कामना, अभिलाषा, वांछा।
7. **इन्द्र**—सुरपति, शचिपति, मधवा, पुरंदर, बासव, शक्र, पुरुहूत।
8. **ईश्वर**—भगवान, प्रभु, परमेश्वर, परमात्मा, जगदीश, विश्वम्भर, हरि।
9. **कपड़ा**—वस्त्र, पट, चीर, वसन, अम्बर, दुकूल, परिधान।
10. **कमल**—पंकज, सरोज, जलज, पद्म, अरविंद, राजीव, तामरस, नलिन, नीरज, अब्ज, कंज, उत्पल।
11. **कामदेव**—अनंग, कंदर्प, पंचशर, मकरध्वज, मदन, मन्मथ, मार, रतिपति, स्मर, मनोज, शम्बरारि।
12. **किनारा**—तट, तीर, कूल।
13. **किरण**—अंशु, मरीचि, रश्मि, मयूख।
14. **केश**—कच, चिकुर, कुंतल, बाल, अलक।
15. **गणेश**—लम्बोदर, एकदन्त, गजवदन, विनायक, गणपति, गजानन।
16. **गंगा**—भागीरथी, जाह्नवी, सुरसरि, देवपगा, त्रिपथगा।
17. **घर**—गेह, निकेतन, सदन, भवन, गृह, धाम।
18. **घोड़ा**—तुरंग, घोटक, वाजि, हय, अश्व।
19. **चन्द्रमा**—शशि, विधु, निशाकर, इन्दु, मयंक, सुधाकर, उडपति, शशांक, सुधांशु, सोम, मृगांक, हिमकर, रजनीश, क्षपाकर।
20. **जल**—पानी, सलिल, उदक, वारि, नीर, अम्बु, तोय, पय।
21. **तलवार**—असि, करवाल, कृपाण, खड्ग।
22. **तालाब**—सर, सरोवर, तड़ाग, पुष्कर।
23. **दिन**—दिवस, वासर, दिवा, अहन्।
24. **दुःख**—कष्ट, क्लेश, पीड़ा, विषाद, सन्ताप, व्यथा, वेदना, यातना, यन्त्रणा, व्याधि।
25. **देवता**—सुर, देव, विबुध, गोवणि, अमर।
26. **देह**—बपु, शरीर, तनु, काया, कलेवर, गात, विग्रह।
27. **धन**—द्रव्य, अर्थ, वित्त, सम्पत्ति, सम्पदा।
28. **नदी**—सरिता, तटिनी, सरि, आपत्रा, तरंगिणी, निर्सरिणी, धुनी।
29. **नौकर**—सेवक, अनुचर, किंकर, परिचारक, चाकर, भृत्य।
30. **पक्षी**—खग, नभग, द्विज, विहंग, परवेरु, गगनचर, अण्डज, पतंग।
31. **पति**—भर्ता, स्वामी, भरतार, कन्त, नाथ, वर।
32. **पत्नी**—भार्या, दारा, गृहिणी, वधू, कलत्र, अर्द्धांगिनी, कान्ता।
33. **पहाड़**—गिरि, अद्रि, शैल, कुधर, पर्वत, भूधर, महीधर, नग।
34. **पार्वती**—गौरी, उमा, भवानी, गिरिजा, शिवा, अम्बिका, रुद्राणी।
35. **पुत्र**—तनय, सुत, आत्मज, नन्दन, पूता, बेटा, सुवन।
36. **पुत्री**—तनया, सुता, आत्मजा, दुहिता, नन्दिनी, बेटी, तनुजा।
37. **पृथ्वी**—धरा, धरती, अवनि, रसा, वसुधा, भू, मही, मेदिनी, वसुन्धरा, अचला, क्षिति, पुहुमी, जगती, क्षोणि।
38. **पेड़**—तरु, विटप, पादप, वृक्ष, द्रुम, रुख।
39. **प्रकाश**—आलोक, द्युति, ज्योति, प्रभा, उद्योत, दीप्ति।
40. **प्रेम**—राग, अनुराग, प्यार, प्रीति, हित।
41. **फूल**—कुसुम, प्रसून, सुमन, पुष्प, पुहुप।
42. **बसन्त**—माधव, मधु, ऋतुराज, कुसुमाकर।
43. **वाण**—नाराच, शर, शिलीमुख, शायक, तीर, विशिख।
44. **बादल**—मेघ, बलाहक, वारिद, जलद, कन्द, पयोद, घन, पयोधर।
45. **बिजली**—चपला, चंचला, तड़ित, विद्युत, दामिनी।
46. **बुद्धि**—मेधा, मति, प्रज्ञा, मनीषा।
47. **बैर**—द्वेष, वैमनस्य, शत्रुता, विरोध।
48. **ब्रह्मा**—अज, पितामह, स्वयंभू, चतुरानन, विरंचि, विधि, विधाता।
49. **ब्राह्मण**—द्विज, विप्र, भूसूर, भूदेव।
50. **भौंरा**—मधुकर, भृंग, भ्रमर, अलि, मधुप, षट्पद, मिलिन्द, चंचरीक, शिलीमुख।
51. **मछली**—मत्स्य, झख, मीन।
52. **मनुष्य**—नर, मानव, मनुज, जन, मानुष।
53. **महादेव**—उमापति, गंगाधर, चन्द्रशेखर, शंकर, शिव, शम्भु, त्रिपुरारि, त्रिलोचन, नीलकण्ठ, गिरिजापति, धूर्जटि।
54. **मयूर**—केकी, शिखी, कलापी, सारंग।
55. **माता**—जननी, अम्बा, मां, जन्मदात्री।
56. **मूर्ख**—अज्ञानी, वालिश, मूढ़, अज्ञ।
57. **यमुना**—रवितनया, अर्कजा, कालिंदी, तरणिजा, कृष्णा।
58. **युद्ध**—रण, समर, संग्राम, लड़ाई, विग्रह।
59. **राजा**—नरेश, महीप, भूपति, भूप, नृप, भूपाल, महीश।
60. **रात**—निशा, रजनी, रात्रि, विभावरी, शर्वरी, क्षपा, यामिनी, तमी, क्षणदा।
61. **राक्षस**—निशाचर, मनुजाद, यातुधान, रजनीचर, दानव, दनुज, असुर।
62. **लक्ष्मी**—इन्दिरा, कमला, कमलासना, पद्मा, रमा, श्री, सिन्धुसुता।

63. **वन**—अरण्य, अटवी, विपिन, जंगल, कानन।

64. **विद्वान**—कोविद, पण्डित, प्राज्ञ, विदुष।

65. **विष्णु**—चतुर्भज, गोविन्द, गरुड़ध्वज, चक्रपाणि, दामोदर, नारायण, हरी, मुरारी, रमेश, केशव, माधव।

66. **शत्रु**—अरि, रिपु, बैरी, आराति, द्वेषी।

67. **समुद्र**—सिन्धु, सागर, उदधि, नदीश, रत्नाकर, पयोधि, वारीश, जलधि, अब्धि, अम्बुधि।

68. **सरस्वती**—गिरा, ब्रह्माणी, भारती, वाणी, शारदा, वीणापाणि, विमला।

69. **सांप**—सर्प, व्याल, भुजंग, उरग, नाग, अहि, पन्नगफणी, विषधर।

70. **सिंह**—केसरी, मृगपति, नाहर, केहरी, पंचानन, शार्दूल, हरि, मृगारि, नखायुध, गजारि।

71. **सुन्दरता**—रमणीयता, शोभा, कमनीयता, चारुता, रूचिरता, कांति, छवि, सौन्दर्य, श्री, रम्यता, मंजुला, घटा, सुषमा।

72. **सूर्य**—रवि, अर्क, दिनकर, तमारि, मार्तण्ड, भास्कर, भानु, आदित्य, पूषण, पतंग, अंशुमाली।

73. **सोना**—स्वर्ण, जातरूप, कंचन, कनक, हाटक, हेम, चामीकर, तामरस, हिरण्य, कुन्दन, कलधौत।

74. **स्वामी**—ईश, पति, प्रभु, नाथ, सांई।

75. **स्त्री**—नारी, अंगना, वनिता, भामिनी, कामिनी, रमणी, योषिता, ललना, अबला।

76. **स्वर्ग**—बैकुण्ठ, नाक, सुरलोक, परलोक।

77. **हवा**—अनिल, मारुत, वायु, समीर, प्रभंजन, वात, पवन।

78. **हाथी**—करी, गज, कुंजर, द्विरद, मतंग, दन्ती, वितुंड, कुम्भी, सिंधुर, हस्ती, गयंद।

79. **सिर**—मस्तिष्क, माथा, शिर, मुण्ड, मौलि, शीश।

80. **सरस्वती**—शारदा, वाणी, गिरा, भारती, वीणापाणि, ब्राह्मी।

81. **भौंह**—भ्रू, भृकुटी, तन्द्रिका, प्रतीला, भों, भंव।

82. **जगदीश**—भगवान, परमात्मा, परमेश्वर, प्रभु।

83. **जग**—संसार, भव, जगत, विश्व, लोक।

84. **तम**—अन्धकार, तमस, अन्धेरा, तिमिर।

85. **तरु**—पेड़, विटप, पादप, द्रुम, वृक्ष।

86. **आम**—रसाल, आम्र।

87. **अनादर**—अपमान, निरादर, तिरस्कार, अवहेलना, अवज्ञा।

88. **कल्पवृक्ष**—सुरतरु, पारिजात, कल्पतरु, कल्पद्रुम, मन्दार, देववृक्ष।

89. **खल**—अधम, पामर, नीच, दुष्ट, दुर्जन, कुटिल, धूर्त।

90. **गाय**—गो, धेनु, सुरभि, गवय।

91. **जीभ**—रसना, जिह्वा, रसज्ञा, रसिका।

92. **झंडी**—ध्वजा, पताका, वैजयन्ती।

93. **ढाक**—पलास, टेसू, केसू, किंशुक, सुवर्णी।

94. **दांत**—दशन, रदन, दन्त, मुखक्षुर।

95. **धन**—वित्त, सम्पत्ति, अर्थ, द्रव्य, सम्पदा, दौलत।

96. **नाव**—तरी, पोत, जलयान, नौका, नौ, तरिणी।

97. **पत्थर**—पाषाण, शिला, उपल, प्रस्तर, पाहन।

98. **बाग**—आराम, उद्यान, उपवन, वाटिका, बगीचा।

99. **ब्राह्मण**—विप्र, भूदेव, भूमिसुर, द्विज, महीदेव, वेदपाठी।

100. **चतुरानन**—ब्रह्मा, विरचि, स्वयंभू, विधि।

अभ्यास प्रश्न

1. 'मेघ' का पर्यायवाची है:

   A. नीरद B. महीधर
   C. धीर D. चारु

2. इनमें से 'बैल' किसका पर्यायवाची है?

   A. घन B. तिमिर
   C. अश्म D. आतंक

3. 'सेना' का पर्यायवाची है:

   A. घटक B. कटक
   C. दक्षक D. तारक

4. 'विवाह' का पर्यायवाची है:

   A. परिणत B. परिणति
   C. परिणय D. परिणाम

5. 'पुष्प' का पर्यायवाची है:

   A. रेखा B. माला
   C. महक D. सुमन

6. नीचे दिए गए शब्द का पर्यायवाची शब्द कौन-सा नहीं है?
   दिन

   A. वासर B. नग
   C. दिवस D. दिवा

7. 'खग' शब्द का पर्यायवाची शब्द चयन कीजिए।

   A. पशु B. कबूतर
   C. पक्षी D. तोता

8. निम्नलिखित में से कौन-सा शब्द 'नयन' का पर्यायवाची नहीं है?

   A. चक्षु B. आँख
   C. नेत्र D. ओष्ठ

9. 'सत्य' का पर्यायवाची शब्द क्या है?
A. सच B. माया
C. झूठ D. दोष

10. 'माता' का पर्यायवाची शब्द है:
A. बुआ B. बहन
C. जननी D. दादी

11. 'अचल' का पर्यायवाची है:
A. स्थिर B. जड़
C. गतिहीन D. जंगम

12. 'गंगा' का पर्यायवाची शब्द है:
A. सौदामिनी B. भागीरथी
C. स्रोतास्विनी D. कालिन्दी

13. 'सरोज' का पर्यायवाची शब्द है:
A. शिरीष B. गुलाब
C. अरविन्द D. कुमुद

14. 'भ्रमर' का पर्यायवाची शब्द बताइए:
A. पंचशर B. मधुकर
C. निशाकर D. सहचर

15. 'समुद्र' का पर्यायवाची शब्द बताइए:
A. जलधि B. जलाशय
C. जलद D. वारिद

16. 'अमृत' का पर्यायवाची है:
A. नश्वर B. आशु
C. सुधा D. आयास

17. 'धन' शब्द का पर्यायवाची है:
A. तरी B. सम्पत्ति
C. हाटक D. अब्धि

18. निम्न में से 'आँख' शब्द का पर्यायवाची कौन-सा है?
A. अतन B. देवारि
C. शुभा D. लोचन

19. 'कोशिश' का पर्यायवाची शब्द है:
A. मजबूरी B. प्रयास
C. लगातार D. कुछ करना

20. 'जीभ' का पर्यायवाची शब्द है:
A. जीव B. ध्वनि
C. रसना D. वचन

उत्तरमाला

1	2	3	4	5	6	7	8	9	10
A	C	B	C	D	B	C	D	A	C
11	**12**	**13**	**14**	**15**	**16**	**17**	**18**	**19**	**20**
A	B	C	B	A	C	B	D	B	C

❄ ❄ ❄ ❄ ❄

तुकांत और अतुकांत शब्द

तुकांत शब्द

वे शब्द जिनके अंत में आने वाले वर्ण या ध्वनि समान होते हैं, उन्हें 'तुकांत शब्द' कहते हैं। ये सुनने में समान लगते हैं। इनका प्रयोग कविताओं, गीतों और नारों को आकर्षक और यादगार बनाने के लिए किया जाता है। जैसे—आकाश-प्रकाश, गाड़ी-साड़ी, जाना-खाना आदि।

उदाहरण : 'छोटी-सी हम-झोली,
बोल रही है बोली।'

कुछ तुकांत शब्द इस प्रकार हैं :

शब्द	तुकांत	शब्द	तुकांत
आर	पार	लुटा	पिटा
खाना	पीना	जहाँ	तहाँ
सीता	गीता	जोर	शोर
धन	वन	राख	साख

शब्द	तुकांत	शब्द	तुकांत
नट	खट	जब	तब
रवि	कवि	जान	मान
फूल	धूल	हाल	चाल

अतुकांत शब्द

वे शब्द या पंक्तियाँ जिनके अंत में समान ध्वनि का अभाव होता है, उन्हें 'अतुकांत शब्द' कहते हैं। इसमें तुकबंदी नहीं होती। यह शैली छंदमुक्त कविता के अंतर्गत आती है, जिसमें तुकबंदी की बाध्यता नहीं होती। जैसे—आसमान-पंछी, घर-पुस्तक, सूरज-धूप आदि।

उदाहरण : "आज का दिन बहुत,
थका देने वाला था,
लेकिन रात सुकून की होगी।"

अभ्यास प्रश्न

1. 'भाव' शब्द का तुकांत शब्द कौन-सा है?
A. ताव B. नाव
C. बहाव D. ये सभी

2. 'पानी' शब्द से मिलता-जुलता (तुकांत) शब्द कौन-सा है?
A. खाना B. कहानी
C. नदी D. सागर

3. 'नीड़ा' शब्द का सही तुकांत शब्द चुनिए।
A. भीड़ B. पेड़
C. कीड़ा D. इनमें से कोई नहीं

4. इनमें से कौन-सा शब्द 'लाल' का तुकांत शब्द है?
A. लाल B. बाल
C. गोपाल D. B और C दोनों

5. अतुकांत कविता क्या है?
A. जिसमें तुकबंदी होती है
B. जिसमें तुकंबदी का अभाव होता है
C. जिसमें तुकांत शब्द अंत में आते हैं
D. इनमें से कोई नहीं

6. 'सूरज' शब्द का तुकांत शब्द क्या होगा?
A. धूप B. दूरज
C. सवेरा D. चमक

7. निम्नलिखित में से कौन-सी तुकांत जोड़ी नहीं है?
A. हवा-दवा B. घर-दर
C. आम-इमली D. पानी-बानी

8. 'गायक' शब्द का सबसे उपयुक्त तुकांत शब्द है?
A. नायक B. गायिका
C. भावुक D. नाविक

9. निम्न में से कौन-से शब्द अतुकांत हैं?
A. बात-रात B. खेल-मेल
C. नदी-पहाड़ D. दिल-मिल

10. 'किताब' का अतुकांत शब्द चुनिए।
A. हिसाब B. जवाब
C. गुलाब D. कुर्सी

11. तुकांत शब्दों की विशेषता क्या होती है?
A. अर्थ समान होता है।
B. वर्तनी समान होती है।
C. अंत में ध्वनि समान होती है।
D. शब्द छोटे होते हैं।

12. 'गाना' का अतुकांत शब्द चुनिए।
A. आना B. जाना
C. खाना D. पानी

13. निम्न में से कौन-सा युग्म अतुकांत है?
A. राम-नाम B. बात-रात
C. खेल-मेल D. घर-सड़क

14. अतुकांत शब्दों का प्रयोग मुख्यतः कहाँ होता है?
A. छंदबद्ध कविता में
B. अतुकांत कविता में
C. केवल गद्य में
D. मुहावरों में

15. 'रात' का तुकांत शब्द कौन-सा है?
A. दिन B. सूरज
C. बात D. समय

उत्तरमाला

1	2	3	4	5	6	7	8	9	10
D	B	C	D	B	B	C	A	C	D
11	**12**	**13**	**14**	**15**					
C	D	D	B	C					

❇ ❇ ❇ ❇ ❇

9 विराम चिह्न

'विराम' का अर्थ होता है–ठहरना या रुकना। लेखन को प्रभावी रूप देने के लिए लेखक द्वारा कई प्रकार के विराम चिह्नों का प्रयोग किया जाता है जो कि लेखन में भावों की अभिव्यक्ति, वाक्य का अर्थ स्पष्ट करने, उतार-चढ़ाव और ठहराव दर्शाने के लिए आवश्यक होते हैं। ऐसे ही विशेष चिह्नों को विराम चिह्न कहा जाता है।

विराम चिह्न का महत्व

विराम चिह्न एक वाक्य को दूसरे से अलग करते हैं। एक वाक्य के भीतर भी एक कोटि के कई शब्दों या वाक्यांशों या उपवाक्यों को वह अलग करता है। विराम चिह्नों के प्रयोग से भाषा में स्पष्टता आती है और भाव को समझने में सुविधा होती है।

विराम चिह्न के अभाव में वाक्य का ठीक अर्थ समझना असम्भव हो जाता है। जैसे–'उसे रोको मत जाने दो' इस वाक्य के दो सर्वथा विपरीत अर्थ हो सकते हैं।

1. उसे रोको, मत जाने दो। (यह वाक्य निषेधात्मक है)
2. उसे रोको मत, जाने दो। (यह वाक्य असार्थक है)

विराम चिह्न से ही ज्ञात हो सकता है कि वाक्य का वास्तविक अर्थ क्या है।

विराम चिह्न के प्रकार

हिन्दी में प्रचलित प्रमुख विराम चिह्न निम्न हैं :

विराम चिह्नों के नाम	चिह्न	वाक्य में प्रयोग
अल्प विराम	,	मोहन, सोहन और अनिल आएंगे
अर्द्धविराम	;	मैंने उससे कहा तो था; वो आया नहीं
पूर्ण विराम	।	'संयुक्त राष्ट्र संघ' एक श्रेष्ठतम विश्वसनीय संस्था है।
प्रश्न सूचक चिह्न	?	क्या वो आ गए?
विस्मय या सम्बोधन सूचक	!	वाह! क्या सौंदर्य है
उद्धरण चिह्न	' '	''कमजोर किसी को माफ नहीं कर सकते, माफ करना मजबूत लोगों की निशानी है'' –महात्मा गांधी
निर्देशन चिह्न	–	निम्नलिख़ित प्रश्नों का उत्तर दीजिए–
विवरण चिह्न	:-	पार्सल में निम्नलिखित वस्तुएं हैं :-
कोष्ठक चिह्न	( )	ग्लोबल वार्मिंग (वैश्विक ताप) मानव जीवन के लिए हानिकारक है।
लाघव चिह्न	॰	एम॰ए॰ = मास्टर ऑफ आर्ट्स
योजक चिह्न	-	'हम-तुम' साथ-साथ चलेंगे
उपविराम या कोलन	:	हिन्दी निबंध : एक श्रेष्ठ पुस्तक

अभ्यास प्रश्न

1. भाषा में उलझाव न आने देने में सहायक हैं :

A. अर्द्धविराम B. मात्राएँ
C. ध्वनि D. विराम चिह्न

2. ' , ' यह कहलाता है :

A. अर्द्धविराम B. अल्पविराम
C. शुद्ध विराम D. पूर्ण विराम

3. '।' यह कहलाता है :
A. अर्द्धविराम B. अल्पविराम
C. उपपद D. पूर्ण विराम

4. '?' यह कहलाता है :
A. अल्पविराम B. प्रश्न चिह्न
C. पूर्ण विराम D. अर्द्धविराम

5. वाक्य को बोलने या पढ़ने में थोड़ी देर का ठहराव कहलाता है :
A. अल्पविराम B. उपपद
C. पूर्ण विराम D. अर्द्धविराम

6. ';' यह कहलाता है :
A. अर्द्धविराम B. अल्पविराम
C. उपपद D. पूर्ण विराम

7. वाक्य में अल्प विराम से अधिक और पूर्णविराम से कम ठहराव आने पर लगता है :
A. अर्द्धविराम B. उपविराम
C. योजक चिह्न D. पूर्ण विराम

8. जहाँ प्रमुख वाक्य और अन्य वाक्य खंडों का कोई संबंध न हो, वहाँ कौन-सा विराम चिह्न लगता है?
A. पूर्ण विराम B. उपविराम
C. अल्पविराम D. अर्द्धविराम

9. '!' यह विराम चिह्न कहलाता है :
A. अर्द्धविराम B. अल्पविराम
C. विस्मयादि सूचक D. पूर्ण विराम

10. ':' यह विराम चिह्न कहलाता है :
A. उपविराम B. अल्पविराम
C. विस्मयादि सूचक D. पूर्ण विराम

11. '।' यह वाक्य की समाप्ति का बोधक चिह्न होता है :
A. उपविराम B. अल्पविराम
C. विस्मयादि सूचक D. पूर्ण विराम

12. निम्न में से किसे 'संक्षिप्त चिह्न' भी कहते हैं?
A. निर्देशन B. अल्पविराम
C. लाघव D. उद्धरण

13. पूर्ण अर्थ रखने वाले प्रश्नवाचक वाक्यों के अंत में यह लगता है :
A. , B. ।
C. : D. ?

14. निम्न में से किसे 'सामासिक चिह्न' भी कहते हैं?
A. संयोजक चिह्न B. पूर्णविराम चिह्न
C. अल्पविराम चिह्न D. समानार्थक चिह्न

15. आश्चर्य, घृणा, शोक, हर्ष, प्रसन्नता, उत्साह आदि भावों की अभिव्यक्ति करने वाले वाक्यों में विस्मयादि बोधक अव्ययों के बाद यह चिह्न लगता है :
A. ! B. ।
C. , D. ?

16. अरे .... बदमाश जेल की चार-दीवारी फाँद गये।
रिक्त स्थान में यह विराम चिह्न आएगा :
A. , B. ।
C. ! D. ?

17. निम्न में से योजक चिह्न है :
A. ! B. –
C. ? D. /

18. उद्धरण चिह्न है :
A. " " B. ।
C. : D. !

19. इनमें से कौन-सा विराम चिह्न है जो हिन्दी में अंग्रेजी भाषा से नहीं लिया गया है?
A. ? B. ।
C. . D. :

20. 'अहा!' विस्मयादि बोधक विभक्ति में कौन-सा भाव है?
A. शोक B. घृणा
C. हर्ष D. आश्चर्य

उत्तरमाला

1	2	3	4	5	6	7	8	9	10
D	B	D	B	A	A	A	D	C	A
11	**12**	**13**	**14**	**15**	**16**	**17**	**18**	**19**	**20**
D	C	D	A	A	C	B	A	B	C

❊ ❊ ❊ ❊ ❊

10 शुद्ध वर्तनी

वर्तनी के अंतर्गत शब्द ध्वनियों को जिस क्रम से और जिस रूप में उच्चारित किया जाता है उन्हें उसी क्रम से और उसी रूप में लिखा भी जाता है। अतः शुद्ध वर्तनी के लिए शुद्ध उच्चारण करना आवश्यक है। जैसे–यदि हम 'अक्षर' का उच्चारण 'अच्छर' करेंगे तो 'अक्षर' की वर्तनी शुद्ध नहीं लिख सकते।

कुछ ऐसी अशुद्धियाँ दी जा रही हैं जो प्रायः हो जाती है :

अशुद्ध	शुद्ध	अशुद्ध	शुद्ध
अगामी	आगामी	गृहणी	गृहिणी
अतिथी	अतिथि	शाबास	शाबाश
आधीन	अधीन	प्रशन	प्रश्न
अधार	आधार	गुरू	गुरु
ईकाई	इकाई	पती	पति
एरावत	ऐरावत	धोका	धोखा
उर्पयुक्त	उपर्युक्त	नर्क	नरक
दिवार	दीवार	पत्नि	पत्नी
जबाब	जवाब	नीती	नीति

अशुद्ध	शुद्ध	अशुद्ध	शुद्ध
उपर	ऊपर	कोसिस	कोशिश
वापिस	वापस	पूज्यनीय	पूजनीय
श्रीमति	श्रीमती	मूमर्ष	मुमूर्ष
दवाईयाँ	दवाइयाँ	क्षिती	क्षिति
समाजिक	सामाजिक	त्यौहार	त्योहार
सप्ताहिक	साप्ताहिक	गितांजली	गीतांजलि
कालीदास	कालिदास	त्रिपुरारी	त्रिपुरारि
इसलीए	इसलिए	प्रतिनिधी	प्रतिनिधि
नमश्कार	नमस्कार	रात्री	रात्रि
दिपावली	दीपावली	मूर्ती	मूर्ति
मँहगाई	महँगाई	जोत्सना	ज्योत्स्ना
बिमारी	बीमारी	उपलक्ष	उपलक्ष्य
प्रतिएक	प्रत्येक	व्यंग	व्यंग्य
स्वास्थ	स्वास्थ्य	सामर्थ	सामर्थ्य

अभ्यास प्रश्न

निर्देश (प्र.सं. 1 से 25 तक): *निम्नलिखित प्रश्नों में एक ही शब्द की चार अलग-अलग वर्तनियाँ दी गई हैं। इनमें से केवल एक वर्तनी सही है। उस विकल्प का चयन कीजिए।*

1. A. इकलौता B. एकलोता
C. ईकलोता D. ऐकलोता

2. A. संतुष्ट B. शंतुष्ट
C. शंतुशत D. स्न्तुष्ट

3. A. अतीथी B. अतिथि
C. आतिथी D. अथिति

4. A. आर्शीवाद B. आशिर्वाद
C. आर्शिवाद D. आशीर्वाद

5. A. समाजिक B. समाजीक
C. सामाजिक D. समजीक

6. A. संश्लेषण B. शंस्लेषण
C. षंश्लेसण D. संप्लेशण

7. A. वनवाश B. वनबास
C. बनवास D. वनवास

8. A. विशेस B. विशेष
C. विसेश D. विषेश

9. A. बाहिष्कार B. बइष्कार
C. बहिष्कार D. बहीष्कार

10. A. आकर्षक B. आक्रषक
C. अकार्षक D. आकर्शक

11. A. निरकार B. निर्कार
C. निराकार D. नीराकार

12. A. मोखिक B. मौखिक
C. मौकिख D. मौखीक

13. A. प्रतिवर्ष B. परतीवर्ष
C. प्रतिवर्श D. प्रतिबर्ष

14. A. अंर्तगत B. अंतर्गत
C. अर्न्तगत D. अन्तरगत

15. A. क्रष्ण B. कृषण
C. कृश्ण D. कृष्ण

16. A. शोणित B. शोनित
C. सोणित D. शोणीत

17. A. अधम्र B. अर्धम
C. अधर्म D. अधरम

18. A. अनूक्रम B. अनुक्रम
C. अनुकर्म D. अनुकृम

19. A. क्रम B. कृम
C. कर्मृ D. कमृ

20. A. तटस्त B. तटस्थ
C. तटश्थ D. तटष्थ

21. A. अम्रत B. अर्मत
C. अमृर्त D. अमृत

22. A. फुर्तला B. फुर्तिला
C. फुर्तीला D. फुर्तीला

23. A. र्निजीव B. निर्जीव
C. निरजीव D. निर्ज्रीव

24. A. परिकर्मा B. परिक्रमा
C. परिकृमा D. प्रिक्रमा

25. A. राशी B. राषि
C. राशि D. रासि

निर्देश (प्र.सं. 26 से 30 तक): *निम्नलिखित प्रश्नों में दिए गए विकल्पों में से अशुद्ध शब्द का चयन कीजिए।*

26. A. कौतूहल B. अनधिकार
C. निरपेक्ष D. पौराणीक

27. A. एकतारा B. जिजीविषा
C. कार्यकारणी D. अभ्यंतर

28. A. अनंग B. व्यंग
C. हास्य D. परिहास

29. A. नीती B. नदियाँ
C. कविता D. जीवित

30. A. आचार्य B. अवगुण
C. इष्ट D. उद्घोस

निर्देश (प्र.सं. 31 से 35 तक): *निम्नलिखित प्रश्नों में दिए गए विकल्पों में शुद्ध शब्द का चयन कीजिए।*

31. A. कृप्या B. चिह्न
C. आर्शीवाद D. उज्जवल

32. A. कोश्ठ B. परिशद
C. क्षुधा D. पाठसाला

33. A. प्रतिभूती B. कवयित्री
C. पड़ौसी D. बिमार

34. A. प्रसंशा B. परिस्थिती
C. प्रदर्शनी D. भगिरथी

35. A. आविष्कार B. निसब्द
C. जमाता D. देवार्षि

उत्तरमाला

1	2	3	4	5	6	7	8	9	10
A	A	B	D	C	A	D	B	C	A
11	12	13	14	15	16	17	18	19	20
C	B	A	B	D	A	C	B	A	B
21	22	23	24	25	26	27	28	29	30
D	C	B	B	C	D	C	B	A	D
31	32	33	34	35					
B	C	B	C	A					

❄ ❄ ❄ ❄ ❄

11 वाक्यांश के लिए एक शब्द

वाक्यांश के स्थान पर एक सार्थक शब्द का प्रयोग कथन को अत्यंत प्रभावशाली और रोचक बना देता है। ऐसे शब्दों के प्रयोग से न केवल विचारों को संक्षेप में व्यक्त किया जा सकता है, बल्कि समय और स्थान की भी बचत होती है। वाक्यांश के स्थान पर एक शब्द का निर्माण समास बनाकर अथवा उपसर्ग या प्रत्यय जोड़कर किया जाता है।

क्र.सं.	वाक्यांश	एक शब्द
1.	जो न जाना जा सके	अज्ञेय
2.	जिसके माँ-बाप न हो	अनाथ
3.	जो भेदा या तोड़ा न जा सके	अभेद्य
4.	अण्डे से जन्म लेने वाला	अण्डज
5.	अच्छे चरित्र वाला	सच्चरित्र
6.	आलोचना करने वाला	आलोचक
7.	आकाश में उड़ने वाला	नभचर
8.	आशा से अधिक	आशातीत
9.	अभिनय करने वाला पुरुष	अभिनेता
10.	अच्छा-बुरा समझने की शक्ति का अभाव	अविवेक
11.	अनुकरण करने योग्य	अनुकरणीय
12.	आयोजन करने वाला व्यक्ति	आयोजक
13.	अनुचित या बुरा आचरण करने वाला	दुराचारी
14.	अभी-अभी जन्म लेने वाला	नवजात
15.	जो दान देता हो	दानी
16.	जिसको भय न हो	निर्भय
17.	अच्छा लिखने वाला	सुलेखक
18.	अच्छा बोलने वाला	सुवक्ता
19.	जिसमें दया हो	दयालु
20.	जो प्रशंसा के योग्य हो	प्रशंसनीय
21.	जो जल में रहता हो	जलचर
22.	जो ईश्वर में विश्वास रखता हो	आस्तिक
23.	जिसकी तुलना न हो	अतुलनीय
24.	जो कुछ जानने की इच्छा रखता हो	जिज्ञासु

क्र.सं.	वाक्यांश	एक शब्द
25.	साथ में पढ़ने वाला	सहपाठी
26.	किसी का मजाक उड़ाना	उपहास
27.	कम खर्च करने वाला व्यक्ति	मितव्ययी
28.	किसी मत का समर्थन करने वाला	अनुमोदन
29.	किसी बात पर जोर देना	आग्रह
30.	जिस बच्चे को गोद लिया गया हो	दत्तक पुत्र
31.	जो कभी हो ही नहीं सकता	असम्भव
32.	जो मुँह से कहा न जा सके	अकथनीय
33.	भलाई चाहने वाला	हितैषी
34.	दूसरों की बातों में दखल देना	हस्तक्षेप
35.	जो सब जगह व्याप्त हो	सर्वव्यापक
36.	जिसके आने की तिथि न हो	अतिथि
37.	जो चित्र बनाता हो	चित्रकार
38.	हमेशा सत्य बोलने वाला	सत्यवादी
39.	जो दिखाई न दे	अदृश्य
40.	जिसके समान दूसरा न हो	अनुपम
41.	जिसमें धैर्य न हो	अधीर
42.	दूर की सोचने वाला	दूरदर्शी
43.	जो दूसरों पर अत्याचार करे	अत्याचारी
44.	जो कभी नष्ट न हो	अनश्वर
45.	जिस भूमि पर कुछ उग न सके	असर
46.	जो हाथ से लिखा हुआ हो	हस्तलिखित
47.	धर्म को जानने वाला	धर्मज्ञ
48.	शरण में आया हुआ	शरणागत
49.	जिसे पराजित न किया जा सके	अपराजेय
50.	जो किसी का पक्ष न ले	तटस्थ
51.	जो बड़ा भाई हो	अग्रज
52.	जहाँ पहुँचना आसान हो	सुगम
53.	स्वयं सेवा करने वाला	स्वयं सेवक

अभ्यास प्रश्न

निर्देश (प्र.सं. 1 से 35 तक): *निम्नलिखित प्रश्नों में दिए गए वाक्यांश के लिए नीचे दिए गए विकल्पों में से उचित शब्द का चयन कीजिए।*

1. जो जीता न जा सके:
A. अलौकिक B. अजेय
C. अभेद्य D. अनुकरणीय

2. जो पहले कभी नहीं हुआ:
A. अजर B. भूतपूर्व
C. अकथनीय D. अभूतपूर्व

3. जिसका पता न हो:
A. अज्ञात B. अजात
C. अजित D. अविस्मरणीय

4. जिसका विभाजन न किया जा सके:
A. विभाजित B. अनंत
C. अविभाज्य D. अनभिज्ञ

5. दूसरों की बातों में दखल देना:
A. अत्याचार B. हस्तक्षेप
C. अकिंचन D. हितैषी

6. जहाँ पहुँचा न जा सके:
A. उपकृत B. निराकार
C. अक्षम्य D. अगम्य

7. जो प्रशंसा के योग्य हो:
A. अप्रशंसक B. अप्रत्याशित
C. प्रशासक D. प्रशंसनीय

8. जो करने योग्य न हो:
A. अकरणीय B. सुकरणीय
C. करणीय D. विकरणीय

9. जो सबको समान दृष्टि से देखता हो:
A. सज्जन B. संन्यासी
C. समदर्शी D. परोपकारी

10. परीक्षा देने वाला:
A. परीक्षक B. विद्यार्थी
C. परीक्षार्थी D. शिक्षार्थी

11. जो कहने योग्य न हो:
A. अकथनीय B. अयोग्य
C. अवगुण D. अमावनात्मक

12. जो सहन न कर सके:
A. असहनीय B. असामाजिक
C. असहिष्णु D. असहाय

13. उच्चकुल में जन्म लेने वाला:
A. कुलीन B. धनी
C. रईस D. कुलिश

14. जो इन्द्रियों से परे हो:
A. इन्द्रहीन B. अगोचर
C. गोचर D. इष्टहीन

15. जिसे किसी बात का पता न हो:
A. अज्ञानी B. अल्पज्ञ
C. अनभिज्ञ D. मूर्ख

16. जिसके आर-पार देखा जा सके:
A. अतलदर्शी B. सूक्ष्मदर्शी
C. पारदर्शी D. दूरदर्शी

17. जो आँखों के सामने न हो:
A. प्रत्यक्ष B. परोक्ष
C. दूरस्थ D. अप्रत्यक्ष

18. जंगल में लगने वाली आग:
A. जठरानल B. दावानल
C. कामानल D. बड़वानल

19. जिसके पास कुछ भी न हो:
A. अज्ञ B. अकिंचन
C. गरीब D. दीन

20. थोड़ा जानने वाला:
A. अलण्या B. अल्पज्ञा
C. अल्पज्ञ D. अल्प बुद्धि

21. किसी कथा के अन्तर्गत आने वाली कोई अन्य कथा:
A. दृष्टांत B. अन्तर्कथा
C. अंतःकथा D. अंतर्दृष्टांत

22. फाल्गुन की पूर्णिमा को होने वाला हिंदुओं का प्रसिद्ध त्योहार:
A. गुरु पूर्णिमा B. वसंतोत्सव
C. दीपावली D. होली

23. यज्ञ में आहुति देने वाला:
A. पुरोहित B. हवि
C. होता D. समिधा

24. काम से जी चुराने वालाः
A. कामचोर B. बेकार
C. आलसी D. निकम्मा

25. किसी बात को करने का निश्चयः
A. विकल्प B. संकल्प
C. कल्प D. अत्यल्प

26. जिस बीमारी का ठीक होना सम्भव न होः
A. असाध्य B. विकट
C. भयानक D. घातक

27. जिस पर विजय प्राप्त कर ली गई होः
A. आक्रान्त B. अजेय
C. विजित D. पराजित

28. सूर्य के उदय होने का स्थानः
A. उदयाचल B. सूर्योदय
C. प्रभात स्थान D. गंधमादन

29. जो कहा न जा सकेः
A. अकथित B. अकथनीय
C. अकथ्य D. नामुमकिन

30. जिसे बहुत बातें करनी आती होः
A. वाचाल B. गम्भीर
C. समालोचक D. मुनि

31. जो स्त्री के वशीभूत होः
A. स्त्रीदास B. गुलाम
C. स्त्रैण D. प्रेमी

32. जिसे पढ़ना-लिखना आता होः
A. अल्पज्ञानी B. शिक्षित
C. बुद्धिजीवी D. साक्षर

33. जो अपने कर्तव्य को न जानता होः
A. अनजान B. अज्ञानी
C. किंकर्त्तव्यविमूढ़ D. कर्त्तव्यहीन

34. जो कानून के अनुकूल न होः
A. अवैध B. जघन्य
C. अवध्य D. आवेग

35. कामना पूरी होने का विश्वासः
A. प्रत्याशा B. दुराशा
C. विभावना D. सम्भावना

उत्तरमाला

1	2	3	4	5	6	7	8	9	10
B	D	A	C	B	D	D	A	C	C
11	**12**	**13**	**14**	**15**	**16**	**17**	**18**	**19**	**20**
A	A	A	B	C	C	B	B	B	C
21	**22**	**23**	**24**	**25**	**26**	**27**	**28**	**29**	**30**
B	D	C	A	B	A	C	A	B	A
31	**32**	**33**	**34**	**35**					
C	D	A	A	A					

❄ ❄ ❄ ❄ ❄

12 संधि

संधि का अर्थ होता है, दो वर्णों का मेल। जब दो स्वर या व्यंजन मिलकर तीसरे अक्षर (स्वर या व्यंजन) में बदल जाते हैं, तब इस रूप परिवर्तन को संधि कहते हैं। संधि के तीन प्रमुख भेद हैं : 1. स्वर संधि, 2. व्यंजन संधि, 3. विसर्ग संधि

स्वर संधि

दो स्वरों के मेल से जो विकार उत्पन्न होता है, उसे स्वर संधि कहते हैं। स्वर संधि के पांच भेद होते हैं :

(*i*) **दीर्घ संधि :** जब दो समान स्वर चाहे वे दीर्घ हों या ह्रस्व, आमने-सामने आते हैं तो दोनों मिलकर दीर्घ हो जाते हैं, अर्थात् अ, इ, उ, ऋ या दीर्घ आ, ई, ऊ परस्पर मिलकर एक हो जाते हैं, तो उसे दीर्घ स्वर संधि कहते हैं जैसे–

- अ + अ = आ (नर + अधम = नराधम)
- अ + आ = आ (कार्य + आलय = कार्यालय)
- आ + अ = आ (विद्या + अर्थी = विद्यार्थी)
- आ + आ = आ (महा + आशय = महाशय)
- इ + इ = ई (मुनि + इन्द्र = मुनीन्द्र)
- इ + ई = ई (कपि + ईश = कपीश)
- ई + इ = ई (मही + इन्द्र = महीन्द्र)
- ई + ई = ई (नदी + ईश = नदीश)
- उ + उ = ऊ (साधु + उवाच = साधूवाच)
- उ + ऊ = ऊ (लघु + ऊर्मि = लघूर्मि)
- ऊ + उ = ऊ (वधू + उत्सव = वधूत्सव)
- ऊ + ऊ = ऊ (भू + ऊर्ध्व = भूर्ध्व)

(*ii*) **गुण संधि :** गुण संधि में 'अ' अथवा 'आ' के बाद यदि 'इ' अथवा 'ई' हो तो दोनों मिलकर 'ए' बन जाता है। यदि 'अ' अथवा 'आ' के बाद 'उ' अथवा 'ऊ' हो तो दोनों मिलकर 'ओ' बन जाता है। यदि 'अ' अथवा 'आ' के बाद 'ऋ' हो, तो दोनों मिलकर 'अर' बन जाता है तब गुण संधि होती है। जैसे–

- अ + इ = ए (नर + इन्द्र = नरेन्द्र)
- आ + इ = ए (महा + इन्द्र = महेन्द्र)
- अ + ई = ए (सुर + ईश = सुरेश)
- आ + ई = ए (राका + ईश = राकेश)
- अ + उ = ओ (नर + उत्तम = नरोत्तम)
- आ + उ = ओ (महा + उदर = महोदर)
- अ + ऊ = ओ (नव + ऊढ़ा = नवोढ़ा)
- आ + ऊ = ओ (गंगा + ऊर्मि = गंगोर्मि)
- अ + ऋ = अर् (देव + ऋषि = देवर्षि)
- आ + ऋ = अर् (महा + ऋषि = महर्षि)

(*iii*) **यण संधि :** 'इ', 'ई' के बाद विजातीय स्वर आने पर वह 'य' में 'उ', 'ऊ' के बाद विजातीय स्वर आने पर 'व' और 'ऋ' के बाद विजातीय स्वर आने पर 'र' में बदल जाता है तब यण संधि होती है। जैसे–

- इ + आ = या (अति + आनन्द = अत्यानन्द)
- इ + ए = ये (प्रति + एक = प्रत्येक)
- इ + उ = यु (प्रति + उत्तर = प्रत्युत्तर)
- उ + अ = व (अनु + अय = अन्वय)
- उ + आ = वा (सु + आगत = स्वागत)
- ऋ + आ = रा (मातृ + आदेश = मात्रादेश)

(*iv*) **वृद्धि संधि :** जब 'अ' अथवा 'आ' के बाद 'ए' अथवा 'ऐ' स्वर आए तो वहाँ 'ऐ' 'अ' अथवा 'आ' के बाद 'ओ' अथवा 'औ' आए तो वहाँ 'औ' हो जाता है, तब वृद्धि संधि कहलाती है। जैसे–

- अ + ए = ऐ (एक + एक = एकैक)
- आ + ए = ऐ (तथा + एव = तथैव)
- अ + ऐ = ऐ (नर + ऐश्वर्य = नरैश्वर्य)
- आ + औ = औ (महा + ओज = महौज)
- अ + औ = औ (परम + औषधम = परमौषधम)
- आ + ऐ = ऐ (महा + ऐश्वर्य = महैश्वर्य)
- आ + औ = औ (महा + औषध = महौषध)

(*v*) **अयादि संधि :** जब 'ए', 'ऐ', 'ओ', 'औ' के पश्चात् कोई विजातीय स्वर आए, तो ये क्रमशः अय, आय, अव और आव में परिवर्तित हो जाते हैं। जैसे–

- ए + अ = अय (ने + अन = नयन)
- ऐ + अ = आय (नै + अक = नायक)
- ओ + अ = अव (पो + अन = पवन)
- ओ + इ = अव (पो + इत्र = पवित्र)

- औ + अ = आव (सौ + अन = सावन)
- औ + उ = आव (भौ + उक = भावुक)

व्यंजन संधि

किसी व्यंजन के पश्चात् जब कोई व्यंजन अथवा स्वर आए तो व्यंजन + व्यंजन अथवा व्यंजन + स्वर के मेल से उत्पन्न विकार को व्यंजन संधि कहते हैं। जैसे–

- दिक् + अम्बर = दिगम्बर
- सत् + गुरू = सद्गुरू
- जगत् + ईश = जगदीश
- दिक् + अन्त = दिगन्त
- तत् + लीन = तल्लीन
- सम + गम = संगम
- उत् + नति = उन्नति

विसर्ग संधि

जब विसर्ग के साथ किसी स्वर अथवा व्यंजन का मेल होता है, तब उससे उत्पन्न होने वाले विकार को विसर्ग संधि कहते हैं। जैसे–

- निः + चल = निश्चल
- धनुः + टंकार = धनुषटंकार
- प्रातः + काल = प्रातःकाल
- पुरः + हित = पुरोहित
- मनः + भाव = मनोभाव
- निः + विकार = निर्विकार

अभ्यास प्रश्न

निर्देश (प्र.सं. 1 से 15 तक) : *निम्नलिखित प्रश्नों में दिए गए शब्दों में प्रयुक्त संधि का चयन कीजिए।*

1. नायक
A. दीर्घ संधि B. वृद्धि संधि
C. अयादि संधि D. गुण संधि

2. मतैक्य
A. दीर्घ संधि B. वृद्धि संधि
C. गुण संधि D. इनमें से कोई नहीं

3. नाविक
A. अयादि संधि B. वृद्धि संधि
C. गुण संधि D. इनमें से कोई नहीं

4. तथैव
A. दीर्घ संधि B. गुण संधि
C. वृद्धि संधि D. अयादि संधि

5. स्वागत
A. यण संधि B. गुण संधि
C. अयादि संधि D. वृद्धि संधि

6. अत्यावश्यक
A. अयादि संधि B. वृद्धि संधि
C. यण संधि D. गुण संधि

7. महेश
A. यण संधि B. गुण संधि
C. वृद्धि संधि D. दीर्घ संधि

8. महोत्सव
A. दीर्घ संधि B. यण संधि
C. गुण संधि D. वृद्धि संधि

9. सदुपाय
A. स्वर संधि B. व्यंजन संधि
C. विसर्ग संधि D. हलन्त संधि

10. भरण
A. व्यंजन संधि B. स्वर संधि
C. विसर्ग संधि D. इनमें से कोई नहीं

11. अतएव
A. स्वर संधि B. व्यंजन संधि
C. विसर्ग संधि D. इनमें से कोई नहीं

12. दुर्गम
A. स्वर संधि B. व्यंजन संधि
C. विसर्ग संधि D. इनमें से कोई नहीं

13. अधोगति
A. व्यंजन संधि B. स्वर संधि
C. विसर्ग संधि D. हलन्त संधि

14. बहिर्मुख
A. व्यंजन संधि B. स्वर संधि
C. विसर्ग संधि D. इनमें से कोई नहीं

15. रामावतार
A. स्वर संधि B. व्यंजन संधि
C. विसर्ग संधि D. इनमें से कोई नहीं

निर्देश (प्र.सं. 16 से 30 तक) : *निम्नलिखित प्रश्नों में दिये गये शब्द का सही संधि विच्छेद बताइए।*

16. गीतांजलि
A. गी + तांजलि B. गीत + आंजलि
C. गीत + अंजलि D. गीता + अंजलि

17. प्रत्येक
A. प्रत्य + एक B. प्रति + एक
C. प्रती + एक D. प्रत्य + इक

18. महीश
A. मही + श B. महि + इश
C. महि + ईश D. मही + ईश

19. सप्तर्षि
A. सप्त + ऋषि　　B. सप्त्र + षि
C. सप्त + रिषि　　D. सप्त + अर्षि

20. नयन
A. नय + न　　B. न + यन
C. ने + अन　　D. ने + यन

21. महर्षि
A. महा + अर्षि　　B. महा + ऋषि
C. महा + रिषि　　D. महा + रिशि

22. महौषध
A. महा + ओषध　　B. मह + औषध
C. महा + उषध　　D. महा + औषध

23. सच्चरित्र
A. सत् + चरित्र　　B. सत + चरित्र
C. सत्य + चरित्र　　D. सच्चा + चरित्र

24. निराधार
A. निरा + आधार　　B. निः + आधार
C. नि + आधार　　D. निर् + आधार

25. परमेश्वर
A. परम + ईश्वर　　B. पर + ममेश्वर
C. प + रमेश्वर　　D. परमो + ईश्वर

26. सज्जन
A. सज् + जन　　B. सद् + जन
C. सत् + जन　　D. स + ज + जन

27. यशोदा
A. यशो + दा　　B. यश + अदा
C. यशु + यदा　　D. यशः + दा

28. मनोयोग
A. मनोः + योग　　B. मनः + योग
C. मनः + आयोग　　D. इनमें से कोई नहीं

29. दशानन
A. दश् + आनन　　B. दस + आनन
C. दशान् + आनन　　D. दश + आनन

30. स्वागत
A. सु + आगत　　B. स्व + गत
C. स्वा + आगत　　D. स्वा + गत

31. निम्नलिखित शब्द के लिए सही संधि-विच्छेद का चयन कीजिए।
गिरीन्द्र
A. गिर + ईंद्र　　B. गिरि + ईंद्र
C. गिरी + इंद्र　　D. गिरि + इंद्र

32. निम्नलिखित में से किस शब्द की संधि सही है?
A. स्त्री + उचित = स्त्रीयोचित
B. नदी + आर्पण = नद्यार्पण
C. एक + एक = एकेक
D. पितृ + अनुमति = पित्रनुमति

33. निम्नलिखित में से किस शब्द की संधि सही नहीं है?
A. अधि + आदेश = अध्यादेश
B. अभि + आगत = अभ्यागत
C. अधि + अधीन = अध्याधीन
D. अभि + अर्थी = अभ्यर्थी

34. निम्नलिखित में से बेमेल को चुनिए:

	शब्द		**संधि**
A.	मूल्यांकन	–	दीर्घ
B.	परमेश्वर	–	गुण
C.	भावुक	–	विसर्ग
D.	जगन्नाथ	–	व्यंजन

35. निम्नलिखित में से बेमेल को चुनिए:

	शब्द		**संधि**
A.	उज्जवल	–	व्यंजन
B.	मेल	–	अयादि
C.	दुष्कर	–	विसर्ग
D.	अन्वय	–	गुण

उत्तरमाला

1	2	3	4	5	6	7	8	9	10
C	B	A	C	A	C	B	C	B	A
11	**12**	**13**	**14**	**15**	**16**	**17**	**18**	**19**	**20**
C	C	C	C	A	C	B	D	A	C
21	**22**	**23**	**24**	**25**	**26**	**27**	**28**	**29**	**30**
B	D	A	B	A	C	D	B	D	A
31	**32**	**33**	**34**	**35**					
D	D	C	C	D					

❋ ❋ ❋ ❋ ❋

13 काल

समय, क्रिया के जिस रूप से उसके होने के समय का बोध होता है, उसे **काल** कहते हैं अथवा जिस समय जो क्रिया सम्पन्न होती है, वही उसका 'काल' कहा जाता है। इस प्रकार क्रिया के जिस रूप से क्रिया के होने का समय ज्ञात होता है, उसे ही 'काल' कहते हैं।

काल के तीन भेद होते हैं:

1. वर्तमान काल 2. भूतकाल 3. भविष्यत् काल

वर्तमान काल

क्रिया के जिस रूप से कार्य के वर्तमान समय में सम्पन्न होने का बोध हो, उसे 'वर्तमान काल' कहते हैं। जैसे—वह पढ़ता है।

मोहन पुस्तक पढ़ रहा है।

वर्तमान काल के चार भेद होते हैं—

(क) **सामान्य वर्तमान :** क्रिया का वह रूप जिससे क्रिया का वर्तमान में होना पाया जाए, 'सामान्य वर्तमान' कहलाता है। जैसे— • मोहन जाता है। • राम पढ़ता है। • गीता देखती है।

(ख) **तात्कालिक/अपूर्ण वर्तमान :** क्रिया के जिस रूप से कार्य के होने या करने की निरन्तरता का बोध हो, उसे अपूर्ण वर्तमान कहते हैं। इसे 'तात्कालिक वर्तमान' भी कहते हैं।
जैसे—• मैं पत्र लिख रहा हूँ। • सुरेश गाना गा रहा है।

(ग) **पूर्ण वर्तमान :** क्रिया के जिस रूप से कार्य के वर्तमान में पूर्ण होने की जानकारी प्राप्त होती हो, उसे 'पूर्ण वर्तमान' कहते हैं। जैसे—• राम गया है। • रमेश ने रोटी खायी है।

(घ) **संभाव्य वर्तमान :** इस काल में कार्य के पूर्ण होने की संभावना रहती है। जैसे—• राम खाया हो। • वह सोया हो।

भूतकाल

क्रिया के जिस रूप से कार्य के बीते हुए समय (अतीत) में सम्पन्न (पूर्ण) होने का बोध हो, उसे **भूतकाल** कहते हैं। जैसे—• राम खा चुका था। • गीता सो गई थी।

भूतकाल के छः भेद होते हैं—

(क) **सामान्य भूत :** क्रिया के जिस रूप से कार्य के बीते हुए समय में सम्पन्न होने का बोध हो, किन्तु ठीक समय का बोध न हो, तो उसे सामान्य भूत कहते हैं। जैसे—• राम ने पत्र लिखा। • मोहन गया।

(ख) **आसन्न भूत :** क्रिया के जिस रूप से यह ज्ञात हो कि क्रिया अभी-अभी पूर्ण या समाप्त हुई है, उसे 'आसन्न भूत' कहते हैं। जैसे—• राम पत्र लिख चुका है। • वह अभी आया था।

(ग) **पूर्ण भूत :** क्रिया के जिस रूप से यह स्पष्ट ज्ञात हो कि कार्य को समाप्त हुए बहुत समय बीत चुका है, उसे 'पूर्ण भूत' कहते हैं। जैसे—• राम ने रावण को मारा था। • आशा ने गीत गाया था।

(घ) **अपूर्ण भूत :** क्रिया के जिस रूप से कार्य का बीते समय में होने का बोध हो किन्तु उसकी समाप्ति अर्थात् पूर्ण होने की जानकारी न प्राप्त हो, उसे 'अपूर्ण भूत' कहते हैं। जैसे— • रमेश पुस्तक पढ़ रहा था। • सुरेश खाना खा रहा था।

(च) **संदिग्ध भूत :** संदिग्ध भूत में इस बात का सन्देह बना रहता है कि कार्य समाप्त हुआ या नहीं। जैसे—• तुमने लिखा होगा। • उसने चुराया होगा।

(छ) **हेतुहेतुमद् भूत :** इस काल में यह पता चलता है कि यद्यपि क्रिया का समापन भूतकाल में होना था परन्तु किसी कारणवश नहीं हो सका। दूसरे शब्दों में हम कह सकते हैं कि इस काल में कार्य के होने की शर्त लगी रहती है अर्थात् एक क्रिया की सिद्धि में दूसरी क्रिया शर्त बनकर प्रयुक्त होती है। जैसे—• यदि तुम पढ़ते तो परीक्षा पास करते। • यदि वर्षा होती तो पैदावार अच्छी होती।

भविष्यत् काल

क्रिया के जिस रूप से यह पता चले कि कार्य आने वाले समय (भविष्य) में होने वाला है, उसे **भविष्यत काल** कहते हैं। जैसे—• वह नौकरी करेगा। • रमेश व्यापार करेगा।

भविष्यत् काल के तीन भेद होते हैं—

(क) **सामान्य भविष्यत् :** इस काल की क्रिया से यह पता चलता है कि कार्य स्वाभाविक रीति से भविष्य में पूरा होगा। जैसे— • मैं लिखूँगा। • वह गाँव जाएगा।

(ख) **संभाव्य भविष्यत् :** इस काल की क्रिया से भविष्यत् काल में कार्य होने की संभावना का बोध होता है। जैसे—• संभव है, वह पत्र लिखे। • संभवतः वह कल आए।

(ग) **हेतुहेतुमद् भविष्यत् :** इस काल की क्रिया से यह प्रकट होता है कि भविष्य में एक क्रिया का होना दूसरी क्रिया पर निर्भर करता है। जैसे—• अध्यापक आएं तो पढ़ाएं। • विद्यार्थी पढ़े तो परीक्षा उत्तीर्ण करे।

अभ्यास प्रश्न

1. 'श्याम दौड़ रहा है'—में कौन-सा काल है?
   A. वर्तमान काल B. भूतकाल
   C. भविष्यत् काल D. इनमें से कोई नहीं

2. 'बच्चा गया' इस वाक्य में प्रयुक्त काल पहचानिए।
   A. पूर्ण भूतकाल B. सामान्य वर्तमान काल
   C. सामान्य भूतकाल D. भविष्यत् काल

3. कौन-सा वाक्य आसन्न भूतकाल में है?
   A. तू आता तो मैं जाता। B. मोहन आया, सीता गई।
   C. वह आया था। D. मैंने आम खाया है।

4. 'हेमंत पत्र लिख रहा है।' काल पहचानिए।
   A. अपूर्ण भूतकाल B. भविष्यत् काल
   C. वर्तमान काल D. भूतकाल

5. 'मैं लखनऊ जा रहा हूँ।' वाक्य किस काल का है?
   A. आसन्न भूतकाल B. सामान्य वर्तमान काल
   C. भविष्य काल D. अपूर्ण वर्तमान काल

6. 'मैं आता।' काल पहचानिए।
   A. सामान्य भूतकाल B. संदिग्ध भूतकाल
   C. हेतुहेतुमद् भूतकाल D. आसन्न भूतकाल

7. 'वह खाना खा रही है।' वाक्य में प्रयुक्त काल पहचानिए।
   A. अपूर्ण वर्तमान काल B. आसन्न भूतकाल
   C. सामान्य वर्तमान काल D. पूर्ण वर्तमान काल

8. काल कितने होते हैं?
   A. तीन B. चार
   C. पाँच D. छह

9. 'पिताजी अखबार पढ़ रहे हैं।' इसमें प्रयुक्त काल पहचानिए।
   A. भूतकाल B. वर्तमान काल
   C. भविष्यत् काल D. पूर्ण भूतकाल

10. 'कुली ने सामान उठाया।' काल पहचानिए।
    A. सामान्य भूतकाल B. आसन्न भूतकाल
    C. पूर्ण भूतकाल D. अपूर्ण भूतकाल

11. 'राम ने रावण को तीर से मारा।' काल पहचानिए।
    A. वर्तमान काल B. भविष्यत् काल
    C. भूतकाल D. पूर्ण भूतकाल

12. 'हम कल ताजमहल घूमने जाएंगे।' काल पहचानिए।
    A. भूतकाल B. वर्तमान काल
    C. भविष्यत् काल D. पूर्ण भूतकाल

13. 'यदि रुपये होते तो मैं कम्प्यूटर खरीद लेती।' इसमें प्रयुक्त काल पहचानिए।
    A. सामान्य भूतकाल B. आसन्न भूतकाल
    C. संदिग्ध भूतकाल D. हेतुहेतुमद् भूतकाल

14. 'मैं खाना खाऊँगी।' इसमें प्रयुक्त काल पहचानिए।
    A. सामान्य भविष्यत् काल B. संभाव्य भविष्यत् काल
    C. संदिग्ध भविष्यत् काल D. इनमें से कोई नहीं

15. 'माली घास काटता है।' इसमें प्रयुक्त काल पहचानिए।
    A. अपूर्ण वर्तमान काल
    B. सामान्य वर्तमान काल
    C. संदिग्ध वर्तमान काल
    D. पूर्ण वर्तमान काल

उत्तरमाला

1	2	3	4	5	6	7	8	9	10
A	C	D	C	D	C	A	A	B	A
11	**12**	**13**	**14**	**15**					
C	C	D	A	B					

❄ ❄ ❄ ❄ ❄

14 वाक्य रचना/वाक्य विचार

वाक्य

सार्थक शब्दों का ऐसा समूह जो किसी विचार को पूर्ण करे या व्यक्त करे, उसे वाक्य कहते हैं। जैसे—मोहन अच्छा लिखता है।

वाक्य के अंग

1. **उद्देश्यः** वाक्य में जिस व्यक्ति या वस्तु के विषय में कुछ कहा जाता है, उसे उद्देश्य कहते हैं।

   नोटः कर्ता को ही उद्देश्य कहते हैं। **जैसे**—राम ध्यान से पढ़ता है। वाक्य में 'राम' शब्द उद्देश्य है।

2. **विधेयः** उद्देश्य के विषय में जो कुछ कहा जाता है, उसे विधेय कहते हैं।

दूसरे शब्दों में, कर्ता के अलावा जो भी बात वाक्य में कही जाए, उसे विधेय कहते हैं। जैसे—मोहन धीरे-धीरे चलता है। वाक्य में 'धीरे-धीरे चलता है'—विधेय है।

वाक्य के भेद

1. **रचना के आधार पर वाक्य भेद :** रचना के आधार पर वाक्य के तीन भेद होते हैं—

   (i) **सरल या साधारण वाक्यः** जिन वाक्यों में एक उद्देश्य और एक ही विधेय होता है, उन्हें सरल या साधारण वाक्य कहते हैं। जैसे—• मुकेश पढ़ता है। • स्वाती खाना खा रही है।

   उपर्युक्त वाक्यों में कर्ता एक-एक है और क्रिया भी एक-एक है। अतः ये सभी सरल या साधारण वाक्य है।

   (ii) **संयुक्त वाक्य :** जिन वाक्यों में दो या दो से अधिक सरल वाक्य समुच्चयबोधक शब्दों से जुड़े हों, उन्हें संयुक्त वाक्य कहते हैं। जैसे—• वह सुबह गया और शाम को लौट आया। • मोर नाच रहा है परंतु मोरनी चुपचाप बैठी है।

   उपर्युक्त वाक्यों में दो-दो सरल उपवाक्य हैं। इनको 'और', 'परंतु' अर्थात् समुच्चयबोधक से जोड़े हुए हैं, अतः ये संयुक्त वाक्य हैं।

   (iii) **मिश्र या मिश्रित वाक्यः** जिन वाक्यों में एक मुख्य या प्रधान वाक्य हो और अन्य आश्रित उपवाक्य हों, उन्हें मिश्रित वाक्य कहते हैं। इनमें एक मुख्य उद्देश्य के अलावा एक से अधिक समापिका क्रियाएं होती हैं। जैसे—• जो कल घर आया था, वह बाहर खड़ा है। • राधा विद्यालय नहीं जा सकी, क्योंकि वह बीमार है।

   उपर्युक्त पहले वाक्य में 'जो कल घर आया था' और दूसरे वाक्य में 'राधा विद्यालय नहीं जा सकी', प्रधान उपवाक्य है, जो क्रमशः 'वह बाहर खड़ा है' तथा 'क्योंकि वह बीमार है', आश्रित उपवाक्यों से जुड़े हैं। अतः ये मिश्र वाक्य हैं।

2. **अर्थ के आधार पर वाक्य भेद :** अर्थ के आधार पर आठ प्रकार के वाक्य होते हैं—

   (i) **विधिवाचक वाक्यः** जिससे किसी बात के होने का बोध हो, वह विधिवाचक वाक्य कहलाता है। जैसे—• राजेश व्यायाम कर रहा है। • सविता अपना कार्य कर रही है।

   (ii) **निषेधवाचक वाक्यः** जिन वाक्यों से कार्य न होने का बोध हो, वह निषेधात्मक वाक्य कहलाता है। जैसे—• उसने खाना नहीं खाया। • कक्षा में शोर मत मचाओ।

   (iii) **प्रश्नवाचक वाक्यः** वह वाक्य जिसके द्वारा किसी प्रकार के प्रश्न किये जाने का बोध हो, उसे प्रश्नवाचक वाक्य कहते हैं। जैसे—• तुम क्या खा रहे हो? • तुम क्या पढ़ रहे हो?

   (iv) **आज्ञावाचक वाक्यः** जिन वाक्यों से आज्ञा, अनुमति, प्रार्थना आदि का बोध होता है, वह आज्ञावाचक वाक्य कहलाता है। जैसे—• कृपया बैठ जाइए। • सदा सत्य बोलो।

   (v) **विस्मयादिवाचक वाक्यः** जिन वाक्यों के द्वारा विस्मय, हर्ष, शोक, घृणा, प्रशंसा आदि के भाव प्रकट किए जाते हैं, वह विस्मयादिवाचक वाक्य कहलाता है। जैसे—• वाह! कया दृश्य है। • ओह! कितनी ठंडी रात है।

   (vi) **इच्छावाचक वाक्यः** जिस वाक्य से दूसरों के लिए आशीर्वाद, कामना, इच्छा आदि का बोध हो, उसे इच्छावाचक वाक्य कहते हैं। जैसे—• भगवान तुम्हें दीर्घायु प्रदान करें। • नववर्ष मंगलमय हो।

   (vii) **संकेतवाचक वाक्यः** जिन वाक्यों में किसी संकेत या शर्त का बोध हो, उन्हें संकेतवाचक वाक्य कहते हैं। जैसे—• राम का मकान उधर है। • यदि वर्षा होती तो फसल अच्छी होती।

   (viii) **संदेहवाचक वाक्यः** जिन वाक्यों में किसी कार्य के होने के बारे में संदेह या संभावना प्रकट की जाती है, उन्हें संदेहवाचक वाक्य कहते हैं। जैसे—• पता नहीं श्याम आएगा या नहीं (संदेह) • आज पिताजी आ सकते हैं (संभावना)

अभ्यास प्रश्न

1. ''अब इस दर्पण में देखकर बताओ कि तुम क्या देखते हो।'' यह वाक्य है:

A. विधिवाचक वाक्य B. सरल वाक्य
C. संयुक्त वाक्य D. मिश्र वाक्य

2. ''राम आया, भाई से मिला और तुरंत लौट गया।'' यह वाक्य है:

A. सरल वाक्य B. मिश्र वाक्य
C. संयुक्त वाक्य D. संदेहवाचक वाक्य

3. ''उसने परिश्रम तो बहुत किया, किंतु सफलता नहीं मिली।'' यह वाक्य है:

A. मिश्रित वाक्य B. सरल वाक्य
C. संयुक्त वाक्य D. अर्द्ध वाक्य

4. ''पानी न बरसता हो धान सूख जाता।'' किस प्रकार का वाक्य है?

A. इच्छावाचक वाक्य B. संदेहवाचक वाक्य
C. संकेतवाचक वाक्य D. आज्ञावाचक वाक्य

5. ''मैं आज स्कूल नहीं जाऊँगा।'' यह किस प्रकार का वाक्य है?

A. निषेधवाचक वाक्य B. संकेतवाचक वाक्य
C. विधिवाचक वाक्य D. प्रश्नवाचक वाक्य

6. ''मजदूर मेहनत करता है, किन्तु उसके लाभ से वंचित रहता है।'' यह किस प्रकार का वाक्य है?

A. सरल वाक्य B. मिश्र वाक्य
C. संयुक्त वाक्य D. इनमें से कोई नहीं

7. ''व्यवहार में वह बिल्कुल वैसा ही है जैसे उसके पिताजी।'' यह वाक्य है:

A. मिश्र वाक्य B. सरल वाक्य
C. संयुक्त वाक्य D. इनमें से कोई नहीं

8. ''जब तक वह रेलवे स्टेशन पहुँचा तब तक उसके दादा जा चुके थे।'' यह वाक्य किस प्रकार का वाक्य है?

A. सरल वाक्य B. मिश्रित वाक्य
C. संयुक्त वाक्य D. इनमें से कोई नहीं

9. ''राम पढ़ता है।'' यह वाक्य किस प्रकार का वाक्य है?

A. सरल वाक्य B. संयुक्त वाक्य
C. मिश्रित वाक्य D. इनमें से कोई नहीं

10. ''यदि सही दिशा में परिश्रम करोगे तो अवश्य सफल हो जाओगे।'' यह वाक्य है:

A. सरल वाक्य B. मिश्रित वाक्य
C. संयुक्त वाक्य D. इनमें से कोई नहीं

11. ''ईश्वर तुम्हें सफलता दें।'' यह वाक्य है:

A. प्रश्नवाचक वाक्य B. विस्मयवाचक वाक्य
C. निषेधवाचक वाक्य D. इच्छावाचक वाक्य

12. ''संतोष से बढ़कर सुख नहीं।'' यह वाक्य किस प्रकार का वाक्य है?

A. मिश्र वाक्य B. सरल वाक्य
C. संयुक्त वाक्य D. इनमें से कोई नहीं

13. ''आज बहुत पानी गिरा।'' यह वाक्य है:

A. सरल वाक्य B. संयुक्त वाक्य
C. मिश्र वाक्य D. उपवाक्य

14. ''तुलसीदास ने कहा है कि विनाशकाल में मनुष्य की बुद्धि भ्रष्ट हो जाती है।'' यह वाक्य है:

A. साधारण वाक्य B. संयुक्त वाक्य
C. मिश्र वाक्य D. इनमें से कोई नहीं

15. निम्न में से सरल वाक्य का चयन कीजिए:

A. उसने कहा कि कार्यालय बंद हो गया।
B. सुबह हुई और वह आ गया।
C. राहुल धीरे-धीरे लिखता है।
D. जो बड़े हैं, उन्हें सम्मान दो।

उत्तरमाला

1	2	3	4	5	6	7	8	9	10
D	C	C	C	A	C	A	B	A	B
11	**12**	**13**	**14**	**15**					
D	B	A	C	C					

❄ ❄ ❄ ❄ ❄

15 वाच्य

क्रिया के जिस रूप से यह ज्ञात हो कि उसके प्रयोग का आधार कर्ता, कर्म या भाव है, उसे वाच्य कहते हैं।

वाच्य तीन प्रकार के होते हैं:

1. कर्तृवाच्य 2. कर्मवाच्य 3. भाववाच्य

1. कर्तृवाच्य

क्रिया के जिस रूप में कर्ता प्रधान हो, उसे कर्तृवाच्य कहते हैं। इसमें लिंग एवं वचन प्रायः कर्ता के अनुसार होते हैं।

जैसे—सौरभ सेब खाता है।

सौरभ	सेब खाता है।
कर्ता (एकवचन, पुल्लिंग)	क्रिया (एकवचन, पुल्लिंग)

लड़के सेब खाते हैं।

लड़के	सेब खाते हैं।
कर्ता (बहुवचन, पुल्लिंग)	क्रिया (बहुवचन, पुल्लिंग)

2. कर्मवाच्य

क्रिया के जिस रूप में कर्म प्रधान हो, उसे कर्मवाच्य कहते हैं या जहाँ क्रिया का संबंध सीधा कर्म से हो तथा क्रिया का लिंग तथा वचन कर्म के अनुसार हो, उसे कर्म वाच्य कहते हैं।

जैसे—

- रीना ने दूध पीया।
- शिखा ने पत्र लिखा।

पहले वाक्य में रीना (कर्ता) स्त्रीलिंग है परन्तु 'पीया' क्रिया का एकवचन, पुल्लिंग रूप 'दूध' (कर्म) के अनुसार आया है।

दूसरे वाक्य में शिखा (कर्ता) स्त्रीलिंग है परन्तु 'लिखा' क्रिया का एकवचन, पुल्लिंग रूप 'पत्र' (कर्म) के अनुसार आया है।

3. भाववाच्य

क्रिया के जिस रूप में न तो कर्ता की प्रधानता हो, न कर्म की, बल्कि क्रिया का भाव ही प्रधान हो, वहाँ भाववाच्य होता है। इसमें मुख्यतः अकर्मक क्रिया का ही प्रयोग होता है।

जैसे—

- सोमेश से टहला भी नहीं जाता।
- राकेश से उठा नहीं जाता।

उपर्युक्त वाक्यों में कर्ता या कर्म प्रधान न होकर भाव मुख्य हैं, अतः इनकी क्रियाएं भाववाच्य का उदाहरण हैं।

अभ्यास प्रश्न

1. इनमें से भाववाच्य वाला वाक्य कौन-सा है?

A. रक्षा दौड़ नहीं सकती।
B. हिमेश से दौड़ा नहीं जाता।
C. रमेश खाना खा सकता है।
D. मालती खाना खाती है।

2. 'स्त्री कपड़ा सीती है।' यह वाक्य .... वाच्य में है।

A. कर्म B. भाव
C. कर्तृ D. इनमें से कोई नहीं

3. 'पुस्तक पढ़ी जाती है।' वाक्य में कौन-सा वाच्य है?

A. कर्तृवाच्य B. कर्मवाच्य
C. भाववाच्य D. क्रिया वाच्य

4. 'मोहन चित्र बनाता है।' इसमें कौन-सा वाच्य है?

A. कर्तृवाच्य B. कर्मवाच्य
C. भाववाच्य D. उपरोक्त सभी

5. 'मजदूरों से पत्थर नहीं तोड़े जा रहे।' इसमें वाच्य है।

A. कर्मवाच्य B. कर्तृवाच्य
C. भाववाच्य D. इनमें से कोई नहीं

6. 'रोगी को दवा दी गई।' यह किस वाच्य का उदाहरण है?

A. कर्तृवाच्य
B. भाववाच्य
C. कर्मवाच्य
D. इनमें से कोई नहीं

7. जिस वाक्य में वाच्य बिंदु 'कर्ता' है, उसे कहते हैं:
A. कर्मवाच्य वाक्य B. भाववाच्य वाक्य
C. कर्तृवाच्य वाक्य D. इनमें से कोई नहीं

8. 'वह तख्त पर सोता है।' में कौन-सा वाच्य है?
A. कर्मवाच्य B. कर्तृवाच्य
C. भाववाच्य D. इनमें से कोई नहीं

9. 'अब तो गलती हो गयी।' इसमें कौन-सा वाच्य होगा?
A. कर्तृवाच्य B. भाववाच्य
C. कर्मवाच्य D. क्रिया विशेषण

10. 'सिपाही ने चोर को पकड़ा।' यह किस वाच्य का उदाहरण है?
A. कर्तृवाच्य B. कर्मवाच्य
C. भाववाच्य D. इनमें से कोई नहीं

11. 'नेहा से उठा नहीं जाता।' वाक्य में कौन-सा वाच्य है?
A. कर्तृवाच्य B. कर्मवाच्य
C. भाववाच्य D. इनमें से कोई नहीं

12. 'मीना दौड़ रही है।' वाक्य में कौन-सा वाच्य है?
A. कर्तृवाच्य B. कर्मवाच्य
C. भाववाच्य D. इनमें से कोई नहीं

13. जिस वाक्य में क्रिया का मुख्य संबंध भाव से हो, उसे कहते हैं?
A. कर्तृवाच्य B. भाववाच्य
C. कर्मवाच्य D. ये सभी

14. 'मुझसे गाया नहीं जाता।' वाक्य में कौन-सा वाच्य है?
A. कर्तृवाच्य B. कर्मवाच्य
C. भाववाच्य D. इनमें से कोई नहीं

15. 'मुझसे यह काम नहीं हो सकता।' में कौन-सा वाच्य है?
A. कर्तृवाच्य B. कर्मवाच्य
C. भाववाच्य D. इनमें से कोई नहीं

16. 'अबीर के द्वारा पत्र लिखा गया।' यह उदाहरण किस वाच्य का है?
A. कर्मवाच्य B. कर्तृवाच्य
C. भाववाच्य D. इनमें से कोई नहीं

17. 'गीता ने सहेलियों को बुलाया।' में कौन-सा वाच्य है?
A. कर्तृवाच्य B. कर्मवाच्य
C. भाववाच्य D. इनमें से कोई नहीं

18. 'अध्यापक ने कक्षा में गणित की परीक्षा ली।' वाक्य में कौन-सा वाच्य है?
A. भाववाच्य B. कर्मवाच्य
C. कर्तृवाच्य D. इनमें से कोई नहीं

19. 'वह लड़ाई में मारा गया।' वाक्य में प्रयुक्त वाच्य है।
A. कर्तृवाच्य B. कर्मवाच्य
C. भाववाच्य D. इनमें से कोई नहीं

20. 'विमला से दिन में सोया नहीं जाता।' यह वाक्य .... वाच्य में है।
A. कर्म B. कर्तृ
C. भाव D. कर्तृ और कर्म दोनों

21. निम्नलिखित वाक्यों में से कर्तृवाच्य वाक्य नहीं है?
A. वह पत्र लिखता है। B. सीता पुस्तक पढ़ती है।
C. राधा सितार बजाती है। D. पुस्तक पढ़ी जाती है।

22. निम्नलिखित में से कौन-सा वाक्य कर्मवाच्य का उदाहरण है?
A. मैं नहीं पढ़ता। B. मुझसे पत्र पढ़ा नहीं जाता।
C. उमेश नहाया। D. इनमें से कोई नहीं

23. निम्न में से भाववाच्य वाक्य का चयन कीजिए:
A. मेरे द्वारा पुस्तक पढ़ी गई। B. यहाँ बैठा नहीं जाता।
C. रेखा कपड़ा धोती है। D. कपड़ा सिला जाता है।

24. 'बालिका नृत्य कर रही है।' वाक्य का कर्मवाच्य है:
A. बालिका नृत्य करती है।
B. बालिका नृत्य कर चुकी है।
C. बालिका नृत्य करेगी।
D. बालिका द्वारा नृत्य किया जा रहा है।

25. 'उसने भोजन कर लिया।' वाक्य को कर्मवाच्य में बदलिए।
A. उसके द्वारा भोजन कर लिया गया।
B. क्या उसने भोजन कर लिया।
C. उसके द्वारा भोजन नहीं किया जा सका।
D. उसके द्वारा भोजन लिया गया।

उत्तरमाला

1	2	3	4	5	6	7	8	9	10
B	C	B	A	A	C	C	B	C	A
11	12	13	14	15	16	17	18	19	20
C	A	B	C	B	A	C	C	B	C
21	22	23	24	25					
D	B	B	D	A					

❄ ❄ ❄ ❄ ❄

16 मुहावरे एवं लोकोक्तियाँ

मुहावरा

मुहावरे हिन्दी भाषा का एक महत्वपूर्ण हिस्सा हैं, जो वाक्यांशों या वाक्यों के रूप में उपयोग होते हैं और जिनका अर्थ उनके शाब्दिक अर्थ से भिन्न होता है। वे भाषा को अधिक प्रभावशाली, आकर्षक और जीवंत बनाते हैं।

उदाहरणः राम राजा दशरथ की आँखों के तारे थे।

उपर्युक्त वाक्य में 'आँखों के तारे' ऐसा शब्द समूह है जो वाक्य में कुछ विशेष अर्थ प्रकट कर रहा है। इसका सामान्य अर्थ वाक्य में कोई महत्व नहीं रखता।

लोकोक्ति

लोकोक्ति शब्द लोक तथा उक्ति दो शब्दों के मेल से बना है। इसका अर्थ होता है कोई ऐसा पूर्ण या अपूर्ण वाक्य जिसमें कोई अनुभव, सारकथन अथवा कोई कथा छिपी होती है। जैसे–'का बरखा जब कृषि सुखाने' इसका अर्थ है कि यदि कोई काम समय पर नहीं हुआ तो असमय में उसके होने का कोई महत्व नहीं रह जाता।

लोकोक्तियों तथा मुहावरों का महत्व

भावों की अभिव्यक्ति के लिए जो भाषा हम प्रयोग करते हैं, उसमें यदि मुहावरों तथा लोकोक्तियों का मिश्रण हो जाता है तो वह कहीं अधिक प्रभावशाली, रोचक तथा ग्राह्य बन जाती है। इनके प्रयोग से आशय स्पष्ट हो जाता है तथा मन्तव्य को संक्षेप में प्रकट करने के लिए कथन सशक्त बन जाता है। यही कारण है कि प्रायः हर भाषा में लोकोक्तियों तथा मुहावरों का प्रयोग मिलता है।

क्र.सं.	मुहावरा	अर्थ
1.	**अक्ल के घोड़े दौड़ाना**	किसी बात का हल ढूंढना
2.	**आँखें खुलना**	होश आना
3.	**आपाधापी करना**	अपनी चिन्ता करना
4.	**आपे से बाहर होना**	गुस्से में सुध-बुध खो देना
5.	**आँखों में धूल झोंकना**	धोखा देना
6.	**आँखें दिखाना**	डराना
7.	**आँखें चुराना**	नजर बचाना
8.	**आँखों में खून उतर आना**	अधिक क्रोध करना
9.	**आँख मारना**	इशारा करना
10.	**आँखें फेर लेना**	बदल जाना
11.	**आँखें बिछाना**	प्रेम से स्वागत करना
12.	**आँखों के आगे अंधेरा छा जाना**	निराश हो जाना
13.	**आँखें चार होना**	दोनों का एक-दूसरे को देखना
14.	**आँखें पथरा जाना**	बाट देखते-देखते थक जाना
15.	**आँखों का तारा**	अत्यन्त प्यारा
16.	**आँख लगना**	नींद आना
17.	**आँच न आने देना**	हानि न होने देना
18.	**आस्तीन का सांप**	कपटी मित्र
19.	**आसमान पर थूकना**	निर्दोष पर दोष लगाना
20.	**आग में घी डालना**	क्रोध को और बढ़ाना
21.	**आंचल पसारना**	किसी के आगे हाथ फैलाना
22.	**आगे पीछे फिरना**	खुशामद करना
23.	**आटे दाल का भाव मालूम करना**	कष्ट का अनुभव होना
24.	**अपने हाथों अपनी कब्र खोदना**	अपना नाश स्वयं करना
25.	**अरमान निकालना**	इच्छा पूरी करना
26.	**आँसू पीकर रह जाना**	मन ही मन दुःखी होना
27.	**आकाश के तारे तोड़ना**	बहुत कठिन काम करना
28.	**आकाश चूमना**	ऊंचा होना
29.	**आंधी के आम**	बहुत सस्ती वस्तु
30.	**आटा गीला होना**	संकट में पड़ना
31.	**आटा के साथ घुन पिसना**	दोषी के साथ निर्दोष पर भी संकट आना

क्र.सं.	मुहावरा	अर्थ
32.	आसमान सिर पर टूट पड़ना	विपत्ति पड़ना
33.	ईंट से ईंट बजाना	किसी को ध्वस्त करना
34.	आधा तीतर आधा बटेर	एक विचार का न होना
35.	ईंद का चांद होना	बहुत दिनों के बाद मिलना
36.	ईंट का जवाब पत्थर से देना	शत्रु का मुकाबला दृढ़ता से करना
37.	उधार खाए बैठना	ताक में रहना
38.	उलटी गंगा बहाना	प्रतिकूल बातें करना
39.	उंगली उठाना	निंदा करना
40.	उंगली पर नचाना	अपनी इच्छानुसार कार्य करवाना
41.	उगल देना	भेद प्रकट कर देना
42.	उठ जाना	मर जाना
43.	उड़ती चिड़िया को पहचानना	किसी की असलियत जान लेना
44.	उधेड़ बुन	सोच विचार
45.	उल्लू बनाना	मूर्ख बनाना
46.	उन्नीस-बीस का अन्तर	थोड़ा-बहुत फर्क
47.	एक आँख से देखना	एक समान समझना
48.	एक और एक ग्यारह	एक और एक में शक्ति
49.	एक लकड़ी से हांकना	सबके साथ एक जैसा व्यवहार
50.	एड़ी चोटी का जोर लगाना	पूरा प्रयत्न करना
51.	इधर कुआँ उधर खाई	दोनों तरफ संकट
52.	ऊँट के मुंह में जीरा	अधिक चाहने वाले को बहुत कम देना
53.	ओखली में सिर देना	जान-बूझकर आपत्ति मोल लेना
54.	होठ तक न हिलाना	आवाज तक न निकालना
55.	कंचन बरसना	बहुत लाभ होना
56.	कठपुतली बनना	दूसरे के इशारों पर चलना
57.	कफन सिर पर बांधना	मरने की परवाह न करना
58.	कमर कसना	तैयार होना
59.	कमर टूटना	सहायक न रहना
60.	कचूमर निकालना	खूब पीटना
61.	कलम तोड़ना	बहुत अच्छा लिखना
62.	कलेजा थाम कर रह जाना	बेसब्री से सहन करना
63.	कलेजा मुंह को आना	अत्यन्त दुःखी होना
64.	कलेजे पर सांप लोटना	ईर्ष्या से जलना

क्र.सं.	मुहावरा	अर्थ
65.	कच्चा चिट्ठा खोलना	रहस्य बताना
66.	कच्ची गोली न खेलना	अनुभवी होना
67.	जले पर नमक छिड़कना	दुःखी को और दुःखी करना
68.	कदम चूमना	बहुत आदर करना
69.	कन्नी काटना	बचकर निकलना
70.	करम फूटना	भाग्य खराब होना
71.	कलई खुलना	पोल खुलना
72.	कलेजा ठण्डा करना	संतुष्ट करना
73.	कसौटी पर कसना	परीक्षा करना
74.	कागजी घोड़े दौड़ाना	केवल बहुत लिखा-पढ़ी करना
75.	कान कतरना	बढ़-चढ़कर काम करना
76.	कान पर जूं न रेंगना	तनिक भी ध्यान न देना
77.	कान भरना	चुगली करना
78.	कान का कच्चा	हरेक की बात को मान लेने वाला
79.	कान खड़े होना	आश्चर्य से सुनने की उत्सुकता
80.	कान खोलना	सावधान करना
81.	कमर सीधी करना	थकान मिटाना
82.	कलेजा छलनी होना	सख्त बातों से दुःख पहुंचना
83.	कान खाना	शोर मचाना
84.	कानाफूसी करना	चुपके-चुपके बात क़रना
85.	काफूर होना	दूर करना, भाग जाना
86.	काम आना	युद्ध में मारा जाना
87.	काला अक्षर भैंस बराबर	बिल्कुल अनपढ़ होना
88.	काँटे बिछाना	रुकावट पैदा करना
89.	किस खेत की मूली	तुच्छ
90.	काया पलट होना	बहुत परिवर्तन होना
91.	कफन बांधकर चलना	मौत से न घबराना
92.	किताबी कीड़ा	सदा पढ़ने में लगा रहने वाला
93.	कलेजा ठंडा होना	संतोष होना
94.	कुआँ खोदना	हानि पहुंचाने की कोशिश करना
95.	कुछ कसर न उठा रखना	कुछ कसर न छोड़ना
96.	कुछ पल का मेहमान	मृत्यु के अचानक समीप होना
97.	कुत्ते की मौत मरना	बहुत दुःख उठाकर मरना
98.	कोल्हू का बैल	बहुत अधिक मेहनती
99.	काला नाग	अत्यन्त कुटिल
100.	कौड़ी-कौड़ी का मोहताज होना	अत्यन्त दरिद्र होना

अभ्यास प्रश्न

निर्देश (प्र.सं. 1 से 13 तक): *निम्नलिखित प्रश्नों में चार विकल्प दिए गए हैं। दिए गए मुहावरे का सही अर्थ व्यक्त करने वाले विकल्प का चयन कीजिए।*

1. आँखें बिछाना

A. बहुत इंतजार करना B. बहुत आदर करना
C. बहुत परेशान करना D. बहुत नींद आना

2. अक्ल पर पत्थर पड़ना

A. मूर्ख बन जाना
B. बुद्धि समाप्त हो जाना
C. सोचने-विचारने की क्षमता न रहना
D. बड़ी चोट लग जाना

3. आँख में धूल झोंकना

A. कमजोर करना B. धोखा देना
C. झूठ बोलना D. भाग जाना

4. आग बबूला होना

A. क्रोधित होना B. परेशान होना
C. दुःखी होना D. खुश होना

5. इधर की दुनिया उधर करना

A. जिद पर अड़े रहना B. असम्भव को सम्भव करना
C. दहेज कम करना D. धनी व्यक्ति का निर्धन होना

6. ठन-ठन गोपाल

A. बना ठना नवयुवक B. खोखला
C. धनवान D. शक्तिशाली

7. अंग-अंग ढीला होना

A. परेशान होना B. शिथिल गात होना
C. पिटाई होना D. बीमार होना

8. अँधे के हाथ बटेर लगना

A. किसी वस्तु का अनायास मिलना
B. अपात्र को बहुत बड़ी सफलता मिलना
C. अप्राप्य को प्राप्त करना
D. मुसीबत पर मुसीबत आना

9. घी का लड्डू टेढ़ा भी भला

A. गुणी व्यक्ति की आलोचना
B. उपयोगी वस्तु का रूप-रंग नहीं देखा जाता
C. घी का लड्डू स्वादिष्ट होता है
D. घी का लड्डू महंगा होता है

10. कोढ़ में खाज

A. परवाह नहीं करना
B. बराबर समझना
C. एक दुःख पर दूसरा दुःख होना
D. निपट मूर्ख

11. नाक का बाल होना

A. बहुत कष्ट झेलना
B. किसी का प्रिय व्यक्ति होना
C. अपमान होना
D. अनुभवी होना

12. ओखली में सिर देना

A. सोच-समझकर कार्य करना
B. जानबूझ कर मुसीबत मोल लेना
C. बिना सोचे समझे कार्य करना
D. अनजाने गड्ढे में गिरना

13. घोड़े बेच कर सोना

A. दुःखी होकर सोना
B. अकेले सोना
C. खुश होकर सोना
D. निश्चित होकर सोना

14. 'इस विद्यालय में दाखिला मिलना <u>टेढ़ी खीर</u> है।' रेखांकित मुहावरे का सही अर्थ हैः

A. असंभव कार्य होना B. प्रयत्नशील होना
C. कठिन कार्य होना D. आसान कार्य होना

15. निम्नलिखित में से किस वाक्य में 'कमर टूटना' मुहावरे का सही प्रयोग हुआ है?

A. बढ़ती महँगाई ने गरीब इंसान की कमर तोड़ दी है।
B. पुलिस ने मार-मार कर कैदी की कमर तोड़ दी।
C. सड़क दुर्घटना में एक यात्री की कमर टूट गई।
D. राम ने मेरी कमर ही तोड़ दी।

निर्देश (प्र.सं. 16 से 25 तक): *निम्नलिखित प्रश्नों में चार विकल्प दिए गए हैं। दी गई लोकोक्ति का सही अर्थ व्यक्त करने वाले विकल्प का चयन कीजिए।*

16. अन्धा बाँटे रेवड़ी फिर-फिर अपनों को देय

A. उच्च पद पाकर अपने ही लोगों को लाभान्वित करना
B. न्याय की अवहेलना करके स्वजनों को लाभान्वित करना
C. अन्धा आदमी स्वजनों का ख्याल रखता है
D. स्वार्थी व्यक्ति पक्षपात करता है

17. अकल बड़ी कि भैंस
A. शारीरिक बल की अपेक्षा बौद्धिक बल श्रेष्ठ होता है
B. अक्ल अमूर्त और भैंस मूर्त रूप हैं
C. भैंस शारीरिक दृष्टि से बड़ी होती है
D. भैंस बुद्धिमान होती है

18. होनहार विरवान के होत चीकने पात
A. चिकने पत्तों वाला पौधा सुन्दर लगता है
B. बागवानी का शौक अच्छी बात है
C. होनहार बालक के लक्षण बचपन में ही प्रकट होने लगते हैं
D. चिकने पत्तों से पता लगता है कि यह पौधा वृक्ष बन जाएगा

19. सच्चे का बोलबाला, झूठे का मुँह काला
A. झूठ बोलना पाप है
B. झूठ बोलने वाला अपमानित होता है
C. असत्य बोलने वालों पर व्यंग्य
D. सत्य की सर्वत्र विजय होती है

20. शेर भूखा रह जाए, पर घास नहीं खाता
A. श्रेष्ठ व्यक्ति संकट में भी मर्यादा नहीं तोड़ता है
B. शेर केवल मांसाहारी होता है
C. शेर स्वयं शिकार होता है
D. स्वावलम्बी व्यक्ति किसी का सहारा नहीं लेता है

21. हथेली पर सरसों नहीं जमती
A. सरसों के लिए जमीन चाहिए हथेली नहीं
B. हर काम में मनमानी नहीं चल सकती
C. काम के लिए समय चाहिए, जब चाहो, तभी काम नहीं हो सकता
D. संफलता समय पर आती है

22. आग लगे पर पानी कहाँ
A. कलह में कभी सुख नहीं होता
B. मुसीबत आने पर सहज नहीं टलती
C. वक्त पर अभीष्ट वस्तु नहीं मिलती
D. इनमें से कोई नहीं

23. घर में नहीं दाने, अम्मा चली भुनाने
A. झूठा आडम्बर
B. अधिक दिखावा करना
C. डींगें हाँकना
D. मुश्किल से गुजारा करना

24. ऊँची दुकान फीका पकवान
A. ऊँचे पर बनी दुकान के पकवान मीठे नहीं होते
B. ऊँची दुकान महँगी होती है
C. दिखावटी वस्तु में गुणवत्ता कम होती है
D. दिखावट में आकर्षण अधिक रहता है

25. न ऊधो का लेन, न माधो का देन
A. दूसरे के झंझट में दखल देना
B. किसी झंझट में न पड़ना
C. किसी से उधार न लेना
D. नगद लेन-देन करना

उत्तरमाला

1	2	3	4	5	6	7	8	9	10
B	C	B	A	B	B	B	A	B	C
11	**12**	**13**	**14**	**15**	**16**	**17**	**18**	**19**	**20**
B	B	D	C	A	D	A	C	D	A
21	**22**	**23**	**24**	**25**					
C	C	A	C	B					

❄ ❄ ❄ ❄ ❄

17 समास

समास वह शब्द-रचना है जिसमें अर्थ की दृष्टि से परस्पर स्वतंत्र संबंध रखने वाले दो अथवा दो से अधिक शब्दों के बीच की विभक्ति हटाकर जब उन्हें मिलाकर एक शब्द बनाया जाता है, तो उसे समास कहते हैं अर्थात् समास में शब्दों का परस्पर मेल होने से नवीन सार्थक शब्द की रचना होती है। परस्पर मिले शब्दों के समस्त पद अर्थात् समास किया हुआ या सामासिक शब्द कहते हैं, जैसे—यथाशक्ति, आजन्म, विद्यालय आदि।

कुल मिलाकर हिन्दी में समास के छः भेद माने जाते हैं :

- **अव्ययीभाव समास :** जिस सामासिक शब्द में प्रथम पद प्रधान और पूरा पद अव्यय होता है, उसे अव्ययीभाव समास कहते हैं, जैसे—
  प्रतिदिन – दिन-दिन   आमरण – मरण तक
  निरोग – रोग रहित   यथाशक्ति – शक्ति के अनुसार
- **तत्पुरुष समास :** जिस सामासिक शब्द में दूसरे पद की प्रधानता होती है तथा विभक्ति चिह्न लुप्त हो जाता है, उसे तत्पुरुष समास कहते हैं, जैसे—
  रचनाकार – रचना को करने वाला
  शोकाकुल – शोक से आकुल
  देशभक्ति – देश के लिए भक्ति
- **कर्मधारय समास :** जिस सामासिक शब्द में उत्तर पद प्रधान होता है, उसे कर्मधारय समास कहते हैं। इसमें पूर्व पद विशेषण और उत्तर पद विशेष्य होता है, जैसे—
  पीताम्बर – पीले हैं जो वस्त्र
  नीलकमल – नीला है जो कमल
  दीर्घायु – दीर्घ है जिसकी आयु
  सज्जन – सत् है जो जन
- **द्विगु समास :** जिस सामासिक शब्द में प्रथम पद संख्यावाची और अंतिम पद संज्ञा हो, उसे द्विगु समास कहते हैं, जैसे—
  तिरंगा – तीन रंगों वाला
  सप्तर्षि – सात ऋषियों का समूह
  नवरत्न – नौ रत्नों का समूह
  त्रिदेव – तीन देवताओं का समूह
- **द्वन्द्व समास :** जिस सामासिक शब्द के दोनों पद प्रधान हों, दोनों पद संज्ञाएँ अथवा विशेषण हों, उसे द्वन्द्व समास कहते हैं, जैसे—
  राजा-रंक – राजा और रंक;   अन्न-जल – अन्न और जल;
  पच्चीस – पाँच और बीस
- **बहुव्रीहि समास :** जिस सामासिक पद में कोई भी शब्द प्रधान नहीं होता बल्कि दोनों शब्द मिलकर एक नया अर्थ प्रकट करते हैं, जैसे—
  नीलकण्ठ – नीला है कण्ठ जिसका अर्थात् शिव
  लम्बोदर – लम्बा है उदर जिसका अर्थात् गणेश
  त्रिलोचन – तीन लोचन हैं जिनके अर्थात् शिव

समास विग्रह

समास के उन सभी शब्दों, कारक चिह्नों को पुनः ले आना जिनका लोप कर समास बनाया गया हो 'समास-विग्रह' कहलाता है, जैसे—कमल के समान चरण (चरणकमल)।

समास विग्रह में निम्नलिखित बातों को ध्यान में रखना आवश्यक है :

- समास में विद्यमान शब्दों एवं लुप्त हुए शब्दों को इस प्रकार प्रस्तुत करना कि समास का वास्तविक अर्थ स्पष्ट हो सके।
- समास-विग्रह में यथासम्भव समास के मूल शब्दों का ही प्रयोग करना चाहिए, उनके समानार्थक शब्दों का नहीं, जैसे—'चरणकमल' का विग्रह 'कमल के समान पैर' या 'पंकज के समान चरण' नहीं किया जाना चाहिए।

अभ्यास प्रश्न

निर्देश (प्र.सं. 1 से 20 तक): *निम्नलिखित प्रश्नों में दिए गए शब्दों का सही समास बताने वाले विकल्प का चयन कीजिए।*

1. चन्द्रशेखर
A. तत्पुरुष   B. कर्मधारय
C. बहुव्रीहि   D. द्विगु

2. रात-दिन
A. द्वन्द्व   B. द्विगु
C. कर्मधारय   D. अव्ययी भाव

3. यथाशक्ति
A. द्विगु   B. बहुव्रीहि
C. कर्मधारय   D. अव्ययीभाव

4. हस्तलिखित
A. कर्मधारय B. तत्पुरुष
C. बहुव्रीहि D. द्वन्द्व

5. त्रिनेत्र
A. तत्पुरुष B. बहुव्रीहि
C. द्विगु D. द्वन्द्व

6. आनन्दमग्न
A. द्विगु B. तत्पुरुष
C. बहुव्रीहि D. कर्मधारय

7. आजन्म
A. तत्पुरुष B. द्वन्द्व
C. अव्ययीभाव D. कर्मधारय

8. नीलकमल
A. बहुव्रीहि B. तत्पुरुष
C. कर्मधारय D. द्विगु

9. दशानन
A. द्विगु B. बहुव्रीहि
C. कर्मधारय D. द्वन्द्व

10. प्रतिमान
A. कर्मधारय B. अव्ययीभाव
C. बहुव्रीहि D. तत्पुरुष

11. लोकप्रिय
A. तत्पुरुष B. अव्ययीभाव
C. कर्मधारय D. बहुव्रीहि

12. वीणापाणि
A. बहुव्रीहि B. द्विगु
C. तत्पुरुष D. कर्मधारय

13. नवग्रह
A. द्विगु B. तत्पुरुष
C. द्वन्द्व D. कर्मधारय

14. देशान्तर
A. कर्मधारय B. द्विगु
C. द्वन्द्व D. बहुव्रीहि

15. वनवास
A. द्विगु B. तत्पुरुष
C. अव्ययीभाव D. कर्मधारय

16. नीति-निपुण
A. तत्पुरुष B. बहुव्रीहि C. द्वन्द्व D. द्विगु

17. पंचवटी
A. द्विगु B. बहुव्रीहि C. तत्पुरुष D. कर्मधारय

18. पीताम्बर
A. बहुव्रीहि B. द्वन्द्व C. द्विगु D. कर्मधारय

19. चतुरानन
A. कर्मधारय B. बहुव्रीहि
C. द्वन्द्व D. तत्पुरुष

20. दुअन्नी
A. तत्पुरुष B. बहुव्रीहि C. द्विगु D. द्वन्द्व

21. 'मैं रामचन्द्र जी के चरणकमल की वन्दना करती हूँ।' रेखांकित शब्द किस समास का उदाहरण है?
A. द्विगु B. कर्मधारय
C. द्वन्द्व D. अव्ययीभाव

22. 'गंगातट पर कुछ लोग भजन कर रहे थे।' रेखांकित शब्द में कौन-सा समास है?
A. द्वन्द्व B. कर्मधारय
C. तत्पुरुष D. अव्ययीभाव

23. निम्न में से कौन-सा समास-विग्रह सही नहीं है?
A. पंचानन – पाँच है जिसके आनन (शिव)
B. दाल-रोटी – दाल और रोटी
C. सुलोचना – सुन्दर है लोचन जिसके
D. पुस्तकालय – पुस्तक और आलय

24. इनमें से कौन-सा 'मालगोदाम' शब्द के समास विग्रह का सही रूप है?
A. माल से गोदाम B. माल के लिए गोदाम
C. माल और गोदाम D. माल बनाने के लिए गोदाम

25. 'नीति-निपुण' शब्द का सही समास विग्रह है :
A. नीति से निपुण B. नीति का निपुण
C. नीति में निपुण D. नीति के लिए निपुण

उत्तरमाला

1	2	3	4	5	6	7	8	9	10
C	A	D	B	C	B	C	C	B	B
11	12	13	14	15	16	17	18	19	20
A	A	A	A	B	A	A	D	B	C
21	22	23	24	25					
B	C	D	B	C					

❋ ❋ ❋ ❋ ❋

18 अलंकार

काव्य की शोभा बढ़ाने वाले शब्दों को अलंकार कहते हैं। जिस प्रकार नारी के सौन्दर्यवर्द्धन के लिए अनेक आभूषण होते हैं, उसी प्रकार भाषा के सौन्दर्य के उपकरणों को अलंकार कहते हैं।

शब्द और अर्थ के विशेष प्रयोग के कारण काव्य की भाषा में जो लालित्य या सौन्दर्य आ जाता है, उसे अलंकार कहते हैं।

अलंकार के भेद–इनके तीन भेद होते हैं।

1. शब्दालंकार 2. अर्थालंकार 3. उभयालंकार

1. शब्दालंकार

जहाँ वर्णों की पुनरावृत्ति अथवा समान शब्दों के एक से अधिक बार प्रयोग से भाषा में लालित्य उत्पन्न हो, वहाँ शब्दालंकार होता है।

शब्दालंकार के भेद–शब्दालंकार के तीन भेद होते हैं– (*i*) अनुप्रास (*ii*) यमक (*iii*) श्लेष

(*i*) अनुप्रास अलंकार

अनुप्रास शब्द अनु (बार-बार) और प्रास (चमत्कारित ढंग से रचना) दो शब्दों के मेल से बना है, अर्थात् जहाँ समान वर्णों की चमत्कारित ढंग से पुनरावृत्ति एक या अनेक बार हो भले ही स्वरों में वैषम्य हो, वहाँ अनुप्रास अलंकार होता है।

उदाहरण– 'सम ससुर गुरु सुजन सुहाई।
सुठि सुन्दर सुशील सुखदाई।।'

अनुप्रास अलंकार के भेद–अनुप्रास अलंकार के तीन भेद होते हैं।

(अ) छेकानुप्रास– जहाँ एक या अनेक वर्णों की आवृत्ति केवल दो बार होती है उसे छेकानुप्रास कहते हैं, जैसे–

''राधा के घर बैन सुनि, चीनी चकित सुभाय।
दास दुखी मिशरी मुरी, सुधा रही सकुचाय।''

इसमें च, द, म और स की आवृत्ति भाव दो बार हुई है। अतः यहाँ छेकानुप्रास है।

(ब) वृत्यानुप्रास–जहाँ एक या अनेक वर्णों की आवृत्ति बार-बार हो वहाँ वृत्यानुप्रास होता है, जैसे–

''तरनि-तनूजा तट तमाल तरुवर बहु छाये।''

यहाँ 'त' शब्द की आवृत्ति बार-बार होने से वृत्यानुप्रास हुआ।

(स) लाटानुप्रास–जहाँ शब्दों या वर्णों की आवृत्ति बार-बार हो तथा प्रत्येक स्थान पर अर्थ भी वही रहे पर अन्वय करने पर भिन्नता आ जाय वहाँ लाटानुप्रास होता है, जैसे–

''लाली मेरे लाल की जित देखो तित लाल।''
''लाली देखन मैं चली मैं भी हो गयी लाल।''

यहाँ पर दोनों स्थानों में 'लाल' और 'लाली' शब्द देखने से एक ही प्रतीत होते हैं पर दोनों में अन्वय करने पर भिन्नता आ जाती है।

(*ii*) यमक अलंकार

जहाँ एक ही शब्द अधिक बार प्रयुक्त हो लेकिन अर्थ हर बार भिन्न हो, वहाँ यमक अलंकार होता है।

उदाहरण– कनक-कनक तें सौगुनी, मादकता अधिकाय।
वा खाये बौराय नर, वा पाये बौराय।।

यहाँ कनक शब्द की दो बार आवृत्ति हुई है जिसमें एक कनक का अर्थ धतूरा, और दूसरे का स्वर्ण है।

(*iii*) श्लेष अलंकार

जहाँ पर एक शब्द के दो अर्थ होते हैं, श्लेष अलंकार होता है।

उदाहरण– चिर जीवो जोरी जुरै, क्यों न सनेह गम्भीर
को घटि ये वृषभानुजा, 'व हलधर के वीर।।

यहाँ 'वृषभानुजा' और हलधर के दो-दो अर्थ हैं 'वृषभानुजा' शब्द का एक अर्थ है-वृषभानु की पुत्री राधिका और दूसरा अर्थ है–वृषभ की अनुजा अर्थात् बैल की बहन (गाय)। इसी प्रकार 'हलधर' के दो अर्थ हैं–एक हलधर अर्थात् श्री कृष्ण के भाई बलराम और दूसरा हलधर-हल को धारण करने वाला अर्थात् बैल। इन दोनों शब्दों के अर्थों से दोहे के अलग-अलग दो अर्थ निकलते हैं। अतः यह श्लेष अलंकार है।

2. अर्थालंकार

जहाँ शब्द के आन्तरिक अर्थ से भाषा या वाणी का सौन्दर्य बढ़े, वहाँ अर्थालंकार होता है। अर्थालंकार के भेद–अर्थालंकार के 9 भेद होते हैं।

(*i*) उपमालंकार

जहाँ दो वस्तुओं में अन्तर रहते हुए भी आकृति एवं गुण की समता दिखाई जाय वहाँ उपमालंकार होता है।

उपमा के चार अंग हैं–

(क) उपमेय–जिस वस्तु का वर्णन किया जाता है उसे उपमेय कहते हैं।

(ख) उपमान–जिस वस्तु से समता की जाती है उसे उपमान कहते हैं।

(ग) साधारण धर्म–जिस विशेषता के कारण उपमेय और उपमान की समानता दिखाई जाती है उसे साधारण धर्म कहते हैं।

(घ) **वाचक**–जिस शब्द से उपमेय और उपमान की समता सूचित की जाती है, उसे वाचक कहते हैं।

वाचक शब्द ये हैं–

सो, से, सी, इव, तूल, लौ, सम, सदृश, समान।
ज्यों, जैसे, इयि, सरिस, जिमि, उपमा वाचक जान।।

उपमा का उदाहरण– "दादुर धुनि चहुँदिशा सुहाई।
वेद पढ़त जनु वटु समुदाई।।"

इसमें 'दादुर' उपमेय, 'वटु' उपमान, 'धुनि' साधारण धर्म और 'जनु' वाचक है।

उपमा के दो भेद होते हैं–

(अ) **पूर्णोपमा**–इसमें उपमा के सभी अंग जैसे– उपमेय, उपमान, साधारण धर्म एवं वाचक उपस्थित होते हैं, अतः यह पूर्णोपमा कहलाती है, यथा–

"सागर-सा गम्भीर हृदय हो,
गिरि-सा ऊँचा हो जिसका मन।"

इसमें सागर तथा गिरि उपमान, मन और हृदय उपमेय, सा वाचक, गम्भीर एवं ऊँचा साधारण धर्म हैं।

(ब) **लुप्तोपमा**–जहाँ उपमा के चारों अंगों में से किसी एक, दो या तीनों का लोप हो वहाँ लुप्तोपमा होती है।

"कल्पना-सी अतिशय कोमल।"

इसमें उपमेय लुप्त है। इसमें कल्पलता उपमान है, 'अतिशय कोमल' साधारण धर्म।

(ii) रूपक अलंकार

जहाँ उपमेय पर उपमान का आरोप किया जाय वहाँ रूपक अलंकार होता है अर्थात् उपमेय और उपमान में कोई अन्तर न दिखाई पड़े।

उदाहरण– उदित उदय गिरि मंच पर रघुबर बाल पतंग।
बिकसे सन्त सरोज सब हरषे लोचन भृंग।।

यहाँ 'मंच' में उदय गिरि पर्वत का, 'रघुबर' में मोर के शिशु-सूर्य का, 'सन्त' में सरोज का तथा 'लोचन' में भृंग का अर्थात् भ्रमर का आरोप किया गया है।

रूपक अलंकार के तीन भेद होते हैं–

1. **सम रूपक**–इसमें उपमेय एवं उपमान में समानता दिखाई जाती है। कोई भी एक दूसरे की अपेक्षा कम या अधिक नहीं होता है–तब सम, अभेद या तद्रूप रूपक होता है। जैसे–मुख चंद्र है।

   (अ) **सांग रूपक**–इसमें रूपक के सभी अंग उपस्थित रहकर उपमान का उपमेय पर आरोप प्रकट करते हैं।

   (ब) **निरंग रूपक**–इसमें उपमेय पर उपमान के प्रधान गुण का आरोप होता है।

   (स) **परंपरित रूपक**–इसमें दो रूपक होते हैं अर्थात् रूपक अपने स्पष्टीकरण के लिए अप्रधान रूपक पर आश्रित होता है।

   उदाहरण– "टूक-टूक हवै है मन मुकुट हमारे, हाथ।
   चूकिहू कठोर बैन-पाहन चलाओ ना।
   एक मनमोहन तो हिय बसि के उजारयौं हमें
   हिय में अनेक मनमोहन बसाओ ना।।"

   इनमें मन पर मुकुट का एवं बैन पर पाहन का आरोप किया गया है।

2. **अधिक रूपक**–जहाँ उपमेय में उपमान की तुलना में कुछ अधिकता दिखाई जाती है, तब वहाँ अधिक रूपक होता है। जैसे– मुख निष्कलंक चंद्रमा है।

3. **न्यून रूपक**–जब उपमान की तुलना में उपमेय को न्यून दिखाया जाता है, तब उसे न्यून रूपक कहते हैं। जैसे–मुख घर को प्रकाशित करने वाला चंद्रमा है।

(iii) उत्प्रेक्षा अलंकार

जब उपमेय में उपमान से भिन्नता जानते हुए भी उसमें उपमान की संभावना की जाती है, तब उत्प्रेक्षा अलंकार होता है। इस अलंकार के वाचक शब्द मनु, मानो, इव, जनु, जानो, आदि होते हैं।

उदाहरण– "लता-भवन ते प्रगट में तेहि अवसर दोऊ भाई।
निकसे जनु जुग विमल विधु जलद पटल बिलगाई।"

इसमें लता भवन से निकलते हुए दोनों भाई अर्थात् राम एवं लक्ष्मण को बादलों से निकलते हुए दो चन्द्रमा बताया गया है। यहाँ भिन्नता से अभिन्नता दिखाई गई है अतः उत्प्रेक्षा है।

उत्प्रेक्षा अलंकार के तीन भेद होते हैं–

(अ) **वस्तुप्रेक्षा**–जहाँ प्रस्तुत में अप्रस्तुत की सम्भावना प्रकट की जाय उसे वस्तुप्रेक्षा कहते हैं।

उदाहरण– "सखि सोहत गोपाल के, उर गुज्जन की माल।
बाहर लसत मनो पिये, दावानल की ज्वाल।"

(ब) **हेतुत्प्रेक्षा**–जहाँ अहेतु में हेतु की सम्भावना की जाती है। अर्थात् जहाँ वास्तविक कारण को छोड़कर अन्य हेतु को मान लिया जाता है।

(स) **फलोत्प्रेक्षा**–इनमें वास्तविक फल के न होने पर भी उसी को फल मान लिया जाता है।

उदाहरण– "खंजरी नहिं लखि परत कुछ रिन साँची बात।
बाल दृगन सम हीन को करन मनो तप जात।।"

(iv) अपहनुति अलंकार

अपहनुति का अर्थ ही होता है 'छिपना', अतः इस अलंकार में उपमेय को छिपाकर उपमान को स्थापित किया जाता है। अर्थात् इसमें सत्य को छिपाकर असत्य को सत्य बना दिया जाता है।

उदाहरण– "उड़न पराग न चित्त उड़ावत।
भ्रमर भ्रमत नहीं जीव भ्रमावत।।"

अपहनुति अलंकार के भेद–इस अलंकार के छः भेद होते हैं :

1. शुद्ध, 2. हेतु, 3. पर्यस्त, 4. भ्रान्त, 5. धेय, 6. केतव

(v) सन्देह अलंकार

जहाँ दो वस्तुओं में समता होने के कारण दोनों के एक ही होने का सन्देह हो जाता है, पर निश्चय नहीं हो पाता, सन्देह अलंकार कहते हैं, अर्थात् उपमेय का उपमान के रूप में वर्णन किया जाता है।

उदाहरण– "सारी बीच नारी है कि नारी बीच सारी है,
कि सारी ही की नारी है कि नारी ही कि सारी है।"

इसमें चीर हरण के समय बढ़ती हुई द्रोपदी की साड़ी को देखकर नारी में सारी एवं सारी में नारी का सन्देह होता है। सन्देह और भ्रान्तिमान, अलंकार में यही अन्तर होता है कि सन्देह अलंकार में निश्चय नहीं होता, मात्र संशय ही रहता है परन्तु भ्रान्तिमान अलंकार में निश्चय रहता है।

(*vi*) भ्रान्तिमान अलंकार

जहाँ उपमान एवं उपमेय दोनों को एक साथ देखने पर उपमान का निश्चयात्मक भ्रम हो जाए अर्थात् जहाँ एक वस्तु को देखने पर दूसरी वस्तु का भ्रम हो जाए, वहाँ भ्रान्तिमान अलंकार होता है।

उदाहरण– "पाँव महावर दैन को नाइनि बैठी आय।
फिरि-फिरि जानि महावरी एँड़ी मोड़ती जाय।

इसमें नायिका की लाल एँड़ियों को देखकर नाइन महावर समझ कर रगड़ती जाती है।

एक अन्य उदाहरण–

"नाक का मोती अधर की कांति से
बीज दाड़िम का समझ कर भ्रान्ति से।
देखकर सहसा हुआ शुक मौन है
सोचता है, अन्य शुक यह कौन है?

इसमें नायिका की नुकीली नाक को देखकर तोता नाक में पहने मोती को अनार का दाना समझता है।

(*vii*) दृष्टांत अलंकार

जहाँ दो वाक्यों में बिम्ब-प्रतिबिम्ब का भाव हो अर्थात् जहाँ दो वाक्यों के गुण तो अलग-अलग हों परन्तु प्रथम वाक्य को स्पष्ट करने के लिए दूसरे वाक्य का प्रयोग होता है। उसे दृष्टांत अलंकार कहते हैं।

उदाहरण– "बड़े न छूजे गुननु, विरद बड़ाई पाइ।
कहत धतूरे सौ कनक, गहनों गदयों न जाई"

यहाँ पर गुणों से बना होना एक बात और 'गहने गढ़ना 'दूसरी बात है। फिर भी 'बिना गुणों के बड़ा होना 'तथा धतूरे से गहना गढ़ना दोनों धर्म समान ज्ञात होते हैं और पुनः प्रथम कथन का स्पष्टीकरण द्वितीय से किया गया है। अतः यहाँ दृष्टांत अलंकार है।

(*viii*) व्याजस्तुति अलंकार

इसमें किसी की व्यंग रूप में स्तुति की जाती है, अर्थात् जो इस स्तुति के योग्य नहीं है उसकी भी स्तुति की जाती है मात्र दिखाने के लिए पर वास्तव में यह स्तुति नहीं होती– यह एक प्रकार का व्यंग्य होता है।

उदाहरण–

"ऊधौ भलो कियो तुम आयो,
पर निर्गुण भक्ति की यह गठरी क्यों लायो।"

इसमें ब्रज-गोपियाँ ऊधो को आया देखकर चिढ़ जाती हैं कि ये क्यों चले आये और श्याम को क्यों नहीं लाये। घर पर आये मेहमान का स्पष्ट शब्दों में अनादर नहीं करके व्याज स्तुति द्वारा प्रशंसा करती हैं (वे कहती हैं कि ऊधो अच्छा हुआ कि तुम आ गये लेकिन निर्गुण भक्ति की गठरी क्यों उपहार स्वरूप हमारे लिए लाये हो? हमें यह गठरी नहीं चाहिए।

(*ix*) अर्थान्तरन्यास अलंकार

जहाँ सामान्य कथन का किसी भी विशेष कथन द्वारा समर्थन किया जाता है, वहाँ अर्थान्तरन्यास अलंकार होता है।

उदाहरण–

लोकन के अपवाद को डर करिए दिन-रैन।
रघुपति सीता परिहरी सुनत रजक कर बैन।।

इस उदाहरण में सामान्य कथन तो यह है कि लोक अपवाद से डरना चाहिए और विशेष कथन द्वारा समर्थन किया है कि राम ने भी धोबी की निंदा सुनकर सीता का परित्याग कर दिया था।

3. उभयालंकार

जहाँ शब्द में भी अलंकार हो और अर्थ में भी अलंकार हो वहाँ उभयालंकार की स्थिति होती है। उभयालंकार कोई अलंकार नहीं है। यह एक स्थिति है जिसमें शब्द और अर्थ दोनों में चमत्कार दिखते हैं। उभयालंकार का मतलब ही है– दोनों अलंकार यानी शब्द में भी अलंकार (शब्दालंकार) और अर्थ में भी अलंकार (अर्थालंकार)। वस्तुतः विद्यार्थी शब्दालंकार और अर्थालंकार ही पढ़ते हैं। काव्य शास्त्रवेत्ताओं ने उभयालंकार को अलंकार के भेदों में जोड़ कर तीन भेद कर डाले हैं। वस्तुतः अलंकार के दो ही भेद हैं– शब्दालंकार और अर्थालंकार। उभय (दोनों) + अलंकार= उभयालंकार। श्रेष्ठ कवियों की रचनाओं में उभयालंकार प्राप्त होते हैं।

जैसे–"कजरारी अंखियन में कजरारी न लखाय।"

यहाँ 'कजरारी' शब्द के दोहराव से शब्दालंकार और अर्थ की सुंदरता से अर्थालंकार दोनों मौजूद हैं।

अभ्यास प्रश्न

1. "माला फेरत जुग भया, फिरा न मन का फेर।
कर का मनका डारि दे, मन का मनका फेर।।"
उपर्युक्त दोहे में कौन-सा अलंकार है?

A. रूपक
B. यमक
C. उपमा
D. अनुप्रास

2. "पापी मनुज भी आज मुख से, राम नाम निकालते" इस काव्य पंक्ति में अलंकार है :

A. विभावना
B. विरोधाभास
C. दृष्टांत
D. अनुमान

3. "तीन बेर खाती थी वे तीन बेर खाती हैं" में प्रयुक्त अलंकार है :

A. यमक
B. अनुप्रास
C. श्लेष
D. अन्योक्ति

4. ''अम्बर-पनघट में डुबो रही, तारा-घट ऊषा-नागरी'', में कौन-सा अलंकार है?

A. उपमा B. रूपक
C. श्लेष D. अनुप्रास

5. ''काली घटा का घमंड घटा।''
उपर्युक्त पंक्ति में कौन-सा अलंकार है?

A. यमक B. उत्प्रेक्षा
C. उपमा D. रूपक

6. ''सजल नीरद सी कलाकांति थी''
पंक्ति के रेखांकित अंश में अलंकार है :

A. उत्प्रेक्षा B. उपमा
C. रूपक D. यमक

7. ''संतो भाई आई ज्ञान की आंधी रे''—पंक्ति में कौन-सा अलंकार है?

A. रूपक B. अतिश्योक्ति
C. उपमा D. अन्योक्ति

8. ''बीती विभावरी जाग री, अंबर पनघट में डुबो रही,
तारा-घट उषा नागरी।''
इस पंक्ति में कौन-सा अलंकार है?

A. उत्प्रेक्षा B. उपमा
C. रूपक D. यमक

9. ''बिन घनश्याम धाम-धाम ब्रज मण्डल में, ऊधौ नित बसति बहार बरसा की है।'' इस पंक्ति में कौन-सा अलंकार है?

A. रूपक B. यमक
C. उपमा D. श्लेष

10. ''रहिमन पानी राखिए, बिन पानी सब सून।
पानी गए न ऊबरे, मोती मानस चून।।''
उपर्युक्त दोहे में कौन-सा अलंकार है?

A. श्लेष B. उत्प्रेक्षा
C. रूपक D. यमक

11. ''सारी बीच नारी है कि नारी बीच सारी है।
सारी ही की नारी है कि नारी की ही सारी है।।''
यहाँ कौन-सा अलंकार है?

A. अन्योक्ति B. उपमा
C. सन्देह D. विरोधाभास

12. ''देखि सुदामा की दीन दशा, करुणा करिके करुणानिधि रोए।''
इस पंक्ति में कौन-सा अलंकार है?

A. उपमा B. अतिश्योक्ति
C. यमक D. अनुप्रास

13. जहाँ उपमा अलंकार का सौन्दर्य अर्थ में निहित हो, वह कौन-सा अलंकार कहलाता है?

A. शब्दालंकार B. उभयालंकार
C. अर्थालंकार D. इनमें से कोई नहीं

14. जहाँ एक ही वर्ण (अक्षर) की बार-बार आवृत्ति होती है, वहाँ अलंकार होगा :

A. अनुप्रास B. यमक
C. श्लेष D. उपमा

15. जहाँ उपमेय में अनेक उपमानों की शंका होती है, वहाँ कौन-सा अलंकार होता है?

A. यमक B. श्लेष
C. सन्देह D. भ्रांतिमान

16. ''भारत के सम भारत है'' में कौन-सा अलंकार है?

A. रूपक B. यमक
C. उपमा D. अनन्वय

17. ''पूत कपूत तो क्यों धन संचय,
पूत सपूत तो क्यों धन संचय।''
इस पंक्ति में कौन-सा अलंकार है?

A. लाटानुप्रास B. छेकानुप्रास
C. वृत्यानुप्रास D. अन्त्यानुप्रास

18. ''रहिमन पुतरी स्याम, मनहुँ जलज मधुकर लसै।'' इस पंक्ति में कौन-सा अलंकार है?

A. रूपक B. उत्प्रेक्षा
C. यमक D. उपमा

19. ''नर हो, न निराश करो मन को'' में कौन-सा अलंकार है?

A. यमक B. श्लेष
C. अनुप्रास D. उपमा

20. जहाँ उपमेय में उपमान की कल्पना की गई हो, वहाँ निम्नलिखित में से कौन-सा अलंकार होगा?

A. उपमा B. रूपक
C. यमक D. उत्प्रेक्षा

उत्तरमाला

1	2	3	4	5	6	7	8	9	10
B	B	A	B	A	B	A	C	D	A
11	**12**	**13**	**14**	**15**	**16**	**17**	**18**	**19**	**20**
C	B	C	A	C	D	A	B	C	D

❄ ❄ ❄ ❄ ❄

19 रचनाएँ एवं रचयिता

भारतीय हिंदी साहित्य अत्यंत समृद्ध और विविधतापूर्ण है। इसमें कवियों और लेखकों ने अपनी रचनाओं के माध्यम से समाज, संस्कृति, प्रकृति, प्रेम, भक्ति, राष्ट्रभक्ति तथा जीवन के विविध पक्षों को अभिव्यक्त किया है।

काव्य और गद्य साहित्य दोनों ही मानव जीवन के अनुभवों, भावनाओं और विचारों को सुंदर भाषा और शैली में प्रस्तुत करते हैं।

कवियों की रचनाएँ जहाँ भावनात्मक, लयात्मक और कल्पनाशील होती हैं, वहीं लेखकों की रचनाएँ विचारप्रधान, विश्लेषणात्मक तथा सामाजिक यथार्थ को उजागर करने वाली होती हैं।

कवियों और लेखकों की रचनाएँ

क्र.सं.	कवि/लेखक	काल	प्रमुख रचनाएँ
1.	कबीरदास	भक्तिकाल	साखी, सबद, रमैनी
2.	तुलसीदास	भक्तिकाल	रामचरितमानस, विनय पत्रिका, कवितावली
3.	सूरदास	भक्तिकाल	सूरसागर, सूरसारावली
4.	रहीम	भक्तिकाल	रहीम दोहावली
5.	मीराबाई	भक्तिकाल	मीरा पदावली
6.	रसखान	भक्तिकाल	प्रेमवाटिका
7.	भूषण	रीतिकाल	शिवराज भूषण
8.	देव	रीतिकाल	भावविलास
9.	बिहारी	रीतिकाल	बिहारी सतसई
10.	महादेवी वर्मा	छायावाद	यामा, नीरजा, सांध्यगीत
11.	जयशंकर प्रसाद	छायावाद	कामायनी, आंसू, लहर
12.	सूर्यकांत त्रिपाठी 'निराला'	छायावाद	सरोज स्मृति, अनामिका
13.	सुमित्रानंदन पंत	छायावाद	पल्लव, गुंजन
14.	हरिवंश राय बच्चन	आधुनिक	मधुशाला, मधुबाला, मधुकलश
15.	प्रेमचंद	आधुनिक	गोदान, गबन, निर्मला
16.	अज्ञेय	आधुनिक	शेखर : एक जीवनी, नदी के द्वीप
17.	जयशंकर प्रसाद	नाटक	स्कंदगुप्त, चंद्रगुप्त, ध्रुवस्वामिनी
18.	रामधारी सिंह दिनकर	आधुनिक	रश्मिरथी, कुरुक्षेत्र
19.	मैथिलीशरण गुप्त	आधुनिक	भारत-भारती, साकेत
20.	माखनलाल चतुर्वेदी	आधुनिक	पुष्प की अभिलाषा
21.	सुभद्रा कुमारी चौहान	आधुनिक	झाँसी की रानी
22.	नागार्जुन	आधुनिक	युगधारा, बादल को घिरते देखा है
23.	भवानी प्रसाद मिश्र	आधुनिक	गीत फरोश
24.	धर्मवीर भारती	आधुनिक	गुनाहों का देवता
25.	फणीश्वर नाथ रेणु	आधुनिक	मैला आँचल
26.	भीष्म साहनी	आधुनिक	तमस
27.	निर्मल वर्मा	आधुनिक	लाल टीन की छत
28.	मोहन राकेश	आधुनिक	आषाढ़ का एक दिन
29.	राजेंद्र यादव	आधुनिक	सारा आकाश
30.	अमृतलाल नागर	आधुनिक	बूंद और समुद्र
31.	हजारी प्रसाद द्विवेदी	आधुनिक	बाणभट्ट की आत्मकथा
32.	शिवानी	आधुनिक	कृष्णकली

अभ्यास प्रश्न

1. 'कनुप्रिया' के रचनाकार कौन हैं?
A. रांगेय राघव B. भगवतीचरण वर्मा
C. नागार्जुन D. धर्मवीर भारती

2. 'तुलसीदास के रचनाकार हैं :
A. केशवदास B. सूर्यकान्त त्रिपाठी 'निराला'
C. डॉ. रामविलास शर्मा D. महादेवी वर्मा

3. 'अन्या से अनन्या' आत्मकथा किसकी है?
A. प्रभा खेतान B. सुषमा बेदी
C. उषा प्रियंवदा D. मन्नू भंडारी

4. 'वैदेही वनवास' किसकी रचना है?
A. मैथिलीशरण गुप्त
B. अयोध्यासिंह उपाध्याय 'हरिऔध'
C. रामधारी सिंह 'दिनकर'
D. श्रीधर 'पाठक'

5. भारतेन्दु युग में निकलने वाली पत्रिका-युग्म है :
A. कविवचन सुधा–हिंदी प्रदीप
B. सरस्वती–माधुरी
C. कल्पना–ज्ञानोदय
D. नवनीत–कादम्बिनी

6. 'वीरों का कैसा हो वसंत' कविता किसने लिखी है?
A. सुमित्रा कुमारी चौहान B. सुभद्रा कुमारी चौहान
C. माखनलाल चतुर्वेदी D. रामधारी सिंह 'दिनकर'

7. 'कवितावली' के रचनाकार हैं :
A. सूरदास B. जायसी
C. तुलसीदास D. घनानंद

8. 'भूषण' किस काल के कवि हैं?
A. वीरगाथा काल B. भक्तिकाल
C. रीतिकाल D. आदिकाल

9. 'मृगावती' किसकी रचना है?
A. कुतुबन B. उसमान
C. मंझन D. जायसी

10. 'आचरण की सभ्यता' किसका निबंध है?
A. महावीर प्रसाद द्विवेदी B. सरदार पूर्ण सिंह
C. रामचन्द्र शुक्ल D. पद्म सिंह

11. 'आनंद कादम्बिनी' के संपादक कौन थे?
A. बाबू महादेव सेठ B. चन्द्रधर शर्मा 'गुलेरी'
C. बद्रीनाथ चौधरी D. अम्बिका प्रसाद व्यास

12. आदिकाल के लिए 'वीरगाथा काल' नाम किसने प्रस्तावित किया?
A. डॉ. राम कुमार वर्मा B. महापंडित राहुल सांकृत्यायन
C. आचार्य रामचन्द्र शुक्ल D. आचार्य हजारीप्रसाद द्विवेदी

13. लेखक और उसकी रचना का कौन-सा जोड़ा गलत है?
A. स्कन्दगुप्त – लक्ष्मीनारायण मिश्र
B. संस्कृति के चार अध्याय – रामधारी सिंह 'दिनकर'
C. रसज्ञ-रंजन – आचार्य महावीर प्रसाद द्विवेदी
D. अशोक के फूल – आचार्य हजारी प्रसाद द्विवेदी

14. कवि और उनकी रचना का कौन-सा जोड़ा सही नहीं है?
A. परिमल – सूर्यकांत त्रिपाठी 'निराला'
B. शिवराज भूषण – भूषण
C. शब्द रसायन – देव
D. उद्धव शतक – भारतेन्दु हरिश्चंद्र

15. लेखक और उसकी कृति के युग्म में कौन-सा युग्म गलत है?
A. आर्यों का आदि देश – डॉ. सम्पूर्णानंद
B. वोल्गा से गंगा – राहुल सांकृत्यायन
C. सूरज का सातवाँ घोड़ा – धर्मवीर भारती
D. दर्शन दिग्दर्शन – रामचंद्र शुक्ल

16. 'पृथ्वीराज रासो' हिन्दी साहित्य के किस काल में लिखा गया?
A. आदिकाल B. भक्तिकाल
C. रीतिकाल D. आधुनिककाल

17. 'हिमतरंगिनी' किसका काव्य संग्रह है?
A. दिनकर B. रामकुमार वर्मा
C. माखनलाल चतुर्वेदी D. भगवतीचरण वर्मा

18. 'सूरसागर' के रचयिता कौन हैं?
A. विद्यापति B. जयदेव
C. तुलसीदास D. सूरदास

19. 'लोकायतन' महाकाव्य के रचयिता कौन हैं?
A. जयशंकर प्रसाद B. सुमित्रानंदन पंत
C. सूर्यकांत त्रिपाठी 'निराला' D. धूमिल

20. 'आषाढ़ का एक दिन' के रचनाकार कौन हैं?
A. जगदीश चन्द्र माथुर B. मोहन राकेश
C. नरेश मेहता D. धर्मवीर भारती

21. 'बीसलदेव रासो' के रचनाकार कौन हैं?
A. नरपति नाल्ह B. चंदबरदाई
C. धनपाल D. जयानक

22. 'नदी के द्वीप' किसकी रचना है?
A. मैथिलीशरण गुप्त
B. सूर्यकांत त्रिपाठी 'निराला'
C. नागार्जुन
D. अज्ञेय

23. 'चाँद का मुँह टेढ़ा है' के लेखक हैं :
A. यशपाल
B. गजानन माधव मुक्तिबोध
C. अमृतराय
D. नागार्जुन

24. डॉ. नगेन्द्र ने किस युग को 'स्थूल के प्रति सूक्ष्म का विद्रोह' कहा है?
A. भारतेन्दु युग
B. रीतिकाल
C. छायावाद
D. भक्तिकाल

25. 'वरदान' उपन्यास के लेखक कौन हैं?
A. प्रेमचंद
B. भीष्म साहनी
C. कमलेश्वर
D. यशपाल

26. 'कल्पलता' किसके निबंधों का संग्रह है?
A. कन्हैयालाल मिश्र 'प्रभाकर'
B. हजारी प्रसाद द्विवेदी
C. कुबेरनाथ राय
D. सरदार पूर्ण सिंह

27. 'प्रकृति के सुकुमार कवि' कहे जाते हैं :
A. सूर्यकांत त्रिपाठी 'निराला'
B. सुमित्रानंदन पंत
C. जयशंकर प्रसाद
D. कबीर

28. 'युगे-युगे क्रांति' के रचनाकार कौन हैं?
A. विष्णु प्रभाकर
B. जैनेन्द्र
C. बालकृष्ण भट्ट
D. शरद जोशी

29. 'गुड़िया भीतर गुड़िया' के रचनाकार कौन हैं?
A. कृष्णा सोबती
B. मैत्रेयी पुष्पा
C. प्रभा खेतान
D. उषा प्रियंवदा

30. 'प्रभु जी तुम चंदन हम पानी' पंक्ति किस कवि की है?
A. कबीरदास
B. रैदास
C. हरिदास निरंजनी
D. दादू दयाल

उत्तरमाला

1	2	3	4	5	6	7	8	9	10
D	B	A	B	A	B	C	C	A	B
11	**12**	**13**	**14**	**15**	**16**	**17**	**18**	**19**	**20**
C	C	A	D	D	A	C	D	B	B
21	**22**	**23**	**24**	**25**	**26**	**27**	**28**	**29**	**30**
A	D	B	C	A	B	B	A	B	B

❄ ❄ ❄ ❄ ❄

SECTION-B

भाषा विकास का शिक्षा शास्त्र

भाषा, भाव, विचार तथा अनुभवों को अभिव्यक्त करने का सर्वोत्तम साधन है। भावों का प्रकाशन व्यक्ति कईं प्रकार से करता है, जैसे—अंग संचालन द्वारा, वस्तु अथवा चित्र दिखाकर, विभिन्न क्रियाकलापों के माध्यम से और भाषा व्यवहार द्वारा। परन्तु केवल अंग संचालन और विभिन्न क्रियाओं द्वारा भावों की अभिव्यक्ति में वैसी पूर्णता नहीं होती जैसी ध्वनि संकेतों द्वारा होती है।

भाषा व्यवहार के माध्यम से व्यक्ति अपने भावों तथा विचारों की अभिव्यक्ति दो रूपों में करता है—बोलकर और लिखकर। मौखिक तथा लिखित रूप में विचारों को प्रकट करने के लिए भाषा का सहारा लिया जाता है। भाषा ध्वनि प्रतीकों से निर्मित होती है। अतः भाषा को सार्थक ध्वनि प्रतीकों की व्यवस्था कहा जाता है जिसके द्वारा किसी समाज के लोग आपस में अपने भावों तथा विचारों का आदान-प्रदान बोलकर या लिखकर करते हैं।

भाषा की निम्नलिखित विशेषताएँ होती हैं:

1. भाषा संप्रेषण अर्थात् अभिव्यक्ति और बोधन का सर्वश्रेष्ठ साधन है, जो मूलतः सामाजिक और पारंपरिक होती है।
2. भाषा एक अर्जित सामाजिक निधि है, अर्थात् प्रत्येक व्यक्ति को इसे सीखना होता है और यह समाज में रहकर ही संभव होता है। कोई व्यक्ति इसे जन्म से ही प्राप्त नहीं कर लेता है। वह जिस समाज में रहता है, उस समाज की भाषा वह सीख लेता है। भाषा का यह अर्जन उसी प्रकार होता है जैसे बालक अन्य सामाजिक आचरण या क्रियाकलापों को सीखता है।
3. भाषा विविध रूपी होती है। जहाँ एक ओर भाषा के अनेक रूप उसके बोलने वाले समाज के वर्ग तथा स्तर-भेद के अनुसार होते हैं, वहीं, उस समाज के इतिहास और भूगोल (भौगोलिक वितरण) के अनुसार भी भाषा के अनेक रूप होते हैं। इस प्रकार सामाजिक वर्ग-भेद के अनुसार विभिन्न जातियों या सामाजिक वर्गों की विभिन्न बोलियाँ होती हैं और वर्ग में स्तर-भेद के अनुसार उच्च, मध्य और निम्न वर्ग की बोलियाँ होती हैं। इन सभी भौगोलिक, सामाजिक आदि बोलियों में मानक बोली भी एक होती है, जिसे उच्च स्तर पर शिक्षा, साहित्य, राजकाज, जनसंचार, पत्रकारिता आदि के क्षेत्र में प्रयुक्त किया जाता है।

शिक्षण, अधिगम एवं अधिग्रहण

शिक्षण का उद्देश्य है— छात्रों में समाजोपयोगी व्यावहारिक बदलाव लाना। छात्रों को उनकी सामाजिक मान्यताओं एवं आवश्यकताओं के अनुरूप बदलना। उन्हें एक सामाजिक प्राणी बनाना। ये सभी चीजें तभी संभव हैं जब शिक्षण प्रभावी हो। शिक्षण का प्रभावी होना, शिक्षण के तरीके पर निर्भर है। शिक्षण के प्रभावी होने में शिक्षण के सिद्धान्तों की महत्त्वपूर्ण भूमिका होती है।

शिक्षण के तीन महत्त्वपूर्ण आयाम हैं—शिक्षक, छात्र एवं विषय। इन तीनों में से किसी एक की अनुपस्थिति से शिक्षण नहीं हो सकता है। शिक्षण में शिक्षक का एक अहम रोल है। किसी भी व्यक्ति में शिक्षक के गुण जन्मजात होते हैं। शोध एवं प्रशिक्षण उसके इन गुणों को परिवर्द्धित करते हैं। शोध एवं प्रशिक्षण एक अच्छे शिक्षक को और अच्छा या बेहतर तथा एक बेहतर शिक्षक को सर्वश्रेष्ठ बनाते हैं। शिक्षा किसी भी व्यक्ति के अन्दर मौजूद अच्छाई एवं ज्ञान को जागृत करने का माध्यम माना जा सकता है। शिक्षण के उद्देश्य को पूरा करने के लिए शिक्षक को समय के साथ विकसित हुए विभिन्न तरीकों का प्रयोग करना चाहिये। छात्रों में सोचने, विचार करने एवं विश्लेषण करने की आदत को बढ़ावा देना चाहिये। छात्रों के प्रश्न करने पर उन्हें यथोचित समाधान देना चाहिए और उनके प्रश्न पूछने की आदत को बढ़ावा देना चाहिये। सोचने, विचारने, विश्लेषण करने का प्रारंभ कौतुहल के साथ होता है। अतः शिक्षक को छात्रों में कौतुहल जागृत करना होगा। किसी भी विषय का शिक्षण प्रारंभ करते समय उस विषय में छात्रों की उत्सुकता को जगाना चाहिये तभी छात्र पूर्णरूप से उस विषय में अपनी सहभागिता प्रकट करते हैं। बिना छात्रों की सहभागिता के शिक्षण पूर्ण नहीं हो सकता है।

शिक्षा उन सभी प्रक्रियाओं का सम्मिलित रूप है जिनके द्वारा किसी भी व्यक्ति में सामाजिक व्यवहार विकसित किया जाता है ताकि वह समाज का एक अंग बन सके और समाज के विकास में योगदान दे सके। प्रत्येक व्यक्ति में गुण एवं क्षमताएं जन्म से ही होती हैं यद्यपि इनका पोषण एवं विकास अलग-अलग तरीकों से किया जा सकता है। हर व्यक्ति अपने-आप में अन्य लोगों से अलग होता है। अतः शिक्षण में हर व्यक्ति के लिये अलग-अलग तकनीकों एवं तरीकों को अपनाना पड़ सकता है जबकि कुछ मूल बातें सबके लिये समान होती हैं।

अधिगम एक प्रक्रिया है जो सतत चलती है। यह एक जटिल सामाजिक, सांस्कृतिक एवं आचार सम्बन्धी प्रक्रिया है जिसे एक सामाजिक

एवं सांस्कृतिक प्रकरण हेतु तैयार एवं विकसित किया जाता है। यह सामाजिक व्यवस्था, सांस्कृतिक वातावरण, सामाजिक एवं मानवीय मूल्यों, आचार-विचार अर्थात् तत्कालीन सामाजिक संगठन से सीधे सम्बन्धित है। सामाजिक संगठन में हमेशा बदलाव होता रहता है। अतः शिक्षा की व्यवस्था एवं परिभाषा भी समय स्थान एवं समाज के अनुसार परिवर्तित होती रहती है।

शिक्षा की परिभाषा

अलग-अलग विचारकों ने शिक्षण एवं शिक्षा को अलग-अलग तरह से परिभाषित किया है।

- **मैरिसन :** शिक्षण एक ऐसी अनुशासित सामाजिक प्रक्रिया है जिसमें शिक्षक अपने से कम अनुभवी लोगों के व्यवहार को प्रभावित करता है और उन्हें समाजोपयोगी बनाने में सहायक होता है।
- **ब्रुबैकर :** शिक्षण में छात्र मुख्य भूमिका का निर्वहन करते हैं और शिक्षक सीखने योग्य स्थितियाँ बनाता है।
- **स्मिथ :** शिक्षण एक ऐसा व्यवस्थित प्रक्रम है जिसमें छात्र विभिन्न क्रियाकलापों द्वारा कुछ सीखता है।

इनके अतिरिक्त विभिन्न शिक्षाशास्त्रियों ने शिक्षण एवं शिक्षा को अलग-अलग तरह से परिभाषित किया है। सभी परिभाषाओं का विश्लेषण करने पर हम पाते हैं कि कोई भी परिभाषा शिक्षण को पूर्णतः परिभाषित करने में असमर्थ है। कोई भी परिभाषा तब सम्पूर्ण मानी जाती है जब वह बताये कि :

1. परिभाषित शब्द या शब्द समूह प्रक्रिया है अथवा उत्पादन
2. परिभाषित शब्द या शब्द समूह के संगठनात्मक कारक क्या हैं?
3. परिभाषित शब्द या शब्द समूह के मूल उद्देश्य क्या हैं?
4. और इन तीनों के साथ इसके संगठन जन्य और संरचनात्मक कारकों की भी चर्चा होनी चाहिये।

इन सभी बिन्दुओं को सम्मिलित करते हुए शिक्षण को परिभाषित करना बहुत कठिन है, जो सर्वमान्य हो। फिर भी कार्यकारी रूप में शिक्षण को निम्नलिखित रूप में परिभाषित कर सकते हैं—"शिक्षण एक ऐसा त्रिध्रुवीय प्रक्रम है जिसमें छात्र, शिक्षक एवं समाज तीनों ध्रुवों का निर्माण करते हैं और शिक्षक छात्रों में समाजोपयोगी बदलाव लाता है।" शिक्षण एक आधारभूत संकल्पना नहीं है क्योंकि यह सामाजिक एवं मानवीय कारकों से प्रभावित होता है जो स्वयं में परिवर्तनशील है। शिक्षण में कला एवं विज्ञान दोनों समाहित हैं। यह एक ऐसा पेशेवर कार्य है जिसमें शिक्षक एवं छात्र दोनों शामिल होते हैं, जिसका उद्देश्य छात्रों में समाजोपयोगी बदलाव लाना होता है। शिक्षण का मूल्यांकन शिक्षण की कमियों को दूर करने के लिये और इसमें सुधार के लिये आवश्यक है।

शिक्षण में सम्प्रेषण बहुत महत्त्वपूर्ण होता है। यह एक ऐसी पारस्परिक क्रिया है जिसे किसी प्रयोजन या उद्देश्य के साथ किया जाता है। शिक्षण के कई रूप एवं स्वरूप हो सकते हैं। औपचारिक, अनौपचारिक, दैशिक, अनुदैशिक, रचनात्मक, conditional, indoctrination, remedial इत्यादि। शिक्षण एक व्यापक शब्द है। Condition, प्रशिक्षण, निर्देशन जैसे शब्द शिक्षण के एक भाग को व्यक्त करते हैं। ये शब्द शिक्षण के पर्यायवाची नहीं हैं। शिक्षण का उद्देश्य छात्रों के व्यवहार को समाजोपयोगी बनाना है और ये सभी जैसे प्रशिक्षण इत्यादि उसके आचरण एवं व्यवहार को उपयोगी बनाने में सहायक होते हैं। निर्देशन या Indoctrination ज्ञानार्जन एवं विश्वास निर्माण के कारक हैं। प्रशिक्षण एवं शिक्षण के बीच के अन्तर को हम उनके द्वारा उत्पादित बुद्धिमतापूर्ण व्यवहार में आने वाले अन्तर के रूप में देख सकते हैं। Instruction और Indoctrination, Conditioning और Training की अपेक्षा ऊँचे बौद्धिक स्तर पर कार्य करता है जहाँ हम किसी भी व्यक्ति में विश्वास एवं विचारों का निर्माण करते हैं।

विश्लेषण के आधार पर हम शिक्षण को पूर्ण परिभाषित संभागों में विभाजित कर सकते हैं। शिक्षण एक अन्योन्यक्रिया है अतः यह केवल शिक्षण क्षमता पर ही निर्भर नहीं है। हां, शिक्षण क्षमता, शिक्षण का एक महत्त्वपूर्ण उपबन्ध है। शिक्षक केवल एक क्षमतावान उद्यमी नहीं है बल्कि उसमें उत्कृष्ट स्तर पर कार्य करने की क्षमता, उपयुक्त निर्णय लेने की क्षमता एवं व्यवहार में आवश्यक परिवर्तन लाने के लिये आवश्यक प्रभाव डालने की भी क्षमता होनी चाहिये।

शिक्षण एवं शिक्षण विधियों में समयानुकूल परिवर्तन कर हम इसे और प्रभावी बना सकते हैं। इसके लिये नये शिक्षण सामग्रियों एवं प्रविधियों का भी प्रयोग किया जा सकता है। शिक्षा मनुष्य को समाजोपयोगी बनाने का साधन है। यह सभी उम्र के लोगों में सृजनात्मक क्षमता बढ़ाने में उपयोगी है। मानवीय जीवन के दो पक्ष हैं—जैविक एवं सामाजिक। सामाजिक पक्ष का संरक्षण एवं संप्रेषण शिक्षा के द्वारा किया जाता है। यह एक त्रिकोणीय व्यवस्था है जिसके तीनों मूल बिन्दुओं के रूप में शिक्षक छात्र एवं समाज होते हैं। छात्र एक Dependent Variable है जबकि शिक्षक Independent Variable. सामाजिक वातावरण इन दोनों को सम्बन्धित कर इन्हें दिशा प्रदान करता है। शिक्षण एक सामाजिक आवश्यकता है।

यह व्यक्ति को सामाजिक बनाता है। किसी भी व्यक्ति के सामाजिक स्वीकार्यता एवं समायोजन में सहायक होता है। शिक्षक इस पूरी प्रक्रिया में सबसे महत्त्वपूर्ण भूमिका का निर्वहन करता है। शिक्षा राष्ट्र के विकास में सबसे महत्त्वपूर्ण कारक है। शिक्षक को पाठ्यचर्या के अनुरूप चलना पड़ता है। लेकिन उसका कार्य इससे अधिक होता है। उसे बौद्धिक एवं सामाजिक नेतृत्व देना होता है। शिक्षक, शिक्षा के सम्पूर्ण प्रक्रिया के केन्द्र में होता है।

शिक्षक के कुछ विशेष गुण हैं—

1. अच्छा स्वास्थ्य क्योंकि स्वस्थ तन में ही स्वस्थ मन होता है।
2. कार्य के प्रति उत्सुकता एवं उत्साह
3. अपने ज्ञान का लगातार परिमार्जन एवं परिवर्द्धन
4. धैर्य एवं सहनशीलता

5. प्यार एवं दया की भावना ताकि वह कक्षा में शिक्षा के लायक वातावरण बना सके।
6. समानता की भावना अर्थात् सभी छात्र उसके लिये एक समान हों।
7. पूर्वाग्रह मुक्त होना
8. Well Dressed होना
9. साफ एवं मधुर आवाज
10. आत्मविश्वास एवं मजबूत इच्छाशक्ति
11. ईमानदारी
12. सामाजिक अनुभव
13. कोई गलत आदत नहीं होनी चाहिए।
14. अपने पेशे के प्रति रुचि, Devotion होना चाहिये।
15. अपने विषय का विशेषज्ञ होना चाहिये। अपना ज्ञान बढ़ाने के लिए उसे हमेशा एक विचारक, विश्लेषक एवं Voracious Reader होना चाहिये।
16. शिक्षण के विभिन्न तरीकों का प्रशिक्षण जैसे पाठ की तैयारी, योजना, उसका कक्षा में संप्रेक्षण, प्रयोगशाला व्यवस्था आदि का प्रशिक्षण प्राप्त होना चाहिये।
17. उसे बाल मनोविज्ञान एवं सीखने की प्रक्रिया का प्रायोगिक अनुभव हो।
18. अच्छा शोधकर्त्ता होना चाहिये।
19. छात्रों पर नियंत्रण होना चाहिये ताकि छात्र उसकी बात मानें एवं कक्षा में शान्ति व्यवस्था बनी रहे।
20. शिक्षक को सामाजिक एवं व्यक्तिगत आवश्यकताओं की पूर्ण जानकारी होनी चाहिये जिसके लिये वह शिक्षण कार्य कर रहा होता है। अर्थात् उसे छात्रों की समस्याओं एवं उनके समाधान के तरीकों की जानकारी होनी चाहिये।
21. हर छात्र को कार्य करने के लिए पर्याप्त अवसर प्रदान करे। वह यह न सोचे कि उसे हर प्रश्न का उत्तर ज्ञात है। जब भी उसे किसी प्रश्न का उत्तर ज्ञात न हो तो वह छात्र से समय लेकर यथाशीघ्र एवं यथासंभव उस प्रश्न का उत्तर उपलब्ध कराये। कभी भी छात्रों को गलत सूचना न दे। साथ ही वह छात्रों को प्रश्न पूछने एवं उत्तर खोजने के लिये प्रोत्साहित करे।
22. छात्रों को नये विषयों एवं क्षेत्रों की जानकारी दे एवं उनके विषय में जानने के लिये प्रोत्साहित करे।
23. शिक्षकों को Idealist in Method एवं Pragmatic in Approach होना चाहिये।
24. अगर छात्र कभी भी शिक्षक का ध्यान उसकी किसी गलती की तरफ दिलाता है तो उसे हतोत्साहित न करे।
25. छात्रों में सीखने के प्रति उत्साह जगाए और सीखने की प्रक्रिया के प्रति रुचि जागृत करे।
26. शिक्षक को यह पूर्णतः सुनिश्चित करना होगा कि छात्रों ने पाठ को पूरी तरह समझ लिया है। कमजोर छात्रों पर ज्यादा ध्यान देना चाहिए।
27. शिक्षक को Extra Curricular Activity जैसे नाटक, सैर, खेलकूद इत्यादि को भी आयोजित करना चाहिये। साथ ही छात्रों को इनमें भाग लेने के लिये प्रोत्साहित करना चाहिये।
28. शिक्षक को co-curricular activities जैसे वाद-विवाद प्रतियोगिता, निबन्ध लेखन, क्विज, सेमिनार इत्यादि का भी आयोजन करना चाहिये जो छात्रों की समझ को विकसित करते हैं।
29. शिक्षक को Grading, Marking इत्यादि में कभी भी पक्षपात नहीं करना चाहिये।

शिक्षण के पाँच पायदान

शिक्षण के पाँच महत्त्वपूर्ण पायदान हैं—

1. **तैयारी** : यह शिक्षण का आरंभिक पायदान है। किसी भी विषय को समझने के लिये शिक्षक एवं छात्र दोनों की तैयारी महत्त्वपूर्ण है। सबसे पहले नये पाठ या विषयवस्तु को Introduce करना चाहिये। इसके लिये कई ढंग अपनाये जा सकते हैं। शिक्षक पिछले पाठ से प्रश्न पूछ कर उसे नये पाठ से सम्बन्धित कर सकता है। वह कुछ Relevant Topics की चर्चा भी कर सकता है। किसी कहानी का प्रयोग भी पाठ की प्रस्तुति के लिये किया जा सकता है। लेकिन यह पाठ्य परिचय हमेशा संक्षेप में होना चाहिये और इससे छात्रों में नये पाठ के प्रति अभिरुचि जागृत होनी चाहिए।
2. **प्रस्तुतीकरण** : यहाँ से वास्तविक पाठ प्रारंभ होता है। शिक्षक को यहाँ अपने पाठ से सम्बन्धित लक्ष्य को बताना चाहिये। छात्रों को यह जानकारी होनी चाहिये कि वे क्या सीखने जा रहे हैं। उन्हें नई चीज को सीखने के लिये तैयार होना चाहिए। शिक्षक का विषय के मूल या लक्ष्य को बताना छात्रों को तैयार होने में मदद करता है। तथ्यों को शिक्षक व्यवस्थित करता है। वह छात्रों को प्रस्तुत किये गये तथ्यों को observe, compare and contrast करने के लिए उत्साहित करता है। आवश्यक तथ्यों को Black Board पर लिखा जाता है। प्रस्तुतीकरण में छात्रों की मानसिकता भी महत्त्वपूर्ण भूमिका निभाती है।

   प्रस्तुति में विषय या पाठ से चुने गये क्षेत्र भी महत्त्वपूर्ण होते हैं। शिक्षक के लिये यह आवश्यक नहीं है कि वह पाठ्यक्रम में दिये गये सभी क्षेत्रों को एक साथ ले, वह कुछ भागों को छात्रों की स्वयं शिक्षा के लिये भी छोड़ सकता है। उसे विषय को इस तरह प्रस्तुत करना होता है कि सभी छात्र आसानी से उसे समझ सकें।

3. **तुलना :** यह सीखने-सिखाने की प्रक्रिया का तीसरा पायदान है। इसमें किसी भी विषय के विषय-वस्तु पर दो तरह के विचारों को रखा जाता है एवं छात्र से उन दोनों का विश्लेषण कर उनकी तुलना के लिये कहा जाता है। इससे छात्र की विषय के प्रति जागरूकता एवं समझ दोनों बढ़ती है। फिर उनके द्वारा विश्लेषित तथ्यों की व्याख्या की जाती है।

4. **सामान्यीकरण :** दिये गये तथ्यों के निरीक्षण, तुलनात्मक अध्ययन एवं उन पर विचार के द्वारा अलग-अलग निष्कर्ष निकाले जाते हैं। उन्हें एक निश्चित तरीके से व्यवस्थित कर एक सार्वभौमिक सत्य की स्थापना की जाती है। गणित का कोई भी प्रमेय, विज्ञान का कोई भी नियम या व्याकरण में कोई परिभाषा, पाठ का सामान्यीकरण कहलाता है। इसमें सबसे महत्त्वपूर्ण होता है कि छात्र बताये गये नियमों या सिद्धान्तों को समझ ले।

5. **उपयोग :** यह सीखने-सिखाने की प्रक्रिया का अंतिम पायदान है। इसमें सामान्यीकृत किये गये बिन्दुओं के प्रयोग के विषय में बताया जाता है। उपयोग के बिना ज्ञान अधूरा या अपूर्ण होता है। ज्ञान का कोई महत्त्व नहीं होता अगर उससे आगे कोई अन्य खोज न हो या नई परिस्थितियों में वह अनुपयोगी हो जाये। अतः ज्ञान के आगे अन्य खोजों में प्रयोग एवं नई परिस्थितियों में उसका उपयोग ही सीखने की प्रक्रिया को अर्थपूर्ण, वास्तविक एवं स्थायी बनाता है। छात्रों ने कितना सीखा है इसके लिये हम विभिन्न तरह की प्रश्नावलियों का प्रयोग कर सकते हैं।

भाषा अध्यापन के सिद्धान्त

शिक्षण एक जटिल सामाजिक प्रक्रिया है और शिक्षक इसमें महत्त्वपूर्ण भूमिका का निर्वहन करते हैं। शिक्षण कुछ सिद्धान्तों पर आधारित होता है–

1. विषय का प्रभावी प्रस्तुतीकरण। व्याख्या स्पष्ट होनी चाहिये। छात्रों में कौतुहल एवं जिज्ञासा जागृत करनी चाहिये ताकि वे विषय में रुचि लें।
2. छात्रों की समस्याओं का समाधान करना चाहिये और उन्होंने पाठ को ठीक से समझा है कि नहीं इसके लिये उपयुक्त प्रश्न पूछने चाहिए।
3. विषय वस्तु को तर्क संगत ढंग से Organise एवं Arrange करना चाहिये।
4. शिक्षण लोकतंत्र के सिद्धान्तों पर होना चाहिये अर्थात् इसमें शिक्षक एवं छात्रों के बीच close interaction होना चाहिये ताकि वे अपने संदेह, विचार एवं धारणा को व्यक्त कर सकें।
5. एक Resourceful शिक्षक जिसमें शिक्षण अभिरुचि एवं शिक्षण के प्रति विशुद्ध लगाव हो, अपने छात्रों के प्रति लाभदायक होता है।
6. शिक्षण छात्रों में रुचि एवं कौतुहल जगाने वाला होना चाहिये यह छात्रों को प्रेरित करने वाला होना चाहिये। इसके लिये Innovative Teaching Methods एवं दूसरे तकनीकों का प्रयोग किया जा सकता है।
7. सीखने के लिये मनोवैज्ञानिक एवं भौतिक वातावरण होना चाहिये।
8. संप्रेषण क्षमताएं शिक्षण के लिये निर्णायक होती हैं। इसमें वाचन क्षमता के अतिरिक्त वाचिक मुद्रायें जैसे gesture, expression इत्यादि भी महत्त्वपूर्ण होते हैं।
9. छात्र एवं शिक्षक के बीच सम्बन्ध मधुर होने चाहिये एवं एक विश्वास होना चाहिये।
10. आधुनिक तकनीकों, तरीकों एवं उपकरणों का प्रयोग भी होना चाहिये क्योंकि ये छात्र में सीखने की उत्सुकता पैदा करते हैं।
11. कक्षा में सीखने योग्य वातावरण बनाने के लिए छात्रों की आवश्यकताओं को ध्यान में रखना आवश्यक है।
12. अच्छे व्यवहार एवं प्रदर्शन के लिये ईनाम देने चाहिये एवं दुर्व्यवहार के लिए दंड। सामान्यतः दण्ड देने से बचना चाहिये।

श्रवण की भूमिका

बालक की अधिकांश भावी शिक्षा उसकी श्रवण शक्ति पर ही अवलम्बित होती है। जनधारणा तो यहाँ तक है कि वीर अभिमन्यु ने चक्रव्यूह भंग करने की शिक्षा अपनी माता के गर्भ में उस समय सीख ली थी जब अर्जुन सुभद्रा को व्यूह-भंग करने की विधि सुना रहे थे।

वैदिककालीन और उत्तर वैदिककालीन जितना भी साहित्य था वह सुनकर ही याद किया जाता था। यही कारण है कि वेद को श्रुति भी कहा जाता है। ऋषि-मुनि विभिन्न वैदिक शाखाएँ अपने ज्ञान को वंश परम्परा में सुनकर ही स्मरण रखते थे। यही शाखाएँ तत्कालीन पुस्तकें और उन शाखाओं के बहुसंख्यक शिष्य ही उन पुस्तकों के बोलते पृष्ठ थे।

श्रेष्ठ श्रोता श्रेष्ठ बुद्धि वाला भी होता है। बालक में अच्छे श्रोता के लक्षणों का विकास प्रयत्न पूर्वक करके उसके ज्ञान में असाधारण वृद्धि की जा सकती है।

अच्छा वक्ता होने के लिए अच्छा श्रोता होना आवश्यक है। श्रवण चिंतन-मनन करने एवं अपना मंतव्य स्थिर करने का श्रेष्ठ साधन है। चिंतन-मनन से वाणी में प्रखरता आती है और अभिव्यक्ति में तीक्ष्णता।

श्रवण की शिक्षा के महत्त्व को देखते हुए प्राथमिक, माध्यमिक, उच्चतर-माध्यमिक तथा विश्वविद्यालय के स्तर पर भी इसकी परीक्षा का प्रावधान किया जाता है।

प्राथमिक स्तर पर यह भाषाकला शिक्षण के रूप में, बड़ी कक्षाओं तथा विश्वविद्यालयों में इसे भाषणमाला (Speech Courses) के रूप में तथा उद्योग के क्षेत्र में इसे संपर्क और प्रबंध पाठ्यक्रम के रूप में स्थान दिया जाता है।

मौखिक अभिव्यक्ति (बोलने) की भूमिका

शिक्षा के क्षेत्र में बोलचाल की शिक्षा या मौखिक अभिव्यक्ति का ऐतिहासिक महत्त्व है। वैदिक युग का समग्र ज्ञान मौखिक रूप से ही गुरु-शिष्यों में चलता रहा।

बौद्ध तथा जैन काल में भी शिक्षा का मुख्य माध्यम बोलचाल ही रहा। मिस्र, यूनान तथा इंग्लैंड आदि के शिक्षा शास्त्र के इतिहास के अवलोकन से ज्ञात होता है कि इन देशों में भी मौखिक अभिव्यक्ति का शिक्षा में प्रमुख स्थान था।

ब्रिटिश शासन काल में शिक्षा के क्षेत्र में बोलचाल की शिक्षा का ह्रास हुआ क्योंकि उनको क्लर्कों की आवश्यकता थी, स्वतंत्र रूप से विचार अभिव्यक्त करने वालों की नहीं।

भारत के स्वतंत्र होने के बाद प्रजातांत्रिक प्रणाली में बोलचाल की शिक्षा के महत्त्व को पुनः स्थापित किया गया। कुशल वक्ताओं द्वारा ही प्रजा के हितों की रक्षा संभव है।

भाषा शिक्षण के प्रायः सभी स्तरों पर बोलचाल की शिक्षा का महत्त्व है। आरंभिक कक्षाओं में तो बोलचाल की शिक्षा की और भी अधिक आवश्यकता होती है। आरंभिक कक्षा में बालक सामाजिक, आर्थिक, धार्मिक तथा बौद्धिक दृष्टि से भिन्न-भिन्न परिवारों से आते हैं। वे भिन्न-भिन्न प्रकार की बोलियाँ बोलते हैं। पर उन्हें अध्ययन में एक मानक भाषा की आवश्यकता होती है। स्वभावतः पठन से पहले मौखिक अभिव्यक्ति पर बल देना आवश्यक है।

बोलचाल में पटुता, मधुरता एवं प्रभावोत्पादकता कई रोजगारों के लिए आवश्यक होती है। ऐसे क्षेत्र में उन्नति के लिए स्पष्टता एवं व्यावहारिकता आवश्यक होती है।

भाषा का कार्य एवं महत्त्व : बच्चों के लिए एक साधन के रूप में भाषा

भाषा व्यक्ति, समाज, राष्ट्र तथा अन्तर्राष्ट्रीय विकास के लिए संजीवनी है। इस प्रकाश-स्रोत के अभाव में सर्वत्र अज्ञान और अंधकार है। सद्-असद्, करणीय-अकरणीय, गमनीय-अगमनीय का बोध भाषा ही कराती है।

1. भाषा व्यक्ति और उसके व्यक्तित्व के विकास का महत्त्वपूर्ण आधार है। व्यक्ति अपने अन्तस् को भाषा के माध्यम से अभिव्यक्त करता है। इसी अभिव्यक्ति के साथ उसके अन्दर छिपी अनंत शक्ति अभिव्यक्त होती है। जिसकी अभिव्यक्ति जितनी स्पष्ट होगी उसके व्यक्तित्व का विकास भी उतना प्रभावशाली ढंग से होगा।

   भाषा के माध्यम से ही व्यक्ति बाह्य जगत का ज्ञान प्राप्त करता है। मूक और बधिर व्यक्ति के व्यक्तित्व का पूर्ण विकास इसलिए संभव नहीं हो पाता कि वह भाषा-सी अलौकिक देन से वंचित रह जाता है।

2. भाषा के माध्यम से समाज के दैनिक व्यापार सम्पन्न होते हैं, संस्कृति भी अनुजीवित रहती है। जीव-जगत, आत्मा-परमात्मा, लोक-परलोक, प्रकृति-पुरुष आदि के विषय में निर्धारित धारणाएँ आज भी भाषा के माध्यम से हमारे पास संचित हैं।

   विभिन्न जातियों, धर्मों, क्षेत्रों के लोगों के बीच में एकता का आधार भी भाषा ही है।

3. राष्ट्र के विस्तृत भू-भाग के शासन का संचालन भाषा के माध्यम से होता है। राष्ट्रों के बीच विचार-विनिमय, व्यापार, सांस्कृतिक आदान-प्रदान का साधन भी कोई न कोई भाषा ही होती है। यदि भाषाएँ न होतीं तो विभिन्न राष्ट्रों के महापुरुषों की विचारधारा राष्ट्र विशेष तक सीमित होकर रह जाती।

4. प्रत्येक भाषा में साहित्यिक और कलागत विविधताएँ होती हैं। गद्य तथा पद्य साहित्य के महत्त्वपूर्ण अंग हैं। इसी प्रकार कहानी, निबन्ध, जीवनी, आत्मकथा, संस्मरण, पत्र लेखन, नाटक, उपन्यास आदि साहित्य की कुछ महत्त्वपूर्ण विधाएँ हैं। भाषा शिक्षण के माध्यम से इन विधाओं का परिचय विद्यार्थियों को दिया जाता है।

   इसी प्रकार छन्द और अलंकार भाषा के कलापक्ष को निखारते हैं। ये भाषा में एक नए रक्त का संचार करते हैं। भाषा शिक्षण इन महत्त्वपूर्ण अवयवों की ओर विद्यार्थी का ध्यान आकर्षित करता है। सुनने और पढ़ने के विविध अवसरों से इस पक्ष की सराहना करने तथा बोलने और लिखने के माध्यम से इनका प्रयोग करने के अवसर मिलते हैं।

5. जीविका उपार्जन मानव की आधारभूत आवश्यकताओं में से है। साधारण श्रमिक से लेकर उच्च पदों तक की सफलता के लिए भाषा कौशल की आवश्यकता है। तकनीकी युग में साधारण श्रमिक को देश-विदेश के कितने शब्द दैनिक व्यवहार में लाने पड़ते हैं। भाषा की कुशलता उसे अपने व्यवसाय की आधारभूत शब्दावली को समझने में सहायक होती है। कार्यालयों में काम-काज करने वाले बाबुओं को टाइप, अशुलिपि, टिप्पण आदि में भाषा का कुशल प्रयोग ही सहायक होता है। अध्यापन व्यवसाय में भाषा की निपुणता ही विद्यार्थियों के व्यक्तित्व को प्रभावित करती है। जीवन का कोई भी ऐसा कार्यक्षेत्र नहीं जहाँ भाषा जीविका-उपार्जन में सहायक न होती हो।

विचारों के संप्रेषण के लिए भाषा के अध्ययन में व्याकरण की भूमिका

1. उच्चारण की शुद्धता के लिए व्याकरण का अध्ययन आवश्यक है। अतः अन्य शास्त्र न पढ़ने पर उतनी हानि नहीं होती जितनी व्याकरण न पढ़ने से। उच्चारण भेद के कारण अर्थ का अनर्थ हो जाता है।

2. व्याकरण से भाषा की रचना, शब्दों की व्युत्पत्ति, शब्दों का शुद्ध प्रयोग आदि के विषय में जानकारी प्राप्त होती है।
3. किसी भाषा के पूर्ण ज्ञान के लिए व्याकरण का ज्ञान होना परम आवश्यक है।
4. व्याकरण भाषा के नियमों का पता लगाकर इसके सिद्धांतों को स्थिर करता है।
5. तुलनात्मक विधि से अन्य भाषा सीखने में व्याकरण के अध्यापन से मदद मिलती है।

कक्षा में भाषा अध्यापन की चुनौतियाँ

विविधता वाले क्लास में शिक्षण की चुनौतियाँ

कक्षा में विभिन्न पृष्ठभूमि वाले छात्र होते हैं। इनकी मातृभाषा एवं ज्ञान का स्तर भिन्न-भिन्न होता है। इनके उच्चारण एवं बोलचाल में इनकी मातृभाषा का प्रभाव अधिक होता है। अध्यापन आरंभ करने से पहले अध्यापक को छात्रों के पूर्व ज्ञान का पता होना चाहिए। ऐसा न होने पर छात्र एवं अध्यापक के बीच दूरी बनी रहती है। बच्चों के पूर्व ज्ञान का पता लगने पर पाठ का आरंभ उसी से संबंधित करके होना चाहिए। इससे बच्चों को यह अनुभूति होती है कि जो ज्ञान वे प्राप्त करेंगे उसका संबंध पिछले ज्ञान से है। जहाँ तक संभव हो अध्यापक को मानक भाषा का प्रयोग करना चाहिए।

बच्चों में वैयक्तिक भिन्नता प्रकृति प्रदत्त होती है। कोई बच्चा भावुक होता है तो कोई कम संवेदनशील। किसी का हृदय पक्ष प्रबल होता है तो किसी का बुद्धि पक्ष। ज्ञान की ग्रहणशील शक्ति भी सबमें समान नहीं होती। अध्यापक को सभी की प्रकृति को उदारता से स्वीकार करना चाहिए और सभी को सम्मान देना चाहिए।

क्लास में तीव्र बुद्धि छात्र अक्सर बाजी मार ले जाते हैं। वे शिक्षक का अधिकांश समय अपने लिए अर्जित कर लेते हैं। ऐसे में क्लास में उनका एकाधिकार स्थापित हो जाता है। शिक्षक को चाहिए कि वह क्लास में ऐसा माहौल बनाए जिसमें सभी छात्र निर्भीक होकर प्रश्न पूछ सकें एवं अपनी शंका का निवारण कर सकें।

ऐसे क्लास में अध्यापक को शिक्षण की विभिन्न युक्तियों का प्रयोग करना चाहिए। जैसे– स्लाइड, मानचित्र, ग्राफ, तस्वीर, वीडियो आदि। ये अलग-अलग पृष्ठभूमि के छात्रों को संतोषप्रद निदान प्रस्तुत करते हैं।

भाषागत कठिनाइयाँ एवं दोष

1. **संयुक्त वर्ण का लेखन :** संयुक्त वर्ण देवनागरी लिपि की विशेषता है। इनकी आवश्यकता शुद्ध उच्चारण के लिए अनुभव की गई। नीचे संयुक्त वर्णों की एक सूची दी जा रही है–

   क् + क = क्क – पक्का
   क् + म = क्म – रुक्मणी
   क् + र = क्र – क्रम
   क् + ष = क्ष – क्षमा
   क् + त = क्त – भक्त
   क् + ल = क्ल – क्लेश
   क् + श = क्श – नक्शा

2. **इ की मात्रा का प्रयोग :** अर्धव्यंजन के कुछ उदाहरण ऐसे हैं जिनके साथ ह्रस्व ''इ'' की मात्रा का योग विशेष प्रकार से होता है। ''इ'' की मात्रा एक नहीं बल्कि दो व्यंजन पीछे चली जाती है। जैसे–

   1. पण्डित
   2. मस्जिद
   3. अग्नि
   4. चिट्ठियाँ
   5. पश्चिम

3. **पंचम–अक्षर का प्रयोग :** ङ, ञ, ण, न, म क्रमशः कवर्ग, चवर्ग, टवर्ग, तवर्ग तथा पवर्ग के पंचम अक्षर हैं। जिस समय ये व्यंजन स्वर विहीन होते हैं तो इनको विकल्प से अनुस्वार या वर्ण पर बिन्दी के रूप में लिखा जाता है। लेखन और प्रकाशन सुविधा के लिए विकल्प से अनुस्वार को प्रोत्साहन देना अच्छा है लेकिन भाषा के सीखने वाले को पंचम अक्षर नियम का ज्ञान अवश्य होना चाहिए।

   नियम अनुसार प्रत्येक वर्ग के किसी वर्ण से पहले यदि स्वर विहीन पंचम वर्ण आए तो सवर्गी अर्थात् उसी वर्ग का पंचम वर्ण लगेगा अन्य का नहीं। नीचे इस बात को शुद्ध और अशुद्ध शब्दों के उदाहरण देकर स्पष्ट किया गया है–

	शुद्ध	अशुद्ध
अड्ग/	अङ्ग/अंग	अण्ग
शङ्ख/	शङ्ख/शंख	शञ्ख
पञ्जा/	पंजा	पन्जा
पञ्छी/	पंछी	पन्छी
झण्डा/	झंडा	झन्डा
ठण्डा/	ठंडा	ठन्डा
आनन्द/	आनंद	आन्नद
कम्पन/	कंपन	कम्पन

4. **र के योग संबंधी अशुद्धियाँ :** ट ड न ह आदि ध्वनियों में र का योग वर्ण के नीचे होता है। जैसे–ट्रंक। ड्रामा। द्रष्टा ह्रास आदि। क, ग, फ, स आदि वर्णों में इसका योग खड़ी पाई के साथ होता है। जैसे–

   ग्राम पात्र
   क्रम फ्राक

5. **र और ऋ में भ्रम :** ऋ की मात्रा प्रायः अक्षर के नीचे लगा जाती है, जबकि र की मात्रा अक्षर से संयुक्त होती है।

   - ''ऋ'' मात्रा वाले शब्द–
     गृह। पृथक। वृथा। शृंगार। सृष्टि। वृद्धि।

- ''ृ'' युक्त शब्द–

ह्रास। ग्रह। स्रष्टा। ब्रज।

6. **रेफ (र्) का प्रयोग :** 'र्' से बनने वाले शब्दों के पठन और लेखन दोनों में भूल हो जाती है। र् जिस वर्ण के साथ जोड़ा जाता है उससे पहले बोला जाता है। जैसे–मर्मज्ञ। ऐसे कुछ शब्द नीचे दिए जा रहे हैं।

मूर्ख	मार्ग	दीर्घ
अर्जुन	निर्झर	कर्ण
दर्द	निर्धन	दर्पण, आदि।

यदि किसी शब्द में र् के बाद दो या दो से अधिक अर्ध वर्ण हों तो र् का योग पूर्ण वर्ण पर ही होता है, जैसे–वर्त्स्य। यहाँ र् त् से पूर्व उच्चरित होता है।

7. **कहीं-कहीं अनुस्वार और अनुनासिक में भी भ्रम होता है।** यथा–

शुद्ध	अशुद्ध
चाँद	चांद
दाँत	दांत
हँसना	हंसना

8. **प्रत्यय प्रयोग :** कुछ प्रत्ययों के योग से मूल शब्द में परिवर्तन आ जाता है। उदाहरण के लिए ''इक'' प्रत्यय के योग में पूर्व स्वर की वृद्धि होती है–

मंगल	मांगलिक
समाज	सामाजिक
इतिहास	ऐतिहासिक
भूगोल	भौगोलिक
एक	ऐकिक
उद्योग	औद्योगिक

9. **वचन परिवर्तन :** एकवचन को बहुवचन बनाते समय अंत की दीर्घ ई तथा ऊ ह्रस्व हो जाते हैं। यथा :–

एकवचन	बहुवचन
नदी	नदियाँ
बिन्दी	बिन्दियाँ
भालू	भालुओं
हिन्दू	हिन्दुओं

10. **लिंग परिवर्तन सम्बन्धी :**

(क) लिंग परिवर्तन के समय ''इन'' प्रत्यय जुड़ने पर जो स्त्रीलिंग रूप बनाया जाता है उससे अंत की दीर्घ ''ई'' बहुधा ह्रस्व हो जाती है। जैसे–

धोबी	धोबिन
स्वामी	स्वामिन

(ख) हिन्दी में स्त्रीलिंग के रूप कुछ स्थितियों में स्वतंत्र होते हैं, ''ई'' प्रत्यय लगा कर नहीं। यथा:–

सम्राट	साम्राज्ञी
कवि	कवयित्री

11. **संधि :** दो शब्दों में संधि करते समय भी उनमें आने वाले परिवर्तन के प्रति सावधान रहने की आवश्यकता होती है। नीचे इसी प्रकार के कुछ उदाहरण दिए गए हैं :–

सत् + गति = सदगति

निर् + अपराध = निरपराध

जन्म + अष्टमी = जन्माष्टमी

महत् + त्व = महत्त्व

निः + रोग = नीरोग

निः + काम = निष्काम

12. **समास :** दो शब्दों का सामासिक रूप बनने पर उनमें परिवर्तन हो जाता है। प्रथम शब्द के अंत की दीर्घ ''ई'' ह्रस्व ''इ'' में परिवर्तन हो जाती है। यथा–

मंत्री + मंडल = मंत्रिमंडल

खेती + हर = खेतिहर

13. **विभक्ति चिह्न :** हिंदी में विभक्ति चिह्नों के प्रयोग में एकरूपता नहीं है। कभी ये शब्द के साथ लिखे जाते हैं तो कभी उससे अलग। हिंदी के विभक्ति-चिह्न सभी प्रकार के संज्ञा शब्दों में प्रातिपदिक से पृथक् लिखने चाहिए, जैसे– राम ने, रावण को, सीता से आदि। सर्वनाम शब्दों में ये चिह्न प्रातिपदिक के साथ मिलाकर लिखे जाने चाहिए, जैसे–मैंने, उसको, इसकी, उसपर।

सर्वनामों के साथ यदि दो विभक्ति चिह्न हों तो उनमें से पहला सर्वनाम के साथ एवं दूसरा पृथक लिखा जाना चाहिए, जैसे–

उसके लिए

उसपर से

इसमें से

14. **क्रियापद :** संयुक्त क्रियाओं में सभी अंगभूत क्रियाएँ पृथक्-पृथक् लिखी जानी चाहिए, एक साथ नहीं, जैसे–

खाया करता है।

कर सकता है।

जा सकता है।

चलता रहेगा।

मिला करता था।

हंसा करता था।

बढ़ रहा होगा, आदि।

15. अव्यय : सम्मान सूचक अव्यय जी और श्री के प्रयोग में द्विरूपता मिलती है, कभी तो ये शब्द के साथ मिलाकर लिखे जाते हैं तो कभी शब्द से अलग, जैसे–

गांधीजी – गांधी जी

श्रीराम – श्री राम

ये शब्द अव्यय के साथ मिलाकर ही लिखे जाने चाहिए।

समस्त पदों में प्रति, मात्र, यथा आदि जैसे अव्यय शब्द के साथ ही लिखने चाहिए, जैसे–

प्रतिदिन

मानवमात्र

यथाशक्ति, आदि

न कि इस रूप में –

प्रति-दिन

मानव मात्र

यथा शक्ति।

16. श्रुति मूलक 'य' एवं 'व' का प्रयोग : हिंदी में स्वर ध्वनियों के विकल्प में श्रुति मूलक 'य' एवं 'व' का प्रयोग किया जाता है। ऐसे में स्वर ध्वनियों के प्रयोग को ही जारी रखना चाहिए। जैसे–

शुद्ध	–	**अशुद्ध**
गए	–	गये (य-श्रुति)
नई	–	नयी (य-श्रुति)
हुआ	–	हुवा (व-श्रुति)

पर जिन शब्दों के मूल में 'य' ध्वनि है, उसके स्थान पर स्वर का प्रयोग उचित नहीं है, जैसे–

शुद्ध	–	**अशुद्ध**
अव्ययी भाव	–	अव्यई भाव (स्वर)
दायित्व	–	दाइत्व (स्वर)

17. विदेशी ध्वनियाँ : अंग्रेजी एवं अरबी-फारसी के वे शब्द जो हिंदी के अंग बन चुके हैं और जिन विदेशी ध्वनियों का हिंदी ध्वनियों में रूपांतरण हो चुका है, वे हिंदी रूप में ही स्वीकार किए जा सकते हैं, जैसे–

हिंदी	**अरबी-फारसी**
कलम	क़लम
जिद	ज़िद
किला	क़िला

परंतु जहाँ उसका शुद्ध विदेशी रूप में प्रयोग अभीष्ट हो अथवा उच्चारणगत भेद बताना आवश्यक हो, वहां हिंदी में प्रयुक्त शब्द के नीचे नुक्ते लगाए जा सकते हैं। जैसे–

हिंदी	**अरबी-फारसी**
गजल	ग़ज़ल
फनकार	फ़नकार
जिस्म	ज़िस्म

शारीरिक-मानसिक विकार (Disorder)

विद्यालयों में ऐसे बच्चे भी प्रवेश पाते हैं जो शारीरिक एवं मानसिक रूप से बाधित होते हैं। शारीरिक रूप से बाधित बच्चों में प्रायः तीन प्रकार की असमर्थताएं पाई जाती हैं–दृष्टि संबंधी, श्रवण संबंधी एवं वाक् संबंधी। ऐसे बच्चों को सुनना, बोलना, पढ़ना तथा लिखना सीखने संबंधी विशेष आवश्यकताएँ होती हैं।

बुद्धि की मंदता एवं शारीरिक दोष वर्तनी की अशुद्धियों के कारण बनते हैं। यदि कोई बालक मंदबुद्धि है तो उसे मारपीट कर या डरा-धमका कर हतोत्साहित नहीं करना चाहिए। उसकी मानसिक सीमाओं को देखकर सहानुभूति का व्यवहार करना चाहिए।

बच्चों के शारीरिक दोष का पता चलने पर अभिभावकों की सहायता से उन बच्चों का उपचार कराना चाहिए। पढ़ाई-लिखाई से पहले उत्तम स्वास्थ्य आवश्यक है।

भाषा कौशल

श्रवण (Listening)

भाषायी कौशलों में श्रवण एक महत्त्वपूर्ण कौशल है। शिशु के जन्म से ही इस कौशल के सीखने का क्रम आरंभ हो जाता है।

सुनना एक प्रकृति प्रदत्त शक्ति है। इसका लाभ वही उठा सकते हैं जिनकी श्रवणेन्द्रिय ठीक हो। इसमें विकार होने से श्रवण दोष उत्पन्न हो जाते हैं।

सामान्यतः श्रवण का अर्थ किसी ध्वनि, बातचीत, वाद्य-संगीत आदि के सुनने से लिया जाता है। किन्तु यह सुनने का बहुत सीमित अर्थ है। भाषा शिक्षण के संदर्भ में ''श्रवण'' का अर्थ सुनकर भाव-अधिगम या भावग्रहण करना है।

श्रवण में किसी कथन को ध्यानपूर्वक सुनने, सुनी हुई बात पर चिन्तन-मनन करने, अपना मंतव्य स्थिर करने और तदनुसार आचरण या व्यवहार करने जैसी जटिल प्रक्रियाएँ सम्मिलित हैं।

श्रवण कौशल के विकास के अवसर

विद्यार्थियों को मोटे तौर पर निम्नलिखित स्थितियों में सार्थक श्रवण के अवसर प्राप्त होते हैं:

(1) कक्षा शिक्षण के दौरान

(2) सहशैक्षिक क्रियाओं के दौरान

(3) कक्षेतर कार्यकलापों के दौरान

(1) कक्षा शिक्षण के दौरान

कक्षा शिक्षण के दौरान विद्यार्थियों को बालगीत, कविता, कहानी आदि के माध्यम से श्रवण कौशल के विकास के अवसर उपलब्ध कराए जाते हैं।

(2) सहशैक्षिक क्रियाओं के दौरान

सहशैक्षिक क्रियाओं द्वारा भी श्रवण शक्ति का विकास कराया जा सकता है। उदाहरण के लिए जिस एकांकी को विद्यार्थियों ने कक्षा में पढ़ा है उसका कक्षाभिनय कराया जा सकता है। इससे विद्यार्थियों को श्रवण लाभ होगा और साथ ही साथ मनोरंजन भी। ऐसे श्रवण बाधित विद्यार्थी जिन्हें कुछ कम या ऊँचा सुनाई देता है, उन्हें इन कार्यक्रमों में विशेषरूप से सम्मिलित कर लाभान्वित किया जा सकता है।

सहशैक्षिक कार्यक्रमों के आयोजन से विद्यार्थी उत्तरोत्तर लाभान्वित हो सकते हैं:

1. समाचार वाचन
2. कविता वाचन प्रतियोगिता
3. कहानी प्रतियोगिता
4. वाद विवाद प्रतियोगिता
5. आशुभाषण प्रतियोगिता

(3) कक्षेतर कार्यकलापों के दौरान

कक्षेतर कार्यकलापों द्वारा भी श्रवण कौशल का विकास कराया जा सकता है, जैसे–

1. **आकाशवाणी कार्यक्रम द्वारा :** अनेक राज्यों में आकाशवाणी से विद्यार्थियों के लिए कार्यक्रमों का प्रसारण होता है। कक्षा के अनुसार इन कार्यक्रमों का लाभ विद्यार्थी उठा सकते हैं। शिक्षण अभ्यास के दौरान अध्यापन को आकाशवाणी के कार्यक्रम के अनुसार आयोजित किया जा सकता है।
2. **दूरदर्शन द्वारा :** दूरदर्शन के कुछ उपयोगी कार्यक्रमों को देखकर सुनने के लिए विद्यार्थियों को प्रोत्साहित किया जाना चाहिए।
3. **वृत्त चल-चित्रों द्वारा :** वृत्त चल-चित्रों को दिखाकर सुनने के अवसर देना भी विद्यार्थियों के लिए लाभदायक हो सकता है।
4. **टेप-रिकार्ड द्वारा :** उपयोगी कार्यक्रमों को टेप-रिकार्डर पर रिकार्ड करके विद्यार्थियों को सुनाना।
5. **साप्ताहिक छात्र सभाओं द्वारा :** विद्यार्थियों को इन सभाओं में सम्मिलित होने को प्रेरित करना चाहिए।

मौखिक अभिव्यक्ति (Speaking)

अपने भावों और विचारों को प्रभावी ढंग से सार्थक शब्दों में बोलकर व्यक्त करने को 'मौखिक अभिव्यक्ति' कहते हैं। इसमें वक्ता तथा श्रोता दोनों का होना आवश्यक होता है। प्राथमिक तथा उच्च प्राथमिक कक्षा में पहुँचते-पहुँचते बालकों में मौखिक अभिव्यक्ति संबंधी योग्यता का उचित विकास होने से उनके व्यवहार में कुछ परिवर्तन आ जाते हैं। मौखिक अभिव्यक्ति को प्रभावी बनाने के लिए निम्नांकित पक्षों पर ध्यान देना आवश्यक होता है–

1. **शुद्ध उच्चारण :** शुद्ध उच्चारण शिक्षित व्यक्ति का लक्षण है। वक्ता के शुद्ध उच्चारण का श्रोता पर गहरा प्रभाव पड़ता है। श-स, न-ण, छ-क्ष, व-ब, त्र, द्य, प्र, आदि ऐसी ध्वनियाँ या व्यंजन गुच्छ हैं जिनका अशुद्ध उच्चारण उपहास का कारण बनता है। उच्चारण के समय एक-एक वर्ण या शब्द स्पष्ट रूप से व्यक्त होना चाहिए।
2. **उचित गति, बलाघात तथा अनुतान :** बोलने की गति तेज, मन्द या सामान्य होती है। यदि वक्ता तेज गति से भावाभिव्यक्ति करता है तो श्रोता को भाव ग्रहण करने में कठिनाई होती है। बहुत धीमे बोलने से भी विचारों का तारतम्य टूट जाता है। अतः भावाभिव्यक्ति की गति सामान्य होनी चाहिए।

   अपने किसी कथ्य को प्रमुखता देने के लिए वक्ता एक वाक्य में किसी अक्षर/शब्द पर बल देता है ताकि श्रोता को भाव विशेष की गंभीरता या विशेषता का पता लग जाए।
3. **उचित हाव-भाव :** श्रोता पर वक्ता के उचित हाव-भाव या अंग संचालन का भी प्रभाव पड़ता है। हाव-भाव या अंग संचालन से अभिप्राय है गर्दन घुमा कर दाएँ और बाएँ बैठे श्रोताओं को निहारना ताकि वे वक्ता से निकटता का संबंध अनुभव कर सकें, मुखाकृति पर भावानुकूल हर्ष, उत्साह, करुणा, क्रोध आदि भाव लाना, हाथ की मुद्राओं द्वारा अपनी बात को प्रभावोत्पादक बनाना। अंग संचालन के समय यह ध्यान रहे कि उसमें किसी प्रकार का बनावटीपन न आए। इसी प्रकार हाव-भाव उचित सीमा तक रहने चाहिए।
4. **निस्संकोच भावाभिव्यक्ति :** आरम्भ से ही बच्चों को बिना झिझके बोलने के लिए प्रोत्साहित करना चाहिए। यदि किसी कारणवश वे अपनी बात प्रकट करने में झिझकते हैं तो उस कारण का पता लगाकर उसे दूर करने का प्रयास करना चाहिए। कक्षा में विद्यार्थियों को समय-समय पर बोलने के लिए प्रेरित करते रहना चाहिए।
5. **विचारों में क्रमबद्धता :** शुद्ध उच्चारण के साथ अपने भावों व विचारों को सुव्यवस्थित तथा क्रमबद्ध रूप में प्रकट करना मौखिक अभिव्यक्ति को प्रभावी बनाता है।

मौखिक अभिव्यक्ति के रूप

मौखिक अभिव्यक्ति के मोटे-तौर पर दो रूप हैं–अनौपचारिक तथा औपचारिक। घर-परिवार, हाट-बाजार, यात्राकाल तथा खेल-कूद आदि स्थानों पर व्यक्तियों के बीच जो बातचीत होती है वह अनौपचारिक वार्ता कहलाती है। अनौपचारिक अभिव्यक्ति की शब्दावली, वाक्य विन्यास तथा विषय बहुत अधिक व्यवस्थित नहीं होते। औपचारिक अभिव्यक्ति

का विषय सीमाबद्ध होता है। विचारों में शृंखलाबद्ध व्यवस्था होती है तथा शब्दावली और वाक्य विन्यास में शुद्धता पर ध्यान रखा जाता है।

औपचारिक मौखिक अभिव्यक्ति को दो उप भागों में बांटा जा सकता है—साहित्यिक तथा व्यावहारिक।

साहित्यिक मौखिक अभिव्यक्ति से अभिप्राय है—साहित्यिक विधाओं के रूप में अपने विचारों को श्रोताओं के सामने प्रस्तुत करना, जैसे—कहानी, नाटक, कविता-पाठ, भाषण, वाद-विवाद आदि।

हम समाज में अनेक व्यक्तियों से मिलते हैं, उनका स्वागत करते हैं, उनके प्रति धन्यवाद ज्ञापन करते हैं तथा परिचय अथवा विदाई के समय शिष्टाचार के कुछ शब्दों का प्रयोग करते हैं। यह औपचारिक मौखिक अभिव्यक्ति का व्यावहारिक पक्ष है।

मौखिक अभिव्यक्ति का विकास

अनौपचारिक रूप में बातचीत करने से भी बालक विचारों को प्रकट करना सीखता है। विभिन्न स्थितियों—खेलकूद के मैदान में, रेलवे स्टेशन पर, मेले में, प्रदर्शनी में वह बातचीत में भाग लेता है और अभिव्यक्ति की नई-नई शब्दावली सीखता है।

प्रौद्योगिकी के इस युग में मौखिक अभिव्यक्ति को विकसित करने के लिए ध्वनि यंत्रों की सहायता भी ली जाती है।

बाल सभा के समय माइक्रोफोन पर बुलवाने का अभ्यास करवाना चाहिए। आजकल कहानियों तथा कविताओं को कैसेट रूप में प्रस्तुत करने का प्रचलन हो गया है। सुनी हुई कहानी या कविता को टेपरिकार्डर पर टेप करवाया जा सकता है।

विद्यार्थी आदर्श वाचन भी सुन सकते हैं और अपना वाचन भी। इस प्रकार अपने पठन का आदर्श वाचन से मिलान कर अपनी कमियों का पता लगा सकते हैं और अपने वाचन में स्वयं सुधार कर सकते हैं।

पठन (Reading)

पठन भाषा के चार कौशलों (सुनना, बोलना, पढ़ना, लिखना) में से एक कौशल है किन्तु पठन-योग्यता पर ही बहुत कुछ अन्य कौशलों (सुनकर समझना, बोलना, लिखना) का उत्तरोत्तर विकास संभव है। हम जितना ही अधिक पढ़ते हैं उतना ही अधिक समझने की शक्ति बढ़ती है। परिणामतः उतना ही अच्छा बोल और लिख सकते हैं।

पठन भाषा-ज्ञान का ही नहीं, अपितु समस्त विषयों के ज्ञानार्जन का मुख्य साधन है। इस कारण उसका अर्थ व्यापक हो गया है और वह शिक्षा का पर्याप्य बन गया है।

पठन के प्रकार

पठन के दो प्रकार हैं—सस्वर और मौन। सस्वर पठन में शब्दों का उच्चारण, वाक्यों का सार्थक शब्द समूहों में विभाजन, अनुतान, विराम चिह्न, प्रवाह आदि महत्त्वपूर्ण हैं क्योंकि वह मौखिक अभिव्यक्ति के बहुत निकट है। मौन पठन में स्वरहीनता, पठन गति, तथा अर्थग्रहण पर विशेष ध्यान दिया जाता है।

सस्वर

सस्वर पठन एक कौशल है। सस्वर पठन दूसरों के लिए किया जाता है, अतएव यह औपचारिक है। इसके अंतर्गत निम्न बातों पर ध्यान दिया जाता है—

- शब्दों का शुद्ध उच्चारण
- शुद्ध बलाघात
- अनुतान, वाक्यों का सार्थक पदबंधों में विभाजन
- विराम चिह्नों का प्रयोग
- सामग्री की प्रकृति के अनुकूल भावपूर्ण वाचन, आदि।

मौन पठन

मौन पठन में अर्थग्रहण पर बल होता है। इसीलिए यह ज्ञानार्जन का मुख्य आधार है।

मौन पठन विभिन्न संदर्भों में अपने लिए ही किया जाता है। अतएव यह अनौपचारिक है। इसके अन्तर्गत सभी प्रकार की शैक्षिक, कार्यालयी, व्यावसायिक, अनौपचारिक सामग्री का पठन सम्मिलित है। मौन पठन में पठन की गति तीव्र होती है।

लेखन (Writing)

लेखन एक कला है जो दो चरणों में विकसित होती है। पहला चरण भाषा की ध्वनियों को लिपिबद्ध करके उनको शुद्ध, सुपाठ्य एवं सुंदर रूप में प्रस्तुत करने की कुशलता से संबंधित है तो दूसरे चरण में लिपि-प्रतीकों के माध्यम से अपने भावों/विचारों की सुस्पष्ट, अर्थपूर्ण एवं प्रभावी अभिव्यक्ति की योग्यता सन्निहित है।

लेखन के प्रकार

सामान्यतया यह अभ्यास तीन प्रकार का होता है : सुलेख, अनुलेख और श्रुतलेख।

1. **सुलेख :** सुन्दर लेख को सुलेख कहते हैं। यह लेखन का प्रथम और आवश्यक गुण है। सुलेख लिखते समय वर्ण के विभिन्न अवयवों की बनावट, उनकी स्पष्टता तथा सुडौलता, वर्णों में स्वर-मात्राओं का उचित योग, वर्ण से वर्ण और शब्द से शब्द के बीच की उचित दूरी, सीधी शिरारेखा आदि बिन्दुओं पर भी विशेष ध्यान दिया जाता है।
2. **अनुलेख :** अनुलेख से अभिप्राय है पुस्तक की सामग्री को ज्यों का त्यों देखकर लेख लिखना। अनुलेख का मुख्य उद्देश्य है—शुद्ध वर्तनी सहित लेख का अभ्यास कराना।
3. **श्रुतलेख :** सुनकर लिखे गए लेख को श्रुतलेख कहते हैं। इसका उद्देश्य वक्ता द्वारा उच्चरित ध्वनियों को कान लगाकर सुनना तथा तदनुरूप उचित गति स्पष्टता एवं शुद्धता से लिखने का अभ्यास करना है।

   श्रुतलेख सूक्ष्म ध्वनि भेद वाले वर्णों तथा ड-ढ, ढ-ढ़, ड-ड़ आदि का लेखन अथवा ह्रस्व-दीर्घ मात्रा के श्रवण अभ्यास के लिए देना अधिक उपयुक्त रहता है।

भाषा बोध एवं प्रवीणता का मूल्यांकन

मूल्यांकन विद्यार्थी के ज्ञानात्मक, भावात्मक तथा मनोप्रेरित (साइकोजेनिक) क्षेत्र को परखने के लिए निरन्तर चलती रहने वाली वह प्रक्रिया है जिसमें मानक तथा अमानक परीक्षा-साधनों का प्रयोग करते हुए निदानात्मक तथा उपचारात्मक पद्धति अपनाकर विद्यार्थी के गुण-दोषों का वर्णन किया जाता है। इस पद्धति के अनुसार विद्यार्थी के भावी चलन के बारे में भविष्यवाणी की जा सकती है।

मूल्यांकन का क्षेत्र परीक्षा से विस्तृत है। परीक्षा या मापन केवल यह बता सकता है कि किसी विशेष समय में परीक्षार्थी की बौद्धिक क्षमता की स्थिति क्या है। मूल्यांकन में परीक्षार्थी की स्थिति विशेष के अतिरिक्त उस स्थिति का कारण और उसके सुधारने के उपायों पर भी विचार किया जाता है।

मूल्यांकन उद्देश्य आधारित होता है। मूल्यांकन के लिए ऐसी विधियों का प्रयोग किया जाता है जिसका हर बिन्दु किसी न किसी उद्देश्य की जाँच करता है। भाषा के मूल्यांकन के लिए भी इस प्रकार की विधियों का प्रयोग किया जा सकता है।

मूल्यांकन उद्देश्य प्रेरित होता है। भाषा के विभिन्न कौशलों—सुनना-बोलना, लिखना-पढ़ना—के मूल्यांकन के समय भी इन बातों का ध्यान रखना चाहिए।

सुनने की योग्यता का मूल्यांकन

सुनने की योग्यता के मूल्यांकन के लिए निम्नलिखित श्रुतसामग्री का प्रयोग किया जा सकता हैः—

1. सस्वर वाचन
2. वार्तालाप
3. वाद-विवाद
4. कविता
5. कहानी
6. आकाशवाणी तथा दूरदर्शन से प्रसारित कार्यक्रम
7. टेप पर रिकार्ड की गई सामग्री

सुनने की योग्यता के मूल्यांकन के समय बालक में हुए निम्नलिखित परिवर्तनों की ओर ध्यान देना चाहिए—

1. वह सुनने के शिष्टाचार का कितना पालन करता है?
2. वह कितनी तन्मयता से सुनता है?
3. वह कितने मनोयोगपूर्वक सुनता है?
4. क्या वह बलाघात व अनुतान के उतार-चढ़ाव के अनुसार अर्थ ग्रहण कर पाता है?
5. वह श्रुत सामग्री के विषय, महत्त्वपूर्ण विचारों, भावों तथा तथ्यों को कितना समझता है?
6. वह श्रुत सामग्री के केन्द्रीय भावों को कितना ग्रहण कर पाता है?
7. वह भाषा एवं शैली की दृष्टि से साहित्यिक अंशों की व्यापक तुलना कर पाता है या नहीं।
8. वह श्रुत सामग्री के सुन्दर स्थलों को पहचान कर पाता है या नहीं।

सुनकर अर्थ ग्रहण करने की योग्यता का मूल्यांकन हमारे विद्यालयों में नहीं के समान है। यही कारण है कि बालसभा, विद्यालय के उत्सव, पास-पड़ोस के उत्सव, राजनीतिक भाषणों आदि का श्रोताओं पर वांछित प्रभाव नहीं पड़ पा रहा है। विद्यालयों का दायित्व है कि वे भाषा के इन महत्त्वपूर्ण गुणों की ओर विद्यार्थियों का ध्यान आकृष्ट कराएँ।

मौखिक अभिव्यक्ति की योग्यता का मूल्यांकन

मौखिक अभिव्यक्ति का मूल्यांकन करते समय विद्यार्थी के निम्नलिखित गुणों का मूल्यांकन होना चाहिएः—

1. सुश्रव्य वाणी में बोलना।
2. शुद्ध उच्चारण, उचित बलाघात और अनुतान के उतार चढ़ाव के अनुसार बोलना।
3. उचित विराम या उचित प्रवाह के साथ बोलना।
4. व्याकरण सम्मत भाषा का प्रयोग करना।
5. क्रमबद्धता, सुसम्बद्धता बनाए रखना।
6. प्रसंगानुकूल उचित शब्दों, मुहावरों और सूक्तियों का प्रयोग करना।
7. भावानुकूलन ढंग से विचारों को प्रकट करना।
8. विचारों को अपनी भाषा में व्यक्त करना।
9. विषय की एकता बनाए रखना।
10. प्रसंगानुसार उचित गति के साथ बोलना।

मौखिक अभिव्यक्ति का मूल्यांकन प्राथमिक कक्षा से उच्च कक्षाओं तक निरन्तर चलता रहना चाहिए। इससे विद्यार्थियों को साक्षात्कार के समय सफलता प्राप्त करने में सहायता मिलेगी।

पढ़कर अर्थग्रहण करने की योग्यता का मूल्यांकन

आज विद्यालयों में पढ़कर अर्थ ग्रहण करने की शक्ति के मूल्यांकन पर ही अधिक बल दिया जाता है। हमारी परीक्षा प्रणाली इसके लिए अनेक अवसर प्रदान करती है। इस योग्यता के मूल्यांकन के लिए विद्यार्थी के निम्नलिखित पक्षों की ओर विशेष ध्यान रखना चाहिए—

1. मनोयोगपूर्वक पढ़ पाने की क्षमता।
2. ग्रहणशीलता की स्थिति बनाए रखना।
3. भावानुरूप सस्वर वाचन करना।
4. शुद्ध उच्चारण, बलाघात व अनुतान के उतार-चढ़ाव।

5. शब्दों, मुहावरों तथा उक्तियों का प्रसंगानुकूल भाव ग्रहण।
6. छन्द, अलंकार, प्रस्तुत-अप्रस्तुत तथा मूर्त-अमूर्त विधानों को पहचान पाना।
7. भावपक्ष की दृष्टि से सुन्दर स्थलों की पहचान कर पाना।
8. महत्त्वपूर्ण विचारों, भावों, तथ्यों का चयन करना।
9. पठित सामग्री का सारांश तथा केन्द्रीय भाव ग्रहण कर पाने की क्षमता।
10. लेखक के मनोभावों को समझ पाना।

पठित सामग्री की अर्थग्रहण कुशलता के मूल्यांकन के लिए मौखिक तथा लिखित दोनों प्रकार की परीक्षाओं का प्रयोग किया जा सकता है।

लिखित अभिव्यक्ति की योग्यता का मूल्यांकन

लिखित अभिव्यक्ति का हमारी परीक्षा पद्धति में महत्त्वपूर्ण स्थान है। फिर भी अधिकांश विद्यार्थियों की लेखन अभिव्यक्ति संतोषजनक नहीं है। इस असंतोषजनक स्थिति का प्रमुख कारण यह है कि हमारे मूल्यांकन के मापदण्ड बहुधा दोषपूर्ण होते हैं। जिन पक्षों का मूल्यांकन होना चाहिए वे उपेक्षित रह जाते हैं। मूल्यांकनकर्ता लिखित अभिव्यक्ति के मुख्य उद्देश्यों को सम्मुख रख कर प्रश्न पत्र का निर्माण नहीं करते तथा परीक्षक भी इनके प्रति उदासीन भाव से कार्य लेते हैं।

विद्यार्थी की लिखित अभिव्यक्ति का मूल्यांकन करते समय निम्नलिखित उद्देश्यों को ध्यान में रखना चाहिएः–

1. शुद्ध वर्तनी का प्रयोग।
2. विराम चिह्नों का सही प्रयोग।
3. व्याकरण सम्मत भाषा का प्रयोग।
4. प्रसंगानुकूल उचित शब्दों, मुहावरों, लोकोक्तियों का प्रयोग।
5. विषय तथा अभिव्यक्ति के अनुकूल शैली का प्रयोग।
6. यथोचित अनुच्छेदों का निर्माण।
7. क्रमबद्धता बनाए रखना।
8. उचित गति से लिखने की क्षमता।
9. लेखन में मौलिक शैली का प्रयोग।

लिखित अभिव्यक्ति के मूल्यांकन के लिए अनुच्छेद लेखन, निबंध लेखन, कहानी लेखन, पत्र लेखन, सारांश लेखन आदि विधियाँ अपनाई जा सकती हैं।

शिक्षण-अधिगम सामग्री

शिक्षण प्रक्रिया को सुचारू रूप से संपन्न करने के लिए अनेक प्रकार की सामग्री की आवश्यकता होती है। मोटे तौर पर शिक्षण में प्रयुक्त सामग्री को दो वर्गों में रखा जा सकता है। पहले वर्ग में वह सामग्री आती है, जिसका शिक्षक तथा शिक्षार्थी दोनों ही नियमित रूप से प्रयोग करते हैं, जैसे–पाठ्यपुस्तक, पूरक पुस्तक तथा अभ्यास-पुस्तिका (विशेषतः प्राथमिक स्तर पर)। वस्तुतः इस प्रकार की सामग्री शिक्षण प्रक्रिया का अभिन्न अंग है, क्योंकि शिक्षक तथा शिक्षार्थी दोनों को ही इसके प्रयोग की आवश्यकता होती है।

दूसरे वर्ग में वह सामग्री आती है जो कक्षा में प्रस्तुत विषयवस्तु को विद्यार्थियों के लिए सुस्पष्ट, सुबोध, सुग्राह्य एवं सजीव बनाने में शिक्षक की सहायता करती है। इसके अंतर्गत श्यामपट्ट, चार्ट, चित्र, मॉडल जैसे–पारंपरिक उपकरण तथा स्लाइड, पारदर्शी चित्र, टेप (कैसेट) जैसे आधुनिक उपकरण और रेडियो, दूरदर्शन, चलचित्र जैसे जनसंचार माध्यम आते हैं।

पाठ्यपुस्तक

शिक्षण प्रक्रिया में पाठ्यपुस्तक का अपना एक विशिष्ट स्थान है। वास्तव में यह संपूर्ण शिक्षण प्रक्रिया की आधारशिला है। यह एक ओर अध्यापक का शिक्षण-विषय के पाठ्यक्रम की सीमा के संदर्भ में मार्गदर्शन करती है तो दूसरी ओर विद्यार्थी के सम्मुख लक्ष्य का स्वरूप स्पष्ट करती है।

जब हम मातृभाषा का अध्ययन करते हैं तो पाठ्यपुस्तक का महत्त्व और भी बढ़ जाता है, क्योंकि मातृभाषा का विषय क्षेत्र अत्यंत व्यापक और बहुमुखी होने के कारण उसकी पाठ्यपुस्तक की सामग्री व्यापक एवं विविधतापूर्ण होती है। इतना ही नहीं, मातृभाषा की पाठ्यपुस्तक में समाहित सामग्री में वैचारिक तथा भाषिक दोनों पक्षों का ध्यान भी रखना होता है और साथ में विविध साहित्यिक रूपों एवं विधाओं का समावेश भी करना होता है।

किसी भी पाठ्यपुस्तक के दो पक्ष होते हैं :

1. भाव पक्ष, तथा
2. कला पक्ष

1. भाव पक्ष

पाठ्यपुस्तक इस उद्देश्य से तैयार की जाती है कि उसके अध्ययन से विद्यार्थियों में अपेक्षित योग्यताओं का विकास हो सके। ये योग्यताएँ शिक्षण उद्देश्य कहलाती हैं। इन शिक्षण उद्देश्यों के अन्तर्गत विभिन्न प्रकार की विषयवस्तु का ज्ञान, भाषाई कौशल और सद्प्रवृत्तियाँ आती हैं। पाठ्य-सामग्री के भाव पक्ष के संदर्भ में उस विषय के शिक्षण उद्देश्यों का अत्यंत महत्त्व है। इस संबंध में निम्नलिखित तीन बातों को ध्यान में रखा जाता है :

(*i*) भावों का चयन।
(*ii*) भावों का क्रमिक स्तरीकरण।
(*iii*) भावों का प्रस्तुतीकरण।

2. कला पक्ष

पाठ्य-सामग्री के कला पक्ष के अंतर्गत उसके बाहरी और आंतरिक दोनों रूप आते हैं। बाहरी रूप के अंतर्गत पुस्तक का आकार तथा उसकी मोटाई ऐसी होनी चाहिए जिससे उस आयु वर्ग के बच्चों को उसे एक स्थान से दूसरे स्थान तक ले जाने में सुविधा हो और पुस्तक को हाथ में उठाकर पढ़ने में भी असुविधा न हो।

पुस्तक की छपाई, शुद्ध वर्तनी एवं चित्र रूप पक्ष के अंतर्गत ही आते हैं। छोटे बालकों के लिए टाइप का आकार बड़ा होना चाहिए। बढ़ती हुई कक्षाओं में यह आकार छोटा होता जाता है।

पुस्तक की वर्तनी के संबंध में सबसे प्रमुख बात यह है कि शब्दों की वर्तनी शुद्ध हो। दूसरी बात भिन्न रूपों वाले— अ, फ, क्ष, झ आदि जैसे अक्षरों का मानक रूप ही पूरी पुस्तक में प्रयुक्त हो। चाहिए, जाए, लाए जैसे शब्दों को पुस्तक में एक ही रूप में प्रस्तुत किया जाना चाहिए।

पाठ्य सामग्री में चित्र बहुत महत्त्वपूर्ण होते हैं। पाठ्य-सामग्री में केवल वे चित्र दिए जाने चाहिएँ जो उनका अंग बन सकें और उसके पूरक हों। इनमें से कुछ चित्र काल्पनिक होते हैं और कुछ तथ्यात्मक। छोटी कक्षाओं की शिक्षण सामग्री में फोटो तथा तस्वीर वाले चित्र अधिक उपयोगी होते हैं और बड़ी कक्षाओं की सामग्री में कार्टूनों तथा रेखा वाले और तथ्यात्मक फोटो आवश्यक और उपयोगी हैं। चित्रों का स्थान भी इसी आधार पर निर्धारित किया जाता है जिससे उनका लिखित सामग्री के साथ तादात्म्य स्थापित हो सके। यदि किसी चित्र को बार-बार देखने की आवश्यकता हो तो वह सामग्री के बीच में देना चाहिए। यदि कोई चित्र सामग्री की पृष्ठभूमि के रूप में कार्य करता हो तो उसे पूरे पृष्ठ पर फैलाना चाहिए। यदि लिखित सामग्री को पढ़ने की प्रेरणा देना चित्र का उद्देश्य हो तो वह सामग्री के प्रारंभ में दिया जा सकता है। चित्रों के रंग भी बहुत महत्त्वपूर्ण होते हैं।

चित्र

भाषा के कठिन एवं गहन स्थलों को स्पष्ट करने में चित्रों तथा चित्र-शृंखलाओं की उपयोगिता सर्वमान्य है। चित्रों से अभिव्यक्ति में विस्तार एवं गहनता आती है। चित्र शब्दों और कहानियों का प्रतिनिधित्व करते हैं। क्रियाशील चित्र-शृंखला रचना और कहानी शिक्षण का श्रेष्ठ साधन है। शब्दों और चित्रों का समन्वय भाषा शिक्षण की प्रक्रिया को जीवंत बना देता है।

रेखाचित्र

इसके अंतर्गत चार्टों, पोस्टरों, कार्टूनों, हास्य-व्यंग्य चित्रों, मानचित्रों आदि का समावेश होता है। फ्लैनलग्राफ पर क्रमबद्ध रूप में व्याकरण के लिंग, वचन, कारक, क्रिया, विशेषण आदि के भेदों को चार्ट के रूप में प्रदर्शित किया जा सकता है। मानचित्रों के प्रयोग से प्रदेशों का भाषावार वर्गीकरण दिखाया जा सकता है। पोस्टर, कार्टून और हास्य-व्यंग्य चित्र किसी व्यक्ति, विचार एवं स्थिति के चित्र होते हैं जिनका जनसमूह पर गहरा प्रभाव पड़ता है। इनसे उपहासात्मक किंतु विचारपरक हास्य-व्यंग्य एवं अतिशयोक्तिपूर्ण स्थलों के गूढ़ भावों का स्पष्टीकरण होता है। ये विचारों को क्रमबद्ध तथा गतिमय रूप में प्रस्तुत करते हैं।

फ्लैश कार्ड

ये शिक्षण के प्रभावशाली दृश्य उपकरण हैं। ये चित्रात्मक और लिखित दोनों प्रकार के हो सकते हैं।

वर्णमाला-शिक्षण में फ्लैश कार्डों का विशेष महत्त्व है। एक वर्ण को सिखाने के लिए फ्लैश कार्ड पर अनेक शब्द दिए जाते हैं जो उस वर्ण से आरंभ होते हैं।

इनमें शब्दों के साथ उनके चित्र भी दिए जाते हैं। आरंभिक कक्षाओं में शब्दों और वाक्यों के चित्र सहित फ्लैश कार्ड अधिक उपयोगी सिद्ध होते हैं। इनसे किसी एक वस्तु, घटना या तथ्य की झलक एक दृष्टि में प्रस्तुत की जा सकती है।

ग्रामोफोन और लिंग्वाफोन

इनके रिकार्डों द्वारा उच्चारण के विभिन्न अभ्यासों के अंतर्गत बलाघात, सुर, विवृत्ति और अनुतान का सहज रूप में अभ्यास कराया जा सकता है। इनमें महापुरुषों के भाषणों, उत्कृष्ट कवियों की कविताओं और नाटकीय संवाद को सुना जा सकता है। उच्चारण, सस्वर पाठ और भाषण कला की प्रवीणता प्राप्त करने में इनका प्रयोग विशेष उपयोगी है।

टेप

उत्कृष्ट वक्ता के भाषणों, गीतों, नाटकीय कथनोपकथन, कविताओं और भाषा कौशलों विशेषतः उच्चारण और वाचन पाठों का अंकन करके ''प्लेबैक उपकरण'' (रिकार्ड प्लेयर) द्वारा जब चाहे, तब सुना और सुनाया जा सकता है।

रेडियो

शिक्षण का एक अत्यंत उपयोगी एवं सुलभ साधन है। समाचार, नाटक, भजन, गीत, संगीत, कहानियों, कविताओं, संवादों आदि की आकर्षक एवं प्रभावशाली प्रस्तुति से विद्यार्थी मनोरंजनात्मक ढंग से शुद्ध उच्चारण एवं आत्मप्रकाशन की क्षमता विकसित कर सकते हैं।

दूरदर्शन और चलचित्र

दूरदर्शन और चलचित्रों के कार्यक्रम देश-विदेश की घटनाओं, कार्यकलापों और दृश्यों को सजीव एवं यथार्थ रूप में प्रस्तुत करते हैं। दूरदर्शन आधुनिक युग की सबसे बड़ी देन है। इसके कार्यक्रम हमारी सामाजिक संस्कृति की झलक प्रदर्शित करते हैं। इनसे राष्ट्र के नागरिकों और विद्यार्थियों में एकता और सद्भावना उत्पन्न होती है और वे राष्ट्र की मुख्य धारा में समाहित होने की प्रेरणा ग्रहण करते हैं।

इनके माध्यम से जन शिक्षा का आसानी से प्रचार-प्रसार और विस्तार किया जा सकता है। ये जीवन के सभी पक्षों से संबंधित कार्यक्रमों का प्रसारण करते हैं। इनके द्वारा समाज की मान्यताओं, जीवन मूल्यों, सांस्कृतिक परंपराओं आदि की जानकारी विद्यार्थियों को प्राप्त होती है। इसके अतिरिक्त भाषाई पाठों का प्रसारण भी दूरदर्शन पर होता है जिससे विद्यार्थी सरल एवं रोचक वातावरण में पाठ की विषयवस्तु को अनायास ही सीख लेते हैं। इन कार्यक्रमों से शिक्षकों और छात्राध्यापकों को कक्षा शिक्षण में प्रयुक्त होने वाली विधियों, तकनीकों और उपागमों का भी व्यावहारिक ज्ञान प्राप्त होता है।

उपचारात्मक शिक्षण

विशेष आवश्यकता वाले बच्चों की कठिनाइयों की पहचान कर उन कठिनाइयों को दूर करते हुए शिक्षण कार्य करना उपचारात्मक शिक्षण कहलाता है। अध्यापक छात्रों के दोषों में यथासंभव सुधार लाने तथा उसकी भाषा संबंधी कठिनाइयों को दूर करने के लिए निम्नलिखित उपचारात्मक सहायता कर सकते हैं :

1. ऊँचा सुनने/कम सुनने तथा मानसिक रूप से बाधित बच्चों को कक्षा में अगली पंक्ति में बैठाने की व्यवस्था करनी चाहिए ताकि वे अध्यापक के चेहरे के हाव-भाव को ध्यान से देख सकें तथा उसके द्वारा कही गई बात को अच्छी तरह समझ सकें।
2. पढ़ाते समय शब्दों को ऊँची और स्पष्ट आवाज में तथा उचित गति से बोलना चाहिए।
3. श्रवण शक्ति तथा स्मरण शक्ति की कमी को पूरा करने के लिए अधिकाधिक दृश्य संकेतों तथा दृश्य सामग्री जैसे–चार्ट, चित्र, मॉडल आदि का प्रयोग करना उचित होता है। मनोरंजक कार्यकलापों का आयोजन करके ऐसे विद्यार्थियों को कक्षा में अतिरिक्त श्रवण के अवसर प्रदान किए जा सकते हैं। जैसे–चित्र कार्डों को दिखाकर छोटी-छोटी कहानियाँ तथा बालगीत अभिनयपूर्ण ढंग से सुनाना और घटनाओं का वर्णन करना आदि।
4. कठिन शब्दों या वाक्यांशों के अर्थ को स्पष्ट करने के लिए उसे बालक के अनुभव या ठोस वस्तु या परिस्थिति से जोड़कर।
5. श्रवण कौशल के विकास के लिए लघु प्रश्न पूछने की पद्धति अपनानी चाहिए।
6. संवेगात्मक तथा सूक्ष्म संकल्पनाओं को समझाने के लिए कक्षा में क्रियात्मक परिस्थितियाँ निर्मित करना, जैसे–प्रसन्नता, नाराजगी, घृणा, आशा, निराशा आदि भावों की अभिव्यक्ति को नाटकीय स्थिति में ढालकर व्यक्त करना।

मौखिक अभिव्यक्ति संबंधी दोषों तथा उनके कारणों का पता लगा लेने के पश्चात् अध्यापक उन्हें सुधारने के लिए निम्नलिखित उपचारात्मक उपाय कर सकते हैं :

1. तुतलाने वाले बच्चों को ध्वनियों का निरंतर उच्चारण अभ्यास कराना चाहिए।
2. हकलाने तथा मानसिक रूप से बाधित बच्चों को यथासंभव बोलने तथा सस्वर पठन का अतिरिक्त अवसर देना चाहिए। उनका मनोबल ऊँचा करने के लिए उन पर व्यक्तिगत रूप से ध्यान देना चाहिए। उनके साथ प्रेम एवं सहानुभूति का व्यवहार करना चाहिए।
3. अन्य बच्चों को उनके साथ घुलने-मिलने के लिए प्रोत्साहित करना चाहिए।
4. कक्षा में उनके प्रति उदारतापूर्ण दृष्टिकोण अपनाना चाहिए।
5. कठिन ध्वनियों का शुद्ध उच्चारण सिखाने के लिए टेप-रिकार्डर, ग्रामोफोन, रेडियो, टेलीविजन आदि दृश्य-श्रव्य साधनों का प्रयोग करना चाहिए।

पठन कौशल संबंधी दोषों को दूर करने के लिए निम्न प्रयास किए जाने चाहिए।

- इन बच्चों को अभ्यास और आवृत्ति की आवश्यकता सामान्य बच्चों से अधिक होती है। अतः इन्हें वर्णों एवं मात्रा चिह्नों का बार-बार अभ्यास कराना चाहिए।
- जिन वर्णों या शब्दों की पढ़ने की अशुद्धियाँ वे अक्सर करते हैं उनकी सूची बनाकर उन वर्णों की मूर्त या ठोस वस्तुओं के माध्यम से पढ़ना सिखाएँ, जैसे–वर्ण विशेष की आकृति, चित्र, फ्लैश कार्ड दिखाकर उसे पढ़ने का अभ्यास कराना।
- सही सस्वर वाचन करने पर इन बच्चों की तुरन्त प्रशंसा करें।

लेखन संबंधी दोष को दूर करने के लिए निम्न उपाय किए जाने चाहिए–

1. 5 वर्ष से अधिक आयु का बच्चा शारीरिक और मानसिक रूप से लिखना सीखने के योग्य हो जाता है। इस अवस्था से पूर्व लिखना सीखने का अभ्यास नहीं कराना चाहिए।
2. व्यक्तिगत स्तर पर अशुद्धि संशोधन के बिना लेखन दोषों का निराकरण कठिन होता है। प्राथमिक स्तर पर तो इस ओर विशेष ध्यान देने की आवश्यकता है।
3. विद्यार्थी जिन शब्दों को अशुद्ध लिखता है बहुत संभव है उसका कारण अशुद्ध उच्चारण हो।

   यथा–श-ष-स, प्र-पर, छ-क्ष, त्र-तर आदि का उच्चारण अशुद्ध होने से लेखन में भी दोष आ सकता है। अतः इन ध्वनियों से युक्त शब्दों के शुद्ध उच्चारण और लेखन का अभ्यास कराया जाना चाहिए।
4. शब्दों के शुद्ध उच्चारण को सुनने, उचित गति से लिखने तथा अशुद्धियों की जाँच के लिए श्रुतलेख श्रेष्ठ साधन है। इसका अभ्यास छात्रों को नियमित रूप से कराया जाना चाहिए।
5. हर बच्चे की अपनी शारीरिक और मानसिक सीमा होती है। प्रत्येक बालक के प्रति स्नेह और सम्मान का बर्ताव किया जाए और उसे उचित विधि से लेखन के प्रति प्रोत्साहित किया जाए। विशेष आवश्यकता वाले विद्यार्थियों को लेखन सिखाने के लिए और भी सावधानी बरतनी चाहिए।

❄ ❄ ❄ ❄ ❄

अभ्यास प्रश्न

1. अध्यापक को कक्षा में अपनी आवाज को रखना चाहिये :

A. पर्याप्त ऊंची B. धीमी
C. मध्यम D. कभी धीमी कभी तेज

2. यदि कुछ विद्यार्थी परीक्षा में फेल हो जाते हैं तो यह गलती है :

A. अध्यापकों की B. प्रधानाध्यापक की
C. स्वयं छात्रों की D. पाठ्यपुस्तकों की

3. वह अध्यापक जो अपने छात्रों का ध्यान आकर्षित करने में सफल न हो रहा हो तो उसे चाहिये कि :

A. वह अपनी शिक्षण विधि का मूल्यांकन करके उसमें सुधार लाये
B. वह अपने पद से त्यागपत्र दे दे
C. वह अपने शिष्यों में गलती ढूंढे
D. वह डिक्टेशन देना आरम्भ कर दे

4. यदि पीछे बैठने वाले सदैव बातचीत में ही व्यस्त हों तो अध्यापक को चाहिये कि वह :

A. उन्हें जो कुछ वे कर रहे हैं करने दे
B. उन्हें दन्ड दे
C. उन्हें आगे बिठाये और उन पर नजर रखे
D. उपरोक्त कोई नहीं

5. अध्यापक को :

A. अध्यापन आरम्भ करने से पूर्व पाठ का परिचय कराना चाहिये
B. अपनी भाषा में दक्ष होना चाहिये
C. अपने विषय में निपुण होना चाहिये
D. उपरोक्त सभी

6. यदि अध्यापक छात्र के प्रश्न का उत्तर देने में असमर्थ हो तो उसे चाहिये कि वह :

A. कहे कि वह जानकारी प्राप्त करने के बाद उत्तर देगा
B. शिष्यों को डांटे-फटकारे
C. कहे कि प्रश्न ही गलत है
D. उपरोक्त कोई नहीं

7. निम्न शिक्षण-प्रक्रियाओं को क्रम में लिखो :

(*i*) वर्तमान ज्ञान को पिछले ज्ञान से सम्बद्ध करना
(*ii*) मूल्यांकन
(*iii*) पुनर्शिक्षण
(*iv*) उद्देश्यों की संरचना
(*v*) सामग्री को प्रस्तुत करना

A. (*i*), (*ii*), (*iii*), (*iv*), (*v*)
B. (*ii*), (*i*), (*iii*), (*iv*), (*v*)
C. (*v*), (*iv*), (*iii*), (*i*), (*ii*)
D. (*iv*), (*i*), (*v*), (*ii*), (*iii*)

8. दूरदर्शन सामग्री का प्रयोग :

A. ध्यान केन्द्रण तथा ज्ञान को बढ़ाता है
B. अध्यापक के बोझ को कम करता है
C. स्मरणशक्ति में वृद्धि करता है
D. उपरोक्त सभी

9. यदि छात्र आपकी बात नहीं समझ पा रहे हैं तो :

A. आपको उन्हें संकेत (prompt) देना चाहिये
B. सामग्री को सरल बनाना चाहिये
C. उदाहरण देकर समझाना चाहिये
D. उपरोक्त सभी

10. सूक्ष्म शिक्षण लाभदायक है :

A. प्राथमिक कक्षा के छात्रों के लिए
B. जूनियर कक्षा के छात्रों के लिए
C. 10 + 2 कक्षा के छात्रों के लिए
D. उच्च तथा प्राथमिक दोनों कक्षाओं के छात्रों के लिए

11. यदि छात्र आप पर फब्तियां कसते हैं तो आप :

A. उन्हें दंड देंगे
B. उन्हें कॉलेज से निकाल देंगे
C. उनकी परीक्षा-पुस्तिकाओं का मूल्यांकन करते समय आप उनसे बदला लेंगे
D. उनकी परीक्षा-पुस्तिकाओं का मूल्यांकन के समय भी आप गैर-जानिबदार रहेंगे

12. शिक्षण में छात्रों की सर्वाधिक भागीदारी सम्भव है :

A. व्याख्यान विधि द्वारा B. चर्चा विधि द्वारा
C. पुस्तक विधि द्वारा D. ऑडियो-विजुअल एड द्वारा

13. नये आये अध्यापक की सफलता के लिए निम्न में से कौन-सा घटक सर्वाधिक महत्त्वपूर्ण है?

A. विद्वता
B. संप्रेषण योग्यता

C. अध्यापक का व्यक्तित्व तथा उसकी छात्रों तथा कक्षा से मेल खाने की अभिक्षमता
D. संगठनात्मक योग्यता

14. निम्न सभी एक प्रभावशाली शिक्षक की विशेषताएं हैं केवल एक को छोड़कर :
A. स्टैन्डर्ड को बनाये रखने पर जोर देना
B. लक्ष्यों के स्पष्टीकरण हेतु सामूहिक चर्चा पर बल देना
C. समस्या उत्पन्न करने वाली परिस्थितियों के तुरन्त नियन्त्रण पर जोर देना
D. कक्षा के छात्रों के साथ विभेदात्मक व्यवहार करना

15. एक प्रभावशाली शिक्षण का तात्पर्य नहीं है :
A. अध्यापक उत्साहपूर्वक पढ़ाता है
B. अध्यापक अपने छात्रों में गलती ढूंढता है
C. अध्यापक शिक्षण पर अधिक तथा कक्षा-नियन्त्रण पर कम जोर देता है
D. अध्यापक की रुचि विषय-सामग्री को छात्रों को समझाने में है न कि पाठ्यक्रम पूरा करने में

16. शिक्षा की के. जी. प्रथा का तात्पर्य है बच्चों का उद्यान। इसका जन्मदाता है :
A. डेवी B. फ्रूबेल
C. प्लेटो D. स्पेन्सर

17. प्रजातान्त्रिक समाज वह है, जो :
A. स्वतन्त्रता, समानता, बन्धुत्व तथा न्याय के सिद्धान्तों का पालन करता है
B. सूझ-बूझ रखने वाले व्यक्तियों का तिरस्कार नहीं करता है
C. समान शिक्षा के अवसर में विश्वास रखता है
D. उपरोक्त सभी

18. एक प्रभावशाली अध्यापक पालन करता है :
A. प्रजातान्त्रिक समाज के नियमों का
B. स्वतन्त्र समाज के नियमों का
C. तानाशाही समाज के नियमों का
D. परिस्थितियों के अनुसार सभी का

19. सहायक शिक्षण सामग्री के रूप में टी. वी., रेडियो से उत्तम है क्योंकि :
A. यह मंहगा है
B. इसमें दो इन्द्रियां—सुनना तथा देखना दोनों साथ-साथ प्रयोग होती हैं। जिसके फलस्वरूप लड़कों को अधिक आसानी से समझ में आता है
C. यह छात्रों द्वारा आमतौर पर पसन्द किया जाता है
D. उपरोक्त सभी

20. सबसे बड़ा उत्तरदायित्व जो स्कूल में काम करने वालों पर आता है वह यह है कि :
A. वे बच्चों तथा समाज दोनों की आवश्यकताओं में सामन्जस्य स्थापित करते हैं जिससे दोनों को लाभ होता है
B. वे बच्चों को नौकरी पाने के योग्य बनाते हैं
C. वे स्कूल के कार्यक्रमों को बच्चे की आवश्यकता तथा रुचि के अनुसार तैयार करते हैं
D. A तथा C दोनों

21. सबसे उत्तम शिक्षा कार्यक्रम वह है जो कि :
A. बच्चों की आवश्यकतानुसार हो
B. बच्चों की योग्यतानुसार हो
C. बच्चों की रुचि के अनुसार हो
D. उपरोक्त सभी

22. लेक्चर देते समय यदि कक्षा में कुछ व्यवधान (शोर) हो रहा हो तो अध्यापक को चाहिये कि वह :
A. थोड़ी देर चुप रहे फिर पढ़ाना आरम्भ करे
B. कक्षा में जो कुछ हो रहा है उसकी कोई चिन्ता न करे
C. शोर शराबा करने वाले लड़कों को दंड दे
D. उपरोक्त सभी

23. Learning (सीखना) का सबसे समुचित अर्थ है :
A. ज्ञान देना
B. व्यवहार में परिवर्तन
C. व्यक्तिगत रूप से माहौल में ढलना
D. हुनर की प्राप्ति

24. अन्तिम विश्लेषण में शिक्षण को विशेष रूप से समझना चाहिये :
A. प्रश्न पूछने तथा ज्ञान के मूल्यांकन की प्रक्रिया
B. विद्यार्थियों की गतिविधियों को निर्दिष्ट करना
C. विद्यार्थियों के वाचन का श्रवण
D. उपरोक्त सभी

25. अध्यापक के कार्य हैं :
A. बच्चे का मार्गदर्शन करना, प्रगति में उनकी सहायता करना तथा मूल्यांकन
B. घर का काम चेक करना, उनका मार्गदर्शन करना तथा आगे का काम देना
C. उपरोक्त दोनों
D. कोई नहीं

26. कक्षा में अध्यापक है :
A. समूह का अध्यक्ष
B. समूह का निर्देशक
C. समूह का नेता तथा मार्गदर्शक
D. उपरोक्त सभी

27. अध्यापक का प्राथमिक उत्तरदायित्व निहित है :
A. शैक्षिक अनुभवों को सुनियोजित करने में
B. नीतियों को लागू करने में
C. छात्रों का रिकार्ड रखने में
D. उपरोक्त सभी

28. अपने विद्यार्थियों से गहरा तालमेल बनाने के लिए आपको :
A. उनका मार्गदर्शन करना चाहिये
B. उनके साथ खुलेपन का व्यवहार करना चाहिये
C. संप्रेषण में सक्षम होना चाहिये
D. उपरोक्त सभी

29. मौखिक मार्गदर्शन सबसे कम प्रभावशाली है :
A. अभिवृत्ति के शिक्षण में
B. अवधारणा तथा तथ्य के शिक्षण में
C. परस्पर सम्बन्ध के शिक्षण में
D. हुनर (skills) के शिक्षण में

30. अध्यापन आरम्भ करने से पूर्व शिक्षक को चाहिये कि :
A. वह अपने विद्यार्थियों के वर्तमान तथा भूत के विषय में जाने
B. वह विद्यार्थियों के मस्तिष्क पर काम कर रहे वातावरण के विचलनों से भिज्ञ हो
C. वह अपने विद्यार्थियों की जिज्ञासा को उजागर करने में सक्षम हो
D. उपरोक्त सभी

31. किसी स्कूल/कॉलेज में शिक्षा की गुणवत्ता को मापा जा सकता है :
A. उपलब्ध बुनियादी सुविधाओं द्वारा
B. उपलब्ध जनशक्ति, अध्यापक तथा प्रधानाचार्य के माध्यम से
C. छात्रों की शैक्षिक प्रगति के माध्यम से
D. उपरोक्त सभी द्वारा

32. यूनेस्को (UNESCO) प्रकाशन की व्याख्या के अनुसार अध्यापक के अन्दर कौन-सा व्यावसायिक गुण होना चाहिये?
A. अपने विषय में दक्षता तथा शिक्षण में निपुणता
B. शिक्षण-पद्धति में प्रतिक्षण नयापन
C. व्यवसाय के प्रति न्याय व ईमानदारी
D. उपरोक्त सभी

33. शिक्षण का पहला चरण है :
A. पहले से योजना बनाना
B. पाठ्यसामग्री को सुसंगठित करना
C. विद्यार्थियों की बैकग्राउन्ड को जानना
D. कोई नहीं

34. यदि कोई छात्र कक्षा में बेहोश हो जाता है तो आप सबसे पहले क्या करेंगे?
A. प्रधानाचार्य के कार्यालय की ओर दौड़ेंगे तथा सहायता के लिए कहेंगे
B. बच्चे के माता-पिता को टेलीफोन करेंगे तथा उनकी प्रतीक्षा करेंगे
C. उसे प्रथम सहायता चिकित्सा देंगे तथा किसी निकट के डॉक्टर से सम्पर्क करेंगे
D. उस लड़के को घर भेजने का प्रबन्ध करेंगे

35. यदि सामान्य लड़कों के साथ आपको किसी नेत्रहीन को पढ़ाने का अवसर मिले तो आपका व्यवहार कैसा होगा?
A. आप सहानुभूति से उसकी देख-रेख करेंगे
B. आप उस पर कोई अतिरिक्त ध्यान नहीं देंगे क्योंकि इससे शेष छात्रों की क्षति होगी
C. आप उसको आगे की सीट पर बिठायेंगे और अपने अध्यापन को उसकी क्षमतानुसार इस प्रकार सुनियोजित करेंगे कि उससे अन्य छात्रों को क्षति न हो
D. उपरोक्त कोई नहीं

36. एक नया अध्यापक, जिसके साथ कक्षा में कुछ बच्चे गलत ढंग से व्यवहार करते हैं, वह उनसे निपटेगा :
A. दण्डात्मक तरीकों को अपना कर
B. अपने अन्दर सुधार लाकर और उसे छात्रों के सामने अच्छे अन्दाज से पेश करके
C. प्रधानाचार्य से सलाह के बाद अपनी कक्षा को बदल कर
D. उन्हें स्कूल से निकाल देने की धमकी देकर

37. यदि कोई लड़का पीछे बैठता है और श्यामपट्ट को ठीक से नहीं देख पाता है, परिणामस्वरूप वह बार-बार खड़ा होकर देखता है और बैठ जाता है। इस केस के सम्बन्ध में आप क्या निष्कर्ष निकालेंगे?
A. अपने सहपाठियों की तुलना में वह छात्र नाटा है
B. श्यामपट्ट पर रोशनी की चमक पड़ रही है
C. बच्चा दूरदृष्टि दोष रखता है
D. A और C दोनों

38. बच्चे की श्रवण-क्षमता में विकार हो सकता है यदि :
A. वह असामान्य रूप से बहुत जोर से बोलता है
B. बातचीत के दौरान वह वक्ता के निकट आ जाता है
C. वह अध्यापक से आमतौर पर फिर से कहिये, फिर से कहिये, कहता रहता है
D. उपरोक्त सभी

39. यदि कोई छात्रा आपसे अपनी डाक आपके पते पर मंगाने के लिए कहती है तो :
A. आप उसे इसकी अनुमति नहीं देंगे क्योंकि यह आपके सिद्धान्तों के विरुद्ध है
B. आप उसे अपना पता नहीं देंगे कि कहीं यह आप के विरुद्ध कोई चाल न हो
C. आप उसे इसकी अनुमति दे देंगे क्योंकि एक अध्यापक के नाते आपको ऐसा करना चाहिये
D. आप उसे व्यक्तिगत लगाव के कारण इसकी अनुमति दे देंगे

40. यदि कोई उच्च जाति का अध्यापक किसी नीची जाति के छात्र के साथ भेदभाव करता है तो उसका व्यवहार :
A. उसके अपने धर्मानुसार सही है
B. राष्ट्रीय सोच तथा समय की जरूरत के विरुद्ध है
C. संवैधानिक प्रावधानों के विरुद्ध नहीं है
D. यूनेस्को (UNESCO) के अध्यापकों के व्यवसायवाद के नियमों के विरुद्ध नहीं है

41. पद्य पाठ का सर्वाधिक महत्त्वपूर्ण सोपान है :
A. प्रस्तावना B. भाव विश्लेषण
C. समभावी कविता D. आदर्श प्रस्तावना

42. 'कलेजा मुंह को आना' मुहावरे का सही अर्थ है :
A. बहुत दुखी होना B. क्रोध करना
C. धोखा खाना D. मूर्ख बनना

43. आकाश का विलोम है :
A. धरती B. पाताल
C. गगन D. नभ

44. निम्न में से कौन एक भिन्न है?
A. अहं B. दर्प
C. अहंकार D. निराला

45. सहिष्णुता शब्द है :
A. विशेषण B. अव्यय
C. भाववाचक संज्ञा D. सर्वनाम

46. उल्लास का समानार्थक शब्द है :
A. उत्साह B. दुःख
C. प्रसन्नता D. ताजगी

47. सज्जन शब्द का संधि विच्छेद है :
A. सज् + जन B. सः + जन
C. सत् + जन D. सा + जन

48. पर्यावरण का शब्दार्थ है :
A. जलमंडल B. स्थलमंडल
C. वायुमंडल D. वातावरण

49. निम्नलिखित में से रचनात्मक शिक्षण की विधि नहीं है :
A. कक्षा नियम विधि
B. आदर्श अभिनय विधि
C. व्याख्या विधि
D. भाषा-संसर्ग विधि

50. समवाय विधि प्रयुक्त होती है :
A. निबंध शिक्षण में B. कहानी शिक्षण में
C. कविता शिक्षण में D. उपरोक्त सभी में

51. निम्न में कौन दृश्य-श्रव्य उपकरण है :
A. दूरदर्शन B. टेलीफोन
C. ग्रामोफोन D. रेडियो

52. बालकों के शब्दकोष होने चाहिए :
A. भाषात्मक B. काव्यात्मक
C. चित्रात्मक D. मनोविश्लेषणात्मक

53. सक्षम शब्द का समानार्थक है :
A. समर्थ B. शक्तिशाली
C. कायर D. निर्माता

54. विहंगम दृष्टि का अभिप्राय है :
A. एक झलक B. गहन दृष्टि
C. गहन चिंतन D. इनमें से कोई नहीं

55. विधाता की अनुपम रचना है :
A. मानव B. समुद्र
C. वन D. पृथ्वी

56. नीरस का संधि विच्छेद है :
A. नी + रस B. नि + रस
C. निः + रस D. नीः + रस

57. अक्षर बोध प्रणाली से छात्रों का :
A. उच्चारण शुद्ध होता है
B. वाक्यों का क्रमबद्ध ज्ञान होता है
C. विवरण दोष नहीं आ पाता है
D. उपरोक्त सभी

58. नैदानिक परीक्षण का उद्देश्य है :
A. छात्र की कमजोरियों का पता लगाना
B. छात्र में सद्वृत्तियों का विकास करना
C. छात्र की अभिव्यक्ति में सुधार लाना
D. छात्र की भाषा संबंधी क्षमता का मूल्यांकन करना

59. निर्देशित स्वाध्याय प्रणाली का सोपान है :
A. नियोजन B. क्रियान्वयन
C. उपरोक्त दोनों D. कोई भी नहीं

60. पेडागॉजी कहलाता है :
A. शिक्षण विज्ञान
B. सीखने की कला
C. शिक्षण-अधिगम विज्ञान व कला दोनों
D. संप्रेषण विज्ञान

61. निम्नलिखित में से कौन-सा वैकल्पिक पाठशाला का अर्थ नहीं है?
A. चरवाहा विद्यालय
B. विद्यालय से बाहर रहे बच्चों की शिक्षा
C. आसपास/पड़ोस के बच्चों की शिक्षा उनके पड़ोस में
D. निर्माण कार्य के पास बच्चों की शिक्षा

62. निम्नलिखित में से कौन-सी बात कौशल सीखने की एक प्रावस्था नहीं हो सकती है?
A. संविधि B. भेद बोध
C. अभ्यास D. कल्पना

63. शिक्षण कार्य के लिए निम्नलिखित में से कौन सबसे अधिक निर्णायक है?
A. अधिगम को प्रभावी बनाना
B. ज्ञान देना
C. कक्षा का संप्रबंधन
D. छात्रों के साथ संप्रेषण

64. गरीबों की मदद करना एक कर्त्तव्य है, क्योंकि :
A. हम गरीब हैं
B. हम अमीर हैं
C. हम उस समाज से संबंध रखते हैं
D. हम उनकी अच्छाई चाहते हैं

65. 'हमें दूसरे के ओहदों का हमेशा ध्यान रखना चाहिए।' यह एक है :
A. साधारण वाक्य B. जटिल वाक्य
C. मिश्रित वाक्य D. मुहावरा

66. वर्ण को कहते हैं :
A. मौलिक ध्वनि B. लघुत्तम अक्षर
C. मूल ध्वनियां D. वृहत्तम अक्षर

67. नीलकंठ शब्द किस वर्ग का है?
A. रूढ़ि B. योगरूढ़
C. यौगिक D. इनमें से कोई नहीं

68. बुढ़ापा क्या है :
A. भाववाचक संज्ञा B. व्यक्तिवाचक संज्ञा
C. क्रिया विशेषण D. जाति वाचक संज्ञा

69. प्रत्यय कहाँ जोड़े जाते हैं?
A. शब्द के आरंभ में
B. शब्द के अंत में
C. शब्द के बीच में
D. शब्द के उस भाग में जहां उपयुक्त लगे

70. नमस्ते में कौन-सी संधि है?
A. व्यंजन संधि B. स्वर संधि
C. विसर्ग संधि D. इनमें से कोई नहीं

71. संचय का संधि विग्रह है :
A. सत् + चय B. सम् + चय
C. सं + चय D. सः + चय

72. जन्मांध में कौन सा समास है?
A. तत्पुरुष B. द्वन्द्व
C. बहुव्रीहि D. अव्ययीभाव

73. अकथ का विपरीतार्थक शब्द होगा :
A. कथनीय B. मान्य
C. कथ्य D. चिंतनीय

74. अक्ल का दुश्मन का क्या तात्पर्य है?
A. बेवकूफ B. महामूर्ख
C. पागल D. बुद्धिहीन

75. हमारी परीक्षा प्रणाली में सुधार का सर्वोत्तम तरीका होगा :
A. आंतरिक मूल्यांकन B. बाह्य मूल्यांकन
C. उपरोक्त दोनों D. इनमें से कोई भी नहीं

76. वर्तमान नर्सरी विद्यालयों में प्रवेश विवाद के मूल में है :
A. कोर्ट का फैसला B. गांगुली कमेटी रिपोर्ट
C. नई शिक्षा नीति D. कोठारी कमीशन

77. भाषा शिक्षण की किस विधि का प्रयोग लाभकर होता है?
A. प्रश्नोतर विधि B. खेल विधि
C. डाल्टन विधि D. इनमें से कोई नहीं

78. कविता किसका विषय है?
A. अनुभूति का B. विधा का
C. रस का D. आनन्द का

79. सम्प्रेषण की कुशलता बढ़ती है :
A. अंतःक्रिया से B. अनुभव से
C. धन से D. प्रशिक्षण से

80. रूपरेखा शिक्षण विधि का संबंध है :
A. गद्य शिक्षण से B. कहानी शिक्षण से
C. व्याकरण शिक्षण से D. रचना शिक्षण से

81. जीवन में सफल होने के लिए छात्रों को क्या करने के लिए प्रोत्साहित करना चाहिए?
A. चयनित अध्ययन
B. आकस्मिक अध्ययन
C. गहन अध्ययन
D. कण्ठस्थीकरण करके सीखना

82. बुनियादी शिक्षा का विचार निम्न में से किसने दिया?
A. डॉ. जाकिर हुसैन B. डॉ. राजेन्द्र प्रसाद
C. महात्मा गांधी D. रवीन्द्रनाथ टैगोर

83. बालिकाओं की शिक्षा को प्राथमिकता देनी चाहिए, क्योंकि :
A. लड़कियाँ लड़कों की अपेक्षा अधिक होशियार होती हैं
B. लड़कियाँ संख्या में लड़कों से कम हैं
C. भूतकाल में लड़कों की तुलना में लड़कियों के साथ भेदभाव किया गया है
D. केवल लड़कियां ही सामाजिक परिवर्तन का नेतृत्व करने में सक्षम हैं

84. सम्मिलित (Inclusive) शिक्षा की सफलता निर्भर करती है :
A. समुदाय के सहारे पर
B. शिक्षण-अधिगम सामग्रियों की उच्च कोटि की गुणवत्ता पर
C. पाठ्य-पुस्तकों की उत्कृष्टता पर
D. अध्यापकों में अभिवृत्यात्मक परिवर्तन पर

85. पाठ्य-सहगामी क्रियाओं का आयोजन करना किसका दायित्व होना चाहिए?
A. प्रधानाध्यापक का
B. इस कार्य के लिए नियुक्त अध्यापक का
C. उन अध्यापकों का जो इसमें रुचि रखते हैं
D. सभी अध्यापकों का

86. छात्रों के अनुतीर्ण रहने पर समझना चाहिए कि :
A. व्यवस्था ही असफल हो गई है
B. अध्यापक की असफलता है
C. पाठ्य-पुस्तकों की असफलता है
D. व्यक्तिगत छात्र की असफलता है

87. छात्रों का सामयिक परीक्षण होना चाहिए ताकि :
A. छात्रों की प्रगति उनके अभिभावकों को सूचित की जा सके
B. नियमानुसार निर्धारित अभ्यास करवाया जा सके
C. छात्रों को अंतिम परीक्षाओं के लिए प्रशिक्षित किया जा सके
D. परिणामों से प्राप्त प्रतिपुष्टि के आधार पर सुधारात्मक उपाय अपनाए जा सकें

88. गृहकार्य जांचने का सबसे अच्छा उपाय है :
A. प्रबुद्ध छात्रों द्वारा इसे संपन्न करा देना
B. कक्षा में सामूहिक रूप से उत्तरों की जांच करा देना
C. नमूने के आधार पर इन्हें जांच डालना
D. नियमित रूप से स्वयं अध्यापक/अध्यापिका द्वारा उनकी जांच करना

89. कण्ठ का विशेषण है :
A. कण्ठी B. काठी
C. कण्ठक D. कण्ठ्य

90. निम्न में कौन सी वर्तनी शुद्ध है?
A. श्रीहरी B. पूजनीय
C. मनः कामना D. कवित्री

91. इनमें कौन-सा वाक्य अशुद्ध है?
A. मैंने थोड़ी देर बाद जाना है
B. आप सपरिवार आमंत्रित हैं
C. कृपया हमारे घर आइए
D. आप जब भी आएं, मुझसे मिलें

92. अभिमुख होने के अर्थ में किस मुहावरे का प्रयोग है?
A. छत्तीस का आंकड़ा होना
B. एक और एक ग्यारह होना
C. निन्यानवे का चक्कर
D. तिरेसठ की तरह होना

93. 'बतरस लालच लाल की :
मुरली धरी लुकाई
सौंह करैं, भौंहनि हंसै
देन कहैं नट जाँइ।'
यहां नट शब्द का क्या अर्थ है?
A. नाटक करना B. छिप जाना
C. मना करना D. झगड़ा करना

94. 'कमर टूट जाना' का अर्थ है :
A. कमर की हड्डी टूटना B. घबरा जाना
C. असफल होना D. शक्ति या साहस न रहना

95. हमारे जीवन का उद्देश्य है कि दूसरों की सहायता करें। यह किस प्रकार का वाक्य है?
A. संयुक्त B. सरल
C. साधारण D. मिश्र

96. 'लाली मेरे लाल की ....' यहां लाल से क्या अभिप्राय है?
A. बेटा B. कीमती पत्थर
C. ईश्वर D. मनुष्य

97. नीरव में कौन-सी संधि है?
A. स्वर संधि B. व्यंजन संधि
C. विसर्ग संधि D. दीर्घ संधि

98. मधुकर का समानार्थक शब्द क्या है?
A. शहद B. भ्रमर
C. रीछ D. रोटी

99. हथेली पर सरसों जमाना का क्या अर्थ है?
A. जादू दिखाना
B. काम झटपट कर लेना
C. अच्छी खेती करना
D. असंभव कार्य कर लेना

100. विकलांग बच्चों के साथ किस प्रकार का व्यवहार किया जाना चाहिए?
A. उन्हें सामान्य विद्यालयों एवं सामान्य बच्चों से दूर रखा जाए
B. सामान्य बच्चों की तरह उन्हें भी अवसर दिए जाएं
C. उन्हें एक जिम्मेदारी समझ कर दया की भावना से उनकी सहायता की जाए
D. विशेष सुविधाएं प्रदान कर उन्हें सामान्य विद्यालयों में समाकलित की जाए

101. 'सीता हँसती है' वाक्य में कौन-सी क्रिया है?
A. अकर्मक B. द्विकर्मक
C. विकर्मक D. सकर्मक

102. 'राम से बैठा नहीं गया' यहां कौन सा वाच्य है?
A. भाव वाच्य B. कर्मवाच्य
C. कर्तृवाच्य D. मिश्रवाच्य

103. तत्पुरुष समास में कौन-सा पद प्रधान होता है?
A. पूर्व पद B. अन्य पद
C. उभय पद D. उत्तर पद

104. ब्रजभाषा का विकास किस भाषा से हुआ?
A. अर्धमागधी B. शौरसेनी
C. पालि D. पैशाची

105. विकलांग बच्चों के संदर्भ में प्रारंभिक शिक्षा के सार्वभौमिकरण के लिए कौन सी अधिकतम आयु निर्धारित की गई है?
A. 11 वर्ष B. 14 वर्ष
C. 16 वर्ष D. 18 वर्ष

106. विकलांग बच्चों की समेकित शिक्षा का निहितार्थ है :
A. कुछ शिक्षा सामान्य विद्यालयों में हो और कुछ विशेष विद्यालयों में हो
B. ऐसे बच्चों को केवल विशेष अध्यापक ही पढ़ाएँ
C. सामान्य बच्चों के साथ ही उनकी पढ़ाई का प्रावधान हो
D. विकलांगता के अनुरूप विशेष विद्यालयों में दाखिला

107. देवनागरी लिपि किस भाषा की लिपि है?
A. तमिल B. पंजाबी
C. हिन्दी D. उर्दू

108. हिंदी का सबसे बड़ा गुण यह है कि :
A. इसमें वैज्ञानिक आविष्कारों को स्वीकार करने की क्षमता है
B. इसने अपने को दूसरी भाषाओं के संपर्क से अलग रखा है
C. इसने संस्कृत के साथ अन्य भाषाओं के शब्दों को भी अपनाया है
D. यह भारत की सबसे समृद्ध भाषा है

109. हिंदी राष्ट्रभाषा इसलिए रही क्योंकि :
A. गांधीजी इसके पक्षपाती थे
B. यह अंतरप्रांतीय भाषा थी
C. यह सार्वजनिक व्यापार की भाषा थी
D. यह देश में उत्तर से दक्षिण और पूरब से पश्चिम तक परस्पर बातचीत और विचार-विनिमय के लिए प्रयोग में लाई जाती थी

110. राष्ट्र भाषा में :
A. हिंदू संस्कृति के गुण होने चाहिए
B. राजभाषा के गुण होने चाहिए
C. सामासिक संस्कृति के गुण होने चाहिएं
D. शुद्ध भाषा के गुण होने चाहिए

111. हिंदी के उदात्त साहित्य का मूल है :
A. रस B. कामुकता
C. कलुषित आक्रोश D. दुखान्त परिणति

112. प्रासंगिक शब्द का सही अर्थ चुनकर बताएं :
A. तराजू की डंडी से संबंधित
B. दरबान
C. मामले से जुड़ा हुआ
D. साथ निभाने वाला

113. उद्देश्य निष्ठ मूल्यांकन की विशेषताएँ हैं :
A. वस्तुनिष्ठता और विभेदकारी
B. व्यापकता और व्यावहारिकता
C. विश्वसनीयता और वैधता
D. उपरोक्त सभी

114. देवनागरी लिपि अन्य लिपियों की तुलना में कहीं अधिक :
A. ध्वन्यात्मक है B. कलात्मक है
C. वैज्ञानिक है D. उपरोक्त सभी

115. वाद-विवाद प्रतियोगिता में आपको निर्णायक बनाए जाने पर आप :
A. साथी निर्णायक के निर्णय के अनुरूप निर्णय करेंगे
B. प्रभावी वक्ता को प्रमुखता देंगे
C. अपने विद्यालय के छात्र को प्रमुखता देंगे
D. छात्र नेता को प्रमुखता देंगे

116. आप कक्षा में धीरे-धीरे सीखने वाले छात्र के लिए क्या करेंगे?
A. अन्य छात्रों की अपेक्षा अधिक गृह कार्य देंगे
B. उसको पारितोषिक प्राप्त करने को प्रोत्साहित करेंगे
C. उसका व्यक्तित्व शिक्षण करेंगे
D. उसका कारण जानकर उपचारात्मक विधि अपनाएंगे

117. एक अच्छे अध्यापक के लिए संतोष की वस्तु है :
A. उच्च पद B. धन
C. आदर-सम्मान D. जन समर्थन

118. कक्षा में शिक्षक को अधिकाधिक प्रश्न पूछने चाहिए, क्योंकि इससे :
A. प्रधानाचार्य प्रसन्न होते हैं
B. कक्षा का अनुशासन बनता है
C. छात्रों को अभिव्यक्ति का अवसर मिलता है
D. शिक्षक को अभिव्यक्ति का अवसर मिलता है

119. अपेक्षा का विपरीत शब्द है :
A. अनादर B. आदर
C. सत्कार D. उपेक्षा

120. अंधाधुंध शब्द का अर्थ है :
A. तीव्र गति से B. धीमी गति से
C. विवेक रहित D. विवेक सहित

121. एक बच्चा बिना औपचारिक शिक्षा के, परिवार और परिवेश से भाषा सीख लेता है, जबकि विद्यालय में वह व्याकरण के नियम सीखता है। यह उदाहरण किस सिद्धांत को दर्शाता है?
A. केवल अधिगम
B. केवल अर्जन
C. अर्जन और अधिगम का अंतर
D. भाषा अनुकरण सिद्धांत

122. निम्नलिखित में से कौन-सा कथन 'अर्जन' की विशेषता को सबसे सटीक रूप से दर्शाता है?
A. यह औपचारिक कक्षा में होता है
B. इसमें व्याकरणिक नियमों का सचेत ज्ञान शामिल होता है
C. यह प्राकृतिक और अवचेतन प्रक्रिया है
D. यह केवल लिखित भाषा तक सीमित है

123. एक शिक्षक भाषा शिक्षण में केवल व्याकरण नियमों पर जोर देता है और संवादात्मक अभ्यास को नजरअंदाज करता है। यह किस प्रकार की प्रक्रिया को अधिक बढ़ावा देता है?
A. अर्जन B. अधिगम
C. दोनों समान रूप से D. कोई नहीं

124. 'अर्जन-अधिगम परिकल्पना' किससे संबंधित है?
A. जीन पियाजे B. नोम चॉम्स्की
C. स्टीफन क्रैशन D. वाइगोत्स्की

125. एक विद्यार्थी व्याकरण के नियम जानता है, लेकिन बोलते समय सही प्रयोग नहीं कर पाता। यह स्थिति क्या दर्शाती है?
A. अर्जन की कमी B. अधिगम की कमी
C. दोनों की कमी D. कोई समस्या नहीं

126. एक शिक्षक भाषा कक्षा में विद्यार्थियों को वास्तविक जीवन की स्थितियों (जैसे बाजार, बातचीत) में भाषा प्रयोग करने के अवसर देता है। यह किस सिद्धांत पर आधारित है?
A. संरचनात्मक दृष्टिकोण B. संप्रेषणात्मक दृष्टिकोण
C. व्याकरण-अनुवाद विधि D. श्रवण-दृष्टि विधि

127. भाषा शिक्षण में 'सरल से कठिन' और 'ज्ञात से अज्ञात' का सिद्धांत किससे संबंधित है?
A. मनोवैज्ञानिक सिद्धांत B. भाषावैज्ञानिक सिद्धांत
C. सामाजिक सिद्धांत D. व्याकरणिक सिद्धांत

128. एक शिक्षक पहले भाषा के नियम सिखाता है और फिर उदाहरण देता है। यह किस सिद्धांत का उदाहरण है?
A. आगमन विधि B. निगमन विधि
C. संप्रेषणात्मक विधि D. प्रत्यक्ष विधि

129. 'भाषा को एक सामाजिक व्यवहार के रूप में सिखाया जाना चाहिए'–यह विचार किस सिद्धांत से संबंधित है?
A. संरचनात्मक सिद्धांत
B. व्यवहारवादी सिद्धांत
C. सामाजिक-सांस्कृतिक सिद्धांत
D. औपचारिक सिद्धांत

130. एक भाषा शिक्षक विद्यार्थियों को अधिक से अधिक सुनने और बोलने के अवसर देता है तथा मातृभाषा का प्रयोग कम करता है। यह किस सिद्धांत को दर्शाता है?
A. व्याकरण-अनुवाद विधि B. प्रत्यक्ष विधि
C. द्विभाषिक विधि D. संरचनात्मक विधि

131. एक बच्चा अपने अनुभवों को साझा करने, प्रश्न पूछने और अपनी आवश्यकताएँ व्यक्त करने के लिए भाषा का उपयोग करता है। यह भाषा के किस कार्य को दर्शाता है?
A. केवल सूचना देना B. संप्रेषणात्मक कार्य
C. सौंदर्यात्मक कार्य D. संरचनात्मक कार्य

132. भाषा सीखने में 'सुनना' क्यों महत्वपूर्ण माना जाता है?
A. यह केवल परीक्षा के लिए उपयोगी है
B. यह पढ़ने का आधार है
C. यह बोलने की क्षमता का आधार बनता है
D. इसका कोई विशेष महत्व नहीं

133. एक शिक्षक कक्षा में बच्चों को कहानी सुनाता है और उनसे अपने शब्दों में उसे दोहराने को कहता है। यह गतिविधि किस सिद्धांत को दर्शाती है?
A. रटने का सिद्धांत B. निष्क्रिय अधिगम
C. सक्रिय भाषा प्रयोग D. व्याकरणिक अधिगम

134. 'बालक भाषा का उपयोग एक उपकरण के रूप में अपने विचारों को व्यवस्थित करने और समस्या समाधान के लिए करता है।' यह विचार किससे संबंधित है?
A. व्यवहारवादी सिद्धांत
B. संरचनात्मक सिद्धांत
C. संज्ञानात्मक/सामाजिक-सांस्कृतिक सिद्धांत
D. व्याकरण-अनुवाद विधि

135. एक बालक खेल के दौरान अपने साथियों को निर्देश देता है, नियम समझाता है और बातचीत करता है। यह भाषा के किस उपयोग को दर्शाता है?
A. केवल औपचारिक उपयोग
B. सामाजिक अंतःक्रिया का माध्यम
C. व्याकरणिक शुद्धता
D. निष्क्रिय अधिगम

136. एक विद्यार्थी बिना व्याकरणिक शुद्धता के भी अपने विचार प्रभावी रूप से व्यक्त कर लेता है। यह किस दृष्टिकोण का समर्थन करता है?
A. व्याकरण सर्वोपरि है
B. संप्रेषण व्याकरण से अधिक महत्वपूर्ण है
C. केवल लिखित भाषा महत्वपूर्ण है
D. भाषा केवल नियमों का समूह है

137. भाषा अधिगम में व्याकरण की भूमिका को 'सहायक, न कि प्रमुख' किसने माना?
A. जीन पियाजे B. नोम चॉम्स्की
C. स्टीफन क्रैशन D. बी. एफ. स्किनर

138. एक शिक्षक कक्षा में पहले भाषा का प्रयोग करवाता है और बाद में त्रुटियों को सुधारता है। यह किस दृष्टिकोण को दर्शाता है?
A. व्याकरण-अनुवाद विधि B. संप्रेषणात्मक दृष्टिकोण
C. संरचनात्मक दृष्टिकोण D. रटने की विधि

139. 'व्याकरण भाषा की संरचना को समझने का माध्यम है, लेकिन इसका अत्यधिक जोर संप्रेषण में बाधा बन सकता है।' यह कथन किस प्रकार के संतुलन को दर्शाता है?
A. केवल शुद्धता
B. केवल प्रवाह
C. शुद्धता और प्रवाह का संतुलन
D. किसी का भी महत्व नहीं

140. एक बालक बोलते समय व्याकरणिक नियमों के बारे में नहीं सोचता, फिर भी सही वाक्य बना लेता है। यह क्या दर्शाता है?
A. औपचारिक अधिगम B. व्याकरण-अनुवाद विधि
C. भाषा अर्जन D. नियम आधारित अधिगम

141. एक कक्षा में विभिन्न भाषाई पृष्ठभूमि के बच्चे हैं। शिक्षक को भाषा शिक्षण में सबसे बड़ी चुनौती क्या होगी?
A. केवल पाठ्यपुस्तक पूरा करना
B. सभी बच्चों को एक ही तरीके से पढ़ाना
C. बच्चों की विविध भाषाई आवश्यकताओं के अनुसार रणनीति बनाना
D. केवल व्याकरण सिखाना

142. एक बालक बार-बार 'मैं गया था' की जगह 'मैं गई था' बोलता है। यह किस प्रकार की त्रुटि है?
A. वर्तनी त्रुटि B. लिंग संबंधी त्रुटि
C. उच्चारण त्रुटि D. अर्थ संबंधी त्रुटि

143. भाषा अधिगम में त्रुटियों को किस रूप में देखा जाना चाहिए?
A. केवल कमजोरी के रूप में
B. दंड देने योग्य गलती
C. सीखने की प्रक्रिया का स्वाभाविक भाग
D. अनदेखा करने योग्य

144. एक बालक को ध्वनियों के उच्चारण में लगातार कठिनाई होती है, जैसे 'क' को 'त' बोलना। यह किस प्रकार की समस्या है?
A. सामान्य त्रुटि B. भाषाई विविधता
C. भाषाई विकार D. व्याकरणिक त्रुटि

145. एक शिक्षक विविध कक्षा में भाषा सिखाते समय समूह कार्य, चित्र, और गतिविधि-आधारित शिक्षण का प्रयोग करता है। यह किस चुनौती का समाधान है?
A. केवल परीक्षा की तैयारी
B. भाषाई विविधता को अनदेखा करना
C. भिन्न शिक्षार्थियों की आवश्यकताओं को पूरा करना
D. केवल व्याकरण सिखाना

146. एक शिक्षक पहले विद्यार्थियों को कहानी सुनाता है, फिर उनसे उस पर चर्चा कराता है और अंत में लिखने को कहता है। यह किस सिद्धांत को दर्शाता है?
A. केवल लेखन कौशल B. कौशलों का पृथक्करण
C. समेकित भाषा कौशल D. व्याकरण आधारित शिक्षण

147. भाषा अधिगम में 'सुनना' को सबसे पहले क्यों विकसित किया जाता है?
A. यह सबसे कठिन कौशल है
B. यह पढ़ने का विकल्प है
C. यह अन्य कौशलों (विशेषकर बोलना) का आधार है
D. इसका कोई विशेष महत्व नहीं

148. एक विद्यार्थी पाठ को पढ़ तो लेता है, लेकिन उसका अर्थ नहीं समझ पाता। यह किस कौशल की कमी को दर्शाता है?
A. यांत्रिक पठन B. समझ आधारित पठन
C. लेखन कौशल D. बोलने का कौशल

149. एक शिक्षक विद्यार्थियों को स्वतंत्र रूप से अपने विचार लिखने के लिए प्रेरित करता है, भले ही उसमें कुछ त्रुटियाँ हों। यह किस दृष्टिकोण को दर्शाता है?
A. शुद्धता-आधारित दृष्टिकोण
B. रटने की विधि
C. सृजनात्मक लेखन
D. व्याकरण-अनुवाद विधि

150. भाषा कौशलों के विकास में सामाजिक अंतःक्रिया की भूमिका को किसने प्रमुखता दी?
A. बी. एफ. स्किनर B. लेव वाइगोत्स्की
C. जीन पियाजे D. नोम चॉम्स्की

151. एक शिक्षक विद्यार्थियों की 'सुनने की समझ' का मूल्यांकन करना चाहता है। निम्नलिखित में से सबसे उपयुक्त विधि कौन-सी है?
A. व्याकरण के नियम लिखवाना
B. कहानी सुनाकर प्रश्न पूछना
C. निबंध लिखवाना
D. शब्दार्थ याद कराना

152. 'प्रवीणता' का सही अर्थ क्या है?
A. केवल व्याकरण का ज्ञान
B. भाषा का वास्तविक जीवन में प्रभावी उपयोग
C. केवल लिखने की क्षमता
D. शब्दों का रटना

153. एक विद्यार्थी शुद्ध वाक्य बना लेता है, लेकिन अपने विचार स्पष्ट रूप से व्यक्त नहीं कर पाता। यह किस बात को दर्शाता है?
A. उच्च प्रवीणता B. केवल व्याकरणिक दक्षता
C. उच्च बोधगम्यता D. पूर्ण भाषा कौशल

154. पढ़ने की बोधगम्यता का सही मूल्यांकन किससे होगा?
A. पाठ का मौखिक वाचन
B. शब्दों की गिनती
C. पाठ पर आधारित प्रश्नों के उत्तर
D. व्याकरण के नियम

155. एक शिक्षक विद्यार्थियों के बोलने के कौशल का मूल्यांकन करते समय प्रवाह, उच्चारण और विचार अभिव्यक्ति को ध्यान में रखता है। यह किस प्रकार का मूल्यांकन है?
A. केवल लिखित मूल्यांकन B. समग्र मूल्यांकन
C. वस्तुनिष्ठ परीक्षण D. रटने पर आधारित मूल्यांकन

156. एक शिक्षक केवल पाठ्यपुस्तक पर निर्भर रहने के बजाय वीडियो, चित्र और ऑडियो का उपयोग करता है। यह किस सिद्धांत को दर्शाता है?
A. एकमात्र संसाधन आधारित शिक्षण
B. बहु-संसाधन शिक्षण
C. रटने की विधि
D. केवल व्याकरण शिक्षण

157. पाठ्यपुस्तक की सबसे महत्वपूर्ण भूमिका क्या है?
A. केवल परीक्षा की तैयारी
B. शिक्षक का विकल्प
C. अधिगम के लिए संरचित मार्गदर्शन प्रदान करना
D. केवल व्याकरण सिखाना

158. एक बहुभाषी कक्षा में शिक्षक बच्चों की मातृभाषा का उपयोग सीखने में सहायक के रूप में करता है। यह किस दृष्टिकोण को दर्शाता है?
A. एकभाषिक दृष्टिकोण
B. बहुभाषिक/समावेशी दृष्टिकोण
C. व्याकरण-अनुवाद विधि
D. केवल लक्ष्य भाषा दृष्टिकोण

159. मल्टीमीडिया सामग्री का उपयोग भाषा अधिगम में क्यों प्रभावी है?
A. यह केवल मनोरंजन के लिए है
B. यह सभी कौशलों को एक साथ विकसित करता है
C. यह केवल पढ़ने में मदद करता है
D. इसका कोई शैक्षिक महत्व नहीं

160. एक शिक्षक कक्षा में स्थानीय कहानियाँ, लोकभाषा और विद्यार्थियों के अनुभवों को शिक्षण सामग्री के रूप में उपयोग करता है। यह किस प्रकार के संसाधन का उदाहरण है?
A. केवल पाठ्यपुस्तक आधारित
B. कृत्रिम संसाधन
C. बहुभाषी एवं संदर्भ-आधारित संसाधन
D. व्याकरण आधारित सामग्री

उत्तरमाला

1	**2**	**3**	**4**	**5**	**6**	**7**	**8**	**9**	**10**
A	C	A	C	D	A	D	A	C	D
11	**12**	**13**	**14**	**15**	**16**	**17**	**18**	**19**	**20**
D	B	C	C	B	B	D	A	B	D
21	**22**	**23**	**24**	**25**	**26**	**27**	**28**	**29**	**30**
D	A	B	B	A	C	A	D	D	D
31	**32**	**33**	**34**	**35**	**36**	**37**	**38**	**39**	**40**
D	D	A	C	C	B	D	D	A	B
41	**42**	**43**	**44**	**45**	**46**	**47**	**48**	**49**	**50**
B	A	B	D	C	A	C	D	D	A
51	**52**	**53**	**54**	**55**	**56**	**57**	**58**	**59**	**60**
A	C	A	A	A	C	A	A	C	C
61	**62**	**63**	**64**	**65**	**66**	**67**	**68**	**69**	**70**
A	A	A	C	A	C	B	A	B	C
71	**72**	**73**	**74**	**75**	**76**	**77**	**78**	**79**	**80**
B	A	A	D	C	B	B	A	D	D
81	**82**	**83**	**84**	**85**	**86**	**87**	**88**	**89**	**90**
C	C	C	A	D	A	D	D	D	B
91	**92**	**93**	**94**	**95**	**96**	**97**	**98**	**99**	**100**
A	D	C	D	A	A	C	B	D	B
101	**102**	**103**	**104**	**105**	**106**	**107**	**108**	**109**	**110**
A	C	D	B	D	D	C	C	D	C
111	**112**	**113**	**114**	**115**	**116**	**117**	**118**	**119**	**120**
A	C	D	D	B	D	C	C	D	C
121	**122**	**123**	**124**	**125**	**126**	**127**	**128**	**129**	**130**
C	C	B	C	A	B	A	B	C	B
131	**132**	**133**	**134**	**135**	**136**	**137**	**138**	**139**	**140**
B	C	C		B	B	C	B	C	C
141	**142**	**143**	**144**	**145**	**146**	**147**	**148**	**149**	**150**
C	B	C	C	C	C	C	B	C	B
151	**152**	**153**	**154**	**155**	**156**	**157**	**158**	**159**	**160**
B	B	B	C	B	B	C	B	B	C

❄ ❄ ❄ ❄ ❄

English Language

SECTION-A

COMPREHENSION AND ENGLISH GRAMMAR

1 COMPREHENSION

INTRODUCTION

Reading Comprehension determines the ability of an examinee to grapple with abstract thoughts hidden in the text. It also judges his ability to draw conclusions from the given set of information that is in the form of running text. This test can be solved by reading the given paragraph and answering the questions that are given below it. Answers may be given either by ticking the right choices in the question paper or filling the relevant boxes (showing options) in the answer sheet with pencil. The passage can vary in length; it could be as small as a paragraph of 50 words or, it could be a type of small essay of nearly 500 words, conveniently divided into some paragraphs. Single paragrpahs are also given in many a test. The topic of the paragraph generally deals with abstract subjects whereas figures or tables are generally avoided.

Reading Comprehension is an art. Our readers will do well to answer this test by:

(*a*) developing a broad frame of reference;

(*b*) reading as many passages as is possible and answer questions given below them;

(*c*) developing the reading habit and imbibing the "flow of English language" thoroughly to understand its style and grammatic intricacies.

While treating the test from an artistic viewpoint, readers will have to develop the sense of making logical conclusions. These conclusions must be based on the text given in the passage; they cannot imagine phenomenon, conclusions or facts. They have to limit their imagination and the power to comprehend the abstract points (the "fine things" stated in the topic) to the passage only.

Reading Comprehension is a science too. In order to solve this test in a scientific manner, readers will have to proceed according to the following steps:

(1) Read the passage at fast pace.

(2) Now, read the passage again at slow pace and also underline important points.

(3) Read those words carefully that are in bold face letters. Try to connect them to the lines in which, they have been carefully embedded.

(4) Now, read the first question given below the passage. If you know the answer fully well, tick the relevant option in the answer sheet.

(5) Now, go to next question and answer it. Proceed in a similar manner and answer all the questions.

(6) If you find a question to be too difficult to answer, skip it and go to the next question. In the end, you can read the passage (only in parts) and answer these question that were left by you.

(7) If the examination has a system of negative marking, do not answer the difficult questions through guess- work or your imagination. It is better not to answer those questions if negative marks are likely to be earned by you by answering them.

(8) Many passages have tests of antonyms and synonyms appended in the end of their questions. Do not imagine the antonym or synonym of the given word or the bold-faced word of the passage. Instead, link that word to the line in which, it is embedded. Try to find out what the author is saying in that line. Now, answer the question (antonym or synonym) keeping in mind the "true spirit" of the word in its sentence.

(9) In many tests, you may be asked to give a suitable title to the passage. Scan through the passage quickly and read the underlined phrases carefully. Give such a title to the passage as would encompass all the vital points of the passage. Do not go beyond the "real essence" of the given passage. Do not use difficult words in the title decided by you.

As an artist, you have to comprehend the fine aspects of the text that you will read. As a logician, you will be required to deduct and conclude.

Practice will make you perfect.

PASSAGE–1

The impact of technical advancement in armaments on man, needs to be analyzed with a rational mind, and heart free from prejudices of any kind towards modernisation. The most noticeable impact of this development certainly has been the loss of immunity from violence for successive generations ever since the invention of gunpowder. In modern times, the presence of technically advanced arms, not only at the fronts but also among the civilian population, has vastly undermined the value of human life, and endangered the very entity of those virtues of self restraint and discretion, on which a peaceful and amiable society rests. However, an unbiased view of the present scenario, would refrain one from attributing the rising trends of violence to the availability of technically superior weapons, for one must not overlook the fact that "Necessity is the mother of invention".

Every stage in the development of armaments has been marked by its distinct impact on society. When man fought with stones and his bare hands, the society was not yet compact. The discovery of metal and the use of spears, knives and arrows indicate the stage of the formation of small kingdoms. Fire continued to be an effective weapon of destruction. When man introduced the cavalry into the army and improved the strategies of making war, some small kingdoms gave away to form empires, but with no revolutionary advances in armaments forthcoming, the political structure of society remained more or less stagnant for the many coming centuries.

The next significant development was the use of gunpowder, which could be used to perform acts which were then thought to be impossible. Gunpowder was used to form the ammunition of several guns and canons. This sudden advances in weaponry not only facilitated the control of a large mass of people by relatively few armed men that helping to form strong empires, but the availability of the new technology to a select few nations enabled the formation of colonies in continents which did not have access to the modernized technologies of warfare. Modern technological advances in armaments aided the formation of nation states in Europe. The extensive use of the fire-power lent a lethal edge to the naval power which proved to be the greatest asset to any nation in the 19th century. Small United Nations States of Europe with strong navies, modern arms and disciplined men gained control of lands in foreign continents far greater in areas than the parent countries.

1. Necessity is the mother of invention means
A. where there is mother there is invention
B. when necessity arises invention is done
C. most of the invention are pre-planned
D. nothing happens without creating congenial environment

2. The invention of modern weapons have resulted into
A. loss of immunity from war in the society
B. successive wars for the last two centuries
C. arms race among the nations
D. loss of life and property every now and then

3. Small kingdoms turned into big empires, after
A. the invention of cavalry and canons and its introduction into the army
B. the introduction of nuclear arms into the army
C. the end of the use of knives, arrows and swords
D. the end of the 19th century

4. The style of the passage is
A. informative B. analytical
C. retrospective D. provocative

PASSAGE–2

It was during one of the most dreadful smallpox epidemics in England that Edward Jenner, a country doctor, made a discovery which was to alter the course of history. Jenner noticed that the disease seldom struck those who lived in rural areas and worked around cattle. Most farmers and dairy workers had contracted cowpox and had recovered with nothing more serious than a putsule which left a scar. This observation led Dr. Jenner to think: Why not vaccinate people with cowpox to protect them from smallpox ? On May 14, 1876, Dr. Jenner took a healthy boy, James Phillips, to a dairy maid, Sarah Nelmes, who had a cowpox putsule on her hand resulting from an infection from her master's cow. Dr. Jenner made two shallow cuts on James Phillips' arm and inoculated them with matter taken from the cowpox sore. A putsule developed on the boy's arm formed a scab and healed. In July of the same year. Dr. Jenner inoculated James with matter from a smallpox putsule. During the next two weeks, the doctor watched for signs of smallpox. They did not develop. The vaccination was successful. Dr. Jenner wrote a paper explaining his method of vaccination. At first the doctors were hostile and would not listen to a ridiculous procedure. Many towns people organised anti vaccination campaigns. Gradually, however, the doctors and their patients accepted vaccination.

1. The fact that Edward Jenner was a country doctor, was important in the discovery of smallpox vaccine, because
   A. he had enough time to pursue his research in the rural areas
   B. he noticed that the disease was prevalent where people worked around cattle
   C. he noticed that the disease seldom struck people who worked around the cattle
   D. he found that he could convince rural people more easily than city people

2. Dr. Jenner was successful as cowpox virus produces
   A. severe infection in humans resulting in deaths
   B. a mild infection in humans which is not enough to produce active immunity
   C. a mild infection in humans which is enough to produce active immunity
   D. no infection in humans

3. Dr. Jenner made his experiment on a healthy boy who
   A. died after experimentation
   B. could not be relieved of his mark of putsule
   C. developed the sings of putsule on his body when he was injected the matter of cowpox
   D. was paid for it

4. Passage here is having a/an
   A. narrative style B. analytic style
   C. provocative style D. idiomatic style

PASSAGE–3

The Indian culture of our times is in the making. Many of us are striving to produce a blend of all cultures that seem today to be in clash with one another. No culture can live, if it attempts to be exclusive. There is no such things as pure Aryan culture in existence in India today. Whether the Aryans were indigenous to India or were unwelcome intruders, does not interest me much. What does interest me is the fact that may remote ancestors blended with one another with the utmost freedom and we of the present generation are a result of that blend. I do not want my house to be walled in, on all sides and my windows to be stuffed. I want the cultures of all lands to be blown about my house as freely as possible. But I refuse to be blown off my feet by any. I would have any young men and women with literary tastes to learn as much of English and other world-languages as they like, and then expect them to give the benefits of their learning to India and the world alike like a Bose, a Ray or Tagore. But I would not have a single Indian forget, neglect or be ashamed of his mother tongue, or feel that he or she cannot think or express the best thoughts in his or her own vernacular. Mine is not a religion of the prison house.

1. The author views Indian Culture as
   A. pure Aryan culture.
   B. a clash of cultures.
   C. a continual blend of cultures.
   D. the culture of remote ancestors.

2. The author thinks that
   A. the Aryans were indigenous to India.
   B. the Aryans were unwelcome intruders.
   C. the question whether the Aryans were indigenous or not is not of interest.
   D. the culture that we have inherited is the Aryan culture.

3. The author wants
   A. the cultures of others to be kept out.
   B. the cultures of others to replace our old culture.
   C. the freedom to blend other cultures with our own.
   D. the preservation of the culture of our ancestors.

4. The author wants Indians to
   A. learn only English, as much as they like.
   B. learn English and other world languages.
   C. learn only the mother tongue or the vernacular.
   D. English and other world languages in addition to the mother tongue.

PASSAGE–4

As civilization proceeds in the direction of technology, it passes the point of supplying all the basic essentials of life, food, shelter, clothes, and warmth. Then we are faced with a choice between using technology to provide and fulfil needs which have hitherto been regarded as unnecessary or, on the other hand, using technology to reduce the number of hours of work which a man must do in order to earn a given standard of living. In other words, we either raise our standard of living above that necessary for comfort and, happiness or we leave it at this level and work shorter hours. I shall take it as axiomatic that mankind has, by that time, chosen the latter alternative. Men will be working shorter and shorter hours in their paid employment.

1. "Then we are faced with a choice..." what does "then'' refer to?
   A. When automation takes over many aspects of human life
   B. The present state of civilization
   C. The past stage of civilization
   D. After having provided the basic essentials of life

2. What does the passage suggest about the use of technology?
   A. It creates new and essential needs for mankind
   B. It is opposed to the basic essentials of life
   C. It is complementary to a raised standard of living
   D. It is responsible for man's love of comfort and happiness

3. What does increased use of technology imply?
   A. An advanced stage in human civilization
   B. A backward step in human culture
   C. Unnecessary comfort and happiness for mankind
   D. Man's zest for more and more work

4. What does the author suggest?
   A. Man will gradually rise above his present stage in civilization
   B. Man will gradually settle down to the same stage with fewer hours of work
   C. Man will gradually raise his standard of living by working longer hours
   D. Man will gradually earn a given standard of living with the help of technology

PASSAGE–5

It is said that ideas are explosive and dangerous. To allow them unfettered freedom is, in fact, to invite disorder. But, to this position, there are at least two final answers. It is impossible to draw a line round dangerous ideas, and any attempt at their definition involves monstrous folly. If views, moreover, which imply disorder are able to disturb the foundations of the State, there is something supremely wrong with the governance of the State. For disorder is not a habit of mankind. We cling so eagerly to our accustomed ways that, as even Burke insisted; popular violence is always the outcome of a deep popular sense of wrong.

1. What is the central point that the passage emphasizes?
   A. It is unnecessary to define dangerous ideas
   B. Dangerous ideas are born out of the enjoyment of freedom
   C. A well-governed State is unaffected by dangerous ideas
   D. Dangerous ideas originate from man's preoccupation with politics

2. From a close study of the passage, which one of the following statements emerges most clearly?
   A. The author is against the exercise of political freedom
   B. He is indifferent to dangerous and explosive ideas
   C. He welcomes violence as a method to change governments
   D. He warns that violence is the outcome of popular dissatisfaction with the government

3. The author says, 'we cling eagerly to our accustomed ways'. Which one of the following statements may be considered as the assumption of the author?
   A. We are afraid of social changes
   B. Mankind is averse to any disorder
   C. We have developed inertia that makes us incapable of social action
   D. There is an all-round lack of initiative in the society

4. Which of the following statements may most correctly bring out the significance of the opinion of Burke quoted in the passage?
   A. Burke advocated violence against injustice
   B. Burke's opinion coincides with the author's opinion on explosive and dangerous ideas
   C. Burke hated any popular uprising
   D. Burke had no belief in political liberty

PASSAGE–6

The psychological causes of unhappiness, it is clear, are many and various. But all have something in common. The typical unhappy man is one who, having been deprived in youth of some normal satisfaction, has come to value this one kind of satisfaction more than any other, and has therefore given to his life a one-sided direction, together with a quite undue emphasis upon the achievement as opposed to the activities connected with it. There is, however, a further development which is very common in the present day. A man may feel so completely thwarted that he seeks no form of satisfaction, but only distraction and oblivion. He then becomes a devotee of "pleasure". This is to say, he seeks to make life bearable by becoming less alive. Drunkenness, for example, is temporary suicide - the happiness that it brings is merely negative, a momentary cessation of unhappiness.

1. Who is a typical unhappy man?
   A. One who has been deprived of normal satisfaction in youth
   B. One who finds life unbearable and attempts suicide
   C. One who does not mind momentary unhappiness
   D. One who seeks every form of satisfaction

2. "One sided direction" refers to the pursuit of which one of the following?
   A. Drinking and forgetfulness
   B. The satisfaction one had been deprived of
   C. Activities leading to happiness
   D. Every form of psychological satisfaction

3. Which one of the following is the correct statement? Drinking helps the unhappy only to
   A. forget their dissatisfaction
   B. get sublime happiness
   C. get the motivational needs fulfilled
   D. concentrate harder

4. What does "becoming less alive" imply?
   A. Neglect of health
   B. Decline in moral values
   C. Living in a make-believe world
   D. Leading a sedentary way of living

PASSAGE–7

What is to be the limit of forgiveness? It would probably have been allowed by many of the ancients that an unforgiving temper was not to be commended. They would have said, we are not to exact a penalty for every nice offence; we are to overlook some things; we are to be blind sometimes. But they would have said at the same time, we must be careful to keep our self-respect, and to be on a level with the world. On the whole, they would have said, it is the part of a man fully to requite to his friends their benefits and to his enemies their injuries.

1. Which one of the following is the correct statement? According to the writer we must
   A. ignore an offence if it is nice
   B. forgive people if they bring us nice presents
   C. forgive pretty offenders
   D. not punish each and every offence

2. Which one of the following is the correct statement? We must
   A. be blind if we want to forgive others
   B. be blind to the faults of our friends
   C. be indifferent to what others do
   D. overlook certain things

3. Which one of the following is the correct statement? In ancient times people were
   A. ordered to lose their tempers
   B. permitted to lose their tempers and not forgive their enemies
   C. told that it was not good to have an unforgiving temper
   D. advised to forgive each and every offence committed by both friends and foes

4. What is the underlying tone of the passage?
   A. We must be forgiving in general
   B. We must forgive our friends
   C. There is no limit whatsoever to our duty to forgive
   D. We must always punish the wrongdoer

PASSAGE–8

We should preserve Nature to preserve life and beauty. A beautiful landscape, full of green vegetation, will not just attract our attention but will fill us with infinite satisfaction. Unfortunately, because of modernization, much of nature is now yielding to towns, roads and industrial areas. In a few places some Natural reserves are now being carved out to avert the danger of destroying Nature completely. Man will perish without Nature, so modern man should continue this struggle to save plants, which give us oxygen, from extinction. Moreover, Nature is essential to man's health.

1. What does "Nature" in the passage mean?
   A. Countryside covered with plants and trees
   B. Physical power that created the world
   C. Inherent things that determine character
   D. Practical study of plants and animals

2. Which one of the following is the correct statement? According to the passage
   A. Beauty is only skin-deep
   B. Everything is beautiful in its natural state
   C. There is beauty in Nature
   D. Nature is a moral teacher

3. What does the writer suggest?
   A. We should not modernize, so that Nature can be preserved
   B. While modernizing we should be careful not to destroy Nature completely
   C. All Nature has been destroyed by modern living
   D. Carving out Natural reserves will hamper the growth of industries

4. What does "Struggle" in the passage mean?
   A. Man's Struggle to exist in the world
   B. Man's Struggle to save Nature
   C. Man's Struggle to catch up with modern trends
   D. Man's Struggle to conserve oxygen

5. Why a beautiful landscape will fill us with infinite satisfaction'?
   A. We love beauty
   B. It is full of green vegetation
   C. It will ensure our future existence
   D. It will show our command over Nature

PASSAGE–9

Finally, there arises the question as to our leadership potential. Although the entire younger generation by the very definition is a potential storehouse of leadership, I feel that our universities provide the richest reservoir from which the future leaders of this country will be forthcoming. I have had occasion to travel fairly extensively and to visit a number of university centres in the country. It is deeply encouraging to see that despite the economic and other difficulties which these young men and women have to face they are full of energy and idealism. The real question is whether we have the ability and imagination to tap this reservoir, to fan the sparks of youthful idealism into bright flames that would illumine the future of India — the India of our dreams for the building of which countless generations have struggled and sacrified; an India socially emancipated, economically prosperous, politically integrated, militarily strong and spiritually dynamic.

1. Which one of the following is correct?
The writer believes that India is
A. socially emancipated
B. economically prosperous
C. spiritually dynamic
D. None of the above

2. What is the author's tone in the passage?
A. Optimistic B. Autocratic
C. Pessimistic D. Partisan

3. Where will the future leaders of the country mainly come from?
A. The families of present political leaders
B. The community of social scientists
C. The universities
D. The entire younger generation

4. Which one of the following is correct?
For realizing the India of our dreams,
A. we should have the imagination to exploit our budding leadership potential
B. we should admire the sacrifices made by several generations
C. we should bring about more technological advancements
D. we should provide better facilities for sports

5. Which one of the following is correct?
What is deeply encouraging about educated young men and women of India is that
A. they come from the richest reservoirs of potential leaders
B. they are full of energy and idealism because of quality education
C. they are full of youthful idealism and imagination
D. they are full of energy and idealism in spite of economic and other difficulties they face as students

PASSAGE–10

My own recollection is that I had not had any high regard for my ability. I used to be astonished whenever I won prizes and scholarships. But, I very assiduously guarded my character. The least little blemish drew tears from my eyes. When I merited, or seemed to the teacher to merit, a rebuke, it was unbearable for me. I remember having once received corporal punishment. I did not so much mind the punishment, as the fact that it was considered my desert. I wept piteously. That was when I was in the first or second standard. There was another such incident during the time when I was in the seventh standard. Dorabji Edulji Gimi was the Headmaster then. He was popular among the boys, though he was a disciplinarian. He was a man of method and a good teacher. He had made gymnastics and cricket compulsory for the boys of the upper standards. I disliked both. I never took part in any exercise, cricket or football, before they were made compulsory. My shyness was one of the reasons for this aloofness, which I now see as wrong. I then had the false notion that gymnastics had nothing to do with education. Today I know that physical training should have as much place in the curriculum as mental training.

1. Why did the author say that he did not have any high regard for his ability?
A. He was a dunce
B. He always used to miss his classes
C. He never did well in studies or sports
D. He was full humility

2. The author's idea that character is a treasure is revealed in which of the statements?
A. "I won prizes and scholarships"
B. "When I merited, or seemed to the teacher to merit, a rebuke, it was unbearable for me"
C. "I very assiduously guarded my character"
D. "I wept piteously"

3. Why did the author weep piteously?
A. He felt insulted
B. Punishment was considered his due
C. He felt the physical pain
D. He took the punishment to heart

4. Why did the author dislike gymnastics and cricket?
A. They cut into his study time
B. He had to spend money in buying bats, etc.
C. He felt that physical education could cause injury
D. He was shy

PASSAGE–11

According to the research findings of a team of American scientists published recently, the sea waves contain as much energy as the world is consuming at present. Scientists have found that through the application of two major devices called land-based systems and offshore devices, this source of energy can provide huge amount of electricity without cooling towers and pollution.

Land-based systems include tapered channels and fixed oscillating water column (OWC) devices whereas offshore devices include floating OWC devices, buoys, etc. Through these devices the mechanical energy of ocean waves is absorbed and converted into electrical energy. The wave power potential depends on numerous factors such as the device's capability to harness long wavelengths, period of waves and depth of water where they arise.

Compared to conventional power stations which require greater space and are difficult to maintain in critical situations, wave power devices are highly modular, cost effective and easier to upgrade. As the recent findings suggest, sea wave energy has much greater potential to be used for electricity generation than the hitherto known sources of renewable energy. Moreover, most of the renewable energy systems require hundreds of square acres of useful land for their installation. But in case of wave energy devices, 'space crunch' can never be a serious problem.

1. Which one of the following statements is correct? Harnessing energy from sea waves
   A. undermines ecological balance.
   B. requires huge capital.
   C. requires high technical expertise.
   D. results in saving of useful land area.

2. Which one of the following statements is correct? Wave power devices
   A. convert wind energy into mechanical power.
   B. convert mechanical energy of ocean waves into electrical energy.
   C. require costly transmission mechanism.
   D. entail risk to human life.

3. Which one of the following statements is correct?
   A. Fixed as well as floating oscillating water column devices are required to harness ocean wave energy.
   B. Fixed oscillating water column devices are required for off shore based system.
   C. Floating oscillating water column devices are required for land-based system.
   D. Electricity generated from oceans is independent of the depth of water where waves arise.

4. Which one of the following statements is correct? The capacity of system to generate electricity from ocean waves
   A. can be increased only at exorbitant cost.
   B. can be easily upgraded.
   C. can be increased but it requires a great space.
   D. is only a few megawatts.

5. Which one of the following statements is **not** correct?
   A. Conventional power stations require cooling towers.
   B. Power generation from ocean waves also adds to pollution like conventional power stations.
   C. Ocean wave energy can meet all the present energy of the world.
   D. Period of waves is one of the relevant factors in power generation from ocean waves.

PASSAGE–12

The most important fact, which a leader who wishes to motivate others should bear in mind, is that an individual has an incessant and gnawing craving for importance. There is no exception to this psychological need. Barring his biological needs, practically all his actions are directed at satisfying his continuing need to feel important. According to William James, the deepest principle in human nature is the craving to be appreciated. The individual who can honestly satisfy this burning hunger for importance on the part of his fellow human beings can literally rule the world. He can motivate and influence any person, big or small, high or low, educated or uneducated, rich or poor, man or woman, provided he is capable of making the other person feel truly important. By discovering the special and particular gifts of an individual, by giving due recognition and sincere appreciation to that singular gift or talent, you can win him or her over to your side easily.

You have to create an eager want on the part of the other individual if you wish to motivate him. In other words, you have to make the horse feel thirsty if your aim is to make it drink. Fortunately for you, there is an inborn, ever-present, gnawing hunger on the part of every human being to gain recognition and appreciation. This want is already there and you don't have to create it. All you have to do is to satisfy this hunger. If you objectively analyse your own motives and needs you will find that this need for recognition is the strong driving factor behind your aspiration to become a leader. It was this urge for importance which made Alexander the Great embark on a world conquest, and made many emperors wage innumerable battles and wars. This urge has driven artists, authors, scientists, inventors and others to attain great heights in their chosen fields and produce the best results.

1. Which one of the following statements is correct?
   A. Many scientists and inventors have excelled because of the availability of research facilities.
   B. Artists and authors have made contribution to society because of their innate genius.
   C. Many athletes have won gold medals in the Olympics because of their coaches.
   D. People in different areas have been successful because of the need of recognition.

2. Which one of the following statements is **not** correct?
   A. Hunger for recognition has to be developed over the years in one's personality.
   B. Need to gain recognition is an inborn trait.
   C. Many wars have been waged to satisfy the need to get importance.
   D. Craving for importance is a natural psychological need of every human being.

3. Which one of the following statements is correct?
   A. A successful leader must be able to identify the need of importance of others.
   B. Need for recognition is a trait only of high professionals.
   C. To motivate a person, an increase of his salary is the best strategy.
   D. Monetary success is the driving force for a leader.

PASSAGE–13

Because goldfish can be kept easily in small ponds and aquariums, they make good pets, but like many other pets, they must have proper care and the right kind of place to live.

A two-inch fish requires a minimum of two gallons of water containing sufficient oxygen to support life. Some oxygen will make its way into the water of an aquarium from the air that touches the surface. Plants in an aquarium also help to furnish oxygen. Snails help to keep an aquarium clean. Thus, with plenty of plants and snails the water in an aquarium does not have to be changed frequently. A large lake may prove to be a quite unsuitable abode for goldfish.

It is important that goldfish not be overfed. They can be fed such things as dried insects in addition to commercially-prepared goldfish food, but they should never be fed more than once a day. Even then, they should not be given more food than can be consumed in about five minutes. This ensures prolonged life.

1. Which one of the following statements is correct?
   A. Snails eat up the goldfish in an aquarium
   B. A large lake may not be a suitable place for goldfish
   C. Plants provide food to the snails in an aquarium
   D. Goldfish come above the surface of water to get oxygen from air

2. Which one of the following statements is **not** correct?
   A. Goldfish can be made goods pets
   B. Plants in an aquarium provide oxygen to goldfish
   C. Goldfish must never be given too much food
   D. Snails make the aquarium clean by eating up goldfish

3. Which of the following helps supply goldfish with oxygen?
   A. Snails B. Dried insects
   C. Goldfish food D. Plants

4. Which one of the following statement is **not** correct?
   A. Water in an aquarium has to be changed frequently because of plants and snails
   B. Commercially-prepared goldfish is available
   C. The place for the goldfish should be selected with care
   D. Dried insects make good feed for goldfish

5. What is important to remember when feeding goldfish?
   A. Goldfish should be fed more than once a day at regular intervals
   B. Goldfish should be fed with plants and snails
   C. Goldfish should be fed only once a day
   D. Goldfish should be fed only in the evenings

PASSAGE–14

Ah ! whatever could be said was said. All held him guilty. Even his own mother who claimed to understand him the best. All had betrayed him in his hour of need. Yet, there he was, still with a sparkling hope and knew that the truth must prevail. In the cold, dark and damp cell he never for a moment lost faith in God and goodness and was waiting anxiously for an angel to come, plead non guilty for him and free him of his miseries.

1. Three of the following statements indicate that he had a sparkling hope. Which statement does not?
   A. He had never lost faith in God.
   B. He was sure there was goodness.
   C. He could have evidence in his favour.
   D. He knew that the truth must prevail.

2. Whatever others said about him, he
   A. betrayed no one.
   B. thought over the problem.
   C. never lost faith in goodness.
   D. raised his voice against injustice.

3. In the dark dungeon he always waited for
   A. his mother.
   B. the jailer.
   C. the verdict freeing him of his miseries.
   D. the angel to come and plead for him.

4. The truth must prevail means
   A. he was true.
   B. angel will reveal truth.
   C. truth always wins in the end.
   D. we must plead for the truth.

PASSAGE–15

Once while travelling by the local bus, I got a seat beside a very strange man. He seemed interested in every passenger aboard. He would stare at a person, scribble some odd mathematical notations on his long notebook and then move on to the next. Being quite interested in what he was doing I asked him what all those notations meant and then came the startling reply. He saw a man's face not as a single unit but as thousands of squares put together. He was in fact a statistical expert and a budding artist learning the art of graphics.

1. The man was scribbling down
   A. the figures of co-passengers.
   B. the details of thousands of squares put together.
   C. some mathematical formulae and calculations.
   D. some mathematical signs.

2. The man caught author's attention because
   A. he was sitting next to him.
   B. he was staring at every person in the bus.
   C. he would stare at every person and then scribble down some mathematical notation.
   D. he was a budding artist learning the art of graphics.

3. The author found that man's reply quite startling because
   A. a statistical expert cannot be a budding scientist.
   B. a budding artist cannot be a statistical expert.
   C. graphics is still a rare art form and he was learning it while travelling in a bus.
   D. the fact that "a man's face can be analysed as thousands of squares" was a strange concept.

4. From the passage we gather that
   A. the author is very inquisitive.
   B. the author tries to poke his nose in other people's business.
   C. the author is interested in mathematical notations.
   D. the author wants to talk to fellow passengers in the bus.

PASSAGE–16

With the inevitable growth of specialisation I see the universities facing two great dangers. First, it is very easy to get so involved in the technical details of education that the object of education is lost. And secondly, in an effort to condition a university to the needs of its students and to the needs of the state it may lose its power to make or mould those students into responsible men, capable of thinking for themselves and capable of expressing the results of their thoughts to others.

1. The author calls growth of specialisation 'inevitable'. Which one of the following statements is likely to be the most correct reason for this inevitability?
   A. Universities give grants only to do specialised work in different disciplines.
   B. The professors and researchers in universities are competent only for specialised work.
   C. Specialisation helps economic growth of the nation.
   D. In an age of science and technology specialisation becomes necessary.

2. Which one of the following statements most correctly suggests the central theme of the passage?
   A. The aim of education is specialisation.
   B. The aim of education is to mould the youth to work for the state.
   C. The aim of education is to make the youth capable of independent thought and expression.
   D. The aim of education is to enable the youth to earn a comfortable living.

3. Which one of the following statements most correctly suggests the warning implied in the passage?
   A. University education should not be concerned with technical details.
   B. Universities should not subordinate themselves to the interests of tile state.
   C. Universities should be concerned only with the needs of students.
   D. Universities should not go in for any specialisation.

PASSAGE–17

We shall go on to the end; we shall fight in France, we shall fight on the seas and oceans, we shall fight with growing confidence and strength in the air, we shall defend our island whatever the cost may be, we shall fight on the beaches, we shall fight on the landing grounds, we shall fight in the fields and in the streets, we shall fight in the hills. We shall never surrender, and even if this island or a large part of it were subjugated and starving, then our empire beyond the seas would carry on the struggle, untill the New World steps forth to the rescue and the liberation of the Old.

1. On the basis of the passage which of the following statements may be said to be correct?
   A. The speaker is encouraging his men for the conquest of France
   B. The speaker is aggressive and maniacal war-monger
   C. The speaker is not satisfied with the conquest of the island
   D. The speaker is a patriot urging the defence of his motherland
2. The speaker in the passage wants to go on fighting because
   A. he is a raving lunatic
   B. he is in a state of utter despair
   C. he expects help from other quarters
   D. he is the leader of a suicide squad
3. Which of the following pairs of the phrases helps best to bring out the intention of the speaker?
   A. "Go on to the end"; "shall never surrender"
   B. "Growing confidence"; " subjugated and starving"
   C. "Subjugated and starving"; "fight on the landing ground"
   D. "Fight in the streets"; "subjugated and starving"
4. The passage consists of repetitive patterns in syntax and vocabulary. The effect of this style is that it
   A. reveals the speaker's defects in giving a speech
   B. produces the impression of bad poetry
   C. conveys the speaker's helpless situation
   D. reinforces the speaker's basic intention

PASSAGE–18

It is said that once three old men set out on a Journey together. One of them was bald, the second was a philosopher and the third was a barber. At nightfall they decided that each one of them should sit for watch *turn* by turn. The *barber* was to keep watch first of all, the *philosopher* after that and the bald man last of all. So, the philosopher and the bald man went to sleep and the barber was on watch. For some time he kept awake but in the end, he felt tired of it and he thought of some *diversion* as otherwise it was difficult for him *to pass* time. Then he took out the razor from his box and shaved the head of the philosopher. At the fixed time he woke up the philosopher and himself went to sleep. when the philosopher got up and felt his head all over, he was startled and said in surprise, "It was my turn but this *wretched* fellow has *awakened* bald man."

1. Why did the philosopher get up?
   A. He realised that his head was being shaved off
   B. It was his turn to keep watch
   C. He was awakened by the barber
   D. he had a bad dream
2. Who went to sleep first?
   A. The philosopher and the barber
   B. The barber and the bald man
   C. The bald man and the philosopher
   D. The barber
3. Why did the barber shave off the head of the philosopher?
   A. The barber was jealous of the philosopher
   B. The barber wanted to indulge in some fun
   C. The barber wanted the philosopher to keep watch
   D. The barber was feeling drowsy
4. Which one of the following is the correct sequence decided upon the three to keep watch turn by turn?
   A. Barber – bald man – philosopher
   B. Bald man – philosopher – barber
   C. Barber – philosopher – bald man
   D. Bald man – barber – philosopher
5. Which one of the following statements is **not** correct?
   A. All the three men decided to keep watch one by one
   B. The barber woke up the bald man
   C. The head of the philosopher was shaved off
   D. The philosopher was startled on feeling his head all over

PASSAGE–19

There can be only two explanations why countries like UK, US, Germany and Japan are willing to spend up to 5.5 million to make the Next Generation Linear Collider (NGLC) : Intellectual snobbery or complete indifference to the problems of the real world. To plan a 20-mile-long tunnel merely to go about smashing atoms, so as to recreate the Big Bang, is a frightful waste of public money. The project has no foreseeable practical application. Already, cyber-savvy cosmologists are engaged in simulating the Big Bang, or the beginning of the universe, in the virtual world, through number crunching and reverse engineering. They have successfully created a black hole on the desktop. So why go in for prohibitively expensive experimentation, when the virtual world is just a mouse-click away? Scientific ingenuity, remember, is not confined to reallife experiments; many of today's break-throughs have been inspired by research conducted almost entirely in cyberspace. Moreover, virtual research is 'clean'— without such fallouts as lab accidents and chemical leakages—and costs next to nothing.

1. Countries like UK, US, Germany and Japan wish to spend lot of money
   A. to attend to the problems of humanity.
   B. to control AIDS.
   C. for defence research.
   D. to carry out atomic research.
2. Virtual research is carried out
   A. on computers.
   B. by experimentation in the field.
   C. by spending up billions of dollars.
   D. by experimentation in space.
3. Scientific research is not prohibitively costly when conducted
   A. by simulation in the virtual world.
   B. smashing atoms in a tunnel.
   C. making real-life models.
   D. using satellites.
4. Reverse engineering
   A. is commonly practised in research.
   B. is prohibitively expensive experimentation.
   C. is not used by cosmologists in the virtual world.
   D. is independent of analysis using computers.

PASSAGE–20

Failure and success are the ways of life. Constant efforts despite initial setbacks have brought us from the chrysalis of failures into the bright opportunity of triumphs. The conquest of Everest is a fitting example. Success eluded men for nearly twenty-five years. The leader of an unsuccessful expedition started, "Everest cannot add to its height, but spirit of man heightens even under repulse." Subsequent conquest of Everest has proved the truth of this. Indeed every newborn day is in itself an opportunity teeming with splendid chances for those who are alert, wide awake and aspiring.

1. According to the writer, the conquest of Everest proves that
   A. the spirit of man heightens under demanding circumstances.
   B. man cannot attain the unattainable.
   C. success is always elusive.
   D. the nature is most potent.
2. In this passage, "chrysalis of failure" means that
   A. failure involves a closed situation from which one cannot escape.
   B. failure can be compared to the pupa of the gold-coloured butterflies.
   C. failure is a transitional state.
   D. as an insect emerges in a different shape from chrysalis, so a human being changes after every failure.
3. The very style of the prose suggests that the writer intends the last sentence of the passage to be
   A. poetic
   B. inspiring
   C. vague
   D. contradictory to the first sentence of the passage.
4. The expression "teeming with" in the passage can be replaced by
   A. multiplying
   B. abounding
   C. fruitful
   D. promising
5. Every new day brings fresh challenges for a person
   A. who is young
   B. whose head is teeming with bright ideas
   C. who has come out of the chrysalis of failure
   D. who is watchful and daring.

PASSAGE–21

Pisa offers a quiet holiday. Apart from the Leaning Tower Square where the tourists flock, the city is free of the kind of crowds one sees at Florence. An 11-km bus ride brings us to Marina de Pisa, the coastal extension of the city, where the Ligurian Sea and quaint buildings provide a few hours of relaxed walks. However, there is not much of a beach.

Gone is the tension of the previous night, when, flying into Italy in the late hours, my wife and I were a little apprehensive. Compared to Germany where we had spent three weeks, Italy, one thought, was 'unsafe'. The fears were compounded when the night bus from the airport terminated at the railway station, instead of going all the way to our hotel. "Ten Euros," said the cab driver at the station when asked how much the ride to the hotel would cost. Quite sure he was overcharging, we got in nevertheless. At 11.30 p.m. we anyway had little choice. The streets were dimly lit and the driver was uncommunicative. Stopping at a desolate building after we had clearly gone out of the city limits, he announced : "Your hotel." I gave him a 10-Euro bill and turned away. But the cabman stopped me. "Your change, sir," he said, pointing to the meter which read 8-20 Euros.

The small change I got back that day was like receiving the certificate of a nation's honesty. Italy, as it turned out, was just fine.

1. The author and his wife were
   A. thrilled at the idea of travelling to Italy.
   B. concerned about safety.
   C. worried because of high cost.
   D. worried because of language problem.

2. The author
   A. was cheated by the taxi driver.
   B. did not like the etiquette of the taxi driver.
   C. was pleasantly surprised by the rectitude of the driver.
   D. was irked because the driver was very talkative.

3. Pisa
   A. has many traffic jams.
   B. is full of business houses.
   C. is a quiet town.
   D. has major pollution problems.

4. Marina de Pisa
   A. is known for its beautiful beaches.
   B. is full of churches.
   C. has many shopping centres.
   D. is a coastal city.

PASSAGE–22

Much of our adult state of fear is linked up with the feeling that I, an individual, have to cope single-handed with a hostile world, the details of which have become far too complicated for me to understand. This feeling of isolation is in part a by-product of the way we have been educated and the stress that is pure on passing examinations. The more 'successful' your education, the more likely you are to feel alone, because the process of segregation has been more complete at every stage you proved how much cleverer you are than all those other fellows, until in the end you stand quite alone and afraid. It ought to be possible to manage things in a different way so that we go forward into the future, collaborating as a team instead of looking around for every possible opportunity to knife each other in the back.

1. An adult in the modern world is in a state of fear because
   A. he has developed an individuality.
   B. he feels lonely in an unfriendly world.
   C. his life has become complicated.
   D. he cannot understand the challenge.

2. The modern man feels isolated
   A. because he has passed through the stress of examinations.
   B. because he is the by-product of 'successful' social system.
   C. because he fails to receive education.
   D. because he nurses his feeling of isolation.

3. The writer thinks that fierce competitiveness in the modern educational system
   A. makes them neurotic.
   B. makes man clever.
   C. does not make man care for his fellows.
   D. makes man hostile to his environment.

4. Modern education makes man feel segregated
   A. because of its emphasis on materialism.
   B. by making him distrustful of others.
   C. by making him stand on his own.
   D. by inculcating the fear of society in him.

5. It would be a better educational system
   A. if it would manage things differently.
   B. if it inculcates the spirit of togetherness.
   C. if it teaches collaboration with a team.
   D. if it does not allows us to knife each other in the back.

PASSAGE–23

Diversity typically provides fresh perspectives on issues, but it makes it more difficult to unify the team and reach agreements. The strongest case for diversity on work teams is when these teams are engaged in problem-solving and decision-making tasks. Heterogeneous teams bring multiple perspective to the discussion, thus increasing the likelihood that the team will identify creative or unique solutions. Additionally, the lack of a common perspective usually means diverse teams spend more time discussing issues, which decrease the chances that a weak alternative will be chosen. However, keep in mind that the positive contribution that diversity makes to decision-making teams undoubtedly declines over time. Diverse groups have more difficulty working together and solving problems, but this dissipates with time expect the value-added component of diverse teams to decrease as members become more familiar with each other and the team becomes more cohesive.

1. Diversity on work team leads to
   A. human problems.
   B. creative solutions.
   C. economy in manufacturing.
   D. higher turnover.

2. With diversity in work-force there is
   A. difficulty in reaching a solution quickly.
   B. difficulty in designing wage formula.
   C. difficulty in managing international market.
   D. difficulty experienced in shop-floor management.

3. Advantages of diversity
   A. are sustained over long periods of time.
   B. lead to further increase with time.
   C. decline as the members come to know each other.
   D. decline as the absenteeism increases.

4. Problem-solving tasks can be handled by
   A. homogeneous groups.
   B. heterogeneous groups.
   C. management graduates.
   D. consultants.

PASSAGE–24

The world of today has achieved much, but for all its declared love for humanity it has based itself far more on hatred and violence than on the virtues that make man human. War is the negation of truth and humanity. War may be unavoidable sometimes but its progeny are terrible to contemplate. Not more killing, for man must die, but the deliberate and persistent propagation for hatred and falsehood, which gradually become the normal habits of the people. It is dangerous and harmful to be guided in our life's course by hatreds and aversions, for they are wasteful of energy and limit and twist the mind, and prevent it from perceiving the truth.

1. According to the author, the achievements of the world are not impressive because
A. there is nothing much to boast of.
B. they are mostly in the field of violence.
C. its love of humanity is a pretence.
D. the world has not made any achievement.

2. War is the negation of truth means
A. wars do not exist.
B. wars are evil.
C. wars spread and advertise falsehood.
D. wars kill human beings.

3. According to the author, the world's declared love of humanity is
A. false.
B. true.
C. non-existent.
D. not to be taken seriously.

4. Man should be guided by
A. scientific discoveries.
B. practical wisdom.
C. generous human feelings.
D. materialism.

5. Hatred and aversions are unwholesome as they are
A. dangerous.
B. harmful.
C. narrow.
D. barriers in seeing the truth.

PASSAGE–25

Few people ask from books what books can give us. Most commonly we come to books with blurred and divided minds, asking of fiction that it shall be true, of poetry that it shall be false, of biography that it shall be flattering, of history that it shall enforce our own prejudices. If we could banish all such preconceptions when we read, that would be an admirable beginning.

1. According to this passage, most readers think that poetry is essentially
A. imagination B. unrealistic
C. realistic D. didactic

2. The author's reference to biography being viewed as something 'flattering' suggests that he thinks that it should be
A. offensive B. critical
C. truthful D. subjective

3. According to the passage, most books of history are
A. an objective of the past events
B. the author's views on the past events
C. reproduction of the records available from the past
D. an objective interpretation of the past records

4. According to this passage, most readers
A. expect too much from books
B. ignore the objective of the writer
C. do not know what to expect from a book
D. are positively inclined towards the author

5. The main intention of the author is to
A. point out the faults of the readers
B. define what various kinds of books are
C. suggest the correct approach to books
D. enumerate the readers' preconceptions

PASSAGE–26

I couldn't sleep that night. A vague feeling of impending misfortune affected me. My sister and I were twins, and you know how subtle the links are between such people. It was a wild night. Suddenly, there bursts forth the wild scream of a terrified woman. I knew that it was my sister's voice. I rushed into the corridor. By the light of the corridor lamp, I saw my sister at the door of her room, her face pale with terror, and her hands groping for help, and her whole figure swaying unsteadily. I ran to her and threw my arms around her, but her knees gave way and she fell to the ground.

1. The author couldn't sleep because
A. the night was wild
B. she apprehended some trouble
C. she knew that some calamity would befall her
D. she felt uneasy

2. It was well known that
A. she and her sister were twins
B. twins have a special bond between them
C. the relationship between twins is always cordial
D. twins can sense danger more easily than others

3. She rushed into the corridor because
A. she heard a terrifying cry
B. her sister called her to the room
C. she recognised the voice of the person who screamed
D. she dreamt that her sister needed her help

4. She realised that her sister
   A. was in a state of excitement
   B. needed support
   C. was too weak to walk
   D. was gripped with fear

5. She threw her arms around her sister to
   A. express her affection
   B. prevent her from running away
   C. prevent her from falling down
   D. save her from danger

PASSAGE–27

Because millions of years ago, a little tarsier-like creature began to use its hands and became inquisitive, the long trail of evolution towards man began. Those things are among man's characteristic features. Every year he delves deeper and deeper into the secrets of nature and his responsibilities grow more serious. In an age of mass production and machines, collective reason must control mass hysteria and mass instinct. That is the problem. The atomic bomb has only thrown it into higher relief. In the atomic bomb, man has used the fundamental energy process of the universe for destructive purposes, but that is largely an accident of the time and place. All around we have abundant evidence that without this energy, life itself could not exist.

1. The author believes, that man has evolved from a little tarsier-like creature because
   A. his face resembles that of a tarsier
   B. he uses his hands and walks like a tarsier
   C. he is curious and walks like a tarsier
   D. he is curious and uses his hands like a tarsier

2. The increasing human knowledge of the secrets of Nature has given rise to a problem which
   A. involves a huge expenditure
   B. makes man more and more irreligious and irreverential
   C. is both a boon and a bane
   D. necessitates a rational and humane approach to individual and social life

3. The invention of the atomic bomb has made this problem
   A. more obscure B. more prominent
   C. more controversial D. insignificant

4. Man has used atomic energy for destructive purposes because
   A. it has no constructive purposes at all
   B. he does not know how to sue it constructively
   C. its constructive use is too expensive to be practicable
   D. the force of circumstances compelled him to do so

5. The author thinks that the use of atomic energy
   A. will affect the society adversely
   B. is needed for the enrichment of life
   C. will ultimately destroy our civilization
   D. will lead to the end of the universe

PASSAGE–28

The jobs do not get changed around from time to time. I started off on one of the nicer ones. I sat at a conveyor belt slipping a piece of cardboard under each cake as it came down the line. At first it was difficult to keep up. An uneconomic movement, a fumble and four cakes have gone without cards. I got up to chase the four cakes, eight more appeared and for five minutes or so I had to work at twice the speed to work my way back to where I was sitting before. But it takes half a day or so to learn how it's done and soon it becomes quite automatic. The frenzy had quite worn off by the end of the first day and then there was only the monotony and the aching arms. Later I moved to another job on the line, as the girl who usually did it had left. I wasn't surprised. It was the nastiest job in that department. As the cake came out of a machine that had sliced it in three layers, two streams of artificial cream were poured over the layers. I had to stack the layers up again—a messy and very tiring job. The cakes are heavy and the cream is slippery. Anyone who has worked at all in a factory knows how deathly conveyor belt work is. At first it is difficult to keep up, and when you're tired it is quite merciless. After a while, when you have become fairly used to it, the fact that you can't work faster is also infuriating.

1. The writer's purpose in writing this piece is to
   A. make people who don't work in factories realise what it is like to work there
   B. plead to abolish manual labour from factories
   C. plead to get unskilled jobs made easier
   D. explain to young people how to handle a job in an automatized production unit

2. When the writer 'was moved to another job' she wasn't surprised to find that
   A. she had been moved
   B. her new job was very unpleasant
   C. the cream in the cakes was artificial
   D. the girl before her had left

3. The writer found it a messy job to
   A. separate the three layers of the cake
   B. pour artificial cream over the layers
   C. stack the layers up again
   D. put the cake back on the conveyor belt again

4. The writer calls the conveyor belt 'merciless' because it
   A. could cause an injury if one makes a mistake
   B. is devoid of human feelings
   C. does not slow down even when the worker is tired
   D. is a hard taskmaster

5. After some time the writer got annoyed at the conveyor belt because
   A. she found it dull and monotonous to work with it
   B. she wanted to change her profession
   C. she found it merciless
   D. it always had the same speed

PASSAGE–29

The arrival of the train did not disturb Sir Mohanlal's sang-froid. He continued to sip his Scotch and ordered the bearer to tell him when he had moved the luggage to a first class compartment. Excitement, bustle, and hurry were exhibition of bad breeding, and Sir Mohan was eminently well-bred. he wanted everything 'tickety-boo' and orderly. In his five years abroad, Sir Mohan had acquired the manners and attitudes of the upper classes. He rarely spoke Hindustani. When he did, it was like an Englishman's—only the very necessary words and properly anglicized. But he fancied his English, finished and refined at no less a place than the University of Oxford. He was fond of conversation and like a cultured Englishman he could talk on almost any subject—books, politics, people. How frequently had he heard English people say that he spoke like an Englishman!

1. Sir Mohan Lal is portrayed as
   A. an indophile
   B. a true Englishman
   C. a Hindu
   D. an anglophile

2. When Sir Mohan Lal spoke Hindustani it was
   A. Colloquial Hindi
   B. Literary Hindi
   C. Indian English
   D. Anglicized Hindi

3. According to Sir Mohan Lal, a well-bred person would
   A. remain aloof from the crowd
   B. like to drink only Scotch in public
   C. always be calm and orderly
   D. speak like an Englishman

4. From his description in this passage, Sir Mohan Lal appears to be
   A. a man of culture
   B. an aristocrat
   C. a snob
   D. a scholar

5. According to the passage, a cultured Englishman is able to talk effortlessly on
   A. art and culture
   B. human civilization
   C. modern science
   D. almost any subject

PASSAGE–30

The first and decisive step in the expansion of Europe overseas was the conquest of the Atlantic Ocean. That the nation to achieve this should be Portugal was the logical outcome of her geographical position and her history. Placed on the extreme margin of the old, classical Mediterranean world and facing the untraversed ocean. Portugal could adapt and develop the knowledge and experience of the past to meet the challenge of the unknown. From the seamen of Genoa and Venice, they had learned the organisation and conduct of a mercantile marine and from Jewish astronomers and map-makers the rudiments of navigation. Largely excluded from the share in Mediterranean commerce, at a time when her population was making heavy demands on her resources. Portugal turned southwards and westwards for opportunities of trade and commerce. But ocean navigation was not the same as navigating the land-locked Mediterranean. The earliest of the band had neither the benefit of sailing directions nor traditional lore. Even the familiar heavenly constellations had been left behind. The challenge was formidable.

1. According to the passage, the most important step in the expansion of European power was
   A. the emergence of Portugal as a power
   B. the growth of Mediterranean commerce
   C. the contact of Europeans with Jewish astronomers
   D. the conquest of the Atlantic Ocean

2. The most important advantage that Portugal had, was its
   A. geographical location
   B. contact with the Arabs
   C. contact with Genoa and Venice
   D. cultural history

3. The Portuguese sailors were ready to explore the world by sea because they
   A. knew about many countries
   B. had rich patrons to finance them
   C. were prepared for the hazards of sea voyage
   D. were in touch with seamen from Genoa and Venice

4. Portugal was motivated to pioneer ocean navigation because
   A. it was encouraged by other European powers
   B. it faced strong rivals in land-based trade
   C. it collaborated with Venetian merchants
   D. its limited resources could not support its growing population

5. The earliest group of Portuguese navigators going across the Atlantic did not find the venture
   A. different from land-locked navigation
   B. more difficult than coastal navigation
   C. easy and comfortable
   D. challenge and demanding

PASSAGE–31

Literature and history are twin sisters, inseparable. In the days of our own grandfathers and for many generations before them, the basis of education was the Greek and Roman classics for the educated, and the Bible for all. In the classical authors and in the Bible history and literature were closely intervolved and it is that circumstances which made the old form of education to stimulating to the thought and imagination of our ancestors. To read the classical authors and to read the Bible was to read at once the history and the literature of the three greatest races of the ancient world. No doubt the classics and the Bible were read in manner we now consider uncritical but they were read according to the best tenets of the time and formed a great humanistic education. Today the study both of the classics and of the bible has dwindled to small proportions. What has taken their place? To some extent the vacuum has been filled by a more correct knowledge of history and a wider range of literature. But I fear that the greater part of it has been filled up with rubbish.

1. Which of the following statements best reflects the underlying tone of the passage?
   A. Literature and history and mutually exclusive
   B. Literature and history and complementary to each other
   C. The study of literature is meaningless without any knowledge of history
   D. Literature and history are inseparably linked together in the classics and the Bible

2. The author of the above passage says that in the past the basis of education for all people, irrepsective of their intellectual calibre, was
   A. Greek and Roman Classics
   B. The Bible
   C. A correct knowledge of history
   D. A wider range of literature

3. The author of the above passage says that the classics and the Bible were read by his ancestors
   A. methodically and with discretion
   B. in a manner that broadened their view of life
   C. with great emphasis on their literacy values
   D. without critical discrimination but in the light of their humanistic culture

4. According to the author of the above passage the old form of education based the study of the classics and of the Bible, has
   A. succeeded in creating interest in history
   B. laid the basis of human civilization
   C. had a gradual decline in our time
   D. been rejuvenated in the context of modern education

5. The author of the above passage fears that the greater part of the vacuum created by lack of interest in the classic and the Bible has been filled up by
   A. a richer sense of history
   B. a wider range of literature
   C. worthless ideas
   D. a new philosophy of life

PASSAGE–32

During the early days as editor of the popular magazine, Saturday Evening Post, George Lorimer did much of the reading of unsolicited stories. This meant endless hours of sitting at the desk, pouring over big stacks of manuscripts, trying to decide which were worthy of publication and which were not. Lorimer became an expert at making these decisions.

One day he received a huffy letter from a would-be writer who had a complaint. "Last week you rejected my story," she wrote. "I am positive you did not read it, because, as a test, I pasted together pages 14, 15 and 16. The manuscript came back with the pages still pasted. There is no question in my mind but that you are a sham and a disgrace to your profession."

Lorimer's reply was succinct: "Madam, at breakfast when I crack open an egg, I don't have to eat the whole egg to know it is bad."

1. Lorimer did much reading of the stories
   A. if they were solicited ones
   B. when they appeared to be bad
   C. when they were from women writers
   D. when they came unsolicited

2. Lorimer was a good editor because
   A. his reply to the angry writer was polite
   B. he apologized for rejecting the story without reading it
   C. he could find the worth of a story with a little effort
   D. he was prompt in writing letters

3. The lady wrote a huffy letter because
   A. her story was rejected
   B. her story was rejected unread
   C. her story was rejected although it was good
   D. Lorimer was biased in his decision

4. Lorimer's reply was
   A. irrelevant B. rude
   C. wity D. funny

5. Lorimer read the stories
   A. because he enjoyed reading them
   B. in order to publish them
   C. only to find fault with them
   D. in order to review them

PASSAGE–33

As the tortoise tucks its feet and head inside the shell and will not come out even though you may break the shell into pieces, even so the character of the man who has control over his motives and organs, is unchangeably established. He controls his own inner forces, and nothing can draw them out against his will. By this continuous reflex of good thoughts and good impressions moving over the surface of the mind, the tendency to do good becomes strong, and in consequence, we are able to control the Indriyas or sense organs.

1. The author uses the phrase 'inner forces' in this passage. Which of the following would be its most correct meaning in the context?
   A. Emotional disturbances in man
   B. Strength of the internal organs
   C. Forces produced by sense organs
   D. Reflection of the intellect

2. Which of the following statements would illustrate the metaphor in the passage?
   A. Man is slow-moving and slow-witted
   B. A man of character refuses to be influenced by outside compulsions against his will
   C. Man confines himself to a life of isolation
   D. Man cannot have a good character or strong will

3. Which of the following statements may be assumed to reflect the central theme of the passage?
   A. Good thoughts lead to the control of the sense organs
   B. Control of the sense organs leads to good thoughts
   C. Character, though established, may be disturbed by outside forces
   D. No man can achieve success in destroying the inner forces

4. Which of the following statements would be most correct in explaining the metaphorical meaning of 'break the shell into pieces'?
   A. Destruction of the human body
   B. Breaking of the physical environment of man
   C. Attempt to destroy man's character
   D. Inflicting physical and mental agony on man

5. The passage consists of two long sentences and a short one. The purpose of this style should be to suggest that
   A. it is impossible for man to attain perfection of character
   B. the attainment of perfect character is the result of a long process of mental discipline
   C. the whole life process is clumsy
   D. there is a lot of confusion in our understanding of sense organs, character, etc.

PASSAGE–34

One of the most serious problems confronting our country is that of a fast-growing population. In fact, it is at the root of many other problems. At the moment, thanks to planning, we are able to produce food and cloth sufficient for our people and even in some excess. But if the population continues to grow at this rate, it will not be long before the surplus turns into a bare minimum and even a deficit. The position in regard to accommodation is even now far from satisfactory in spite of our efforts.

1. "It is at the root of many other problems" means that
   A. it is found along with many other problems
   B. it is caused by many other problems
   C. it gives rise to many other problems
   D. it is buried under many other problems

2. The present satisfactory position in regard to food and cloth is due to
   A. the fact that the population has been controlled
   B. our good lunch
   C. good rainfall
   D. our economic planning

3. If the population of India continues to increase at this rate, the situation in regard to food and cloth
   A. is likely to remain the same
   B. is likely to become less satisfactory
   C. is likely to improve
   D. is likely to vary up and down

4. The situation in respect of accommodation
   A. is less than satisfactory
   B. is quite satisfactory
   C. is improving rapidly
   D. is the result of total neglect

5. At present Indians have
   A. more provision for cloth than accommodation
   B. more provision for accommodation than cloth
   C. abundance of cloth and accommodation
   D. scarcity of cloth and accommodation

ANSWERS

Passage	1	2	3	4	5
PASSAGE 1—	B	A	A	C	
PASSAGE 2—	C	C	C	A	
PASSAGE 3—	C	C	C	D	
PASSAGE 4—	D	D	A	B	
PASSAGE 5—	B	D	C	B	
PASSAGE 6—	A	B	B	C	
PASSAGE 7—	D	D	C	C	
PASSAGE 8—	A	C	B	D	C
PASSAGE 9—	D	A	C	A	D
PASSAGE 10—	D	C	A	D	
PASSAGE 11—	D	B	A	B	B
PASSAGE 12—	D	A	A		
PASSAGE 13—	B	D	D	A	C
PASSAGE 14—	C	C	D	C	
PASSAGE 15—	A	C	D	A	
PASSAGE 16—	D	C	B		
PASSAGE 17—	D	C	A	D	

Passage	1	2	3	4	5
PASSAGE 18—	C	C	B	C	B
PASSAGE 19—	D	A	A	A	
PASSAGE 20—	A	D	B	B	D
PASSAGE 21—	B	C	C	D	
PASSAGE 22—	B	B	B	B	B
PASSAGE 23—	B	A	A	B	
PASSAGE 24—	C	C	A	C	D
PASSAGE 25—	C	B	D	B	C
PASSAGE 26—	B	B	C	D	C
PASSAGE 27—	D	D	B	D	B
PASSAGE 28—	D	B	C	C	D
PASSAGE 29—	D	D	C	A	D
PASSAGE 30—	D	A	D	D	C
PASSAGE 31—	D	B	D	C	C
PASSAGE 32—	D	C	A	C	D
PASSAGE 33—	D	B	A	C	B
PASSAGE 34—	C	D	B	A	A

❄ ❄ ❄ ❄ ❄

2 PARTS OF SPEECH

Parts of Speech form the foundation of a language. They are groups of words that share similar grammatical characteristics. There are eight parts of speech in traditional english grammar: Noun, Pronoun, Verb, Adjective, Adverb, Preposition, Conjunction and Interjection.

NOUN

A noun is a word that names a person, place, thing, quality or idea.

Proper Noun

A proper noun is the specific name of a particular person, place, organization, or thing, and it is always begins with a capital letter.

- **Names:** Abhay, Durgesh, Gopal, Ritesh, Sidhant, Tarun
- **Rivers:** Ganga, Godavari, Kavery, Narmada, Yamuna
- **Places:** Delhi, Jammu, Jodhpur, India, Canada
- **Mountains:** Himalayas, Dhaulagiri, Satpuras
- **Organizations:** Google, United Nations
- **Titles:** Harry Potter, The New York Times
- **Celestial bodies:** Earth, Moon, Jupiter, Mars

Common Noun

A common noun is a word that refers to a general person, place, thing, or idea, rather than a specific one.

Unlike proper nouns, common nouns are not capitalized unless they begin a sentence.

- Look at the following sentences,
  - (*i*) I saw a dog in the park. ("dog" is a common noun)
  - (*ii*) She read a book about history. ("book" is a common noun)
- Words like teacher, doctor, city, country, car, phone are common nouns.

Collective Noun

A collective noun is a word that refers to a group of people, animals, or things.

- The team is practicing for the final match.
- A flock of birds flew across the sky.
- She gave me a bouquet of flowers.

Some of the most useful collective noun

People	Animals	Things
A team of players	A block of birds/sheep	A bunch of grapes/keys
A class of students	A herd of cattle/deer/elephants	A stack of books/papers
A crowd of spectators	A pack of wolves/dogs	A collection of stamps/coins
A band of musicians	A swarm of bees/insects	A heap of rubbish/laundry
A staff of employees	A gaggle of geese (on land)	A pack of cards/lies
A choir of singers	A pride of lions	A fleet of ships/trucks
An army of soldiers	A shoal of fish	A group of islands/buildings
A gang of thieves	A litter of puppies/kittens	A library of books
A panel of judges	A troop of monkeys	A range of mountains

Abstract Noun

An abstract noun is a noun that refers to an idea, quality, state, or feeling—something that cannot be seen, touched, heard, or physically measured, but is understood by the mind.

- **Emotions:** love, anger, happiness
- **Qualities:** honesty, bravery, kindness
- **Concepts/States:** freedom, justice, knowledge, childhood

Noun — Abstract Noun

Noun	Abstract Noun	Noun	Abstract Noun
Brother	Brotherhood	Member	Membership
Friend	Friendship	Neighbour	Neighbourhood
King	Kingship	Owner	Ownership
Child	Childhood	Partner	Partnership
Mother	Motherhood	Citizen	Citizenship
Leader	Leadership	Poet	Poetry
Scholar	Scholarship	Hero	Heroism

Adjective — Abstract Noun

Adjective	Abstract Noun	Adjective	Abstract Noun
Angry	Anger	Strong	Strength
Happy	Happiness	Proud	Pride
Brave	Bravery	Loyal	Loyalty
Honest	Honesty	Lazy	Laziness
Kind	Kindness	Long	Length
Wise	Wisdom	Sad	Sadness
Patient	Patience	Creative	Creativity

Verb — Abstract Noun

Verb	Abstract Noun	Verb	Abstract Noun
Act	Action	Fail	Failure
Achieve	Achievement	Think	Thought
Decide	Decision	Choose	Choice
Grow	Growth	Discover	Discovery
Know	Knowledge	Move	Movement
Lose	Loss	Appear	Appearance
Suceed	Success	Believe	Belief
Sell	Sale	Obey	Obedience

Material Noun

A material noun is a type of noun that represents the raw substance, physical matter, or ingredient from which objects are made. Examples include gold, wood, water, iron, milk, cotton etc.

Classification of Noun on the Basis of Gender

Nouns are classified into four categories based on gender.

1. **Masculine Gender :** A noun that denotes a male is said to be of the masculine gender, as man, uncle, ox, boy etc.
2. **Feminine Gender :** A noun that denotes a female is said to be of feminine gender, as woman, aunt, princess, cow etc.
3. **Common Gender :** Nouns which denote both males and females are said to be of the common gender, as friend, cousin, person, parent, baby etc.
4. **Neuter Gender :** A noun that denotes the name of object without life is said to be of neuter gender, as file, table, pencil.

By using a different word from the masculine

Masculine	Feminine	Masculine	Feminine
Boy	Girl	Son	Daughter
Gentleman	Lady	Bachelor	Maid
Earl	Countess	Monk	Nun
Sir	Madam	Lad	Lass
Buck	Doe	Colt	Filly
Dog	Bitch	Horse	Mare
Stag	Hind	Nephew	Niece

By adding suffix (-ess, -ine, -a)

Masculine	Feminine	Masculine	Feminine
Murderer	Murderess	Sorcerer	Sorceress
Duke	Dutchess	Emperor	Empress
Hero	Heroine	Viceroy	Vicerine
Governor	Governess	Master	Mistress
Heir	Heiress	Sultan	Sultana
Lion	Lioness	Mayor	Mayoress
Actor	Actress	Count	Countess
Abbot	Abbess	God	Goddess
Author	Authoress	Tiger	Tigress
Priest	Priestess	Poet	Poetess
Shepherd	Shepherdess	Waiter	Waitress

By placing a word before or after

Masculine	Feminine	Masculine	Feminine
Son-in-law	Daughter-in-law	Father-in-law	Mother-in-law
Man-servant	Maid-servant	Pea-cock	Pea-hen
Step-father	Step-mother	Widower	Widow
Grand-father	Grand-mother	He-goat	She-goat

Classification of Noun on the Basis of Number

There are two noun numbers in English — the Singular and the Plural.

- **Singular Numbers :** A noun that denotes one person or one thing, is said to be in the Singular number. For example — book, pencil, bird, dog, hen etc. are in singular number.
- **Plural Number :** A noun that denotes more than one person or one thing is said to be in plural number. For example — boys, pens, lions, girls, men etc. are in plural number.

Singular	Plural	Singular	Plural
Cat	Cats	Room	Rooms
Pen	Pens	Bus	Buses
Tree	Trees	Dish	Dishes
Bush	Bushes	Glass	Glasses
Judge	Judges	Tax	Taxes
Watch	Watches	Calf	Calves
Thief	Thieves	Knife	Knives
Scarf	Scarves	Wife	Wives
Leaf	Leaves	Wolf	Wolves
Half	Halves	Monarch	Monarchs
Roof	Roofs	Hoof	Hoofs
Gulf	Gulfs	Staff	Staffs
Radio	Radios	Bamboo	Bamboos
Folio	Folios	Hero	Heroes
Volcano	Volcanoes	Mango	Mangoes
Potato	Potatoes	Photo	Photos
Piano	Pianos	Radius	Radii
Fly	Flies	Foot	Feet
Lady	Ladies	Boy	Boys
Monkey	Monkeys	Ox	Oxen
Axis	Axes	Tooth	Teeth
Goose	Geese	Basis	Bases
Vertex	Vertices	Stimulus	Stimuli

1. Note the plurals of the following nouns:

Singular	Plural	Singular	Plural
copy	copies	cry	cries
baby	babies	duty	duties
body	bodies	country	countries
family	families	diary	diaries
fly	flies	fairy	fairies
city	cities	spy	spies
army	armies	storey	storeys
bay	bays	monkey	monkeys

2. The following nouns do not undergo any change in plural form, in general:

Singular	Plural	Singular	Plural
deer	deer	sheep	sheep
thousand	thousand	pair	pair
hundred	hundred	score	score
dozen	dozen	gross	gross

3. The following nouns are usually used in plural forms. They take a plural verb after them:

eatables	fetters	surroundings
riches	alms	spectacles
trousers	pants	scissors
premises	thanks	annals
congratulations	goods	shorts
tongs	pains	arms
breeches	tropics	wages

4. The following are the nouns which are plural in appearance but are usually used in singular number. They are followed by a singular verb:

news	politics	physics
mathematics	economics	ethics
politics	classics	gallows
statistics	athletics	innings
mechanics	summons	mumps

5. Collective nouns often used as plurals:

public	police	cattle
audience	clergy	folk
people	poultry	nation
elite	gentry	glitterati

6. The nouns that are usually used in singular forms:

advice	hair	rice
fuel	alphabet	machinery
offspring	issue	furniture
mischief	stationery	luggage
bedding	information	abuse

7. Material nouns are always used in singular number:

gold	copper	milk
water	silk	wool

Note: They may be used in plural with a different meaning.

copper coins (coppers), chains or fetters (irons), cans made of tin (tins).

PRONOUN

The repetition of a noun in a sentence or a set of sentences is really boring. So, instead of repeating the noun, we can use a word (for that noun) called the pronoun.

"A pronoun is a word that we use instead of a noun".

Example: This is *Sachin*. *He* plays cricket.

Note: He is the pronoun used in place of *Sachin*.

Kinds of Pronoun

1. **Personal Pronoun :** A pronoun which is used instead of the name of a person is known as a 'Personal Pronoun'. A list of the 'Personal pronouns' is listed below :

   I, my, mine, me, we (First Person)

   You, your, yours (Second Person)

   He, his, him, she, her, hers, it, its, they, their, theirs, them (Third Person)

2. **Possessive Pronoun :** A possessive pronoun is a pronoun that shows ownership or possession. It replaces a noun phrase to avoid repetition and makes it clear who owns something.

   Types of Possessive Forms:

Type	Function	Examples
Possessive Adjectives	Come *before* a noun	my, your, his, her, our
Possessive Pronouns	Stand *alone* (replace noun phrases)	mine, yours, his, hers, ours, theirs

Examples:

- This book is *mine*.
- That house is *hers*, not yours.
- These seats are *ours*.
- The red car is *theirs*.
- Is this umbrella *yours*?.

Note: Possessive pronouns *do not* use apostrophes.

- *Its* color is bright.
- *It's* color is bright. ("It's" = it is)

Comparison: Possessive Adjective vs. Possessive Pronoun

Sentence with Possessive Adjective	Sentence with Possessive Pronoun
This is my phone.	This phone is mine.
That is her notebook.	That notebook is hers.
These are our jackets.	These jackets are ours.

3. **Demonstrative Pronoun :** Pronouns used to point out the objects to which they refer are called Demonstrative Pronouns.

   Examples:

   (*i*) *This* is a present from my uncle.

   (*ii*) *These* are merely excuses.

   (*iii*) Bombay mangoes are better than *those* of Bengaluru.

4. **Indefinite Pronoun :** All pronouns which refer to persons or things in a general way and do not refer to any particular person or thing are called Indefinite Pronouns.

   Examples :

   (*i*) *Somebody* has stolen my watch.

   (*ii*) *Few* escaped unhurt.

   (*iii*) Did you ask *anybody* to come?

5. **Distributive Pronoun :** Each, either, neither are called distributive pronouns because they refer to persons or things one at a time. For this reason they are always singular and followed by the verb in singular.

   Examples :

   (*i*) *Each* of the men received a reward.

   (*ii*) *These* men received *each* a reward.

   (*iii*) *Either* of you can go.

6. **Relative Pronoun :** A relative pronoun refers or relates to some noun going before, which is called its Antecedent.

   Examples :

   (*i*) I met Hari *who* used to live here.

   (*ii*) I have found the pen *which* I had lost.

   (*iii*) Here is the book *that* you lent me.

7. **Interrogative Pronoun :** These pronouns are used for asking questions.

   Examples :

   (*i*) *Whose* book is this?

   (*ii*) *What* will all the neighbours say?

   (*iii*) *Which* do you prefer, tea or coffee?

   ***Note*:** Interrogative pronouns can also be used in asking indirect questions.

   Examples:

   (*i*) I asked *who* was speaking.

   (*ii*) Tell me *what* you have done.

   (*iii*) Say *which* you would like best.

VERB

A Verb is a word that tells something about the action or state of or happening to a person or thing.

A Verb tells the following:

1. What a person or thing does. e.g.,
   (*i*) Sachin *goes* to school daily.
   (*ii*) The bell *rang* loudly.
   (*iii*) Many birds *fly* in the sky.
   (*iv*) She *sang* a song.
2. What a person or thing is. e.g.,
   (*i*) India is the biggest democracy in the world.
   (*ii*) Ram Mehar *is* very rich.
   (*iii*) They *are* happy.
3. What is done to a person or thing. e.g.,
   (*i*) You are *liked* by all.
   (*ii*) Two thieves *were arrested*.
   (*iii*) Four students *were punished* by the teacher.
4. What happens to a person or thing. e.g.,
   (*i*) His maternal uncle *died* last week.
   (*ii*) Two ships *sank* yesterday.
   (*iii*) Leaves *turn* yellow in autumn.
5. What a person or thing has, had, and so on. e.g.,
   (*i*) I *have* a new car.
   (*ii*) He *had* a scooter last year.
   (*iii*) He *has* several cows and goats.

It goes without saying that a verb is the most important part of a sentence. No sentence is complete without a Verb.

Different Kinds of Verbs

1. Action Verbs and Stative Verbs

Action Verbs : Express physical or mental action.

Examples:

(*i*) She *runs* every morning. (physical action)

(*ii*) I *wrote* a letter. (physical action)

(*iii*) He *thought* about the problem. (mental action)

(*iv*) He *understands* the concept. (mental action)

Stative Verbs : Describe a state or condition rather than an action. Usually not used in continuous tenses.

Examples:

(*i*) I *know* the answer.

(*ii*) She *loves* music.

2. Transitive and Intransitive Verbs

Transitive Verbs : Require a direct object to complete their meaning.

Examples:

(*i*) She *wrote* a letter. (letter = direct object)

(*ii*) They *play* football.

Intransitive Verbs : Do not require a direct object.

Examples:

(*i*) He *sleeps* peacefully.

(*ii*) The baby *cried* loudly.

3. Finite and Non-Finite Verbs

Finite Verbs : A finite verb is a verb that changes according to the subject and shows tense (past, present, or future).

It acts as the main verb in a sentence and agrees with the subject in number and person.

Examples:

(*i*) She *drinks* coffee every morning. (3rd Person, singular, simple present)

(*ii*) They *play* football every evening. (3rd Person, Plural, Simple Present)

(*iii*) He *watched* a movie last night. (3rd Person, Singular, Simple Past)

(*iv*) The children *were laughing* loudly. (3rd Person, Plural, Past Continuous)

(*v*) I *was reading* a book when you called. (1st Person, Singular, Past Continuous)

Non-finite Verbs: A non-finite verb is a verb form that does not change with the subject or tense.

It cannot act as the main verb in a sentence and does not show tense.

They usually function as nouns, adjectives, or adverbs.

Examples:

(*i*) I enjoy *reading* novels.

(Reading = non-finite, acts as object of the verb enjoy)

(*ii*) Her hobby is *painting*.

(Painting = non-finite, acts as subject complement)

(*iii*) The man *wearing* a red hat is my uncle.

(Wearing = non-finite, modifies man)

(*iv*) We picked some *fallen* leaves.

(Fallen = non-finite past participle, describes leaves)

Modal Verbs

Modal verbs are special helping verbs that express ability, possibility, necessity, permission, obligation, or advice.

They are always used with a main verb (in its base form, without "to").

Can, Could, May, Might, Shall, Should, Will, Would, Must, Ought to are all the modal auxiliary verbs.

Can and Could

'Can' and 'Could' are both modal verbs used to express ability, possibility, permission, and requests, but they differ in tense, formality, and degree of certainty.

Examples:

(*i*) I *can* swim.

(*ii*) *Can* I use your phone?

(*iii*) Too much sugar *can* make you sick.

(*iv*) *Can* you help me?

(*v*) When I was younger, I *could* run fast.

(*vi*) He *could* read at age four.

(*vii*) *Could* I borrow your pen?

(*viii*) This *could* be dangerous.

(*ix*) You *could* get hurt if you're not careful.

May, Might, Must

'May' is a modal verb used to express Possibility and Permission (formal or polite). (Possibility can be high or low)

Examples:

(*i*) It *may* rain today.

(*ii*) You *may* leave early today.

'Might' is a modal verb used to express:

- A weaker or less certain possibility than may
- Polite suggestions or hypothetical situations

Examples:

(*i*) We *might* go to the zoo tomorrow.

(*ii*) She *might* have called if she knew you were home.

'Must' is a modal verb used to express:

- Strong necessity or obligation
- Logical certainty or strong belief

Examples:

(*i*) You *must* wear your seatbelt.

(*ii*) That *must* be his phone; it's ringing in his bag.

Shall and Will

'Shall' is a modal verb used mainly to:

- Express the future (especially in formal or British English)
- Make suggestions or offers
- Ask for instructions or decisions

Examples:

(*i*) I *shall* return tomorrow.

(*ii*) *Shall* I help you with that?

(*iii*) Where *shall* we sit?

'Will' is a modal verb used to:

- Express future actions
- Show willingness, promises, or decisions made at the moment
- Predict what is likely to happen

Examples:

(*i*) He *will* start college next year.

(*ii*) I *will* always love you.

(*iii*) She *will* never lie to you.

(*iv*) Don't worry, we *will* fix it.

Would

'Would' is a modal verb used to express:

- Polite requests or offers
- Hypothetical or imaginary situations
- Future in the past
- Preferences or habits (in the past)

Examples:

(*i*) *Would* you help me carry this?

(*ii*) I *would* travel the world if I had more money.

(*iii*) He said he *would* call me later.

Should

'Should' is a modal verb used to express:

- Advice or suggestions
- Expectation
- Mild obligation or duty
- Probability

Examples:

(*i*) He *should* apologize.

(*ii*) The train *should* arrive soon.

(*iii*) Students *should* wear uniforms.

(*iv*) That *should* be enough for everyone.

Ought to

'Ought to' is a modal verb (similar to "should") that is used to express:

- Moral duty or obligation
- Advice or recommendation
- Probability or expectation

It is always followed by the base form of a verb (without "to") — even though the modal itself includes "to".

Examples:

(*i*) You *ought to* help your parents.

(*ii*) He *ought to* study more before the test.

(*iii*) The train *ought to* arrive soon.

ADJECTIVE

An Adjective is a word which adds something to the meaning of a noun or a pronoun. e.g.,

(*i*) He talks *slowly*.

(*ii*) Mridula is an *intelligent* girl.

(*iii*) He has a *black* goat.

(*iv*) He is a *brilliant* student.

(*v*) She is a *clever* girl.

(*vi*) It is a *beautiful* picture.

In the sentences given above, the words in italics are adjectives.

Types of Adjectives

Here are the main types of adjectives:

1. **Descriptive Adjectives (Qualitative Adjectives) :** Descriptive adjectives (also known as qualitative adjectives) are words that describe the quality, characteristic, or nature of a noun or pronoun.

   Examples:

   (*i*) The *beautiful* painting was expensive.

   (*ii*) He is a *brave* soldier.

   (*iii*) They live in a *small* house.

2. **Quantitative Adjectives :** These adjectives show the amount or quantity of a particular noun.

   Examples:

   (*i*) I have *some* money.

   (*ii*) She drank *little* water.

   (*iii*) We need *more* sugar.

3. **Numeral Adjectives (Adjectives of Number):** Numeral adjectives, also called adjectives of number, are adjectives that indicate how many or in what order people or things are.

   Types:

   - Cardinal – one, two, three, etc.
   - Ordinal – first, second, third, etc.

   Examples:

   (*i*) He has *two* brothers. (Cardinal)

   (*ii*) This is my *first* car. (Ordinal)

4. **Demonstrative Adjectives :** A demonstrative adjective is a word that points out or indicates a specific noun or nouns and comes before a noun to modify it. It helps show which one(s) we are talking about.

   Examples:

   (*i*) *This* book is interesting.

   (*ii*) *Those* shoes are new.

   (*iii*) I like *that* movie.

5. **Possessive Adjectives :** Adjectives like my, your, his, her, our, its, their etc are known as possessive adjectives.

   Examples:

   (*i*) That is *my* bag.

   (*ii*) *Her* dog is friendly.

   (*iii*) *Their* house is big.

6. **Interrogative Adjectives :** What, Which, Whose are interrogative adjectives.

   Examples:

   (*i*) *Which* book do you prefer?

   (*ii*) *What* time is it?

   (*iii*) *Whose* pen is this?

7. **Distributive Adjectives :** A distributive adjective refers to individual members of a group separately, rather than collectively. It is used with singular nouns and always modifies a singular noun.

   Examples:

   (*i*) *Each* student must bring a notebook.

   (*ii*) *Every* child needs love.

   (*iii*) *Either* road leads to the station.

8. **Emphasizing Adjectives :** Emphasizing adjectives are adjectives used to highlight or stress a noun. They give special importance to the noun they modify and are often used to add force or emphasis to a statement.

   Examples:

   (*i*) I saw it with my *own* eyes.

   (*ii*) He is the *very* man we need.

9. **Exclamatory Adjectives :** An exclamatory adjective is a word used to express strong emotion or surprise, and it is always used with a noun in exclamatory sentences.

Examples:

(i) *What* a beautiful day!

(ii) *What* a mess!

10. Proper Adjectives : A proper adjective is an adjective that is formed from a proper noun and is used to describe something in relation to a specific place, person, language, or culture.

It always begins with a capital letter, just like a proper noun.

Examples:

(i) I love *Italian* food.

(ii) She wore a beautiful *Chinese* dress.

(iii) He's studying *French* literature.

(iv) The *Christian* festival of Christmas is widely celebrated.

(v) We read a *Shakespearean* play in class.

(vi) The *Japanese* culture is very unique.

Degrees of Comparison

Adjectives have three degrees of comparison:

1. Positive Degree : It expresses the common form of an adjective.

Example:

Ram is a *tall* boy.

In the above sentence *tall* is an adjective and expresses the common form.

2. Comparative Degree : It expresses the more of the same form.

Example:

Ram is *taller* than Mahesh.

In the above sentence *taller* is an adjective that expresses the more of the common form of the adjective *tall*.

3. Superlative Degree : It expresses the most of the common form of an adjective.

Example:

He is the ablest man of the town.

How and when to use the Superlative Degree?

(a) The Superlative Degree is used when more than two persons or things are compared.

(b) The Superlative Degree is generally preceded by 'the' and followed by 'of' in most of the cases or otherwise.

(c) When an adjective of the superlative degree is preceded by a Possessive Adjective or a Noun in the Possessive case, 'the' should not be used before it.

Example:

Which is Kalidas' best play?

It will be a blunder to use 'the' before the Superlative Degree in such cases.

Don't say : Which is Kalidas' the best play.

(d) To intensify the degree of comparison, *by far* is used before the superlative degree.

Example:

India is *by far* the most beautiful country of the world.

Note: Always avoid the use of double superlatives.

Don't say : He is the most strongest boy in the class.

Say : He is the strongest boy in the class.

Positive Form	Comparative Form	Superlative Form
big	bigger	biggest
small	smaller	smallest
fast	faster	fastest
slow	slower	slowest
tall	taller	tallest
short	shorter	shortest
happy	happier	happiest
sad	sadder	saddest
beautiful	more beautiful	most beautiful
ugly	uglier	ugliest
good	better	best
bad	worse	worst
hot	hotter	hottest
cold	colder	coldest
rich	richer	richest
poor	poorer	poorest
strong	stronger	strongest
weak	weaker	weakest
bright	brighter	brightest
dark	darker	darkest
clean	cleaner	cleanest
dirty	dirtier	dirtiest
light	lighter	lightest
heavy	heavier	heaviest
early	earlier	earliest
late	later	latest
friendly	friendlier	friendliest
angry	angrier	angriest
loud	louder	loudest

General Rules Recap

1. **One-syllable adjectives:** Add *-er* for comparative, *-est* for superlative.

   Example: "big" → bigger → biggest

2. **Adjectives ending in "y":** Change the "y" to *-ier* and *-iest* for comparative and superlative forms.

   Example: "happy" → happier → happiest

3. **Two or more syllable adjectives (except those ending in "y"):** Use *more* for the comparative and *most* for the superlative.

   Example: "beautiful" → more beautiful → most beautiful

4. **Irregular adjectives (e.g., "good," "bad"):** Have completely different forms for comparative and superlative.

   Example: "good" → better → best

ADVERB

An Adverb is a word which qualifies the meaning of a Verb, an Adjective or another Adverb. e.g.,

(*i*) He talks slowly.

(*ii*) He is a very good student.

(*iii*) He talks very slowly.

In sentence (*i*), *slowly* qualifies the verb talks.

In sentence (*ii*), *very* qualifies the adjective good.

In sentence (*iii*), *very* qualifies the adverb slowly.

Use of some Important Adverbs

(*a*) **Also, Too, Enough:** 'Also' and 'too' suggest 'addition' and 'excess' while 'enough' is placed after the verb it qualifies. e.g.,

(*i*) He taught English. Also, he edited the school magazine.

(*ii*) He is a writer and also he is a painter.

(*iii*) He is too obstinate to listen to any reason.

(*iv*) This is too difficult a piece for the junior students.

(*v*) Sarla was kind enough to help the poor.

(*vi*) He is brave enough to help the truth.

(*b*) **Fairly and Rather:** Both suggest the meaning 'moderately'. But, mainly 'fairly' is used with the words that denote a positive meaning and rather is used with the words that denote a negative meaning, e.g.,

(*i*) Rita did fairly well in that competition, but her performance was rather poor in sports.

(*ii*) Mona is fairly rich, but she is rather stingy.

Note: 'Rather' can also be used in a positive sense.

(*i*) This is a rather interesting job.

(*ii*) That boy is rather smart.

(*c*) **Hardly, Barely, Scarcely:** These words mostly convey the negative suggestions and are almost similar. e.g.,

(*i*) I have hardly any strength now.

(*ii*) There was barely any supply to the township.

(*iii*) There were scarcely a hundred guests present.

Note: With slight variance in the meaning, the words given above convey the idea of 'very little', 'not enough', 'lack of quantity and number'.

(*d*) **Yet, Still:** These adverbs can often be used to connect the sentence units:

(*i*) Mona was sick; yet she went on doing her work.

(*ii*) He has been defeated many times in the contest; still he wants to be a competitor.

(*e*) **Alone:**

(*i*) He alone (none else) is capable of handling that fire,

(*ii*) He hunted all alone in the forest. (not in any company).

PREPOSITION

A preposition shows the relationship of a word to a noun or noun phrase, which is known as the object of the preposition. It also indicates position.

Examples:

(*i*) The book is **under** the table.

Here, the preposition **under** shows the relationship between *book* and table.

(*ii*) The cat hid **behind** the curtain.

The preposition **behind** shows the relationship between curtain and hid.

(*iii*) He walked **through** the park.

The preposition **through** shows the relationship between walked and park.

Prepositions can be used to denote

1. **Prepositions of Place:** Prepositions of place are used to show the location or position of a noun or pronoun. They help to answer the question "Where?" in a sentence. Some of the most common prepositions of place include in, on, at, under, behind, between, next to, above, and below.

   Examples:

   (*i*) She is *in* the room.

   (*ii*) The book is *on* the table.

   (*iii*) We are meeting *at* the cafe.

   (*iv*) The cat is *under* the bed.

2. **Prepositions of Time:** Prepositions of time are used to indicate when an action takes place, answering the question "When?" Common prepositions of time include in, on, at, since, for, during, before, and after.

   Examples:

   (*i*) He was born *in* 1990.

   (*ii*) The meeting is *on* Monday.

   (*iii*) The show starts *at* 7 p.m.

   (*iv*) They've been friends *since* childhood.

   (*v*) She studied *for* three hours.

   (*vi*) I always have breakfast *before* work.

3. **Prepositions of Direction or Movement:** Prepositions of direction indicate the movement of an object or person from one place to another. They help answer the question "Where to?" Some common prepositions of direction include to, toward, into, onto, through, and across.

   Examples:

   (*i*) She is going *to* the gym.

   (*ii*) He ran *toward* the exit.

   (*iii*) She walked *into* the room.

   (*iv*) The cat jumped *onto* the table.

   (*v*) The river flows *through* the city.

4. **Prepositions of Agency:** Prepositions of agency are used to show the agent or the doer of an action, often in passive constructions. The most common preposition of agency is by.

   Examples:

   (*i*) The book was written *by* Shakespeare.

5. **Prepositions of Instrument or Means:** Prepositions of instrument indicate the tool, method, or instrument used to perform an action. Some of the most commonly used prepositions of instrument include by, with, and on.

   Examples:

   (*i*) She travelled *by* train.

   (*ii*) He cut the paper *with* scissors.

   (*iii*) She's talking *on* the phone.

6. **Prepositions of Cause, Reason, or Purpose:** Prepositions of cause, reason, or purpose indicate why something happens or the purpose behind an action. Common prepositions in this category include for, because of, and due to.

   Examples:

   (*i*) She left early *for* a doctor's appointment.

   (*ii*) The game was cancelled *because of* the rain.

   (*iii*) The flight was delayed *due to* bad weather.

7. **Compound Prepositions:** Compound prepositions consist of two or more words combined to act as a single preposition. Some examples include according to, due to, because of, in front of, and in spite of.

   Examples:

   (*i*) *According to* the report, sales increased by 20%.

   (*ii*) He parked his car in *front of* the house.

8. **Prepositions of Concession:** Prepositions of concession highlight contrast or an exception to what is expected. Common examples include despite and in spite of.

   Examples:

   (*i*) She finished the race *despite* feeling unwell.

CONJUNCTION

A conjunction is a word which connects words, clauses or sentences.

Look at the following sentences:

(*i*) He bought apples *and* mangoes.

(*ii*) God made the country *and* man made the town.

(*iii*) The door was open *but* there was no one in the house.

(*iv*) He knows that I am here *and* that I want to see him.

In the sentence (*i*), *and* connects two words—*apples* and *mangoes*.

In the sentence (*ii*), *and* connects two sentences—*God made the country* and *man made the town*.

In the sentence (*iii*), *but* connects two sentences—*The door was open* and *there was no one in the house*.

In the sentence (*iv*), *and* connects two clauses—*that I am here* and *that I want to see him*.

Rules Related to the Correct Usage of Conjunctions

- **Rule 1:** Use coordinating conjunctions (FANBOYS - For, And, Nor, But, Or, Yet, So) to connect words, phrases, or independent clauses of equal rank.

  Examples:

  (*i*) She likes apples *and* oranges. (words)

  (*ii*) He wanted to stay, *but* he had to leave. (independent clauses)

- **Rule 2:** When two independent clauses are joined by a coordinating conjunction, place a comma before the conjunction.

  Examples:

  (*i*) I was hungry, *so* I made a sandwich.

  (*ii*) She tried to call, *but* no one answered.

- **Rule 3:** A subordinating conjunction introduces a dependent clause and connects it to an independent clause.

  Examples:

  (*i*) *Because* it was raining, we stayed inside.

  (*ii*) I'll wait here *until* you come back.

- **Rule 4:** If the dependent clause comes first, use a comma.

  Example: *Although* he was tired, he kept working.

  If the independent clause comes first, no comma is needed.

  Example: He kept working *although* he was tired.

- **Rule 5:** Correlative conjunctions like either…or, neither…nor, not only…but also, must appear in pairs.

  Examples:

  (*i*) *Either* you come now *or* you stay behind.

  (*ii*) *Not only* was she smart, *but* also very kind.

- **Rule 6:** Both parts of a correlative conjunction should join elements of the same grammatical type (noun to noun, clause to clause, etc.).

  Examples:

  (*i*) Wrong: *Either* you clean the room *or* the dishes.

  (*ii*) Correct: *Either* you clean the room *or* you wash the dishes.

- **Rule 7:** Don't use two conjunctions together unnecessarily.

  Examples:

  Incorrect: *Although* he was tired, *but* he went to work.

  Correct: *Although* he was tired, he went to work.

  OR: He was tired, *but* he went to work.

- **Rule 8:** In formal writing, starting a sentence with and, but, or so is discouraged, although it is acceptable in informal writing.

  Example:

  Informal: *But* I didn't know that.

  Formal: *However*, I didn't know that.

- **Rule 9:** Choose the conjunction based on the logical connection:

  ❑ Cause: because, since, as

  ❑ Contrast: although, but, yet

  ❑ Time: when, before, after

  ❑ Condition: if, unless, provided that

- **Rule 10:** Don't Use "Because" After "The Reason Is"

  Example:

  Wrong: The reason is *because* he was late.

  Correct: The reason is *that* he was late.

INTERJECTION

An interjection is a word used to express emotion. It is often followed by an exclamation point. Interjections do not have any grammatical use.

Examples:

(*i*) *Ouch!* That really hurt badly.

(*ii*) *Well*, what you just did was wonderful.

(*iii*) *Wow*! Your new bike is amazing.

Exclamation marks are generally used after an interjection.

Examples:

(*i*) *Wow!* That is a beautiful dress indeed.

(*ii*) *Oh my God!* That was unexpected.

(*iii*) *Ok!* You can go office.

EXERCISE

NOUN

Directions (Qs. No. 1 to 5): *In the following questions choose the correct option to fill in the blanks.*

1. The _____ is full of stars.
A. sky B. skies
C. skys D. skyline

2. We planted five _____ in the garden.
A. tree B. trees
C. trez D. treez

3. A group of _____ is called a herd.
A. lions B. cows
C. monkeys D. fish

4. The _____ is flying in the sky.
A. airplane B. aeroplanes
C. kites D. birds

5. I saw a _____ of birds in the sky.
A. crowd B. swarm
C. flock D. pack

6. What is the collective noun for a group of 'players'?
A. crew B. team
C. army D. pack

7. Which word has the same singular and plural form?
A. deer B. dogs
C. fox D. chairs

8. What is the feminine gender of 'Actor'?
A. actress B. actess
C. lady actor D. actorine

9. Choose the correct collective noun for 'bees'.
A. gang B. flock
C. swarm D. herd

10. What is the plural of 'Knife'?
A. knifes B. knive
C. knives D. knifves

11. What is the feminine gender of 'Prince'?
A. princess B. princeess
C. lady prince D. princi

12. Choose the correct plural of 'Box'.
A. boxs B. boxes
C. boxies D. boxez

13. What is the collective noun for 'Ships'?
A. gang B. pack
C. fleet D. bunch

14. Which one of the following words can be made plural by adding a suffix 'en'?
A. Max B. Box
C. Tax D. Ox

15. Which of the following words is a material noun?
A. Air B. Cow
C. Gold D. Class

16. Which of the following words is an abstract noun?
A. Woman B. Connection
C. Boy D. Plough

17. Which kind of noun is 'adversity'?
A. Abstract noun B. Common noun
C. Proper noun D. Collective noun

18. Which of the following words is 'plural'?
A. Goat B. Dog
C. Fox D. Mice

19. Which of the following words is regarded as singular?
A. Cats B. Dogs
C. Mathematics D. Cars

20. In which of the following sentences is the subject of verb a feminine gender noun?
A. All the young men have arrived.
B. All the old men have arrived.
C. All the female members have arrived.
D. All the members have arrived.

21. Which of the following words is plural?
A. Analysis B. Criteria
C. Index D. Crisis

22. Which of the following nouns is in plural?
A. Electronics B. Billiards
C. News D. Mice

23. H was an orphan and lived wth his uncle. In the above given sentence identify the gender of the word 'orphan'.
A. Common Gender B. Neuter Gender
C. Masculine Gender D. Feminine Gender

24. Add the right suffix to pluralize the word 'OX'.
A. –ies B. –s
C. –en D. –es

25. Which of the following alternatives is grammatically correct?
A. All these man are gentle.
B. All these mans are gentle.
C. All these men are gentle.
D. All this men are gentle.

PRONOUN

Directions: (Qs. No. 26 to 45): *In the following questions choose the correct options to fill in the blanks.*

26. The place was so dirty that _____ wished to run away from there.
A. everybody B. anybody
C. few D. some

27. _____ was there to help me.
A. Somebody B. Anything
C. Anybody D. Nobody

28. Is there _____ to eat?
A. some B. something
C. any D. few

29. _____ of the students were making a great noise.
A. Anyone B. Somebody
C. Many D. Nobody

30. _____ of the students can solve this sum.
A. Someone B. Anybody
C. Somebody D. None

31. _____ of us should try our best to make India a heaven.
A. Any B. Somebody
C. Anybody D. All

32. _____ of us do not know the real meaning of our lives.
A. Any B. Something
C. Several D. Many

33. The teacher is talking to _____.
A. me B. I
C. mine D. my

34. Can you give the book to _____?
A. me B. I
C. mine D. my

35. That notebook is _____.
A. mine B. my
C. me D. I

36. The two girls hugged _____ after the match.
A. themselves B. each other
C. one another D. them

37. _____ is available to help you with the task?
A. Anyone B. Someone
C. Nobody D. Everybody

38. _____ of these books belong to the library?
A. Every B. All
C. Each D. Few

39. _____ can enter the room after the meeting starts.
A. Anyone B. Someone
C. Nobody D. Everybody

40. They are always helping _____.
A. us B. one another
C. them D. each other

41. _____ student will be selected for the award.
A. Any B. Every
C. Each D. Both

42. Can you help _____ with this task?
A. we B. us
C. our D. ours

43. The two friends argued with _____ for hours.
A. each other B. themselves
C. one another D. them

44. My son and my daughter are very fond of ....
A. herself B. each other
C. themselves D. himself

45. This dress is .... and that one is mine.
A. your B. our book
C. yours D. your book

VERB

Directions (Qs. No. 46 to 69): *In the following questions choose the correct option to fill in the blanks.*

46. She _____ to school every day.
A. go B. goes
C. going D. gone

47. They _____ playing football when it started to rain.
A. is B. was
C. are D. were

48. I _____ help you if you ask me.
A. will B. shall
C. would D. can

49. He _____ tired after working all night.
A. must be B. can be
C. may be D. has

50. You _____ study harder for the exam.
A. might B. should
C. can D. could

51. She wants _____ a doctor.
A. become B. becoming
C. to become D. becomes

52. We _____ go to the zoo tomorrow.
A. might B. should
C. must D. shall

53. He _____ finished his homework.
A. has B. have
C. had D. having

54. The teacher _____ the students every day.
A. teach B. teaching
C. teaches D. taught

55. I _____ my grandparents every Sunday.
A. visiting B. visited
C. visit D. visits

56. She _____ be the new manager.
A. may B. musts
C. is D. does

57. The dog _____ at the strangers.
A. bark B. barking
C. barks D. barked

58. He _____ a book when I called him.
A. read B. was reading
C. is reading D. reads

59. You _____ respect your elders.
A. ought to B. could
C. would D. shall

60. I _____ dancing when I was a child.
A. love B. loved
C. loves D. loving

61. We _____ playing cricket in the field.
A. is B. are
C. was D. be

62. She _____ a great dancer.
A. is B. are
C. be D. were

63. The movie _____ by a famous director.
A. directed B. was directed
C. directs D. directing

64. Pen and ink _____ required for me.
A. are B. were
C. is D. has required

65. Neither prose nor poem _____ given.
A. were B. was
C. has D. have

66. Either Sulekha or Rekha _____ coming here.
A. are B. is
C. were D. have

67. You and I _____ neighbours.
A. am B. are
C. was D. has

68. She as well as I _____ guilty.
A. is B. are
C. am D. must be

69. We .... the matter yesterday.
A. discussed about B. discussed of
C. discussed D. discussed well

70. Which of the following sentences has transitive verb?
A. She writes well
B. She walks in the morning daily
C. He is running very fast
D. I killed a snake last night

ADJECTIVE, ADVERB

Directions: (Qs. No. 71 to 90): *In the following questions choose the correct options to fill in the blanks.*

71. It is _____ picture than the one we saw last Monday.
A. interesting B. much interesting
C. more interesting D. most interesting

72. She is clever _____ .
A. that her mother is B. as her mother is
C. to her mother is D. than her mother is

73. They will get _____ .
A. Red, green and black paper
B. Red, green black paper
C. Red and green and black paper
D. Red green black paper

74. Health is _____ wealth.
A. preferable to B. more preferable than
C. more preferable to D. most preferable then

75. He has not sung _____ songs.
A. much B. most
C. more D. many

76. Srishti has searched _____ office.
A. whole the B. the whole
C. a whole D. some whole

77. Premchand was _____ best and _____ famous writer.
A. a, the most B. the, a most
C. the, more D. the, the most

78. William Shakespeare is famous as _____ .
A. a poet and a dramatist
B. a poet and dramatist
C. the poet and the dramatist
D. a poet and the dramatist

79. What does _____ leader suggest?
A. other B. another
C. others D. anothers

80. He is _____ brave.
A. stronger than B. stronger then
C. more strong then D. more strong than

81. No sooner said _____ .
A. so done B. and done
C. than done D. but done

82. She returned _____ than I had thought.
A. quickly B. more quicker
C. more quickly D. quicker

83. He is _____ foolish person.
A. rather the B. a rather
C. rather a D. rather

84. This pen _____ rupees.
A. costs twenty B. twenty costs only
C. costs only twenty D. only costs twenty

85. This tea is _____ to drink.
A. too hot B. very hot
C. enough hot D. much hot

86. The sky looks very _____ today.
A. bright B. brightly
C. brightness D. brightens

87. We saw _____ elephants at the zoo.
A. much B. more
C. many D. most

88. John is my _____ brother. (Find out the correct adjective)
A. elder B. bigger
C. old D. young

89. Today is the _____ day of my life. (Choose the correct adjective)
A. more important B. less important
C. important D. most important

90. Choose the correct adjective.
Yesterday was the _____ day of our trip.
A. most worse B. more worse
C. worst D. worser

91. Which part of speech is the word 'hard' in the sentence 'He is working hard'?
A. Preposition B. Adverb
C. Conjunction D. Noun

92. Which of the following words is an adverb?
A. Apace B. Face
C. Meek D. Fury

93. Fill in the blank with the most suitable adverb from those provided:
It took us .... five hours to reach the airport.
A. nearly B. always
C. enough D. none of these

94. The word 'Fast' in the sentence.
'He is fast writer' is:
A. an adverb B. an adjective
C. a conjunction D. a noun

95. Which of the following sentence does not have an adjective clause?
A. I met him where he lived.
B. I met him in Prayagraj which is a holy city.
C. The man who is truthful is loved by all.
D. I love the man who is truthful.

PREPOSITION

Directions: (Qs. No. 96 to 124): *In the following questions choose the correct options to fill in the blanks.*

96. She is capable _____ handling the project.
A. for B. of
C. in D. with

97. He was absent _____ school yesterday.
A. at B. of
C. from D. in

98. I was tired _____ walking all day.
A. from B. with
C. by D. of

99. There is a bridge _____ the river.
A. under B. over
C. in D. across

100. He sat _____ the fire to warm himself.
A. under B. over
C. beside D. near

101. The manager is responsible _____ the project.
A. for B. of
C. with D. in

102. He divided the apples _____ the four children.
A. among B. between
C. into D. with

103. He applied _____ the manager.
A. for B. to
C. with D. by

104. Trust _____ God and do the right.
A. in B. for
C. to D. with

105. You are hard _____ hearing.
A. at B. of
C. with D. for

106. Preeti was warned _____ the danger ahead.
A. for B. at
C. of D. about

107. I am thankful _____ you for a good advice.
A. for B. with
C. to D. of

108. The small plant in your lawn is very sensitive _____ touch.
A. on B. with
C. to D. about

109. Divya was sure to succeed _____ the examination.
A. for B. in
C. to D. with

110. Geeta was jealous _____ Ravina's beauty.
A. to B. with
C. for D. of

111. He was ignorant _____ what was happening there.
A. for B. of
C. to D. with

112. Your pen is inferior _____ mine.
A. than B. with
C. from D. to

113. It is necessary _____ you to apply for this job.
A. on B. with
C. for D. to

114. I tried .... relieve them .... their poverty.
A. to, with B. to, of
C. by, from D. into, with

115. When she parted .... her parents, her eyes were full of tears.
A. off B. with
C. from D. to

116. The deaf learn to communicate with one another .... sign language.
A. according to
B. by means of
C. inspite of
D. but for

117. We have been living here .... six months.
A. ever B. at
C. since D. for

118. Are you sorry .... what you have done?
A. with B. by
C. for D. over

119. Why are you always so suspicious .... me?
A. to B. with
C. of D. for

120. A prisoner was accused .... murder.
A. to B. of
C. for D. off

121. His thirst .... knowledge left him no leisure .... anything else.
A. for, for B. on, on
C. by, by D. at, at

122. He came to me .... midnight.
A. on B. upon
C. in D. at

123. He is junior .... me.
A. with B. to
C. than D. from

124. The speaker is going .... the subject.
A. to B. from
C. off D. within

125. Which of the following words is a preposition?
A. Beyond B. And
C. Yet D. Now

CONJUNCTION

Directions: (Qs. No. 126 to 148): *In the following questions choose the correct options to fill in the blanks.*

126. You can have _____ tea _____ coffee.
A. neither, nor B. both, and
C. either, or D. not only, but also

127. I will call you _____ I arrive.
A. as soon as B. but
C. unless D. or

128. He is not only smart _____ also funny.
A. and B. or
C. but D. but also

129. She didn't come to the party _____ she was sick.
A. because B. so
C. but D. although

130. The game was cancelled _____ heavy rain.
A. due to B. but
C. unless D. or

131. We will go out _____ it stops raining.
A. unless B. or
C. if D. though

132. _____ the manager _____ the staff were absent.
A. Neither, nor B. Both, and
C. Either, or D. Not only, but also

133. He ran fast, _____ he missed the train.
A. but B. yet
C. however D. so

134. I don't know _____ he is coming or not.
A. while B. whether
C. that D. because

135. The officer asked the peon _____ why he was late.
A. that B. if
C. but D. No word needed

136. No Sooner did the thief see the public _____ he ran away.
A. then B. and
C. but D. than

137. Abhinav _____ his brothers was going to Mumbai.
A. but B. yet
C. No word needed D. together with

138. He behaves _____ he were the captain of the team.
A. as if B. as
C. No word needed D. that

139. Either Rupali _____ Sonali is going to attend the meeting.
A. and B. but
C. nor D. or

140. Neither Nirmal _____ Ashwinee is going to listen the speech.
A. and B. but
C. nor D. or

141. Hardly had he left _____ his brother came.
A. then B. than
C. when D. that

142. I would rather have a copy _____ a book.
A. then B. than
C. when D. that

143. The cellphone is both cheap _____ best.
A. than B. and
C. then D. or

144. Although he is rich, _____ he is unhappy.
A. but B. yet
C. so D. still

145. Wait here _____ I come back.
A. till B. until
C. before D. after

146. He is my friend _____ I shall help him.
A. so B. hence
C. that is why D. therefore

147. .... he had not paid his bill, his electricity was cut off.
A. But B. Either
C. Unless D. As

148. Either he is mad .... he feigns madness.
A. nor B. or
C. and D. so

149. Which of the following words is not a coordinating conjunction?
A. if B. for
C. and D. but

150. Which of the following sentences has a 'conjunction'?
A. She is poor but she is by nature hospitable.
B. She is awfully busy.
C. I am nobody for you.
D. My grandfather is not well.

INTERJECTION

Directions: (Qs. No. 151 to 155): *In the following questions choose the correct interjection.*

151. Aww! The baby is so cute.
A. Aww! B. The baby
C. Cute D. None of the above

152. Hey! Come here and play with us.
A. Come B. Play
C. Us D. Hey!

153. Oh! It is nice to meet you again.
A. Oh! B. Meet
C. Nice D. It

154. Congratulations! You have got the job.
A. You B. Got
C. The job D. Congratulations!

155. Well done! You have proved your worth.
A. Worth B. Proved
C. Well done! D. None of the above

Directions (Qs. No. 156 to 160): *In the following questions choose the correct options to fill in the blanks.*

156. ___! We have won the competition.
A. Hurrah B. Alas
C. Oops D. Ouch

157. ___! I forgot my umbrella.
A. Hurrah B. Wow
C. Oops D. Ouch

158. ___! I hate junk food items.
A. Hurrah B. Alas
C. Yuck D. Ouch

159. ___! We have done our first project.
A. No B. Cheers
C. Yuck D. Ouch

160. ___! I did not notice you coming.
A. Hurrah B. Aww
C. Bravo D. Sorry

ANSWERS

1	2	3	4	5	6	7	8	9	10
A	B	B	A	C	B	A	A	C	C
11	**12**	**13**	**14**	**15**	**16**	**17**	**18**	**19**	**20**
A	B	C	D	C	B	A	D	C	C
21	**22**	**23**	**24**	**25**	**26**	**27**	**28**	**29**	**30**
B	D	A	C	D	A	D	B	C	D
31	**32**	**33**	**34**	**35**	**36**	**37**	**38**	**39**	**40**
D	D	B	A	A	B	B	C	A	D
41	**42**	**43**	**44**	**45**	**46**	**47**	**48**	**49**	**50**
C	B	A	B	C	B	D	A	A	B
51	**52**	**53**	**54**	**55**	**56**	**57**	**58**	**59**	**60**
C	A	A	C	C	A	C	B	A	B
61	**62**	**63**	**64**	**65**	**66**	**67**	**68**	**69**	**70**
B	A	B	C	B	B	B	A	C	D
71	**72**	**73**	**74**	**75**	**76**	**77**	**78**	**79**	**80**
C	C	A	A	D	B	D	B	B	D
81	**82**	**83**	**84**	**85**	**86**	**87**	**88**	**89**	**90**
C	C	C	C	A	A	C	A	D	C
91	**92**	**93**	**94**	**95**	**96**	**97**	**98**	**99**	**100**
B	A	A	B	A	B	C	A	B	D
101	**102**	**103**	**104**	**105**	**106**	**107**	**108**	**109**	**110**
A	A	B	A	B	D	D	D	B	D
111	**112**	**113**	**114**	**115**	**116**	**117**	**118**	**119**	**120**
B	D	D	B	B	B	D	C	C	B
121	**122**	**123**	**124**	**125**	**126**	**127**	**128**	**129**	**130**
A	D	B	A	A	C	A	D	A	A
131	**132**	**133**	**134**	**135**	**136**	**137**	**138**	**139**	**140**
C	B	C	B	D	D	D	A	D	C
141	**142**	**143**	**144**	**145**	**146**	**147**	**148**	**149**	**150**
C	B	B	B	A	B	D	B	A	A
151	**152**	**153**	**154**	**155**	**156**	**157**	**158**	**159**	**160**
A	D	A	D	C	A	C	C	B	D

3 ARTICLES

The family of the articles has only three members. They are : A, An and The. However, they fall under two groups :

(*a*) Definite Article (*b*) Indefinite Article

'The' is known as definite article whereas 'a' and 'an' are known as indefinite articles.

Use of the Definite Article 'The'

'The' is used before

1. The superlative degree, e.g.,

   He is the ablest man of the town.

   (ablest is a superlative degree)

2. The name of states, countries etc. having a descriptive name, e.g.,

   (*i*) The J & K is a small state. (J & K is a descriptive name)

   (*ii*) He lives in the U.S.A. (U.S.A. is a descriptive name)

   (But the Delhi and the America are wrong because neither Delhi nor America is a descriptive name)

3. The names of the scriptures, e.g.,

   The Gita is a holy book. (Gita is a scripture)

4. Name of newspapers:

   The Tribune is published from Chandigarh.

5. Name of rivers, canals, seas, oceans, bays, gulfs, groups of islands etc. e.g.,

   (*i*) The Ganga is a holy river.

   (*ii*) The Indian Ocean is the deepest ocean.

   (*iii*) The Persian Gulf is a narrow gulf.

6. The name of famous buildings, e.g.,

   The Taj is one of the best buildings in India.

7. The names of nationals, sects and communities, e.g.,

   (*i*) The English defeated the Germans in the World War.

   (*ii*) The rich should help the poor.

   (*iii*) The Hindus believe in the caste system.

8. Proper nouns used as common nouns, e.g.,

   (*i*) Kalidas is the Shakespeare of India.

   (*ii*) Delhi is the London of India.

9. Famous historical events, e.g.,

   The Industrial Revolution changed the face of England.

10. The directions and the celestial bodies, e.g.,

    The sun rises in the east.

11. Titles, e.g.,

    Akbar, the Great was loved by his subjects.

Do not use 'the'

1. Before languages:

   The English is an international language. (Incorrect)

   English is an international language. (Correct)

2. Before the names of games:

   The hockey is a popular game. (Incorrect)

   Hockey is a popular game. (Correct)

Use of the Indefinite Articles 'A' and 'An'

'A' is used before :

1. All singular common nouns beginning with a consonant, e.g.,

   (*i*) A boy sings a song.

   (*ii*) A black and a white cow were grazing in the field.

2. If a word begins with a vowel but gives the sound of a consonant, 'a' should be used before it, e.g.,

   (*i*) He was helped in his work by a European.

   (*ii*) He is a one-eyed man.

   (*iii*) It is a useful work.

'An' is used as follows :

1. All singular common nouns beginning with a vowel (i.e., a, e, i, o, u), e.g.,
   (*i*) He is an artist.
   (*ii*) He is an old man.
   (*iii*) I intend to buy an umbrella.
2. If a word starts with a consonant but gives the sound of a vowel, 'an' should be used before it, e.g.,
   (*i*) Brutus is an honourable man.
   (*ii*) He is an honour to his profession.
   (*iii*) He is an L.L.B.
   (*iv*) He is an M.A.
   (*v*) You will reach there in an hour.

Demonstratives, that, these and those

1. The demonstrative adjectives and pronouns are for objects nearby the speaker:
   this (singular), those (plural)
   and for objects far away from the speaker.
   That (singular), those (plural)
2. Demonstratives are the only adjectives that agree in number with their nouns. e.g.,
   (*i*) That hat is nice. (*ii*) Those hats are nice.
3. When there is the idea of selection, the pronoun 'one' (or 'ones') often follows the demonstrative. e.g., I want a book. I'll get this (one).
   If the demonstrative is followed by an adjective, 'one' (or 'ones') must be used.
   I want a book. I'll get this big one.

EXERCISE

Directions (Qs. No. 1 to 30): *In the following questions choose the correct options to fill in the blanks.*

1. I saw _____ eagle flying in the sky.
A. a B. an
C. the D. no article

2. She has _____ idea that might help us.
A. a B. an
C. the D. no article

3. There is _____ university in this town.
A. a B. an
C. the D. no article

4. He gave me _____ useful suggestion.
A. a B. an
C. the D. no article

5. She adopted _____ dog from the shelter.
A. a B. an
C. the D. no article

6. I need _____ umbrella because it's raining.
A. a B. an
C. the D. no article

7. They saw _____ owl in the garden.
A. a B. an
C. the D. no article

8. She wants to be _____ astronaut.
A. a B. an
C. the D. no article

9. We had dinner at _____ Italian restaurant.
A. a B. an
C. the D. no article

10. I saw _____ European tourist at the museum.
A. a B. an
C. the D. no article

11. _____ will have to be paid for this material.
A. Half rupee B. Half a rupee
C. A half rupee D. An half rupee

12. Only _____ can save our country.
A. the Hitler B. a Hitler
C. Hitler D. an Hitler

13. I can run for _____ .
A. hundred miles
B. the hundred miles
C. a hundred miles
D. an hundred miles.

14. _____ earth is moving around the sun.
A. An B. A
C. The D. No article

15. This is ____ house which was built during earthquake.
A. a B. an
C. the D. No article

16. _____ America is a rich country.
A. The B. An
C. A D. No article

17. _____ U.S.A. is a developed country.
A. A B. An
C. The D. No article

18. _____ Bible is a holy book.
A. A B. The
C. An D. No article

19. _____ Gold is a costly metal.
A. The B. A
C. An D. No article

20. Kalidas is _____ Shakespeare of India.
A. a B. an
C. the D. No article

21. How foolish _____ plan it is!
A. a B. an
C. the D. No article

22. There are _____ husband and wife.
A. a B. an
C. the D. No article

23. French is _____ easy language.
A. a
B. an
C. the
D. none

24. We studied about _____ Roman Empire in school.
A. a B. an
C. the D. no article

25. Rakesh is _____ excellent Science article.
A. an B. a
C. the D. no article

26. They are going to _____ Metro station.
A. a B. the
C. an D. no article

27. .... Taj Mahal is .... monuments symbolizing love.
A. The, a B. A, an
C. The, an D. A, the

28. We were watching .... news on BBC last evening.
A. a B. the
C. an D. None of these

29. Yesterday I saw .... European riding on .... elephant.
A. a, a B. the, the
C. a, an D. a, the

30. Neil Armstrong was .... first man to walk on .... moon.
A. the, the B. an, a
C. a, the D. an, the

ANSWERS

1	2	3	4	5	6	7	8	9	10
B	B	A	B	A	B	B	B	B	A
11	**12**	**13**	**14**	**15**	**16**	**17**	**18**	**19**	**20**
B	B	C	C	C	D	C	B	D	C
21	**22**	**23**	**24**	**25**	**26**	**27**	**28**	**29**	**30**
A	D	B	C	A	B	A	B	C	A

❄ ❄ ❄ ❄ ❄

4 SENTENCE

A sentence is a group of words that is arranged in a proper order and expresses a complete thought or meaning.

A sentence always begins with a capital letter and ends with a full stop, question mark, or exclamation mark.

(A) Subject and Predicate

Subject

The subject is the part of a sentence that tells who or what performs the action. It is the doer of the action in a sentence.

Example: Ram is reading a book.

"Ram" is the subject.

Predicate

The predicate is the part of the sentence that tells what the subject does or what is said about the subject. It includes the verb and all other details.

Example: Ram is reading a book.

"is reading a book" is the predicate.

(B) Kinds of Sentences

1. **Assertive (Declarative) Sentence:** An assertive sentence is a sentence that makes a statement or expresses a fact, opinion, or information.

   Example: The sun rises in the east.

2. **Interrogative Sentence:** An interrogative sentence is a sentence that asks a question and ends with a question mark (?).

   Example: Where are you going?

3. **Imperative Sentence:** An imperative sentence is a sentence that expresses a command, request, advice, instruction, or suggestion.

   Example: Please sit down.

4. **Exclamatory Sentence:** An exclamatory sentence is a sentence that expresses strong emotion such as joy, surprise, anger, or sorrow and ends with an exclamation mark (!).

   Example: What a beautiful scene!

5. **Optative Sentence:** An optative sentence is a sentence that expresses a wish, prayer, or blessing.

   Example: May you succeed in life!

EXERCISE

Directions (Qs. No. 1 to 25): *In the following questions, choose the correct option.*

1. A group of words that expresses a complete thought is called a:

A. Phrase B. Clause
C. Sentence D. Word

2. In the sentence "Ram is reading a book", the subject is:

A. is reading
B. Ram
C. book
D. reading

3. In the sentence "She is writing a letter", the predicate is:

A. She B. writing
C. is writing a letter D. letter

4. The subject of a sentence is the part that:

A. tells action B. shows emotion
C. performs the action D. ends the sentence

5. The predicate includes:

A. only subject
B. verb and rest of sentence
C. only noun
D. punctuation

6. Which sentence is assertive?
A. Where are you going?
B. Please sit down.
C. The sun rises in the east.
D. What a beautiful day!

7. Which sentence is interrogative?
A. Open the door. B. How are you?
C. The sky is blue. D. What a nice place!

8. Which sentence is imperative?
A. She is singing.
B. Please close the window.
C. Where is he?
D. Wow! It is amazing.

9. Which sentence is exclamatory?
A. He is a teacher.
B. What a wonderful game!
C. Are you coming?
D. Sit down.

10. Which sentence expresses a wish?
A. I am happy.
B. May you succeed in life!
C. Close the door.
D. Where are you going?

11. "The teacher is teaching English." The subject is:
A. teaching B. English
C. The teacher D. is teaching

12. "They are playing football." The predicate is:
A. They B. football
C. are playing football D. playing

13. Which sentence ends with a question mark?
A. Imperative B. Interrogative
C. Assertive D. Exclamatory

14. "What a beautiful flower!" is a:
A. Assertive B. Imperative
C. Exclamatory D. Interrogative

15. "Please help me." is a:
A. Imperative B. Assertive
C. Interrogative D. Exclamatory

16. The sentence "She sings a song." is:
A. Interrogative B. Assertive
C. Imperative D. Exclamatory

17. "Where are you going?" is a:
A. Imperative B. Assertive
C. Interrogative D. Exclamatory

18. The subject in "The children are playing" is:
A. are playing B. playing
C. The children D. children are

19. The predicate in "Ram writes a letter" is:
A. Ram B. writes
C. a letter D. writes a letter

20. "How beautiful the scenery is!" is a:
A. Imperative B. Assertive
C. Exclamatory D. Interrogative

21. Which is NOT a sentence type?
A. Assertive B. Interrogative
C. Fragment D. Exclamatory

22. "Sit down." is a:
A. Assertive B. Imperative
C. Interrogative D. Exclamatory

23. In "He is playing cricket", the subject is:
A. playing B. cricket
C. He D. is playing

24. A sentence must have:
A. only subject B. only verb
C. subject and predicate D. only object

25. "The Earth revolves around the Sun." is a:
A. Imperative B. Interrogative
C. Assertive D. Exclamatory

ANSWERS

1	2	3	4	5	6	7	8	9	10
C	B	C	C	B	C	B	B	B	B
11	**12**	**13**	**14**	**15**	**16**	**17**	**18**	**19**	**20**
C	C	B	C	A	B	C	C	D	C
21	**22**	**23**	**24**	**25**					
C	B	C	C	C					

❄ ❄ ❄ ❄ ❄

5 TENSE

The tense of a verb reflects the time at which an action or event occurs.

There are three types of tenses:

1. Present Tense
2. Past Tense
3. Future Tense

Present Tense

If a verb expresses something occurring at the current moment, it is in the Present tense.

Present Tense is of four types:

A. Simple Present Tense: We use the Simple Present tense for events taking place now or for actions that occur regularly.

Structural formula: Subject + verb (s/es) + object.

Examples:

(*i*) She *lives* in Spain.

(*ii*) Bob *drives* a taxi.

The Simple Present Tense is used in the following conditions:

- To express habitual actions or routines:

  Example: She *goes* to school every day.
- To state general truths or facts:

  Example: The sun *rises* in the east.
- To express fixed arrangements or scheduled events (especially in the near future):

  Example: The train *leaves* at 6 PM.
- To give instructions or directions:

  Example: First, you *boil* the water.
- In headlines or storytelling (to create a sense of immediacy):

  Example: Man *wins* lottery and *buys* island.
- To express feelings, thoughts, or states (stative verbs):

  Example: I *believe* in hard work.

B. Present Continuous Tense: The present continuous tense is used to talk about the ongoing actions, events, or conditions that are still not finished.

Structural formula: Subject + helping verb (is/am/are) + main verb (ing) + object.

Examples:

(*i*) She *is playing* basketball.

(*ii*) Birds *are flying* in the sky.

(*iii*) I'*m learning* English.

The Present Continuous Tense is used for the following purposes:

- Actions happening right now (at the moment of speaking):

  Example: She *is reading* a book.
- Temporary actions or situations:

  Example: I *am staying* with a friend this week.
- Planned future events or arrangements:

  Example: They *are meeting* the manager tomorrow.
- Repeated actions with "always" (often with annoyance or emphasis):

  Example: He *is always forgetting* his keys!
- Changing or developing situations:

  Example: The weather *is getting* colder.

C. Present Perfect Tense: A present perfect tense refers to an action or state that has taken place recently.

Structural formula: Subject + helping verb (have/has) + verb (3rd form) + object.

Examples:

(*i*) She *has not finished* her work yet.

(*ii*) I *have seen* that movie twice.

(*iii*) We *have visited* LA several times.

The Present Perfect Tense is used for:

- Actions that happened at an unspecified time in the past but are relevant to the present:

  Example: She *has visited* Paris.
- Actions that started in the past and continue up to the present:

  Example: They *have lived* here for ten years.
- Recent actions or events with present results:

  Example: I *have just finished* my homework.
- Life experiences:

  Example: He *has never eaten* sushi.
- Repeated actions at different times in the past:

  Example: We *have seen* that movie several times.

D. Present Perfect Continuous Tense: The present perfect continuous tense shows a situation that has started in the past and continues in the present.

Structural formula: Subject + helping verb (have/has) + been + verb (ing) + object (optional) + since/for + time duration + object.

Examples:

(*i*) I *have been learning* English for many years.

(*ii*) He *has been working* here since 2010.

(*iii*) We *have been saving* money.

"Since" is followed by a specific point in time, such as:

- A year: *since 2015*
- A day: *since Monday*
- A time: *since 8 a.m.*
- A past event: *since we met*

Examples:

(*i*) I *have been working* here *since* January.

(*ii*) They *have been studying since* morning.

"For" is followed by a period of time, such as:

- Seconds, minutes, hours: for 30 minutes
- Days, weeks, months, years: for two weeks, for five years
- A long time/a short time: for a long time

Examples:

(*i*) I *have been waiting for* an hour.

(*ii*) They *have been studying for* two hours.

Past Tense

The past tense is used when a verb refers to something that took place in the past.

Past Tense is of four types:

A. Simple Past Tense: The simple past tense is used to show an action that happened in the past or a condition that existed earlier.

Structural formula: Subject + verb (2nd form) + object.

Examples:

(*i*) We *met* yesterday.

(*ii*) He *bought* a new laptop last week.

Simple Past Tense is used for:

- Completed actions in the past:

  Example: She *visited* the museum yesterday.
- Actions that happened at a specific time in the past:

  Example: I *met* him in 2020.
- Series of past events (narration or storytelling):

  Example: He *woke up, brushed* his teeth, and left for work.
- Habits or repeated actions in the past:

  Example: They *played* cricket every weekend when they were kids.
- States or situations that existed in the past:

  Example: The house *was* very quiet.

B. Past Continuous Tense: Past continuous tense shows an action that was happening at a specific time in the past.

Structural formula: Subject + helping verb (was/were) + verb (ing) + object.

Examples:

(*i*) I *was watching* TV.

(*ii*) We *were sleeping*.

(*iii*) She *wasn't eating* her lunch.

Past Continuous Tense is used for:

- An action that was happening at a specific time in the past:

  Example: She *was reading* at 8 PM.
- Two actions happening at the same time in the past:

  Example: I *was cooking* while he *was watching* TV.
- An action in progress in the past interrupted by another action (usually in Simple Past):

  Example: They *were playing* when it *started* to rain.
- To show background actions in a story or description:

Example: The birds *were singing*, and the sun *was shining*.

C. Past Perfect Tense: The past perfect tense is used to describe an event that occurred before a completed action in the past.

Structural formula: Subject + had + verb (3rd form) + object.

Examples:

(*i*) He *had gone* when she became ill.

(*ii*) She *had not lived* in New York.

(*iii*) They *had not been married* long when I was born.

Past Perfect Tense is used for:

- To show an action completed before another past action:

  Example: She *had left* before I arrived.

- To indicate the earlier of two past actions:

  Example: They *had finished* dinner when the guests *came*.

- To describe a past action with present relevance in a narrative or reflection:

  Example: I couldn't believe I *had forgotten* her birthday.

- In reported speech (indirect speech):

  Example: He said that he *had seen* the movie.

D. Past Perfect Continuous Tense: The past perfect continuous tense represents any action or event that started in the past and sometimes continued into another action or another time.

Structural formula: Subject + had been + Verb (ing) + object (optional) + time of action.

Examples:

(*i*) We *had been playing* games for 6 hours when Dad came home.

(*ii*) She *had been reading* magazines for 1 month before she decided to apply for the job.

(*iii*) *Had she been washing* dishes all day?

Past Perfect Continuous Tense is used for:

- To show an action that was ongoing in the past and continued up until another point in the past:

  Example: She *had been studying* for two hours before the power went out.

- To emphasize the duration of a past activity before something else happened:

  Example: They *had been working* at the company for five years when it closed.

- To describe the cause of something in the past:

  Example: He was tired because he *had been running*.

Future Tense

The future tense is a tense used to describe an event or action that has not yet happened and is expected to happen in the future.

A. Simple Future Tense: Simple Future Tense is used to describe an action that will occur in the future.

Structural formula: Subject + shall/will + verb + object.

Example:

- He *will* be here soon.

Simple Future Tense is used for:

- Actions that will happen in the future:

  Example: She *will travel* to Paris next year.

  I *shall visit* my grandparents next week.

- Decisions made at the moment of speaking:

  Example: I *will call* you later.

  We *shall see* what happens.

- Predictions about the future:

  Example: It *will rain* tomorrow.

- Promises or offers:

  Example: I *will help* you with your homework.

B. Future Continuous Tense: The future continuous tense is used to describe an ongoing action that will occur or occur in the future.

Structural formula: Subject + shall/will be + verb (ing) + object.

Examples:

(*i*) He *will be coming* to visit us next week.

(*ii*) She *will be watching* TV.

(*iii*) He *will be writing* a letter to Mary.

C. Future Perfect Tense: The future perfect is used to describe an action that will be completed between now and a certain point in the future.

Structural formula: Subject + shall/will + have + verb (3rd form) + object.

Examples:

(*i*) They *will have finished* the film before we get home.

(*ii*) She *will have cleaned* the house by 9 pm.

D. Future Perfect Continuous Tense: We use the future perfect continuous to focus on the duration of an action before a specific time in the future.

Structural formula: Subject + shall/will + have been + verb (ing) + object (optional) + time instant.

Examples:

(*i*) He *will have been studying* hard for 2 weeks before the exam.

(*ii*) By the time the alarm goes off, we *will have been sleeping* for 8 hours.

(*iii*) We *shall have been living* in this city for five years by the end of this month.

EXERCISE

Directions (Qs. No. 1 to 30): *In the following questions choose the correct option to fill in the blanks.*

1. She always _____ to school on foot.
A. go B. goes
C. going D. gone

2. They _____ a new house last year.
A. buy B. buys
C. bought D. buying

3. He _____ his homework tomorrow.
A. will do B. do
C. does D. doing

4. Look! The children _____ in the garden.
A. are playing B. play
C. were playing D. played

5. She _____ a new book these days.
A. write B. writes
C. is writing D. has written

6. They _____ for the bus right now.
A. wait B. waited
C. are waiting D. were waiting

7. She _____ TV when I called her.
A. was watching B. watched
C. watches D. has watched

8. I _____ dinner when the phone rang.
A. am having B. had
C. was having D. have had

9. He ___ a letter when I entered the room.
A. is writing B. was writing
C. wrote D. has written

10. They _____ to a song when I met them.
A. are listening B. listened
C. were listening D. listen

11. This time tomorrow, I _____ for my exam.
A. will study B. study
C. will be studying D. studying

12. We _____ in the library in the evening.
A. will be reading B. read
C. have read D. reading

13. He _____ for his flight at this time next week.
A. waits B. is waiting
C. will be waiting D. waited

14. They _____ the project presentation at that moment.
A. give B. are giving
C. will be giving D. gave

15. She _____ never _____ to London.
A. has, been B. had, been
C. was, being D. have, be

16. They _____ their lunch already.
A. eats B. ate
C. have eaten D. had eaten

17. He _____ his wallet.
A. has lost B. lost
C. loses D. is losing

18. She _____ before I reached.
A. left B. has left
C. had left D. leaves

19. The train _____ when we reached the station.
A. has left B. had left
C. left D. leaves

20. I _____ my work by 6 PM.
A. will finish B. will have finished
C. finish D. have finished

21. They _____ in this company for 5 years by next July.
A. will be working
B. will work
C. will have been working
D. are working

22. She _____ for two hours when the power went out.
A. had studied B. studied
C. had been studying D. has been studying

23. I _____ for this opportunity all my life.
A. am waiting B. have waited
C. have been waiting D. waited

24. He _____ the report by the deadline.
A. will have submitted B. submits
C. submitted D. has submitted

25. Water _____ at 100 degrees Celsius.
A. boils B. is boiling
C. has boiled D. boil

26. She _____ already _____ her meal.
A. had, eaten B. has, eaten
C. have, eaten D. eats

27. While we _____ dinner, the lights went out.
A. have B. had
C. are having D. were having

28. Tomorrow, we _____ a guest speaker at our event.
A. had B. are having
C. will have D. have had

29. By next year, I _____ in this city for a decade.
A. live B. will live
C. will have lived D. had lived

30. The captain _____ along with the players.
A. was present B. was presenting
C. have been presenting D. has been presenting

Directions (Qs. No. 31 to 35): *Read each sentence carefully. From the four options given, choose the one that correctly identifies the tense used in the sentence.*

31. The sun sets in the west.
A. Present Indefinite B. Past Indefinite
C. Future Indefinite D. Present Perfect

32. We were playing football in the evening.
A. Present Perfect Continuous
B. Future Continuous
C. Past Continuous
D. Present Indefinite

33. He had left before I arrived.
A. Past Perfect B. Present Perfect
C. Future Perfect D. Past Indefinite

34. She will have completed the task by tomorrow.
A. Present Perfect
B. Future Perfect
C. Past Perfect
D. Future Indefinite

35. He is reading a book right now.
A. Present Indefinite
B. Present Continuous
C. Past Perfect
D. Future Continuous

ANSWERS

1	2	3	4	5	6	7	8	9	10
B	C	A	A	C	C	A	C	B	C
11	12	13	14	15	16	17	18	19	20
C	A	C	C	A	C	A	C	B	B
21	22	23	24	25	26	27	28	29	30
C	C	C	A	A	B	D	C	C	A
31	32	33	34	35					
A	C	A	B	B					

❄ ❄ ❄ ❄ ❄

6 ACTIVE & PASSIVE VOICE

Voice is an important part of English grammar that shows whether the subject performs the action or receives the action in a sentence. There are two types of voice: Active Voice and Passive Voice.

Active Voice

In Active Voice, the subject performs the action of the verb.

Structure: Subject + Verb + Object

Examples:

- Ram writes a letter.
- She is reading a book.
- They played football.
- The teacher explains the lesson.

In these sentences, the subject (Ram, She, They, Teacher) is doing the action.

Passive Voice

In Passive Voice, the object of the active sentence becomes the subject, and the action is performed on it.

Structure: Object + Helping Verb (be form) + Past Participle + (by Subject)

Examples:

- A letter is written by Ram.
- A book is being read by her.
- Football was played by them.
- The lesson is explained by the teacher.

Rules of Conversion (Active → Passive)

Rule 1: Present Indefinite Tense

Active: Subject + Verb (1st form + s/es) + Object

Passive: Object + is/am/are + 3rd form + by + Subject

Example:

- **Active:** She sings a song.
- **Passive:** A song is sung by her.

Rule 2: Past Indefinite Tense

Active: Subject + Verb (2nd form) + Object

Passive: Object + was/were + 3rd form + by + Subject

Example:

- **Active:** He wrote a letter.
- **Passive:** A letter was written by him.

Rule 3: Future Indefinite Tense

Active: Subject + will + Verb (1st form) + Object

Passive: Object + will be + 3rd form + by + Subject

Example:

- **Active:** They will play cricket.
- **Passive:** Cricket will be played by them.

Rule 4: Present Continuous Tense

Active: Subject + is/am/are + Verb-ing + Object

Passive: Object + is/am/are + being + 3rd form + by + Subject

Example:

- **Active:** She is writing a letter.
- **Passive:** A letter is being written by her.

Rule 5: Past Continuous Tense

Active: Subject + was/were + Verb-ing + Object

Passive: Object + was/were + being + 3rd form + by + Subject

Example:

- **Active:** They were playing football.
- **Passive:** Football was being played by them.

Rule 6: Future Continuous Tense

Active: Subject + will be + Verb-ing + Object

Passive: Object + will be + being + Verb(3rd form) + by + Subject

Example:

- **Active:** She will be writing a letter.
- **Passive:** A letter will be being written by her.

Rule 7: Present Perfect Tense

Active: Subject + has/have + 3rd form + Object

Passive: Object + has/have been + 3rd form + by + Subject

Example:

- **Active:** He has completed the work.
- **Passive:** The work has been completed by him.

Rule 8: Past Perfect Tense

Active: Subject + had + Verb(3rd form) + Object

Passive: Object + had been + Verb(3rd form) + by + Subject

Example:
- **Active:** He had completed the work.
- **Passive:** The work had been completed by him.

Rule 9: Future Perfect Tense

Active: Subject + will have + Verb(3rd form) + Object

Passive: Object + will have been + Verb(3rd form) + by + Subject

Example:
- **Active:** They will have finished the project.
- **Passive:** The project will have been finished by them.

Rule 10: Present Perfect Continuous Tense

Active: Subject + has/have been + Verb-ing + Object

Passive: Object + has/have been being + Verb(3rd form) + by + Subject

Example:
- **Active:** She has been reading the book.
- **Passive:** The book has been being read by her.

Rule 11: Past Perfect Continuous Tense

Active: Subject + had been + Verb-ing + Object

Passive: Object + had been being + Verb(3rd form) + by + Subject

Example:
- **Active:** They had been playing football.
- **Passive:** Football had been being played by them.

Rule 12: Future Perfect Continuous

Active: Subject + will have been + Verb(-ing) + Object
- Indicates an action that will be ongoing up to a certain point in the future.

Example:
- She will have been writing the report for two hours.

Passive: Object + will have been being + Verb(3rd form) + by + Subject

Example:
- The report will have been being written by her for two hours

Important Changes in Passive Voice

- Subject becomes object (after "by")
- Object becomes subject
- Verb changes to 3rd form (Past Participle)
- Helping verbs are added (is, am, are, was, were, been, being)

When "by" is omitted

"By" is often omitted when the doer is unknown, unimportant, or obvious.

Examples:
- **Active:** People speak English worldwide.
- **Passive:** English is spoken worldwide.

EXERCISE

Directions (Qs. No. 1 to 25): *In the following questions, choose the correct option for the passive or active form.*

1. She writes a letter. (Passive voice)
A. A letter is written by her
B. A letter was written by her
C. A letter is being written by her
D. A letter has written by her

2. A book is read by him. (Active voice)
A. He reads a book
B. He read a book
C. He is reading a book
D. He has read a book

3. They play football. (Passive voice)
A. Football is played by them
B. Football was played by them
C. Football will be played by them
D. Football is being played by them

4. A letter was written by Ram. (Active voice)
A. Ram writes a letter
B. Ram wrote a letter
C. Ram is writing a letter
D. Ram has written a letter

5. He is reading a book. (Passive voice)
A. A book is read by him
B. A book is being read by him
C. A book was read by him
D. A book has read by him

6. Cricket is played by them. (Active voice)
A. They play cricket
B. They played cricket
C. They are playing cricket
D. They have played cricket

7. She sings a song. (Passive voice)
A. A song is sung by her
B. A song was sung by her
C. A song has been sung by her
D. A song is being sung by her

8. A letter was written by him. (Active voice)
A. He writes a letter
B. He wrote a letter
C. He is writing a letter
D. He has written a letter

9. They will play football. (Passive voice)
A. Football is played by them
B. Football will be played by them
C. Football was played by them
D. Football is being played by them

10. The lesson is explained by the teacher. (Active voice)
A. The teacher explains the lesson
B. The teacher explained the lesson
C. The teacher is explaining the lesson
D. The teacher has explained the lesson

11. She was writing a letter. (Passive voice)
A. A letter is written by her
B. A letter is being written by her
C. A letter was being written by her
D. A letter has been written by her

12. A song was sung by him. (Active voice)
A. He sings a song B. He sang a song
C. He is singing a song D. He has sung a song

13. They were playing football. (Passive voice)
A. Football was played by them
B. Football was being played by them
C. Football is played by them
D. Football has been played by them

14. A letter has been written by her. (Active voice)
A. She writes a letter
B. She wrote a letter
C. She has written a letter
D. She is writing a letter

15. He wrote a novel. (Passive voice)
A. A novel is written by him
B. A novel was written by him
C. A novel has been written by him
D. A novel is being written by him

16. A book is being read by her. (Active voice)
A. She reads a book B. She is reading a book
C. She read a book D. She has read a book

17. The work has been completed by him. (Active voice)
A. He completes the work
B. He completed the work
C. He has completed the work
D. He is completing the work

18. He is writing a story. (Passive voice)
A. A story is written by him
B. A story is being written by him
C. A story was written by him
D. A story has been written by him

19. Football was played by them. (Active voice)
A. They play football
B. They played football
C. They are playing football
D. They have played football

20. A song is sung by her. (Active voice)
A. She sings a song
B. She sang a song
C. She is singing a song
D. She has sung a song

21. The letter is being written by Ram. (Active voice)
A. Ram writes a letter
B. Ram is writing a letter
C. Ram wrote a letter
D. Ram has written a letter

22. They are playing cricket. (Passive voice)
A. Cricket is played by them
B. Cricket is being played by them
C. Cricket was played by them
D. Cricket has been played by them

23. A cake was baked by her. (Active voice)
A. She bakes a cake
B. She baked a cake
C. She is baking a cake
D. She has baked a cake

24. He has written a letter. (Passive voice)
A. A letter is written by him
B. A letter was written by him
C. A letter has been written by him
D. A letter is being written by him

25. The teacher explains the lesson. (Passive voice)
A. The lesson is explained by the teacher
B. The lesson was explained by the teacher
C. The lesson is being explained by the teacher
D. The lesson has been explained by the teacher

ANSWERS

1	2	3	4	5	6	7	8	9	10
A	A	A	B	B	A	A	B	B	A
11	**12**	**13**	**14**	**15**	**16**	**17**	**18**	**19**	**20**
C	B	B	C	B	B	C	B	B	A
21	**22**	**23**	**24**	**25**					
B	B	B	C	A					

❄ ❄ ❄ ❄ ❄

7 PUNCTUATION

Punctuation marks are symbols used in writing to make sentences clear, meaningful, and well-structured. They indicate pauses, emotions, questions, emphasis, and the proper flow of ideas in written language. Without punctuation, the meaning of a sentence may become confusing or incorrect.

1. **Full Stop (.):** A full stop is used at the end of a complete sentence to show a full stop or completion of an idea.

   Examples:
   - Ram goes to school.
   - She is reading a book.

2. **Comma (,):** A comma is used to show a short pause in a sentence or to separate items in a list.

   Examples:
   - Ram, Shyam, and Mohan went to school.
   - He bought apples, bananas, and oranges.

3. **Semicolon (;):** A semicolon is used to connect two closely related independent clauses.

   Example:
   - He worked hard; he succeeded in the exam.

4. **Colon (:):** A colon is used before a list, explanation, or example.

   Example:
   - I have three colors: red, blue, and green.

5. **Question Mark (?):** A question mark is used at the end of interrogative sentences.

   Examples:
   - Where are you going?
   - Have you completed your homework?

6. **Exclamation Mark (!):** An exclamation mark is used to express strong emotions such as surprise, joy, anger, or excitement.

   Examples:
   - Wow! What a beautiful view!
   - Oh no! What happened!

7. **Quotation Marks (“ ”):** Quotation marks are used to show direct speech or exact words spoken by someone.

   Example: • He said, “I am coming.”

8. **Brackets (Parentheses) – ( ):** Brackets are used to give extra information or clarification in a sentence.

   Example:
   - Mahatma Gandhi (the Father of the Nation) was born in 1869.

9. **Hyphen (-):** A hyphen is used to join two words or parts of words.

   Examples:
   - Mother-in-law
   - Well-known

EXERCISE

1. He is reading a book__

   A. ? B. !
   C. . D. ,

2. Where are you going__

   A. . B. ?
   C. ! D. ;

3. Wow__ What a beautiful day__

   A. !, . B. . ,
   C. ?, ! D. ; ,

4. I have three favorite subjects __ Math, Science and English.

   A. , B. ;
   C. . D. :

5. I bought apples__ bananas__ and oranges.
A. , , B. ; ;
C. : : D. . ,

6. He said__ "I am ready."
A. : B. ,
C. . D. ;

7. Mahatma Gandhi __known as Father of Nation was born in 1869.
A. . B. !
C. ? D. ,

8. She is a well__known writer.
A. - B. ,
C. . D. :

9. He worked hard__ he succeeded.
A. , B. ;
C. . D. :

10. Have you completed your homework__
A. . B. ?
C. ! D. ,

11. Oh no__ What happened__
A. ! ? B. ? !
C. , . D. . ,

12. She said__ "I will come tomorrow."
A. : B. ,
C. . D. ;

13. The sun is shining brightly__
A. ? B. !
C. . D. :

14. We need pen__ paper__ and books.
A. , , B. . .
C. ; ; D. : :

15. What a wonderful performance__
A. ? B. !
C. . D. ,

16. The train is late__
A. . B. ?
C. ! D. ,

17. I have two brothers__ Raj and Amit.
A. : B. ,
C. ; D. .

18. She is honest__ kind__ and helpful.
A. , , B. ; ;
C. . . D. : :

19. Are you coming with us__
A. . B. ?
C. ! D. ,

20. He shouted__ "Stop there!"
A. : B. ,
C. . D. ;

21. My mother is a doctor__
A. ? B. .
C. ! D. ,

22. She is a good girl__ she always helps others.
A. ; B. ,
C. : D. .

23. I like tea__ coffee__ and milk.
A. , , B. ; ;
C. . . D. : :

24. He said__ "What are you doing?"
A. : B. ,
C. . D. ;

25. The Earth revolves around the Sun__
A. ? B. !
C. . D. ,

ANSWERS

1	2	3	4	5	6	7	8	9	10
C	B	A	D	A	A	D	A	B	B
11	**12**	**13**	**14**	**15**	**16**	**17**	**18**	**19**	**20**
A	A	C	A	B	A	A	A	B	A
21	**22**	**23**	**24**	**25**					
B	A	A	A	C					

❄ ❄ ❄ ❄ ❄

8 WORD FORMATION

Word Formation is an important topic in English grammar that deals with how new words are created from existing words.

It helps in understanding vocabulary building, spelling patterns, and meaning changes.

1. Suffixes

A suffix is a group of letters added at the end of a word to change its meaning or part of speech.

Examples:

- teach → teacher
- happy → happiness
- kind → kindness
- beauty → beautiful
- act → action

2. Prefixes

A prefix is a group of letters added at the beginning of a word to change its meaning.

Examples:

- happy → unhappy
- possible → impossible
- legal → illegal
- active → inactive
- correct → incorrect

3. Conversion of Words (Zero Derivation)

In this method, the same word is used as different parts of speech without changing its form.

Examples:

- run (verb) → a run (noun)
- walk (verb) → a walk (noun)
- drink (verb) → a drink (noun)
- call (verb) → a call (noun)

4. Compound Words Formation

Two or more words are combined to form a new word with a new meaning.

Examples:

- black + board = blackboard
- sun + flower = sunflower
- tooth + brush = toothbrush
- rain + bow = rainbow

5. Blending of Words

Two words are merged to form a new word.

Examples:

- breakfast + lunch = brunch
- motor + hotel = motel
- smoke + fog = smog
- television + marathon = telethon

6. Clipping (Shortening of Words)

A long word is shortened to form a new word.

Examples:

- advertisement → ad
- examination → exam
- laboratory → lab
- gymnasium → gym

7. Acronyms

Words formed from the first letters of a group of words.

Examples:

- UNICEF → United Nations International Children's Emergency Fund
- NASA → National Aeronautics and Space Administration
- PIN → Personal Identification Number
- LASER → Light Amplification by Stimulated Emission of Radiation

EXERCISE

1. What is the correct prefix for "possible"?
   A. im- B. un-
   C. dis- D. in-

2. What is the noun form of "happy"?
   A. happily B. happiness
   C. happier D. happiest

3. Choose the correct word: teach → ____
   A. teacher B. teaching
   C. teaches D. taught

4. What is the opposite of "legal"?
   A. legal B. illegal
   C. legible D. loyal

5. What is the noun form of "kind"?
   A. kindly B. kindness
   C. kinder D. kindest

6. Which is a compound word?
   A. happiness B. blackboard
   C. quickly D. running

7. sun + flower = ____
   A. sunflower B. sunflow
   C. sunflour D. flower-sun

8. What is the correct prefix for "active"?
   A. dis- B. in-
   C. un- D. all of these

9. examination → ____
   A. exam B. examine
   C. example D. execution

10. Which is a blended word?
    A. notebook B. smog
    C. blackboard D. classroom

11. smoke + fog = ____
    A. smog B. fogsmoke
    C. smokfog D. smake

12. run (verb) → a ____ (noun)
    A. runner B. running
    C. run D. ran

13. What is the opposite of "happy"?
    A. unhappy B. happily
    C. happiness D. hopeful

14. Which is a suffix in "beautiful"?
    A. be- B. ful
    C. beau D. it

15. What is the correct prefix for "correct"?
    A. in- B. un-
    C. dis- D. all of these

16. laboratory → ____
    A. lab B. late
    C. labor D. label

17. tooth + brush = ____
    A. toothbrush B. tooth-brushes
    C. brush-tooth D. teethbrush

18. What is the noun form of "act"?
    A. active B. action
    C. actor D. acted

19. Which is a prefix?
    A. -ful B. -ness
    C. un- D. -ly

20. walk (verb) → a ____ (noun)
    A. walking B. walker
    C. walk D. walked

ANSWERS

1	2	3	4	5	6	7	8	9	10
A	B	A	B	B	B	A	D	A	B
11	**12**	**13**	**14**	**15**	**16**	**17**	**18**	**19**	**20**
A	C	A	B	A	A	A	B	C	C

❄ ❄ ❄ ❄ ❄

SECTION-B

PEDAGOGY OF LANGUAGE DEVELOPMENT

English is not the most widely spoken language in the world in terms of the number of native speakers. There are many more Chinese speakers than native English speakers but Chinese is spoken little outside of Chinese communities. However English is the most widespread language in the world.

For Governance and Career

In many former British colonies, English is still used in the government and as a medium of communication among people who do not have another language in common. In some cases, it is a neutral language that is used to avoid giving any one indigenous language too much prestige. English is often used in India, because it is neutral.

It is the language of the government. People who speak English have a certain status in society. It is used for books, music and dance. In Singapore, English is a second language, but it is necessary for daily life. Many companies there use English.

In addition, sixteen countries in Africa have retained English as the language of the government. Now standard English is taught in schools in those countries, because it is necessary for careers.

For News and Information

English is commonly used as a medium for the communication of information and news. Three quarters of all telex messages and telegrams are sent in English. Eighty percent of computer data are processed and stored in English. Much satellite communication is carried in English. Five thousand newspapers, more than half of the newspapers published in the world, are published in English.

Even in many countries where English is a minority language, there is at least one newspaper in English. In India alone, there are three thousand magazines published in English.

In many countries, television news is broadcast in English. Because of the power of television, demonstrators in every country use signs printed in English for the benefit of the international press.

For Business, Diplomacy, and the Professions

English is a major language of international business, diplomacy, science and the professions. It is the language that an Iranian businessman and a Japanese businessman are likely to use to communicate. Important commodities such as silver, tin, and hard currency are traded in English. English is also an official language of many professional and international organizations including the United Nations.

For Entertainment

Popular culture has also played an important part in spreading English. American and British popular music are heard all over the world. American movies are seen in almost every country. Books in English are available even in countries where very few people actually use English. One reason that students give for learning English is to understand these songs, movies and books.

For Travel

English is also very important for international travel. Much of the information, countries disseminate about themselves outside of their borders, is in English. English is spoken in large hotels and tourist attractions, at airports, and in shops that tourists frequent. There are travel brochures printed in English, and TV news is available in English.

LEARNING

A considerable change in the behaviour of the organism is called learning. When organism comes in contact with his environment certain necessary adjustment in the behaviour is needed. This adjustment in behaviour is the result of acquisition of various habits, skills, attitudes and knowledge which is actually learning in simple term.

Thus, learning means change in response or behaviour (modification, elimination or acquisition of responses involving some degree of performance) caused partly or wholly by conscious or unconscious experiences. This learning does not include physiological changes such as fatigue, temporary sensory resistance or non functioning even after continued stimulation.

Definition of Learning

It is very difficult to give a universally acceptable definition of learning because psychologists have defined the concept from different angles on the basis of their experiments. The common feature among these definitions is that learning in psychology has the status of a construct which means an idea or image that can not be directly observed like electrons or genes but they are inferred from the behaviour of the organism.

Melvin H Marx has defined learning in the following words;

"Learning is a relatively enduring change in behaviour which is a function of prior behaviour (usually called practice).

Explanation : According to the definition given above learning has three attributes:

1. Learning is a some what permanent change in behaviour. Changes occurred due to illness, fatigue, maturation or the consumption of intoxicants is not learning.
2. Learning is not directly observable. It is inferred from the behaviour of the organism in the form of construct.
3. Learning is a function of practice and experience. Experiences adds learning and practice gives it an enduring nature.

Some other **definitions** of learning are given below;

"Learning is modification of behaviour through experiences." **—Gates**

"Learning involves the acquisition of habit knowledge and attitudes". **—Crow and Crow**

"Learning is any change in behaviour resulting from behaviour." **—Guilford**

"Learning includes both acquisition and retention." **—Skinner**

Characteristics of Learning

On the basis of the meaning and definitions given above following characteristics of learning can be derived:

1. **Learning is a relatively permanent change in behaviour :** Temporary changes in behaviour brought about due to some accidents or consuming any drugs is not learning at all. Learning is a relatively permanent change in behaviour. It is in this context we can say that reading some selected material to pass an examination is not learning. It is because learnt material is forgotten immediately after the exam.
2. **Learning is a progress or growth of the organism :** Learning is a fundamental need of life. Without it, no progress or growth is possible. This process of growth is unending also. One achievement of the organism motivates him to go for further achievement and thus excellence in many cases is achieved.
3. **Learning is a life long process :** An organism needs learning (behavioural change) at every moment of life to adjust to new situations at every moment. He can not sit idle at any time. Situations all the time force him for the acquisition of new learning.
4. **Learning is not directly observable :** How much learning has taken place in an organism can not be directly observed. It is inferred from his behaviour which is manifested by some activities, mental or physical.
5. **Learning is the result of experiences :** Experiences are gained at every moment of life. Learning is the other name of these experiences.
6. **Learning is a goal directed process :** Learning is a purposeful activity. It is a goal directed process. Learning which is the result of unconscious efforts of the individual is not learning in actual sense.
7. **Learning is retained through practice :** Practice or exercise is a must to retain learning. If practice is not made, learning will be forgotten and the nature of learning will no longer remain permanent. Thus, learning is acquisition and retention both.
8. **Learning is aroused by individual and social needs :** Learning depends upon our social needs, problems, desires, and ideals. There are certain persons who learn very fast whereas others are slow in learning. It should be noticed that social environment affects learning. It is impossible to learn in the absence of environment.
9. **Learning is active and creative :** Learning is active and creative i.e. learning depends upon the active involvement of the learner. It is said that if the learner is not self active, he cannot learn. It is, therefore, said that learning is the result of active involvement and experience from the sender and the receiver both.
10. **Learning is universal :** Humans are not the only organism that learn i.e., react to the environment for adjustment. Animals also go through the process of learning though their speed of learning may be slower than humans.

ACQUISITION

Language acquisition is the process by which the language capability develops in a human. It is the process by which a child acquires its mother tongue. It is the most wonderful feat we perform in our whole life and we do it at an age when we can hardly do anything else. It is an active process by which children, taking cues available to them, construct their own utterances and say things they have never heard of. Language learning is a behaviour acquired by making conscious efforts. It involves certain skills – learning to understand when it is spoken, speaking, reading and writing. It is also forming a certain set of habits. It is acquired by imitation and practice. Since language is a learned activity, we have to learn it and teach it properly.

Distinction between Acquisition and Learning

There are many distinctions between the processes of acquisition and learning.

1. Children within 5 years of age learn their mother tongue through acquisition. A second language, is through conscious effort of learning.
2. Acquisition is an unconscious process where no formal classroom instruction is involved. Learning, however is about conscious knowledge and the application of rules and structures.
3. In language acquisition, the focus is on communication or reception of a message. But in language learning the thrust is on syntax and grammar.
4. The context is usually crucial and meaningful in language acquisition but it need not be important to that extent in language learning.
5. Motivation is a matter of urgent necessity for acquisition. It is not so for second learning.
6. Most importantly, the usual outcome of language acquisition is fluency which is by no means guaranteed in language learning.

It is the process by which humans acquire the capacity to perceive, produce and use words to understand and communicate. This capacity involves the picking up of diverse capacities including syntax, phonetics and an extensive vocabulary. This language might be vocal as with speech or manual as in sign. Language acquisition usually refers to first language acquisition, which studies infants' acquisition of their native language, rather than second language acquisition, which deals with acquisition (in both children and adults) of additional languages.

The capacity to acquire and use language is a key aspect that distinguishes humans from other organisms. While many forms of animal communication exist, they have a limited range of non-syntactically structured vocabulary tokens that lack cross cultural variation between groups.

A major concern in understanding language acquisition is how these capacities are picked up by infants from what appears to be very input. A range of theories of language acquisition has been created in order to explain this apparent problem including innatism in which a child is born prepared in some manner with these capacities, as opposed to the other theories in which language is simply learned.

Social interactionist theory consists of a number of hypotheses on language acquisition. These hypotheses deal with written, spoken, or visual social tools which consist of complex systems of symbols and rules on language acquisition and development. The compromise between ''nature'' and ''nurture'' is the ''interactionist'' approach. In addition, for years, psychologists and researchers have been asking the same question. What are the language behaviours that nature provides innately and what are those behaviours that are realized by environmental exposure, which as nurture.

The relational frame theory (Hayes, Barnes-Holmes, Roche, 2001), provides a wholly selectionist/learning account of the origin and development of language competence and complexity. Based upon the principles of Skinnerian behaviorism the relational frame theory posits that children acquire language purely through interacting with the environment. The relational frame theorists introduced the concept of functional contextualism in language learning, which emphasizes the importance of predicting and influencing psychological events, such as thoughts, feelings and behaviours, by focusing on manipulable variables in their context. The relational frame theory distinguishes itself from Skinner's work by identifying and defining a particular type of operant conditioning known as derived relational responding, a learning process that to date appears to occur only in humans possessing a capacity for language. Empirical studies supporting the predictions of relational frame theory suggest that children learn language via a system of inherent reinforcements, challenging the view that language acquisition is based upon innate, language-specific cognitive capacities.

Emergentist theories, such as Mac Winney's competition model, posit that language acquisition is a cognitive process that emerges from the interaction of biological pressures and the environment. According to these theories, neither nature nor nurture alone is sufficient to trigger language learning; both of these influences must work together in order to allow children to acquire a language. The proponents of these theories argue that general cognitive processes subserve language acquisition and that the end result of these processes is language-specific phenomena, such as word learning and grammar acquisition. The findings of many empirical studies support the predictions of these theories, suggesting that language acquisition is a more complex process than many believe.

PRINCIPLES OF LANGUAGE TEACHING

1. Consider the whole person : Teacher should take into consideration who the student is. Know different aspects of the individual. (Student's psychology, social background, etc.) Consult with the guiding and class teachers. Don't grade only by looking at his learning English.
2. Language learning is both forming habit and also utilizing the student's innate capacity. Cognitive school of Psychology using the student's innate capacity for the language. The student uses his creative mental power.
3. Keep the students involved. Try to have a student centered class as far as possible. Keep the appropriate ratio of teacher talk and student talk.
4. Language learners learn to do by doing. Items of language should be practised. Practice is extermely important in foreign language learning. Practice, especially drilling, helps with habit formation.
5. Teach all 4 language skills : Listening, Speaking, Reading, Writing. Listening and reading are receptive, speaking and writing are productive skills. All four language skills should go hand-in-hand. They should be integrated. All people understand far more than they can produce. The child has the move following order in acquiring the four skills Listening-Speaking-Reading-Writing.
6. All learning should be functional and have meaning for the students in terms of their needs and life values. Start with their experiences.
7. Go from the known to the unknown. Build on what the students know either in their native language or in English. Compare and Contrast where possible. As a principle, try to have as meaningful language material as possible.
8. Teach only one thing at a time. Don't teach vocabulary and structure at the same time. Teach a new grammatical pattern with the known vocabulary items. While teaching new vocabulary items, use known grammatical patterns in your illustrated sentences.
9. Teach beginning (elementary) students only the forms most frequently used in normal speech. Help them realize that there may be more than one way of expressing the same ideas. But in the beginning, teach them only one form. e.g. the most commonly used request pattern is : Please open the door, Open the door please.
10. Errors will naturally occur in language learning. It is not necessary to correct every error. Be selective in error correction. Be gentle in error correction. Errors are a natural, necessary, and inevitable part of learning. Never interrupt your student while he is talking or reading for a correction. Wait until he finishes his part of talking or reading. Gentle correction should be a principle. Correct only common mistakes.
11. Recognize individual differences. All students learn at different roles. In every class there will naturally be slow, average, and bright students. Give opportunity to all the students to participate in class activities. Do not let the bright students monopolize. You can give bright students difficult tasks to keep their interest alive. To form mixed ability groups we should do anything possible not to foster the feeling of impriority.
12. Keep the pace alive. Provide a variety of activities. Class activities should not go at a monotonous rate. There will be boredom and little or no learning. The activities should go dynamically not monotonously. If the students are not interested with the activity, stop that activity.
13. Teach with examples. Examples speak louder than language explanation. Examples can help the students learn much better than complicated explanations.
14. Relate form to meaning and contextualize. All class activities should be meaningful. Meaning should always be in the foreground. Whatever activity the students are involved in, the students should be able to understand the meaning of what they hear, say, read, or write. Teach new vocabulary items or a grammatical pattern or pronunciation in context. In teaching vocabulary give the meaning and pronunciation. Smallest context is a sentence meaning arises out of the situation. We can use dialogues, anectodes in the spoken form as context.
15. Assign tasks in class. Involve the students as much as possible. A variety of tasks can be assigned in class.
16. Give students a feeling of confidence and success and encourage them. Education should be geared on success. When the grading time comes at the first semester, if there is a student on borderline, pass him.

17. Use Audio-visual aid as much as possible.
18. Teach well before you test. Students often fail because of poor teaching, poor testing, poor evaluation of the exams.

ROLE OF LISTENING

Listening is an active process that has three basic steps.

- **Hearing:** Hearing just means listening enough to catch what the speaker is saying. For example, say you were listening to a report on horses, and the speaker mentioned that no two are alike. If you can repeat the fact, then you have heard what has been said.
- **Understanding:** The next part of listening happens when you take what you have heard and understand it in your own way. Let's go back to that report on horses. When you hear that no two are alike, think about what that might mean. You might think, "Maybe this means that the colour is different for each horse."
- **Judging:** After you are sure you understand what the speaker has said, think about whether it makes sense. Do you believe what you have heard? You might think, "How could the colour to be different for every horse.

How to Become a Good Listener

- Give your full attention on the person who is speaking. Don't look out the window or at what else is going on in the room.
- Make sure your mind is focused, too. It can be easy to let your mind wander if you think you know what the person is going to say next, but you might be wrong! If you feel your mind wandering, change the position of your body and try to concentrate on the speaker's words.
- Let the speaker finish before you begin to talk. Speakers appreciate having the chance to say everything they would like to say without being interrupted. When you interrupt, it looks like you aren't listening, even if you really are.
- Let yourself finish listening before you begin to speak! You can't really listen if you are busy thinking about what you want say next.
- Listen for main ideas. The main ideas are the most important points the speaker wants to get across. They may be mentioned at the start or end of a talk, and repeated a number of times.
- Ask questions. If you are not sure you understand what the speaker has said, just ask. It is a good idea to repeat in your own words what the speaker said so that you can be sure your understanding is correct.
- Give feedback. Sit up straight and look directly at the speaker. Now and then, nod to show that you understand. At appropriate points you may also smile, frown, laugh, or be silent. These are all ways to let the speaker know that you are really listening. Remember, you listen with your face as well as your ears!

ROLE OF SPEAKING

Speaking English is the main goal of many learners. Their personalities play a large role in determining how quickly and how correctly they will accomplish this goal. Those who are risk-takers unafraid of making mistakes will generally be more talkative, but with many errors that could become hard-to-break habits. Conservative, shy students may take a long time to speak confidently, but when they do, their English often contains fewer errors and they will be proud of their English ability. It's a matter of quantity vs. quality, and neither approach is wrong. However, if the aim of speaking is communication and that does not require perfect English, then it makes sense to encourage quantity in your classroom. Break the silence and get students communicating with whatever English they can use, correct or not, and selectively address errors that block communication.

Speaking lessons often tie in pronunciation and grammar which are necessary for effective oral communication. Or a grammar or reading lesson may incorporate a speaking activity. Either way, students will need some preparation before the speaking task. This includes introducing the topic and providing a model of the speech they are to produce. A model may not apply to discussion-type activities, in which case students will need clear and specific instructions about the task to be accomplished. Then the students will practice with the actual speaking activity.

These activities may include imitating (repeating), answering verbal cues, interactive conversation, or an oral presentation. Most speaking activities inherently practice listening skills as well, such as when one student is given a simple drawing and sits behind another student, facing away. The first must give instructions to the second to reproduce the drawing. The second student asks questions to clarify unclear instructions, and neither can look at each other's page during the activity.

Some ideas to keep in mind as you plan your speaking activities.

- **Content:** As much as possible, the content should be practical and usable in real-life situations. Avoid too much new vocabulary or grammar, and focus on speaking with the language the students have.

- **Correcting Error:** You need to provide appropriate feedback and correction, but don't interrupt the flow of communication. Take notes while pairs or groups are talking and address problems to the class after the activity without embarrassing the student who made the error. You can write the error on the board and ask who can correct it.
- **Conversation Strategies:** Encourage strategies like asking for clarification, paraphrasing, gestures, and initiating ('hey,' 'so,' 'by the way').
- **Teacher Intervention:** If a speaking activity loses steam, you may need to jump into a role-play, ask more discussion questions, clarify your instructions, or stop an activity that is too difficult or boring.
- **Quantity vs. Quality:** Address both interactive fluency and accuracy, striving foremost for communication. Get to know each learner's personality and encourage the quieter ones to take more risks.

It is very important that teachers are aware if the aim of a speaking activity is fluency or accuracy, because the role of the teacher is radically different in each activity type.

In accuracy activities, the teacher needs to correct the students if they make mistakes. The whole point of the activity is to form correct sentences, so if a student gets it wrong, it needs to be immediately addressed in the form of correction.

In process oriented fluency activities, however, correcting students can be very counter productive indeed. If we want our students to communicate, we need to give them time and space to do so, in order that they can start to learn to deal with all the demands of oral interaction.

In fluency activities, the teacher becomes more of an organiser, a facilitator, a manager, a guide, a guru. The teacher sets up the activity, explains what needs to be done, organises the necessary groupings, and then lets the learners get on with it.

FUNCTIONS OF LANGUAGE

Six major functions of the English language are:

- A means of conveying information, example, "The Kyneton train is now approaching on platform 4." This example is conveying to those waiting for the Kyneton train that it has now arrived.
- An instrument of action, example, "Don't forget to feed the dog." This example is telling the second person in the conversation to do something.
- To maintain social relationships example, "Good Morning, how are you?" Here we see that this function allows us to make and keep friends. This function is usually more informal than others.
- Acting as a marker of groups example, "He was out for a duck." This example would only be heard by someone talking about the cricket, therefore establishing that the people involved in the conversation are involved with cricket in one way or another, marking them as a group.
- As an instrument of cognitive and conceptual development. This is the power of language to influence thinking. This is why we have many words that mean basically the same thing, because they all have slight differences or are used in different circumstances. For example if you could only say you were happy, but not excited, thrilled, etc, then you would not be able to give as much detail.
- As an art form, language can be purposed towards beauty for beauty's sake.

THE ROLE OF GRAMMAR IN LEARNING A LANGUAGE

One question always arise in my mind is learning grammar necessary for picking up a new language? Some linguists think grammar rules are usually considered core of any language learning class, without which a student would be completely lost. However, a language acquisition theory from Dr. Stephen Krashen, a renowned linguistics professor, suggests picking up a new language doesn't require any conscious knowledge of grammar; instead, the best and most effective methods of acquiring a new language occur through regular and useful conversation.

Dr. Krashen actually separates the way people learn languages into two separate categories: the "acquired system" and the "learned system". The acquired points to learning a new language in an almost subconscious manner, mostly through regular communication and interaction using the target language. The learned system, on the other hand, points to the traditional method of learning that many of us are used to, in which we learn conjugations, grammar rules, tenses, etc. The most important conclusion of Krashen's hypothesis, however, is that the "acquired system" is more effective and indeed better the "learned system" used by most language schools worlwide.

Language, which includes grammar, would emerge as a result of interaction and communication or that it would emerge as a result of comprehensible input. Krashen holds that given a "natural order" in acquistion, grammar teaching is unnecessary.

However, the acquisition of a second language is usually achieved in an acquisition—rich environment. In an acquisition—poor environment like China, there isn't much natural exposure to the target language. We cannot expect the students to achieve grammatical competence solely through interaction and communication.

In communicative language teaching, students could assimilates new structures through active practice and use. However, some also felt that "more able and/or elder pupils wanted, and could benefit from systematic and explicit presentation of grammatical rules and explanations, and also that grammatical expositions could assist pupils in shifting from rote learning to a more creative use of the target language". Wilkins (1976) points out that acquiring the grammatical system of the target language is of central importance, because an inadequate knowledge of grammar would severely constrain linguistic creativity and limit the capacity for communication.

CHALLENGES OF TEACHING LANGUAGE IN A DIVERSE CLASSROOM

Language Difficulty

Students in bilingual and ESL classrooms manipulate more than one language and are influenced by more than one culture. Their experiences with these languages and cultures influence their learning. The more we understand the personal, socio-cultural, and linguistic backgrounds of bilingual students, the better equipped we will be to provide these students with an effective learning environment. This environment should be one that supports learning in a second language and culture, while fostering a positive attitude and respect for the other language and culture.

The responsibility for English language learning, academic progress, and integration of bilingual and ESL learners into the school community should be assumed by *all* personnel at the school, not just by the bilingual and ESL staff. School administrators should make certain that bilingual students have opportunities to integrate both socially and academically with monolingual English speakers. The following practices promote the inclusion of all students in a supportive, educational environment:

1. Create participatory, inquiry-based classrooms
2. Maintain high expectations for all students
3. Teach ESL through content-area instruction
4. Use thematic units
5. Incorporate culturally familiar learning strategies
6. Use a variety of strategies when teaching literacy
7. Provide appropriate and valid assessment
8. Recognize that students use both languages to learn

Errors

English is such a complex language, it is fraught with traps that we all frequently fall into. With this list I hope to clear up at least a few of the confusing words we use every day. This is a list of some of the more common errors people make with English.

- **Its / It's:** As in this case, the apostrophe denotes an abbreviation: it's = it is. Its means "belongs to it". The confusion arises here because we also use an apostrophe in English to denote possession – *except* in this case; if you want to say "the cat's bag" you say "its bag" not "it's bag". "It's" always means "it is" or "it has". "It's a hot day." "it's been fun seeing you."
- **Your / You're:** Your means "belonging to you". You're means "you are". The simplest way to work out the correct one to use is to read out your sentence.
- **Practice / Practise:** In US English, practice is used as either a verb (doing word), or noun (naming word). Hence, a doctor has a practice, and a person practices the violin. In UK english, practice is a noun, and practise is a verb. A doctor has a practice, but his daughter practises the piano.
- **Bought / Brought:** Bought relates to buying something. Brought relates to bringing something. For example, I bought a bottle of wine which had been brought over from France.
- **Desert / Dessert:** This is a confusing one because in English an 's' on its own is frequently pronounced like a 'z' and two 's's are usually pronounced as an 's' (for example: prise, prissy). In this case, desert follow the rule – it means a large stretch of sand. However, dessert is pronounced "dez-urt" with the emphasis on the second syllable – i.e., something we eat as part of our meal. To make matters worse, when a person leaves the army without permission, it is spelt desert.
- **Dryer / Drier:** If your clothes are wet, put them in a clothes dryer. That will make them drier. A hair dryer also makes hair drier.
- **Chose / Choose:** This is actually quite an easy one to remember – in English we generally pronounce 'oo' as it is written – such as "moo". The same rule applies here: choose is pronounced as it is written (with a 'z' sound for the 's') – and chose is said like "nose". Therefore, if you

had to choose to visit Timbuktu, chances are you chose to fly there. Chose is the past tense, choose is the present tense.

- **Lose / Loose:** This one is confusing. In this case, contrary to normal rules of English, the single 's' in loose is pronounced like an 's' – as in wearing trousers that are too loose. Lose on the other hand, relates to loss – for example: "I hope we don't lose this game". A good way to remember this is that in the word "lose" you have lost the second 'o' from loose. If you can't remember a rule that simple, you are a loser!
- **Literally:** This one is not only often used in error, it is incredibly annoying when it is used in the wrong way. Literally means "it really happened" – therefore, unless you live on a parallel universe with different rules of physics, you can not say "he literally flew out the door".
- **Disorders:** Children who have a condition of incomplete or less than normal mental development so that they are unable to adjust to day to day living in a normally efficient, useful, productive and harmonious manner are called mentally retarded. They are, hence, in constant need or care, protection, supervision and help.

Thus, mental retardation is a serious disability. It creates a lot of learning problems before mentally retarded children. These learning problems create obstacle in other areas of life as well. Thus, total life activities are affected by mental retardation.

General Characteristics of Mentally Retarded

On the basis of the definitions given above following common characteristics of mentally retarded children (less than 18 years of age) can be derived:

1. **Limited functioning:** Their level of functioning is very limited. They have difficulty not only in learning but also doing routine life job due to significant loss of conceptual, practical and social intelligence.
2. **Sub average intellectual functioning:** Their intellectual functioning is less than average (below 80 IQ) on an intelligence test. This is the fundamental criterion of diagnosing a mentally retarded child.
3. **Poor performance level:** If someone falls short in his performance of certain tasks from the performance of the majority of children of his own age, he is said to have low mental age or sub-normal intellectual functioning. For example, If eight years old child performs equal to the child of 6 years, his IQ will be (Mental Age/ Chronological age × 100) or (6/8) × 100 = 75.
4. **Slow acquisition of skills:** Academic (content related) and non academic (action related) both types of skills are acquired by them at a very slow rate.
5. **Low level of adaptive skills:** They are not only slow in acquiring skills but they are always poor in adaptive skills also.
6. **Early manifestations:** Mental retardation manifests itself before the age of 18. From this perspective, mental retardation is viewed as a disorder of the life period characterized by the slow rate of development.

Identification (Diagnosis) of Mental Retardation

For early detection of mental retardation of a child, the parents and the teacher refer the cases to child guidance centres so that their mental level may be ascertained and they may be classified for the purpose of placement (education and training).

Following symptoms will help the teacher and the parents to decide whether the child should be sent to child study centres for screening or not. Screening test results must be interpreted and matched in terms of following clinical diagnostic symptoms.

1. **Social adjustment criterion:** If a person is functioning adequately in all socio-economic conditions as compared to his peers or age mates, there is no need of sending the person to child guidance centres (CGC) for proper screening. Mentally retarded person will surely exhibit adjustment problem in social situations.
2. **Learning ability criterion:** Failure in educational endeavours or low level of general aptitude is another criterion of mental retardation but effects of socio-economic and physical factors should also be taken into account because poor academic achievement is caused due to these factors also.
3. **Development criterion:** The developmental history of the suspected child should also be taken into account, e.g., when the child began to sit, crawl, stand, walk and talk, whether it is normal or not. Delayed development is generally seen in mentally retarded children so, retardation in these areas is certainly helpful in diagnosing the child.
4. **Academic achievement criterion:** These children are generally very slow in academic achievement due to low level of retention power

and understanding ability. When they constantly perform poorly in content related skills despite repeated remedial measures adopted by the teachers, they are suspected to be mentally retarded.

5. **Size of the family criterion:** Larger the size of the family, lower will be the IQ scores of the family. Hence, it should also be taken into consideration while taking a decision of M.R.
6. **Medical examination:** It is generally done by experts in the field in CGCs.

   Important physical symptoms of mentally retarded children are given below:

   I. He has lips fairly apart with his tongue visible in between the teeth with saliva.
   II. He has a vacant look and a clumsy gait.
   III. He has flattered skull, stanting eyes and broad nose.
   IV. He has unusually large heads.
7. **Proper screening:** After identifying all the above symptoms, suspected mentally retarded children are properly screened by using different tests.

   The description of some of these tests are given below:

   (*a*) **Siguin Form Board Test:** This form board test was developed by Seguin a French physician in 1907 to identify and screen mentally retarded children. Here ten boards of different sizes are kept in different shelves of respective sizes in a tray. These boards are taken out of the tray at the time of testing. Then testee is asked to put these boards in the tray again in the same sequence as it was before in as less time as possible. This process is repeated three times and least time taking effort is taken for the purpose of scoring.

   (*b*) **Developmental Screening Test:** This test is used to measure the mental development of children from the age of 3 months to 15 years.

   Here different types of activities are given to children according to their ages to do. Mental development of the child is calculated on the basis of performance on these activities. Children and their parents and relatives are also interviewed here to gather some more informations about the child.

   (*c*) **General Mental Ability Test:** This test was developed by RP Srivastava and Kiran Saxena in 1985. Verbal and non-verbal both types of items have been included here. Both these sections have 50 items each. These sections have further been divided into five sub sections namely, analogy, classification, number series, reasoning problems and absurdities. Each item has four multiple choice responses out of which only one option is correct.

   Time allotted for verbal and non-verbal items is 15 minutes and 10 minutes respectively. One mark is given for every correct response and thus a child can score maximum 100 marks. This test can be administered in individual and group situations both.

Purpose of Diagnosing Mental Retardation

Diagnosis of mental retardation serves the following purposes:

1. It provides an estimate of the individual's present level of functioning in terms of the test performance, social adjustment and so on.
2. It provides information regarding the cause of the individual's inadequacies.
3. It helps us to provide them proper care and treatment.
4. It provides some predictions of the probable outcomes in future.
5. It helps us to take decision regarding their placement in proper special educational programmes.

Mental Retardation and Age

Incidence of mental retardation rises with the increasing age, reaches at its peak at about 14-18 years and then drops off sharply.

Causes of Mental Retardation

Underlying causes of mental retardation can be divided into two categories:

(A) Endogenous causes

(B) Exogenous causes

(A) Endogenous causes

Endogenous literally means originating within the body of the organism, and should refer to those forms of mental retardation that are genetically determined. Heredity is the primary casual factor here. Important genetic factors active to cause mental retardation are given below :

1. **Action of dominant gene** : The transmission of defective dominant gene from one generation to the next is very rare but in some cases some of these conditions may occur in mild form in one generation or in certain members of the family

of that generation and in more severe form in another generation or in other members of the same family.

2. **Action of recessive gene** : Such defective children typically come of normal parents. This defect occurs due to child's receiving two similar recessive genes one from each parent.

(B) Exogenous causes

They are also known as secondary, acquired or environmental causes. Some of these causes of mental retardation are given below :

(*a*) **Prenatal causes:** They work before the birth of the child, and are related to pregnant mothers. Important prenatal causes of mental retardation are as follows:

1. **Physical trauma:** Unsuccessful attempt at trauma and accident to pregnant mother so injure the fetus as to lower the child's mental level.
2. **Nutrition:** Malnutrition during the period of pregnancy may lower mental level of the child.
3. **Infectious diseases:** Infectious diseases of the mother during pregnancy may affect physical and mental development of the fetus and lower mental ability of the child.
4. **Blood incompatibility:** Incompatibility between maternal and fetal blood may cause the child severely jaundiced and mental deficiency is a possible accompaniment.
5. **Radioactivity:** Radiation may affect the germ cells in three ways.
   - They may be killed.
   - Their chromosomes maybe broken up.
   - They may be mutated.

   All these changes may lower mental ability of the child.
6. **Toxic agents:** Toxins such as lead, nicotine, and morphine affect the developing embryo and lower the mental level of off springs.
7. **Consumption of drugs and alcohols:** Consumption of wine, LSD, heroine etc., by the mother during pregnancy is also very fatal for the fetus development and it may cause permanent mental retardation of the child after birth.

(*b*) **Perinatal (natal) causes:** These causes are associated with the delivery of the child. Important likely causes of mental retardation are as follows:

1. **Pre-mature-birth:** Studies have shown that a large number of people born pre-maturely are mentally retarded. The brain structure of the premature infant is more fragile and thus it can be very easily damaged.
2. **Traumatic Birth injuries:** It is estimated that birth injuries are responsible for 1.5% of the total mental retardation in western countries.
3. **Delivery Complications:** If complications have emerged during the period of delivery, it may cause mental retardation to some extent.

(*c*) **Post-natal causes:** Important post natal causes of mental retardation are given below :

1. **Brain injury:** Traumatic brain injury from gun shot, wounds or fall is a rare cause of mental retardation.
2. **Infections:** Brain infection causes permanent brain damage or mental retardation. They include encephalitis of various types, meningitis, hydrocephally and the like infections.
3. **Severe malnutrition:** Deficiency in any particular nutrient like vitamins or minerals causes deficiency diseases which may cause mental retardation in the long run.
4. **General health:** Mental and physical health are most of the time found associated though mental retardation due to poor physical health is not permanent. Heavy mental shock may also cause mental deficiency temporarily. However, good physical health does not necessarily mean good mental health.
5. **Cultural factors:** Low IQ does not always mean low level of intelligence. It is because intellectual level is influenced by the child's cultural background. If an intelligence test includes items representing a particular culture, children alien to that culture are not supposed to perform well on this test of intelligence and hence their IQ level will be low.
6. **Home and family background:** It also affects mental level and intellectual power but so far as mental retardation is concerned, its role is very limited.
7. **Social deprivation:** When a child is deprived of social environment for a very long period of time he is likely to become mentally retarded.

Methods of Identification of Mentally Retarded Children

Different criteria are used to classify mentally retarded into different categories. These criteria are given below:

1. **Normal distribution criterion:** In a normally distributed population, mentally retarded population

is found beyond 2SD from the mean, i.e., about 2% of the population is generally found mentally retarded. If this population is tested on intelligence test, their IQ will be less than 90.

2. **IQ criterion:** American Association of Mental Deficiency has classified mentally retarded children on the basis of their IQ scores. Several other educationists have also classified them on this basis. Four broad categories of mentally retarded children are given below:
   (*a*) Border line cases or dullers : (IQ = 70-90)
   (*b*) Morons or feeble minded (IQ = 50-70)
   (*c*) Imbeciles (IQ = 25-50)
   (*d*) Idiots (IQ less than 25)
3. **Medical criterion:** Medical personnel and physician classify mentally retarded children on the basis of their physical/mental characteristics caused by a damage in the functioning of the brain due to genetic or environmental reasons. Some of these categories are given below:
   (*a*) **Brain damaged child:** It is a type of organic malfunctioning in the body which is caused by any serious disease or damage of the brain.
   (*b*) **Mongoloids:** These slow learners are very peculiar in the physical characteristics and behaviour such as they are very humble and friendly, they are very poor in taking initiative, they are obstinate in behaviour and they are so simpleton in their behaviour that we call them as cow of the God. Mongols are moderately mentally retarded whose IQ ranges 50-70.
   (*c*) **Cretin child:** Mental retardation in these children are caused due to any deformation in thyroid gland. They can be cured by the physician by correcting thyroid gland provided that they are identified in the early stage. They are similar to monogoloids in behaviour and characteristics.
   (*d*) **Phenylketonurin (PKU):** This problem is caused due to metabolic disturbances but its incidence is very rare. When body fails to metabolise phelinylenin protein, a toxic material reaches the brain and enters it through blood circulation and brain cells are damaged resulting in mental retardation.
   (*e*) **Microcephally and hydrocephally:** The head becomes short in microcephally and large in hydrocephally, as a result cerebro spinal fluid which is responsible for mental action stops causing mental retardation permanently.
   (*f*) **Cerebral palsy:** It is a type of disease which causes uncontrolled action of some muscles and mental retardation is caused due to inadjustability of muscles.
4. **Social deprivation criteria:** Mental retardation is also caused when a person is deprived of social environment and interaction for a long period of time. When these children comes to the environment they fail to adjust there which again increases their mental retardation.

LANGUAGE SKILLS

There are, in general, four language skills, each based upon the modality of emphasis. These are the Listening, Speaking, Reading, and Writing skills.

Listening Skill

Listening in English is attending to and interpreting oral English. Listening is necessary to develop the speaking skill. The student listens to oral speech in English, then separates into segments the stretch of utterances he hears, groups them into words, phrases, and sentences, and, finally, he understands the message these carry. Listening prepares the students to understand the speech of the native speakers of English as they speak naturally in a normal speed and normal manner.

There are three approaches to listening: interactive (listening to a message and doing something as a consequence) and one-way communication or non-interactive (just listening and retaining the message, in activities such as conversations overheard, public address announcements, recorded messages, etc.) and self-talk. Listening to radio and watching TV and films, public performances, lectures, religious services, etc., generally reflect non-interactive listening. Responding to the commands given reflects interactive listening, which, in fact, is equally widespread in communicative situations. Self-talk is also an important process by which internal thinking and reasoning is carried out.

Role of Listening: In the classroom, students listen in order to repeat and to understand. In listening to repeat, students imitate and memorize linguistic items such as words, idioms, and sentence patterns. This is an important beginning task and focus of listening exercises. However, it is listening to understand that is real listening in its own right.

Students listen to understand as part of using English for communication purposes. In listening to understand, students may be involved in the question-oriented response model of learning or in the task-oriented model of learning. In the question-oriented response model, students may be asked to listen to a sentence, a dialogue, a conversation, a passage, or a lecture and asked to answer questions which may be presented in the form of true/false statements, multiple choice questions, fill in the blank, or short answers. In the task-oriented response model, students may be asked to listen to a passage and accomplish the task described in the passage through interaction with others or by themselves.

Listening Comprehension: The listening skill is the most neglected one, both in first and second language teaching. Teachers tend to focus on the rudimentary elements of listening briefly, and pass over to other aspects of language teaching. Discrimination of sounds and intonations often form the major part of listening practice in the classroom. Listening for content is often assumed. In reality, the listening skill is fundamental to the entire process of mastering and using a language, whether first or second or foreign.

In the past, listening was labeled as a passive skill, along with reading. No doubt, it is a receptive skill like reading. Speaking and writing were considered to be productive skills, but also active skills. While this categorization is somewhat justifiable because the focus of listening is on reception of information, listening itself cannot be fully and correctly characterized only as a passive skill.

There is a need for an active involvement of the self for the efficient performance of listening. The listener is often forced into guessing an approximation to what the speaker is communicating. The listener expects and anticipates what may be the form and content of the immediate message being delivered. He actively avoids the redundancies in the process of listening, focuses himself on the relevant, interesting and/or crucial points, and engages himself in some critical analysis of content. Listening becomes the stepping stone for action. In view of all these and other activities that are involved in listening, we should consider listening as an active skill demanding active participation of the listener.

In essence, listening is not mere recognition of linguistic units and their meanings. It comprises an ability to predict information based on linguistic context, and the situation and topic of the message conveyed by the linguistic code, as well as the expectations about the world. Listening helps also to understand and act according to the emotional state of the speaker.

No one should think that listening comprehension exercises are miniature tests. These generally come in the form of questions to be answered, action to be performed, or objects to be identified, etc. Because this format demands response in the form in which tests are generally prepared and presented, we tend to treat the exercise as a test. Consider listening comprehension only as practice and look for progress in student performance.

Brief listening comprehension exercises with content interesting to the student and which focus upon and incorporate his communicative needs will develop his listening comprehension to a satisfactory level. Students need to be attentive to the tone of the conversation, and should ask questions whenever they find it difficult to understand the conversation.

What is the generally followed form of listening comprehension exercises? Students are given a specific task such as answering questions or solving problems. They listen to the teacher or the recorded material and perform the task asked for. Thus the teacher as well as materials on tape/cassette recorders become the major means to train the students in listening comprehension.

Speaking Skill

Imitation and repetition are important elementary steps in developing speaking skill in English. Imitation and repetition are inter-related, and yet they are distinct.

Imitation helps students to pronounce and produce the English utterance they hear from the teacher as closely as possible to the utterance produced by her. Imitation is not restricted to mere production of the sounds, phrases, and sentences. It includes also the capacity to produce the utterances in the contexts in which the original utterances were produced.

Some of the imitation and repetition exercises may be organized in the following manner: Present some simple sentence, phrase, or word and ask students to repeat after you. If you want them to understand and repeat a conversation, say the questions and the answers and have the students repeat the latter, or perhaps both, signaling the meaning in some way. The meaning can be demonstrated with realia (real objects brought into the classroom), pictures, gestures, or translating.

The teacher may use pictures, gestures, pantomime, translation, guessing, and drawing on the board to make the students understand the meaning. It is important that you use only meaningful words, phrases, and sentences for imitation and repetition. The props you use to explain or demonstrate the meaning should enable the student to learn the meaning with ease, along with the pronunciation.

Substitution of a word, phrase, or sentence by another is an elementary method which helps students to produce new utterances and to develop speaking skill.

Expressions of greeting, gratitude, small talk, introductions and making acquaintance, leave-taking, appreciation, expressions of regret and asking to be excused, etc., are very important communicative acts students need to master. For one thing, such expressions may take on different form and import in English than the ones students are accustomed to in their language and culture.

Simple question-answer dialogues around a given context and object/objects is another elementary method to develop speaking skill in students.

How does a teacher teach a dialogue? There are three types of drills one could use in the class: **choral drill** in which the entire class participates in one voice with the teacher modelling the utterance; **chain drill** in which one student asks the question and another answers, and in this way the entire class participates as a chain; and **individual drill** in which individual students are pointed out and asked to produce the utterance modelled by the teacher.

Eliciting is an important process which teachers must employ to get the class involved in what is going on in the class. For speaking practice eliciting is highly essential. It helps students to focus their attention, to think, and to use what they already know. It helps teachers to assess what the class already knew.

Translation is another helpful device to encourage students to speak in English. The students may be given some sentences in their own native language and asked to translate them and use these to answer or ask questions. There are several other ways of using translation as a tool to develop speaking skill.

Reading Skill

Scholors classify reading into three kinds: extensive reading, intensive reading, and oral reading. Extensive reading is used "to refer to the teaching of reading through reading. In this approach, there is no overt focus on teaching reading. Rather, it is assumed that the best way for students to learn to read is by reading a great deal of comprehensible material." Intensive reading is used to refer to the actual teaching skills in an instructional setting. Students are exposed to a variety of materials and asked to perform activities such as answering comprehension questions on the passage read. They may be trained to look for critical information in the passage they read, and make inferences, etc. Intensive reading is instruction-based and forms the core of teaching reading in the classroom. Oral reading does attract much attention from many teachers, but it is "an integral part of of reading.

At the beginning level, the focus is on the mechanics of reading. The beginner needs to be taught the relationship and the correspondence between the letters of the alphabet and the spoken language.

In a sense, the letters are all abstract symbols. The letter functions as a tag to the sounds it represents. By seeing (reading) the letter, the beginner identifies the appropriate sound value for that letter in that context.

This is not an easy task even for the adult learner. It is possible that the learner may come from a language in which the Roman alphabet similar to the one used in English is being used. And yet the sound values of letters in his language may vary context to context in his language also, which in their turn may be in conflict with the sound values of the letters as used in English.

Or, the learner may come from a language background in which syllabaries are used. That is, he may be accustomed to reading the syllables which more or less retain the same values wherever they are used. However, he will find that in character and chat, cha needs to be read differently.

Or, he may come from a language background where pictograms are used, as in Chinese in which there is no easy and manifest correspondence between the "letter" and the sound.

Keep the following in mind when you begin teaching reading at the beginner's level.

1. The background of the beginner: a child, an illiterate, a moderately educated person.
2. The Reading task involves decoding the system of abstract symbols to discover its relation to the spoken language system.
3. The time taken to master this relationship varies with age, maturation, previous experience, and other social factors.
4. With primary emphasis on mechanics one may master the mechanics of reading in four months.
5. Some recognition problems in English: capital, small, italics, handwriting, left to right, distinction between letters, mirror image problems.
6. Choose the words which express familiar meanings or meanings which can be recognized and retained in memory.
7. Choose only those words which focus on the item to be learned.
8. Do not choose those words which may have the same spelling in English as well as in the learner's language, but are read (pronounced) differently.
9. Do not ignore the stress.

Writing Skill

Writing is an individual effort. Individuals compose their thoughts often in privacy and then reduce their thoughts to writing, using the strict conventions followed in the language. Writing is an individual effort or work, but it must follow the rules laid down. The development of writing even in native English speaking children is conscious and is thus non-spontaneous.

In writing, the discrete nature of linguistic signs should be appreciated consciously. The learner must recognize the sound structure of each word, dissect it and reproduce it in alphabetical symbols, which he must have studied and memorized before. This same deliberate preparedness is needed to put words in a certain sequence to form a sentence.

"Writing is more an individual effort than speaking, while at the same time more rule-bound and therefore more error-prone... The speaker does not have to pronounce each word exactly according to one standard of pronunciation or one model of structure, while the writer is expected to produce according to one model of spelling, and usually a reduced range of structures, with 100 percent accuracy".

The writing classes have the potential to help consolidate and improve the students' speaking and reading skills. However, it is important for us to remember that writing is an important skill which can be taught as an end in itself, although none of the language skills is far removed from the other language skills. Focusing on writing as an independent skill helps us to identify the specific problems faced by the learners, and to identify the specific needs of the learners relating to writing. Mechanics of writing are distinct from the mechanics of other skills such as speaking and reading. While reading involves seeing and pronouncing, writing involves association of sounds with mental composition of thoughts and their orderly presentation, and hand movements.

Raimes classifies approaches to teaching writing into five types: controlled to free, free writing, paragraph pattern, grammar-syntax-organization, communicative, and process approaches. In the controlled to free approach, "students are first given sentence exercises, then paragraphs to copy or manipulate grammatically by, for instance, changing questions to statements, present to past, or plural to singular. They might also change words or clauses or combine sentences" (Raimes 1983).

In the free writing approach, students are asked to "write freely on any topic without worrying about grammar and spelling for five or ten minutes. . . . The teachers do not correct these short pieces of free writing; they simply read them and perhaps comment on the ideas the writer expressed" (Raimes 1983). In the paragraph pattern approach, "students copy paragraphs, analyze the form of model paragraphs, and imitate model passages. They put scrambled sentences into paragraph order, they identify general specific statements, they choose or invent an appropriate topic sentence, they insert or delete sentences" (Raimes 1983). In the communicative approach to writing, students are asked to assume the role of a writer who is writing for an audience to read. Whatever is written by a student is modified in some way by other students for better communicative effect. In the process approach to writing, students "move away from a concentration on the written product to an emphasis on the process of writing" (Raimes 1983).

Note that a proper blend of these approaches to writing will give us best results. For example, the controlled to free approach to writing helps us to focus on proper mechanics in the beginning level, whereas communicative approach to writing will be very effective once our students have some control over the mechanics and have acquired a good number of words and sentence structures to help them match these with their thoughts. All successful texts and teachers have always tried to take the best and relevant aspects of every method to suit the learner's level and need.

EVALUATING LANGUAGE COMPREHENSION

Meaning of Evaluation

Evaluation is the criteria of success or failure of a task done. If it is done at the end of a task, total efforts, including the investment of time and money may be a failure but if it goes side by side of the task, immediate feedback received might alarm the performer to rectify his mistakes and thus there is 100% chance of success of the programme.

Education is also an investment in the sense that time, energy and money are spent to bring about behavioural change in learners. That is why when a teacher performs his teaching works in his class, he also simultaneously finds out whether the changes in behaviour of learners are in concurrence with the learning objectives or not. If it is not so there, then what types of modifications are needed and at what steps of teaching. He also finds out whether the problem lies in his teaching strategies or techniques or it is there in the students itself. Thus, teaching and evaluation run-hand in hand. Evaluation determines the behaviour of students on one hand and testifies to the teaching of the teacher on the other. This very purposeful behaviour of the teacher is called evaluation in education.

Characteristics of Evaluation

On the basis of the definitions given above, the following characteristics of evaluation can be derived.

1. **A Comprehensive Process:** All the three domains of human behaviour, cognitive, affective and psychomotor, can be accurately measured by

evaluation. Apart from student's behaviour, teacher's behaviour (his task of teaching) is also evaluated.

2. **A Systematic Process:** Evaluation is a preplanned and systematic process which goes ahead keeping in view the pre-determined objectives. By this process we find out how much change has occurred in the behaviour of students and teachers and how much change is yet to be brought about by the task ahead.
3. **A Continuous Process:** Evaluation process can not be separated from teaching and both go side by side. By this process whatever changes take place in the behaviour of learners, its proper record is maintained and on this very base students are either ranked in a particular class or decision is taken to promote them to the next higher class.
4. **A Social Process:** Education is a purposeful activity fulfilling the requirements of learners and the society. Evaluation tells us to what extent teaching is fulfilling the requirements of both.
5. **An Information Collection Process:** When students progress step by step in the school system, all the informations regarding their progress are gathered by using a number of tests and by going through various techniques of measurement. After that these informations are interpreted in terms of predetermined objectives.
6. **A Combined Process:** While taking the final decision regarding a student and declaring him fail or pass, the reports of all the concerned teachers of school are taken into account. No such decision is taken by the evaluation report of one or two teachers. Thus, evaluation becomes a comprehensive process.
7. **A Process of Value Judgement:** Scoring 60 or 70 percent in any subject by any of the students in a class does not have any meaning unless the scores of the student is compared either with other students of his own class or it is presented with reference to any outside criterion. When it is done and stated that student has secured first division by scoring 60% or more marks or his rank is third or tenth in his class it becomes evaluation. Thus, evaluation is a value judgement process and tells how far a student is away from his destination.
8. **Evaluation includes Measurement:** Evaluation actually starts from some sorts of measurement then symbols are assigned to students by comparing the performance with cultural or scientific standard. It shows that evaluation reports may vary from culture to culture.

Purpose of Evaluation

Evaluation has following purposes to serve:

1. **Giving Details of Students' Progress:** Evaluation tells where a student is standing on the way to his destination of learning, how much he is ahead or behind his classmates, to what extent the behavioural changes occurred in him are acceptable, how far he can apply his present acquired knowledge to his future life or learning situations, at what point he is facing any difficulty and why and so on. Thus, evaluation here works like the diagnostic function of measurement.
2. **Predicting Future Achievement:** When evaluation covers the aptitude aspect of behaviour, it can predict the future performance of a student or a teacher on the basis of his present performance.
3. **Guidance and Motivation:** When a student comes to know about the actual position of his achievement, he gets motivated to do better. Besides, strengths and weaknesses of students become manifest through evaluation and a teacher can guide them accordingly.
4. **Improvement in the System:** Once proper guidance is given to students by the teacher after evaluation, teaching-learning process gets improved. A teacher can also come to know his own strength and weakness by the process and can change his own behaviour accordingly. Once he gets acquainted with his own shortcomings, he can remove them. Thus, process of evaluation is concerned with inputs and output both.
5. **Discovery of Effective Teaching Strategies:** Evaluation opens the new avenues of action researches in the class. When a teacher does not get the desired result by adopting a particular combination of teaching strategies, he adopts another combination and this process continues until a final effective combination of teaching strategies is discovered.
6. **Classification of Students:** By evaluation process we can classify students into different groups like talented, bright, average, slow learners and poor and adopt different strategies of teaching for different groups. We can also give remedial treatment to weak students in the class only after thorough evaluation of them.
7. **Providing Feedback to Students and Teachers Both:** When a teacher comes to know the results of his efforts he gets feedback. If result is good, he is motivated if result is not satisfactory, feedback pushes him to change his behaviour. Similarly, knowledge of progress and the feedback received thereof motivate the students also.

Steps in Evaluation

An evaluation is comprised of the following steps to be followed in order :

1. **Identification of Objectives:** First of all, a teacher decides which domain of behaviour of a student and upto which level he has to cover by his tests and what advantages he wants to gain by these tests.
2. **Matching the Objectives with the Content:** After identification of objectives a teacher matches the objectives with the subject-matter that he has to teach in the class. He also determines the level of teaching accordingly.
3. **Writing Objectives in Terms of Behavioural Change of Learners:** In the third step objectives are written in such a language which is clear and represent the change of students' behaviour.
4. **Taking the Students to the Environment of Testing:** Teacher takes the students from teaching environment to the testing one very smoothly so that students express their behaviour freely.
5. **Selection of Tools and Techniques:** At this step the teacher decides whether the test will be written, oral or practical and if written test is to be administered, it will be objective or subjective.
6. **Construction of the Test:** Here teacher constructs the test keeping in view the objectives already determined by matching them with the content.
7. **Administration of the Test:** Students are given the test constructed by the teacher and they take the test in stipulated time.
8. **Scoring:** Whatever changes have occurred in the behaviour of students are converted into numerals or grade by scoring.
9. **Interpretation of Result:** At this stage the marks obtained by the students are analysed by the teacher in order to see whether the changes in behaviour are in accordance with the objectives or not.
10. **Value Judgement:** At this step, teacher compares the behaviour of students with any internal norm or outside criteria in order to give it a value judgement, i.e., upto what level the achievement of students is satisfactory, average, excellent or poor.
11. **Feedback:** After preparing the result, it is sent to students and their guardians in order to give them feedback. Teachers also get feedback by the results and they come to know the strengths and weaknesses of their teaching.

Techniques of Evaluation

Evaluation is broader concept than measurement but no exact evaluation is possible without going through the process of measurement. All the three domains of behaviour are covered by evaluation, e.g.,

1. **Cognitive Domain:** Oral, written, essay type, objective type tests, practical examinations and observation techniques etc. are used for evaluating cognitive domain.
2. **Affective Domain:** This domain is evaluated by interest inventory, attitude scale, check list, rating scales and observation techniques.
3. **Psychomotor Domain:** Performance tests, practical examinations and observation techniques are used to evaluate this domain.

There are basically two techniques of evaluation:

A. **Quantitative:** These techniques are highly reliable and valid. Important such techniques are as follows:

1. **Oral:** These techniques are basically used at lower grades of teaching. At higher level of education too viva voce is used to test the lower levels of cognitive behaviour. Debates or drama can also be used for this purpose.
2. **Written:** Objective type tests, essay type tests and short answer questions are important written techniques to evaluate cognitive achievement of students. They give more accurate results than oral tests.
3. **Performance Tests:** Here some works are assigned to students to accomplish them. Students practically do these works and then output is evaluated.

B. **Qualitative:** These techniques evaluate the quality of attributes and hence they are highly subjective. Important such techniques are given below:

1. **Cumulative Records:** Such records are prepared by the school to show all-round development of students individually. They reflect the total personality of the child, i.e., marks obtained by students in sessional tests and examinations, their participation in games, sports cultural programmes and other co-curricular activities, their regularity, punctuality, their etiquette.
2. **Anecdotal Records:** These records maintain the description of significant events or works of students. Here informations regarding the behaviour, attitudes or interests of students are systematically cumulated.

3. **Observation:** This is the most common technique of qualitative assessment of students. It is mostly used at lower grades of education. This is the only technique for the evaluation of classroom interaction.
4. **Check List:** This technique is used for evaluating attitude and affective domain of students. Here questions are given to students and they are asked to answer them in yes or no, e.g.,

   Item : 'Do you like doing mathematical sums- Yes/No.'
5. **Rating Scales:** Here some statements are given to students and agreed, indifferent or disagreed are written before the statements. Then students are asked to tick the option according to their own choice.

Types of Evaluation

1. Formative Evaluation: The purpose of formative evaluation is to monitor instructional process to know whether learning is taking place or not. It is designed to enhance and improve teaching-learning process and thus it becomes a continuous process in the school system.

These tests diagnose the weaknesses of students as well as teachers and thus, both of them can get feedback from these tests. Students and teachers both after identifying their difficulties change their behaviour and remove these difficulties. Thus, function of this evaluation is remedial in nature.

The second function of this evaluation is that if evaluation finds teaching-learning process satisfactory, it motivates the teachers and students to work harder for better results.

Tanner (1972) has defined formative evaluation in the following words :

"Formative evaluation refers to the use of tests and other evaluative procedures while the course and instructional programme is in progress."

Both criterion referenced and norm referenced tests are used to take the students to the mastery of the content. These tests are given in the following stages of learning.

(*i*) At the end of each unit of the lesson.
(*ii*) At the end of each whole lesson.
(*iii*) At the end of each unit of the total course.

Advantages of Formative evaluation :

(*i*) It provides sufficient information to teachers for modifying teaching.
(*ii*) It helps in formulating individual and group remedial programmes.
(*iii*) It provides feedback to students as well as teachers.
(*iv*) It facilitates retention and transfer of training.
(*v*) It enables the teacher to readjust his teaching according to the needs of the students.
(*vi*) Students can also modify their behaviour after getting feedback from this evaluation.
(*vii*) It gives reinforcement to high achievers.
(*viii*) It can work as a self-evaluation device for learners.

2. Summative Evaluation: This evaluation takes place at the end of the session to measure over all achievement of pupils. Annual, internal or external examinations are the examples of summative evaluation. The purpose of this evaluation is to certify fail or pass of the product. If formative evaluation is related to the process of teaching, it is related to the product of teaching. Here students are evaluated from the whole syllabus. On the basis of this evaluation, a decision is taken whether a student should be promoted to the next class or he should be kept in the same class again.

On the basis of above discussions we can say that summative evaluation works as a complement to formative evaluation and both of them combined together are necessary for all educational system.

TEACHING LEARNING MATERIALS

Text Book

Text book is the area in which the language material is presented prescribed for teaching and learning English.

Characteristics of Good Text Books

A good text books not only teaches but it also tests. A few essential characteristics of good text books are given below:

(*i*) The size of text book should be handy for the students.
(*ii*) The binding should be proper and strong.
(*iii*) The subject matter should be printed on good quality paper.
(*iv*) Heading and subheading should be printed on title page in bold form.
(*v*) Illustration should be attractive. For every young pupil, the picture should be well drawn and realistically coloured and not in black and white.
(*vi*) Clear and unambiguous instruction should be given along side the test and practice and exercise.
(*vii*) The introduction at the beginning and conclusion at the end of the chapter should be given in the text book.

(*viii*) The words and structure are carefully graded.

(*ix*) No difficult words and new words are given in good text book.

(*x*) The words and structure already learnt are repeated in the coming pages so that the students could revise them making them stable in their memory.

(*xi*) The subject matter of text book should provide new information so that students could get new knowledge.

(*xii*) There should be both practice and text exercise at the end of the chapter.

(*xiii*) The practice should be low which the majority of students could solve them easily.

Chalkboard

It is the closest friend of a teacher in the class and about 50% teaching task is completed with the help of the blackboard. Advantages of using a chalkboard in the class are as follows :

(*i*) It is a cheap material aid which does not cost much on its maintenance.

(*ii*) When a teacher writes important points of the lesson on the chalkboard along with his oral teaching and lectures, aural and visual both the senses of students work simultaneously. It increases learning many times.

(*iii*) Writing meaning of difficult words, drawing graphs or diagrams, solving the sums of mathematics, preparing the summary of the lesson, all these works can be done on the chalkboard and they help the students understand the facts, events or terminologies.

(*iv*) Blackboard works as a model for students. This can help the students mend their ways if they imitate the model.

Models

Models are the reflection or copy of the real objects. They are used in the class to clarify the concepts when either real objects are not available or it is not possible to bring real objects to the class. They are also the abbreviated version of real objects. Elephants, lions or other animals or birds can not be brought to the class, hence, it is better to use the models of these objects. Globe is the best example of model to be used in the class.

Through models knowledge of all types of historical, geographical and scientific facts and concepts can be given to students. Models are especially useful for teaching visually handicapped children who perceive the objects by touch. Since, clear dimensions of length, breadth and height are given in the model in a proportionate manner, they are more useful for concept formation than pictures.

How to use models

(*i*) Scale should be used for showing size, shape or structure of the real objects. Apart from this, teacher should also clarify the real shape, size or structure of the real object.

(*ii*) Students should be given opportunity to have a critical view on the model and their views on it.

(*iii*) All students should be given chance to have a close look at the model in the class.

(*iv*) Models should have direct relevance to the lesson and they should develop scientific temperament among learners.

(*v*) Models should be properly explained in the class in order to make the use of models effective.

Pictures

Pictures are used in the class as material aids when neither real objects nor models can be arranged. They are cheap and easily available in the market, therefore, a teacher should not be miserly in using them. Pictures are actually the outlines of the real objects and when they are shown in the class, they give clear concepts about the colour, physique, shape and size of the real objects. Attention of students can easily be drawn to the lesson through them. If pictures related to the lesson are not available in the market, the teacher should sketch them by using pencils and water colours. Pictures are used as material aids for teaching all the school subjects.

Diagrams

They are another option and used when even pictures can not be arranged. They can also clarify the concepts like models or pictures but at a lesser degree. Diagrams are drawn on the chalkboard by using coloured chalks and then students copy it on their notebooks. The biggest advantage of this material aid is that teacher need not spend even a single pie in using this material aid.

They help in clarifying the concepts, laws and principles of science and social sciences. Their role in teaching languages is very limited.

Graphs

Graphs are especially used in history, geography, science and mathematics. They help the teacher and the students to study, analyse and compare the data, facts or events. Whenever action research is made by a teacher in the class, graphs are used to show the data.

Maps

Maps are the flat representation of the surface of the earth on a paper where many informations are presented through lines, symbols dots, points or letters. They have special significance in teaching history and geography. We can also get information about the size and physical features of a country, state or continent through these maps and distance between different parts of the country or the world can also be read from them. Though printed maps of all states or countries are available in the market yet a teacher draws them also on roler boards. This will enable the students to draw such maps themselves.

Slide Projector

Simple 'slide projector' was known as "magic lantern" in the olden days. The principle here is that when we put the transparent slide on the socket and throw light from behind, the light passes through it and projects the image on the screen.

A slide projector typically consists of a quart, three halogen lamps, light to be reflected by the reflector, a heat filter and lastly, condenser lenses. The heat filter is a thermo crystal which absorbs most of the heat produced by three lamps. A cooling system is also needed which consists of a fan for convecting off the heat, filter and other components. The fan is thermostatically controlled. When projector is switched off, the fan is also switched off.

Classroom uses of the Slide Projector : Slides are prepared for selected topics and the informations contained by them may be in the form of written words, pictures, graphs, sketches, etc. The topic selected should be arranged frame by frame. The ideal ratio of length and breadth of slides is 2 : 3. Each frame should have only one concept for the ease of understanding.

The slides and the film strips are arranged in a sequential order. This arrangement is also coordinated with the teaching learning activity of the class. When slides are shown in the class, curtains are drawn on the windows in order to reduce the entry of natural light in the class.

Before showing these slides, teacher elaborates important points. Once the film is over, the teacher gives his own comments and relates the aid with the lesson to be taught.

Film Strips

They are used before a large group of students either for introducing a lesson or for elaborating some minute object not seen in ordinary situations. Film strips are projected on a big screen through a film projector and then the projector is switched on. Here, very minute objects look very big on the screen and we can study their parts. For example, knowledge about bacteria and viruses can be given to students through these film strips. Sometimes, sound recording is also used along with the film to clarify important points.

Advantages of Film Strips

(*i*) The order or sequence of film strips is fixed and a teacher can prepare the relevant material to supplement the film according to the sequence.

(*ii*) We can have any part of the film on the screen as long as we desire so. As a result, a teacher can discuss a single topic as long as he needs. Thus, complete control over the equipment and the material is possible.

(*iii*) Handling of film projectors is also not complex. There is no problem of storing them because of their small size. Precautions are, however, needed against fungi or physical damage.

(*iv*) They have become very cheap today and any school can afford the cost of these projectors.

(*v*) They do not require complete darkness in the room as we do in using epidiascope or motion film projectors.

Limitations of Film Strips

(*i*) They can be used only in small sized classes because of limited focal length. Modern projectors are, however, having large focal length.

(*ii*) Slide projection is not as effective as film projection. Inventions of 3D films have reduced the use of slides even further. In spite of this, fixed order of the film strips creates problem in handling individual frames.

(*iii*) Many schools do not have audio-visual workshops and thus, they depend on the cheap and unstandardized materials available in the market.

Film Projector

16 mm films are generally used for the purpose of training or teaching. These films are planned and executed by a panel of experts who endeavour to prepare films of good quality.

As far as use of film projector for classroom teaching is concerned, it is very easy. Everything is automatic here. If electricity supply is not restricted, the film will not stop in the middle, after it is put on the projector.

Advantages of motion pictures

(*i*) Motion pictures can especially be used for training purposes. Take the example of games and sports. If some actions of a player is wrong leading to defeat in the game, it can be corrected by viewing the films. After the game is over, the film of the game is later analysed to be discussed by the experts to bring in new strategies and tactics to counterplay.

(*ii*) In all training courses, perfection is needed everywhere. If action is recorded on films, we can see our own performance and remove our defects.

(*iii*) In the classroom teaching, motion pictures can highlight those aspects also that would have otherwise been missed. For example, by enlarging, close up and action replay techniques, motion pictures can highlight those movements also which are very minute and can be missed in ordinary situations.

(*iv*) Motion pictures are **multi-sensory technique** of instruction. It is because a combination of light, sound and actions are seen here.

(*v*) Motion pictures can develop imaginative and observational capacities of students simultaneously.

(*vi*) Whatever ideals are shown by the models in motion pictures are imitated by pupils and thus, good ideals and etiquettes can be developed in them.

(*vii*) They are helpful in giving clarity of concepts through concreteness and accuracy.

(*viii*) Facts and events related to industry, politics, history and geography and knowledge about scientific inventions, discoveries, laws and principles can be communicated to pupils very effectively through these motion pictures.

Kinescope

It is a sight and sound recording that can be made in the studio from the television screen for repeated use. What transcription is to radio, the kinescope is to TV. They are used for the following purposes :

(*i*) For delayed telecast.

(*ii*) For retelecast of the same programme.

(*iii*) For repeating the telecast when programme could not be seen due to failure of network.

(*iv*) For sending programmes abroad.

Only limitation of kinescope is that live element or spontaneity does not exist here.

It can be used in teaching learning process in the same way as television is used.

Epidiascope

Epidiascope is an equipment that can project all types of materials whether transparent or non-transparent (opaque). It has thus a twin facility and separate mechanism for projecting transparent and opaque materials.

In epidiascope, the word **epi** means 'upon' **dia** means 'through' and **scope** means 'projected material to be seen'.

While projecting a slide, beams pass through the slide and projects its image on the screen. In this way, transparent material is projected.

While projecting the opaque material the light bits upon the object which reflects the image on a very sensitive mirror and reflects the image of the opaque objects on the screen.

Despite the multipurpose functioning of this device, it is not very popular in educational institutions because of its poor quality image, total room darkening, very high need of energy, complexity of its use and poor range. It is to be installed in the middle of the class due to its low range, therefore, causing more interference than aiding something to the lesson. Because of its ability to project opaque objects on the screen, it is also known as opaque projector.

Overhead Projector (OHP)

Built on the basic principle of periscope, OHP is an important audio visual equipment. In the classroom it is placed in front of the teacher above his head to reflect an image on the screen (blackboard). This device consists of a strong energy source, (bulbs), fixed reflectors (mirrors), projection lens and a platen.

This projector is called over head because the image goes over the head of the teacher and falls on the screen behind him. The teacher puts one slide over the other in order to give a sense of continuity of the subject matter projected on the screen.

Advantages of OHP

Its advantages lie in its special characteristics given below:

(*i*) No special training is required by the teacher to operate a projector.

(*ii*) OHPs are not very costly as compared to computers or film projectors.

(*iii*) It is handy and portable.

(*iv*) The image formed by the projector is also very bright and every pupil can see it. A 4 × 4 inches slide gives an image of 4 × 4 feet. This enlarged image is very easy to understand.

(*v*) It can create interests in pupils and hence it is a good motivator.

(*vi*) It is the best visual aid available to a teacher to supplement his oral teaching. He uses the screen of OHP as a blackboard without looking back. Transparencies, drawing, diagrams, figures and outlines etc. can be shown on the screen.

Television

TV differs from the radio in the sense that it is audio and visual both. We can see the incident occurring round the globe on it immediately after the occurrence of the incident through telecast. Thus, it is bisensory (multisensory) media. We get news, views and recreation through television in the same way as we do through the transistor but in a more compact and concrete way due to the facility of vision here.

As far as application of TV in education is concerned, it is still in the stage of infancy in India. It was only in 1961 that Indian television (Doordarshan) started a special service for schools in collaboration with the directorate of Education. This programme aimed at supplementing the regular classroom teaching in selected subjects. By 1972 only 400 schools of the capital received this telecast and two lakh students benefited from them. These programmes were telecast in the evening and on Sundays but there was no mechanism developed at that time to measure the effectiveness of such transmitting programmes.

After the introduction of distance education system in India, television is now regularly used as an instructional media. The enactment of Prasar Bharti Act is expected to boost the role of TV in the teaching learning process.

Advantages of television

(*i*) It heightens the reality more than the physical presence. For example, if someone is watching a cricket match in a stadium, even then he can not see certain situations despite being present there. On the other hand, if he is viewing a match on a TV, he can see and analyse every situation by close up action replay. Thus, television experience may be more real than the actual one. It can show even those details which we can not see with the help of direct experiences. Thus, television can be used for all training programmes and behaviour of the trainees can be modified in the desired manner.

(*ii*) TV experiences are new and versatile. So, they can bring variety to classroom teaching by breaking monotony and strengthening the learning structures by its multisensory approach.

(*iii*) It widens the horizon of pupils' experiences by giving them upto date knowledge of the real situation and by making them conversant with the opinions of others.

(*iv*) It can motivate the pupils for learning by arousing and retaining their interest in the learning situation.

Limitations of Television

(*i*) Speed of a television can not be changed as we can do in motion pictures.

(*ii*) A TV programme can not be adjusted to teaching and vice versa will have to be done. A teacher can take the help of video recording in such cases.

Tape Recorder and Audio Cassettes

Cassette type audio taps are available now which can play for 90 minutes on both sides. We can listen to our own recorded voice, recorded speeches of politicians and learned people, recorded poems of great composers, songs, music etc by the tape recorder.

Audio cassette recorder is used for the following purposes :

Such types of recording serve the following purposes

(*i*) **Analysis of verbal messages :** Accuracy, speed and tone of verbal messages are studied here and if perfection is seen, reinforcement to the presenter is given.

(*ii*) **Drill and practice :** Accurate verbal messages are presented before the trainee for drill and practice.

(*iii*) **Teaching of specific skills :** Impressive oral presentation is actually a skill. This skill is taught to students through audio-recording in the individual and group situations.

(*iv*) **Speech improvement :** Style of speaking and phonetics can also be improved by using this technology.

(*v*) **Improvement in vocabulary :** Recorded verbal messages are full of many new words which pupils can learn by listening to the message.

(*vi*) **Recreation :** Many recorded songs and music entertain the listeners and remove their fatigue.

Radio

It is an important and easily accessable audio aid serving three important general purposes "news, views and recreation". It is the cheapest equipment of all and radio broadcast is now reachable to 100% population of the country.

Pupils can get information about the incidents in any part of the globe immediately through radio. This increases their general awareness of the world. Students listen the ideas of learned people, politicians and educationists from across the world on the radio. This extends their own views and way of thinking. Apart from these, there are hundreds of programmes of music, songs and plays broadcast on the radio which entertain them round the clock.

Instructional Value of the Radio

(i) It is a powerful means of developing listening comprehension.

(ii) It can also help the pupils to acquire correct pronunciation and phonetics like tape recorders.

(iii) Conversational style and language can be learned on the radio.

(iv) It improves word power of learners.

(v) Mass education goals can be achieved through radio broadcast. It was the realization of the people when radio came into being in 1917.

(vi) News listened on the radio can improve our general knowledge.

(vii) Radio listening does not require literacy. Even illiterates can take the benefit of it.

Radio Broadcast in India

The first radio station was established in India in July 1927 in Mumbai followed by one more station in Kolkata in the same year. This media is now able to penetrate to the remotest villages of the country and is covering more than 99% of the population.

School broadcasting in India was started in 1937. Radio broadcasting is now very much used for mass education as well as the education of school going children in selected areas. Central Institute for educational technology (CIET) under the supervision and control of NCERT produces quality radio broadcast programmes. Adult education Radio Programmes also started in 1956 to educate the adults in the age group of 15-35 in the vicinity of Pune as a project sponsord by UNESCO. Today, broadcast of adult education programmes are many under different titles. When Consumer Protection Act was passed in 1986, consumer education through radio was also given recognition. Today, it is a regular programme of all the radio stations in India. One more regular radio programme is the radio counseling programme of IGNOU which is broadcast from 4-5 pm on every Sunday.

Apart from these, radio broadcast is also making the people aware about various social and economic problems and people are also educated about how they can solve these problems.

Computer

It is the latest electronic device that is audio and visual both. It accepts data, performs operations on that data in sequence (decided by a programme) and outputs the results.

Computer in education

From input devices to output and its storage, computer has a wide range of applicability in education. In computers inputs are converted into output by a programme. Thus, input (data) plus programme form software or instructional programme. Inputs are converted into output in the CPU of the computer.

Computer always works according to the programme given to it. Whatever instruction or programme the students give to the computers, it will always act accordingly and output will also come out on the same line. Application of computers in education can be understood by the following lines.

Videodiscs

This system is comprised of videodisc, where the information is stored, a video player and a TV set.

It is helpful in teaching learning process in the following ways:

(i) Students can get more informations through effective way of presentation.

(ii) By forwarding or reversing the CD player, learners can have access to any informations as many times as possible. This repeated action is necessary in understanding complex materials.

(iii) Live coverage given by the CD player can provide higher degree of motivation.

(iv) Auto stop system provided in the system can help those learners who study till late hours of night.

(v) The materials prepared by the effective teachers can be made available in the market for wide use.

Videotext

This system provides an interactive information retrieval service. It allows the home television to work as a computer terminal, which retrieves the textual material and graphic information from a remote data base.

Advantages of Videotext

(i) It is useful for downloading the required information from a remote data base.

(ii) It raises the general awareness of learners.

(iii) The principal of a school can have access to any information about his or other schools any time if this system is available in the school.

(iv) It is especially useful for distance learning. A learner can connect himself with his study centre or regional office any time.

(v) It is free from time schedule. We can have any information any time.

(vi) Two way interaction between the teacher and the taught is possible here with the help of alphanumeric keyboard. The learner can address to his tutor by typing questions and sending it to the tutor. Once he receives the answer, he gets immediate feedback.

(*vii*) It is faster than telephone or telegram because user need not wait here in queue.

Teleconferencing

Teleconferencing is a two way broadcast system in which learners can interact with the programme through a local telephone. It is a powerful medium of instruction for distance education. In this system three or four subject experts sit at different places and participate in the discussion on the given subject matter. Here learners do not take part in the teaching-learning process directly. They only hear the programme on their radio set or TV. They can however, interact with the experts through telephone which is connected to the radio or TV station where the discussion is being organised.

Thus, teleconferencing involves the use of many media and allows interactive group communication by means of a two way broadcast. All such conferencing need good quality audio device to facilitate immediate interaction among the participants for exchange of views.

Advantages of Teleconferencing

(*i*) **Effective for distance learning :** When groups of students are scattered over a large area of the country and it is not possible for them to interact with their teachers personally, then learning through teleconferencing is the best option for them.

(*ii*) **Interaction between the teacher and the taught possible :** As far as interaction between teachers and learners are concerned, this approach does not differ in any way from classroom teaching.

(*iii*) **High quality instruction :** Since, very learned people and experts of the subject take part in these discussions, the quality of the programme is never questionable.

(*iv*) **Immediate feedback :** Learners get answer of their questions immediately from the experts and their problem is solved. In this way, they get immediate feedback.

(*v*) **Flexibility :** Experts do not teach here on a pre-determined track. Their instruction and its way of presentation always changes according to the questions asked by learners. Thus, this approach is very flexible.

Internet

It is the abbreviation of international network. The computers connected to this system are automatically connected to world wide website (www). Due to this we can hear and see any programme available on website any time when we want to do so. If we have missed any television or radio programme, we can not have access to that programme again but if that programme is loaded on the website, we can repeatedly hear and see the programme. We will only have to log on the website of the programme producer and it will be available for us. The major advantage of this system is that it has made 24 hour communication possible especially between those countries which have great differences in their local timings such as India and America have a time difference of 10 ½ hours. When there is day time in India, offices are closed in America.

Applications of internet in education

(*i*) We can get any information any time at home through internet on one hand and we can store the information by creating our own website on the other. Thus, it is not necessary to have immediate print out of the textual matter.

(*ii*) The two talking persons can see each other in face to face situations also through internet. Thus, a teacher can teach millions of students scattered across the world together.

(*iii*) Many educational institutions have created their educational websites. We can download any information about them any time by logging on these websites.

(*iv*) Internet has also its role to play in classroom teaching. Teacher can show any educational programme through internet any time according to his own convenience and he will not have to adjust his time table according to the programme as he does while using radio or television as aids.

(*v*) Latest teaching strategies and latest researches in different fields can be obtained through internet immediately and we need not have to wait for their publication in magazines and journals.

(*vi*) Books, magazines and newspapers are also published on internet and it has made our access to them easy. Any Indian living in Canada even can read "Amar Ujala" or "Times of India" daily.

(*vii*) Research material and encyclopaedias are also published on internet to facilitate learning process.

REMEDIAL TEACHING

Remedial Teaching (RT) means that help is offered to pupils who need (pedagogical/didactic) assistance. These are often children who function at a lower than average level because of a certain learning- or behavioural problem/disorder, but RT can also be offered to pupils who achieve at a higher than average level, they too can do with the extra attention and care. The best known learning disorder is dyslexia.

The help includes the pupil who is being put forward for RT to the remedial teacher is examined by means of an intake conversation, checks, tests and/or observations. The remedial teacher tries to form a picture of the pupil also by way of talks with the group teacher and the parents in order to discover where the problem lies. When this is clear (diagnosis) a therapy plan is drawn up. In a therapy plan it states amongst others which aims should be achieved. The treatment that ensues is called remedial teaching. It is help that is completely specialized in the problem of the pupil, it is custom-made.

The therapy plan is drawn up for a fixed period of time. Remedial teaching is usually given during 6 weeks to 3 months, once or twice a week at school or in the remedial teacher's own practice. The aim being that the pupil can join his own group again after this period of time (or possibly after a continuation).

Remedial teaching is offered at many schools. However, a school is allowed to establish its own priorities and is not obliged to offer remedial teaching. There has to be a course of care though, the organization of which is determined by the whole team, although the directives and rules are laid down by the Ministery of Education an Science (OC&W).

Quizzing students more often is another commonly used method in a well balanced remedial teaching program. Taking the extra time to check each individual's progress gives the teacher an opportunity to regroup if necessary. It can also take the overall test pressure off students who tend to "freeze" when tested on larger amounts of material. From elementary to college, the best remedial teaching programs will include constant feedback from its students. This kind of communication provides a comfort level between student and teacher which leads to a more proficient, positive and rewarding outcome for both.

Too often, a lack of understanding among parents, school administrators and teaching staff gets in the way. Proper training of teachers and administrators go beyond their degree of specialties.

Listening to each other, and to parents and children who live with specific special needs, is a huge first step in creating an exemplary remedial teaching program as opposed to another "one size fits all" classroom. Requesting conferences, discussing individual strengths and weaknesses, and respecting each others expertise and opinions are all important pieces, and are defining points of the best remedial teaching programs.

Remedial Teaching for Slow Learners

Remedial Teaching is identifying slow learners and giving them the necessary guidance to help them overcome their problems, after identifying their areas of difficulty. Contrary to what is said, remedial teaching is done perfunctorily without identifying their areas of difficulty and underlying cause for lagging behind. Some students are unsympathetically branded as 'block heads' without an earnest attempt to know the real cause of their slow learning.

In the present system of education, students are identified as slow learners purely on the basis of their poor performance in the examination, which, in most cases deviates from what is taught. Consequently even talented students are sometimes misconstrued as dullards. So, a slow learner is one whose performance is very dismal in the examination. He is neither mentally retarded nor is on the lower rungs of intelligence scale.

The reasons for some students learning slowly are innumerable. One of the main reasons is the 'no detention system' at the primary and upper primary level. Students are promoted to higher classes on the basis of attendance, even if they score low marks. The heterogeneous composition (mental age & physical age) of over crowded classes in all government run schools and private schools also produces slow learners. So the incapacity of the teacher to pay individual attention to a student over a long period makes a student a slow learner. A slow learner is thus a product of negligence of school at different stages of learning, inspite of his innate capacity to learn.

There are some problems very specific to the individual. Ill health, lack of concentration, less exposure to the subject taught and parental background are some causative factors for slow learning. Talents differ. A childs capacity to learn different subjects varies from student to student. For instance, learning mathematics is a knack. All students do not do well in mathematics just as they do in other subjects. While other subjects can be learnt at any stage, it is very difficult for students to learn mathematics without the basics. Students show interest in the subjects they like and neglect other subjects if not taken care of. An urban child learns languages like English well while a rural child cannot, however well the teacher tries to explain.

Remedial Measures

Learning takes place from simple to complex. If for some reason the student has not learnt the basics, it is futile to teach him the advanced topics. Remedial teaching is not revising the topics taught repeatedly. Careful analysis of the students' performance in the examination and diagnosing the areas of difficulty are key aspects in remedial teaching. Once the difficult areas are identified, the next task is to plan the learning experiences to teach the basics to understand the given topic.

Teachers often feel that what has not been learnt at the primary level, cannot be taught simultaneously with the prescribed topics at the secondary level as they are busy completing the syllabus. Experience shows that once the basics are taught, the learning process is accelerated and the slow learners comprehend and grasp the given topics of the class, since they have already attained the mental age.

In Jawahar Navodaya Vidyalayas nation wide, the students are admitted in class VI based on a selection test consisting of a variety of questions to test intelligence and aptitude of the students.

It has been observed that many students thus selected do not possess the basics which they are supposed to learn at the primary level. But these schools have produced excellent results over the years by introducing bridge courses in their academic planning.

Subjects like physics pose difficulty for students when compared to biology. In biological sciences, students can see and find meaning in what they study. Whereas physics is somewhat intricate and difficult for students without good knowledge of mathematics. Poor performance in physics can be remedied by first teaching the required basic mathematical operations. Sometimes language becomes a barrier for students to understand the vast areas in subjects like geography. The innumerable new words used to describe various phenomena baffle the students. Students do not find these words in English language textbooks although they learn English language to pursue others subjects in an inter- disciplinary approach. The teacher has to explain all the words and their usage related to his subject before he teaches the concept.

The new words used in questions could confuse students and elicit wrong answers from them. Students should be exposed to a variety of questions with antonyms and synonyms - all the words used to frame a question to test the topic taught. Merely tagging the slow learners with bright students or segregating them into separate sections will not help the slow learners. Slow learners harbour themselves unobtrusively in the group of bright students.

Students learn a lot from the peer group. Unconscious learning does not take place if students are segregated. Keeping the slow learners in the peer group of bright students and paying individual attention to them by the teacher will enable them to overocme their difficulties.

Student is central in the learning process. The learning experiences should be activity-oriented and the teaching should motivate and create interest in the student to learn on his own. When group discussions are held in the classroom, the slow learners are benefited much.

Suitably tailored lesson plan by the teacher and careful monitoring by the school administration will help slow learners have a better grasp of all lessons in schools.

Various Approaches and Tools

Give your older kids a second chance to master grade-level reading.

A comprehensive literacy intervention curriculum for grades 1-12, LANGUAGE ! prepares students to return to conventional curricula by advancing them from current performance levels to grade placement level.

Lindamood-Bell

Lindamood-Bell is an organization dedicated to enhancing human learning. It has developed the sensory-cognitive processes that underlie reading, spelling, language comprehension, math, and visual motor skills. Its Process-Based education programs are for individuals ranging from severely learning disabled to academically gifted–ages 5 years through adult.

Open Court Reading

"Open Court Reading 2002 is a complete elementary basal reading program for Grades K-6. It maintains strong instruction in the areas of decoding (learning how to read), comprehension (understanding what you read), inquiry and investigation (learning how to apply what you have read), and writing (how to communicate with others in print). There are also applications for teaching spelling, vocabulary, grammar, usage, and mechanics, penmanship, and listening, speaking, and viewing."

Orton-Gillingham Approach

"The Orton-Gillingham approach is appropriate for teaching individuals, small groups, and classrooms. It is appropriate for teaching in the primary, elementary, intermediate grades, and at the secondary and college level as well as for adults. The explicit focus of the approach has been and continues to be upon persons with the kinds of language processing problems associated with dyslexia. Early intervention is highly desirable, but it is never too late to begin!"

Phono-Graphix

"The theoretical underpinnings of Phono-Graphix are remarkably straightforward and sensible, no doubt encouraging its rapid spread and popularity among teachers. It is based simply on the nature of the English code, the three skills needed to access that code, and teaching these in keeping with the way children learn.

Project Read

"Project Read/Language Circle is a research based mainstream language arts program for students who need a systematic learning experience with direct teaching of concepts and skills through multisensory techniques."

Reading Mastery Plus

"Reading Mastery Plus gives students the skills and the clear, explicit instruction and guidance they need to master the fundamentals of reading. Oral language, phonemic awareness, and systematic phonics are the starting point.

This program is set up so students are active participants throughout the learning process. Less-structured activities and opportunities for independent work help students develop self-reliance. Ongoing assessment tools are used by the instructor to ensure that no student "falls through the cracks."

Slingerland Institute for Literacy

"The Slingerland Institute for Literacy is a non-profit organization that trains teachers to work with dyslexic students in their classrooms using the Slingerland Multisensory Approach. This methodology is a simultaneous, multisensory, structured approach for teaching language arts in the classroom. The Slingerland Multisensory Approach for Teaching Language Arts Training Course is accredited at the Teacher and Instructor of Teaching levels by the International Multisensory Structured Language Educational Council (IMSLEC)."

SFA Components -Reading and Writing Programs

During reading periods, students are regrouped across age lines for 90 minutes so that each reading class contains students reading at one level. This eliminates the need to have reading groups within the class and increases the amount of time for direct instruction. Also, use of tutors as reading teachers during reading time reduces the size of most reading classes. The reading program in grades K-1 emphasizes the development of language skills and launches students into reading using phonetically regular storybooks supported by careful instruction that focuses on phonemic awareness, auditory discrimination, and sound blending as well as meaning, context, and self-monitoring strategies. Students become fluent as they read and reread to one another in pairs.

Reading Wings

A comprehensive, research-based approach to reading and writing for grades two and beyond. Reading Wings consists of four principal elements: listening comprehension, story-related activities, direct instruction in reading comprehension, and integrated writing/language arts. In all of these activities, students work in heterogeneous learning teams. Students are assigned to pairs or triads; then the pairs are assigned to teams. Mainstreamed, academically handicapped, and Title I-identified students are evenly distributed among the teams. All activities follow a regular cycle that involves teacher presentation, team practice, independent practice, peer pre-assessment, additional practice, assessment, and team recognition.

Wilson Language Training

At Wilson Language Training many people, regardless of their age, have not been able to acquire reading and writing skills because their learning needs have never been properly assessed. The majority of these people are subject to a core deficit at the most basic level of language skill: that of phonological coding.

❄ ❄ ❄ ❄ ❄

PRACTICE PAPER

1. Language acquisition differs from language learning in that acquisition is:
   A. Rule-based and formal
   B. Conscious and effortful
   C. Subconscious and natural
   D. Grammar-oriented

2. Which situation best represents language acquisition?
   A. Memorizing grammar rules
   B. Practicing worksheets
   C. Natural interaction at home
   D. Learning definitions

3. The most effective language teaching principle is:
   A. Emphasis on correctness
   B. Emphasis on communication
   C. Emphasis on translation
   D. Emphasis on memorization

4. Language learning is most effective when it is:
   A. Contextual and meaningful
   B. Teacher-centered
   C. Based on repetition only
   D. Exam-oriented

5. Listening is important because it:
   A. Develops pronunciation only
   B. Builds comprehension and language input
   C. Improves handwriting
   D. Focuses on grammar

6. Speaking skill primarily helps learners to:
   A. Memorize texts
   B. Express thoughts and ideas
   C. Avoid errors
   D. Improve spelling

7. Language is best viewed as:
   A. A set of rules
   B. A subject to pass exams
   C. A tool for communication
   D. A literary system only

8. In modern pedagogy, grammar should be taught:
   A. Separately from language use
   B. Through memorization of rules
   C. In meaningful contexts
   D. Only at advanced levels

9. Which approach discourages excessive focus on grammatical errors?
   A. Grammar-translation method
   B. Communicative approach
   C. Direct method
   D. Structural method

10. A multilingual classroom should be seen as:
    A. A problem B. A barrier
    C. A resource D. A limitation

11. Language difficulties in children may arise due to:
    A. Lack of intelligence B. Linguistic diversity
    C. Overlearning D. High motivation

12. Errors made by learners are:
    A. Signs of failure
    B. Obstacles to learning
    C. Natural steps in learning
    D. To be strictly avoided

13. A teacher should respond to errors by:
    A. Immediate correction always
    B. Ignoring all errors
    C. Punishing the learner
    D. Providing constructive feedback

14. Which of the following is a receptive skill?
    A. Speaking B. Writing
    C. Listening D. Storytelling

15. Reading is classified as:
    A. Productive skill B. Receptive skill
    C. Mechanical skill D. Oral skill

16. Writing skill requires:
    A. Only grammar knowledge
    B. Only vocabulary
    C. Organization of ideas and expression
    D. Only spelling

17. Comprehensive language assessment includes:
    A. Only writing B. Only reading
    C. Only grammar D. All four skills

18. Formative assessment in language focuses on:
A. Final marks B. Continuous improvement
C. Ranking students D. Annual exams

19. Effective teaching-learning materials should be:
A. Teacher-centered
B. Rigid and fixed
C. Contextual and engaging
D. Only textbook-based

20. Use of multilingual resources helps learners to:
A. Connect prior knowledge
B. Get confused
C. Reduce participation
D. Avoid learning

21. The main purpose of remedial teaching is to:
A. Support struggling learners
B. Complete syllabus
C. Test students
D. Increase homework

22. Remedial teaching should be:
A. General for all
B. Based on individual needs
C. Grammar-focused only
D. Exam-oriented

23. The best classroom practice for language learning is:
A. Lecture method
B. Drill method only
C. Interaction and participation
D. Silent reading only

24. Which strategy promotes language development most effectively?
A. Copying notes B. Group discussion
C. Memorizing rules D. Translation

25. Integrated language teaching means:
A. Teaching grammar only
B. Teaching skills separately
C. Combining all language skills
D. Ignoring speaking

26. Language acquisition is best supported when learners are exposed to:
A. Isolated grammar rules
B. Rich and meaningful input
C. Only written texts
D. Translation exercises

27. The primary aim of language teaching at the primary level is to:
A. Build communicative competence
B. Develop literary appreciation
C. Teach grammar rules
D. Prepare for examinations

28. Which factor plays the most important role in language learning?
A. Fear of mistakes
B. Motivation and exposure
C. Strict discipline
D. Repetition only

29. In language teaching, input should be:
A. Difficult and complex
B. Slightly above the learner's level
C. Below the learner's level
D. Grammar-focused

30. Which classroom activity best promotes listening skills?
A. Silent reading
B. Grammar exercises
C. Copying notes
D. Storytelling by the teacher

31. Fluency in language is best developed through:
A. Memorization
B. Practice in real communication
C. Grammar drills
D. Translation

32. Which of the following best supports speaking skills?
A. Role play B. Dictation
C. Reading aloud only D. Copywriting

33. Language learning becomes effective when learners:
A. Remain silent
B. Actively participate
C. Focus only on accuracy
D. Avoid mistakes

34. In modern classrooms, the teacher's role is mainly that of a:
A. Lecturer B. Examiner
C. Facilitator D. Controller

35. Which approach emphasizes learning language through use?
A. Grammar-translation method
B. Communicative approach
C. Structural method
D. Audio-lingual method

36. A child learns language best when:
A. Punished for mistakes
B. Given opportunities to express
C. Made to memorize rules
D. Tested frequently

37. Code-switching in a classroom refers to:
A. Mixing languages for better understanding
B. Avoiding language use
C. Teaching grammar
D. Testing vocabulary

38. Which is an example of productive skill?
A. Listening B. Reading
C. Writing D. Understanding

39. Extensive reading means:
A. Reading for detailed understanding
B. Reading large amounts for general understanding
C. Reading grammar rules
D. Reading aloud

40. Intensive reading focuses on:
A. General idea B. Detailed comprehension
C. Speed D. Entertainment

41. Which method encourages habit formation through repetition?
A. Communicative method
B. Constructivist method
C. Direct method
D. Audio-lingual method

42. Scaffolding in language teaching means:
A. Ignoring learners
B. Providing support as needed
C. Testing frequently
D. Teaching grammar rules

43. Which activity develops writing skills most effectively?
A. Creative writing
B. Copying from the board
C. Memorization
D. Dictation only

44. The main purpose of using stories in language teaching is to:
A. Teach grammar
B. Engage learners and build language
C. Save time
D. Test students

45. Which of the following is a barrier to language learning?
A. Fear and anxiety B. Interaction
C. Practice D. Motivation

46. Which strategy helps in vocabulary development?
A. Rote memorization only
B. Contextual usage
C. Ignoring new words
D. Translation only

47. Peer interaction in language classrooms helps in:
A. Reducing learning
B. Enhancing communication skills
C. Increasing fear
D. Limiting participation

48. Continuous feedback helps learners to:
A. Feel discouraged B. Improve performance
C. Avoid learning D. Depend on teachers

49. Which is NOT a language skill?
A. Listening B. Speaking
C. Drawing D. Writing

50. Language learning is most effective in:
A. Isolated environments B. Interactive environments
C. Silent classrooms D. Exam halls

51. Which of the following improves pronunciation?
A. Listening to correct models
B. Writing practice
C. Grammar drills
D. Silent reading

52. Which approach supports learner autonomy?
A. Teacher-centered approach
B. Learner-centered approach
C. Lecture method
D. Drill method

53. The use of real-life situations in teaching language is called:
A. Artificial learning B. Contextual learning
C. Mechanical learning D. Passive learning

54. Which of the following is an example of formative assessment?
A. Final exam
B. Unit test
C. Classroom observation
D. Board exam

55. Which skill helps in understanding written texts?
A. Speaking B. Listening
C. Reading D. Writing

56. Language teaching should focus on:
A. Accuracy only
B. Fluency only
C. Both accuracy and fluency
D. Neither

57. Which of the following supports inclusive language teaching?
A. Ignoring diversity
B. Respecting all languages
C. Using one language only
D. Avoiding interaction

58. Error correction should be:
A. Immediate and harsh
B. Supportive and constructive
C. Ignored completely
D. Punitive

59. Which is the best indicator of language proficiency?
A. Grammar knowledge
B. Ability to communicate effectively
C. Writing speed
D. Memorization

60. The ultimate goal of language learning is:
A. Passing exams
B. Using language effectively
C. Memorizing rules
D. Writing essays

61. Which of the following is **not** a language skill?
A. Reading B. Writing
C. Thinking D. Speaking

62. By which method the students learn to the maximum extent?
A. By seeing B. By reading
C. By listening D. By doing themselves

63. Which quality of the teacher is liked the most by the students?
A. Punctuality B. Impartiality
C. Love for discipline D. Dominance

64. What should the teacher do to maintain the interest of students in class teaching?
A. Maximum use of blackboard
B. Extensive use of examples from the practical life
C. Extensive use of teaching materials/aids
D. Giving ample opportunity to students for discussion/delibrations

65. Children with disability must get education because—
A. They are vulnerable
B. They have special needs
C. It is a basic constitutional right
D. They are poor

66. Which of the following is a sensory disorder?
A. Hearing Impairment
B. Mental Retardation
C. Cerebral Palsy
D. Neuro Muscular Disorder

67. Learning depends on—
A. Intelligence B. Parental attitude
C. Peer attitude D. None of these

68. Which of the following can increase the quality of education?
A. To extend one hour time period
B. Service period teacher training
C. Solution and treatment teaching
D. By help-books

69. Which cannot be the stage of learning?
A. Procedure B. Difference perception
C. Exercise D. Imagination

70. Which of the following is decisive for teaching work?
A. To make effective the excellence
B. To educate
C. True management of classes
D. Communication with students

71. What will be the indication when a group of students gets more marks in the question paper made by any teacher?
A. It is a group of high achiever
B. Teacher has tought well
C. Question-paper is good
D. None of these

72. Choose the one which best expresses the meaning of the word 'Condone'.
A. Grieve B. Endure
C. Forgive D. Ignore

73. Change the following active voice into passive one: Does the noise disturb you?
A. You are disturb by the noise.
B. Are you disturbed by the noise?
C. You are disturbing by the noise.
D. Are you disturbing by the noise?

74. A statement that can have a double meaning—
A. Verbose B. Ambivalent
C. Epigraph D. Ambiguous

75. We should always observe from the stand point of others. This is a:
A. Simple sentence B. Complex sentence
C. Compound sentence D. Phrase

76. Schools should be concerned with the development of child, which should include:
A. Acquisition of knowledge by the child
B. Acquisition of life skills by the child
C. Acquisition of skills required by the nation
D. Acquisition of skills required by the healthy person

77. A student gives a partially correct respond to your question. Then you will—
A. Seek further information
B. Provide reinforcement
C. Reframe your question
D. Tell the correct information

78. Which of the following is/are productive skill/skills?
A. Speaking B. Writing
C. Both A and B D. None of the above

79. Language acquisition can be automatically attained favoured by—
A. Cognitivists B. Behaviourists
C. Both of the above D. None of the above

80. Which of the following grammar teaching method disturbs the teaching of a text book or composition writing at times?
A. Deductive Method
B. Inductive Method
C. Inductive Deductive Method
D. Incidental Method

81. Teaching aids are useful because they—
A. help teacher's work
B. activate all senses
C. help students to be attentive
D. make learning more meaningful

82. Teaching would be more effective if the teacher—
A. Makes his intent purposeful
B. Is master of the subject
C. Uses various instructional aids
D. Declares his objectives in the beginning

83. The word 'Tacit' means—
A. Formal B. Fear
C. Silent D. Celestial

84. One who is well-versed in the science of languages is called a—
A. Philosopher B. Theologist
C. Philologist D. Zoologist

85. Choose the correctly spelt word—
A. Coloqial B. Coloquial
C. Colloqial D. Colloquial

86. Choose what expresses the meaning of 'Pull the wool over one's eye'—
A. Delay B. Encourage
C. Suppress D. Deceive

87. Student's learning difficulties can be best addressed by—
A. Advising them to work hard
B. Suggesting private tuitions
C. Supervised study in the library
D. Remedial teaching

88. For being successful in life students should be encouraged to—
A. selective study
B. casual study
C. intensive study
D. learning by rote memorisation

89. Students who bring out alternative solutions and cite the books not prescribed by the teacher should be—
A. discouraged
B. encouraged
C. advised to talk to the teacher outside the class
D. advised to follow the class notes to score better in the examinations

90. Problem of school dropouts can be effectively tackled by—
A. reducing curriculum load
B. teachers empathy
C. attractive school environment
D. providing incentives

91. Choose the synonym of voracious—
A. Hungry B. Wild
C. Quick D. Angry

92. Choose the misspelt word—
A. Command B. Appraise
C. Behaviour D. Mentenance

93. Remedial teachers should observe the following when dealing with the behaviour problems of pupils—
A. should always pay attention to their misbehaviour
B. always observe the performance of pupils in class and their behaviour in groups
C. give positive reinforcement to pupils good behaviour
D. refer the cases to student Guidance Officers/ teachers for follow up action

94. Use stress and rhythmic patterns and intonation patterns of the language and 'use vocabulary appropriately' are the micro-skills involved in which of the following?
A. Speaking B. Listening
C. Reading D. Writing

95. Problems in language learning arise due to lack of—
A. methodology of teaching
B. availability of materials
C. teaching of mother tongue
D. teacher's competence

96. Usual teaching-learning processes can be supplemented by the following to improve the quality—
A. Extra coaching
B. Diagnostic and remedial teaching
C. Enrichment programmes
D. Inservice teacher education

97. School based evaluation can solve the problem of—
A. Mass copying
B. Student's indiscipline
C. Unrealistic assessment
D. Teacher's social reputation

98. Choose the correct meaning of the idioms: Hobson's choice—
A. feeling of insecurity
B. accept or leave the offer
C. excellent choice
D. no choice at all

99. Choose the meaning of the **bold** phrase in the sentence—
He has been working **on and off** for several years on this project.
A. at intervals B. rarely
C. painstakingly D. continuously

100. Pedagogy is considered to be the—
A. Science of Teaching
B. Art of Learning

C. Science of Communication
D. Art of Assimilation

101. Inductive approach of teaching means—
A. initiating the child to new subject
B. teaching through specific instruction
C. group learning as opposed to individualised learning
D. arriving at generalisations with the help of examples

102. Which of the following is an appropriate order for learning of a language?
A. Listening → Speaking → Writing → Reading
B. Speaking → Listening → Writing → Reading
C. Listening → Speaking → Reading → Writing
D. Listening → Reading → Speaking → Writing

103. The primary functions of language are—
A. Expression of feeling, meaning, communication and thinking
B. To control over other people, as language is a social act
C. Both A and B
D. None of these

104. Which of the following conditions must be satisfied in order to designate a person mentally retarded?
A. Sub-normal intellectual functioning
B. Very poor adaptive ability
C. Dependability on others
D. All of these

105. The best measure of identifying mildly mentally retarded is—
A. Administration of standardized intelligence test
B. Administration of behaviour test
C. Administration of adjustment test
D. A combination of all

106. Physical trauma during pregnancy may cause
A. Mental retardation B. Blindness
C. Deafness D. All of these

107. All of the following may cause mental retardation except
A. Blood incompatibility B. Action of toxic agent
C. Radio-activity D. None of these

108. Dullers do not differ from normal children in—
A. Physical characteristics
B. Level of social expectancy
C. Both of these
D. None of these

109. Which of the following things is not required for educating mildly mentally retarded children?
A. Regular counselling
B. Remedial teaching
C. Modification in the curriculum
D. Regular evaluation

110. Teaching of which of the following skills is **not** suitable to borderline cases?
A. Electric fitting
B. Repairing of electric or electronic equipments
C. Oratory skills
D. Activity based skills

111. Morons are slow in—
A. Physical growth B. Thinking and planning
C. Taking initiative D. All of these

112. Unsatisfactory relation of a mentally retarded child with the environment is technically called—
A. Autism B. Maladjustment
C. Pseudo-dullness D. None of these

113. Learning disabled children are—
A. Deficient in using potentials
B. Low in intelligence
C. Slow in activity
D. None of these

114. Learning disability is related to—
A. low listening and comprehension power
B. poor ability of expression
C. poor ability of mathematical operation
D. All of these

115. Learning disabled children perform very poorly in—
A. Academic areas B. Technical areas
C. Both of these D. None of these

116. Problem of learning disability is more complex than that of other disabilities because—
A. Its causes can not be easily ascertained by applying usual tests
B. It is associated to behaviour problems
C. Both of these
D. None of these

117. Educationally, learning disabled look similar to—
A. Dullers B. Backward children
C. Both of these D. None of these

118. In which of the following physical characteristics learning disabled children differ from the normal ones?
A. They are all the time clumsy and awkward
B. Poor coordination of motor abilities
C. Height, weight and health
D. All of these

119. Which of the following methods is most suitable for learning disabled children?
A. Behaviour guidance method
B. Remedial teaching
C. Brain storming
D. None of these

120. In order to improve work habits of learning disabled what should be done?

A. Unattending behaviour should be penalized
B. Close monitoring of the behaviour is needed
C. Cues and prompt should be given
D. All of these

121. Which of the following situations may lead to educational backwardness?
A. Sensory impairment
B. Motor disability
C. Long diseases and health problems
D. All of these

122. Which of the following is an important cause of educational backwardness at primary level of education in India?
A. Poor school organisation
B. Lack of accountability
C. Attitude of the masses towards education
D. All of these

123. Which of the following measures should be adopted by the teacher to check educational backwardness?
A. Continuous evaluation and regular feedback
B. Remedial teaching
C. Adjustment and behaviour training
D. All of these

124. Teaching by small steps and frequent short assignment techniques are useful for—
A. Slow learners
B. Learning disabled
C. Educationally backward children
D. Children of all types of disabilities

125. Special schools are required for backward children when—
A. Backwardness is due to any serious physical handicap
B. The size of population of backward children in the society is very large as is the case of Gujarat where the achievement of students in mathematics is always seen very low
C. Both of these
D. None of these

ANSWERS

1	2	3	4	5	6	7	8	9	10
C	C	B	A	B	B	C	C	B	C
11	**12**	**13**	**14**	**15**	**16**	**17**	**18**	**19**	**20**
B	C	D	C	B	C	D	B	C	B
21	**22**	**23**	**24**	**25**	**26**	**27**	**28**	**29**	**30**
A	B	C	B	C	B	A	B	B	D
31	**32**	**33**	**34**	**35**	**36**	**37**	**38**	**39**	**40**
B	A	B	C	B	B	A	C	B	B
41	**42**	**43**	**44**	**45**	**46**	**47**	**48**	**49**	**50**
D	B	A	B	A	B	B	B	C	B
51	**52**	**53**	**54**	**55**	**56**	**57**	**58**	**59**	**60**
A	B	B	C	C	C	B	B	B	B
61	**62**	**63**	**64**	**65**	**66**	**67**	**68**	**69**	**70**
C	D	B	C	C	D	A	B	A	A
71	**72**	**73**	**74**	**75**	**76**	**77**	**78**	**79**	**80**
B	B	B	D	A	B	B	C	A	D
81	**82**	**83**	**84**	**85**	**86**	**87**	**88**	**89**	**90**
D	C	C	C	D	D	D	C	B	D
91	**92**	**93**	**94**	**95**	**96**	**97**	**98**	**99**	**100**
A	D	A	A	D	D	C	D	A	A
101	**102**	**103**	**104**	**105**	**106**	**107**	**108**	**109**	**110**
D	C	C	D	D	D	D	C	C	C
111	**112**	**113**	**114**	**115**	**116**	**117**	**118**	**119**	**120**
D	A	D	D	A	A	B	B	A	D
121	**122**	**123**	**124**	**125**					
D	D	D	D	C					

❊ ❊ ❊ ❊ ❊